KRÖNERS TASCHENAUSGABE BAND 370

INHALT

VORWORT

In diesem Band werden 350 Hauptwerke der deutschsprachigen Romanliteratur von den Anfängen im 16. Jahrhundert bei Jörg Wickram bis in die Gegenwart vorgestellt. Dem Genre des Romanführers entsprechend, zielen die einzelnen Artikel auf eine möglichst konkrete handlungs- und werknahe Schilderung. Gerade der Roman mit seiner gattungsbedingten Stoff- und Detailfülle ist in der Erinnerung oft nur in bruchstückhafter Abstraktion gegenwärtig. Die so beziehungsreich kontrastierenden Frauengestalten der Philine und Aurelie, Therese und Nathalie mögen sich nach länger zurückliegender Lektüre des *Wilhelm Meister* auf den dürftigen Gegensatz extrovertierter Schauspielerinnen und lebenspraktischer Erzieherinnen reduzieren – ganz zu schweigen von den komplizierten Handlungsgefügen Jean Paulscher Romane mit ihren incognito lebenden vermeintlichen oder auch echten Thronfolgern. Der Romanführer sucht in der Nachzeichnung solcher Handlungszüge und erzählerischer Details die epische Gegenständlichkeit der behandelten Werke zu vergegenwärtigen, ohne sich in blinder Stoffdarbietung zu verlieren. Vielmehr sollen Darstellungsabsicht und literaturgeschichtlicher Ort eines Romans erkennbar sein. Dazu genügt – je nach Charakter und Komplexität des Werkes – in manchen Fällen schon die pointierte Zusammenfassung der Handlungszüge, während in anderen Fällen explizite literaturgeschichtliche und interpretierende Hinweise notwendig sind. Abschließende Literaturangaben erleichtern den Zugang zur Forschung.

Mit 350 aufgenommenen Werken ist der Romanführer weit davon entfernt, alles und jedes im Feld der deutschsprachigen Romanliteratur zu erfassen; er beschränkt sich aber auch nicht nur auf die unumstrittenen Sternstunden der Gattung. Für die Werkauswahl war die literaturgeschichtliche Bedeutung das Hauptkriterium. Hinzu kam die Erwägung, daß spezifische Typen, Tendenzen oder Gruppen wie z. B. der Kriminalroman, der experimentelle Roman oder der Prager Kreis durch das eine oder andere Beispiel repräsentiert sein sollten. Bei den herausragenden Romanautoren mit umfangreichem Œuvre sollten – wenn nicht alle Romane – so doch alle Schaffensphasen vertreten sein. Neben Romanen und Romanfragmenten wurden einige wenige längere Erzählungen aufgenommen. In vielen Fällen sind dabei die Übergänge fließend; so würde man z. B. ein Werk wie Handkes *Kurzen Brief zum langen Abschied* wohl eher weiteres als Roman bezeichnen, wenn der Autor es auf dem Titelblatt nicht als Erzählung angekündigt hätte. Die Anwendung des Kriteriums der literaturgeschichtlichen Bedeutung war im Hinblick auf die aktuelle Romanliteratur besonders problematisch. Ich habe deshalb aus den achtziger Jahren nur vereinzelte Beispiele aufgenommen, in der Regel von Autoren, die bereits in den siebziger Jahren hervorgetreten sind. Der Leser, der Karl May vermißt, sei hier noch auf das ebenfalls im Kröner Verlag erschienene Karl-May-Handbuch verwiesen, in dem sämtlichen Romanen Mays jeweils eine kurze Einzeldarstellung gewidmet ist.

Die Artikel wurden von zahlreichen, mit den einzelnen Romanen und Œuvres besonders vertrauten Autorinnen und Autoren verfaßt. Angesichts der Vielzahl und der je eigenen Individualität sowohl der behandelten Werke wie auch der Mitarbeiter erschien eine strikte Vereinheitlichung von Stil und Darstellungsweise weder möglich noch wünschenswert. Wenn das gesetzte Ziel, in einem handlichen Band einen informativen Überblick über die deutschsprachige Romanliteratur zu geben, erreicht wurde, so habe ich dies in erster Linie den Mitarbeitern zu danken – unter ihnen besonders Frau Margot Fröschle, die mich bei der redaktionellen Arbeit unterstützt hat.

Sollte der Leser trotz aller aufgewandten Sorgfalt Fehler, Lücken oder Ungenauigkeiten bemerken, so wird er darum gebeten, entsprechende Korrekturvorschläge oder Ergänzungswünsche im Hinblick auf eventuelle künftige Auflagen an den Verlag zu richten.

Stuttgart, Juni 1991 Imma Klemm

BENUTZUNGSHINWEISE

Anordnung der Artikel und Register

Die Artikel sind alphabetisch nach Autoren geordnet. Mehrere Werke
eines Autors sind alphabetisch nach Romantiteln geordnet.
Das Werkregister am Schluß des Bandes führt alle mit einem eigenen
Artikel vertretenen Werke mit Seitenzahl auf. Es enthält ferner Verweise von Kurztiteln und geläufigen Titelvarianten auf die jeweils im
Nachschlagteil als Stichwort aufscheinende Form. Darüber hinaus
verzeichnet es die Titel von Teilromanen von Doppelromanen, Trilo-
gien etc., denen unter dem Titel der Romangruppe ein eigener Abschnitt gewidmet ist.
Bei der Alphabetisierung von Werktiteln gilt der halbfett gedruckte
Werktitel jeweils als ein Wort in normaler Buchstabenfolge, wobei
vorangestellte bestimmte oder unbestimmte Artikel unberücksichtigt
bleiben.

Bibliographische Angaben

Der Artikelkopf führt Titel (halbfett) und Untertitel (kursiv) des
Werkes in der Schreibung der Erstausgabe bzw. des Erstdrucks an.
Gelegentliche Abkürzungen des Titels bei sehr ausführlichen Barock-
titeln sind durch Auslassungszeichen markiert. Vom Roman abwei-
chende Gattungsbezeichnungen werden im Anschluß an den Titel
angegeben. Sie sind kursiv gesetzt, wenn sie zu den Angaben des
Titelblatts der Erstausgabe gehören. Es folgen gegebenenfalls Angaben
zur Einteilung des Werkes in Bände, Bücher, Teile, Kapitel etc.
Ort und Jahr der Erstausgabe (EA) werden grundsätzlich angegeben.
Gegebenenfalls geht der Erstausgabe der Hinweis auf den Erstdruck
(ED) als unselbständige Veröffentlichung voraus. Bei größeren zeitlichen Abweichungen zwischen der Erstveröffentlichung und dem
Abschluß des Manuskripts wird die Entstehungszeit des Werkes angeführt.
Die Literaturangaben am Ende der Artikel beschränken sich meist auf
einen Hinweis. Bei Werken, zu denen es eine reichhaltige Forschungs-
literatur gibt, wurden aktuelle Titel mit ausführlichen Bibliographien
bevorzugt.

ABKÜRZUNGSVERZEICHNIS

AB	Autorenbücher (Beck'sche Reihe)
Bd.	Band
Diss.	Dissertation
dnb	Rowohlt, Das neue Buch

EA	Erstausgabe
ED	Erstdruck
entst.	entstanden
es	Edition Suhrkamp
FAZ	Frankfurter Allgemeine Zeitung
Hg(g).	Herausgeber
hg.	herausgegeben
Jh.	Jahrhundert
Kap.	Kapitel
KLG	Kritisches Lexikon zur deutschsprachigen Gegenwartsliteratur, herausgegeben von H. L. Arnold
NA	(veränderte) Neuausgabe
o. J.	ohne Jahr
o. O.	ohne Ort
RUB	Reclams Universalbibliothek
SM	Sammlung Metzler
sog.	sogenannt
st	Suhrkamp Taschenbuch
u. a.	und andere
u. d. T.	unter dem Titel
UTB	Uni-Taschenbücher
vgl.	vergleiche
WdF	Wege der Forschung

MITARBEITERVERZEICHNIS

Dr. Thomas Althaus, Münster
Dr. Michael Andermatt, Zürich
Prof. Dr. Helmut Arntzen, Münster
Dr. Friedhelm Auhuber, Regensburg
Prof. Dr. Dagmar Barnouw, Los Angeles
Barbara Baumann-Eisenack, Bamberg
Prof. Dr. Ernst Behler, Seattle
Prof. Dr. Klaus Berghahn, Davis
Gisela Beste, Berlin
Dr. Wolfgang Beutin, Hamburg
Dr. Thomas Borgstedt, Frankfurt / Main
Prof. Dr. Peter J. Brenner, Köln
Ute Brucker, Tübingen
Dr. Eckehard Czucka, Osnabrück
Prof. Dr. Klaus van Delft, Bloemfontein
Birgit Dufey, Taufkirchen
Prof. Dr. Theo Elm, Erlangen
Ursula Elm, Effeltrich
Elisabeth Emter, Berlin
Birgit R. Erdle, München
Hermann Erschens, Leiwen
Marie-Theres Federhofer
Justus Fetscher, Berlin
Prof. Dr. Thomas C. Fox, St. Louis
Dr. Thomas Fraund, Niedernhausen
Prof. Dr. Erhard Friedrichsmeyer, Cincinnati
Margot Fröschle, Stuttgart
Dr. René Geoffroy, Düsseldorf
Axel Gotthard, Forchheim
Johannes Graf, Berlin
Axel Haase, Berlin
Peter Hanenberg, Bamberg
Prof. Dr. Peter Hasubek, Göttingen
Eva Hauck, Berlin
Dr. Axel Hecker, Heidelberg
Marita Hecker, Heidelberg
Dr. Walter Hettche, München
Prof. Dr. Roland Hoermann, Davis
Dr. Klaus Hübner, München
Dr. Johannes John, München
Britta Jürgs, Berlin
Isabell Just, Berlin
Prof. Dr. Helmut Kiesel, Heidelberg
Prof. Dr. Rolf Kieser, New York
Dr. Imma Klemm, Stuttgart

Dr. Roland Koch, Köln
Prof. Dr. Wulf Köpke, Texas
Susanne Körber, Regensburg
Prof. Dr. Joseph Kohnen, Luxembourg
Prof. Dr. Hermann Kurzke, Mainz
Peter Langemeyer, Göttingen
Dr. Matthias Luserke, Saarbrücken
Susanne Maier, Berlin
Dr. Reiner Marx, Saarbrücken
Dietmar Metzger, Stuttgart
Prof. Dr. Siegfried Mews, Chapel Hill
Dr. Stephan Meyer, Freiburg
Dr. Julie Meyer-Boghardt, Wolfenbüttel
Dr. Rainer Moritz, Rottenburg
Josef Morlo, Saarbrücken
Dr. Dominik Müller, Genf
Dr. Walter Münz, München
Dr. Maria Munding, Wolfenbüttel
Birgit Neugebauer, Stuttgart
Katharina Ochse, Berlin
Prof. Dr. Gertrud B. Pickar, Houston
Christiane Pods, Berlin
Bruno Preisendörfer, Berlin
Prof. Dr. Rolf Günter Renner, Freiburg
Gabriele Riedel, Ludwigsburg
Oliver Riedel, Mannheim
Peter Philipp Riedl, Regensburg
Michael Roesler, Hamburg
Prof. Dr. Lawrence Ryan, Amherst
Prof. Dr. Gerhard Sauder, Saarbrücken
Gerd Schäfer, Dillingen
Prof. Dr. Hansjörg Schelle, Ann Arbor
Peter Schmauk, Stuttgart
Dr. Michael Schmidt, Berlin
Dr. Detlev Schöttker, Stuttgart
Dr. Joachim Scholl, Berlin
Dr. Hans-Rüdiger Schwab, München
Harald Seubert, Nürnberg
Prof. Dr. Dieter Sevin, Nashville
Prof. Dr. Christoph Siegrist, Basel
Prof. Dr. Marc Silberman, Madison
Jutta H. Skarke, München
Dr. Andreas Solbach, Berlin
Christoph Strieder, Berlin
Prof. Dr. Lynne C. Tatlock, St. Louis
Prof. Dr. Hans Wagener, Los Angeles
Prof. Dr. Volker Wehdeking, Stuttgart
Christoph Weiß, Saarbrücken
Sabine Wendt, Berlin
Prof. Dr. Robert Weninger, St. Louis

Prof. Dr. Ulrich Wesche, Denver
Dr. Matthias Wörther, München
Margrit Wyder, Zürich
Sylvia Zeller, Berlin
Katrin Zipse, Berlin

AICHINGER, Ilse (geb. 1921)

Die größere Hoffnung. 10 Kapitel; EA Amsterdam und Wien 1948.

Der Roman beleuchtet das Schicksal des Mädchens Ellen im nationalsozialistischen Deutschland. Sie ist Halbjüdin und damit in gewisser Hinsicht in einer noch prekäreren Situation als die Juden. Von den Nazis schikaniert, aber nicht direkt verfolgt, wird Ellen von ihren jüdischen Freunden nicht als ihresgleichen empfunden. Die zehn Kapitel entfalten Ellens Geschichte weniger fortschreitend, als daß sie zehn Annäherungen an die psychischen Dimensionen von staatlichem Terror und völliger Entwurzelung darstellen, wobei realistische Situationen poetische Steigerungen erfahren oder Traumbilder einer völlig eignen Logik folgen. – Ellen ersucht einen Konsul um ein Visum, um ihrer Mutter in die Vereinigten Staaten zu folgen. Der Konsul ist freundlich zu ihr, doch er kann ihr kein Visum geben. Er rät ihr, sich selbst ein Visum zu schreiben, denn »nur wer sich selbst das Visum gibt, wird frei«. – Ellen trifft auf einige jüdische Kinder, die am Flußufer darauf warten, daß ein deutsches Kind im Wasser zu ertrinken droht. Sie wollen es retten und dadurch wieder Aufnahme in die Dorfgemeinschaft finden. Abgelenkt von einem Jahrmarkt, auf dem sie sich in Abwesenheit aller anderen Besucher kurz aufhalten dürfen, versäumen sie den Moment, in dem wirklich ein Kind in

den Fluß fällt. Die zurückgebliebene Ellen rettet es und wird dafür von den zurückkehrenden jüdischen Kindern verachtet. – Die jüdischen Kinder und Ellen spielen auf einem Friedhof Verstecken. Ein Trauerzug kommt vorbei. Der Kutscher des Leichenwagens bietet den Kindern an, sie gegen Geld heimlich über die Grenze zu bringen. Ellen verkauft einen alten Bücherschrank, um an das geforderte Geld zu kommen. Zusammen mit dem Judenjungen Georg tritt Ellen die Kutschfahrt zur Grenze an, doch der Kutscher kennt den Weg nicht. – Die jüdischen Kinder lernen auf dem Speicher eines Hauses Englisch. Hitlerjungen beobachten und überfallen sie in der Annahme, daß sie Spione sind. Es kommt zu einer Schlägerei, bei der ein alter Mann, der die jüdischen Kinder unterrichtet, verletzt wird. – Ellen ist glücklich, weil sie sich den Judenstern ans Kleid genäht hat und Zugehörigkeit empfinden kann. Sie will Georg zum Geburtstag in einer Konditorei eine Torte kaufen, wird aber als Trägerin des Sterns nicht bedient. Ellen trifft Julia und Anna. Beide werden verreisen. Die eine mit einem Visum nach Amerika, die andere mit einem Befehl der Gestapo nach Polen. – Die jüdischen Kinder spielen mit verteilten Rollen ein abgewandeltes Weihnachtsspiel. Ein Nachbar, von dem die Kinder glauben, daß er es gut mit ihnen meint, klingelt. Er behauptet, die Deportationen seien eingestellt worden, sie alle seien gerettet. Doch der Nachbar ist ein

Spitzel der Gestapo und versucht, durch diese falsche Information eventuelle Fluchtversuche zu unterbinden. – Ellens Großmutter will Gift nehmen, da sie fürchtet, abgeholt zu werden. Ellen hat das Gift unter ihrem Kopfkissen versteckt. Sie will es der alten Frau nur im Tausch gegen eine Geschichte geben, doch der Großmutter fällt keine ein. Da erzählt Ellen selbst das Märchen vom Rotkäppchen. Als mitten in der Nacht Polizisten durch das Treppenhaus poltern, glaubt auch Ellen, daß die Großmutter geholt werden soll, gibt ihr das Gift und begleitet ihr Sterben. Am nächsten Morgen stellt sich heraus, daß die Polizisten einen untergetauchten Deserteur abholten. – Zwei Polizisten verfolgen Ellen. Sie gewinnt einen Vorsprung, da sie ein Gleis unmittelbar vor Durchfahrt des Zugs überquert. Die sie verfolgenden Polizisten haben Ellens Spur verloren, doch nun verfolgt Ellen die Polizisten und stellt sich. Doch kann sie auf der Wachstube wieder entfliehen. – Ellen überrascht zwei Einbrecher im Keller einer Fabrik, in der sie arbeitet. In diesem Moment erfolgt ein Luftangriff, der den Keller verschüttet. Dem jüngeren Einbrecher und Ellen gelingt es, sich zu befreien. Auf ihrer Flucht gelangen sie in einen Schlachthof. – Ellen steigt aus dem Keller, in dem sich die Menschen zum Schutz gegen die Bomben aufhalten. Sie trifft auf eine Gruppe fremder Soldaten und soll einem Offizier davon den Weg zu den Brücken zeigen. Auf dem Weg wird der Offizier verwundet. Ehe er stirbt, gibt er Ellen einen Brief mit der Botschaft, die er überbringen soll. Sie übernimmt seine Mission. Doch die Brücken sind zerstört. So versucht Ellen, über den Fluß zu springen. In der Luft wird sie von einer Granate getroffen und zerfetzt.

Lit.: S. Moser (Hg.), I. A., Materialien zu Leben und Werk, Frankfurt/M. 1990, S. 129–149 (Fischer Tb. 6888).   D. Metzger

ALEXIS, Willibald (1798–1871)

Die Hosen des Herrn von Bredow. *Vaterländischer Roman.* 2 Teile; 25 Kapitel; EA Berlin 1846 (u. d. T. *Hans Jürgen und Hans Jochem*).

Alexis' vierter »vaterländischer Roman« war sein bei Kritik und Publikum erfolgreichstes Werk. Trotz des als anstößig geltenden Wortes »Hosen« bestand der Autor auf dem Titel, stehen doch die elchledernen Hosen im Mittelpunkt des humorvoll auserzählten Geschehens: »sie sind Held und Clown zugleich« (Fontane). – Der Roman spielt 1504 in der Mark Brandenburg. Während der urwüchsige Ritter Götz von Bredow auf seiner Burg Hohen-Ziatz tagelang seinen Riesenrausch ausschläft, hat seine Frau Brigitte – mit dem »Waschteufel im Leibe« – bei der großen Herbstwäsche auch Bredows Hosen mitgewaschen. Das altmodische Erbstück, als Talisman der Familie und seinem einzigen Paar Hosen von Götz nie aus den Augen gelassen, mußte vorher seinem Besitzer regelrecht entwendet werden. Umso schwerer wiegt es, daß gerade die Hosen nach den Aufregungen mit dem betrügerischen Krämer Hedderich vergessen auf der Leine hängen bleiben und dann von diesem gestohlen werden. Am Abend trifft Ritter von Lindenberg, ein Günstling des brandenburgischen Kurfürsten

Joachims I., unerwartet bei den Bredows ein. Er grollt seinem Herrn, der dem Ritteradel den Straßenraub, ein angestammtes Adelsrecht, streng verboten hat. Nachdem Lindenberg im Spiel verloren und von den Betrügereien des Krämers gehört hat, macht er sich, ausgerüstet mit Götzens Harnisch, auf, den Krämer zu überfallen. Von den beiden jungen Schützlingen der Bredows, dem mittellosen Hans Jürgen und dem begüterten Hans Jochem, beteiligt sich Hans Jochem an dem Überfall. Hans Jürgen begnügt sich hingegen damit, die gestohlenen Hosen zurückzuholen. Der Krämer flieht nach Berlin und beschuldigt Götz des Straßenraubs, so daß dieser, kaum daß er am nächsten Morgen aus seinem tiefen Schlaf erwacht ist, verhaftet wird. In Berlin überzeugt ihn der Hofprediger, ein Freund Lindenbergs, daß er den Raub im Schlaf begangen haben muß. Der Kurfürst will an Götz ein Exempel statuieren, muß sich jedoch von der Tatsache der zur Tatzeit fehlenden Hosen und von dem Krämer Hedderich, der bei einer zweiten Begegnung den Täter wiedererkennt, davon überzeugen lassen, daß Lindenberg, dem er eben einen Verdienstorden verleihen wollte, den Raub begangen hat. Lindenbergs Verurteilung und Hinrichtung löst einen Aufstand des Adels aus. Im Rausch verspricht Götz den rebellischen Rittern seinen Beistand. Brigitte weiß ihn von dem gefährlichen und in ihren Augen zweifelhaften Vorhaben abzuhalten, indem sie ihm erneut seine Hosen entführt. Der Überfall auf den Landesherrn schlägt fehl, nachdem Hans Jürgen, der die Aufrührer belauscht hatte, den Kurfürsten gewarnt

hat. Hans Jürgen wird daraufhin zum Ritter geschlagen und als Vertrauter des Kurfürsten, der diesem offen seine Meinung sagen darf, an den Hof bestellt. Von den Ereignissen tief betroffen, wird Götz – ganz gegen seine Natur und Gewohnheit – nachdenklich, woran er schließlich stirbt. Mit dem Ende des Romans bezeichnet Alexis den Untergang des märkischen Adels und verweist auf das Kommende: die Reformation (Thema von *Der Wärwolf,* der 1848 erschienenen Fortsetzung des Romans) und die Entstehung modernen Bewußtseins.

Lit.: W. GAST, Der deutsche Geschichtsroman im 19. Jahrhundert: W. A., Freiburg i. Br. 1972.   L. TATLOCK

Ruhe ist die erste Bürgerpflicht. *Vaterländischer Roman.*

5 Bücher; 92 Kapitel; EA Berlin 1852.

Der Roman mit dem ironisch zu verstehenden Titel war als erster Teil einer Trilogie über die Zeit der Napoleonischen und Freiheitskriege in Preußen geplant (2. Teil: *Isegrimm,* EA Berlin 1854; 3. Teil mit dem vorgesehenen Titel »Großbeeren« ist nicht erschienen). Der Liberale Alexis, der im Revolutionsjahr 1848 die Märzereignisse begrüßt und sich als Journalist auf die Seite der Neuen gestellt hatte, reflektiert in dem Werk die Erfahrungen der unmittelbaren Vergangenheit anhand einer schon etwa ein halbes Jahrhundert zurückliegenden Epoche (Zeit der Handlung: um 1806). Der Rückgriff gerade auf diese wichtige Phase der preußischdeutschen Geschichte hing aufs engste mit den literarischen und den ideologisch-politischen Absichten des Verfassers zusammen: die Analyse des eben Geschehenen sollte in Vergangenheitsschilderung eingebettet und mit (liberaler) Zukunftsproblematik verflochten werden. Seiner Tendenz nach »vaterländisch«, d. h. im Sinn der Einheitsidee gegen die dynastischen Interessen des vorwie nachmärzlichen Duodezabsolutismus gerichtet, und überhaupt kritisch-realistisch auf preußische Vergangenheit (und damit auch Gegenwart) bezogen, ist das Werk ein Beitrag zur weltanschaulich-politischen Diskussion seiner Zeit und ein eigentümliches Beispiel eines historischen Romans. Über lange Strecken präsentiert es sich zugleich als Beitrag zur kriminalistischen Psychologie (Vorgriffe auf Freud) und ist mit zahlreichen Kolportage-Elementen durchsetzt (Einfluß des *Pitaval* – Alexis war Mitherausgeber und Hauptbeiträger des *Neuen Pitaval* – sowie E. Sues). Die einbezogenen Kriminalfälle sind historisch: der einer Giftmischerin, Geheimrätin Ursinus (bei Alexis: Lupinus), und der eines politischen Hochstaplers, Wilster oder Baron von Essen (bei Alexis: von Wandel). Außer den Verbrechern figurieren einige historische Größen der Zeit, wenn auch nur in Episoden: Königin Louise, Freiherr vom Stein, Napoleon. Ihre Taten bestimmen nicht den Handlungsverlauf, und auch die Figuren der Kolportagehandlung bestimmen ihn nicht im Ganzen. Übergeordnet sind die Lebensgeschichten oder Partikel von Lebensgeschichten einer Dreiergruppe erfundener Figuren: des Mädchens Adelheid, des begabten Bürgersohns Walter van Asten (aus angesehenem Handelshaus) und des Geheimratssohns Louis Bovillard. Sie alle führt ihr Lebensweg in den Umkreis der preußischen Reformer und der Königin. Walter und Louis sind befreundet, Adelheid ist zunächst Walters Braut, entscheidet sich später aber für Louis. Dieser gerät 1806 in das Kriegsgeschehen um Jena und geht darin unter. Sämtliche Personen des Romans vereinigt der Autor in dem Medium eins quasi unendlichen (mehr als 1000 Seiten umfassenden) Gesprächs: Alltagsplauderei, Kasinogerede, verschwörerisches Getuschel, Geschäftsunterredung, sich geistreich gebendes Gewäsch, ernsthafte Disputation. Es spiegelt die Zustände und Stimmungen im Preußen von 1806 wider, eine Generalreflexion, an der sich alle Figuren beteiligen und unter der die Elemente der zeitgenössischen Politik ebenso abgehandelt werden wie die Erfahrungen der Figuren selber. Ist das Werk auch in erster Linie ein Ausdruck gesellschaftlicher Psychologie im Jahrzehnt nach der verlorenen Revolution, so dokumentiert es zugleich die Bemühung seines Verfassers, dem System der Reaktion nochmals trotzig die Freiheitslehre entgegenzusetzen, als deren Repräsentanten hier Louise, Stein und ihre Helfer auftreten, also die Menschen, die das Programm der preußischen Reformen entwickelten und – partiell – in Wirklichkeit umsetzten.

Lit.: W. BEUTIN, W. A.: Ruhe ist die erste Bürgerpflicht (1852). Eine »Zeit, die nicht mehr ist, in ihren großen Lineamenten«, in: H. DENKLER (Hg.), Romane und Erzählungen des Bürgerlichen Realismus. Neue Interpretationen, Stuttgart 1980, S. 65–79.

W. BEUTIN

ANDERSCH, Alfred
(1914–1980)

Efraim. 7 Kapitel; EA Zürich 1967.

George Efraim, Hauptfigur und Ich-Erzähler, recherchiert als jüdischer Auslandskorrespondent im Auftrag einer englischen Zeitung während der Jahre 1962 bis 1965 in Berlin und Rom. Zwischendurch kehrt er für einen kurzen Besuch zu seiner Frau Meg, einer Fotografin, nach London zurück und verläßt sie dann endgültig. Von seinem Chef Keir Horne, dem zeitweiligen Geliebten Megs, wird der 42jährige Efraim 1962 nach Berlin geschickt, um über die Kuba-Krise zu berichten. Nebenbei hat ihn Keir Horne beauftragt, etwas über seine uneheliche Tochter Esther Bloch herauszufinden, die als Nachbarskind von Efraim in Berlin aufgewachsen und 1938 aus einem katholischen Schwesternheim, wo man sie unbarmherzig fortgeschickt hat, spurlos verschwunden ist. Wie Esthers Mutter, Marion Bloch, sind auch die Eltern Efraims im Konzentrationslager umgebracht worden. Efraim verfolgt die Spur Esthers bis zu den beiden Ordensschwestern Mutter Klara und Mutter Ludmilla, die das 13jährige Mädchen seinem grausamen Schicksal überlassen haben, ohne ihren allmächtigen Gott, der den »Menschen den freien Willen verliehen« habe, dafür verantwortlich zu machen. Wenn auch über Esthers weiteres Schicksal nichts zu ermitteln ist, so wird doch Keir Hornes Mitschuld durch unterlassene, durchaus mögliche Hilfe (eine Anspielung auf die zweifelhafte Appeasement-Politik Englands im Jahr 1938) im Verlauf der Recherchen deutlich. Die Haupthandlung der Erzählgegenwart bilden zwei Dreierkonstellationen, jeweils mit Efraim im Mittelpunkt. Keir Horne und der junge Jazzmusiker Hornbostel (dessen Vater begeisterter NS-Künstler war) verkörpern Schuld und Sühnearbeit der Generationen, während Efraim auf »Heil« und »Erlösung« wartet. Meg und Anna Krystek, Sozialistin und Verlobte Hornbostels, in die sich Efraim verliebt, ohne sie dazu bewegen zu können, ihn nach Rom zu begleiten, stehen für die nicht mehr und noch nicht mögliche Erlösung durch Mitmenschen. Mythische Motive verstärken die Verweisfunktion sprechender Namen und Leitmotive: Efraim trägt Züge des Ewigen Juden und eines abgewandelten Erlösungsmythos: die rettende Partnerin kann er nicht finden. Anna bleibt Hornbostel treu, der Nachname »Krystek« deutet bei allem Sozialismus auf ihre christlich-mitmenschliche Rolle; sie erlöst Efraim indirekt, indem sie ihn dazu bringt – statt der Reportage für die Zeitung – sein befreiendes Buch zu schreiben: den Roman *Efraim* samt seiner Entstehungsgeschichte. – Der jüdische Ich-Erzähler, heimatlos gewordenes Opfer des Faschismus, rekapituliert die deutsche Vergangenheit aus einer bis dahin tabuisierten Perspektive. Efraim, der in resignierter Gleichgültigkeit die These vertritt, daß es zufällig die Juden im Dritten Reich gewesen seien, die der überall und jederzeit mögliche Völkermord getroffen habe, läßt den Leser zugleich Einblick nehmen in die Bewußtseinskrise des Überlebenden und appelliert damit an das Gefühl persönlicher Verantwortung des einzelnen für die Geschichte. Der bewunderten Romankunst Thomas Manns ist Andersch mit diesem Werk vielleicht am nächsten gekommen. Den Charakter eines

»Zeitgebreites« der frühen sechziger Jahre verdankt es nicht nur den genau porträtierten Städten London, Berlin und Rom, sondern auch den zeitgeschichtlichen Ereignissen (Kuba-Krise, Kennedy-Attentat, Spiegel-Affäre, Frankfurter Auschwitz-Prozeß) und den Zügen realer Vorbilder, die in die Romanhandlung einmontiert sind (Efraim: der nach London emigrierte Andersch-Freund Edmund Wolf; Keir Horne: der wegen Alkoholismus entlassene Leiter der deutschsprachigen Abteilung der BBC, Lindley Fraser; Meg: Gisela Andersch; Hornbostel: Anderschs Sohn Michael).

Lit.: I. HEIDELBERGER-LEONARD, A. A. – Die ästhetische Position als politisches Gewissen, Frankfurt/M. 1986.   V. WEHDEKING

Die Rote. 4 Teile; EA Olten/Freiburg i. Br. 1960; NA Zürich 1972.
Der in Stil und Thematik dem italienischen Neorealismus verpflichtete Roman beschreibt die Flucht aus erstarrten, als falsch empfundenen Lebensverhältnissen und die Suche nach einem authentischen, engagierten Leben und nach der Wahrheit der Gefühle. Mit dem Titel greift Andersch die Farbsymbolik seines Vorbilds, des Romans *Die rote Nelke* (1934/48) von Elio Vittorini auf und benennt damit nicht nur die Haarfarbe der Titelgestalt; er spielt zugleich auf das politische Engagement der beiden Hauptfiguren an und weist auf das Romanende voraus, an dem sie mit überwältigender Plötzlichkeit ihrer Liebe innewerden. – Der Roman spielt 1957 an vier Tagen, Montag bis Freitag, im winterlichen Venedig. Franziska Lucas, Konferenzdolmetscherin Anfang 30, hat sich aus ihrem saturierten Dreiecksverhältnis mit ihrem Mann Herbert und dessen Chef Joachim nach Venedig abgesetzt, als sie von ihrer Schwangerschaft erfahren hat. Sie sucht ein Drittes zwischen dem »schicken Leben« an der Seite des versnobten Ästheten Herbert oder des erfolgsgewohnten Geschäftsmannes Joachim und der »sauberen Misere« in ihrem langweiligen Berufsleben in Deutschland. In Venedig gerät sie in eine Spionagehandlung um den ehemaligen NS-Folterer Kramer und sein früheres Opfer O'Malley, der sich durch die Folter zum Verrat eines Geheimauftrags bewegen ließ, deshalb seine Offizierskarriere aufgeben mußte und nun Rache üben will. Kramers Traum von der reinen Rasse und O'Malleys enger, veralteter Ehrenkodex stehen für die Denkschemata des Kalten Krieges, die Andersch kurze Zeit nach dem Ungarn-Aufstand (1956) bewußt überzeichnet. Franziska, für die in ihrer verwirrend offenen Lage nur der Entschluß, ihr Kind zur Welt zu bringen, feststeht, schlägt die Einladung des homosexuellen O'Malley zu einer Mittelmeer-Kreuzfahrt nicht aus; die damit in Kauf genommenen Formen eines sadistischen Herrschaftsverhältnisses zwischen O'Malley und Kramer erinnern an das Arrangement mit Joachim und Herbert, den sie nur aus Trotz geheiratet hatte, weil der Antrag des Chefs ausgeblieben war. Auf der Segelyacht des Iren, für den sie nur ein Lockvogel war, wird Franziska Zeugin von dessen Mord an Kramer. Der Abscheu gibt ihr die Kraft, auf die Kreuzfahrt zu verzichten, die alle bundesdeutschen Klischeevorstellungen eines sorgenfreien süd-

lichen Dolce vita zu erfüllen versprach. – Neben dem Handlungsstrang um Franziska wird der um die zweite Hauptfigur, den italienischen Konzertgeiger Fabio Crepaz, bis zur Begegnung der beiden am Ende unverbunden parallel geführt und alternierend montiert. Fabio, ehemals kommunistischer Partisan im Spanischen Bürgerkrieg und gegen Mussolini, ist politisch und privat desillusioniert; auch er sucht einen dritten Weg: zwischen den versteinerten Blöcken des Kalten Krieges, zwischen seinem früheren politischen Engagement und seiner jetzigen, nur sich selbst genügenden Kunstausübung im Kapitalismus. Während in Franziskas Geschichte – ungeachtet der Stilhöhe – Elemente des Kriminal- und des Unterhaltungsromans überwiegen, wird die Fabios als neorealistische Chronik seines Alltagslebens in Venedig erzählt. Im Zeichen neorealistischer Motive manifestiert sich auch die Affinität und Annäherung der beiden Figuren. Fabio wird an Antonionis Film »Il Grido« (1957) das einer Bewährung ausweichende Liebesverständis eines Mannes als Mangel deutlich. Franziska fühlt sich von einem ärmlichen Haus am Schienenstrang angezogen: »ich habe mich immer für diese Häuser interessiert, [...] ganz Italien besteht aus solchen Häusern, in denen die Leute abends im Dunkeln sitzen und Geheimnisse bewahren, arme, bittere, leuchtende Geheimnisse.« So bedarf es nur noch des Zusammentreffens der beiden auf dem Campanile des Markusplatzes, bis sie unter dem Läuten der Turmglocken und mit panoramatischem Weitblick ihrer Bestimmung füreinander bewußt

werden. – Andersch hat mit diesem Roman über eine Frau, die aus der fragwürdigen materiellen Annehmlichkeit ihres Ehe- und Liebesalltags ausbricht, die erst ein Jahrzehnt später in größerem Umfang einsetzende neue frauenspezifische Thematik in der deutschen Literatur vorweggenommen. Er tat freilich gut daran, in der zweiten Fassung das allzu didaktisch durchsichtige Romanende, bei dem sich Franziska vorübergehend für die proletarische Arbeit in einer Seifenfabrik in Venedigs Arbeitervorstadt Mestre entscheidet, zugunsten eines offenen Schlusses zu streichen. Die kontroverse Erstrezeption verdankte sich auch der Strukturalismusmode der 60er Jahre.

Lit.: E. PLESSEN, »In Freiheit flüchtig«. Über die Frauengestalten in A. A.s Romanen, in: V. WEHDEKING (Hg.), Zu A. A., Stuttgart 1984, S. 118–131.   V. WEHDEKING

Sansibar oder der letzte Grund. EA Olten / Freiburg i. Br. 1957.
Im Ostseestädtchen Rerik finden sich im Herbst 1937 fünf Menschen ein, die den Weg in die Freiheit suchen. Da ist zunächst der Fünfzehnjährige, Halbwaise und Schiffsjunge beim Fischer Knudsen, der, bestärkt durch die Lektüre des *Huckleberry Finn,* der ebenso verhaßten wie langweiligen Welt der Erwachsenen nach Sansibar entfliehen will. Gregor, ein junger Kommunist, hat einen Auftrag der KP zu erfüllen, steht dieser jedoch nur noch ablehnend gegenüber und will seine für ihn letzte Mission dazu benutzen, sich ins Ausland und damit auch von seiner Partei abzusetzen. Seine Kontaktperson Knudsen, das letzte noch aktive Parteimitglied in Rerik, begegnet ihm jedoch geradezu feindselig; vermag er doch

in Gregor nur einen weiteren selbstgefälligen Vertreter derjenigen Partei zu sehen, deren ausschließlich von parteipolitischen Gesichtspunkten geprägte Taktik den Triumph der Faschisten letztendlich erst ermöglicht hat. Die Jüdin Judith Levin ist auf der Flucht vor den Nazis, nachdem sich ihre körperbehinderte Mutter wenige Tage zuvor das Leben genommen hat, um ihre Tochter nicht länger an sich zu binden. Nun sucht diese ein Schiff, das sie ins neutrale Ausland und damit in die Freiheit bringt. Knudsen läßt sich vom schwerkranken Pfarrer Helander, der sich von seiner Kirche und Gott ebenso entfernt hat wie jener von seiner Partei, und Gregor dazu bewegen, den »Lesenden Klosterschüler«, wohl eine Figur Ernst Barlachs, aus Reriks Kirche nach Schweden zu bringen, da ihr, als »entarteter Kunst«, die Zerstörung droht. Der zunächst immer noch unwillige Knudsen nimmt sie schließlich mit Gregors Hilfe, der von der Plastik ebenso verwirrt wie fasziniert ist, an Bord und bringt sie und Judith nach Schweden, während Gregor dafür freiwillig und entgegen seiner ursprünglichen Absicht zurückbleibt. Der Junge, der hierbei einen ersten Vorgeschmack auf seinen Traum »Sansibar« erhält, kehrt mit Knudsen zurück, um Judiths Fluchthelfer nicht zu gefährden. Helander erschießt, wissend von der gelungenen Rettung der Plastik, einen Nazischergen und findet darin zu Gott zurück, bevor er selbst von einem zweiten getötet wird. – Der Roman beschreibt, zentriert um den »Lesenden Klosterschüler«, das Spannungsverhältnis zwischen politischer und privater Existenz sowie den Weg zum eigenverantwortlichen Handeln und votiert darin für die unbedingte Entscheidungsfreiheit des einzelnen gegenüber allen Systemzwängen und vorgegebenen Denkmustern.

Lit.: F. Müller, A. A.: Sansibar oder der letzte Grund, München 1988. S. Meyer

Winterspelt. 12 Kapitel; EA Zürich 1974.
In Winterspelt, einem Ort in der Westeifel, plant im Oktober 1944 Major und Ritterkreuzträger Joseph Dincklage – von der bevorstehenden Niederlage Deutschlands überzeugt – die kampflose Übergabe seiner Einheit an die Amerikaner, die, durch einen Streifen Niemandsland von den Deutschen getrennt, im Dorf Maspelt in Stellung liegen. Der an einem Hüftschaden leidende Dincklage, der die Offizierslaufbahn ergriff, um »den Nationalsozialismus auf halbwegs saubere Art zu überwintern«, wird in seinem Vorhaben durch seine zum praktischen Handeln sehr viel entschlossenere Geliebte, die untergetauchte ehemalige Deutschlehrerin Käthe Lenk, bestärkt. Obwohl er von der Undurchführbarkeit des Unternehmens überzeugt ist, vermittelt Käthes ehemaliger Liebhaber Wenzel Hainstock, Kommunist und in einem Steinbruch lebend, die Dienste des aus Deutschland mit einem Aquarell von Paul Klee (»Polyphon umgrenztes Weiß«) emigrierten Kunsthistorikers Bruno Schefold, das er so vor dem Schicksal »entarteter Kunst« zu bewahren suchte. Schefold bewohnt das Niemandsland zwischen den Linien und verfügt über gute Kontakte zu den Amerikanern, die er über Dincklages Vorhaben informieren soll; wobei er, zum Be-

weis der Ernsthaftigkeit von Dincklages Absicht, den gefährlichen Weg durch die Linien nehmen soll. Bei seinem Gespräch mit Captain John Kimbrough muß Schefold jedoch die überraschende Erfahrung machen, daß dieser Dincklages Plan keineswegs mit Begeisterung aufnimmt. Kimbrough verspricht aber, die Angelegenheit an höhere Stellen weiterzuleiten. Nach langwierigen Beratungen lehnen die Amerikaner das Angebot u. a. mit der Begründung ab, »mit einem Verräter nichts zu tun haben« zu wollen. Obwohl Dincklage bereits von Hainstock über die Entscheidung der Amerikaner informiert worden ist, besteht er auf einem Treffen mit Schefold. Auf seinem Weg zu Dincklage, der ihn wieder durch die deutschen Linien führt, wird Schefold vom Gefreiten Hubert Reidel, einem ehemaligen Hotelangestellten und brutalen Nazi, aufgegriffen und zu Dincklage gebracht. Nach seinem Gespräch mit Schefold erhält Reidel von Dincklage den Befehl, Schefold zurückzubegleiten. Des weiteren sagt ihm Dincklage zu, von einer Meldung wegen seiner Homosexualität abzusehen, wenn er seinen Auftrag richtig ausführt und Schefold korrekt behandelt. Durch ein Geldgeschenk von diesem unabsichtlich provoziert, da es ihn an die verhaßten Trinkgeldgeber aus seiner Zeit als Hotellehrling erinnert, tötet Reidel Schefold – in dem er ohnehin von Anfang an einen Spitzel vermutet hatte – durch Schüsse in den Rücken. Damit ist Dincklages Vorhaben endgültig gescheitert; Reidel wird befördert, Dincklage und sein Bataillon versetzt, Käthe geht zu den Amerikanern; nur Hainstock bleibt in seinem Steinbruch in der Nähe Winterspelts. – Neben Anderschs Hauptthema von individuellem Widerstand und Desertion charakterisiert den Roman die Montage von historischem Dokument und poetischer Fiktion. »Geschichte berichtet, wie es gewesen. Erzählung spielt eine Möglichkeit durch.«

Lit.: W. KOEPPEN, Die Leute von Winterspelt, in: DERS., Die elenden Skribenten, Frankfurt/M. 1981, S. 212–221.   S. MEYER

ANDRES, Stefan (1906–1970)

Die Sintflut. 3 Bände (Bd. 1: *Das Tier aus der Tiefe,* EA München 1949; Bd. 2: *Die Arche,* EA München 1951; Bd. 3: *Der graue Regenbogen,* EA München 1959). Stefan Andres beschäftigte sich seit 1939 im Exil in Positano mit dem Thema für einen Roman, der sich schließlich zu einer Trilogie ausweitete: dem Totalitarismus und seinen Folgen. Trotz deutlicher Parallelen zum Nationalsozialismus in Deutschland und zum Faschismus in Italien ist die Trilogie keine direkte Auseinandersetzung mit dem Totalitarismus in diesen beiden Ländern. Andres will vielmehr die »Normbewegung«, wie er sie in seinem Roman nennt, als ein Modell des Totalitarismus schlechthin verstanden wissen. Dem 1. Band der Trilogie hat Andres ein »Vorspiel« (»Konferenz im Atrium«) vorangestellt, in dem er den Leser mit den Personen und dem Thema des Romans bekanntmacht. Dort heißt es: »Die Geschichte von den Genormten, mag sie auch in der Vergangenheit geschrieben sein, enthält in jedem Satz ein drohendes Futur! Das Experiment der Genormten steht, wiewohl einige Labors in die Luft flogen, erst in den Anfängen, das müssen wir wissen. Es wäre darum von seiten des Lesers ein an Verrücktheit grenzendes Leichtnehmen, wollte er den Roman wie eine Farce auf die Vergangenheit lesen. Die Epoche der politischen Theologen hat eben erst begonnen.« Deshalb, so glaubt Andres, kann das »allzunahe Zeitgeschehen [...] nur mit dem Kunstmittel der Analogie auf die Ebene der klaren Anschauung und der leidenschaftslosen Betrachtung erhoben werden«. Analogie, das bedeutet für Andres auch, seinen Stoff mit den Mitteln der mythischen Darstellung transparent zu machen. Um das zu verdeutlichen und die Zeitlosigkeit seines Modells aufzuzeigen, hat er biblisch-mythische Titel gewählt und die Darstellung der zeitgeschichtlichen Handlung an entsprechender Stelle unterbrochen, um dort jeweils eine der insgesamt fünfzehn Noah-Legenden einzufügen. Zeitlos bedrohlich, kann der Totalitarismus als »Sintflut« jederzeit über die Menschheit hereinbrechen.

Das Tier aus der Tiefe (1. Bd.): Über Citta morta (= Positano), eine kleine Küstenstadt in Süditalien, bricht ein sintflutartiges Unwetter herein, eine symbolhafte Vorwegnahme der kommenden Ereignisse; denn bezeichnenderweise trifft unmittelbar danach der ehemalige katholische Theologieprofessor Alois Moosthaler in der Stadt ein, den Olch, der Lehrer und »Confessor« der »Genormten«, seiner Gemeinde als den von ihm prophezeiten »Normer« präsentiert. Moosthaler nutzt nun skrupellos die »Normbewegung« für sein ehrgeiziges Ziel: die Machtergreifung in Deutschland. Mit Hilfe der NO-

SOKA (Normsozialistische Kameradschaft) festigt er seine Macht, bevor er aufbricht, die »Normfahne« über Deutschland zu hissen: rot, der weiße Normblitz auf schwarzem Grund. Die Gegner der Normbewegung scharen sich um den blinden Goldschmied Emil Clemens. Mit seiner Nichte Charis wohnt er in einem Kastell oberhalb der Stadt, seiner »Arche Noah«. Die beiden und der Theologiestudent Lorenz Gutmann versuchen, das Phänomen der Norm in politischen und religiös-philosophischen Gesprächen zu ergründen. Zu ihnen zählen auch der franziskanisch schlichte Hilfspriester Don Evaristo, der seinen verblendeten Bischof vergeblich vor dem Normer warnt, der Maler Natters, der den Normer ohrfeigt, und der Student Omega, der sich dem Normer als Generalsekretär zur Verfügung gestellt hat und »alle Waffen des Bösen« studiert, um sie schließlich »gegen das Böse« einzusetzen. In Deutschland wird Moosthaler verhaftet und als Hochverräter angeklagt. Seine Getreuen befreien ihn, und er gelangt mit Unterstützung des Militärs an die Macht. – Noah erinnert sich seines Traumes von der Flut und sammelt Holz für die Arche (5. Legende).

Die Arche (2. Bd.): Im Hause des Rechtsanwalts Gutmann in Berlin treffen sich die »Vereinigten Archenbesitzer«, ein Kreis von Normgegnern. Gutmann wird denunziert und als »Abramit« in ein »Erziehungslager« gebracht. Lorenz, sein Adoptivsohn, bemüht sich um seine Freilassung, indem er seinen leiblichen Vater, den »Waffenminister« Schmitz, um Vermittlung bittet. Doch erst als er mit Hilfe Omegas den Nor-

mer aufsucht, wird Gutmann freigelassen und darf in die Schweiz
ausreisen. Das Haus der Gut-
manns am Luganer See wird für
die Gegner der Norm zur »Arca
degli Amici«. Clemens und Charis, die vor den Häschern des
»Tribunen« aus Italien fliehen
müssen, und Natters, der durch
Vermittlung Omegas aus einem
»politischen Erziehungslager«
freigelassen wird, stoßen zu ihnen. Zur zentralen Figur wird jedoch Lorenz Gutmann; er kämpft
– als Sprachrohr des Autors – für
einen »christlichen Humanis-
mus«, der allein noch das Abend-
land retten könne. So unterstützt
er auch nicht den anarchistisch
denkenden und handelnden Architekten Gabriel Clemens, den
Vater von Charis, der den italienischen »Tribunen« bei einem Attentat tötet. Den Krieg, der der
Normer zur gleichen Zeit beginnt, kann der »Architekt« jedoch damit nicht verhindern. –
Noah warnt die Bewohner Urs
vor der Katastrophe und geht in
die Arche (8. Legende).
Der graue Regenbogen (3. Bd.): Der
Krieg ist zu Ende, Omega hingerichtet, der Normer vom »Architekten« getötet. Über dem besiegten Deutschland liegt noch der
giftige Geruch des »Game-Ga-
ses«, mit dem der Krieg des Nor-
mers radikal beendet wurde. Lorenz geht nach Deutschland, um
sich in diesem »Höllenloch« ein-
zurichten. In der neuen Verwaltung sitzen wieder »ehemalige
Genormte«, die »alten Richter«
sind auch die des neuen Staates,
Schmitz wird als Feldmarschall
»reaktiviert«, Politiker und Gene-
räle verwalten die neuen, todbrin-
genden Entwicklungen der Wissenschaftler und Techniker:
»Strahlen, die keiner sieht, die

aber plötzlich da sind.« Natters
kommt vorübergehend ins Gefängnis und in psychiatrische Untersuchung, weil er die Beamten
des von den Siegermächten einge-
richteten »Kontrollorgans«, deren unerhörten Fragen er sich
schutzlos ausgeliefert fühlte, verprügelt hat. Lorenz sieht in einem apokalyptischen Traum die
»Menschendämmerung«: einen
grau-schwarzen Regenbogen, der
ein Sensenmann hält, das mit seinen kreisenden Bewegungen die
Erde mäht, bis sie als »toter Kopf
[...] durch den Himmel« treibt.
Er zieht sich mit Gleichgesinnten,
unter ihnen Clemens, »in die Wäl-
der« zurück. – Noah baut die
dritte Arche, eine neue Sintflut
befürchtend (15. Legende). –
Andres hat die drei Bände des Romans später überarbeitet und gekürzt, doch zu einer Veröffentlichung der Neufassung kam es
nicht mehr.

Lit.: H. WAGENER, S. A., Widerstand gegen
die Sintflut, in: W. GROSSE (Hg.), S. A., Trier
1980, S. 90–114.   H. ERSCHENS

ANTON ULRICH Herzog zu Braunschweig und Lüneburg
(1633–1714)

Die Durchleuchtige Syrerinn Aramena. 5 Bände; EA Nürn-
berg 1669–73.
Entstehung und Gestalt verdankt
der Roman, der in der mythischen
Frühzeit Vorderasiens, Afrikas
und Europas spielt, nicht Anton
Ulrich allein: zum einen konnte er
von dem Fragment einer ›Ur-
Aramena‹ (525 Seiten) ausgehen,
von seiner Schwester Sibylle Ursula vermutlich nicht lange vor
ihrer Heirat (1663) verfaßt – wobei es offen bleibt, welcher Anteil
an der ursprünglichen Gesamt-

konzeption ihr zuzuschreiben ist; zum anderen hat Sigmund von Birken (1626–81), Anton Ulrichs früherer Lehrer, – parallel zu dessen Arbeit des Umgestaltens und Erweiterns – die handschriftliche Endfassung für den Druck stilistisch überarbeitet und eine romantheoretische Vorrede, zahlreiche Gedichte sowie eines der kleinen Theaterstücke beigesteuert.

Anton Ulrichs höfisch-historische Staats-, Liebes- und Gesellschaftsromane gehören zu den wenigen deutschen Vertretern dieser europäischen Gattung, die im 17. Jh. besonders in Italien und Frankreich gepflegt, in Deutschland aber zunächst und vor allem in Form von Übersetzungen rezipiert wurde. Ein mehr oder weniger sorgfältig skizzierter historischer Rahmen ist all diesen Werken gemeinsam, was jedoch bei Anton Ulrich auffällt, ist dessen wissenschaftliche Fundiertheit; darauf ist bei der *Aramena* besonders hinzuweisen, da die dem 17. Jh. vertrauten ›Geschichtsquellen‹ über die Ursprünge der Völker, die Anton Ulrich auswählend, zuweilen modifizierend einbezogen hat, heute – bis auf die Bibel – nur noch den Spezialisten bekannt sind. Der Weite des Rahmens entspricht die Fülle des Geschehens. Hilfreich für den Leser sind dabei die sachbezogene Schlichtheit des nicht ›barock‹, sondern eher klassisch anmutenden Sprachstils (ein Ergebnis des Zusammenwirkens von Anton Ulrich und Birken) und die Anordnung der Stoffmengen in einem tektonisch exakt kalkulierten komplizierten Gefüge. So sind z. B. die Orte des Gegenwartsgeschehens klar begrenzt und überschaubar: einige Stätten in Nord-

palästina (1. Bd.), Damaskus (2.–4. Bd.) und Samosata (5. Bd.) mit ihrer jeweiligen Umgebung. In die zahlreichen Vorgeschichten und Botenberichte dagegen wird die ganze Weite des Orients und der Mittelmeerwelt hereingeholt: vom Indus bis zum Atlantik, von der Nordsee bis Äthiopien. Kunstvoll sind diese Vorgeschichten untereinander sowie zum Gegenwartsgeschehen in Beziehung gesetzt, und ein System von Spannungsbögen aktiviert den Spürsinn des Lesers. Der Vielzahl der präsentierten Groß- und Kleinstaaten entspricht die Vielzahl meist fürstlicher Romangestalten. Die Handlung spielt im 2. Jahrtausend v. Chr. Assyrien-Babylon wird als staatliche Einheit behandelt, ebenso das lange von ihm unterjochte Syrien-Mesopotamien, in dem sich jedoch Widerstand regt. Palästina besteht aus vielen Kleinstaaten, unter denen in geistiger Hinsicht das politisch ohnmächtige Salem hervorragt, wo ein jüngerer König Melchisedech eine ›hohe schule‹ eingerichtet hat. Der Patriarch Jakob steht noch als »Schäfer« im Dienst des mesopotamischen Fürsten Laban; und König Hiob, dessen Leidenszeit weit zurückliegt, herrscht – ein Beweis für die Güte seines Gottes – wieder über sein Land Uz. Dem ersten Weltreich Assyrien-Babylon und dem ihm durch Verwandtschaft der Herrscher verbundenen Syrien-Mesopotamien steht im Westen das große Reich der »Celten und Teutschen« gegenüber, von dem angedeutet wird, daß es Mittel- und Westeuropa, ohne Italien und Spanien, umfaßt. – Im Reich der »Celten und Teutschen« hatte der von seinem Bruder vertriebene assyrische Prinz Trebeta einst

Trier gegründet (vgl. die Gründungssagen von Babylon, Ninive und Trier), die Trebetier waren aber später nahezu ausgerottet worden, und als Trägerin des alten Anspruchs auf Assyrien blieb zuletzt nur noch die kampferprobte Heldin Arovinda, die der »celtisch-teutsche« König Marsius gegen den Willen seiner Familie heiratete. Sie starb früh, nach der Geburt des Sohnes Marsius und der Tochter Hercinde. Von seinem Bruder Bojus bekämpft, wandte sich Marsius d. Ä. mit vielen seiner Anhänger nach Asien, denn erst dort – so eine Weissagung – werde er in Auseinandersetzung mit Assyrien das Glück seiner Kinder sichern. In Palästina angekommen, eroberte er zunächst das Reich Basan. Assyrien-Babylon beherrschte damals der Tyrann Belochus, der einst seinem Schwager Aramenes d. Ä. überdies Syrien-Mesopotamien geraubt hatte. Aramenes und seine Gemahlin waren dabei ums Leben gekommen. Deren Kinder fanden Sicherheit unter falschen Namen – Aramenes gilt lange als Abimelech, Sohn des Philisterkönigs, die Titelheldin Aramena d. Ä. als Delbois, Tochter des Belochus –, verliebten sich in Unkenntnis ihrer wahren Herkunft jedoch ineinander, lange bevor sie ihren endgültigen Lebensgefährten Coelidiane und Marsius d. J. begegneten. Zwischen Marsius d. Ä. und Belochus kam es im Lauf der Jahre mehrmals zu Kämpfen, in denen sich besonders Marsius d. J. hervortat, am Ende stand jedoch ein Waffenstillstand, als Marsius d. J. totgesagt worden und der Vater aus Kummer gestorben war. In Wahrheit lebt Marsius d. J. lange incognito – als

Cimber – in Aramenas Nähe und rettet ihr mehrfach das Leben, obwohl diese Liebe, für die er sich selber und alles preisgibt, hoffnungslos scheint. Seine Schwester Hercinde greift indessen Belochus und dessen Sohn Baleus an der Spitze eines Heeres aufs neue an, aber nach der Begegnung mit Baleus zeigt sich, daß der Streit durch ihre Vermählung beigelegt werden kann.

Am Anfang des Romans ist der Weltzustand gekennzeichnet durch einen weithin herrschenden Mangel an rechter Ordnung im religiösen, politischen und familiären Bereich. Die »reine erkenntnis« von dem »rechten Gott« der Patriarchen und des Melchisedech – gemeint ist eine auf die christliche hin transparente jüdische Religion – ist noch nicht weit verbreitet. Große und kleine Tyrannen mißbrauchen die Macht ihren Ländern wie ihren Angehörigen gegenüber. Aus dieser Unordnung sucht eine neue Generation sich und die Welt zu befreien. Im Zentrum des Geschehens stehen sechs jugendliche Protagonisten: Marsius und die Titelheldin Aramena, Aramenes und Melchisedechs Nichte Coelidiane, Baleus und Hercinde, aus denen nach Bewältigung innerer und äußerer Schwierigkeiten drei Musterpaare werden, die am Ende die drei größten Reiche beherrschen: das Reich der »Celten und Teutschen«, Syrien-Mesopotamien und Assyrien-Babylon. Um sie und etwa zwanzig weitere Hauptgestalten herum werden noch über fünfzig Prinzen und Prinzessinnen auf höchst verschiedenen, stets unterhaltsam und spannend erzählten Wegen zu sich selber und meistens auch zu einem Lebensgefährten geführt. Dabei tritt

– bereitwillig angenommen von den Besten – die rechte Religion in immer helleres Licht, und es läßt sich im peripetienreichen Ringen um das eigene Heil und das des anvertrauten Landes ein neues, länderübergreifendes Ordnungssystem aufbauen, dessen Basis nicht zuletzt die vielen fürstlichen Freundschaften sind.

Lit.: A. HASLINGER, Epische Formen im höfischen Barockroman. A. U.s Romane als Modell, München 1970. – A. U. HERZOG v. BRAUNSCHWEIG-LÜNEBURG, Die Durchleuchtige Syrerinn Aramena, hg. von B. L. SPAHR, Bern / Frankfurt/M. 1975–83 (Reprint).

M. MUNDING

Die Römische Octavia. 1. Fassung (Fragm.): 3 Bände; EA Nürnberg 1677–79. 2. Fassung: 6 Bände (1.–3. Bd. unverändert, 4.–6. Bd. neu); EA Nürnberg 1703–07. 3. Fassung: 8 Bände; 1.–6. Bd.: EA Braunschweig 1712–14, 7. Bd.: EA Wien 1762, 8. Bd.: als Handschrift erhalten.

In Sprachstil und Romanstruktur knüpft dieser höfisch-historische Staats-, Liebes- und Gesellschaftsroman an Anton Ulrichs → *Durchleuchtige Syrerinn Aramena* an. Die Redaktion der Erstausgabe übernahm für die Bände 1–3 Sigmund von Birken, für alle späteren Bände – in enger Verbindung mit Anton Ulrich – sein Sekretär Gottfried Alberti († 1748). Gesamtspielraum der 1. und 2. Fassung ist, wie in der *Aramena*, Europa, Afrika bis Äthiopien und Asien bis Indien. Die Spätfassung bringt – im Einklang mit der Sinomanie, die Europa um die Wende zum 18. Jh. ergriffen hatte – zusätzlich den ganzen Fernen Osten ins Spiel. Die klar begrenzten Schauplätze der Gegenwartshandlung sind: Rom, in antithetischem Wechsel zwischen der oberirdischen Stadt, wo lange Nero und mit ihm das Böse herrscht, und der Welt der Katakomben, wo die Urkirche heranwächst und die Titelheldin unter dem Pseudonym Neronia als Herrin verehrt wird (1.–4. Bd., 1. Hälfte); einige Stätten in Oberitalien – des Bürgerkriegs wegen – und aufs neue Rom (4. Bd., 2. Hälfte); Dacien, vor allem sieben Inseln im Donaudelta (5.–6. Bd.); die 3. Fassung nimmt Palästina hinzu und die Kinder des Herodes Agrippa I., vor allem aber den Berg Karmel als eine Art Weltmittelpunkt, wo jedem religiöse Toleranz abverlangt wird (6.–8. Bd.). Die Zeit der Handlung, das 1. Jahrhundert nach Christi Geburt, liegt im hellen Licht bekannter Geschichtsquellen, die für den historischen Rahmen ausgiebig genutzt werden. Die Gegenwartshandlung der 3. Fassung durchmißt die Jahre 68–71, die eingefügten Vorgeschichten geben oft den Blick auf die Zeitwende frei, hie und da führen Erinnerung und Prophezeiung weit über diesen Rahmen hinaus.

Die Handlung zentriert sich um Octavia, Britannicus und beider Halbschwester Antonia, die den Mordanschlägen Neros nur scheinbar zum Opfer fallen und somit die julisch-claudische Dynastie weiter führen. Diesen drei Kindern des Kaisers Claudius sind der Parther Tyridates, die Britannierin Caledonia und der Cherusker Italus als Liebespartner zugeordnet. Octavia-Neronia ist mit dem Arsakidenprinzen Tyridates, dem Bruder der Könige der Parther und Meder, in einer – durch Bildnisse vermittelten – Fernliebe verbunden, lange bevor er ihr das Leben rettet, doch die

Ehe mit Nero, die für die Christin Octavia trotz Verstoßung und Mordbefehl gültig bleibt, sowie abenteuerliche Wirren, die durch zwei Pseudo-Neronen verursacht werden, trennen das Paar. Nachdem sie durch alle Schrecken und Ausweglosigkeiten hindurch heroisch Treue bewiesen haben, gegenüber Gott, dem Geliebten, der politischen Aufgabe und sich selbst, werden sie das Partherreich beherrschen und für die Zukunft dessen harmonische Koexistenz mit Rom und anderen Reichen verbürgen. – Antonia und der in Italien aufwachsende Cheruskerprinz Italus, der Neffe des Arminius, sind seit frühester Jugend unzertrennlich; da aber Italus und Antonias Halbbruder Drusus als kleine Kinder vertauscht worden sind, fehlt es – bis zur späten Aufklärung des Irrtums – nicht an Seelenqualen in dieser scheinbar verbotenen Beziehung. Am Ende ihrer Prüfungszeit werden sie das Land der Cherusker beherrschen. Italus verzichtet darauf, mit Vespasian in Konkurrenz zu treten, verbindet sich vielmehr in Freundschaft mit ihm. Es wird aber prophezeit, daß es unter ihren Nachkommen einmal römische Kaiser geben werde. – Mit Britannicus ist in allen Romanfassungen die als Geisel in Rom lebende Caledonia, die Tochter des britannischen Nationalhelden Caratacus, von Kindheit an verbunden. In den frühen Notizen sah Anton Ulrich ein Reich in Britannien für sie vor, in der 1. und 2. Fassung stirbt der Prinz, und Caledonia wird Ordensfrau; in der 3. Fassung wird Britannicus gerettet, im Fernen Osten erzogen und von einem Großkönig adoptiert, Caledonia gewinnt er gerade noch als Gemahlin, bevor sie die Ordensgelübde ablegt. Über Britannicus – einen Idealherrscher, in dem weltliche Macht und geistliches Charisma sich verbinden – wird sein fernöstliches Imperium zum Christentum finden, und zwar in Harmonie mit der wahren Lehre des großen Konfuzius. (Eine deutliche Parteinahme für die Jesuiten im Ritenstreit.)

Ein vielsträngiges Ganzes bildet die Staatshandlung: Schon in Neros letzten Regierungsjahren und nach seinem Sturz bis zum Sieg der Vittellianer über Otho (1.–4. Bd., 1. Hälfte) wird von den verschiedensten Parteien immer aufs neue versucht, der julisch-claudischen Dynastie die Herrschaft über das Reich zu erhalten, sei es nun über die Söhne oder die Töchter des Claudius. Gleichzeitig ist aber die künftige Herrscherfamilie der Flavier von Anfang an präsent und durch die Freundschaft zwischen Antonia und Vespasians Partnerin Coenis wie zwischen Titus und Britannicus, ferner durch die als engagierte Christin dargestellte Vespasiantochter Flavia Domitilla dem engsten Kreis um die Zentralgestalten zugehörig. Außerdem geht es von Anfang an um die Übertragung römischer und christlicher Werte in andere Regionen der Welt oder die Aufrichtung des Augustusfriedens und des Friedens Jesu Christi in weltweitem Rahmen. Den Weg dahin suchen nicht wenige Gegenspieler zu blockieren, der prominenteste – neben Kaiser Nero – ist dessen frei erfundener Bruder und Doppelgänger Nero aus Pontus, eine lebensprühende Schauspieler- und Intrigantenfigur. Den Neronen äußerlich zum Verwechseln ähnlich, aber zu den guten Gestalten zu rechnen, ist Claudia, die als Tochter des Kaisers Claudius gilt, bei Anton Ulrich aber eine Halbschwester der Neronen ist; so kann auch sie als Doppelgänger des Kaisers Nero auftreten, und für Nero aus Pontus ergibt sich zusätzlich die Möglichkeit, als Pseudo-Claudia für Situationskomik und -tragikomik im kaiserlichen und königlichen Milieu zu sorgen. – Anton Ulrichs *Octavia* nimmt eine Übergangsstellung in der Literaturgeschichte ein. Einerseits steht sie fest in der alten Tradition des europäischen höfisch-historischen Romans – in seiner deutschen Spielart, d. h. eng verbunden mit Kirchen-, Reichs- und Welthistorie –, und der mit großem Kunstverstand aufgebaute Romankosmos der 1. Fassung ist – wie die *Aramena* – an eher konservativen Leitsternen orientiert; andererseits lockern sich in der 2. und 3. Fassung die Gattungskonventionen; aristokratischer Realismus tritt neben den Idealismus, Komik und Groteske neben den hohen Stil, der Anteil an gemischten Charakteren nimmt zu, neben die alten Stoffe und Erzählschemata tritt viel unvorgeformter Stoff aus dem Leben des Herzogs und ihm nahestehender Personen, hier mehr, dort weniger verschlüsselt, mit dem er sich auf seine Weise auseinandersetzt – kritisch und orientiert an Leitideen wie Erfahrung, wahre Vernunft, Toleranz – und damit befindet man sich mitten in der Aufklärung.

Lit.: E. MAZINGUE, A. U. Duc de Braunschweig-Wolfenbüttel, un prince romancier au XVIIième siècle, Bern/Frankfurt/M./Las Vegas 1978. – M. MUNDING, A. U.s von Braunschweig »Octavia«-Roman. Zu den drei Fassungen und ihrer Präsentation in der historisch-kritischen Ausgabe, in: Editio 1 (1987), S. 159–183.   M. MUNDING

ANZENGRUBER, Ludwig (1839–1889)

Der Sternsteinhof. 24 Kapitel; ED »Die Heimat« 1883/84; EA Leipzig 1885.

Die schöne Häuslerstochter Helene hat sich vorgenommen, Bäuerin auf dem reichsten Hof der Gegend zu werden. Hoch über der Hütte, die sie mit ihrer Mutter bewohnt, auf einem Hügel gelegen, scheinbar unerreichbar und doch immer im Blickfeld des Mädchens, ist der Sternsteinhof das Ziel ihrer berechnend geplanten Handlungen. Sie versteht es, den Hoferben Toni für sich zu interessieren, der sich jedoch nicht gegen seinen Vater durchsetzen kann, als Helene, durch ihn »in die Schand« gekommen, auf eine Entscheidung drängt. Der Vater, dessen ursprüngliche Pläne, seinen Sohn mit einer reichen Bauerstochter einer benachbarten Gemeinde zu verheiraten, durch diesen Zwischenfall durchkreuzt scheinen, bleibt hart und läßt Toni lieber für drei Jahre zum Militär gehen, vor dem ihn die Fürsprache des vorgesehenen Brautvaters hätte bewahren können. Der Kleebinder Muckerl, der »Heiligenschnitzer«, der mit seiner Mutter im Nachbarhäuschen wohnt und schon lange um Helene geworben hat, heiratet sie, nachdem Toni zum Militär gegangen ist. Das Kind wird geboren. Das Geschäft mit den Heiligenfiguren geht schlechter. Toni kehrt zurück und übt Rache an seinem Vater, indem er ihn mit dessen eigenem Plan übervorteilt: Er beschließt, die ursprünglich für ihn vorgesehene Bauerstochter Sali zu heiraten, und erreicht durch einen Trick, daß die Hochzeit schon kurze Zeit später stattfindet und der Sternsteinhofbauer damit vorzeitig auf sein Altenteil verdrängt wird. Toni, unvertraut mit der Führung eines großen Hofes und ohne Unterstützung seines Vaters, mit einer Frau, die im ersten Kindbett so erkrankt, daß sie keine Hilfe mehr ist, fühlt sich immer noch zu Helene hingezogen. Sie wehrt sich erst gegen seine Besuche, bald regt sich aber wieder der alte Wunsch, Sternsteinhofbäuerin zu werden. Sollten Sali und Muckerl, dem eine Lebensversicherung wegen seiner schwächlichen Konstitution verweigert wurde, sterben, so wollen Helene und Toni heiraten. Im Schlaf verrät Toni den Plan. Sali teilt Muckerl das Gehörte mit, der darauf zusammenbricht und sich nicht mehr erholt. Kurz nach Muckerls Tod stirbt auch Sali. Nach Ablauf des Trauerjahrs wird Hochzeit gehalten. Toni, als Reservist einberufen, kommt ums Leben, und Helene zieht als tüchtige und geachtete Bäuerin ihren Sohn und Salis Tochter auf, gemeinsam mit dem Großvater, dessen Respekt sie inzwischen erworben hat. – Unsentimental schildert Anzengruber das Schicksal seiner Figuren und verzichtet darauf, den rücksichtslosen Kampf der Heldin um Macht und Ansehen an moralischen Kategorien zu messen.

Lit.: R. BAASNER, A.s Sternsteinhof, in: Zeitschrift für deutsche Philologie 102 (1983), S. 564–583.   B. NEUGEBAUER

ARNIM, Ludwig Achim von (1781–1831)

Armut, Reichtum, Schuld und Buße der Gräfin Dolores. *Eine wahre Geschichte zur lehrreichen Unterhaltung armer Fräulein.* 2 Bände; 4 Abteilungen; 69 Kapitel mit Musik-Beilage; EA Berlin 1810.

Als Antwort auf F. Schlegels → *Lucinde* und Goethes → *Wahlverwandtschaften* plädiert der Roman für die Ehe und entfaltet einen umfassenden Kodex zum Thema ›Liebe und Ehe‹. Die erbauliche Botschaft des Romans zur Stärkung bürgerlich-christlicher Ehetugenden richtet sich gegen die freizügige Ehemoral der oberen Stände. Die Haupthandlung wird von 12 in der Erzählgegenwart stattfindenden Arabesken umspielt, die die Variationsfülle menschlicher Liebe als Anfechtung des Ehesakraments darstellen. Demselben Ziel dienen in Realisierung des ästhetischen Programms romantischer ›Universalpoesie‹ die mehr als 40 eingestreuten Lieder/Gedichte, die 10 Balladen und Romanzen, 7 Erzähl- und Briefeinlagen – z. B. die Novellenform von Arnims frühem Roman *Hollin's Liebeleben* (1802) und von seinem posthum erschienenen Epos *Päpstin Johanna* (1848) –, 2 Essays und 2 dramatische Dialoge und Singspiele. Motive und Figuren werden paarweise und antithetisch eingeführt, beginnend mit der Kernpolarität zwischen dem im Sinne konservativer Erneuerung katholisch-treuen Grafen Karl und seiner leichtlebig-schönen, liberal-experimentierfreudigen Frau Dolores. Unter den beiden verarmten Töchtern des Grafen P. (der Vater ist seinen Gläubigern in ferne Länder entflohen, die Mutter aus Gram darüber gestorben) erwählt sich der Student Karl die kokette Dolores und verlobt sich mit ihr – besiegelt durch seinen Familienring mit einer Darstellung der vier Apostel. Dolores' fromme Schwester Klelie dagegen, zu der Karl von Anfang an eine tiefere Seelenverwandtschaft empfindet, heiratet den Markese D., Inbegriff der von Arnim kritisierten verantwortungslosen Lebensweise des Adels in der Tradition des Ancien régime. In Hypnose versetzt, läßt sich Dolores von dem inkognito auftretenden Markese verführen. Als Karl von dem Ehebruch erfährt, arrangiert er voller Selbstmitleid und zum Sterben entschlossen, daß die ahnungslose Dolores beim Schützenfest sein Gewehr gegen ihn abdrückt. Er übersteht und bekennt Dolores den Selbstmordversuch, die beiden finden zu gegenseitiger Treue, als sie einander am Ende ihrer selbstauferlegten Wallfahrt im Zustand der ›Buße‹ wiederbegegnen. Dolores gebärt ihrem nunmehr rückhaltlos angebeteten Karl zwölf Kinder und zieht mit ihm zu der inzwischen verwitweten Klelie in die Nähe von Palermo, wo die Kinder eine würdige Pflegemutter finden und Karl sich um die Verwaltung der ausgedehnten Güter Kleliens verdient macht. In dieser Idylle taucht eine verwitwete deutsche Fürstin im mittleren Alter auf, die in heftiger Leidenschaft zu Karl entbrennt. Nachdem sie zunächst während einer Schiffahrt den Verlust des sakralen Ehe- und Verlobungsrings von Dolores herbeigeführt hat, verbringt sie vermeintlich eine Nacht mit dem Grafen in dessen Zimmer und glaubt sich wiedergeliebt. Während Karl einen Ersatz für den Apostelring besorgt, mit dem er Dolores am 14. Jahrestag ihres Ehebruchs (›zufällig‹ auch der Jahrestag des Sturms auf die Bastille) überraschen will, erfährt Dolores von der angeblich gegenseitigen Liebe zwischen der Fürstin und Karl. Sie erklärt sich bereit, auf ihn zu verzichten, damit er als Landesvater an der Seite der Fürstin seiner hohen Berufung nachkommen kann. Bei seiner Rückkehr findet Karl die Fürstin, die inzwischen ihren Irrtum erkannt hat, vergiftet vor, während Dolores – unter der Last ihres entsagungsvollen Entschlusses zusammengebrochen – sanft dahinscheidet. Einen Hoffnungsstrahl in der Stunde tiefster Trauer bedeutet der von Fischern wiedergefundene echte Apostelring, den der geheimnisvolle Prinz von Palagonien Karl aushändigt. Der Prinz bestärkt ihn darin, zu Ehren von Dolores einen christlichen Leuchtturm für die ungläubigen Seefahrer an der Westküste Siziliens zu errichten. Die Schlußszene zeigt den Grafen, umgeben von seinen Söhnen, wie er gen Norden aufbricht, um im »bedrängten deutschen Vaterlande mit Rat und Tat« zum Wohl der Allgemeinheit zu wirken.

Lit.: H. Meixner, Romantischer Figuralismus. Kritische Studien zu Romanen von A., Eichendorff und Hoffmann, Frankfurt/M. 1971. – R. Moering, Die offene Romanform von A. v. A.s »Gräfin Dolores«, Heidelberg 1978.
R. Hoermann

Die Kronenwächter. *Bertholds erstes und zweites Leben* (1. Teil). 3 Bücher; 24 Kapitel; EA Berlin 1817 (2. Teil, unvollendet: hg. von Bettine v. Arnim, in: »Sämmtliche Werke«, IV, Berlin 1854).

Als Reformationstetralogie konzipiert, die die »Geschichte, Sitten und Gebräuche von ganz Deutschland« umfassen sollte (B. v. Arnim), werden beide erschienenen Bände jeweils vom Schicksal einer Hauptfigur beherrscht. Während der Berthold-Roman in Form einer ›romantischen Kunstsage‹ fatalistisch die bürgerlich-kommerzielle Pervertierung des mittelalterlich-adeligen Dienstethos darstellt, zeigt der Anton-Roman – der z. T. aus nicht überarbeiteten früheren Fragmenten mehr oder weniger willkürlich zusammengestellte 2. Teil – Spuren des rahmensprengenden Geistes eines frühromantischen Künstlerromans. Gegenläufig zu den Leitideen eines Bildungsromans sind in diesem ersten deutschen ›historischen Sagenroman‹ weder die Hauptfigur Berthold noch der Erzähler imstande, Bildungsmöglichkeiten in den historischen Ereignissen der Bauernkriegszeit (1519–26) wahrzunehmen, während Anton aus fehlender Erinnerungsfähigkeit und aus Leidenschaft die Fehler seiner Jugendzeit auf jeder Stufe seiner kaiserlichen Laufbahn wiederholen muß. – Das Findelkind Berthold steht als staufischer Sprößling unter dem Schutz der Kronenwächter, einem Geheimbund, der die Kaiserkrone Barbarossas in einem unzugänglichen, gläsernen Schloß hütet und die staufische Herrschaft im Gegenzug gegen das habsburgische Kaiserhaus wiederherstellen will. Die Kronenwächter überlassen Berthold einen Königsschatz zum Wiederaufbau des alten Barbarossa-Palasts in Waiblingen. Der junge Berthold pervertiert indessen den ritterlich hohenstaufischen Geist, indem er im Seitenflügel des großen Wohnhauses eine Tuchfabrik errichtet. Er wird wohlhabend und zum Bürgermeister von Waiblingen; sein »Erfolg durch Untreue« ist jedoch vom Verlust der Jugendgeliebten Apollonia begleitet, die plötzlich aus seinem Leben verschwindet. Bis zum 40. Lebensjahr kränkelt der blut-arme Berthold dahin. Erst das Erscheinen des Wunderdoktors Faust (hier verknüpft Arnim zwei Stoffelemente, die Bertholdfabel mit dem Antonstoff, die in seiner Hauptquelle, Zachers *Chronicon Waiblingense*, 1666–70, getrennt stehen) verschafft ihm magische Heilung durch den Blutaustausch mit dem überaktiven Malergesellen Anton, ebenfalls ein staufischer Sprößling unter dem geheimen Schutz der Kronenwächter. Der künstlich zu Kräften gekommene Berthold erringt den Pokal beim Bürgerturnier anläßlich des Augsburger Reichstags (1519), wo er auch Apollonias Tochter Anna zur Frau gewinnt, Luther zur Flucht verhilft und die Partei des habsburgischen Kaisers Maximilian gegen die Kronenwächter sowie gegen Herzog Ulrich und die aufständischen Bauern ergreift. Wie auch schon sein Vater, der von den Kronenwächtern umgebracht wurde, übt er damit mannigfachen ›Verrat‹. Als er sich im Sinne der politischen Ziele der Kronenwächter für die Reichsunmittelbarkeit Waiblingens einsetzt, übergeht er seine Wählerschaft und muß sich vom Bürgermeisteramt zurückziehen. Mißverstanden und ohne Hoffnung auch im Hinblick auf Anna (die sich zu Anton hingezogen fühlt), stirbt Berthold in der Stammgruft der Hohenstaufen zu Lorch, als im selben Augenblick Anton bei der Taufe von Annas Sohn (Anno) heimtückisch von Faust niedergestochen wird. Der 1. Band schließt mit dem Tod Bertholds. Im 2. Band sollte »Kaiser Anton« eine neue Friedensepoche begründen, fernab von der fragwürdigen Restaurationspolitik der Kronenwächter und »vom Geiste der Kunst durchdrungen«.

Lit.: H. V. GEPPERT, A. v. A.s Romanfragment »Die Kronenwächter«, Tübingen 1979.
                                    R. HOERMANN

AUGUSTIN, Ernst (geb. 1927)

Raumlicht. *Der Fall Evelyne B.*
7 Kapitel; EA Frankfurt 1976.
Augustins vierter Roman schildert in einer Rahmenhandlung die
psychotherapeutische Behandlung der Patientin Evelyne B. im
Münchener Haus des Ich-Erzählers; in diesen Rahmen ist ein au-
tobiographischer Bericht des be-
handelnden Arztes eingebaut.
Seine Erfahrung fremder Kultu-
ren in Afghanistan und Indien mit
ihren Techniken der Meditation
und ihrem nicht-europäischen
Realitätsverständnis trägt ebenso
zur Erweiterung des Ich- und
Weltverständnisses bei wie die
Arbeit in der Nervenklinik der
Berliner Charité. Durch diese Erfahrungen verliert die Realität ihren dominierenden Status; sie vermischt sich mit irrealen Momenten, mit Visionen und Träumen.
Zur Destabilisierung des Reali-
täts- und Ich-Bewußtseins trägt
auch die Behandlung der Patientin
Evelyne B. bei. Sie vollzieht sich
im Haus des Arztes, das künstlich
mit surrealen Komponenten ausgestattet wird, um die Orientierung im Raum unmöglich zu machen. Das Ziel der Behandlung ist
die vollständige Verunsicherung
der Patientin, die sich auf den Arzt
und Autobiographen überträgt.
Was als therapeutische Absicht im
Roman gestaltet wird, gilt auch
für den Roman selbst und seine
literarischen Verfahren: Psycho-
therapie wird zum Modell für Literatur. Augustins Verschränkung von realistischem Erzählen
und surrealistischen Motiven
knüpft an Traditionen des moder-

nen Romans an; zumindest Elias
Canetti hat Pate gestanden, dessen
→ *Blendung* Augustin schon mit
seinem Erstling *Der Kopf* (1962)
seinen literarischen Tribut gezollt
hatte. Im Wechselspiel von Rahmenhandlung und eingelagerter
Autobiographie vollzieht sich in
Raumlicht auf beiden Ebenen die
Wiederherstellung eines Realitäts-
bezuges, die auch durch die überraschende Pointe des Romans
noch einmal bekräftigt wird: Am
Schluß stellt sich heraus, daß Arzt
und Patientin geheiratet haben;
die während des Romans ausgelö-
sten Desorientierungen und Iden-
titätsgefährdungen lösen sich auf
im Gang zum Kaufmann um die
Ecke. Der Anschluß an die Wirklichkeit, mit der der Roman sein
literarisches Spiel treibt, war nie
verlorengegangen.

Lit.: H. EGGEBRECHT, E. A., in: KLG, München 1978 ff.   P. J. BRENNER

BACHMANN, Ingeborg
(1926–1973)

Malina. 3 Kapitel; EA Frankfurt/
M. 1971.
Der einzige fertiggestellte Roman
Ingeborg Bachmanns war als Ou-
vertüre gedacht für einen dreibän-
dig konzipierten Zyklus mit dem
Titel *Todesarten,* wovon die beiden weiteren Bände, *Requiem für
Fanny Goldmann* und *Der Fall
Franza,* Fragment geblieben sind.
– Ein kürzerer Einleitungsteil
stellt die Figuren als dramatis per-
sonae vor und führt in ihre
Grundkonstellation ein. Ein
scheinbares Dreiecksverhältnis
bestimmt sich dadurch, daß die
Protagonistin, eine namenlos
bleibende Schriftstellerin (ICH),
mit einem Mann namens Malina
zusammenlebt, während ihr Ge-

liebter Ivan ebenfalls in der Ungargasse in Wien auf der gegenüberliegenden Straßenseite zu Hause ist. Die Figuren sind jedoch nicht fest umrissen, sondern ineinander verschränkt, wobei sie sich teilweise als selbständige Personen wie auch als Teile der Psyche einer einzigen Person lesen lassen; dieses Changieren ist nicht nach einer Seite hin auflösbar. »Glücklich mit Ivan« ist die Hauptfigur ICH zu Anfang des Romans in ihrem »Ungargassenland«. Die Liebe zu Ivan, der den Typus des in die Nützlichkeitswelt integrierten Durchschnittsmannes darstellt, bleibt in dieser Phase geduldet von ICHs männlich-rationalem Gegenpart Malina. Durch Kursivdruck abgesetzt sind ein Märchen »Die Geheimnisse der Prinzessin von Kagran«, das im Zusammenhang mit den Romanfiguren steht und aus dem später wieder Passagen aufgenommen werden, sowie kurze, das letzte Drittel des 1. Kapitels durchziehende Textfragmente zivilisationskritischen und utopischen Inhalts, die meist prophetisch mit »Ein Tag wird kommen« beginnen. Dies sind Ansätze für das »schöne Buch«, das die Hauptfigur ICH für Ivan schreiben will. Die absurde Situation des Künstlers in der modernen medienbestimmten Gesellschaft entlarvt sich in einem Interview der Schriftstellerin und ihren privaten wie geschäftlichen Briefen. Am Wolfgangsee, zu Besuch bei einem befreundeten Ehepaar, den Altenwyls – eine Reminiszens an Hofmannsthals *Der Schwierige* (1921) – erlebt ICH ihre Isolation und Fremdheit auch inmitten unverbindlicher, altösterreichisch traditioneller Konversation. Der Mittelteil, »Der dritte Mann« überschrieben, gibt in drastischer, surrealer Sprache Alpträume ICHs wieder, unterbrochen nur von Gesprächen mit Malina, die der Erklärung und Deutung der Träume und Erinnerungen dienen. Diese kreisen vor allem um ICHs gewalttätigen Vater, der in immer neuen Unterdrückungs- und Vergewaltigungsvisionen auftritt. Hierbei geht es nicht nur um die Konfrontation mit einer bestimmten Person, sondern vor allem um die archetypische Erfahrung und Aufdeckung patriarchalischer Machtstrukturen und deren Verbindung zum deutschen Faschismus. »Es ist nicht mein Vater, es ist mein Mörder«, erkennt ICH am Ende der Traumsequenzen und gibt ihren bis dahin festgehaltenen Wunsch nach wenigstens zeitweiliger Harmonie auf: »Es ist immer Krieg«, denn »die Gesellschaft ist der allergrößte Mordschauplatz«. Das Kapitel »Von letzten Dingen« zeigt die endgültige Trennung Ivans von der Hauptfigur und, nach sich verschärfenden dialogischen Auseinandersetzungen mit Malina, schließlich ihren Tod, das Verschwinden ICHs in einem Wandriß. Der Roman schließt mit den Worten: »Es war Mord.« – Ein dichtes Netz von literarischen Traditionselementen, von wiederkehrenden Motiven und Symbolen macht die Komposition des Romans aus, die erklärtermaßen – unter anderem in deutlichem Verweis auf Schönberg – nach musikalischen Prinzipien gearbeitet ist. Am Ende des Romans steht der Tod einer Sprach- und Seinsform, das Sterben der schönen Sprache, indem Malina über seine emotionale Seite, das weibliche ICH siegt. Überhandnehmendes zweckrationales Denken und da-

mit auch die fortgeschrittene Ent-
zauberung der Welt lassen sich
mit als weiblich verstandenen
Werten wie Liebesfähigkeit, Hingabe, Sensibilität und Phantasie
nicht mehr vermitteln.

Lit.: G. BAIL, Weibliche Identität, Göttingen
1984.   S. ZELLER

BARLACH, Ernst (1870–1938)

Der gestohlene Mond. 45 Kapitel; entst. 1936–38; EA Berlin/
Frankfurt/M. 1948.
An dem unvollendet gebliebenen
Werk hat Barlach vom April 1936
bis in die letzten Monate seines
Lebens gearbeitet. Das Buch, dessen Sprache stilistisch von Jean
Paul und Robert Musil beeinflußt
ist, wurde 1948 von Friedrich
Droß aus dem Nachlaß herausgegeben. Erzählt wird die Geschichte der Freundschaft zwischen den Zollbeamten Wau und
Wahl, deren Namen eine Reminiszenz an das Brüderpaar Walt
und Vult in den → *Flegeljahren*
Jean Pauls sind. Die Freundschaft
zwischen Wau und Wahl ist jedoch im tieferen Sinne Feindschaft und Gegensatz zwischen
verschiedenen Lebensauffassun-
gen und Seinsprinzipien. Der auf
den Anschein von Vornehmheit,
Erfolg und Reichtum großen
Wert legende Wahl wirft sich zum
Besorger der Wauschen Geschäfte
auf, die im Laufe der Geschichte
immer mehr seine eigenen werden, bis Waus kleines Vermögen
durch die zweifelhaften Projekte
des oberflächlichen und leichtsinnigen Wahl ernstlich gefährdet
wird. Besonders die Errichtung
eines Gartenhauses auf einem von
Wahl für Wau neu erworbenen
Grundstück führt zum Anwachsen der finanziellen Verbindlich-

keiten Waus. In diesem Gartenhaus, das von Wau selten besucht
und fast ganz den Wahlschen In-
szenierungen eines glänzenden
Luxuslebens überlassen bleibt,
kommt es auch zur Verbindung
zwischen Wahls Vater und der
Arme-Leute-Tochter Frieda
Wunderlich, deren unheilvolle
Folge Friedas Schwangerschaft
ist. Durch allerlei von Wahl ge-
sponnene Intrigen, die ihm freilich mehr und mehr entgleiten,
kommt es schließlich zum Selbstmord Friedas, für den sich Wau
moralisch mitverantwortlich
fühlt, während Wahl zur Erkenntnis seiner Schuld nicht bereit ist:
»Schuld war freilich ein unliebsa-
mes Wort in Wahls Ohren«. Wahl
scheint seine eigenen zerrütteten
Finanzen schließlich durch die
Verlobung mit einer von ihrem
unehelichen Vater reich bedach-
ten Erbin sanieren zu können und
bleibt bis zum Abbruch des Romans der Freundfeind und uner-
betene Beschützer Waus. – Barlach, der zu Beginn der Arbeit im
Gestohlenen Mond von den Nationalsozialisten bereits als ›entartet‹
geächtet war und sich in zwei Abschnitten des Romans als einen ins
ärmliche Abseits gedrängten
»Bildschnitzer« selbst porträtiert
hat, ging es in seinem Buch nicht
um »die Erforschung eines Charakters«, auch um »nichts, was zu
einem guten und gerechten Bündel von Romankapiteln gehört«.
Er hat vielmehr in diesem metaphysischen Romanessay die einander entgegengesetzten und
doch auch zusammengehörenden
Prinzipien von Gut und Böse Gestalt werden lassen. In einem Tag-
traum phantasiert der zu philosophischen Reflexionen neigende
Wau ein Streitgespräch der zusammen mit Luzifer von Gott ab-

gefallenen Engel Harut und Marut. Marut, der Wahl zugeordnet
werden kann, symbolisiert das
Böse im Bösen, während Harut,
die Entsprechung zu Wau, dasje-
nige im Bösen und im Leiden versinnbildlicht, was trotz allem auf
das Gute bezogen ist. Waus von
ihm getrennt lebende Ehefrau
Henny, die ihm nach ihrem Freitod testamentarisch die Sorge um
Friedas Kind ans Herz legt, kennzeichnet Wahl als Verderben brin-
genden und dem Verderben ge-
weihten Satan, und Wahl selbst
nennt sich in einem Streitgespräch
mit Wau, das das Gespräch der
beiden Engel spiegelt, einen »guten Satan«. Die unterschiedliche
Stellung Waus und Wahls zu den
Prinzipien des Guten und Bösen
drückt sich in beider Haltung
zum Tod aus. Wahl, der in seiner
umtriebigen und dennoch nicht
glücklichen Daseinslust den Tod
aus dem Leben verdrängt, muß
Wau beispielsweise bitten, ihm
bei der Abfassung eines Kondo-
lenzschreibens behilflich zu sein,
weil er »vor Angst nichts heraus«
bringt. Wau wiederum ist der
Tod als Bestandteil des Lebens
ständig gegenwärtig. Er fühlt sich
im Innersten angerührt durch die
Parabel vom gestohlenen Mond,
die der Assessor Bostelmann
während einer kleinen Abendgesellschaft städtischer Honoratioren zum besten gibt und in der
erzählt wird, wie der Teufel einer
braven Bürgerfamilie weismacht,
der Mond sei gestohlen worden.
Sowohl die Bürgerfamilie in der
Geschichte als auch die Herren,
denen die Geschichte erzählt
wird, erklären, ihnen könne der
Mond gestohlen bleiben. Nur
Wau begreift, daß der gestohlene
Mond ein Gleichnis für den gestohlenen Tod ist: »Der Mond als

Trabant, Mitläufer, Leibwächter,
Begleiter der Erde in all und jedem Augenblick, der Nächste
und Unabwendbarste [...] wie
der unvermeidliche Tod, so ging
es durch Waus wie durch Sturz
erschüttertes Wesen.« Obwohl
auf das Gleichnis vom gestohlenen Mond im Bericht von Waus
Verstrickung in die Freund-
Feindschaft mit dem Todesver-
dränger Wahl immer wieder leitmotivisch angespielt wird, verliert es bis zum Abbruch des Buches nichts von seiner sinnbildli-
chen Rätselhaftigkeit, die die vielfältig deutbaren Gegensatzprinzi-
pien Gut und Böse, Glück und
Leid, Leben und Tod einschließt.

Lit.: H. Schweizer, E. B.s Roman »Der gestohlene Mond«, Bern 1959.

                           B. Preisendörfer

BAUM, Vicki (1888–1960)

Menschen im Hotel. *Ein Kolpor-*
tageroman mit Hintergründen. ED
»Berliner Illustrirte« 1929; EA
Berlin 1929.
Schauplatz der wohl bekanntesten
Geschichte der Unterhaltungs-
schriftstellerin ist das Grand Hôtel
im Berlin der ausgehenden zwanziger Jahre. Als der Hilfsbuchhal-
ter Otto Kringelein aus Freders-
dorf erfährt, daß er todkrank ist
und nicht mehr lange zu leben hat,
rafft er seine gesamten Ersparnisse
zusammen, nimmt Anleihen auf,
verläßt seine Frau, die Arbeit bei
der Saxonia Baumwolle sowie
seinen sächsischen Heimatort und
fährt nach Berlin. Dort mietet er
sich im luxuriösen Grand Hôtel
ein, um »ein paar Wochen lang
wie ein reicher Mann zu leben«.
Zufällig befindet sich zur gleichen
Zeit auch der Direktor der Saxonia Baumwolle, der Textilfabri-

kant Preysing, im Grand Hôtel, um dort schwierige geschäftliche Verhandlungen zu führen, die die Weiterexistenz seines Unternehmens betreffen. Kringelein lernt den rauschgiftsüchtigen, durch seine Kriegserlebnisse psychisch und physisch zerrütteten Arzt Dr. Otternschlag kennen, der ihm Berlin zeigt, und er schließt auch Bekanntschaft mit dem Lebemann Baron von Gaigern. Als dieser versucht, sich der Perlen der alternden Primaballerina Grusinskaja zu bemächtigen, wird er von ihr in ihrem Hotelzimmer überrascht, woraufhin er einen glühenden Verehrer mimt. Doch die Tänzerin und Gaigern verlieben sich nun tatsächlich ineinander und verbringen die Nacht zusammen. Um sich das nötige Geld zu beschaffen und der Geliebten nach Wien nachzureisen zu können, macht sich der Baron zunächst an Kringelein heran und, als dies nicht zum gewünschten Erfolg führt, verschafft er sich Zutritt zum Zimmer des Generaldirektors. Preysing hat sich selbst inzwischen in eine unmögliche Situation gebracht, weil er gegenüber dem angestrebten Fusionspartner Chemnitzer Strickwaren vorgegeben hat, er sei mit einer britischen Textilfabrik in Manchester im Geschäft. Als letzten Ausweg plant er nach England zu fahren, um die Angelegenheit doch noch ins Reine zu bringen, nicht ohne seine Sekretärin »Flämmchen« zum tête-à-tête dorthin miteinzuladen. Die beiden sind gerade zusammen in seinem Zimmer, als Gaigern dort eindringt und Preysing daraufhin den Einbrecher im Affekt mit einem bronzenen Tintenfaß erschlägt. Den Höhepunkt der Verwicklung der Handlungsfäden

bildet die gemeinsame Fahrt Fräulein Flamms – die rasch den Geldgeber und Liebhaber gewechselt hat – und des überglücklichen Kringelein nach Paris, während der nun endgültig ruinierte Preysing sich für seine Tat bei der Polizei verantworten muß. – Die Sympathie der Autorin gilt dem kleinen Mann, der der bröckeligen Fassade der großen Welt gegenübersteht, wobei die verschiedenen Schicksale in spannenden Milieuschilderungen miteinander verflochten werden, ohne dabei jedoch wesentlich über gängige Muster der Unterhaltungsliteratur hinauszuweisen. Der Stoff wurde 1932 in den USA mit Greta Garbo erfolgreich verfilmt; ein deutsches Remake mit Heinz Rühmann und Sonja Ziemann folgte 1959.   S. ZELLER

BECKER, Jurek (geb. 1937)

Jakob der Lügner. EA Berlin / Weimar 1969.
Der Erzähler, Überlebender der nationalsozialistischen Judenvernichtung, erinnert sich an die Geschichte Jakob Heyms, eines ehemaligen Kartoffelpufferbäckers und Eisverkäufers, der – wie der Erzähler selbst – während der deutschen Besatzung unter unmenschlichen Bedingungen im jüdischen Getto einer polnischen Stadt lebte. Eines Abends wird Jakob aufs deutsche Revier beordert, weil er angeblich das Ausgehverbot mißachtet hat. Während er auf seine »gerechte Strafe« wartet, hört er im Radio die Meldung, daß die sowjetische Armee sich mit den Deutschen vor Bezanika ein Gefecht liefert. Er hat Bezanika nie gesehen, weiß aber, daß es etwa 400 Kilometer süd-

westlich des Gettos liegt. Jakob, der wie alle anderen Gettobewohner vom Geschehen außerhalb der Gettomauern völlig isoliert ist, schöpft durch diese Meldung neue Hoffnung. Am darauffolgenden Tag erzählt Jakob bei der Arbeit im Bahnhof seinem Kollegen Micha die Neuigkeit, die sich sogleich in Windeseile im Getto verbreitet. Als man von Jakob verlangt, seine Quelle zu nennen, lügt er, um nicht als Spion verdächtigt zu werden, und gibt vor, heimlich ein Radio zu besitzen. Diese Neuigkeit weckt freudige Hoffnung bei den Juden, löst gleichzeitig jedoch auch Entsetzen aus, da der Besitz eines Radios mit dem Tode bestraft wird. Der Schauspieler Frankfurter, zwischen dessen Tochter Rosa und Micha ein Liebesverhältnis besteht, besitzt tatsächlich ein Radio, das er nun aus Furcht vor einer Hausdurchsuchung zerstört. Unterdessen wird Jakob zur meistgefragten Person im Getto, und man verlangt von ihm täglich neue Informationen über die Truppenbewegung der Sowjets. Anfangs gelingt es ihm noch, Geschichten über Gefechte und Siege zu erfinden, doch schon bald muß er feststellen, daß seine Erfingungsgabe nicht ausreicht. Ein Stromausfall im gesamten Getto verschafft ihm für kurze Zeit Ruhe; danach gibt er vor, das Radio sei defekt, bis schließlich sein Freund, der Friseur Kowalski, die Reparatur des Radios organisiert. Erschrocken muß Jakob daraufhin so tun, als funktioniere das Radio nun wieder. Die Auswirkungen der von Jakob geschaffenen Fiktion auf die Menschen im Getto sind beträchtlich. Neue Hoffnung erwacht, die Zahl der Selbstmorde nimmt ab, und Lie-

bende wie Micha und Rosa wagen wieder den Gedanken an eine gemeinsame Zukunft. Aber Jakobs Fiktion kann die Realität der Deportationen nicht verhindern. – Der Erzähler, der sich immer kommentierend in den Erzählvorgang eingeschaltet hat, bietet zwei Möglichkeiten eines Romanendes an. In der ersten Version wird Jakob bei einem Fluchtversuch getötet; unmittelbar danach befreit die sowjetische Armee das Getto in einer Aktion der »Rache«. Die zweite Möglichkeit, »das blaßwangige und verdrießliche, das wirkliche und einfallslose Ende«, beschreibt, wie die Deutschen die übrigen Gettobewohner zusammen mit Jakob, Micha und Rosa in Güterwaggons pferchen und in ein Todeslager schicken. Im Güterwaggon trifft Jakob auf den Erzähler und vertraut ihm seine Geschichte an.

Lit.: S. M. Johnson, The Works of J. B. – A Thematic Analysis, Frankfurt/M. 1988.
                                              T. C. Fox

BEER, Johann (1655–1700)

Die kurtzweiligen Sommer-Täge *Oder ausführliche Historia Jn welcher umständlich erzählt wird Wie eine vertraute Adeliche Gesellschafft sich in heisser Sommers-Zeit zusammen gethan: [...] an den Tag gegeben Durch Wolffgang von Willenhag Oberösterreichischen von Adel.* 6 Bücher; EA o. O. (vermutlich Nürnberg) 1683.
In einem einleitenden Kapitel wird der Leser über die Hauptfiguren des Romans kurz unterrichtet. Zwar tragen sie andere Namen als die Figuren der *Winternächte,* aber der Beginn des 1. Buches und die sich unmittelbar anschließenden Berichte darüber, wie es den Freunden in ihren je-

weiligen Einsiedeleien erging, knüpfen direkt an den früher erschienenen Roman an. Wie in den *Winternächten* wird zumeist vom geselligen Leben dieser zu ihren alten Gewohnheiten zurückgekehrten Adeligen berichtet, hinzu kommen die zahlreich erzählten Lebensgeschichten vieler Nebenpersonen – Lakeien, Pagen, Schreiber, Studenten –, die die Wege der Hauptfiguren kreuzen. Entgegen der durch den Titel geweckten Erwartung erstreckt sich die Handlung über mehrere Jahre. Außer der im 2. und 3. Buch recht ausführlich geschilderten Brautwerbung Friderichs um Amalia von Ocheim, bei der viele Schwierigkeiten zu bewältigen sind, nehmen die Erlebnisse der am Anfang genannten Hauptpersonen nur einen kleineren Teil der Handlung ein. Man erfährt wohl von der Entscheidung zum Hofdienst des einen (Philipp) oder der Heirat eines anderen (Gottfried), auch finden zahlreiche Begegnungen der Freunde untereinander statt, aber mehr als in den *Winternächten* konzentriert sich die Handlung auf den Erzähler Wolffgang. Er wird von einer Reihe von Schicksalsschlägen heimgesucht; erst stirbt ein Kind, dann der Vater, dann brennt das eben geerbte Schloß des Vaters nieder, kurz darauf stirbt seine Frau, wobei dieser Tod eher freudig begrüßt denn betrauert wird, gibt er doch Wolffgang die Gelegenheit, die von ihm schon lange verehrte Elisabeth von Buchberg zu heiraten. Diese betrügt aber ihren Mann schon bald, so daß Wolffgang über ihren Tod drei Jahre nach der Hochzeit noch erfreuter ist, als über den der ersten Frau, und mit dem Tod des Kindes wenig später, über dessen Vater-

schaft er sich ohnehin nicht sicher sein konnte, glaubt, seine Pechsträhne überwunden zu haben. Er entschließt sich erneut zum Eremitendasein, die zahlreichen, störenden Besucher lassen ihn tiefer in das Gebirge ziehen, wo er zuerst Dieterich, dann auch Christoph trifft, denen eine Italienreise nicht gut bekommen ist. Gemeinsam kehren sie in die Heimat zurück. Wolffgang, wieder in der Einsiedelei, entdeckt in Krachwedel, einem vor langen Jahren von ihm aufgenommenen Soldaten, seinen totgeglaubten Bruder Emmanuel. Am Schluß leben alle Hauptpersonen bis auf Sempronio, der ein berühmter Soldat geworden ist, zurückgezogen auf ihren Gütern. Die letzten Worte lassen offen, ob Wolffgang zeit seines Lebens im Wald bleiben wird. – Zwar werden die zur Unterhaltung geschilderten Spuk- und Räubergeschichten, Schwänke und Possen häufiger als in den *Winternächten* durch moralisierende Ausführungen kommentiert, sie bleiben aber auch diesem Roman, der sich noch weiter als sein Vorgänger vom Vorbild des Picaro-Romans entfernt hat, äußerlich.

Lit.: R. ALEWYN: J. B., Leipzig 1932.

B. NEUGEBAUER

Zendorii à Zendoriis Teutsche Winternächte *Oder Die ausführliche und denckwürdige Beschreibung seiner Lebens-Geschicht [...].* 6 Bücher; EA o. O. (Nürnberg) 1682.
Zendorio, der entsprechend den Konventionen des picarischen Romans seine Herkunft nicht kennt, beginnt seinen Lebensbericht mit einem Zwischenfall, der ihn mit den Menschen in Verbindung bringt, die im weiteren Ver-

lauf die Handlung mittragen. Zendorio hat in einem Wirtshaus die Kleider mit einem anderen Reisenden vertauscht und wird nun fälschlicherweise für den Liebhaber der Gräfin Veronia gehalten und von ihrem Mann gefangen gesetzt. Nach seiner Befreiung trifft er auf den, für den er gehalten wurde: Isidoro führt Zendorio in seinen Freundeskreis ein, der sich mit Spielen, Trinkgelagen und Geschichtenerzählen belustigt. Zendorio lernt Caspia kennen und verliebt sich in sie, flieht aber aus ihrem Schloß, als er annehmen muß, als Sohn eines Abdeckers nicht standesgemäß zu sein. Isidoro klärt ihn über seine wahre Herkunft auf: er ist Sohn eines Edelmanns. Durch die falsche Meldung vom Tod Caspias in tiefe Melancholie verfallen, zieht sich Zendorio, nach einem kurzen Aufenthalt auf dem Schloß seines Vaters, ins Eremitendasein zurück, doch währt auch dieses nicht lange, da er durch einen Jäger bald erfährt, daß Caspia noch lebt. Er sucht sie auf und verhindert gerade noch ihre Hochzeit mit dem Nebenbuhler Faustus. Faustus heiratet kurz darauf eine Bauernmagd, deren gleichfalls adelige Geburt sich wenig später herausstellte. Zendorio und Caspia leben glücklich auf dem väterlichen Schloß, als ihnen der Zufall den Jäger Ergasto zuführt, der sich am Totenbett von Isidoros Mutter als verlorener Bruder Isidoros entpuppt. Auch Ergastos Hochzeit wird gefeiert. So bietet ein Fest nach dem anderen Anlaß zu fröhlichen Geselligkeiten, Tanz, Geschichtenerzählen und Possenreißereien. Ein Einsiedler bringt die feiernde Gesellschaft des letzten Festes, der Hochzeit von Zendorios Diener Jost mit einer Viehmagd – Standesunterschiede scheinen, wenn Feste Abwechslung verheißen, keine Rolle zu spielen –, schließlich zu dem Vorsatz, das bisher geführte Leben zu ändern. An dieser Stelle setzen die als zweiter Teil des Doppelromans zu bezeichnenden → *Kurtzweiligen Sommer-Täge* (1683) ein. – Weder dient der Roman dazu, den Beweis des gütigen Waltens der Vorsehung zu führen, noch werden die Momente scheinbarer Bekehrung in ernsthafter didaktischer Absicht eingeführt. In spielerischer Vermischung von Elementen des höfisch-historischen, des picarischen und des galanten Romans wird vielmehr die »sonderliche Belustigung« dem »daraus entspringenden Nutzen« übergeordnet.

Lit.: J.-J. Müller, Studien zu den Willehag-Romanen J. B.s, Marburg 1965.

B. Neugebauer

BENN, Gottfried (1886–1956)

Roman des Phänotyp. *Landsberger Fragment, 1944.* 19 Abschnitte; EA Wiesbaden 1949 (in: »Der Ptolemäer«).

Seinem Briefpartner F. W. Oelze (3. 5. 1944) gegenüber verwies Benn darauf, daß es sich bei seinem *Roman des Phänotyp* um »kein[en] Roman in irgendeinem schon bekannten Sinne« handele. Ohne Handlung, ohne tragende Figur, unter Ausschaltung von Psychologie und Chronologie, sucht das Romanfragment der Einsicht gerecht zu werden, daß es »individuelle Züge nicht mehr gibt«. Statt eines individuellen Helden steht »der heutige Typ, eben der Phänotyp« im Mittelpunkt des Romans, um den sich die einzelnen Abschnitte, als Ausdruck der »tatsächlichen inneren

Schichten in uns«, zentrieren wie
– so veranschaulicht Benn in *Doppelleben* (1949) – die Schnitten einer Orange, »alle gleich, alle nebeneinander, gleichwertig«, um die weiße, zähe Mitte der Frucht. Als ihm bekannte ähnliche Versuche ›absoluter Prosa‹ führt Benn Gides *Paludes* (1895) und Einsteins → *Bebuquin* an. Der Roman beginnt mit der Erläuterung des aus der Erblehre entnommenen Begriffs des Phänotyps als »aktueller Ausschnitt des Genotyps, des Arttyps«, als »Schnittpunkt von deszendentem Prozeß und schweigendem, aber immer gegenwärtigem Keim«. Leitbegriff für die Bestimmung des aktuellen Phänotyps – von den Folgen von Politik, Umstürzen und Kriegen »sehr hart« getroffen – ist »existentiell – das neue Wort«. Nachdem das Moralische von ihm abgeglitten ist, Natur »sportlich-therapeutisch aufgelöst« und »alles, was nach Stimmung aussieht, ganz zu Ende« ist, gilt für den aktuellen Phänotyp: »Die Existenz ist die Stimmung, die ihn bewegt und die er fordert, hart und unaufhörlich.« Das so ausgerichtete Ich wendet sich ab vom historisch Zufälligen, vom Individuellen – und hat seinen Schwerpunkt im »Arthafte[n], Dunkle[n], Geschlossene[n]«. Der »durchlebten, geistig überprüften Form« verschrieben, setzt sich der zeitgenössische Phänotyp im Künstlerischen das Ziel: »Ausdruck schaffen, ja ihn verlangt nach ihm allein.« In summarischen Betrachtungen über (Natur-)Geschichte, Kultur und Mythologie, unter Einbeziehung von geographischen Details und aktuellen Fakten durchmessen die Abschnitte des Romans die moderne Bewußtseinswelt. Auch innerhalb der Abschnitte herrscht das Prinzip der Collage, der freien Assoziation und der gedanklichen Antithese. Inhalt und Form, Autor und Thema fallen der Intention nach zusammen, so daß Benn im 18. Abschnitt »Zusammenfassung« die Umstände der Entstehung des Romans in diesem festhalten kann: »Das Vorstehende sind die Eindrücke, Erinnerungen und Taten des Phänotyps während eines Vierteljahres, vom 20. 3. 1944–20. 6. 1944.« – In der Bemühung um eine konsequent avantgardistische Romanform als adäquater Ausdruck modernen Bewußtseins und künstlerische Antwort auf die chaotischen zeitgeschichtlichen Umstände ist Benns *Roman des Phänotyp* von bleibender Bedeutung für die Geschichte und Poetologie des Romans.

Lit.: B. HILLEBRAND, B., Frankfurt/M. 1986.

G. SCHÄFER

BERGENGRUEN, Werner (1892–1964)

Am Himmel wie auf Erden.
5 Teile und Epilog; EA Hamburg 1940.
Nach der Pest droht der Mark Brandenburg für das Jahr 1524 eine gewaltige Wasserflut. Dr. Johannes Carion, Arzt, Historiker und Astrologe, hat den Kurfürsten Joachim über die Korrektheit der astrologischen Voraussagen informiert. Joachim zieht nur den Kammerjunker Fabian von Ellnhofen ins Vertrauen. Im übrigen will er das Volk über die Prophezeiung in Unkenntnis lassen, um Unruhe und Panik zu verhindern. Aber das Gegenteil tritt ein. Die wildesten Gerüchte gehen um. Von Ellnhofen wie Carion wissen darum, aber ihre Versuche, Joa-

chim darauf aufmerksam zu machen, scheitern. Der Kurfürst ist
der festen Überzeugung, durch
Edikte, die das Sterndeuten unter-
sagen, eine Zensur einführen und
die Herstellung von Wasserfahr-
zeugen verbieten, der Gerüchte-
küche Einhalt gebieten zu können. Seine Wut wächst, als er bei
einem Ausritt an einer verborgenen Stelle eine Art Arche findet
und erkennen muß, daß seine
Verbote unterlaufen werden. Als
er daraufhin Denunziationen zu
belohnen beginnt, eine Hinrichtung verfügt und ein Ausreisever-
bot über Berlin und Kölln verhängt, spitzt sich die Situation
weiter zu. Noch bevor das Aus-
reiseverbot erlassen wurde, hatte
Ellnhofen darauf gedrängt, daß
seine Verlobte Juliane vor der geplanten Hochzeit eine Reise zu seiner erkrankten Mutter unternimmt. Als Joachim von der Reise
erfährt, glaubt er, daß Ellnhofen
seine Schweigepflicht verletzt hat.
Obwohl Juliane auf die Nachricht
von seiner Verhaftung zurückkehrt und alles tut, um ihren Verlobten zu retten, bleibt Joachim
hart. Ellnhofen wird hingerichtet,
nachdem er Juliane noch geheiratet hatte. Je näher der Tag der
Katastrophe rückt, um so unruhi-
ger wird es in der Stadt. Unter den
Aussätzigen verbreiten sich apokalyptische Prophezeiungen und
sie beginnen, in die Stadt vorzudringen. Gesetzlosigkeit greift
um sich. Joachim ist wie gelähmt
und zeigt sich der eigenen Angst
nicht gewachsen. Er verläßt mit
seinem Gefolge die Stadt, um auf
dem Tempelhofer Berg die Flut
abzuwarten. Unterdessen verschafft sich das Volk Waffen und
verlegt sich auf Plünderungen.
Carion und der Franziskanerpater
Meinhard erkennen, daß Joachim

jede Autorität als Herrscher verliert, wenn er nicht in die Stadt
zurückkehrt. Auf dem Weg zum
Tempelhofer Berg kommt er ihnen jedoch entgegen. Joachim hat
die Forderung der Stunde erkannt
und seine Furcht überwunden. Im
beginnenden Unwetter reitet er
durch die Stadt, seiner Schuld bewußt. Die Schwäche im Augenblick der Gefahr hat ihn erkennen
lassen, daß auch ein Fürst menschlichen Einschränkungen unterliegt. Nur indem er sie annimmt
und mit ihnen lebt, kann er zu
einem gerechten Herrscher werden. Als sich das Unwetter verzo-
gen hat, kehrt die Ordnung in die
Stadt zurück.

Lit.: H. Bänziger, W. B., Bern ⁴1983.
                                    M. Wörther

**Der Großtyrann und das Ge-
richt.** 5 Bücher; EA Hamburg
1935.
Nach der Ermordung des in diplomatischen Geschäften tätigen
Mönchs Fra Agostino beauftragt
der Großtyrann den Chef der Si-
cherheitsbehörde im Stadtstaat
Cassano, Massimo Nespoli, den
Mörder zu ermitteln. Er setzt ihm
eine Frist von drei Tagen. Nespoli
vermag den Mord trotz seiner Erfahrung nicht aufzuklären und
lenkt den Tatverdacht auf eine
junge Selbstmörderin – eine Konstruktion, an die er selbst nicht
wirklich glaubt. Der Tyrann verlängert zwar die Frist, nachdem er
Nespolis ›Lösung‹ verworfen hat,
behält sich aber vor, sie nach Gut-
dünken zu beenden. Im Falle eines
endgültigen Scheiterns droht er
Nespoli mit der Hinrichtung.
Monna Vittoria, die Geliebte
Nespolis, nutzt den Tod ihres
Mannes Pandolfo Confini für ihren Geliebten, indem sie Confini
ein gefälschtes Mordbekenntnis

unterschiebt. Confinis Sohn Dio-
mede kann jedoch nicht an die
Schuld seines Vaters glauben. Als
der Großtyrann das Vermögen
der Confinis einziehen will, wie es
das Gesetz bei Schwerverbrechen
vorschreibt, versucht er, das Vermögen zu retten und seinem Vater
für den Zeitpunkt des Mordes ein
Alibi zu verschaffen. Obwohl er
den Großtyrannen als Herrscher
bewundert, setzt auch er zur Wah-
rung der eigenen Interessen Betrug und Bestechung ein. Der
Mordfall wird noch undurchsich-
tiger, als sich der fromme Färber
Sperone schuldig bekennt, der
durch ein stellvertretendes Opfer
die Macht des Bösen, das in der
Stadt herrscht, brechen will. Als
die Atmosphäre immer ange-
spannter wird, ruft der Großtyrann eine Gerichtsverhandlung
zusammen. Er selbst hatte den
Mönch aus politischen Gründen
getötet und will jetzt mit allen
abrechnen, die aus Angst, Liebe,
Eigennutz oder falsch verstande-
ner Frömmigkeit schuldig geworden sind. Doch der Priester Don
Luca, dem der Großtyrann erfolglos Auskünfte über Confinis
Beichte auf dem Sterbebett ab-
pressen wollte, hält ihm entgegen, daß er der eigentliche Schuldige sei. Was als Probe auf die
Fähigkeiten Nespolis begonnen
habe, sei zu einem vermessenen
Anspruch auf Allwissenheit und
Allmacht geworden und zu einem
frevelhaften Spiel mit Glück und
Leben anderer Menschen ausgear-
tet. Die Schuld des Großtyrannen
sei es, andere in Versuchung geführt zu haben. Das Motto des
Romans »Ne nos inducas in ten-
tationem« (Führe uns nicht in
Versuchung) unterstreicht diese
fundamentale Kritik an jeder An-
maßung des Staates oder einzel-

ner, über Menschen in einem absoluten Sinn herrschen und urteilen zu wollen. Indem sich der
Großtyrann zu seiner Schuld bekennt, erkennt er die Grenzen seiner Macht und die Existenz einer
größeren Ordnung an, der auch er
untersteht: »Vergebt mir [...]
Denn ich bin der Schuldige.«

Lit.: E. SOBOTA, *Das Menschenbild bei B.*,
Zürich 1962.   M. WÖRTHER

BERNHARD, Thomas
(1931–1989)

Auslöschung. *Ein Zerfall.*
2 Teile; EA Frankfurt/M. 1986.
Die Niederschrift eines imaginären Franz Josef Murau, gebürtig
in Wolfsegg, wohnhaft in Rom,
ist als Abrechnung mit der eigenen Herkunft gedacht. Daß Murau sein Werk vor seinem Tod,
der auf der letzten Seite beiläufig
erwähnt wird, vollendet hat, läßt
ihn zu einer der wenigen Figuren
Bernhards werden, die eine Idee
verwirklichen konnten. Der ohne
erzählperspektivische Brechung
präsentierte Bericht nimmt seinen
Ausgangspunkt in der Mitteilung
des Unfalltodes der Eltern und des
Bruders. Murau, der gerade von
der Hochzeit einer seiner Schwestern mit einem badischen »Wein-
flaschenstöpselfabrikanten« nach
Rom zurückgekehrt ist, erhält ein
entsprechendes Telegramm und
muß am folgenden Tag erneut
nach Wolfsegg, diesmal zur Beerdigung. Diese Situation ist Anlaß
weitreichender Reflexionen, deren thematische Akzente bei
Bernhard vertraut sind: Auseinandersetzung mit den Deforma-
tionen von Kindheit und Jugend,
Suche nach Identität als »Geistesmensch«, Aufbau eines phi-
losophisch-kulturellen Bezugssy-

stems und einer »Gegengesell-
schaft« (die römischen Freunde,
der Schüler Gambetti, ein Onkel,
ein Vetter). Die Schilderung der
Beisetzung vertieft diese Aspekte
und verschärft die kritische Haltung Muraus, indem die österr-
reichischen Verhältnisse als Verquickung von Katholizismus,
Nationalsozialismus und gegenwärtigem Pseudosozialismus
nicht nur allgemein charakterisiert, sondern beklemmend konkret beschrieben werden. Der Angriff gegen bürgerliche und insbesondere kleinbürgerliche Strukturen ist in den gesamten Text wie
ein roter Faden verwoben. Da anläßlich der Beerdigung eine große
Trauergemeinde sich versammelt
hat, kulminiert der Rundum-
schlag Muraus im 2. Teil des Romans (»Das Testament«). In dieser Überschrift ist gleichzeitig die
Pointe der Handlung angedeutet:
Murau verschenkt das ihm testamentarisch als Alleinerben zuge-
fallene Wolfsegg an die Israeliti-
sche Kultusgemeinde in Wien.
Damit ist die »Auslöschung« vollzogen und der eigene Tod möglich. Einzelne Figuren, wie beispielsweise Spadolini, der vatika-
nische Erzbischof und Liebhaber
der Mutter, werden plastisch her-
ausgearbeitet, andere hingegen
(z. B. der Schwager) bleiben holzschnittartig und stereotyp. Maria,
die römische Dichterin und plato-
nische Gefährtin Muraus, trägt
Züge Ingeborg Bachmanns. Der
Umfang des Buches, die Breite
des Personeninventars und die
Spannweite der rückgeblendeten
Ereignisse und Gedanken legen es
nahe, diesen Roman als Synthese
zu charakterisieren, um so mehr,
als es Bernhards letztes Prosawerk
ist. Die Methode Muraus, treffend mit »Übertreibungsfanatis-

mus« bezeichnet, ist die des Autors: »Um etwas begreiflich zu
machen, müssen wir übertreiben,
[...] nur die Übertreibung macht
anschaulich, auch die Gefahr, daß
wir zum Narren erklärt werden,
stört uns in höherem Alter nicht
mehr [...]. Durch Übertreibung,
schließlich durch Übertreibungs-
kunst, die Existenz auszuhalten
[...], sie zu ermöglichen.«

Lit.: W. Schmidt-Dengler, Der Übertrei-
bungskünstler, Zu T. B., Wien 1986.
                                        T. Fraund

Das Kalkwerk. EA Frankfurt/
M. 1970.
In der Nacht vom 24. zum 25. Dezember erschießt Konrad seine an
den Rollstuhl gefesselte Frau.
Tage später findet die Polizei ihn
halb erfroren auf, der Gerichtster-
min steht bevor, die Alternative
heißt nur noch Zuchthaus oder
psychiatrische Anstalt. In der Art
eines analytischen Romans wird
die Tat Konrads zum ›Aufhänger‹
der Rekonstruktion der Vorgeschichte. Äußere Entwicklung im
Kalkwerk und innere Struktur der
Hauptfigur werden perspekti-
visch mehrfach gebrochen: der
Erzähler, ein Versicherungsver-
treter, stützt sich auf mehrere Ge-
währsleute, die ihrerseits oft unterschiedliche Aussagen machen.
Diese gründen wiederum mit wenigen Ausnahmen auf Gesprächen
mit Konrad, so daß das Geschehen für den Leser äußerst hypo-
thetisch bleibt. Die sprachliche
Gestaltung ist aufgrund der Verwendung eines extrem komplexen Satzbaus, ständigen Kon-
junktivgebrauchs und des gehäuf-
ten Auftretens des Modalverbs
»sollen« direktes Abbild jener
Ungewißheit, die über mehr als
200 Druckseiten ohne Absätze
eine Art verwirrender Präzision

schafft, mittels derer die Ursachen der Katastrophe präsent werden. Konrad, durch seine Eltern und die Zeitumstände am Studium gehindert, dilettiert mit seiner geplanten Studie über das Gehör auf dem Gebiet mehrerer Wissenschaften, wie die Disposition seiner Arbeit ausweist. Ständig vor der Niederschrift stehend und genauso oft davon abgelenkt, erkennt er am Schluß des Romans, daß das Wichtigste ihm gefehlt habe: »Furchtlosigkeit vor Realisierung, vor Verwirklichung, Furchtlosigkeit einfach davor, seinen Kopf urplötzlich von einem Augenblick auf den andern auf das rücksichtsloseste um- und also die Studie auf das Papier zu kippen.« Der Einzug in das Kalkwerk ist der Endpunkt jahrzehntelanger Reisen des Ehepaars Konrad; die Vollendung der Studie scheiterte stets in jener Zeit. Im freiwilligen Rückzug in das zur Festung ausgebaute Kalkwerk sieht Konrad daher die letzte Möglichkeit, seinen Lebensplan zu verwirklichen, gleichzeitig aber beginnt er zu ahnen, daß dies illusionär ist. Seine Frau, seit Jahrzehnten verkrüppelt und von tyrannischer Hilflosigkeit, ist ihm nur widerwillig ins Kalkwerk gefolgt. Als Objekt seiner Vorstudien und Experimente verweigert sie sich dieser »Folter« durch Schweigen. Er bestraft sie, indem er ihr statt aus dem von ihr geliebten Novalis aus dem von ihm geschätzten, von ihr aber gehaßten Kropotkin vorliest. Beide hassen sich, sind aber aufeinander angewiesen. Die »Hölle des Zusammenseins« kennt Spielarten von gegenseitiger Demütigung, aber auch Aufopferung. Von zentraler Bedeutung sind die beiden Träume Konrads: im ersten hat er seine Studie vollendet, als seine Frau, plötzlich bewegungsfähig, das Zimmer betritt und das Werk ins Feuer wirft; im zweiten streicht er das gesamte Kalkwerksinnere einschließlich seiner Frau schwarz an und stürzt sich von einem Felsvorsprung in die Tiefe. Die entscheidende Tat Konrads ist damit der gemeinsame Endpunkt, die folgerichtige Katastrophe.

Lit.: H. LINDENMAYR, Totalität und Beschränkung. Eine Untersuchung zu T. B.s Roman »Das Kalkwerk«, Königstein/Ts. 1982.　　　　　　　T. FRAUND

Korrektur. 2 Teile; EA Frankfurt/M. 1975.

Der Romantitel bezeichnet das die Handlung tragende Prinzip: Roithamer, österreichischer Naturwissenschaftler, der in Cambridge lehrt, hat in seinem Manuskript »Über Altensam und alles, das mit Altensam zusammenhängt unter besonderer Berücksichtigung des Kegels« Bedingungen und Verlauf der eigenen Kindheit und die Beziehungen zur Familie dargestellt. Diese zunächst 800 Seiten umfassende Niederschrift wird von ihm in mehrfachen Anläufen korrigiert und auf 20 Seiten komprimiert. Parallel dazu konstruiert Roithamer in der Mitte des Kobernau-ßerwaldes einen Wohnkegel für seine Schwester, der entgegen allen Widerständen vollendet wird. Die Schwester stirbt jedoch beim Anblick des Kegels, und sein Zweck wird daraufhin von Roithamer korrigiert: er soll von keinem Menschen betreten und dem natürlichen Verfall preisgegeben werden. Sein eigenes Leben hat Roithamer stets als Korrektur seiner großbürgerlichen Herkunft (Altensam) aufgefaßt. Indem er abwechselnd in England und in der Dachkammer eines Hauses an der »Aurachengstelle«, das sein Schulfreund Höller errichtet hat, lebt und sich immer seltener in Altensam aufhält, entfernt er sich mehr und mehr von den Eltern und Geschwistern, die Schwester ausgenommen. »An ihr hing Roithamer mit der ganzen Liebe, die einem Menschen wie er möglich ist und als den Höhepunkt dieser Liebe hatte er den Bau des Kegels für sie ins Auge gefaßt und in Angriff genommen und verwirklicht und vollendet.« Diese Idee wird zum Zentrum seiner Existenz, eng verknüpft mit der Distanzierung von Altensam. Konsequent verwirklicht Roithamer (im übrigen als erste Hauptfigur Bernhards) sein Projekt, vernichtet aber (»denn allerhöchstes Glück ist nur im Tod, so Roithamer«) damit seine Schwester. Dies wiederum ist der Anlaß für die letzte Korrektur: den Freitod. »In diesem Augenblick der Vollendung des Kegels mußte er selbst sein Leben abbrechen, seine Existenz war mit der Vollendung des Kegels abgeschlossen, das hatte er, Roithamer, gefühlt.« Vermittelt wird das Geschehen durch einen Ich-Erzähler, einen Freund Roithamers, dem testamentarisch der Nachlaß der Hauptfigur zugefallen ist. Von einer schweren Krankheit genesen, quartiert er sich in der »höllerschen Dachkammer« ein, um die unzähligen Papiere und Notizen des Verstorbenen zu sichten und zu ordnen. Der 2. Teil des Romans präsentiert die Ergebnisse dieser Arbeit, deren mühevolle Anläufe der Erzähler im 1. Teil darstellt. Die erlebte Gegenwart im Höller-Haus verquickt sich mit Erinnerungen und Rückblenden, so daß der Erzähler den toten, gleichwohl in der Dachkammer präsenten Roithamer so intensiv wahrnimmt, daß er fürchtet, wahnsinnig zu werden. Die trotz aller Geistesverwandtschaft notwendige Distanzierung allein bietet die Gewähr, den letzten Willen des Verstorbenen auszuführen. So erweist sich denn das Bewegungsgesetz der Existenz Roithamers als ein auf Scheitern notwendig angelegtes; nichtsdestoweniger wird jedoch durch die Hereinnahme des Utopiehorizontes eine Dimension berührt, die zwar unter den Wucherungen der bei Bernhard vertrauten Syntax zu ersticken droht, dem Roman aber im Kontext des Werkes einen besonderen Stellenwert verleiht.

Lit.: M. Kohlenbach, Das Ende der Vollkommenheit. Zum Verständnis von T. B.s »Korrektur«, Tübingen 1986.   T. Fraund

Verstörung. 2 Teile; EA Frankfurt/M. 1967.
Geschildert werden die Krankenbesuche eines steiermärkischen Landarztes, der von seinem Sohn, einem Montanistik-Studenten in Leoben, begleitet wird. Dieser Sohn, der Ich-Erzähler des Romans, spielt im 1. Teil noch eine wichtige Rolle, insofern die Beschreibung der Krankenvisiten aus »teilnehmender« Sicht die Abfolge der verschiedenen »Fälle« als Steigerung der Handlungskomposition verdeutlicht. Im 2. Teil hingegen tritt er nahezu vollkommen zurück, und der mehr als die Hälfte des Buches einnehmende Monolog des Fürsten Saurau – es handelt sich um den letzten gemeinsamen Krankenbesuch des Tages – wird ungefiltert wiedergegeben. Die Kranken unterscheiden sich in Schichtzugehörigkeit, Art des Leidens, Sensibilität und Kommunikationsfähig-

keit; sie sind über verschiedene Schluchten, Täler und Dörfer verteilt, repräsentieren Stadien körperlichen, geistigen und seelischen Verfalls und verweisen in ihrer Gesamtheit auf eine allgegenwärtige Morbidität, die im 1. Teil des Romans von Natur- und Landschaftsschilderungen grundiert wird. Burg Hochgobernitz, der Sitz Sauraus, bietet den »allerbeste[n] Rundblick auf das ganze Land«, und damit verkörpert der Fürst die Spitze der sozialen Skala, der Reflexion und Beredsamkeit. Im Umgang mit dem Wahnsinn (Symptome von Schizophrenie sind unschwer auszumachen) kultiviert Saurau Intellektualität und Abstraktionsfähigkeit hinsichtlich der Erkenntnis des Bewegungsgesetzes allgemein konstatierter »Verstörung«. Sie erweist sich in der Figur der Wiederholung als Ausdruck des zwischen Geburt und Tod wirkenden, unaufhebbaren Leidens. Auch die Familie des Erzählers (der nur für seine Arbeit lebende Arzt, die verstorbene Mutter, die sich zurückziehende, in Schwermut versunkene Schwester) weist Erosionserscheinungen auf; überhaupt ist alles in Auflösung begriffen, eine »Sterbensgemeinschaft« von Zerfall und Agonie bedrohter Menschen. Die Alltagsrealität, angefüllt mit individuellen Katastrophen im 1. Teil des Buches, ist im 2. Teil in Sauraus Monolog als Kreisstruktur präsent: allein die Schilderung der Neubesetzung eines Verwalterpostens umfaßt 23 Seiten, die Sorge des Fürsten, sein Sohn könne den Besitz vernichten, weil er – in London den wissenschaftlichen Sozialismus studierend – Hochgobernitz nur noch lächerlich und anachronistisch finde

(vgl. Traum Sauraus), zieht sich wie ein roter Faden durch den gesamten Monolog, doch schließlich heißt es: »Es interessiert mich nichts mehr, was von den Menschen kommt.« Deutlich wird, daß die Realitätspartikel des Romans keine Handlung im traditionellen Sinn mehr begründen. Sprache symbolisiert in Sprüngen und Wucherungen, in Wiederholungen und semantischer Leere jenes Gefängnis des eigenen Kopfes, dem nicht zu entrinnen ist.

Lit.: A. GÖSSLING, T. B.s frühe Prosakunst. Entfaltung und Zerfall seines ästhetischen Verfahrens in den Romanen »Frost«, »Verstörung«, »Korrektur«, Berlin/New York 1987. T. FRAUND

BICHSEL, Peter (geb. 1935)

Die Jahreszeiten: 8 Kapitel; EA Neuwied/Berlin 1967.
Der Erzähler sitzt in einem von langsamem Verfall gezeichneten Haus und versucht, die Hauptfigur Kieninger zu erfinden. Fest steht nur: Kieninger kehrt nach einem Urlaub in Spanien, wo er eine Engländerin kennengelernt hat, nicht zu seiner Frau nach Wien zurück, sondern steigt in der Schweiz aus dem Zug und mietet sich im Haus des Erzählers ein. Ausgehend von dieser Vorgeschichte soll nun die Figur konkrete Gestalt annehmen. Der Erzähler stößt dabei jedoch auf ein unüberwindliches Problem: »solange Kieninger keine Person ist, ist die Geschichte keine Geschichte, und solange Kieninger keine Geschichte hat, ist er keine Person«. Trotz wiederholter Bemühungen, Kieninger Konturen zu geben, ihm Berufe, Alltagsbeschäftigungen, Äußerungen und auch Frauennamen zuzuordnen, kommt der Erzähler aus diesem

Teufelskreis nicht heraus. Zu groß ist das Mißtrauen gegenüber dem Erfinden. Wer Geschichten erzählt, folgt vorgegebenen Mustern – Bichsel verdeutlicht dies durch montagehaftes Zitieren von Texten aus Zeitungen, Sachbüchern und Reiseführern. Erfinden heißt: sich dem Verdikt der Beliebigkeit anheimzugeben und den Leser der Willkür des Erzählenden auszusetzen. Auch grundsätzliche Zweifel an der Beschreibbarkeit eines Lebens kommen auf; als der Nachbar seine Lebensgeschichte erzählt, muß der Erzähler schließlich in lakonischem Ton feststellen, »daß ein ganzes Leben auf zwanzig Minuten zusammengeschmolzen war«. Mehr und mehr sperrt sich der Erzähler gegen die fiktive Person: »Ich habe keine Zeit, ihn zu suchen [...] Ich will ihn nicht erfinden.« Stattdessen beschreibt er seine eigene Schreibsituation, seine Familie und inventarisiert das »unheilbar kranke« Haus, in dem er wohnt. Die Vergeblichkeit so mancher Handlungen, die Banalität und Leere des Alltagslebens kommen ihm zu Bewußtsein. In seinen eigenen vier Wänden fühlt er sich ungeschützt: »Häuser bieten Schutz [...] aber sie sind vor nichts gefeit.« Auch die gleichförmige Abfolge der Jahreszeiten gibt kein Erzählgerüst ab, vielmehr geht ihm das Zeitgefühl verloren. Fiktion wird aufgebaut und wieder zerstört, Widersprüche verhindern die Illusion. Kieninger gewinnt immer mehr Macht über den Erzähler, gerade weil er nicht zu fassen, nicht zu beschreiben ist. Die Krise des Erzählers, der drei Jahre braucht, um diese Nicht-Geschichte zu schreiben, stellt das eigentliche Thema dar. Sie mündet in einen letzten kurzen Anlauf,

mit einer neuen, weiblichen Figur noch einmal von vorne zu beginnen, bevor der Erzähler schließlich selbst, anstelle seines ›Helden‹ den Zug besteigt und wegfährt. – Bichsel, der mit seinem sprach- und erzählkritischen Schreiben für eine der wichtigsten Tendenzen der Nachkriegsliteratur steht, verwehrt sich gegen die Gattungsbezeichnung ›Roman‹ und schlägt stattdessen ›Kurzprosa‹ vor. Er erhielt für die *Jahreszeiten* den Preis der Gruppe 47.

Lit.: R. Geissler / G. Valiaparampil, Sprachversuchungen, Frankfurt/M. 1971.

U. Brucker

BIELER, Manfred (geb. 1934)

Der Mädchenkrieg. 44 Kapitel; EA Hamburg 1975.
Zu Beginn der 30er Jahre wird der deutsche Bankier Dr. Anton Sellmann auf Veranlassung der Saxonia-Bank nach Prag versetzt. Mit dem Auftrag, von dort aus die Auslandsgeschäfte zu leiten, übersiedeln er und seine Familie in die Goldene Stadt, die zu dieser Zeit schon im Zeichen der künftigen europäischen Umwälzungen steht. Unberührt von den nationalen und politischen Spannungen im Vielvölkerstaat, genießen vor allem die drei Töchter Christine, Sophie und Katharina das aufregende Metropolen-Leben, das sich ihnen als privilegierten Ausländern in vollem Glanz präsentiert. Bald gehen die Mädchen ihre eigenen Wege: Christine heiratet den tschechischen Porzellan-Fabrikanten Jan Amery, Sophie debütiert als Opernsängerin, während sich die jüngste Tochter Katharina leidenschaftlich in Karol, den Sohn eines prominenten Kommunisten-Führers, verliebt und kurzerhand mit ihm durch-

brennt. Das Familiengefüge bekommt erste Risse, und als bekannt wird, daß Sophie mit Christines Mann ein Verhältnis hat,
steht die Familie vor dem Zerfall.
Mißtrauen und Entfremdung
wachsen auch mit den politischen
Ereignissen. Während sich Dr.
Sellmann nach dem Anschluß der
Tschechoslowakei und dem Beginn des Zweiten Weltkrieges
verzweifelt bemüht, seine jüdischen Geschäftspartner vor der
Deportation zu retten, unterhält
Christine einen Salon für deutsche
Offiziere. Katharina schließt sich
mit Karol dem tschechischen Widerstand an, Sophie legt ein Gelübde als Ordensschwester ab. In
den Wirren des Zusammenbruchs
findet die Familie noch einmal in
Prag zusammen. Dr. Sellmann
wird als Kollaborateur erschossen, selbst die Partisanin Katharina ist fortan als Deutsche unerwünscht, am Ende steht die Vertreibung der Familie. – Bielers
(auch verfilmter) Erfolgsroman
ist ein konventionell erzähltes und
über weite Strecken spannend ge-
schriebenes Buch, das in der an-
gelsächsischen Tradition der Fa-
milien-Saga beheimatet ist, sich
darüber hinaus jedoch auch an
deutschen Vorbildern, etwa Thomas Manns → *Buddenbrooks,*
orientiert. Dennoch hat der Roman erhebliche Schwächen. Die
nach dem Tod Dr. Sellmanns –
dem eigentlichen Höhepunkt des
Romans – erneut breit inszenierte
Liebesgeschichte zwischen Sophie
und Jan Amery ist komposito-
risch verfehlt und gleitet durch ihr
Ende, Amerys Ermordung durch
einen Nebenbuhler, ins triviale
Schema eines Kitschromans ab.
Auch die zu flach angelegte historische Perspektive, aus der heraus
der dargestellte Epochenwandel

lediglich als unreflektierte Folie
für die fiktionale Konstruktion
des Konkurrenzkampfes zwischen den Sellmann-Töchtern
wirkt, verhindert den Durchbruch zu einem repräsentativen
Porträt der Zeit, reduziert den geplanten Epochen-Roman zu einer
wenn auch unterhaltsamen Familiengeschichte.

Lit.: B. H. Weder, M. B., in: KLG, München
1978 ff.   J. Scholl

BIENEK, Horst (1930–1990)

Gleiwitzer Tetralogie (Bd. 1:
Die erste Polka. 34 Kapitel; EA
München 1975; Bd. 2: *Septemberlicht.* 31 Kapitel; EA München
1977; Bd. 3: *Zeit ohne Glocken.*
44 Kapitel; EA München 1979;
Bd. 4: *Erde und Feuer.* 42 Kapitel;
EA München 1982).
Der 1. Band *(Die erste Polka)* von
Bieneks vierbändiger Chronik
über die Menschen im oberschlesischen Gleiwitz während des
Krieges schildert den Vorabend
des Zweiten Weltkriegs, den
31. August 1939. Oberschlesien
sei die eigentliche Heldin, schrieb
H. Böll über den Roman, und dies
gilt auch für die drei weiteren
Bände. Im Mittelpunkt des Geschehens steht die Klavierlehrerin Valeska Piontek, um die herum sich ein deutsch-polnisches,
katholisch-jüdisches Grenzland-
Personal zu einem oberschlesischen Tableau gruppiert. Der erwartete und doch gefürchtete
Krieg versetzt die Stadt in eine
nervöse Stimmung, vor deren
Hintergrund die privaten Spannungen dominieren. Es ist die
Hochzeitsfeier ihrer Tochter Irma
im ersten Hotel am Platze, die
Valeska an diesem Tag in Atem
hält, und als Ulla Ossadnik und

Andreas Pilgrim zufällig den fingierten Überfall auf den Sender Gleiwitz, den Auslöser des Zweiten Weltkriegs, beobachten, ist es die erste Umarmung, die ihre Kindheit beendet. Mit den zahlreichen Kapiteln nimmt Bienek die Fäden unterschiedlicher Individualgeschichten auf, läßt sie fallen, um sie an anderer Stelle wiederaufzugreifen, und setzt so, trotz des ständigen Perspektivenwechsels der Chronologie folgend, langsam das Mosaik seiner Roman-Gesellschaft zusammen. Immer wieder wird polnisch gesprochen, was die jahrhundertealte deutsch-polnische Symbiose dieses Grenzlandes verdeutlicht. In den Reigen der Figuren gehören u. a. der halbwüchsige Josel, der zwischen HJ und Don-Bosco-Bund dem Erwachsensein entgegenträumt, der Rechtsanwalt Willi Wondrak, die einsame Buchhändlerin Fräulein Willimczyk, die herbe Wasser-Milka und der Erzpriester Pattas. Einzig Gestalten wie der »wilde Mönch«, der sterbende Photograph Leo Maria Piontek und der getaufte Halbjude und zwangspensionierte Landgerichtsrat Montag, der bei der Arbeit an einer Biographie über den oberschlesischen Politiker Korfanty seine eigene Heimatlosigkeit erkennt, bilden Momente der Nachdenklichkeit in der kleinbürgerlichen Geschäftigkeit. Leo Maria Piontek und Montag beenden ihre persönliche Tragödie mit dem Tod in der Nacht, in der die weltgeschichtliche Katastrophe über Gleiwitz hereinbricht.
Auch im 2. Band *(Septemberlicht)* erzählt Bienek die Geschehnisse eines einzigen Tages, des 4. September 1939. Alles dreht sich um die Beerdigung von Valeskas Mann Leo Maria Piontek und die Leichenfeier, auf der sich die Gesellschaft des 1. Bandes erneut versammelt. Der zerfallenden Familie Piontek tritt die kinderreiche Familie des Lokführers Franz Ossadnik gegenüber, dessen Tochter Ulla Valeskas beste Schülerin ist. Die Kriegsfront hat sich so schnell nach Osten verschoben, daß sich inzwischen der Kriegsalltag kaum von dem des Friedens unterscheidet. Allein in einigen Einzugsbefehlen und der Möglichkeit, in den eroberten Gebieten Kapital anzulegen, macht sich der Krieg bemerkbar. Noch arrangieren sich die Gleiwitzer mit dem Nazisystem und verdrängen den Symbolcharakter des Septemberlichts, von dem das Fräulein Bombonnek sagt: »Ich mag es nicht; der Sommer ist schon vorbei und der Herbst hat noch nicht angefangen«. Ein Opfer dieses kollektiven Verdrängens ist der getaufte Jude Arthur Silbergleit, der in Gleiwitz geborene expressionistische Dichter; dessen letzten Lebensabschnitt arbeitet Bienek in sein Gleiwitz-Mosaik ein und setzt damit dem Menschen und Künstler Silbergleit sowie dem Judentum und der mit ihm zerstörten Kultur ein Denkmal.
Fast vier Jahre später ist der Höhepunkt der deutschen Kriegserfolge überschritten, nun macht sich der Krieg im Gleiwitzer Alltag bemerkbar. Auch der 3. Band *(Zeit ohne Glocken)* spielt in engen zeitlichen Rahmen eines Tages, am Karfreitag, dem 23. April des Jahres 1943, der den Gleiwitzern das bislang spektakulärste Kriegsopfer abverlangt: die Kirchenglocken, die für den Endsieg eingeschmolzen werden sollen. Mit Sensationslust und Empörung beobachtet die Bevölkerung

die Abnahme der Glocken, doch bleibt der in Erwägung gezogene Widerstand verbal. In der apathischen Hoffnung auf ein ungewisses »Nach dem Krieg« und das Gleiwitzer Sprichwort »Eine Zeit ohne Glocken ist eine Zeit ohne Glauben« auf den Lippen fügt man sich in eigenes und fremdes Leid. So bleiben die Pionteks trotz ihrer Gewissensbisse nach der Verhaftung der polnischen Magd Halina untätig, und Franz Ossadnik beugt sich dem Opportunitätsdenken seiner Frau und fährt weiterhin KZ-Transporte ins Vernichtungslager Birkenau. Dort werden an diesem Karfreitag auch Arthur Silbergleit und die Gleiwitzer Juden ermordet. Der Schilderung ihrer Ängste und Hoffnungen noch im Viehwaggon und unter den Knüppeln der SS-Schergen gelten die eindringlichsten Kapitel dieses Bandes.

Im abschließenden Band seiner Tetralogie *(Erde und Feuer)* verläßt Bienek den enggesteckten Erzählrahmen der drei vorangehenden Bände: Die Einheit eines Ortes und eines Tages wird aufgelöst, so daß die Zerstreuung und das Ende der deutschen Bevölkerung Oberschlesiens am Kriegsende eine stilistische Entsprechung findet. In den vielen, teilweise knappen Kapiteln schiebt der Erzähler zwei Haupthandlungsstränge ineinander: die überstürzte Flucht der Pionteks kurz vor dem Einmarsch der sowjetischen Truppen nach Dresden, das sie am Tag des großen Bombardements vom 13./14. Februar 1945 erreichen, und die Erlebnisse der Ossadniks, die die Eroberung und Besetzung der Stadt durch die Rote Armee erleben.

Lit.: M. Krüger (Hg.), B. lesen. Materialien zu seinem Werk, München 1980. – T. Ur-

bach (Hg.), H. B. – Aufsätze, Materialien, Bibliographie, München 1990.   S. Körber

BOBROWSKI, Johannes
(1917–1965)

Levins Mühle. *34 Sätze über meinen Großvater.* 15 Kapitel; EA Frankfurt/M. 1964.

Ein von nationalen, ethnischen, religiösen und ideologischen Problemen überlagerter sozialer Konflikt, der sich 1874 in dem Dorf Neumühl an der Drewenz, einem Nebenfluß am Unterlauf der Weichsel, im seinerzeit multikulturellen westpreußischen Kulmerland abspielt, steht im Zentrum des sprachlich-stilistisch kontrastreichen, aus wechselnden Perspektiven erzählten Romans. Der Großvater des Erzählers, der reiche, trotz seiner wahrscheinlich polnischen Herkunft entschieden deutschnationale, brave und fromme Müller Johann, hat die Mühle seines jüdischen Konkurrenten Levin durch eine böswillig herbeigeführte Überschwemmung zerstört. Obwohl Baptist, verbündet er sich, um der drohenden Bestrafung zu entgehen, mit dem protestantischen Pfarrer Glinski, der tatsächlich bei der »die polnische Überfremdung« fürchtenden preußischen Verwaltung und Justiz in der Kreisstadt Briesen eine Vertagung des Prozesses erreicht. – Heimatlose Habenichtse und die seßhaften kleinen Leute der Umgebung, »Zigeuner, Polen, Halbkossäten und Häusler«, Müllerknechte und Angehörige eines Wanderzirkus, namentlich der Zigeuner Habedank, dessen Tochter Marie Levins Geliebte wird, der jüdische Wandermusikant Weiszmantel und der böhmische Flötist Geethe, der ewig betrunkene Lehrer Willuhn, schließlich die redliche Tante Huse scharen sich um den jüdischen Müller; machtlos, jedoch nicht ohnmächtig, bedienen sie sich der traditionellen Mittel des Sozialprotests, wenn sie Johann während eines Dorffestes in Rosinkes Schenke in einer rügebrauchtümlichen Moritat der nächtlichen Freveltat bezichtigen. Es kommt zu einer handfesten Auseinandersetzung zwischen den anmaßenden deutschen Großbauern mit ihren zumeist polnischen Namen und den in ihrer Ehre gekränkten Außenseitern; Johann zündet das Haus an, in dem Levin mit seiner Geliebten untergekommen ist, und beschuldigt den Widersacher auch noch der Brandstiftung. Nachdem Levins Zeugen von den Untersuchungsbehörden diskriminiert wurden und es zu einer weiteren Prügelei zwischen den verfeindeten Parteien kam, verläßt Levin den Ort, obwohl sich immer mehr Dörfler heimlich oder offen zu ihm bekennen. Doch auch Großvater Johann verkauft seinen Besitz und lebt fortan als verbohrter Nationalist und Antisemit in der Kreisstadt.

Der Roman des Ostberliner Lektors Bobrowski, der die geschilderte Region selbst nur aus der häßlichen Perspektive eines Soldaten der Deutschen Wehrmacht kennengelernt hat, ist mehr als die Darstellung eines vielschichtigen Konflikts in einem der Krisenherde des deutschen Kaiserreichs: anhand eines »Modellfall[s] für das Verhalten der Nationalitäten untereinander« (Bobrowski) wagt er den vom Bewußtsein der konsternierenden Ambivalenz des Menschlichen getragenen Versuch der literarischen Rekonstruktion einer unsentimental und unidyllisch gesehenen, aufgrund ihrer unterschiedlichen Lebensformen faszinierenden verlorenen Welt.

Lit.: J. B., Selbstzeugnisse und neue Beiträge zu seinem Werk, Stuttgart 1976. M. SCHMIDT

BÖLL, Heinrich (1917–1985)

Ansichten eines Clowns. 25 Kapitel; EA Köln / Berlin 1963.

An einem frühen Abend im März 1962 kehrt der 27jährige Clown Hans Schnier – psychisch, physisch, künstlerisch und finanziell auf dem Tiefpunkt – in seine Bonner Wohnung zurück. In den folgenden Stunden rekapituliert er im inneren Monolog, in zahlreichen Telefonaten und in der ersten ernsthaften Begegnung mit dem Vater seine Erlebnisse, tastet seine Situation ab und übt dabei scharfe Kritik an der westdeutschen Nachkriegsgesellschaft. Als Künstler und unangepaßter Außenseiter, der nicht nur »ein waches und wahres Verhältnis zur körperlichen Schönheit«, sondern zum konkreten, erlebbaren Detail überhaupt hat, zugleich »auf eine bestürzende – und beneidenswerte Weise jung« geblieben ist, ist Schnier ein – betont subjektiver – Gradmesser für Heuchelei, Verlogenheit und die erstickende Herrschaft von Ordnungsprinzipien. Der Sohn einer rheinischen Großindustriellenfamilie ist als 21jähriger Untersekundaner vom Gymnasium abgegangen, hat kurze Zeit später mit Marie Derkum, der katholischen Tochter eines verarmten Exsozialisten, »die Sachen« getan, »die Mann und Frau miteinander tun«, und ist dann fünf Jahre lang in Maries Begleitung als halbwegs erfolgreicher Clown unterwegs gewesen. Die Krise des ungläubigen, aber monogamen Schnier setzt ein, als er Marie an die Ordnungsprinzipien des Katholizismus verliert. Unter dem Einfluß eines »Kreises« von politisch einflußreichen Katholiken verlangt sie seine schriftliche Einwilligung in die katholische Erziehung ihrer künftigen Kinder, die standesamtliche und kirchliche Trauung und verläßt ihn, als er nur ihr zuliebe zustimmt, ohne »von der Berechtigung abstrakter Ordnungsprinzipien« überzeugt zu sein. Schnier versucht vergeblich, Marie zurückzugewinnen, und erfährt schließlich, daß sie einen Katholiken aus dem »Kreis« geheiratet – und damit nach seinem Verständnis der christlichen Moral Ehebruch begangen hat. Der Versuch, vom Vater Geld zu bekommen, scheitert an dessen kapitalistischen Prinzipien. Der Vater ist zwar bereit, in eine erstklassige Pantomimenausbildung für den Sohn zu investieren; als dieser jedoch auf die Bedingung einer »soliden, kontrollierten Ausbildung« nicht eingeht, weigert sich der Vater, ihm auch nur den nötigsten Lebensunterhalt zu bezahlen. Angriffsflächen für den scharf erinnernden Blick des Clowns bieten ferner die neuen Musterdemokraten, die umstandslos von der staatlichen Ideologie des Dritten Reiches in die des westdeutschen Nachkriegsstaates geschlüpft sind. So hat seine Mutter noch 1945 ihre Tochter Henriette als Flakhelferin zur Vertreibung der »jüdischen Yankees von unserer heiligen deutschen Erde« in den Tod geschickt und triumphiert bereits seit 1952 als Präsidentin des »Zentralkomitees der Gesellschaften zur Versöhnung rassischer Gegensätze«. Der als direkt formulierter Gegenwartskommentar mit satirischen Einlagen wohl populärste Roman Bölls schließt mit dem Bild des weißgeschminkten Clowns, der mit Gitarre und Bettelhut am Bonner Bahnhof seine Verweigerung, sich in die Gesellschaft zu integrieren, besiegelt.

Lit.: K.-H. GÖTZE, H. B.: Ansichten eines Clowns, München 1985 (UTB 1368).

I. KLEMM

Billard um halbzehn. 13 Kapitel; ED »Frankfurter Allgemeine Zeitung« 1959; EA Köln / Berlin 1959.

In den einander ergänzenden Stimmen einer Reihe von Figuren erzählt dieser Roman das Schicksal dreier Generationen der rheinischen Familie Fähmel. Die eigentliche Handlung beschränkt sich auf den 6. September 1958, den 80. Geburtstag des Familienpatriarchen Heinrich Fähmel. Der Tag ist Anlaß zu weitausholenden Erinnerungen, anhand derer Böll ein Stück deutscher Geschichte erhellt, das bis in die Wilhelminische Zeit zurückreicht. Heinrich Fähmel, aus ländlich-kleinen Verhältnissen, wird zum begüterten Architekten, der schon im Alter von 29 Jahren mit dem Bau der Abtei St. Anton seinen größten Erfolg erzielt. Nicht frei von Attitüden des Aufsteigers – über 50 Jahre lang läßt er sich das gleiche, exzentrisch zusammengestellte Frühstück im Café servieren, um sich eine Legende zu schaffen und zu erhalten –, heiratet er in eine alteingesessene gutbürgerliche Familie. Im Gegensatz zu ihm ist seine Frau Johanna politisch hochsensibel; so handelt sie sich während des Ersten Weltkriegs ein Verfahren vor dem Eh-

rengericht ein, als sie den Kaiser
öffentlich einen Narren nennt; un-
willig und unfähig, sich mit der
Nazipolitik und ihren Folgen zu
arrangieren und abzufinden, lebt
sie seit 1942 in einer Nervenheilanstalt. Ihr Engagement überträgt
sich auf ihren Sohn Robert, der
schon als Jugendlicher in ein Attentat auf einen Nazi verwickelt
wird, nach Holland flüchtet, dann
aber amnestiert wird und die
Schwester seines ebenfalls am
Attentat beteiligten Freundes Alfred Schrella heiratet. Seine Frau
kommt bei einem Bombenangriff
um, Schrella bleibt außer Landes,
bis er zufällig an diesem 6. September wieder in seine Heimatstadt zurückkehrt, aber kurzfristig verhaftet wird, weil sein
Name noch immer auf den Fahn-
dungslisten steht. Ein weiterer
Sohn der Fähmels, Otto, wird ra-
biater Nazi – er schlägt Menschen
zusammen, wenn sie den Nazi-
gruß unterlassen – und fällt als
hoher Offizier im Krieg. Dieser
Kontrast zwischen den politischen Gesinnungen der Brüder
wird als »Sakrament des Büffels
und des Lammes« zum zentralen
Symbol des Buches. Von erste-
rem essen die Nazis und alle, die
gewillt sind, an den »Lämmern«
Gewalt zu üben, darunter auch
Nettlinger, ein zum Nachkriegs-
demokraten geläuterter Mitschüler Roberts. Am »Sakrament des
Lammes« haben die Opfer der
Welt teil, die Menschen, die »reinen Herzens« sind. Eine dritte Kategorie sind die »Hirten«. Zu diesen gehören Robert und seine
Mutter. Nicht milde genug,
»Lämmer« zu sein wie alle anderen Fähmels, Otto ausgenommen, sind sie bereit, zum Schutz
der »Lämmer« Gewalt anzuwenden. Roberts Hirtenamt gilt z. B.

seinem Freund Schrella, der schon
von seinen Mitschülern, besonders von Nettlinger verfolgt und
gequält wurde, und dem Hotel-
boy Hugo, seinem Gesprächspartner beim allmorgendlichen
Billardspiel von halbzehn bis elf,
den er schließlich adoptiert. Roberts großes Geheimnis ist seine
Sprengung der Abtei St. Anton
bei Kriegsende – in einem Protest-
und Racheakt an den »Büffeln«
der Welt, seien es die Mönche der
Abtei, die Sonnenwende feierten
und Nazilieder sangen, oder seien
es Menschen, gleich welcher Nation, die Kulturdenkmäler, nicht
aber Menschenleben für scho-
nenswert erachten. Roberts Sohn
Joseph, wie Vater und Großvater
gelernter Architekt, hat teil am
Wiederaufbau der Abtei und findet heraus, daß es sein Vater war,
der sie sprengte. Er wie auch sein
Großvater sind jedoch, Roberts
Tat zu verstehen. Bei der Geburtstagsfeier, mit der der Roman
endet, vollzieht Heinrich Fähmel
eine symbolische Handlung der
Versöhnung. Er ›zerstört‹ ein Ku-
chenmodell der Abtei, mit dem
ihn sein Frühstückscafé zum Geburtstag überrascht hatte, indem
er es aufschneidet und verteilt.
Nur Johanna, obwohl von der
Anstalt beurlaubt, ist nicht in der
Runde, weil sie kurz zuvor mit
der Pistole auf einen Minister, einen »Büffel« und früheren Nazi-
mitläufer, einen – fehlgeschlagenen – Anschlag verübt hat.

Lit.: K. JEZIORKOWSKI, Rhythmus und Figur.
Zur Technik der epischen Konstruktion in
H. B.s »Der Wegwerfer« und »Billard um
halbzehn«, Bad Homburg 1968.
                                    E. FRIEDRICHSMEYER

Fürsorgliche   Belagerung.
21 Kapitel; EA Köln 1979.
Der figurenreiche Roman spielt
im rheinischen Braunkohlegebiet

zur »Zeit der großen Sicherheits-
maßnahmen« gegen den Terroris-
mus während der siebziger Jahre.
Die gesellschaftlich-politischen
Gruppierungen von den wirtschaftlichen Repräsentanten des
»Systems« über die ›Systemkriti-
ker‹ bis hin zu dessen terroristischen Bekämpfern finden sich in
der Familie des Pressemagnaten
Fritz Tolm wieder. Die personale
Erzählweise aus der Perspektive
der verschiedenen Hauptfiguren
verstärkt die private, humane
Sicht auf die in Typisierungen erstarrten Fronten der öffentlichen
politischen Debatte. – Zu Beginn
der Handlung, die sich auf wenige
Tage beschränkt, wird Tolm, der
sein ererbtes Lokalblatt zum
Kernstück eines Zeitungsimpe-
riums ausgebaut hat, zum Präsidenten des Verlegerverbandes gewählt. Sein beruflicher Erfolg und
sein Reichtum, erheblich vermehrt durch den Riesengewinn,
den er beim Verkauf von Gelände
und Wohnsitz auf einem Braunkohlegebiet gemacht hat, bedeuten ihm wenig. Er ist und wirkt
sehr menschlich, eignet sich daher
hervorragend als Sympathieträ-
ger des »Systems«, wenn er auch
nicht den Mut hat, seine nur an
der Auflagenhöhe orientierten
Mitarbeiter daran zu hindern, sein
»Blättchen [. . .] zum Scheißblätt-
chen werden zu lassen«. Er sieht
sich in einer »Zeit der netten Ungeheuer«, denen er sich auch
selbst zurechnet. Um Tolms Sohn
Rolf und dessen Freund Bewerloh, zunächst ein Schützling des
alten Tolm, zu Aktionisten gegen
das »System« werden zu lassen,
bedarf es denn auch der Begegnung mit dem amerikanischen
Kapitalismus, der Entdeckung
des »internationalen Kontinent[s]
Geld« in New York. Rolf hat der

begonnenen Laufbahn als Bank-
fachmann den Rücken gekehrt,
seinen Protest durch das Anzün-
den von Autos kundgetan und
lebt nun nach einer Gefängnisstrafe mit der als Kommunistin
geltenden Katharina in einem
ländlichen Pfarrhaus. Dagegen ist
Bewerloh ein international ge-
suchter Terrorist geworden und
plant – so ist zu vermuten – zusammen mit Rolfs früherer Frau
Veronica im Mittleren Osten ge-
walttätige Anschläge, die auch
dem alten Tolm und seiner Frau
oder der Familie ihrer Tochter Sabine, verheiratet mit dem Fabrikanten Erwin Fischer, gelten
könnten. Damit besteht Anlaß für
eine lückenlose Be- und Überwachung der potentiellen terroristischen Opfer. Ein erstickendes Si-
cherheitsnetz bewirkt eine von
Böll aufs stärkste evozierte Angst;
der alte Tolm sieht nahezu in jedem seinen möglichen Mörder –
für Bewerloh der Beweis, »wie
wenig frei in einer freien Markt-
wirtschaft sogar die Freiesten der
Freien sind«. Das in der Tat geplante Attentat soll mit Hilfe eines
mit Sprengstoff geladenen Fahr-
rads verübt werden während einer
Beerdigung, bei der Tolm als Repräsentant des »Systems« die
Grabrede halten soll. Veronica
stellt sich jedoch vorher der Polizei. Ihr siebenjähriger Sohn hingegen, mit der »Bombe im Gehirn«, steckt den Wohnsitz der
Tolms, der freilich ohnehin dem-
nächst den Braunkohlebaggern
anheimfallen sollte, in Brand. Der
Roman endet versöhnlich, wenn
auch offen: Statt die vorgesehene
Grabrede zu halten, nimmt Tolm
an der Beerdigung Bewerlohs teil,
der sich nach seiner Festnahme erschossen hat, und flüstert am offenen Grab seiner Frau zu: »Daß ein

Sozialismus kommen muß, siegen muß ...« Die ›sozialistische‹
Familie – Rolf, Katharina und ihr
Söhnchen – wird zum Sammel-
punkt des Tolm-Clans. Neben
der schwangeren Sabine, um deren unglückliche Ehe, aus der sie
sich durch ihre Liebesbeziehung
zu ihrem bescheiden-sympathi-
schen Bewacher befreit, ein weiterer wichtiger Handlungsstrang
kreist, finden sich die ›großkapita-
listischen‹ alten Tolms und das
brandstiftende ›Terroristen‹-Kind
ein.

Lit.: M. MARIANELLI, »Fürsorgliche Belagerung«. H. B.s »himmlische Bitterkeit«, in:
A. M. DELL' AGLI (Hg.), Zu H. B., Stuttgart
1983, S. 106–116.

E. FRIEDRICHSMEYER / I. KLEMM

Gruppenbild mit Dame. 14 Kapitel; ED »Frankfurter Allgemeine Zeitung« 1971; EA Köln
1971.
Im Stil einer Reportage entwirft
der Roman anhand von Interviews mit Dutzenden von Figuren
das Bild der Endvierzigerin Leni
Pfeiffer, geb. Gruyten, die das Interesse eines Journalisten – er
nennt sich nur »Verf.« (Verfasser)
– auf sich gezogen hat, weil sie aus
ihrer Wohnung ausgewiesen werden soll. Mit dem detaillierten
Porträt entsteht ein Panorama der
zahlreichen Figuren des Romans
wie auch eine Abrechnung mit der
deutschen Geschichte von der
Wilhelminischen Ära bis in die
Entstehungszeit des Buches. Bölls
Botschaft ist vor allem die Toleranz gegenüber den Außenseitern, die Achtung vor den sich der
gesellschaftlichen Normierung
entziehenden Unangepaßten, zu
denen Leni exemplarisch zählt.
Sie ist in einem sinnlich und
keusch, naiv und klug, hat Sinn
für Realität wie auch für Mystik.
Schon Lenis Elternhaus ist unkon-

ventionell. Obwohl ihr Vater die
Nazis ablehnt, verdient er Millionen an Kriegsprojekten und muß
schließlich ins Gefängnis, weil er
Lohngelder der fiktiven Beleg-
schaft einer von ihm gegründeten
Firma kassiert hat. Lenis Bruder
Heinrich und Vetter Erhard – ihr
erster Geliebter – sind angehende
Dichter und Nazigegner, die Dä-
nen eine Militärkanone »zum
Schrottwert von fünf Mark« anbieten und dafür exekutiert werden. Leni wird als blonder Typ
zum »deutschesten Mädel« ihrer
Schule ernannt, entzieht sich dann
als Nonnenschülerin konventio-
neller Religiösität, indem sie mit
Hilfe der jüdischen Nonne Rahel
zu einer Mystik des Sinnlichen,
insbesondere zum Begreifen der
Funktionen und Sekretionen ihres
eigenen Körpers findet. Lenis fast
unfehlbare intuitive Menschenkenntnis verläßt sie bei ihrem
Mann Pfeiffer. Als guter Tänzer
verwirrt er sie; da sie Sinnlichkeit
mit Zärtlichkeit gleichsetzt, heiratet sie ihn sofort, erklärt ihn aber
für tot, ehe er noch im Krieg fällt,
als sie seine Brutalität erkannt hat.
Als Angestellte einer Friedhofs-
gärtnerei begegnet sie dem sowjetischen Gefangenen Boris, von
dem sie beten wie Trakl, Hölderlin und Kafka lesen lernt. Unter
gefährlichsten Umständen beginnt sie ein Verhältnis mit ihm
und wird schwanger. Böll rückt
Leni als utopische Wunschfigur
hier explizit in ein mythisches
Licht. Es ist von der »Heiligen
Familie« die Rede und dem »So-
wjetparadies in den Grüften«, wo
das Paar Zuflucht sucht und wo
der Sohn Lev geboren wird. Die
mythische Komponente Lenis –
man sagt von ihr, sie sei »fast vollkommen« und »es gibt sie und
doch gibt es sie nicht« – wird bis-

weilen vom Verfasser ironisiert: In der Spiegelung des eigenen Gesichts auf dem Fernsehschirm glaubt Leni immer wieder, ein Bild der Jungfrau Maria zu empfangen. Boris kommt bei Kriegsende um. Auch Lev, als uneheliches »Russenkind« »zwischen Leichen gezeugt und geboren«, ist ein Außenseiter. Man hängt ihm einen »Solidaritätskomplex« an, weil er sich für Gastarbeiter einsetzt. Lev wird Müllfahrer, lehnt in Verweigerung von Erfolgs- und Leistungsstreben Angebote von weniger »schmutzige[n]« Arbeitsstellen ab und landet wegen Urkundenfälschung aus uneigennützigen Motiven im Gefängnis. Lenis Großzügigkeit gegenüber dem »Abfall«, den abfällig Behandelten ihrer Gesellschaft, bringt sie in große finanzielle Not bis zum drohenden Verlust ihrer Wohnung. Ihre Freunde gründen jedoch ein »Helft-Leni-Komitee«, die Müllfahrer organisieren Verkehrsstaus, so daß Lenis Hausrat nicht abtransportiert werden kann und man Zeit gewinnt, ihre Schulden zu tilgen. Böll entläßt die Außenseiter seines Romans im Zeichen der Hoffnung: Leni erwartet von einem türkischen Müllfahrer ein Kind; mit Freude auf ein »Brüderchen oder Schwesterchen« sieht Lev seiner Entlassung aus dem Gefängnis entgegen.

Lit.: R. MATTHAEI (Hg.), Die subversive Madonna. Ein Schlüssel zum Werk H. B.s, Köln 1975. E. FRIEDRICHSMEYER

Wo warst Du, Adam? 9 Kapitel; EA Oplanden 1951.
Mit der Titelfrage und ihrer Antwort: »ich war im Weltkrieg« (in dem vorangestellten Motto aus Th. Haeckers *Tag- und Nachtbüchern*) ist das übergreifende Thema des Romans bezeichnet: Der Krieg als Alibi für die Verantwortlichkeit des Menschen vor Gott. Diese Thematik, in beschränktem Sinne auch die Figuren sowie vornehmlich die Einheit von Zeit und Raum verbinden die in einer ungesuchten Sprache erzählten, eher wie Kurzgeschichten wirkenden neun Episoden. Die Zeit der Handlung ist das letzte Kriegsjahr, der Ort vornehmlich Ungarn, genauer die südliche Ostfront, die sich von Episode zu Episode weiter nach Westen verlagert. Diese unaufhaltsame Bewegung auf den endgültigen Zusammenbruch hin kann als der Haupthandlungsstrang bezeichnet werden und entspricht dem mörderischen Mechanismus des Krieges, der die Figuren zwar zu Opfern stempelt, von ihnen aber auch als Alibi vorgeschoben wird. In dem vorherrschenden Spektrum der Anklage gibt Böll auch einigen eindrucksvollen Manifestationen von Menschlichkeit Raum. Im 5. Kapitel etwa verliebt sich Feinhals, die Hauptfigur des Buches, in die ungarische Jüdin Ilona. Sie erwidert seine Liebe und man verabredet sich für den Abend. Ehe sich das Paar jedoch treffen kann, wird es auseinandergerissen, Feinhals wird an die Front, Ilona ins KZ geschickt. Das Sichnäherkommen dieser beiden Menschen gehört zum Gelungensten, was Böll geschrieben hat. Von vergleichbarem Gewicht, jedoch in entgegengesetztem Sinn, ist das 7. Kapitel. In dem KZ, in das man Ilona einliefert, werden die Häftlinge entweder zum Tode oder zu Chormitgliedern bestimmt. Filskeit, der Lagerkommandant, ist fanatischer Chorliebhaber. Als er Ilona auf ihre Stimme prüft und

das vollendete Musikverständnis der Jüdin erkennt, sieht er sich einem Phänomen gegenüber, dem seine ideologischen Fundamente nicht standhalten: »Hier war es: Schönheit und Größe und rassische Vollendung, verbunden mit etwas, was ihn vollkommen lähmte: Glauben [...] er hatte noch nie eine Frau so singen hören.« Filskeit gerät in maßlose Wut, entlädt das ganze Magazin seines Revolvers in sie und gibt den Befehl für die sofortige Erschießung auch aller anderen Häftlinge. Wenn hier Filskeit das Gute und Schöne als »sinnlos« begreift, so bleibt doch dieser Zynismus auf ihn beschränkt. Die groteske Sinnlosigkeit des Krieges ist das mit Nachdruck verwendete Leitmotiv des Buches und beweist sich immer wieder in Erniedrigung, Verstümmelung und Tod. Im 3. Kapitel tritt Feldwebel Schneider bei dem Versuch, ein Lazarett unbeschadet an die Sowjettruppen zu übergeben, auf einen Blindgänger, den man aus Gleichgültigkeit zu entfernen versäumt hatte. Die Explosion zerreißt ihn und verschreckt die Russen derart, daß sie das Lazarett zusammenschießen. Unteroffizier Finck trifft eine Granate, als er versucht, einen Koffer voll Wein zu retten, zu dessen Beschaffung man ihn abkommandiert hat. Oberleutnant Greck wird erschossen, als er unter den lähmenden Qualen einer Kolik seinen Darm zu entleeren versucht. Fast gelingt es Feinhals, gemäß seiner Parole, »was einem zu tun blieb, war, täglich seine eigene Haut zu retten«, lebend davonzukommen, aber im letzten Satz des Buches ereilt ihn der Tod auf der Schwelle seines eigenen Hauses. Die tödliche Granate stammt aus einem deutschen Geschütz, das ein Wachtmeister Schniewind auf das Feinhalssche Haus richtet, um »die mangelhafte patriotische Gesinnung« einiger Dorfbewohner zu bestrafen, die weiße Fahnen gehißt haben.

Lit.: H. J. BERNHARD, *Die Romane H. B.s: Gesellschaftskritik und Gemeinschaftsutopie,* Berlin 1973.   E. FRIEDRICHSMEYER

BONAVENTURA (wahrscheinlich Ernst August Friedrich Klingemann, 1777–1831)

Nachtwachen. 16 »Nachtwachen«; ED »Journal von neuen deutschen Original Romanen« 1804; EA Lindau / Leipzig 1877.
Die pseudonym veröffentlichte Erzählung bildet einen frühen Höhepunkt der europäischen Schwarzen Romantik. In teils holzschnittartig für sich stehenden teils ineinander verschlungenen Episoden, Reflexionen und Briefen schildert der Protagonist Kreuzgang, ein Verwandter des Mephistopheles, seinen bunten Lebenslauf. Er ist der Sohn einer Zigeunerin und eines Alchimisten und steht unter Patenschaft des Teufels; ein Schuster hat ihn als Findelkind aufgezogen. Da er als Poet und Bänkelsänger die Autoritäten beleidigt, bringt man ihn ins Tollhaus, wo er sich in eine Schauspielerin verliebt, mit der zusammen er einmal den *Hamlet* gespielt hat. Als wahnsinnige Ophelia vermag sie sich nicht mehr aus ihrer Rolle »herauszustudieren«. Mit ihr plant Kreuzgang eine Irrenkolonie aufzubauen; doch seine Geliebte stirbt im Kindbett, und er wird aus dem Tollhaus verbannt. Er spielt nun in einem Marionettentheater den Hanswurst und wird schließlich

Nachtwächter. – Kreuzgang wird die Welt zur Groteske und in seiner Außenseiterposition innerhalb einer verkehrten Welt die Tollheit zum einzig »haltbaren Systeme«. Als Typ des vernünftigen Narren und des romantischen Sonderlings, treibt er seinen sarkastischen Schabernack mit der Umwelt: so ruft er anläßlich der Jahrhundertwende statt der Stunde das Weltende aus und versetzt mit diesem »Pseudo-Jüngsten Gericht« seine Mitmenschen in Panik; in dieser von ihm heraufbeschworenen Grenzsituation zeigen sich seine Zeitgenossen erwartungsgemäß in ihrer ganzen Erbärmlichkeit, Fratzenhaftigkeit und Verlogenheit. In immer neuen Anläufen seiner ironisch-satirischen Gesellschaftskritik und Entmythologisierung demaskiert er sowohl die idealistische Philosophie mit ihrem subjektivistischen Menschenbild als auch jegliche metaphysische Sphäre – Gott weist er die Rolle des wahnsinnigen Weltschöpfers zu – und behauptet so apodiktisch die Nichtigkeit des menschlichen Seins. Mit seiner ironisch gebrochenen Erzählhaltung greift der Autor zurück auf Vorbilder der Spätaufklärung und Laurence Sternes Roman *Tristram Shandy*. Aus spielerisch distanzierter Darstellung und böser Satire entspringt die Komik der *Nachtwachen,* die um die Motive von Hölle, Tod und Teufel kreist. Das Lachen ist Inbegriff von Kreuzgangs Lebenshaltung: »Was beim Teufel ist auch diese ganze Erde nebst ihrem empfindsamen Begleiter dem Monde, anders wert als sie auszulachen – ja sie hat allein darum noch einigen Wert, weil das Lachen auf ihr zu Hause ist.« Andererseits weisen die *Nachtwachen* in

ihrer nihilistischen Grundhaltung, der Zerrissenheit des menschlichen Subjekts, in ihren formalen Mitteln des Paradoxen und Grotesken, dem Wechsel von Leben und Spiel literarhistorisch weit voraus auf die moderne Welt eines Büchner, Kafka oder Benn. Dies zeigt sich etwa in der 8. »Nachtwache«, wo der Stadtpoet, ein Freund Kreuzgangs, sich in seiner höchsten Verzweiflung mit der Schnur aufhängt, mit der ihm ein Verleger das Manuskript seiner Tragödie »Der Mensch« zurückgesandt hat. Doch stirbt der Poet, für den in dieser Welt kein Platz ist, nicht ohne zuvor noch einen »Absagebrief an das Leben« geschrieben zu haben: »Der Mensch taugt nichts, darum streiche ich ihn aus. Mein Mensch hat keinen Verleger gefunden weder als persona vera noch ficta, für die letzte (meine Tragödie) will kein Buchhändler die Druckkosten herschießen, und um die erste (mich selbst) bekümmert sich gar der Teufel nicht und sie lassen mich verhungern.«

Die Frage nach der Autorschaft der *Nachtwachen* konnte bis heute nicht endgültig beantwortet werden; in der Nachfolge von Jean Pauls irriger Annahme galt lange Zeit Schelling als ihr Verfasser, zumal dieser kurz zuvor unter dem Pseudonym Bonaventura Beiträge zum Schlegel-Tieckschen *Musenalmanach* geschrieben hatte. Sprachliche, weltanschauliche und metaphorische Affinitäten bestehen vor allem zu Werken von Jean Paul, Tieck und E. T. A. Hoffmann, wobei zahlreiche Anspielungen auf zeitgenössisches Kultur- und Geistesleben den Dichter als einen guten Kenner des Jenaer Romantikerkreises ausweisen. Seit 1974 scheint sich eine

neue These zu stabilisieren, die
August Klingemann, einen
Braunschweiger Theaterdirektor
und Trivialautor, als Verfasser annimmt, zumal sich jüngst ein
dementsprechender, von Klingemann selbst ergänzter Eintrag in
einer seiner Werklisten fand.

Lit.: A. MIELKE, Zeitgenosse B., Stuttgart
1984.   S. ZELLER

BORCHARDT, Rudolf
(1877–1945)

Vereinigung durch den Feind hindurch. EA Wien 1937.

»Vereinigung durch den Feind
hindurch« lautet eine »kriegswis-
senschaftliche Aufgabe«, durch
deren Behandlung der Rittmeister
Georg von Harbricht (auch Yorick genannt) kurz vor Ausbruch
des Ersten Weltkrieges in den Generalstab befördert wird und die
ihm nach dem Zusammenbruch
von Kaiserreich und alter Gesellschaftsordnung eine Freizeitbe-
schäftigung bleibt. Zugleich bezieht sich der militärische Plan
vom doppelten Angriff auf die
Handlung des Romans, in dem
Borchardt die Mechanisierung
und den Traditionsverlust der
modernen Gesellschaft kritisiert:
Harbrichts Rückeroberung der
»Jugendfreundin« und Geliebten
Ysi Gräfin von Meyenwörth, die
Vereinigung der Liebenden also
durch einen Feind hindurch. Diesen Feind sieht Yorick in dem
»machtsammelnden Wirtschafts-
herrscher« und »Typus des Proletarischen« C. W. Nienhus. Mit
den Mitteln seiner Macht wirbt
dieser um die wie Harbricht durch
den Krieg mittellos gewordene
Gräfin, die sich zunächst als Sekretärin des Chefs der Süddeutschen Provinzialbank Dr. h. c. Ju-

lius Bauer in München verdingt.
Um Ysi und Yorick, die »Ge-
schöpfe einer entthronten Welt«,
zu trennen, treibt Nienhus die
Provinzialbank in den Ruin, von
deren Kredit wiederum Yoricks
Arbeitgeber lebt. Harbricht erhält
nun das Angebot, sich für Nienhus' Unternehmen »propagandi-
stisch im Auslande zu betätigen«,
während Ysi die Vertrauensstel-
lung von Nienhus' Privatsekretä-
rin übernehmen soll. Yorick ahnt
die Intrige, lehnt ab und zieht
sich zu seinem Onkel Ernst Harbricht zurück. In einer »plötzlichen
strategischen Eingebung« erkennt
er: »Man kann nicht zusammen-
bleiben, um zusammen zu bleiben.« Ysi aber überwindet, nicht
zuletzt aus Enttäuschung über das
Verschwinden des »ritterlichen
Freundes«, ihre Widerstände gegen Nienhus und nimmt die Stelle
an. Trotz seiner Vorgesetztenpo-
sition hat der Antagonist Harbrichts den »alten Blick unter-
drückter Völker«, er ist die perso-
nifizierte »Unform«, der Ysi an-
geborene Haltung, ihr Stolz und
Selbstbewußtsein auch in der un-
tergeordneten Stellung überlegen
bleiben. Nienhus' Traditionslo-
sigkeit und Geschichtsfeind-
lichkeit steht in Ysi, die einem
alten Geschlecht oberrheinischer
Reichsritter entstammt, die Verkörperung von Geschichte selbst
gegenüber. Mit der Hilfe Julie
Mombellis, einer Verwandten
und engen Freundin Ysis, gelingt
schließlich Harbrichts Plan. Als er
Nienhus mit Informationen über
den baldigen Zusammenbruch
seines Unternehmens konfrontiert, verzichtet dieser freiwillig
auf Ysi und damit seine »Legiti-
mierung der Thronbesteigung
durch Bettbesteigung«. – Vor allem in den Dialogen gelingt es

Borchardt, seine Figuren in ihrem unterschiedlichen Ton zu charakterisieren, weshalb seine Darstellung mit der Collage-Technik Joyces und Döblins verglichen wurde. In den komplexen Satzgebilden erweist sich Heinrich von Kleist als wichtiges Vorbild des Erzählers Borchardt.

Lit.: H. A. GLASER (Hg.), R. B. 1877–1945, Referate des Pisaner Colloquiums, Frankfurt/ M. u. a. 1987. S. KÖRBER

BORN, Nicolas (1937–1979)

Die erdabgewandte Seite der Geschichte. EA Hamburg 1976. Unfähig, seinen Aufträgen nachzukommen und sich der Außenwelt zu stellen, hat sich der Protagonist, ein namenlos bleibender Schriftsteller, aus dem gesellschaftlichen Leben »herausgestohlen«. Mit ebenso scharfem wie distanziertem Blick notiert er die Geschichte seiner zunehmenden Isolation und Wirklichkeitsentfremdung während der ausgehenden sechziger und frühen siebziger Jahre im intellektuell geprägten Milieu Westberlins. Sein radikaler Subjektivismus, demzufolge private »Geschichten wie diese die eigentliche Geschichte ausmachen«, nimmt zum einen Abschied vom Glauben an eine politisch-gesellschaftliche Interpretation der Realität und legt zum anderen die formale Struktur des Romans fest. Im Rückzug auf eine Perspektive, die – unter Verzicht auf jegliche Deutungen – »alles nur noch durch sich selbst erklären« kann, stellt der Ich-Erzähler seine präzisen Einzelbeobachtungen, Gefühle und Reflexionen gleichberechtigt neben die einer nur vagen Chronologie gehorchenden erzählenden Passa-

gen. Nur drei Verbindungen halten den Kontakt des Mittdreißigers zum »eigentlichen Leben« aufrecht: das Liebesverhältnis mit Maria, die als Agentin einer Schallplattenfirma ein eigenständiges Leben führt, sporadische Briefe und Besuche seiner Tochter Ursel, dem Kind aus erster Ehe, sowie die Freundschaft mit dem linksintellektuellen Müßiggänger Lasski. Marias Versuche, den mittellosen Individualisten an sich zu binden, scheitern an dessen Weigerung, die Rolle des verantwortungsvollen, zuverlässigen Partners zu übernehmen. In schonungslosen, akribischen Momentaufnahmen beleuchtet er in der Art einer »Fortsetzungsgeschichte«, wie die Liebe an seiner emotionalen Distanz zerbricht und in Alkoholexzessen und Haßtiraden ihr Ende findet. Weder die Tochter noch der Freund können dem desillusionierten Schriftsteller auf der Suche nach Identifikationsmöglichkeiten in einer sinnentleerten, von Sachzwängen beherrschten Welt einen neuen Halt bieten. Geradezu als Bedrohung seines Ichs erfährt er Lasskis überstürzte politische Aktivität im Rahmen der Studentenbewegung von 1968. Skeptisch gegenüber allen Gemeinsamkeit schaffenden Ideologien bleibt er bei Demonstrationen ein gleichgültiger, »neutraler Beobachter« am Straßenrand, der sich von der Menge »nivelliert« fühlt. Fluchtversuche aus seinem privaten Dilemma führen den Erzähler ins Ruhrgebiet, nach Frankfurt und ins Fichtelgebirge, wo er bei einem Aufenthalt mit seiner Tochter Ursel die Nachricht vom Tode Lasskis erhält. Nach Berlin zurückgekehrt, ist die Isolation vollkommen. Der heranwachsenden

Tochter entfremdet, beobachtet der passive Erzähler seine Ex-Geliebte Maria emotionslos durch eine Glaswand hindurch in ihrem neuen Wirkungskreis auf dem Messegelände. Die beharrliche, von Selbstzweifeln durchsetzte Suche nach einer »erdabgewandten«, außerhalb erstarrter Ordnungsmuster der modernen Industriegesellschaft stehenden, individuellen Existenz und Sprache macht Borns zweiten Roman zu einem wichtigen literarischen Dokument der Siebziger Jahre, welche der studentischen Aufbruchstimmung ein resignatives Programm der »Neuen Subjektivität« folgen ließen.

Lit.: M. REICH-RANICKI, Der Intellektuelle auf der Flucht vor dem Kollektivgespenst, in: FAZ, 14. 9. 1976.   P. SCHMAUK

BRECHT, Bertolt (1898–1956)

Dreigroschenroman. 3 Bücher sowie ein Prolog (»Die Bleibe«) und ein Epilog (»Das Pfund der Armen«); EA Amsterdam 1934. Mit plastisch ausgestalteten Personen und Schicksalen beleuchtet und verurteilt der Marxist Brecht die Gesetze des Kapitalismus. Er entlarvt ihn als verbrecherisches System, indem er die Handlung in das Gaunermilieu verlegt; die belehrende Absicht tut dabei dem Interesse des Lesers für die skurrilen Gestalten keinen Abbruch. Der Roman basiert auf der Dreigroschenoper, läßt jedoch das zugrundeliegende Gesellschaftsbild und die komplexen Verflechtungen des Kapitalismus deutlicher hervortreten. So verlegt Brecht die in der Oper mehr private Auseinandersetzung der Kontrahenten auf die geschäftliche Ebene, wo sie eine verstärkte gesellschaftspolitische Aussagekraft gewinnt. – Nach einigen erfolglosen Versuchen, seinen Lebensunterhalt zu erbetteln, gelangt der Soldat Fewkoombey in die ›Fabrik‹ J. J. Peachums, der alle Bettler der Stadt ›beschäftigt‹ und mit Kleidung und Utensilien ausrüstet. Denn er weiß, »daß das elende Aussehen, welches von der Natur hervorgebracht wurde, weit weniger wirkt, als ein durch einige Kunstgriffe berichtigtes Aussehen«. Die ›Fabrik‹ leitet der erfolgreiche und wohlhabende Peachum nach marktwirtschaftlichen Kriterien, denen er auch das Glück seiner Tochter Polly unterordnet. Doch als er sich in ein dubioses Schiffsgeschäft verwickeln läßt, droht ihm als Branchenfremdem der Ruin. Coax, der Organisator des Schwindels, übervorteilt seine Teilhaber, um größten Gewinn zu erzielen. Daß dieser letztendlich Peachum zufällt, ist weniger dessen kaltschnäuzigem Geschäftsgebaren zu verdanken, das ihn auch vor Mord nicht zurückschrecken läßt, als dem besseren Personal seines Schwiegersohnes Macheath, dessen ›Karriere‹ den zweiten Strang der Romanhandlung bildet. Obwohl Peachum aus geschäftlichen Gründen die Heirat Pollys mit Coax plant, heiratet diese heimlich Macheath, der zu Beginn des Romans nur die sogenannten B-Läden besitzt, in denen er Waren aus Einbrüchen billig absetzt. Dabei erzielt er durch eine neue, effektive Form der Ausbeutung größtmöglichen Profit. Indem er seine Ladenmieter zu Inhabern macht, die ihren Gewinn – theoretisch – selbst bestimmen können, holt er das Letzte aus ihnen heraus, ohne viel zu investieren. Doch dies ist erst ein Anfang – im

Laufe des Romans gelingt es ihm nicht nur, vom Gefängnis aus, in das er unter Mordverdacht gebracht wird, seine Geschäfte voranzutreiben, sondern dabei auch noch zwei Konkurrenzladenketten und zwei Banken in seine Hände zu bringen, so daß er am Ende der reichste Kaufmann der Stadt ist. Daß er dabei über Leichen geht, zeigen der Tod Mary Swayers und die Hinrichtung des Soldaten Fewkoombey. Mit dessen Vision über »das Pfund der Armen«, die in dem Satz gipfelt: »Der Mensch ist des Menschen Pfund. Wer keinen hat, ihn auszubeuten, beutet sich selbst aus!«, endet das Werk.

Lit.: W. JESKE, B.s Romane, Frankfurt/M. 1984.   J. H. SKARKE

Die Geschäfte des Herrn Julius Caesar. 4 Bücher; entst. 1937–1939; ED »Kalendergeschichten« 1949 und »Sinn und Form« 1949/1957 (Teildrucke); EA Berlin 1957 (Fragment).
Da Brecht zu Lebzeiten nur den → *Dreigroschenroman* (1934) veröffentlicht hat, ist der Eindruck entstanden, daß ihm die Form des Romans im Gegensatz zu Drama, Kurzprosa und Lyrik weniger wichtig war. Das ist jedoch nicht der Fall, wie besonders der Caesar-Roman zeigt. Seine Niederschrift geht nicht allein auf äußere Zwänge des Exils zurück, sondern folgt eigenen theoretischen Überlegungen des Verfassers, die sich stark von den konventionellen Darstellungsprinzipien des historischen Romans in den 30er Jahren unterscheiden. Dennoch liest sich der Text leicht, ist bisweilen heiter und amüsant. – Von sechs geplanten »Büchern« hat Brecht drei und ein viertes zum Teil ausgeführt. Sie behandeln den Aufstieg Cäsars zum Diktator, angefangen von der Vorgeschichte der catilinarischen Verschwörung bis hin zur Vorbereitung seiner Wahl zum Konsul. Brecht hat dazu ein intensives Quellen- und Literaturstudium betrieben, dem wiederum eine dramatische Beschäftigung mit dem Cäsar-Stoff seit Ende der 20er Jahre vorausging. Der Roman rückt ökonomische und finanzielle Aspekte der Lebensgeschichte Cäsars bis zur Erringung der Macht in den Mittelpunkt. Im 1. Buch (»Karriere eines vornehmen jungen Mannes«) berichtet ein junger Historiker, der 20 Jahre nach Cäsars Tod eine Biographie über den Diktator schreiben möchte, über seinen dreitägigen Aufenthalt bei Mummlius Spicer, Cäsars ehemaligem Bankier. Der Historiker interessiert sich für private Tagebuchaufzeichnungen, die der Sklave Rarus, ein Sekretär Cäsars, zur Zeit der catilinarischen Verschwörung angefertigt hat. Sie sollen sich im Besitz Spicers befinden. Da dieser für die Einsichtnahme Geld fordert, das der Historiker erst besorgen muß, verzögert sich zunächst das Geschehen. Inzwischen berichten der Bankier und ein Besucher mit Namen Afrianus Cabro, der »mehrere staatsrechtliche Bücher« verfaßt hat, als Zeitgenossen und Beteiligte über den Aufstieg Cäsars. Schließlich händigt Spicer dem Historiker die Notizen aus. Sie werden im 2. Buch (»Unser Herr C.«) kommentarlos wiedergegeben und schildern die Ereignisse aus der Sicht eines Untergebenen mit intimen Kenntnissen. Im 3. Buch (»Klassische Verwaltung einer Provinz«) übergibt Spicer dem Historiker einen weiteren, zunächst zurück-

gehaltenen Teil der Aufzeichnungen. Diese werden ebenfalls unkommentiert mitgeteilt, doch wird im Vorspann deutlich, daß der junge Historiker als Herausgeber fungiert, der zugleich Kürzungen, vielleicht auch andere Eingriffe vorgenommen hat. Anschließend berichtet der Historiker über eine erneute Zusammenkunft in der Villa des Bankiers, bei der wiederum über Cäsar gesprochen wird. Anwesend sind der Hausherr, der Historiker und ein anderer Gast, der Dichter Vastius Alder. Ein 4., unvollendetes Buch (»Das dreiköpfige Ungeheuer«) besteht wiederum aus Aufzeichnungen des Rarus. – Die epische Komposition verfolgt die Absicht, Cäsars Karriere aus verschiedenen Perspektiven vorzuführen. Die Ereignisse werden nicht direkt geschildert, sondern gebrochen durch die Sicht unterschiedlicher Personen mit jeweils eigenen Auffassungen und Interessen. In dieser Vielschichtigkeit stellt sich dem Leser Cäsars Biographie dar, die der Historiker selbst offenbar nicht geschrieben hat oder schreiben konnte. Brecht wollte durch die Struktur des Romans der Komplexität historischer Prozesse gerecht werden, deren ökonomische Voraussetzungen freilich im Vordergrund stehen und als entscheidende Triebkräfte menschlicher Verhaltensweisen erkannt werden sollen.

Lit.: W. JESKE, B. B.s Poetik des Romans, Frankfurt/M. 1984.   D. SCHÖTTKER

BREDEL, Willi (1901–1964)

Verwandte und Bekannte.
3 Teile (*Die Väter*, EA Moskau 1941; *Die Söhne*, EA Berlin 1949; *Die Enkel*, EA Berlin 1953).

Bredels Trilogie parallelisiert die Geschichte der deutschen Arbeiterbewegung zwischen 1870 und 1946 mit einer (autobiographisch gefärbten) Familiengeschichte. Der 1. Band *Die Väter* umfaßt die Zeit zwischen Reichsgründung und Beginn des Ersten Weltkriegs. Protagonist ist der Hamburger Metallarbeiter Johann Hardekopf, der zusammen mit seinem Schwiegersohn Carl Brenten in der eben entstandenen Hamburger Arbeiterbewegung aktiv mitwirkt. Dieses Engagement wird eher episodisch am Beispiel der Gründung des Sparvereins »Maienblüte« und sozialdemokratischer Wahlkämpfe demonstriert. Brentens und Hardekopfs Biographien stehen jedoch zugleich für zwei unterschiedliche Entwicklungstendenzen der frühen Sozialdemokratie: zwar richten sie sich beide gegen kleinbürgerliche Bestrebungen und »Partei- und Gewerkschaftsbürokraten«, doch gerät Brenten mit seinen radikaleren sozialistischen Zielen zunehmend – auch innerhalb der eigenen Familie – in Isolation. Hardekopfs Söhne nämlich folgen anderen Zeitströmungen: vom Streikbrecher und Lumpenproletarier Emil, über den Beamten Otto, bis zu Ludwig, der sich der »Naturfreunde«-Bewegung anschließt. Für Hardekopf werden die sozialdemokratischen Ideale dagegen erst mit der nationalistischen Wendung der SPD zu Beginn des Ersten Weltkriegs und der Aushöhlung des Internationalismus – kurz vor seinem Tod – brüchig. – Der 2. Teil – *Die Söhne* – läßt nun an die Figur Brentens bereits angelegte kommunistische Komponente anknüpfen. Protagonist ist nun Carls Sohn Walter, der – aus der sozialistischen Jugendbewegung kommend – sich gegen die offizielle Linie der sozialdemokratischen Führungskader in Kriegs- und erster Nachkriegszeit wendet. Wiederum spiegeln sich in Carl und Walter Brenten zwei unterschiedliche Wege der sozialistischen Bewegung: während Walter sich nach einer Haftstrafe endgültig für den Kommunismus entscheidet und als Lokalredakteur an der Agitation mitwirkt, folgt sein Vater einer eher anarchistisch-individuellen Strategie, mit der er vor allem versucht, dem Kriegsdienst zu entgehen. Auch in diesem Teil des Romans bleibt das Bauprinzip gewahrt, das die Familie – in ihren weiten Verzweigungen – gleichsam stellvertretend für Tendenzen der Zeit abbildet. Deutlicher allerdings als im 1. Band wird die Zeitgeschichte selbst zu einem wesentlichen Bestandteil der Handlung: dies gilt für den Ersten Weltkrieg, der vorwiegend aus der Perspektive der Zivilbevölkerung geschildert wird, ebenso wie für die unmittelbare Nachkriegszeit und die lokalen Kämpfe zwischen Revolution und Konterrevolution in Hamburg, es gilt jedoch nicht zuletzt auch für die ersten Ausprägungen des deutschen Faschismus. – Damit ist bereits zum 3. Teil, *Die Enkel,* übergeleitet. Sein dialektisches Prinzip spricht sich in den Überschriften seiner beiden Hauptabschnitte »Die Niederlage« und »Der Sieg« programmatisch aus. Protagonisten sind Walter Brenten und sein Sohn Viktor, daneben auch seine Mutter Frieda, deren Biographie in dem von Bombenangriffen und Gestapo-Terror bestimmten Alltag in NS-Deutschland den Roman als zweite Handlungslinie durchzieht. Die Hauptlinie jedoch

bildet Walters Lebensweg, dessen entscheidende Stationen autobiographischen Charakter haben. Walter wird 1934, auf Denunziation aus dem Verwandtenkreis hin, im KZ Fuhlsbüttel inhaftiert (Bredel war dort 1934 mehrere Monate lang interniert; vgl. seinen »Roman aus einem Konzentrationslager«, *Die Prüfung,* 1934). Es gelingt ihm jedoch zu fliehen, und im Parteiauftrag ins Prager Exil zu gehen. Von dort gelangt er über Paris an den »Kampfplatz Spanien«, wo er im Bürgerkrieg gegen Francos Faschismus verwundet wird; über eine erneute Zwischenstation in Paris kann er nach Moskau reisen. Der Hitler-Stalin-Pakt wird ihm zum Schockerlebnis, und Hitlers Überfall auf die Sowjetunion erfährt er als entscheidende Zäsur. Walter Brenten beteiligt sich später an führender Stelle an der Agitation an deutschen Kriegsgefangenen, unter anderem über Radio Moskau. Die Schilderung deutscher Kriegsverbrechen – insbesondere an sowjetischen Partisanen –, die durch diese Handlungskonstellation ermöglicht wird, zählt zu den bedingungslosesten, den Realismus der Darstellung konsequent einlösenden Textpassagen. Das Romanwerk endet schließlich mit Walters Rückkehr nach Deutschland, seinen Bemühungen, eine sozialistisch-kommunistische Gesellschaft mitzuerrichten, und dem Vereinigungsparteitag von SPD und KPD zur SED im Jahr 1946.
Die ästhetischen Mängel, die Georg Lukács bereits Anfang der dreißiger Jahre an Bredel kritisierte, vor allem »Parteibuchjargon« und Reportagecharakter, setzen sich in *Verwandte und Bekannte* fort. So verzichtet Bredel

auf eine psychologische Charakterisierung seiner Figuren, so daß
diese sich teilweise auf schablo-
nenhafte Typen reduzieren. Der
angestrebten Bewußtseinsverän-
derung der Arbeiterschaft trägt
nicht zuletzt der Unterhaltungs-
wert der Trilogie Rechnung. Aus
dem historischen Rückblick jedoch wird man weniger die poli-
tisch-agitatorische Zielsetzung,
als vielmehr den historischen Gehalt des Romans, seinen zweifellos hohen Grad an Detailtreue und
Authentizität hervorheben müssen: Bredel bietet eine Geschichte
der deutschen Arbeiterbewegung
in konsequenter Innensicht, die
zugleich – entstanden vor dem
Hintergrund des deutschen Faschismus – als Zwischenbilanz
gelten kann: insofern ist sein Roman im Sinne Walter Benjamins
ein »Organon der Geschichte«.

Lit.: V. N. Tokmakov, W. B.s historische
Trilogie »Verwandte und Bekannte«, in:
Kunst und Literatur 7 (1959), S. 484–509. –
R. Klettke, Die literarische Ausprägung in-
ternationalistischer Positionen bei W. B.,
Diss. Potsdam 1983.   H. Seubert

BREITBACH, Joseph
(1903–1980)

Bericht über Bruno. 27 Kapitel;
EA Frankfurt/M. 1962.
Der letzte Bericht, den der ge-
stürzte Minister Collignon verfaßt, handelt von jenem Mann,
der für diesen Sturz verantwortlich ist, dem jungen Abgeordneten Bruno Collignon, seinem Enkel. Von seinen Eltern getrennt,
die als gescheiterte Existenzen aus
der Familie verbannt wurden,
wächst Bruno im Hause seines
Großvaters auf und kommt schon
im Kindesalter in Berührung mit
den Ritualen politischer Macht,
die sein späteres Leben bestim-

men. Die Skrupellosigkeit, mit
der Bruno bald seine außergewöhnlichen intellektuellen Fähigkeiten einsetzt, um die eigene
Karriere voranzutreiben, führt zu
heftigen Auseinandersetzungen
mit seinem Großvater, der sein
politisches Amt mit ethischer
Verantwortung verbindet und
Bruno danach zu erziehen trachtet. Doch alle Versuche, auf
Bruno moralisch einzuwirken,
schlagen fehl: Rücksichtslos bahnt
er sich seinen Weg nach oben, zuletzt erbittert bekämpft von seinem Großvater, der in Bruno einen kommenden Diktator wittert. Mit 22 Jahren hat Bruno es
geschafft, seinen Großvater zum
Rücktritt zu zwingen und das
Land in eine innenpolitische Krise
zu stürzen. – Brunos Triumph ist
Höhepunkt und Abschluß von
Breitbachs Roman, der bei seinem
Erscheinen auf großes Interesse
stieß und inzwischen als eines der
bedeutendsten politischen Werke
der neueren Literaturgeschichte
gilt. Dabei liefern die detailgenau
geschilderten Intrigen, Skandale
und diplomatischen Verwicklungen das Fundament für ein Lehrstück in politischer Psychologie,
das die Analyse von Machtstrukturen und deren Mißbrauch am
konkreten Fall einer individuellen
Biographie entwickelt und so die
Ambivalenz politischer Handlungen und Entscheidungen sichtbar
macht. Dadurch zum einen wird
die Gefährlichkeit eines sich von
jeder Ethik freimachenden Poli-
tikbegriffs deutlich, zum anderen
zeigt Brunos Karriere jedoch auch
die in jedem politischen System
funktionierenden Gesetzmäßigkeiten, die praktische Politik erst
ermöglichen und Lüge, Bestechung sowie in letzter Konsequenz Gewalt zur Durchsetzung

politischer Interessen legitimieren. Diese Einsicht vermittelt der
Roman eindrücklich durch die
nüchterne Tonlage des Berichts,
in der Brunos Großvater die Geschichte seines Enkels rekapituliert. Als Großvater liebt der Minister das Kind seines mißratenen
Sohnes und ist tief enttäuscht von
der Unmenschlichkeit Brunos; als
kühl abwägender Politiker, der
Motive und Hintergründe emotionslos beleuchtet, schreibt er
seinen Bericht und wirft sich die
Zuneigung zu seinem Enkel als
Fehler vor. Breitbachs Roman ist
auch in diesem Sinne bewegend:
als Buch über die Liebe, die in der
Politik jedoch nur Schwäche bedeutet.

Lit.: M. Durzak, Gespräche über den Roman, Frankfurt/M. 1976.   J. Scholl

BRENTANO, Bernhard von
(1901–1964)

Theodor Chindler. *Roman einer
deutschen Familie.* 6 Bücher; EA
Zürich 1936.
Der Roman steht in der Tradition
gesellschaftskritischer Zeitro-
mane, wobei die Konflikte und
Spannungen innerhalb einer Familie zum Spiegel des Zusammenbruchs der wilhelminischen
Epoche werden. Die eigentliche
Handlung beginnt am 1. August
1914. Als der Erste Weltkrieg ausbricht, befindet sich Theodor
Chindler, Zentrumsabgeordneter
und Katholik, nicht im Begeiste-
rungstaumel wie die meisten Politiker. Während des Kulturkamp-
fes hatte er auf der Seite des Vati-
kans gestanden und gegen Bismarck Partei ergriffen, woraufhin
er auf Druck der preußischen Regierung seine Privatdozentur für
Geschichte an der Universität

Bonn aufgab und sich als Abgeordneter der Zentrumspartei im
süddeutschen Neustadt nieder-
ließ. Seine zunächst kriegsbegeisterten Söhne verlieren unter dem
Einfluß der Kriegsereignisse zwar
ihren fanatischen Nationalismus,
nicht aber ihr prinzipiell obrig-
keitsstaatliches Denken, so wie
auch Chindler selbst zwar am Primat des Militärs gegenüber der
Politik Kritik übt, jedoch nicht bis
zur wirklichen Erkenntnis der gesellschaftlichen Zusammenhänge
durchdringt. Nach Kriegsende
dient er denn auch einer sozialdemokratischen Landesregierung
als konservative Legitimationsfi-
gur. Seine Frau Elisabeth ist ihrer
Familie durch eine wahnhafte Religiosität, gepaart mit einem un-
beirrbaren materiellen und gesellschaftlichen Geltungsbedürfnis,
keine Hilfe und zeigt wenig Verständnis und Zuneigung für ihre
Tochter Margarethe, als diese sich
den Sozialisten anschließt. Auch
ist sie nicht unbeteiligt daran, daß
Balthasar Vierling, ein homosexueller Mitschüler und Freund ihres jüngsten Sohnes Leopold, in
den Selbstmord getrieben wird.
In den Revolutionstagen des No-
vembers 1918 wird Margarethes
Mann getötet; daraufhin verläßt
sie Neustadt und fährt nach Berlin. – Im ständigen Perspektivenwechsel zeigt sich die ironische
Distanz des Erzählers, die den Leser zu eigener Urteilsbildung provozieren soll.

Lit.: U. Hensler, B. v. B. – Ein deutscher
Dichter ohne Deutschland, Frankfurt/M.
1984.   S. Zeller

BRENTANO, Clemens
(1778–1842)

**Godwi oder das steinerne Bild
der Mutter.** *Ein verwilderter Ro-*

man von Maria. 2 Bände; 2 Teile; EA Bremen 1801.

Im 1. Teil werden 28 undatierte Briefe verschiedener Verfasser vorgeführt; im 2. Teil übernimmt der Autor und Herausgeber Maria das Wort und sucht das im 1. Teil spontan Mitgeteilte in seiner Rätselhaftigkeit zu ergründen und auf seinen Wirklichkeitsgehalt hin zu überprüfen. Die rückhaltlose Selbstaussprache in den Briefen des 1. Teils wird mit dem Bild der geblendeten Nachtigall illustriert, »die sich zu Tode singt, weil sie die Stunde der Ruhe nicht mehr erkennen kann«. Damit scheinen schrankenlose Subjektivität und zügellose Stimmungshaftigkeit den 1. Teil, Kritik, Skepsis und Erkenntnis hingegen den 2. Teil zu prägen. Freilich relativieren sich die Briefe bereits untereinander in der Vielfalt ihrer Stimmen, Gefühlsebenen und Haltungen und problematisieren damit die scheinbar völlig spontanen Lebensverhältnisse: so sind etwa verschiedene Briefe des jungen Godwi »tatendürstend«, »küssedürstend«, »tränendürstend« und »ruhedürstend«, sein Freund Karl Römer wechselt zwischen bürgerlicher Rechtschaffenheit und geistreich-spielerischem Zynismus. Zudem wird bald deutlich, daß die Briefe an Maria mit dem Rat übergeben wurden, sie zu ordnen und zu ändern, woraufhin dieser Eigenes beimischte, »damit mehr Einheit hineinkömmt«. – Die Handlung des 1. Teils besteht im wesentlichen darin, daß eine Reihe von Personen, die an verschiedenen Orten leben und wenig voneinander zu wissen scheinen, sich einander immer mehr nähern und sich in vielen Fällen als miteinander verwandt herausstellen. Das Zentrum der Handlung

bildet Karl Godwi, über dessen Kindheit ein düsteres Geheimnis liegt und der auf der Suche nach dem eigenen Selbst ist. Sein Vater, ein reicher Kaufmann, schickt ihn auf eine Reise, weil er die Gegenwart des Sohnes, der ihn an eine alte Schuld erinnert, nicht länger erträgt: um Marie von ihrem Geliebten Werdo Senne zu trennen und sie für sich zu gewinnen und zur Heirat zu bewegen, hat er einen Betrug begangen. Den jungen Godwi, der zu Anfang als völlig vom Zufall, von der Laune und äußeren Eindrükken erfüllt erscheint, führt sein Weg »von dem Landhause einer Engländerin in die Burg eines Landedelmannes, von da zu einer Ruine, zu einem Einsiedler«. Die drei Stationen verbinden sich mit Liebesbeziehungen zu ganz unterschiedlichen Frauenfiguren. In der Engländerin Lady Hodefield begegnet Godwi einer souveränen Vertreterin der freien Liebe mit dem »Talent des Bildens in der Geschlechtsliebe«. Da sie in ihm aber den Sohn ihres ehemaligen Geliebten Godwi erkennt, welcher auch der Vater ihres Sohnes Karl Römer ist, drängt sie den jungen Godwi von sich fort und teilt ihm in einem Brief den wahren Grund ihrer Zurückweisung mit. Godwis nachfolgende Beziehung mit der jungen, ätherischen Joduno von Eichenwehen, die ihn nur reizt, weil er Lady Hodefield verlassen mußte, ist flüchtiger Art. Doch durch Otilie, das Zusammensein mit ihr und ihrem Vater Werdo Senne auf einer alten Burg, scheint ihm »Natur, Ruhe, Erinnerung und innerer Friede« zuteil zu werden. In der Gegenwart dieses »kunstlose[n] Weib[s]« fühlt er sich »mit der ganzen Ordnung der Dinge versöhnt«. Zudem schenkt ihm ihr Vater – mit seiner Gitarre und seinen Balladen gleichsam eine Verkörperung der Poesie – seine Zuneigung, weil er in ihm den Sohn der von ihm geliebten und ihm durch Godwis Vater geraubten Marie erkennt. Freilich fallen auf das scheinbar durch Gesundheit, Natürlichkeit und Poesie bestimmte Leben bei diesen »seltsamen Menschen« auch dunkle Schatten. Godwi spürt die Nähe des Wahnsinns, der »wie der unglückliche Bruder der Poesie« ist, und wird krank. Obwohl er bald wieder gesundet, erkennt er doch, daß er hier nicht zur Vergewisserung seiner selbst kommt, sondern alles »immer im Bezuge auf etwas Unbekanntes, Ewiges« betrachtet. Godwis Selbstsuche konzentriert sich gegen Ende des 1. Teils immer mehr auf die Frage nach der steinernen Frauenfigur mit einem Knaben auf dem Arm, also auf die Frage nach der Mutter. Nach der »Szene aus meinen Kinderjahren« handelt es sich bei der Statue um »jene Fremde, die das Meer verschlang«, um die Mutter Marie, die beim unerwarteten Wiederauftauchen ihres Geliebten Werdo Senne Selbstmord beging. In der Vorrede zum 2. Teil wird mitgeteilt, daß der Herausgeber Maria den inzwischen älter und reifer gewordenen Godwi auf dem Landgut seines Vaters aufgesucht hat, um sich von ihm bei der Fertigstellung des 2. Bandes, also der Vervollständigung der Lebensgeschichte Godwis, helfen zu lassen. Der Roman bewegt sich damit auf sich selbst zu und wird sich selbst zum Objekt. Weit über die Hälfte des 2. Teils besteht in mehr oder weniger desillusionierenden Gesprächen über die Begebenheiten des 1. Teils, wobei Godwi häufig spöttische Kommentare – zumal über die Schilderung seiner Begegnung mit der »sternenreinen« Otilie und ihrem Vater – von sich gibt. Bei dieser Station und dem Denkmal der Mutter angelangt, beschließen Godwi und Maria, den Roman zusammen zu beenden, wobei sie sich zunächst noch auf die Aufzeichnungen Godwis und dann nur noch auf seine Erinnerungen stützen können. Aus der Erinnerung fügt Godwi die Episode seiner wilden Fahrt an den Rhein hinzu, seiner Liebesabenteuer mit der leichtsinnigen, fröhlichen Gräfin G. »mit einer Freiheit ohne Gränzen« und deren junger Tochter Violette. Violette, die sich in ihrer Liebe zu Godwi verschmäht glaubte und darüber zum Freudenmädchen wurde, hat auf Godwis Gut ihr Grabmal gefunden, das im 2. Teil eine vergleichbare Bedeutung gewinnt wie das steinerne Bild der Mutter im 1. Teil. Die Vollendung des Romanwerkes wird zunehmend mühsamer, Marias Fortsetzungen werden immer fragmentarischer, bis er über all den Strapazen schwer erkrankt. Während er beschreibt, wie Godwi den herrlichen Rheinwein trinkt, muß er Arzneigläser leeren und Gerstenschleim trinken; während er darstellt, wie Godwis Hände über den zitternden, warmen Busen der Gräfin hingleiten, werden ihm Umschläge auf die Brust gelegt. Durch solche Kontraste wird die anarchisch hedonistische Haltung Godwis und vor allem der Gräfin relativiert und zugleich die Ferne des Dichters von der Unmittelbarkeit des Lebens verdeutlicht. Maria stirbt schließlich an einer »Zungenentzündung«, die in eine »Herzenentzündung« übergegan-

gen war, worauf sich Godwi gezwungen sieht, den Roman allein
zu beenden. – In Violettes Denkmal kommt die geheimnisvolle
»Wunde« – entscheidendes Symbol für die tiefere Bedeutung des
ganzen Romans – zum Ausdruck,
in der sich »Lust und Schmerz«
vereinen. Schon Lady Hodefield
spricht im 1. Teil von der Zeit,
»da die Liebe die Erde verließ«
und nur noch »schreckliche
Mühe« für den Menschen übrig
blieb. Nur einige Stücke konnten
sie aus dem »herrlichen Haus-
halte« erretten, und nun versuchen sie, diese zusammenzufü-
gen, um jene Welt zu sehen, »die
vor uns geflohen ist, und die wir
mit unendlicher Sehnsucht erwarten«. Mit dem Motiv der Suche
nach der verlorenen Mutter vergegenwärtigt Brentanos Roman
die Notwendigkeit und gleichzeitige Unmöglichkeit einer Rekonstruktion des Selbst und der Welt.

Lit.: B. v. WIESE, B.s Godwi, in: DERS., Von
Lessing bis Grabbe, Düsseldorf 1968, S.
191–247.   E. BEHLER

BRINKMANN, Rolf Dieter
(1940–1975)

Keiner weiß mehr. EA Köln /
Berlin 1968.
Der Roman, dem als Motto »Oh
no, no, no« – eine Songzeile der
Rolling Stones – vorangestellt ist,
berichtet über einige Monate des
Zusammenlebens mit Frau und
Kind aus der Perspektive eines
Pädagogik-Studenten, der gerade
sein Studium abgebrochen hat
und ratlos nach einer Neuorientierung sucht. Der Protagonist, dessen Name wie der der Frau und
des Kindes nicht genannt wird,
sehnt sich nach seelischer und
körperlicher Übereinstimmung,
glaubt aber, »zugeschnürt zu sein

von den Dingen die sich um ihn
herum angesammelt haben, abhängig von seiner Frau, von ihr,
dem Kind und der Wohnung«.
Nachdem die Frau mit dem Kind
in die Ferien gefahren ist, bittet er
seinen Freund Rainer, der mit
dem Ehepaar zusammenwohnt,
sich ein eigenes Zimmer zu suchen. Er richtet den freigeworde-
nen Raum für seine Frau ein in der
Hoffnung, so mit ihr einen Neuanfang finden zu können. Das Leben im sich immer wiederholen-
den Alltäglichen und die aus Routine und Gewohnheit im Umgang
miteinander erwachsende Fremdheit ersticken aber jede Möglichkeit, die »private anhaltende Misere, eine seltsame Niederlage für
sie beide«, zu überwinden. Seine
Überforderung durch das Kind,
das »sie weder gewollt noch verhindert hatten«, und die als Druck
empfundene Verbindlichkeit der
Ehe drücken sich in Abtreibungs-
und Unfallphantasien aus, die in
äußerster Genauigkeit geschildert
werden. Bei einem nächtlichen
Streit, in dem sie sich vor seinen
wütenden Ausfällen mit stumpfer
Abwehr schützt, schlägt er sie ins
Gesicht. Weder seiner Frau noch
seinen Freunden Rainer und Ge-
rald kann er verständlich machen,
wie sehr sich für ihn ›draußen‹ und
›drinnen‹ gegenseitig ausschließen: »es spielte sich alles außerhalb ab, war nur noch bei anderen
vorhanden und ließ ihn nur noch
starren auf immer dieselbe Stelle«.
Die im Zusammensein mit seiner
Frau nicht mehr erfüllbare Sehnsucht nach menschlicher Nähe
und sexueller Befriedigung treibt
ihn zu Prostituierten, wo er wenigstens kurze Augenblicke eines
einfachen, unkomplizierten Daseins, kleine Momente intensiven
sinnlichen Glücks zu finden hofft.

Während eines Aufenthaltes in Hannover, wohin man ihn zu einer Lesung eingeladen hatte, wird er von einer Prostituierten abgewiesen. Der Schock dieser Ablehnung läßt ihn schmerzhaft das ganze Ausmaß seiner Isolation empfinden: »Er hatte weitergehen müssen, abziehen wie so ein Köter, der an den Häuserwänden entlangschnüffelt und die nächste Pißstelle sucht.« Im Hotel kommt es daraufhin zu einer detailliert und ausführlich geschilderten Onanieszene. Mit dem gleichen drastischen Realismus, der manchmal bis zur sprachlichen Simulation filmischer Nah- und Großaufnahmen gesteigert wird, wird auch die Sexualität zwischen dem Protagonisten und seiner Frau beschrieben. Diese Passagen haben 1968 den Verlag bewogen, dem Roman einen Käuferverpflichtungsschein beizulegen, um einer Indizierung wegen Pornographie vorzubeugen. Der gegen Ende des Buches erzählte Aufenthalt des Protagonisten in Hannover – eine Spiegelung der Ferienreise der Frau am Anfang des Buches – führt ihn nicht aus seiner Erfahrungsunfähigkeit heraus: »Deshalb war es auch bloß irgendein Abend und irgendeine Stadt, die er hinter sich gebracht hatte. Was ihm nun einfiel, dazu oder zu etwas anderem, blieb alles nebeneinander [...] Andere mochten das als Erfahrungen ansehen, hatten ganze Säcke davon voll«. Die Unfähigkeit zu authentischen Erfahrungen wird von Brinkmann jedoch nicht als individuelles Versagen dargestellt, sondern mit dem »sanften Terror im Gehirn« erklärt, dem der einzelne in einer Konsumgesellschaft ausgesetzt ist. Die industriell verfertigten Phantasmen dringen als

Bilder in die Phantasie ein und zerstören die Subjektivität von innen heraus. »In jeder Gehirnzelle stauen sich die Bilder, egal was für welche.« »Man lebt ja schließlich in den Bildern, die ständig zerfallen.« Brinkmann hat mit diesem Roman die verzweifelte Ratlosigkeit einer jungen Generation geschildert, die das Alltagsleben in einer provinzialisierten Wohlstands- und Ordnungsgesellschaft als sinn- und glücklos erfährt. Der braven provinziellen Bundesrepublik, symbolisiert in der Stadt Köln, wird das Erregende der Metropole London gegenübergestellt, an deren Besuch der Protagonist sich immer wieder erinnert. Indem der Roman sich mit radikaler Konsequenz in der Sphäre des Privaten entfaltet und auf direkte Gesellschaftskritik und politische Utopie verzichtet, läßt er ohne Rückgriff auf abstrakte Begriffe, die in einer sarkastischen Passage über Geralds Hegel-Lektüre als untauglich verworfen werden, eine Innenansicht der Bundesrepublik der Sechziger Jahre entstehen. Die Ausweglosigkeit des mit zahllosen, unmerklichen, sich bis zum Unerträglichen summierenden Störungen angefüllten Alltagslebens wiederholt sich auch in der sprachlichen Präsentation dieser Vorgänge selbst. Gerade die Monotonie und der Protokollierungszwang dieser Prosa machen die besondere literarische Qualität des Textes aus.

Lit.: S. Spӓth, R.D.B., Stuttgart 1989 (SM 254). B. Preisendörfer

BRITTING, Georg (1891–1964)

Lebenslauf eines dicken Mannes, der Hamlet hieß. 8 Kapitel; EA München 1932.

Das 1. Kapitel des Romans geht auf eine bereits 1925/26 entstandene und 1928 veröffentlichte Kurzgeschichte zurück, die übrigen Teile wurden 1929 geschrieben. In acht, durch größere Zeitsprünge voneinander getrennten Episoden werden die Lebensgeschichten des dicken Kronprinzen und späteren Königs Hamlet und seines gleichfalls Hamlet genannten Sohnes erzählt. Kronprinz Hamlet lebt von seiner Frau Ophelia und dem gemeinsamen Sohn getrennt. Nachdem Ophelia sich ertränkt hat, weil es ihr nicht gelungen ist, die Liebe ihres Mannes zurückzuerflehen, holt Hamlet seinen Sohn an den Hof, der von König Claudius, dem Mörder seines Vaters und Gatten seiner Mutter, beherrscht wird. Claudius erteilt Hamlet den Oberbefehl über die Truppen und schickt ihn in den Krieg gegen die Norweger. In der Schlacht, in der auch Hamlet um sein Leben kämpfen muß, fällt sein einziger Freund, der hagere Xanxres. Hamlet gewinnt Schlacht und Krieg und feiert seinen Sieg mit einem Triumphzug und einem Festmahl. Dabei zwingt der unmäßig essende und trinkende Hamlet seinen verhaßten Stiefvater Claudius zum Mithalten, bis dieser tot zusammenbricht. Hamlet wird König von Dänemark. Zwei Jahre später, das Volk ist mit seiner Regierung zufrieden, scheitert Hamlets Mutter mit dem Versuch, ihren in die Gräfin Greta verliebten Enkel Hamlet zum Vatermord anzustiften. Sie prophezeit ihm, daß er Greta in den Tod treiben wird, wie sein Vater Ophelia in den Tod getrieben hat. Die Weissagung erfüllt sich, und der König muß Polonius, den Vater Ophelias, und die drei Brüder

der Gräfin Greta festnehmen lassen, um einer Verschwörung aus Rache zuvorzukommen. Nach Jahren erfolgreicher Machtausübung, während deren er immer dicker und unförmiger wird, zieht sich König Hamlet mit seinem Sohn, der in einem Duell mit Gretas Brüdern einen Arm verloren hat, in ein Kloster zurück und überläßt die Macht seiner Mutter und Polonius. Im Kloster verbringen die beiden Hamlets ihre Tage mit Essen und Trinken. Auch dem jungen Hamlet ist längst ein dicker Bauch gewachsen und der ältere kann sich nicht mehr aus seinem mit Eisenrollen versehenen Lehnstuhl erheben. Mit einer Sprache, in der sich expressionistische Stilelemente, eine ausgeprägte Farbsymbolik und die Schilderungsgenauigkeit der Neuen Sachlichkeit verbinden, beschreibt Brittings grotesker Hamletroman die Vergänglichkeit und letztlich: Gleichgültigkeit menschlicher Affekte: »rote Leidenschaften und scharze Schmerzen und weiße Freuden und gelber Neid und Freundschaft und Liebe und Haß und Trauer und Habsucht und Ruhmgier, das alles starb an der Zeit«. In bewußt apsychologischer Darstellungsweise wird die seit Goethe vielzitierte Melancholie der Hamlet-Figur durch eine ins Groteske gesteigerte Eß- und Trunksucht ersetzt, deren durch nichts mehr gestörte Ausschließlichkeit am Ende des Romans zum letzten Lebenszweck des an seinen Stuhl Gefesselten wird: »War schließlich kein großer Unterschied, ob man herumlief und schreien konnte oder saß und gelähmt war und stumm.«

Lit.: W. SEIFERT, Lebenslauf eines dicken Mannes, der Hamlet hieß, in: R. HIRSCHE-

NAUER / A. WEBER (Hgg.), Interpretationen zu G. B., München 1974, S. 115–140.

B. PREISENDÖRFER

BROCH, Hermann (1886–1951)

Die Schlafwandler. 3 Bände; EA München / Zürich 1931/32 *(Pasenow oder die Romantik – 1888; Esch oder die Anarchie – 1903; Huguenau oder die Sachlichkeit – 1918).*

Die Romantrilogie charakterisiert in drei, im Abstand von 15 Jahren gezogenen Querschnitten den inneren Verfall der Wilhelminischen Epoche von 1888 bis 1918. Am Beispiel einzelner, zeittypischer Lebensschicksale illustriert Broch die Verunsicherung des Individuums durch die in der Moderne eintretende Erosion überlieferter Wertvorstellungen.

Der erste Roman, *Pasenow oder die Romantik,* versetzt den Leser in das Dreikaiserjahr 1888. Joachim von Pasenow, Gutsbesitzerssohn, dient in einem kaiserlichen Regiment in Berlin. Seine äußerlich geordnete Lebensweise, sinnbildhaft repräsentiert durch das Tragen der Uniform, wird durch den Einfluß seines aus dem Militärdienst ausgeschiedenen Freundes Eduard von Bertrand aus dem Gleichgewicht gebracht. Bertrands mephistophelische Einflüsterungen und sein »zivilistisches« Gehabe bringen Pasenows Glauben an eine intakte Wertordnung ins Wanken. Er fühlt, daß »irgendein Pfeiler des Lebens brüchig geworden« ist. Als Joachims Bruder bei einem Duell umkommt, führt Bertrand ihm den Anachronismus des geltenden Ehrenkodexes vor Augen. Pasenows Affäre mit dem Animiermädchen Ruzena zeigt, daß er selbst bereits in die Fallstricke der modernen, zumal urbanen Doppelmoral geraten ist. Um des hereinbrechenden Chaos Herr zu werden, forciert Pasenow die geplante Heirat mit Elisabeth von Baddensen. Zuvor nutzt Bertrand jedoch die Gelegenheit eines Gesprächs mit Elisabeth, um ihr die Illusion einer Liebesheirat zu nehmen: irdische Liebe sei nur »Pathos«. Joachim vermag es nicht, die seit dieser Begegnung zwischen Elisabeth und ihm eingetretene Entfremdung wieder aufzuheben. Er schüttelt zwar den »Dämon« Bertrand ab; das Treueversprechen zu Elisabeth findet jedoch in einer von Todesvisionen durchzuckten Atmosphäre der Regungslosigkeit statt. An die Stelle der Liebesverbindung tritt eine religiös verbrämte Flucht in starre Geschlechtslosigkeit. – Die Lektüre des 1. Trilogieteils durchkreuzt sehr bald die mögliche Leserwartung, daß es sich um einen Gesellschaftsroman Fontanescher Prägung handelt. Vielmehr legt sich über die Fabel ein Netz von Symbolketten, Metaphern und wechselseitigen Verweisen, die die Linearität der Handlung zugunsten simultaner Bezüge aufhebt und Stauungen des Erzählflusses bewirkt. Diese »Doppelbödigkeit des erzählerischen Grundgefüges« (Mandelkow) prägt auch die beiden folgenden Teilromane und verbindet sie poetologisch miteinander.

Die im Jahr 1903 spielende Handlung des zweiten Romans, *Esch oder die Anarchie,* schildert das Schicksal eines Kleinbürgers, der den Mangel an realer Entfaltung durch Auswanderungs- und Erlösungsphantasien zu kompensieren sucht. Dem aus Luxemburg stammenden, dreißigjährigen Buchhalter August Esch wird am

2. März 1903 von seiner Kölner Firma, einer Weinhandlung, gekündigt. Die Entlassung löst bei Esch einen Prozeß der Entfremdung aus, der sich bis zur totalen Wirklichkeitsverkennung steigert. Eine durch seinen Freund Martin Geyring vermittelte Stelle in Mannheim gibt Esch alsbald auf, um sich am Variété des Theaterdirektors Gernerth zu beteiligen. Während einer Vorführung des Messerwerfers Teltscher und seiner ungarischen Partnerin Ilona, zu der ihn seine Mitbewohner, die Geschwister Korn, eingeladen haben, drängt sich Esch unvermittelt der Wunsch auf, Ilona zu »befreien« und sich an ihrer Stelle zu »opfern«. Esch sieht sich auf dem Weg zu einer neuen Welt, in der »nicht mehr mit Messern geworfen werden darf«. Eschs irrationaler Erlösungswunsch ist es, der ihn zur Mitarbeit motiviert und ihn alles daran setzen läßt, Messerwurfdarbietungen in Zukunft zu verhindern. Sein Verhalten nimmt immer stärker irrationale Züge an (»Esch war ein Mann impetuoser Haltungen«). Das autonome System von Opfer- und Befreiungsgedanken entspricht einem messianischen Erlösungsschema und reflektiert Eschs Verlust jeder Wertbindung ebenso wie seine Vereinsamung. Im weiteren Verlauf tritt die Romanfabel immer mehr zurück und weicht der Darstellung schlafwandlerischer Entrückungszustände. Eschs Realitätssicht erscheint zunehmend von Zwangsvorstellungen überwuchert. Unter dem Einfluß des Tabakhändlers Lohberg, eines Heilsarmeesympathisanten, nimmt Eschs Erlösungsplan wahnhafte Züge an. Er vermutet in seinem ehemaligen Mannheimer Speditionschef Bertrand den Agenten einer allgemeinen Weltverschwörung und beschließt, ihn, obwohl er ihn heimlich bewundert, zu beseitigen: »Entweder er oder ich.« Der Umzug des Variétés nach Köln, wo ein Damenringkampf-Programm geplant ist, bedeutet für Esch die Rückkehr zu seiner alten Bekannten, der verwitweten Gastwirtin Gertrud Hentjen. Er wirbt um die ältere, von Kunden »Mutter Hentjen« genannte Frau und bezieht sie in seinen in Mannheim geschmiedeten Plan, nach Amerika auszuwandern, ein. Es gelingt Esch, Mutter Hentjen in mehreren Anläufen, zuletzt mit Gewalt, zu erobern. Um sie aber vollständig zu besitzen, so Eschs Aberglaube, müsse er das Bild ihres toten Ehemannes tilgen. Die stellvertretende Beseitigung des »Schweines« Bertrand erscheint ihm dabei als probates Mittel. Unter einem Vorwand reist Esch nach Badenweiler, wo er Bertrand wähnt. Auf der Fahrt dorthin kommen Eschs Wahrnehmung und Begriffe ins Gleiten: der Realitätsbezug scheint sich endgültig aufzulösen (»es ist ihm, als seien die Worte verwaist«). In Badenweiler kommt es zu einer mysteriösen Begegnung, deren Wirklichkeit kaum noch wägbar ist. Bertrand gewährt Esch im Gespräch Einblick in die Verfassung der Epoche: Wertvakuum und Vereinzelung sind ihre Signatur. Esch erinnert sich zwar später nicht mehr an den Inhalt des Dialogs, erlebt aber, wie sich auf der Rückfahrt bei einer Übernachtung in Mannheim die wirren Regungen seines Unterbewußtseins auf wundersame Weise ordnen. Im Zustand der überwachen »Schlaflosigkeit« fällt die »Entscheidung« für Mutter Hentjen.

Die Rückkehr nach Köln bedeutet für Esch eine herbe Enttäuschung. Die Denunziation Bertrands (wegen angeblicher Homosexualität) macht zwar den Weg für die Verbindung mit Mutter Hentjen frei. Seine Auswanderungspläne zerschlagen sich jedoch, es bleibt nur die Befestigung der gewohnten Lebensverhältnisse. Die »Erfüllung im Realen« versagt, und so bleibt Eschs Suche nach einer höheren Freiheit nur ein schlafwandlerisches Tasten.

Im 3. Teil der Trilogie, *Huguenau oder die Sachlichkeit,* gibt Broch die Einheitlichkeit der Fabel endgültig zugunsten einer Polyphonie von (simultanen) Erzählsträngen, lyrischen Partien und diskursiven Elementen auf. Damit spiegelt sich bereits in der Romanform die letzte Phase des von Broch angenommenen Wertezerfalls: das absolute Wertvakuum und die Parallelisierung der Wertgebiete. – Huguenau erscheint als Repräsentant eines Stadiums, in dem der Werthorizont auf den Umkreis des momentanen Eigennutzes reduziert ist. Der Wehrpflichtige Wilhelm Huguenau, im bürgerlichen Beruf Kaufmann im Elsaß, desertiert in den letzten Kriegswochen von der Front und legt sich eine Tarnexistenz zu. In einem kleinen Ort an der Mosel versucht er, sich mit einem Husarenstück zu bereichern. Politisches Interesse heuchelnd, gelingt es ihm, mit Hilfe des Stadtkommandanten Joachim von Pasenow die Kontrolle über die Lokalzeitung zu erlangen. Mittels fingierter Geldgeber und finanzieller Kniffe bringt Huguenau die Druckerei von August Esch an sich. Broch entfaltet neben der Titelgeschichte ein ganzes Spektrum von Parallelgeschichten, die den Kriegsalltag schildern und die Abkapselung der einzelnen Lebensbereiche veranschaulichen. Figuren wie Leutnant Jaretzki oder der nach einer Verschüttung verstummte Maurer Gödicke, aber auch die in ihrer Einsamkeit haltlos gewordene Strohwitwe Hanna Wendling stehen für den Verlust an körperlicher Integrität und biographischer Identität. Mit der »Geschichte des Heilsarmeemädchens« führt Broch außerdem den Ich-Erzähler Dr. Bertrand Müller ein, der in Berlin eine isolierte Gelehrtenexistenz führt. Die Figur des Philosophen fungiert als Meta-Erzähler, der das Romangeschehen auf einer reflexiven Ebene kommentiert. Dies gilt um so mehr, als sich Müller als Verfasser des geschichtsphilosophischen Exkurses über den »Zerfall der Werte« entpuppt, der sich als kritisches Substrat der gesamten Trilogie lesen läßt. Die eingestreuten Essays stellen den Versuch dar, die »Unfaßbarkeit und Illogizität der Ereignisse« begreiflich zu machen. Der Schreiber der Exkurse deutet den mangelnden Stilwillen seiner Epoche als Ausdruck eines Denkens, das nicht mehr auf einen höchsten, zentralen Wert gerichtet ist. Die Autonomisierung der Wertgebiete und der Bruch jeder zwischenmenschlichen Verständigung seien Folgen dieses Denkstiles. Bertrand Müller charakterisiert seine eigene, beziehungsarme Existenz, die ihn nur mit einigen Juden und dem Heilsarmeemädchen Marie kommunizieren läßt, als »Schwebezustand«, als »Schlafwandeln, das ins Helle führt«. Ganz im Gegensatz zur Luzidität Müllers ist die mit schlafwandlerischer Präzision ablaufende Odyssee Huguenaus von unbewußten Au-

genblickseingebungen diktiert.
Huguenaus Agieren (sein Mord
an Esch) wertet der »Epilog« der
Schlafwandler als sinnlose Entfesselung irrationaler Impulse, die
eine destruktiv gewordene
»Überrationalität« nicht mehr in
einer übergreifenden sittlichen
Vernunft zu binden weiß. Wie es
weiter heißt, kann nur eine »Wie-
dergeburt des Wertes« das verlorene Gleichgewicht von Leben
und Geist, von Ästhetik und
Ethik wiederherstellen (die »Pla-
tonische Idee« des Logos). Das
»Schlafwandeln« – zentrale Metapher der Trilogie – wird so zum
Sinnbild der Suche nach dem
neuen Wissen und birgt bei aller
Negativität den utopischen Rest,
der zur Hoffnung berechtigt.

Lit.: K. R. Mandelkow, H. B.s Romantrilogie »Die Schlafwandler«, Heidelberg [2]1975. –
M. Ritzer, H. B. und die Kulturkrise des frühen 20. Jahrhunderts, Stuttgart 1988.
                                          M. Roesler

Die Schuldlosen. *Roman in elf
Erzählungen.* 3 Teile; EA München 1950.
Ein halbes Jahr vor seinem Tod
konnte Broch diesen aus elf Erzählungen montierten Roman fer-
tigstellen. Das teilweise symme-
risch konstruierte, geometrische
wie musikalische Kompositions-
prinzipien befolgende Werk greift
auf frühere erzählerische Vorlagen zurück, die um späte Erzählungen ergänzt wurden. Mit den
Schuldlosen kehrt Broch zum
Genre des epochenanalytischen
Romans (vgl. → *Die Schlafwandler*) zurück. – In drei Erzählteilen,
die jeweils in den Jahren 1913,
1923 und 1933 spielen, fängt
Broch das moralische Klima einer
Zeit ein, die dem heraufziehenden
Nationalsozialismus unpolitisch
und mit Gleichgültigkeit begegnete. Brochs von lyrischen Par-

tien (den »Stimmen«) einge-
rahmte Erzählungen verkreuzen
mehrere Schicksale von Personen
unterschiedlichen Alters und Geschlechts untereinander, die zudem auf verschiedenen Lebens-
stufen dargestellt werden. Die Beziehungen zwischen den Personen
sind weniger von bewußter Zuwendung als von träger Hingabe
an das Geschehen bestimmt. Der
Protagonist der meisten Erzählungen, der reisende Diamantenhändler A. (= Andreas), gerät auf
einer Zwischenstation halb zufällig, halb magisch angezogen in
den Lebenskreis der Baronin W.,
die zusammen mit ihrer Tochter
Hildegard und der dominanten
Hausmagd Zerline ein zurückgezogenes Leben führt. A. quartiert
sich gegen Hildegards Willen als
Untermieter ein und geht keiner
weiteren Beschäftigung nach. Auf
einer seiner surreal anmutenden
Erkundungen in der Stadt lernt er
die junge Wäscherin Melitta kennen. Die listige Zerline weiß sie in
der Folge an A. zu verkuppeln,
der sie in seiner »Entscheidungs-
schüchternheit« fallenläßt. Melitta wird kurz darauf Opfer einer
Intrige Hildegards und bringt sich
um. Broch lenkt den Blick des
Lesers nicht auf die vordergrün-
dige Botschaft, sondern legt die
Wurzeln des Zustands frei, in dem
Menschen »schuldlos« schuldig
werden können. Heimliche
Hauptfigur des Romans ist die
Magd Zerline, die in einer bewegenden Konfession (»Die Erzählung der Magd Zerline«) A. ihre
Lebensgeschichte und das Geheimnis des Hauses W. offenbart:
Hildegard sei aus einer heimlichen
Beziehung der Baronin mit einem
Herrn von Juna hervorgegangen,
den auch sie, Zerline, später er-
obert habe. Mit der Wahl des

Don-Giovanni-Stoffes (Mozart) veranschaulicht Broch den Verlust des Lebensmittelpunktes, wie er für den modernen Menschen charakteristisch erscheint: nichts anderes bedeutet das unendliche, unstillbare Begehren des Don Juan. Für den schleichenden Persönlichkeitszerfall bei fehlender Wertorientierung steht auch die Figur des Studienrats Zacharias, dessen Autoritätshörigkeit und Chauvinismus ihn zum faschistischen Mitläufer disponieren. Die einzige in die Zukunft weisende Figur ist der »Imker«, Melittas Großvater, der seine Bienenzucht als Sinnbild einer neuen Ganzheit und Unmittelbarkeit begreift.

Die *Schuldlosen* weisen durch den Gebrauch (geometrischer) Metaphern (Dreieck, Andreaskreuz), die Projektion symbolischer Topographien und die Einarbeitung eines Opernstoffs auf eine dichterische Formerweiterung hin, in der das Ungenügen am konventionellen Sprachausdruck zugunsten anderer Ausdrucksformen des Geistes überwunden werden soll. Auf diese Weise kann der Leser die Erfahrung nachvollziehen, die der Rabbi in der einleitenden »Parabel von der Stimme« seinen Jüngern vermittelt: daß sie nach langem Lauschen die »Stimme der Zeiten« hören würden.

Lit.: G. UTERMÖHLEN, H. B.s Novellenzyklus »Die Schuldlosen«, Diss. Heidelberg 1962. – M. WINKLER, B.s Roman in elf Erzählungen »Die Schuldlosen«, in: P. M. LÜTZELER (Hg.), H. B. – Materialien, Frankfurt/M. 1986, S. 183–198 (st. 2065).   M. ROESLER

Der Tod des Vergil. 4 Teile; EA New York 1945.

Brochs Vergil-Roman stellt einen der radikalsten Versuche dar, die Problematik der Dichtung in einer Zeit des Unheils zu thematisieren. Das im amerikanischen Exil entstandene Werk trägt deutlich esoterische Züge. Einem Minimum an äußerer Handlung korrespondiert die Entfaltung der streng auf den Bewußtseinshorizont des sterbenden Vergil reduzierten Innenperspektive, die sich formal in einem auktorial gebrochenen inneren Monolog in der dritten Person, ständig kreisenden, anschwellenden Satzfugen und einer nahezu überbordenden Metaphorik niederschlägt. Wegen der Kühnheit der Komposition, der Dichte an eschatologischen, mythologischen und literarischen Motivvariationen und Anspielungen (Orpheus und Eurydike, Dido und Äneas) kann Brochs Roman zu den bedeutendsten literarischen Werken des 20. Jahrhunderts gerechnet werden.

Der Dichter Vergilius Publius Maro, Verfasser der *Äneis* und der *Eklogen,* erkrankt auf einer Studienreise nach Athen schwer und kehrt, vom Tode gezeichnet, in Begleitung des Kaisers Octavianus Augustus nach Italien zurück (1. Teil: »Wasser – Die Ankunft«). Das Einlaufen der kaiserlichen Flotte in den Hafen von Brundisium nimmt der Dichter mit stark herabgemindertem Bewußtsein wahr. Ganz der Erinnerung hingegeben, taucht er in einen Schwebezustand ein, in dem ihm Vergangenheit, Gegenwart und Zukunft gleichsam herausgelöst aus dem realen Zeitablauf entgegentreten. Von einem Knaben geführt, wird Vergil durch die Elendsgassen Brundisiums hindurch zum kaiserlichen Palast hinaufgetragen. Unterwegs aufgefangene Spottrufe der Armen und Rechtlosen wecken in ihm Zweifel an seiner dichterischen Mission. Seine Dichtung erscheint ihm als eitle Flucht aus der Wirklichkeit. Zwischen dem hohen Erkenntnisanspruch und der praktischen Wirkungslosigkeit klafft ein unüberbrückbarer Widerspruch. Das Bestreben, die Zeit festzuhalten, verkehrt sich in ein oberflächliches Spiel schöner Formen ohne Erkenntniswert. – Die hereinbrechende Nacht (2. Teil: »Feuer – Der Abstieg«) verwandelt das Geschehen. Der auf seinem Krankenlager im Kaiserpalast dahindämmernde Vergil gibt sich ganz seinen Todesahnungen hin und erkennt den Tod als Wurzel seines dichterischen Schaffens. Seine ganze Hoffnung gilt der »Schöpfung aus der Stärke des todeserkennenden Wortes«. Die Grenzen zwischen Innen und Außen beginnen zu verfließen, die Zeitebenen verschränken sich ineinander. Partikeln des wirklichen Geschehens (z. B. drei Betrunkene, die an seinem Fenster vorbeigehen) lösen eine fieberhafte Phantasietätigkeit aus. Im Bild des an seinem Bett wachenden Knaben sieht der Dichter sich selbst als Kind. Den Höhepunkt erreicht die kreisende Bewußtseinsbewegung in Phasen der Entrückung, in denen der Dichter wie von höherer Warte aus einer Wesensschau teilhaftig wird. Der lyrische Ton der Romandichtung steigert sich in diesen Passagen zu hymnischen Schüben, die schließlich in Versen (den sog. »Elegien«) gipfeln. In unaufhörlichen, sich intensivierenden Reflexionen drängt sich Vergil die Einsicht auf, daß seine Dichtung die triftige Unterscheidung zwischen Gut und Böse verfehlt und stattdessen den »Scheinweg« der Schönheit beschritten habe; es entringt sich ihm der Schrei: »Die Äneis verbrennen!«.

Nach einer Phase der Erholung wenden sich Vergils Gedanken neuerlich der Dichtung zu. Es bleibt das schmerzliche Bewußtsein, daß sie nicht mehr zu leisten vermöge als »Weltverdopplung«, und daß die Trennung zwischen »Dingwelt und Sprachwelt« unaufhebbar sei. Seine dichterische Suche habe jedoch immer dem »sprachlosen Gedicht hinter dem Wortgedicht«, dem eigentlich »Unausdrückbaren« gegolten. Vier weitere elegische Einschübe (»Schicksalselegien«) geben der Hoffnung Ausdruck, daß es jenseits der Wortsprache eine Sprache der »erlösenden Tat« geben könne. Diese zwar »noch nicht« angebrochene Wirklichkeit offenbart sich »doch schon« dem ahnenden Erschauer. Das »Noch nicht« und »Doch schon« sind die beiden Pole, zwischen denen Vergils Reflexionen oszillieren und die den Zeitrhythmus des gesamten Romans bestimmen. – Vergil erwacht am Morgen aus seinem Wahrtraum (3. Teil: »Erde – Die Erwartung«) und wird von seinen Freunden Plotius Tucca und Lucius Varus empfangen. Der Dichter stößt mit seiner Absicht, die *Äneis* zu vernichten, bei ihnen auf Unverständnis. Die Unterhaltung wird immer wieder von Selbstgesprächen Vergils unterbrochen, in die auch die in seiner Einbildung anwesenden Gestalten des Knaben Lysanias und seiner verstorbenen Frau Plotia einbezogen sind. Der Arzt Charondas kündigt bei seiner Visite den Besuch des Kaisers an. In der Auseinandersetzung mit Augustus versucht Vergil, seinen Zerstörungsplan zu rechtfertigen, rückt aber dann aus Achtung vor den staatsmännischen Leistungen des Kaisers von seinem Vorhaben ab.

Vor allem der Vorwurf, er selber, der Dichter, hege heimliche Erlöserwünsche, bewirkt bei Vergil einen Sinneswandel. Er gibt die *Äneis* frei und widmet sie dem Herrscher. – Nach einigen letztwilligen Verfügungen verfällt Vergil in einen agonalen Zustand (4. Teil: »Äther – Die Heimkehr«), in dem die Grenzen seines Bewußtseins aufgehoben sind und sich alle Gegensätze vor dem inneren Auge auflösen. Vergil wird Zeuge einer rückläufigen Schöpfung, an deren Ende die mystische Einheit von Ich und All steht und die Linearität der geschichtlichen Zeit im geschlossenen »Zeitkreis« aufgehoben wird. Die Schlußvision des Romans gewährt zugleich einen Ausblick auf die Wirklichkeit einer befreienden Kraft, eines »reinen Wortes« der »Unterscheidung« und Schöpfungserneuerung, das nicht mehr ausdrückbar ist, weil es »jenseits der Sprache« ist.

Hermann Broch benutzt den Vergil-Stoff nicht nur als historische Maske, hinter der sich Zeitbezüge verbergen lassen. Vielmehr erkennt er im Schicksal Vergils eine Parallele zur eigenen Dichterbiographie und Epoche. Neben den massenpsychologischen, den mythologischen und eschatologischen Aspekten verdient vor allem die Sprachauffassung des Romans Beachtung. Sprache und Formgebung stehen für Broch in einem unauflöslichen Zusammenhang mit dem historischen Geschehen. Für sie gilt gleichermaßen der ethische Appell für Humanität und die Suche nach dem »Irdisch-Absoluten« (Broch) im Angesicht des universalen Wertverlustes. Darin ist der Impuls für die Überschreitung der Grenzen des ästhetischen Sprach-

kunstwerks zu sehen. Broch versteht seinen Roman als Weg zu einer neuen Sprache jenseits der Sprache, die aus dem Schweigen, dem »Sekundenabgrund zwischen den Worten«, hervorbricht.

Lit.: P. M. LÜTZELER (Hg.), Materialien zu H. B. »Der Tod des Vergil«, Frankfurt/M. ²1988 (st. 2095). – B. LUBE, Sprache und Metaphorik in H. B.s Roman »Der Tod des Vergil«, Frankfurt/M. 1986.   M. ROESLER

BROD, Max (1884–1968)

Tycho Brahes Weg zu Gott. 12 Kapitel; EA Leipzig 1916.
Brods früher, Franz Kafka gewidmeter Roman gestaltet mit den beiden historischen Protagonisten Tycho Brahe und Johannes Kepler zwei »symbolische Typen der Weltbetrachtung« (Stefan Zweig). Unmittelbar nach der Veröffentlichung von Keplers erster kosmographischer Schrift, des *Prodromus,* sucht Tycho Brahe – zunächst in einem ausgedehnten Briefwechsel – den Austausch mit dem jungen Gelehrten, bis Kepler dann Brahes Einladung auf Schloß Benatek folgt. Die damit beginnende Auseinandersetzung zwischen ihnen spielt sich auf verschiedenen Ebenen ab. Einmal ist der Widerstreit zwischen ptolemäischem und kopernikanischem Weltbild gegenwärtig: Tycho Brahe kann die Wendung zu Kopernikus, bei aller Verehrung im einzelnen, nicht gänzlich vollziehen. Hinzu kommt die grundsätzliche Differenz des Erkenntnisinteresses der beiden Astronomen: während es Brahe wesentlich um das theologische Problem der Gottsuche geht, versucht Kepler eher, ›reine‹ Wissenschaft zu treiben; Tychos innere Zweifel berühren ihn kaum. Phasen produk-

tiver gemeinsamer Arbeit, bei der sich Brahes Beobachtungsgabe und Keplers mathematisches Interesse verbinden, lassen sich trotzdem verwirklichen, werden jedoch durch die Umgebung Brahes, insbesondere durch die Intrigen seines späteren Schwiegersohnes Tegnagel, wiederholt gestört. Die beiden »Riesengeister« trennen sich schließlich in gegenseitigem Einvernehmen, und Brahe verwendet sich bei Kaiser Rudolf II. – ungeachtet seines inneren Widerstrebens – für den »Genius Kepler«, den der Kaiser daraufhin zum Hofmathematiker bestellt. Brahe selbst widmet sich nach dem Abschied von Kepler ganz der Gottsuche und zieht, bereits todkrank, nach Prag. Die ersehnte Offenbarung der Gesetze Gottes wird ihm im Gespräch mit dem Rabbi Löw zuteil, der ihm zugleich die Wahrheit eines theologischen Lehrsatzes erschließt, der Brahe seine eigenen Forschungsbemühungen, seine »Klugheit«, als Dienst »am Werke Gottes« verstehen läßt: Gott benötigt die Hilfe des Menschen an seinem Heilswerk und dessen Segen. Sein eigenes System erscheint Brahe schließlich von der Lehre des Rabbi Löw her als vollendet, als »wahrhafte[s] theatrum astronomicum«. – Trotz des historischen Stoffs kann Brods Werk kaum als typisches Beispiel eines historischen Romans gelten. Als wichtigstes Darstellungsmittel bewährt sich eine subtile realistische Psychologie. Darüber hinaus verfügt Brod vor allem in den Dialogen über sehr nuancierte Gestaltungsmittel, die besonders Brahes Gedankenwelt Kontur gewinnen lassen. Zugleich exponiert Brod in diesem frühen fiktionalen Text seine Konzeption der »diesseitigen Gottsuche«, die Gott als Ausdruck der höchsten Vollkommenheit, den Menschen aber als seinen Helfer begreift. Diese theologische Gedankenfigur markiert auch den ideellen Zielpunkt des Romans.

Lit.: E. ROSEN, B.s Brahe: Facts versus Fiction, in: Sudhoffs Archiv 66 (1982), S. 70–78.

H. SEUBERT

BRUYN, Günter de (geb. 1926)

Buridans Esel. 28 Kapitel; EA Halle 1968.

Karl Erp, Leiter einer Ost-Berliner Stadtbezirksbibliothek, setzt sich für die Einstellung einer jungen Praktikantin, eines Fräulein Broder – ihr Vorname bleibt ungenannt – ein. Erp, ein sozialistischer Wohlstandsbürger mit Haus, Auto, zwei Kindern, in zwölfjähriger Ehe an die Urteilslosigkeit seiner Frau Elisabeth gewöhnt, ist von der gutaussehenden, ehrgeizigen und intelligenten, freilich als kühl geltenden jungen Frau zunächst nur beeindruckt. Ursprünglich Gärtner und aus kleinen, provinziellen Verhältnissen stammend, bewundert Erp ihre Urteilskraft und Zielstrebigkeit, wiegelt aber vor sich selbst und vor seiner Frau seine Verwirrung ab, indem er sie als »gebildet, aber unweise« bezeichnet. Erp, dessen beruflich-volkspädagogische Euphorie der frühen Jahre längst verflogen und dessen Ehe eine bequeme und verläßliche Routine geworden ist, beginnt, unter dem Trauma der Unveränderlichkeit zu leiden. Seine Besuche bei Fräulein Broder, zunächst als berufs- oder krankheitsbedingt getarnt, wachsen sich zu einem Liebesverhältnis aus, das sich vorerst auf der Ebene gedanklichen Abtastens bewegt, wobei auch die Frage nach der Berechtigung von Erps SED-Mitgliedschaft auftaucht. Erp erlebt in ihrem Haus das Wohnmilieu einer heruntergekommenen Alt-Berliner Mietskaserne ohne jeden Komfort, mit feuchten Decken, ständig einander belauschenden Mietern und einer Enge, die ihn auf Dauer deprimiert. Das Verhältnis wird schließlich publik, und der rigorose Moralismus der Gesellschaft, allen voran eines Vermittlerfunktion übernehmenden Kulturfunktionärs der alten Schule, macht die Sache zu einer Angelegenheit des öffentlichen Interesses: Erp soll vor allen Kollegen dementieren. Er geht jetzt auf Distanz, vergräbt sich in seine Arbeit und versucht Fräulein Broder zu vergessen. Nach einem ideologischen Streit mit dem im Westen lebenden Vater seiner Frau verläßt Erp an Heiligabend das Haus und verbringt die erste gemeinsame Nacht mit der Kollegin bereits mit der Absicht, zu ihr zu ziehen. Zur Verhinderung »gesellschaftlichen Schadens« beginnen jetzt verhörartige Zurredestellungen Erps seitens der Kollegen. Auf einer Konferenz bittet Erp um seine Versetzung und das Bleiben Fräulein Broders. Zugleich plagen ihn angesichts der damit verbundenen Aufgabe des bequemen Lebens Existenzängste. Sein Vorschlag wird wider sein Erwarten – hielt er sich in seiner Stellung doch für unersetzlich – angenommen. Symbolisch für das Aufbrechen fester Strukturen muß Erp, als er einmal sein altes Zuhause besucht, feststellen, daß sein geliebter Rasen in eine Nutzfläche verwandelt wird. Man offeriert ihm schließlich einen Posten im Berliner Ministerium. Er verschweigt dies Fräulein Broder, so daß sich diese, nachdem sie sich zur »kulturellen Neulandgewinnung« – einem Anliegen Erps aus jungen Jahren – in die Provinz hat versetzen lassen, als Retterin von Erps Karriere sehen darf. Elisabeth hat derweil als Bibliothekarin ihren Beruf wiederentdeckt. Das Gleichnis des scholastischen Philosophen Buridan vom Esel, der zwischen zwei gleich großen Heubündeln, einer Entscheidung unfähig, verhungert, taucht nur ganz am Rande auf. In launig-plauderhaftem Erzählgestus läßt der Erzähler das Geschehen zunächst mit der Weigerung Elisabeths, die Ehe weiterzuführen, ausklingen, bevor er die herzliche Wiederaufnahme Erps in den Familienkreis als Romanwirklichkeit schildert. – Der Roman greift ein Problem des DDR-Alltags auf, bietet Identifikationsmöglichkeiten und trägt damit Züge einer Lebenshilfe; kritische Untertöne müssen im Sinne einer Weiterentwicklung der sozialistischen Gesellschaft gesehen werden.

Lit.: B. ALLENSTEIN, G. de B., in: KLG, München 1978 ff.   O. RIEDEL

CANETTI, Elias (geb. 1905)

Die Blendung. 3 Teile; 30 Kapitel; entst. 1930/31; EA Wien 1936.
Canettis erster und einziger Roman war ursprünglich als Teil einer Reihe von acht Romanen geplant, die als »Comédie Humaine an Irren« vom Herbst 1929 bis zum Herbst 1930 entworfen wurde. Nur der Roman des »reinen Büchermenschen«, der zunächst den Titel »Kant fängt Feuer« trug, wurde im darauffolgenden Jahr beendet. Die anderen

»Irren«, unter ihnen ein religiöser Fanatiker, ein von der Wahrheitssuche Besessener, ein religiöser Phantast, ein Sammelwütiger, ein Verschwender und ein Feind des Todes, wurden zum Teil dem Büchermenschen Kant, später Kien, integriert. Dieser hochgelehrte Sinologe hatte von Anfang an eine Gegenfigur in seiner einfältigen Haushälterin. Neben dem Problem des Intellektuellen in der modernen Massengesellschaft war es die konkrete »akustische Gestalt« der unaufhörlich auf den anderen ein- und an ihm vorbeiredenden Therese – Canettis Wiener Vermieterin –, die den eigentlichen Anstoß zum Roman bildete. Der junge Autor war nicht an der narrativen Entwicklung psychologisch glaubwürdiger zeitgenössischer Charaktere oder der diskursiven Darstellung von Ideen interessiert. Es ging ihm vielmehr um die groteske, überdeutliche Aufzeichnung alltäglich-banaler sozialer Verhaltensweisen und deren Gefährlichkeit. Seine wichtigsten Vorbilder waren Karl Kraus' Kritiken zeitgenössischen Sprechverhaltens in der *Fackel,* George Grosz' *Ecce Homo* und die Erzählungen Gogols. Unter ihrem Einfluß registrierte, zitierte und konstruierte er das aggressive Verhalten von Wiener Kleinbürgern, die einige Jahre später zur Machtbasis Hitlers werden sollten. Die drei Teile des Romans, »Ein Kopf ohne Welt«, »Kopflose Welt«, »Welt im Kopf« fügen sich denn auch nicht zu einer in ihrer Entwicklung überschaubaren Handlung zusammen. Vielmehr reproduzieren sie kumulativ das Pandaemonium einer Vielzahl von abgehörten Stimmen, aus denen sich die »akustischen Gestalten« der totalen Isolierung, der Ge-

walttätigkeit und des Ressentiments herauskristallieren. Gestalten wie Therese und der Hausbesorger Pfaff bestehen aus nichts als ihren aggressionsgeladenen Redensarten: »Was hat der zu reden – das wär noch schöner – was hat der zu suchen – der kriegt nichts – so gehört es sich – Das Gesindel wird rasiert – Köpfen wär gescheiter – Sie fallen zur Last – Das frißt sich in den Gefängnissen satt«. Ihrer blindwütigen Angriffslust gegenüber ist Kien ebenso hilflos, wie er ihrer sozialpsychologischen Realität gegenüber gleichgültig ist. Er heiratet Therese, weil er ihr allzugerne glaubt, sie werde sich selbstlos der Pflege seiner Bücher widmen, und er nimmt die mörderische Natur von Pfaff nicht zur Kenntnis, weil er außer seinen Büchern nichts sehen will. Nachdem Therese ihn fast zu Tode geprügelt und verhungern lassen hat und nachdem sie ihn schließlich aus seiner eigenen Wohnung verjagt hat, ist sein einziges Ziel deren Wiederherstellung im Kopf. Dieses imaginäre Ziel verfolgt er mit äußerster Zähigkeit und mit, bei seiner sonstigen Weltfremdheit, erstaunlicher Umsicht. Als er im Gasthaus zum »Idealen Himmel« auf den schachbesessenen Zwerg Fischerle stößt, glaubt er dessen Lernbegier der seinen verwandt und in Fischerles gutmütiger und gutgläubiger Frau sieht er eine zweite Therese: er sieht, was er sehen will. Er engagiert Fischerle für die Aufstellung seiner imaginären Bibliothek und läßt sich dabei, verführt von dessen phantastisch-praktischem Eifer, ganz von ihm leiten und somit betrügen. Da für ihn »kein Mensch soviel wert [ist] wie seine Bücher«, ist er zur Menschenkenntnis völlig unfähig. Als er Therese und Pfaff beim Verpfänden seiner Bücher ertappt, gelingt es Therese, ihn als Dieb zu verklagen, und nur durch Zufall kann er sich der Verhaftung entziehen. Während Fischerle mit dem von Kien gestohlenen Geld seine Amerika-Reise zu den illusionären Schach-Weltmeisterschaften vorbereitet, aber kurz vor der Abfahrt ebenso grundlos wie brutal ermordet wird, begibt sich Kien in Pfaffs Hände, als dieser ihm aus Eigennutz die Säuberung seiner Wohnung und Bibliothek – und auch von Therese – verspricht. Der 3. Teil beginnt mit der Geschichte Pfaffs als Ehemann und Vater, die wie die Geschichten aller Figuren des Romans ein Mosaik aus Zitaten ist. Er hat seine Frau und seine Tochter rigoros unterdrückt – »Kusch« ist sein liebstes Kosewort – und ist für ihren frühen Tod verantwortlich. Wie auch bei Therese geht seine physische Aggression gleichsam unvermeidlich aus der verbalen hervor, und die eigentliche Leistung des Romans besteht im Aufzeigen der Wörtlichkeit des Entsetzlichen. Peter Kien leidet unter Pfaff und Therese, aber er akzeptiert ihre Zerstörungssucht, solange sie nicht seine Bücher betrifft, und liefert sich damit unbedenklich ihrer Gewalt aus. Auch sein Bruder Georg, ein sehr erfolgreicher Psychiater, der Peter aus den Fängen Pfaffs zu befreien kommt, ist in dieser Hinsicht gefährdet. In seinem selbstbewußten Verzicht auf Macht über seine Kranken, die ihn dafür abgöttisch lieben, entledigt er sich auch, wie ihm Peter hellsichtig vorhält, der Verantwortlichkeit für ihre Heilung. Wie Peter völlig auf die Welten seiner Bücher angewiesen ist, so Georg

auf seine Irren als Objekt und verläßliches Publikum seines Repertoires an Einfühlungsakten. Er wird schließlich indirekter Anlaß für den Selbstmord seines kranken Bruders, dem er mit einem enthusiastisch beschriebenen Massenaufstand im Termitenbau das In-Brand-Setzen seiner Bibliothek suggeriert, in deren Flammen der Büchermensch des 20. Jahrhunderts schließlich untergeht.

Lit.: D. ROBERTS, Kopf und Welt. E. C.s Roman »Die Blendung«, München / Wien 1975.
D. BARNOUW

CAROSSA, Hans (1878–1956)

Der Arzt Gion. *Eine Erzählung.* 14 Kapitel; EA Leipzig 1931.
In dieser »Legende vom ärztlichen Leben« (so der ursprünglich vorgesehene Titel) gestaltet Carossa die Erfahrungen und Aufgaben der eigenen Existenz als Arzt. Zu Beginn werden zwei gegensätzliche Patientinnen, die schwangere, bodenständige Magd Emerenz und die überspannte Bildhauerin Cynthia, sowie der Vollwaise Toni vorgestellt. Gion möchte ihnen als Arzt und Mensch beistehen: »Diese drei bürgen für alle andern; wenn sie ihr Wesen verwirklichen, dann ist unser kleiner Bereich uneinnehmbar.« Die an Leukämie erkrankte Magd will ihr uneheliches Kind auch unter Gefährdung des eigenen Lebens zur Welt bringen. Der Arzt glaubt, dies aus wissenschaftlich-objektiven Gründen nicht verantworten zu können. Erst beim Anblick der Statue eines gefallenen Soldaten vermag er die Einstellung der Magd nachzuvollziehen und zu respektieren: Sie ist wie der Soldat in »einem wunderbaren

Glauben an die Zukunft« bereit, sich zu opfern. Gion hilft ihr, das Kind zu retten. Die ehemalige Klosterschülerin Cynthia bewohnt im gleichen Haus wie Gion ein Atelier, den »Vorhof der Besinnung«. Der Arzt deutet ihre fiebrigen Anfälle als notwendige Stufe ihrer künstlerischen Entwicklung. Auch dem Vollwaisen Toni, der auf einem öffentlichen Platz Geld verdient, indem er Passanten die Sonne durch ein Fernrohr beobachten läßt, bringt Gion einfühlsame Sympathie entgegen. Er fühlt sich durch das Teleskop an seine Arbeit mit dem Mikroskop erinnert und adoptiert den Jungen. Offen für die Erweiterung seines Horizonts als Wissenschaftler durch die Erlebniswelt des magischen Sterndeuters Toni, läßt er ihn »wachsen, wie er wächst«, so daß es Gion manchmal so scheint, »als würde er von dem Knaben erzogen, nicht dieser von ihm«. Als Emerenz der jungen Künstlerin begegnet, ist Cynthia von dem Mut und der Selbstlosigkeit der einfachen Frau fasziniert. Gegen Gions Bedenken möchte sie Emerenz malen und nimmt die Schwangere in ihr Atelier auf. Durch die Anwesenheit der Magd verändert sich das betont männliche Verhalten von Cynthia. Trotz ständiger ärztlicher Betreuung stirbt Emerenz nach der Entbindung eines gesunden Kindes. Während der nächtlichen Totenwache zerplatzen die Tonskulpturen, die Cynthia während der Zeit ihrer Krankheit angefertigt hat. In der Sorge um Emerenz hatte sie vergessen, die Plastiken mit Wasser zu übergießen. Vor Schreck flüchtet sie zu Gion. Da werden sich beide ihrer Liebe bewußt. Am nächsten Morgen glückt ihr eine Zeichnung von der Toten. – Carossa folgt einem konservativen Versöhnungskonzept, indem er den Zwiespalt von Fortschritt und Tradition, Wissenschaft und Intuition, von Heilung und Opfer, durch einen Rückzug auf eine magische Einheit mit der Natur und dem Glauben an ein Schicksal im Kunstwerk aufzuheben versucht: »Stadt und Gebirge werden bald zu einer Heimat werden.«

Lit.: H. FALKENSTEIN, H. C., Berlin 1983.

J. GRAF

CHOTJEWITZ, Peter O. (geb. 1934)

Der dreißigjährige Friede. *Biographischer Bericht.* 103 Kapitel; EA Düsseldorf 1977.
Das Buch zeichnet die Biographie des 1949 geborenen Jürgen Schütrumpfs nach und parallelisiert sie der westdeutschen Nachkriegsgeschichte. Wie der Autor im Nachwort betont, sei diese Biographie, »abgesehen von gewissen literarischen Ausschmückungen«, authentisch und beruhe auf Recherchen und Gesprächen mit Beteiligten. Die Familienchronik präsentiert sich in kurzen Kapiteln, die filmischen Einblendungen gleich eine unauffällige Kleinbürgerfamilie vorstellen. Dabei ist die Sprache schlicht und schmucklos; die Gleichförmigkeit der Darstellung setzt sich fort in den Erzählerkommentaren zu politischen und ökonomischen Zusammenhängen der bundesrepublikanischen Gesellschaft, die den sozialistischen Standpunkt von Chotjewitz dokumentieren. Jürgens Eltern, Edith und Adolf, lernen sich im Chaos der Nachkriegszeit kennen. Adolf holt seine Meisterprüfung nach und macht sich als

Klempner selbständig. Die Träume Ediths von einer Ballettlaufbahn enden mit der Heirat. Die Ehe orientiert sich an traditionellen Vorstellungen. »Adolf steht auf dem Standpunkt, daß Haus- und Ehefrauen nicht geboren werden, sondern erzogen werden. Ohne die richtige Erziehung durch ihren Mann kann eine Frau vieles nicht oder nicht richtig.« Der materielle Aufstieg der Familie indes bleibt in den Anfängen stecken. Obwohl Adolf wie ein Arbeitstier »anschafft«, versickert das Geld, und der Wohlstand bleibt ein Traum. Spätestens nach der Geburt von Jürgens Bruder Herbert erstickt die Ehe in Gewohnheiten und Abnutzungserscheinungen; am Beispiel der sexuellen Beziehungen zeigt Chotjewitz den alltäglichen Machtkampf zwischen Edith und Adolf auf. Die Familie isoliert sich allmählich; der kleine Freundes- und Bekanntenkreis schwindet. Jürgens Entwicklung innerhalb dieser Konstellation ist folgerichtig von Ängstlichkeit geprägt: er findet nur wenig Kontakt zu Gleichaltrigen, stolpert in homosexuelle Erlebnisse, onaniert und ist Mädchen gegenüber schüchtern. Obwohl die Lehrer ihn fürs Gymnasium vorschlagen, schickt ihn der Vater auf die Realschule und läßt ihn im eigenen Betrieb eine Lehrzeit absolvieren. Beethoven, Wagner und Nietzsche werden zu Orientierungspunkten der inneren Welt Jürgens. Die ersten sexuellen Kontakte zum anderen Geschlecht sind sporadisch und voller Mißverständnisse. Träume eines selbstbestimmten Lebens werden in der Freizeit konserviert; beruflich gibt es keine Entwicklung. Als es mit dem Betrieb des Vaters bergab geht, muß Jür-

gen sein Geld als Fabrikarbeiter verdienen. Hier scheint es zunächst, als schärfe sich das politische Bewußtsein Jürgens durch Kontakte zu kommunistisch orientierten Kollegen. Doch auch dies ist privat motiviert: Jürgen verliebt sich bei einem Sardinienaufenthalt in die Studentin Giovanna. Daß er schließlich einen Brandanschlag auf die Firma verübt, gründet lediglich in Haß und Eifersucht. Die Ironie dabei ist, daß die Konzerneigentümer nun den willkommenen Anlaß haben, die lange beabsichtigte Stillegung der Fabrik zu vollziehen. Jürgen wird zu einer Haftstrafe verurteilt; ob die persönliche Katastrophe einen Wendepunkt bedeutet, bleibt offen.

Lit.: P. Bekes, P. O. C., in: KLG, München 1978 ff.   T. Fraund

CONRAD, Michael Georg
(1846–1927)

Was die Isar rauscht. 2 Teile; EA Leipzig 1888 (auch Gesamttitel eines auf 10 Bände geplanten, jedoch nach 3 Bänden abbrechenden Romanzyklus; Folgebände: *Die klugen Jungfrauen,* EA Leipzig 1889; *Die Beichte des Narren,* EA Leipzig 1893).
Der motiv- und figurenreiche, heute besonders seines Lokalkolorits wegen reizvolle Romanzyklus des Zola- und Ibsen-Bewunderers Conrad spielt in den Jahren 1886, 1888 und 1890, als die Macht des Geldes die stagnierende Kunst- und Bierstadt München rasch und gründlich zu verändern beginnt. Von einer durchgängigen Handlung kann kaum gesprochen werden. Im Mittelpunkt stehen ein gigantisches Bauprojekt und ein prätentiöser Kunstwettbewerb,

durch den das beste Gemälde zum biblischen Motiv der klugen Jungfrauen prämiert werden soll. Die damit verbundenen Verwicklungen geben das Handlungsgerüst des facettenreichen, die einzelnen Handlungsfragmente montageartig-assoziativ verbindenden Textes. Als Grundton seines stilistisch durchaus modernen, in der panoramaartigen Struktur an Karl Gutzkows → *Ritter vom Geiste* und in der Motivik an Zola erinnernden *Isar*-Zyklus bezeichnet der Autor den tragischen Schmerz darüber, »daß die herrlichsten Künstlerphantasien an der Gemeinheit des Geldsacks und der Stumpfheit des großen Haufens scheitern«. Das Schicksal des bayerischen Königs Ludwig II. wirkt als elegischer Hintergrund dieses zu Unrecht als naturalistisch geltenden gründerzeitlichen Gesellschaftsreigens. Die Verbindung zwischen dem meist aus dem Bürgertum stammenden Romanpersonal und den geschilderten Verhältnissen schafft das Grundmotiv des rauschenden Flusses. Der Romanzyklus ist dem Autor Forum der Kritik an zeitgenössischen Erscheinungen wie Freimaurertum, Ultramontanismus, Militarismus, Skandaljournalismus, Verfolgung der Arbeiterbewegung, akademischer Wissenschaft oder moralischer Scheinheiligkeit. Hauptangriffsziel des Buches sind die in düstersten Farben geschilderten, alles ›Höhere‹ zermalmenden kapitalistischen Verhältnisse, vor allem die unmenschliche Raffgier der Bauspekulanten (»Ich habe das Unglück, im Zeitalter des Bestialismus leben zu müssen«). Dagegen setzt Conrad in oft weltanschaulich-leitartikelnden, quasi eigenständigen Dialogen und Selbstgesprächen (aber auch in Biergartenplaudereien, Briefen, Reden, Stadtbildern oder theoretischen Erwägungen) Begriffe wie Freiheit, Kraft, Männlichkeit, Deutschtum und Natur. Wichtigster Wert jedoch ist, gemäß der alle *Isar*-Romane beherrschenden Sichtweise des bohèmehaften Literaten, die Freiheit der Kunst. Grundsätzlich stehen sich zwei Sphären von Menschen und Gedanken gegenüber: Die positiven Kräfte, meist Künstler und deren Sympathisanten (wie der gegen die Verschandelung »Isarathens« durch unsoziale Zweckbauten kämpfende Architekt Zwerger, aber auch der Redakteur Hammer oder die Malerin Flora Kugelmeier), und die negativen Zeitgenossen, meist engherzig-spießbürgerliche Offiziere, Bauspekulanten und Kommerzienräte aus der Oberschicht (Weiler, Raßler, Guggemoos, Schwarz). Die meisten Figuren der ersten Gruppe, besonders Zwerger und Hammer, weisen – auch in ihrer von Gallizismen und biblisch-religiöser Metaphorik durchsetzten Redeweise – Ähnlichkeiten mit Conrad selbst auf. Die positiven, ihre Sozialkritik oft mit messianischen Zukunftsbildern verbindenden Kräfte gehen letztlich im Triumph des Banalen und Inauthentischen unter. Zu diesen beiden Figurengruppen kommen die ›gemischten‹, oft einzelgängerischen Charaktere wie der verarmte Baron Drillinger (aber auch Trostberg, Pfaffenzeller oder Effenbach), die »gemeinen Subjekte« wie der Aufsichtsrat Hirneis (aber auch Geiling oder der Preßbandit) sowie eine beträchtliche Zahl von meist aus dem Kleinbürgertum stammenden Nebenfiguren. Betont individuelle Charaktere zeichnet Conrad kaum; alle Figuren sprechen in ein- und demselben, dem Conradschen Ton. Nicht nur deshalb war den letztlich doch recht unkritisch mit dem sozialen Status quo sympathisierenden *Isar*-Romanen im 20. Jahrhundert nur wenig Erfolg beschieden.

Lit.: G. STUMPF, M. G. C., Ideenwelt – Kunstprogrammatik – Literarisches Werk, Frankfurt/M. / Bern/ New York 1986.

K. HÜBNER

DAHN, Felix (1834–1912)

Ein Kampf um Rom. *Historischer Roman.* 7 Bücher; EA Leipzig 1876.
Der umfangreiche Roman über den Untergang des Ostgotenreichs in Italien beginnt kurz vor dem Tod Theoderichs des Großen in Ravenna. Auf Betreiben des um die Zukunft dieser »halbunfertigen Schöpfung« besorgten alten Waffenmeisters Hildebrand geloben Witichis, Teja sowie die Brüder Totila und Hildebad feierlich, in Zeiten der Not »alles« bereitwillig ihrem Volk »zu opfern«. In Rom verschwören sich unterdessen zwei Parteien mit gegensätzlichen Interessen wider die fremden Herren: Die Geistlichkeit unter Führung des späteren Papstes Silverius träumt von einem mächtigen »Staat der Kirche«, während Cethegus, ein Senator aus der Sippe Caesars, mit seinen Anhängern eine freie Republik in Italien errichten möchte. Von Theoderichs Tochter Amalaswintha, die stellvertretend für ihren noch minderjährigen Sohn Athalarich regiert, in blindem Vertrauen zum Präfekten von Rom ernannt, stiftet der ebenso intelligente wie skrupellose Machtpoli-

tiker Cethegus Zwietracht unter den Goten und reorganisiert die militärische Befestigung der Stadt. Er vergiftet Athalarich und denunziert bei der Königin drei Fürsten, die ihm gleichfalls gefährlich zu werden drohen. Nachdem Amalaswintha seine Widersacher beseitigt hat, überredet er sie, ihrem schwächlichen Vetter Theodahad die Macht zu überlassen, der bereit ist, dem schon von seiner Vorgängerin um Hilfe gebetenen oströmischen Kaiser Justinian das Gotenreich zu verkaufen. Als die reuige Amalaswintha der privaten Rache von Theodahads Frau Gothlindis zum Opfer fällt, liefert dies Justinian, der, unterstützt von der intriganten Kaiserin Theodora, die Wiedererrichtung des rechtgläubigen römischen Imperiums erstrebt, den willkommenen Anlaß zur Kriegserklärung. Um dem Vormarsch des byzantinischen Heers unter Belisar Einhalt zu gebieten, setzt die gotische Volksversammlung den flüchtigen Theodahad ab und wählt den integren, »schlichten Kriegsmann« Witichis zum König. Dessen lange, verlustreiche Belagerung Roms scheitert jedoch am Verrat von Athalarichs gekränkter Schwester Mataswintha, mit der der verheiratete Witichis, um die Einheit seines Volkes zu gewährleisten, eine formale Ehe eingehen muß. Belisar, den Cethegus, der schon früh Papst Silverius ausgeschaltet hatte, seinen eigenen Absichten gemäß beeinflussen kann, nimmt schließlich auch Ravenna, die Hauptstadt seines unglücklichen Gegners ein. Unter der charismatischen Regentschaft Totilas, der durch sein Ideal der Versöhnung zwischen Italien und Germanen die mit der byzantinischen Repression unzu-

friedene einheimische Bevölkerung für sich gewinnt, erobern die
Goten bis auf Ravenna wieder
ganz Italien zurück. Sein Frie-
densangebot schlägt Justinian jedoch aus. Als erfolgreicher Ver-
leumder Belisars erhält zunächst
Cethegus den Oberbefehl über
eine neue Invasionsarmee, wird
dann aber durch Narses ersetzt,
dessen gewaltige Übermacht einen erbarmungslosen »Vernich-
tungskrieg« gegen die Goten
führt. Von ihren berittenen Hilfs-
truppen im Stich gelassen, werden diese bei Taginä vernichtend
geschlagen. Nur ein kleiner Rest
unter der Führung Tejas, des Sän-
ger-Kriegers, dessen heroisch-
tragische Schicksalsergebenheit
die Grundstimmung des ganzen
Romans prägt, vermag sich in den
Süden zurückzuziehen. Nach der
Bergung des gotischen Königs-
schatzes und der Leiche Theoderichs verteidigt er heldenhaft seine
aussichtslose Stellung hinter einem Engpaß beim Vesuv. Auch
Cethegus, dem seiner Ränke wegen in Byzanz der Prozeß gemacht werden soll, fällt im Zweikampf mit Teja, der dabei jedoch
selbst tödlich verwundet wird.
Sterbend erfährt er noch, daß sein
»Ausharren über Menschenkraft«
nicht vergeblich war: Das Eintreffen des befreundeten Wikingerkö-
nigs Harald, der die byzantinische
Flotte gekapert hat, erzwingt von
Narses den Abtransport der wenigen überlebenden Goten in ihre
nordische Heimat. – Mit seiner
Verbindung von spannender Erzählung, für zeitgenössische Aus-
deutungen offener Geschichtsver-
mittlung und nationalethischem
Gehalt wurde Dahns auf ›wissenschaftlichen Grundlagen‹ fußender ›Professorenroman‹ weit über
das Wilhelminische Zeitalter hin-

aus zu einem ungewöhnlichen Erfolg.

Lit.: W. Hof, Der Weg zum heroischen Realismus. Pessimismus und Nihilismus in der
deutschen Literatur von Hamerling bis Benn,
Bebenhausen 1974, S. 48–57.   H.-R. Schwab

DODERER, Heimito von
(1896–1966)

Die Dämonen. *Nach der Chronik
des Sektionsrates Geyrenhoff.*
3 Teile; EA München 1956.
Der über 1300 Seiten starke Roman, an dem Doderer mehr als 25
Jahre gearbeitet hat, ist in vielfa-
cher Hinsicht kompliziert und
weder auf eine Handlung noch auf
eine Perspektive festzulegen. Es
besteht eine partielle Figurenkon-
tinuität zum Roman → *Die Strudlhofstiege oder Melzer und die Tiefe
der Jahre,* den Doderer als
»Rampe« zu den *Dämonen* bezeichnet hat. Das Netz von Verflechtungen, Personen und Motiven breitet sich zunächst von der
›Chronik‹ des Sektionsrates Georg von Geyrenhoff her aus, der
später jedoch selbst als bloße Romanfigur erscheint und dessen
Aufzeichnungen redigiert und
kommentiert werden. Dennoch
behält er das erste und das letzte
Wort, er erinnert sich in den 50er
Jahren an das im Roman erzählte
Geschehen der 20er Jahre und reflektiert über die dazwischenlie-
gende Katastrophe des Zweiten
Weltkriegs, die der ganze Roman
umkreist. Auf mehreren Ebenen
steht Besessenheit politischer, sexueller oder literarischer Art im
Zentrum. Die Überwindung politischer Verfehlung, d. h. einer
faschistisch-rassistischen Einstellung wird vor allem an der Figur
des Kajetan von Schlaggenberg
gezeigt. Er gerät zeitweise, durch
die negativ dargestellten Figuren

Eulenfeld und Körger, unter den Einfluß solcher Gedanken. In der Zeit, als Doderer am 1. Teil der ersten Fassung der *Dämonen* arbeitete, war er selbst für den Nationalsozialismus empfänglich, von dem er sich Ende der 30er Jahre distanzierte, um schließlich im Roman diesen »barbarischen Irrtum« und sein Zustandekommen zu analysieren. Die dritte neben Geyrenhoff und Schlaggenberg teilweise autobiographische Figur des René Stangeler wird ausführlich in ihren Krisen und neurotischen Beziehungen (etwa zu Grete Siebenschein) dargestellt. Im 1. Teil gehören diese Figuren zu der – im Anklang an Dostojewskis *Dämonen* so genannten – Gruppe der »Unsrigen«, neben dem Rittmeister von Eulenfeld zählen u. a. auch Quapp, angeblich die Schwester Schlaggenbergs, und ihr Liebhaber, der Ungar Imre von Gyurkicz, dazu. Die von dem Kammerrat Levielle geplante Unterschlagung ihres Erbes (Quapp ist in Wirklichkeit Tochter des gefallenen Offiziers Ruthmayr), die schließlich jedoch scheitert, bildet den einzigen durchlaufenden Handlungsfaden. Die scheinbar isolierten idyllischen Passagen – mit den Figuren Dwight Williams und Emma Drobil oder dem Ehepaar Mayrinker, den »Schicksalsgesunden«, – werden in ihrer Brüchigkeit entlarvt und mit dem Hauptgeschehen verbunden. Auch sie lassen das Grundanliegen des Romans erkennen: die Darstellung der Überwindung von Krisen. Den äußeren Zielpunkt der Romanhandlung bildet der 15. Juli 1927, das Datum des Wiener Justizpalastbrandes. Die Beschreibung dieses Tages mit seinen gewalttätigen Demonstrationen wird benutzt, um das individuelle Erleben der verschiedensten Figuren darzustellen und auch hier die Auswirkungen ideologischer Besessenheit für den einzelnen deutlich zu machen. Parallel zur Zuspitzung des Geschehens auf dieses negative Ereignis erleben die Hauptfiguren, die anfangs oft so unglücklich waren, eine Hebung ihres Lebensgefühls und ein neues Identitätsbewußtsein; für sie wird die Krise eine Brücke zum Glück. So gelingt es Geyrenhoff im Lauf der Zeit, sich ein demütigendes Kindheitserlebnis bewußt zu machen und zu einer Liebesbeziehung fähig zu werden. Er erkennt die Angepaßtheit seiner bisherigen Lebensweise: »Ich hatte in mein Leben gesehen wie in eine hohle Hand. Ich nahm erst jetzt von dem kleinen braven Kinderzimmer dort am Anfange der Flucht Abschied. Es war alles gebührlich gewesen: Gehorsam im Elternhaus, Pflicht im Amte oder Pflicht als Soldat; so gehorchte ich Gesetzen, die ich selbst nicht geschaffen, auch nicht nachgeschaffen hatte.« Auch Stangeler und Schlaggenberg arbeiten sich aus ihren Verstrickungen in unglückliche Situationen heraus. Mary K. gelingt es, den Verlust ihres Beines zu überwinden; sie wird durch die überstandene Krise sogar noch schöner und vollkommener als vor ihrem Unfall. Der junge Arbeiter Leonhard Kakabsa, der zunächst in einer falschen Zufriedenheit lebt, dann beginnt, Latein zu lernen, und vorübergehend in ein kompliziertes Verhältnis zu drei Frauen gerät, lernt, das Weibliche nicht nur auf Körperteile zu reduzieren als Objekt zu sehen. Er wird schließlich Mary K.s Liebhaber und fürstlicher Bibliothekar. Der Bogen der Selbstbefreiung und Selbstverwirklichung endet aber für die meisten Figuren vor der Banalität des Erfolgs. Sie alle werden angesichts einer sich etablierenden Liebesbeziehung oder eines äußeren Karriereschritts lächerlich und uninteressant: »Im Grunde hat jeder Mensch, der nach langer Mühe durch den Erfolg sozusagen rehabilitiert wird, etwas widerwärtiges an sich oder um sich, etwas widerwärtig Braves.« Dagegen wird nicht angepaßte Sexualität als Element der Befreiung aus dem Unglück der Bravheit und Normalität gesehen. Kajetan von Schlaggenberg und Jan Herzka folgen ihrer jeweiligen abweichenden Sexualität. In der fiktiven frühneuhochdeutschen Chronik, die Herzka auf der geerbten Burg Neudegg findet, bleibt die Lust an einer sadistisch-voyeuristischen Inszenierung in die Vergangenheit verlagert. Das Lustvolle solcher und jeder spontanen, ungebundenen Sexualität, das Ausleben sexueller Vorlieben werden im Grunde jedoch zustimmend geschildert. Geyrenhoff und Kakabsa bekommen jeder eine ›Dicke Dame‹ (wie sie Schlaggenberg gesucht hatte). Diese Pointe ist symptomatisch für die Tendenz zum Spiel mit Figuren, Handlung, Erzählperspektiven und Sprache, das alle konventionellen Erzählmuster auflöst. Zugleich bilden *Die Dämonen* eine breit und kunstvoll angelegte Darstellung der Großstadt Wien mit einer Fülle von Schauplätzen und Ebenen bis hinein in die Unterwelt, in die Kreise des Kriminellen Meisgeier. Die Stadt wird als »eine Art künstlicher Märchenwald« beschrieben, in dem die Figuren bei immer wieder neuen zufälligen Begegnungen aufeinandertreffen. Es kommt für jeden einzelnen darauf an, sich diese Stadtwirklichkeit selbst zu strukturieren, um darin Glücksgefühle zu erleben. Der Roman bleibt trotz aller Beschreibungen seelischer Höhepunkte prinzipiell skeptisch und traurig. Der Erfolg oder die Eheschließungen am Schluß, die als »Platzregen von Banalitäten« gesehen werden, lassen die Figuren in ihrer Entwicklung stagnieren. Zurück bleibt ein auf all die Paare wehmütig und melancholisch blickender Geyrenhoff, dessen Perspektive das Bewußtsein von der folgenden Katastrophe einschließt.

Lit.: D. WEBER, H. v. D., München 1987 (AB 45). R. KOCH

Die Strudlhofstiege oder Melzer und die Tiefe der Jahre.
4 Teile; entst. 1941–1948; EA München 1951.
Der auf komplexe Vielfalt hin angelegte Roman erzählt die Entwicklungsgeschichte des Majors und späteren Amtsrats Melzer, der im Wien des Sommers 1925 entscheidende Fortschritte in der Selbsterkenntnis und Selbstverwirklichung macht. Dieser Erzählstrang ist andererseits mit einem Netz von verwickelten Handlungsfäden, einer Fülle von Figuren und einem ironischen Spiel verbunden. Ein verbindendes Motiv ist neben der Figur Melzers, mit dem alle wichtigen Personen und Handlungselemente des Romans zu tun haben, die grundlegende Stimmung vieler Hauptfiguren: die Angst, nicht richtig gelebt zu haben, das Leben zu versäumen. Dieser neurotische Gedanke befällt Mary K. kurz vor ihrem Unfall, der am Schluß des Romans erzählt wird, aber bereits im

ersten Satz vorweggenommen wird. Von dieser Angst ist auch René Stangeler betroffen, dessen Beziehungsunglück einen weiteren Handlungsfaden bestimmt. In Melzers Fall konkretisiert sich die Angst in dem Gefühl, stets nur passiv gewesen zu sein, am Ersten Weltkrieg unreflektiert teilgenommen zu haben und nur mitgenommen worden zu sein. Melzers Bewußtsein wird erst im Jahr 1925 wirklich wach, und er beginnt, die Ereignisse der Vergangenheit, besonders der Vorkriegszeit und hier des Jahres 1911, bewußt in seine Lebensgeschichte zu integrieren. Ein zentraler Ort für Erinnerung und Gegenwart ist die Strudlhofstiege, die von den Kriegsereignissen unberührt geblieben ist und die in ihrer komplizierten Jugendstil-Architektur mit hin- und herlaufenden Rampen auch zu einem Sinnbild für Melzers seelischen Entwicklungsprozeß wird. Der Roman, der im und unmittelbar nach dem Zweiten Weltkrieg entstanden ist, versucht aus dieser Zeit heraus einen doppelten Rückgriff: indem er zu erzählen unternimmt, wie 1925 eine Überwindung und Verarbeitung der unglücklichen Kriegsereignisse möglich war, sucht er einen Ansatz für die Gegenwart und weist zugleich auf Defizite hin, vor allem auf das erneute Geschehen-Lassen, das einen zweiten Krieg ermöglicht hat. Diese Kritik an den Figuren und an der Zeit ist im mehrdeutigen und widersprüchlichen Schluß angelegt. Indem *Die Strudlhofstiege* mit einer ironischen ›Glücksdefinition‹ und einer ebensolchen Frage des Autors endet, wird die ›Vollendung‹ Melzers relativiert. Er heiratet zwar die Frau, die er sich gewünscht hatte, die junge, schöne, aber nichtssagende Thea Rokitzer, er bleibt jedoch angesichts solchen Glücks stehen, entwickelt sich nicht weiter und läßt sich von dem pensionierten Amtsrat Julius Zihal über das Glück belehren: »Glücklich ist vielmehr derjenige, dessen Bemessung seiner eigenen Ansprüche hinter einem diesfalls herabgelangten höheren Entscheid so weit zurückbleibt, daß dann naturgemäß ein erheblicher Übergenuß eintritt.« Melzer rettet zwar am 21. September 1925, dem Tag, an dem alle Handlungsfäden zusammenlaufen, Mary K. das Leben, indem er bei ihrem Unfall Erste Hilfe leistet. Bei dieser Gelegenheit trifft er auch mit Thea Rokitzer zusammen und an diesem Tag wird die für ihn gefährliche Tabak-Schmuggel-Affäre der Zwillingsschwestern Editha Schlinger-Pastré und Mimi Scarlez-Pastré sowie des Rittmeisters Eulenfeld aufgelöst. In der für Melzer so glücklichen Zeit erhält jedoch René Stangeler die Nachricht vom Selbstmord seiner unglücklichen Schwester Etelka; Melzer erscheint nun plötzlich in seinem Erfolg banal. So hängt der eigentliche Höhepunkt weniger mit dem äußeren als mit dem inneren Glück Melzers zusammen, das über 200 Seiten vorher beschrieben wird. Nach seiner neurotischen Vorgeschichte und der Arbeit an seiner Selbstbefreiung wird hier Melzers idealer Zustand der inneren Balance und des Eins-Sein mit sich selbst dargestellt. Im Anschluß an diesen Hochpunkt wird Melzer immer stärker ironisiert, seine beginnende gesellschaftliche Etablierung als falsches Glück lächerlich gemacht. Auch die Symbolik, die Melzers Neurosen und ihre Heilung begleitet hatte, wird ins ironische

Spiel mit aufgenommen. Die Angst vor der Banalität einer erfüllten Liebesbeziehung spricht aus den Kommentaren, in denen der Autor die Ehe als »Aufstellung eines Problems« bezeichnet. Die meisten Beziehungen sind auch so bereits problematisch, wie die René Stangelers zu seiner Verlobten Grete Siebenschein; er sucht in sexuellen Abenteuern einen Ausgleich. Spontane Sexualität hat eine ausgesprochen poetische Qualität, etwa bei Stangelers abwechselnden Erlebnissen mit den Zwillingsschwestern. Stangeler ist die stärker autobiographisch angelegte Figur, ihm bleibt eine unproblematische Art zu leben vorenthalten. Eine Idealfigur ist demgegenüber Paula Schachl-Pichler, der eine Balance zwischen Verstand und Gefühl, Gegenwart und Vergangenheit (der Erinnerung an den toten Vater), Hoffnungen und dem Machbaren, der Phantasie und dem Realen gelingt. Dabei ist das Leben dieser Figur nicht idyllisch, sie versteht es nur, die Wirklichkeit in einer ihr entsprechenden Form zu strukturieren, in einer ›realistischen‹ Beziehung zu leben und sich der Gefahren für diesen Zustand bewußt zu sein. Zur Stimmung des Romans trägt entscheidend die Beschreibung des Sommers in Wien bei, der alle Möglichkeiten des Wohlgefühls in sich birgt. Dieses nur scheinbar geschlossene oder konventionelle Erzählen ist im Hauptteil in die Innenperspektive aufgelöst, wird zu einem ironischen Spiel mit der nur vordergründig gewahrten Form, mit Konventionen und Symbolen und endet in einem offenen Schluß.

Lit.: D. Weber, H. v. D., München 1987 (AB 45).   R. Koch

DÖBLIN, Alfred (1878–1957)

Berlin Alexanderplatz. *Die Geschichte vom Franz Biberkopf.* 9 Bücher; EA Berlin 1929.
Berlin Alexanderplatz gilt als der bedeutendste Großstadtroman der deutschsprachigen Literatur und zugleich als Döblins Hauptwerk. Eine Verfilmung, eine Hörspielfassung und mehrere Übersetzungen, die noch vor 1933 entstanden, bestätigen den unmittelbar nach dem Erscheinen einsetzenden Erfolg dieses Romans. Döblin hatte 1929 in dem für die moderne Romantheorie grundlegenden Essay *Der Bau des epischen Werks* seine Absicht formuliert, die Gattung Roman als »modernes Epos« neu zu konzipieren, um so die allgemein empfundene »Krise des Romans« zu überwinden. In Erweiterung der Berichtform um »lyrische, dramatische, ja reflexive« Elemente sollen »Elementarsituationen des menschlichen Daseins« vorgeführt werden. Im Mittelpunkt von *Berlin Alexanderplatz* steht ein radikal vereinzelter Mensch, der in der modernen Großstadt, dem Berlin der Jahre 1928/1929, ein ehrliches Leben zu führen versucht: »Dies Buch berichtet von einem ehemaligen Zement- und Transportarbeiter Franz Biberkopf in Berlin. Er ist aus dem Gefängnis, wo er wegen älterer Vorfälle saß, entlassen und steht nun wieder in Berlin und will anständig sein.« Wie vor jedem der neun Bücher nimmt Döblin vor Beginn des Romans in einem Prolog den Gang der Handlung vorweg; der Prolog unterstreicht die didaktische Absicht: »Dies zu betrachten und zu hören wird sich für viele lohnen, die wie Franz Biberkopf in einer Menschenhaut

wohnen und denen es passiert wie diesem Franz Biberkopf, nämlich vom Leben mehr zu verlangen als das Butterbrot.« Das proletarische und Unterweltsmilieu, in dem der Roman spielt, war Döblin als Facharzt für Innere Medizin und Nervenkrankheiten im Berliner Osten vertraut.

»Die Strafe beginnt«, als Biberkopf wieder in Freiheit ist und sich aufmacht, die Stadt zu »erobern«. In blinder Gutmütigkeit provoziert er »drei Schläge des Schicksals«, die ihn fast völlig vernichten: Der Totschläger wird zum Geschlagenen. Nachdem der Jude Nachum den gerade Entlassenen von den beklemmenden Eindrücken der Großstadtrealität – wenngleich nur vorübergehend – befreit hat, findet Franz bei der Schwester der von ihm im Jähzorn ermordeten Ida kurzfristig Aufnahme. Doch es treibt ihn weiter zum Rosenthaler Platz, in die Münzstraße und zum Alexanderplatz, in das Milieu der Zuhälter und Gauner, in Henschkes Kneipe zu alten Genossen und neuen Freunden. Den ersten Schlag muß er von Lüders einstecken, der Biberkopfs prahlende Berichte von der Gunst einer Witwe für seine eigenen Zwecke ausnutzt und Biberkopf betrügt. Bald darauf freundet sich Biberkopf mit dem noch gefährlicheren Reinhold an: »Mit Bewunderung und mit Vergnügen begegnete Franz jetzt immer seinem Reinhold.« Diesem nimmt er hilfsbereit die Mädchen ab, wenn Reinhold ihrer nach kurzer Zeit überdrüssig wird. Franz versucht, seinem »Zögling« den »schwunghaften Mädchenhandel« auszureden und fordert ahnungslos den zweiten Schlag heraus: Erst bei einem Diebeszug der »Pums-

bande« geht Franz der wahre Charakter ihrer Unternehmungen auf. Reinhold, argwöhnisch und voller Angst vor Rache, stößt Biberkopf kurz entschlossen aus dem Fluchtauto. Biberkopf verliert dabei einen Arm, verrät Reinhold jedoch nicht. Er findet Zuflucht, Pflege und Liebe bei der engelgleichen Mieze und wird ihr Zuhälter. Sein neues Glück – »Jetzt bin ich wieder ein Mensch« – setzt er aufs Spiel, als er Reinhold Zeuge dieser Liebe werden läßt. Der dritte und endgültige Schlag ist damit vorbereitet: Reinhold lädt die arglose Mieze zu einem Ausflug ein und tötet sie, als sie sich gegen seine Zudringlichkeit wehrt. Biberkopf, den man zunächst des Mordes verdächtigt, bricht während des Prozesses gegen Reinhold zusammen und wird in die Irrenanstalt Buch gebracht, wo die Ärzte seinen »katatonen Stupor« diagnostizieren und Franz halluzinatorisch die Gegenwart des Todes erlebt. Wie in einem Welttheaterspiel hält ihm der Tod sein »freches, feiges, dabei hochmütiges Leben« vor und triumphiert über die »große Hure Babylon«, die Personifikation des Bösen. »Wach sein, Augen auf«, mit dieser Ermahnung entläßt der Erzähler seinen Protagonisten nach langer Agonie in ein neues Leben als Hilfsportier einer Fabrik.

Frei assoziierend montiert Döblin in den Roman Ausschnitte verschiedenster Herkunft: Tageszeitungen, Liedertexte, Reklame, Brief- und Tagebuchpassagen, Abschnitte aus dem Alten Testament (Hiob, Abraham und Isaak, Prediger Salomo) und aus der Apokalypse (Hure Babylon), teilweise verfremdete Zitate aus dem literarischen Kanon (Goethe,

Schiller, Kleist, Hebbel) und Stoffe aus der griechischen Mythologie (Orestie). Mit Hilfe dieser Montagen sprengt Döblin die bloße Berichtform, bleibt aber als Erzähler durch direkte Kommentare im Roman präsent. Er erreicht mit dem Stilmittel der erlebten Rede und des inneren Monologs eine Intensität der Darstellung, die auf psychologisierende Erläuterungen ganz verzichten kann. Die virtuos durchgeführte Montagetechnik verdeutlicht in expressionistischer Manier die Dissoziierung des modernen Ich. Gegen das sich selbst als Pandämonium darstellende Kollektiv der Stadt kommt Franz, »stark wie eine Kobraschlange«, nicht an. Dem Schwur, ein »anständiges Leben« führen zu wollen, kann er in seiner Torheit trotz vielfältiger Warnungen seiner inneren Stimme und der drei Schläge des Schicksals nicht gerecht werden. Das Motiv des Schlagens und Opferns durchzieht den gesamten Roman. Im Schlachthof-Kapitel steigern sich die lautmalende Darstellung der stampfenden Dampframme am aufgerissenen Alexanderplatz und Biberkopfs Trauma der von den Häusern rutschenden Dächer zum Motiv des über Tier und Mensch fallenden Hammers. Eine verfremdende Hiobparaphrase wird ebenfalls mahnend und warnend zugleich eingesetzt: »Wer kann dir helfen, wo du selber nicht willst!«
Döblin führt Franz Biberkopf in den körperlichen und seelischen Zusammenbruch und gibt ihm erst in der furchtbaren Erfahrung des Wahns die Möglichkeit des Erkennens. »Und je mehr er sich stieß, immer entsetzter klemmte er die Augen zu. Mit zerlöchertem

Kopf, kaum noch bei Sinnen, kam er schließlich doch an. Wie er hinfiel, machte er die Augen auf.« Der Kampf des »Schnitters Tod« mit der »großen Hure Babylon« ist entschieden. Der Tod hat triumphiert. Biberkopf kann aus seinem Dämmerzustand erwachen und ein verändertes Leben beginnen, das im letzten Abschnitt des Romans unter der häufig kontrovers interpretierten Überschrift steht: »Lieb Vaterland, magst ruhig sein, ich hab die Augen auf und fall nicht rein.« – Die Großstadt Berlin wird lebendig durch die Beschreibung bekannter Gebäude, Geschäfte, Straßen und Plätze und durch die Verwendung des Berliner Dialekts; aktuelle zeitgeschichtliche Bezüge weisen bereits auf die Auflösungstendenzen der Weimarer Republik hin. Biberkopfs Opfergang vollzieht sich in einem geographisch und zeitlich engen Rahmen, so daß W. Benjamin das Werk zutreffend als die »vorgeschobenste Stufe des alten bürgerlichen Bildungsromans« bezeichnen konnte.

Lit.: O. KELLER, D.s Montageroman als Epos der Moderne, München 1980.

                                    B. BAUMANN-EISENACK

Die drei Sprünge des Wanglun. *Chinesischer Roman.* 4 Bücher; entst. 1912/13; EA Berlin 1915.

Alfred Döblins erster zu Lebzeiten veröffentlichter Roman, dem ein umfassendes Studium der chinesischen Kulturgeschichte zugrundeliegt, dokumentiert die Anziehungskraft fernöstlicher Weisheit kurz vor dem Ausbruch des Ersten Weltkriegs. Im Zentrum der Handlung stehen der Fischersohn Wang-lun und der von ihm gegründete und despotisch geführte

Bund der »Wahrhaft Schwachen« (nach dem historischen Vorbild der Wu-wei-Sekte, die 1774 den kaiserlichen Truppen im Kampf unterlag). – Die drei Sprünge bezeichnen Wendepunkte im Leben von Wang-lun, die aufs engste mit dem zentralen Gebot seiner Sekte, dem taoistischen Wu-wei, zusammenhängen: »Die Welt ist von geistiger Art, man soll nicht an ihr rühren. Wer handelt, verliert sie; wer festhält, verliert sie.« Jedes Sektenmitglied ist auf Armut, Keuschheit und vor allem auf das »Nichtwiderstreben« verpflichtet. In der Figur des Einsiedlers Ma-noh, des Vertrauten Wang-luns, führt Döblin die Verführbarkeit des Menschen vor. Ma-noh erliegt während Wang-luns Abwesenheit der Faszination, in der Masse aufzugehen und sie gleichzeitig zu lenken. Deshalb gründet er einen zweiten Bund, die »Gebrochene Melone«. Das Wu-wei wird in Frage gestellt, als Ma-noh seinen Bund zur »Heiligen Prostitution« auffordert und damit die Verfolgung durch die kaiserliche Staatsgewalt provoziert. Das »Nichtwiderstreben« ist nicht länger möglich, die Hoffnung auf das »Westliche Paradies« ist zunichte gemacht. Ma-noh, verzweifelt über die Folgen seines Tuns, stirbt im Kampf. Wang-lun erkennt, daß die letzte Konsequenz des Gleichmuts der Selbstmord sein müßte, und wendet sich von der Lehre des Wu-wei ab. Inzwischen befiehlt Kaiser Khienlung trotz anfänglichen Wohlwollens, die Sekten bedingungslos zu vernichten. Der grausame Krieg zwischen kaiserlichen Truppen und Sektenanhängern führt zur vollständigen Ausrottung der Bünde. Während der Kämpfe findet Wang-lun in dem Offizier

»Gelbe Glocke« erneut einen Vertrauten, dem er seinen bisherigen Lebensweg beschreibt: Er springt dreimal über einen Bach, um damit seinen Weg zum Wu-wei, seine anschließende Entfremdung vom Wu-wei und nun seine bewußte Wiederannäherung zu symbolisieren. Die Einsicht, das Wu-wei als »Stimme seines Körpers« akzeptieren zu müssen, motiviert jetzt Wang-luns Entscheidung. Er kann den ersten Sprung auf einer neuen Stufe der Erkenntnis wiederholen und sich damit auch der Gewißheit seines Todes beugen.

Döblin erzählt in einer äußerst suggestiven Sprache von der Faszination des Wu-wei: Wang-lun, Ma-noh, der Kaiser und einige herausragende Anhänger der Bünde erleben in unterschiedlicher Intensität die Herausforderungen der Idee des »Nichtwiderstrebens«. Mit dem nicht zu lösenden Konflikt zwischen solipsistischen und kollektiven Kräften deutet sich ein Grundthema seines Werkes an, das Döblin hier in einem dem Futurismus wie auch dem Expressionismus nahen Stil gestaltet.

Lit.: O. KELLER, D.s Montageroman als Epos der Moderne, München 1980.

B. BAUMANN-EISENACK

Hamlet oder Die lange Nacht nimmt ein Ende. 5 Bücher; entst. 1945/46; EA Berlin 1956. Döblins letztes, noch im amerikanischen Exil begonnenes Erzählwerk besteht aus neun zum Teil in verschiedenen Interpretationen wiederkehrenden Erzählungen, um deren kompliziertes Themengeflecht sich eine Rahmenhandlung spannt, die zunehmend vom Erkenntnisgewinn aus den einzelnen Geschichten bestimmt wird.

Das Rahmengeschehen spielt kurz nach dem Zweiten Weltkrieg: Edward Allison hat bei einem Bombenangriff auf ein Schiff im Pazifik ein Bein verloren und mußte zudem den Tod seines Freundes hilflos miterleben. Mit einem Lazarettschiff kehrte er in seine englische Heimat zurück. Nachdem die körperlichen Wunden versorgt sind, drängt seine Mutter Alice darauf, den verstörten Sohn aus der Klinik ins Elternhaus zurückzuholen. Hier fühlt sich sein Vater, der Schriftsteller Gordon Allison, von Edwards »merkwürdiger Kriegsneurose, die der ärztlichen Behandlung trotzte«, in seiner Ruhe gestört. Edwards bohrendes Fragen nach der »Schuld am Krieg« bringt den bedrängten Vater schließlich auf die Idee, »statt zu diskutieren – zu erzählen«. Im Hause Allison findet sich daraufhin ein kleiner Freundeskreis zusammen, der über Monate hinweg abwechselnd erzählt und zuhört.

Der Schriftsteller Gordon Allison trägt die Geschichte der »Prinzessin von Tripoli« in mehreren Versionen vor: Der Troubadour Jaufie kommt als Kreuzritter nur in das Heilige Land, um die Prinzessin zu sehen. Bald darauf stirbt er. Gordon weist auf Swinburnes Ballade hin, der er eine eigene Version an die Seite stellt, um mit Hilfe der Phantasie »die Wahrheit zu finden«. Seine Darstellung gipfelt in der erneuten Zusammenfassung der Ausgangsgeschichte und ihrer Entlarvung als Gerücht: Die Prinzessin und ihr Troubadour leben weiter, ohne daß die Welt Kenntnis von dieser besonderen Liebe nimmt. – Alices Bruder Mackenzie erzählt nicht von Hamlet, worum Edward ihn gebeten hatte, sondern von König Lear. Auch er variiert mehrmals seine Geschichte, die »Tragödie eines wilden Ebers, der keinen Gott fand, der ihn zähmte«. Zielte Gordons Vortrag auf Alice als eine ebenso hilf- wie gnadenlos mit der Liebe spielende Frau, so muß sich durch Mackenzies Deutung der Sage um Lear nun Gordon selbst angesprochen fühlen. – Gordon fährt mit einer Interpretation der Sonette Michelangelos fort, die zugleich ihn selbst charakterisiert, wenn er von dessen Wissen um die Liebe und von dem Kampf spricht, den dieser »bald mit, bald gegen die Urkraft« führte, »die ihn einnahm und ausfüllte und die ihn Meister, aber nicht Michelangelo werden ließ.« – Nur ihrem Sohn erzählt Alice vom Raub der Proserpina durch den »Höllenfürsten« Pluto, und zwar in Anspielung auf ihre Ehe. In der unausgesprochenen Parallelisierung erscheint Gordon als Quälender, sie selbst als die Gequälte. – Die ebenfalls von Alice begonnene Theodoralegende, die sie in einer gegenüber den mittelalterlichen Vorlagen entmythologisierten Fassung vorträgt, wirkt direkt auf die Rahmenhandlung ein: Alice verläßt die Heimat und ihren in der Phantasie betrogenen Ehemann und verdingt sich in Paris als Dirne, wo der gleichfalls geflüchtete Gordon sie findet. Sie versöhnen sich im gemeinsamen Gebet, Gordon stirbt. Kurz vor ihrem eigenen Tod berichtet Alice ihrem Sohn brieflich das Ende von Theodora, die für ihre ehebrecherische Liebe in einem Kloster büßte und dort starb, und zieht eine explizite Parallele zu ihrem eigenen Schicksal: »So endet meine betende Geschichte von Theodora, an der sich mein ganzes Leben entlangzieht.«

Das in therapeutischer Absicht begonnene Erzählen deckt das in der »langen Nacht der Lüge« Verborgene auf und verdichtet sich zu erschreckenden Erkenntnissen. Die Geschichten geben unerwartete Antworten auf Edwards Fragen und lassen seine unbedingte »Redlichkeit«, wie er sie den Schriften Kierkegaards entnommen hat, und seine Forderung nach Wahrheit zum auslösenden Moment der Katharsis werden. Ihm offenbart sich das tiefe Zerwürfnis seiner Eltern. Edward, am Ende allein, erkennt: »Ich hatte geglaubt, nach dem Bergsturz und nach der Aufhellung des Dunkels wäre es gut und ich hätte nun die Arme frei. Tatsächlich ist nichts geschehen. Ich bin wie ein neuer Kolumbus auf ein unbekanntes Feld gestoßen und stehe im Begriff, es zu betreten.« In der gedruckten Fassung des Romans verschenkt Edward zum Schluß seinen Besitz und fährt in die Stadt: »Ein neues Leben begann.« Der ursprüngliche Schluß hingegen läßt Edward in ein Kloster eintreten.

Noch einmal zeigt sich in diesem Alterswerk Döblins ungehemmte Fabulierlust, die hier schon im Bewußtsein der Katastrophe des Zweiten Weltkriegs einer selbstkritischen Prüfung unterzogen wird. Döblin greift vertraute Themen seines Werks nochmals auf, beispielsweise die für ihn zeitlebens schwierige Rechtfertigung des künstlerischen Berufs, das Begreifen des Menschen als »Stück und Gegenstück der Natur«, die Macht des Dämonischen und die göttliche Gnade. Die virtuosen Adaptionen tradierter literarischer Stoffe umkreisen das zentrale Thema: Die an den einzelnen gerichtete Frage nach der Schuld am Krieg. Edwards Hamletsche Hartnäckigkeit entlarvt den Eskapismus der Eltern und ihre Zurückweisung persönlicher Verantwortung im privaten wie auch im öffentlichen Leben. – Vor dem Hintergrund von Döblins Konversion zum Katholizismus im Exil liegt ein biographisch-psychologischer Interpretationsansatz nahe. Die Spanne zwischen Entstehung und Veröffentlichung dieses Romans ist auch ein Indiz für Döblins Schwierigkeiten, im Deutschland der Nachkriegszeit wieder Fuß zu fassen.

Lit.: J. GRAND, Projektionen in A. D.s Roman »Hamlet oder Die lange Nacht nimmt ein Ende«, Frankfurt/M. 1974.

B. BAUMANN-EISENACK

November 1918. Eine deutsche Revolution. *Erzählwerk.* 4 Bände (Bd. 1: *Bürger und Soldaten 1918.* 2 Bücher; EA Amsterdam und Stockholm 1939; Bd. 2: *Verratenes Volk.* 5 Bücher; EA München 1948; Bd. 3: *Heimkehr der Fronttruppen.* 6 Bücher; EA München 1949; Bd. 4: *Karl und Rosa.* 9 Bücher; EA München 1950).

Das 1938 in Paris begonnene und 1943 in Hollywood abgeschlossene »Erzählwerk« ist seiner Konzeption nach eine Trilogie. Gegenstand ist die Geschichte der »verspielten« und »verratenen« deutschen Revolution vom 9. November 1918, an dem unter dem Druck einer revolutionären Stimmung der Thronverzicht Wilhelms II. bekannt gegeben und zweimal die Republik ausgerufen wurde (von dem Sozialdemokraten Philipp Scheidemann die »deutsche Republik«, von dem unabhängigen Sozialdemokraten Karl Liebknecht die »freie sozialistische Republik Deutschland«), bis zum 15. Januar 1919,

an dem mit der Ermordung Karl Liebknechts und Rosa Luxemburgs durch die von dem sozialdemokratischen »Volksbeauftragten« und Oberbefehlshaber Gustav Noske nach Berlin gerufenen Freikorps der sogenannte Spartakus-Aufstand beendet und die Revolution endgültig niedergeschlagen wurde. Die Zeit davor und danach wird mit den Geschichten einzelner Personen nur knapp beleuchtet; es geht Döblin um die Revolution, in deren Scheitern (durch »Ungeschicklichkeit« und »Verrat«) er aus der Retrospektive des Exils den Geburtsfehler der Weimarer Republik und die Voraussetzungen für das Aufkommen des Nationalsozialismus sah. Das »Erzählwerk«, das Brecht als »einen triumph des neuen typus eingreifender dichtung« bezeichnete, ist motiviert von der Frage, »wodurch alles gekommen war« und welche Schlüsse es daraus für die Zukunft zu ziehen galt. Basis des »Erzählwerks« sind Döblins eigene Beobachtungen während der Revolutionszeit, die er zunächst als Militärarzt im Elsaß und dann in Berlin erlebte, sowie intensive Quellenstudien; über weite Strecken hinweg hält sich das »Erzählwerk« an historische Darstellungen und Dokumentationen, die teils zitiert, teils paraphrasiert werden. Der Umgang mit dem historischen Material ist kritisch, die Darstellung polyperspektivisch und parteilich. Der »Dichter« bzw. »Erzähler« meldet sich mehrfach direkt zu Wort, um die Geschichte wertend zu kommentieren, aber auch um ihre Rekonstruiertheit deutlich zu machen. *November 1918* ist ein historischer Roman, insofern bekannte geschichtliche Persönlichkeiten und Tatsachen in ihm durchgehend eine wichtige Rolle spielen; als Roman entzieht sich das Werk aber der Verifikationspflicht und ergänzt die historische um eine fiktive Wirklichkeit mit exemplarischen Figuren und Geschichten. Beide Wirklichkeiten werden kunstvoll parallelisiert und an Punkten, an denen das historische Geschehen anonym wird, miteinander verbunden; d. h. die fiktiven Figuren werden in das historische Geschehen hineingeführt, aber nur dort, wo es zu keiner Kollision mit der bekannten und nachprüfbaren historischen Wirklichkeit kommt. Insgesamt werden – in freilich sehr unterschiedlicher Breite – rund fünfzig Geschichten erzählt. Durchgehend verfolgt wird die Geschichte der Revolution mit Friedrich Ebert und Gustav Noske sowie Karl Liebknecht und Rosa Luxemburg als Hauptfiguren und Gegenspielern; dann die (fiktive) Geschichte des schwerverwundeten Kriegsheimkehrers Dr. phil. Friedrich Becker, seines Freundes Maus und beider Freundin Hilde; schließlich die (fiktive) Geschichte des Dramatikers Erwin Stauffer, der – wie die anderen fiktiven Figuren – durch Kriegsausgang und Revolutionswirren in eine Existenzkrise gerät und einem Wandlungsprozeß unterworfen wird.
Der 1. Teil der Trilogie *(Bürger und Soldaten 1918)* behandelt die Zeit vom 10. bis 22. November und bietet ein episodenreiches Bild von Kriegsende und Revolutionsausbruch im Elsaß: Bildung von Bürger- und Soldatenräten, Entmachtung der Befehlshaber, revolutionäre Aktionen, aber auch gleich wieder erste ›Ruhe-und-Ordnung‹-Parolen. Mit dem Abzug der deutschen Truppen und der Überführung Beckers

und seines Freundes Maus in einem Lazarettzug nach Berlin verlagert sich der Schauplatz in die revolutionär aufgewühlte Reichshauptstadt. Den fiktiven Protagonisten (Becker, Maus, Hilde, Stauffer) wird deutlich, daß ihre Vorkriegsexistenz einer ethischen Fundierung entbehrte und, wie die ganze Gesellschaft, der Erneuerung bedarf. Der schwerkranke Becker hat erste Visionen, in denen ihm der Mystiker Johannes Tauler Rettung im Christentum verheißt, allerdings über den Weg des Leidens und der Verzweiflung. – Der 2. Teil (*Verratenes Volk* und *Heimkehr der Fronttruppen*), den Döblin insgesamt zunächst unter den Titel »Ebert« bzw. »Waffen und Gewissen« stellen wollte, behandelt die Zeit vom 22. November bis 14. Dezember, in der sich die revolutionäre Situation vor allem durch die Heimkehr der Fronttruppen und eine radikaler werdende Agitation verschärfte, allerdings auch die konterrevolutionäre Front sich formierte und die Zusammenarbeit zwischen Ebert und dem Generalstab begann. Becker findet unter größten körperlichen und seelischen Leidensschüben, die mit Tauler- und Teufelsvisionen verbunden sind, zum Christentum, dessen Lehren (Verantwortlichkeit für Schöpfung und Geschichte vor Gott, Wahrhaftigkeit, Friedfertigkeit, Solidarität) er nun persönlich radikal verwirklichen will; sein Freund Maus schwankt zwischen revolutionärem und konterrevolutionärem Engagement; der Dramatiker Stauffer beginnt, seine ethisch nicht verantwortete und daher existentiell verfehlte Vergangenheit aufzuarbeiten. – Der 3. Teil (*Karl und Rosa*) behandelt die Zeit

von Mitte Dezember 1918 bis zum 15. Januar 1919, in der Karl Liebknecht und Rosa Luxemburg zu Führern der Revolution wurden und die revolutionären Aktionen zunahmen und sich verschärften, bis sie im Spartakus-Aufstand um den 6. Januar 1919 ihren Höhepunkt fanden und vom 9. Januar an durch die von Noske herbeigerufenen Freikorps blutig beendet wurden. Zentralgestalt der geschichtlichen Sphäre ist Rosa Luxemburg, die nicht nur als besonders hellsichtige Politikerin gezeichnet wird, sondern – gestützt auf Quellen – auch als intensiv Leidende und Trauernde, und zuletzt als religiöse Visionärin. Zentralgestalt der fiktiven Sphäre ist Becker, der nun erfahren muß, daß der Versuch, wahrhaft als Christ zu leben, zum permanenten Konflikt mit der Gesellschaft führt. Im Spartakus-Aufstand ergreift er, einem vom Anblick des Elends hervorgerufenen Solidaritätsimpuls gehorchend, die Waffe gegen die Regierungstruppen und wird dafür zu drei Jahren Gefängnis verurteilt. Danach lebt er noch einige Zeit als Privatlehrer, dann als Wanderprediger; sein Ende wird, wie das der Rosa Luxemburg, als religiöser Heilskampf geschildert, in dem die himmlischen und höllischen Geister des Guten und des Bösen in den Kampf um die menschliche Seele treten und visionär zur Anschauung gelangen. So ist in diesem »Erzählwerk«, in dessen Entstehungszeit Döblins Konversion zum katholischen Glauben fällt (Taufe am 30. November 1941), das reale und fiktive Geschehen nicht nur vielfach mythologisch grundiert (wie schon in den früheren Werken), sondern auch durch jüdisch-christliche und näherhin katholische Jenseitsvorstellungen überwölbt, und erscheint, wie der Schutzumschlag des 4. Bandes von 1950 sagte, als »eine Geschichte zwischen Himmel und Hölle«, als Teil des Heilsdramas zwischen Gott, Mensch und Teufel.

Lit.: H. KIESEL, Literarische Trauerarbeit: Das Exil- und Spätwerk A. D.s, Tübingen 1986.   H. KIESEL

Wallenstein. 6 Bücher; EA Berlin 1920.

Döblins *Wallenstein* ist ein historischer Roman, der das Geschehen des Dreißigjährigen Krieges behandelt. Er beginnt mit einem Festbankett, das am Hof des österreichischen Kaisers Ferdinand II. anläßlich der erfolgreichen Niederschlagung des böhmischen Aufstandes abgehalten wird (1618/19). Maximilian von Bayern, Titelfigur des 1. Buches, hatte den Kaiser gezwungen, ihm die Übertragung der pfälzischen Kur zuzusagen. Bemühungen Ferdinands, diese Zusage rückgängig zu machen, bleiben erfolglos. Der Kaiser versinkt in Amtsmüdigkeit und Depression. Das Ende des 1. Buches bringt eine Wende: »Die Verhandlungen klärten die Situation vollständig; dem Schwanken und Widerstreben der Kurfürsten stand die unerschütterliche kaiserliche Forderung der Belehnung Bayerns gegenüber. Wie ein Wurm wand sich das Kolleg unter der täglich stärker drückenden kaiserlichen Faust.« Es gelingt dem Kaiser, das Unvermeidliche als höchsteigenen Kraftakt darzustellen. Das 2. Buch »Böhmen« schildert die Unterdrückung und Vertreibung des geschlagenen böhmischen Volkes. Wallenstein betritt die Szene; er wird als Opportunist gezeichnet, der rücksichtslos die Ausbeutung des eigenen Volks betreibt. Daneben steht sein Vetter Wilhelm von Slavata, der Wallenstein im Verlaufe des Romans mit einer eigentümlichen Haßliebe verfolgt und schließlich umbringt. Das 3. Buch »Der Krieg« beginnt mit dem Aufmarsch der kaiserlichen Heere unter Wallenstein: »Der Friedländer [. . .], ein gelber Drache aus dem böhmischen blasenwerfenden Morast aufgestiegen, bis an die Hüften mit schwarzem Schlamm bedeckt, sich zurückbiegend auf den kleinen knolligen Hinterpfoten, den Schweif geringelt auf den Boden gepreßt, mit dem prallen, breiten Rumpf in die Luft sich wiegend, die langen Kinnladen aufgesperrt und wonnig schlangenwütig den heißen Atem stoßweise entlassend, mit Schnauben und Grunzen, das zum Erzittern brachte.« Bei einer Schlacht mit dem protestantischen Söldnerführer Mansfeld heißt es: »Eisen und Magnet prallte zusammen.« Die ausgeprägte Metaphorik unterstreicht die atemlose Schilderung eines wüsten Eroberungsfeldzugs. Das 4. Buch »Kollegialtag zu Regensburg« bringt die Gegenreaktion des Kaisers, die schließlich zur Absetzung Wallensteins führt. Ferdinand erscheint hier im Zenit der Macht: »Seht Pater, so unumschränkt verfüge ich in dieser Sache, daß ich mich versucht fühle, die Entscheidung von einer Kinderei abhängen zu lassen: ich rufe meinen Kammerdiener, und tritt er mit dem linken Fuß über die Schwelle, hat Wallenstein gesiegt, mit dem rechten die Kurfürsten« – so Ferdinand zu seinem Beichtvater. Dieses Machtgefühl wird schnell enttäuscht. Im 5. Buch »Schweden«

gerät die kaiserliche Partei durch den Einmarsch Gustav Adolfs derart in Bedrängnis, daß die Wiedereinsetzung Wallensteins unausweichlich wird. Ferdinand beachtet das Kriegsgeschehen nur noch von fern und wirkt abwesend: »Der Kaiser dachte: der Schwede und der Friedland, diese werfen sich jetzt übereinander; sie zerfleischen sich, dann werden sie voneinander lassen [...] Was war das? Bald den besiegen, bald den besiegen. Jetzt wieder den Friedland. Jeder will die Macht haben.« Der Kaiser verfällt zusehends in merkwürdige Anwandlungen und schwülstige Träumereien; »gebt Raum!« ruft er nachts – und gibt damit die Parole des letzten Buches »Ferdinand«: der Kaiser verläßt den Thron. »In die wandernden Scharen der Landflüchtigen, in die Verödung der Landschaften geriet Ferdinand hinein.« Wallenstein ist ermordet. Von fern begleitet der frühere Kaiser den Trauerzug für seinen ehemaligen Feldherrn. Er wird gefangen, gefoltert, am Ende von einem verwilderten Tiermenschen umgebracht, ohne sich zur Wehr zu setzen. Das Kriegsgeschehen nimmt ungemildert seinen Fortgang; der Roman schließt: »Im Westen hatten sich die Welschen gesammelt. Sie warteten in frischer Kraft auf ihr Signal, um sich hineinzuwerfen.«

Wallenstein ist keine historische Darstellung im herkömmlichen Sinne. Zwar hatte Döblin ausgedehnte Quellenstudien betrieben, vor allem in der Darstellung soziokultureller Eigenarten gibt es viele authentische Details. Die Ereignisse werden jedoch ohne übergreifenden Kommentar vorwiegend szenisch präsentiert. Der Roman ist auch formal kaum strukturiert; die einzelnen Szenen wechseln meist abrupt. Der Leser hat den Eindruck eines Kaleidoskops von Zuständen und Aspekten, die er selber erst in einen Zusammenhang bringen muß. Nicht der Titelheld ist die eigentliche Hauptfigur, sondern der habsburgische Kaiser »Ferdinand der Andere«, wie er im Roman genannt wird; »um dessen Seele geht es« (Döblin). Während er in der Eröffnungsszene des Romans noch als unersättlicher, die eroberten Ländereien wie Delikatessen verschlingender Gewaltherrscher erscheint, der mit dem Kriegsgeschehen gänzlich identifiziert ist, entwickelt er sich im Verlaufe der Ereignisse zu einer Gegenfigur. Die wesentlichen Entscheidungen des Kaisers – Übertragung der pfälzischen Kur an Bayern, Absetzung Wallensteins, Verzicht auf den Thron – erscheinen ausgesprochen irrational motiviert. Ferdinand entwickelt einen ausgeprägten Widerstand gegen alles Politische und Militärische; er entzieht sich der Rolle des ›Repräsentanten‹ – ganz buchstäblich. Der schließliche Thronverzicht ist historisch nicht belegt. Diese Negation des Historischen ist ein Schlüssel zum Verständnis des Romans. Keine einzige Jahreszahl erscheint im Text; das chronologische Gerüst, an dem sich historiographisches Interesse normalerweise orientiert, ist gänzlich ausgeschaltet. Döblin zeichnet die Idee einer Geschichte, die sich im wesentlichen nicht beherrschen läßt. Die geschlossene Ästhetik logischer Ursachen und Konsequenzen, wie sie die traditionelle Ereignisgeschichte repräsentiert, wird hier mit einer ganz anderen Ästhetik konfrontiert, die gerade das Offene und Unberechenbare historischer Abläufe in den Vordergrund stellt. Im Unterschied zu den meisten historischen Romanen wäre dieser deshalb eher als anti-historisch zu bezeichnen: nicht affirmativ, sondern historische Erwartungshaltungen zerstörend und in diesem Sinne provokativ.

Lit.: A. HECKER, Geschichte als Fiktion. D.s »Wallenstein« – eine exemplarische Kritik des Realismus, Würzburg 1986. A. HECKER

DRACH, Albert (geb. 1902)

Das große Protokoll gegen Zwetschkenbaum. Entst. 1939; EA München 1964.
Der 1939 im Exil verfaßte, am Ende des Ersten Weltkrieges im ländlichen Umkreis Wiens situierte Roman zeichnet das Gerichtsverfahren gegen den vor Pogromen aus Ostgalizien geflüchteten, mittellosen Talmudschüler Schmul Leib Zwetschkenbaum auf. Auktoriale Erzählinstanz des in bitter-ironisch gewundener Kanzleisprache gehaltenen Protokoll-Romans ist ein anonymer junger Gerichtsreferendar, der die verwickelte Fallgeschichte Zwetschkenbaums zu Übungszwecken notiert. Zwetschkenbaum ist nicht nur Opfer der von Justiz, Medizin und feindseligen Betrügern gegen ihn entfachten unentwirrbaren Intrige, sondern auch ohnmächtiges Objekt der bürokratischen Schrift, die ihn nie direkt zu Wort kommen läßt. Sein ahasverischer Leidensweg beginnt, als er, im Schatten eines Zwetschkenbaums ruhend, des Zwetschkendiebstahls verdächtigt und festgenommen wird. Dieser Baum, sein »vegetarisches Widerspiel«, ist magisch verknüpft mit seinem Unglück – er

zieht ihn an und ist sein Verhängnis. Aus der Haft wird Zwetschkenbaum in die »Landesirrenanstalt« überführt, da ihm ein gerichtsärztliches Gutachten »sittliches Irresein« bescheinigt. An Körper und Seele schon erheblich verletzt, flieht er von dort, wird aber, nun des Verdachts der Brandstiftung wegen, wiederum verhaftet. Das Kreisgericht übergibt ihn dem »Inquisitenspital«, als er bei der Verlesung der Anklageschrift – von einem antisemitischen Schimpfwort getroffen – ohnmächtig zu Boden fällt. Aufgrund neu aufgetauchter Beweise, die Zwetschkenbaums Unschuld bestätigen, zieht der Staatsanwalt die Anzeige gegen ihn zurück, überstellt ihn aber erneut der »Landesirrenanstalt«, da das Schuldbekenntnis des schuldlosen Angeklagten weiterhin Verdacht erregt. Dort wird er als »Vorzugsirrer« behandelt, bis er schließlich einer Erbschaft wegen, die – wie er glaubt – von seinem verstorbenen Bruder Salomon stammt, freigelassen und bei einer Kolonialwarenhändlersfamilie in Kost und Logis gegeben wird. Bei dem Versuch, den imaginären Verwalter der sich später als Erpressungsgeld erweisenden Erbschaft zu finden, erfriert Zwetschkenbaum beinahe auf einer Wiener Parkbank. Er wird aber von zwei früheren Mithäftlingen aus dem »Inquisitenspital« gerettet, die sich – von seinem Vermögen angelockt – fortan seiner annehmen. Nach einer kurzen Phase scheinbar geglückter Assimilation an deutschösterreichische Konventionen – er lernt die deutschen Schriftzeichen, bekommt eine Frau und ein Konfektionsgeschäft – wird Zwetschkenbaum wegen des Verdachts der Hehlerei von neuem festgenommen: Ohne es zu wissen, hat er mit gestohlener Ware gehandelt. – Der erste Roman des als Rechtsanwalt tätigen Autors protokolliert eine kafkaeske Verstrickung, deren Logik den Verfolgungsängsten Zwetschkenbaums und den antisemitischen Phantasien seiner Umgebung folgt. Zur juristischen und medizinischen Darstellung des Falls Zwetschkenbaum tritt der rabbinische Kommentar. Doch die Figur Hiobs versagt als biblisches Vorbild seiner Leidensgeschichte, denn »wenn Hiob litt, so war da jemand, der seine Sprache verstand, wenn er ihm klagte«.

Lit.: E. SCHLANT, An Introduction to the Prosa Narratives of A. D., in: Modern Austrian Literature 13 (1980), S. 69–85,

B. R. ERDLE

DÜRRENMATT, Friedrich
(1921–1990)

Der Richter und sein Henker.
21 Abschnitte; ED »Der Schweizerische Beobachter« 1950/51; EA Einsiedeln 1952.
Am 3. November 1948 findet ein Schweizer Dorfpolizist am Bielersee eine Leiche, die als Polizeileutnant Ulrich Schmied aus Bern identifiziert wird. Dessen Vorgesetzter, der alte und kranke Kommissar Bärlach, übernimmt den Fall und setzt den Polizisten Tschanz, Mörder Schmieds, als seinen Stellvertreter ein. – Im Rahmen einer Detektivgeschichte mit konventionellem Beginn und spannungsgeladenen Momenten werden moralische Fragen erörtert. Es geht weder um eine logische Aufklärung des Verbrechens noch um Wiederherstellung der Gerechtigkeit. Bärlach hat den Fall sofort durchschaut und be-

nutzt ihn dazu, Rache zu üben. Als junger Mann schloß der Kommissar vor mehr als 40 Jahren in der Türkei mit einem Abenteurer eine Wette. Sein Wettpartner Gastmann behauptete, in Bärlachs Gegenwart ein Verbrechen begehen zu können, ohne daß dieser es ihm nachweisen könne. Der Kommissar hingegen war von der zwangsläufigen Aufdeckung jedes Verbrechens aufgrund menschlicher Unvollkommenheit und des Zufalls, der in alles hineinspiele, überzeugt. Gastmann gelang daraufhin ein Mord, und da sein Opfer sich in finanziellen Schwierigkeiten befand, konnte dem Gericht ein Selbstmord plausibel gemacht werden. Diese grotesk-spielerische Wette wurde für die weiteren Handlungen der beiden Personen ausschlaggebend. Seitdem versuchte Bärlach vergeblich, seinen Rivalen zu fassen. Gastmann resümiert bei einem Zusammentreffen mit Bärlach, einem der Höhepunkte des Romans: »Ich wurde ein immer besserer Verbrecher und du ein immer besserer Kriminalist: den Schritt jedoch, den ich dir voraushatte, konntest du nie einholen.« – In einem kleinen Dorf im Jura veranstaltet Gastmann wöchentliche Feste, zu denen als Deckmantel für geheime Verhandlungen zwischen Schweizer Industriellen und sowjetischen Politikern Künstler eingeladen werden und an denen auch Schmied unter falschem Namen teilnahm, um Material gegen Gastmann zu sammeln. Als Schmied umgebracht wird, läßt der Kommissar Gastmann für ein Verbrechen büßen, welches dieser gar nicht begangen hat. Der ›Richter‹ Bärlach setzt Tschanz, der Schmied aus Neid tötete, als

›Henker‹ ein, der Gastmann – scheinbar aus Notwehr – erschießt. Für die Polizei steht damit fest, daß Schmied Gastmann als Privatperson überwachte und von diesem getötet wurde. Der Drahtzieher war jedoch Bärlach, der Schmied auf Gastmann ansetzte und der, als ihm sein Werkzeug vernichtet wurde, eine andere Lösung finden mußte, um endlich über Gastmann zu triumphieren. Das grausame Finale bildet ein opulentes Mahl, bei dem der magenkranke Bärlach Tschanz des Mordes an seinem Kollegen Schmied überführt. Als Tschanz sich seiner Rolle als Schachfigur im Racheplan Bärlachs bewußt wird, bringt er sich um.

Lit.: J. KNOPF, F.D., München ¹1988 (AB 3).
                                    B. JÜRGS

Der Verdacht. 2 Teile; ED »Der Schweizerische Beobachter« 1951/52; EA Einsiedeln 1953.
Ende Dezember 1948 befindet sich Kommissar Bärlach nach der schon in → *Der Richter und sein Henker* angekündigten Operation noch in einem Berner Krankenhaus, wissend, daß er nur noch ein Jahr zu leben hat. Als Bärlach zufällig ein in der Zeitschrift *Life* aus dem Jahre 1945 abgebildetes Foto des Lagerarztes Nehle findet, der im Konzentrationslager Stutthof an den Häftlingen Operationen ohne Narkose ausführte, zeigt er es seinem Freund und Arzt Hungertobel. Hungertobel meint, darin seinen Kommilitonen Emmenberger wiederzuerkennen, der bei einem Ausflug während der Studienzeit in einer Berghütte ebenfalls eine Notoperation an einer der Mitstudenten ohne Narkose ausgeführt hatte. Inzwischen besitzt Emmenberger, der sich während des Krieges in Chile auf-

gehalten haben soll, in Zürich ein Sanatorium für Schwerreiche. Bärlach geht seinem Verdacht, Emmenberger sei möglicherweise mit Nehle identisch, nach. Als die Möglichkeit aufgrund verschiedener Indizien, die unter anderem gegen das Chile-Alibi sprechen, zur Wahrscheinlichkeit wird, läßt sich Bärlach im 2. Teil des Romans in Emmenbergers Klinik einweisen. Die Erkenntnis, daß Emmenberger der gesuchte Lagerarzt ist und an seinen Patienten auch jetzt noch unbehelligt die tödlichen Operationen vornimmt, weil diese sich davon Rettung erhoffen, nützt Bärlach jedoch nichts. Emmenberger durchschaut den Kommissar und sieht ihn als sein nächstes Opfer vor. In letzter Minute wird Bärlach von dem riesenhaften Juden Gulliver, »Richter aus eigenen Gesetzen«, der als einziger die Operation im KZ überlebte und den Lagerarzt fotografierte, gerettet. Während Bärlach in einem Gespräch mit der morphiumsüchtigen Assistentin, ehemalige KZ-Insassin und Geliebte Emmenbergers, noch das Gesetz als höchste Instanz bezeichnet, entgegnet ihm diese: »Das Gesetz ist nicht das Gesetz, sondern die Macht.« Als Emmenberger jedoch in dem Schlüsselgespräch des Romans dem Kommissar die Freiheit verspricht, wenn dieser seinem eigenen Glauben an die Materie und an die Sinnlosigkeit der Welt einen ebenso starken Glauben, sei es an Gott, sei es an die Gerechtigkeit, entgegensetzen könne, schweigt Bärlach. Der »Hüter des Gesetzes« kann die Frage, woran er glaube, nicht beantworten. Die einzige positive Figur des Romans, der die Frage nach dem Menschsein in einer sinnentleerten Welt stellt, ist eine fast mythische Gestalt, der Jude Gulliver. Er läßt den Arzt Gift schlucken, um »die alte Ordnung der Dinge wiederherzustellen«. Auch Gulliver hält den Versuch für aussichtslos, die Welt zu retten, da dies allein in Gottes Hand sei: »So sollen wir die Welt nicht zu retten suchen, sondern zu bestehen, das einzige wahrhafte Abenteuer, das uns in dieser späten Zeit noch bleibt.«

Lit.: J. KNOPF, F. D., München ⁴1988 (AB 3).

B. JÖRGS

EBNER-ESCHENBACH,
Marie von (1830–1916)

Das Gemeindekind. *Erzählung.*
19 Kapitel; EA Berlin 1887.
Nachdem im Herbst 1860 der Ziegelschläger Martin Holub wegen eines Raubmordes an einem Pfarrer gehängt und seine Frau Barbara zu einer zehnjährigen Zuchthausstrafe verurteilt worden ist, kommen deren beide Kinder in ihrem mährischen Heimatdorf Soleschau unter. Während die 10jährige Milada von der Gutsfrau aufgenommen und im städtischen Fräuleinstift erzogen wird, wächst ihr drei Jahre älterer Bruder Pavel als ›Gemeindekind‹ beim Dorfhirten Virgil auf. Unter dem »verwaisten Gefühl der Trennung« von der Schwester leidend, die von ihrem Bruder ferngehalten wird, gerät Pavel in die Rolle des verspotteten und ausgenutzten Außenseiters einer Gemeinschaft, deren »blinder Zug zum Einheimischen« den »blinden Haß gegen das Fremde« einschließt. Wieder und wieder suchen die Dörfler dem schwächsten Mitglied Unrecht zuzufügen – eine Absicht, der Pavels trotziger Stolz durch falsche Selbstbe-

zichtigungen Vorschub leistet. Allein in dem Lehrer Habrecht, der selbst als »Hexenmeister« verschrien ist, findet der Junge einen Verbündeten, welcher ihn auch unterstützt, als man Pavel für den Tod des Bürgermeisters verantwortlich machen will. Nach langen Untersuchungen wird Pavel freigesprochen, doch die Kette der ihn ereilenden Schicksalsschläge reißt nicht ab: Seine erste Liebe, die Tochter Virgils, entscheidet sich für den reichen Bürgermeistersohn Peter, und Habrecht läßt sich nach 21 Dienstjahren am Ort versetzen. Trotz aller Widrigkeiten – und dies richtet sich auch gegen naturalistische Determinationstheorien – gelingt es Pavel nach und nach, sich emporzuarbeiten. Er kauft die Sandgrube des Dorfs, beginnt mit dem Hausbau und bestellt seinen Grund und Boden, den die Baronin zuletzt großzügig vermehrt. In einer – zentralen – Wiedersehensszene (16. Kap.) erläutert Habrecht, der den Egoismus und »Nationalitätenstolz« fliehen und sich einer »ethischen Gesellschaft« in Amerika anschließen will, seinem Schüler die moralischen Forderungen der Zeit. Solidarität und Nächstenliebe werden von ihm (und Pavels Schwester Milada) angemahnt, da »Fluch und Segen der Zukunft« vom sittlich bewußten Handeln der gesellschaftlich »Geringen« abhängig seien. Allmählich übt sich Pavel in die Tugenden des Vergessens und Verzeihens ein. Ungeachtet seines wachsenden Wohlstands kann er die Bürde seiner Biographie nicht abwerfen; er entsagt dem ihm zugetanen Mädchen Slava: »ich bleib der einsame Mensch, zu dem ihr mich gemacht habt.« Im Schlußkapitel erfährt Pavel vom

Tod Miladas, der sie ereilt hat, kurz bevor sie als Klosterfrau eingekleidet werden sollte. Als die Mutter nach verbüßter Haftstrafe ins Dorf zurückkehrt und dem Sohn ihre Unschuld am Verbrechen des Vaters darlegt, nimmt Pavel sie wieder auf.

Lit.: B. KAYSER, Möglichkeiten und Grenzen individueller Freiheit. Eine Untersuchung zum Werk M. v. E.-E.s, Diss. Frankfurt/M. 1974.　　　　　　　　　　　R. MORITZ

EICHENDORFF, Joseph von (1788–1857)

Ahnung und Gegenwart. 3 Bücher; 24 Kapitel; EA Nürnberg 1815.

Ahnung und Gegenwart ist beeinflußt von romantischen Romanen wie Arnims → *Armut, Reichtum, Schuld und Buße der Gräfin Dolores,* Brentanos → *Godwi* und Dorothea Schlegels → *Florentin* sowie Tiecks → *Franz Sternbalds Wanderungen* und folgt dem Muster des romantischen Entwicklungsromans, der sich am großen Vorbild von Goethes → *Wilhelm Meister* zugleich orientierte und davon abgrenzte. Friedrich de la Motte Fouqué gab das in den Jahren 1811/12 entstandene erste Prosawerk Eichendorffs heraus. Mehr als im übrigen Werk des Spätromantikers flossen hier noch erkennbar autobiographische Elemente mit ein, und so läßt sich der Roman auch als ein Dokument von Eichendorffs Jugend- und Studienjahren lesen. – Es geht um die Suche nach dem rechten Leben. Der junge Graf Friedrich hat soeben seine Studienzeit beendet und begibt sich nun auf große Bildungsreise. Bei einer Schiffsfahrt auf der Donau verliebt er sich in die junge schöne Rosa; deren Bruder, der lebenslustige Graf Leon-

tin, wird ihm zum guten Freund. Als Vertreter der Vita activa ist er dem ruhigen, zurückhaltenden Friedrich sowohl Gegenpart als auch Ergänzung; die beiden Freunde verkörpern eine Art moderner Kreuzritter, deren Streben letztlich auf denselben Punkt, nämlich die christliche Erlösung gerichtet ist. Als Friedrich in einer Waldmühle von Räubern überfallen wird, kommt ihm ein als Knabe verkleidetes Mädchen, Erwin(e), zu Hilfe. Beim Grafen Leontin lernt er auch den Berufsdichter Faber kennen, mit dem er Gespräche über Kunst und Dichtung führt. Während das 1. und 3. Buch in der schon wegen seiner räumlichen Weite positiv besetzten Sphäre des Landes spielen, führt der Mittelteil zeitkritisch in das durch Falschheit und Korruption geprägte Ambiente der Residenzstadt. Dort erlebt Friedrich sein weiteres Leben bestimmende Enttäuschungen. Er folgt Rosa nach, die ihrerseits die geistvolle und verführerische Gräfin Romana in die Stadt begleitet hat. Doch seine große Liebe hat sich inzwischen in das oberflächliche Treiben der Gesellschaft gestürzt und wird Geliebte des Erbprinzen; Romana, die ihn leidenschaftlich liebt, stößt ihn immer wieder durch ihre offen zur Schau getragene Sinnlichkeit ab. Die städtischen Zirkel und Teegesellschaften schließlich erschöpfen sich in unverbindlicher Konversation und dem Hervorkehren persönlicher Eitelkeiten. Friedrichs vaterländische Gesinnung bringt ihn dazu, an den Befreiungskriegen teilzunehmen. Es kommt zur Niederlage, Friedrich wird verwundet und enteignet. Gräfin Romana begeht Selbstmord, da sie Friedrich nicht gewinnen, ihm aber auch nicht würdevoll entsagen kann, während Rosa in ihrem Wunsch nach weltlichen Gütern schließlich den Erbprinzen heiratet. Friedrich erfährt nun die verborgenen Zusammenhänge seines Lebens: Sterbend nennt die treue Erwine, die er erst jetzt als Mädchen erkennt, ihm ein Schloß, wo er seinen verschollen geglaubten Bruder Rudolf wiederfindet, dessen Tochter Erwine selbst war. Leontin überwindet seine innere Zerrissenheit, heiratet und wandert mit seiner Frau nach Amerika aus, um nach Art einer Rousseauschen Utopie den Versuch eines ursprünglichen Lebens zu unternehmen. Während Rudolf, noch immer auf der Suche nach dem Wesen der Dinge, zu den Magiern nach Ägypten fährt und der Dichter Faber gefahrlos in die bunte Welt zurückkehren kann, weil es ihm gelingt, Poesie und Leben säuberlich voneinander zu trennen, zieht sich Friedrich von der Welt ins Kloster zurück. Er hat die Wende vom ästhetischen zum ethischen Leben vollzogen und ist auch allen Verlockungen des Eros entronnen. In der Rückbesinnung auf die Werte der Vergangenheit und der Religion gewinnt er sich selbst.

Eichendorffs Figuren sind als individuelle Charaktere psychologisch kaum ausgearbeitet und stellen insofern bloße Typen dar, wie auch der Roman als Ganzes weniger ein Bild der Zeit als eine Allegorie des Lebens bietet, das stets symbolisch auf ein Höheres verweist. Die Protagonisten, fast allesamt Angehörige des Adels, die nicht auf Arbeit angewiesen sind, variieren vor allem die Beschäftigungen des Jagens, Singens, Dichtens und Wanderns und die Teilnahme an Festen und ausgedehnten Gesprächen, wobei sie das Dichten im Gegensatz zu Faber gerade nicht berufsmäßig, sondern als Ausdruck freier Seelen betreiben. Die Landschaft ist immer auch moralischer Raum und spiegelt die jeweiligen Befindlichkeiten der Figuren. Der episodenhafte Roman, der Heilsgeschichte und im begrenzten Rahmen Zeitkritik in offener Form miteinander verbindet, findet seine Einheit in der durchgängigen romantischen Stimmungslage und Melodik, wobei die reparaturbedürftige Gegenwart durch die Ahnung einer heileren Welt erlöst wird. Über 50 Gedichte durchsetzen das Werk, darunter auch *O Täler weit, o Höhen* und *In einem kühlen Grunde*.

Lit.: E. SCHWARZ, J. v. E.: »Ahnung und Gegenwart«, in: P. M. LÜTZELER (Hg.), Romane und Erzählungen der Romantik, Stuttgart 1981, S. 302–324.   S. ZELLER

Aus dem Leben eines Taugenichts. *Novelle.* 10 Kapitel; EA Berlin 1826.

Die vielgelesene Novelle erzählt aus der Ich-Perspektive die Geschichte eines Müllersohns, der sein Vaterhaus verläßt und mit seiner Geige in die weite Welt hinauszieht, um sein Glück zu suchen. Der wanderlustige Held hat kaum Geld, aber viel Gottvertrauen. Auf einem Schloß bei Wien verdingt sich Taugenichts eine Zeitlang als Gärtner und später als Zolleinnehmer, wobei er nicht eben viel zu arbeiten hat, dafür um so mehr Zeit, seine »vielschöne hohe Fraue« Aurelie zu besingen und von ihr zu träumen. Doch scheint die Schloßherrin bereits verheiratet zu sein, das treibt Taugenichts schließlich wieder auf Wanderschaft. Es zieht ihn nach Italien, aber er kennt den

Weg nicht. In der Nacht begegnen ihm zwei Reiter, die er zunächst für Räuber hält, die sich später jedoch als die Maler Guido und Leonardo vorstellen. Da sie auch nach Italien unterwegs sind, schließt Taugenichts sich ihnen als ihr Diener an. Zwischendurch machen die drei Weggefährten Rast in einem Gasthaus, wo Taugenichts einem seltsamen buckligen Männlein begegnet, das in wirrem Kauderwelsch vergeblich versucht, mit ihm ins Gespräch zu kommen. Als er aus einem tiefen Schlaf erwacht, findet er seine Herren nicht mehr vor; sie haben ihm lediglich ein Säckchen mit Geld hinterlassen. Auf der vorbestellten Fahrtroute der Postkutsche fährt Taugenichts weiter bis zu einem Schloß, wo er freundlich aufgenommen und verwöhnt wird, da man ihn offenbar für jemand anderen hält. Er bekommt einen Brief von der schönen Dame, die ihm bedeutet, schnell zu ihr zurückzukommen. Er wird jedoch im Schloß eingesperrt und entkommt nur mit Mühe und Not nach Rom, wo er die schöne Dame singen zu hören und auch zu erkennen vermeint. In Rom lernt er einen deutschen Maler kennen, der ihm auch von Aurelie berichtet. Im Garten des Malers befindet sich eine muntere Gesellschaft von Künstlern, die gerade dabei ist, ein lebendes Bild nach einem Gemälde zu stellen. Es kommt zu einer kleinen Verwechslungskomödie: eine Kammerjungfer steckt Taugenichts einen Zettel zu, die gnädige Frau, die er singen gehört hat und die er vor vermeintlichen Räubern schützen will, ist nicht seine schöne Dame; schließlich wird er auch selber verfolgt und muß aus dem Garten fliehen. Da beschließt

er, dem »falschen Italien mit seinen verrückten Malern, Pommeranzen und Kammerjungfern auf ewig den Rücken zu kehren«. Auf dem Rückweg nach Österreich schließt er Bekanntschaft mit drei fahrenden musizierenden Studenten aus Prag. Nach Wien nehmen sie zusammen das Postschiff. Zurück im Schloß findet alles seine Auflösung. Der junge Graf – Herr Leonhard – hatte die fremde Dame, den vermeintlichen Maler Guido, auf sein Bergschloß nach Italien entführen wollen, wohin man sie aber verfolgt hatte. Sie waren heimlich entflohen; so hatte man den zurückgelassenen Taugenichts auf dem Bergschloß für die Braut gehalten und damit die Verfolger getäuscht. Seine Liebste, die schöne gnädige Frau, die sich als die Nichte des Schloßportiers erweist, erwidert seine Liebe; er kann sie nun heiraten und bekommt gleich noch ein »weißes Schlößchen« dazu.

Durchsetzt und verwoben ist Eichendorffs typisch romantische Novelle mit zum Teil sehr bekannt gewordenen Gedichten, beispielsweise *Wem Gott will rechte Gunst erweisen, Schweigt der Menschen laute Lust, Wohin ich geh und schaue*. Der Taugenichts als literarische Figur ist in seiner örtlichen Ungebundenheit mit dem Picaro, dem Helden des spanischen Schelmenromans, sowie Grimmelshausens Simplicissimus und Goethes Wilhelm Meister verwandt. Doch während letzterer zum verantwortungsvollen Mitglied der Gemeinschaft heranreift, bleibt Taugenichts von Anfang bis Ende nichts als bloß Mensch im Sinne einer ursprünglichen Gotteskindschaft, und so erblickte Georg Lukács in der Novelle eine »Revolte« gegen die »zwecklose und inhumane Geschäftigkeit des modernen Lebens«. Durch die märchenhafte Anlage der Erzählung sind zeit- bzw. sozialkritische Implikationen freilich nur bedingt erkennbar.

Lit.: G. LUKÁCS, E., in: DERS., Deutsche Realisten des 19. Jh.s, Berlin 1951, S. 49–65. – W. PAULSEN, E. und sein Taugenichts, Bern 1976.   S. ZELLER

EINSTEIN, Carl (1885–1940)

Bebuquin oder Die Dilettanten des Wunders. 19 Kapitel; ED »Die Opale« 1907 (Teildruck); EA Berlin 1912.

Einsteins weitgehend in Vergessenheit geratener Kurzroman gehört zu den bedeutendsten Texten der literarischen Avantgarde des beginnenden 20. Jahrhunderts. Der André Gide gewidmete Text strebt die Simultaneität und Autonomie seiner einzelnen Teile an, die, jeder für sich, Bedeutung tragen und austauschbar sein sollen. – Giorgio Bebuquin, in einem Spiegelkabinett um Individualität und Selbsterkenntnis ringend und sich selbst folgerichtig als »schlechten Romanstoff« bezeichnend, wird von seinem Alter ego Nebukadnezar Böhm darauf aufmerksam gemacht, daß seine Unzufriedenheit und sein Lebensüberdruß als eine Suche nach Gott zu verstehen seien. Bebuquin ist eine von aller Empirie losgelöste Figur, gemäß Einsteins Idee von absoluter Kunst, die auf Kausalität und Psychologie verzichtet und die vollständige Absorption des Inhalts durch die Form anstrebt. Statt einer sukzessiven Handlung verfolgt der Leser Bebuquins Suche nach einem »Wunder«, die mit seiner zunehmenden Selbstauflösung einhergeht. Orte dieser Suche sind die »Bude der verzerrenden Spiegel«, der »Cirkus zur aufgehobenen Schwerkraft«, das »Theater der stummen Ekstase«, das »Museum der billigen Erstarrnis« und das »Kloster des kostenlosen Blutwunders«. Hier trifft Bebuquin auf weitere »Dilettanten«, deren Namen auf Typen, nicht auf Individuen hinweisen und die sich alle mit unzureichenden Mitteln eine neue, »absolute« Realität (eben ein Wunder) schaffen wollen. Die zum Teil in lyrischer Prosa gehaltenen Reden Bebuquins und Böhms kreisen um das Verlangen, den »Tod im Leben« zu überwinden. Im Stil und in der Nachfolge Zarathustras fleht Bebuquin: »Herr, laß mich einmal sagen, ich schuf aus mir. Sieh mich an, ich bin ein Ende, laß mich eine unabhängige Tat, ein Wunder tun.« Für Bebuquin ist der Weg in den Tod dann auch die einzig mögliche Konsequenz aus seiner Qual, Erkenntnis nur noch als »phantastische Tautologie« empfinden zu können. Der Tod als »Herr der Form« erhält hier eine Funktion, die Bebuquin im Leben nicht mehr findet: Die ersehnte Einheit von Phantasie und Vernunft fällt immer wieder auseinander, erst im Tod erkennt er wenigstens die »Tendenz zur Vereinheitlichung«. – Einsteins zwischen Rausch und Wahnsinn schwankender Anti-Roman wendet sich von der narrativen Tradition ab und verzichtet bewußt auf eine lineare Geschichte. Der Text ist eine auch im autobiographischen Sinn zu verstehende Selbstreflexion, die als fiktives Existenzmodell Fragen zu Philosophie und Ästhetik aufwirft und gleichzeitig allen konventionellen Aussagen über die Möglichkeiten der Erkenntnis zuwiderläuft.

Auch in dieser Hinsicht weist *Bebuquin* bereits auf dadaistische und surrealistische Literaturkonzepte hin. Die Nähe zur kubistischen Kunst ist nicht zufällig: Einstein spielte auch für die zeitgenössische bildende Kunst eine programmatisch maßgebende Rolle. Wegweisend wurde Einsteins Prosa für eine produktive Neuorientierung der Poetologie (beispielsweise für G. Benn, vgl. → *Roman des Phänotyp*), auch wenn er selbst diesen Weg später nicht fortsetzte.

Lit.: H. OEHM, Die Kunsttheorie C. E.s, München 1976.   B. BAUMANN-EISENACK

ELSNER, Gisela (geb. 1937)

Die Riesenzwerge. *Ein Beitrag.* 10 Kapitel; EA Reinbek 1964.
Der Roman schildert in 10 lose zusammenhängenden Kapiteln ›Alltagsszenen‹ aus dem Leben des Kindes Lothar Leinlein, in denen Verhaltensweisen von Spießbürgern der eigenen Familie und des weiteren Lebensumkreises des Protagonisten in grotesker Überzeichnung bloßgelegt werden. Konsequent erfolgt die Darstellung aus der kindlichen Ichperspektive, in der die bedrohlichen, monströsen Erwachsenen als unverständliche Riesen erscheinen, die gleichwohl mit ihrem spießigen Benehmen lächerliche Zwerge geblieben sind. Nur schwer läßt sich ein inhaltliches Kontinuum wiedergeben: Der Roman beginnt mit der minuziösen Beobachtung der Eßhandlungen von Lothars Stiefvater, der Oberlehrer Leinlein, der täglich riesige Mengen halbrohen Fleisches in sich hineinschaufelt, wobei ihm Ehefrau und Sohn passiv zusehen. Nur einmal im Jahr fastet der Stiefvater, und die ganze Familie pilgert zum Grab von Lothars leiblichem Vater, der früher in einem Ausflugslokal, in dem es nichts mehr zu essen gab, von einer Horde hungriger Hotelgäste unter Führung von Leinlein aufgefressen worden ist. Als Wiedergutmachung hat dieser schließlich Lothars Mutter geheiratet, und als Akt der Reue fungiert der alljährliche Grabbesuch am Todestag des Vaters; an diesem Tag läßt der hungernde Oberlehrer auch Frau und Sohn sich sattessen. Von dem halbrohen Fleisch bekommt Lothar einen Bandwurm, den Dr. Trautbert behandelt, ein Arzt, der sich vornehmlich dadurch Patienten verschafft, daß er Passanten von seinen vier bissigen Hunden anfallen läßt. Um das Reißen seines Kragenknopfes macht der Oberlehrer jeden Morgen eine Szene, er tyrannisiert damit seine Frau, und das Annähen eines Knopfes wird bei ihm zum Unterrichtsthema in der Schule. Weitere Beobachtungsgegenstände sind für das Kind der einbeinige Herr Kekker, der das Mitleid seiner Umgebung schamlos ausnutzt, bis ihm ein beinloser Krüppel den Rang abläuft, die eigenen häßlichen, ungleichen, mit Blutblasen bedeckten Füße, der unausweichliche und qualvolle Sonntagsausflug, das plötzliche Verschwinden der Mutter, entsetzliche Eßszenen in einer Metzgerei, die religiösblasphemischen Zwangshandlungen seiner Großmutter und ihrer Schwestern, eine skurrile Szene auf einer Müllkippe, der Besuch in einer Trinkerheilanstalt und die Hochzeit seines Onkels mit dessen Pflegerin.
Das Buch stellt in monströser Übersteigerung die stereotypen

Eigenarten der Erwachsenenwelt dar, ihre Frömmelei und Heuchelei, ihre Infamien, Grausamkeiten und sexuellen Verhaltensmuster. Der kindliche Blick verschärft dabei die gesellschaftskritische Dimension erheblich und treibt die Brutalität hinter den scheinbar alltäglichen Verrichtungen überdeutlich hervor. Die Figuren erscheinen als entwicklungslose Monstren, für deren Verhalten es keine Erklärungen und Kommentierungen im Text gibt. Der Untertitel »Ein Beitrag« relativiert den Anspruch der Gattung Roman auf präzise, mikroskopische und schonungslose Beobachtung und sprachliche Sachlichkeit. Die Sprache beschreibt bewußt monoton und detailversessen die kleinbürgerlichen Rituale, Konventionen und Ängste. Die Prosa Gisela Elsners ist verschachtelt, auf seismographische Weise realistisch und strukturiert durch Wiederholungen und Spiegelungen. Der Erstlingsroman der Autorin wurde bei Erscheinen von der Kritik sehr gelobt, die schwierige, fast experimentelle Prosa des Buches erschwerte jedoch die Rezeption für eine breitere Leserschaft.

Lit.: N. RIEDEL (Hg.), Erzähltechnik und Entfremdungsproblematik in zeitgenössischen deutschen Romanen. Prolegomena einer hermeneutischen Interpretation von Uwe Johnsons »Mutmaßungen über Jakob« und G. E.s Beitrag »Die Riesenzwerge«, Mannheim 1977. – W. PREUSS, Von den »Riesenzwergen« bis zur »Zähmung«. Zu G. E.s Prosa und ihren Kritikern. Mit einer Marginalie von K. Konjetzky, in: Kürbiskern 21 (1985), S. 119–131. R. MARX

FALLADA, Hans (1893–1947)

Kleiner Mann – was nun? 4 Kapitel; EA Berlin 1932.

Falladas überaus erfolgreicher Roman spiegelt die Not der Wirtschaftskrise um 1930 im unpolitischen, passiv-duldenden Bewußtsein (»er schwört sich zu, zu schuften, tüchtig zu sein, alles zu ertragen, nicht aufzumucken«) eines typischen Angestellten, eines Repräsentanten jenes ›neuen Mittelstandes‹, dessen Krise, Dünkel und Ressentiment die Pathologie der späten Weimarer Republik bestimmen. Der Verkäufer Johannes Pinneberg, »ein ganz durchschnittlicher junger Mann«, wähnt sich dem Proletariat, dem seine Freundin Emma Mörschel entstammt, der als schäbig und schmutzig empfundenen »Mörschelei«, turmhoch überlegen und strebt nach bürgerlichem Lebensstil (»es müßte hell sein bei uns und weiße Gardinen und alles immer schrecklich sauber«). Kaum hat Pinneberg Emma, sein »Lämmchen«, geheiratet, beginnt der Kampf ums Überleben, die Geschichte vom sozialen Abstieg des »kleinen Mannes«. Als Pinnebergs Arbeitgeber Kleinholz, der die eigene Tochter unter die Haube bringen möchte, von der Ehe seines Kommis erfährt, setzt er ihn verärgert vor die Tür. Pinneberg und sein »Lämmchen« ziehen in die Großstadt, nach Berlin; durch Beziehungen kommt Pinneberg zu einer neuen Stelle als Konfektionsverkäufer in einem großen Warenhaus. Der durch die Wirtschaftsdepression verschärfte Konkurrenzkampf und Intrigen der Kollegen machen dem »kleinen Mann«, der als Einzelkämpfer, aber nie als »schlechter Mensch« agiert, das Leben schwer, doch er kann sich als »geborener Verkäufer« behaupten und findet sogar »Spaß« an seiner Tätigkeit. Das neue »Quotensystem« des Organisators Spannfuß freilich, eine primitive Frühform des Taylorismus, degradiert den »kleinen Mann« zum Akkordarbeiter im weißen Kragen, konterkariert sein Bedürfnis nach persönlicher Anerkennung, nach Individualität auch in den Arbeitsbeziehungen vollends. Spannfuß, einer jener »Schinder, die aus Menschen Tiere machten«, entfesselt eine »Angstpsychose« im Betrieb, die Pinneberg lähmt, seine Arbeitsleistung zerrüttet und schließlich zu seiner Entlassung führt. Nach Monaten vergeblicher Arbeitssuche landet die Familie (inzwischen ist ein Kind geboren, das »Murkel«) in einer Laubenkolonie, lebt von Arbeitslosenunterstützung und davon, daß »Lämmchen« fremder Leute Socken stopft. Als sich Pinneberg, abgerissen und inzwischen ohne seinen Kragen, das Symbol des Angestelltendünkels, die Nase am Schaufenster eines Delikatessengeschäfts plattdrückt, bleut ihm der Knüppel eines Polizisten ein, daß er nun zum Strandgut der Gesellschaft gehört, »draußen« steht, »ausgerutscht, versunken, erledigt«. Eine Arbeitsstelle zu suchen »ohne Schwindel und Lüge«, das ist ein »Luxus«, den sich keiner mehr leisten kann. So steht am Ende weder eine Lebensperspektive für den unbeholfenen, chronisch anständigen »kleinen Mann« noch eine politische Antwort, sondern die Flucht ins private Idyll eines aus Versatzstücken des Heimatromans zusammengesetzten Familienlebens, das seelische Wiedergutmachung leistet.

Lit.: D. Mayer (Hg.), H. F.: Kleiner Mann – was nun?, Frankfurt/M. u. a. 1978.

A. Gotthard

Wer einmal aus dem Blechnapf frißt. 10 Kapitel; EA Berlin 1934.

»Man muß sich entscheiden können, aber das eben kann er nicht. Wie soll er auch? Die haben ihm doch hier fünf Jahre lang jede Entscheidung abgenommen.« Willi Kufalt ist am Vorabend seiner Entlassung aus fünfjähriger Gefängnishaft ziemlich »ratlos«, ein erfahrener Wachtmeister fragt zweifelnd: »Ob Sie's aushalten werden? Wer einmal aus dem Blechnapf frißt...« Der einfältige Kufalt, durch ungerechte Behandlung seitens des Vaters früh in seinem Selbst- und Weltvertrauen gestört, durch die Haft vollends »hilflos«, zum lebensunfähigen Krüppel gemacht, er hält's nicht aus. Sentimental-naturalistisch, überaus episodenreich erzählt Fallada seine Leidensgeschichte – volkstümliche Variante eines typischen Motivs sozial engagierter Romane, der mißglückten Resozialisierung einer im Grunde ehrlichen Haut, die Opfer »bürgerlichen« Mißtrauens, bürokratischer Habgier und eigener Schwäche wird. Das gemeinnützige Institut »Friedensheim«, das den Entlassenen im Schreibbüro schindet, erweist sich als florierendes Ausbeutungsobjekt korrupter Fürsorger, die Kufalt, als er mit anderen Vorbestraften ein Konkurrenzbüro eröffnet und der habgierigen Sozialbürokratie einen Großauftrag wegschnappt, wegen des fehlenden Gewerbescheins und harmloser illegaler Geschäftstricks anzeigen. Fast erleichtert, »die Feder ist schlaff geworden«, steht Kufalt vor dem Untersuchungsrichter, aber er kommt noch einmal um eine neue Gefängnisstrafe herum. Aus dem »geschlagenen, entmutigten, verzweifelten Kufalt« scheint doch noch ein Glückspilz zu werden: er reüssiert als Insera-

tenwerber für eine Provinzzei-
tung, verlobt sich mit der Tochter
eines Glasermeisters, sitzt mit ihr
in einem »richtigen bürgerlichen
Zimmer« und rezitiert Gedichte;
»jetzt war der Bunker endgültig
überwunden«. Doch der (halt-
lose) Verdacht, er habe Geld gestohlen, eine weitere Nacht im
Gefängnis beenden Kufalts bürgerliche Karriere. Jene Mächte der
etablierten Ordnung, um die er so
rührend und unbedarft geworben
hat, verstoßen ihn, »er hat keine
Lust mehr, sich Mühe zu geben,
es geht doch schief«. Kufalt zieht
nach Hamburg und nimmt nun
entschlossen jene Rolle an, die
ihm die Gesellschaft erbarmungslos zuweist, die eines Outlaw. Als
»Handtaschenmarder« ist er
»nicht mehr der Letzte, der Getre-
tenste von allen«, er erfährt befrie-
digt, »daß auch er noch treten und
Schmerzen bereiten« kann, und
erlebt doch, schließlich von der
Polizei gefaßt, die Rückkehr ins
Gefängnis fast als Erlösung:
»Fein, wenn man wieder so zu
Hause ist. Keine Sorgen mehr . . .
Hier braucht man nichts zu beschließen, hier hat man sich nicht
so zusammenzunehmen.«

Lit.: J. MANTHEY, H. F., Reinbek 1985.
A. GOTTHARD

FEUCHTWANGER, Lion
(1884–1958)

Erfolg. *Drei Jahre Geschichte einer
Provinz.* 5 Bücher; EA Berlin
1930 (Zusammenfassung mit *Die
Geschwister Oppermann,* 1933, und
Exil, 1940, zur *Wartesaal-Trilo-
gie*).
Der Zeit- und Schlüsselroman *Erfolg* entwirft ein kritisches Panorama des kulturellen, wirtschaftlichen, politischen und gesellschaftlichen Lebens in Bayern
zwischen dem Ende des Ersten
Weltkrieges und der wirtschaftlichen Stabilisierung nach dem Hit-
lerputsch (1923). – Der Kultusmi-
nister Flaucher (Gustav Kahr) ist
mit Martin Krüger, Subdirektor
der Münchner Staatsgalerie, über
einen Bilderkauf in Streit geraten.
Daraufhin läßt Justizminister
Klenk (Vorbild: Christian Roth)
unter dem Vorwand, der Kunsthistoriker habe einen Meineid geschworen, einen Prozeß gegen
Krüger einleiten: Krüger soll in
einem Disziplinarverfahren wahr-
heitswidrig sein intimes Verhältnis mit der Malerin Anna Elisabeth Haider geleugnet haben. Die
Anklage stützt sich auf die Aussage des mit dem Entzug seiner
Konzession unter Druck gesetzten Droschkenfahrers Ratzenber-
ger. Da für die politisierte Justiz
schon bei Prozeßbeginn die
Schuld des Angeklagten feststeht,
bemüht sich Krügers jüdischer
Anwalt Geyer (E. J. Gumbel) vergeblich, die Glaubwürdigkeit des
Zeugen zu erschüttern. Nachdem
Krüger zu einer dreijährigen
Haftstrafe verurteilt worden ist,
versucht seine Freundin und
spätere Frau Johanna Krain, ihn
mit Unterstützung seines Freundes Geyer und des kommunistischen Ingenieurs und Balladen-
dichters Kaspar Pröckl (Brecht)
sowie des Schweizer Schriftstellers Jacques Tüverlin (Feuchtwangers Alter ego) freizubekommen.
Ihre Bemühungen bilden den roten Faden der Handlung. Mit Mr.
Daniel Potter wird schließlich ein
reicher Amerikaner gefunden, der
eine Anleihe zur Elektrifizierung
Bayerns davon abhängig macht,
daß Krüger begnadigt wird. Doch
bevor der Kunsthistoriker von der
so bewirkten Amnestie erfährt,

stirbt er infolge der Haftbedingungen an einer Angina pectoris. Der Roman schließt mit der erfolgreichen Aufführung von Johannas Film über die Geschichte Martin Krügers. – Der eigentliche Anlaß für den Prozeß – der Kauf dreier Bilder – und die daraus entstehenden Verwicklungen dokumentieren die engen Verflechtungen zwischen Kunst und Politik, Justiz und Wirtschaft. Mit den zahlreichen Künstlern verschiedener Gattungen (Malerei, Literatur, Musik, Theater) und Richtungen (Heimatkunst, moderne Kunst, Unterhaltungskunst, Gebrauchskunst) sowie den Kunstvermittlern unterschiedlichen Typs (Wissenschaftler, Galerist, Industrieller, Mäzen), die im Verlauf der vielschichtigen Handlung auftreten, ist das Werk ein Künstlerroman im weitesten Sinn, der zur Klärung der Position des Künstlers in der Moderne beitragen will. Dabei steht die zwischen Tüverlin und Pröckl geführte Diskussion über die Rolle des Schriftstellers und der Literatur im Vordergrund. Krügers Prozeß und der Standpunkt Pröckls, der Schriftsteller müsse »aktivistische, politische, revolutionäre Literatur machen oder keine«, bewegen Tüverlin zu einer Revision seines zunächst rein ästhetizistisch-hedonistischen künstlerischen Selbstverständnisses: »Ich für meine Person glaube, das einzige Mittel, sie [die Welt] zu ändern, ist, sie zu erklären. [...] Ich glaube an gut beschriebenes Papier mehr als an Maschinengewehre.« Sein gewandeltes Selbstverständnis bringt er in dem Buch »Bayern oder der Jahrmarkt der Gerechtigkeit« – ein Titel der auch anstelle von *Erfolg* stehen könnte – zum Ausdruck, wobei er die

Rolle der Literatur als Medium der Gesellschaftskritik betont. *Erfolg* selbst kritisiert vor allem die politische Abhängigkeit der bayerischen Rechtsprechung anhand der Prozesse gegen Krüger und gegen den wegen eines Putschversuchs angeklagten Führer der »Wahrhaft Deutschen«, Robert Kutzner (Adolf Hitler), – er kommt mit einer Bewährungsstrafe davon. Eindringlich warnt der Roman mit der Schilderung der »Wahrhaft Deutschen«, ihrer kriminellen, antisemitischen Machenschaften und ihrer Anziehungskraft für die Massen vor dem Anwachsen der faschistischen Bewegung. Wie noch an den Mitteln abzulesen ist, die zu Krügers Begnadigung führen, ist der Staat Exponent der wirtschaftlichen Verhältnisse, die von Männern wie von Reindl und von Grueber bestimmt werden. Von Reindl möchte den Agrarstaat Bayern in einen Industriestaat umwandeln, wie Potter wünscht er eine Zusammenarbeit Bayerns mit der Sowjetunion und Amerika. Ihre Pläne verweisen auf die Hoffnung, die ökonomischen Probleme des Landes durch einen liberalen, aufgeklärten Kapitalismus lösen zu können. – Durch den Verlauf der Haupt- wie der zahlreichen Nebenhandlungen wird das Titelthema vielfach ironisch gebrochen. Als Quintessenz der Auseinandersetzung mit diesem Thema liest sich die an das Romanende plazierte Einsicht Johannas: »Es gab ein Konto, auf dem galt nicht Erfolg und Mißerfolg. Auf dem galt nichts als die Kraft [...], die einer in der Handlung steckte.« Die erfolgreiche Aufführung ihres Films über Krügers Schicksal bestätigt freilich wiederum die Erfolgsideologie.

Lit.: S. CLASON, Die Welt erklären. Geschichte und Fiktion in L. F.s Roman »Erfolg«, Stockholm 1975. – E. BRÜCKNER / K. MODICK, L. F.s Roman »Erfolg«. Leistung und Problematik schriftstellerischer Aufklärung in der Weimarer Republik, Kronberg/Ts. 1978. K. OCHSE

Jud Süß. 4 Bücher; EA München 1925.

Dieser erste und zugleich erfolgreichste historische Roman Feuchtwangers behandelt die Existenz- und Lebensbedingungen der Juden in Deutschland des frühen 18. Jahrhunderts. Im Mittelpunkt stehen Aufstieg und Fall Joseph Süß Oppenheims, genannt Jud Süß. Von Ehrgeiz und Machtstreben getrieben, steigt die Titelfigur vom kurpfälzischen Oberhof- und Kriegsfaktor zum Politik- und Finanzberater des württembergischen Herzogs Karl Alexander auf und wird schließlich der einflußreichste Mann in dem absolutistisch regierten Land. Er preßt das Äußerste aus der geknechteten protestantischen Landbevölkerung heraus und versteht es auf geschickte Weise, die Position des nicht weniger machthungrigen, ihm jedoch geistig unterlegenen, grobschlächtigen katholischen Fürsten zu festigen. So erreicht Süß im Politischen wie Wirtschaftlichen jedes gesetzte Ziel. »Niemals in Deutschland stand ein Jud so hoch und glänzend wie er.« Von Juden und Christen viel bewundert und zugleich viel geschmäht, hält Süß zuerst dieser paradoxen Stellung wegen am Judentum fest, auch dann noch, als er erfährt, daß er unehelicher Sohn des Christen Georg Eberhard von Heydersdorff ist. Über seine wahre Herkunft aufgeklärt, geht er vorübergehend in sich und wendet sich seiner Tochter Naemi zu, die an einem geheimgehaltenen Ort lebt. Als er jedoch von Intrigen gegen sich hört, kehrt er umgehend und mühelos in seine frühere Machtposition zurück. Doch nun bringt der Konsistorialrat Weissenberg, dessen Tochter Süß in die Arme des geilen Herrschers getrieben hatte, den Herzog auf Naemis Spur. Der Regent bedrängt sie so sehr, daß sie sich in Todesangst vom Dach ihres Hauses stürzt. Erst jetzt gibt Süß seine selbst- und machtsüchtige Vereinzelung auf und beginnt sich als Angehöriger des Jahwe-Volkes zu verstehen. Er verrät den gegnerischen Protestanten das »katholische Projekt« des Herzogs, den katholischen Glauben dem protestantischen gleichzustellen und die Verfassung zugunsten des Herzogs auszuhöhlen. Als Karl Alexander erfährt, daß sein Staatsstreich gescheitert ist, stirbt er an einem Schlaganfall. Süß muß nun erkennen, »er war falsch gegangen«, und liefert sich den Anführern des Staatsstreiches aus: »Verhaften Sie mich; und wer immer die Oberhand behält, Sie sind für alle Fälle salviert.« Der die längste Zeit tatkräftige, mondäne, heftig in alle Geschäfte verstrickte Beherrscher des Herzogtums ist ein willkommener Sündenbock. Obwohl er von Rechts wegen aufgrund seiner Beraterposition nicht dem Gesetz verpflichtet war, verurteilt man ihn nach einem langen, von der antisemitischen Stimmung im Land bestimmten Prozeß zum Tode. Er wird in einen überdimensionalen Vogelkäfig gehängt, wo er mit den Worten »Eins und ewig ist Jahve Adonai« auf den Lippen stirbt. Süß hat sich damit unter den Wegen jüdischer Existenz in Deutschland, die im Buch exemplarisch personifiziert werden, endgültig für den seines Onkels Rabbi Gabriel entschieden. Dieser zumeist unantastbar und kalt wirkende, alterslose und immer wandernde, also ahasverische Kabbalist wird einerseits aufgrund seines Geheimwissens dämonisiert, andererseits zur Instanz für den Verlauf und die Charaktere der Romanhandlung. Wie die hebräische Schin-Letter, die sein Gesicht und schließlich auch Süß' Stirn prägt, verkörpert er Feuchtwangers Interpretation der Juden als das Volk des Buches. Ihm steht Süß' Bruder gegenüber, der aus Opportunismus zum Christentum übertrat, unverzüglich geadelt wurde und nun charakteristischerweise Baron Tauffenberger heißt. Der Assimilierte verleugnet sein Judentum so gekonnt, wie es Süß bei aller Leichtfertigkeit nicht gelingt. Isaak Landauer schließlich, reisender Bankier, ist im Umgang mit Geld zwar so geschickt wie die Titelfigur, lebt jedoch betont zurückgezogen und hält bewußt an seiner Herkunft fest. In seinem Gedächtnis bewahrt er die Erinnerung an jüdisches Leid, das sich Süß' individueller Ehrgeiz als »das Verkapselte« vom Leibe zu halten sucht: »Es ist nicht gut, wenn ein Jud sich hinstellt, wo alle ihn sehen.« – Die zum Teil effekthascherisch kalkulierte Spannung des Romans resultiert aus der nicht abzuschüttelnden Bedrohung der finanziellen und physischen Existenz des Protagonisten. Feuchtwangers Psychogramme folgen den Regungen der feindlichen Umgebung Süß' in Württembergs Hofgesellschaft und Volk so getreu, daß sich passagenweise erlebte Rede und Standort des Romanautors kaum auseinanderhalten lassen. Die Beschrei-

bung der politisch-taktischen Nutzanwendung des Antisemitismus desavouieren diesen gleichwohl deutlich. Doch zugleich wird Süß' Aufstieg mit der heraufziehenden nach-aristokratischen Herrschaft des Geldes über die Geburt begründet und bestätigt damit die antisemitische Ideologie. Diese Ambivalenz hat auch die Rezeptionsgeschichte des Romans in sympathetische und antisemitische Lesarten geteilt. Der Aufstieg von Süß, seine intellektuell-abstrakte Disposition, als rechnender Financier und Fremder rücksichtslos das Land ausbeuten zu können, boten Ansatzpunkte für die spätere Umsetzung des Romans in Veit Harlans antisemitischem Ufa-Propagandafilm von 1940.

Lit.: B. v. d. Lühe, L. F.s Roman »Jud Süß« und die Entwicklung des jüdischen Selbstbewußtseins in Deutschland, in: R. Wolff (Hg.), L. F., Werk und Wirkung, Bonn 1984, S. 34–54.   K. Ochse

FICHTE, Hubert (1935–1986)

Die Palette. 76 Kapitel; EA Reinbek 1968.
1962 kehrt Jäcki von einem Aufenthalt in der Provence, wo er seinen Lebensunterhalt als Aushilfskraft in der Landwirtschaft verdiente, nach Hamburg zurück. Dort findet er in der Szene- und Gammlerkneipe »Die Palette« – einem Treffpunkt von Menschen aus den unterschiedlichsten sozialen Schichten – jene Form von Freiheit, die ihm als einzig lebenswert erscheint. In den Grenzverwischungen dieses Kellerlokals sieht Jäcki, der jetzt neben einer Landwirtschaftslehre gelegentlich auch Kunstkritiken schreibt und so einen ersten Schritt zum angestrebten Schriftstellerberuf wagt, die Vorwegnahme eines gesell-

schaftlichen Pluralismus, wie er für die sechziger Jahre erst noch prägend werden sollte. Der Faszination, welche die »Palette« auf Jäcki ausübt, antwortet im Schlußkapitel ein Erzähler-Ich mit der Absicht, eine rückblickende Chronik zu schreiben, wobei die Erlebnisse des Protagonisten deren Grundlage bilden sollen. Letztendlich wird ein »Ideogramm von der Palette« angestrebt; um diesem Ziel gerecht zu werden, beschreibt der Roman den Wechsel Jäckis vom Beobachter zum Teilnehmer, seine Initiation in die ihm anfänglich fremde Welt der »Palette«. Deren vorerst unverständliche Sprache – allein schon die Namen der »Palettianer« wie »Do you know Basel«, »Reimar Renaissancefürstchen« oder »Die Blume zu Saaron« können als Beispiel dienen – nähert sich Jäcki mit dem Erstellen von Lexika, die das Idiom jenes Lebensraumes einfangen sollen. Darüber hinaus werden neben der Sprachwelt nach und nach auch die verschiedenen Lebensformen der »Palettianer« eingekreist; so treten topographische Schilderungen Hamburgs Wiedergaben von Gesprächen über Literatur und Kunst zur Seite, bis schließlich von der Außenperspektive zur Innensicht gewechselt wird. Das Ethnogramm der »Palette« führt zum Psychogramm der »Palettianer«. Bei dessen Erstellung greift Jäcki zu drei Aufzeichnungsformen: Einer Tonbandaufnahme schließt sich ein Gespräch an, welches mitstenografiert wird, jedoch weist ein abschließendes Interview auf die Unmöglichkeit eines vollständigen Verstehens der jeweiligen Partner hin. Dieses auch technisch bedingte Scheitern ergänzen roman-

immanente Widerstände, weil einerseits Meditationen des Erzählers über das Phänomen der Zeit sich schwerlich mit der Form einer Chronik, eines Zeitbuches, vertragen, andererseits neben der Wirklichkeits- auch zur Möglichkeitsform gegriffen wird, um den Vermischungs- und Verschmelzungsphantasien innerhalb der »Palette«, die ihren Höhepunkt in einer androgynen Vision des Menschen finden, adäquat zu antworten. Das Triptychon »Der Garten der Lüste« von Hieronymus Bosch, das den Roman als Sehnsuchtsbild durchzieht, wird zum Spiegel der Lebensformen der »Palettianer«. Diesem buntchaotischen Nebeneinander entsprechen im Erzähltechnischen die Überschneidungen zwischen den verschiedenen Erzählinstanzen – Autor, Erzähler-Ich und Jäcki. Wird im letzten Kapitel »Nachwörter« beklagt, daß Realität als Literatur immer zur Fiktion wird, vermag Fichtes Roman durch seine Erzählkunst den Gegenstand der Beschreibung angemessen auszudrücken – durch Wörter und Worte.

Lit.: W. v. Wangenheim, H. F., München 1980 (AB 22).   G. Schäfer

Versuch über die Pubertät.
5 Kapitel; EA Hamburg 1974.
Ein männliches Erzähler-Ich, welches im Gerichtsmedizinischen Institut »Nina Rodrigues« von Bahia einer Autopsie beiwohnt und anschließend mit einem Mann sexuell verkehrt, berichtet von dem »Auseinanderfallen des Bildes, das mich ausmacht«, wobei die eingangs geschilderte Verknüpfung von Eros und Thanatos für das ganze – eher als Romanessay denn Roman zu bezeichnende – Werk konstitutiv

bleibt. Die sich anschließende Selbstanalyse bewegt sich auf der zeitlichen Ebene um jene »zauberigen Männer«, welche den Protagonisten während seiner Pubertät entscheidend prägten. Sie werden als Schamanen, als Künstler der Verwandlung verstanden, die einen Zögling in die Mysterien des Lebens – sowohl der Kunst als auch des Geschlechtlichen – eingeführt haben; ihr jeweiliges Porträt wird mit Hilfe verschiedener Darstellungsformen skizziert. Entsteht das Bild des Hormonforschers und Schriftstellers Werner Maria Pozzi mit den Zügen Hans Henny Jahnns durch eine neutrale Beschreibung, deren erstes Zeugnis sich dem Hörensagen verdankt, so wird die Lebensgeschichte des Schauspielers und Regisseurs Alex W. Kraetschmar aus Gesprächen rekonstruiert, während schließlich der Bauer und Schäfer Testanière in Monologform von seinem Werdegang berichtet. Mit dieser Abfolge werden nicht nur Stadien eines homosexuellen Coming out nachgezeichnet, sondern auch Ausprägungen der Kunst – Literatur und Theater – mit der Landwirtschaft auf ihre materielle Grundlage zurückgeführt, wobei Testanière, dem originären Meister der Verwandlung, die persönlichste Präsentationsform zugestanden wird. Die Chronologie der in Hamburg-Lokstedt einsetzenden Pubertätszeit des Erzählers umfaßt mit einer Schauspielerausbildung, ersten Schreibversuchen, dem Erlernen der französischen Sprache mitsamt begleitender Frankreichreise und anschließender Flucht in die Landwirtschaft unterschiedliche Phasen einer Persönlichkeitsprägung. Diese individuellen Erlebnisse ge-

winnen eine umfassendere Dimension, indem sie in Beziehung zu afroamerikanischen Ritualen gesetzt werden, die der Ich-Erzähler im brasilianischen Bahia und im Haiti des Duvalier-Regimes kennenlernt. Der assoziative Stil, der das szenische Moment sowohl bei der Ich-Entwicklung als auch innerhalb afroamerikanischer Religionen offenlegt, führt zu verfremdenden Analogiebildungen: »Zwei Orte. Zwei Zeiten. Die gleiche Geste.« Formen der Entsprechung finden sich ferner in zwei eigenständigen Monologen: Berichtet einerseits der sechzigjährige Angestellte Rolf von seinem Schicksal als alternder Homosexueller, gewährt andererseits der als Jugendlicher zum Mörder gewordene Hans, dessen Weg über vier Jahre verfolgt wird, Einblick in die homosexuelle Lederszene. Hier wie da eignet dem Begriff der »Pubertät«, unter welchem die beiden Kapitel auftreten, das Wesen des Virtuellen: Der ganze Roman handelt von den Möglichkeitsformen der Homosexualität. Die Form des im Titel angesprochenen »Versuches« paßt sich dem geschilderten Inhalt an, weil einer zergliedernden Analyse die Häufung von Beispielen zur Seite tritt – ein literarisches Programm, welches auf Fichtes mehrbändiges Hauptwerk *Die Geschichte der Empfindlichkeit* hinweist, das seit 1987 posthum erscheinen.

Lit.: T. BECKERMANN (Hg.), H. F., Materialien zu Leben und Werk, Frankfurt/M. 1985.
                                                G. SCHÄFER

FISCHART, Johann (1546 – wahrscheinlich 1590)

Affenteurliche und ungeheurliche Geschichtschrift vom Le-

ben, Rhaten und Thaten der for langen Weilen vollenwolbeschraiten Helden und Herrn Grandgusier, Gargantoa, und Pantagruel Königen inn Utopien und Ninenreich. 57 Kapitel; EA o. O. 1575 (ab ²1582 u. d. T.: **Affentheurlich Naupengeheurliche Geschichtklitterung** . . .).
Das Geschehen setzt ein mit der Vorstellung des Stammbaums der Riesenfamilie »von Gurgelstroslingen«, einer Verspottung adligen Ahnenkults, und mit dem Bericht über Eß- und Trinkgewohnheiten nebst entsprechenden Vorräten Grandgusiers. Nach einigem Nachdenken heiratet er Gurgelmilta, die alsbald von ihm schwanger wird. Um den Zeitpunkt ihrer Niederkunft gibt es ein Festessen, außerdem ein Trinkgelage (8. Kap., darin die berühmte »Trunckene Litanei«). Es schließen sich an: die ungewöhnliche Geburt des Riesenkinds Gargantua durchs Ohr, Taufe, Kindheits- und Bildungserlebnisse sowie eine Reise nach Paris. Die Nachricht vom Krieg der Könige Grandgusier und Pichocrol trifft ein. In den kriegerischen Ereignissen bewährt sich besonders der Mönch Jan. Zum Dank läßt ihm Gargantua die Abtei Willigmut erbauen. Der Roman, dem Modell des mittelalterlichen Helden- und Ritterepos nachgebildet (mit typischen Stationen wie: ungewöhnliche Geburt, Kindheit und Jugend, Kämpfe u. a.), ist eine stark erweiterte Version des 1. Buchs des mehrbändigen Werks *Gargantua et Pantagruel,* das der französische Renaissanceautor François Rabelais seit 1532 herausbrachte, zunächst mit der Absicht, das Grundschema des Helden- und

Ritterlebenslaufs zu parodieren. Dabei knüpfte er wiederum an ein 1532 gedrucktes Volksbuch vom Riesen Gargantua an *(Grandes cronicques).* Fischarts *Geschichtklitterung* erweist sich als Mischung einer (zwar nicht stets korrekten, im wesentlichen jedoch der Vorlage getreuen) Übersetzung ins Frühneuhochdeutsche des 16. Jh.s sowie eigenen Hinzufügungen. Sein bereits in der Ausgabe von 1582 vermehrter Text erreichte in der Ausgabe letzter Hand (1590) schließlich den etwa dreifachen Umfang der Vorlage. Die Hinzufügungen bestehen aus seinem Vorwort und vor allem aus Zusatzkapiteln, ohne daß sich die Gesamtzahl der Kapitel erhöhte (58 bei Rabelais), da er zum Ende hin mehrere Kapitel der Vorlage zusammenzog, ferner aus Erweiterungen in Originalkapiteln, einmal bis hin zur Verzehnfachung des Umfangs (8. Kap.). Was bei Rabelais als unterhaltende Dichtung gemeint war, verbunden allerdings mit Kritik an den herrschenden Ständen, den Bildungseinrichtungen usw., zugleich auch als Ausdruck neugewonnener Freiheit in der Darstellung von Sinnlichkeit (Bereiche der Nahrungsaufnahme, der Liebe, der Körperausscheidungen), erfuhr durch Fischart eine Steigerung, dokumentiert in den übermütigen Wortspielen aus unbändiger Lust an Sprachkomik, auch an der Sprache des Obszönen. Als neue Komponente trat bei Fischart die protestantische Tendenz hinzu, z. B. in der Eheauffassung (5. Kap.) und Erziehungslehre, beide in unversöhntem Gegensatz zum Übermut und zur Ausmalung der Leiblichkeit und ihrer Funktionen, so daß seine Version der Geschlossenheit und Einheit-

lichkeit aus dem Weltsinn der Renaissance entbehrt. Nicht zu Unrecht setzt man dieses Werk heute
jedoch, zusammen mit den fünf
Romanen Jörg Wickrams, an den
Anfang der Geschichte des
deutschsprachigen Romans, da es
– anders als die weniger individuell geprägten Beispiele der Gattung des Volksbuchs, wozu die
Prosaauflösungen höfischer Vers-
epen zählen, aber auch Schwank-
zyklen und -romane wie diejenigen von Reineke Fuchs, Till Eu-
lenspiegel, den Lalebürgern (oder
Schildbürgern) und wie das Faust-
buch von 1587 – höchsten künstlerischen Stilwillen und virtuose
·Sprachgestaltung eines Autors
von Rang verrät – ein kühnes,
weit in die Zukunft weisendes Experiment.

Lit.: C. Mühlemann, F.s »Geschichtklitterung« als manieristisches Kunstwerk. Ver-
wirrtes Muster einer verwirrten Welt, Bern
u. a. 1972.   W. Beutin

FONTANE, Theodor
(1819–1898)

Effi Briest. 36 Kapitel; ED
»Deutsche Rundschau« 1894/95;
EA Berlin 1895.
Fontane ist zu diesem Roman
durch eine wirkliche Begebenheit
angeregt worden, den ›Fall‹ der
Elisabeth von Ardenne, der Ehefrau des Rittmeisters Armand von
Ardenne, und des Amtsrichters
Emil Hartwich, der ein Verhältnis
mit der jungen Frau begann und
im Duell mit Ardenne fiel. Fontane hat die Geschichte von
Emma Lessing, der Ehefrau des
Haupteigentümers der »Vossi-
schen Zeitung« Carl Robert Lessing, erfahren: »Meine Gönnerin
Lessing [. . .] erzählte mir [. . .] die
ganze Effi-Briest-Geschichte, und
als die Stelle kam [. . .], wo die

spielenden Mädchen durchs
Weinlaub in den Saal hineinrufen:
›Effi komm‹, stand mir fest: *Das
mußt du schreiben*« (an Hans
Hertz, 2. März 1895). – Elisabeth
von Ardenne ist erst 1952 im Alter
von fast 100 Jahren gestorben.
Der 38jährige Kessiner Landrat
Geert von Innstetten hält bei einem Besuch der Familie Briest in
Hohen-Cremmen um die Hand
der erst 17jährigen Tochter des
Hauses – Effi Briest – an. Effi, die
in den ersten beiden Kapiteln des
Romans im Spiel mit ihren Freundinnen noch als halbes Kind erscheint, verlobt sich tatsächlich
mit dem wesentlich älteren Mann,
der einst ihre Mutter geliebt hatte,
aber zugunsten des gesellschaftlich höhergestellten Ritterschafts-
rates Briest auf sie verzichten
mußte. – Wenige Monate nach
der Verlobung findet Geerts und
Effis Hochzeit statt. Doch schon
auf der Hochzeitsreise, die sie
nach Italien führt, macht sich Innstettens Neigung zum Belehren
und Erziehen bemerkbar, wie aus
Effis Kartengrüßen an die Eltern
hervorgeht. Im Eheleben in Kessin an der Ostsee, wo Innstetten
ein altes, mit allerlei Trödel ange-
fülltes Haus bewohnt, tritt sein
spröder und wenig liebenswerter
Charakter immer deutlicher zutage, und Effi beginnt, sich während der häufigen dienstlichen
Abwesenheiten ihres Mannes –
Bismarck hält sich in seinem nahegelegenen Haus in Varzin auf
und verlangt nach Innstettens
Diensten – in dem Haus zu ängsti-
gen. Vor allem ein mysteriöser
spukender Chinese, dessen Geschichte Innstetten seiner Frau erzählt, löst krankhafte Angstzu-
stände bei ihr aus, so daß Effi sich
aus Kessin fortzusehnen beginnt.
Neben der unheimlichen Atmo-

sphäre in dem alten Haus ist es vor allem der Mangel an gesellschaftlichem Umgang, der Effi bedrückt. Die in der Gegend wohnenden adligen Familien erscheinen ihr langweilig und dünkelhaft; lediglich die Unterhaltungen mit dem äußerlich unansehnlichen Apotheker Gieshübler bieten ihr einen Ersatz für die Plaudereien und »kleinen Aufmerksamkeiten«, die sie in ihrer Ehe vermißt. Auch die Geburt ihrer Tochter Annie stimmt sie nicht viel fröhlicher. In dieser Situation freut sich Effi über das Eintreffen des neuen »Landwehrbezirkskommandeurs« Major von Crampas, mit dem Effi und Innstetten nun häufig zusammentreffen. Crampas, ein Spielertyp und Lebemann, ist die Kontrastfigur zu dem prinzipienstrengen Innstetten, so wie Crampas' ernste, kränkliche und häßliche Ehefrau das Gegenbild zu Effi darstellt. Effi gerät immer mehr in den »Zauberbann« des mephistophelischen Crampas, und die abendliche Schlittenfahrt nach einem Besuch bei dem Oberförster Ring, bei der Effi und Crampas durch Zufall allein in einem Schlitten fahren, besiegelt ihr Schicksal: »Dann nahm er ihre Hand und löste die Finger, die sie noch immer geschlossen hielt, und überdeckte sie mit heißen Küssen. Es war ihr, als wandle sie eine Ohnmacht an« (19. Kap.). Das Bewußtsein ihrer ›Schuld‹ verleidet Effi ihr Leben in Kessin nun völlig, so daß sie freudig erleichtert ist, als Innstetten als Ministerialbeamter nach Berlin berufen wird und ihr Verhältnis mit Crampas, den sie »nicht einmal liebte«, so ein unspektakuläres Ende findet. In Berlin verlebt man sieben glückliche Jahre, bis, während Ef-

fis Kuraufenthalt in Bad Ems, Innstetten durch einen Zufall die Briefe findet, die Crampas an Effi geschrieben hat. Innstetten ist schockiert. Zwar ist er sich bewußt, daß er Effi noch immer liebt, doch auch ein Gespräch mit seinem vertrauten Freund Wüllersdorf bringt ihn nicht von dem Entschluß ab, Crampas zum Duell zu fordern. In diesem Zweikampf, den man in den Dünen bei Kessin austrägt, fällt der Major. Nachdem Innstetten sich von Effi hat scheiden lassen, verwehren ihr die Eltern aus Rücksicht auf ihre gesellschaftliche Stellung die Rückkehr ins Elternhaus, so daß sich Effi in Berlin eine kleine Wohnung nimmt, wo sie mit Roswitha, der ehemaligen Kinderfrau ihrer kleinen Tochter, zurückgezogen und ohne Groll lebt. Als sie jedoch eines Tages in der Stadt zufällig ihrer Tochter begegnet, sehnt sie sich danach, Annie wiederzusehen; ein Gespräch mit der Frau des Ministers führt schließlich zum Erfolg: Annie darf ihre Mutter in deren Wohnung besuchen, ist jedoch, wie Effi bald bemerkt, von Innstetten dazu angehalten worden, kein persönliches Wort mit ihrer Mutter zu wechseln. Nach dieser schmerzlichen Begegnung bricht Effi zusammen und ist von nun an ständig krank. Aufgrund der Vermittlung ihres Arztes und väterlichen Freundes Dr. Rummschüttel holen die Eltern ihre Tochter schließlich doch zurück ins heimatliche Hohen-Cremmen, wo Effi noch eine Zeitlang nicht unglücklich lebt, ohne Innstetten Vorwürfe wegen seiner Handlungsweise zu machen: »In der Geschichte mit dem armen Crampas – ja, was sollt' er am Ende anders tun? [. . .] er hatte viel Gutes in seiner Natur und war so edel, wie jemand sein kann, der ohne rechte Liebe ist.« Einen Monat, nachdem sie diese versöhnlichen Worte gesprochen hat, ist Effi Briest tot.

Fontane hat mit einer brieflichen Bemerkung, wonach der spukende Chinese »ein Drehpunkt für die ganze Geschichte« sei (an Joseph Viktor Widmann, 19. November 1895), einen Hinweis für die Deutung des Romans gegeben. Der Spukchinese verweist auf die Un-Eindeutigkeit der Handlungen und Meinungen der Romanfiguren, die sich einer erzählerischen Bewertung entziehen. Einerseits deutet Crampas diesen Spuk als einen von Innstetten bewußt zu Effis Einschüchterung eingesetzten »Angstapparat aus Kalkül«, andererseits ist die Angst, die der Chinese bei Effi auslöst, von diesem Spuk ganz unabhängig und kann als eine Angst vor der Ehe und der Sexualität verstanden werden. Einer der Gründe für diese Angst liegt in der Kindlichkeit Effis, ihrer offenbaren Unreife und Unerfahrenheit, die ihrer Ehe zum Verhängnis wird. Die Frage nach der ›Schuld‹, die den Romanfiguren anzulasten wäre, wird dabei im Roman allenfalls am Rande gestellt. In dem Gespräch Innstettens mit Wüllersdorf (27. Kap.) geht es vielmehr um das »uns tyrannisierende Gesellschafts-Etwas«, das, auch, nachdem die eigentliche Tat längst verjährt ist, noch Satisfaktion verlangt, das aber auch allererst zu dieser Gesellschafts-Ehe zwischen zwei einander bis dahin weitgehend unbekannten Menschen geführt hat. Dabei ist von Bedeutung, daß der Erzähler Kritik nicht an den Regeln der ›Gesellschaft‹ als solchen übt, sondern höchstens implizit an geschichtlich überkommenen, nicht mehr zeitgemäßen und damit unmenschlich gewordenen Ausprägungen dieser Gesellschaftszwänge, etwa dem Duell, über dessen Abschaffung in der Entstehungszeit des Romans öffentlich debattiert wurde. Innstetten, den Fontane in einem Brief an Clara Kühnast als ein »in jedem Anbetracht [...] ganz ausgezeichnetes Menschenexemplar« (27. Oktober 1895) bezeichnet hat, wird vom Erzähler an keiner Stelle wegen seines Verhaltens kritisiert; im Gegenteil vertritt er eine Maxime, die auch diejenige des Erzählers – und Fontanes – ist: »Man ist nicht bloß ein einzelner Mensch, man gehört einem Ganzen an, und auf das Ganze haben wir beständig Rücksicht zu nehmen, wir sind durchaus abhängig von ihm.« Wenn von Schuld in diesem Roman gesprochen werden kann, so besteht sie darin, daß alle Romanfiguren in allen ihren Handlungen diese ›Rücksicht auf das Ganze‹ nicht in hinreichendem Maße üben, und daß Innstetten die ›Rücksicht‹ erst dann nimmt, als es in jeder Hinsicht zu spät ist – Jahre nach dem ›Vergehen‹ – und als sie fatale und lebenszerstörende Folgen hat. Er nimmt die falsche ›Rücksicht‹ im falschen Moment, im guten Glauben, sich gesellschaftlich richtig zu verhalten. Darin liegt die Tragik dieses Romans: Es sind, wie durch die ironische Distanz deutlich wird, die der Erzähler zu dem Geschehen wahrt, zwar falsche und historisch überlebte Prinzipien, an die Innstetten sich gebunden fühlt, aber die Prinzipientreue selbst bleibt eine gesellschaftliche Tugend. Nur der ›Prinzipienreiterei‹ gilt Fontanes Kritik.

In *Effi Briest* zeigt sich Fontane auf
dem Höhepunkt seiner erzählerischen Kraft. Die Dialoge sind in
ihrer scheinbaren Beiläufigkeit
voller Andeutungen und Anspielungen – etwa in dem Gespräch
zwischen Innstetten, Effi und
Crampas (16. Kap.) –, die Charakterisierung der Figuren bis hin
zu den Dienstboten und anderen
Nebenfiguren scharf und treffend
– Dr. Rummschüttel ist eine der
prachtvollsten Arztfiguren in der
deutschen Literatur –, und die
ironische Distanz, mit der erzählt
wird – »alles erledigte sich rasch;
und die Schüsse fielen. Crampas
stürzte«, heißt es in der Duell-
szene (28. Kap.) – läßt die Sentimentalität nicht aufkommen, die
es in früheren Werken Fontanes
gelegentlich gibt. Lediglich die
Schilderung von Effis Tod fällt in
ihrer etwas bemühten ›Schönheit‹
hinter das bereits erreichte Niveau
zurück.

Lit.: W. SCHAFARSCHIK (Hg.), T. F.: Effi
Briest. Erläuterungen und Dokumente,
Stuttgart 1986 (RUB 8119).   W. HETTCHE

**Frau Jenny Treibel oder »Wo
sich Herz zum Herzen find't«.**
Roman aus der Berliner Gesellschaft.
16 Kapitel; ED »Deutsche Rundschau« 1892; EA Berlin 1893.
Die aus einem Berliner Kolonial-
warenladen stammende Jenny
Bürstenbinder ist durch ihre Heirat mit dem Kommerzienrat Treibel, der mit »Blutlaugensalz und
Eisenvitriol« handelt, in das Be-
sitzbürgertum aufgestiegen und
legt nun ein entsprechend parve-
nuhaftes Verhalten an den Tag,
um dessen Bloßstellung es Fontane in diesem Roman zu tun ist:
»Zweck der Geschichte: das
Hohle, Phrasenhafte, Lügneri-
sche, Hochmütige, Hartherzige
des Bourgeoisstandpunkts zu zei-

gen, der von Schiller spricht und
Gerson meint« (an Theodor Fontane jun., 9. Mai 1888). Aus Anlaß
eines Besuches des jungen Englän-
ders Mr. Nelson im Hause Treibel
gibt die Familie ein Diner, zu dem
auch die Tochter Corinna des
Gymnasialprofessors Willibald
Schmidt, eines Jugendfreundes
Jennys, eingeladen ist. Bei diesem
Diner zeigt sich Corinna im Gespräch mit dem jungen Engländer
von ihrer besten Seite, ist geistreich und witzig und imponiert
damit – sehr zum Schrecken ihres
Vetters Marcell Wedderkopp, der
ihr zugetan ist – dem Sohn des
Hauses, Leopold Treibel. Wenige
Tage später unternimmt die Gesellschaft eine Landpartie, während der sich Corinna mit Leopold »verlobt«. Als Leopold seiner Mutter davon berichtet, vergißt Jenny Treibel die hehren
Worte vom Glück der »einfachen
Verhältnisse«, das sie tags zuvor
im Gespräch mit Willibald
Schmidt noch gepriesen hatte,
und versucht, die ›unstandesge-
mäßen‹ Beziehungen zwischen ihrem Sohn und Corinna zu hinter-
treiben. Auch ein Gespräch mit
ihrem Ehemann (12. Kap.), der
sie in aller Deutlichkeit auf ihre
eigene Herkunft hinweist – »der
erste Bürstenbinder kann unmöglich höher gestanden haben als der
erste Schmidt« –, kann sie nicht
von ihrem Ziel abbringen, nun
eine Verlobung Leopolds mit der
Schwester ihrer Schwiegertochter
Helene, der Hamburger Holz-
händlerstochter Hildegard Munk,
anzustreben. Leopold schreibt
Corinna zwar jeden Abend einen
Brief, in dem er sie von der Uner-
schütterlichkeit seiner Liebe zu ihr
zu überzeugen sucht, ist aber innerlich zu schwach, um sich tatsächlich dem Willen seiner Mut-

ter entgegenzusetzen und Corinna zu heiraten. Corinna erkennt schließlich, daß sie auf dem Punkt steht, zu einer zweiten Jenny Treibel werden zu wollen, und löst von sich aus das Verlöbnis. Sie heiratet ihren Vetter, den Archäologen Marcell Wedderkopp, und Leopold verlobt sich mit Hildegard Munk. Die Hochzeitsfeier im Hause Schmidt, bei der es zur Versöhnung zwischen den Treibels und den Schmidts kommt, beschließt den Roman.

In keinem anderen Roman hat Fontane die Gesellschaftskritik in ähnlicher Schärfe geübt wie in *Frau Jenny Treibel*. Dabei gelingt es ihm auch hier, wie überhaupt in seinen späten Berliner Romanen, die Figuren sich selbst durch ihre Sprechweise charakterisieren zu lassen, ohne sie als Erzähler zu kritisieren oder zu bewerten. Die unfreiwillige Selbstentlarvung Jenny Treibels, in deren Gesprächen das Phrasenhafte und Verlogene, der Standesdünkel und die geistige Beschränktheit sich deutlich offenbaren, hat dabei entscheidenden Anteil an der Schonungslosigkeit der Gesellschaftssatire. Fontanes Kritik richtet sich vor allem gegen die Prätention der ›Bildung‹, die zum bloßen Ornament verkommen ist und die man nach Belieben zu seinen Zwecken in versatzstückhaften Zitaten benutzt. Besitz und Bildung, so lautet ein Fazit des Romans, sind getrennte Bereiche, die sich nicht miteinander verbinden lassen.

Lit.: W. WAGNER (Hg.), T. F.: Frau Jenny Treibel. Erläuterungen und Dokumente, Stuttgart 1976 (RUB 8132).   W. HETTCHE

Irrungen, Wirrungen. 26 Kapitel; ED »Vossische Zeitung« 1887; EA Leipzig 1888.
Die Plätterin Lene Nimptsch hat »bei Gelegenheit einer Kahnfahrt um die Treptower Liebesinsel herum« den jungen Baron Botho von Rienäcker kennengelernt, der sie daraufhin einen Sommer lang in ihrer Wohnung besucht und sich immer mehr zu dem schlichten und herzlichen Mädchen hingezogen fühlt. Im Zusammensein mit ihr und ihrer Pflegemutter und dem Gärtnerehepaar Dörr, bei dem die Nimptschs wohnen, wird Botho der Unterschied zwischen der Natürlichkeit der ›einfachen‹ Leute und der Künstlichkeit seiner Adels- und Offizierswelt deutlich, der sich besonders im Gebrauch der Sprache kundtut – hier die Einfachheit der »Herzenssprache«, dort der gesellschaftlich-unverbindliche, mit nichtssagenden Floskeln und Redensarten durchsetzte Plauderton. Lene und Botho verleben glückliche und unbeschwerte Tage, wobei sich Lene keinerlei Illusionen über die Dauer dieser Liebesbeziehung hingibt. Nach einem gemeinsam an dem Ausflugsort Hankels Ablage an der Spree verbrachten Wochenende, währenddessen das unerwartete Auftauchen einiger Offizierskameraden Bothos mit ihren Soldatenliebchen eine Störung der Harmonie brachte, erhält Botho einen Brief seiner Mutter, die ihn in deutlichen Worten dazu drängt, baldmöglichst die reiche Käthe von Sellenthin zu ehelichen, um so den drohenden Bankrott des Hauses Rienäcker zu verhindern. Auf einem Ausritt versucht sich Botho in einem Selbstgespräch über seine Situation klar zu werden, und obwohl er sich bewußt ist, daß er Lene nicht wird vergessen können, münden seine Reflexionen in die Überzeugung: »Ordnung ist Ehe.« Er fügt sich dem mütterlichen Willen und hei-

ratet die fröhliche Käthe, die jedoch »ohne besonderen Esprit« ist, »lediglich am Kleinen und Komischen« hängt und mit der, ganz im Gegensatz zu Lene, »wohl ein leidlich vernünftiges, aber durchaus kein ernstes Wort zu reden« ist. So wird Botho in seiner Ehe beständig an die Zeit mit Lene erinnert, deren »Einfachheit, Wahrheit und Unredensartlichkeit [...] ihm öfters vor der Seele« steht. Lene heiratet ihrerseits ihren Wohnungsnachbarn, den Konventikler Gideon Franke. Damit ist Lene zwar in ihrem Milieu verblieben wie Botho in seinem, doch die implizite Gesellschaftskritik, die Fontane übt, wird dennoch deutlich, denn das Glück, das Lene und Botho über die Standesgrenzen hinweg für kurze Zeit genossen haben, stellt sich in ihren Ehen nicht mehr ein.

Fontane hat von den »tausend Finessen« gesprochen, die er »dieser von mir besonders geliebten Arbeit mit auf den Lebensweg gegeben habe« (Brief an Emil Dominik, 14. Juli 1887): Tatsächlich ist dieser Roman durch ein dichtes Motivgeflecht strukturiert, wie man es in ähnlicher Konzentration in kaum einem anderen Werk Fontanes findet. Insbesondere den Gebrauch der Redensarten und das Sprachverhalten Bothos, der sich durch seine Beziehung zu Lene von dem »Redensartlichen« emanzipiert und seinerseits zu der »Herzenssprache« findet, die er an Lene bewundert, hat Fontane meisterhaft dargestellt.

Lit.: F. BETZ (Hg.), T. F.: Irrungen, Wirrungen. Erläuterungen und Dokumente, Stuttgart 1989 (RUB 8146).   W. HETTCHE

Mathilde Möhring. 17 Kapitel; entst. 1891; ED »Die Gartenlaube« 1906; erste authentische

Ausgabe nach der Handschrift in: »Romane und Erzählungen«, VII, Berlin/Weimar 1969.

Nach dem Tod ihres Mannes sieht sich die kränkliche und von ständigen Geldsorgen geplagte Adele Möhring genötigt, zur Aufbesserung ihrer Einkünfte ein Zimmer ihrer kleinen Berliner Etagenwohnung, die sie mit ihrer Tochter Mathilde bewohnt, zu vermieten. Der neue Mieter ist der Kandidat der Jurisprudenz Hugo Großmann, ein zwar stattlicher, aber innerlich schwacher und zielloser Mann von 26 Jahren, der seine Zeit lieber mit Theaterbesuchen und Romanlektüre verbringt als sich auf sein Staatsexamen vorzubereiten. Die äußerlich reizlose, fast häßliche Mathilde Möhring zeigt sich überzeugt, daß Großmann »länger bleiben« wird, und als er eines Tages an den Masern erkrankt und von Mathilde hingebungsvoll gepflegt wird, glaubt er, sich in sie verliebt zu haben, und macht ihr, kaum, daß er genesen ist, einen Heiratsantrag. Mathilde nimmt ihn an, besteht aber sogleich darauf, daß Hugo endlich sein Examen ablegt. Mit ihrer Hilfe in abendlichen Abfragestunden gelingt dies auch, und Hugo, der »zwar nur das Notdürftige gewußt« hat, besteht die Prüfung. Mathildes nächster Schritt zum Aufbau einer besseren Existenz, die eine von ihr mehr als von Hugo gewünschte Eheschließung auch materiell sichern soll, ist das Finden einer geeigneten Stellung für den frisch examinierten Juristen. Aus einer Zeitungsannonce erfährt Mathilde, daß in der westpreußischen Kleinstadt Woldenstein die Bürgermeisterstelle zu besetzen ist. Hugo bewirbt sich und wird eingestellt. In Woldenstein angekommen, er

weist sich Mathilde weiterhin als tatkräftigerer und praktischerer Ehepartner. Hugos »Ideen«, die er im Rat der Stadt vorträgt, stammen alle von ihr, und durch geschickten Umgang mit den Honoratioren der Stadt gelingt es ihr, Hugo zu allseitigem Ansehen und Beliebtheit zu verhelfen. Doch auf einem Silvesterball, der den Höhepunkt des gesellschaftlichen Aufstiegs der Großmanns markiert, erkältet sich Hugo schwer. Auf einer Schlittenpartie am Neujahrstag holt er sich zusätzlich eine Lungenentzündung, von der er sich nur kurz erholt. Er erkrankt an einer »rapide fortschreitenden Schwindsucht«, der er am Ostermontag des neuen Jahres erliegt. Mathilde kehrt nach Berlin zurück, wo sie alsbald ihr Lehrerinnen-Examen ablegt und nun in dem Beruf arbeitet, den sie schon immer hatte ergreifen wollen.
In diesem erst aus Fontanes Nachlaß veröffentlichten Roman liegt der Schwerpunkt des erzählerischen Interesses ganz auf der Zielstrebigkeit einer willensstarken Frau, die aus eigener Kraft aus ihrem ärmlichen Dasein aufzusteigen bemüht ist. Anders als im Falle der Jenny Treibel gelingt ihr das nur für kurze Zeit; am Ende der Erzählung findet Mathilde Möhring sich wieder in der kleinbürgerlichen Enge, der sie zu entkommen hoffte. Allerdings hat die Erfahrung der Ehe mit dem labilen Hugo Großmann Mathildes starke Persönlichkeit weiter gefestigt, und sie ist nicht zu einer protzigen Neureichen geworden wie Jenny Treibel. Schon die Titel der beiden Romane deuten diesen grundsätzlichen Unterschied an: Hier trägt die Heldin ihren Mädchennamen, während Jenny Bürstenbinder unter dem Namen ih-

res reichen Ehemannes auftritt. Daß Jenny Treibel dennoch ›sympathischer‹ erscheint als Mathilde Möhring, mag vor allem an dem Milieu liegen, in dem dieser Roman angesiedelt ist. Die großen Salongespräche, die man aus Fontanes anderen Romanen kennt, fehlen hier fast völlig, und in dem Moment, in dem sie hätten begonnen werden können – im Kreis der Woldensteiner Honoratioren –, wird durch Hugos frühen Tod die Handlung wieder in die Enge des Berliner Kleinbürgerlebens verlegt. Die Gespräche, die dort geführt werden, drehen sich in erster Linie um Geldsorgen und Krankheiten. Dies und die offene Darstellung des Häßlichen – etwa in der Figur der einäugigen Reinemachefrau Runtschen – rükken diesen Roman so nahe an die Gestaltungsformen und Inhalte der Dichtung des Naturalismus wie kein anderes Werk des Autors.

Lit.: G. Mahal, F.s »Mathilde Möhring«, in: Euphorion 69 (1975), S. 18–40. W. Hettche

Schach von Wuthenow. *Erzählung aus der Zeit des Regiments Gensdarmes.* 21 Kapitel; ED »Vossische Zeitung« 1882; EA Leipzig 1882.
Im Salon der verwitweten Josephine von Carayon und ihrer Tochter Victoire verkehren neben dem Kritiker des »überlebten« Preußentums Bülow und seinem Verleger Sander auch einige Offiziere des Regiments Gensdarmes, unter ihnen der Rittmeister Schach von Wuthenow, von dem seine Kameraden vermuten, er liebe die Witwe Carayon, heirate sie aber nur ihrer Tochter wegen nicht, die von einer frühen Pockenerkrankung durch Narben entstellt ist und darum in der Ge-

sellschaft als nicht präsentabel gilt. Victoire bemüht sich ihrerseits, eine Ehe zwischen Schach und ihrer Mutter zu stiften; auf einer gemeinsam nach Tempelhof unternommenen Landpartie werden ihr jedoch Schachs Vorbehalte gegen die Ehe deutlich, die sie vor allem auf ihre eigene ›Häßlichkeit‹ zurückführt. – Victoire ist auch das Thema einer Plauderei im Kreis des Prinzen Louis Ferdinand, bei der Schach zugegen ist. Prinz Louis Ferdinand spricht von Victoires Aussehen als einer »beauté du diable«, worauf Schach sie in einem anderen Lichte zu sehen beginnt. Kurz nach diesem Gespräch kommt es bei einem Besuch Schachs zu Intimitäten zwischen Victoire und ihm, die Fontane sehr dezent durch einen Absatz und den Wechsel in der Anrede – vom Sie zum Du – andeutet. Trotz seines Versprechens eines Besuches am folgenden Tag läßt sich Schach nach dieser Begebenheit tagelang nicht sehen und erscheint schließlich nur dann im Hause Carayon, wenn ein Stadtereignis – wie die Uraufführung von Zacharias Werners umstrittenem Schauspiel *Die Weihe der Kraft* – Gelegenheit zu unverbindlichem Gespräch gibt. Als Victoire sich schließlich ihrer Mutter erklärt hat, verlangt Frau von Carayon von Schach, Victoire zu heiraten. Schach fügt sich trotz seiner Furcht vor einem öden Eheleben auf seinem heruntergekommenen Schloß Wuthenow ins Unvermeidliche. Nachdem jedoch die Beziehung zwischen ihm und Victoire zum Stadtgespräch geworden ist und drei Karikaturen erschienen sind, die Schachs Verlobung mit der ›häßlichen‹ Victoire verspotten, sieht Schach alle seine Befürchtungen hinsichtlich der ablehnenden Reaktion der Gesellschaft bestätigt und flieht auf sein Schloß, ohne Abschied von den Carayons zu nehmen. In dem zentralen 14. Kapitel »In Wuthenow am See« wird er sich in langen Selbstgesprächen und Selbstreflexionen klar, daß er für die Ehe, vor allem für die Ehe mit Victoire von Carayon, nicht geschaffen ist. Er läßt den angesetzten Verlobungstermin verstreichen. Josephine von Carayon bewirkt daraufhin durch eine Audienz beim König, daß dieser Schach zu sich bestellt und ihn vor die Alternative stellt, entweder Victoire zu heiraten oder den Dienst zu quittieren. Es kommt zur Versöhnung zwischen Schach und den Carayons, und die Hochzeit wird gefeiert. Doch auf dem Heimweg von der Feier erschießt sich Schach in seiner Kutsche.

Zwei Briefe bilden den Schluß des Romans. In dem ersten, den Bülow am 14. September 1806 an seinen Verleger Sander richtet – einen Monat vor der Schlacht von Jena und Auerstedt – rechnet er mit dem preußischen Ehrbegriff, der zu einer bloßen Phrase verkommen ist, in radikaler Weise ab. Er spricht von der preußischen Armee als einer solchen, »die statt der Ehre nur noch den Dünkel und statt der Seele nur noch ein Uhrwerk hat«, und geißelt »dies beständige Sprechen von Ehre, von einer falschen Ehre«, »die Begriffe verwirrt und die richtige Ehre totgemacht« habe. Den zweiten Brief schreibt Victoire aus Rom an eine Freundin; sie erzählt darin von ihrem und Schachs Kind und von dem Glück, das sie in der katholischen Kirche gefunden hat. Durch die kommentarlose Gegenüberstellung dieser beiden Briefe relativiert Fontane die kritische Haltung Bülows und ermöglicht dem Leser, sich seine Haltung des Einerseits-Andererseits zu eigen zu machen.

Lit.: W. WAGNER (Hg.), T. F.: Schach von Wuthenow. Erläuterungen und Dokumente, Stuttgart 1980 (RUB 8152).   W. HETTCHE

Der Stechlin. 46 Kapitel; ED »Über Land und Meer« 1897; EA Berlin 1899.

»Zum Schluß stirbt ein Alter, und zwei Junge heiraten sich; – das ist so ziemlich alles, was auf 500 Seiten geschieht.« Diese Inhaltszusammenfassung, die Fontane in dem Entwurf eines Briefes an den Redakteur Adolf Hoffmann (Mai/Juni 1897) gibt, ist in der Tat eine zutreffende Charakterisierung der nacherzählbaren Romanhandlung: In einem Schloß am Großen Stechlin in der nördlichen Mark Brandenburg, das der Schloßherr selbst als »alten Kasten« bezeichnet, lebt der 67jährige Major a. D. Dubslav von Stechlin. Sein Sohn Woldemar, Rittmeister im Regiment Alexander in Berlin, verkehrt seit einiger Zeit im Hause des weltgewandten Grafen Barby und seiner beiden Töchter Armgard und Melusine, die für kurze Zeit mit einem Italiener namens Ghiberti verheiratet war und nun von ihm geschieden ist. Nach der Rückkehr von einer dienstlichen Mission nach England verlobt sich Woldemar mit Armgard. Während das Paar auf seiner Hochzeitsreise in Italien weilt, stirbt der alte Dubslav; Sohn und Schwiegertochter können erst in Stechlin eintreffen, als das Begräbnis schon vorüber ist.

Das eigentliche Romangeschehen ist indessen von dieser ›Handlung‹ weitgehend unabhängig. Fontane selbst hat in dem Brief an Adolf Hoffmann das Werk als einen »Zeitroman« bezeichnet: Aus historischen Anspielungen und versteckten Datumsangaben – der Tod des portugiesischen Dichters João de Deus (1896) liegt kurze Zeit zurück – läßt sich die Handlung auf 1896/97 datieren; erzählte Zeit, Erzählzeit und Entstehungszeit sind mithin identisch. So lenken der Tod des alten Stechlin und die Hochzeit des jungen den Blick auf die Thematik, die den Roman in allen Teilen strukturiert: Die Spannung zwischen Wandel und Beständigkeit, dem Alten und dem Neuen, zwischen dem Adel und dem aufstrebenden Bürgertum und Proletariat. All dies wird in einer Vielzahl meisterhaft komponierter Gespräche diskutiert, wobei noch das scheinbar Trivialste mit dieser alles überwölbenden Thematik in Beziehung gebracht wird. Ein Gespräch über Bienenzucht gibt Anlaß zu staatsphilosophischen Erörterungen, und die in der Gegend anzutreffenden Glasbläsereien mit ihren Produkten – Retorten, die auf dem Hof einer Glasbläserei lagern – führen Dubslav über die in solchen Retorten aufbewahrten Säuren ohne weiteres auf »das Zeichen unsrer Zeit [. . .], ›angebrannt und angeätzt‹«, und auf »die große Generalweltanbrennung«, zu der »meine Globsower [. . .] ganz gemütlich die Werkzeuge liefern«. Dubslavs Konservatismus ist es auch, der zu seiner Kandidatur für eine Nachwahl zum Reichstag führt, eine Wahl, die – ebenfalls ein »Zeichen der Zeit« – der sozialdemokratische Feilenhauer Torgelow gewinnt. Man geht indessen fehl, wenn man in Dubslav einen starrsinnig auf dem Über-

kommenen beharrenden Reaktionär sieht. Entsprechend der Absicht Fontanes, der in dem Roman den Adel zeigen möchte, »wie er bei uns sein sollte« (Brief an Carl Robert Lessing, 8. Juni 1896), ist Dubslav von tiefer Humanität und gesunder Skepsis geprägt, von »Selbstironie« und der Gewohnheit, »hinter alles ein Fragezeichen« zu setzen: »Unanfechtbare Wahrheiten gibt es überhaupt nicht, und wenn es welche gibt, so sind sie langweilig«, lautet eine seiner Maximen. Dubslavs Unabhängigkeit und Freiheit des Urteils wird vor allem im Kontrast zu seiner zehn Jahre älteren Schwester Adelheid deutlich, die als Domina auf dem nahegelegenen Kloster Wutz lebt. Sie ist das Sinnbild des dünkelhaften Adels, der keinen Deut von den für unanfechtbar gehaltenen Standesgesetzen abzuweichen gesonnen ist. »Heirate heimisch und heirate lutherisch«, empfiehlt sie ihrem Neffen Woldemar, denn der bloße Umstand, daß die Mutter der künftigen Schwiegertochter eine Schweizerin war und Armgard und Melusine in England aufgewachsen sind, erscheint ihr ebenso dubios wie bedrohlich. Nicht ohne Grund wird die Domina von Melusine als »zurückgeblieben, vorweltlich« und von ihrem eigenen Bruder als »geradezu petrefakt« charakterisiert, eine Einschätzung, die Tante Adelheid in den Gesprächen mit Dubslav (31. Kap.) und mit Melusine (44. Kap.) unfreiwillig selbst bestätigt.
Die Lebensform der von Tante Adelheid so heftig kritisierten Familie Barby ist, bei aller Ähnlichkeit zwischen Dubslav und Graf Barby, von der auf Schloß Stechlin gepflegten deutlich unterschie-

den. Die Personen, die im Hause Barby am Kronprinzenufer in Berlin ein- und ausgehen – Musiker, Kunstprofessoren, Literaten – tragen zur Verdeutlichung des Kontrastes zwischen dem städtischen Adel und dem märkischen Landadel ebenso bei wie die während des langen Aufenthaltes in England erworbene Weltläufigkeit des Grafen und seiner beiden Töchter. Es entspricht indessen der distanzierten Erzählhaltung Fontanes, daß die Unterschiede dieser Lebensformen in keiner Weise bewertet oder gegeneinander ausgespielt werden: Das »Fragezeichen«, das Dubslav stets zu setzen pflegt, ist auch ein solches des Erzählers, der in die im Roman geführten Debatten nie eingreift. Diese Erzählhaltung äußert sich in einem Kunstgriff, der die Vertreter der einzelnen Lebenskreise und gesellschaftlichen Gruppen stets paarweise auftreten läßt. Dem spöttisch-ironischen Regimentskameraden Woldemars, Hauptmann Czako, ist der betuliche und frömmelnde Ministerialassessor und Reserveoffizier Rex gegenübergestellt, dem früheren Erzieher Woldemars, Pastor Lorenzen, der der christlich-sozialen Bewegung des umstrittenen Hofpredigers Stöcker anhängt, der unzufriedene und eher am ›Weltlichen‹ interessierte Superintendent Koseleger, der eher stillen und zurückhaltenden Armgard das »Elementarwesen« Melusine, eine der großartigsten Frauengestalten, die Fontane geschaffen hat. Den inneren Zusammenhang der Gespräche über »Gott und die Welt« (Fontane an Adolf Hoffmann, Mai/Juni 1897), ihre Allgemeingültigkeit und Bedeutsamkeit über die lokale Begrenzung im Märkischen

hinaus stiftet der See Stechlin, den Fontane in dem Brief an Carl Robert Lessing als »Leitmotiv« bezeichnet hat (8. Juni 1896). Der See, so will es die Sage, steht mit den Weltbegebenheiten in geheimnisvoller Verbindung, mit Vulkanausbrüchen und Erdbeben in fernen Ländern: »Dann regt sich's auch hier, und ein Wasserstrahl springt auf und sinkt wieder in die Tiefe. [...] wenn's aber draußen was Großes gibt, [...] dann steigt statt des Wasserstrahls ein roter Hahn auf und kräht laut in die Lande hinein.« Diese Verknüpfung der märkischen Provinz mit dem Weltgeschehen ist implizit auch auf den Roman selbst übertragen: So wie der See als Künder von nicht nur naturhistorisch zu verstehenden Revolutionen gilt, so weist der Roman, der den Namen des Sees trägt, aus den geschilderten Lebenskreisen hinaus auf die geschichtlichen Umwälzungen der Zeit um die Jahrhundertwende. Nicht umsonst ist es die kraft ihres Namens mit dem Wasser – und an einer Stelle explizit mit dem See Stechlin (28. Kap.) – assoziierte Gräfin Melusine, welche die Thematik des Wandels vom Alten zum Neuen in einer Ausgewogenheit und Dezenz auf den Punkt bringt, die ganz der Auffassung Fontanes entspricht: »Alles Alte, soweit es Anspruch darauf hat, sollen wir lieben, aber für das Neue sollen wir recht eigentlich leben« (29. Kap.).
Die thematische und strukturelle Ähnlichkeit des *Stechlin* mit dem ersten Roman, → *Vor dem Sturm,* hat Fontane selbst gespürt (an Friedrich Paulsen, 29. November 1897). Die Absicht, die er mit *Vor dem Sturm* verfolgte, nämlich anhand »eine[r] große[n] Anzahl

märkischer [...] Figuren [...] ohne allen Lärm und Eclat« (an Wilhelm Hertz, 17. Juni 1866) das Bild einer Zeit und der sie prägenden Menschen zu geben, hat er in seinem letzten Roman auf meisterliche Weise verwirklicht. Das liegt vor allem an der Konsequenz, mit der Fontane auf eine ›Handlung‹ im herkömmlichen Sinne verzichtet, auf die in *Vor dem Sturm* stets Rücksicht zu nehmen war und die doch nicht eigentlich im Vordergrund des Interesses stand. Die Konzentration auf die Gespräche, die im *Stechlin* geführt werden, läßt die Figuren weit schärfer und plastischer hervortreten, als es im ersten Roman noch der Fall war, ohne daß diese Figuren irgend selbstzweckhaft wirken wie große Teile des Personals in *Vor dem Sturm.* Die Handlungsarmut des Romans und die ›Verselbständigung‹ der Gespräche, die Conrad Wandrey (1919) für einen Ausdruck des »Versagens der Gestaltungskraft« Fontanes hielt, hat seine Wirkung lange Zeit behindert. Als einer der ersten hat Thomas Mann die Modernität von Komposition und Struktur des *Stechlin* erkannt.

Lit.: E. Sagarra, T. F.: Der Stechlin, München 1986 (UTB 1404). W. Hettche

Stine. 16 Kapitel; ED »Deutschland« 1890; EA Berlin 1890.
In der Wohnung der Witwe Pauline Pittelkow versammeln sich der Graf Haldern, von dem sie finanziell abhängig ist, ein Freund des Grafen, den man nur unter seinem Spitznamen »Baron Papageno« kennt, und die Schauspielerin Wanda Grützmacher zu launigen Abenden mit »Kartoffelmödie, Gesellschaftsspiel«, wie Fontane in einem Widmungsgedicht zu *Stine* sagt. Eines Abends

bringt Graf Haldern seinen Neffen Waldemar mit, der sich in die ebenfalls anwesende Schwester der Pittelkow, die Näherin Ernestine Rehbein, genannt Stine, verliebt und sie alsbald auch alleine besucht – allerdings bleibt er stets nur bis Sonnenuntergang, so daß Stine von den gemeinsamen »Sonnenuntergangsstunden« fsprechen kann. Der aufgrund einer Kriegsverletzung kränkliche und lebensuntüchtige Waldemar trägt sich mit dem Gedanken, diesen »Sonnenuntergangsstunden« Dauer zu geben und, alle Standesschranken verachtend, Stine zu heiraten. Er spricht mit seinem Onkel über seine Pläne, wobei er von Auswanderung nach Amerika redet, und bittet ihn um dessen Vermittlung bei seinen Eltern. Graf Haldern will jedoch von alledem nichts wissen und verweigert Waldemar seine Zustimmung. Haldern vermutet, daß Pauline Pittelkow ihre Schwester in diesen Heiratsplänen bestärkt hat; in dem grandiosen Streitgespräch zwischen Haldern und der Pittelkow (13. Kap.) stellt sich jedoch heraus, daß auch die Witwe gegen eine solche Heirat ist. Man ersinnt einen Plan, um Waldemar für einige Zeit aus Berlin zu entfernen, was sich jedoch als unnötig erweist. Waldemar hat Stine inzwischen einen förmlichen Heiratsantrag gemacht, aber Stine erkennt, daß damit die »Sonnenuntergangsstunden« für immer ein Ende haben: »Daß es nicht ewig dauern würde, das wußt ich; aber ich rechnete doch auf manchen Tag. Und nun ist alles falsch gewesen, und unser Glück ist hin, viel schneller als nötig, bloß weil du wolltest, daß es dauern sollte.« Waldemar verkraftet die Enttäuschung über Stines Ablehnung

nicht und nimmt sich das Leben. Als Stine von seinem Begräbnis zurückkommt, fiebert sie; ihre Vermieterin, die neugierige Frau Polzin, kommentiert diesen Zustand mit den Worten: »*Die* wird nich wieder.«

Fontane hat in einem Widmungsgedicht zu *Stine* die Nebenfiguren als »das beste« bezeichnet, während er Stine »selbst nur soso« fand. Besonders die Witwe Pittelkow hielt er für eine »gelungene und noch nicht dagewesene Figur« (an Emil Dominik, 3. Januar 1888), eine zutreffende Einschätzung, denn Pauline Pittelkow ist in ihrem Selbstbewußtsein, ihrer Menschlichkeit und Lebenskraft zwar einerseits eine Figur ›aus dem Volk‹, andererseits vereinigt sie so viele positive Eigenschaften in sich und wirkt so selbständig, daß sie keiner Bevölkerungsschicht eindeutig zuzuordnen ist. Stine erscheint dagegen – vor allem im Vergleich mit ihrem Pendant, Lene Nimptsch in → *Irrungen, Wirrungen,* – viel blasser und weniger überzeugend.

Lit.: G. H. HERTLING, T. F.s »Stine«: Eine entzauberte Zauberflöte? Zum Humanitätsgedanken am Ausklang zweier Jahrhunderte, Frankfurt/M. / Bern 1982.   W. HETTCHE

Unwiederbringlich. 34 Kapitel; ED »Deutsche Rundschau« 1891; EA Berlin 1892.

Auf dem südlich von Glücksburg gelegenen Schloß Holkenäs leben der in dänischen Diensten stehende »Stellvertretende Propst des adligen Konvents zu St. Johannes in Schleswig, Kammerherr I. K. H. der Prinzessin Marie Eleonore« Helmuth Graf Holk und seine bei den Herrnhutern erzogene pietistisch-fromme Ehefrau Christine in einer stets von kleinen   Auseinandersetzungen und Krisen bedrohten, nur oberflächlich glücklichen Ehe. Zu unterschiedlich sind die beiden Charaktere – Holk mit seiner auf das Weltliche gestellten »Baupassion« und seinem Interesse für die Landwirtschaft, Christine mit ihrem Lebensernst, ihren Sorgen um die Erziehung ihrer beiden Kinder Asta und Axel und ihrer religiösen Prinzipienstrenge –, als daß die Ehe so harmonisch sein könnte, wie es beide Partner beim Einzug in das neuerbaute Schloß am Meer gewünscht hatten. Christine selbst ist sich ihrer Mitschuld an der offenkundigen Entfremdung von ihrem Ehemann bewußt, wenn sie sagt: »Du bist leichtlebig und schwankend und wandelbar, und ich habe den melancholischen Zug und nehme das Leben schwer. Auch da, wo Leichtnehmen das Bessere wäre. Du hast es nicht gut mit mir getroffen.« Als Holk dienstlich nach Kopenhagen gerufen wird, hält Christine ihn nicht zurück, obgleich ihm in dem Berufungsschreiben der Zeitpunkt seiner Anreise freigestellt wird. In Kopenhagen gibt sich Holk ganz dem Wohlleben in den Hofkreisen hin, wobei es ihm besonders die junge Hofdame Ebba von Rosenberg angetan hat. Gemeinsame Ausflüge mit Schlittschuhfahrten und Abendgesellschaften bringen die beiden einander näher, und als Holk Ebba aus dem brennenden Schloß Frederiksborg rettet, sieht er darin ihre Verbindung zeichenhaft besiegelt. Bei einem Weihnachtsurlaub, den Holk bei seiner Familie auf Schloß Holkenäs verbringt, spricht er sich mit Christine aus (29. Kap.), die ihm sein »Paradies nicht länger verschließen« will und ihn ziehen läßt. Sie selbst geht in die herrnhutische Siedlung

Gnadenfrei in Schlesien zurück. Nach Kopenhagen zurückgekehrt, sieht sich Holk in seinen Hoffnungen getäuscht. Ebba denkt in ihrer Leichtlebigkeit und Genußsucht nicht daran, eine dauerhafte Verbindung mit Holk einzugehen, dessen »deplacierte Feierlichkeit« ihrem spielerischen Wesen gänzlich zuwider ist. Holk geht nach dieser »Demütigung« auf Reisen und läßt sich schließlich, »nachdem er bis dahin in der Welt umhergefahren und an all den berühmten Schönheitsplätzen gewesen war«, in London nieder, wo er aus der Zeitung von Ebbas Heirat mit einem englischen Botschaftssekretär erfährt. In London erreicht ihn auch ein Brief seines Schwagers Arne von Arnewiek, der schon immer eine Vermittlerrolle zwischen seiner Schwester und Holk gespielt hatte und dem es auch diesmal zu verdanken ist, daß Holk und Christine wieder gemeinsam nach Holkenäs zurückkehren und ihre Ehe zu retten versuchen. Doch das »neue Glück von Holkenäs« währt nicht lange: Christine, das die Geschehene nicht vergessen kann, ertränkt sich im Meer vor Schloß Holkenäs.

In keinem anderen Roman Fontanes hat die Ehe eine so zentrale Bedeutung wie in *Unwiederbringlich*. Doch bei aller ›Privatheit‹ der Handlung, die um 1859 spielt, sind Bezüge zur Entstehungszeit, z. B. versteckte Anspielungen auf die Politik Bismarcks, stets gegeben. Neuere Untersuchungen haben v. a. die Motivsprache des Romans (Krankheit, Feuer, Luft, Wasser) erforscht und den Roman als ›Schloßgeschichte‹ interpretiert, die den Wandel in den Lebensformen des Adels thematisiert.

Lit.: K. Müller, Schloßgeschichten. Eine Studie zum Romanwerk T. F.s, München 1986.   W. Hettche

Vor dem Sturm. *Roman aus dem Winter 1812 auf 13.* 4 Bände; 82 Kapitel; entst. ca. 1862–1878; ED »Daheim« 1878 (gekürzt); EA Berlin 1878.

Fontanes erster Roman, *Vor dem Sturm,* steht thematisch und formal in engem Zusammenhang mit den *Wanderungen durch die Mark Brandenburg* (1862–1882). Die erste Konzeption eines Romans aus der Zeit der Befreiungskriege reicht bis in die Mitte der 50er Jahre zurück, als Fontane ein »Schill«-Epos plante; die frühesten erhaltenen Entwürfe in seinen Notizbüchern sind um 1862 entstanden, während die ersten zusammenhängenden Niederschriften des Romans, der ursprünglich nach dem männlichen Helden »Lewin von Vitzewitz« heißen sollte, aus dem Winter 1865/66 stammen. Im Sommer 1866 hat Fontane die Arbeit zugunsten seiner Kriegsbücher zurückgestellt und erst 1876 wieder aufgenommen.

Am Heiligabend 1812 fährt der in Berlin studierende Lewin von Vitzewitz in seinen Heimatort Hohen-Vietz, um die Weihnachtstage mit seiner Schwester Renate und seinem Vater, dem Major a. D. Berndt von Vitzewitz, zu verbringen. Die vielen Weihnachtsbesuche, die die Vitzewitze machen und empfangen, geben Fontane eine erste Gelegenheit, eine Fülle von Figuren aus den unterschiedlichsten Gesellschaftskreisen auftreten zu lassen und ausführlich zu charakterisieren: die Herrnhuterin Schorlemmer, ehemalige Erzieherin Lewins und Renates, den Pastor und Artefaktensammler Seidentopf

und den Frankfurter Justizrat Turgany, den Dorfschulzen Kniehase und seine Pflegetochter Marie, die Tochter eines in Hohen-Vietz gestorbenen Wanderschauspielers, die am Rande der Gesellschaft lebende Botenfrau Hoppenmarieken, den Krüger Scharwenka, den Konrektor Othegraven, der Marie Kniehase einen Heiratsantrag macht und abgewiesen wird, schließlich Berndts Schwester Amélie von Pudagla auf Schloß Guse, bei der man den Silvesterabend verbringt, und viele mehr.

Berndt von Vitzewitz ist der Kopf einer Gruppe von märkischen Adligen, die, enttäuscht von der zögernden Haltung König Friedrich Wilhelms III., eine Volkserhebung gegen die französische Besatzung Preußens planen. In einem Gespräch Berndts mit Lewin treten die unterschiedlichen Auffassungen von Vater und Sohn zutage: Während Berndt einen Guerillakrieg plant und die Arglosigkeit der auf ihre preußischen Verbündeten vertrauenden Franzosen ausnutzen will, stellt Lewin die Einhaltung des Bündnisses und die Autorität und Legitimität des Königs über die Interessen des Landadels. Die Instabilität der politischen Lage zeigt Fontane an den Auswirkungen auf die Bevölkerung. Die Botenfrau Hoppenmarieken wird überfallen und im letzten Moment von Lewin und seinem Freund Tubal Ladalinski gerettet, im Herrenhaus von Hohen-Vietz wird eingebrochen, während die Bewohner bis auf Renate, Marie Kniehase und Tante Schorlemmer bei einem Tanz im Dorfkrug sind, und die Desertionen aus der preußischen Armee werden täglich mehr. Neben der politischen Handlung des Romans schildert ein zweiter Er-

zählstrang die Liebesbeziehungen
der Geschwister Vitzewitz. Lewin
liebt Kathinka, die attraktive und
geistreiche Tochter des polnischen Adligen Ladalinski, der sich
nach dem Tod seiner Frau hat ex-
patriieren lassen und nun ein überzeugter Preuße und Protestant ist.
Kathinka hat die Trennung von
ihrer Heimat und der katholischen
Kirche nie ganz überwinden können, und so flieht sie schließlich
mit dem polnischen Grafen
Bninski nach Frankreich und
kehrt zum Katholizismus zurück.
Lewin, eine eher sensible und weiche Natur – wenn er Shakespeare
liest, muß er weinen –, verkraftet
diese Flucht zunächst nicht, läuft
in einer kalten und stürmischen
Nacht aus Berlin fort und bricht in
einem Dorf vor den Toren der
Stadt zusammen. Erst nach einem
tagelangen Heilschlaf erwacht er
und geht der Genesung entgegen.
Ebenso unerfüllt wie die Liebe
Lewins zu Kathinka bleibt auch
die seiner Schwester Renate zu
Kathinkas Bruder Pertubal, genannt Tubal. Tante Amélie hatte
stets gewünscht, daß es zu dieser
Doppelhochzeit kommt; an dem
Tag, an dem in Hohen-Vietz die
Nachricht von Lewins Zusammenbruch eintrifft, stirbt sie: ein
symbolisch zu verstehender Tod,
denn wie dieser Tod das Ende der
Ära des Rheinsberger Hofes und
des Kreises um ›Prince Henri‹ bedeutet, so verweisen die nicht zu-
standekommenden Ehen zwi-
schen Lewin und Kathinka sowie
Renate und Tubal auf das Ende
des »Vettern- und Muhmenprin-
zips«, das stets angewandt wird,
»wenn es ans Heiraten und Fortpflanzen geht« und nach dem immer »Ein Zieten eine Bamme, ein
Bamme eine Zieten« ehelichte.
Die für notwendig gehaltene Er-

neuerung des Adels wird in dem
Roman durch die Heirat Lewins
mit der Pflegetochter des Dorfschulzen, Marie Kniehase, versinnbildlicht. In und mit Marie
erfüllt sich auch die Prophezeiung, wonach eines Tages eine
»Prinzessin« ins Haus Vitzewitz
kommen werde, die die alte
Schuld eines Brudermordes, der
die Familie seit Generationen belastet, sühnt und dem Haus seinen
Frieden wiedergibt. Daß diese
»Prinzessin« ein armes bürgerliches Mädchen ist, wirft ein Licht
auf die utopischen Vorstellungen
des Erzählers von der Erneuerung
des preußischen Adels und des politischen Systems, das trotz allem
ein Feudalsystem bleibt. Auch die
geplante Ehe zwischen Tubal und
Renate ist mit den politischen Ereignissen verknüpft. Der Land-
sturm, den die märkischen Adligen unter Berndts Führung aufge-
richtet haben und der einen Überfall auf die Franzosen in Frankfurt
an der Oder wagt, scheitert; Lewin wird gefangengenommen,
kann aber befreit werden, doch
Tubal läßt im Kampf sein Leben.
Renate zieht daraufhin in ein Kloster; Blätter aus ihrem Tagebuch,
die über Lewins und Maries
Hochzeit und das weitere Schicksal der anderen Romanfiguren
knapp unterrichten, beschließen
den Roman.
Fontane wollte in seinem Romanerstling, wie er in einem Brief an
seinen Verleger Wilhelm Hertz
(17. Juni 1866) schreibt, vor allem
das Lebensgefühl einer Um-
bruchzeit in allen Bevölkerungs-
schichten darstellen. Dementsprechend figurenreich ist das
Buch geworden: Neben den Bewohnern von Hohen-Vietz treten
Lewins Berliner Kommilitonen
und die Bekannten und Freunde

seiner Zimmerwirtin auf, Berliner Kleinhändler und Arbeiter, Soldaten und Bauern, aber auch Prinz Ferdinand, den Berndt im Johanniter-Palais in Berlin aufsucht, um mit ihm die politische Lage zu besprechen. Auch autobiographische Züge sind zu erkennen: So ist die Dichtervereinigung ›Kastalia‹, der Lewin angehört, dem Berliner ›Tunnel über der Spree‹ nachempfunden. All diese Figuren diskutieren und kommentieren in ihren Gesprächen die politische Situation und die Bewußtseinslage ihrer Zeit, sei es, daß mitten in einer Abendgesellschaft bei Ladalinskis die Nachricht von Yorcks Kapitulation eintrifft, sei es, daß am nächsten Tag die Studenten der Berliner Universität darüber sprechen, oder sei es schließlich, daß an einem Berliner Biertisch über Napoleon und seinen Rußlandfeldzug räsonniert wird. Die prinzipielle Uferlosigkeit dieser Romankonzeption hat Fontane hier nur zum Teil zu bändigen verstanden; nicht immer entgehen die Gespräche der Gefahr, in bloßer Geschwätzigkeit zu versanden, nicht immer sind die beständig neu hinzukommenden und stets ausführlich charakterisierten Personen dem inneren Zusammenhalt des Erzählwerks dienlich. Erst in seinem letzten Roman, → *Der Stechlin,* hat Fontane das Konzept des ›Vielheitsromans‹, das er in *Vor dem Sturm* erproben wollte, virtuos in die Praxis umzusetzen verstanden.

Lit.: W. Müller-Seidel, T. F. – Soziale Romankunst in Deutschland, Stuttgart ²1980.

W. Hettche

FREYTAG, Gustav (1816–1895)

Die Ahnen. 6 Bände; EA Leipzig 1872–1880 (Bd. 1: *Ingo und Ingabran,* 2 Teile, 1872; Bd. 2: *Das Nest der Zaunkönige,* 1873; Bd. 3: *Die Brüder vom deutschen Hause,* 1874; Bd. 4: *Markus König,* 1876; Bd. 5: *Die Geschwister,* 2 Teile, 1878; Bd. 6: *Aus einer kleinen Stadt,* 2 Teile, 1880).

Seine *Bilder aus der deutschen Vergangenheit* (1859–67) dienten Freytag als Vorstudie für sein sechsbändiges Panorama der deutschen Geschichte von der germanischen Völkerwanderungszeit bis ins Revolutionsjahr 1848. Freytag verfolgt das Schicksal der von einem König abstammenden bürgerlichen Familie König durch die Jahrhunderte und verknüpft damit die Geschichte seiner schlesischen Heimat und seiner thüringischen und sächsischen Wahlheimat. – Um das Jahr 357 n. Chr. wird Ingo, der gebannte Sohn des Vandalen-Königs, gastfreundlich im thüringischen Fürstenhaus aufgenommen. Er wirbt um die Fürstentochter Irmgard, raubt sie jedoch und flieht mit ihr, als ihr Vater Answald die Zustimmung verweigert. Im Kampf gegen die Thüringer stirbt das Paar, doch der kleine Sohn überlebt dank der treuen Hilfe einer Magd. Dessen Nachfahre, der stolze Ingabran, bekennt sich im 8. Jahrhundert zum Christentum und kommt später zusammen mit Bonifatius bei der Christianisierung der Heiden in Friesland ums Leben (1. Bd.). Im Jahr 1003 flieht der von seiner Mutter zum Geistlichen bestimmte Immo, ein Nachfahre Ingos, aus dem Kloster Hersfeld und kämpft auf Seiten Heinrichs II. gegen die Babenberger. Mit dem Einverständnis seiner jüngeren Brüder wird er Herr des Geschlechts der »Zaunkönige« auf der Mühlburg (2. Bd.). Um das Jahr 1228/29 begibt sich ihr Nachfahre Ritter Ivo von Ingersleben auf den fünften Kreuzzug. Nach seiner Rückkehr in die thüringische Heimat zwingt ihn die neue Ordnung im Land, mit seiner Braut Friderun, einer Bauerntochter, nach Osten in die neue deutsche Stadt Thorn überzusiedeln und sich dem Deutschen Orden anzuschließen (3. Bd.). Zu Beginn des 16. Jahrhunderts kämpft der Kaufmann Markus König auf Seiten Albrechts von Brandenburg gegen die Polen. Als der Hochmeister des Deutschen Ordens sich jedoch den Polen unterstellt, flieht Markus aus seiner Heimat und begegnet in Wittenberg Martin Luther, der ihm die Zustimmung zur Ehe seines Sohnes Georg mit der Magistertochter Anna abringt (4. Bd.). 1647, mitten im Dreißigjährigen Krieg, reiten die Geschwister Regine und Bernhard König nach Thüringen zu Verhandlungen mit Herzog Ernst von Gotha. Der Rittmeister Bernhard verliebt sich in die schöne Pfarrerstochter Judith, die später der Hexerei angeklagt wird. Nach dem Tod des Paares nimmt sich die Schwester Regine des kleinen Sohnes der beiden an. 1721 ist der Enkel des Rittmeisters, der reiche Leipziger Bürger Bernhard Georg König, stolzer Vater von zwei Söhnen. Friedrich, der ältere von ihnen, wird Pfarrer und entkommt nur knapp den Werbern des preußischen Königs Friedrich Wilhelm I. für den Soldatendienst. Der jüngere Sohn August schließt sich der preußischen Armee an, kämpft später aber auf Seiten Sachsens und stirbt in der

Schlacht bei Kesselsdorf (5. Bd.). 1805 zieht der Arzt Dr. Ernst König in eine schlesische Stadt, wo er den französischen Sieg und die Befreiungskriege miterlebt. Sein Sohn Viktor kehrt nach Thüringen zurück und entscheidet sich angesichts der Erlebnisse während der Märzrevolution für den politischen Journalismus (6. Bd.). – Jede Generation erinnert sich vage an die vorhergehende, spürt den Wirkungen der Taten ihrer Vorfahren auf ihr eigenes Leben nach und kommt zur Erkenntnis: »was wir uns selbst gewinnen an Freude und Leid durch eigenes Wagen und eigene Werke, das ist doch immer der beste Inhalt unseres Lebens«. Leitmotivartig wiederkehrende Szenen von Haus- und Hofverbrennungen, Verbannung, Brautentführung und Gerichtsverhandlungen strukturieren die lose miteinander verknüpften Romanteile; die zivilisierende Macht der Familie, die Selbstbehauptung des Einzelnen, der gesellschaftliche Triumph des deutschen Bürgertums und die Versöhnung von Adel und Bürgertum bilden die thematischen Schwerpunkte des historischen Romanzyklus.

Lit.: C. Holz, Flucht aus der Wirklichkeit: »Die Ahnen« von G. F., Bern 1983.

L. Tatlock

Soll und Haben. 6 Bücher; EA Leipzig 1855.
Die Schulkameraden Anton Wohlfahrt, ein Beamtensohn, und der mittellose Jude Veitel Itzig stammen beide aus dem schlesischen Ostrau; sie begegnen einander auf dem Weg nach Breslau, wo Wohlfahrt im renommierten Handelshaus T. O. Schröter und Itzig beim jüdischen Immobilienmakler und Spekulanten Hirsch

Ehrenthal eine Lehrstelle antritt. In Schröters Haus freundet sich Wohlfahrt bald mit Herrn von Fink an, lernt dessen gehobenen adligen Lebensstil kennen und wird von ihm in die vornehme Gesellschaft Breslaus eingeführt. Dort trifft er Leonore, die Tochter des Freiherrn von Rothsattel, distanziert sich jedoch bald wieder schweren Herzens, als er erfährt, daß man ihn für mehr hält, als er in Wahrheit ist. Inzwischen versucht Ehrenthal, Rothsattel in dubiose Geldgeschäfte hineinzuziehen, weil er hofft, Rothsattels Gut für seinen Sohn Bernhard erwerben zu können. Während der Freiherr immer riskanter spekuliert und Ehrenthal sich bereits am Ziel seiner Wünsche glaubt, entpuppt sich Itzig, der sich vom korrupten Advokaten Hippus in dessen »Rezeptierkunst« hat einweihen lassen, als der wahre Drahtzieher. In seiner Geldnot bricht der Freiherr sein Ehrenwort und verkauft Itzig die Hypothek, die er Ehrenthal bereits schriftlich übertragen hat. Bernhard, der Leonore verehrt, versucht seinen Vater zu überreden, auf die Hypothek zu verzichten. Er stirbt jedoch, und Hippus entwendet die Unterlagen aus Ehrenthals Büro. Die ruinierten Rothsattels wenden sich hilfesuchend an Wohlfahrt. Als ihr Geschäftsführer versucht er, mitten im polnischen Bürgerkrieg die finanzielle Lage der Rothsattels zu stabilisieren und das verfallene Landgut gegen die Polen zu verteidigen. Die Undankbarkeit und der Argwohn des Freiherrn zwingen ihn jedoch schon bald zur Kündigung, nicht ohne der Freiherrin zu versprechen, die verschwundenen Unterlagen ausfindig zu machen. Von einem polnischen Juden erfährt Wohlfahrt

von Itzigs Verbrechen. Itzig wittert die Gefahr und ermordet daraufhin Hippus, wird aber bei der Verlobung mit Ehrenthals Tochter verhaftet. Rettung kommt den Rothsattels schließlich durch Herrn von Fink zu: er kauft das polnische Gut und darf Leonore heiraten. Wohlfahrt, von dem Schröter befürchtet, daß er in der zweifelhaften Gesellschaft in Polen »die stolze Reinheit [seiner] kaufmännischen Ehre« verloren hat, heiratet Schröters Schwester Sabine und wird Kompagnon der Firma. – Freytags Kaufmannsroman, in dessen antithetischer Konzeption der fleißige, integre Wohlfahrt als Gegenfigur zu dem verschlagenen, ehrgeizigen Itzig gesetzt wird, hat durch seinen provozierenden Antisemitismus zahlreiche kritische Stimmen auf den Plan gerufen. Als gesellschaftliches Porträt eines im Niedergang befindlichen Adels und eines seiner Macht bewußten Bürgertums, das sein Selbstbewußtsein in erster Linie aus der »Poesie des Geschäfts« zieht, hat der Roman auch heute noch seinen literaturgeschichtlichen Stellenwert.

Lit.: G. Büchler-Hauschild, Erzählte Arbeit, Paderborn 1987.   L. Tatlock

FRIES, Fritz Rudolf (geb. 1935)

Der Weg nach Oobliadooh. 3 Teile; EA Frankfurt/M. 1966. Der Roman, dessen Schauplatz die DDR in den Jahren 1957 und 1958 ist, beschreibt mit beißender Satire den Versuch zweier junger Antihelden, der »Banalität des Gegenwärtigen« in eine Welt der Phantasie zu entfliehen, in der Frauen, Alkohol, Bücher, Filme und vor allem Jazz die Hauptrolle spielen. Arlecq, ein Schriftsteller und Dolmetscher mit Zügen des Autors, und Paasch, ein Student der Zahnmedizin, nennen ihr utopisches Idyll Oobliadooh nach einem Song von Dizzy Gillespie: »I knew a wonderful princess in the land of Oobliadooh«. In Form und Inhalt knüpft das Werk, das 1966 nur im Westen veröffentlicht wurde, an den Schelmenroman (Arlecq = Harlekin), die deutsche Romantik und die Klassik der westlichen Moderne an und ist in diesem Sinne als Kritik an der Kulturpolitik der DDR zu verstehen, die sich damals ausdrücklich gegen diese literarischen Traditionen stellte.

Ein Vorspiel beschreibt Arlecqs berauschenden Dresdener Sommer mit der Spanierin Isabel. Das abrupte Ende dieser Beziehung läßt Arlecq in seiner nüchternen und humorlosen Umgebung zurück. Die drei Teile wiederholen jeweils die Auflösung von Euphorie in Alltäglichkeit, wobei jedoch die Teile immer kürzer werden. So ist bereits die Form des Romans Ausdruck der Unmöglichkeit einer Flucht. – Im 1. Teil löst Paaschs Klavierspiel bei ihm und Arleq eine »orgiastische Begeisterung« aus, die sie jedoch nicht davor bewahrt, letztendlich wieder in die triste Leipziger Realität zurückzukehren, in der Paasch seine Freundin Brigitte geschwängert hat, in der junge Leute keine andere Wahl haben, als Westbücher auf der Leipziger Messe zu stehlen, und in der der Bibliothekar Stanislaus an seiner Arbeit mit zensierten Büchern und Zeitungen verzweifelt und anfängt, oppositionelle Flugblätter zu verteilen. Er wird festgenommen und zu acht Jahren Zuchthaus verurteilt. – Im 2. Teil begeben sich die beiden Protago-

nisten nach West-Berlin. Hingerissen von einem Count-Basie-Konzert, von guten Filmen und gutem Tabak, fühlen sie sich dagegen von dem Materialismus des Westens eher abgestoßen. Paasch, ein Alkoholiker mit einer recht zweifelhaften Arbeitsmoral, »hätte vielleicht für die freie Konkurrenz nicht das Zeug gehabt«, und so kehren sie in die DDR zurück, wo sie sich die Geschichte ihrer Entführung durch westliche Agenten zusammenbasteln und infolgedessen als Helden gefeiert werden. Trotzdem muß Paasch Brigitte heiraten und als Zahnarzt arbeiten. – Im 3. Teil des Romans lassen sich Paasch und Arlecq in eine Heilanstalt einweisen, doch Arlecqs Geliebte Anne, die ein Kind von ihm erwartet, sorgt für die Entlassung Arlecqs. Paasch bleibt in der Anstalt zurück, angeblich um eine Entziehungskur zu machen, aber Arlecq verspricht ihm, ihn mit Alkohol zu versorgen. In Konterkarierung der offiziell geförderten DDR-Paradigmen des Bildungsromans oder des Ankunftsromans schließt der Roman mit einer ›offenen‹, dialektischen Aussage: »die Fragen, die Antworten, die Fragen«.

Lit.: B. EINHORN, Der Roman in der DDR 1949–1969, Kronberg 1978.   T. C. Fox

FRISCH, Max (1911–1991)

Homo faber. *Ein Bericht.* 2 Stationen; EA Frankfurt/M. 1957. Die Erzählerfigur, ein Techniker mit dem beziehungsreichen Namen Faber, reist in die Vereinigten Staaten, um von dort aus ein Entwicklungsprojekt in einem lateinamerikanischen Land zu übernehmen. Auf dem Flug lernt er zufällig den Bruder eines alten

Freundes kennen und entschließt sich, nach einer Notlandung in einer mexikanischen Wüste, diesem nach Honduras zu folgen, um seinen Freund Joachim aufzusuchen, der dort auf einer Plantage leben soll. Nach mühsamer Reise unter widrigen Umständen durch den tropischen Dschungel erreicht er die Plantage und findet den Freund, der sich wenige Tage vorher erhängt hat. Während der Rückfahrt auf dem Dampfer, die er hauptsächlich unternimmt, um seiner amerikanischen Freundin Ivy zu entkommen, lernt Faber Sabeth, ein junges Mädchen, kennen und beschließt, seine Reise in Europa mit ihr fortzusetzen. Sie wird dabei seine Geliebte. Zu spät erkennt er, daß Sabeth seine eigene Tochter ist, von deren Existenz er nichts gewußt hat, da ihn deren Mutter Hanna, seine ehemalige Verlobte, kurz vor der Eheschließung am Vorabend des Zweiten Weltkriegs verlassen hatte, weil sie Faber verdächtigte, er wolle sie nicht aus Liebe heiraten, sondern um sie als Jüdin durch seine schweizerische Staatsangehörigkeit vor dem sicheren Untergang zu retten. Nach der Enthüllung des Sachverhaltes reist Faber mit seiner Tochter nach Griechenland, wo Hanna als Fremdenführerin lebt. Sabeth wird von einer Schlange gebissen und zieht sich bei einem Sturz tödliche Verletzungen zu. Faber wird mit Hanna zusammengeführt, die ihn pflegt, nachdem die Ärzte bei ihm Krebs diagnostiziert haben. Vor der großen Operation reist Faber nochmals zu den Stationen seines Lebens und verbringt die letzten Tage in Kuba, wo er bei der Beobachtung der lebensfrohen Inselbewohner zu begreifen beginnt, was in seinem eigenen

Leben mißlungen ist. Faber, so will es der Autor, ist die Verkörperung des technologischen Menschen, des reinen Materialisten, der nur an Tatsachen glaubt, die sich mit Zahlen, Statistiken und Fakten belegen lassen. In seinem Bewußtsein gibt es keinen Platz für den Begriff des Schicksals. An dessen Stelle setzt er die Wahrscheinlichkeitsrechnung. Aus diesem Grund ist er nicht auf den unwahrscheinlichen Zufall eines inzestuösen Verhältnisses vorbereitet. Da dieser Zufall ihn jedoch existentiell trifft und sein Leben in eine neue Richtung drängt, ist er gezwungen, sein technologisches Denken umzukrempeln und nach einer neuen Lebensdeutung zu suchen, die das Walten des Zufalls verständlich macht. Er erkennt widerstrebend, daß sich die Modelle dafür in der antiken Mythologie anbieten, in einem ›vorwissenschaftlichen‹ Erkenntnisbereich also, den er als überholt mißachtet hat. Die Erkenntnis entwickelt sich in ähnlicher Weise wie in der Oedipus-Sage, wo der untersuchende Richter am Schluß sich selber als den Schuldigen akzeptieren muß. In der Retrospektive erscheint Faber seine eigene Lebensgeschichte vergleichbar mit der antiken Tragödie. Die äußeren Gegebenheiten, der große Frevel des Inzests, der Tod der Tochter im klassischen Griechenland und die Trauerarbeit mit der verlassenen Geliebten Hanna zwingen ihm eine neue Biographie auf, die mit den biologisch-agnostischen Überzeugungen seiner früheren Techniker-Existenz gänzlich unvereinbar ist. Auch im Fortgang seiner Lebensgeschichte erkennt er mit Erstaunen die Struktur der alten Mythe: Die Wartezeit auf Kuba erweist sich als Katharsis. Er befreit sich von den Vorurteilen seiner früheren Existenz und erlebt den Durchbruch zur sich öffnenden Lebenserfahrung. Die transzendente Metapher der Ewigkeit wird von Frisch in die Immanenz eingebracht: »Ewigkeit im Augenblick. Ewig sein: gewesen sein.« Der Roman schließt mit dem Tagebucheintrag: »08.05 Uhr. Sie kommen.« Damit können die Ärzte gemeint sein, die Faber zur Operation abholen, aber auch die Eumeniden, die ihre Rache fordern.

Dieser Roman ist gewissermaßen als Fortsetzung von Frischs → Stiller konzipiert und bewegt sich wiederum um die für den Autor zentrale Frage der Identität. Wie Stiller ist auch Homo faber tagebuchähnlich angelegt und schlägt außerdem, wie der Untertitel verrät, den Bogen zum expressionistischen Stationendrama.

Lit.: M. KNAPP, M. F., »Homo faber«, Frankfurt/M. 1987.   R. KIESER

Mein Name sei Gantenbein.
EA Frankfurt/M. 1964.
Ein Mann ist von einer Frau verlassen worden. Nun sitzt er allein im leeren Zimmer und muß sich selber Rechenschaft ablegen darüber, was geschehen ist.
Wie der berühmte Anfangssatz in → Stiller bildet auch in diesem Roman ein einzelner Satz, »Ich stelle mir vor«, das Ausgangskonzept für die ganze Erzählung. Zusammen mit Stiller und → Homo faber gehört Mein Name sei Gantenbein zu einer Romantrilogie, in der auf drei verschiedene Arten Antwort gegeben wird auf die im Tagebuch 1946–1949 formulierte Frage »Erzählen, aber wie?«. Im Gegensatz zu den beiden früheren Romanen verzichtet Frisch jedoch

diesmal auf eine zentrale Erzählerfigur; stattdessen montiert er vor den Augen des Lesers mehrere Kunstfiguren, die dazu dienen sollen, verschiedene Varianten einer möglichen Begebenheit durchzuspielen. Die französische Kritik (M. Cauvain) hat Frischs Gantenbein-Roman nachträglich im Gegensatz zur ablehnenden schweizerischen (W. Stauffacher) mit den innovativen Ideen des Nouveau Roman in Verbindung gebracht.

Das Konzept von *Mein Name sei Gantenbein* geht von der Forderung des offenen Erzählens aus, das, verwandt mit der Verfremdungs-Idee in Brechts kleinem *Organon für das Theater*, den Erzählvorgang fortlaufend der Kontrolle des Erzählers (und des Lesers) unterstellen will, um dadurch zu erreichen, daß der Leser zu keinem Zeitpunkt der Illusion verfällt, das Erzählte sei mit der Wirklichkeit identisch. »Ich probiere Geschichten an wie Kleider« – Theater also in Erzählform, Kostümwechsel vor den Augen der Zuschauer. Jede Rolle wird glaubwürdig durchgespielt, bis sie ihren Zweck erfüllt hat. Sie soll die Möglichkeiten einer männlichen Existenz ahnen lassen, die sich unter beliebig aufgegriffenen Namen (Gantenbein, der angeblich blinde Ehemann, Enderlin, der Universitätsdozent mit dem Ruf nach Harvard, Svoboda, der Architekt) abspielen könnte. Durch den Konjunktiv als Modus der Erzählung wird erreicht, daß die Romanhandlung ständig im Schwebezustand bleibt, ohne sich je zu einer ›wahren Geschichte‹ zu verdichten. Im Brennpunkt des Romans steht eine schemenhafte Frauenfigur namens Lila. Das ist auch die Farbe der Brille, die ihr

Ehemann trägt, um in der Maske eines angeblich Erblindeten seiner Frau wegen ihrer vermuteten Untreue nachzuspionieren: Das Grundthema ist Eifersucht. Der Reiz des Spiels besteht darin, daß alle Welt den Nur-scheinbar-Blinden für wirklich blind hält, während dieser ständig, vom Leser und vom Autor beobachtet, aus seiner Rolle fällt, die er erst lernen muß, in der er aber überzeugt, da die Menschen ohne weiteres das als wirklich akzeptieren, was sie vor Augen haben, von dem sie »ein Bildnis haben«, um auf Frischs archetypisches Prinzip zurückzukommen. Gleichzeitig ermöglicht die geschärfte Beobachtungsgabe des angeblich Blinden einen Einblick ins Rollenspiel und das Illusionstheater der scheinbar sehenden Gesellschaft. Trotz der augenscheinlichen Persönlichkeitsspaltung bewegt sich die Erzählerreflexion wie bei *Stiller* und bei *Homo faber* wiederum im Bereich der Identitätssuche. Stärker ausgeprägt als in den vorhergegangenen Romanen sind die Diskussion über das Verhältnis der Geschlechter (mit dem Mann als hoffnungslosem Krüppel und Verlierer) und das Element des Komischen, das sich zum Teil in groteskem Witz entfaltet, wie beispielsweise in einer Eingangsszene, wo der Erzähler sich vorstellt, wie er nach einem Autounfall aus der Klinik entweicht und splitternackt im Regen durch die Straßen seiner Stadt läuft. Frisch geht von der Theorie aus, daß jede Lebenserfahrung erst dann ein Teil der eigenen Biographie wird, wenn sie in eine Geschichte gekleidet wird: »Ein Mann hat eine Erfahrung gemacht, jetzt sucht er die Geschichte dazu – man kann nicht leben mit einer Erfahrung, die ohne Geschichte bleibt, scheint es, und manchmal stelle ich mir vor, ein andrer habe genau die Geschichte meiner Erfahrung.« Der Ausgangspunkt für diese Position findet sich bereits in einem »Werkstattgespräch«, das Frisch 1961 mit Horst Bienek führte und in dem er seine These ähnlich formuliert: »jeder Mensch erfindet sich früher oder später eine Geschichte, die er, oft unter gewaltigen Opfern, für sein Leben hält, oder eine Reihe von Geschichten, die mit Namen und Daten zu belegen sind, so daß an ihrer Wirklichkeit, scheint es, nicht zu zweifeln ist«.

In seinem kunstvollen und witzigen Spiel um das Zustandekommen der menschlichen Identität bringt Frisch seine Zweifel in überlegener Kunst zum Ausdruck. Das Spiel erweist sich am Schluß als verlorenes Schachspiel, bei dem alle Varianten noch einmal ausprobiert werden, um den Spielzug zu ergründen, der die Niederlage eingeleitet hat. Darin ist dieser Roman mit dem Stoff von Frischs Drama *Biografie. Ein Spiel* identisch. Letztenendes, so lautet Frischs Erkenntnis, läßt sich das Spiel nie gewinnen, solange der Mensch auf der Suche nach seiner Identität nicht imstande ist, seine allegorische Selbstschau zu überwinden.

Lit.: H. GOCKEL, M. F.s »Gantenbein«. Das offene artistische Erzählen, Bonn 1976.

R. KIESER

Montauk. *Eine Erzählung.* 192 Szenen; EA Frankfurt/M. 1975. Der als »Erzählung« titulierte, autobiographische Prosatext begnügt sich vordergründig mit einem sparsamen Handlungsgerüst: ein alternder Schriftsteller (Max) verbringt mit einer jungen Amerikanerin (Lynn) ein Wochenende in Montauk (Long Island, USA). Das dem Buch vorangestellte, von Montaigne entlehnte Motto macht jedoch von Anfang an deutlich, worum es Frisch geht: »So bin ich selber, Leser, der einzige Inhalt meines Buches.« Ebenfalls darin enthalten ist das Bekenntnis zur Aufrichtigkeit, ausgesprochen als Warnung an den Leser. Sehr rasch wird der Faden der Handlung durch Rückblenden und Erinnerungen unterbrochen: der Jugendfreund W., die Mutter, die Ehefrau und andere Frauen, insbesondere Ingeborg Bachmann. Das schwierige Verhältnis zum anderen Geschlecht, Versagensängste, Furcht vor dem Altern, dem Verstummen als Schriftsteller werden durchgängig beschworen, untermauert durch Bezüge zum eigenen Werk und dem anderer. Die eigene Sozialisation wird reflektiert, biographische Bruchstücke werden miteinander montiert, der Autor auf Reisen, als sei das Prinzip der Bewegung das einzig sinnvolle noch. Der konsequente Rückbezug auf sich selbst meint auch die Rücknahme der politischen Dimension: »1972 hat mich die Welt beschäftigt. ALL POWER TO THE PEOPLE die Mauerinschriften von damals sind verwaschen, man hat den Eindruck, daß keine Veränderung mehr erwartet wird.« Das Geschehen selbst, die »Beziehung« zu Lynn, ist oberflächlich, die Kommunikation zwischen beiden konventionell. Als Figur bleibt Lynn blaß; sie bildet lediglich Anstoß und Reflexionsfolie des Autobiographischen. Infolgedessen kennt das Zusammensein beider keine größeren Höhepunkte; es ist

grundiert von der Melancholie des Erzählers, der allgemeinen Vergänglichkeitsproblematik. Die Trennung nach diesem Wochenende – Max hat den Rückflug für Dienstag gebucht – wird als schlichtes Auseinandergehen beschrieben: »Wir mußten jetzt nur noch den genauen Ort finden, wo man sich trennt, und auf den Verkehr achten; wir nahmen uns an der Hand, als wir die Avenue zu überqueren hatten, und liefen. FIRST AVE/46TH STREET, das war der Punkt offenkundig, wir sagten: BYE, kußlos, dann ein zweites Mal mit erhobener Hand: HI.« Der weitere Kontakt soll sich auf eine symbolische Ansichtskarte zum Jahrestag dieses Wochenendes am 11. 5. 1975 beschränken, »sofern sie's nicht beide vergessen«. Max hält sich nicht an diese Vereinbarung, erkundigt sich nach ihr, erhält schließlich einen Brief, »gekritzelt auf Deck eines Schiffes: sie sei arbeitslos, überhaupt möchte sie einen anderen Beruf, ein Kind [. . .] offenbar reist sie allein; sie überlegt sich ihre Zukunft.« Die Verschränkung der Perspektiven zwischen erlebendem Er und erzählendem Ich, die Farbigkeit der Erinnerung als Kontrast zur flachen Gegenwart und die Absicht, zu erzählen ohne zu erfinden, bilden die erzähltechnische Bilanz des Buches.

Lit.: M. SALZMANN, Die Kommunikationsstruktur der Autobiographie, Bern 1988.
                                    T. FRAUND

Stiller. 7 Hefte und ein Nachwort; EA Frankfurt/M. 1954.
»Ich bin nicht Stiller«: der erste Satz des Romans enthält gewissermaßen das Programm der ganzen Erzählung. – Der angebliche Amerikaner White hat die Grenze

zur Schweiz mit einem gefälsch-
ten Paß überschritten, hat einen
Paßbeamten tätlich angegriffen
und sitzt nun in Untersuchungshaft. Er wird verdächtigt, ein so-
wjetischer Spion und mit dem vor
Jahren verschwundenen Künstler
Anatol Stiller identisch zu sein.
Sein Anwalt gibt ihm den Auftrag, seine Lebensgeschichte niederzuschreiben. Dadurch wird die
Form des Romans bestimmt. Es
handelt sich um ein fiktives Tagebuch, bei dem Frisch, von der traditionellen Handhabung eines
Journale intime ausgehend, die erzählerischen Möglichkeiten eines
diaristischen Bewußtseins kunstvoll ausweitet zu einer neuen offenen Erzählform, bei der verschiedene Zeitebenen, Verfremdungs-
elemente (bewußte Fiktionalität),
Evokationen und essayistische
Partien collagiert und durch leit-
motivische Elemente miteinander
verbunden werden. Stiller, alias
White, ist vor einer mißratenen
Ehe mit der Tänzerin Julika und
dem Ungenügen an seinem eigenen künstlerischen Werk nach
Amerika geflohen, um dort eine
neue Existenz anzufangen (der
Name »White« ist in diesem Sinne
symbolisch). Der Auftrag des An-
walts führt zwangsläufig zur
Selbstanalyse, doch entdeckt Stiller dabei, daß sich mit einer vorgegebenen Summe von Erfahrungen beliebig viele Lebensgeschichten erzählen lassen (ein
Thema, das in verschiedenen
späteren Werken Frischs, wie →
*Mein Name sei Gantenbein, An-
dorra, Biographie. Ein Spiel* wiederholt wird). Nach Belieben erscheint er vor verschiedenen Zu-
hörern als völlig andere Persönlichkeit, vor dem Rechtsanwalt
beispielsweise als Querulant und
Aufschneider, vor dem naiven

Gefängnisbeamten als Held und
Abenteurer, vor der verlassenen
Ehefrau als Fabulierer und Versager. Stiller realisiert, daß er, je
mehr er seine Erzählungen variiert und abwandelt, desto weniger
über seine eigene Identität Bescheid weiß. »An Stelle des Ichs
tritt ein fingiertes Ich, und das Ich
wird ein Objekt. Romantechnisch
gesehen: das Ich wird ein Krimi-
nalfall«, so hat Friedrich Dürrenmatt diesen Prozeß beschrieben.
Seine Collagetechnik erlaubt
Frisch, eine Reihe von Kurzgeschichten, wie etwa seine Version
von Washington Irvings »Rip van
Winkle«, die Erzählung »Schinz«,
das »Höhlengleichnis« (nach Pla-
ton), die Erzählung von der Mu-
lattin Florence und die »Geschichte mit dem fleischfarbenen
Kleiderstoff«, in den allgemeinen
Handlungsstrang einzubauen und
mit Reiseerlebnissen, Betrachtungen über die fortschreitende Fik-
tionalisierung des modernen Bewußtseins, literarischen und philosophischen Reflexionen sowie
satirischen und existentiellen Gedanken zu verbinden.
Während Stiller an seinen Tage-
buchheften arbeitet und hin und
wieder dem Gefängniswärter
Knobel eine ins Sensationelle auf-
gebauschte Abenteuergeschichte
erzählt, unterhält er sich im Gefängnis und auf Exkursionen mit
verschiedenen Besuchern, darunter Julika, dem Architekten Stur-
zenegger, seinem Staatsanwalt
und dessen Frau Sibylle, über deren Ansichten zu Stiller und ergeht sich selber in bissigen Angriffen auf die Nachkriegsgesellschaft, besonders die schweizerische. Stiller stellt die fundamentale Forderung, »sich kein Bildnis
zu machen« (die als Abwandlung
des dritten biblischen Gebotes

schon in Frischs *Tagebuch 1946–1949* auftritt), als allgemeine Forderung im »Zeitalter der Reproduktion«, wie er die moderne Gegenwart in der Nachfolge Walter Benjamins bezeichnet. »Wir sind Fernseher, Fernhörer, Fernwisser«, lautet ein zentraler Satz des Romans. Aus der Unfähigkeit des modernen Menschen, die eigene Existenz außerhalb des Fundus der vorgegebenen literarischen, künstlerischen und erkenntnistheoretischen Klischees zu erfahren, und dem Zwang, demnach seine Erlebnisse nur als Plagiate zu erkennen, ergibt sich die Diskrepanz »zwischen unserem intellektuellen und unserem emotionellen Niveau«, die sich zum Identitätsproblem ballt. *Stiller* ist auch ein Eheroman, in dem der Nachweis erbracht wird, daß das Bildnisproblem auch das Problem der Lieblosigkeit ist. Julika geht buchstäblich daran zugrunde, daß Stiller, als er seine Identität zugegeben und angenommen hat, sie beim erneuten Zusammenleben weiterhin nach seinem Bilde formen will und dadurch ihre Eigenexistenz zerbricht. Die Darstellung dieser Ehegeschichte erzwingt einen Erzählerwechsel. Im zweiten Teil des Romans berichtet Stillers Freund, der Staatsanwalt Rolf, über den Niedergang und das katastrophale Ende dieser Ehe, die als »Mord« gewertet wird: »Es gibt allerlei Arten, einen Menschen zu morden oder wenigstens seine Seele, und das merkt keine Polizei der Welt [...] Alle diese Morde, versteht sich, vollziehen sich langsam [...] Heutzutage ist alles verinnerlicht – und um so einen innerlichen Mord zu berichten [...] dazu braucht man Zeit, viel Zeit.« In einer Schlußszene,

die an Büchners *Lenz* erinnert, entläßt Frisch den einsamen Stiller in das Dunkel der Anonymität.

Der Stoff zu diesem Roman stammt aus den Notizen, die Frisch anläßlich eines von der Rockefeller-Stiftung finanzierten Aufenthaltes in den Vereinigten Staaten (1951) sammelte. Aus derselben Sammlung ergab sich später auch das Drama *Don Juan oder die Liebe zur Geometrie*. Nach Angaben des Autors erfolgte die Niederschrift des Romans nach verschiedenen erfolglosen Versuchen.

Lit.: R. Kieser, M. F. – Das literarische Tagebuch, Frauenfeld/Stuttgart 1975. – W. Schmitz (Hg.), Materialien zu M. F. »Stiller«, Frankfurt/M. 1978 (st 419).

R. Kieser

FRISCHMUTH, Barbara (geb. 1941)

Sternwieser-Trilogie (Bd. 1: *Die Mystifikationen der Sophie Silber*, EA Salzburg 1976; Bd. 2: *Amy oder Die Metamorphose*, EA Salzburg 1978; Bd. 3: *Kai und die Liebe zu den Modellen*, EA Salzburg 1979).

Der 1. Band der *Sternwieser Trilogie (Die Mystifikationen der Sophie Silber)* führt in eine märchenhafte Welt von Feen, Wildfrauen, dem Alpenkönig Alpinox und anderen phantastischen Wesen, die im Salzkammergut beheimatet sind. Diese außergewöhnlichen Gestalten, im Roman die »lang Existierenden« genannt, sorgen sich um die Natur und den Menschen, denn sie sehen beide zunehmend von den zerstörerischen Auswirkungen eines Zivilisationsprojektes bedroht, das im Namen von Macht und Profit vorwärtsgetrieben wird. Um sich über mögliche

Interventionen zu beraten, veranstalten sie einen Kongreß, zu dem sie als einzigen Gast und Vertreterin der Menschen die Schauspielerin Sophie Silber einladen. Diese soll berichten, »wie es sich heutzutage in der Welt draußen lebt«. Sophies besondere Rolle wird durch die Fee Amaryllis Sternwieser begründet, die deren Familie bereits über mehrere Generationen kennt und ihr verbunden ist. Die den Kongreß betreffende Erzähllebene wird erweitert um den Rückblick der Fee sowohl auf ihr eigenes Leben wie auf die Schicksale der – sämtlich alleinerziehenden – Frauen in Sophies Familie vor dem Hintergrund der politischen Geschichte des 20. Jahrhunderts. Auch Sophie selbst beginnt sich zu erinnern. Der Tagungsort, der zugleich der Ort ihrer Kindheit ist, wird ihr zum Erinnerungsmedium. Nach dem Tod ihrer Mutter hatte sie sich einer Wanderbühne angeschlossen, um Schauspielerin zu werden. Der Familientradition folgend, gebar sie einen Sohn, ohne zu wissen, wer der Vater ist. Da der Sohn bei Pflegeeltern aufwuchs, lernte sie ihn erst in jüngster Zeit als Erwachsenen kennen. Sophies Erinnerung versammelt ihre »versäumten Möglichkeiten« und schärft so ihr Bewußtsein für künftige Chancen. Der Roman endet mit einer Entschließung der »lang Existierenden«, eine Metamorphose zu vollziehen und menschliche Gestalt anzunehmen, um so die Ideale der »Freundlichkeit«, »Zuneigung« und des »Wohlgefallens« in der Welt der Menschen zu retten.

Der 2. Band (*Amy oder Die Metamorphose*) erzählt das Leben der menschgewordenen Fee Amaryllis Sternwieser. Eines Morgens erwacht sie in der Rolle der Amy Stern und beginnt, im Café Windrose als Kellnerin zu arbeiten. Sie muß sich erst einleben, denn ihr fehlt das Bewußtsein einer eigenen Vergangenheit. Zunächst macht sie sich ihr neues Leben vertraut, indem sie zuhört: ihren Kolleginnen, den Gästen im Café und den Menschen im Park, den sie mit Vorliebe nachts aufsucht. Ihr Interesse konzentriert sich besonders auf die Frauen. Die Geschichten, die ihr diese erzählen, handeln von unterschiedlichen Versuchen, Eigenständigkeit zu gewinnen, entweder in einem Brotberuf oder als Künstlerin, ohne auf eine gelungene Männerbeziehung zu verzichten. Die für moderne Frauen typische Zerrissenheit, die dieser doppelte Anspruch erzeugt, bestimmt alle Frauen im Roman: »Wir haben gelernt, nach dem zu greifen, was wir haben wollen, und haben die tiefe Sehnsucht nach dem Ergriffenwerden noch nicht überwunden.« Amys Erfahrungen lassen sie zunehmend die Distanz zu ihrer Umgebung verlieren, und als sie sich in Klemens verliebt, den Sohn von Sophie Silber, beginnt sie, sich nach ihren eigenen Möglichkeiten zu befragen. Sie entdeckt, daß sie gerne Schriftstellerin werden möchte. Mit Sophie diskutiert sie die denkbaren Konsequenzen für ihr Verhältnis zu Klemens. Sophie prophezeit ihr Schwierigkeiten, wenn sie erfolgreicher sein sollte als er oder mindestens auf gleicher Stufe mit ihm stehe. Die Alternativen, die ihr zum einen von der Caféhausbesitzern angeboten werden, nämlich das Café zu übernehmen und ökonomisch selbständig zu werden, und zum anderen von dem geheimnisvollen Altmann, der sie zu einer gefeierten Autorin unter seiner Regie machen möchte, schlägt sie aus. Nachdem sie schwanger geworden ist, stellt sich ihr die Frage, wie sie ein Kind haben kann, ohne Schreiben, Träumen, Liebe und ökonomische Unabhängigkeit aufgeben zu müssen, mit neuer Dringlichkeit. Obwohl sich keine Lösung dieses Problems abzeichnet, entscheidet sie sich am Ende für das Kind.

Thema des letzten Bandes *(Kai und die Liebe zu den Modellen)* ist Amy Sterns Versuch, ihre schriftstellerischen Ambitionen mit ihren Aufgaben als Mutter des fünfjährigen Kai zu vereinbaren. Über ihre »Modelle« zur Lösung des ständig präsenten Konflikts zwischen ihren Bedürfnissen und denen des Kindes erzählt sie nun in der Ich-Form. Sowohl von ihren kinderlosen Freundinnen wie von Klemens, dem Vater Kais, fühlt sie sich unverstanden. Ihr Ideal einer spontanen und lebendigen Liebe scheitert an Klemens' beruflichem Ehrgeiz als Theaterkritiker. Um die eigene Freiheit zu wahren, wohnt er von Amy und Kai getrennt. Die Vorstellung eines phantasievollen und selbstbewußten Umgangs miteinander, der persönliche Nähe herstellt, vermittelt die Beobachtung der kindlichen Welt Kais. Immer wieder gelingt es ihm, die Erwachsenen aus ihren Erstarrungen zu lösen. Dabei unterstützen ihn tatkräftig sein Kindermädchen Rosa und ihre türkische Freundin Pembe. Aus eigener bitterer Erfahrung in ihren Elternhäusern suchen sie Gegenwelten: z. B. im Zirkus, beim gemeinsamen Picknick und immer wieder mit den jüngeren Kindern im Park. Eine vage Perspektive für

Amys Wünsche zeichnet sich in ihrer Freundschaft zu Herwater ab. Er vermittelt ihr den »Teil« ihrer »Weltsicht«, der ihr »abhanden gekommen ist«: eine kritische und politische Weltsicht, die besonders um ökologische Probleme zentriert ist, ohne jedoch das eigene konkrete Leben vollständig unter die Herrschaft abstrakter Prinzipien zu stellen.

Wie in den anderen beiden Romanen, so thematisiert die Autorin auch in diesem Band Probleme des modernen Geschlechterverhältnisses in unterschiedlichen Varianten, z. B. indem sie Frauen und Männer verschiedenen Alters und verschiedener Berufe selbst zu Wort kommen läßt. Den oft bedrückenden Diagnosen zum Trotz weist die humorvolle und phantasiereiche Darstellung immer wieder ungeahnte Möglichkeiten auf.

Lit.: U. JANETZKI, B. F., in: KLG, München 1978 ff.   G. BESTE

GAISER, Gerd (1908–1976)

Schlußball. *Aus den schönen Tagen der Stadt Neu-Spuhl.* 30 Kapitel; EA München 1958.

Im Mittelpunkt des Romans stehen die Ereignisse eines Abschlußballs, den ein Tanzkurs an einem Aprilsamstag in den fünfziger Jahren abhält. Dreißig Erinnerungsmonologe verschiedener ›Stimmen‹ versuchen den Ablauf und die Hintergründe des Abends zu rekonstruieren, ohne daß Erzählerkommentare die einzelnen Perspektiven zusammenfügen würden. Ort des Geschehens ist die Industriestadt Neu-Spuhl, deren wirtschaftlicher Aufstieg das sich anbahnende bundesrepublikanische Wirtschaftswunder repräsentiert. Bar jeder moralischen Wertorientierung haben sich die meisten Städter der politischen Vergangenheit entledigt und geben sich dem »Spuk« des Wohlstands hin. Der Schlußball gerät so zum »Kehraus« einer hohlen Lebensform, in der die anti-materialistisch gesinnten Romangestalten zum Scheitern verurteilt sind. Zu den von den Sympathien des Autors getragenen Figuren gehören der Lehrer Soldner, das am Rande der Gesellschaft lebende »lahme Mädchen« oder die Mittdreißigerin Herse Andernoth und deren Tochter Diemut. Soldner, der in der Zeit des Lehrermangels nach der Währungsreform in den Schuldienst kam, versucht sich – ohne politische Intentionen – den skrupellosen Neu-Spuhler Parvenüs zu widersetzen und erregt nach einer Denunziation das Interesse der Schulbehörde, die ihn aufgrund fehlender Zeugnisse vom Dienst suspendiert. In der Gewißheit, die Stadt verlassen zu müssen, besucht Soldner den Schlußball und nähert sich der heroisch-tapferen Herse Andernoth an, deren Mann Tom aus dem Krieg nicht zurückgekehrt ist. Währenddessen entschließt sich die von Eifersucht und den Erinnerungen an den Vater geplagte Diemut plötzlich, den Ball zusammen mit der Clique um ihren Mitschüler Drautzmann zu einem nächtlichen Ausflug zu verlassen. Drautzmann mit dem typischen »Neu-Spuhler Blick« versucht, Diemut für sich zu gewinnen, doch diese entkommt mit einem Sprung durch ein geschlossenes Fenster. In der Zwischenzeit hat sich ihre Mutter – unfähig, Soldners Zuneigung zu erwidern – auf den Heimweg gemacht, wo

sie sich von dem triebbesessenen Jugendlichen Rakitsch, dessen Mutter einen florierenden Versand für Erotik-Wäsche betreibt, verfolgt fühlt. Rakitsch, der sich vergebens um Diemut bemüht hat, verwechselt in der Dunkelheit Mutter und Tochter. Herse wehrt sich indessen gegen den Angreifer und erschlägt ihn in Notwehr mit einer Eisenstange. Zur gleichen Zeit nimmt sich die Gattin des Industriellen Förckh, eines Neu-Spuhler Aufsteigers, das Leben, da sie dem materiellen Streben ihrer Umgebung keinen Sinn abgewinnen kann. Der fatale Ausgang des Schlußballs zeigt den moralischen Verfall der Nachkriegsgesellschaft an, deren »Durchmengung« jede geistige Hierarchie verhindert: »man weiß nicht, was oben und unten ist.« Dem sich durchsetzenden Besitzstreben stehen die moralisch integren, aber schwachen Figuren wie die Andernoths oder Soldner hilflos gegenüber. Soldner, Zentralgestalt des Romans, vertritt die vom Nazi-Regime desillusionierte Generation, deren Festhalten an tradierten moralischen Werten nicht ausreicht, um den neuen ökonomischen Prioritäten Paroli zu bieten. Die ihm bleibende Hoffnung gründet sich auf einen fernen Sieg der Vergänglichkeit, die von Neu-Spuhl nur eine »Bodenfärbung« übriglassen wird, und auf die am Anfang und Ende des Textes beschworene »Verwandlung«, die aus der »häßlichen Larve« im »Tümpel« Neu-Spuhls Libellen schlüpfen läßt, deren Augen sich »von innen« erleuchten.

Lit.: E. HÜLSE, G. G.: Schlußball, in: R. GEISSLER (Hg.), Möglichkeiten des modernen deutschen Romans, Frankfurt/M. 1962, S. 161–190.   R. MORITZ

GELLERT, Christian Fürchtegott (1715–1769)

Leben der schwedischen Gräfin von G . . . . 2 Teile; EA Leipzig 1747/48 (anonym).

»Ich hatte von Natur ein gutes Herz«, bescheinigt sich die schwedische Gräfin von G . . . selbst in ihrem Lebensrückblick, und weil sie auch »klug, gesittet und geschickt« ist, kann der Leser von ihr lernen, wie Tugend »die Reise durch die Welt erleichtern hilft«. Im Geiste der Frühaufklärung von ihrem Vetter, einem livländischen Landedelmann, »auf eine vernünftige Art« erzogen, heiratet die Sechzehnjährige den schwedischen Grafen von G . . . Die Ehe ist ungemein glücklich, obwohl der Graf zuvor eine bürgerliche Geliebte, Caroline, gehabt und sie nur wegen eines Verdikts des Hofes nicht geheiratet hatte; der liebste Aufenthaltsort der Jungvermählten ist die Bücherstube. Diese müssen sie schließlich verlassen, um an den Hof zu ziehen, einen Sündenpfuhl; daß die Gräfin den Zudringlichkeiten des mächtigen Prinzen von S . . widersteht, bringt ihrem Mann einen aussichtslosen Posten im Nordischen Krieg ein. Als es heißt, er sei an seinen Wunden gestorben, flieht die Gräfin zusammen mit einem Freund ihres Mannes, Herrn von R . ., vor den Nachstellungen des Prinzen nach Amsterdam. Aus Zuneigung wird Liebe, eine zweite Eheschließung folgt und neues bürgerliches Glück. Da taucht der seit zehn Jahren totgeglaubte Graf wieder auf, er war schwerverwundet in russische Kriegsgefangenschaft geraten. Herr von R . ., Verfasser eines Traktats mit dem Titel »Der

standhafte Weise im Unglück«, verwandelt seine »Liebe« in »Ehrfurcht« zurück und verzichtet. Wie Caroline bleibt er dem seine Ehe wieder aufnehmenden Grafenpaar freundschaftlich verbunden. Der 2. Teil des Romans beginnt mit einer detaillierten Schilderung der Torturen des Grafen und seines Leidensgefährten Steeley in Rußland, um dann das Glück der tugendhaften (Wieder-) Vermählten auf den Gipfel zu treiben: Steeley trifft in Amsterdam ein, begleitet von der Witwe eines russischen Gouverneurs, die dem Grafen von G . . . einst in Sibirien zur Freiheit verholfen hatte; bald steht wieder eine Hochzeit an. In London kreuzen sich auch die Wege der Gräfin und des Prinzen nochmals, letzterer, inzwischen geläutert, bittet erstere nach dem Tod des Grafen von G . . . um ihre Hand, sie schlägt aus. Kurz darauf stirbt auch Herr von R . . ., die schwedische Gräfin bleibt Witwe. Der Haupthandlung, die der exemplarischen Darstellung von Gelassenheit und Selbstbeherrschung dient, wird die wichtigste der zahlreichen Nebenhandlungen, die Geschichte der Geschwisterehe Carlson-Mariane, kontrapunktisch entgegengestellt; die beiden Kinder Carolines und des Grafen lehnen sich unter Berufung auf ihr Gefühl gegen das Schicksal auf, geben sich einer leidenschaftlichen Geschwisterliebe hin und verfehlen so das stoisch gefärbte passive Ethos des Autors; beide müssen früh sterben. Gellerts ›aufklärerisches‹ Vertrauen in die Vernunft, die die Affekte meistert, sich freilich nicht weniger als aktive Weltbeherrschung denn als möglichst geschickte Anpassung an das vom Schicksal Verhängte definiert, sein Interesse für

Psychologie und das ausgerechnet von einer Gräfin bekräftigte Ideal ›bürgerlicher‹ (empfindsamer, stiller, auf Privatsphäre und Gelehrsamkeit konzentrierter) Lebensführung machten den Roman trotz vieler typisch barocker Ingredienzien wie Inzest, Hofintrige, Giftmord und Gefangenenqual zu einem um 1750 durchaus avantgardistischen Werk.

Lit.: D. KIMPEL, Der Roman der Aufklärung (1670–1774), Stuttgart ²1977. A. GOTTHARD

GLAESER, Ernst (1902–1963)

Jahrgang 1902. 2 Teile; 15 Kapitel; EA Berlin 1928.
Dieser in der Ich-Form geschriebene romanhafte Bericht entwirft ein episodenhaft aufgebautes Bild der bürgerlichen wilhelminischen Gesellschaft am Vorabend (Kap. 1–10) und während des Ersten Weltkrieges (Kap. 11–15). Erzählt wird vorwiegend aus dem Blickwinkel des 1914 gerade 12jährigen E., dessen Augen stets mehr sehen als sein Verstand zu erfassen vermag. Hauptschauplatz ist die, als Mikrokosmos dienende, hessische Kleinstadt G. (Groß-Gerau). Im 1. Teil des Berichtes (»Der Aufmarsch«) erhofft E., den Erwachsenen die »Geheimnisse des Lebens« zu entlokken. Vorangetrieben von seiner erwachenden Sexualität, durchstreift er seine Umwelt und »verstrickt« sich »rettungslos« im »Netzwerk der Gesellschaft«. Weder mit seinem Vater, einem pflichtbesessenen Richter, der mit den »Fragen des praktischen Lebens« nichts zu tun haben will, noch mit seiner – zwar liebevollen aber ziemlich weltfremden – Mutter kann sich E. über die Probleme unterhalten, die ihn bedrücken.

Etwa über das »Schicksal« der jüdischen Familie Silberstein, das ihm »sehr anstrengend« erscheint, oder über die Verhaftung des sozialdemokratischen Fabrikarbeiters Kremmelbein, deren Hintergründe er nicht durchschaut. Wo er auch immer hinkommt, überall bestimmen soziale Gegensätze und Konflikte das Verhältnis der Menschen zueinander. Einen Umstand, den er – kindlich-naiv – den »Erwachsenen« anlastet, die in seinen Augen »kein anderes Ziel« zu kennen scheinen, als sich »möglichst oft wehe zu tun«. Desorientiert wendet er sich von ihnen ab und beschließt, auf eigene Faust wenigstens das »Geheimnis« der Sexualität aufzuspüren. Doch auch hier scheitert er kläglich: die 14jährige Hilde weiß kaum mehr als er und die erkaufte Beobachtung eines Geschlechtsaktes verwirrt ihn vollends (»sie hassen sich dabei«). Mit den Erwachsenen söhnt sich E. erst wieder aus, als diese plötzlich vorgeben, keine Parteien mehr zu kennen, und kriegstrunken einander in die Arme sinken. Nun ist ihm, als hätte er »tausend Mütter und tausend Väter«. Der ihm noch kurz zuvor in der Schweiz von seinem französischen Ferienfreund Gaston mit auf den Weg gegebene Satz »La guerre – ce sont nos parents« geht im »Gewühl der Fahnen« unter. Auch im 2. Teil des Berichtes (»Der Krieg«), der die »große Zeit« in starker zeitlicher Raffung und vom Hinterland aus gesehen widerspiegelt, bleibt E.s Verhalten zunächst noch ganz vom chauvinistischen Taumel der Erwachsenen geprägt. Erst als Trauer und Elend Einzug in seine Umgebung halten, erkennt er, daß man ihn und seine Freunde »belogen« und »betrogen« hat und »alles wieder wie vor dem Krieg« ist. Ein Fliegerangriff, der ihn Anfang 1918 seiner Liebsten, der Schaffnerin Anna, beraubt (»Das Geheimnis [...] muß so schön sein wie sie«), verdeutlicht ihm am Schluß noch einmal das einzige und wahre Gesicht des Krieges.

Lit.: W. Ross, Gerechte und Verfolger. Über E. G.s »Jahrgang 1902«, in: FAZ, 3. 1. 1986.
R. Geoffroy

GLAUSER, Friedrich
(1896–1938)

Gourrama. *Ein Roman aus der Fremdenlegion.* 3 Teile; EA Zürich 1940.
Schauplatz von Glausers erstem, autobiographisch geprägten Roman ist Gourrama, »ein kleiner Posten im südlichen Marokko«. Korporal Lös, den sein Vater wegen »ein paar Dummheiten« in die Fremdenlegion geschickt hat, verwaltet die Verpflegung der Kompanie. Diese Stellung erlaubt es ihm zwar, seinen Sold durch kleine Betrügereien aufzubessern und sich durch Sonderrationen von Alkohol und Zigaretten bei seinen Kameraden und Vorgesetzten beliebt zu machen, sie ruft aber auch Kritiker und Neider auf den Plan. Lös freundet sich mit dem neu zu der Kompanie gestoßenen Todd an, der seine Heimat wegen einer Scheckfälschung verlassen mußte. Mit der jungen Araberin Zeno aus der benachbarten Siedlung beginnt er ein Verhältnis. Erzählt wird ferner aus dem ›Alltag‹ in der Legion: von den Besuchen der Söldner in dem nahen »Kloster«, dem »Bordell militaire de campagne«, von ihren Lebenslügen, von einem Streit um einen jungen Gefreiten, auf den ein Sergeant sein homosexuelles Begehren richtet, und von dem fieberkranken »kleinen Schneider«, der sich aus Verzweiflung erschießt. Schwierig wird für Lös die Lage, als Capitaine Chabert mit den Söldnern ausmarschiert und Leutnant Mauriot, der dem Korporal mit Mißtrauen begegnet, den Befehl über den Posten übernimmt. Während die Truppe auf ihrem Marsch von arabischen Banditen überfallen und Todd schwer verletzt wird, kommt es im Lager zum Konflikt. Mauriot kündigt die Überprüfung der Buchhaltung durch die vorgesetzte Behörde an und verpflichtet Lös, sich vor jedem Ausgang zu melden. Als der Korporal wieder einmal unerlaubt den Posten verlassen will, um seine Freundin zu besuchen, wird er von der Wache gestellt und in Untersuchungshaft gesteckt. Der zurückgekehrte Capitaine droht ihm mit dem Kriegsgericht. In dieser ausweglosen Situation versucht Lös, sich die Adern aufzuschneiden, bringt sich aber nur eine ungefährliche Verletzung bei und wird in das »Krankenzimmer« verlegt. Währenddessen breiten sich Spannungen zwischen den Legionären aus. Auf bestialische Weise wird Lös' Hund zu Tode gequält. Als sich die aufgestauten Aggressionen schließlich in einer Rebellion gegen den Capitaine entladen, stellt sich Lös entschlossen auf dessen Seite und gewinnt damit die Sympathien seines Vorgesetzten zurück. Bevor Chabert abgesetzt wird, schickt er noch den Korporal zum »Ausruhen« ins Lazarett, wo dieser seinen Freund Todd wiedertrifft, der kurze Zeit später seinen Verwundungen erliegt. Unter Chaberts Nachfolger wird Lös für dienst-

untauglich erklärt und darf die Heimreise nach Europa antreten. Zeno verkauft er für eine Flasche Anisette an seinen Nachfolger in der Verwaltung. Die Schlußszene zeigt Lös in Paris, wo er in Prousts Roman *Die wiedergefundene Zeit* liest und nach einem Besuch bei einem ehemaligen Kameraden sinniert: »Die Zeit ändert sich nicht, die Herzen ändern sich nicht. Was ändert sich? Die Umgebung. Gourrama, ein kleiner Posten, nur schwer auf einer Landkarte zu finden, Menschen darin – *ein* Mensch vor allem, ein Freund, ein Kamerad . . .«.

Lit.: E. JAKSCH, F. G. Anwalt der Außenseiter, Bonn 1976 – E. RUOSS, F. G., Erzählen als Selbstbegegnung und Wahrheitssuche, Bern / Frankfurt/M. / Las Vegas 1979.

P. LANGEMEYER

Wachtmeister Studer. EA Zürich 1936.
Fahnderwachtmeister Studer hat den Gärtnergehilfen Erwin Schlumpf verhaftet, der im Verdacht steht, den Vertreter Wendelin Witschi ermordet und beraubt zu haben. Der vorbestrafte Schlumpf streitet die Tat ab. Obwohl die Indizien für seine Schuld sprechen, setzt sich Studer, der den jungen Mann »liebgewonnen« hat, für weitere Nachforschungen ein. Am Tatort, dem Dorf Gerzenstein, begegnen ihm die Bewohner mit Reserve, jeder, mit dem er in Berührung kommt, scheint etwas zu verbergen zu haben. Im Verlauf seiner zähen Ermittlungen treten verwickelte Beziehungen und Abhängigkeiten ans Licht. Bei Witschis Witwe fallen ihm Versicherungspolicen und Patronenhülsen in die Hände. Noch bevor Studer dafür eine Erklärung finden kann, trifft die Nachricht ein, daß Schlumpf den Mord eingestanden habe. Der Untersuchungsrichter will die Akte schließen und Studer abberufen, aber dem Fahnder kommen Zweifel. Studers Verdacht, Witschi habe Selbstmord begangen, wird durch die weiteren Ermittlungen zunächst erhärtet. Ein Arbeitskamerad Schlumpfs zeigt dem Fahnder, wie Witschi die Spuren vermied, die ein Schuß aus unmittelbarer Nähe hinterläßt. Von einem befreundeten Notar erfährt er, daß der Händler kurz vor dem Konkurs gestanden habe. Schlumpf verwickelt sich während eines Verhörs in Widersprüche, die ihn als möglichen Täter ausscheiden lassen. Die wichtigste Aussage aber kommt von Schlumpfs Freundin Sonja, Witschis Tochter, die Vertrauen zu dem Fahnder faßt. Sie berichtet ihm von dem Plan eines Versicherungsbetruges. Ihr Freund habe sich ihr zuliebe verdächtig machen sollen, damit die Tat nicht als Selbstmord entdeckt werde. Für den Untersuchungsrichter ist der Fall damit abgeschlossen. Aber Studer gibt sich immer noch nicht zufrieden. Stutzig macht ihn besonders die Aussage Armins, Witschis Sohn, mit dem Vater sei lediglich eine Selbstverstümmelung abgesprochen worden. Ungeklärt ist auch, wieso in der Mordnacht zwei Schüsse gefallen sind. Das Auto, das Armin in der Tatnacht gehört hat, führt Studer schließlich auf die Spur des Mörders, den Gemeindepräsidenten Aeschbacher. Witschi hatte herausbekommen, daß Aeschbacher mit Mündelgeldern spekulierte, und ihn erpreßt. Von Witschis Frau, seiner Base, in den geplanten Versicherungsbetrug eingeweiht, erkannte Aeschbacher die günstige Gelegenheit, sich des Erpressers zu entledigen. In einem Gespräch

gelingt es Studer zwar, den Gemeindepräsidenten zu einem Geständnis zu bewegen. Aber noch
bevor es zur Anklage kommt, begeht Aeschbacher Selbstmord.
Aus Rücksicht auf dessen Witwe
behält Studer die Aussage für sich.
Familie Witschi wird daher die
Versicherung nicht ausbezahlt
und Schlumpf aus der Haft entlassen. – *Wachtmeister Studer* ist der
erste einer Reihe von Kriminalro-
manen um einen Beamten der
Berner Kantonspolizei, der seine
Fälle mit Einfühlung, intuitivem
Geschick und unbeirrbarem Engagement aufklärt, wobei er auch
die Auseinandersetzung mit seinen Vorgesetzten nicht scheut.
Weiterhin gehören dazu *Matto regiert* (1936), *Die Fieberkurve*
(1938), *Der Chinese* (1939) und
Krock und Co. (1941). Glausers literarisches Vorbild für die Figur
des Studer war Georges Simenons
Maigret.

Lit.: E. JACKSCH, F. G., Anwalt der Außenseiter, Bonn 1976.   P. LANGEMEYER

GOETHE, Johann Wolfgang
von (1749–1832)

**Die Leiden des jungen Wer-
thers.** 2 Bücher. EA Leipzig
1774.
Nur wenigen Büchern ist in der
Literaturgeschichte eine derartige
Wirkung beschieden gewesen,
wie sie Goethes 1774 erstmals erschienene *Leiden des jungen Werthers* hervorgerufen haben, die das
Selbstverständnis und Lebensgefühl einer ganzen Epoche (des
Sturm und Drang) paradigma-
tisch gestalten und zugleich wesentlich beeinflußt haben. Autobiographische Erlebnisse haben
zur Entstehung des Romans zweifellos beigetragen, obwohl sich

Goethe immer wieder gegen ein
primäres Interesse seiner Zeitgenossen an der Frage, »was denn
eigentlich an der Sache wahr sei«,
gewehrt hat. Während seines
Wetzlarer Aufenthalts im Sommer 1772 hatte Goethe Charlotte
Buff und deren Verlobten Johann
Christian Kestner kennengelernt.
Die Liebe zu Charlotte und der
sechzehnjährigen Maximiliane La
Roche, deren Bekanntschaft Goethe in Koblenz nach seiner Abreise
aus Wetzlar im September 1772
macht, die schroffe Zurückweisung durch Maximilianes späteren Ehemann Peter Anton Brentano in Frankfurt sowie die Nachricht vom Tode des Legationsse-
kretärs Carl Wilhelm Jerusalem,
der sich aus Liebe zu einer verheirateten Frau das Leben nahm und
den Goethe aus seiner Leipziger
Zeit kannte, bilden den Hintergrund zur Entstehung des Romans, der dann im Februar und
März 1774 niedergeschrieben
wird. Eine überarbeitete zweite
Fassung des *Werther,* der Goethes
erfolgreichstes Buch geblieben ist
(allein die Erstfassung wurde bis
1790 etwa dreißig Mal gedruckt),
erschien 1787. Nachdem ein anonymer Herausgeber in einer kurzen Vorrede eine Sammlung von
Lebenszeugnissen »des armen
Werther« ankündigt und so schon
eingangs auf das tragische Ende
des Geschehens vorausgedeutet
wird, besteht der Roman aus
Briefen Werthers an seinen
Freund Wilhelm, die zwischen
dem 4. Mai 1771 und dem 23. Dezember 1772 verfaßt wurden und
in ihrer chronologischen Abfolge
kommentarlos mitgeteilt werden.
Erst am Ende des Romans greift
der Herausgeber erneut ein und
schildert, erzähltechnisch durch
Werthers angegriffene körperli-

che und geistige Verfassung nachvollziehbar begründet, dessen
letzte Lebenswochen.

Der Roman beginnt mit der Ankunft Werthers in dem kleinen
Städtchen Wahlheim. Dort gelingt es ihm, inneren Abstand von
einer unglücklich verlaufenen
Liebe zu gewinnen, wie dies seine
von pantheistischem Enthusiasmus erfüllten Schilderungen der
im Frühling erwachenden Natur
und Szenen ländlicher Idylle dokumentieren. Von einer ebenso
therapeutischen Bedeutung ist dabei auch der »Wiegengesang« der
Homerischen *Odyssee* – das einzige Buch, zu dessen Lektüre sich
Werther Wilhelm gegenüber
(13. Mai) bereit und fähig erklärt
hatte. In einem längeren Schreiben vom 16. Juni berichtet Werther dann erstmals von seiner Bekanntschaft mit Lotte, die er auf
einem Ball kennenlernt. Als
Tochter eines verwitweten Amts-
manns hat sie nach dem Tod der
Mutter die Pflege ihrer sechs Geschwister übernommen und ist
mit Albert, einem jungen Beamten, verlobt, der nach dem Tod
seines Vaters zu diesem Zeitpunkt
verreist ist. Die bis zum September 1771 verfaßten Briefe, die in
ihrem beständigen Wechsel von
euphorischer Begeisterung und
tiefer Niedergeschlagenheit ein
eindrucksvolles Psychogramm
Werthers vermitteln, schildern,
wie sich die von Lotte mit herzli-
cher Sympathie erwiderte anfängliche Zuneigung bei Werther
rasch zu leidenschaftlicher Liebe
steigert. Wiederum setzt Goethe
die Literatur zur Illustration seelischer Stimmungen ein, wenn sich
eine Begegnung zwischen Werther und Lotte (am 16. Juni) in der
gemeinsamen Schwärmerei für
Klopstock, den gefeierten Dichter

der Epoche der Empfindsamkeit,
vollzieht. Nach Alberts Rückkehr
Ende Juli kommt es, wie unter
dem Datum des 12. August berichtet wird, zwischen Werther
und Albert zu einem Disput über
die Legitimität des Selbstmords,
die Albert in nüchterner Rationalität bestreitet, während sie von
Werther nachdrücklich verteidigt
wird. Obwohl Albert Werther
freundschaftlich begegnet, lassen
diese innere Distanz wie die von
ihm als Krankheit empfundene
»tobende endlose Leidenschaft«
zu Lotte in Werther den Entschluß
zur Abreise wachsen, die dann im
September 1771 am Ende des
1. Teils erfolgt. Doch weder der
Ortswechsel noch seine neue Tätigkeit lassen Werther zufriedener
werden; trotz der wohlwollenden
Förderung durch den Grafen von
C . . . verdichten sich die Konflikte mit einem pedantischen Gesandten rasch zu einem allgemeinen Unmut über die »fatalen bürgerlichen Verhältnisse«. Als er die
Grenzen seiner bürgerlichen Herkunft bitter erfahren muß und aus
einer adligen Tischgesellschaft des
Grafen verwiesen wird, reicht er
im März 1772 seinen Abschied
ein. Der Besuch in seinem Geburtsort, zu dem er Anfang Mai
aufbricht, wie ein kurzes Intermezzo auf einem fürstlichen Jagd-
schloß bilden nur Zwischenstatio-
nen, um »Lotte wieder näher« zu
kommen: Ende Juli trifft er erneut
in Wahlheim ein. Zur fordernden
Ausschließlichkeit seiner Liebe zu
Lotte tritt in den folgenden Monaten eine zunehmende Eifersucht
auf Albert. Eine Begegnung mit
einem geistesverwirrten ehemaligen Schreiber von Lottes Vater
(30. November), der Lotte ebenfalls geliebt hatte, beweist nicht
nur Werthers außerordentliche

Teilnahms- und Mitleidsfähigkeit, sondern steht wie eine (erst in die zweite Fassung eingefügte) Episode über einen Bauernknecht, der aus Eifersucht einen Rivalen erschlägt, in einem deutlichen Bezug zu Werthers Entwicklung, die nun selbstzerstörerische Züge annimmt. In diesem Stadium, als die Verzweiflung und Verwirrung bei Werther auch Symptome einer körperlichen Zerrüttung zu zeigen beginnen, schaltet sich Anfang Dezember der Herausgeber in den Roman ein. Er berichtet von Werthers immer konkreter werdenden Selbstmordplänen, die dieser als Erlösung und Opfertod zugleich begreift und Wilhelm in einem Brief vom 20. Dezember 1772 begründet. Nachdem Albert Lotte nahegelegt hatte, ihren weiteren Umgang mit Werther einzuschränken, rät Lotte Werther in einer Unterredung vom 20. Dezember zur Abreise und bittet ihn, sie vor dem Weihnachtsabend nicht wieder zu besuchen. Am folgenden Tag beginnt Werther mit der Abfassung seines Abschiedsbriefs an Lotte und begibt sich am selben Abend dennoch zu ihr, wo er sie in Abwesenheit Alberts antrifft. Nach einem Vortrag einer eigenen Übersetzung aus den (von James MacPherson verfaßten) Heldenliedern Ossians, die in ihrer düsteren Stimmung die Gemütsverfassung Werthers illustrieren und innerhalb der dramatischen Schlußszenen des Romans ein letztes retardierendes Moment bilden, gesteht er Lotte erneut seine Liebe, küßt sie und wirft sich ihr zu Füßen. Lotte reißt sich von ihm los und schließt sich in ein Nebenzimmer ein. Am folgenden Tag bittet Werther Albert schriftlich um

dessen Pistolen, vollendet sein Abschiedsschreiben und erschießt sich in der Nacht zum 23. Dezember 1772.

Wenn Werther wiederholt und immer wieder sein ›Herz‹ – zweifellos der Schlüsselbegriff des Romans – zur obersten und alleinigen Instanz einer unbedingten Leidenschaft erhebt, die als »Krankheit zum Tode« mit zwangsläufiger Dynamik zugleich auch ihr destruktives Potential freisetzt, so hat Goethe diese ›Sprache des Herzens‹ in ihrer fiebernden Erregung mit einer bis in die Syntax hinein spürbaren Wucht und Virtuosität zum Ausdruck gebracht. Dem Gefühl von Einsamkeit und Isolation (bezeichnenderweise sind es die Kinder, in deren Gesellschaft sich Werther am wohlsten fühlt) entspricht die monologische Struktur des Romans. Gerade die Form des Briefromans nämlich fördert durch den Verzicht auf kommentierende Wertung das Verständnis für die Hauptperson, um die der Herausgeber schon eingangs geworben hatte; sie zeigt zugleich, wie seine »allzugroße Empfindlichkeit« in ihrem euphorischen Pathos Werther immer wieder auf sich zurückwirft. Wenn Goethe in einer späten Äußerung zu Eckermann resümiert, der »Werther« enthalte »lauter Brandraketen«, so zielt dieses Urteil auf den über die Geschichte einer Liebe hinausreichenden geistesgeschichtlichen ›Sprengstoff‹ des Romans, in dem ein Individuum seine Bedürfnisse und Ansprüche absolut setzt, dabei aber die ebenso schmerzliche wie unausweichliche Erfahrung machen muß, daß traditionelle Bindungssysteme – wie Familie, Religion oder gesellschaftliche Konvention – keinen Halt mehr

zu geben vermögen. Indem der
Werther gerade diesen Konflikt in
aller Radikalität zum Thema
macht, hat man ihn wiederholt als
den »Beginn der modernen
Prosa« (Trunz) in Deutschland
bezeichnet.

Lit.: K. ROTHMANN (Hg.), J. W. G., Die Leiden des jungen Werther. Erläuterungen und
Dokumente, Stuttgart 1987 (RUB 8113).

J. JOHN

Die Wahlverwandtschaften.
Ein Roman. 2 Teile; je 18 Kapitel;
EA Tübingen 1809.
Als Goethe den Plan zu den *Wahlverwandtschaften* in seinem Tagebuch unter dem 11. April 1808
erstmals erwähnt, stehen sie dort
noch in einer Reihe mit anderen
»kleinen Erzählungen«, die als
Novelleneinlagen für den Roman
→ *Wilhelm Meisters Wanderjahre*
vorgesehen waren. Das
»schmerzliche Gefühl der Entbehrung«, das nach Goethes Aussage
die Abfassung wesentlich bestimmte, rückt die *Wahlverwandtschaften* nicht nur in eine unmittelbare Nähe zur Entsagungsmoti-
vik der *Wanderjahre,* sondern
kennzeichnet auch die nach Schillers Tod (1805) von persönlichen
(wie auch politischen) Krisen geprägte Periode im Leben Goethes.
In einer ersten Arbeitsphase im
Sommer 1808 begonnen, vollendet Goethe den Roman, der den
Novellenrahmen rasch sprengte,
im Oktober 1809.
Ort der Handlung des 1. Teils ist
ein ländliches Gut, auf das sich
Eduard, ein »reicher Baron im besten Mannesalter«, mit seiner
Gattin Charlotte zurückgezogen
hat, um hier das »spät erlangte
Glück ungestört genießen« zu
können; beide nämlich, die schon
eine jugendliche Liebe verbunden
hatte, waren nach erzwungener
Trennung zuvor bereits in kon-

ventionellen Ehen verheiratet gewesen. Ihrer Absicht, in Abgeschiedenheit »uns selbst« zu leben, entspricht eine Lebensweise
gepflegten Müßiggangs, die sich
vor allem der Kultivierung der
Besitzungen widmet. In einem
Gespräch mit Charlotte bittet
Eduard, den der Erzähler als
ebenso liebenswürdig wie verwöhnt charakterisiert, seinen in
einer Notlage befindlichen
Freund, den Hauptmann Otto,
bei sich aufnehmen zu dürfen. Gegen Charlottes Skepsis, die einen
ähnlichen Plan mit ihrer Nichte
Ottilie erwogen hatte, setzt sich
Eduard durch. Der Hauptmann
trifft ein (1. Teil, 3. Kap.) und beginnt, mit Eduard und Charlotte
Pläne zur Vermessung und Umgestaltung des Guts zu entwerfen.
Ein abendliches Gespräch zu dritt
(4. Kap.) erläutert den Begriff der
»Wahlverwandtschaften«. Dieser
1775 vom Schweden Tobern
Bergmann in seiner Abhandlung
De attractionibus electivis beschriebene chemische Vorgang bezeichnet einen Prozeß, in dem je zwei
fest miteinander verbundene Sub-
stanzen sich bei gemeinsamer Reaktion gleichsam über Kreuz neu
vereinigen. Obwohl vom Hauptmann als »gefährlich« klassifi-
ziert, überträgt Eduard – Ottilie in
dieses Gleichnis einschließend –
das Beispiel auf die anwesenden
Personen und entwirft in spielerischer Weise damit die ›Versuchs-
anordnung‹, vor deren Hintergrund sich das weitere Geschehen
entwickelt. Eduard billigt nun
Charlottes Plan, Ottilie aus einer
Pensionsanstalt, wo sie zusammen mit Charlottes Tochter Lu-
ciane erzogen wird, als Hausge-
hilfin zu sich kommen zu lassen.
Schon bald nach ihrer Ankunft
(6. Kap.) stellt Ottilie ihre Eigen-

schaften einer stillen Dienstbarkeit und Bescheidenheit unter Beweis, wie sie ihr zuvor in Briefen der Pensionsleiterin und deren Assistenten attestiert worden waren. Während gemeinsamer Unternehmungen beginnen sich die von Eduard entworfenen Konstellationen herauszubilden. Der Besuch eines adligen Paares, das in lockerer Konversation die Institution der Ehe in Frage stellt, unterstützt diesen Prozeß, der durch die drohende Abreise Ottilies wie den Abschied des Hauptmanns zusätzlich forciert wird. Bei einem nächtlichen Besuch Eduards vollzieht sich schließlich ein imaginierter doppelter Ehebruch: »Eduard hielt nur Ottilien in seinen Armen; Charlotten schwebte der Hauptmann näher oder ferner vor der Seele«. In der Folge nehmen die ›wahlverwandtschaftlichen‹ Beziehungen eine konträre Entwicklung: während Charlotte und der Hauptmann die Notwendigkeit ihrer Trennung einsehen, steigert sich Eduards Liebe zu einer Maßlosigkeit, die Charlotte Ottilies Abreise als einzigen Ausweg erscheinen läßt. In einer Aussprache der Ehegatten nach der Abreise des Hauptmanns (16. Kap.) stimmt Eduard dieser Absicht zu, teilt Charlotte daraufhin aber seinen Entschluß mit, auf unbestimmte Zeit zu verreisen und bittet sie, Ottilie bei sich zu behalten. Er verläßt das Haus, ohne innerlich zu einem Verzicht auf Ottilie, die ebenfalls »Eduarden nicht entsagt« hat, bereit zu sein: vielmehr bittet er Mittler, einen ehemaligen Geistlichen, die Scheidung zu erwirken. Als dieser ihm mitteilt, daß Charlotte – als Folge des nächtlichen ›Ehebruchs‹ – ein Kind erwartet, schließt er sich in verzweifelter Todessehn-

sucht einem Feldzug an. Zu Beginn des 2. Teils, der die Figur Ottilies in den Mittelpunkt rückt, verlangsamt sich das Erzähltempo zunächst merklich. Besuche eines Architekten und des Pensionsgehilfen finden ihren Niederschlag in einem auszugsweise mitgeteilten Tagebuch Ottilies. Erzähltechnisch durch ihre durchgängige Schweigsamkeit einleuchtend motiviert, dokumentieren ihre Aufzeichnungen eine innere Entwicklung, durch die sie sich von ihrer ausschließlichen Fixierung auf Eduard löst; zugleich bilden sie in ihrer sensiblen Aufmerksamkeit ein Gegengewicht zur lärmenden Hektik und gedankenlos-bösartigen Oberflächlichkeit, die das Auftreten Lucianes kennzeichnen. An die Geburt und die Taufe von Charlottes Sohn Otto, dessen Physiognomie eine auffallende Ähnlichkeit mit den Zügen Ottilies und des Hauptmanns aufweist (worin sich zugleich die den Roman bestimmende Durchdringung von symbolischem und realistischem Gehalt am sinnfälligsten manifestiert), schließt sich die von einem durchreisenden Engländer erzählte Novelle »Die wunderlichen Nachbarskinder« an, die als »Kontrastbild zur Welt der Romanerzählung« (Jacobs) zugleich ein letztes retardierendes Moment vor der dramatischen Zuspitzung des weiteren Geschehens bildet. Von seinem Feldzug zurückgekehrt, zeigt sich Eduard dem inzwischen zum Major beförderten Hauptmann gegenüber von der »Torheit« seiner Ehe überzeugt. Trotz aller Einwände seines Freundes bekräftigt er seine Ansprüche auf Ottilie. Nach einem von ihm an einem Seeufer herbeigeführten Wiedersehen mit Ottilie und dem Kind kommt es bei Ottilies verspäteter Rückfahrt auf dem See zur Katastrophe: ihr Kahn droht zu kentern, das Kind stürzt über Bord und ertrinkt (2. Teil, 13. Kap.). Während Eduard auch dieses Unglück als »Fügung« des Schicksals deutet, führt Ottilie die Erkenntnis, »aus meiner Bahn geschritten« zu sein, zum endgültigen Verzicht auf Eduard. Um ihre Schuld zu büßen, entschließt sie sich, als Erzieherin in die Pension zurückzukehren. Doch auch diese Absicht wird durch ein von Eduard erzwungenes Treffen vereitelt: wortlos lehnt Ottilie seine erneute Werbung ab. Mit Eduard zusammen zu Charlotte zurückgekehrt, verzichtet Ottilie in freiwilliger Askese von nun an auf jede sprachliche Kommunikation, verweigert schließlich auch jegliche Nahrungsaufnahme und hungert sich so zu Tode. Eduard überlebt die nach ihrem Tod als Heilige und Märtyrerin verehrte Geliebte nur um kurze Zeit. Mit einem versöhnenden Ausblick auf eine Zeit, in der die in einer Kapelle nebeneinander Begrabenen »dereinst wieder erwachen«, schließt der Roman.

Von den Zeitgenossen als »Gipfel der heutigen Kunst« (Solger) gerühmt wie ebenso als Skandalon kritisiert, entfalten die *Wahlverwandtschaften* in aller Schärfe den Konflikt zwischen sittlicher (Willens)freiheit und naturgesetzlicher Determination, der die Autonomie menschlicher Entscheidungskraft mit der in Goethes Denken zentralen Kategorie des ›Dämonischen‹ als »eine der moralischen Weltordnung«, wo nicht entgegengesetzte, doch sie durchkreuzende Macht« konfrontiert. Von einem Erzähler im kühl-distan-

zierten Ton eines naturwissenschaftlichen Beobachters vorgetragen, enthält sich der Roman gerade in der Schilderung der ›magnetischen Anziehungskraft‹ zwischen Eduard und Ottilie jeder eindeutigen moralischen Wertung oder Verurteilung, was Goethe wiederholt den Vorwurf der Immoralität eingebracht hat. Seine Absicht, »sociale Verhältnisse und die Conflicte derselben symbolisch gefasst« darzustellen, verweist zugleich auf die sozialgeschichtliche Dimension des Romans, der im Gegensatz zur reformwilligen Aristokratie der *Lehrjahre* das Bild eines Adels im »historischen Abseits« (Vaget) entwirft. Gerade aus den eingeschränkten Bewußtseinsverhältnissen ihrer Figuren nämlich entwickeln die *Wahlverwandtschaften* eine tragische Ironie, indem die handelnden Personen »glauben zu spielen, während der Autor des Romans mit ihnen spielt« (Allemann).

Lit.: E. RÖSCH (Hg.), G.s Roman »Die Wahlverwandtschaften«, Darmstadt 1975. – U. RITZENHOFF, J. W. G., Die Wahlverwandtschaften. Erläuterungen und Dokumente, Stuttgart 1982 (RUB 8156).   J. JOHN

Wilhelm Meisters Lehrjahre. 8 Bücher; 98 Kapitel; EA Berlin 1795/96.

1777 bis 1785 entstanden die ersten sechs Bücher der Urfassung des Romans unter dem Titel *Wilhelm Meisters Theatralische Sendung;* 1794 begann Goethe mit der Umarbeitung des Werks und schloß es unter reger Anteilnahme Schillers (vgl. die Goethe-Schiller-Briefwechsel 1794–96) 1796 ab. Der Roman erzählt die Geschichte des jungen Kaufmannssohns Wilhelm, der erst seine Leidenschaft für das Theater ganz auskosten

muß, bevor er am Ende in gereif-
ter Selbsteinschätzung die ihm gemäße Rolle des durch Bildung
und die Verbindung mit dem reformwilligen Adel veredelten
Bürgers findet. Dem Hauptwerk
der deutschen Klassik wurde bereits von den Zeitgenossen epo-
chale Bedeutung zuerkannt –
F. Schlegel erklärte es mit der
französischen Revolution und
Fichtes *Wissenschaftslehre* zu den
größten Tendenzen des Zeitalters.
Th. Mann bezeichnete es als »Ur-
typ des deutschen Bildungs- und
Erziehungsromanes«, und in der
Vielfalt und Spannweite seiner Interpretationen, die den Roman
ebenso als Ausdruck eines über-
zeitlich-gültigen Bildungsideals
wie als Entwurf einer sozialistischen, alle Klassengegensätze
überwindenden Gesellschaftsuto-
pie deuteten, wurde es zum Paradigma für die Wissenschaftsge-
schichte der Germanistik.
Der Roman beginnt mit Wilhelms
Liebe zu der Schauspielerin Mariane. Schon als Knabe hatte er
sich für das Puppenspiel begeistert
und war später der vom Handel
und der vorteilhaften Spekulation
regierten bürgerlichen Welt seines
Vaters und dessen Geschäftspart-
ners Werner häufig ins Theater
entflohen. Als das Glück seiner
ersten Liebe mit dem Entschluß
des Vaters zusammenfällt, ihn aus
dem Elternhaus auf eine längere
Geschäftsreise zu entlassen,
glaubt er sich zu einer glänzenden
Theaterlaufbahn, zur Begründung eines deutschen National-
theaters berufen, »nach dem er so
vielfältig hatte seufzen hören«.
Weder die ernüchternde Begegnung mit dem nach sicherem
Broterwerb strebenden Schauspieler Melina noch die Einwände
des jungen Werner, der bereits

ganz in der Tätigkeit des Kaufmanns aufgeht, vermögen den
verliebten Schwärmer von seinem
Plan abzubringen, sich mit Mariane der Truppe des Theaterdirektors Serlo anzuschließen.
Doch als er sich von der Geliebten
betrogen glaubt, stürzen auch
seine Theaterträume vorerst zusammen (1. Buch). – Nach
schwerer Krankheit widmet er
sich resigniert ganz den Handels-
geschäften und tritt schließlich
nach einigen Jahren die aufge-
schobene Reise an, die ihn durch
eine Kette von zufälligen Begegnungen und Begebenheiten just
zu dem aufgegebenen heimlichen
Ziel führt. In einem Landstädtchen trifft er auf zwei von ihrer
versprengten Truppe übriggge-
bliebene Schauspieler – Laertes
und die anmutig leichtfertige Philine mit ihrem jungen Verehrer,
dem Knaben Friedrich; er verlebt
mit ihnen einige unbeschwerte
Tage: Ein südländisch dunkles,
etwa zwölfjähriges Mädchen mit
geheimnisvollem Gebaren erregt
seine Aufmerksamkeit; er kauft
Mignon dem brutalen Direktor
einer Zirkustruppe ab. Die Ankunft des Ehepaars Melina und
weiterer Schauspieler läßt eine
ganz den unmittelbaren Interessen
und Bedürfnissen hingegebene
Komödiantengesellschaft entstehen, die mit Wilhelms finanzieller
Unterstützung schließlich über
die nötige Ausrüstung verfügt,
um auf der Bühne aufzutreten.
Vielfältig angezogen von den
neuen Bekanntschaften, zu denen
sich noch ein im Mönchsgewand
umherziehender Alter hinzuge-
sellt, der ihn mit Harfe und Gesang zu rühren vermag, findet
Wilhelm mühsam zu dem Entschluß, sich loszureißen. Seiner
unverzüglichen Abreise steht je-

doch Mignon entgegen, die er nach einer bewegenden Szene des Abschiedsschmerzes an Kindes Statt annimmt (2. Buch) und die daraufhin ihrem ›Vater‹ das Lied der Sehnsucht nach ihrer Heimat Italien singt (»Kennst du das Land, wo die Zitronen blüh'n«). – Die neue Truppe wird von einem Grafenpaar zu einem Gastspiel zu Ehren eines Prinzen engagiert. Wilhelm ist von der schönen Gräfin beeindruckt, erhofft sich von der »großen Welt« des Adels »Aufschlüsse über das Leben, über sich selbst und die Kunst«, und folgt so – mit Mignon und dem Harfner – der Einladung auf das Schloß. Die Truppe hat leidlichen Erfolg und verwickelt sich zunehmend in Liebeleien und Verwirrspiele. Der Graf, unfähig, Sein und Schein zu unterscheiden, fällt ihnen schließlich zum Opfer, als er in Wilhelm, dem man des Grafen Kleider angelegt hat, einer unheildrohenden Erscheinung seiner selbst zu begegnen glaubt – ein Erlebnis, das ihn zusammen mit seiner Gattin in die Arme der Herrnhuter treibt. Jarno, ein überlegener, aber kalter Vertrauter des Prinzen, eröffnet Wilhelm die Welt der Dramen Shakespeares, in die er sich tagelang vertieft und die »seine ganze Seele in Bewegung« bringen (3. Buch). – Reich beschenkt bricht die Truppe in eine kleine Stadt auf und wird von Räubern überfallen. Wilhelm findet sich nach einer Bewußtlosigkeit in Philines Schoß wieder, Mignon, aufgelöst und selbst verletzt, zu seinen Füßen, der Rest der Gesellschaft ist verschwunden. Eine Dame zu Pferd an der Spitze eines größeren Trupps sorgt für Hilfe und beschäftigt fortan als »Heilige« und »schöne Amazone« die Phantasie

Wilhelms. Die undankbaren Schauspieler wollen Wilhelm für den Verlust ihrer Habe verantwortlich machen. Er verspricht ihnen Hilfe und bricht nach längerem Krankenlager in eine größere Handelsstadt zu Serlo auf, bei dem er sie unterzubringen hofft. In Serlo und seiner geistreichen, selbstquälerischen Schwester Aurelie, die ihre enttäuschte Liebe zu einem Adligen namens Lothario nicht überwinden kann, findet Wilhelm passionierte Zuhörer seiner Ausführungen über den *Hamlet* (4. Buch). – Aus einem Brief des jungen Werner erfährt er vom Tod seines Vaters; dem kaufmännisch-geschäftüchtigen Lebensplan Werners, seines zukünftigen Schwagers, setzt er seinen Entschluß entgegen, auf Serlos Bühne aufzutreten, den er mit einem programmatischen Brief (5. Buch, 3. Kap.) als Konsequenz seines bisherigen Weges zu rechtfertigen sucht:»mich selbst, ganz wie ich da bin, auszubilden, das war von Jugend auf mein Wunsch«; eine »personelle Ausbildung«, die im Leben nur dem Edelmann als »öffentlicher Person« möglich sei, müsse der Bürger »auf den Brettern« suchen. Als Berufsschauspieler setzt Wilhelm seine ganze Kraft für die Vorbereitung der *Hamlet*-Aufführung ein. Ein Unbekannter kündigt an, den Part des Geistes des alten Königs zu spielen; er erscheint während der Premiere schauerlich-eindrucksvoll, zudem mit einer Stimme, die Wilhelm an seinen eigenen Vater erinnert, so daß er als Hamlet nur seiner Bewegung freien Lauf zu lassen braucht, um das Publikum zu begeistern. Ein Brand bricht aus, Mignon stürzt herein und ruft Wilhelm die Worte »Rette deinen

Felix!« zu. Der etwa dreijährige Felix, der in der Obhut Aurelies lebt und als Sproß ihrer Liebe zu Lothario gilt, wird soeben noch aus den Flammen und vor dem Wahnsinn des Harfners gerettet. Die Theatertruppe verfällt nach dem Höhepunkt der *Hamlet*-Aufführung bald dem Alltag, wobei sich die Geldgier Melinas mit Serlos Lust an kostspieligen Vergnügungen verbündet; man inszeniert noch die *Emilie Galotti*, dann stirbt Aurelie. Wilhelm entfernt sich für einige Wochen, um Lothario ihren Abschiedsbrief zu überbringen (5. Buch). – Nach seiner Abreise sind als 6. Buch die »Bekenntnisse einer schönen Seele« eingeschaltet, die autobiographischen Aufzeichnungen einer verstorbenen Stiftsdame. Die auf Berichte und Briefe von Susanna Katharina von Klettenberg, von der Goethe in den Jahren 1769–75 in die Welt von Pietismus und Herrnhutertum eingeführt wurde, zurückgehenden »Bekenntnisse« schildern eine Bildungsgeschichte eigener Art. Die körperlich anfällige, geistig höchst aufnahmefähige und regsame Ich-Erzählerin gibt nach einigen Jahren äußerlich-gesellschaftlichen Treibens durch den Verzicht auf den Bräutigam ihrem Ziel den Vorrang, »mit ihrer innern sittlichen Natur ins reine zu kommen«, und findet durch die Erforschung der eigenen Seele die ihrer Natur gemäße Existenzform im Streben nach Nähe zu Gott. Nach außen wirkender Kontrapunkt und Gesprächspartner der adeligen Stiftsdame ist der Oheim, der sich der Erziehung der vier verwaisten Kinder ihrer Schwester angenommen und sie einem französischen Abbé anvertraut hat (wie sich später herausstellt, sind dies Lothario, Natalie, die Gräfin und Friedrich; 6. Buch). – Mit der Ankunft auf dem Gut Lotharios lernt Wilhelm die Welt des aufgeklärten Adels kennen. Lothario, aus Amerika zurückgekehrt, das hier für die republikanische Idee und ein von Traditionen unbelastetes Wirkungsfeld steht, ist als vorbildlicher, sozial-verantwortungsvoll tätiger Adliger dargestellt, der freilich bis weit ins 8. Buch hinein mit den aus seinen zahlreichen Liebesaffären folgenden Verwirrungen zu tun hat. Er bekennt sich schuldig, Aurelie gegenüber Freundschaft mit Liebe verwechselt zu haben; Felix ist jedoch nicht ihrer beider Sohn. Auf Lotharios Schloß trifft Wilhelm Jarno und den Abbé. Er wird mit einem Auftrag zu Therese geschickt und lernt in ihr eine kenntnisreiche, gewandte, ganz auf das Häuslich-Praktische ausgerichtete Person kennen, deren Heirat mit Lothario bereits beschlossen war, als ein unerwartetes äußeres Hindernis auftrat. Jarno rät Wilhelm, dem Theater zu entsagen, zu dem er »nun doch einmal kein Talent« habe, und Mignon und Felix zu holen. Wilhelm erfährt von der alten, früheren Bedienerin Marianes, daß Felix sein Sohn, Mariane ihm treu geblieben, aber gleich nach der Geburt des Kindes in Armut gestorben ist. Er vertraut die beiden Kinder Therese an und teilt Werner seinen Entschluß mit, sich mit Männern zu verbinden, »deren Umgang mich in jedem Sinne zu einer reinen und sichern Tätigkeit führen muß«. Auf Lotharios Schloß wird er in die Geheimnisse der Turmgesellschaft eingeweiht. Diese hat seine »Lehrjahre« von ferne begleitet und – z. B. in der Gestalt des Geistes – nach dem Motto geleitet, daß es »die Weisheit der Lehrer« sei, »nicht vor Irrtum zu bewahren«, sondern den Irrenden »seinen Irrtum aus vollen Bechern ausschlürfen zu lassen«. Wilhelm erkennt das Streben nach öffentlicher Wirkung auf der Bühne als seinen Irrtum, bekommt vom Abbé seinen »Lehrbrief« und entdeckt in den Räumen des Turms Schriftrollen mit seinen eigenen »Lehrjahren« und denen Lotharios und Jarnos; der Abbé bestätigt ihm auf seine Frage, daß Felix sein Sohn ist, und erklärt seine Lehrjahre für beendet (7. Buch). – Der Wilhelm eben zugesprochene Status als Vater und Mitglied des Freundeskreises um den Turm scheint rasch seine bürgerlich-materielle Konsolidierung finden zu sollen: er glaubt in Therese die geeignete Mutter für Felix gefunden zu haben und bittet sie, seine Frau zu werden; Werner – zu einem »arbeitsamen Hypochondristen« verkümmert – taucht als Geschäftspartner Lotharios auf und erwirbt gemeinsam mit diesem ein angrenzendes Gut, das Wilhelm verwalten soll. Doch Wilhelm wird zu der sich in Sehnsucht verzehrenden Mignon gerufen, die sich in einem Kreis junger Mädchen in der behutsam-leitenden Obhut von Lotharios Schwester Natalie aufhält; er trifft in dieser die »schöne Amazone« wieder. Während sich bei der gemeinsamen Sorge um die zunehmend entrückt erscheinende Mignon Wilhelms Neigung zu Natalie vertieft, erklärt sich Therese in einem Brief zur Heirat bereit. Zugleich erweist sich das Hindernis, das seinerzeit ihrer Hochzeit mit Lothario entgegenstand, als ausgeräumt. Mignon bricht tot zusammen, als Therese Wilhelm als

ihren Bräutigam begrüßt, und findet in der harmonisierend-rationalen Welt Natalies und der Turmgesellschaft lediglich als kunstvoll präparierter Leichnam einen Platz. Der Harfner nimmt sich das Leben, nachdem seine Geschichte bekannt geworden ist: er hat sich als junger Mönch unwissentlich in seine Schwester verliebt, die Frucht der unglücklichen, die Liebenden an die Grenze zum Wahnsinn treibenden Verbindung ist Mignon. Nach quälender Trauer, Verwirrung und Verstimmung, die lediglich durch die scherzhaften Kommentare des überraschend eingetroffenen jüngeren Bruders Lotharios, des Wilhelm bereits bekannten und nun dauerhaft mit Philine verbundenen Friedrich, aufgelockert wird, löst sich die Verwicklung durch zwei weitere adlig-bürgerliche ›Mesalliancen‹ auf: Wilhelm erlangt »höchstes Glück« durch die ihm zugesprochene Hand Natalies, damit steht auch der Verbindung von Therese und Lothario nichts mehr im Wege.

Der Roman, der besonders in den aus der Urfassung übernommenen ersten fünf Büchern als Zeit- und Theaterroman für die Jahre von etwa 1770 bis 1780 gelten kann und noch mit der Turmgesellschaft das zeittypische Phänomen der Freimaurerloge aufgreift, entfaltet zugleich ein Netz symbolisch-bedeutsamer Anspielungen und allgemeiner Bezüge: so wird z. B. durch das Bild vom kranken Königssohn, das vom Vater verkaufte Lieblingsbild des jungen Wilhelm, das er im Haus von Natalie wiederfindet, ein geheimer Zusammenhang zwischen seiner Herkunft und seinem Ziel im Kreis Natalies geknüpft; Mignon übernimmt die Requisiten der Erinnerung an Mariane und bestimmt auf untergründige Weise an entscheidenden Stellen den weiteren Weg Wilhelms. Die Anlage der Figuren folgt einer von Goethe vor der Umarbeitung entworfenen Typologie, die etwa Wilhelm als »ästhetisch sittlichen Traum« Lothario als »heroisch aktivem Traum« gegenüberstellt und Reihen von einander kontrastierenden, sich steigernden Charakteren (z. B. Stiftsdame – Therese – Natalie als wahrhaft »schöne Seele«) bildet. Zahlreiche räsonierende Passagen über Kunst und Theater, vor allem den *Hamlet*, über Bildung und Erziehung, Bürgertum und Adel beziehen die einzelnen Figuren und Begebenheiten auf das thematische Zentrum des Romans, die Frage nach den Bedingungen, nach Scheitern und Gelingen einer Humanität im Sinn einer harmonisch entwickelten Persönlichkeit im tätigen, sozialen Interessen dienenden Austausch mit der Umwelt. Der Roman läßt ein vielfältiges Spektrum möglicher Antworten auf diese Frage offen. Dazu trägt nicht zuletzt die nahezu durchgängige Ironie des auktorialen Erzählers bei, zu der vor allem der idealistischweltfremde, zugleich von philisterhaften Zügen nicht freie Titelheld, zumal in der »schlechten Gesellschaft« der Schauspieler (so Herders Vorwurf), Anlaß gibt.

Lit.: E. Bahr (Hg.), Erläuterungen und Dokumente. J. W. G., Wilhelm Meisters Lehrjahre, Stuttgart 1982 (RUB 8160). I. Klemm

Wilhelm Meisters Wanderjahre oder Die Entsagenden. EA Stuttgart/Tübingen 1821 (erweiterte 2. Fassung: 3 Bücher; 41 Kapitel; Stuttgart/Tübingen 1829).

Neben dem *Faust* zählt der *Wilhelm Meister* zu den Stoffen, die Goethe in den verschiedenen Stadien des künstlerischen Schaffens zeit seines Lebens beschäftigt haben. So erwog Goethe auch bereits unmittelbar nach Abschluß der *Lehrjahre* im Briefwechsel mit Schiller vom Juli 1796 deren Fortsetzung, nahm diesen Plan aber erst 1807 wieder auf. Mehrere Novellen (zu denen ursprünglich auch die → *Wahlverwandtschaften* zählten) entstehen oder werden übersetzt, die als Teile des geplanten Romans zwischen 1809 und 1819 in Cottas *Taschenbuch für die Damen* veröffentlicht werden. 1821 erscheint dann die erste Fassung von *Wilhelm Meisters Wanderjahre oder Die Entsagenden*, der 1829 in drei Büchern eine um wesentliche Teile erweiterte Zweite Fassung folgt. – Zu Beginn des 1. Buchs begegnen Wilhelm, durch das Gebot der »Gemeinschaft der Entsagenden«, nirgends länger als drei Tage zu bleiben, zu ständiger Wanderschaft verpflichtet, und sein Sohn Felix im Gebirge dem Zimmermann St. Joseph, der mit Frau und Kind ein Leben in bewußter Nachfolge des Ur- und Vorbilds der heiligen Familie führt. St. Josephs Lebensgeschichte ist wiederum Teil eines Briefs Wilhelms an seine Frau Natalie, womit der Leser bereits hier in die komplizierte Erzähltechnik der *Wanderjahre* eingeführt wird, deren Handlungsverlauf – falls von einem solchen überhaupt gesprochen werden kann – wiederholt durch eingeschobene Berichte, Querverweise, Tagebücher, Briefe und nicht zuletzt Novellen unterbrochen und dabei fortgeführt wird. Ebenfalls im Gebirge trifft Wilhelm Jarno wieder, der sich nun Montan nennt und aus Skepsis gegenüber dem (in den *Lehrjahren* postulierten) Ideal allseitiger Bildung die Beschränkung auf ein Handwerk propagiert. Die nächste Station der Reise bildet das Landgut eines als »Oheim« bezeichneten Adligen (1. Buch, 5.–9. Kap.). In die Gespräche des geselligen Kreises um Juliette und Hersilie, den Nichten des Oheims, der seinen Besitz in philanthropischer Strenge verwaltet, werden zwei Novellen (»Die pilgernde Törin«, »Wer ist der Verräter?«) eingeschaltet, die Hersilie, in die sich Felix verliebt, Wilhelm zu lesen gibt. Ein eingeschobener Briefwechsel (6. Kap.) führt Makarie, die Tante der Nichten, und Lenardo, den Neffen Makaries, dessen Rückkehr nach dreijähriger Abwesenheit im Ausland unmittelbar bevorsteht, ins Romangeschehen ein. Auf Empfehlung der Nichten begeben sich Wilhelm und Felix zu Makarie und – nach Gesprächen mit einem Astronomen und Angela, der Verwalterin eines Archivs, das Aufzeichnungen von Gesprächen im Umkreis Makaries sammelt, – von dort aus weiter zu Lenardo. Dieser bittet Wilhelm, Nachodine, das »nußbraune Mädchen« (11. Kap.), zu suchen, in deren Schuld Lenardo zu stehen glaubt; zugleich wird die Verbindung der Amerikapläne Lenardos und der Turmgesellschaft in die Wege geleitet. Zu Beginn des 2. Buchs gelangt Wilhelm durch die Vermittlung Lenardos in die »Pädagogische Provinz«, wo die Schüler in einem streng reglementierten Erziehungssystem ausgebildet und in der »Lehre von den drei Ehrfurchten« zugleich zu einer säkularen »Weltfrömmigkeit« erzogen werden sollen, wie sie später auch der Abbé der Turmgesellschaft

(2. Buch, 7. Kap.) verkündet. Dort läßt Wilhelm Felix zurück. An eine poetologisch bedeutsame Zwischenbemerkung (3. Kap.), die auf die diskontinuierliche Erzählweise des Romans Bezug nimmt, schließt sich die Novelle »Ein Mann von funfzig Jahren« an, in deren thematischem Zentrum ebenso der zentrale Gedanke der »Entsagung« steht wie in der nachfolgenden Episode am Lago Maggiore. Dorthin war Wilhelm, der zuvor Lenardo Nachodines Aufenthaltsort mitgeteilt hatte, mit einem jungen Maler gereist: in einer nächtlichen Szene am See werden in Mignons Lied Welt und Stimmung der *Lehrjahre* nochmals beschworen und – in der Trennung am nächsten Morgen – zugleich verabschiedet. Der Roman wird nach einer Pause von mehreren Jahren mit einem Besuch Wilhelms, der mittlerweile von seinem Wandergebot entbunden ist, in der »Pädagogischen Provinz« fortgesetzt, wo Wilhelm Felix und Montan wiedersieht. In einem Brief an Natalie am Ende des 2. Buchs begründet Wilhelm seinen Entschluß, Wundarzt zu werden. In einer wesentlichen Erweiterung der ersten Fassung schließt Goethe an das 2. (wie später auch an das 3.) Buch zwei umfangreiche Aphorismensammlungen (»Betrachtungen im Sinne der Wanderer«, »Aus Makariens Archiv«) an, die zusammen mit zwei großen Gedankengedichten (»Vermächtnis«, »Im ernsten Beinhaus . . .«) als integrierende Bestandteile des Romanganzen dessen Kernaussagen aufnehmen und weiterentwickeln. Das 3. Buch ist dann vor allem der Gemeinschaft der Auswandernden und deren Sozialutopien gewidmet. Auf der Suche nach den »Sei-

nigen« trifft Wilhelm Lenardo in einer Gruppe von Handwerkern, dem Auswandererbund, wieder. Die Darstellung der Lebensformen dieses Vereins werden durch die Fortführung der Felix-Hersilie-Geschichte, einem Bericht über Wilhelms Ausbildung als Wundarzt sowie durch Auszüge aus Lenardos Tagebuch ergänzt, der dort in längeren Exkursen von dem durch das »überhandnehmende Maschinenwesen« bedrohte Handwerk der Weber und Spinner berichtet und so die sozialen Ursachen der im 9. Kapitel eingeleiteten (Aus)wanderungsbewegungen beleuchtet, die in zwei Modellen Gestalt annehmen. Während Lenardo in einer großen Abschiedsrede (3. Buch, 6. Kap.) den »Weltbund der Wanderer« proklamiert und seine amerikanischen Siedlungspläne erläutert, bietet der in der Novelle »Nicht zu weit« zuvor in den Roman eingeführte Odoard den in Europa Zurückbleibenden Land und Arbeit in seiner Provinz an. Nach dem Aufbruch der Auswanderer versammeln sich Lenardo (der inzwischen auch Nachodine wiedergefunden hat), Wilhelm, Montan und andere zur Ab- und Weiterreise Entschlossene bei Makarie. Ein eigenes Kapitel (15. Kap.) erklärt nun Makaries zuvor wiederholt erwähntes karitatives Wirken aus ihrer eigentümlichen Stellung zum Sonnensystem, als dessen Bestandteil sie sich empfindet. Unter dieser Einheit körperlich leidend, entwickelt sie gerade aus diesem Gebrechen ihre therapeutischen Kräfte. Im Bild Makaries als einer zu höchster Geistigkeit gesteigerten Figur weitet sich der Roman, der zuvor seine sozialen Dimensionen entfaltet hatte, in mythisch-kosmische Bereiche. Er endet in einem symbolischen Schlußbild, das Felix, dessen Verbindung mit Hersilie in Aussicht gestellt wird, mit Wilhelm zusammenführt: der Vater kann den bei einem Unfall fast ertrunkenen Sohn durch seine ärztliche Kunstfertigkeit retten. »[…] ist es nicht aus Einem Stück, so ist es doch aus Einem Sinn.« – Mit dieser Formel versuchte Goethe nicht nur, die veränderte, am Bildungsweg einer einzelnen Hauptperson kaum noch interessierte Struktur der *Wanderjahre* zu erklären, sondern zugleich dem Unverständnis zu begegnen, das die Rezeption des Romans dann bis weit ins 20. Jahrhundert tatsächlich bestimmt hat. Lange Zeit als Dokument nachlassender Gestaltungskraft und mangelnden Formwillens kritisiert (was auch zu postumen Eingriffen in das Textcorpus, etwa der Eliminierung der Aphorismensammlungen führte), wurde die Modernität der *Wanderjahre* erst spät entdeckt und gewürdigt. Indem die Mosaikstruktur des Romans als »Chiffre für die Isolation des modernen Menschen« (Henkel) im Spannungsfeld von individuellen Bedürfnissen (so vor allem in den Novellen) und kollektiven Erfordernissen und damit als disparates Spiegelbild einer spezialisierten Gesellschaft verstanden wurde, gewinnt der zentrale Begriff der »Entsagung« eine eindeutig soziale (und nicht etwa religiös-asketische) Bedeutung. So wie die *Lehrjahre* den Epochenumbruch der Französischen Revolution verarbeiteten, erfassen die *Wanderjahre* eine Welt, die – wie Heines Diktum vom »Ende der Kunstperiode« zutreffend resümiert – nunmehr von den Parametern der Arbeit, der Technik und der beginnenden Industrialisierung gekennzeichnet ist.

Lit.: E. TRUNZ, Kommentar zu »Wilhelm Meisters Wanderjahre oder Die Entsagenden«, in: Goethes Werke, Hamburg ³1961, S. 517–736 (Hamburger Ausgabe, VIII). – E. BAHR, Wilhelm Meisters Wanderjahre oder Die Entsagenden (1821/29), in: P. M. LÜTZELER / J. E. McLEOD (Hgg.), Goethes Erzählwerk. Interpretationen, Stuttgart 1985, S. 363–393.   J. JOHN

GOTTHELF, Jeremias (eigentlich Albert Bitzius, 1797–1854)

Der Bauernspiegel oder Lebensgeschichte des Jeremias Gotthelf, von ihm selbst beschrieben. 41 Kapitel; EA Burgdorf 1837 (eigentlich 1836).

Die Romanfigur Jeremias Gotthelf, die in der Form der fiktiven Autobiographie die eigene beschwerliche Lebensgeschichte als lehrreiches Exempel dem Bauernstand im Berner Land einen kritischen Spiegel vorhält, wurde so bekannt, daß der Autor Albert Bitzius, ein sozial und politisch engagierter Pfarrer im bernischen Emmental, den Namen seiner Figur als Pseudonym beibehielt. – Der Ich-Erzähler Jeremias stammt aus kleinbäuerlichen Verhältnissen. Sein Vater, ein durch Erbteilung zum glücklosen Pächter verkommener Bauernsohn, findet beim Holzfällen einen frühen Tod. Die Mutter, nun mittellos, sieht sich gezwungen, ihre Kinder zur »Bettlergemeinde« zu bringen: wohlhabendere Bauern übernehmen die Halbwaisen als »Güterbuben«. Von einem Bauern zum anderen weitergereicht, erlebt Jeremias alle Formen menschlicher Demütigung. Mit unerbittlicher Schärfe zeichnet Gotthelf das Bild einer bäuerlichen Gesellschaft, die sich in primitivem Materialismus und ohne jede Mitmenschlichkeit dem hemmungslosen Ausleben selbstsüchtiger Gefühle hingibt. Schließlich erwachsen, ist Jeremias ein ungeschlachter und ungebildeter Knecht. Von seinem Meister ausgenützt und betrogen, muß er auch noch erleben, wie eine Feuersbrunst seine geringe Habe zerstört. Lichtblick in den trostlosen Verhältnissen ist die Liebe zu Anneli, einem einfachen und aufrichtigen Mädchen. Doch auch dieses Glück findet bald ein schlimmes Ende: Jeremias vergeht sich im Rausch an Anneli, die Mutter und das uneheliche Kind sterben bei der Geburt. Der Zorn des erbitterten Knechtes richtet sich auf seine Umwelt; eine Schlägerei bringt ihn ins Gefängnis, er entflieht in französische Kriegsdienste. Durch Bonjour, einen alten Soldaten, der sich väterlich um ihn kümmert, erfährt er eine späte Erziehung. Aus dem Opfer einer desolaten Kindheit und Jugend wird in den Jahren des Kriegsdienstes allmählich ein achtbarer Mann. Nach den Straßenkämpfen der Revolution von 1830 kehrt Jeremias verwundet in die Heimat zurück. Sein Aufenthalt in einem jämmerlichen Berner Spital öffnet ihm die Augen für den heruntergekommenen Zustand des bernischen Staatswesens. Mit naivem Eifer strebt er nach einem Amt, um darin die Mißstände bekämpfen zu können. Dem unbequemen Mahner bleiben jedoch alle Türen verschlossen. Schließlich zeichnet sich eine utopisch anmutende Lösung ab: Jeremias läßt sich in einem Wirtshaus nieder und gewinnt durch belehrende Gespräche Einfluß zuerst auf die Kinder des Wirtes und dann auf die ganze Bauerngemeinde. Zur allgemeinen Belehrung beginnt er nun auch mit der Niederschrift seiner Lebensgeschichte. Kurz darauf bricht der Roman ab, und es bleibt ungewiß, ob der Ich-Erzähler am Fieber stirbt oder ob sich seine Hoffnungen auf eine gesellschaftsreformerische Tätigkeit erfüllen.

Lit.: K. Fehr, J. G. (Albert Bitzius), Stuttgart ²1985 (SM 60). M. Andermatt

Uli der Knecht – Uli der Pächter. *Ein Volksbuch* (*Uli der Knecht.* 26 Kapitel; EA Zürich/Frauenfeld 1841 u. d. T. *Wie Uli der Knecht glücklich wird. Eine Gabe für Dienstboten und Meisterleute; Uli der Pächter.* 28 Kapitel; EA Berlin 1849; Zusammenfassung zum Doppelroman).

In ihrer realitätsnahen Schilderung des von wirtschaftlichem und sozialem Umbruch gezeichneten Berner Bauernmilieus berühren sich die beiden Romane Gotthelfs mehr mit den zeitgenössischen Gesellschaftsromanen der Franzosen und Russen als mit der Tradition des deutschen Bildungsromans zwischen → *Wilhelm Meister* und → *Grünem Heinrich.* Die religiös-christlichen Grundsätze, mit denen der reformierte Pfarrer Bitzius sein Werk in pädagogischer Absicht durchformt, bilden zur scharfsichtigen Analyse des Bauernalltags ein traditionell-moralisierendes Gegengewicht. – Die Geschichte von Ulis Aufstieg vom Knecht zum Pächter beginnt damit, daß der Bauer Johannes vom Bodenhof, dem das wüste Treiben seines Knechtes Uli große Sorge bereitet, diesem ins Gewissen redet, er müsse seinen Lebenswandel ändern und endlich »ein Mann werden«. Nur widerstrebend geht Uli auf den Rat des Bauern ein, denn er will nicht glauben, daß er es als Knecht im Leben überhaupt je zu etwas werde bringen können. Allein, schon bald erfährt er, daß der Verzicht auf nächtliches »Hudeln« zuerst seinen Ruf und dann auch seine Lebenslage verbessert. Zur endgültigen Einsicht bringt ihn eine letzte schwere Schlägerei nach verlorenem Spiel beim »Hurnussen«; Uli droht die obrigkeitliche Verbannung, weil er an Stelle eines reichen Bauernsohnes für den angerichteten Schaden aufkommen soll. Dem Bodenbauer gelingt es aber, die Gefahr abzuwenden. Der veränderte Uli erregt bald schon die Aufmerksamkeit der anderen Knechte und Mägde. Seine kleinen Ersparnisse ziehen eine Menge falscher Freunde an. Das Werben um Ulis Gunst findet bei der »Meisterjumpfere« Stini ein jähes Ende; sie fällt bei nur dunkler Nacht ins »Mistloch«, das ihr die Rivalin Ürsi abgedeckt hat. Als Meisterknecht zieht Uli dann zu Joggeli, dem Bauer in der Glungge. Dort gelingt es Uli allmählich, sich gegen den Widerstand der Knechte, besonders von Karrer und Melcher, durchzusetzen; er bringt den durch Mißwirtschaft heruntergekommenen Hof zu neuer Blüte. Unterstützung findet er dabei weniger beim mißtrauischen Joggeli, dem Ulis Arbeitseifer schon bald zu weit geht, als bei der Bäuerin, einer »alten, runden freundlichen Frau«, und bei Vreneli, einer auf dem Hof lebenden unehelichen Verwandten der Bäuerin. Die verzogene Tochter der Bauersleute, Elisi, macht Uli aufdringlich den Hof, so daß sich dieser immer mehr vom Gedanken gefangen nehmen läßt, er könne durch eine Heirat mit Elisi zum Bauer werden. Dies verhindert dann aber eine Badefahrt, bei der Elisi einen angeberischen Baumwollhändler kennenlernt, den sie bald darauf heiratet. Der neue Schwiegersohn überwirft sich wegen dreister finanzieller Forderungen mit Joggeli und dessen Sohn Johannes. Um zu verhindern, daß der Hof durch die Streitigkeiten ruiniert wird, bewirkt die Bäuerin, daß Uli Pächter auf der Glungge wird und daß Vreneli und er einander näher kommen. Nach hartem Ringen mit sich selbst überwindet Vreneli die Kränkung, die ihm Ulis Interesse für Elisi zugefügt hatte; schließlich findet es zu seiner lange verborgenen Liebe für Uli zurück. Der erste der beiden Romane endet mit der glücklichen Schließung von Ehe und Pachtvertrag.

Der zweite Roman zeigt einen Uli, der den Anforderungen des Pächterdaseins nicht gewachsen ist und deshalb zum unglücklichen Materialisten verkümmert. Falsche Freunde raten ihm zu einem Gerichtsverfahren gegen ein armes »Bäuerlein«. Obwohl Uli im Unrecht ist, gewinnt er den Prozeß und treibt damit seinen machtlosen Kontrahenten in den Ruin. Nun entlädt sich ein Jahrhundertgewitter über Ulis Pachthof; der Hagel zerschlägt die Pflanzungen, es bleiben nur »Stummel und Trümmer« übrig. Uli faßt als Strafe Gottes auf, was ihm geschehen ist, und verfällt in eine schwere Krankheit. Aus dieser geht er jedoch geläutert, mit neuer Lebenseinstellung hervor. Doch das Unheil dauert an: der Hof wird durch betrügerische Machenschaften des Baumwollhändlers mit Schulden belastet, Joggelis Familie zerstreitet sich vollends, Bauer und Bäuerin sterben, und die Glungge muß

schließlich versteigert werden. Der mächtige Bauer Hagelhans aus dem Blitzloch wendet zum Schluß dann aber alles zum Guten. Er ersteigert den Hof und überläßt ihn Uli weiterhin zur Pachtung. Hagelhans entpuppt sich als Vrenelis Vater. Mit der hoffnungsvollen Aussicht, daß Vreneli und Uli den Hof einmal erben werden, schließt die Geschichte.

Lit.: J. G., Wie Uli der Knecht glücklich wird, hg. von H. P. Holl, Stuttgart 1982, S. 529–549 (RUB 2333).   M. Andermatt

GRAF, Oskar Maria (1894–1967).

Anton Sittinger. 23 Kapitel; EA London 1937.

Der Exilroman gestaltet am Beispiel der behäbig-biederen Titelfigur ein Zeitbild der Jahre vom Ende des Ersten Weltkrieges bis zum Beginn der Nazi-Zeit. Der bayerische Postinspektor Sittinger ist ein zwiespältiger Kleinbürger mit philosophischen Interessen, der sich den Unruhen der Zeit am liebsten ganz entzöge. Politik lehnt er als »imaginäre Sache« ab. Wohl kokettiert der nierenkranke Antiheld 1917 mit dem »Heldentod« und äußert vaterländische Phrasen; gleichzeitig jedoch hortet er Goldmünzen, während seine ihn zwar liebevoll umhegende, aber mit ihrer patriotischen Begeisterung auch enervierende Frau Malvine Kriegsanleihen zeichnet und Strümpfe für Frontsoldaten strickt. Der veränderten Situation nach 1918 angepaßt, äußert er sich gegen das »alte, absolut morsche System«. Die gegenrevolutionären Greuel der ersten Nachkriegszeit in München und das devote Verhalten seiner Kollegen im Postamt gegenüber der neuen Ordnung machen ihn vollends zum Menschenverächter. Zunehmend krank, läßt er sich 1929 vorzeitig pensionieren und zieht sich ins ländliche Aubichl zurück, wo er sich vornehmlich einer grämlichen Verfressenheit widmet. Doch bringt nicht nur das Leben auf dem Dorfe selbst ungeahnte kleine Unbequemlichkeiten mit sich, auch die Politik erobert in dieser Spätphase der Weimarer Republik das flache Land. Die gutmütige Malvine gerät unter dem Einfluß ihres Bruders Herbert und des Hausfreundes Oberleutnant a. D. Eibenthaler, eines früheren Verehrers, zunehmend in das Fahrwasser der Nazis. Sittinger, der »immer für das war, was ihn am wenigsten störte«, fühlt sich nun im eigenen Hause bedrängt. Er beschließt mit Machiavelli, auch fortan zu tun, was er immer getan hat, nämlich sich »nach allen Seiten [zu] sichern, jedem recht [zu] geben, und nur da [zu] stehen, wo die Macht ist«. Als Schlägertrupps der SA anläßlich eines Maskenzuges beim Fasching eine blutige »Dorfschlacht« inszenieren, fühlt er sich abgestoßen an die »blutige Niederschlagung der Münchener Räterepublik Anno 1919« erinnert und fürchtet prophetisch, bald müsse sich auch »der harmlose Bürger dienernd und scheinheilig ducken, um nicht verprügelt oder verhaftet zu werden«. Doch Sittinger wird in seinem »giftigen Egoismus« nach 1933 wiederum auf der richtigen Seite stehen; sich fragend, »was dann kommt«, gehört er zu den Menschen, die auch der Diktatur Gefolgschaft leisten, »wenn sie meinen, daß ihre Gewohnheiten und ihr Besitz dabei unangetastet

bleiben«. – Für Graf verkörpert der zwar ständig gescheit und listig räsonierende, in seinem notorischen Biedersinn aber auch erbärmliche Sittinger einen politisch gefährlichen Typus, von dem es »in allen Ländern Abertausende« gebe. Freilich gerieten Graf auch die dörflichen Gegner der Nazis, der sehr bayerisch gezeichnete Kunstmaler und couragierte Kommunist Köstler und der liebevoll-humoristisch als Berliner Original gestaltete Baron Ravél, ein wenig als Menschen wie Sittinger.

Lit.: G. BAUER, Gefangenschaft und Lebenslust: O. M. G. in seiner Zeit, München 1987.
                                                    I. JUST

GRASS, Günter (geb. 1927)

Die Blechtrommel. 3 Bücher.
EA Darmstadt/Neuwied 1959.
Während seines etwa zweijährigen Aufenthalts – von 1952 bis zu seinem 30. Geburtstag Anfang September 1954 – schreibt der »Insasse einer Heil- und Pflegeanstalt« Oskar Matzerath seine Lebensgeschichte nieder, die mit der Zeugung seiner Mutter Agnes auf einem kaschubischen Kartoffelacker im Oktober des Jahres 1899 beginnt: der von der wilhelminischen Polizei verfolgte polnische Nationalist Joseph Koljaiczek hat unter den bergenden Röcken von Oskars Großmutter Anna Bronski Zuflucht gefunden und nutzt diese Gelegenheit aus. Der Ich-Erzähler, dessen Geschichten allerdings nur begrenzt Glaubwürdigkeit beanspruchen können, vergegenwärtigt Vergangenheit anhand der Fotoalbums der Familie Matzerath sowie durch seine »Kunst des Zurücktrommelns« – seit seinem dritten

Geburtstag besitzt er Blechtrommeln; Schreibvorgang und Aufenthalt in der Anstalt bilden eine von der fiktiven Autobiographie abgehobene, aber oft parallel zu ihr verlaufende Erzählebene.

Oskar erzählt seine Autobiographie in chronologischer Reihenfolge; das erste der 3 Bücher des Romans behandelt die Zeit vor dem Ausbruch des Zweiten Weltkrieges bis zur berüchtigten Kristallnacht am 8. November 1938, wobei dieses Ereignis der allgemeinen politischen Geschichte für Oskar unmittelbar spürbar wird: Er verliert seinen Blechtrommellieferanten, den jüdischen Spielwarenhändler Sigismund Markus, durch Selbstmord. Im Kapitel »Glaube Hoffnung Liebe« beschwört Oskar in vorausahnendem Märchenton die Greuel der Vernichtung, zu denen der Antisemitismus noch eskalieren sollte. – Oskar gehört zu den »hellhörigen Säuglingen, deren geistige Entwicklung schon bei der Geburt abgeschlossen ist«. Die Übernahme des elterlichen Kolonialwarengeschäfts reizt ihn nicht, und nur die in Aussicht gestellte Blechtrommel hindert ihn daran, nach erfolgter Abnabelung, die eine Rückkehr in den Mutterleib unmöglich macht, seinem Lebensüberdruß stärkeren Ausdruck zu geben. An seinem dritten Geburtstag inszeniert er einen Sturz in den Vorratskeller zur Bemäntlung seines Entschlusses der Wachstumsunterbrechung und Verweigerung gegenüber der Erwachsenenwelt. Oskars vollentwickelte geistige und intellektuelle Fähigkeiten bedürfen keiner weiteren formalen Schulung; folglich sabotiert er seine Einschulung durch Anwendung seiner destruktiven Fähigkeit des Glaszersingens. Kontrastierende literarische Bildungserlebnisse werden durch den harmonisierenden Klassiker Goethe und den dämonischen Mönch Rasputin vermittelt. In dem Liliputaner Bebra, den er im Zirkus trifft, erkennt Oskar seinen Meister, und er folgt seinem Rat. Oskars durch seine Körpergröße von 94 cm bestimmte Perspektive, die die Sexual- und Analsphäre im Danziger Kleinbürgermilieu einbezieht, ist weder voyeuristisch noch obszön; vielmehr kommt auch dem der Intimsphäre entspringenden Handeln zeitgeschichtliche Bedeutung zu. Aus Ärger darüber, daß die Danzigerin Agnes den aus dem Rheinland stammenden Reichsdeutschen Alfred Matzerath geheiratet hat, nimmt Jan Bronski 1920 die polnische Staatsangehörigkeit an und wird Beamter der Polnischen Post des Freistaates Danzig; da Oskars Mutter Agnes ihr Verhältnis zu ihrem Cousin Bronski auch nach ihrer Heirat fortsetzt, so daß Oskar über zwei »mutmaßliche« Väter verfügt, empfindet sich Matzerath bei den sonntäglichen Besuchen Bronskis als Störfaktor, wird 1934 Mitglied der NSDAP, nimmt regelmäßig an ihren sonntäglichen Aufmärschen teil und trägt damit zu einer verhängnisvollen politischen Entwicklung bei. Im Gegensatz zu Matzerath blickt Oskar hinter die Kulissen politischer Manipulation; durch sein Trommeln funktioniert er die martialische Musik bei einer Massenkundgebung der Nazis zum Charleston um und löst die Kundgebung auf, ohne sich nachträglich als »Widerstandskämpfer« zu bezeichnen. Unabhängig von politischen Zielsetzungen betätigt sich Oskar als Versucher, der Passanten zum Schaufensterdiebstahl verleitet, ihnen dabei jedoch zur Gewissenserforschung verhilft. Karfreitag 1936 überkommt Oskars Mutter angesichts der aus einem verwesenden Pferdekopf kriechenden Aale – der Aal ist zugleich Totenfisch und Phallussymbol – eine Ahnung von der Sinnlosigkeit ihres Lebens, und sie beginnt, Gewissensbisse wegen ihres Verhältnisses zu Bronski zu verspüren. Wenige Wochen später stirbt sie, im dritten Monat schwanger, an einer absichtlich herbeigeführten Fischvergiftung. – Das 2. Buch behandelt die Zeit des Zweiten Weltkrieges. Oskar hat die Hand im Spiel, als seine beiden mutmaßlichen Väter für die von ihnen getroffenen Entscheidungen einstehen müssen und auf unheroische Weise umkommen – Bronski bei Kriegsbeginn nach der Kapitulation der Polnischen Post und Matzerath am Kriegsende während der Eroberung Danzigs durch die Rote Armee. Vor dem Hintergrund des Krieges spielt sich Familiengeschichte ab. Oskar verführt Maria Truczinski mit Hilfe von Brausepulver. Alfred Matzerath heiratet Maria, die 1942 Kurth gebiert, als dessen Vater sich aber Oskar betrachtet. Zwischen Mai 1943 und Juni 1944 ist Oskar mit Bebras Fronttheater in Frankreich; als Trommler im Auftrag des Nazipropagandaministeriums entspricht er einem Künstlertyp, der den ästhetischen Effekt der ethischen Wirkungsabsicht (wie etwa beim Tode Bronskis und Matzeraths) vorzieht. Nach seiner Rückkehr nach Danzig gelingt Oskars vor dem Kriege fehlgeschlagener Versuch, das Gipsjesuskind in der Herz-Jesu-Kirche zum Trommeln zu bringen. Als

Jesusnachfolger und neuer Jesus sammelt er die Jünger der Stäuberbande um sich, bis die Bande durch Verrat auffliegt; der »zweite Prozeß Jesu« endet mit der Verurteilung der Bandenmitglieder und mit dem Freispruch des den unschuldigen Dreijährigen mimenden Oskar, der die Rolle eines auf das Böse in der Welt hinweisenden Messias spielt. An der Beerdigung Matzeraths im Jahre 1945 nimmt auch Herr Fajngold – ein Überlebender von Treblinka und wie Sigismund Markus Opfer der Judenverfolgungen – teil. Jetzt 21 Jahre alt, faßt Oskar beim Begräbnis den Entschluß, als verantwortlicher Erwachsener weiterzuleben und sein unterbrochenes Wachstum fortzusetzen, wofür der Steinwurf Kurths, der ihn in Matzeraths Grab stürzen läßt, die Erklärung liefert. Mit Alfred Matzerath wird die Blechtrommel, das Instrument von Oskars Kunstausübung, begraben, da ethisch indifferentes Künstlertum und die Übernahme von Verantwortung für die Mitmenschen einander ausschließen. Das Resultat von Oskars Wachstumsprozeß ist allerdings unbefriedigend: als Buckliger unter Normalgröße bleibt er als Außenseiter kenntlich. – Der Schauplatz des 3. Buches wechselt vom durch den Krieg verlorenen und für Grass Modellcharakter besitzenden Danzig nach Düsseldorf, wohin die Familie Matzerath nach Kriegsende übersiedelte. Oskars Versuch der Integration in die Nachkriegsgesellschaft mißlingt, als die vom Schwarzhandel lebende und sich nach der Währungsreform zu einer Repräsentantin der Konsumkultur mausernde Maria seinen Heiratsantrag ablehnt. Der verhinderte Bürger

Oskar widmet sich wiederum der Kunst; als Aktmodell erhält er eine Blechtrommel als Requisit, mit der er schließlich als Mitglied einer Jazzband im Zwiebelkeller auftritt. Dieses Nachtlokal ist nach den dort an die gutsituierten Bürger der beginnenden Wirtschaftswunderzeit um 1950 verabreichten und ihren Tränenfluß stimulierenden Zwiebeln benannt – eine satirische Abrechnung mit der fehlenden Bereitschaft zur Trauer über die Schrecken der Vergangenheit. Oskars Kunst im Dienste der Trauerarbeit wird abgelöst von der Kunst im Dienste des Kommerz, als er mit Hilfe von Bebras ›Konzertagentur West‹ auf lukrative Tourneen geht. Seine Vorliebe für Krankenschwestern mit ihrer Ausstrahlung von Erotik und Tod hatte Oskar zu dem mißlungenen Verführungsversuch von Schwester Dorothea verleitet, nach deren Ermordung er am Ende des Romans wegen eines bei ihm gefundenen Ringfingers als Täter verdächtigt wird. Mit dem Bericht seiner Flucht nach Paris und seiner dort stattfindenden Verhaftung endet sein Individualbiographie, Zeitgeschichte und Gesellschaftsschilderung einbeziehender Rückblick, der am Schluß des Romans mit dem Abschluß des Schreibvorgangs zusammenfällt. Da sich der Mordverdacht gegen ihn als unbegründet erwiesen hat, stehen Oskar die gefürchtete Entlassung aus der Anstalt und der Abschied von seinem Gitterbett, das ihm Schutz vor der Außenwelt gewährt hatte, bevor. Oskars Schreckensvision der Schwarzen Köchin – Gegenbild zur Großmutter mit ihren Geborgenheit gewährenden Röcken – entspringt seinen Schuldgefühlen

über seine anfängliche und später nur teilweise widerrufene Weigerung, als Wissender aktiv teilzunehmen am Leben von Familie und Gesellschaft. Diese Schuld versucht er durch Abfassung seiner Autobiographie zu sühnen, die das Vergangene nicht der Vergessenheit anheimfallen lassen will, indem sie den Leser zur Auseinandersetzung damit auffordert.

Lit.: D. KRUMME, G. G., »Die Blechtrommel«, München 1986. – V. NEUHAUS, G. G.: »Die Blechtrommel«, München ²1988.
S. MEWS

Der Butt. 9 Kapitel; EA Darmstadt/Neuwied 1977.
Ursprünglich als »eine Art Ernährungsgeschichte« geplant, erhielt der Roman durch die Einführung des aus dem plattdeutschen Märchen *Von dem Fischer un syner Fru* stammenden, allwissenden und unsterblichen Butt sein eigentliches Thema »der großen historischen Auf- und Abrechnung«, des »Drama[s] vom Kampf der Geschlechter«. – Der Roman beginnt mit der Zeugung der Tochter des weitgehend mit dem Autor Grass identischen Ich-Erzählers und seiner Frau Ilsebill und endet mit der Geburt der Tochter. Des Erzählers »ätherische Nebenzeugung«, der Roman, ist der natürlichen Geburt untergeordnet, wie aus der auf den neun Monaten der Schwangerschaft basierenden äußeren Struktur des Romans hervorgeht. Durch die Kunstgriffe der Doppelung der Figuren und Gleichzeitigkeit verschiedener Erzählebenen bezieht der Erzähler die ungefähr viertausend Jahre umfassende Geschichte der Köchinnen ein – sie sind exemplarische Repräsentantinnen des weiblichen Beitrags zur Menschheits-

geschichte, der die Befriedigung des Elementarbedürfnisses nach Nahrung und somit die Beseitigung des Hungers zum Ziel hat. Die insgesamt elf Köchinnen entsprechen in wesentlichen Charakterzügen und in ihrer gesellschaftlichen Funktion den elf Frauen des weiblichen Tribunals, genannt »Feminal«, das über den von Feministinnen im August 1973 gefangenen Butt, den Anwalt der Männersache, zu Gericht sitzt. Folglich sind alle Hauptfiguren, einschließlich des Erzählers und seiner Frau, die in den siebziger Jahren ihre nicht mehr intakte Beziehung diskutieren, bereits »von Anfang an da«. Der »zeitweilende«, als Partner der jeweiligen Köchin in allen behandelten Zeitphasen gegenwärtige Erzähler schreibt darüber, »wie unsre Geschichte wann wo begann«, um sein durch die Frauenbewegung erschüttertes Rollenverständnis neu zu gewinnen. Das von den Brüdern Grimm überlieferte »weiberfeindliche[ ] Propagandamärchen« vom Fischer und seiner Frau, eine ideologische Rechtfertigung der Männerherrschaft, veranlaßt den Erzähler unter Berücksichtigung der kontrastierenden Perspektiven des Feminals und des Butt, die »andere Wahrheit« der angeblich 1807 verbrannten frauenfreundlichen Märchenversion in seiner großangelegten, gegen die offizielle Geschichtsschreibung gerichteten Gegengeschichte der Köchinnen aufzuzeichnen.

Die erste Köchin, die dreibrüstige Aua, schafft in der steinzeitlichen Weichselniederung den weiblichen Gegenmythos zum männlichen Prometheusmythos, als sie mit weiblicher List das Feuer vom Himmel holt. Das Feuer wird zu den friedlichen Zwecken des Kochens und Wärmens verwendet. Für den Butt dagegen, der sich im Jahre 2211 vor unserer Zeitrechnung vom Fischer Edek – die erste der Inkarnationen des Erzählers – fangen läßt, ist das Feuer »männliche Tat und Idee zugleich«. Als Berater Edeks und Sinnstifter der (männlichen) Geschichte drängt er ihn, sich von dem milden Matriarchat Auas und ihrer Nachfolgerin Wigga zu emanzipieren. Allerdings erweist sich Edek als zu unheroisch – auch seine Nachfolger genügen kaum größeren Ansprüchen –, um mit den durchziehenden Goten der Völkerwanderungszeit, den »Eisenfresser[n]«, Geschichte machen zu können. Der vom Erzähler als bekannt vorausgesetzte Untergang der Goten nimmt die unheilvollen Folgen der von Männern geprägten – und von Männern geschriebenen – Geschichte vorweg; der vermeintliche Fortschritt findet seinen Ausdruck in der für den »sinnlose[n] Weltraum« bestimmten phallischen Rakete. Das fürsorgliche Matriarchat Auas und Wiggas geht nach dem Tode Mestwinas, die den missionierenden Bischof Adalbert von Prag erschlägt und 997 hingerichtet wird, zu Ende (1. Monat). Der religiöse Wahnsinn der historischen Dorothea von Montau (14. Jh.) wird vom Feminal als Verweigerung der traditionellen Hausfrauen- und Köchinnenrolle gedeutet (2. Monat). Dagegen verschafft sich die kochende Äbtissin Margarete Rusch (16. Jh.) durch ihr »nönnisches Mutterrecht« einen Freiraum innerhalb der patriarchalischen Ordnung Danzigs (3. Monat). Agnes Kurbiella wiederum, Haushälterin und Muse sowohl des Danziger Stadtmalers

Anton Möller wie des Barockpoeten Martin Opitz, entspricht in ihrer Opferbereitschaft dem traditionellen männlichen Verständnis von der Rolle der Frau einerseits und der feministischen Auffassung von der Frau als Ausbeutungsobjekt andererseits (4. Monat). Der Kontrast zwischen männlicher und weiblicher geschichtlicher Leistung wird deutlich, als die den Kartoffelanbau fördernde Gesindeköchin Amanda Woyke Friedrich den Großen von Preußen ermahnt, er solle sich bemühen, »nach so vielen Schlagetotschlachten friedlich den Hunger zu besiegen« (5. Monat). Die revolutionär gesinnte Sophie Rotzoll benutzt die Kochkunst als politische Waffe bei der versuchten Vergiftung des napoleonischen Gouverneurs Danzigs (6. Monat). Die Danziger Volksköchin und Sozialistin Lena Stubbe, Verfasserin eines unveröffentlichten »Proletarischen Kochbuchs« kommt 1942 im Konzentrationslager um (7. Monat). Am Ende des siebten Monats erklärt der Butt den Bankrott der von Männern gemachten Geschichte und kündigt seine Beraterfunktion auf. Jedoch in dem in Westberlin spielenden Kapitel »Vatertag« (8. Monat) zeigt Grass die Gefahr der unreflektierten Übernahme männlicher Verhaltensweisen durch die Frauenbewegung; die promovierte Köchin Sibylle Miehlau wird 1962 von ihren lesbischen Freundinnen brutal vergewaltigt. Im letzten Kapitel (9. Monat) berät der Butt die Gdansker Kantinenköchin Maria Kuczorra anstatt des sich übergangen und abgeschrieben fühlenden Erzählers. Trotzdem knüpft sich an die Geburt der Tochter die Hoffnung auf die zukünftige Überwindung des Gegensatzes der Geschlechter und ihrer einseitigen Herrschaftsansprüche – eine Hoffnung, die nur durch die Synthese der beiden antithetischen Märchenfassungen erfüllt werden kann.

Lit.: C. PERELS / G. SCHMIDT NOERR, Über den Butt, in: H. L. ARNOLD (Hg.), G. G., München ³1978, S. 88–93 (Text + Kritik 1).
S. MEWS

Hundejahre. 3 Bücher; EA Darmstadt / Neuwied 1963. Der Roman schließt nach → *Die Blechtrommel* (1959) und → *Katz und Maus* (1961) die sogenannte »Danziger Trilogie« ab und behandelt die ›Hundejahre‹ der Weimarer Republik, der Nazi-, Kriegs- und Nachkriegszeit bis in die Mitte der fünfziger Jahre. Eduard Amsel – er erscheint auch als Haseloff, Goldmäulchen, Brauxel – steht einem »Autorenkollektiv« vor und schreibt das erste, in »Frühschichten« unterteilte, bis zum Krieg reichende Buch. Harry Liebenau, ein zehn Jahre jüngerer Bekannter des 1917 geborenen Amsel, schreibt das zweite. Es hat die Form von »Liebesbriefen« an seine Cousine Tulla und umfaßt die Kriegsjahre. Das dritte, in »Materniaden« unterteilte Buch, stammt von Walter Matern, dem gleichaltrigen »Blutsbruder« Amsels. Trotz der verschiedenen Autoren wird in gleichem Stil chronologisch, aber nicht immer zusammenhängend erzählt. Es findet sich eine Vielzahl von Vor- und Rückblenden, Umschlägen ins Surreale, Märchen- und Legendeneinschüben, viel Groteskes, Parodistisches, Satirisches, Burleskes. Die immense Stoffülle und vor allem die ans Manieristische grenzende Sprachakribie – Wortreihungen

und -ballungen, Satzzerstücke-
lungen – geben dem gleichwohl in
seiner Lebensnähe realistischen
Roman ein ausgesprochen barok-
kes Moment. Obwohl eine fast
verwirrende Anzahl historischer
Ereignisse berührt werden, sind
die drei Autoren und das Personal
in deren Umkreis der Fokus des
Erzählens. Amsel, als Kind fettlei-
big und sommersprossig, ist »Itzig« gerufener Halbjude und Sohn
eines Händlers. Matern ist Müllerssohn, verschlossen, ein »Zäh-
neknirscher« mit losen Fäusten.
Mitten in einer Prügelei Amsels
verwandelt er sich zu dessen Verteidiger. Unter dem Schutz seines
Freundes baut und vertreibt Amsel schon als Kind immer phanta-
sievollere und wirksamere Vogel-
scheuchen, deren Gipfel, der
»Große Vogel Piepmatz«, Getier
und Menschen derart verschreckt,
daß Amsel ihn verbrennen und
seine Scheuchenfertigung einstellen muß. Die Blutsbrüderschaft
des deutschen »Knirschers und
Grüblers« Matern und des arti-
stisch begabten Halbjuden Amsel
ist höchst ambivalent. Weil Amsel
»nichts heilig« zu sein scheint, ist
er Matern nicht geheuer. In einer
großangelegten Szene wirft Matern ein Messer in die Weichsel,
mit dem sich die Blutsbrüder ge-
ritzt hatten und das Amsel ihm
geschenkt hatte. Der Wurf ist eine
Art Verrat und wird dargestellt als
ein geradezu magischer Akt, der
die gesamte Szene durchdringt. –
Das 2. Buch ist die Chronik der
Kriegsjahre und der Faszination
Liebenaus für seine Cousine.
Diese ist ein dünnes, enigmati-
sches Geschöpf. Sie riecht immer
penetrant nach dem Knochen-
leim, den man in der Schreinerei
von Liebenaus Vater verwendet.
Amsel und Matern haben inzwi-

schen ihr Weichseldorf verlassen
und sind Gymnasiasten in Danzig. Sie geraten in Liebenaus Welt
durch gemeinsame Bekannte, ihren Lehrer Studienrat Brunies,
der, von Tulla denunziert, im KZ
umkommt, dessen adoptiertes,
dickliches Zigeunerkind Jenny
und vor allem durch Harras, einen
von den Materns erstandenen
Schäferhund. War dessen Mutter
Senta schon Teil der Kinderaben-
teuer Amsels und Materns, so ist
Harras Mittelpunkt im Schreine-
reihof der Liebenaus, zumal es
Harras ist, der Prinz zeugt, den
man Hitler schenkt und der als
dessen Lieblingshund »Ge-
schichte machte«. Für Matern,
nach den Gymnasiumsjahren zunächst Kommunist, dann SA-
Mann, dann »Antifaschist«, wird
der pechschwarze Harras zum re-
gelrechten »Höllenhund«; er
schimpft ihn »Nazischwein« und
vergiftet ihn. Amsel baut wieder
Scheuchen, zuletzt eine ganze SA-
Truppe, deren perfektionierte
Mechanik im Nazi-Gruß gipfelt.
Dieser ›Zynismus‹ Amsels provoziert einen Überfall durch mas-
kierte SA-Männer, darunter Matern, der ihm alle Zähne ausschlägt. Abschließend rollt man
Amsel in einen Schneemann, dem
er wunderbarerweise als athle-
tisch-schlanke Figur entsteigt.
Unter dem Namen Haseloff
flüchtet er nach Berlin, verschafft
sich ein Goldgebiß – daher der
Name Goldmäulchen – und wird
Ballettmeister, der eine Choreo-
graphie nach Scheuchenmotiven
gestaltet. Er holt die Ballettschü-
lerin Jenny Brunies zu sich, die,
von Tulla malträtiert und wie
Amsel in Schnee gerollt, ihre
Rundlichkeit ebenfalls abgestreift
hatte. Matern wird Schauspieler,
kommt in Schwierigkeiten, da er

– wohl aus Kummer über seinen Verrat – trinkt und antifaschistische Parolen verbreitet. Er muß zum Militär und gerät in englische Gefangenschaft. Liebenaus Beitrag endet mit dem größten Hundeauftritt des Romans. Den Hundekomplex stilisiert Grass zu einer Art Privatmythos als subversivem Kontrapunkt zur geläufigen, ›großen‹ Geschichte. Der Führerhund entläuft während der Schlacht um Berlin und setzt sich nach Westen ab. Die gesamte »Götterdämmerungs«-Anstrengung der deutschen Kriegsmaschinerie wird auf Führerbefehl umgeschaltet in dem vergeblichen Versuch, den Hund einzufangen. – Im 3. Buch läuft der Führerhund nach Kriegsende Matern zu und unternimmt mit diesem eine weitausgreifende Reise durch Westdeutschland – auch Amsel und Liebenau sind im Westen –, auf der sich Matern als Anti-Nazi begreift und seine Feinde »entnazifiziert«, indem er mit deren Frauen und Töchtern schläft. Seine Bemühungen tragen ihm wiederholt den Tripper ein, den er strafend verbreitet und gelegentlich durch Elektroschock – er uriniert in eine Steckdose – kuriert. Nach dem Philosophen Heidegger, der ihn fasziniert und in dem er einen Nazi sieht, fahndet er zwar vergebens, verunglimpft ihn aber mittels einer wütenden Parodie auf dessen Fachsprache. Dem selbstgerechten Anti-Nazi Matern wird in einer von Liebenau geleiteten Funkdiskussion – Liebenau und Matern sind jetzt im Kinderfunk tätig – seine eigene braune Vergangenheit nachgewiesen, worauf er seinen sozialistischen Neigungen folgt und in die DDR zu übersiedeln trachtet. In West-Berlin trifft er jedoch auf den sich jetzt Brauxel nennenden Amsel; dieser schenkt ihm noch einmal ein Taschenmesser, das Matern wiederum fortwirft. Er sieht Jenny Brunies wieder, die jetzt Barbesitzerin ist, und folgt einer Einladung Brauxels, dessen in einem Kalibergwerk eingerichtete Scheuchenfabrik zu besichtigen. In der unterirdischen Produktion wittert Matern wieder Nichtgeheures; er verurteilt sie als »Hölle«, worauf Brauxel ihn berichtigt: »der Orkus« ist oben. – Das Mißtrauen Grass' gegenüber der Nachkriegswelt richtet sich besonders gegen das Wirtschaftswunder. Der Müllerssohn Matern, so hellhörig, daß er die Sprache der Mehlwürmer in einem in den Westen geretteten Sack Mehl versteht, prophezeit den Großen des westdeutschen Kapitalismus eine rosige Zukunft. Dennoch urteilt Grass: »Im Wurm ist der Wurm.« Unter den zeitkritischen Romanen der Nachkriegszeit ist *Hundejahre* einer der erfolgreichsten. Er fesselt vor allem aufgrund seines robusten Humors, seiner Wortgewalt und seiner prallen Wirklichkeitsdarstellung.

Lit.: H. Vormweg, G. G., Reinbek 1986 (rororo 359).   E. Friedrichsmeyer

Katz und Maus. *Eine Novelle.* 13 Kapitel; EA Darmstadt/Neuwied 1961.
Der als Novelle überschriebene Kurzroman ist zwischen → *Die Blechtrommel* (1959) und → *Hundejahre* (1963) das vergleichsweise schmale Mittelstück der sogenannten »Danziger Trilogie«. Ungefähr 15 Jahre nach Kriegsende bemüht sich der Ich-Erzähler Pilenz, das Bild seines vormaligen Schulkameraden Joachim Mahlke – die erinnerte Zeit sind die

Kriegsjahre – zu rekonstruieren, da der Gedanke an das Geschehene ihn nicht losläßt: »Was mit Katze und Maus begann, quält mich [noch] heute.« Zum einen wirkt die Faszination durch einen ungewöhnlichen Menschen fort, zum anderen Schuldgefühle. Pilenz hatte Mahlke, dem in der Pubertät ein übergroßer Adamsapfel wächst, eine Katze an den Hals gesetzt, die den nie ruhenden Knorpel für eine Maus hielt. Aus diesem traumatischen Erlebnis erwächst Mahlke ein Komplex, den er zu kompensieren versucht, indem er sich Ablenkungsobjekte, darunter Schraubenzieher und Medaillen, um den Hals hängt und es zu enormen Leistungen bringt. Er wird ein erstaunlicher Schwimmer, Taucher und Turner und endlich ein mit dem Ritterkreuz dekorierter Panzerkommandant. Für seine Kameraden ist er der »Große Mahlke«. Zur Ausnahme machen ihn außerdem seine Charaktereigenschaften. Er ist kein Streber, aber ein guter Schüler, er hält sich von den »üblichen Sauereien« seiner Altersgenossen fern und exponiert sich, um einen fast blinden Lehrer vor einem erniedrigenden Schülerstreich zu schützen. Überdies ist er religiös und verehrt die Jungfrau Maria. Hauptschauplatz seiner Großtaten ist ein halbgesunkenes Minensuchboot, auf dessen Deck er und seine Kameraden die Sommerferien verbringen. Sein unentwegtes Tauchen fördert Beute wie Plaketten, Werkzeug und sogar ein Grammophon zutage, und er findet unter dramatischen Umständen unter Wasser eine trockene Kabine, die er ausstaffiert und in die ihm niemand nachzutauchen vermag. Auch im Sexuellen scheint er seinen Alters-

genossen bewundernswert. Nach langem Drängen und eher teilnahmslos, trägt er einmal zu einer kollektiven Onanie bei und überragt alle an Maß und Leistung. Trotz aller Faszination für den Großen Mahlke bleibt er ein Außenseiter und für seine Bewunderer ein höchst problematischer Held, da seine Leistungen eher auf Schwäche gründen. Er turnt in erbärmlicher Haltung, als Schwimmer und Taucher ist er ein bleicher, unter ewigem Sonnenbrand leidender, blaulippiger Gänsehäutler, der mit abstehenden Ohren und strengem Mittelscheitel seinen nicht zu verbergenden Adamsapfel zur Schau stellt, dazu Clown werden und die Leute zum Lachen bringen will. Mahlkes Marienkult, der ihm als Helden einen ideellen Rahmen – in literarischer Perspektive etwa als Nachfahre des im Mariendienst stehenden Ritters – geben könnte, grenzt ans Perverse: Damit er feindliche Panzer abschießen kann, bedarf er einer Erscheinung der Jungfrau mit einem Bild vor dem Unterleib, auf dem Mahlkes Vater, ein im Dienst verunglückter Lokomotivführer, vor einer Lokomotive stehend abgebildet ist. Mahlke gerät in den Sog eines negativen »Heldentums«, als er beginnt, nach dem Ritterkreuz zu verlangen. Zunächst stiehlt er einem Ritterkreuzträger, der in seiner Schule spricht, den Orden, hat jedoch den Mut, seine Tat einzugestehen, und wird von der Schule verwiesen. Letztlich taugt auch sein offiziell erworbenes Ritterkreuz nicht dazu, seine Schwäche zu kompensieren, seine Maus vor der Katze zu bewahren. Dem Unteroffizier auf Urlaub wird es nicht gestattet, eine Rede in seiner ehemaligen Schule zu halten. Aus

Rache ohrfeigt er den Direktor, desertiert und taucht in seine Unterwasserkammer, einen ihn auch nach Kriegsende noch suchenden, perplexen Pilenz zurücklassend. Die für die Deutung der Kriegsjahre hochaktuelle Problematik des Vor- und Leitbildes, die darstellerische Eindringlichkeit und sprachliche Dynamik zeichnen das Werk als eine Glanzleistung der Nachkriegsliteratur aus.

Lit.: H. VORMWEG, G. G., Reinbek 1986 (rororo 359).   E. FRIEDRICHSMEYER

Örtlich betäubt. 3 Bücher; EA Darmstadt / Neuwied 1969.
Nach → *Die Blechtrommel,* → *Katz und Maus* und → *Hundejahre,* den Werken der »Danziger Trilogie«, setzt sich Grass in diesem Roman erstmals ausdrücklich mit der Gegenwart des Jahres 1967, dem Beginn des Studenten- und Schülerprotests auseinander; Handlungsort ist Berlin (West). Der zahnärztlichen Behandlung des Studienrats für Deutsch und Geschichte Eberhard Starusch, auf die sich der Titel des Romans bezieht, folgt die äußere Gliederung: Unterkieferbehandlung (1. Buch), Behandlungspause (2. Buch), Oberkieferbehandlung (3. Buch).
Im 1. Buch projiziert der Ich-Erzähler Starusch in einer Art inneren Dialogs – in dem oft der reale Zahnarzt als imaginierter Dialogpartner auftritt – rückblickend seine Gedanken auf die Mattscheibe des im Sprechzimmer laufenden Fernsehapparats. Dort wird ihm seine Wahrheit und Fiktion vermischende Biographie, die individuelle Vergangenheit sowie kollektive deutsche Geschichte einbezieht, zum Bild. Starusch, während des Zweiten Weltkriegs als siebzehnjähriger

»Störtebeker« Bandenführer im Danzig der *Blechtrommel,* gibt vor, in den fünfziger Jahren mit der Industriellentochter Sieglinde Krings verlobt gewesen zu sein. Ihr Vater Ferdinand Krings, Besitzer des Zementwerks, bei dem er als Ingenieur angestellt war, ist dem »Durchhaltegeneral« des Zweiten Weltkriegs Schörner nachgebildet. Er versucht, verlorene Schlachten bei Planspielen im Sandkasten nachträglich zu gewinnen. Diese Verquickung von Wirtschaftswunder und großdeutscher Vergangenheit beschäftigt Starusch weiterhin; seine Zahnbehandlung ist ein Symptom für die noch nicht überwundenen Schmerzen der Vergangenheit. – Im 2. Buch, dem das 1969 uraufgeführte Drama *Davor* entspricht, steht der Plan des Schülers Philipp Scherbaum, der aus Protest gegen den Gebrauch von Napalm im Vietnamkrieg seinen Dackel vor dem Café Kempinski verbrennen will, im Mittelpunkt. Anhand dieses Planes werden verschiedene Haltungen und Handlungsmöglichkeiten gegenüber einer als ungerecht empfundenen Politik thematisiert. Starusch vertritt eine – wenn auch gebrochene – aufklärerisch-reformatorische Position; Scherbaums Freundin Veronika Lewand, eine Revolutionsphrasen dreschende Maoistin, sieht im geplanten Hundeopfer ein politisches Happening; Staruschs Kollegin Irmgard Seifert begreift Scherbaum als Märtyrer, der eine erlösende Tat vollbringen wird. Schließlich setzt sich die von Starusch vertretene Politik der kleinen Schritte durch; Scherbaum gibt sein Vorhaben auf, die tierliebenden Berliner durch Provokation zur Kenntnisnahme der grausamen Kriegsfüh-

rung in Vietnam zu bringen und
übernimmt die Schülerzeitung,
um minimale Forderungen wie
die nach einer Raucherecke durchzusetzen. Der den stoischen Philosophen Seneca lesende, pragma-
tisch-technokratische Zahnarzt
trägt wesentlich dazu bei, daß sich
Scherbaum anders besinnt. – Im
relativ kurzen 3. Buch entlarvt der
Zahnarzt Staruschs Kriegsge-
schichten als Phantasien. Obwohl
die Behandlung von Staruschs
vorstehendem Unterkiefer (Pro-
genie) erfolgreich verlaufen ist,
bildet sich wieder ein neuer Eiter-
herd: »Nichts hält vor. Immer
neue Schmerzen« – im physischen
wie im politischen Sinn. Zu ihrer
Linderung und möglicherweise
zur Heilung vermag das vom
Zahnarzt vertretene Rezept der
Ersetzung von »Religionen und
Ideologien« durch »Hygiene und
Aufklärung« beizutragen – ein
pragmatischer Ansatz im politischen Alltag, der gegen den utopischen Radikalismus von links gerichtet ist.

Lit.: V. NEUHAUS, G. G., in: KLG, München
1978 ff.   S. MEWS

Die Rättin. 12 Kapitel; EA
Darmstadt/Neuwied 1986.
Die weibliche Ratte, die sich der
Ich-Erzähler zu Weihnachten
wünscht, sitzt nicht nur brav in
ihrem Käfig. Als »Rättin« erweist
sie sich als imaginierte Dialog-
partnerin, die seine Angstträume
und Untergangsvisionen artikuliert. Dem bereits im 1. Kapitel
durch die Rättin als Faktum ver-
kündeten Beginn der posthuma-
nen Geschichte setzt der Erzähler
seine Einwände und Erzählungen
gegenüber, die von der Fortsetzung und Fortsetzbarkeit der
Menschheitsgeschichte ausgehen.
Aber in seinen Träumen sieht er

sich selbst als letztes menschliches
Wesen, das die durch einen Atomkrieg völlig zerstörte Erde in einer
Weltraumkapsel umkreist. Lediglich die in Überlebensstrategien
versierten Ratten sind der Vernichtung entgangen. Sie haben
bereits die erste globale Katastrophe – die Sintflut – unbeschadet
überstanden. Ausgeschlossen von
Noahs rettender Arche, verstanden sie sich auf ein der Erhaltung
ihrer Art dienendes kollektives
Verhalten und überlebten unterir-
disch. Nach dem atomaren Weltuntergang bevölkern sie das von
Neutronenbomben nicht zu stark
in Mitleidenschaft gezogene Dan-
zig/Gdansk als einzige Lebewe-
sen: »Nur Ratten noch«. – In die
apokalyptische Vision vom Ende
der Menschheit eingebettet sind
verschiedene, vom Ich-Erzähler
durch Vorausdeutungen, Rückblenden und andere filmische
Mittel miteinander verbundene
Erzähl- und Handlungsstränge.
Oskar Matzerath aus der → *Blechtrommel,* jetzt 60 Jahre alt, hat sich
vom Vergangenheit beschwören-
den Trommeln auf aktuellere Vi-
deofilmproduktionen verlegt, die
Zukunft vorwegnehmen und
»vorproduziertes Leben« bieten.
So erleben sich die Gäste bei der
Geburtstagsfeier von Oskars
Großmutter Anna Koljaiczek – sie
wird 107 Jahre alt – in einem Dorf
nahe Gdansk bereits in einer vorher fertiggestellten Fassung aus
Oskars Post-Futurum-Produk-
tion. Ein weiteres, vom Ich-Erzähler und von Oskar diskutiertes
Filmprojekt über das Waldsterben
behandelt sowohl ein Problem des
Umweltschutzes wie ein komplexes kulturpolitisches Thema.
Denn der Wald muß erhalten werden als Ort der Phantasie und des
Märchens; aus ihm entspringen

die Gegenkräfte zu der unaufhaltsam auf die Katastrophe zusteuernden Vernunft. Ein anderes
Filmprojekt beschäftigt sich mit
den pseudogotischen Fresken des
Malers Lothar Malskat. Malskat,
dessen Fälschungen nur infolge
seiner Selbstanzeige entdeckt
wurden, wird zur Symbolfigur
der »falschen Fuffziger«, einer
von den Politikern Adenauer und
Ulbricht beherrschten Periode, in
der die Deutschen in Ost und
West erfolgreich ihre Vergangenheit verdrängten. Die Nebenhandlung um das Forschungsschiff »Die Neue Ilsebill«, das
dem Zweck dient, die bedrohliche
Verquallung der Ostsee zu untersuchen, ist eine Fortführung der
Thematik des → *Butt*. Eigentliches Ziel der fünf Feministinnen
an Bord aber ist die versunkene,
matriarchalische Stadt Vineta.
Wie der Aufstand der Märchenfiguren, die von den mit Umweltfragen befaßten Brüdern Grimm
unterstützt werden, so ist auch der
Fluchtversuch der Frauen in die
(regressive) feministische Utopie
zum Scheitern verurteilt, denn sie
finden Vineta bei ihrer Ankunft
schon von Ratten bewohnt. – Einerseits läßt der Autor/Ich-Erzähler Oskar Matzerath aus
Gdansk und die Frauen von ihrer
Expedition zurückkehren; andererseits gehen sowohl Oskar wie
die Frauen unter in dem im 8. Kapitel beschriebenen atomaren
Schlagabtausch. Der Kontrast
zwischen (bescheidener) Hoffnung auf das Nichteintreffen der
Katastrophe und der Annahme
ihrer Unausweichlichkeit wird
noch einmal am Schluß artikuliert. Die geträumte Rättin weist
alle schüchtern vorgebrachten
Einwände des Ich-Erzählers, der
an seinem in Anlehnung an Lessing formulierten Projekt der »Erziehung des Menschengeschlechts« zu Solidarität und
Friedfertigkeit festhält, ironisch
zurück: »Ein schöner Traum«.

Lit.: R. Scherf, G. G.: »Die Rättin« und der
Tod der Literatur, in: Wirkendes Wort
(1987), S. 382–398.   S. Mews

GRIMM, Hans (1875–1959)

Volk ohne Raum. 4 Bücher; EA
München 1926.
Der episch breit angelegte, auktorial erzählte nationalpolitische Entwicklungsroman unterstreicht mit umfangreichen dialogisierenden Exkursen zu Geschichte, Zeitgeschehen und Gesellschaft die bewußt politische
Aussage der in den Jahren von
1885 bis 1923 spielenden Romanhandlung. Der Titel wurde sofort
zum Schlagwort der nationalsozialistischen Propaganda, wenn
der Verfasser sich auch gegen die
parteipolitische Vereinnahmung
des Romans durch den Nationalsozialismus verwahrte. – In »Heimat und Enge« (1. Buch) erlernt
Cornelius Friebott, Sohn eines aus
einem alten Pastoren- und Lehrergeschlecht stammenden, verarmten Kleinbauern im Oberwesertal, notgedrungen das Tischlerhandwerk und verliert dadurch
seine Jugendliebe, die standesbewußte Oberförsterstochter Melsene Volmar. Als einjähriger Matrose bei der Reichsmarine erlebt
er an der afrikanischen Ostküste
erstmals etwas von der Macht des
britischen Weltreichs und kommt
durch Martin Wessel, einen
Landsmann aus der Wesergegend,
mit dem aufkommenden Sozialismus in Berührung. Nach der Entlassung verschlägt es ihn ins
Ruhrgebiet, wo er schnell den

entfremdenden Zwang der Lohn-
knechtschaft erkennt. Für die bei
einer   Schlagwetterkatastrophe
ums Leben gekommenen Berg-
leute hält er eine systemkritische
Grabrede, die ihm drei Monate
Gefängnis wegen sozialistischer
Umtriebe einbringt. Danach folgt
er Martin Wessel ins britische
Südafrika. – »Fremder Raum und
Irregang« (2. Buch): Der gelernte
Tischler findet in Südafrika leicht
Arbeit, sieht sich allerdings als
Deutscher mehrfach seitens seiner
britischen Kollegen zurückge-
setzt. Das Liebes- und Lebensglück im gemachten Nest, das
sich ihm auf der Freistaatfarm der
jungen Witwe Carlotta Prinsloo
bietet, vermag er – als seiner Na-
tur und Familientradition letztlich
nicht gemäß – nicht zu ergreifen.
Nach dem Kampf im Burenkrieg
auf burischer Seite und zwei Jahren englischer Kriegsgefangenschaft findet er mit Martin Wessel
Arbeit in der jetzt britischen
Goldminenstadt   Johannesburg.
Anders als der nach wie vor aktiv
für den internationalen Sozialismus wirkende Wessel kommt
Friebott zu dem Schluß, daß die
Verschiedenheit der Völker eine
sozialistische Lösung verbietet.
Deshalb will er mittels des kleinen
Vermögens, das ihm die im engli-
schen Konzentrationslager umge-
kommene Carlotta Prinsloo ver-
macht hat, nach Deutsch-Süd-
westafrika umsiedeln, um dort als
Farmer auf deutschem Boden ei-
nen Neuanfang zu machen. Die
Reise dorthin führt ihn über East
London, wo er dem Kaufmann
Hans Grimm begegnet und ihm
seine Lebensgeschichte erzählt. –
»Deutscher Raum« (3. Buch):
Friebott beteiligt sich am Kala-
hari-Zug des Hauptmanns von
Erckert gegen den Namahäupt-

ling Simon Kopper (1907), der die
Befriedung der deutschen Kolonie bringt. Die Alternative zum
internationalen Sozialismus, ein
klassenfreies deutsches Gemeinwesen, wo jeder die Entfaltungs-
möglichkeit (= Raum) hat, die er
braucht, wird in den weiteren Erlebnissen in Südwestafrika demonstriert: Friebotts vierjährige
Tätigkeit als Bauunternehmer im
Süden der Kolonie (Eisenbahnbau
von Lüderitzbucht nach Keet-
mannshoop); der hektische Dia-
mantenwettlauf in der Namibwü-
ste, bei welchem doch »keine einzige Untat vorgekommen [...]
Sondern die Menschen, die um
die Wette liefen in die Wüste, hal-
fen sich, wenn sie in Not waren«;
schließlich Friebotts Aufbauarbeit
auf der ihm endlich zugewiesenen
Farm Gründorn. Für Friebott erweist sich dabei, daß »unsere eigenen kleinen Leute etwas aus sich
heraus werden und sein« können
wie die Briten und daß das mehr
ist als das »Nur-durch-andere-et-
was-gelten-Können« der alten
deutschen Klassen- und Ständege-
sellschaft. – »Das Volk ohne
Raum« (4. Buch): Auf einer
Deutschland-Reise im Sommer
1912 lernt Friebott im heimatlichen Reinhardswald seine spätere
Frau kennen, die 22 Jahre jüngere
Melsene, uneheliche Tochter seiner Jugendgeliebten. Zunächst
besetzen jedoch im Gefolge des
Ersten Weltkriegs die britischen
Südafrikaner Südwestafrika. Einer zehnjährigen Zuchthausstrafe
wegen eines ihm von den britischen Besatzungsbehörden ange-
hängten Raubmordes kann sich
Friebott nur durch eine abenteuerliche Flucht nach Angola entziehen. 1918 verliert Deutschland
alle Kolonien. Viele Deutsche
werden ausgewiesen, und auch

Fiebott verliert seine Farm. Er wird erst 1920 aus portugiesischen Gefängnissen nach Deutschland entlassen, wo er endlich die als Krankenschwester tätige Melsene heiratet und dem bereits 1910 nach Deutschland heimgekehrten und vom Versailler Vertrag politisch desillusionierten Hans Grimm den zweiten Teil seiner Lebensgeschichte erzählt. Mit der – auch von Grimms *Volk ohne Raum* proklamierten – Botschaft eines deutschen Sozialismus, dessen Entfaltung die Raumnot der Deutschen auf eine ganz Europa gefährdende Weise entgegenstehe, zieht Friebott als parteiloser Wanderredner umher und wird 1923 bei einem öffentlichen Auftritt in Sachsen durch den Steinwurf eines Demonstranten getötet.

Lit.: G. HARTUNG, »Volk ohne Raum« von H. G., in: Weimarer Beiträge 35 (1989), S. 1655–1676. K. v. DELFT

GRIMMELSHAUSEN, Hans Jacob Christoffel von (1621/ 22–1676)

Der Abentheurliche Simplicissimus Teutsch (und *Continuatio des abentheurlichen Simplicissimi*). 6 Bücher; EA Monpelgard 1669 (Nürnberg 1668/1669). 1668 erschien der *Simplicissimus* in 5 Büchern; das Titelblatt datierte die Ausgabe auf 1669 vor, um die Aktualität länger zu bewahren. Im Frühjahr 1669 erschien die *Continuatio,* die als 6. Buch den Roman abrundet und in neuen, kritischen Ausgaben immer mit abgedruckt wird. Der in mancher Hinsicht autobiographische, in der Ich-Form erzählte Roman des Schultheißen von Renchen (im Badischen), eines ehemaligen Sol-

daten, Regimentsschreibers, Gutsverwalters und Gastwirts, nahm zahlreiche Elemente des in Deutschland durch Aegidius Albertinus eingeführten spanischen Pikaroromans sowie des französischen »roman comique« auf und hat, auf zahlreichen Quellenstudien, wie z. B. des *Theatrum Europaeum,* beruhend, das Bild vom Dreißigjährigen Krieg, vom Leben der Bauern, Bürger und Soldaten bis in unsere Zeit bestimmt, obwohl die historischen Ereignisse, Schlachten und Belagerungen nur gleichsam am Rande erwähnt werden.

Im 1. Buch wird berichtet, wie der Titelheld als angeblicher Sohn eines Spessarter Bauern in völliger Unwissenheit aufwächst. Das väterliche Anwesen wird von marodierenden Soldaten überfallen, und der Junge flieht in den Wald, wo sich ein Einsiedler seiner annimmt, ihm wegen seiner Unwissenheit und Einfalt den Namen Simplicius gibt und ihn in der christlichen Lehre unterweist. Bald nach dem Tod des Einsiedlers verläßt Simplicius den Wald und kommt in die schwedische Festung Hanau, wo der Gubernator Ramsey ihn zum Pagen macht. Im 2. Buch soll Simplicius wegen seines angeblich närrischen Verhaltens zum Narren gemacht werden; er bewahrt aber seinen Verstand und sagt der Gesellschaft, die er mit absolut genommenen christlichen Maßstäben beurteilt, die Wahrheit. Bald darauf wird er von umherstreifenden Kroaten geraubt; er kann jedoch entkommen und wird zum »diebischen Waldbruder«. Durch Zufall gerät er in einen Hexensabbat, den er durch Anrufung Gottes beendet. Im Lager vor Magdeburg, wo er wieder als Narr dient, lernt er den älteren und den jüngeren Herzbruder kennen, Verkörperungen des Guten in einer aus den Fugen geratenen, durch Unbeständigkeit bestimmten Welt. Der ältere Herzbruder nimmt sich seiner als Lehrer an, wird aber erstochen, der jüngere, Simplicius' Freund, muß wegen betrügerischer Verleumdung andere Dienste suchen. Simplicius zieht Frauenkleider an und tritt als Magd in den Dienst eines Obersten. Als Spion verdächtigt, wird er verhaftet, aber von Herzbruder befreit. Als Diener eines einfältigen und geizigen Dragoners kommt er nach Westfalen ins Kloster Paradeis. Nach dem Tode seines Herrn macht er sich als »Jäger von Soest« einen Namen. Nachdem er zum Helden von allerlei schwankhaften Streichen geworden ist und auch als Soldat erfolgreich war, wird er im 3. Buch von den Schweden gefangengenommen und nach Lippstadt gebracht, wo er auf Ehrenwort frei herumgehen kann. Er buhlt, wird zwangsverheiratet und reitet nach Köln, um einen dort deponierten Schatz abzuholen. Im 4. Buch kommt Simplicius als Begleiter junger Adeliger nach Paris, wo er dem Modearzt Dr. Canard dient. Er ist als Sänger in der königlichen Oper erfolgreich und verdient viel Geld als Liebhaber reicher Damen. Er flieht aus Paris, doch wird ihm sein ganzes Geld gestohlen, als er die Pocken bekommt. Als ambulanter Kurpfuscher schlägt er sich nach Deutschland durch, wird aber in Philippsburg gegen seinen Willen zum Musketier gemacht, wovon ihn der inzwischen arrivierte Herzbruder wieder erlöst. In einem Walde trifft er den jetzt als Räuber umherziehenden bösen Olivier, den er aus dem Lager vor Magdeburg kennt. Olivier, ein negativer Gegenpol zum guten Herzbruder, erzählt sein Leben, eine Art Exempelgeschichte falschen Verhaltens. Kurz darauf wird er erschlagen, wobei Simplicius ihn gegen seine Absicht rächt. Mit dem Geld Oliviers hilft er dem verwundeten Herzbruder. Im 5. Buch machen Herzbruder und Simplicius zusammen eine Wallfahrt nach Einsiedeln. Vom Teufel in Angst und Schrecken versetzt, bekehrt sich Simplicius. Er geht mit Herzbruder nach Wien und wird Hauptmann. Als beide verwundet sind, begeben sie sich zur Kur in den Sauerbrunnen. Herzbruder stirbt, und Simplicius heiratet eine Bauerndirne, buhlt aber weiter. Er trifft seinen angeblichen Vater aus dem Spessart wieder und erfährt von ihm, daß er in Wirklichkeit der Sohn des Einsiedlers, eines weltüberdrüssigen Offiziers von schottischem Adel, ist. Nach dem Besuch des Mummelsees und seiner sylphischen Bewohner sowie einer Reise durch Rußland und Asien kehrt er nach Hause zurück und wird wieder Einsiedler auf dem Mooskopf. In der *Continuatio*, die mit der großen Zahl allegorischer Geschichten in vieler Hinsicht einen interpretatorischen Kommentar zum *Simplicissimus* enthält, hat Simplicius zunächst einen Traum vom höllischen Wettbewerb des Geizes und der Verschwendung, die den reichen Iulus und seinen Diener Avarus ruinieren. Er verläßt seine Waldklause und wird ein »Wallbruder«. In Ägypten wird er von Räubern gefangen und als wilder Mann gezeigt. Auf der Heimreise nach seiner Befreiung zerschellt das Schiff in einem Sturm, und nur er und ein Zimmermann können sich auf eine paradiesische Insel retten, womit Grimmelshausen in Anlehnung an die *Isle of Pines* (1618) des englischen Satirikers Henry Neville die erste deutsche Robinsonade erzählt. Eine an den Strand angetriebene Abessinierin erweist sich als der Versucher selbst. Der Zimmermann kann dem Palmwein nicht widerstehen und stirbt. Als ein holländisches Schiff auf der Insel landet, lehnt es Simplicius ab, nach Europa zurückzukehren (erst in den späteren »Simplicianischen Schriften« Grimmelshausens taucht er wieder auf), gibt aber seine auf Palmblätter geschriebene Lebensgeschichte dem nun berichtenden »Holländischen Schiff-Capitain« Jean Cornelissen mit, von dem sie angeblich der Herausgeber, ein German Schleiffheim von Sulsfort (eins von mehreren Anagrammen des Autors), erhalten hat. – In den Roman eingefügt sind mehrere Satiren und Sozialutopien, durch die die unchristliche Gegenwart in Satire und idealem Gegenbild kritisiert wird. Auf den satirischen Charakter des Buches verweist schon das Titelkupfer, ein Satyr mit einem darunterstehenden emblematischen Gedicht. Abgesehen von der direkten satirischen Verurteilung von Mißständen, z. B. des Alamode-Wesens (1. Buch, 19. Kap.), übermäßigen Essens und Trinkens (1. Buch, 30. Kap.) und Würfelspiels (2. Buch, 20. Kap.), hat schon der junge, rein christlich erzogene Simplicius bei seiner Ankunft in Hanau Gelegenheit, kritische Anmerkungen über die dem christlichen Geiste so fernstehende menschliche Gesellschaft zu machen. Ferner enthält bereits das 15. Kapitel des 1. Buchs einen von Grimmels-

hausen auf die eigene Zeit bezogenen allegorischen Traum vom Stände- oder Kriegsbaum, der die Vergeblichkeit des Strebens der Kleinen und die Korruptheit der Großen veranschaulicht. In der Mitte des 3. Buchs fängt Simplicius einen Narren, der sich als Gott Jupiter ausgibt und prophezeit, er werde einen »Teutschen Helden« schicken, der die religiöse Einheit wiederherstellen werde sowie Friede und Wohlstand, eine feste staatliche und soziale Ordnung, geistige Blüte und nationale Stärke. In der Mummelsee-Episode (5. Buch, 12. Kap. ff.) gibt Simplicius dem König der unterirdischen Wesen einen Bericht vom Leben auf der Erde und malt statt der Wahrheit ein Idealbild menschlichen Verhaltens. Das wahre Ideal ist in dem paradiesischen Leben der Sylphen gezeichnet, die nur vollkommene Harmonie und Verständigung und weder Sünde noch Krankheit kennen, allerdings auch kein Leben nach dem Tode. Im selben Buch (19. Kap.) beschreibt Grimmelshausen schließlich das historisch belegbare Leben der »Ungarischen Widertäuffer«, in denen die christlichen Ideale Wirklichkeit geworden zu sein scheinen, aber als er Pläne schmiedet, auf seinem eigenen Gut eine derartige Gründung zu errichten, überzeugt ihn sein Vater aus dem Spessart davon, daß er wohl kaum genügend Leute für ein derartiges Unternehmen zusammenbringen würde.

Die frühere Forschung hat versucht, den Roman als frühen deutschen Entwicklungs- oder Bildungsroman zu begreifen, hat dabei aber wohl an der Literatur des 18. und 19. Jahrhunderts gewonnene Kriterien an ein Werk angelegt, dessen Titelheld sich nicht im Sinne des späteren Bildungsideals entwickelt. Allegorische Interpretationen bemühten sich, Simplicius exemplarisch als eine Art religiösen Prüfstein für den christlichen bzw. unchristlichen Charakter der Welt zu sehen oder als Prototyp des Menschen, der als reiner Christ der Welt ausgesetzt, von ihr korrumpiert wird und sich enttäuscht wieder aus ihr zurückzieht. Neuere Versuche, das Kompositionsprinzip als eine Reihung einander ablösender und sich dabei überschneidender Planetenphasen zu begreifen, lassen sich nur schwer eindeutig beweisen oder widerlegen.

Lit.: V. MEID, G., Epoche – Werk – Wirkung, München 1984. – W. BUSCH, H. J. C. v. G., Der abentheurliche Simplicissimus teutsch, Frankfurt/M. 1988.   H. WAGENER

Trutz Simplex: Oder Ausführliche und wunderseltzame Lebensbeschreibung Der Ertzbetrügerin und Landstörtzerin Courasche [...]. 28 Kapitel; EA Nürnberg 1670.
Die junge Heldin Libuschka gerät in die Auseinandersetzungen im Dreißigjährigen Krieg, verkleidet sich als Junge und wird Kammerdiener bei einem Rittmeister. Weil ihre »Jungfrauschafft ohne das sich in letzten Zügen« befindet, entblößt sie ihm ihre »anziehende harte Brüste«, womit ihr Inkognito und ihre Unschuld verloren gehen und sie einen höchst wechselvollen Lebenslauf beginnen kann. Der Name Courasche bezeichnet ihr Geschlechtsteil und ihren sexuell-materialistischen Charakter: als negatives Gegenstück zur Lebensbeichte des sich bekehrenden Simplicius (→ *Der Abentheurliche Simplicissimus Teutsch*) erzählt die Heldin ihr Le-

ben als Abfolge von Episoden, die ihre Verworfenheit und Sündenverfallenheit als anti-göttliche Manifestation dokumentiert. Ihr Schreibvorsatz ist die Rache an Simplicius, der sie in seiner Autobiographie verspottet hatte und dem sie durch ihre rücksichtslose Selbstbezichtigung als radikales soziales Negativbeispiel zeigen will, »mit was vor einem erbarn Zobelgen er zu schaffen gehabt«. Sie heiratet mehrmals, verliert jedoch ihre Männer wie ihr Vermögen, das sie durch ungewöhnlichen Mut und kaltblütige Entschlossenheit als Soldat erbeutet. In der Geschichte ihres steten Abstiegs ist die Macht, die sie als männliche Frau erwirbt, auf ihren Mut und ihre Sexualität (Courasche) bezogen, und so sind die außergewöhnlich brutalen Massenvergewaltigungen, die sie erleiden muß, ausgeglichen durch die in den Roman eingelegten Episoden ihrer Herrschaft über den Mann, am Beispiel ihrer Ehe mit Springinsfeld und der Gefangennahme eines feindlichen Majors. Nach der fehlgeschlagenen Existenz als Soldat und Marketenderin wird sie zur kriminellen Prostituierten und schließlich zur Zigeunerin, die in dieser Daseinsweise die rechte Form gefunden hat, um durch ihre hinterhältigen Betrügereien dem Teufel zu dienen und Gottes Weltordnung zu stören. Der moderne Leser neigt dazu, sich mit der Heldin zu identifizieren und ihren Lebenswandel als frühen Ausdruck eines emanzipatorischen Willens zur Selbstverwirklichung zu verstehen. Ihr abwechslungsreiches pikareskes Leben befördert diese Auffassung ebenso wie ein anderes, säkulares und liberales Weltbild. Für den Autor Grimmelshausen und seine

zeitgenössische Leserschaft jedoch ist Courasche das höchst
verwerfliche Beispiel nicht nur
der Sündenverfallenheit der Heldin, sondern besonders der moralischen Unbelehrbarkeit. Auch
Simplicius war zeitweise einem
sündhaften Leben verfallen, hatte
jedoch – worin Reiz und Aufgabe
der autobiographischen Fiktion
beider Romane bestehen – die Anstrengung der Selbstbekehrung
auf sich genommen. Courasche
bekehrt sich nicht nur nicht, sondern sie leugnet den göttlichen
Willen aus Trotz und in voller
Anerkennung der Strafe, die sie
erwartet: der Verlust der ewigen
Seligkeit. Ihr »Trutz Simplex« ist
im wahrsten Sinne von dem teuflischen Trotz der gefallenen Engel
inspiriert.

Lit.: P. Hesselmann, Gaukelpredigt, Frank-
furt/M. 1988.   A. Solbach

**Das wunderbarliche Vogel-
Nest – Deß Wunderbarlichen
Vogelnessts Zweiter theil.**
1. Teil: EA Monpelgard (Nürnberg oder Frankfurt/Straßburg)
1672; 2. Teil: 27 Kapitel; EA o. O.
o. J. (Frankfurt/Straßburg 1675).
Bei den beiden Teilen des *Wunderbarlichen Vogelnests* handelt es sich
um zwei in Inhalt und Gehalt unterschiedliche moralsatirische Romane, die durch das Motiv des
unsichtbar machenden Vogelnests miteinander verknüpft sind.
Sie sind Teil der sog. »Simplicianischen Schriften« Grimmelshausens, zu denen im Gefolge des →
*Der Abentheurliche Simplicissimus
Teutsch* auch die *Courasche* (→
Trutz Simplex) und der *Springinsfeld* (1670) gehören.
Im 1. Teil knüpft Grimmelshausen an Begebenheiten des *Springinsfeld* an, wo eine Nebengestalt,
ein junger Hellebardier, bei der

Hinrichtung der Courasche zufällig in den Besitz des Vogelnests
gelangt ist. Durch seine Unsicht-
barkeit wird er Zeuge des gottver-
gessenen Treibens der Menschen,
eines ganzen Panoramas sündhaften menschlichen Verhaltens, in
das er nur manchmal korrigierend
eingreift. So schildert Grimmelshausen kontrastreich eine Reihe
von Schwänken, Anekdoten und
Exempeln, die nur durch die Zeugenschaft des Vogelnestträgers
und dessen jeweils daran ange-
knüpfte moralische Betrachtungen miteinander verbunden sind:
Er wird Zeuge, wie sich zwei verarmte Adelsfamilien gegenseitig
Reichtum vorspiegeln, um durch
die eheliche Verbindung der Armut zu entkommen; eine Gruppe
von Bettlern spiegelt Armut und
Krankheit vor; ein geiziger Vater
will seine Tochter nicht verheiraten, die aber ihren Bräutigam
nachts in ihre Kammer läßt; eine
junge Frau wartet auf den Tod
ihres alten Mannes; ein Wirt
mischt Wasser in seinen Wein; ein
Geistlicher will eine junge Frau
verführen; eine eitle Frau er-
schrickt, als sie den unsichtbaren
Nestträger im Spiegel sieht; eine
arme Familie wird von ihm beschenkt und glaubt an göttliche
Fürsorge; ein Kuhdieb verkauft
dem Eigentümer seine eigene
Kuh; der Nestträger verhindert
einen Überfall zweier Studenten
und später einen Einbruch, und er
klärt auf, daß der junge Simplex
mit der Frau eines Wirts keinen
Ehebruch begangen hat; ein Bürgermeister spielt anderen seine
Unbestechlichkeit vor; der Nestträger schläft betrunken mit einem Mädchen; er verhindert die
Sodomie eines Hirten. Am Ende
wird er von Bienen gestochen,
rettet sich in eine »stinckente

Cloac«, reinigt sich dann mit flie-
ßendem Wasser, symbolisch
wohl die Folge von Taufe, Reue
und Buße. Die nach fast jedem
Abenteuer eingestreuten moralischen Betrachtungen lassen dem
Nestträger immer deutlicher werden, daß Gott bei allen Taten der
Menschen gegenwärtig ist und
daß er sich selbst mit seinem Eingreifen eine ihm nicht zustehende,
gottähnliche Stellung anmaßt. Er
zerreißt deshalb das Vogelnest,
das jedoch von Ameisen wieder
zusammengetragen wird. Während er sich vor Wölfen auf einen
Baum flüchtet, wo er den von der
Courasche gestohlenen Schatz eines Kaufmanns findet, wird das
Nest von einem Zauberer gefunden, der es dem Kaufmann übergibt. Der innerlich gewandelte
Nestträger entscheidet sich, sich
in Zukunft durch ehrliche Arbeit
zu ernähren. – Im 2. Teil wird berichtet, wie der Kaufmann den
Zauberer kennengelernt und das
Nest erworben hat. Im Gegensatz
zum 1. Teil werden nur einige wenige schwankhafte bzw. novelli-
stische Episoden berichtet. Dabei
ist der Kaufmann nicht mehr Beobachter, der von Zeit zu Zeit
Unrecht verhindert und gutma-
chen will, sondern er verwendet
das Nest nur zu seinem eigenen
Nutzen. Zunächst gelingt es ihm,
die Untreue seiner Frau mit einem
Arzt zu verhindern und ihr ihre
Absicht schwankhaft heimzuzahlen, indem er anstelle des Arztes
eine Liebesnacht mit ihr verbringt
und sie mit Hilfe eines Abführ-
mittels verunreinigt und dann
schlägt. In Amsterdam verliebt er
sich in die schöne Tochter eines
reichen Juden, die er verführt, indem er ihr und ihrem Vater weismacht, er sei der Prophet Elias,
der geschickt sei, um mit der

Tochter den erhofften Messias zu
zeugen. Diese bekommt ein Mädchen von ihm, und es gelingt ihm,
sie zu entführen und nach ihrer
Konversion mit seinem ebenfalls
konvertierten Vertrauten zu verheiraten. Nachdem er die Bekanntschaft von Zauberern gemacht hat, mit deren Hilfe er u. a.
gelernt hat, Schlösser zu öffnen
und sich »fest« zu machen, wird er
im Krieg der Niederlande gegen
Frankreich Soldat, nach verwege-
nen Taten durch Gegenzauber
schließlich aber doch verwundet.
Als er nun unsichtbar und hilflos
auf dem Schlachtfeld liegt,
kommt es zu einer plötzlichen Bekehrung. Doch erst ein Pater, bei
dem er langsam gesundet, kann
ihn wirklich davon überzeugen,
daß er sich mit seinen geheimen
Künsten und dem Besitz des Vogelnests dem Teufel überantwortet hat. Der Pater wirft schließlich
das Vogelnest in den Rhein.

Lit.: H. WAGENER, Perspektiven und Per-
spektivismus in G.s »Wunderbarlichem Vogelnest«, in: The German Quarterly 49
(1976), S. 1–12.   H. WAGENER

GRÜN, Max von der (geb. 1926)

Irrlicht und Feuer. EA Reck-
linghausen 1963.
Während seines 15jährigen Beru-
fslebens als Grubenarbeiter im
Ruhrgebiet hat der Ich-Erzähler
Jürgen Fohrmann »keinen Tag
unentschuldigt gefehlt«. Als er
auf dem Weg zur Arbeit einer von
ihrem Mann mißhandelten Frau
Beistand leistet und wiederholt
seine Nachtschicht versäumt,
wird er sich seines in Beruf und
Privatleben gleichermaßen »er-
schütterten Gleichgewichts« bewußt. Nach acht Ehejahren bestehen zwischen ihm und seiner nur
an »Haben und Nichthaben«

orientierten Frau Ingeborg keine gemeinsamen Interessen mehr. Hinter dem materiellen Wohlstand, der sich bei dem doppelt verdienenden Ehepaar einstellt, verbirgt sich für Fohrmann die Kehrseite des deutschen Wirtschaftswunders: steigender Konsumzwang, seelische Verkümmerung, zunehmende Verbürgerlichung der Arbeiterklasse. Als Spiegelbild zur glücklosen häuslichen Welt zeigt die detailliert wiedergegebene Arbeitswelt unter Tage die Degeneration des Menschen zum »Versuchskaninchen« wirtschaftlicher Interessen auf. Der eigenbrötlerische Fohrmann scheut sich nicht, selbst der ihr »Menschsein für Wohlstand« verkaufenden Arbeiterschaft sowie den unflexiblen Gewerkschaften eine Teilschuld an der Misere auf dem »Pütt« zuzuweisen. Hauptangriffspunkt der harschen Kritik aus Arbeitermund, die in der dramatischen Schilderung eines tödlichen Arbeitsunfalles ihren Höhepunkt findet, sind jedoch die inhumanen, auf Profitmaximierung ausgerichteten Praktiken der Unternehmer. Nachdem die Zeche im Zuge der Bergbaukrise schließt, nimmt der entwurzelte »Kumpel« Hilfsarbeiten in einer Eisenfabrik und auf dem Bau an, bevor er bei einer Dortmunder Elektrofirma die aus Prestigegründen erhoffte Stelle im »weißen Kittel« vermittelt bekommt. Doch Leistungsdruck, automatisierte und entfremdete Arbeit, bei welcher der Mensch in »getrennt funktionierende Teile« zerfällt, prägen bei der körperlich leichten Tätigkeit Betriebsklima und Freizeit der Beschäftigten. Das Leben, das nicht für die Arbeitsproduktivität von Nutzen ist, verkümmert zum trostlosen, unkommunikativen »Einerlei«. Die Nebenhandlung um den ehemaligen KZ-Häftling Borowski variiert das Thema von Opfern und Tätern und stellt den persönlichen und klassenspezifischen Selbstfindungsprozeß des Arbeiters Fohrmann in einen größeren historischen Zusammenhang. Das Wissen um die verpaßte Chance eines politischen Neuanfangs nach 1945 treibt Borowski in den Tod, während Ewiggestrige Karriere machen oder, wie der Polier Polenz, Borowskis »Auspeitscher vom Dienst«, ihre sadistischen Neigungen an ihren wehrlosen Frauen auslassen. Der in einfacher Sprache gehaltene Arbeiterroman, der aufgrund seiner dokumentarischen Anprangerung lebensgefährlicher Mißstände und der ungewohnten Gewerkschaftskritik im außerliterarischen Bereich für Aufsehen sorgte, endet symbolisch mit dem Ausklang des alten Jahres. Bestimmend für Fohrmanns zukünftiges Leben bleiben seine Sehnsucht nach einem die Ehe stabilisierenden Kind und einer die Einheit von Mensch und Arbeit wahrenden Tätigkeit.

Lit.: F. Schonauer, M. von der G., München 1978 (AB 13). P. Schmauk

GÜTERSLOH, Albert Paris (eigentlich Albert Conrad Kiehtreiber, 1887–1973)

Sonne und Mond. *Ein historischer Roman aus der Gegenwart.* 15 Kapitel; EA München 1962.
Die Handlung des umfang-, figuren-, arabesken- und reflexionenreichen, sprachlich wie narrativ labyrinthischen Romans setzt am Morgen des 27. Juli 1930 ein: vor dem heruntergekommenen österreichischen Schloß, welches der

boshafte Baron Enguerrand seinem Neffen, dem vagabundierenden und stets verschuldeten Grafen Lunarin, hinterlassen hat, warten sechs Dienstboten auf ihren Herrn. Statt Lunarin, der mit seiner früheren Geliebten Benita die Gegend bereits wieder verläßt, trifft der für drei Tage als Verwalter eingesetzte Großbauer Till Adelseher am Schauplatz ein. Als »mystisch zu nennender Stellvertreter« saniert Adelseher zusammen mit dem Bauunternehmer und Architekten Strümpf Schloß und Gut aus eigenen Mitteln und bleibt über die – von Lunarin freilich nur als »Vorwand« – verabredete Frist und die Erschöpfung seiner Geldmittel hinaus in seiner Funktion. Er geht den ehemaligen Butler Murmelsteg um einen Kredit an und will den über Generationen angesammelten bäuerlichen Hausrat seiner Ahnen an den jüdischen Antiquitätenhändler Brombeer verkaufen. Der Handel scheitert am Einspruch des als Schöngeist auftretenden Antisemiten Ariovist von Wissendrum; doch Brombeer gewährt Adelseher ein Darlehen. – In zahlreichen Rückblicken schildert der Roman die Lebens- und Familiengeschichten der beiden Protagonisten und der mit ihnen verbundenen Figuren. Der romantisch-adligen, weltoffenen Sphäre des Grafen, dessen Vater die hispano-amerikanische Mutter einst entführt hatte, steht – an Immermanns → *Münchhausen* erinnernd – die eher realistisch gezeichnete, auch räumlich beschränkte bäuerliche Welt Adelsehers gegenüber. In teils phantastischen, stets aber auch auf die österreichische Wirklichkeit bezogenen Episoden entlarvt sich etwa der schurkische Spitzel Mullmann schließlich als

Hermaphrodit; der nabobreiche jüdische Mäzen Mendelsinger veranstaltet einen rauschenden, als Satire auf eine sich prostituierende Kunst gestalteten Maskenball, auf dessen Höhepunkt seine einst von der Straße geholte Frau ihr eigenes Schicksal im pretiosenbesetzten Kostüm einer Zündholzverkäuferin parodiert. Gleichsam als Roman im Roman wird im über 270 Druckseiten umfassenden 6. Kapitel die Geschichte eines Turmes und seiner Umgebung erzählt, wo Adelseher seine Geliebte, die Offiziersgattin Melitta Rudigier, trifft. Ein Kreuzfahrer des frühen 12. Jahrhunderts hatte dort zunächst einen Harem eingerichtet und dann, vor seinem Tod, eine Kartause gestiftet, die 1887 nach dem Wunder-Erlebnis einer Benedikta Spellinger zum Wallfahrtsort wurde. Später richtete der virile, aber künstlerisch zunächst erfolglose Maler Andree dort ein Kunstphotographen-Atelier ein, das er nach seiner Entdeckung auf dem Pariser Kunstmarkt indessen zerstört. Der Roman endet, als Lunarin nach einem Jahr wieder auftaucht, um endlich sein Erbe zu besichtigen. Er schenkt es sogleich dem Verwalter und erobert dessen Geliebte Melitta.
Verbunden werden all diese Episoden mit dem Geschehen um die Hauptfiguren, die innerhalb eines kaleidoskopisch und gelegentlich auch kolportagehaft marginalisierenden Erzählens oft über weite Strecken überhaupt nicht erwähnt werden, durch die zumeist ironischen Reflexionen eines auktorialen Wir-Erzählers, der sich selbst und sein Verhältnis zum Leser mittels einer Leuchtturm-Metapher beschreibt: »Wir haben, wie der Leuchtturm, den Kopf voll

Augen und drehen uns um uns selbst, sehen alles und bleiben am Platze. Diesen Platz wird der Leser, sooft auch er ihn schon endgültig verloren zu haben glaubt, immer wieder unter seinen Füßen finden.« Vielleicht konstituiert jede Reflexion dieser später noch um ein – unter dem Titel *Der innere Erdteil* bislang nur in Auswahl gedrucktes – umfangreiches Wörterbuch der Begriffe, Figuren und Orte ergänzten »Materiologie« eine eigene Ebene. Der »Weltroman« des Maler-Dichters ist indessen auch das Produkt einer überbordenden Phantasie in einer altmodisch schönen, liebevoll verschnörkelten, zur genauen Lektüre (oder dem – so Gütersloh – »in die Ecke werfen«) zwingenden Sprache.

Lit.: F. Thurner, A. P. G., Studien zu seinem Romanwerk, Bern 1970.   M. Schmidt

GUTZKOW, Karl Ferdinand (1811–1878)

Die Ritter vom Geiste. *Roman in neun Büchern*. EA Leipzig 1850/51.

Gutzkows umfangreicher Roman ist in erster Linie ein Zeit- und Gesellschaftsroman – angereichert durch verschiedene Elemente des Unterhaltungsromans der ersten Hälfte des 19. Jahrhunderts. Die Anleihen aus dem Abenteuer-, Liebes-, Kriminal- und Intrigenroman dienen dem Zweck, eine wenn auch nur äußerliche Handlung in Gang zu setzen und den Leser in Spannung zu halten.

Die äußeren Handlungsmomente bestehen zum einen aus einer um die Brüder Dankmar und Siegbert Wildungen angesiedelten Prozeßgeschichte, bei der es um Besitz-ansprüche der Brüder gegenüber der Kommune geht. Nach alter testamentarischer Überlieferung sind die Brüder Erben eines großen Grundbesitzes auf dem Gebiet der Stadt aus der Hinterlassenschaft des Templer- und des Johanniterordens. Das spannungserzeugende Moment ist dabei die mysteriöse Geschichte eines wiedergefundenen Schreines, der die wichtigsten Urkunden für den Prozeß der Brüder Wildungen enthält und durch den Zugriff konkurrierender Parteien mehrfach den Besitzer wechselt. Zum anderen kreist die Romanhandlung um Geschichte und Vorgeschichte des Prinzen Egon von Hohenberg, in der ebenfalls ein ominöses und umstrittenes ›Dingsymbol‹, ein Bildnis der Mutter Amanda von Hohenberg, eine wichtige Rolle spielt. Der aus Frankreich inkognito zurückkehrende Prinz Egon wird durch die Entwicklung der Zeitumstände zum Minister des Staates (Preußens) ernannt und dabei in eine Rolle gedrängt, die ihn zwingt, als restaurativ-autoritärer Staatsmann jegliche freiheitlich-demokratische Regung zu verfolgen und zu unterdrücken. Nach dem Scheitern seiner Politik findet er am Ende des Romans als Privatperson wieder zu seinen ehemaligen Freunden und deren geistiger Welt zurück. – Beide Erzählstränge sind durch verschiedene erzähltechnische Kunstgriffe miteinander verbunden und in Beziehung zueinander gesetzt: durch die Freundschaft zwischen Egon und Dankmar, die Egon nicht daran hindert, in seiner Position als Minister Dankmar rigoros zu verfolgen, und durch die Liebesgeschichte um Melanie, die Tochter des Justizrates Schlurck, des mächtigen Gegenspielers Dankmars in der Erbschaftsangelegenheit. Nach dem Muster eines traditionellen Verwechslungsspiels verliebt sich die kokette und leichtsinnige Melanie zunächst in Dankmar in der Meinung, den Prinzen Egon vor sich zu haben. Verborgene und verworrene Familiengeschichten in der Vergangenheit und neue Bindungen in der Gegenwart führen schließlich dazu, daß die wichtigen Personen des Romans allseitig miteinander verwandt sind. Diese zusätzlich mit zahlreichen Nebenhandlungen versetzten Geschehnisfolgen werden überhöht durch die Gründung des Bundes der Ritter vom Geiste, der – in der Organisationsform an den mittelalterlichen Templerorden anknüpfend – das Ziel einer liberalen Erneuerung von Staat und Gesellschaft auf der Basis selbstbestimmter Vernunft im Sinne der Aufklärung des 18. Jahrhunderts verfolgt. Im Mittelpunkt steht die Wiedergewinnung einer sittlichen, geistigen und politischen Einheit. Die Ziele des Bundes sowie eine ›meßbare‹ Einwirkung auf das politische Klima des Staates bleiben indes Utopie.

Die Ritter vom Geiste sind nach Goethes → Wilhelm Meisters Wanderjahre (1821/29) und Immermanns → Die Epigonen (1836) einer der interessantesten und wichtigsten – wenngleich ästhetisch nicht gelungenen – Ansätze eines Zeit- und Gesellschaftsromans im 19. Jahrhundert. Gutzkows Roman zielt auf die Darstellung der Gesamtheit der Gesellschaft, vom Bettler bis zum König, aus dem spezifischen Blickwinkel des Autors, wobei eine vereinseitigende Schwarz-Weiß-Malerei durch nuancierende Abstufung der ausge-

wählten und dargestellten Vertreter der Gesellschaft weitgehend vermieden wird: »Da liegt die ganze Welt! Da ist die Zeit wie ein ausgespanntes Tuch. [...] Kein Abschnitt des Lebens mehr, der ganze, runde volle Kreis liegt vor uns; der Dichter baut eine Welt und stellt seine Beleuchtung der der Wirklichkeit gegenüber.« Was Balzac einige Jahre früher mit seiner vielbändigen Menschlichen Komödie anhand von nahezu 3000 Figuren zu verwirklichen strebte, das versucht Gutzkow in einem Roman (von über 4000 Seiten) mit 200–300 Figuren zu gestalten. Gesellschaftliche Klassenklischees (Adel – Bürgertum – Proletariat) bestimmen Gutzkows abgestuftes Gesellschaftsbild ebensowenig wie die dichotomische Gegenüberstellung einander bekämpfender Gesellschaftsschichten, wie man sie in den Romanen von Georg Weerth, Ernst Willkomm und Robert Prutz antrifft. Die verschiedenen gesellschaftlichen Schichten in Gutzkows Roman sind durchlässig; ein Netz von vielfältigen Querverbindungen gewährleistet eine intensive Verflechtung der dargestellten Gesellschaftskreise. Letzten Endes war es Gutzkows Ziel, mit seinem Gesellschaftsmodell der im Zerfall begriffenen Wirklichkeit ein positives Gegenbild gegenüberzustellen. Diese Vorstellung von der Gesellschaft beinhaltet aber zugleich auch die Möglichkeit der Kritik an ihr. Kritische Akzente setzt Gutzkow zum Beispiel hinsichtlich des unerträglich gewordenen polizeilichen Zugriffs in einem autoritären Staatswesen, der militaristischen Strömungen, des Kulturbetriebs und der Moral der Gesellschaft durch Rückblenden etwa in die

Vergangenheit wichtiger Roman-figuren. Dem polyperspektivischen Gesellschaftsbild der *Ritter vom Geiste* entspricht die Darstellungstechnik des Romans. Im Vorwort der 1. Auflage bezieht Gutzkow Stellung gegen das herkömmliche Konzept des Einfigurenromans, in dem nach dem Prinzip des Bildungsromans die Geschichte einer Person über einen mehrjährigen Zeitraum hin dargestellt wird. Dieses Verfahren führe zwangsläufig dazu, größere Zeiträume von der Schilderung auszuschließen, was nach Gutzkow eine höchst unnatürliche künstlerische Praxis darstellt. Gutzkows Begriff von der Totalität, die der Roman zu gestalten habe, intendiert vielmehr die möglichst genaue und umfassende Wiedergabe der Vielfalt der Wirklichkeit innerhalb eines kurzen Zeitabschnittes nach dem Prinzip des ›Nebeneinander‹, damit auf die Erzähltechniken von James Joyce und John Dos Passos im 20. Jahrhundert vorausweisend. Um die Vielstimmigkeit seines Romans zu verdeutlichen, vergleicht der Autor dessen Struktur mit dem Gewebe eines »Teppichs« oder mit der Vielzahl der zusammenspielenden Instrumente in einem »Concert«. – *Die Ritter vom Geiste* erfuhren in wenigen Jahren sechs Auflagen, an denen Gutzkow stets ändernd weiterarbeitete.

Lit.: P. HASUBEK, K. G.s Romane »Die Ritter vom Geiste« und »Der Zauberer von Rom«, Diss. Hamburg 1964. – H. KAISER, K. G.: Die Ritter vom Geiste. Abstrakte Vielfalt – leere Einheit, in: DERS., Studien zum deutschen Roman nach 1848, Duisburg 1977, S. 9–56.
P. HASUBEK

Wally, die Zweiflerin. 3 Bücher; EA Mannheim 1835 (2. Fassung: u. d. T. *Vergangene Tage,* in: Gesammelte Werke, XIII, 1852).

Der nach Gutzkows Äußerung in der Zeit von nur drei Wochen verfaßte Roman besitzt lediglich Rudimente einer zielstrebig durchgeführten, das Romangeschehen bestimmenden Handlung. Wally und Cäsar begegnen sich zunächst flüchtig bei einem Ausritt, wobei Wally fünf Ringe verliert, die Cäsar aufhebt. Auf einer Abendgesellschaft, auf der sie sich näher kennenlernen, führt die Rückforderung dieser Ringe zu mehreren harmlos verlaufenden Duellen. In Bad Schwalbach treffen sich Wally und Cäsar wieder und tauschen ihre Anschauungen über die verschiedensten Probleme ihrer Zeit aus (1. Buch). Wally beabsichtigt, den sardinischen Gesandten Luigi zu heiraten; bei der Abschiedsszene von Cäsar fordert dieser von ihr, sie möge sich ihm in hüllenloser Nacktheit zeigen. Die Erfüllung dieses Wunsches am Abend des Hochzeitstages bedeutet für beide eine geistige Vermählung. In Paris wird Wally von der zudringlichen Liebe Jeronimos, des Bruders ihres Mannes, verfolgt. Bei einem Unfall auf einer Spazierfahrt Wallys mit Jeronimo tritt überraschend Cäsar als Retter der Situation auf. Nach einer schweren Krankheit Wallys kommt es zu einer Liebesszene mit Cäsar. Jeronimo, dessen Geisteszustand inzwischen bedenklich zerrüttet ist, erschießt sich in Gegenwart Wallys. Dieses Ereignis veranlaßt sie, zusammen mit Cäsar zu fliehen (2. Buch). Während Cäsar am Ende der Romanhandlung mit Adolphine, der Freundin Wallys, eine Ehe ohne kirchliches Zeremoniell schließt, begeht Wally aus religiöser Verzweiflung und enttäuschter Liebe Selbstmord (3. Buch).
In die Haupthandlung sind eine

Anzahl zusätzlicher Erzählungen und Episoden eingestreut (das tolle Bärbel, der Tambour und die Frau des Trompeters), die das Interesse des Lesers an dem sonst handlungsarmen Roman wachhalten sollen und zugleich Figuren vorstellen, die in ihrer blinden Leidenschaftlichkeit als Gegenbilder zu den weitgehend emotionsunfähigen Gestalten Wally und Cäsar dienen. Ohne historisch-psychologisierende Vorgeschichte werden die beiden Hauptgestalten Wally und Cäsar am Romanbeginn präsentiert, und auch in der Folge bleiben sie wenig individuell ausgestaltete Repräsentanten bestimmter Weltanschauungen und Verhaltensweisen. Wally, eine etwa 20jährige anspruchsvolle und verwöhnte Frau, wird als ebenso kokett und leichtsinnig wie die »Schönheit Aphroditens« übertreffend vorgestellt, geistig aufgeschlossen und interessiert an den religiösen und literarischen Fragen ihrer und des Autors Gegenwart (1835), dabei aber außerstande, gefühlsmäßige Bindungen einzugehen, sei es mit Menschen oder auch zur Natur. Jede geistige Beschäftigung bleibt ihr unverbindliches Spiel. Die an ihr veranschaulichten Glaubenszweifel, die vor allem in dem als Tagebuch gestalteten 3. Teil des Romans zum Ausdruck kommen, verbinden sich mit quälender Langeweile und innerer ›Zerrissenheit‹. Der »Skeptiker« Cäsar teilt Bindungslosigkeit und »Ennui« mit Wally, verfügt aber über ein beachtliches Maß an Reflexionsfähigkeit, die ihn zum spielerischen Umgang mit den geistigen und religiösen Themen der Zeit befähigt. Er wird als Zyniker beschrieben, der alle christlichen Glaubensinhalte ablehnt. Sein Lebensprinzip formuliert er so: »Liebe deinen Nächsten, wie dich selbst! Sei Egoist, ohne deinen Nachbarn zu verwunden!« Das Liebesverhältnis zwischen Wally und Cäsar ist nicht auf ihren individuellen Eigenschaften und persönlicher Zuneigung begründet, sondern es sind allgemein menschliche Wesenszüge, die jeder am anderen wiedererkennt und schätzt. An die Stelle der Romanhandlung tritt das Gespräch und die Reflexion, die Auseinandersetzung mit zeittypischen, vornehmlich religiösen Problemen und Einstellungen, die ihre Anschauungen und Argumente aus der Religionskritik des 18. und 19. Jahrhunderts beziehen. Die Beschäftigung mit ihnen führt bei Wally letztlich zur Verzweiflung, weil sie in ihrer Identitätslosigkeit kein Gegengewicht, keine Lösung findet. – Die an Wally exemplifizierten Anschauungen und Verhaltensmuster dienen auch dem Zweck, die Frauenthematik, so wie sie sich von der Romantik herleitet (vgl. Friedrich Schlegels → *Lucinde*), vom jungdeutschen Standpunkt aus weiterzuführen und zur Diskussion zu stellen. Während Cäsar die religiösen Probleme reflektierend zu neutralisieren vermag, ist Wally nicht in der Lage, die von ihr angestrebte Emanzipation als Frau, die die sexuelle und religiös-intellektuelle Selbstbestimmung einschließen soll, in der faktischen und geistigen Wirklichkeit ihres Lebens zu vollziehen.

Obwohl man Gutzkow bei der raschen Niederschrift des Romans künstlerische Absichten nicht wird absprechen können, sind die Mängel der ästhetischen Durchführung des Werkes unverkennbar. In den Details vermißt der Leser oft die Motivierung; die Handlungsweisen Wallys wie auch Cäsars sind teilweise psychologisch nicht hinreichend begründet; die religiöse Thematik ist nur ungenügend erzählerisch veranschaulicht. Auch bei den eingefügten Episoden und Erzählungen ist die Frage nach ihrer sinnvollen Integration in das Erzählgeschehen berechtigt. Wichtiger als die Beseitigung dieser Mängel mußte es dem freien Schriftsteller Gutzkow offenbar sein, mit einer aktuellen Thematik auf dem literarischen Markt präsent zu sein, um sich dem Bewußtsein der Zeitgenossen als Autor einzuprägen. Daß Gutzkow dieses Ziel, wenn auch in höchst problematischer Weise, erreichte, zeigt die zeitgenössische Rezeption seines Romans. Kurze Zeit nach der Publikation des Werkes veröffentlichte Wolfgang Menzel im *Literatur-Blatt* (zum *Morgenblatt für gebildete Stände*) eine ausführliche, Gutzkow denunzierende Rezension des Romans, der er zwei Wochen später die »Zweite Abfertigung« und wiederum drei Wochen später die »Dritte Abfertigung« seines früheren Mitarbeiters folgen ließ. Der Staat reagierte schnell, verbot die Verbreitung des Romans und schickte den Verfasser für einen Monat in die Gefängnishaft. Dieser in der deutschen Literaturgeschichte des 19. Jahrhunderts beispiellose Literaturskandal zog am 10. 12. 1835 auch das Publikationsverbot für alle Mitglieder des sog. Jungen Deutschland nach sich.

Lit.: K. G., Wally, die Zweiflerin. Studienausgabe mit Dokumenten zum zeitgenössischen Literaturstreit, hg. von G. HEINTZ, Stuttgart 1979 (RUB 9904). P. HASUBEK

HÄRTLING, Peter (geb. 1933)

Eine Frau. 3 Teile; EA Darmstadt / Neuwied 1974.
Bereits der unbestimmte Artikel im Romantitel verweist auf die exemplarisch-didaktischen Züge im Frauenschicksal der Protagonistin Katharina Perchtmann, einer um die Jahrhundertwende in Dresden geborenen Fabrikantentochter. Die Geschichte ihrer politischen wie auch sinnlichen »Erweckung« spielt sich vor dem Hintergrund der großen geschichtlichen Ereignisse dieses Jahrhunderts ab. Vom Kaiserreich ausgehend, umspannt der zwischen distanziertem Bericht im Konjunktiv und Momentaufnahmen im Indikativ, zwischen Brief- und Tagebuchzitaten wechselnde Emanzipationsroman die Zeit der beiden Weltkriege und zwanzig Jahre bundesdeutsche Geschichte, während derer die großbürgerliche Frau »die andere Katharina findet, Katharina die Proletin«. Der ausführliche 1. Teil (Dresden 1902–1922) schildert die glückliche Kindheit »Kathis« in der Obhut der jüdischen Mutter und des liberalen Vaters, des Kosmetikfabrikanten Georg Wüllner. Ein Ausbruchsversuch der jüngsten Tochter in die sozialistische Künstlerkolonie Hellerau endet aufgrund einer unglücklichen Liebe wieder im bourgeoisen Milieu der Familie. Es folgt die standesgemäße Heirat mit dem nüchtern-pragmatischen Textilfabrikanten Ferdinand Perchtmann. Als Ehefrau und Mutter in Prag und Brünn (2. Teil, 1923–1945) fühlt sich Katharina zunächst nur als »Gast«; dieses Gefühl des Unbehaustseins zieht sich mit den Zeilen »Fremd bin ich ausgezogen« aus Schuberts

Winterreise leitmotivisch durch
den Roman und nimmt in der tragischen Außenseiterfigur ihres jüdischen Onkels David, der angesichts der nationalsozialistischen
»Hölle« Selbstmord begeht, symbolische Gestalt an. Festgelegt auf
die Rolle der repräsentierenden
Gattin, bleibt Katharina der Einblick in die politischen und ökonomischen Verhältnisse versagt.
Zunehmende nationalistische und
soziale Spannungen im Protekto-
rat können weder durch Katharinas karitative Anwandlungen
noch durch ihren Tschechen, Juden und Deutsche gleichermaßen
einbeziehenden Brünner »Salon«
verdeckt werden. Das »Ende der
Fabrikantenfrau« kündigt sich mit
dem Niedergang der Firma nach
dem Börsenkrach und dem Ausbruch des Zweiten Weltkrieges
an, in dessen Verlauf ihr Mann
»für Volk und Vaterland« stirbt.
Erst jetzt, im Chaos der Kriegs-
wirren, erkennt die Mutter von
vier Kindern, daß sie vom Leben
»ausgespart« war und beginnt,
»allerdings ohne System und Ziel,
zu handeln«. Zur neugewonne-
nen erotischen Freiheit Katharinas
gesellt sich nach der Vertreibung
und Übersiedlung nach Stuttgart
(3. Teil, 1946–1970) ein gewandeltes politisch-gesellschaftliches
Bewußtsein. Während sie zuvor
nur »das Nächste« wahrgenommen hatte, schärft die Tätigkeit als
Packerin in einer Fabrik ihre Sicht
auf die Wirklichkeit. Zusammen
mit dem bei ihr aufwachsenden
Enkel Achim wiederholt sie im
Rahmen der Studentenbewegung
ihr revolutionäres Hellerauer Ju-
genderlebnis auf einer neuen,
durch die geschichtliche Erfahrung objektivierten Ebene. Ihre
Freiheit vehement auch gegen die
eigene Familie verteidigend, geht

Katharina noch eine späte Lebens-
gemeinschaft ein, und faßt nach
dem Tod des Partners als Siebzig-
jährige den Entschluß, ihren Lebensabend in einem Altersheim zu
verbringen.

Lit.: R. MICHAELIS, Unterhaltungsroman –
na und?, in: Die Zeit, 30. 8. 1974. – B. DÜK-
KER, P. H., München 1983, S. 64–69.
                                    P. SCHMAUK

Hölderlin. *Ein Roman.* 8 Teile;
EA Darmstadt / Neuwied 1976.
Mit dem einleitenden Bekenntnis,
eher eine »Annäherung« an Hölderlin als dessen Biographie zu
schreiben, bekundet das Erzähler-
Ich sein Mißtrauen gegenüber einem sich im Dokumentarischen
erschöpfenden historischen Erzählen. In wiederkehrenden ästhetischen Reflexionen und fiktiven – mit dem Wort »Geschichte«
überschriebenen – Passagen überbrückt die erzählerische Subjektivität die Distanz zur »erloschenen
Vergangenheit«. Dennoch folgt
der Roman über weite Strecken
dem Lebenslauf des schwäbischen
Dichters, der, von den Philologen
idealisiert, bei Härtling zu einem
leidgeprüften Menschen in einem
konkreten geographischen, sozialen und historischen Erfahrungs-
raum wird. Kindheit und Schulzeit (1. Teil) des 1770 in Lauffen
am Neckar geborenen »Hölderle«
sind geprägt durch den frühen
Tod des tatkräftigen Vaters, den
Einfluß der pietistischen, zur Melancholie neigenden Mutter sowie
die harte Erziehung auf den Klo-
sterschulen Denkendorf und
Maulbronn. Neue Freundschaften und regionale Vorbilder wie
Schiller und Schubart tragen während der Tübinger Studienjahre
(2. Teil) dazu bei, den in einer engen, obrigkeitshörigen Wirklichkeit »Gefangenen« mit den Ideen

der Französischen Revolution bekanntzumachen. Hölderlin, dessen »Anderssein« stets vom Freundeskreis akzeptiert wird, zeichnet sich in Diskussionen als »radikaler Demokrat« aus, scheut jedoch den politischen Aktionismus. Dieser Gegensatz von Denken und Tat wirkt als strukturbildende Konstante seines Lebens und Werks fort. Eine beschränkte Zukunft als Pfarrer ausschlagend, glaubt der Dichter und Philosoph seine Vorstellungen vom neuen Menschen als Privaterzieher verwirklichen zu können. Doch Hölderlin scheitert als Pädagoge ebenso wie als Poet und Liebender an der herrschenden Realität. Das Hofmeisterdasein in Waltershausen (3. Teil) und Frankfurt (5. Teil) führt ihm seine Randposition als »gehobener Domestik« vor Augen, dem ohne die Unterstützung der »Großen von Jena und Weimar« der dichterische Erfolg versagt bleibt. Die an den sozialen Normen zerbrechende Liebe des Hauslehrers zu Susette Gontard, der Diotima der Briefe und Gedichte, löst Hölderlins Krise, eine von Nervenschmerzen begleitete »Hypochondrie«, aus. Vor dem endgültigen Ausbruch seiner Geisteskrankheit stellen erneute Aufenthalte als Hofmeister in Hauptwil (6. Teil) und Bordeaux (7. Teil) die letzten Stationen des vor der Wirklichkeit »Flüchtigen« dar. Weder die Mutter noch der weltmännische, politisch aktive Freund Sinclair sind in der Lage, Hölderlins Leiden an der Welt zu lindern. Wie eine Einlösung des Ideals vom besseren Menschen erscheint das abschließende Portrait dieser beiden Menschen zusammen mit dem der Familie Zimmer, welche den kranken Dichter aufopferungsvoll bis zu seinem Tode im Jahr 1843 in einem Tübinger Turmzimmer pflegt (8. Teil). – Härtlings Beitrag zur kontroversen Hölderlin-Diskussion, der seine Spannung aus dem stets präsenten Kontrast zwischen dem »Schreibenden« und dem »Beschriebenen«, dem Wechsel zwischen Chronik und Fiktion, Hochsprache und Dialekt bezieht, besteht darin, Leben und Werk des Schriftstellers aus den sozialen und politischen Bedingungen seiner Zeit heraus verständlich zu machen: Hölderlin, ein überzeugter Demokrat, der aus Furcht, »als Täter auftreten zu müssen«, das Denken dem Handeln vorzieht.

Lit.: H. MAYER, Fritz Hölderlin und Friedrich Hölderlin, in: P. H., Auskunft für Leser, Darmstadt/Neuwied 1988, S. 167–173.
P. SCHMAUK

Niembsch oder der Stillstand.
Eine Suite. EA Stuttgart 1964.
In Form einer achtsätzigen musikalischen Suite reiht Härtling einzelne Lebensstationen des spätromantischen Dichters Nikolaus Lenau (Nikolaus Franz Niembsch, Edler von Strehlenau, 1802–1850) in lockerer Folge aneinander. Schon das »Präludium« schlägt das Romanthema an, welches die nachfolgenden freien Phantasien (Rondo, Gigue, Menuette-Gavotte, Allemande, Bourrée, Sarabande, Burlesca-Air) wiederholen, variieren oder kontrapunktieren. Niembschs melancholische Einsicht, derzufolge »wir nichts anderes sind als Stimmen eines Ablaufs, den wir Geschichte heißen«, veranlaßt den Dichter zu einem Experiment, das die Zeit – »jenes gewaltige Ticken hinter seiner Stirn« – zum »Stillstand« bringen soll. Als Vorbild hierfür dient ihm Don Juan, eine

»Gestalt ohne Bindung, ohne Reminiszenzen«. Im Prinzip der erotischen Wiederholung sieht Niembsch das geeignete Mittel, um den angestrebten Zustand »vollkommener Dauer« zu erreichen; denn in Anlehnung an Kierkegaard hört in der Gleichheit Erinnerung auf, verwandelt sich Individualität in Ewig-Gleiches. Von einem gescheiterten Amerikaaufenthalt zurückgekehrt, führt der verstörte Niembsch ein unstetes Dasein zwischen Linz, dem Wohnort seiner großen Liebe Karoline von Zarg (Sophie v. Löwenthal), und Stuttgart. Hier, im schwäbischen Dichterkreis um Kürner (Justinus Kerner) und Roller (Ludwig Uhland), widmet sich Niembsch auf zweifache Weise seiner »Exercice der Wiederholung«: zum einen arbeitet er an seiner Version des Don-Juan-Stoffes, zum anderen führt er das erotische »Doppelspiel« mit den ihn umsorgenden Schwestern Maria und Margarete Winterhalter zu einem Höhepunkt, der die »Vertauschbarkeit zum Prinzip der Lust« erhebt. Als die Identifikation mit Don Juan so weit fortgeschritten ist, daß Niembsch bei einer Séance Kürners in Weinsberg die Antworten des beschworenen Geistes Don Giovannis in Trance wiederholt, beginnt er, sich vor den »Konsequenzen des Stillstands« zu fürchten. So folgt in dem als volkstümliche »Bourrée« bezeichneten Kapitel Niembschs Flucht in die »kleinbürgerliche Stubenwärme«: in die Baden-Badener Affaire mit der berechnenden Juliette Zegerlein. Rechtzeitig vor der Hochzeit erkennt Niembsch seinen Irrtum und kehrt, sich in »melodiösen Abstrusitäten« mitteilend, zurück nach Stuttgart. Der Tod der geliebten Karoline führt endgültig zu geistiger Umnachtung und dem Verstummen des Dichters. Die zunehmende Sprachlosigkeit zeugt ebenso wie das Scheitern des Don-Juan-Epos von der tiefen Sprachskepsis Niembschs. Seine Suche nach einer Sprache, »die noch niemand gesprochen hat [...], geschichtslos und rein«, erweist sich als ästhetische Variante seines Ausbruchs aus der Zeit. Dieser Gedanke findet in dem an äußerer Handlung armen, dafür an philosophischen Gesprächen reichen Dichterportrait seine formale Entsprechung. Neben der musikalischen Kompositionstechnik sind es die wechselnden Zeiten, die fließenden Perspektivwechsel, zahlreiche, das Geschehen spiegelnde Vor- und Rückblicke sowie die Kreisform, die Härtlings experimentellstem Prosastück einen statisch-reflexiven Charakter verleihen; noch das Schlußwort lautet vielsagend »wieder«.

Lit.: M. Tabah, P. H.s Erzählung »Niembsch oder der Stillstand«, in: Recherches Germaniques 11 (1981), S. 190–202. – M. Gregor-Dellin, Versuch, der Zeit zu entrinnen, in: P. H., Auskunft für Leser, Darmstadt 1988, S. 106–111. P. Schmauk

HANDKE, Peter (geb. 1942)

Die Angst des Tormanns beim Elfmeter. *Erzählung.* EA Frankfurt/M. 1970.
In dieser Erzählung wird die Demontage und der Versuch der Remontage der Bewußtseinswirklichkeit in Analogie zu den Anfangsstadien der Schizophrenie dargestellt. In einem Augenblick der Verstörung verliert Handkes Protagonist sein inneres Gleichgewicht und glaubt, seine Arbeitsstelle verloren zu haben: »Dem

Monteur Josef Bloch, der früher ein bekannter Tormann gewesen war, wurde, als er sich am Vormittag zur Arbeit meldete, mitgeteilt, daß er entlassen sei. Jedenfalls legte Bloch die Tatsache, daß bei seinem Erscheinen in der Tür der Bauhütte, wo sich die Arbeiter gerade aufhielten, nur der Polier von der Jause aufschaute, als eine solche Mitteilung aus und verließ das Baugelände.« Nach ziellosem Streunen durch die Stadt (Wien), wahllosem Zeitunglesen, lustlosen Kinobesuchen und Telephonaten verbringt Bloch die Nacht mit einem ihm unbekannten und gleichgültigen Mädchen, das er in einem Moment der Irritation unvorsätzlich erwürgt. Nach angestrengt-zerstreutem Verwischen seiner Spuren flieht Bloch mit dem Bus in einen südlichen Grenzort, wo eine frühere Freundin eine Gastwirtschaft führt. Bei dieser quartiert er sich ein und erlebt, seine Verhaftung antizipierend, die allmähliche Entwirklichung der Welt durch ihre Übersetzung in ein Zeichensystem von Anspielungen auf seinen Zustand. Am Ende der Geschichte findet sich Bloch am Rande eines Fußballfeldes im Gespräch mit einem Zuschauer über die Psychologie des Tormanns beim Elfmeterschuß. Der Tormann überlegt sich, in welche Ecke der Schütze schießen wird, fragt sich dann aber, welche Vermutungen die Schütze nun seinerseits über die Erwartungen des Tormanns anstellt, und versucht, diese in seine eigene Berechnung mit einzubringen: »Also überlegt sich der Tormann weiter, daß der Ball heute einmal in die andere Ecke kommt. Wie aber, wenn der Schütze noch immer mitdenkt und nun doch in die übliche Ecke

schießen will? Und so weiter, und so weiter.« Mit dieser die Erzählung überspannenden parabolischen Metapher unendlicher Reflexion, Fragmentierung und Verbildlichung endet die Erzählung. Blochs Verstörung, wie die des Josef K. in Kafkas → *Der Prozeß*, läßt die Welt verschwinden hinter einer hermetischen Spiegelwand aus Zeichen und Anspielungen, in denen er immer wieder nur sich selber begegnet und seiner projizierten Angst. Diese Notlage ist aber zugleich Ausgangspunkt für einen Neubeginn, indem die zu Zeichen geronnenen Fragmente einer zersplitterten Welt sich neu ›montieren‹ lassen. Ein schizophrener Schock ist nach Handke die notwendige Vorbedingung für eine radikale Bewußtseinsänderung beim Erwachsenen.

Lit.: E. Neis, Erläuterungen zu P. H., Hollfeld 1978.   U. Wesche

Der Hausierer. 12 Kapitel; EA Frankfurt/M. 1967.
Dieser zweite Roman Handkes ist wie sein Erstling *Die Hornissen* (1966) gegen einen naiven Realismus geschrieben und bezieht gleichfalls den Beschreiber und seine Perspektive in die Beschreibung ein. Dazu gehört die durchleuchtende Dekonstruktion der literarischen Form, in diesem Falle des Kriminalromans, dessen ›kanonisierte‹ Schablone eine bestimmte Sichtweise und Situationsfolge aufzwingt, die der Leser meist nicht mehr kritisch durchschaut. »Ihr [der Mordgeschichte] Standpunkt der Beschreibung ist [...] der einer Person, die die Verhältnisse nicht kennt, einer Person, die jedesmal einen Schritt zu spät kommt, wenn Beziehungen aufgedeckt

werden. Ihr Standpunkt der Beschreibung ist der eines Fremden.« Ordnung, Unordnung,
Verfolgung, Befragung und Entlarvung sind dabei zugleich Kapi-
telüberschriften und Kategorien
der Untersuchung. Auf diese unbewußten literarischen Schemata
will Handke aufmerksam machen, »damit die Schemata wieder
unliterarisch und bewußt würden«. Die Schablone soll aus der
abtötenden Umklammerung einer sie für bare Münze nehmen-
den Naivität befreit, transparent
gemacht und in dieser Brechung
zu neuem Leben erweckt werden.
Das Frühwerk Handkes ist geprägt von diesem Paradigma der
Entlarvung und Rettung bis hin
zum Einzelsatz und Einzelwort.
Die Differenz von Zeichen und
Bezeichnetem wird auf allen Ebenen der Darstellung ins Bewußtsein gerückt. Eine Geschichte im
Sinn einer Handlung fehlt dem
Hausierer. Die ›Geschichte‹ ist in
eine Reihe von Einzelsätzen aufgelöst, die in jedem Kapitel von
einem kursiv gedruckten Refle-
xions- und Interpretationstext
eingeleitet werden. »Wie alle andern Geschichten beginnt auch die
Mordgeschichte mit den bestimmenden Artikeln. Im Gegensatz
aber zu den andern Geschichten
spielt sie mit den nun bestimmten
Dingen und Personen; denn sie
bestimmt ihre Gegenstände so,
daß deren Verhältnis zueinander
unbekannt und rätselhaft bleiben
muß. Die Mordgeschichte verschweigt die wahre Beziehung der
Gegenstände zueinander. Sie besteht in einem Spiel mit möglichen Beziehungen der Gegenstände zueinander. Sie besteht in
einem Versteckspiel der Sätze.
Die Mordgeschichte beschreibt
von Anfang an jeden Gegenstand

für sich allein.« Der Leser wird
dazu angeregt, aus solchen Anlei-
tungen und Versatzstücken seine
eigene Kriminalgeschichte zu-
sammenzusetzen. Jenseits der intellektuellen Herausforderung
bleibt der Eindruck einer gewissen formalistischen Abstraktheit
und Beliebigkeit.

Lit.: R. G. RENNER, P. H., Stuttgart 1985 (SM
218).   U. WESCHE

**Der kurze Brief zum langen
Abschied.** Erzählung. 2 Teile;
EA Frankfurt/M. 1972.
Die Erzählung spielt in den USA,
dem »ganz anderen«, das zugleich
Auslöser und Kontrast für die
Rückblenden und Rekapitulatio-
nen des in einer (Ehe-)Krise befangenen erzählerischen Ich ist:
»Seit ich hier in Amerika bin,
erinnere ich mich immer mehr.«
Die auf dem Umschlag abgebil-
dete Reiseroute verläuft von Providence (Rhode Island) über New
York, Philadelphia, Pittsburgh,
Indianapolis, St. Louis, Tucson
bis an die Westküste nach Oregon
und schließlich nach Bel Air bei
Los Angeles. Der 30jährige Erzähler wird verfolgt von seiner
ihm entfremdeten Frau Judith, die
ihm nach dem Leben trachtet. Im
Hotel in Providence erwartet ihn
ihr kurzer Brief, in dem sie ihm
warnend rät, ihr aus dem Wege zu
gehen. Beim Würfeln in einer Bar
hat er das Erlebnis einer »anderen
Zeit«, das sich bei der meditativen
Versenkung in den Anblick einer
vor dem Hotelfenster schwanken-
den Zypresse in Indianapolis wiederholt. Am Ende des 1. Teils
verliert jedoch die »andere Zeit«
als Befreiung von den eigenen
Ängsten und Beschränktheiten
ihre Faszinationskraft, als ihm in
einer »Schrecksekunde« die Leere
dieser »anderen Welt« bewußt

wird. Von Philadelphia reist der Erzähler bis St. Louis im Auto mit seiner ehemaligen Freundin Claire, einer amerikanischen Deutschlehrerin, und deren kleiner Tochter Delta Benedictine. Das Verhalten des Kindes, eine *Don-Carlos*-Aufführung durch eine deutsche Gasttruppe in St. Louis sowie John Fords Film »Young Mr. Lincoln«, der ihn »Sinn für Geschichte durch Anschauung von Menschen in der Natur gelehrt hat«, sind ihm Anlaß zu Betrachtungen über das ganz andere Geschichts- und Naturbewußtsein in Amerika. Zwischendurch liest der Erzähler im *Großen Gatsby* von Scott Fitzgerald und besonders im → *Grünen Heinrich* von Gottfried Keller, der ihm zur Folie wird für seine Reflexionen und Hoffnungen auf Änderung und Entwicklung seiner Persönlichkeit und zugleich für seine Einsicht, daß eben dies heute nicht mehr möglich sei. Wie der Grüne Heinrich läßt der Erzähler die Ereignisse passiv und unbeteiligt an sich vorbeiziehen und registriert nur ihren Niederschlag in seinem Bewußtsein. Diese menschliche Schwäche ist zugleich die stilistische Stärke der Erzählung. Der 2. Teil, »Der lange Abschied«, beginnt wie der erste (»Der kurze Brief«) mit einem Zitat aus Karl Philipp Moritz' → *Anton Reiser*. Es wird dem Erzähler klar, daß Judith ihn umbringen will. In Tucson sieht er ihre Reisetasche auf dem Gepäckförderband des Flughafens kreisen. Eine Bande Jugendlicher, von Judith angestiftet, raubt ihn aus. Sein Selbstgefühl sinkt auf einen Tiefpunkt, als er die Halluzination eines Doppelgängers hat, der ihn verdrängen werde. In Estacada Oregon, wo er seinen als

Holzfäller arbeitenden Bruder zu besuchen hofft, dann aber nur halb verrichteter Dinge abreist, geschieht der erste Mordversuch. An der Küste von Oregon stehen sich Mann und Frau gegenüber, sie hat den Revolver gezogen, kann aber nicht abdrücken. Zusammen steigen sie in den Bus nach Süden und landen bei John Ford in Bel Air. Der alte Mann bringt die beiden zur Ruhe, indem er zuerst von sich selber und Amerika erzählt, um sich dann ihre Geschichte anzuhören. Am Ende gehen sie gelassen auseinander. Die nur notdürftig motivierte Kriminalhandlung ist ebensowenig wie die Reise der eigentliche Gegenstand der Erzählung. Diese lebt vielmehr von der Dialektik einer bis zur Hysterie getriebenen Selbstbezogenheit und Selbstbeobachtung, die im Gegenzug Augenblicke erstaunlicher Hellsichtigkeit und Offenheit möglich macht.

Lit.: R. Fellinger (Hg.), P. H., Frankfurt/ M. 1985 (st 2004). U. Wesche

Langsame Heimkehr. Erzählung. 3 Teile; EA Frankfurt/M. 1979.
Die Erzählung spielt wie → *Der kurze Brief vom langen Abschied* (1972) in Amerika, wo sie auch zum großen Teil geschrieben wurde. Auch hier handelt es sich nicht um einen ›Amerikaroman‹; Amerika ist vielmehr wie im *Kurzen Brief* vor allem »Bewußtseins-Land«, »die Fremde«, »die andere Welt«, in der man »Distanz zu sich selber« gewinnt. Die Erzählung markiert einen wichtigen Wendepunkt im Werk Handkes und stellt einen Erlösungsprozeß in einem dialektischen Dreischritt dar: »Die Vorzeitformen« (These), »Das Raumverbot« (An-

tithese), »Das Gesetz« (Synthese).
Die Heimkehr beginnt in Alaska,
dem äußersten »Fluchtpunkt« der
westlichen Welt, wo Sorger, der
Held der Geschichte, und sein
Freund Lauffer, beide Österreicher, als Geologen arbeiten. In
dieser Urlandschaft, in der Geschichte nur einen dünnen Flitter
hinterlassen hat, stellt sich bei
Sorger ein neues Geborgenheits-
gefühl ein in dem Erlebnis des
Raumes: »Es beschäftigte ihn ja
schon seit langem, daß offenbar
das Bewußtsein selber mit der
Zeit in jeder Landschaft sich seine
eigenen kleinen Räume erzeugte«.
Der Raum wird hier als Aufhebung des kartesianischen Schnit-
tes zwischen Innen- und Außenwelt erlebt. Sorger beschließt,
eine Abhandlung über Räume zu
schreiben. Mit der Rückkehr in
das nicht beim Namen genannte
San Francisco beginnt der Versuch, das neue Geborgenheitsge-
fühl in der Zivilisation unter Menschen zu erproben. Dabei kommt
es zunächst zu einem Rückschlag
im »Raumverbot«: »Der Absturz
war jäh; die Leere ganz unvermu-
tet [. . .] dann sauste er wie in einer
Sprachlosigkeitskanzel aus dem
Raum hinaus, der sich verzerrte
und dann ganz weg war.« Das
»Raumverbot« beruht auf einer
unauflöslichen Mischung von
persönlichen und gesellschaftlichen Elementen des Bösen, mit
der dieses »verfluchte Jahrhundert« Sorger bedroht und ihn sich
mitschuldig fühlen läßt, »sich selber als Täter; und die Völkermör-
der seines Jahrhunderts als Ahn-
herren«. Die Stunde des Abstur-
zes erkennt Sorger später als »le-
bensentscheidend«, und sie stellt
den eigentlichen Wendepunkt der
Geschichte dar: »Im Augenblick
des großen Verlustes hatte [Sor-

ger] den Reflex der Heimkehr,
nicht nur in ein Land, nicht nur in
eine gewisse Gegend, sondern ins
Geburtshaus zurück.« Als Synthese entsteht im letzten Teil in
New York für den immer mehr
sich dem Erzähler annähernden
Sorger das beschwörende, ver-
gangenheitsbewältigende, zu-
kunftweisende »Gesetz«: »Ich
glaube diesem Augenblick: indem
ich ihn aufschreibe, soll er mein
Gesetz sein. Ich erkläre mich verantwortlich für meine Zukunft,
sehne mich nach der ewigen Vernunft und will nie mehr allein
sein. So sei es.« Im Flugzeug nach
Europa endet die Geschichte, die
nach dem ursprünglichen Plan bis
in die Heimat zurückführen sollte.
Handke widmete dem Thema der
Heimkehr noch drei seiner folgenden Werke (→ *Die Wiederholung*).

Lit.: R. G. RENNER, P. H., Stuttgart 1985 (SM
218).   U. WESCHE

Die Wiederholung. Erzählung.
3 Teile; EA Frankfurt/M. 1986.
Diese Heimatgeschichte ohne
Idylle und Sentimentalität ist der
eigentliche Abschluß von Handkes ›*Langsamer-Heimkehr*-Folge‹
(→ *Langsame Heimkehr*, 1979; *Kin-
dergeschichte*, 1981; *Über die Dörfer*, Drama 1981); sie beschreibt
die Rückkehr in die Heimat als
Wieder-holung der Kindheit und
ihrer Landschaft und, Hand in
Hand damit, als Rückeroberung
der Sprache in ihrer raumschaf-
fenden Gegenständlichkeit. Drei
zeitliche Ebenen im Leben des
Helden Filip Kobal aus Rinken-
berg, Südkärnten (der Heimat des
Erzählers), überschneiden sich dabei: die des 20Jährigen auf Ent-
deckungsreise im Reich seiner slowenischen Ahnen jenseits der ju-
goslawischen Grenze, die der

erinnerten Kindheit und die verwischte des heimkehrenden 45jährigen Erzählers. Ein Schwanken zwischen Ich- und Er-Erzählung ist die Folge. Filip Kobal fährt auf der Suche nach seinem älteren Bruder Gregor ins jugoslawische Slowenien, die Heimat seiner Vorfahren: »Ein Vierteljahrhundert oder ein Tag ist vergangen, seit ich, auf der Spur meines verschollenen Bruders, in Jesenice ankam. [...] Es war ein warmer Abend Ende Juni 1960«, so fängt die Geschichte an. Gregor war ein eigenwilliger Nonkonformist und Deserteur, der vor seinem Verschwinden in Maribor in Jugoslawien Gartenbau studiert hatte. Für Filip stellt er die Verbindung dar zu dem »Wahl-Ahn« der Familie, dem slowenischen Volkshelden gleichen Namens. Die Erzählung besteht aus drei Teilen, »Das blinde Fenster«, »Die leeren Viehsteige« und »Die Savanne der Freiheit«. Blinde Fenster – so erläutert Handke – sind im alten Österreich »gemauerte Fenster, die die Farbe der Hausmauer haben«; Viehsteige sind »Hänge, wo einmal, früher, vor langer Zeit das Vieh geweidet hat und so seltsame, terrassenförmige Stege hineingetreten hat«. Beides sind leitmotivisch wiederkehrende Wahrzeichen einer vergangenen Zeit, »Siegel, oder auch Leerformen: von etwas, was einmal war, was man ›Reich‹ nennen kann« und wonach der Held auf der Suche ist. Es ist nicht das Kaiserreich, sondern »eine unbestimmbare Art von einer Form von Reich«. Die »Savanne der Freiheit« ist das Endziel der Reise Filip Kobals, der Karst, das slowenische Herzland, dem anderen Karstland Yukatan vergleichbar, auch insofern, als weder die

Mayas noch die Slowenen je »eine eigene Regierung gestellt« hatten. Die ruhig fließende Erzählung ist doch unberechenbar in jedem Satz und voller sprachlicher Überraschungen: »Und ein Falke, die reglosen Flügel wie zerschlissen, ließ sich im Wolkenzug mittreiben.« »Ich sitze, neben mir eine Ferienfamilie, unter dem Wetterdach einer Heuharfe und betrachte auf der Landstraße eine Bäurin, ein Pferd am Zügel, das einen Leiterwagen zieht: Die Gewitterflut springt so heftig von dem Asphalt zurück, daß sich die Frau wie ohne Beine, das Tier wie ohne Hufe und das Gefährt wie ohne Räder bewegen.« Es geht hier nicht mehr darum, etwas zu beweisen, zu rechtfertigen, zu suchen oder zu finden. Die Welt liegt da – ohne eine andere Problematik als die des fruchtbaren Geheimnisses ihres Seins. Im 2. Teil der Erzählung werden anhand eines slowenischen Wörterbuches aus dem Nachlaß des Bruders die Wörter einzeln abgeklopft auf ihre raumschaffende, raumsetzende Macht hin, Wörter, »welche den Raum, Zeichen um Zeichen krümmten, winkelten, maßen, umrissen, errichteten«. Und eine Welt entsteht. Die »disparité des mots et des choses« des frühen Handke ist überwunden, die dekonstruierte Welt rekonstruiert in der unendlichen, ausgewogenen, monistischen Erzählung, die der Erzähler am Ende der Geschichte beschwört: »Erzählung, wiederhole, das heißt, erneuere; immer neu hinausschiebend eine Entscheidung, welche nicht sein darf. [...] Es lebe die Erzählung. Die Erzählung muß weitergehen. Die Sonne der Erzählung, sie stehe für immer über dem erst mit dem letzten Lebenshauch zerstörbaren neunten Land.« Das neunte Land ist im Slowenischen das Land der gemeinsamen Sehnsüchte und zugleich das Land der Erzählung. Für den Erzähler, für den »sein Schreiben sein Leben« ist, ist Erfahrung Erinnerung, »Wiederholung«: »Wenn ich mich erinnerte, erfuhr ich.« Damit gehen Leben und Erzählung ineinander über. Der Abgrund zwischen Sprache und Wirklichkeit ist überbrückt durch die Schwelle des zum Ich und zur Welt hin offenen Raumes, den der Erzähler einmal »Kindschaft« nennt, die Landschaft der Kindheit. Handke ist hier eine ganz und gar neuartige Heimatgeschichte gelungen.

Lit.: P. v. MATT, Schlafen bei der großen Mutter. P. H.s Prosaarbeit »Die Wiederholung«, in: FAZ, 27. 9. 1986.   U. WESCHE

HAUFF, Wilhelm (1802–1827)

Lichtenstein. *Romantische Sage aus der württembergischen Geschichte.* 3 Teile; EA Stuttgart 1826.
Der »historische Roman« nach dem Vorbild Walter Scotts, zu dem sich Hauffs »Einleitung« programmatisch bekennt, handelt von den Auseinandersetzungen zwischen Herzog Ulerich von Württemberg und dem Schwäbischen Städtebund im Jahr 1519. Mit den bündischen Truppen zieht der verarmte fränkische Ritter Georg von Sturmfeder in Ulm ein. Dort erfährt er von seiner Geliebten Marie, daß ihr Vater, der Herr auf Lichtenstein, zu dem von seinen Söldnern verlassenen Herzog hält. Bestärkt durch Zweifel an den »habgierigen« Kriegszielen und die Beleidigung durch einen Obersten, veranlaßt ihn diese unvermutete Nachricht, sich vom Bund loszusagen. Während Georg bereits auf dem Heimweg ist, überredet ihn der Pfeifer von Hardt, ein Kundschafter Ulerichs, dazu, durch das besetzte Land nach Lichtenstein aufzubrechen, wohin Marie inzwischen zurückgekehrt ist. Unterwegs bei einem nächtlichen Überfall verwundet, gesundet er in der »echten schwäbischen« Atmosphäre des Hauses in Hardt dank der Pflege Bärbeles, der Tochter des Bauern. Das Gerücht, Marie öffne jede Nacht einem Ritter das Tor, stürzt ihn in quälende Eifersucht. Er stellt den Unbekannten vor dem Felsenschloß. Vom Pfeifer in die benachbarte Nebelhöhle geführt, wo jener sich tagsüber versteckt hält, beeindruckt das herrscherliche Charisma des legitimen Landesherrn, als der sich sein Gegenüber erst später zu erkennen gibt, Georg so sehr, daß er für dessen »gerechte Sache« einzutreten beschließt. Nachdem durch Verrat des Adels Tübingen, die letzte herzogliche Bastion, gefallen ist, geht er mit Ulerich ins Exil. Als Bannerträger an der Spitze des Landsknechtsheeres, das Stuttgart zurückerobert, verdient er sich die festliche Hochzeit mit Marie. Beeinflußt durch den »tückischen« Kanzler Ambrosius Volland, verliert Ulerich jedoch, besonders infolge der Rücknahme ständischer Mitspracherechte, die Liebe seines Volkes, das sich während des drückenden Bundesregiments nach ihm zurückgesehnt hatte. In einer entscheidenden Schlacht wird er von den überlegenen gegnerischen Truppen besiegt. Auf der Rast durch einen Traum über die königliche Zukunft seines Hauses getröstet, gelingt ihm dank des Einsatzes seiner Getreuen die todesmutige

Flucht außer Landes. Der Pfeifer tilgt sterbend seine alte Schuld als vom Herzog begnadigter Anführer der aufständischen Bauern des »Armen Konrad«. Georg wird gefangengenommen, darf aber auf Fürsprache Georgs von Frondsberg, eines befreundeten bündischen Heerführers, mit Marie in ein »stilles häusliches Glück« nach Lichtenstein heimkehren. Mit dem Ausblick auf die zweite Rückkehr des zum »weisen Fürsten« geläuterten Herzogs schließt der im 19. Jahrhundert außergewöhnlich erfolgreiche Roman, der (durch einen Anmerkungsteil untermauerte) »historische Wahrheit« mit den »romantischen Sagen« des Volkes und freien Erfindungen verbindet. Sein regional-patriotischer Mythos entfaltet das Wunschbild eines Ausgleichs von monarchischem Prinzip und den Interessen des Bürgertums.

Lit.: F. Pfäfflin, W. H., Verfasser des »Lichtenstein«. Chronik seines Lebens und Werkes, Stuttgart 1981.   H.-R. Schwab

HAUPTMANN, Gerhart
(1862–1946)

Die Insel der großen Mutter oder Das Wunder von Île des Dames. *Eine Geschichte aus dem utopischen Archipelagus.* EA Berlin 1924.

Nach einem Schiffbruch geraten etwa hundert Damen aus der besten Gesellschaft – unter ihnen als einziges männliches Wesen der zwölfjährige Phaon – auf eine paradiesische Südseeinsel. Erkundung und Nutzung der tropisch fruchtbaren Natur gehen Hand in Hand mit der Konstituierung eines Gemeinwesens und schließlich der Bildung eines Staates. Anni Prächtel, eine Malerin aus Berlin, wird zur Präsidentin gewählt. Den in Zehnerschaften eingeteilten Frauen werden verschiedene Aufgaben übertragen: sie ernten und pflanzen Kokospflanzen, Bananen, Tee und Kaffee, kneten Tongefäße, bauen Bambushütten und ein Gemeindehaus und erkunden Flora und Fauna, Gebirge, Flüsse und Korallenbuchten der Insel. Die Frauen führen politische Gespräche über Vorzüge und Nachteile von Republik und Monarchie, von freiem Handel und Zollschranken, von Pazifismus und Militarismus. Unterhaltung bieten die Vorführungen einer Kunstreiterin, einer Seiltänzerin und einer Geigerin. Man denkt jedoch auch über eine Rettung aus dem Inseldasein nach und versucht, die ferne zivilisierte Welt durch Flaschenpost und Gedankenübertragung auf sich aufmerksam zu machen. Nach etwa einem Jahr bestätigt eine Ärztin, daß Babette Lindemann ein Kind erwartet. Die Zeugung wird auf eine Gnadenerfahrung, himmlische, kosmische und außerkosmische Ursachen zurückgeführt; anderseits wird Babette, die von ihrer Vermählung mit dem Schlangenkönig Mukalinda schwärmt, der Hysterie verdächtigt. Als ein gesunder Knabe geboren wird, bricht ein allgemeiner Freudentaumel aus. In den folgenden Monaten greift die rätselhafte Zeugungskraft auf die meisten Damen der Kolonie über, und fast alle gebären ein Kind. Der Gedanke der übernatürlichen Zeugung wird zum Dogma erklärt; nach der Vaterschaft zu forschen, ist fortan verboten; dem Schlangenkönig Mukalinda erbauen die Frauen einen Tempel. Um die Frauenrepublik und das Geheimnis ihrer Religion zu erhalten, beschließen sie, die Knaben zwar nicht wie im Amazonenstaat zu töten, aber auf einem entlegenen Teil der Insel getrennt von den Mädchen aufwachsen zu lassen. Nach einigen Jahren durchbrechen die Jungen ihre Absperrung und vereinigen sich mit den jungen Mädchen. Auf dem zerstörten Tempel errichten sie ihr Siegesbanner mit der Aufschrift »Mann«. – Der Roman trägt Züge der Robinsonade wie auch der klassischen Sozialutopie und greift auf antike und indische Mythen zurück. Eine mythisch zum Paradies erhöhte Natur wird ebenso geschildert wie der Aufbau einer neuen Kultur, die in Fruchtbarkeit und Mutterschaft, ja in einem Muttermythos, gipfelt. Der Versuch der Errichtung eines Matriarchats scheitert; der Mann und der natürliche Eros siegen. Zu diesem Roman, der Satire und Ironie, Mythos und Utopie gleichermaßen in sich vereinigt, sah sich Hauptmann auch durch das ›amazonische‹ Frauenbild der zu Beginn des Jahrhunderts aufkommenden Frauenbewegung angeregt.

Lit.: S. GOHAR, Der Archetyp der großen Mutter in Hermann Hesses »Demian« und G. H.s »Insel der großen Mutter«, Frankfurt/ M. / Bern 1987. G. RIEDEL

Der Narr in Christo Emanuel Quint. 30 Kapitel; ED »Neue Rundschau« 1910; EA Berlin 1910.

Im Stil einer Legende erzählt Hauptmann – vermittelt durch einen fiktiven Erzähler – den Aufstieg eines schlesischen Schwärmers vom Tischlersohn zum »Giersdorfer Heiland«. Dabei läßt er – beim Erzähler wie beim Leser – immer einen Zweifel an der Echtheit der religiösen Berufung der Titelgestalt bestehen, so daß der Legendenstoff gebrochen durch ein modernes, glaubensskeptisches Bewußtsein dargeboten wird. – Emanuel Quint, zeit seines Lebens verlacht und gedemütigt, verläßt eines Tages die ärmliche Hütte seiner Mutter, um auf dem Marktplatz des nächsten Ortes eine Bußpredigt zu halten. Weder die Bevölkerung noch Pfarrer oder Gendarm nehmen ihn ernst. Nur die Brüder Scharf folgen ihm nach. Die ›Heilung‹ ihres Vaters bindet sie in tiefer Verehrung an den Narren. Doch bald verläßt Emanuel die Brüder, um im stillen zu wirken. In Bruder Nathanael Schwarz, einem Anhänger der Wiedertäuferbewegung, findet er auf seiner Wanderschaft einen ihm ebenbürtigen Schwärmer und Genossen. Aber auch von ihm trennt sich der Narr, er geht in die Berge, wo er Gott suchen und Jesus nachfolgen will. Dort kommt es zu einem Erweckungserlebnis, er »hört dringliche Stimmen flüstern: ›Ich grüße dich, Christus, Gottes Sohn!‹«. Doch noch widersetzt sich Emanuel diesen Rufen, die er als die Stimmen Satans interpretiert, obwohl er sich insgeheim doch in die Nähe des »Menschensohnes« zu stellen versucht. Nach einiger Zeit, die er in einem rohen Verschlag verbringt, suchen ihn die Brüder Scharf auf, um ihr Leben fortan als besitzlose Jünger Emanuels zuzubringen. Im Laufe der Zeit häufen sich die ›Wunder‹, die Emanuel wirkt, sein Ruf verbreitet sich und seine Anhängerschaft wächst. Der »böhmische Joseph«, ein Schmuggler, der Emanuel zunächst für seinesgleichen hält und vor der Polizei rettet, wird ebenso wie andere durch eine ›Wunderheilung‹ zum Jünger

Emanuels. Auch das pietistische Gurauer Fräulein hört von ihm und stellt ihn auf ihrem Gut als Gärtnergehilfen ein. Mittlerweile haben sich die Anhänger Emanuels zu einer festen Jüngergemeinde, den »Talbrüdern«, formiert. Sie ergeben sich schon bald ungehemmtem Schwärmertum und religiösen Orgien, so daß sich Emanuel genötigt sieht, bei ihnen nach dem Rechten zu sehen. Heimlich folgt ihm Ruth Heidebrand, die Tochter des Gärtners, die Emanuel zutiefst verehrt. Obwohl Emanuel Ruth nach Gurau zurückbringt, wird er der Entführung bezichtigt und entlassen. Sein Schicksal wendet sich. Als er seinen Anhängern und vielen Neugierigen eine harte Strafpredigt hält, führt dies fast zur Steinigung des »Giersdorfer Heilands«. Mit diesen Getreuen geht er nach Breslau, um dort seine Lehren zu verkünden, die mittlerweile vor allem besagen, daß er der wiedererstandene Christus sei und das Geheimnis des Reiches Gottes gesehen habe. Seine Jünger, die mehr an der Erfüllung des Reiches Gottes im Hier und Jetzt interessiert sind, fragen immer dringlicher nach diesem Geheimnis und hegen zunehmend den Verdacht, daß Emanuel nur ein Scharlatan sei. Dessen Fanatismus hingegen wächst. Auf seiner Reise verwüstet er mit dem Ruf »Ich bin Christus« die Heiligtümer einer Kirche, weil er sie für blasphemisch hält. Auch in Breslau wird Emanuel zur Anlaufstelle für Kranke und Leidende – bis es zum Eklat kommt. In einem übel beleumdeten Lokal, dem täglichen Aufenthaltsort Emanuels, wird der Narr nach einem Wortwechsel von dem cholerischen Wirt brutal zusammengeschlagen. Der Ver-

letzte wird von seinen Anhängern auf sein Zimmer gebracht und jeder Besuch abgewiesen. Dennoch dringt die Nachricht vom gewaltsamen Tod einer jungen Frau an das Krankenlager. Diese Frau ist Ruth Heidebrand, den Täter glaubt man, in Emanuel ausfindig gemacht zu haben. Obwohl er unschuldig ist, will er das Urteil annehmen, sich gleichsam opfern. Doch als der »böhmische Joseph« als der wahre Täter entlarvt wird, läßt man Emanuel frei. Er verläßt Breslau und seine Jünger und wandert nach Süden, wo er in den Schweizer Alpen den Tod findet. Bis zuletzt hat er auf die Frage, wer er sei, immer nur eine Antwort gegeben: »Christus«.

Lit.: P. SPRENGEL, Die Wirklichkeit der Mythen, Berlin 1982.   J. H. SKARKE

HAUSHOFER, Marlen (1920–1970)

Die Wand. EA Gütersloh 1963. In Form eines fiktiven Tagebuchberichts schildert der Roman, wie eine etwa 40jährige, namenlos bleibende Frau als einziges menschliches Wesen in einem von der Außenwelt abgetrennten Gebiet überlebt. – Eingeladen zu einem Wochenendaufenthalt in den Bergen, entdeckt die Ich-Erzählerin eines Morgens – nachdem ihre Gastgeber von einem abendlichen Ausflug ins Dorf nicht zurückgekehrt sind – eine unsichtbare, undurchdringliche Wand, hinter der sie alles Leben erstarrt sieht. Nach anfänglicher Verzweiflung findet sie sich bald mit der Existenz der Wand ab. Mit den ihr gebliebenen Tieren, dem Hund Luchs, der ihr treuer Gefährte wird, einer streunenden Katze und einer trächtigen Kuh, richtet sie sich in einer familienähnlichen Gemeinschaft ein und eignet sich die ihr als Städterin unvertrauten notwendigen Fähigkeiten im Umgang mit Pflanzen und Tieren an. Die Verantwortung für die Tiere, wenn auch als Last empfunden, gibt ihrem Dasein in einer an sich hoffnungslosen Situation Sinn. Im ersten Sommer zieht die Erzählerin auf eine Alm, wo sie im rauschhaften Erlebnis der Natur in einen ekstatischen, von Sorgen und Erinnerungen befreiten Ausnahmezustand gerät, der jedoch kurz und einmalig bleibt. Im Wissen, daß ein Überleben nur unter strenger Disziplin möglich ist, kehrt die Frau ins Tal zurück. Gegen Ende des Berichts kommt es, wie in zahlreichen Vorausdeutungen bereits angekündigt, zu einem einschneidenden Ereignis: Zwei der Tiere, der Jungstier und der Hund Luchs, werden von einem plötzlich auftauchenden Mann auf brutale Weise getötet. Daraufhin erschießt die Frau diesen einzigen Menschen, der von außen in ihre Welt eindringt. Der Mann verkörpert die zerstörerischen, auf Ausbeutung und Unterjochung der Natur angelegten Kräfte der Zivilisation. Für die Erzählerin dagegen gibt es keine »vernünftigere Regung als Liebe«; ihr Leben ist von der mütterlichen Fürsorge für »Anvertrautes« und der Achtung vor der Natur geprägt. Die selbstbestimmte Gestaltung ihres Alltags wird von ihr – trotz Besorgnis, Furcht und harter Arbeit – als sinnhafter erlebt als ihr früheres Dasein der Ehefrau und Mutter. Die den in einfacher Sprache gehaltenen Bericht durchziehenden Rückblicke und Reflexionen verdeutlichen, daß das Leben hinter der Wand sie nicht nur zur Einsamkeit verurteilt. Die Entfer-

nung von der Zivilisation und ihren Zwängen, von der Gesellschaft und der ihr darin zugemessenen Rolle als Frau wird von der Erzählerin auch als Chance begriffen, sich von der »Vergangenheit zu lösen und in eine neue Ordnung hineinzuwachsen«. Dieses utopische Moment – verkürzt als Szenario nach einem Atomkrieg rezipiert – verhalf dem Roman nach der Neuauflage 1983 zu einer nachträglichen Popularität und führte zur Wiederentdeckung der zu Lebzeiten außerhalb Österreichs wenig bekannten Autorin.

Lit.: A. DUDEN (Hg.), »Oder war da manchmal noch etwas anderes?«. Texte zu M. H., Frankfurt/M. 1986.　　　　　C. PODS

HAUSMANN, Manfred
(1898–1986)

Abel mit der Mundharmonika. 18 Abschnitte; Berlin 1932. Die Handlung des Romans bewegt sich in der Selbstverständlichkeit des Nicht-Alltäglichen, von Ferien und Reisen. Der 17jährige Peter Gildemeister setzt, sobald seine Eltern in den Urlaub abgefahren sind, einen von langer Hand vorbereiteten und vor den Eltern geheimgehaltenen Plan in die Tat um: mit seinem Freund Christian Addicksen, 19 Jahre alt und Jumbo genannt, segelt er mit dem väterlichen Kutter Scharhörn los. Kurz nach dem Auslaufen aus Vegesack nehmen die beiden Jungen den 15jährigen Abel Uttermöölen aus Berlin an Bord, der mit seinem Faltboot auf der Weser gekentert ist und von seiner gesamten Habe lediglich seine Mundharmonika zurückbehalten hat. Das Trio meistert einen bald aufkommenden Sturm. Von einem in Seenot geratenen Jollen-

kreuzer retten sie die knapp 17jäh-
rige Corinna Storm aus Bremen –
sie wehrt sich indessen heftig dagegen, das havarierende Schiff zu
verlassen, auf dem ihr erwachsener Freund Hurry und dessen von
dem heruntergebrochenen Mast
verletzter Freund Ehlers zurück-
bleiben. Die »Deern«, halb leblos
an Bord gezogen, seekrank, wei-
nend, – »wie ein verkümmertes
Komma« erscheint sie Jumbo,
Abel glaubt an »eine geistige Umnachtung« – stellt für die Jungen
ein Rätsel dar, scheint ihr doch an
ihrem eigenen und Hurrys Leben
nichts mehr zu liegen. Durch
Hurrys Verhalten, der sie im Augenblick höchster Gefahr und Bewährung »über Bord geworfen«
habe, ist für Corinna erwiesen:
»Liebe, Treue, Anständigkeit, das
gibt es in Wirklichkeit gar nicht.«
Um »ihr Leben [...] ihr ver-
pfuschtes Leben [...] einmal vor
ihnen beiden auszubreiten«, erzählt sie in der Nacht Peter und
Abel, wie sie mit Hurry vor wenigen Wochen schon einmal bei einer dramatischen Ballonfahrt im
Gewitter in Lebensgefahr geraten
ist. Ihre durch diese gemeinsam
bestandene Gefahr bestärkte Liebe
zu Hurry scheint ihr nun verraten,
und ihr Verdacht richtet sich gegen die Erwachsenen überhaupt,
daß sie sich »im Grunde ihres Herzens nur lustig machten über die
Jugend. Die reden uns so lange
ihre schönen Worte vor, bis wir
davon betrunken sind, und dann
nutzen sie uns aus. Die Mädchen
für die Liebe und so, und die Jungen für die Arbeit und für den
Krieg«. Während Peter, der sich
auch für die technischen und geographischen Details der Ballon-
fahrergeschichte brennend interessiert, ein bewunderndes Wort
für Hurry einlegt, der Corinna

»unter allen Umständen hat retten
wollen«, kann Abel Corinnas
Enttäuschung über die Erwachsenen, die Angst vor dem Leben
nachempfinden. Scheint ihm
doch, der sich unvermerkt in Corinna verliebt hat: »Die richtige
Liebe und Treue und die Verlo-
renheit, das ist nur, wenn man
zum ersten Mal wen liebhat, so in
unserem Alter, wenn es so
schmerzlich über einen kommt«.
Als die Scharhörn am nächsten
Tag in Bremerhaven anlegt, wartet Hurry am Kai, für Corinna
zählt nur noch, daß sie wieder zusammen sind; unterdessen sorgt
sich Peter um Abel; die drei Jungen beschließen, zusammen nach
Hamburg zu segeln, war es doch
bisher »noch nichts Rechtes« gewesen, denn »wenn so eine Deern
dazwischen rumläuft, dann hat
man ja doch nichts voneinander«.
– Der Roman vermittelt vor allem
in der Gestalt Abels, der für seine
innersten Gefühle einen Ausdruck
im Mundharmonikaspiel findet,
die melancholische Stimmung
von Jugendlichen, die eine unbestimmte Angst vor der fremden
und geheimnisvollen Welt des Er-
wachsenseins haben. Den beiden
auch psychisch gefährdeten
Schiffbrüchigen kontrastieren die
beiden Vegesacker Jungen mit ro-
buster Selbstverständlichkeit. Beschreibungen, Erzählerkommentare und Figurenrede, die oft zwischen direkter und indirekter
Rede wechselt, sind zu einem
Klang amalgamiert. Die Geschichte der Ballonfahrt im Gewitter hat in anderer literarischer
Funktion eine bemerkenswerte
Parallele in Friedo Lampes Roman
Septembergewitter (1937).

Lit.: K. Schauder, M. H. – Weg und Werk,
Neukirchen-Vluyn ²1979.

                                        E. Czucka

HEIN, Christoph (geb. 1944)

Horns Ende. 8 Kapitel; EA Berlin / Weimar 1985.

Vier Personen unterschiedlichen Alters erinnern sich an den Selbstmord Horns, der im Jahre 1957 das verschlafene DDR-Städtchen Guldenberg in Unordnung brachte. Der Historiker Horn war nach einem Parteiverfahren von Leipzig als Museumsdirektor in die Provinz abgeschoben worden, was er nie verschmerzen konnte. Trotz eines von ihm ins Leben gerufenen Vortragskreises über Kunst und Regionalgeschichte blieb Horn während seines vierjährigen Aufenthalts in der Kurstadt ein Fremder. Als ein zweites Verfahren angezettelt wurde, in dem ihm Revisionismus und Geschichtsverfälschung vorgeworfen wurden, erhängte er sich. – Uneinheitlich, unvollständig und mehr oder weniger von dem eigentlichen Thema abweichend, wird das Vergangene rekonstruiert: von dem Arzt Spodeck, der sich mit der Aufzeichnung der »niederträchtigen Affären und bösartigen Handlungen« seiner Mitbürger beschäftigt, von Kruschkatz, 16. Bürgermeister Guldenbergs seit Kriegsende und mitverantwortlich für Horns Ausschluß aus der Partei, von dem zwölfjährigen Apothekersohn Thomas, der Horn häufig im Museum half und mit seinem Freund Paul die Leiche des Erhängten fand, sowie von der Lebensmittelhändlerin Gertrude Fischlinger, Pauls Mutter, bei der Horn zur Untermiete wohnte und die mit ihm ein kurzes Verhältnis hatte. Dabei wird auch von den Zigeunern berichtet, die jeden Sommer in der Kleinstadt kampierten, seit jenem Sommer aber plötzlich verschwanden und nicht wieder in Guldenberg auftauchten. Wie Kruschkatz meint, waren seitdem diese beiden völlig zusammenhanglosen Ereignisse für die Kurstädter eng miteinander verknüpft: »Es wurde zu einer lächerlichen Gewohnheit, nie von dem einen zu sprechen, ohne das andere zu erwähnen.« Die Monologe der fünften Person erwähnen Horn und dessen Selbstmord nicht. Marlene, die behinderte Tochter des auf der Guldenburg arbeitenden Malers Gohl, erzählt darin ihrer toten Mutter von den Zigeunern. Vom Schicksal der schönen Frau Gohl, ihrer ehemaligen Lehrerin, spricht nur Gertrude Fischlinger: Als Marlene 1943 von den Nationalsozialisten abgeholt werden sollte, gab sich Gudrun Gohl für ihr Kind aus und starb anstelle der »Schwachsinnigen«. Kurze Dialoge zwischen dem toten Horn und Thomas, zwischen Vergangenheit und Gegenwart, leiten die Kapitel ein: Thomas möchte alles vergessen und beruft sich auf sein Alter, während Horn ihn immer wieder auffordert, sich an das Geschehene zu erinnern. Die Rekonstruktion von Horns Ende bleibt fragmentarisch. Im Vordergrund steht der Vorgang des Erinnerns selbst, das nur ein im »Spiegelkabinett unseres Kopfes entworfenes Puzzle« des Geschehenen hervorbringt, sowie die Frage nach Geschichte und deren Manipulierbarkeit in der Geschichtsschreibung.

Lit.: M. Behn, C. H., in: KLG, München 1978 ff.   B. Jürgs

HEINE, Heinrich (1797–1856)

Der Rabbi von Bacherach.
3 Kapitel; EA Hamburg 1840 (als
4. Band von *Der Salon*).
Trotz deren leidvoller Geschichte
herrschen in der Judengemeinde
von Bacherach Frömmigkeit und
Gottesfurcht. Auch Rabbi Abraham, Gemeindevorsteher um
1500, ist ein »Muster gottgefälli-
gen Wandels« und als Gelehrter
berühmt. Wieder einmal feiert er
mit seiner Familie das Passahfest,
dessen Ablauf Heine ebenso
kenntnisreich darstellt wie die Geschichte der Juden von Bacherach
und Frankfurt. Der Feier schließen sich zwei Fremde an, die die
Juden des rituellen Menschenop-
fers überführen wollen und dem
Rabbi heimlich den blutigen
Leichnam eines Kindes unter den
Tisch legen. Der Rabbi durchschaut den Plan. Im Glauben, der
Schlag richte sich nur gegen ihn,
ergreift er mit seiner noch ahnungslosen Frau Sara die Flucht.
Sie schiffen sich beim »stillen Wilhelm« ein, der nur auf sie gewartet
zu haben scheint. Die Perspektive
verschiebt sich, und das Kapitel
endet mit Erinnerungen Saras an
ihre Jugend, Traumbildern, in die
sich die Gewißheit über den Tod
ihrer Festgäste mischt, und einer
Vision des heiligen Jerusalem
(1. Kap.). Das 2. Kapitel spielt in
Frankfurt und beginnt mit einer
Darstellung des bunten Treibens
in der Stadt und einer kurzen Geschichte des Judenviertels. Dort
angekommen, werden die Flüchtigen nicht gleich eingelassen,
sondern lösen ein in wechselvol-
lem Ton zwischen Ernst, Groteske und Ironie gehaltenes Gespräch aus zwischen dem
Trommler, der die »Melodie, die
einst die Geißler bei der Juden-

schlacht gesungen«, begleitet,
dem feigen Torwächter Nasen-
stern und dem Narren Jäkel. Der
Rabbi und seine Frau begeben sich
zur Synagoge, wo sich Heine vor
allem den Vorgängen auf der
Frauenempore widmet und mit
Ironie und satirischem Scharfblick
die Frauen in ihrer Eitelkeit, Ich-
und Klatschsucht schildert, aber
auch als fröhliche Menschen, deren Freude ansteckend wirkt. Der
satirische Ton wird zurückgenommen, als Sara ohnmächtig
niedersinkt, »blaß wie der Tod«.
Das Totengebet des Rabbis hat die
Vision von der Ermordung ihrer
Gäste bestätigt (2. Kap.). Zu Anfang des 3. Kapitels jedoch führt
der Rabbi Sara »mit heiterem
Antlitz« auf die Straße; dort begegnen sie Don Isaak, einem Jugendfreund des Rabbis, der sie
unter vielen Worten in Schnap-
per-Elles stadtbekannte Garküche
führt, wo das Fragment endet.
Heine setzte hinzu: »Der Schluß
und die folgenden Kapitel sind
ohne Verschulden des Autors verlorengegangen.« Heute weiß man
jedoch, daß der fragmentarische
Charakter des Werkes auf verschiedene Entstehungsphasen zurückgeht: während das 1. Kapitel
und eine Vorfassung des 2. bereits
1824–25 entstanden, kam das 3.
erst 1840 hinzu. Damals unterzog
Heine auch das 2. Kapitel einer
starken Veränderung. Das
Schwanken zwischen den Stilen
und den damit verknüpften Ansichten über das Judentum zeugt
aber auch von Heines komplexem
Verhältnis zu seiner jüdischen
Herkunft. Das Werk offenbart
eine Identitätskrise, die Heine
daran hinderte, ein jüdisches Thema durchgängig zu behandeln.

Lit.: H. KIRCHER, H. H. und das Judentum,
Bonn 1973.   J. H. SKARKE

HEINSE, Wilhelm (1746–1803)

Ardinghello und die glückseeligen Inseln. *Eine Italiänische Geschichte aus dem sechszehnten Jahrhundert.* 2 Bände; 5 Teile; ED »Deutsches Museum« 1785/86; EA Lemgo 1787.

Im Vorbericht spricht der Autor als Herausgeber: Die folgende Geschichte habe er nach einer Handschrift übersetzt, die er in einer verfallenen Villa bei Cajeta (heute: Gaëta) gefunden habe. – Der Icherzähler Benedikt, ein junger Nobile aus Venedig, stürzt beim Fest der symbolischen Vermählung des Dogen mit dem Meer aus seiner Gondel. Seinen Retter, den eine »kühne Wildheit« auszeichnet, trifft er in einer Künstlerschenke wieder: Ardinghello ist Maler und stammt aus Florenz. Sie schließen einen Freundschaftsbund. Ardinghello begleitet Benedikt auf den mütterlichen Landsitz am Gardasee. In vielen Gesprächen über Malerei, Architektur und griechische Philosophie kommen sich die Freunde näher. Ardinghello ist ein Meister im Fechten und Schwimmen, ist Dichter und Sänger. Er erzählt seine Liebesaffäre mit Cäcilia, die bald einen reichen Mann heiraten soll. Der Bräutigam besucht mit Cäcilias Brüdern das Landgut von Benedikts Mutter. Ardinghello wird beauftragt, Braut und Bräutigam zu porträtieren. Er offenbart nun Benedikt seine wahre Herkunft: Er stammt aus einer der großen florentinischen Familien. Sein Vater, Astore Frescobaldi, und seine Mutter, Maria, aus der verfolgten Familie Albizi, leben nicht mehr. Unter angenommenem Namen hatte sich Ardinghello nach Venedig begeben, um seinen Vater zu suchen. Dort mußte er erfahren, daß dieser auf Befehl des toskanischen Großherzogs Cosmus umgebracht worden sei. Deshalb habe er ihm Rache geschworen. Er malt Cäcilia zu aller Zufriedenheit. Aber ihr Bräutigam, Mark Anton, erkennt bei Ardinghello die Züge Frescobaldis, den er ermordet hat. Ardinghello entgeht einem Mordanschlag Mark Antons, tötet diesen noch am Abend seiner Hochzeit und flieht. Cäcilia ist schwanger und gebiert zu Beginn des neunten Monats einen Sohn Ardinghellos. Da sie am Hochzeitsabend die Ehe mit Mark Anton vollzogen hat, wird das Kind als eheliches anerkannt, und sie erhält alle Güter ihres Mannes (1. Teil). – Ardinghello plant eine Reise nach Genua. Der Roman entwickelt sich nun zu einem meist einseitigen Briefroman. Ardinghello berichtet über sein Schicksal, während sich Benedikt auf wichtige Nachrichten und knappe Kommentare beschränkt. Kurz vor Genua trifft Ardinghello den Sänger und Improvisator Boccardo, mit dem er das pompöse Hochzeitsfest eines Genueser Marchese besucht und die Braut Fulvia und deren Freundin Lucinde kennenlernt. Bei einem Überfall durch Seeräuber werden die Frauen entführt. An der Verfolgung der Seeräuber durch genuesische Galeeren beteiligt sich Ardinghello und erwirbt beim Seekampf mit den Piraten Ruhm. Doria, der die Verfolgung leitet, schenkt ihm einen tapferen jungen Gefangenen. Ardinghello läßt ihn frei und wird bald von Ulazal, dem Vater des freigelassenen Diagoras, reich belohnt und zu einer Reise in den Archipelagus eingeladen. Ardinghello wird von der liebeshungrigen Fulvia verführt.

Lucinde verspricht ihm ihre höchste Gunst, falls er ihren Bräutigam Florio aus türkischer Sklaverei befreit. Dies gelingt ihm, aber nach der Bekanntschaft mit Florio verzichtet er auf die Erfüllung von Lucindes Versprechen. Sie fällt darauf in tiefe Melancholie. Ardinghello reist nach Florenz, da Cosmus, der seine Familie verfolgt hat, gestorben ist (2. Teil). – In Pisa wird er mit dem jungen Herzog bekannt und gewinnt dessen Frau Bianca als Fürsprecherin. Er nennt sich nun wieder »Prospero Frescobaldi«, erhält die väterlichen Güter zurück und wird vom Großherzog zum Oberaufseher aller Kunstgegenstände, Schlösser und Gebäude bestellt. Ardinghello ist am Sturz eines Ministers beteiligt und versucht, das Schulwesen neu zu ordnen. Mit dem Kardinal, einem Bruder des Großherzogs, reist er in Kunstangelegenheiten nach Rom. Er beschreibt Benedikt die großen Bauwerke und lernt den leidenschaftlichen Griechen Demetri kennen. Maler und »echte Römerinnen« finden sich zu Musik und Tanz in einem Wirtshaus ein. Zuletzt legen alle die Kleider ab, es »ging immer tiefer ins Leben, und das Fest wurde heiliger [...], der höchste bacchantische Sturm rauschte durch den Saal, der alles Gefühl unaufhaltbar ergriff, wie donnerbrausende Katarakten« (3. Teil). – Ardinghello mietet sich im Vatikan ein, um die Werke Raffaels intensiver studieren zu können. Er geht jedoch völlig in seiner neuen Liebe auf: Fiordimona allein könne »bei allen Reizen der Schönheit« auch »seine Freundin« sein; denn einen so »hohen kräftigen Geist« habe er unter Frauen noch nicht gefunden. Benedikt rühmt seine Braut Chiara. Ardinghello verläßt schließlich Rom. Die Absicht, sein Leben ganz der Kunst zu widmen, gibt er auf. Sein »Herz und Geist« trachten »nach einer kräftigern Nahrung«, die er »in der lebendigen Natur und Gesellschaft der Menschen« finden will. Dennoch spricht er ausführlich über die großen Skulpturen im Belvedere und beklagt, daß »die Vollkommenheit des Nackenden vom Menschen, als des höchsten Vorwurfs der Kunst« unserem Sinn von Jugend auf verhüllt bleibe. Auf dem Pantheon führt er mit Demetri ein längeres Gespräch, das schließlich zur aristotelischen Metaphysik und zu einer spinozistischen Vereinigungsphilosophie führt: »Eins ist Alles und Alles Eins. [...] Daß Gott die ganze Natur selbst sei, ist der älteste Glaube« (4. Teil). – Ardinghello wird von seinem Fürsten zurückgerufen. Er soll für Bianca, die vorgibt, hochschwanger zu sein, einen Palast bauen. Ardinghello findet Florenz und das Treiben am Hofe immer unerträglicher. »Aber wo soll ich hin in dem ganzen jetzigen Italien? Da ist keine Ausflucht, keine Sphäre für einen gesunden Kopf und Arm zu handeln.« Er zieht sich auf sein Gut zurück und lädt Benedikt ein, den Sommer mit ihm in Treve zu verbringen. Fiordimona reitet in Männerkleidern zu ihm. Gemeinsam zieht das Paar nach Terni. Sie mieten bei Neapel ein Haus, das einer jungen Witwe gehört, bei der sich eine junge spanische Gräfin namens Coimbra aufhält. Beide verlieben sich in Ardinghello und Fiordimona, den angeblichen Jüngling. Wegen zu stürmischer Nachstellungen der beiden Damen reisen Ardinghello und seine Geliebte überstürzt ab.

Benedikts Braut ist kurz vor der
Hochzeit von einer Seuche hinge-
rafft worden. Mit Cäcilia will er
Ardinghello wiedersehen, aber
ein Brief Ardinghellos vom August erreicht ihn erst im November. Ardinghello hat in Notwehr
den Kardinal verletzt; den zweiten
Angreifer, einen Neffen des Papstes, hat er erstochen. In der Kutte
eines Franziskaners flieht er nach
Brindisi und verläßt Italien. Benedikt erkennt, daß der Vorfall auf
Fiordimonas undurchsichtige Lie-
besstrategien zurückzuführen sei.
Ardinghello durchstreift nun mit
Diagoras die Insel- und »Wasser-
welt« des Archipelagus. Bald
wird ihm eine eigene Galeere anvertraut. Der junge türkische
Sultan, in dessen Dienst sie als
Piraten stehen, überläßt ihnen die
Inseln Paros und Naxos, um italienische Kolonien zu gründen.
Aus allen großen Städten Italiens
werden junge Leute angeworben.
Demetri führt seine neue Religion
ein. Fiordimona, die inzwischen
Zwillinge geboren hat, deren Vater Ardinghello ist, Coimbra und
Cäcilia eilen herbei. Die Staats-
verfassung folgt dem griechisch-
römischen Vorbild. Es herrscht
Gütergemeinschaft, und die Beziehungen zwischen Männern
und Frauen sind völlig frei; dennoch besitzen diese kein volles
Stimmrecht. Die Kinder erzieht
der Staat. In wenigen Jahren sind
alle Kykladen erobert. Aber der
Inselstaat wird »nach seligem
Zeitraum« vom »unerbittlichen
Schicksal« ereilt (5. Teil).
Der Roman entfaltet mit Hilfe der
gründlich recherchierten politischen Geschichte der Medici, Venedigs und Griechenlands, nicht
zuletzt durch großzügige Verwendung zeitgenössischer Skan-
dalgeschichten für den Zeitraum

zwischen 1574 und 1578 ein nuan-
ciertes historisches Kolorit. Eti-
kettierungen als Renaissance-,
Künstler- oder Entwicklungsroman greifen zu kurz. Zusammengesetzt aus Reiseaufzeichnungen
Heinses, Anspielungen und Zitaten aus klassischer und moderner
Literatur, mit einem gelegentlich
turbulenten   Handlungsverlauf
und Kunstgesprächen, Werkbe-
schreibungen und philosophischen Diskursen, bezeugt das
Ganze eine Suche nach renais-
sancehaftem Leben als Kunst,
nach der Kunst als Leben. Ardinghello stellt den ersten Entwurf
eines epochalen Renaissance-Ver-
ständnisses mit einem ›uomo uni-
versale‹ als Hauptfigur dar. Neben Traditionen der Antike und
der Renaissance spielen ästhetische und philosophische Diskussionen des 18. Jahrhunderts (Spi-
nozismus) eine bedeutende Rolle,
so daß der Roman auch eine beträchtliche Vermittlungsfunktion
ausübt. Mit den Frauenfiguren,
einer ungewöhnlichen Betonung
der Körperlichkeit, die in den
Entwürfen alle Grenzen des damals Erlaubten überschritt, und
den erotischen Beschreibungen
von Kunstwerken läßt Heinse jedes ›interesselose Wohlgefallen‹
hinter sich. Der utopische Staat
am Ende als Versuch, Natur,
Kunst und Gesellschaft antikisch
und renaissancehaft zu versöhnen,
muß sich mit Andeutungen begnügen. Den ersten Lesern impo-
nierte die Sprache der Leidenschaft und das Renaissancebild.
Kritiker – unter ihnen der gerade
von Italien zurückgekehrte Goethe – entrüsteten sich über so viel
»ästhetischen   Immoralismus«,
wenn auch die Anerkennung der
romanhaften Sinnlichkeit nicht
ganz ausblieb.

Lit.: H. Mohr, W. H. Das erotisch-religiöse Weltbild und seine naturphilosophischen Grundlagen, München 1971.   G. Sauder

HERHAUS, Ernst (geb. 1932)
Die homburgische Hochzeit.
14 Kapitel; EA München 1967.
Erich Hals, der Held des Romans, ist Insasse der Nervenklinik in Frankfurt-Rödelheim. Seine autobiographischen Aufzeichnungen, deren Niederschrift ein Wärter ermöglicht, präsentiert das Buch in zeitlicher Diskontinuität, darin der Sprunghaftigkeit ähnlich, die diesen Lebenslauf zwischen der Homburgischen Heimat und der Großstadt Frankfurt prägt. Die Provinzialität der erlebten Kindheit, die Enge der Familie und die scheinheilige Autorität der Kirche und dörflicher Würdenträger werden satirisch-grotesk gezeichnet, seltsame Käuze und Originale hingegen liebevoller beschrieben (Großvater Kerr, Moses Zuckerkron, Wacholderfritz). Diametral entgegengesetzt sind die Erfahrungen in der Großstadt: Hals berichtet von Erlebnissen im Milieu (La Divine als literarische Verkörperung einer Frankfurter Prostituierten), mit Alkoholikern und Bardamen (Loulou, Hanne) und von Schwierigkeiten im Erwerbsleben. Für die »Pilgram-Investment-Gruppe«, deren reales Vorbild die in den sechziger Jahren aktive IOS-Investment-Firma sein dürfte, versucht Erich Hals, nach einschlägiger Verkäuferschulung, Kunden zu gewinnen. Danach probiert er sein Glück als Vertreter für flüssige Seife und Verfasser »lederner Manifeste«. Schließlich wird er Sekretär von Bernhard Alma, der im »Haus der Freiheit« ein gigantisches Registrierungs-Imperium leitet. Der »Freie Großrat« als ständig tagendes Gremium versammelt »alle diejenigen, die unsere Freiheit verkörpern, indem sie darüber reden«. Alle sind aufgefordert, frei ihre Meinung zu sagen. »Jede Überzeugung ist unserer Aufmerksamkeit sicher. Wir registrieren alles.« Die Parodie auf eine allgegenwärtige Überwachung findet ihren Höhepunkt im Verfall und Tod des mit immer mehr Ersatzteilen dahinvegetierenden Präsidenten und im zu Staub zerfallenden »Haus der Freiheit«. Hals kehrt schließlich in die Heimat zurück, um Rosemund Erben zu heiraten, die »homburgische Jungfrau«. In der Hochzeitsnacht jedoch, mit der der Roman beginnt, scheitert der Vollzug der Ehe an einem »unbändigen Gelächter«, das den Helden überflutet. Dies ist der Anlaß für die freiwillig eingeleitete psychiatrische Behandlung. Nachdem der Arzt Dr. Weil Hals' Aufzeichnungen studiert und mit ihm mehrere Gespräche geführt hat, wird der Protagonist als gesund entlassen. Phantasie, Fabulierlust und die Skurrilität der Einfälle – Hals zieht sich zeitweise als Embryo in den Leib La Divines und nach ihrem gewaltsamen Tod in Rosemund zurück, die ihn schließlich gebärt, wobei der Neugeborene statt zu schreien unbändig lacht – erinnern an Grass, der ein Kapitel umfassende Monolog Rosemunds an Joyce. In seiner oft hart überzeichneten Bildlichkeit und den Karikaturen der Frankfurter Szene ist der Roman zweifellos originell, in seiner Struktur reflektiert er neben der literarischen Tradition den Stand moderner Poetik.

Lit.: N. Schachtsiek-Freitag, E. H., in: KLG, München 1978 ff.   T. Fraund

**HERZMANOVSKY-
ORLANDO,** Fritz von
(1877–1954)

Maskenspiel der Genien.
18 Kapitel; EA München 1958
(hg. von Friedrich Torberg); NA
u. d. T. *Das Maskenspiel der Genien.* 5 Teile; Salzburg / Wien
1989.
Der phantastische Roman verbindet Motive des Aktäon-Mythos
mit einer satirischen Darstellung
des habsburgischen Beamtenstaa-
tes. Schauplatz ist die »Tarockei«,
ein in Südosteuropa liegendes
»Traumreich«, dessen Verfassung
vom Tarockspiel und von der
Commedia dell'arte beeinflußt
ist. So wird der Staat von vier
Königen regiert, die aufgrund ihrer Ähnlichkeit mit den Königen
des »Normaltarockspiels« jährlich neu gewählt werden, Cha-
raktermasken der italienischen
Volkskomödie üben die Verwal-
tungsfunktionen aus.
Der Held des Romans ist der aus
einer angesehenen und wohlhabenden Familie stammende Cyriak von Pizzicolli. Durch den
plötzlichen Tod seiner Eltern zum
Waisen geworden, begibt sich der
junge Mann auf eine Reise in den
Süden. Nach einem unerfreuli-
chen Aufenthalt im Irrenhaus verliebt er sich in die junge Cyparis,
ein Mitglied des »Amazonenka-
dettencorps«, die ihn in ihr präch-
tig ausgestattetes Schloß einlädt.
Auf seiner weiteren Reise begegnet er ihr noch wiederholt: zunächst in einer barocken Steinmu-
schel als badende Nackte, die ihn
in ihrer »geschlechtslosen Grazie«
betört, dann in einer Rosenpa-
gode auf einem Hoffest in der Residenz Gradiska, wo sie ihn in mystische Verzückung versetzt. Auf
Kythera, der antiken Kultstätte

der Aphrodite, lernt Cyriak die
Fürstin Dejanira Bajatiani kennen, die in ihm die Erinnerung an
Cyparis wachruft. Gemeinsam
fahren sie auf Dejaniras Insel Ika-
ria, um das »Fest des Perseus« zu
begehen. Ein plötzlich hereinbre-
chendes Gewitter beendet die
Feierlichkeiten, Cyriak wird von
einem Kugelblitz getroffen, von
dem er sich erst im Sanatorium
wieder erholt. Als er erfährt, daß
Dejanira mit Cyparis identisch ist
und ihr Fürstentum mit unbekanntem Ziel verlassen hat, beschließt er, sie zu suchen. Ihren
Spuren folgend, reist er durch
Griechenland. Dabei macht er die
Bekanntschaft seltsamer Gestalten, die ihm über sein Schicksal
Auskunft geben. Als Cyriak auf
dem Parnaß das Erscheinen Zeus'
beschwört, tritt ein altes Männ-
chen hervor, das ihm ein Wiedersehen mit Cyparis im »Tod …
oder Wahnsinn« verheißt. Auf
Kreta, der letzten Station seiner
Reise, klärt ihn ein Einsiedler darüber auf, daß er »unter die Macht
des Mysteriums der [göttlichen]
Androgynität« geraten sei, die
sich »wunderbar schöne[r] Ju-
gendwesen« als eines »magische[n] Spiegel[s]« bediene. Der
Schluß entrückt das Geschehen
vollends in den Mythos. Begleitet
von Cyparis, erscheint Artemis,
die Beschützerin der Jugend und
der Jungfräulichkeit. Voller Sehnsucht stürzt Cyriak auf seine Geliebte zu, doch die Göttin hält ihn
auf. Da er das »Amazonenmyste-
rium«, das »Geheimnis der göttlichen Schönheit … der ewigen
Jugend« belauscht habe, verurteilt sie ihn zum Tode. Und wie
Aktäon sieht sich Cyriak plötzlich
in einen Hirsch verwandelt, der
von seinen Hunden zerrissen
wird. – Die Haupthandlung ver-

schwindet allerdings fast in einer Fülle skurriler Einfälle und bizarrer Begebenheiten. Seine unbändige Lust am Blödsinn entfaltet der Autor besonders in der Schilderung der kauzigen Charaktere, die Cyriaks Weg kreuzen, wie etwa der eitle Philip Edler von Hahn, der mit Ungeziefer und Unkraut – »Mehlwirmer und Teufelszwirn en gros« – handelt und sich von Hofrat Xaver Naskrükl, einem leidenschaftlichen Trödler, »dreibeinige Unterhosen«, sog. »Fehlwäsche«, andrehen läßt, der unglückliche Jeremias Käfermacher, der durch die Behörde voreilig für tot erklärt wird und den Naskrükl, da jener ohne Legitimation ist, als Affe verkleidet noch Kythera einschmuggelt, wo ihn die Bevölkerung aufgrund eines Irrtums für Dostojewski hält, oder der in geheimem Auftrag reisende Diplomat Streyeshand von Hasenpfodt, der Cyriak die historische Mission Österreichs anvertraut, »die letzten verglühenden Regungen der Antike zu kontrollieren, um im Nullpunkt einzuschreiten – den Hyperbelast des Weges zu Gott wieder hinauf zu lenken«.

Der Roman, den der Autor als sein Hauptwerk betrachtete und dessen Entstehung bis in die zweite Hälfte der 20er Jahre zurückgeht, ist der letzte Teil der nur vordergründig zusammenhängenden »Österreichischen Trilogie«, die in grotesker Verzeichnung die Welt der alten k. u. k. Monarchie wiederbelebt. Der in ihr geschilderte Zeitraum reicht vom Biedermeier bis – im 3. Teil – in das Jahr 1966. Die übrigen Teile sind *Der Gaulschreck im Rosennetz* (1928), das einzige Werk, das zu Lebzeiten des Autors erschienen ist, und *Rout am* *Fliegenden Holländer* (1984). Erst die Neuausgabe machte den unverfälschten, unvollendeten Text zugänglich, der zuvor lediglich in einer umstrittenen, gekürzten und bearbeiteten Version Friedrich Torbergs erschienen war.

Lit.: B. BRONNEN, F. v. H.-O., Original und Bearbeitung, Diss. München 1965. – C. ANDERLE, F. v. H.-O., Die Österreichische Trilogie und der Mythos, Diss. Innsbruck 1987.

P. LANGEMEYER

HESSE, Hermann (1877–1962)

Das Glasperlenspiel. *Versuch einer Lebensbeschreibung des Magister Ludi Josef Knecht samt Knechts hinterlassenen Schriften. Herausgegeben von Hermann Hesse.* Entst. 1930–1943; EA Zürich 1943.
Ähnlich wie im → *Steppenwolf* ist auch in Hesses letztem großen Werk *Das Glasperlenspiel* die Erzählperspektive mehrfach gebrochen. Alte Dokumente und Berichte dienen Chronisten der utopischen Provinz Kastalien etwa im Jahr 2400 als Quellen für die Lebensbeschreibung Josef Knechts, der um 2200 das Amt eines Glasperlenspielmeisters bekleidet hat. Hesse, der sich distanzierend »Herausgeber« nennt, hat den Roman »Den Morgenlandfahrern« gewidmet. Er verweist damit auf seine Erzählung *Die Morgenlandfahrt* (1932), in der wesentliche Motive des *Glasperlenspiels* vorgeprägt sind, vor allem die Sehnsucht des vereinsamten Intellektuellen, in einer Gemeinschaft Dienst zu leisten, die sich den geistigen und kulturellen Werten der Menschheit verpflichtet fühlt. Diese ideale Vorstellung gewinnt in der Provinz Kastalien Gestalt. Hesse hat sie, die Wirklichkeit des Nationalsozialismus vor Augen, als »Widerstand des

Geistes gegen die barbarischen Mächte« entworfen, wie er rückblickend 1955 schrieb. Zunächst skizzieren fiktive Berichterstatter die Eigenart des Glasperlenspiels in einem »Versuch einer allgemeinverständlichen Einführung in seine Geschichte«. Sie definieren es als »ein Spiel mit sämtlichen Inhalten und Werten unsrer Kultur«, als »eine Art Weltsprache der Geistigen«. Entwickelt wurde es während der bürgerlichen Epoche des 19. und 20. Jahrhunderts. Dieses »feuilletonistische Zeitalter« hat sich durch Maßlosigkeit und Anarchie selbst zugrunde gerichtet. Auf seinen Trümmern hat eine geistige Elite eine weltliche Ordensgemeinschaft, einen Staat im Staate, errichtet, in dem Ordnung, ethische Normen, Vernunft und Maß herrschen. Die höchste Stufe dieser strengen Geistigkeit bildet das Glasperlenspiel. Es vereinigt Wissenschaft, Musikalität und Meditation zu einer neuen Universalität und führt den Menschen auf den Weg zu seiner Vervollkommnung. Nach dieser Einleitung wird die Biographie Josef Knechts erzählt. Dank seiner musikalischen Begabung öffnen sich dem zwölf- oder dreizehnjährigen Knecht die Tore der Ordenswelt Kastaliens. Im Alter von siebzehn Jahren wird er in die Eliteschule Waldzell, das Zentrum des Glasperlenspiels, berufen. Hier liefert er sich aufsehenerregende Rededuelle mit dem Hospitanten Plinio Designori, einem Patriziersohn, der sich leidenschaftlich zu seiner weltlichen Gesinnung bekennt. Knecht dagegen verteidigt die weltabgewandte Vita contemplativa der Provinz, kann aber innere Zweifel an seiner Position nicht ganz unterdrücken und bringt sie in mehreren Ge-

dichten zum Ausdruck. Die Chronisten haben sie im Anschluß an die Lebensbeschreibung publiziert, wie auch drei erfundene Lebensläufe, die Knecht in den Jahren des freien Studierens zum Zwecke der tieferen Selbsterkenntnis hat niederschreiben müssen. Knecht entwickelt sich zum Musterkastalier. Er wird offiziell in den Orden aufgenommen und damit in die dort herrschende strenge Hierarchie eingebunden. Das Glasperlenspiel beherrscht er mit zunehmender Virtuosität. Gleichzeitig wächst aber seine Befürchtung, daß dieses Spiel, wie die kastalische Existenz überhaupt, lediglich Selbstzweck sei und »eine sublime Art von Flucht« vor der Wirklichkeit darstelle. Verstärkt werden diese Bedenken während eines zweijährigen Aufenthalts in der Benediktinerabtei Mariafels. Knecht soll hier engere Kontakte zwischen Kastalien und dem Katholizismus knüpfen. Von dem dortigen Geschichtsschreiber Pater Jakobus, der Züge des Schweizer Historikers Jacob Burckhardt trägt, lernt er, daß alles Sein, auch das der kastalischen Provinz, dem geschichtlichen Wandel, der Vergänglichkeit unterworfen ist. Die Obersten Kastaliens zeigen sich mit Knechts Mariafelser Mission sehr zufrieden. Knecht bewährt sich weiterhin und wird schließlich zum Glasperlenspielmeister ernannt. Er spürt jedoch zunehmend die drohende Entartung dieses Daseins, wie sie sich etwa bei seinem Freund Fritz Tegularius, einem »Nurkastalier«, der an Friedrich Nietzsche erinnert, andeutet. Tegularius genießt seine geistigen Fähigkeiten als ästhetische Spielerei ohne jeden Realitätsbezug. Diese aufkommende

Dekadenz wird von Plinio Designori kritisiert, der als Mitglied einer Regierungskommission die kastalischen Finanzen zu kontrollieren hat. Die Heiterkeit und Harmonie der Geistesmenschen Kastaliens gehen Designori, dem aktiven Staatsbürger und Repräsentanten der sozialen Welt, ab. Seine gesellschaftlichen Aufgaben zermürben ihn zusehends, schärfen jedoch auch seinen Blick für die Unzulänglichkeiten der von allen Problemen der Welt abgeschotteten ›pädagogischen Provinz‹, der er grundsätzlich wohlwollend gegenübersteht. Er entlarvt sie als »eine künstliche, sterilisierte, schulmeisterlich beschnittene [...] Halb- und Scheinwelt«, die »zu Maske und Panzer erstarrt« ist. Knecht, inzwischen »hungrig nach Wirklichkeit«, bleibt die fehlende Bereitschaft Kastaliens, sich für die Gesellschaft, das eigentliche Fundament des Ordens, zu engagieren, nicht verborgen. »Und wir vergessen vor allem, daß wir selber ein Stück Geschichte sind, etwas Gewordenes, und etwas, das zum Absterben verurteilt ist, wenn es die Fähigkeit zu weiterem Werden und Sichwandeln verliert«, betont er in einem Rundschreiben an die Erziehungsbehörde. Innerlich über das Ordensdasein und dessen Feier der Geistigkeit hinausgewachsen, sieht Knecht seine Aufgabe darin, seine in Kastalien ausgebildete intellektuelle Kraft zum Wohl der Menschen einzusetzen. Als Erzieher von Plinio Designoris Sohn Tito will er die Polarität zwischen Kastalien und der Welt überwinden und eine Synthese aus Individualismus und sozialer Verantwortung herbeiführen. Bei einem Wettschwimmen mit dem Naturkind Tito in einem kalten Bergsee stirbt der Geistesmensch Josef Knecht einen Opfertod. Das Gefühl seiner Mitschuld an Knechts irdischem Ende verweist Tito auf seine Bestimmung, nun selbst die beiden Pole des Lebens, Geist und Natur, zu versöhnen. Das Leben Knechts findet so in Tito Designori seine hoffnungsvolle Fortsetzung.

Lit.: V. MICHELS (Hg.), Materialien zu H. H.s »Das Glasperlenspiel«, I–II, Frankfurt/M. 1973/74.　　　　　P. P. RIEDL

Narziß und Goldmund. 20 Kapitel; ED »Neue Rundschau« 1929/30; EA Berlin 1930.
In dieser »Seelenbiographie« (Hesse) wird das Prinzip der Polarität von Geist und Natur dichterisch ausgestaltet. In dem mittelalterlichen Kloster Mariabronn erregt der Wunderknabe Narziß Aufsehen. Der geistvolle, aber auch hochmütige Novize ist sich ohne jeden Zweifel seiner Bestimmung zum monastischen Dasein gewiß. Ein neuer Schüler, Goldmund, den ein Geheimnis umrankt, erregt sein besonderes Interesse. Mit dem Scharfblick eines Psychoanalytikers erkennt Narziß das Problem des Knaben: »Du hast deine Kindheit vergessen, aus den Tiefen deiner Seele wirbt sie um dich. Sie wird dich so lange leiden machen, bis du sie erhörst.« Goldmund soll nach dem Willen seines Vaters die angeblichen Sünden seiner Mutter, einer Tänzerin, durch ein gottgefälliges Klosterleben büßen. Von vagen Schuldgefühlen gepeinigt, hat er die Erinnerung an die Mutter verdrängt. Narziß bestärkt ihn darin, »ganz und gar Goldmund« zu werden, seiner Bestimmung nachzugehen und sich dem von ihm unterdrückten und vom Vater geschmähten Prinzip des Mütterli-

chen auszusetzen. So muß Goldmund das Kloster verlassen, um sich in den Strom des Lebens, die »Quelle des Glücks und [...] des Todes«, zu stürzen. Auf seiner Suche nach der Urmutter irdischen Seins kostet er zunächst in verschiedenen Abenteuern die sinnliche Liebe aus. Doch nicht nur Sinnenlust, sondern auch die Macht des Todes begegnet ihm in vielerlei Gestalt. Er selbst tötet – aus Notwehr – und verspürt Todesangst auf der Flucht vom Tatort. Um die verwirrenden Bilder seiner Seele zu ordnen und ihnen Form und Gestalt zu verleihen, wendet er sich der Kunst zu und nimmt Unterricht bei dem Bildhauer Niklaus. Goldmunds erste Plastik ist eine Figur des Jüngers Johannes, der die Züge von Narziß trägt. Doch schon bald begibt er sich wieder auf Wanderschaft und begeht einen zweiten Mord, um seine Geliebte Lene vor einer Vergewaltigung zu schützen. Dem kollektiven Tod Unzähliger (auch Lenes) sieht er sich durch eine Pestepedemie und ein Judenpogrom konfrontiert. Mit Agnes, der Geliebten des kaiserlichen Statthalters, erlebt er Augenblicke höchster erotischer Erfüllung, doch bringt ihn diese Liebe ins Gefängnis, und vor dem Galgen kann ihn eben noch Narziß retten, der inzwischen zum Abt Johannes aufgestiegen ist. Länger als zwei Jahre lebt Goldmund seinen künstlerischen Arbeiten in Mariabronn, dann bricht er wieder auf, um Agnes zu treffen. Abgewiesen und bei einem Sturz schwer verletzt, kehrt er ins Kloster zurück und beendet sein Leben in den Armen seines Freundes Narziß. Das Ziel seines bedingungslosen Eintauchens in die Welt, die Nähe zur (Ur-)Mutter Eva, hat Gold-

mund erreicht: »Ich sterbe gern, sie macht es mir leicht [...]. Ohne Mutter kann man nicht lieben. Ohne Mutter kann man nicht sterben.« Er ist seiner Bestimmung gefolgt, so wie auch Narziß sein persönliches Ideal der reinen, väterlichen Geistigkeit verwirklicht hat.

Lit.: M. Pfeifer, Erläuterungen zu H. H.: Narziß und Goldmund, Hollfeld 1982, 1988.
P. P. Riedl

Peter Camenzind. 8 Kapitel; EA Berlin 1904.
In der Nachfolge von Kellers → *Grünem Heinrich* schildert Hesse in seinem ersten Roman den Lebensweg eines jungen Schweizers zwischen den Gegensätzen von dörflicher Herkunft und städtischer Zivilisation, die bei Hesse im Sinne von Ursprünglichkeit und Dekadenz gewertet werden. Peter Camenzind wächst in dem kleinen Schweizer Bergdorf Nimikon auf. Ein Pater entdeckt seine intellektuellen Fähigkeiten und schickt den kräftigen, aber müßiggängerischen Knaben aufs Gymnasium. Mit seinen dort geweckten schriftstellerischen Neigungen beginnt Camenzind ein Philologie-Studium in Zürich und lernt den Pianisten Richard kennen, mit dem ihn bald eine enge Freundschaft verbindet. Richard führt den Außenseiter in die kulturellen Kreise der Stadt ein, doch Camenzind zieht sich rasch wieder enttäuscht und schwermütig in sich selbst und auf die Beschäftigung mit dem verehrten Franz von Assisi zurück. Richard hilft ihm über die unwiderte Liebe zu der Malerin Aglietti hinweg und vermittelt ihm Arbeit bei einer Zeitung, so daß er das Studium aufgeben und der ersehnten schriftstellerischen Tätigkeit

nachgehen kann. Nach dem beglückenden Erlebnis einer gemeinsamen Italienreise ertrinkt Richard beim Baden. Durch den Tod des Freundes ist Camenzinds Lebenseuphorie mit einem Schlag am Ende. Einsamkeit und Heimatlosigkeit treiben ihn an den Rand des Selbstmordes. Nur die Erinnerung an das gefaßte, würdige Sterben der Mutter hält ihn zurück. Der Versuch, in Basel Fuß zu fassen, endet im Alkoholismus. Seine Gehemmtheit gegenüber Frauen, denen er distanzierende Verehrung und Anbetung entgegenbringt, läßt auch seine Liebe zu Elisabeth scheitern. Er kehrt zum Vater in die dörfliche Idylle zurück und versucht, aus der Natur neue Kraft zu schöpfen. Eine zweite Reise nach Umbrien erschließt ihm für sein Fühlen und Handeln die Lehre seines »Liebling[s] unter den Menschen«, Franz von Assisi: unter der ländlichen Bevölkerung spürt er, was es heißt, wahrhaft zu lieben. Durch die warmherzige Wirtin Nardini gewinnt er an Lebensfreude und Selbstvertrauen, so daß er noch einmal in Basel einen Neuanfang wagt. In der innigen Freundschaft zu dem Behinderten Boppi, den er aufnimmt und bis zum Tod pflegt, findet er zu sich selbst. Er faßt den Entschluß, zu seinem kranken Vater in sein Heimatdorf zurückzukehren und dort die verwaiste Dorfwirtschaft zu übernehmen. – Die Figur des seine persönliche Bestimmung suchenden Individualisten zieht sich von Hesses erstem Roman an wie ein roter Faden durch sein Gesamtwerk. Im *Peter Camenzind* haben die klassischen Bildungsmächte der bürgerlichen Gesellschaft wenig Einfluß auf den zivilisationsskeptischen, eigenbrötle-

rischen Helden, der sich in seiner Natur- und Menschenliebe an Rousseau und Franz von Assisi orientiert.

Lit.: M. PFEIFER, H. H.: Peter Camenzind, Unterm Rad, Knulp, Hollfeld 1988.

B. DUFEY

Siddharta. *Eine indische Dichtung.* 2 Teile; EA Berlin 1922.
Siddharta stellt einen Höhepunkt der bis in die Kindheit zurückreichenden Beschäftigung Hesses mit den Religionen Indiens dar. In Verschmelzung östlicher und christlicher Religionslehren sowie psychoanalytischer Vorstellungen von der Entwicklung des Ichs schildert der Roman, wie sich der Brahmane Siddharta von religiösen Lehren und Regeln ebenso befreit wie von der Verstrickung in ein weltliches Leben, um schließlich, offen für die Liebe als lebensbestimmendes Prinzip und für den Gedanken der allumfassenden Einheit, ganz er selbst zu werden. Im Duktus einer von Ort und Zeit abstrahierenden Legende und in einer ebenso kunstvollen wie klaren und einfachen Sprache abgefaßt, hat der Roman Millionen von Lesern in seinen Bann gezogen.
Siddharta wächst in Tradition und Religion der Brahmanen heran und übt sich in der Kunst der Betrachtung und Versenkung. Aus Unzufriedenheit mit den Weisheitslehren seiner Väter schließt er sich, gefolgt von seinem Freund Govinda, drei Samanas, pilgernden Asketen, an. Durch Fasten, Selbstkasteiung und Meditation bemühen sie sich, ›leer‹ zu werden für das »Wunder im Innersten«. In der Verneinung des eigenen Ich kann Siddharta jedoch seinen Durst nach Erkenntnis nicht stillen. Auf seinem weiteren Weg der

Suche begegnet er dem Erleuchte-
ten, der Ruhe, Frieden und Vollkommenheit ausstrahlt; voller
Ehrfurcht hört Siddharta seine
Rede, will jedoch anders als Govinda kein Jünger Buddhas werden, sondern folgt seiner Einsicht,
daß er Weisheit und Erlösung
nicht durch einen Lehrer, sondern
nur in sich selbst finden kann. So
macht er sich auf, seiner inneren
Stimme zu gehorchen, das Geheimnis »Siddharta« zu erforschen. Er öffnet sich der Welt, die
er früher als trügerischen Schein
verachtete. Mit dem symbolhaf-
ten Übersetzen über den Fluß betritt er die neue Welt der Sinne
und der Lust. Die schöne Kamala
unterrichtet ihn in der Kunst der
Liebe. Um ihr zu genügen, tritt er
beim Kaufmann Kamaswami in
die Lehre und damit in das Leben
der »Kindermenschen« ein. Das
Streben nach Reichtum und die
täglichen Sorgen treiben ihn in
Müdigkeit und Überdruß. Seine
innere Stimme verstummt. Voll
Ekel steht er nach vielen Jahren
wieder am Ufer des Flusses, bereit, sich ins Wasser zu stürzen. Im
Angesicht des Todes erklingt in
ihm das heilige »Om«, das An-
fangs- und Schlußwort aller brah-
manischen Gebete, das soviel wie
»Vollendung« bedeutet. Das Wissen um das Göttliche und die Un-
zerstörbarkeit des Lebens kehrt in
sein Bewußtsein zurück. Nach einem tiefen Schlaf fühlt er sich wie
neu geboren. Seine Verzweiflung
weicht einer kindlichen Freude
am Leben. Das ruhige, zeitlose
Strömen des Flusses lädt ihn zu
einem Neuanfang ein. Ein zweites
Mal läßt er sich übersetzen und
bleibt beim Fährmann Vasudeva,
der innere Ruhe vom Fluß gelernt
hat. Das Wasser wird auch für
Siddharta zur Stimme des Lebens.

Offenen Herzens und Sinnes ver-
richten sie gemeinsam die Arbeit
am Fluß und auf dem Feld. Nach
vielen Jahren kommt Kamala mit
ihrem Kind auf der Reise zu
Buddha vorbei und erliegt einem
Schlangenbiß. Siddharta erkennt
in dem Kind seinen Sohn und
wendet sich ihm mit Liebe, Sanft-
mut und Geduld zu. Der Knabe
faßt jedoch kein Vertrauen, demütigt ihn und verläßt ihn
schließlich. Eine neue Wunde
bricht in Siddhartas Herzen auf.
Im Spiegelbild des Wassers erkennt er das Bild seines Vaters
wieder, der gleiches Leid erfahren
hatte. Im Strom sind Leid und
Lachen vermischt. Sobald er seine
Seele nicht mehr an eine bestimmte Stimme bindet, vernimmt er das Ganze, die Einheit.
Dann singen Tausende von Stimmen ein einziges Wort: »Om«.
Ein liebendes Einverständnis mit
der Welt erfüllt Siddharta. Das
Lächeln auf seinem Gesicht zeigt
die Bereitschaft, jeden Augenblick, mitten im Leben den Gedanken der Einheit zu denken und
zu fühlen. Er hört auf zu leiden.
Sein Ich ist eins mit dem Fluß, eins
mit der Welt. Noch einmal sieht
er seinen Freund Govinda. Weder
Lehre noch Regeln sprechen aus
der Ruhe und Heiterkeit Siddhartas. Beim Abschiedskuß erfährt
der suchende Govinda das Gefühl
der Liebe und des Einsseins mit
dem Strom der Welt.

Lit.: V. MICHELS, Materialien zu H. H.s
»Siddharta«, I, Frankfurt/M. 1986 (st 129).
                                                                B. DUFEY

Der Steppenwolf. EA Berlin
1927.
In der Gestalt und Geschichte des
knapp fünfzigjährigen Harry Haller hat Hesse eine eigene schwere
Lebenskrise literarisch bewältigt.

Das Leiden Harry Hallers, der sich selbst und seiner Umwelt in totaler Vereinsamung entfremdet ist, steht dabei stellvertretend für eine allgemeine Kultur- und Gesellschaftskrise in den zwanziger Jahren. Die Geschichte Hallers, der sich für etwa einen Monat in einer möblierten Studierstube in einer deutschen Großstadt einmietet und dann ebenso unvermittelt wieder verschwindet wie er aufgetaucht ist, wird aus verschiedenen Perspektiven und in Verschmelzung realistischer und surrealer Wirklichkeitsebenen erzählt. Als fiktiver Herausgeber der von Haller hinterlassenen Aufzeichnungen äußert sich zunächst der Neffe der Vermieterin Hallers von der Warte des gesellschaftlich etablierten Bürgers über den eigenbrötlerischen Außenseiter. Hallers eigener Lebensbericht, »Harry Hallers Aufzeichnungen, nur für Verrückte«, bildet den Hauptteil des Romans, in den der »Tractat vom Steppenwolf« eingelagert ist. Haller erhält ihn von einem geheimnisvollen Bauchladenhändler aus dem Umkreis des »Magischen Theaters« und findet darin eine Darstellung seines eigenen Krankheitsbildes: Seine Persönlichkeit ist vielfach gespalten; in seinem Inneren streitet seine gezähmte, an den höchsten Werten und Normen europäischer Kultur orientierte geistige Existenz mit einer ungebändigten, zynischen und rohen Wolfsnatur. Der »Tractat« verweist zugleich auf einen Weg der Heilung: »Statt deine Welt zu verengen, deine Seele zu vereinfachen, wirst du immer mehr Welt, wirst schließlich die ganze Welt in deine schmerzlich erweiterte Seele aufnehmen müssen«. Nachdem sich eines Abends Hallers Ekel vor der bürgerlichen Welt während eines Besuchs bei einem deutschnationalen, borniertem Professor unübersehbar bemerkbar gemacht hat (»laut heulte in meiner Seele der schadenfrohe Wolf«), streift er einsam durch finstere Gassen, bis er in einem Tanzlokal die Edelprostituierte Hermine trifft: »Verzaubert blickten wir einander an, blickte meine arme kleine Seele mich an.« Hermine, die die von Haller vernachlässigte, weltzugewandte Seite seines Wesens verkörpert, will ihn all das lehren, was er bisher aus seinem Leben verbannt hat: Tanz, Lachen und Lebensgenuß. Als eine weitere Komplementärfigur zu Harry Haller wird der Jazzmusiker Pablo, ein Freund Hermines, eingeführt. Haller, der nur die Gipfel der Kulturgeschichte – wie vor allem Goethe und Mozart – gelten läßt, lehnt den Musiker zunächst kategorisch ab, kann er doch im amerikanischen Jazz und dem damit verbundenen Lebensgefühl nur den charakteristischen Ausdruck einer technisierten, seelenlosen Zeit erkennen. Während eines Maskenballs führen Pablo und Hermine Haller in das »Magische Theater« ein, auf das er sich von Anfang an zubewegt hat. Unter der Wirkung von Rauschmitteln dringt Haller in die innersten Bezirke seines Selbst vor. In einer visionären Szenenfolge lernt er die verborgenen und verdrängten Seiten seiner Persönlichkeit kennen. Geheimste Wunschträume scheinen wahr zu werden, wie etwa der Kampf gegen die verhaßte moderne Technik und Zivilisation in der Episode »Hochjagd auf Automobile«. Haller muß lernen, sein Leben als Schachspiel zu begreifen und mit den zahlreichen Teilfiguren seiner selbst spiele-

risch umzugehen. Zu diesem
Zweck erhält er eine »Anleitung
zum Aufbau der Persönlichkeit«.
Doch zunächst scheitert der Prozeß der Integration seines Selbst.
Als er Hermine und Pablo nach
einem Liebesakt schlafend vorfin-
det, tötet er aus Eifersucht seine
Lehrmeisterin und Traumgeliebte
und damit auch einen Teil seiner
selbst. Während Pablo und Mozart – der eine verkörpert das ge-
lebte Leben, der andere den unsterblichen Geist – im »Magischen
Theater« zu ein und derselben
Person verschmelzen, gelingt
Haller diese Einswerdung nicht.
Er muß einen erneuten Versuch
unternehmen, die Totalität seiner
Persönlichkeit anzuerkennen:
»Einmal würde ich das Figuren-
spiel besser spielen. Einmal würde
ich das Lachen lernen. Pablo wartete auf mich. Mozart wartete auf
mich.« – Der Roman, der in den
sechziger Jahren zum Kultbuch
der amerikanischen und deutschen Hippiebewegung wurde,
begründete bei seinem Erscheinen
den Weltruhm Hesses.

Lit.: V. Michels (Hg.), Materialien zu H. H.s
»Der Steppenwolf«, Frankfurt/M. 1972,
⁷1981 (st 53).   P. P. Riedl

Unterm Rad. 7 Kapitel; ED
»Neue Zürcher Zeitung« 1904;
EA Berlin 1906.
In die Leidensgeschichte des
Schülers Hans Giebenrath sind
Hesses eigene Erfahrungen im
Klosterseminar Maulbronn sowie
das Schicksal seines Bruders Hans
eingegangen. Hans Giebenrath
geht ›unter dem Rad‹ einer rück-
sichtslos auf Leistung fixierten
Schul- und Internatserziehung,
die sich mit den Zielen des klein-
bürgerlich aufstiegsorientierten
Vaters einig weiß, zugrunde. Mit
bitterer Ironie beschreibt Hesse,

wie Stadtpfarrer und Rektor den
gefügigen Hans als Objekt ihres
Ehrgeizes benutzen, um ihn als
einzigen Schüler der süddeutschen Stadt für das württembergi-
sche Landesexamen der Jahr-
gangsbesten zu drillen. Wie eine
Maschine paukt der schmächtige
Knabe für seine Extralektionen.
Als Halbwaise fehlt ihm jegliche
menschliche Zuwendung, und
seine Klagen über dauernde Kopf-
schmerzen finden kein Gehör.
Der kühle Vater weidet sich in
stillem Stolz und hält ihn zu Disziplin an. Der Examenstag wird für
Hans zum psychischen Marty-
rium – für die Obrigkeit ist sein
glänzender Erfolg Bestätigung
und Grund, den ausgelaugten und
überreizten Knaben weiter zu pei-
nigen. Der ruhmreiche Weg
durch Seminar und Theologiestudium zum Pfarrer oder Lehrer ist
nun vorgezeichnet. Sein Streben,
immer und überall der Erste zu
sein, wird ihm im Internat zum
Lebensinhalt, womit er sich den
Kameraden ebenso entfremdet
wie bei den Lehrern beliebt
macht. Ein zweiter Außenseiter in
der Klasse von völlig entgegengesetztem Charakter ist Hermann
Heilner. Hans, der gewissenhafte
Streber, und der leichtsinnige
Dichter Hermann schließen einen
vorsichtigen Bund. Die neue
Weite der sorglosen, phantastischen Gedankenwelt Heilners
wühlt Hans im Inneren auf und
lenkt ihn ab. Als Hermann Kar-
zerstrafe erhält, siegt in Hans noch
einmal der Streber, der nicht zu
seinem Freund steht. Erst durch
den Tod eines Kameraden wird in
ihm das Gefühl der Freund-
schaftspflicht wach. Seine schein-
bare Sicherheit gerät ins Wanken.
Seine Gedanken schweifen mitten
während der Arbeit ab, seine Lei-

stungen lassen nach. Man versucht ohne Erfolg, ihn von Hermann zu trennen und wendet sich schließlich von dem unzugänglichen Zögling ab. Als Hermann ausreißt und vom Seminar verwiesen wird, bricht Hans zusammen. Man besinnt sich auf seine häufige geistige Abwesenheit und entläßt ihn mit Verdacht auf ein Nervenleiden nach Hause. Der enttäuschte Vater steht dem entkräfteten und seelisch zermürbten Sohn hilflos gegenüber und schickt ihn in eine Mechanikerlehre. Hans sieht sein Leben gescheitert. Er hat nicht die Kraft, es gegen die äußeren Zwänge zu behaupten und spinnt Selbstmordpläne. Nur der Schuster Flaig, der ihn schon zu Schulzeiten zu mehr Ruhe und Erholung überreden wollte, ahnt, was in dem Knaben vor sich geht, und sucht ihn abzulenken. Ein kurzes Liebeserlebnis mit der resoluten Emma verwirrt ihn vollends. Bei einer Trinkerei flüchtet er sich in den Rausch und findet auf dem Heimweg den Tod im Fluß.

Lit.: M. PFEIFER, H. H., Peter Camenzind, Unterm Rad, Knulp, Hollfeld 1988.

B. DUFEY

HEYM, Stefan (geb. 1913)

Ahasver. 29 Kapitel; EA München 1981.
Heyms Neudeutung der Legende vom ewigen Juden spielt sich auf drei geographisch, zeitlich und sprachlich unterschiedenen Ebenen ab. Eine in Bibelsprache gehaltene mythologische Ebene verschafft Ahasver wie Lucifer die Dimension gefallener, durch Raum und Zeit stürzender Engel, die sich weigerten, den Menschen als Ebenbild Gottes anzuerken-

nen. Während Lucifer angesichts der »höchst mangelhaften« Welt Gottes resigniert und die menschliche Unvollkommenheit fördert, ist der »Weltveränderer« Ahasver von dem Wunsch besessen, das »Untere zuoberst [zu] kehren« – notfalls mit Gewalt. In der Gestalt Jesu sieht er die Möglichkeit einer gerechten Welt verkörpert. Als dieser jedoch kampflos seinen Opfergang nach Golgatha antritt, verweigert Ahasver dem »Sanftmütigen« die Rast vor seiner Tür in der Via Dolorosa. Darauf verdammt ihn Jesus dazu, bis zum Jüngsten Gericht auf der Erde zu wandeln. Um der Zerstörung der Schöpfung durch den Menschen zuvorzukommen, wagt Jesus im apokalyptischen Schlußkapitel endlich den Aufstand gegen die erstarrte göttliche Ordnung; ein versöhnliches Ende führt zur Vereinigung von Gott, Jesus und Ahasver: »ein Wesen, ein großer Gedanke, ein Traum«. – Das 12 Kapitel umfassende Kernstück des Romans erzählt in barockisierender Sprache die Geschichte des historisch verbürgten Luther-Schülers Paul von Eitzen. Dieser begegnet im Leipzig des 16. Jahrhunderts dem hinkenden und mit einem auffälligen »Puckelchen« versehenen Johannes Leuchtentrager alias Lucifer, welcher dem mittelmäßig begabten, obrigkeitshörigen Eitzen sukzessive zur Magisterwürde, zum Posten eines Hauptpastors von Hamburg und schließlich zu dem des Superintendenten von Schleswig verhilft. Dort errichtet der protestantische Eiferer ein dogmatisches »Reich Gottes«, wo er Luthers Wort, insbesondere dessen staatserhaltende und antisemitische Äußerungen, »gegen alle Abweichungen und Anfeindungen verteidigt« und zum Anlaß für die Verfolgung Andersgläubiger nimmt. In dieser Phase der Reformation wird der Revolutionär Ahasver zum Gegenspieler Eitzens. Ihre Streitgespräche gipfeln in einem öffentlichen Disput, bei dem Ahasver als Kronzeuge zur Bekehrung der »verstockten Jüden« auftreten soll. Aufgrund seines unerschrockenen Plädoyers für eine tolerante Welt verurteilt ihn Eitzen zum Tode. Zuletzt holen der Teufel und der unsterbliche Ahasver gemeinsam Eitzens Seele und fahren »selbdritt durch den Kamin«. – Als dritte, in der Gegenwart angesiedelte, Erzählebene sind 8 Kapitel eingeflochten, die in Form eines fiktiven Briefwechsels zwischen Professor Leuchtentrager von der Hebrew University in Jerusalem und Prof. Dr. Dr. h. c. Beifuß vom »Institut für wissenschaftlichen Atheismus« in Ost-Berlin sowohl die historischen Quellen der Ahasver-Legende aufarbeiten als auch den Bürokratismus und Dogmatismus im real existierenden Sozialismus persiflieren. Beifuß, wie Eitzen ein Staatsdiener von »größte[r] Prinzipienfestigkeit«, stößt am Ende das Unfaßbare zu: Obwohl, so Heym, »wir in der DDR nicht an Wunder glauben«, entführen Ahasver und Lucifer den Wissenschaftler in der Silvesternacht '81 über die Mauer nach Westen – »mit großer Geschwindigkeit im Schrägflug nach oben«. Das Schöpfungsmythos, Geschichte des Antisemitismus und Gegenwartssatire umfassende Panorama erhält seine thematische Einheit durch Ahasvers Grundgedanken, daß alles »veränderbar« sei. Angesichts eines gegenwärtigen »Gleichgewicht[s] des Schreckens« stellt der kritische Intellek-

tuelle Heym einer passiven Opfermentalität die Prinzipien Verantwortung und Widerstand entgegen.

Lit.: J. Becker, Der ewige Jude gibt keine Ruhe, in: Der Spiegel, 2. 11. 1981. – H.-P. Ecker, Poetisierung als Kritik. S. H.s Neugestaltung der Erzählung vom ewigen Juden, Tübingen 1986.   P. Schmauk

Der König David Bericht.
26 Kapitel; EA München 1972.
Der biblische König Salomo benötigt als Legitimation seines Herrschaftsanspruchs einen »autoritativen, alle Abweichungen ausschließenden Bericht« über das Leben seines Vaters und Vorgängers David. Zum »Redaktor« des Geschichtswerks ernannt, sieht Ethan ben Hoshaja, der Historiker mit einer »Schwäche für die Wahrheit«, seine Aufgabe darin, die Nachwelt »zwischen den Zeilen« auf Ungereimtheiten im heroischen Geschichtsbild Davids hinzuweisen. Als einflußloser Fremdling in Jerusalem wird der Schriftgelehrte in der von Salomo eingesetzten Kommission zum Spielball unterschiedlicher Interessengruppen. Zwischen den Positionen des Priesters Zadok, des Propheten Nathan, des Heerführers Benaja und des Kanzlers Josaphat sucht Ethan den goldenen »Mittelweg«, der weder gegen die göttliche Autorität noch gegen den verhängten Personenkult verstößt. Doch in der Diskrepanz zwischen den von Ethan zusammengetragenen Fakten und dem, was davon Aufnahme in die »gesäuberte Fassung« des Berichts findet, offenbaren sich schon bald die Widersprüche offizieller Geschichtsschreibung. Ethans Schriftrollen, Tontäfelchen, Interviews und Notizen räumen auf mit der gängigen Vorstellung vom anmutigen Sängerkönig und

ergeben ein schillerndes Mosaik Davids, der »Niedriges tat für einen hohen Gedanken«. Von der Salbung durch Samuel bis zur Einsetzung des Thronfolgers Salomo stellt sich Davids Regentschaft als berechnende und skrupellose Machtpolitik dar. Da er die Macht in seinen Händen durch »höheren Zweck geheiligt« weiß, schreckt der »Erwählte des Herrn« nicht vor Mord, Diebstahl und Ehebruch zurück: die Liste der Opfer Davids reicht von Saul und dessen Nachkommenschaft über Bathsebas Ehemann Uria bis zum aufständischen Sohn Absalom. Davids instinktiver »Sinn für Schaustellungen«, mittels dessen es gelingt, die begangenen Bluttaten zu verschleiern, wird von der perfekten Propagandamaschinerie seines Sohnes Salomo noch übertroffen. Als dessen Spitzel und Erpressungen Ethans Wahrheitsdrang nicht zügeln können, wird dem Historiker, der dem einfachen Volk ein »Ärgernis«, den Mächtigen ein Intellektueller »von fragwürdiger Denkart« ist, schließlich der Prozeß wegen »literarischen Hochverrats« gemacht. Ein wahrlich salomonischer Urteilsspruch, demzufolge der Angeklagte »zu Tode geschwiegen« werden soll, rettet Ethans Leben und hält den Schein der Humanität aufrecht. – Weder der entmythologisierte biblische Stoff (1. Samuel 16 – 1. Könige 2) noch der alttestamentarische Stil können darüber hinwegtäuschen, daß der DDR-Schriftsteller Heym seinen historischen Roman einerseits als Parabel für den Konflikt zwischen Geist und Macht und andererseits als konkrete politische Satire auf die kommunistische Vergangenheitsbewältigung versteht. Dafür

sorgen sowohl Analogien zwischen den Königen Israels und Stalin als auch die in die Bibelsprache eingesprengten Formeln sozialistischer Verwaltungssprache, welche Ethan, den »bescheidenen Diener im Hause des Wissens«, der »Ehrabschneidung«, »Wühlarbeit« und »Irreführung« der Behörden bezichtigen.

Lit.: R. K. Zachau, S. H., München 1982, S. 73–81 (AB 28).   P. Schmauk

HEYSE, Paul (1830–1914)

Kinder der Welt. 6 Bücher; ED »Spenersche Zeitung« 1872; EA Berlin 1872.
In der Berliner Dorotheenstraße, im Hinterhaus des Schuhmachermeisters Gottfried Feyertag, leben die Brüder Edwin und Balder »ihre fröhlich ertragene Armut«, der 29jährige Privatdozent der Philosophie in seine Studien vertieft, sein jüngerer, kränklicher Bruder mit Drechslerarbeiten beschäftigt. Um das Brüderpaar schart sich ein kleiner Nachbars- und Freundeskreis: das eifrig um das Wohl der beiden besorgte »blonde Reginchen«, die Musiklehrerin Christiane Falk, der »cynische[] Spaßmacher« Heinrich Mohr, der sozialdemokratische Buchdrucker Reinhold Franzelius und der genußfreudige Mediziner Marquard. Aus dieser bescheidenen Idylle wird Edwin durch die schockartig erfahrene erste Liebe zu der geheimnisvollen, einem vornehm-gehobenen Lebensstil nachstrebenden Toinette Marchand herausgerissen. Seine durch den »vielberühmten freien Willen und den trefflichen kategorischen Imperativ« nicht mehr zu bezwingende Leidenschaft wird hingegen von ihr, die

unter ihrem Schicksal als unehelliches Kind eines Fürsten leidet, nicht erwidert; lediglich eine Rolle als »weiser Freund« wird ihm zugebilligt, die es ihm erlaubt, ihr mit philosophischen Gesprächen und Lektüre Gesellschaft zu leisten. Zur gleichen Zeit erteilt Edwin auch Lea, der Tochter des Malers König, philosophischen Unterricht. Für das ernste, kluge Mädchen sind diese Lehrstunden die wichtigste Bestätigung ihrer religiösen Zweifel. Bald verändern jedoch dramatische Ereignisse Edwins Leben und führen zu einer schweren Erkrankung: Christiane versucht sich wegen ihrer unerwiderten Liebe zu Edwin und der Zudringlichkeiten des bigotten Scharlatans Lorinser zu ertränken, Herr König verbietet Edwin auf Anraten von Leas Pflegemutter, der frommen Professorin Valentin, die Unterrichtsstunden, weil er »die Gotteskindschaft seiner einzigen Tochter nicht wegdisputiert und wegphilosophiert sehen möchte«, der geduldig und bejahend seinem Tod entgegensehende Balder stirbt nach einer Ausfahrt, und Toinette verläßt Berlin, heiratet einen ungeliebten Grafen und folgt ihm auf sein Schloß. Während seiner langwierigen Krankheit blättert Edwin in dem ihm von Vater König überlassenen Tagebuch Leas, das ihm die Liebe seiner ehemaligen Schülerin enthüllt. Er erkennt nun plötzlich »das wahre, das einzige Glück«, seine »intellektuelle Liebe« zu Lea. – Das 5. Buch präsentiert, vier Jahre später, fünf glücklich vereinte Paare: Mohr und Christiane, Reginchen und Franzelius, der nun seine sozialrevolutionären Ideale in einem arbeiterfreundlichen Unternehmertum verwirk-

licht, Vater König und die Professorin Valentin, Marquard und die Sängerin Adeline; Edwin, inzwischen Gymnasiallehrer der Mathematik in einer thüringischen Kleinstadt, ist glücklich mit Lea verheiratet. Doch noch einmal bricht die »blinde, dämonische Leidenschaft« in die häusliche Harmonie ein. Edwin wird von Marquard um seelsorgerliche Unterstützung gebeten und besucht Toinette auf ihrem »Zauberschloß«, wo sie nach dem Tod ihres kleinen Sohnes ein verschlossenes und zurückgezogenes Leben führt. Sie bekennt Edwin, daß er der einzige sei, dem ihre Liebe gelte und der sie aus ihrer seelischen Erstarrung befreien könne. Edwin, hin- und hergerissen – »die Elemente sind los und spielen Ball mit meinem Herzen« – zwischen seiner alten Wahnliebe zu Toinette und seinem Willen zu Treue und Verantwortung gegenüber Lea, verläßt das Schloß und kehrt zu Lea zurück, die sich in ihrer Verzweiflung bereits zum Verzicht entschlossen hatte. Der Roman endet mit der Nachricht vom »heroischen Tod« Toinettes und dem Blick auf das verliebte Paar Edwin und Lea, dessen Glück durch die Geburt einer Tochter eine weitere Bestätigung erfahren hat.
Der kenntnisreich mit Zitaten und Anspielungen auf bürgerliches Bildungsgut durchsetzte Roman Heyses fand eine breite Resonanz im zeitgenössischen Bildungsbürgertum, dessen Selbst- und Weltbilder sich nahezu idealtypisch in der Figur Edwins konzentrieren: Als wahrhaft vornehmer, nämlich gebildeter Mensch, als »Kind der Welt« und »redlicher Wahrheitssucher, der in die Natur und sein eigenes Innere blickt« und sich ei-

ner innerweltlichen Ethik und Toleranz verpflichtet weiß, wird er sowohl mit den an überkommenen kirchlich dogmatischen Formen festhaltenden »Kinder[n] Gottes« als auch mit dem oberflächlich seinen Vergnügungen nachgehenden Adel kontrastiert. In Heyses harmonisierender Romanwelt lösen sich tragische Konstellationen, soziale Zeitprobleme und psychologische Krisen versöhnlich-idealistisch auf und entlassen den Leser mit Edwins heiteren, besänftigenden Schlußworten: »Wie sagt mein alter Freund Catull? – ›Laß uns leben, Geliebte, laß uns lieben!‹«

Lit.: G. KEMMERICH, P. H. als Romanschriftsteller, Oldenburg 1928. M. FRÖSCHLE

HILDESHEIMER, Wolfgang (geb. 1916)

Marbot. *Eine Biographie.* 6 Kapitel; EA Frankfurt/M. 1981.
Der Roman – um einen solchen handelt es sich trotz seines Untertitels – erzählt die Geschichte des englischen Kunsttheoretikers Sir Andrew Marbot, der bis zu seinem Selbstmord im Jahre 1830 mit zahlreichen herausragenden Künstlern seiner Zeit in Verbindung gestanden haben soll. So berichtet das 1. Kapitel von einem Besuch Marbots bei Goethe in Weimar am 4. Juli 1825 und ›dokumentiert‹ dieses Treffen anhand fingierter Tagebucheinträge aus Goethes Umgebung. Wird Marbot bereits hier als Vorläufer einer psychoanalytisch orientierten Ästhetik vorgestellt, so versuchen die nachfolgenden Kapitel, dieses Forschungsinteresse aus seinem Lebensweg zu rekonstruieren und zu erklären. Andrew wird 1801 in Marbot Hall unweit der schotti-

schen Grenze als ältester Sohn des katholischen Großgrundbesitzers Sir Francis Marbot geboren. Vor allem drei Faktoren bestimmen seine Kindheit und Jugend: die tolerante Erziehung durch den Jesuitenpater Gerardus von Rossum, die im Hause des Großvaters Sir Francis Claverton frühzeitig geweckte Leidenschaft für die bildende Kunst sowie vor allem die enge Bindung an die Mutter Lady Catherine Marbot, die – begleitet von wachsender Verachtung für den eigenen Vater – 1820 in London unmittelbar vor einer ersten Reise auf den europäischen Kontinent zum Inzest führt. Die anschließende Kunstreise, auf der Marbot über Paris und die Schweiz nach Italien gelangt, wo er in Siena im Kreise Byrons lebt und in Florenz Schopenhauer kennenlernt, wird durch die Nachricht vom Tode des Vaters im Herbst 1822 beendet. Nach Marbot Hall zurückgekehrt, verbringen Marbot und seine Mutter trotz des Druckes, ihre Beziehung vor der Umwelt geheimhalten zu müssen, zwei glückliche Jahre, an deren Ende allerdings die Einsicht in die Notwendigkeit einer endgültigen Trennung steht. Die Erkenntnis, diesen Abschied nie mehr überwinden zu können, wie der Versuch, dies in seinen Forschungen zu kompensieren, die das Außenseitertum des Künstlers thematisieren, bestimmen Marbots weiteren Weg. Nach einem kurzen Verhältnis mit Goethes Schwiegertochter Ottilie in Weimar reist Marbot über Braunschweig und Kassel nach Italien und läßt sich in Urbino nieder, wo die verwitwete Anna Maria Baiardi seine Lebensgefährtin wird. Weitere Reisen führen nach Rom und Paris, die zunehmende

Erkenntnis der tragischen Grenzen seiner Existenz – »die Flucht vor dem Leben in die Kunst, die auszuüben ihm versagt blieb« – lassen seinen lange geplanten Selbstmord im Herbst 1830 konsequent und verständlich erscheinen. – Der Roman besticht durch die kunstvolle Verknüpfung authentischer Zitate und fiktiver Quellen, die es dem Leser nicht leicht macht, Marbot als erfundene Gestalt zu erkennen; konsequent wird dabei eine doppelte analytische Optik durchgehalten, indem Marbot zum einen versucht, »das Kunstwerk als Diktat der unbewußten Regungen seines Schöpfers« zu deuten, damit zugleich aber auch selbst durch den an Freud geschulten Blick seines Biographen zur Fallstudie wird. *Marbot* ist in engem Zusammenhang mit der vier Jahre zuvor erschienenen Mozart-Biographie zu sehen. Während es dort Hildesheimers Ziel gewesen war, ein von allen Verklärungen und Legenden auf seine nachprüfbare Faktizität zurückgeführtes Lebensbild Mozarts zu zeichnen, wird in *Marbot* gewissermaßen spiegelbildlich das Gegenmodell vorgeführt: die reine Fiktion im Gewande einer perfekt inszenierten Authentizität.

Lit.: H. L. Arnold (Hg.), W. H., München 1986 (Text + Kritik 89/90).   J. John

Masante. EA Frankfurt/M. 1973. Wie schon der Titel des acht Jahre zuvor erschienenen Prosastücks → *Tynset* bezeichnet auch »Masante« einen geographischen Ort, hier freilich nicht das Ziel, sondern den Ausgangspunkt einer Flucht, nämlich ein Haus – Cal Masante – im italienischen Urbino, das der Ich-Erzähler des Romans verlassen hat, um sich nach Meona, einen einsamen Ort am Rande der Wüste, zurückzuziehen. *Masante* ist auf mehr als eine Weise mit *Tynset* verwandt, ohne bloß dessen Fortsetzung zu sein. Wiederum sind Ort und Zeit eng begrenzt: die Erzählzeit umfaßt den 1. Juli sowie den Morgen des folgenden Tages, den der Erzähler in dem heruntergekommenen Gasthof La dernière chance verbringt, wo außer ihm und einem irischen Gast nur noch das Wirtsehepaar Maxine und Alain wohnen. Die auffälligste Parallele aber bildet die Mosaikstruktur der Prosa, die sich auch hier zu einem aus zahlreichen Erinnerungspartikeln zusammengesetzten inneren Monolog verdichtet. Erneut ist der Erzähler kein handelndes, sondern ein Erlebnisse verarbeitendes, ein »registrierendes Ich«. Bilanz, Abschluß und Neuanfang (als Voraussetzung einer möglichen Rückkehr nach Masante) werden zur programmatischen Absicht, wozu dem Erzähler gerade die Zeitlosigkeit dieses extremen Ortes, dessen Lebensrhythmus Sonne und Wind diktieren, besonders geeignet scheint. Seine Einsicht, daß jede »wahre Geschichte« fragmentarisch bleiben und sich mit »immer neuen Anfängen« begnügen müsse, verurteilen seinen Wunsch, »über meinen Schatten zu springen« und endlich »zur Sache zu kommen«, jedoch zum Scheitern. Der Absurdität dieses Ordnungsversuches entspricht ein Geschichtsbild, dessen Züge sich gegenüber *Tynset* noch weiter verdüstert haben. In einer »poetischen Enzyklopädie« (Wapnewski), die sich des Inventars der gesamten abendländischen Kulturgeschichte bedient, mischen sich eigene und historische Ereignisse zu einem Panorama der Menschheitsgeschichte, in dem der Erzähler nirgendwo mehr »auch nur den Atemzug eines humanen Gedankens« zu entdecken vermag. Historie – gespiegelt und gebrochen in zahlreichen zitierten historischen wie literarischen Bezugspersonen – wird ihm so zu einer Kette von Verfolgung, Willkür und Mord. Als Personifizierungen dieses Geschichtsterrors fungieren die im Roman wiederholt und stets als Paar auftretenden (nationalsozialistischen) Häscher: als austauschbare Vollstreckungsorgane einer anonymen Staatsgewalt auf ständiger Suche nach möglichen Störern dieser Ordnung gewinnen sie in ihrer Mischung aus bürgerlichem Biedersinn und bedenkenloser Brutalität eine über ihren unmittelbaren Zeitbezug hinausreichende archetypische Bedeutung, die oft an Figuren Kafkas erinnert. Unterbrochen wird der Assoziations- und Reflexionsstrom durch Gespräche des Erzählers mit Maxine, die sich in den Stadien ihrer zunehmenden Trunkenheit immer neue Biographien erfindet, in denen Realität und Fiktion ineinanderfließen: eine (monologische) Praxis, die dem Fabulieren des Erzählers (etwa gegenüber Alain) und seinem Interesse an den »Varianten der Wahrheit« durchaus verwandt ist. Am nächsten Morgen macht sich der Erzähler, der zuvor schon Teile seines Romanpersonals symbolisch ›in die Wüste geschickt‹ hatte, selbst auf den Weg dorthin: ein Aufbruch ins »Nichts«, dessen mögliches tödliches Ende man wiederholt auch als Absage an das Erzählen und als ›Tod des Romans‹ verstanden hat. Hildesheimer (der einen zwei Jahre später gehaltenen Vortrag

bezeichnenderweise *The end of fiction* nannte) hat diese Deutung bestätigt, indem er den Schluß seines Romans als »Abschied vom Bücherschreiben in dieser Art« bezeichnet hat.

Lit.: D. E. ZIMMER, Interview mit W. H., in: Die Zeit, 13. 4. 1973. – V. JEHLE (Hg.), W. H., Frankfurt/M. 1989 (st 2103).   J. JOHN

Tynset. EA Frankfurt/M. 1965. Ort und Zeitraum dieses Prosastücks sind denkbar eng begrenzt: das Geschehen ereignet sich während einer einzigen Nacht im November, die der Ich-Erzähler schlaf- und ruhelos im Bett seines Hauses verbringt. In diesen Stunden öffnet sich dem Erzähler ein weiter Raum der Erinnerung: Eigene Erlebnisse und historische Begebenheiten, tatsächliche und fiktive Geschichten, Gedankensplitter und Reflexionen werden miteinander verwoben und in zumeist kürzeren Abschnitten mitgeteilt, die den assoziativen, dabei aber kunstvoll komponierten Charakter des Erinnerungsprozesses eindrucksvoll unterstreichen. In seinem »Winterbett« liegend, stößt der Erzähler in einem Kursbuch der norwegischen Reichsbahn auf den Ort Tynset. Vom Klang dieses Namens fasziniert, wird Tynset zum Fixpunkt seiner Überlegungen, wird eine Reise dorthin erwogen, beschlossen, imaginiert, bezweifelt, wird die Topographie des Ortes entworfen, werden mögliche Geschichten seiner Bewohner erzählt. Systematisch setzt der Erzähler mit seinem Interesse an Fragen und Rätseln einer ihm fremd und fragwürdig gewordenen Wirklichkeit ein »Register stetig wachsender Möglichkeiten« entgegen – eine Position freilich, die, wie er selbst weiß, im »Nirgendwo« wurzelt, selbstgewählte Isolation bedeutet und eine radikale Absage an die ›handelnde‹ Welt (wofür im Text wiederholt die Figurenkonstellation von Hamlet und dessen Vater zitiert wird) einschließt. Auf einem nächtlichen Rundgang beginnen Mobiliar und Inventar des Hauses zu ›sprechen‹: ein Telefonbuch erinnert an lange zurückliegende willkürliche Anrufe bei fremden Menschen, die der Erzähler von der Aufdeckung ihrer in die Zeit des Nationalsozialismus zurückreichenden Schuld informiert und zu sofortiger Flucht aufgefordert hatte, die in einigen Fällen auch tatsächlich erfolgt war. Ein altes Fernrohr bildet das Requisit für die Suche des Erzählers nach dem (geographischen) »Nichts« als dem leeren Raum zwischen den Sternen des Weltalls, das neben Tynset den anderen Fluchtpunkt seiner Sehnsucht darstellt. Erinnern und Vergessen, das Altern und die Einsamkeit, vor allem aber der Tod werden zu zentralen Motiven des Erzählens, im immer wieder ist es der »entsetzliche Kern« des Erinnerns, den diese »Angstträume, Heimsuchungen, Gespenster der Vergangenheit« (Schwab-Felisch) bloßlegen: etwa in der Gestalt des erfrorenen Predigers Prosniczer, insbesondere aber in den eingeschobenen Geschichten der beiden Betten des Hauses. So hatte im »Winterbett« der neapolitanische Fürst Gesualdo einen Ehebruch mit einem Doppelmord blutig gerächt, während im »Sommerbett« in einer Novembernacht des Jahres 1522 in einem englischen Wirtshaus die bubonische Pest ausgebrochen sein soll. Nur einmal wird dieser »Nachtmonolog« (Wohmann) unterbrochen, als der Erzähler in

der Küche auf seine ebenso betwie trinkfreudige Bedienstete Celestina trifft, die ihn in einer bizarren Szene für Christus hält und um seinen Segen bittet. Ins Bett zurückgekehrt, vergehen die letzten Nachtstunden zwischen Wachen und Dämmern. Am nächsten Morgen ist Schnee gefallen, der Winter ist eingebrochen, der Weg nach Tynset ist – nachdem zuvor schon mögliche Hindernisse, etwa im Labyrinth der Megalopolis Wilhelmstadt, entworfen wurden – nun tatsächlich versperrt: der Aufbruch in ein Neuland, wofür Tynset als das »einzig mögliche Ziel« die Chiffre gebildet hatte, wird endgültig aufgegeben.

Lit.: H. PUKNUS (Hg.), W. H., München 1978 (Text + Kritik 11).   J. JOHN

HIPPEL, Theodor Gottlieb von (1741–1796)

Lebensläufe nach aufsteigender Linie, nebst Beilagen A, B, C. 3 Teile; EA Berlin 1778–1781. Dieser Roman hielt die Leserwelt viele Jahre in Aufregung, nicht zuletzt, weil der Autor, der Ende 1780 Bürgermeister von Königsberg geworden war, sich hinter seine Anonymität verschanzte und das Publikum mit Behagen am Gängelband führte. Es war die erste längere Erzählung, in der die Geschehnisse sich fast ganz im deutsch-baltischen Grenzraum zutrugen und ein breites Kulturgemälde einer im übrigen Deutschland wenig bekannten Gegend vermittelten.
Die Geschichte beginnt mit der Kindheit des Helden in einem Pfarrhaus in Kurland. Hier übt sich der Ich-Erzähler Alexander neben dem Studium der Alten in

der Wiederholung der Eroberungen seines mazedonischen Namensvetters. Sein Vater, ein Vertreter jenes eigenständigen ostpreußisch-baltischen Pietismus, der bei aller Verträumtheit des Gemüts den Sinn für die Wirklichkeiten des Alltags bewahrte, hat als zugewanderter Fremdling aus unbekanntem Landstrich sein Vaterland »in die Hand Gottes« verlegt. Er lebt einen von den Zwängen der Konfessionen unabhängigen Gottesglauben, und auch den Kräften des Verstandes und der Vernunft und dem akademischen Wissen begegnet er mit Skepsis. Daneben verteidigt er das Naturevangelium, bewundert die von Gott gewollte Monarchie, fühlt sich als Kosmopolit und wirkt auf seine Freunde wie ein abgeklärter Philosoph. Die aus der lutherischen Bibeltradition heraus lebende Mutter hingegen, eine in Religionsfragen unduldsame Schwärmerin, denkt ausschließlich nach dem Tode hin. Mit naiver Geschwätzigkeit huldigt sie einem eigensinnigen Ahnenkult und Aberglauben und bezeugt eine starke Begabung für das Kirchenlied und die lettische »Garbenpoesie«. Einen ersten Einbruch des Todes in sein Leben erfährt Alexander im Alter von vierzehn Jahren. Aufgrund eines Mißverständnisses der Eltern versetzt ihn anläßlich eines Fiebers die Einbildungskraft an den Rand des Grabes. Das andere bedeutsame Ereignis dieses ersten Lebensabschnitts ist die Liebe zur Jugendgespielin Minchen, der Tochter eines verkommenen Schneiders und Schulmeisters. Dieser Liebesbund zweier dem Kindsalter kaum Entwachsener steht im Zeichen der Unsterblichkeitsgewißheit. Wunderschöne

Liebesbriefe mit mystischem Einschlag bezeugen, daß Gott selbst das Werk vollzog. Bereits im Alter von sechzehn Jahren jedoch muß Alexander Heimat, Eltern und Geliebte verlassen, um in Königsberg an der Albertina zu studieren. Ein philosophisches Gespräch zwischen dem Pastor und dem Landjunker von G. kommt dem angehenden Studenten vor wie eine Vorbereitung auf die künftigen Lebensstürme (1. Teil). Tatsächlich steht die anschließende Reiseroute über die kurländische Residenz Mitau und die Landesgrenze nach Preußen unter beklemmenden Vorzeichen. Fremde Tragödien säumen den Weg wie Meilensteine; dazu muß Alexander ein kleines Fräulein vor dem Ertrinken retten, weil ihr Verlobter es wichtiger fand, einem Stück Wild nachzusetzen. In Königsberg unterzieht sich der Kandidat einer Aufnahmeprüfung. Hinter den Zügen des als »Professor Großvater« auftretenden Examinators verbirgt sich Kant, der dieses »Picknick« zum Anlaß einer Darstellung seiner bis zu jenem Zeitpunkt erarbeiteten Erkenntnisphilosophie nimmt, deren esoterischer Rationalismus ironisch in Frage gestellt wird. Währenddessen bricht über Mine ein schreckliches Unheil herein. Als das Mädchen an einen aristokratischen Lüstling verschachert wird, versucht es sich verzweifelt nach Preußen zu retten. Junker von E. aber erreicht, daß die Landesregierung in Königsberg die Verhaftung der »Delinquentin« in die Wege leitet. Das Mädchen flüchtet mit letzter Kraft ins Pastorat von L., wo sie unter der Anteilnahme der örtlichen Pfarrgemeinde stirbt. Ihr Testament, das Alexander »im Namen Gottes« ihrer Liebe versichert, zugleich aber eine eheliche Verbindung und den Tod eines Sohnes weissagt, versetzt den Trauernden in Ratlosigkeit (2. Teil). Er wird in den Bann eines merkwürdigen Grafen gezogen, der in seinem Schloß inmitten zahlloser Todesrequisiten Kandidaten jeder Art aufs Sterben vorbereitet. Alexander erahnt hinter der Morbidität dieses Nekromanen das Bestreben einer ins Unerträgliche gesteigerten Todesüberwindung und sucht den Weg zurück ins Leben. In Berlin erfährt er beim Anblick Friedrichs II. wieder Augenblicke echter Begeisterung (3. Teil, 1. Band). Er studiert anschließend die »Kriegskunst« an der modernen Universität Göttingen, wo er es darauf anlegt, ein praktisches Wissen zu erlangen. Als Offizier in russischen Diensten macht er den Türkenfeldzug mit und beendet mit Erfolg eine diplomatische Mission am Rhein. Während dieser Zeit sterben in der Heimat die Eltern. Gerührt vernimmt er die Berichte über das Verscheiden seiner egozentrischen Mutter, seines Vaters und des Agnostikers von G., deren Streitgespräche bis zum Schluß den letzten Wahrheiten gewidmet waren. Mit höchsten Auszeichnungen überhäuft, zieht er sich schließlich auf ein livländisches Gut zurück, das ihm die Zarin Katharina schenkte. Auf der Rückreise aber trifft er jenes Lorchen wieder, das er einst vor dem Ertrinken rettete, und reicht ihr die Hand zum Lebensbund. Beide verstehen ihre Ehe als Erfüllung von Minchens Testament (3. Teil, 2. Band).

Der autobiographisch motivierte Erzähler verfährt nach dem Prinzip der ›künstlerischen Formlo-sigkeit‹. Entgegen dem Titel werden die Lebensstationen des Helden nicht in chronologischer Abfolge, sondern in humoristischverwirrender Verschachtelung mit endlos aneinandergereihten Exkursen in einer Mischform von Autobiographie, Roman und didaktischer Tendenzdichtung geschildert, die alles bis zu jenem Zeitpunkt diesbezüglich Dagewesene und auf Sterne Zurückgehende in den Schatten stellt. Hippel spiegelt die Unzulänglichkeit der Welt als Chaos, um kontrastierend auf eine göttliche Ordnung des Jenseits hinzuweisen. Mit dieser Erzählweise reihen sich die *Lebensläufe* würdig in die lange Serie deutscher Entwicklungs- und Bildungsromane ein. Den nachhaltigsten Einfluß übte das Werk auf die Romankunst Jean Pauls aus.

Lit.: J. KOHNEN, T. G. v. H. – Eine zentrale Gestalt der Königsberger Geistesgeschichte, Lüneburg 1987.   J. KOHNEN

HÖLDERLIN, Friedrich (1770–1843)

Hyperion oder der Eremit in Griechenland. 2 Bände; 4 Bücher; Tübingen 1797–1799.

Der 1796 abgeschlossene, 1797 und 1799 erschienene Roman steht an der Schwelle von Hölderlins reiferem Werk: er zieht das Fazit aus Motiven des Frühwerks und artikuliert zum erstenmal in voller Tragweite das Thema des Dichterberufs, das fortan zu Hölderlins Hauptthema wird. Schon 1794 war eine erste Fassung, das in Schillers Zeitschrift *Neue Thalia* veröffentlichte *Fragment von Hyperion* erschienen, danach sind mehrere, nur handschriftlich überlieferte Umarbeitungen entstanden, die vor allem die Auseinandersetzung mit der Philosophie Fichtes enthalten. Der Roman besteht aus einer Reihe von Briefen, die der Neugrieche Hyperion an seinen deutschen Freund Bellarmin richtet, nachdem sein Kampf um eine bessere Ordnung der Dinge gescheitert und er enttäuscht in sein Vaterland zurückgekehrt ist, wobei er »die Welt um keinen Pfennig reicher gemacht« hat: der Freund und die Geliebte sind gestorben, »und ich vernehme durch keine Stimme von ihnen nichts mehr«. Zwar wirkt in Form und Stil der Einfluß von Goethes → *Die Leiden des jungen Werthers* nach, aber mit einem entscheidenden Unterschied: die Briefe entstehen nicht tagebuchartig in unmittelbarer zeitlicher Nähe zum berichteten Geschehen, sondern aus einer größeren, ›elegischen‹ Distanz, die es dem Erzähler im rekapitulierenden Rückblick ermöglicht, die zerstreuten Erfahrungen zu einem neuen Ganzen zu integrieren. Hyperion leidet an seiner Zeit, am Verlust des antiken Griechentums und der damit einhergehenden Entfremdung von der Natur, die dem modernen, reflektierenden, nach Hölderlins Formulierung eine »exzentrische Bahn« durchlaufenden Menschen eigen ist. Das ersehnte Einssein »mit allem, was lebt«, wird zwar immer wieder durch ekstatische Versenkung in die Natur momentan erfaßt, aber sofort wieder verloren. Im 1. Buch des 1. Bandes erzählt Hyperion von den Schwankungen seiner Jugend, von dem älteren Freund Adamas, der ihn in die griechische Heroenwelt einführt, und dem aktiv handelnden, dem revolutionären politischen Kampf verschworenen Alabanda, der

seine »Lust an der Zukunft« hat und mit Gewalt einer neuen, freien Welt den Weg ebnen will. Zwar lehnt Hyperion zunächst die Gewaltsamkeit dieses Tuns und den Zwang ab, ohne den der Staat nicht denkbar ist (»du räumst dem Staate denn doch zu viel Gewalt ein«), um sich auf die »Begeisterung«, den nicht zu erzwingenden »Regen vom Himmel«, und auf die »neue Kirche« zu berufen. Aber die Augenblicke der Begeisterung, zu denen er sich immer wieder aufschwingt, lassen sich nicht halten (»ein Moment des Besinnens wirft mich herab«) und stürzen Hyperion in eine immer tiefere – man könnte fast sagen: Werther-ähnliche – Verzweiflung an der Nichtigkeit der menschlichen Bestimmung. – Ein entscheidend neues Stadium bringt im 2. Buch die Begegnung mit Diotima, der Geliebten (ihr Name ist dem *Gastmahl* Platons entlehnt; biographische Impulse gehen vor allem von Hölderlins Begegnung mit Susette Gontard, der Mutter seines Zöglings Henri Gontard aus, die er in Frankfurt kennenlernte). Zugleich wird aber in der ›Schönheit‹ das Prinzip des »Seins im einzigen Sinne des Worts« gefunden, das über die im ›absoluten Ich‹ zentrierte Bewußtseinsphilosophie Fichtes hinausgeht (und für die im Entstehen begriffene idealistische Philosophie Hegels und Schellings entscheidende Anregungen liefert); dessen Vergegenwärtigung in der Person Diotimas (»es war in der Welt, es kann wiederkehren in ihr, es ist jetzt nur verborgner in ihr«) verleiht dem Streben Hyperions eine neue Ausrichtung. Durch Diotima wird ihm dann auch eine wesentliche Einsicht in das antike Griechentum vermittelt: das Griechentum – genauer: die athenische Kultur – stellt gleichsam eine mythische Einheit von Göttlichem und Menschlichem, die Realisierung jener alles umfassenden ›Schönheit‹ dar. So umreißt Hyperion ein Bild der Kultur der Athener, wonach deren Kunst und Religion, deren Demokratie und sogar deren Philosophie von der ›Schönheit‹ getragen und das von Herakleitos erkannte Prinzip des »Einen in sich selbst unterschiednen« verkörpern. Von dieser Vision der Schönheit beseelt, will Hyperion – von Diotima als »Erzieher unsers Volks« angesprochen – nunmehr im Geiste der Schönheit die Welt »von Grund aus« umgestalten und den »alten Bund« von Mensch und Natur neu ins Leben rufen. Damit ist ein Akzent gesetzt, der nicht nur für Hyperions weitere Entwicklung, sondern überhaupt für Hölderlins Werk gilt, das von der Erinnerung der griechischen Schönheit und der Hoffnung auf deren Wiederkehr geprägt ist. Am Anfang des 2. Romanbandes macht Hyperion wieder mit Alabanda gemeinsame Sache, um durch Teilnahme am griechischen Befreiungskrieg gegen die Türken dem »neuen Geisterbund« mit dem Schwert einen »Freistaat« zu erkämpfen (hierin spiegelt sich Hölderlins Rezeption der Französischen Revolution wider, für deren Ideale er sich anfänglich begeisterte, deren Tyrannei der Gewalt er aber ablehnte). Dementsprechend erweist sich ein solcher Kampf als ein Versuch mit untauglichen Mitteln: »unsre Leute haben geplündert, gemordet, ohne Unterschied [. . .] In der Tat! es war ein außerordentlich Projekt, durch eine Räuberbande mein Elysium zu pflanzen«. In seiner Verzweiflung stürzt sich

Hyperion in die Schlacht, um – vergeblich, wie sich herausstellt – den Tod zu finden. – Das letzte Buch des Romans setzt mit seinem Erwachen aus einem »todähnlichen Schlaf« ein. Dieses – an Handlung arme – Buch spiegelt die wachsende Vereinsamung Hyperions wider. Seine beiden »Lieben« müssen sterben: Alabanda ist umgewandelt und sieht nun in Hyperion – da ihm die Einseitigkeit seines bisherigen Freiheitsideals aufgegangen ist – eine ihm selbst unerreichbare Ganzheit. Auch Diotima, die in ihrer stillen Ruhe unter Hyperions Tatendrang gelitten hat, verwelkt zusehends: »Dein Feuer lebt' in mir, dein Geist war in mich übergegangen«. Hyperion sieht sich als zwischen beiden stehend, sie »wie seine Beute« umfassend, da er über die beiden Gestalten, die in ihrem deutlich ausgeprägten, jeweils kontrastierenden Charakter ihn zunächst geleitet haben, jetzt hinausgewachsen ist. Der endgültige Abschied von Alabanda und die Nachricht vom Tode Diotimas klingen in dem als »Hyperions Schicksalslied« bekannten Gedicht mit (das mithin einen handlungsbedingten Tiefpunkt, nicht aber die Essenz des Romans wiedergibt). Der Verherrlichung des Griechentums im 1. Band wird hier kontrapunktisch die sogenannte ›Scheltrede an die Deutschen‹ entgegengesetzt, die die Zerrissenheit und den mangelnden Schönheitssinn der Deutschen erbarmungslos aufdeckt. Aber der Tiefpunkt des Verlusts und der Niedergang der realen Hoffnungen leiten zu einer neuen Stufe hinüber, auf der die in der Vorrede genannte »Versöhnung der Dissonanzen in einem gewissen Charakter« erreicht wird, und

zwar in Vorwegnahme der zukünftigen »dichterischen Tage«
Hyperions. Die versöhnende
Ausrichtung auf die »dichterischen Tage« zeigt sich allerdings
weniger im Gang der erzählten
Handlung als vielmehr in der Entwicklung des Erzählers. War dieser am Anfang »durch die Vergangenheit« gezogen »wie ein
Ährenleser über die Stoppeläcker,
wenn der Herr des Landes geern-
tet hat«, der »jeden Strohhalm«
einzeln aufliest, so geht ihm immer deutlicher eine »verborgne
Ordnung« auf; die Vergänglichkeit gehört zum Wesen der
Schönheit. Damit wird der
›Schmerz‹ bejaht und eine ›Ruhe‹
erreicht, die Begeisterung und
Nüchternheit, Schönheit und deren Vergänglichkeit, Teilnahme
am griechischen Wesen und Bewußtsein der modernen Zerrissenheit als Einheit umfaßt. So lautet sein abschließendes Wort: »Be-
ster! ich bin ruhig […] die
Wonne, die nicht leidet, ist Schlaf,
und ohne Tod ist kein Leben«.
Auch Diotima entwirft in ihren
letzten Äußerungen ein Bild des
zukünftigen Dichtertums: »wir
stellen im Wechsel das Vollendete
dar; in wandelnde Melodien teilen
wir die großen Akkorde der
Freude«. Daß Hyperion weder im
Heldentum (»dir ist dein Lorbeer
nicht gereift«) noch in der Liebe
(»dein Myrten verblühten«) seine
Erfüllung findet, ist hierzu geradezu die Vorbedingung. In der
erzählerischen Integration schließen sich die einander schon im
ersten Satz des Romans entgegengesetzten Momente von »Freude«
und »Leid« zu einem Ganzen zusammen, das sich nicht mehr als
unmittelbare Teilnahme am Alle-
ben der Natur oder als erneute
Vergegenwärtigung der griechi-

schen Schönheit begreift, sondern
im erinnernden Rückblick und in
der Hoffnung auf die Zukunft der
»dürftigen Zeit« *(Brot und Wein)*
zugeordnet ist.

Lit.: L. RYAN, H.s »Hyperion«. Exzentrische
Bahn und Dichterberuf, Stuttgart 1965. –
H. GASKILL, H's »Hyperion«, Durham 1984.

L. RYAN

HOFFMANN, Ernst Theodor
Amadeus (1776–1822)

Die Elixiere des Teufels. *Nach-
gelassene Papiere des Bruders Medardus, eines Kapuziners. Herausgegeben von dem Verfasser der Fantasiestücke in Callots Manier.* 2 Bände;
EA Berlin 1815/16.
Ein fiktiver Herausgeber behauptet in der Vorrede, die im Archiv
aufbewahrten Papiere des Bruders
Medardus von dem Prior des Kapuzinerklosters in B. erhalten zu
haben; er reiche »das aus jenen
Papieren geformte Buch« an den
Leser weiter. In der Bekenntnis-
form der Autobiographie führt
der Roman im 1. Teil in die »Jahre
der Kindheit und das Klosterleben« und nach dem »Eintritt in die
Welt« und den »Abenteuern der
Reise« an den fürstlichen Hof; im
2. Teil folgen »Der Wendepunkt«, »Die Buße« und »Die
Rückkehr in das Kloster«. – Der
Mönch Medardus trinkt ein Teu-
felselixier; es weckt in ihm die
Begierde nach Ruhm und die Leidenschaft zu einer schönen Unbekannten (Aurelie), die er, zusätzlich angeregt durch das Bild eines
in der Romanhandlung immer
wieder auftauchenden Malers, zu
suchen beginnt. Im Auftrag des
Priors tritt er eine Reise nach Rom
an, die ihn zunächst durch ein Gebirge führt. Am Rand eines Ab-
grundes sieht er einen Mann – es

ist Viktorin – in die Tiefe stürzen, wobei der Erzähler offenläßt, ob es ein Mord oder ein Unfall war. Seine große Ähnlichkeit mit dem Toten veranlaßt Medardus, dessen Rolle auf dem Schloß eines Grafen zu spielen. Euphemie lebt dort mit dem Grafen und ihren Stiefkindern Hermogen und eben jener Aurelie, die Medardus sucht. Euphemie hatte ein ehebrecherisches Verhältnis mit Viktorin unterhalten, das Medardus unerkannt fortsetzt. Gleichzeitig nähert er sich, von Hermogen beargwöhnt, Aurelie. Euphemie verlangt von Medardus, Hermogen und ihren Gatten zu töten. Als Medardus sich weigert, plant Euphemie, ihn zu vergiften. Medardus vertauscht die Gläser, so daß Euphemie stirbt. Während der Flucht ersticht er Hermogen, erreicht nach kurzem Aufenthalt in einer Stadt ein Forsthaus und begegnet dort zum erstenmal seinem Doppelgänger. An einem Fürstenhof tritt er verkleidet unter dem Namen Leonhard auf und trifft unerwartet auf Aurelie, die ihn sofort als Mörder ihres Bruders erkennt. Nach seiner Verhaftung erscheint in der Gefängniszelle sein Doppelgänger, der vor Gericht an seiner Stelle gesteht. Medardus kehrt an den Hof zurück, wo ihm Aurelie ihre Zuneigung offenbart. Am Hochzeitstag sehen beide den Doppelgänger, der zur Hinrichtung geführt wird. Medardus stößt in einem Wahnsinnsanfall die Wahrheit heraus, sticht nach Aurelie und flieht. Als er, seelisch zerrüttet, aus tiefer Ohnmacht erwacht, findet er sich auf dem Krankenlager in einem italienischen Kloster wieder. Der Narr Peter Schönfeld / Pietro Belcampo, der während der gesamten Romanhandlung immer wie-

der zu Medardus' Rettung erscheint und ihn in Gesprächen mit tiefsinnigen Bemerkungen über Narrheit und Vernunft schokkiert, hatte ihn im Wald gefunden und ins Kloster zur Pflege geschleppt. Medardus unterwirft sich nach der Genesung büßend den strengen Ordensregeln. Im Kloster fallen ihm die Aufzeichnungen des alten Malers in die Hände. Er erfährt darin von seiner Herkunft, von seiner Verwandtschaft zu Viktorin, Euphemie, Hermogen und Aurelie – sämtlich seine Stiefgeschwister – und von dem Fluch des ganzen Geschlechts, dessen Urvater der alte Maler ist. Medardus kehrt nach kurzem Aufenthalt in Rom – dort entgeht er nur knapp einem Mordkomplott – nach Süddeutschland in sein Heimatkloster zurück und wird noch Zeuge der Einkleidung Aurelies unter dem kirchlichen Namen Rosalia. Während der Zeremonie erscheint erneut der Doppelgänger, der seiner Hinrichtung entkommen war, und ersticht sie. Medardus selbst wird im Kloster aufgenommen und beschließt, angeregt vom Prior, sein Leben aufzuschreiben.

Wichtigste literarische Vorlage war Matthew Gregory Lewis' Roman *Ambrosio or the Monk* (London 1795, deutsch Leipzig 1797), eine Abrechnung mit dem Katholizismus und seinen Institutionen, die als Stätten des Lasters und der seelischen Verkrüppelung entlarvt werden. Bei Hoffmann verbindet sich die Kritik am Katholizismus mit der Darstellung der gesellschaftlichen Kreise und Institutionen, mit denen seine Hauptfigur auf ihrer Reise in Berührung kommt. Dabei wird deutlich, daß Laster und Verbrechen universelle Erscheinungen und Bestandteil des modernen gesellschaftlichen Lebens sind. Als großer Krankheits- und Gesellschaftsroman des 19. Jahrhunderts beleuchten die *Elixiere,* wie Egoismus und Machtstreben die menschlichen Beziehungen korrumpieren, zu Herrschafts- und Knechtschaftsverhältnissen deformieren und schließlich zum Verfall der Institutionen und zur Zerstörung des Ichs führen. Mit dem vielfach auftretenden Motiv der Krankheit und des Eingesperrtseins hinter vergitterten Fenstern und verriegelten Türen vergegenwärtigt der Roman die Isolierung des modernen Individuums und das Ende der ursprünglichen Vielfalt menschlicher Beziehungen. (Die psychologische Meisterschaft in der Darstellung der Doppelgänger und der bildhaften Ausgestaltung des Wahnsinns fand auch den Beifall Freuds in seinem Essay *Das Unheimliche,* 1919.) Die große Rolle, die in dem Roman der Genealogie eingeräumt wird, entspricht der in den Reden kluger Ärzte und gelehrter Geistlicher zum Ausdruck gebrachten Auffassung, daß die Gesellschaft im Keim durch Inzest und Mord verdorben ist und sich die Verbrechen von Generation zu Generation fortpflanzen. Mit dem komplexen Inhalt des Romans stimmt die poetische Form überein. Diese wird in der Vorrede mit dem Bild einer Pflanze charakterisiert, die sich in »tausend Ranken« vom Keim über die Blüte bis zur Frucht üppig wuchernd als ein lebendiger Organismus ausbreitet; ist der Keim verdorben, zerfällt das Leben. Der Herausgeber schaltet sich im Roman auch als auktorialer Erzähler ein, um den Leser zu ermutigen, nicht die Geduld zu verlieren beim Zusammenknüpfen des Bandes, »welches die verworren auseinanderlaufenden Fäden der Geschichte des Medardus wie in einem Knoten einigt«. Den oft vorgebrachten Einwänden gegen die Konzeption (unentwirrbares Knäuel der Verwandtschaftsbeziehungen, Verwendung des gesamten Arsenals schauerlicher Versatzstücke, Einfügen zahlreicher retardierender Episoden, die vom Hauptthema ablenken) läßt sich diese künstlerische Gestaltungsabsicht entgegenhalten.

Lit.: C. Magris, Die andere Vernunft. E. T. A. H., Königstein / Ts. 1980.

F. Auhuber

Lebens-Ansichten des Katers Murr *nebst fragmentarischer Biographie des Kapellmeisters Johannes Kreisler in zufälligen Makulaturblättern.* 2 Bände; EA Berlin 1820–1822 (eigentlich 1819 bis 1821).

In dem Künstler- und Gesellschaftsroman werden zwei Lebensgeschichten, getrennt und dennoch ineinander verschlungen, vorgeführt. Der Erzähler gibt sich im Vorwort als Herausgeber, der dem Leser eine Erklärung schuldig zu sein glaubt, »auf welch wunderliche Weise« sich das Werk aus den Aufzeichnungen des Katers Murr und der bereits vorher als Buch vorliegenden Biographie des Kapellmeisters Kreisler »zusammengefügt hat«: »Als der Kater Murr seine Lebensansichten schrieb, zerriß er ohne Umstände ein gedrucktes Buch, das er bei seinem Herrn vorfand, und verbrauchte die Blätter harmlos teils zur Unterlage, teils zum Löschen. Diese Blätter blieben im Manuskript und – wurden, als zu demselben gehörig, aus Versehen mitabgedruckt!« Der Herausgeber könne jetzt in dieses »verworrene Gemisch fremdartiger Stoffe« nur noch insofern korrigierend eingreifen, als er mit in Klammern gesetzten Bemerkungen die einzelnen Teile markiere. In dem geradlinig geordneten Erzählkontinuum Murrs, der die Stationen seines Bildungsweges zum »großen Katers« nachzeichnet, wird Kreislers problematische romantische Künstlerbiographie in einmontierten fragmentarischen Ausschnitten sichtbar, ergänzt durch erklärende Passagen des Herausgebers, der sich als auktorialer Erzähler einschaltet. Der Kreisler-Teil erscheint zwar nicht im Inhaltsverzeichnis, ist jedoch im Text mit einem deutlichen Übergewicht präsent. Er hat eine gegenläufige und – weil sich Kreislers Biographie formal den Lebensabschnitten des Katers unterordnet – eine parallele Struktur. Murr verfaßt seine Lebensansichten in der Obhut Kreislers, wohin ihn sein Herr und Kreislers Freund, Meister Abraham, vor einer Reise gebracht hat.

Nach dem Muster des Bildungs- und Entwicklungsromans schreibt der Kater seine Lebensgeschichte in den Etappen »Monate der Jugend«, »Lebenserfahrungen des Jünglings«, »Lehrmonate«, »Die reiferen Monate des Mannes«; nach dem spannungsreichen Jugendfreundschaft mit dem Pudel Ponto und dem Erlebnis erster Liebe mit der Katze Miesmies begibt sich Murr unter die Burschenschaftler und zieht sich in seinen »reiferen Monaten« nach insgesamt schlechten Erfahrungen mit seiner Umwelt zurück, um nur noch seiner schriftstellerischen Tätigkeit zu leben. Die An-

sichten des Katers offenbaren eine grandiose Halbbildung. Angelesenes wird in anspielungsreichen Zitaten aus der zeitgenössischen Literatur aneinandergereiht. Hoffmann karikiert in der Murr-Biographie die Bildungsidee, die das Leben im verklärenden Rückblick des Alters als Prozeß zunehmender Erkenntnis und Erfüllung erscheinen läßt. Er zweifelt nicht nur an der persönlichkeitsprägenden Bedeutung der ausgebreiteten Details aus der Kindheits- und Jugendgeschichte, sondern stellt grundsätzlich die Bildungsfähigkeit des Menschen als eines gespaltenen Wesens in Frage, das bei aller Vernunft stets der rohen Natur verhaftet bleibt. Die Wolfsnatur des Menschen, die in den → *Elixieren des Teufels* ganz unverstellt dargestellt wird, beleuchtet der *Kater Murr* satirisch.

Die wohl bedeutendste Künstlerfigur der deutschen Romantik, der geniale Kapellmeister Johannes Kreisler, war dem Leser Hoffmanns schon seit dem Erscheinen der *Fantasiestücke in Callots Manier* (1814/15) vertraut. Wurde dort über Prinzipien der Kunst, besonders der Musik, und über die Kunstfeindlichkeit einzelner Kreise nachgedacht, so verschärft sich hier der Spott zur Satire und direkter Gesellschaftskritik. Der Künstler Johannes Kreisler ist schöpferisch und vital und möchte die vorauswesenden Impulse der Kunst auch in der Gesellschaft zur Wirkung gebracht sehen; als Interpret und Vermittler der Kunst ist er den Menschen zugetan. So gehört die »Liebe des Künstlers«, von der im Roman ausführlich die Rede ist, der Kunst und den Benachteiligten, die er beide gegen Übergriffe und unberechtigte Machtansprüche verteidigt. Allmählich entfaltet sich ein Handlungsstrang um die Figur Kreislers. Er wird am Hof des fiktiven Fürstentums Sieghartsweiler (an dem die neue Zeit vorübergegangen ist) eingeführt. Dort spinnt die Gräfin Benzon eine Intrige, an der viele, die am Hof etwas gelten und aufsteigen wollen, beteiligt sind. Um ihre Stellung zu festigen, verschafft sie sich den Adelstitel Reichsgräfin von Eschenau und plant, ihre Tochter Julia – eine Sängerin, der die tiefe Neigung Kreislers gilt – mit dem infantilen Sohn des Fürsten Irenäus zu verheiraten. Dabei scheut sie auch vor der Beseitigung von Rivalen nicht zurück. Der Hof, an dem die Rätin agiert, wird als ein in Konventionen erstarrtes Marionettenspiel vorgeführt. Als freier und unbestechlicher Mensch ist Kreisler in dieser Umgebung gefährlich und gefährdet. Er flieht in ein Kloster, wo ihm die ungestörte Kunstausübung freisteht, kehrt aber bald wieder in die Gesellschaft als den eigentlichen Ort seines Musizierens zurück. – Die fragmentarische Form des Kreisler-Teils läßt die einzelnen Episoden in ihrer Farbigkeit und intensiven Bildlichkeit stärker hervortreten. Jede ungeduldige Forderung nach Zusammenhang und Aufklärung nähme der Komposition ihren Glanz. Über das Fragmentarische als Gestaltungsmittel lassen sich Murr- und Kreisler-Teil aufeinander beziehen: Der Kontinuität der Lebensgeschichte des Katers entspricht die Leere konventionellen Lebens, das den Kater unabsichtlich und formal durch die Einschübe aus Kreislers Biographie in seinen Lebensansichten zerstört, Kreisler hingegen durchbricht es real und bewußt. In der »Nach-

schrift des Herausgebers« wird der Tod des Katers mitgeteilt. Der Herausgeber äußert die Absicht, weil »noch ein guter Teil des vom Kater zerrissenen Buches vorhanden« ist, einen 3. Band nachzureichen, welcher »Kreislers Biographie enthält«. In diesem geplanten, aber nicht zur Ausführung gelangten Band sollte der Kreisler-Figur auch formal jene Bedeutung zukommen, die sie inhaltlich längst hatte.

Lit.: W. SEGEBRECHT, Autobiographie und Dichtung. Eine Studie zum Werk E. T. A. H.s, Stuttgart 1967. – H. STEINECKE, Nachwort zu: E. T. A. H., Lebensansichten des Katers Murr, Stuttgart 1972, S. 486–511.

F. AUHUBER

HOFMANNSTHAL, Hugo von (1874–1929)

Andreas oder die Vereinigten. Entst. 1907–1927; ED »Corona« 1930 (Teildruck); EA Berlin 1932.
Hofmannsthal begann mit der Arbeit an dem Roman 1907. Aus dem Nachlaß wurde zunächst nur ein Teil des Manuskriptes ediert. Erst 1982 gab Manfred Pape die bis 1927 fortgeführten Notizen und Skizzen in ihrem ganzen Umfang heraus. Der Titel, 1913 nur vorläufig gewählt, verweist auf das psychologische Thema des Werkes: die Vereinigung der auseinanderklaffenden Teile des Ichs. »Das Einswerden mit sich selbst« bewirkt allein die Liebe; in ihr erlösen die mit sich selbst Unversöhnten einander.
Am Morgen des 7. September 1778 erreicht Andreas von Ferschengelder, ein junger Mann aus dem Wiener Kleinadel, von seinen Eltern auf »Bildungsreise« nach Italien geschickt, das beunruhigende und verwirrende Venedig.

Die Stadt, in der Menschen und Dinge merkwürdig uneindeutig und unreal in der Schwebe bleiben, gleicht dem seelisch anfälligen und traumversunkenen Andreas, der nur wenig Erfahrung mit sich und der Welt besitzt; »ganz sicher war auch ihm nicht wer er war«. Ein maskierter Herr, verzweifelter Spieler, führt Andreas zu einem heruntergekommenen Palast; der Graf, von dem er ein Zimmer mietet, arbeitet als Lampenputzer am Theater, sein Sohn als Kulissenmaler und Spion, die ältere Tochter Nina läßt sich von Männern aushalten und die jüngere Tochter Zustina verlost ihre Jungfernschaft in einer Lotterie. In dieser seltsam ungewissen Stimmung ruft sich Andreas noch einmal die drei unglücklichen Tage seiner Reise durch Kärnten ins Gedächtnis. Geltungssucht und fehlendes Selbstgefühl hatten ihn dazu verleitet, den falschen und schurkischen Gotthelf als Pferdeknecht einzustellen. Mit ihm stand hinter der idyllischen Landschaft, der herzlichen Offenheit, mit der die Fremden auf dem Hof der Bauernfamilie Finazzer aufgenommen wurden, und der Zuneigung der heiteren Gutstochter Romana die Drohung eines unbestimmten Bösen. Ein Verbrechen des Knechtes zwang Andreas dazu, Romana und die in sich ruhende Welt des ländlichen Lebens zu verlassen. Jedoch bereits Andreas' Unfähigkeit, sich von Gotthelf zu lösen, und dessen unbegreifliche Tat verweisen auf den Ursprung des Bösen: es ist nichts anderes, als die von Andreas abgespaltene, gräßlich gesteigerte Möglichkeit seines Ichs. Auch die Venedigkapitel durchziehen Erinnerungen und Träume, in denen sich Andreas durch das grausame Töten von hilflosen Kreaturen in einer anderen, beinahe mythischen Wirklichkeit erlebt, die, die Grenzen des Ichs überschreitend, aus ihm hervorbricht: »Ihm war unsicher, ob er es getan hatte [. . .]; – aber es kommt aus ihm. So rührt ihn das Unendliche an.« Andreas, der im Gegensatz zu Gotthelf und Romana in keiner der Welten ungeteilt lebt, sucht in der Vereinigung das »isolierende« Böse, das »Prinzip der Trennung«, wie Hofmannsthal Novalis zitiert, zu überwinden. Im weiteren Verlauf des Romans wird das Problem von Ichspaltung und Ichverlust an Personen thematisiert, die ihre Identität durch eine Verbindung mit Andreas erlangen. Sacramozo, ein Malteserritter, der auf dem mystischen Weg der »Introversion« die vollkommene Einheit von Erkennen und Wollen anstrebt, führt ihn zu der gleichgesinnten Venezianerin Maria, mit der den Weisen nicht »Liebe sondern Religion« verbindet. Doch diese geistige Neigung hintertreibt die sinnlich augenblickshafte Kokotte Mariquita, ein zweites Ich von Maria, das erst seit jenem Tag, seit dem Andreas in der Stadt ist, zum Vorschein kam. Einheit und Wechselspiel des eigenartigen Doppelwesens, dessen beide Teile wenig Zuneigung für einander zeigen, bleiben Andreas verborgen. Sacramozo tritt vor Andreas' Liebe zu Maria zurück; sein Weg führt durch das »Opfer«. Auch die leichtsinnige Mariquita, die den erhabenen Ritter haßt, sucht Andreas. Nur er kann die fromme Maria mit der Lüsternen versöhnen, denn die Liebe führt die einander widerstrebenden, in sich unabgeschlossenen Personenfragmente ohne

Zwang zusammen. Die Rückkehr des nun mit sich versöhnten Andreas auf den Hof der Finazzer, wo er und Romana sich als »Vereinigte« gefunden hätten, sollte den Roman beenden. – Die Entwicklung zu einem harmonischen Ausgleich gegensätzlicher Kräfte gestaltet Hofmannsthal in der Form des klassischen Bildungsromans, dessen Strukturen der gewandelten Subjektproblematik der Jahrhundertwende entgegenstehen.

Lit.: D. H. MILES, H.s Novel »Andreas«. Memory and Self, Princeton 1972. – U. RENNER-HENKE, »... daß auf einem gesunden Selbstgefühl das ganze Dasein ruht.« Opposition gegen die Vaterwelt und Suche nach dem wahren Selbst in H.s »Andreas«-Fragment, in: W. MAUSER (Hg.), H.-Forschungen, VIII, Freiburg i. Br. 1985, S. 233–262.

C. STRIEDER

HUCH, Ricarda (1864–1947)

Vita somnium breve. EA Leipzig 1903 (seit der 5. Auflage 1913 u. d. T. *Michael Unger*).
Michael Unger, Sohn des Inhabers eines angesehenen und florierenden norddeutschen Handelshauses, bricht kaum dreißigjährig aus seiner Ehe und den vorgezeichneten Bahnen als Nachfolger seines Vaters aus. Die Vorstellung, daß auch sein »Vater nichts anderes mit Arbeit und Sorge erreicht hat, als Geld, eine schöne Frau, die allen lächelt und für ihn nur kühle Blicke hat, und Söhne, auf die er seine Hoffnung überträgt und die ihm nicht einmal für das danken, was er für sie getan hat«, motiviert seinen Versuch, privat und beruflich »frei zu werden«. Den letzten Anlaß liefert ihm die Malerin Rose Sathorn. In der Liebe zu ihr scheint sich für Michael das den Roman durchziehende Leitmotiv »o Leben, o Schönheit« zu erfüllen. Er zieht allein in eine südliche Stadt, um mit dem Medizinstudium zu beginnen. Dort macht er Bekanntschaft mit zwei unterschiedlichen Kreisen: der eine versammelt vorwiegend idealistisch denkende Studenten und vor allem Studentinnen; der andere besteht aus emigrierten russischen Anarchisten. Beide Gruppen, so gegensätzlich sie scheinen, haben ein gemeinsames Zentrum in dem ironisch titulierten »Freiherrn vom Geist«. Dessen libertäre Anschauungen ziehen Idealisten wie Materialisten an. Der suggestive Einfluß des Freiherrn erscheint als Folge einer Orientierungskrise, von der die gesamte intellektuelle Generation Michaels betroffen ist. Michael selbst allerdings bietet die Liebe zu Rose Sicherheit. Nach Abschluß seines Studiums findet er eine Anstellung als Zoologe in Italien und sieht sich »nach rastlosem Vorwärtsstreben in ungewisser Ferne von Gefahren endlich an einem Ruhepunkte angekommen«. Als er sich jedoch seinen wichtigsten Wunsch erfüllen will, Rose zu heiraten und von seiner Frau Verena die Scheidung erbittet, sieht er sich vor die Wahl gestellt, entweder auf seinen Sohn Mario oder auf seine Geliebte zu verzichten. Mit der Rückkehr zu seiner Familie fällt Michael nach den dramatischen Selbstmorden seines Vaters und seines Bruders die Aufgabe zu, das marode väterliche Unternehmen zu sanieren. Das Verhältnis zu Verena bleibt nicht zuletzt wegen ihrer Konversion zum Katholizismus distanziert, die nachfolgende Generation und die Freunde seiner Studienzeit werden Michael immer fremder. Am Schluß des Romans

wird ihm jedoch die tröstliche Vorstellung zuteil, trotz der von ihm abgelehnten Lebensumstände in einem größeren Zusammenhang aufgehoben zu sein.

Lit.: H.-W. PETER (Hg.), R. H., Studien zu ihrem Leben und Werk, Braunschweig 1985.

G. BESTE

IMMERMANN, Karl Leberecht (1796–1840)

Die Epigonen. *Familienmemoiren in neun Büchern.* EA Düsseldorf 1836.
Während der 12jährigen Entstehungsgeschichte änderte Immermann die Konzeption seines Romans mehrfach entscheidend: Anfänglich trug der Roman den vorläufigen Titel »Die Schicksale des vortrefflichen Arminio von Syrakus« (1822) und sollte im Mittelalter spielen, also vermutlich ein Abenteuerroman im historischen Gewande in der Nachfolge Scotts werden. Während der nächsten Bearbeitungsstufe zwischen 1823 und 1825 entwickelte sich daraus eine die humoristischen Momente (»Sämmtliche komische Elemente der deutschen Natur und des deutschen Lebens darzustellen«) betonende Konzeption mit dem Titel »Leben und Schicksale eines lustigen Deutschen« (1823). Abermals änderte Immermann Titel und Plan des Romans im Jahre 1828 und nannte ihn »Hermanns Wanderungen«, dabei offenbar an Goethes Roman → *Wilhelm Meisters Wanderjahre* (1821/29) anknüpfend, mit dem er sich intensiv auseinandergesetzt hatte (*Brief an einen Freund über die falschen Wanderjahre Wilhelm Meisters und ihre Beilagen,* 1823). Schon 1829 war als neuer Titel »Die Zeitgenossen« vorgesehen, der zugleich eine entscheidende

Wandlung in der Konzeption signalisierte: der einzelne Held als Mittelpunkt des Romans wurde abgelöst durch eine Vielzahl mehr oder weniger gleichwichtiger Figuren, an denen das Bild einer bestimmten Zeit entfaltet werden sollte. Der projektierte ›Zeitroman‹ erhielt 1830 schließlich seine inhaltliche Zielsetzung mit dem endgültigen Romantitel: »Er hat jetzt den Namen bekommen: die Epigonen, und behandelt [...] den Segen und Unsegen des Nachgeborenseyns. Unsere Zeit [...] krankt an einem gewißen geistigen Überfluße. [...] Daraus ist ein ganz eigenthümliches Siechthum entstanden, welches durch alle Verhältniße hindurch darzustellen, die Aufgabe meiner Arbeit ist« (24. 4. 1830).
Ohne feste Vorstellungen von der eigenen Zukunft durchwandert und durchreist der junge, früh verwaiste Hermann die Welt auf dem Weg zu seinem Oheim, einem Fabrikherrn. In ländlicher Umgebung trifft er zunächst auf Flämmchen, die er vor einer unerwünschten Heirat bewahrt, im Wald findet er eine Kranke, die ihm noch unbekannte Frau seines Oheims, mit ihrem Sohn Ferdinand und ihrer Pflegetochter Cornelie. Auch hier kann er hilfreich eingreifen. Nach dem Duell gerät Hermann als Genesender auf das Schloß eines Herzogs, zu dessen Frau sich eine unterdrückte Zuneigung entwickelt. Durch den Arzt und den Kammerrat Wilhelmi gewinnt Hermann während seines Schloßaufenthaltes Einblicke in philosophische, literarische, politische und künstlerische Problemstellungen seiner Zeit. Dem Herzog ist er behilflich bei der Ausrichtung eines prunkvollen Turniers im mittelalterlichen

Stil, das jedoch mißlingt und mit einem Mißklang endet – Ausdruck des Unzeitgemäßen solcher Veranstaltungen und des Adels an sich. Hermanns weitere Wanderung führt ihn in eine Kleinstadt, in der er die pädagogischen Theorien der Zeit durch deren Vertreter kennenlernt; auf dem Weg zur Hauptstadt (Berlin) wird er in die demagogischen studentischen Umtriebe der zwanziger Jahre verwickelt. In der Hauptstadt verkehrt er im Hause des hochgestellten Staatsbeamten Medon, der später als skrupelloser Machtpolitiker entlarvt wird, und dessen Frau Johanna sowie im Salon der kunstbeflissenen Madame Meyer. Die kaufmännische Sphäre lernt er beim Besuch des Oheims und dessen modern organisierten und geführten Industriebetriebs kennen. Durch eine bestimmte familiäre Konstellation wird Hermann schließlich der Erbe von Schloß und Fabrik und findet am Ende nach vielen Umwegen ein begrenztes – idyllisches – Glück an der Seite von Cornelie. Die Fabriken läßt er eingehen und gibt das Land bäuerlicher Bewirtschaftung zurück – vor allem aus Verantwortung und Sorge um die physische und psychische Gefährdung des in der Industrie arbeitenden Menschen.

Immermanns Absicht ist es, die Krankheitsgeschichte der Zeit, nicht die Individualgeschichte einer Figur zu erzählen. Illegitime Kinder, verworrene Erbschafts- und Familienverhältnisse und den Menschen zerstörende Liebesverbindungen sind Ausdruck der Zustände der Restaurationszeit. Wenn Relikte von Goethes → *Wilhelm Meisters Lehrjahre* (1796) in einzelnen Motiven und Gestalten begegnen und an den Bildungsroman zu erinnern scheinen, dann als ironisch-parodistischer Ausdruck des Epigonalen. Die Substanz des erzählerischen Entwurfs von Immermanns Roman liegt in den dargestellten Bereichen der erzählten Wirklichkeit, die nach kontrastierendem oder assoziativem Gestaltungsmuster aneinandergereiht werden: Adel und industrielles Großbürgertum; ländliche Bereiche, Kleinstadt und Großstadt mit ihren sozialen und kulturellen Phänomenen; Politik, Kunst, Literatur, Pädagogik usw. Mit der Klammer ›Alt – Neu‹ werden Adel und Bürgertum kontrastierend gegenübergestellt. Kritische Akzente setzt Immermann, wenn er die moralischen Qualitäten des Adels angreift. Mit diesem Alten, Abgewirtschafteten, Überlebten, kurz Epigonalen der adligen Existenz wird das moderne Unternehmertum als das Fortschrittliche und Neue konfrontiert. Auch hier übt Immermann Kritik, die sich auf das Fabrikwesen und Unternehmertum im ganzen und auf die Moral im einzelnen bezieht. Eine Utopie zur Lösung der dargestellten Zeitprobleme entwirft Immermann am Ende seines Romans nicht, denn es war nicht seine Absicht, im Sinne der Jungdeutschen eine ›Tendenz‹ zum Ausdruck zu bringen und damit das »Gebiet des Staatsmanns, des Philosophen oder des Predigers [zu] betreten«; allenfalls schwache Andeutungen lassen Hoffnungen auf eine aus den humanen Kräften des Menschen sich regenerierende Menschheit ahnen.

Lit.: K. I., Die Epigonen, hg. von P. HASUBEK, München 1981 – W. MAIERHOFER, »Wilhelm Meisters Wanderjahre« und der Roman des Nebeneinander, Bielefeld 1990, S. 59–116.　　　　　P. HASUBEK

Münchhausen. *Eine Geschichte in Arabesken.* 4 Teile (= 8 Bücher); EA Düsseldorf 1838/39.

Nach einer ersten Erwähnung des Stoffes im Jahre 1831 begann Immermann erst im Herbst 1837 mit der Niederschrift des Romans, die zügig fortgesetzt und nach 1½ Jahren abgeschlossen wird. Das Geschehen der acht Bücher des Romans spielt in zwei unterschiedlichen Lebens- und Gesellschaftskreisen: die Bücher 1, 3, 4 und 6 in der verfallenden Adelswelt des Schlosses Schnick-Schnack-Schnurr und seiner Bewohner; die Bücher 2, 5, 7 und 8 in der bäuerlichen Sphäre eines westfälischen Gutshofes, des Oberhofes. Außer dem Schloßherrn, Baron Schnuck-Puckelig, gehören zu der Adelsgesellschaft noch dessen ältliche Tochter Emerentia, eine junge, umsichtige ›Magd‹, genannt »blonde Lisbeth«, und der Schulmeister Agesel des nahegelegenen Dorfes. Vor vielen Jahren hatte Emerentia in Nizza eine folgenschwere, unglücklich verlaufene Liebesbegegnung mit einem sich als Kommandeur Rucciopuccio aus Birma ausgebenden »geheimen Fürsten«, der von einem Tag auf den anderen spurlos verschwunden ist. Einige Zeit später wurde auf dem Schloß ein Findelkind abgegeben, die blonde Lisbeth, die dort aufgewachsen ist. In diese Welt tritt eines Tages Münchhausen, der Enkel des Lügenbarons von Bodenwerder, der »Cäsar der Lügen«, dieser »Don Juan der Erfindung«, dieser »Schrimbs oder Peppel, diese geistreiche Satirikus, Lügenhans und humoristisch-komplizierte Allerweltshaselant [. , .] der bunte Pickel-häring«, der nicht nur der »Zeitgeist in persona«, sondern ebensosehr

auch durch die Art und Weise, mit der er sich erzählend übersteigernd produziert, die Verkörperung, ja Pervertierung des aus der Romantik herrührenden Subjektivismus ist. Durch seine phantastischen Geschichten gewinnt er schnell das Interesse und die Sympathie der sich langweilenden Schloßgesellschaft. Als Münchhausen dem Baron die Gründung einer Luftverdichtungsaktiengesellschaft vorschlägt und die Realisierung des Planes immer weiter hinauszögert, wird er dem Schloßherrn verdächtig. Zudem wird offenbar, daß Münchhausen der ehemalige Geliebte Emerentias ist. Der »im braunen Oberrock« als ›deus ex machina‹ auftretende Dichter Karl Immermann soll den schließlich auch von seinen Gläubigern verfolgten Münchhausen retten; dieser löst sich indes ganz von selbst in Wohlgefallen auf. – Die in die Münchhausen-Teile eingefügten, überwiegend von der pausenlos erzählenden Titelfigur vorgetragenen satirischen Elemente erstrecken sich auf nahezu alle in Immermanns Gegenwart aktuellen Phänomene des politischen und kulturellen Lebens. Einen besonderen Raum nimmt die Bildungs- und Literatursatire ein. Hier wird kaum ein Zeitgenosse verschont: Pückler-Muskau, Alexander von Humboldt, Raupach, Gutzkow, die Jungdeutschen allgemein, Hegel und seine Schule, Iffland, Kotzebue u. v. a. Den Gegenpol zu der zwar stark bewegten, aber handlungsarmen Münchhausen-Welt bilden die in sich ruhenden Teile der Oberhof-Welt. Zu dem negativen ›Schwindelgeist‹ der Münchhausen-Teile wollte Immermann das positive Gegenbild einer statischen, restaurativ gesehenen bäuerlich-bürgerlichen Wertsphäre entwerfen. Im Mittelpunkt steht der Hofschulze, der nach altem Recht eigene Gerichtsbarkeit beansprucht, als Vertreter einer in sich gefestigten und geordneten Welt. Äußeres Zeichen dieses Anspruchs ist das angeblich von Karl dem Großen herstammende Schwert, dessen verbrieftes Alter freilich auf einer falschen Expertise beruht. Ausführliche Schilderungen gelten der Hochzeit der Tochter des Hofschulzen und ländlicher Sittlichkeit überhaupt, wobei sich Immermann auf zeitgenössische Quellen stützte. Doch ist diese heile Welt nicht frei von Rissen, so daß ihr einheitlicher, harmonischer Charakter teilweise in Frage gestellt wird. – In die Oberhof-Welt gehört auch die sich entwickelnde Liebesgeschichte zwischen dem inkognito reisenden süddeutschen Grafen Oswald und Lisbeth, der unehelichen Tochter Emerentias und Münchhausens. Oswald verfolgt Münchhausen, mit dem er noch eine Rechnung zu begleichen hat. Als die fragwürdige Herkunft Lisbeths bekannt wird und als sie von dem adligen Stand Oswalds Nachricht erhält, gerät das Liebesverhältnis in eine Krise. Am Ende gelingt es dem Paar jedoch, die Schranken von Geburt und Herkunft zu überwinden und in den Ehebund einzutreten. Mit dieser Lösung entwirft Immermann ein Zukunftsbild menschlicher Beziehungen, die jenseits gesellschaftlicher Schranken, aus dem Geist der deutschen Klassik stammend, auf Vernunft und humanen Werten beruhen. Die beiden Teile des Romans stehen in einem dialektisch aufeinander bezogenen Wechselverhältnis,

das erst den Sinn des ganzen Romans erschließt. So erscheint es kaum verständlich, daß in zahlreichen Editionen die Oberhofteile allein veröffentlicht werden konnten. Immermanns humoristisch-satirischer Zeitroman ordnet sich ein in die Tradition des großen europäischen humoristischen Romans seit Rabelais' *Gargantua et Pantagruel* (1532–1564), den Immermann zu übersetzen begann, und Sternes *The Life and Opinions of Tristram Shandy Gentleman* (1759–1767), mit dem sein Roman in der Erzähltechnik manche Berührungspunkte aufweist. So mag u. a. Immermanns arabeskenhaftes Erzählen mit seinem ständigen Abirren von der geraden Erzähllinie und dem Ausweiten von Episoden zu umfangreicheren Erzählabschnitten von Sterne angeregt sein, der in seinem Roman ebenfalls den Erzählablauf häufig unterbricht, um neue Themen einzuflechten, den Leser zu apostrophieren oder in der Zeitabfolge vor- und zurückzuspringen. Die Form des Doppelromans des *Münchhausen* wurde vermutlich durch E. T. A. Hoffmanns Roman → *Lebens-Ansichten des Katers Murr* (1820/21) angeregt, mit dem Unterschied freilich, daß die Verflechtung der Münchhausen-Teile mit den Oberhof-Teilen deutlicher durchgeführt wird als diejenige der Kreisler-Geschichte mit der Murr-Erzählung bei Hoffmann. An die romantische Erzähltradition erinnert sodann die Illusionsdurchbrechung durch das Auftreten des Autors Immermann im 6. Buch. Die Umstellung der Kapitel 11–15 vor die Kapitel 1–10 des 1. Buches ruft Assoziationen an Hermann von Pückler-Muskaus *Briefe eines Verstorbenen*

(1830/31) hervor. Trotz dieser vielfältigen literarischen Beziehungen besitzt Immermanns Roman das Gepräge eines durchaus eigenständigen Erzählwerkes von unverwechselbarer Handschrift.

Lit.: B. v. WIESE, I.s »Münchhausen«, in: DERS. (Hg.), Der deutsche Roman vom Barock bis zur Gegenwart, II, Düsseldorf 1963, S. 353–406. – S. KOHLHAMMER, Resignation und Revolte. I.s »Münchhausen«, Stuttgart 1973.   P. HASUBEK

INNERHOFER, Franz (geb. 1944)

Schöne Tage. EA Salzburg 1974.
Der Roman, der stark autobiographisch geprägt ist, erzählt die Kindheit und Jugend Holls, des unehelichen Sohnes einer Landarbeiterin und eines Bauern. Als er sechs Jahre alt ist, 1950, schiebt die Mutter den Jungen, der sich bereits dreimal an eine neue Umgebung gewöhnen mußte, auf den Hof seines Vaters nach Haudorf ab, wo er die nächsten elf Jahre verbringen wird. Unter dem patriarchalisch-autoritären Regiment des Bauern, für den das verstörte Kind vor allem eine billige Arbeitskraft ist, fühlt sich Holl als »Leibeigener«. Für jede Unfolgsamkeit wird er hart gezüchtigt, wobei der Vater verlangt, daß sein Sohn um die Prügel bittet. Vom Vater geknechtet, von der Stiefmutter verachtet, von seinen jüngeren Halbbrüdern gedemütigt und von den Dienstboten wegen seiner Familienzugehörigkeit nicht als ihresgleichen anerkannt, findet Holl seine Freunde unter den Außenseitern des Dorfes. Auf dem Hof gelten seine Sympathien einem »Idioten«, dem alten, entmündigten, von dem Gesinde

grausam verspotteten Moritz, der sich auf das Reparieren alter Uhren versteht. In der Schule schließt er sich Leo an, einem Arbeitersohn, der selbst entscheiden kann, ob er zur Kirche geht oder nicht. Hilfe und Geborgenheit versagt ihm auch seine leibliche Mutter. Unverständlich bleibt ihm, daß sie ihn zu seinem Vater zurückbringt, als er sich einmal in seiner Not zu ihr flüchtet. Die Dorfautoritäten erlebt Holl als eine verschworene und verlogene Gemeinschaft. Der Arzt schreibt ihm ein Attest, damit er nicht zur Schule braucht, sondern bei der Ernte helfen kann. Der Lehrer wagt gegen diesen Schwindel nicht vorzugehen, da sich der Direktor vom Bauern mit Brennholz und Fleisch bestechen läßt. Der Pfarrer begegnet ihm als Verbündeter der Stiefmutter, die er in allen ihren Ansichten bestärkt. Seine »sprachlose Wut« treibt ihn hin und her zwischen dem Wunsch, sich selbst oder seinen Vater umzubringen. Aber allmählich wird sich der Heranwachsende seiner Lage bewußt. Die Erfahrung, verstanden zu werden, macht er, als eine »fremde Frau«, die anstelle der erkrankten Stiefmutter die Haushaltsführung übernommen hat, die archaischen Verhältnisse auf dem Hof in Frage stellt. Anerkennung und Selbstbewußtsein verschafft ihm sein geschickter Umgang mit den Maschinen, die der Bauer anschaffen muß, um konkurrenzfähig zu bleiben. Immer mehr widersetzt Holl sich den Befehlen des Vaters, bis er schließlich die Kraft findet, das »Bauern-KZ« zu verlassen, um eine Schmiedelehre zu beginnen. Mit einem Vorsatz, in dem sich Zuversicht und Racheverlangen mi-

schen, endet der Roman: »Jetzt
liegt es an mir. Ich will alles nachholen, und irgendwann werde ich
diesen Bestien zeigen, daß niemand das Recht hat, andere Menschen zu besitzen.« – Der bei seinem Erscheinen von der Kritik
wegen seiner authentischen Milieuschilderungen zum Teil enthusiastisch begrüßte Roman ist
der erste Band einer Trilogie, die
den schwierigen Prozeß einer Befreiung beschreibt. Der zweite
Band, *Schattseite* (1975), schildert
Holls Zeit als Lehrling und Fabrikarbeiter, der letzte Band, *Die großen Wörter* (1977), den Besuch des
Abendgymnasiums und der Universität.

Lit.: W. M. LÜDKE, F. I., in: KLG, München
1978ff. – R. FRIBOLIN, F. I. und Josef Winkler,
Bern/Frankfurt/M./New York/Paris 1989.
P. LANGEMEYER

JACOBI, Friedrich Heinrich
(1743–1819)

Eduard Allwills Papiere. ED
»Iris« 1775 und »Der Teutsche
Merkur« 1776 (Teildrucke); EA
Breslau 1781 (in: »Vermischte
Schriften«); NA Königsberg 1792
u. d. T. *Eduard Allwills Briefsamm-
lung* (Fragment).
Der Briefroman blieb, obwohl
von Jacobi mehrfach überarbeitet,
ein Fragment. Die Darstellungsform in Briefen und die begeistert
gefühlsselige Sprache des Romans
entspricht dem psychologisch-
philosophischen Interesse der Zeit
an der Seelenschilderung. Die an
Rousseaus *Nouvelle Héloise* (1761)
orientierte Aufgabe, »Dasyn zu
enthüllen«, verbindet Jacobi mit
der Kritik an der Einseitigkeit und
Lebensferne einer reinen Ver-
nunftphilosophie. – Der empfindsame Kreis um August Clerdon

und seine Gattin Amalie sucht
beim Schreiben und der gemeinsamen Lektüre von Briefen Erkenntnis über die Natur von
Seele, Empfindung und Gefühl zu
gewinnen. Die vorwiegend von
feinsinnig reflektierenden Frauen
geführte Korrespondenz wird
von der »Gefährlichkeit« Eduard
Allwills herausgefordert, einer
geistesgegenwärtig gefühlsstar-
ken Sturm-und-Drang-Figur aus
dem Clerdon-Kreis. Mit diesem
Genie – Goethe selbst und nicht
nur sein Werther dienten als Modell – konzentriert sich der Konflikt auf eine außerordentliche
Menschennatur, deren intellektuelle Selbständigkeit und schöpferische Begeisterung den Nihilismus reiner Begriffe, bedrückende
Konventionen und abstrakte
Wertemoral angreifen. Nicht mit
festen Grundsätzen glaubt Allwill
unwandelbare Tugend zu erreichen und eines Sinnes mit der Natur zu bleiben; er sucht in starken
Gefühlen und genialischem Denken die ursprüngliche Unschuld.
Jedoch gefährdet Eduards über-
triebene Sinnlichkeit gerade die
Frauen des Kreises. Sylli von
Wallberg, mit Amalie die Gegen-
spielerin Allwills, warnt ihre
Cousinen Lenore und Cläre vor
dem jungen Genie, das sein »Göttliches Ansehen« nur scheinbar
»das Gute, das Schöne verfolgt«,
das Böse seiner Taten jedoch entweder verborgen bleibe oder als
Zufälligkeit gedeutet werde; sie
verachtet Allwills »Allgemeinheit
des Gefühls« als Mittel einer
selbstsüchtigen Natur. Die Tragik seiner Grundsätze vollzieht
sich an der philosophisch begabten Luzie, die Allwills Kraftethik
widerspricht. Sie empfindet,
durch edle Liebe für Allwill bewegt, die gefährliche Spannung

seines Wesens: »Tigers-Sinn [...]
und Lammes-Herz«; gerade seine
Unmäßigkeit drohe die natürlichen Bande von Seele, Herz und
Empfindung zu zerstören. Luzie
kann ihre Liebe nur im Opfergang
erfüllen; mit ihrem Tod will sie
Allwill vor dem Verderben retten. – Jacobis philosophisch-psy-
chologische Absicht, »Menschheit wie sie ist, begreiflich oder
unbegreiflich, [...] vor Augen zu
legen«, bestimmt die Figurengestaltung und die Form der Darstellung. Doch bei aller Empfindsamkeit der Sprache bleiben die
einzelnen Briefautoren durch
konstruierte Sinnlichkeit und an-
gestrengte Reflexion weitgehend
abstrakt.

Lit.: F. H. J., »Allwill«, hg. von J. U. Terp-
stra, Groningen/Jakarta 1957.　C. Strieder

Woldemar. *Eine Seltenheit aus der
Naturgeschichte.* ED »Der Teutsche Merkur« 1777 (u. d. T. *Liebe
und Freundschaft*); EA Flensburg
und Leipzig 1779 (Fragment).
Der Fragment gebliebene ›philosophische‹ Roman behandelt das
in der zeitgenössischen Diskussion geläufige Thema der plato-
nisch reinen, nach vollkommener
Einheit zweier »schöner Seelen«
strebenden Freundschaft und das
Scheitern dieses schwärmerischen
Sympathieideals. – Nach der Verheiratung ihrer beiden Schwestern Caroline und Luise Hornisch beschließt Henriette, die
mittlere Schwester, nicht eben
schön, jedoch geistig und seelisch
begabt, ledig zu bleiben. Biederthal, Luises Gatte, erwartet die
Rückkehr seines geliebten Bruders Woldemar, der vier Jahre
eine fürstliche »Bedienung« inne-
hatte. Der tiefempfindende, mit
natürlichem Gefühlsreichtum begabte Held des Romans führt sich

mit einem sehnsuchtsvollen Brief
ein. Gerade wegen seiner »Fülle
des Herzens« entbehrt er eine Resonanz, die seinem umfassenden
Liebesverlangen entsprechen
könnte. Aus dem Bewußtsein dieses ins Allgemeine gewendeten
Problems entwirft Woldemar das
Ideal einer dauerhaften Seelen-
freundschaft und erweckt damit
besonders Henriettes Sympathie.
Woldemar, der im Haus der Tanten von Allwina Clarenaus – Henriettes liebster Freundin – lebt,
findet die ersehnte Seelenliebe
nicht im familiären Kreis, sondern
sie entwickelt sich allein zu der
»himmlischen« Henriette. Selbst
sein Bruder Biederthal hält diese
Neigung wegen ihrer Offenheit
und Überschwenglichkeit für
Liebe, die nur wegen der Abnei-
gung des alten Hornisch gegen
Woldemar noch nicht zur Ehe geführt habe. Doch gerade mit der
von Henriette betriebenen Verlobung von Woldemar und Allwina
erreicht das Dreieck den idealen
Zustand, in dem sich Freundschaft und Liebe gegenseitig steigern. Diese utopische Lösung
zerbricht jedoch an inneren wie
gesellschaftlichen Spannungen.
Henriette wird von ihrem sterbenden Vater das Versprechen ab-
genötigt, Woldemar niemals zu
heiraten. Durch eine Indiskretion
Luises erfährt Woldemar von diesem Bund gegen ihn. Langsam
verliert er den Glauben an die unbedingte Zuverlässigkeit der
Freundschaft, an den vollkommenen Gleichklang ihrer Seelen, bestärkt durch die von Konventionen erzwungene Zurückhaltung
Henriettes. Als Allwina wegen einer Reise das Haus verlassen muß
und Henriette dorthin übersiedelt, entwickeln sich unheilvolle
Wechselwirkungen zwischen der

gefühlshypertrophen Unbeständigkeit Woldemars und der verzweifelten Stimmung Henriettes. Doch aus seiner fortschreitenden inneren Zerrüttung wird Woldemar von Henriette gerettet, deren Freundschaft, frei von jeder überzogenen Schwärmerei, verläßlich bleibt. Das Romanfragment schließt mit Kritik und Revision des Liebesideals, dessen Scheitern in dem Totalanspruch auf Einklang der sympathetischen Seelen angelegt ist.

Lit.: F. DAVID, F. H. J.s »Woldemar« in seinen verschiedenen Fassungen, Leipzig 1913.
C. STRIEDER

JAHNN, Hans Henny
(1894–1959)

Fluß ohne Ufer. 3 Teile (*Das Holzschiff,* 9 Kapitel; EA München 1949; *Die Niederschrift des Gustav Anias Horn, nachdem er neunundvierzig Jahre alt geworden war,* 2 Bände; EA München 1949/50; *Epilog,* 6 Kapitel; EA Frankfurt/M. 1961).
Das Holzschiff erzählt vom jungen Gustav Anias Horn und dem Schicksal des unter roten Segeln laufenden Dreimasters Lais. Das Schiff wird unter strenger Aufsicht des Superkargos Georg Lauffer mit Kisten beladen, deren Inhalt selbst der Kapitän nicht kennt. Gustav und seine achtzehnjährige Verlobte Ellena, die Tochter des Kapitäns Waldemar Strunck, beschließen kurz vor dem Auslaufen der Lais, daß Gustav als blinder Passagier an Bord bleibt. Grund hierfür ist ihre sie stark beunruhigende Entdeckung, daß sich die Türen auf dem Schiff auch in verriegeltem Zustand durch einen geheimnisvollen Mechanismus von außen öff-

nen lassen, wofür auch der Kapitän keine Erklärung weiß. Gustavs Anwesenheit läßt sich jedoch nicht lange verheimlichen. Einmal entdeckt, bewegt er sich nunmehr frei auf dem Schiff und gewinnt rasch das rückhaltlose Vertrauen der Mannschaft, während er sich andererseits zusehends von Ellena entfremdet. Mehrfach wird Gustav vom Leichtmatrosen Alfred Tutein mit dem Zuruf »Gefahr!« gewarnt, vermag jedoch keinen konkreten Anlaß dafür auszumachen. Das plötzliche und spurlose Verschwinden Ellenas sowie Spekulationen über ihren Verbleib und die mysteriöse Ladung der Lais lösen schließlich eine Meuterei von Teilen der Mannschaft unter der Führung Gustavs aus, die aber scheitert. Bei der neuerlichen, aber wiederum ergebnislos bleibenden Suche nach Ellena wird das Schiff so stark beschädigt, daß man gezwungen ist, sich in die Boote zu retten. Das Schiff sinkt und gibt den Blick frei auf die verführerische Gestalt einer Frau; es ist dies die von niemandem zuvor gesehene Galionsfigur der Lais. In diesem Romanteil arbeitet Jahnn zwar stark mit Elementen der klassischen Seefahrer- und Detektivgeschichte; anders als in der Detektivgeschichte kommt es hier jedoch nicht zur Lösung des Falles, da das Geheimnis im »Holzschiff« ontologischer, weniger kriminalistisch-technischer Art ist. Das Geheimnis des Geschehens auf und mit der Lais ist genausowenig entschlüsselbar, wie die Frage nach Sinn und Beschaffenheit von Wirklichkeit und Schöpfung zu beantworten ist.
Im 2. Teil erzählt Gustav – 27 Jahre nach dem Untergang der Lais – von seinem weiteren Le-

bensweg. Nachdem die Schiffbrüchigen von einem Frachtdampfer gerettet wurden und Tutein Gustav als Mörder Ellenas offenbart hat, verleben sie in verschiedenen Ländern der Tropen eine gemeinsame Zeit des Frevels und Abenteuers. Nach einem längeren Aufenthalt in Norwegen ziehen sie in das schwedische Hafenstädtchen Halmberg um, wo sich Gustav endgültig zum international anerkannten Komponisten entwickelt, während Tutein dem Beruf des Pferdehändlers nachgeht. Das beträchtliche Vermögen, zu dem die beiden Männer nun gelangen, läßt sie alsdann ein Anwesen auf einer Schäreninsel in der Ostsee erwerben. Beide verbindet eine homoerotische Blutsfreundschaft, nachdem sich Tutein durch einen Bluttausch mit Gustav von seiner Schuld befreit sieht. Dies, Gustavs Verzeihung der Mordtat sowie seine Liebe zu Tutein bilden die Voraussetzung dafür, daß diese Beziehung den Verlust der Geliebten zu ersetzen vermag. Als Tutein mit 42 Jahren stirbt, wird dies von Gustav der Öffentlichkeit verschwiegen, der die von ihm selbst einbalsamierte Leiche in einem nach seinen Vorgaben hergestellten Spezialsarg in seinem Hause aufbewahrt, um hierin die durch den Tod aufgelöste Bindung zu Tutein aufrechtzuerhalten und damit der Vergänglichkeit zu trotzen. Bald darauf stellt sich ein gewisser Kastor ein, der eigentlich Ajax von Uchri heißt und in dessen äußerer Erscheinung Gustav etliche Züge Tuteins wiederzuentdecken glaubt. Ajax wünscht bei Gustav zu bleiben, worin dieser auch nach anfänglichem Zögern einwilligt. Zunächst scheint es, als könne sich die Verbindung

mit Tutein wiederholen; doch erhält die neue Gemeinschaft ihre ersten Risse, als sich das wahre Schicksal Tuteins nicht mehr länger vor Ajax verheimlichen läßt, so daß sich Gustav schließlich gezwungen sieht, den Sarg mit Tuteins Leiche in einem künstlich ausgehobenen Schacht von nahezu acht Metern Tiefe zu versenken. Das Verhältnis zwischen den beiden Männern verschlechtert sich daraufhin zusehends, bis ihre Beziehung endgültig in gegenseitige Feindschaft umschlägt. Aus einem Anhang, einem notariellen Protokoll, wird der Leser schließlich erfahren, daß Horn von Ajax ermordet wurde. Neben den Themen von Schuld, Identität, Tod und Unausweichlichkeit, die auch schon im *Holzschiff* angesprochen wurden, wird die *Niederschrift* in weiten Teilen vom Thema der Wiederholung bestimmt, wie dies auch der Brief Gustavs an seine verstorbene Mutter zeigt, in dem nochmals wesentliche Aspekte der Beziehung zu Tutein reflektiert werden und mit dem dieser 2. Romanteil abschließt.

Im Fragment gebliebenen *Epilog* lesen wir von Horns jungem unehelichen Sohn Nikolaj, der bei seiner Mutter Gemma und ihrem jetzigen Mann Egil Bohn, ein ehemaliger Knecht und Freund Tuteins, aufgewachsen ist. Anläßlich des Mordes an Horn wird Nikolaj von Egil über seine ihm bis dahin verborgen gehaltene, wahre Abstammung aufgeklärt. Auf Wunsch der Eltern reist er nach Fastaholm, um dort am Grab seines leiblichen Vaters einen Kranz niederzulegen. Bei seiner Rückkehr macht Nikolaj in einem Gasthaus die Bekanntschaft eines geheimnisvollen, zunächst namenlos bleibenden Fremden, der überraschenderweise völlig über Nikolajs Familienhintergründe informiert ist und später vorgibt, Alfred Tutein zu sein, in Wirklichkeit jedoch der Mörder Horns, Ajax von Uchri, ist. Zwischen Nikolaj und dem Fremden entwickelt sich eine engere Beziehung, in der sich für kurze Zeit die Liebesfreundschaft zwischen Tutein und Horn zu wiederholen scheint. Bald jedoch trennt sich Nikolaj von Ajax und kehrt mit dem Wunsche, Musiker zu werden, endgültig nach Hause zurück, während Ajax in Stockholm seine eigenen Wege geht. Der *Epilog* greift nochmals, diesmal jedoch dargestellt aus einer anderen Erzählperspektive, zentrale Motive aus den vorangehenden Romanteilen auf; so z. B. die von Identität und Sexualität. Neben dem Gilgameschepos ist es das Motiv des Schreibens selbst wie auch Jahnns Vorstellung von der »Inversion der Zeit«, der Umkehrung der gewöhnlichen Zeitfolge, die seinen mit *Fluß ohne Ufer* unternommenen Versuch bestimmen, die »Mechanik des Schicksals« abbilden zu wollen.

Lit.: T. FREEMAN, H. H. J. – Eine Biographie, Hamburg 1986. – E. WOLFFHEIM, H. H. J., Reinbek 1989.   S. MEYER

Perrudja. 2 Bände; 42 Kapitel; EA Berlin 1929 (1. Buch); NA Frankfurt/M. 1958; EA Frankfurt/M. 1968 (2. Buch, unvollendet); NA Hamburg 1985 (1. und 2. Buch).
Der Roman erzählt – wie es in der vorangestellten »Inhaltsangabe« heißt – einen »nicht unwichtigen Teil der Lebensgeschichte« des »mehr schwachen als starken Menschen« Perrudja (wörtlich: »der zerrüttete Per«), der, »nachdem er sich ins Verantwortungs-

lose hat fallen lassen, eine große Sturmwelle des Allermenschlichsten« antreibt. Der Autor verschränkt dabei zwei verschiedene Gattungstraditionen: die des Bildungsromans, der die innere Entwicklung des Protagonisten in der tätigen Auseinandersetzung mit der Außenwelt schildert, und die des Dekadenzromans, der die Einsamkeit und selbstgewählte Isolation eines Anti-Helden darstellt, und läßt das Geschehen, mit expressionistischem Pathos, in eine Welterlösungsutopie auslaufen – eine Spannung, aus der sich schließlich das Scheitern des Werks erklärt (Wohlleben).
Auf einem abgelegenen Gutshof Norwegens wächst der Junge unter der fürsorglichen Obhut zweier Tanten auf. Herkunft und frühe Kindheit des »Bastards« bleiben im dunkeln. Nach dem Tod der beiden Frauen, »kaum siebzehn Jahre alt«, erwirbt er in der Bergeinsamkeit des Landes ein unfruchtbares, waldreiches Grundstück, auf dem er sich hingebungsvoll der Aufzucht einer Stute widmet, die er in einer Wette gewonnen hat. Er nennt sie Shabdez, in Erinnerung an das in einem Felsrelief verewigte Lieblingspferd des »unheldischen« Sassanidenkönigs Khosro II. Nach und nach vergrößert sich Perrudjas Besitz um weitere Tiere. Der vorzeitig eingefallene Winter führt zu Versorgungsschwierigkeiten. Beim Futterholen stürzt Perrudja und verletzt sich. Der Einsiedler gesundet zwar, aber die Arbeit und die Einsamkeit machen ihm schwer zu schaffen. Unverhoffte Rettung bringt ihm der Knecht Hjalmar, den ein geheimnisvoller Fremder beauftragt hat, sich um Perrudja zu kümmern. Die beiden Männer

freunden sich an, Hjalmar zieht auf Perrudjas Hof und schlägt vor, auch die Kuhmagd Lina in Dienst zu nehmen. Perrudja verliebt sich in die junge Frau, muß aber feststellen, daß sie ein Verhältnis mit Hjalmar begonnen hat. In seinem Unglück stürzt sich Perrudja in die Verschwendung. Von Mister Grigg, dem Fremden, mit schier unerschöpfbaren Geldmitteln versehen, läßt er sich nach eigenen Plänen einen monumentalen Bau, halb Burg, halb Tempel, errichten. Als der junge Bauarbeitersohn Alexander Perrudja seine Liebe anträgt, erwacht in ihm erneut die sehnsüchtige Erinnerung an die Bauerntochter Signe Skaerdal, mit der ihn ein denkwürdiges Kindheitserlebnis verbindet. Bei einer zufälligen Begegnung hatte sie den Knaben einst mit einem Dornbusch blutig geschlagen, vergeblich erwartend, daß auch Perrudja ihr Schmerzen zufüge. Perrudja beschließt, um diese Frau zu werben. Signe, die mit ihren Eltern und Geschwistern auf einem einsamen Bauernhof lebt, ist inzwischen mit dem rohen, triebhaften Thorstein Hoyer verlobt. Obwohl sie sich an ihren »Eid« gebunden fühlt, will sie Perrudja, der ihr gefällt, nicht abweisen. Von Signe geschürt, entbrennt zwischen den beiden Nebenbuhlern ein erbarmungsloser Wettstreit. Mit der Hilfe Heins, Signes jüngerem Bruder, erschießt Perrudja Hoyer aus dem Hinterhalt, streitet gegenüber Signe den Mord aber ab. Perrudja und Signe heiraten. In der Hochzeitsnacht erwartet die Frau ein Tatbekenntnis, aber der Mann schweigt aus. Verletzt über seine Unaufrichtigkeit – »Vor Lügnern fürchtete sie sich. Wildheit war keine Schande. Doch Feigheit des Herzens« – verweigert sie sich ihm. Wenige Tage später verläßt sie das Haus. Perrudja ist verzweifelt. In der Freundschaft zu Hein, der sich ihm bereitwillig als »Sklave« unterordnet und ihm Blutsbrüderschaft gewährt, versucht er Signe zu vergessen. Eines Tages erscheint auf dem Anwesen der Franzose Pujol, der Perrudja seine Kritik an der von Rationalismus, Ausbeutung und Kolonialismus geprägten Kultur des Abendlandes vorträgt und das Projekt ihrer radikalen Erneuerung durch eine kleine Schar »starker« und »gesunder« junger Menschen entwickelt, die sich vorurteilsfrei zur Entfaltung ihrer erotischen und sexuellen Bedürfnisse bekennen und auf einem geschützten »Inselreich« den »neuen Menschen« züchten – ein fiktiver Nachklang des gescheiterten Programms der von Jahnn gegründeten »Glaubensgemeinde Ugrino« (1920-1925). Der Auftakt für die Verwirklichung dieser Ideen soll ein globaler Krieg sein. Pujol eröffnet dem überraschten Perrudja, daß dieser der »augenblicklich reichste Mann dieser Erde«, Herr eines »Holding-Konzerns von bisher unbekannter Größe und Eigenart der Struktur« und »Sklavenhalter von hundertmillionen Menschen« sei und daher die Machtmittel besitze, die Umkehr des Weltgeschehens einzuleiten und durchzusetzen. In Oslo, auf einer Vorstandssitzung seines Trusts, zu dessen Angestellten auch Grigg gehört, hat Perrudja zu entscheiden, ob »der Krieg an den Anfang des neuen Reiches oder in eine späte, ungewisse Zeit« fallen soll. Unfähig, einen selbständigen Entschluß zu fassen, überläßt er die Antwort dem Zufall. Aus

zwei vorbereiteten, ihm aber unbekannten Reden wählt er »linker
Hand den Krieg«. – Der Schluß-
abschnitt des 1. Buches handelt
wieder von Signe, die zurückgezogen in einem Dorf in der
Nähe Perrudjas lebt, »beschützt«
von den Geheimagenten Griggs.
Aus Enttäuschung über den zugleich geliebten wie gehaßten
»Schwächling« Perrudja, gibt sie
sich ihrem Knecht Ragnvald hin,
einem willensstarken »Helden«.
Unter dem Eindruck dieses Erlebnisses läßt sie in einem inneren
Monolog die Machtkämpfe im
antiken Vorderasien Revue passieren, denen sie die tröstliche
Lehre entnimmt, daß die »Über-
wältigten« den Fortbestand der
Zivilisation sichern würden: »So
ist die Welt noch nicht zertrüm-
mert, weil es unheldenhafte Menschen gibt. Männer, die sich verkriechen; Weiber, die schwanger
von den Feinden ihrer Männer
werden, ohne zu sterben.«
Diskontinuierlich wie der Werdegang Perrudjas ist auch die Erzählweise, deren Linearität Jahnn
durch häufige Wechsel der Erzählperspektive, die Verwendung
der Techniken des inneren Monologs und des Leitmotivs sowie den
Einschub von Liednotationen,
Namenslisten, Gesprächen und
Geschichten aufgelöst hat. Diese
zahlreichen Binnenerzählungen,
die der Autor z. T. auch in dem
Band *13 nicht geheure Geschichten*
(1954) gesondert veröffentlicht
hat, umspielen vor allem das Motiv der Abhängigkeit des Menschen von unbewußten Triebre-
gungen und physischen Bedürfnissen und stehen in einem mehr
oder weniger engen Verhältnis
zur Haupthandlung. So wird etwa
von Perrudjas Lektüre berichtet,
zu der z. B. die »Geschichte des

Sklaven« gehört, die von einem
jungen Mann handelt, der es aus
Rücksicht auf den Freundschaftsbund mit seinem Bruder nicht
wagt, einer jungen Frau seine
Liebe zu gestehen und darüber
letztlich alle drei ins Unglück
stürzt. In »Der Zirkel« wird auf
eine verdrängte Kindheitserfah-
rung Perrudjas zurückgegriffen,
die homoerotische Neigung zu
dem Schlachterburschen Haakon,
der die Hilfe seines Freundes bei
der Vergewaltigung einer jungen
Magd in Anspruch nimmt. Auf
das Romangeschehen vorauswei-
sende Funktionen hat die Erzählung »Die Marmaladenesser«, in
der es zu erregten Diskussionen
kommt zwischen Harald Tide-
mand, einem fanatischen Kommunisten, Egil Berg, einem sen-
dungsbewußten Parteigänger des
»Goldenen Siebensterns«, der die
lebensreformerischen Leitideen
Pujols vertritt, und Eilif Borg, der
ganz seinen egoistischen sinnlichen Bedürfnissen lebt. Weitgehend isoliert steht dagegen »Ein
Knabe weint«, die Geschichte eines Jungen, dem die Musik eines
Jahrmarktorchestrions plötzlich
und auf unerklärliche Weise Tränen in die Augen treibt.
Das 2. Buch des Romans, an dem
Jahnn wohl bis 1933 arbeitete und
das postum 1968 erschien, ist
Fragment geblieben. Zur Begründung verweist der Verfasser im
Vorwort zur Neuausgabe des
1. Buches zum einen auf die »politischen Abläufe in Deutschland«
nach 1933, zum anderen auf die
Bedrohung der Menschheit durch
die Atombombe, die insbesondere das »Hauptstück« »Krieg
und Errettung« hinfällig gemacht
habe. Die nachgelassenen Kapitel
ziehen abgebrochene Handlungsfäden des 1. Buches aus, ohne sie

freilich zu einer einheitlichen Komposition zu verweben. In den Städten finden Straßenkämpfe zwischen den Anhängern der rassistischen »Liga für gesinnungstreue Europäer« und den Glaubensgenossen des »Goldenen Siebensterns« statt, unter denen sich inzwischen auch Alexander befindet. Hein bringt Signe zu Perrudja zurück. Vor der Küste Grönlands läßt Grigg ein todbringendes Giftgas ausprobieren. Den Tod Unschuldiger rechtfertigt er gegenüber dem erschrockenen Erfinder mit der stummen Klage der ungesühnten Opfer eines degenerierten Zivilisationsprozesses und entwirft das beklemmende Wunschbild einer neuen Sintflut, das nur ein unheroischer Charakter verwirklichen könne: »Nur einmal dem Tod vorzugreifen, gilt es. [. . .] Nur eine Generation bis auf einen erhabenen Rest auszurotten. Zu wiederholen, was die Sage als Tat Gottes berichtet, daß er die Menschen und alles Getier ersäufte. Nur ein Heide ohne Hoffnungen kann das denken in jenem Zustand, wo das Geschehen rein von Leidenschaft ist.«

Lit.: J. Wohlleben, Versuch über »Perrudja«. Literarhistorische Beobachtungen über H. H. J.s Beitrag zum modernen Roman, Tübingen 1985.   P. Langemeyer

JEAN PAUL (1763–1825)

Blumen-, Frucht- und Dornenstücke oder Ehestand, Tod und Hochzeit des Armenadvokaten F. St. Siebenkäs im Reichsmarktflecken Kuhschnappel. 3 »Bändchen«; EA Berlin 1796/97 (Erweiterung auf 4 »Bändchen«: Berlin ²1818).
Von der ursprünglich geplanten Sammlung vermischter poetischer und essayistischer Einzel-

stücke, auf die der Titel hindeutet, enthält der Roman als »Dornenstück« die Geschichte vom Armenadvokaten Siebenkäs, zwei »Blumenstücke«, darunter die berühmte »Rede des toten Christus vom Weltgebäude herab, daß kein Gott sei«, sowie ein »Fruchtstück« mit einem platonischen Gespräch über das Ich und die Liebe zu anderen Menschen. Vorangestellt ist eine »Vorrede«, in der der Autor Jean Paul seiner Namensbase Johanne Pauline Oehrmann den → *Hesperus* erzählen will; dazu muß er vorher ihren Vater, den Kaufmann Oehrmann, einschläfern, denn er hat seiner Tochter das Lesen von Romanen verboten. – *Siebenkäs* ist der einzige Roman Jean Pauls, in dem die Figur des Humoristen nicht nur als Begleiter der Hauptfigur auftritt, sondern im Zentrum steht, und zwar in doppelter Gestalt, in dem Freundespaar Siebenkäs – Leibgeber. Im Gegensatz zu den am Hof spielenden Romanen wie *Hesperus* und → *Titan,* die Jean Paul später »italienische«, d. h. Romane im hohen Stil, nannte, spielt dieser »deutsche« Roman im mittleren Stil im kleinbürgerlichen Milieu einer Kleinstadt. Der Reichsmarktflecken Kuhschnappel ist eine arme kleine »Freie« Reichsstadt, regiert von den wenigen Honoratioren.
Siebenkäs läßt sich in Kuhschnappel als Armenadvokat nieder und steht vor der Heirat mit der Ratskopistentochter Lenette Egelkraut aus Augsburg, einer Putzmacherin. Er heiratet sie im Vertrauen auf zwölfhundert Gulden Mündelgeld, die der Heimlicher (Geheime Rat) von Blaise, auch Blasius, als Vormund verwaltet. Zur Hochzeit kommen neben dem Lenette aus Augsburg beglei-

tenden Schulrat Stiefel die Hausgenossen, Handwerker und vor allem der Freund Leibgeber mit seinem großen Hund. Leibgeber und Siebenkäs gleichen einander wie Zwillinge und haben deshalb während der Studienzeit ihre Namen getauscht. Der ewige Wanderer Leibgeber spricht sich in radikalen Satiren, die keine Autorität schonen, über das Menschenleben aus. Siebenkäs' Freude erleidet einen schweren Schlag, als Blaise anzweifelt, daß Siebenkäs mit Leibgeber identisch sei, und sich weigert, die Erbschaft herauszugeben. Der einzige Prozeß, den der Advokat Siebenkäs im Roman führen wird, ist sein eigener, der eines Mannes, der währenddessen zunehmend ärmer wird und trotz des Fleißes von Lenette immer mehr Erbstücke ins Pfandhaus bringen muß. Seine einzige Einnahmequelle sind Rezensionen von Schulprogrammen, die in Stiefels Rezensionsorgan erscheinen. Um Geld zu verdienen, macht er sich daran, die *Auswahl aus des Teufels Papieren* (Jean Pauls Satirensammlung, die 1789 anonym erschienen war) zu verfassen. Doch dies verschlimmert vorerst bei einbrechendem Winter die Lage, denn Lenette, besessen von der Sucht zu putzen und zu reinigen, arbeitet in ihrer gemeinsamen Stube und stört den Mann, der verzweifelt versucht, sich zu konzentrieren. Der einzige Hoffnungsschimmer ist das Schützenfest am Andreastag und die Aussicht auf einen Gewinn. Siebenkäs wird tatsächlich Schützenkönig, während die ahnungslos-naive Lenette die Verführungskünste des Everard Rosa von Meyern abzuwehren hat. Der Gewinn vom Schützenfest bringt jedoch nur eine zeitweilige Linderung, zumal sich die Ehesituation durch die wachsende gegenseitige Zuneigung von Stiefel und Lenette und durch Eifersuchtsszenen verschlechtert. Erholung von seinen seelischen und materiellen Leiden wird Siebenkäs durch Leibgeber zuteil, der begeistert auf die ihm übersandten »Teufelspapiere« reagiert und Geld schickt, so daß Siebenkäs im Mai nach Bayreuth wandern kann. Dort trifft er nicht nur Leibgeber, sondern auch Nathalie, die Nichte von Blaise und die Verlobte des Rosa von Meyern. In der zauberhaften Umgebung der Parkanlagen von Bayreuth, zumal der Eremitage, verleben die Freunde erhebende Tage und eine erwiderte Liebe zwischen Nathalie und Siebenkäs entsteht. Nach einer Auseinandersetzung Nathalies mit ihrem Verlobten durchschaut und verabschiedet sie ihn. Leibgeber hat sich einen Plan ausgedacht. Siebenkäs soll die Stelle eines Inspektors antreten, die der Graf von Vaduz Leibgeber angeboten hat. Dafür müssen sie jedoch noch einmal die Namen tauschen, und Siebenkäs muß in Kuhschnappel einen Scheintod sterben. Siebenkäs, der einsieht, daß er in und an Kuhschnappel zugrundegehen würde, läßt sich überreden. Er kehrt nach Kuhschnappel zurück und läßt die Eifersuchtsszenen von Lenette, die durch Rosa von Meyern von Nathalie erfahren hat, über sich ergehen. Der Scheintod, bei dessen Inszenierung Leibgeber die Hauptrolle spielt, läuft in einer Mischung von Groteske und Erhabenheit nach Plan ab. Der Notar versucht sich aus Angst vor von Blaise und von Meyern, die letzten satirischen Verfügungen von Siebenkäs aufzuschreiben. Noch einmal treffen sich die Freunde in der Bayreuther Gegend, dann begibt sich Siebenkäs als Leibgeber zum Grafen von Vaduz, und der namenlose Leibgeber geht mit unbekanntem Ziel auf Wanderschaft. Es fällt Siebenkäs schwer, beim Grafen die Rolle seines Freundes als radikaler Satiriker zu spielen, zumal er sich einsam fühlt. Da erhält er einen Brief von Nathalie (an Leibgeber), die um den geliebten Siebenkäs trauert und Gewissensbisse hat, die Lebensversicherung, die dieser vor seinem Tod für sie abgeschlossen hat, anzunehmen. Auch Stiefel schreibt an Leibgeber, er sei glücklich mit Lenette verheiratet, die ein Kind erwarte, und nach einer Geistererscheinung des toten Siebenkäs – d. h. einer Erscheinung Leibgebers – habe den Heimlicher von Blaise Todesangst ergriffen, und hier sei die Erbschaft. Als Nathalie mit der Nichte des Grafen einen Besuch in Vaduz machen will, beschließt Siebenkäs, die Wahrheit zu bekennen. Er reist nach Kuhschnappel, wo er erfahren muß, daß Lenette im Kindbett gestorben ist. Auf dem Friedhof, bei dem vermeintlichen Grab von Siebenkäs, findet er die trauernde Nathalie, und nun sind die Liebenden endlich vereint.

Durch Siebenkäs wurden die Leser auf die damals völlig erfolglose *Auswahl aus des Teufels Papieren* aufmerksam. Statt einer Neuauflage arbeitete Jean Paul die besten Stücke davon um und konstruierte um diese *Palingenesien,* die 1798 erschienen, eine Handlung, in der das Ehepaar Siebenkäs und Nathalie sowie der Witwer Stiefel auftreten. – Die zweite Auflage von 1818, die heute bekannte Fassung des Romans, brachte eine realistische Ausgestaltung der Ehestandsgeschichte von Lenette und Siebenkäs mit erheblichen Zusätzen. Während Lenette zuerst Jean Pauls Mutter geglichen hatte, die den Haushalt besorgte, als Jean Paul in den achtziger Jahren in Hof erfolglose Satiren schrieb, kamen jetzt Details aus Jean Pauls Eheleben hinzu. – Jean Pauls Romane der mittleren Stillage aus dem bürgerlichen Milieu mit ihren vielen realistischen Details, *Siebenkäs* und → *Flegeljahre,* sind für heutige Leser am leichtesten zugänglich, wenn auch der Erzähler Jean Paul die Geschichte nie für sich selbst sprechen läßt, sondern sie unablässig mit Kommentaren, geistreichen Bemerkungen und Beschreibungen begleitet, die zuweilen gekünstelt erscheinen. Die Handlung des *Siebenkäs* als Geschichte zweier Humoristen wird zudem pointiert nicht nur durch humoristische Szenen und Bemerkungen, sondern auch durch Reden, zumal Leibgebers, unter denen »Adams Hochzeitsrede« und das »Schreiben über den Ruhm« hervorragen. Es fehlt jedoch nicht an direkter politischer Satire des Erzählers, z. B. die »Beilage« zum 2. Kapitel, »Regierung des H. R. R. freien Marktfleckens Kuhschnappel«, wo die Unhaltbarkeit der Zustände im Deutschland des späten 18. Jahrhunderts noch einmal demonstriert wird. – Der humoristische Roman um das Zwillingspaar Leibgeber – Siebenkäs, den Friedrich Schlegel als das bis dahin romantischste Buch des Zeitalters bezeichnete, galt mit seiner wirklichkeitsnahen Darstellung des Ehealltags auch in der Epoche des Realismus als anregendes Beispiel für die eigenen erzählerischen Bestrebungen.

Lit.: G. Schulz, Jean Pauls Siebenkäs, in:

Jean Paul

S. A. CORNGOLD (Hg.), Aspekte der Goethezeit, Göttingen 1977, S. 215–239. – U. KONITZER, Über die »Blumen-, Frucht- und Dornenstücke« des J. P., in: H.-C. KIRSCH (Hg.), Klassiker heute. Zwischen Klassik und Romantik, Frankfurt/M. 1980, S. 16–67.
W. KÖPKE

Flegeljahre. *Eine Biographie.*
4 »Bändchen«; EA Tübingen 1804/5 (Fragment).
Der Plan zu diesem Werk entstand während der Arbeit am → *Titan.* Zeitweise sollten die Romane zusammen als Kontrastbücher erscheinen. Aus der Geschichte des naiven Walt entwickelte sich die der Zwillinge, dann erst kam das Testament als Handlungsrahmen hinzu. Jean Paul stand auf der Höhe seiner gestalterischen Kraft und schilderte die Freuden und Leiden des armen, jugendlich-naiven Dichters aus der Perspektive teilnehmender Ironie, die weiß, wie schnell das Leben jugendliches Weltvertrauen zerstört. Die einzigartige Mischung von Zauber und Ironie, Realismus und Traum und der hintergründige Humor machen das Buch zum Meisterwerk des »poetischen Realismus« und zum Prototyp eines »deutschen« Romans, so wie ihn Jean Paul in der *Vorschule der Ästhetik* charakterisierte.
Der reichste Mann in der kleinen Residenzstadt Haßlau, Van der Kabel, eigentlich Friedrich Richter, hat in seinem Testament seine sieben weitläufigen Verwandten enterbt und den Schulzensohn Gottwalt Harnisch aus dem Dorf Elterlein zum Universalerben eingesetzt. Jedoch muß Walt neun Prüfungen bestehen: drei Monate Notariat, ein Tag Klavierstimmen, ein Monat Obergärtner, zwölf Bogen als Korrektor durchsehen, als Jäger einen Hasen erlegen, eine Woche bei jedem Miterben wohnen, mit Herrn Pasvogel,

Buchhändler und Miterbe, auf eine Buchmesse gehen, auf dem Land Schule halten und am Ende Pfarrer werden. Das letzte hatte sich Walt, den sein Vater zum Jurastudium gezwungen hat, sowieso gewünscht. Für jeden Fehler bei seinen Prüfungen verliert Walt einen Teil seines Erbes an die enterbten Verwandten. Walt ist Dichter. Er schreibt Streckverse oder Polymeter, Verse ohne Metrum und Reim, Gedichte in Prosa also. Begeistert liest er diese Verse vor. Ebenso begeistert erzählt er von seiner zufälligen Begegnung mit einem großen Mann, in dem man unschwer Herder erkennt. Stattdessen sollte er sich auf das Notariatsexamen beim Hoffiskal Knol, einem Miterben, konzentrieren, das er nur mit Mühe und Not besteht. Sein Vater zwingt ihn, nach Haßlau zu reiten, was zu einer Reihe komischer Szenen Anlaß gibt. Walt steigt im »Wirtshaus zum Wirtshaus« ab, einem Wirtshaus mit einem Wirtshausschild als Chiffre unendlicher Spiegelung. Hier spricht ihn sein Zwillingsbruder Vult, kurz für ›Quid deus vult‹ an, der von zu Hause fortgelaufen war und nun als umherziehender Flötenvirtuose nach Haßlau gekommen ist. Vult nennt sich »van der Harnisch« und hat die Satirensammlung *Grönländische Prozesse* (ein Werk Jean Pauls, 1783 ff.) verfaßt. Er schlägt Walt vor, zusammen mit ihm einen satirisch-empfindsamen Doppelroman »Hoppelpoppel oder das Herz« zu schreiben. – Walt bezieht eine Dachkammer bei dem Kaufmann Neupeter, einem weiteren Miterben. Er sehnt sich nach einem Freund und glaubt sein Ideal in dem sich englisch gebärdenden Grafen Klothar gefunden zu haben, was sofort Vults Eifersucht erregt. Anders aber als im → *Hesperus,* wo englischer Stolz und Standesunterschiede keine Hindernisse sind, weist der Graf Walt, der sich ihm verschiedentlich zu nähern versucht, in beleidigender Weise zurück. Als Parodie auf den *Hesperus* gibt ferner Vult vor seinem Konzert in Haßlau vor, zu erblinden, was Raphaela, Neupeters Tochter, sogleich mit dem Flöte spielenden blinden Julius im *Hesperus* in Verbindung bringt. Eine weitere parodistische Anspielung ist der von Raphaela inspirierte Park Neupeters, wo Sinnsprüche an den Bäumen angeben, was man fühlen soll. Das Werben Walts um Klothar nimmt das 2. Bändchen ein; es endet in einer Katastrophe, in der Aufhebung der Verlobung zwischen Klothar und Wina, nachdem Walt einen Brief von Wina, den Klothar verloren hatte, aus Ungeschick Winas Vater, dem General Zablocki, übergeben hat. Walt hatte Wina in Vults Konzert zum erstenmal gesehen, und er wußte sofort, daß er seiner ersten und letzten Liebe begegnet war. Vom General dazu bestellt, französische Liebesbriefe abzuschreiben, kommt Walt mit Wina ins Gespräch. Vor allem aber kommen sie einander näher, als Walt sie mit ihrem Vater auf seiner spontan unternommenen Reise nach Rosenhof trifft, nicht weit vom Dorf Joditz (wo Jean Paul seine Kindheit verbrachte) und St. Lüne aus dem *Hesperus.* Der unschuldige Walt entgeht nur mit Hilfe eines maskierten Herrn den Verführungen der Schauspielerin Jakobine, die ihn das Erbe gekostet hätten. Seine Abenteuer erweisen sich freilich im nachhinein als eher harmlos, hat ihn doch Vult von ferne begleitet und

schützend bewacht. – Währenddessen gehen die Erbämter langsam voran. Der Tag Klavierstimmen kostet Walt 32 Beete der Erbäcker, weil er beim Polizeiinspektor Harprecht, auch einem Miterben, so viele Saiten hatte springen lassen. Das Notariat endet mit zehn Fehlern, und jeder der Miterben darf zehn Bäume in Van der Kabels Wald schlagen. Abgewiesen von Neupeter, geht Walt zum leichtsinnigen Elsässer Flitte und wohnt bei ihm, der ständig auf der Flucht vor Gläubigern ist, eine Woche in Saus und Braus. Flitte scheint es gut zu meinen. Als er nach Ablauf der Woche gefragt wird, ob Walt Fehler im Französischen gemacht habe, verneint er, obwohl er allerhand hätte vorbringen können. Andererseits ist Walt so unvorsichtig gewesen, einen Wechsel für Flitte zu unterschreiben, der in sechs Monaten fällig wird und ihm große Schwierigkeiten bringen kann. Schließlich fängt Walt an, Korrektur zu lesen. Pasvogel hat ihm das Schwierigste ausgesucht, und viele Fehler und Strafen sind zu erwarten. – Walt und Vult arbeiten am »Hoppelpoppel«, Walt mehr als Vult. Mit den ersten Versuchen, einen Verleger zu finden, haben sie allerdings keinen Erfolg, unter anderem, weil man sie bezichtigt, zu sehr Jean Paul nachgeahmt zu haben. Vult zieht schließlich auch zu Neupeter, und die beiden Brüder führen ein Doppelleben. Auch dieses treibt einer Krise zu, als Vult sich in Wina verliebt und entdeckt, daß auch Walt sie liebt. Von Vult auf der Flöte begleitet, singt Wina ein Geburtstagsständchen für Raphaela, ein Gedicht von Walt in Vults Vertonung; als Vult die Gelegenheit zu einer Liebeserklärung benutzt, wird er abgewiesen. Der Zufall einer Lotterie bringt den Brüdern Kostüme für den Maskenball. Walt erscheint als Fuhrmann und Bergknappe, Vult als weibliche Spes (Hoffnung). Vor einem Tanz zwingt Vult den Bruder, die Kostüme zu tauschen. Er tanzt mit der im Kostüm einer Nonne auftretenden Wina und bringt sie zum Geständnis ihrer Liebe für Walt. Dieser findet seinen Bruder nicht mehr und muß als Spes nach Hause gehen. Dort entdeckt er Vult, der sich tief schlafend stellt, in Wahrheit jedoch dem Bruder gerade einen Abschiedsbrief geschrieben hat. Walt träumt einen gewaltigen kosmogonischen Traum, den er dem Bruder erzählt. Als er Vult nach dessen Meinung dazu fragt, setzt dieser wortlos zum Flötenspiel an und entfernt sich aus dem Haus, ohne daß Walt das begreift. An dieser Stelle bricht der Roman ab.

Die Freundschaft der Zwillinge ist von Vults Seite ein ständiger Wechsel von Anziehung und Abstoßung, von Enttäuschung und neuer Hoffnung. Walt hingegen nimmt ihre Beziehung für selbstverständlich und sieht nicht, was sie für Vult bedeutet. So ist mit Vults Abschied die Gemeinschaft der beiden zu Ende und damit auch dieser Handlungsstrang. Hinsichtlich der Testamentsgeschichte steht das Buch allerdings noch eher am Anfang. Die Handlung ist mit einiger Sicherheit vorhersagbar. Walt wird viel von der Erbschaft verlieren, wenn nicht gar alles. Vielleicht aber beschert ihm ein Wunder zum Schluß noch eine geheime Reserve. Das in Aussicht stehende idyllische Pfarrerleben läßt auch eine glückliche Ehe mit Wina erwarten. All das

setzt eigentlich einen Bildungsprozeß voraus, den Van der Kabel im Testament fordert, also eine positive Bewältigung der Wirklichkeit. Walt, so wie ihn der Leser nach dem Maskenball und dem Traum verläßt, ist jedoch so träumerisch, idealistisch, vertrauensselig und ichbefangen wie je. Er beginnt, einem Kauz wie Fixlein ähnlich zu werden. Der offene Schluß der *Flegeljahre* kommt in einem Augenblick, in dem Gefahr besteht, daß die heitere Ironie des Erzählers in Trauer und Bitterkeit umschlägt. – Zum Testament und zur Geschichte gehört, daß Walts Prüfungen in einem Buch beschrieben werden sollen. Dafür wird niemand anders als Jean Paul Friedrich Richter bestellt, der für jedes Kapitel einen Gegenstand des Naturalienkabinetts von Van der Kabel erhält. »Friedrich Richter« war der Name Van der Kabels, und so soll Walt am Ende heißen. Die Vorarbeiten und andere Aufzeichnungen belegen, daß Jean Paul in den Zwillingen seine eigene Doppelnatur darstellen wollte: Poesie und satirischer Humor; aber auch die jugendliche Vergangenheit in Walt und die skeptische Gegenwart in Vult. So gibt es mehrfache Bezüge zwischen Autor und Text. Auch Kunst und Kunsttheorie der Zeit sind in den Roman eingearbeitet, Herder erscheint persönlich, und seine Anschauungen werden diskutiert. Kritik an der Romantik wird immer wieder laut, und Jean Paul Friedrich Richter spricht in eigener Sache.

Flegeljahre waren buchhändlerisch ein ausgesprochener Mißerfolg. Das mag mit dazu beigetragen haben, Jean Paul die schwierige Aufgabe der Fortsetzung, an die er immer wieder dachte, zu verleiden. Manche Leser reagierten jedoch sehr zustimmend, z. B. Eichendorff, dessen → *Aus dem Leben eines Taugenichts* verrät, daß er die Passage über Walts Reise im 3. Bändchen genau gelesen hat. Auf die Dauer haben sich die *Flegeljahre* als das meistgeschätzte Werk Jean Pauls erwiesen und sind die Hauptursache für seine große Beliebtheit bei so vielen deutschen Schriftstellern der Gegenwart.

Lit.: H. MEYER, Jean Pauls »Flegeljahre«, in: U. SCHWEIKERT (Hg.), Jean Paul, Darmstadt 1974, S. 208–265. – W. WIETHÖLTER, Jean Pauls Flegeljahre, in: P. M. LÜTZELER (Hg.), Erzählungen der deutschen Romantik, Stuttgart 1981, S. 163–193.   W. KÖPKE

Hesperus oder 45 Hundsposttage. *Eine Biographie.* 3 »Heftlein«; EA Berlin 1795 (Erweiterung auf 4 »Heftlein«: Berlin ²1798).

Auf der Höhe der Weimarer Klassik wurde 1795 ein antiklassischer Roman eines bis dahin unbekannten Autors zu einem überwältigenden Erfolg bei der Leserwelt. Beeinflußt von Sternes *Tristram Shandy* und Swifts Satiren, von Wielands → *Geschichte des Agathon* und Friedrich Wilhelm von Meyerns *Dya-Na-Sore* (1787), wurde *Hesperus* zum Manifest eines empfindsam-humoristischen, subjektivistischen Erzählens, im Gegenzug zu Goethes distanziertem → *Wilhelm Meister.* Für die Zeitgenossen verschmolz die Erzählerfigur »Jean Paul« schnell mit dem Autor Jean Paul Friedrich Richter und seinem exzentrischen Benehmen.

Der Erzähler Jean Paul haust auf einer Insel im künstlichen See aus dem vorigen Roman *Die unsichtbare Loge* (1793), wo ihm ein Hund, ein Spitz, an 45 Hundsposttagen von einem geheimnisvollen »Knef« Materialien einer Biographie bringt, die Jean Paul schreiben soll. Jean Paul, der ungern erzählt, erlaubt sich dann und wann einen »Schalttag« für aphoristische und essayistische Betrachtungen (darunter besonders bemerkenswert der 6. Schalttag »Über die Wüste und das gelobte Land des Menschengeschlechts«, eine Auseinandersetzung mit der Geschichtsphilosophie Lessings und Herders) oder auch ein satirisches »Extrablatt«. Zudem bleibt er mit einer betont subjektiven Erzählweise, die auch die Schreibsituation miteinbezieht, ständig im Bewußtsein des Lesers gegenwärtig. – Die Fabel handelt von verlorenen und wiedergefundenen Brüdern und von der Erziehung eines Prinzen und Thronfolgers, der nichts von seinem Rang weiß. Sie spielt in dem fiktiven Fürstentum Flachsenfingen und wird vor allem von den zahlreichen Hofintrigen getragen. An die Tradition des Staats- und des Entwicklungsromans anknüpfend, ist *Hesperus* zugleich ein Buch über Freundschaft und Liebe, die gesellschaftliche Standesunterschiede überwinden und als bedeutungslos erscheinen lassen.

Der frischexaminierte Arzt Viktor, auch Sebastian genannt und angeblicher Sohn von Lord Horion, kommt in das Dorf St. Lüne, um einer Taufe bei Pfarrer Eymann beizuwohnen und die Sehkraft des Lords durch eine Operation wiederherzustellen. In St. Lüne trifft er auch seinen Freund Flamin, Eymanns – angeblichen – Sohn, und begegnet der zarten Klotilde, Tochter der Nichte des Lords, die mit dem Kammerherrn Le Baut verheiratet ist. Der Lord, einer der Drahtzie her am Hof, schickt Viktor zu seiner Vertretung in die Residenz. Dort lernt Viktor die Kinder des Ministers von Schleunes kennen, Matthieu und Joachime, und kommt der aus Italien stammenden Fürstin Agnola nahe, die sich bei dem Fürsten Januarius langweilt. Viktors Herz zieht es jedoch weg vom Hof, nach St. Lüne oder in den Park von Maienthal, wo sein indischer Lehrer Dahore in Erwartung seines nahen Todes lebt, zusammen mit dem blinden, Flöte spielenden Knaben Julius. Viktor verliebt sich in Klotilde, der auch die Liebe Flamins gilt. Doch Viktor erfährt auf der künstlichen »Insel der Vereinigung«, daß Flamin in Wahrheit ein Sohn des Fürsten und Klotildes Bruder ist. Dies teilt ihm der Lord mit unter dem Siegel strengster Verschwiegenheit, das Viktor erst eine Stunde vor seinem Tod brechen dürfe. Dann macht sich Horion nach England auf, um auch die anderen vier Söhne des Fürsten zu suchen. Matthieus Hofintrigen verbunden mit Flamins Eifersucht, bringen Viktor in Schwierigkeiten. Nach erhebenden Pfingsttagen bei Emanuel Dahore in Maienthal wird Viktor mit Klotilde von Flamin überrascht, dabei kommt es fast zu einem Duell der beiden Freunde. Als Viktor förmlich um die Hand Klotildes anhält, läßt sich Flamin zu einem Duell mit ihrem Stiefvater Le Baut hinreißen, der dabei getötet wird, jedoch nicht von Flamin, der sich selbst für den Mörder hält, sondern – wie sich erst später herausstellt – von dem intriganten Matthieu. Flamin kommt ins Gefängnis und soll hingerichtet werden. Drei junge republikanisch-revolutionäre Engländer wollen ihn befreien,

und auch Viktor setzt sich für ihn ein – ein Hinweis darauf, daß die Handlung in der Zeit der Französischen Revolution spielt und die revolutionäre Stimmung auch auf deutsche Kleinstaaten übergreift; sie erfaßt zwar nicht das Volk, aber idealistische Jünglinge. In dieser politisch geladenen Situation ereignet sich der ersehnte Tod Dahores. Dahore glaubt bereits gestorben zu sein und verrät Viktor, Julius sei der Sohn des Lords, er jedoch der Sohn des Pfarrers Eymann. Viktor nimmt sich des blinden Julius an und übergibt ihn dann Klotilde, weil er für Flamin sterben will. Erst im Sterben kann er das Geheimnis preisgeben und Flamin retten. Doch Matthieu kommt ihm zuvor und enthüllt alles, was Viktor herausgefunden hatte: Die drei Engländer sind die anderen Söhne des Fürsten. Im letzten Hundsposttag wird der Erzähler Jean Paul von seiner Insel entführt, zu den von ihm beschriebenen Gestalten gebracht und erfährt, er selbst sei der lange gesuchte letzte Sohn des Fürsten. Trotz des großen Standesunterschieds kann Viktor nun Klotilde heiraten. Flamin ist designierter Thronfolger. Der zurückkehrende Lord enthüllt und ordnet alles, dann geht er auf die »Insel der Vereinigung« und gibt sich am Grab seiner Frau den Tod. Sein melancholisches Leben hat seine Erfüllung gefunden.

Die wie bei allen Erzählwerken Jean Pauls eher künstlich wirkende Handlung des Romans dient als Vehikel, um im Kontrast zwischen Erhabenheit und Humor, zwischen Empfindsamkeit und Satire exemplarische Situationen des menschlichen Lebens vorzuführen, scharfe Kritik an der

Korruptheit von Hof und Adel zu üben sowie Mitgefühl mit der leidenden Menschheit zum Ausdruck zu bringen. Als Ganzes hat die stellenweise melodramatische und nicht immer wahrscheinliche Handlung ihren Sinn als Beschreibung der Herausbildung einer neuen Gesellschaft durch die innere Umwandlung von Menschen und Institutionen. Zugleich weist der Roman einen beträchtlichen Realitätsgehalt auf und ist ein aufschlußreiches literarisches Dokument für die kleinstaatlichen Verhältnisse zur Zeit des endenden Heiligen Römischen Reiches Deutscher Nation. Bis in die Mitte des 19. Jahrhunderts blieb *Hesperus* mit seinen zwischen den Extremen wechselnden Gefühlslagen und seinem revolutionären Pathos ein Lieblingsbuch jugendlicher Leser. Jean Paul hat in seinen späteren Werken den *Hesperus* mit seinem Gefühlsüberschwang parodiert, wurde jedoch in der Literaturgeschichte auf Struktur und Stil seines erfolgreichsten Werkes festgelegt.

Lit.: H. Verschuren, J. P.s »Hesperus« und das zeitgenössische Lesepublikum, Assen 1980.   W. Köpke

Der Komet oder Nikolaus Marggraf. *Eine komische Geschichte.* 3 »Bändchen«; Berlin 1820–22 (Fragment).

Seit 1806 trug sich Jean Paul mit dem Plan eines großen komischen Romans nach dem Vorbild von Cervantes und Rabelais. Er begnügte sich schließlich mit dem bescheideneren Projekt der komischen Geschichte von Nikolaus Marggraf und sparte andere Stoffe und Materialien für eine Art komischer Enzyklopädie auf – mitunter der »Papierdrachen« genannt –, die jedoch nicht zustande

kam. Obgleich der *Komet* eine relativ geradlinige Geschichte wurde, konnte Jean Paul den Roman – auch unter dem Eindruck des Todes seines einzigen Sohnes am 25. 9. 1821 – nicht vollenden. Zeitweilig dachte er daran, die Geschichte Marggrafs mit seiner eigenen Autobiographie zu verknüpfen, der »Selberlebensbeschreibung«, deren ausgeführter Teil nur die Zeit der Kindheit und Jugend umfaßt.

Abweichend von Jean Pauls früheren Romanen und seinen ursprünglichen Plänen setzt die Handlung nicht mit dem Studentenalter, sondern mit der Kindheit des Helden ein; daher sind die Kapitel des 1. Bändchens »Vorkapitel« überschrieben. In manchen Einzelheiten erscheint der *Komet,* von Jean Paul zuweilen auch »Antititan« genannt, wie eine Parodie auf seine früheren Romane → *Titan* und → *Hesperus.* Das beginnt mit der Abstammung des Helden. Nikolaus' Vater Henoch Elias Marggraf ist Apotheker in dem Landstädtchen Rom in der Marggrafschaft Hohengeist. Als Reiseapotheker des Erbprinzen von Hohengeist lernte er in dem Badeort Margarethahausen die italienische Sängerin Mara oder Margaretha kennen, deren funkelnde Diamanten ihm ins Auge stachen. Neun »kurze« Monate, nachdem sie seinen Heiratsantrag angenommen hatte, gebar sie Nikolaus; nach der Geburt ihrer dritten Tochter beichtete sie als Sterbende, daß Nikolaus der Sohn eines katholischen Fürsten sei und wo sie ihre – verschwundenen – Diamanten versteckt habe. Nikolaus ist durch zwei Geburtsmale gekennzeichnet: zwölf Blatternarben auf der Nase und einen im Dunkeln aufleuchtenden Heiligenschein. Grenzenlose Menschenliebe, leidenschaftliches Ehrgefühl und heftiger Gerechtigkeitssinn sowie eine von der Wirklichkeit gänzlich ungehinderte Phantasie und Tagträumerei rücken ihn in die Nähe von Don Quichote. Seit seiner frühen Jugend ist er in die gleichaltrige Prinzessin Amanda verliebt, die einst durch Rom kam und deren Wachsbüste er gestohlen und in einer Standuhr versteckt hat. Der alte Apotheker macht eher lächerliche Versuche, seinem Sohn eine vornehme Prinzenerziehung angedeihen zu lassen; er läßt ihn Französisch lernen und Tanzunterricht nehmen und schickt ihn mit seinem Freund Peter Worble auf die Universität in Leipzig. Als er seinem Sohn das große Geheimnis offenbart, ist dieser nur zu gern bereit, ihm zu glauben. Als der Vater stirbt, bleibt Nikolaus nichts anderes übrig, als die Apotheke zu übernehmen, um sich und seine drei Schwestern zu ernähren. In der Gesellschaft seiner Freunde, dem humorvollen Nichtsnutz Worble, dem Zuchthausprediger Frohauf Süptitz und dem Hofstallmaler Renovanz – allesamt verschuldet und ohne Aussicht auf Geld – vertreibt er sich die Zeit. (Jean Paul parodiert mit der Darstellung dieses Kreises die revolutionären Klubs und spielt wie auch an anderen Stellen des Romans auf die Polizeispitzelei nach 1815 an.) Im Gegensatz zu seinen Freunden ist Nikolaus voller Hoffnung; nach seinen Versuchen der Goldherstellung hat er sich der Erfindung von Diamanten zugewandt. Mit seinem Stößer Stoß liegt er vor dem »faulen Heinz«, dem chemischen Ofen, und baut sich Ätherschlösser, die im Gegensatz zu Luftschlössern

kein Fundament in der Wirklichkeit haben. Von Mißerfolgen unbeirrt, gelingt ihm in einem dramatischen Moment – als eben die Verwandtschaft zu einem Essen kommt, für das kein Geld vorhanden ist – die Herstellung eines wirklichen Diamanten: klar, hart und durch keinen Schlag zu zertrümmern. Sofort verkauft Nikolaus den Diamanten weit unter Wert an seinen Hauptgläubiger, den Juden Hoseas. Er beschließt, auf Reisen zu gehen, um seinen unbekannten fürstlichen Vater und Amanda zu suchen, mit deren Büste er sich regelmäßig zu unterhalten pflegt. Sein fürstliches Gefolge, ein Narrentroß, begleitet ihn: seine Schwester Libette, die ihn in seiner Narrheit beschützen will, als Hofnarr, der Humorist Worble als Reisemarschall, der Geistliche Süptitz, der in seiner Ängstlichkeit ständig zwischen Ja und Nein schwankt, Renovanz als Parodie des klassizistischen Künstlers mit seinem ätherisch aussehenden Bruder Raphael, schließlich noch der Stößer Stoß und der Rezeptuar aus der Apotheke sowie der Diamantenhändler Hoseas und sein jüdischer Koch. Auf der Reise sehen sie »einen dürren Jüngling mit offener Brust und fliegendem Haare, und mit einer Schreibtafel in der Hand, singend im Trabe laufend«. Es ist der Kandidat Richter aus Hof, ein Alter ego des jugendlichen Jean Paul, der sogleich als Wetterprophet engagiert wird und als einziger im Gefolge an die fürstliche Abkunft von Marggraf glaubt. Bei der Schilderung des Zuges, die das Ende des 2. Bandes beginnt und den 3. Band ausfüllt, fehlt es ebensowenig wie vorher an derbkomischen Episoden in der Tradition von Smollett oder

Rabelais. Im Vertrauen auf einen stets zu erneuernden Vorrat an Diamanten gibt Nikolaus sein Geld verschwenderisch aus. Er kauft transportable Häuschen, die immer wieder auf- und abzubauen sind, und nennt sie Nikopolis. Es ist Frühlingsanfang, damit auch der Geburtstag Jean Pauls (21. 3. 1763) und des Kandidaten Richter im Buch, und heiteres Wetter. Erstes Ziel ist die Residenz- und Kunststadt Lukas-Stadt; sie brauchen Pässe um hineinzugelangen. Worble besorgt für Marggraf den Paß eines Geisteskranken – Anlaß für satirische Spitzen des Autors gegen Polizei und Paßzwang. Der Einzug von Nikolaus endet freilich in Verwirrung; dichter Nebel bringt alles durcheinander und die Einwohner schreien, ein neuer Prinz sei geboren; bevor Nikolaus und sein Gefolge ihr Quartier, den »römischen Hof« des Besitzers Pabst beziehen, begegnen sie einem teuflisch aussehenden, in Leder gekleideten Mann, der prophezeit, daß der Fürst der Welt regieren werde. In Lukas-Stadt läßt sich Nikolaus von sämtlichen Malern porträtieren und begegnet einer fremden Prinzessin, die ihn an Amanda erinnert. Die Einbildungen und Spiegelungen multiplizieren sich, als Marggraf, der sich für einen Fürsten hält, im Incognito eines Grafen Hasencoppen in den Bildersaal geht, in dem seine – fürstlich bezahlten – Porträts ausgestellt sind. Heikle Berührungen mit dem wirklichen Hof werden vorerst von Worble entschärft. Schließlich kommt es zu der mehrfach aufgeschobenen Begegnung mit dem angsterregenden Ledermenschen, den sich Kain nennt; er hält eine Strafrede über die Narrheit der Menschen,

zumal die angemaßte fürstliche Würde über eine Welt, die in Wahrheit dem Teufel untertan sei. Eingeschläfert von dem Magnetiseur Worble, spricht er als unschuldiger, reiner Mensch, der lästern müsse, wenn er wach sei, und vor dem sich Nikolaus mit seinem Heiligenschein hüten solle. Als er eben sagt: »Jetzo lieb' ich Euch Sterbliche alle«, schlägt die Glocke, und er wird wieder zum Diener des Teufels. Mit seinem Ausruf: »warum hattest du mich verlassen?« endet der Band und das Romanfragment.

Nikolaus' Fürstenwahn erscheint als Krankheit, von der der Held geheilt werden kann, mag darauf der Tod folgen wie bei Don Quichote oder ein neues Leben. Vorher sollten sich noch einige Komplikationen einstellen, vor allem das Versiegen des künstlichen Reichtums. Der *Komet* parodiert die Wahnexistenz, die sich vor allem im Fürstenwahn des Nikolaus Marggraf (Jean Paul erwähnt übrigens die gängige, aber falsche Auffassung, Napoleon habe Niccolo, also Nikolaus geheißen) manifestiert; als Parodie auf die wahnhaft wuchernde Phantasie ist der Roman zugleich als Selbstkritik der Kunst zu lesen, wobei Jean Paul auf die eigene Person und sein Werk ausdrücklich Bezug nimmt.

Lit.: U. Schweikert, J. P.s »Komet«. Selbstparodie der Kunst, Stuttgart 1971.   W. Köpke

Titan. 4 Bände; EA Berlin 1800–1803.
Die Idee zu seinem »Kardinalroman«, der ihn zehn Jahre lang beschäftigen sollte, kam Jean Paul am 31. Dezember 1792. 1797 begann er mit der Ausarbeitung, die er 1798–1800 in engem Austausch mit Herder in Weimar fortsetzte.

1800 erschien der 1. Band, dann jedes Jahr ein weiterer. Das lange angekündigte Werk enttäuschte die ersten Leser, wozu auch die sich über Jahre hinziehende Publikation in einzelnen Bänden beigetragen haben mag. Es kam nie zu der geplanten 2. Auflage, für die Jean Paul das Werk gründlich umarbeiten wollte. Erst das 20. Jahrhundert hat diesem Hauptwerk Jean Pauls, in dem er sich umfassend mit seinem Zeitalter auseinandersetzte, mehr Gerechtigkeit widerfahren lassen. – Der Roman schildert den Bildungsweg eines jungen Fürsten, der sein Land reformieren und einer besseren Zukunft entgegenführen könnte. Eingebettet ist diese gegen Goethes → *Wilhelm Meisters Lehrjahre* geschriebene Bildungsgeschichte in eine dynastische Intrige alten Stils: zwischen den Fürstentümern Hohenfließ und Haarhaar besteht ein Erbvertrag, nach dem das Erlöschen des Mannesstammes in einem der Fürstentümer zur Übernahme durch das andere führt. Haarhaar, vertreten durch seinen Agenten von Bouverot, will diesem Prozeß nachhelfen. So verführt Bouverot den Hohenfließer Erbprinzen Luigi auf seiner Italienreise zu gesundheitsgefährdenden Ausschweifungen. In einer Strategie, die eine reichliche Verwendung von Handlungselementen des Geheimbundromans erlaubt, wird jedoch heimlich ein weiterer Erbe der Hohenfließer Linie, Albano, ohne Kenntnis seiner Herkunft und Bestimmung fern vom Hof aufgezogen.
Der Roman setzt damit ein, daß Albano, der sich für den Sohn des spanischen Grafen Gaspard von Cesara hält, zum Lago Maggiore und auf die Isola Bella kommt,

um dort seinen Vater zum ersten Mal zu sehen. Begleitet wird er von Dian, einem griechischen Architekten und Künstler, der für Schönheit und Menschenliebe lebt, und dem Bibliothekar Schoppe, seinem Erzieher, der sich durch extremen und politisch radikalen Humor auszeichnet und in dem der Leser den Leibgeber aus *Siebenkäs* (→ *Blumen-, Frucht- und Dornenstücke*) wiedererkennen kann. Dazu kommt noch der Oberhofmeister von Augusti, der den ungebärdigen Jüngling Albano am Hohenfließer Hof in Pestitz einführen und ihn an die Umgangsformen des Hofes gewöhnen soll. Albano war es nämlich bisher nicht erlaubt, Pestitz, die Lindenstadt, zu betreten. Er ist im Dorf Blumenbühl bei dem Landschaftsdirektor von Wehrfritz aufgewachsen. Der Schulrektor des Dorfes vermittelte ihm ein kunterbuntes Wissen, und vom Tanzlehrer Falterle lernte er Musik, Französisch, Tänze und Benehmen. Wichtiger war für ihn das Leben in der freien Natur, Raum für Jungenstreiche, und die zufällige Begegnung mit Dian, der ihn an Lektürestoffe heranführte, von denen ihm Shakespeare und Rousseau lebenswichtig wurden. – Gaspard, »ein Cherub mit dem Keime des Abfalls«, wehrt mit distanzierter Kälte Albanos Gefühlsstürme ab. Albano wird noch mehr verwirrt durch geheimnisvolle Vorzeichen und Erscheinungen, die ihm eine Krone und eine Frau von großer Schönheit prophezeien. In dieser Stimmung kommt er nach Pestitz, wo das Begräbnis des alten Fürsten und die Thronbesteigung Luigis stattfinden. Albano sucht die Bekanntschaft der Kinder des Ministers von Froulay, von denen ihm vorher so viel erzählt worden war. Roquairol von Froulay hatte als Knabe um die stolze Linda de Romeiro, Gaspards Mündel, geworben. Als er abgewiesen wurde, hatte er sich auf einem Kostümball als Werther verkleidet erschießen wollen, sich aber nur leicht verletzt. Seine Schwester Liane kann sich mit ihrer Religiosität und Empfindsamkeit nicht mit dem intriganten Hofmilieu arrangieren. Heftige Strafen des tyrannischen Vaters bringen sie zum Erblinden. Sie wird Albanos große Liebe. Roquairol trifft er endlich nach einem Maskenball in dem schauerlichen »Tartarus«-Teil des Parks von Lilar. Ihre Freundschaft beruht auf einem blinden Vertrauen Albanos und dem Versuch Roquairols, des Schauspielers seiner selbst, in die Unschuld zurückzukehren – was ihm aber nicht gelingt. Er genießt sie nur als ästhetischen Reiz. – Liane gerät in das Netz der doppelten Intrige: der einen zugunsten Albanos, die von Gaspard manipuliert wird, und der anderen von Haarhaar. Der Hofprediger Spener eröffnet ihr das Geheimnis von Albanos Geburt, und sie verzichtet auf ihn. Mit Mühe entgeht sie einem von ihrem Vater arrangierten Vergewaltigungsversuch des Herrn von Bouverot. Doch sie zerbricht an diesen Leiden. Albano glaubt ihren Tod nicht überleben zu können. Da bringt der treue Schoppe die Liane täuschend ähnlich sehende Prinzessin Idoine von Haarhaar dazu, Albano zu ›erscheinen‹ und ihm Frieden zu versprechen. – Gaspard bringt den erschöpften Albano nach Rom, zur Bildung und Genesung. Die Monumente der großen Vergangenheit sind für Albano nicht nur Anlaß ästheti-

schen Genusses, sie drängen ihm auch die Verpflichtung auf, für die Menschheit tätig zu werden. Er beschließt, in der Armee des revolutionären Frankreich mitzukämpfen. *Titan* ist in diesem Sinn bei seinem Erscheinen bereits ein ›historischer‹ Roman, der zur Zeit des napoleonischen Regimes die Stimmung der hoffnungsvollen ersten Revolutionsjahre zurückruft. – Vorerst besucht Albano allerdings Neapel und Ischia, wo er herausfindet, daß die Hohenfließer Prinzessin Julienne seine Schwester ist, und wo er Linda kennenlernt, mit der ihn sogleich eine gegenseitige Liebe verbindet. Linda wird als außergewöhnliche Frau geschildert, die um jeden Preis ihre Freiheit bewahren und deshalb auch nicht heiraten will. Diesem ersten Konflikt zwischen Albano und Linda folgt der zweite: sie lehnt seinen Plan mit Frankreich kategorisch ab. Trotzdem verleben die Liebenden erhebende Tage in Italien und auf dem Weg zur Isola Bella. – Mit der Rückkehr nach Pestitz überstürzen sich die Ereignisse in dramatischer Weise. Nachdem Roquairol Albanos Ziehschwester Rabette von Wehrfritz verführt hatte, waren aus den Freunden Feinde geworden. Roquairols Trauer um Liane und seine Eifersucht wegen Linda bilden weitere Motive zur Rache, unterstützt von Isabella, Luigis Frau, die Albano liebt, aber abgewiesen wurde. Roquairol schreibt Linda, Albanos Handschrift nachahmend, einen Brief, der sie nachts in den Tartarus bestellt. Die nachtblinde Linda kann Roquairol nicht erkennen, der zudem Albanos Stimme imitiert. Am nächsten Abend führt er das von ihm geschriebene Theaterstück »Der Trauerspieler« auf, das der Hofgesellschaft seine Beziehung zu Albano und seine Verführung Lindas enthüllt. Am Ende des Schauspiels erschießt sich Roquairol auf der Bühne, das Spiel wird Wirklichkeit. In dem Stück wirkt auch der unheimliche Kahlkopf mit, der Bruder Gaspards, Bauchredner und Magier. – Dieser Oheim spielt eine fatale Rolle, als Schoppe, der Linda so liebt, wie er ihre Mutter geliebt hatte, daran geht, Geheimnisse zu entwirren. Er findet heraus, daß Linda Gaspards Tochter ist, und will Albano hindern, seine vermeintliche Schwester zu heiraten. Gaspard setzt den Oheim auf Schoppe an. Schoppe glaubt, den Oheim in einem Duell getötet zu haben. Statt ins Gefängnis läßt er sich in die Irrenanstalt bringen, was auch seinen Geist verwirrt, der ohnehin dadurch angegriffen ist, daß sich Schoppe in Fichtes Philosophie vertieft hatte und nun glaubte, als alleiniges Ich zu existieren. Als schließlich Siebenkäs zu ihm kommt, der den Freund lange gesucht hat, glaubt Schoppe, sich selbst zu sehen, und stirbt. – Luigi stirbt und Albano wird als Thronfolger anerkannt. Gaspard hatte gehofft, durch Linda und Albano der wahre Herrscher zu werden. Jetzt verläßt er Hohenfließ für immer, ebenso wie Linda. Albano kehrt nach Blumenbühl zurück, unterstützt vom treuen Wehrfritz und Augusti. In der Liane gleichenden Idoine findet er eine lebenskräftige Partnerin, so wie ihm in Siebenkäs ein Schoppe gleichender, aber lebenserfahrener und realistischer Berater zuwächst. Statt in der Armee des revolutionären Frankreich liegt seine Zukunft im kleinen Fürstentum Hohenfließ, dessen Menschen und Einrichtungen er gründlich reformieren muß.

Die Bildungsgeschichte wird durch eine große Zahl von mysteriösen Details, Prophezeiungen und Andeutungen überlagert, wobei der Kahlkopf eine zentrale Rolle spielt. Der Roman ist gleichsam ein Abschied von den undurchsichtigen dynastischen Konflikten am Ende des Heiligen Römischen Reiches Deutscher Nation. In einer bereits der Vergangenheit angehörenden Art von Geschichte treten allerdings sehr moderne Charaktere auf. Von den zwei Bedeutungen des Wortes »Titan« vertritt Albano die erste: Sonnengott. Er ist ein »allkräftiger« Mensch im Gegensatz zu den »einkräftigen« Himmelsstürmern, den Titanen, die den modernen Extremismus vertreten: Schoppe den tragischen Humor einer Welt ohne Gott, Gaspard die moralische Indifferenz, die Jean Paul Goethe und Schiller zuschrieb, Liane die exzessive Empfindsamkeit, Linda das ebenfalls exzessive Emanzipationsstreben, Roquairol schließlich die moralische Dekadenz des romantischen Ästhetizismus. *Titan* ist auch eine Auseinandersetzung mit der Klassik und Frühromantik in Weimar und Jena. – Herders Ermahnungen folgend, vermied Jean Paul essayistische Unterbrechungen der Handlung und bemühte sich um eine weniger subjektive Erzählweise. Stattdessen konzipierte er einen »Komischen Anhang« zum *Titan*. Dazu gehört das »Pestitzer Realblatt«, dessen größter Teil aus einem »Gesprächsspiel« besteht, ein Essay zur Ästhetik und vor allem *Des Luftschiffers Giannozzo Seebuch,* das Tagebuch eines Schoppe vergleichbaren Humoristen, der im

Luftballon über Europa hinfliegt und sehend und handelnd die Welt von oben erfährt, bis er in der Nähe des Rheinfalls im Gewitter zerschellt. Wenngleich getrennt veröffentlicht, gehört zum *Titan* auch noch die *Clavis Fichtiana seu Leibgeberiana,* Leibgeber-Schoppes satirische und doch sehr ernste Auseinandersetzung mit Fichte. – Jean Paul beklagte in der *Vorschule der Ästhetik* (1804), daß die Gesamttendenz des *Titan* nicht gewürdigt wurde. Großen Eindruck machten jedoch die titanischen Charaktere wie Schoppe, Roquairol und Linda. Spuren des *Giannozzo* und der *Clavis* finden sich bereits in den → *Nachtwachen* des anonymen Bonaventura.

Lit.: H. Schlaffer, Epos und Roman. Tat und Bewußtsein. Jean Pauls »Titan«, in: Ders., Der Bürger als Held, Frankfurt 1973, S. 15–50. – V. U. Müller, Die Krise aufklärerischer Kritik und die Suche nach Naivität. Eine Untersuchung zu J. P.s »Titan«, in: B. Lutz (Hg.), Deutsches Bürgertum und literarische Intelligenz 1750–1800, Stuttgart 1974, S. 455–507.   W. Köpke

JELINEK, Elfriede (geb. 1946)

Die Klavierspielerin. 2 Teile; EA Reinbek 1983.

Eine zerstörerische Mutter-Tochter-Beziehung wird anhand der Klavierlehrerin Erika Kohut und ihrer alternden Mutter, »Inquisitor und Erschießungskommando in einer Person«, vorgeführt. Die mittlerweile 36 Jahre alte Tochter wurde von klein auf von der Mutter für die Musik dressiert und diszipliniert, indem sie »vor Einflüssen bewahrt und Erfahrungen nicht ausgesetzt« wurde. Im Namen der Kunst wurde der Klavierspielerin jeglicher sexueller Kontakt und ein emanzipiertes Leben untersagt. Ihr eigener Körper ist ihr völlig fremd geworden.

Nachdem die Hoffnung auf eine Pianistinnenkarriere endgültig begraben werden mußte, weil Erika bei einem Debüt-Konzert versagte, wechselte sie ins Lehrfach über und unterrichtet seitdem »stammelnde Anfänger und seelenlose Fortgeschrittene« am Konservatorium der Stadt Wien. Die Vorstellung von der einzigartigen Künstlerpersönlichkeit wird in der Figur der handwerklichen »Musikbezwingerin« Erika bloßgelegt und ad absurdum geführt. – Nach Beendigung des Unterrichts wartet der mütterliche Wachhund in der gemeinsamen Mietwohnung in der Wiener Josefstadt auf die Klavierspielerin. Seit der inzwischen gestorbene Vater in ein Irrenhaus verfrachtet wurde, leben die beiden Frauen in eheähnlichen Verhältnissen, Tisch und Bett sowie abendliches Fernsehvergnügen miteinander teilend: »Unter einer gläsernen Käseglocke sind sie miteinander eingeschlossen, Erika, ihre feinen Schutzhüllen, ihre Frau Mama.« Unfähig, menschliche Beziehungen einzugehen, und »empfindungslos wie ein Stück Dachpappe«, erfährt Erika Sexualität nur als Zuschauerin in Peep-Shows und Pornokinos oder beim Beobachten der Prostituierten auf den Praterauen. Der zehn Jahre jüngere Klavierschüler Walter Klemmer, ein sportlicher und durchschnittlicher junger Mann, hält Erika für genau die richtige Frau »zum Einspielen ins Leben«. Als sich im 2. Teil des Romans ein Verhältnis zwischen Lehrerin und Schüler anbahnt, teilt Erika dem Studenten brieflich ihre sadomasochistischen Phantasien mit: Klemmer soll ihr Schmerz zufügen, wobei sie jedoch die Form ihrer Unterlegenheit bis ins kleinste Detail selbst bestimmen möchte. Nicht imstande, sich auf andere Art und Weise zu artikulieren, hofft Erika insgeheim, daß ihr das Verlangte erspart bleibe und Klemmer »die Liebe in der österreichischen Norm an ihr tätigt«. Der nette junge Mann jedoch wird zum Sadisten, um Erika zu beweisen, daß man mit ihm nicht so umgehen kann. Er reagiert gewalttätig, schlägt, tritt und vergewaltigt die Frau und verläßt sie. – Ironisch und bissig und unter Verwendung von Sprachfloskeln und verfremdeten Sprichwörtern wird das perverse Geschehen erzählt, welches in der detaillierten und offenen, sich zwischen Distanz und Nähe bewegenden Schilderung alltäglich erscheint.

Lit.: H. C. KOSLER / A. DOLL, E. J., in: KLG, München 1978 ff. B. JÜRGS

JOHNSON, Uwe (1934–1984)

Das dritte Buch über Achim. EA Frankfurt/M. 1961.
Der Roman, der ursprünglich den Titel »Beschreibung einer Beschreibung« trug, schildert das Scheitern des westdeutschen Journalisten Karsch bei dem Versuch, im Auftrag offizieller Stellen der DDR ein Buch über den Radrennfahrer und Volkskammerabgeordneten Achim T. zu verfassen, das anders als die beiden vorangegangenen nicht nur dem Sportler, sondern der gesamten Person des Staatsidols gewidmet sein soll.
Karsch erhält im Mai 1960 einen Anruf seiner ehemaligen Freundin Karin mit der Einladung, sie in der DDR zu besuchen. Karin, eine bekannte Schauspielerin, lebt dort mit dem berühmten, staatlich geförderten und staatstreuen Rad-

rennfahrer Achim zusammen. Ohne zunächst Anlaß und Grund seiner Reise zu kennen, beobachtet Karsch mit westdeutscher Neugier die Verhältnisse im Staat jenseits der Grenze. Während er, von seinen Eindrücken fasziniert, die Rückkehr in die BRD stets aufs neue verschiebt, tritt Herr Fleisg, ein ostdeutscher Kulturredakteur, mit dem Vorschlag an ihn heran, einen Artikel über Achim zu schreiben. Karsch findet Interesse daran, der Verbindung von Vita, Erziehung, Sport und Politik auf die Spur zu kommen. So entwickeln sich aus dem geplanten Artikel die Ermittlungen für ein Buch, das im »staatlichen Verlag für Junge Literatur« von Frau Ammann betreut wird. Nachdem Achim seine anfängliche Skepsis gegenüber dem Projekt überwunden hat, erzählt er Karsch aus seiner Kindheit und Jugend. Wie Karsch berichtet, ist Achim der Sohn eines schweigsamen Mechanikers, der sich im Laufe des Zweiten Weltkrieges zum Flugzeugkonstrukteur weiterbildete. Während der Vater in eine kriegswichtige Sabotage verwickelt wurde, lebt der Sohn »wie sprachlos« und dennoch aktiv als Mitläufer im »Verein« der Nationalsozialisten. 1945 schenkte ihm ein russischer Soldat ein Fahrrad, mit dem Achim bei einem Volksrennen überraschend den 11. Platz belegte. Sportliche Förderung wurde dem Lehrling im Baugewerbe aber erst zuteil, nachdem er – »mit (anfänglichem) Zögern« – dem »Verein« der SED beigetreten war. Die Berichte über Achims widerspruchsvolle Jugend bringen Karsch zunehmend in Konflikt mit den Erwartungen die seine Auftraggeber (und mit ihnen auch Achim) eingelöst sehen wollen. Diesen Vorstellungen zufolge darf nicht beschrieben und dargestellt werden, was dem eindeutigen und geradlinigen Weg eines vorbildlichen Lebens für die sozialistische Sache widerspricht. Vielmehr wird verlangt, daß Karsch Achims Erfolge, seinen Teamgeist, seine politische Treue und sein vorbildliches Engagement – nicht nur als Abgeordneter der Volkskammer – konsequent aus der Biographie entwickle und aus gesamtdeutscher Perspektive bestätige. Karschs Bemühungen um ein Verständnis der vergangenen und gegenwärtigen Realität geraten vollends ins Wanken, als ihm ein Foto zugespielt wird, das Achim in den Reihen der Aufständischen vom 17. Juni 1953 zeigt. Diesen Abschnitt seines Lebens versteht das Idol – mit staatlicher Unterstützung – ebenso zu verdrängen wie die nazistische Jugend. Seine Freundin Karin, ohnehin in Opposition zu den undemokratischen Verfahrensweisen in der DDR (z. B. bei der Kollektivierung der Landwirtschaft), trennt sich von Achim, als sie von dessen selbstverleugnendem Verhältnis zur regierenden Partei erfährt. Karsch muß erkennen, daß sich die biographische Wahrheit der erzählenden Darstellung entzieht: Er gibt sein Vorhaben auf und kehrt nach Hamburg zurück. Die Fragen, die dort auf ihn warten, binden den Roman in eine Gesprächsform, mit der auch der Leser in den Text einbezogen wird. Dessen Erwartungen an die Geradlinigkeit erzählter Geschichten werden aber sowohl thematisch als auch formal kunstvoll enttäuscht. Mit drei Ebenen sieht er sich konfrontiert: dem Dialog (zwischen Karsch und den Freunden in Hamburg), den Erlebnissen in der DDR und den von Karsch wiedergegebenen Erinnerungen Achims. In dieser vielschichtigen Form stellt sich Johnson dem historischen Thema, wie eine deutsch-deutsche Verständigung über »die Grenze: den Unterschied: die Entfernung« möglich und beschreibbar sein kann.

Lit.: R. GERLACH / M. RICHTER (Hgg.), U. J., Frankfurt/M. 1984 (st 2061).   P. HANENBERG

Jahrestage. *Aus dem Leben von Gesine Cresspahl.* 4 Bände; 367 Kapitel; EA Frankfurt/M. 1970/ 1971/1973/1983.

Uwe Johnsons letztes Werk erzählt die Lebensgeschichte Gesine Cresspahls und ist zugleich ein Jahrhundertroman; es berichtet von Mecklenburg und New York, also von der deutschen Provinz und der ›weiten Welt‹, von Ost und West. In diese Pole sind die Ereignisse und Erinnerungen eines Jahres eingespannt. Die Kapitel folgen den Tagen des Jahres vom 21. 8. 1967 bis zum 20. 8. 1968; die Eintragungen sind sehr unterschiedlicher Art: Gesines Erinnerungen an Kindheit und Jugend stehen neben Gesprächen, die sie z. B. mit der Tochter Marie (Tonbandaufnahmen), mit New Yorker Bürgern oder auch mit imaginär herbeizitierten Verstorbenen führt, neben Briefen und Telefonaten, historischen Dokumenten, Zitaten aus der »New York Times« (der »alten Tante«) und vielem mehr. Wenngleich Gesine der eigentliche Mittelpunkt des Romans ist, kommen ganz unterschiedliche Perspektiven und Stimmen zu Wort – durchaus auch in ihren authentischen Sprachen und Dialekten. Dazu zählt auch die des Autors, etwa wenn Gesine sich mit Kritik und Vorschlägen an den »Genossen Schriftsteller« wendet. Die Rollen der erzählenden und erzählten Figuren greifen ineinander: »Wer erzählt hier eigentlich, Gesine. Wir beide. Das hörst du doch, Johnson.« In dieser Vielschichtigkeit stellen die Eintragungen einen Rechenschaftsbericht mit pädagogischen Ansprüchen dar: Gesines Tochter Marie fordert Aufklärung über die Vergangenheit, »eine Vorführung von Möglichkeiten«, die sie bei der Bewältigung der Gegenwart und in Zukunft fruchtbar machen will. (Dem 2. Band ist ein entsprechender Rechenschaftsbericht von Gesines Vater »Mit den Augen Cresspahls« als Anhang beigegeben.) In dieser Konstellation, in der historische Erfahrung von der Mutter an das Kind weitergegeben wird, gelingt es Johnson, Vergangenheit und Gegenwart miteinander zu verschränken. So werden die zeitgenössischen Erlebnisse zu Bausteinen einer zukünftigen Geschichte. Die Situierung der persönlichen Erfahrungswelt in den Zusammenhang politischer Entwicklungen leistet der Roman durch die minutiöse Rekonstruktion eines Alltags, in dem die zeitgeschichtlichen Bezüge ›von unten‹ einzuholen sind.

Gesine lebt mit ihrer Tochter Marie in New York am Riverside Park. Sie stammt aus dem (fiktiven) Ort Jerichow in Mecklenburg. 1953 verließ Gesine die DDR und lebte bis 1961 in der BRD, wo Jakob Abs, um dessen Leben und Tod der Roman → *Mutmaßungen über Jakob* kreist, sie 1956 besuchte. Aus dieser Begegnung ging Marie hervor, die ihren Vater nicht kennt, ist er doch un-

mittelbar nach seiner Rückkehr in die DDR ums Leben gekommen. Marie wuchs in Düsseldorf auf, wo ihre Mutter eine Banklehre machte. In New York leben die Cresspahls seit 1961. Auch hier arbeitet Gesine in einem Geldinstitut. Dessen Vize-Direktor de Rosny betraut sie im Laufe des Jahres 1967 mit der Beobachtung der politischen Entwicklungen in der CSSR. Mit der Abreise nach Prag, wo Gesine zur Vermittlung eines Kredites Kontakte aufnehmen soll, enden die *Jahrestage,* die damit immer auch auf dem Weg sind, über und zwischen Ost und West Verständnis zu schaffen. Ein weiterer Handlungsstrang der Erzählgegenwart 1967/68 bezieht sich auf Gesines Freundschaft mit Dietrich Erichson, genannt D. E., der wie sie 1953 aus dem Mecklenburgischen in den Westen geflohen ist und als Wissenschaftler im Dienst der US-Luftwaffe steht. Marie setzt die lange verzögerte Hochzeit zwischen D. E. und Gesine auf den Herbst 1968 fest. Aber am 4. 8. 1968 kommt auch D. E., wie zuvor Gesines erster Jugendfreund Robert Pagenkopf, genannt Pius, und wie auf andere Weise auch Jakob Abs, bei einem Flugzeugabsturz ums Leben. Der Verlust naher Mitmenschen zieht sich wie ein blutroter Faden durch Gesines Leben und die Geschichte ihrer Familie.

Die mecklenburgische Familiengeschichte bestimmt im wesentlichen die erzählte Vergangenheit, über die chronologisch, aber aus wechselnden Perspektiven und durchbrochen von den Ereignissen der Gegenwart, berichtet wird. Gesines Vater, der 1888 geborene Schreinermeister Heinrich Cresspahl, lernt bei einem Besuch in Mecklenburg Lisbeth Papenbrock lieben, die ihm nach der Hochzeit im Oktober 1931 für anderthalb Jahre nach Richmond in England folgt, bis sie kurz vor Gesines Geburt am 3. 3. 1933 nach Jerichow zurückkehrt. Cresspahl kommt im Herbst 1933 nach und versucht fortan, sich in der von der Naziherrschaft bestimmten mecklenburgischen Lebens- und Geschäftswelt zurechtzufinden. Dies gelingt dem ehemaligen Sozialdemokraten auf die ihm eigene schweigsame Art in einer Gratwanderung zwischen Anpassung und dickköpfiger Verweigerung, wenn er z. B. beim Bau des Militärflughafens in Jerichow-Nord sein Auskommen findet. Lisbeth hingegen verzweifelt – z. T. religiös motiviert – immer mehr am Leben unterm Hakenkreuz. In der sog. Reichskristallnacht wird sie Zeugin der Pogrome und kommt in den von ihr gelegten Flammen der Werkstatt Cresspahls ums Leben. Während der nazistische Alltag so immer grausamere Dimensionen annimmt, beginnt Cresspahl für die britische Abwehr zu arbeiten – ein uneheliches Kind und ein Konto in England binden ihn ebenso wie die Einsicht, von »Verbrechern regiert und verwaltet« zu sein. Bei Kriegsende wird Cresspahl von den Engländern zum Bürgermeister in Jerichow ernannt. Diese Funktion behält er zunächst auch, als die Stadt Anfang Juli 1945 der sowjetischen Besatzungszone zugesprochen wird. Am 22. 10. 1945 verhaften ihn jedoch die Russen, in deren Lagern er bis zum Mai 1948 gequält wird; er stirbt 1962. In der Zwischenzeit übernimmt Jakob, der, mit seiner Mutter Marie Abs aus Pommern kommend, bei Cresspahl Zuflucht gefunden hat, den Hausvorstand und damit auch

die Erziehung Gesines, die sich in den fünf Jahre Älteren verliebt. Dennoch gehen die beiden getrennte Wege: Jakob als Schwarzhändler und in der Ausbildung bei der Reichsbahn, Gesine in der Schule, wo sie den Zwängen der neuen sozialistischen Erziehung ausgesetzt ist. Trotz ihrer latenten Opposition erhält sie 1952 das Reifezeugnis und beginnt ein Anglistik-Studium in Halle. Die Erfahrungen mit den Repressionen in der DDR (Schau-Prozesse, Bespitzelung, Erziehung zur Unmündigkeit, 17. Juni) treiben Gesine 1953 nach West-Berlin und in die BRD. Aber auch die westdeutsche Nachkriegspolitik beobachtet Gesine mit Besorgnis. Vor dem Hintergrund dieser politischen Skepsis ist ihre Entscheidung für ein Leben in New York zu verstehen. Mehr noch als der DDR gilt ihre kritische »New York Times«-Lektüre den Entwicklungen in der BRD (Prozesse gegen NS-Verbrecher, Wahlerfolge der NPD, Große Koalition, Notstandsgesetze, Studentenunruhen). Auch die politischen Ereignisse in ihrem Gastland, v. a. der Krieg in Vietnam, geben immer wieder Anlaß, über das eigene Engagement und die mögliche Schuld nachzudenken, wie auch die Verbrechensszene New Yorks und die amerikanischen Rassenunruhen eine ständige Herausforderung darstellen: Ob und wie aus den Erfahrungen der Vergangenheit für die Gegenwart zu lernen sei, ist die Frage, die in der Verschränkung der Erzählebenen immer wieder angedeutet wird. Der Besuch einer von ihrem kriegsbegeisterten Mann geflohenen Freundin Gesines (Annie Fleury) mit ihren Kindern und die vorübergehende Aufnahme einer

schwarzen Mitschülerin Maries
(Francine) binden die gesellschaftlichen Konflikte unmittelbar in
den New Yorker Alltag der
Cresspahls. Die Attentate auf
Martin Luther King und Robert
F. Kennedy geben Marie zu Recht
den Eindruck, selbst an historischen Ereignissen teilzuhaben, die
sie auf ihre (amerikanisierte)
Weise (und also z. B. mit einem
eigens geliehenen Fernsehgerät)
zu bewältigen versucht. Ab März
1968 werden zunehmende Nachrichten über die Entwicklung in
der CSSR referiert (Prager Frühling), die für Gesine persönliche
und berufliche Perspektiven
eröffnen. Am 20. 8. 1968 bricht
sie nach Prag auf, ohne zu wissen,
daß am nächsten Tag die sowjetischen Panzer alle Hoffnungen nie-
derwalzen werden. Der Roman
endet mit der Zwischenlandung
in Kopenhagen, wo Gesines alter
Lehrer Kliefoth auf sie wartet.
Hand in Hand mit ihm und Marie
am Ostseestrand spazierend,
kommt eine Ansicht Heinrich
Cresspahls zu Wort: »Geschichte
ist ein Entwurf.« Einen historischen Entwurf für das 20. Jahrhundert literarisch geleistet zu haben, ist der hohe Anspruch dieses
Werkes. Nach zehnjähriger, von
persönlichen Krisen gezeichneter
Arbeit am letzten des ursprünglich auf drei Bände angelegten
›Gedächtnis-Romans‹ folgte Uwe
Johnson dem Lehrer Kliefoth »an
den Ort wo die Toten sind«.

Lit.: R. MICHAELIS (Hg.), Kleines Adreßbuch
für Jerichow und New York. Ein Register zu
U. J.s Roman, Frankfurt/M. 1983. – M. BEN-
GEL (Hg.), J.s »Jahrestage«, Frankfurt/M.
1985 (st 2057).   P. HANENBERG

Mutmaßungen über Jakob.
5 Kapitel; EA Frankfurt/M.
1959.
Mit seinem ersten Buch fand

Johnson sowohl die poetologi-
schen Prinzipien als auch das
Thema und das Personal, denen
noch die erst kurz vor seinem Tod
abgeschlossenen → *Jahrestage* verpflichtet sind: Die Geschichten,
die er erzählt, reflektieren den
Versuch, sich überhaupt erst einer
Geschichte zu vergewissern. So
sind die persönlichen Erfahrungen, die Johnsons Protagonisten
machen, stets auch auf politische
Konfrontationen bezogen. Die
Mutmaßungen, die hier in wechselnden Erzählsituationen und
-perspektiven vorgetragen werden, betreffen die Titelfigur Jakob
Abs, Streckendispatcher bei der
Deutsche Reichsbahn in Dresden,
die Umstände seines Todes am
8. 11. 1956 und die privaten und
politischen Ereignisse im Jahr des
Ungarnaufstands und der Suez-
Krise. Jakob Abs, 1928 in Pommern geboren, kam als Flüchtling
mit seiner Mutter in das fiktive
Jerichow (Mecklenburg). Dort
lebte er im Haus Heinrich Cress-
pals und seiner 1933 geborenen
Tochter Gesine, die nach dem
17. Juni 1953 die DDR verließ und
1956 in einer NATO-Dienststelle
bei Düsseldorf als Dolmetscherin
arbeitet. Im Spätherbst 1956 tritt
der Hauptmann des Staatssicher-
heitsdienstes (SSD) der DDR
Rohlfs an Jakob heran, um mit
seiner Vermittlung Gesine als
Spionin zu gewinnen. Mit Rohlfs
bricht eine politische Dimension
in Jakobs Leben ein, die er zuvor
mit beruflicher Pflichterfüllung
und privater Zuverlässigkeit zu
verdrängen versuchte. Rohlfs unternimmt seinen Vorstoß zu einer
Zeit von Veränderungen, die mit
der Entstalinisierung in der
UdSSR und mit dem Ungarnauf-
stand auch in der DDR Hoffnungen auf politisches Tauwetter

wecken. In dieser Aufbruchssituation reagieren die Protagonisten auf ihre je eigene Weise: Während Jakob noch versucht, sich gegenüber dem SSD zu verweigern, flüchtet seine Mutter in den Westen; Jonas Blach, ein Freund Gesines und Ost-Berliner Anglist, vertritt mit kritischen Artikeln die Anliegen der Opposition in der DDR. Doch den Hoffnungen stehen schon neue Bedrohungen entgegen: Der Westen, in dem Jakobs Mutter Frieden suchte, schickt sich an, seine ökonomischen Interessen am Suez-Kanal kriegerisch zu verteidigen; im Osten macht sich nicht nur die Rote Armee bereit, den Aufstand in Ungarn niederzuschlagen, sondern auch der SSD, der die Opposition in der DDR verfolgt, noch ehe sie wirksam werden kann. So ist Rohlfs Jonas schon auf den Fersen. Auch Jakob gelingt es nicht, eine weitere Verwicklung Gesines in die deutsch-deutschen Angelegenheiten zu verhindern. Zufällig ist sie von sich aus in die DDR gekommen und sitzt genau in dem Hotel, in dem Jakob Rohlfs eine Absage erteilen will. Zwar kann Jakob sie noch unbehelligt nach Jerichow bringen, doch ist Rohlfs ihnen gefolgt, so daß eine Zusammenkunft bei Cresspahl unvermeidlich ist. Rohlfs läßt Gesine aber in die BRD zurückkehren, nachdem er sich mit ihr für später in West-Berlin verabredet hat. Zunehmend dringen nun die politischen Unruhen in den Alltag der Protagonisten: Jonas ist auf Rohlfs Betreiben aus der Universität entlassen worden, um die Chance zu haben, rechtzeitig vor der drohenden Verhaftung die DDR zu verlassen. Selbst an Jakobs Arbeitsstelle bei der Reichsbahn kommt es zu Konflikten:

Die Militärtransporte auf dem Weg nach Budapest behindern die Zugfahrpläne und verlangen von Jakob eine Entscheidung, wie dienstbeflissen er ihnen freie Fahrt zu geben bereit ist. In dieser Situation erhält Jakob die Erlaubnis, in die BRD zu reisen, um sich mit Gesine und seiner Mutter zu treffen. Die militärischen Eskalationen in Ungarn und am Suez-Kanal scheinen Ost und West in gleiches Unrecht zu setzen und damit für Jakob die Wahl eines neuen Lebens – trotz der Liebe zu Gesine – unmöglich zu machen. So kehrt er nach Dresden und an seine Arbeitsstelle zurück, wo er, in symbolträchtiger Verdichtung der vorangegangenen Ereignisse, am nächsten Morgen (8. 11. 1956) im dichten Nebel beim Gang über die Gleise von einem Zug überrollt wird. Auch für Jonas sind die politischen Hoffnungen erledigt: Noch während er telefonisch Gesine von Jakobs Tod unterrichtet, wird er von Rohlfs verhaftet. Zwei Tage später trifft Rohlfs Gesine in West-Berlin, ohne jedoch mit ihr über den Spionage-Auftrag zu sprechen. Vielmehr beteiligt sich auch Rohlfs an den Mutmaßungen über Jakob. Ihr Dialog ist wie das Telefongespräch zwischen Gesine und Jonas und die Gespräche zwischen Jonas und einem Kollegen Jakobs (Jösche) in die erzählerischen und monologischen Passagen integriert. Dieser Wechsel unterschiedlicher Perspektiven und Sprechweisen ist mehr als eine bloß formale Eigenart der Schreibweise Johnsons. Er verlangt vom Leser eine aktive Teilnahme an den Mutmaßungen und gibt dem Roman jene Offenheit, mit der er die privaten, sozialen und historischen Ereignisse und deren Bedingungen im geteil-

ten Deutschland zur Diskussion
stellt.

Lit.: B. NEUMANN (Hg.), Erläuterungen und
Dokumente zu U. J.: Mutmaßungen über Jakob, Stuttgart 1990 (RUB 8184).

P. HANENBERG

JONKE, Gert Friedrich (geb.
1946)

DER FERNE KLANG. ED
»Klagenfurter Texte zum Inge-
borg-Bachmann-Preis« 1977
(Teildruck); EA Salzburg/Wien
1979.
Der namenlose Erzähler, ein gescheiterter Komponist, erwacht
eines Morgens in einer psychiatri-
schen Klinik, in die ihn ein »bös-
williger Suizidversuch« gebracht
haben soll. Da der Anfang der
Krankenakte fehlt, läßt sich die
Ursache seines Aufenthaltes nicht
aufklären. Als auch noch die
»Kanzlistin« verschwindet, in die
er sich verliebt hat und die angeblich seine Geschichte kennt, beschließt er, aus der Anstalt auszubrechen, um die Frau und damit
zugleich sich selbst zu finden.
Seine Flucht ist der Auftakt für
eine Reihe skurriler Verwechslun-
gen, phantastischer Abenteuer
und abstruser Gespräche. Mit seinem Freund, dem Dichter Kalk-
brenner, begleitet er eine Theater-
gruppe, die auf ihrer Tournee in
die Nachbarstadt das Heimatdorf
der vermißten Frau passieren will,
wegen eines Defekts an den Schie-
nen aber umkehren muß und,
ohne sich des Irrtums bewußt zu
werden, mit überwältigendem
Erfolg zu Hause auftritt, von
den Zuschauern für das erwartete Gastspielensemble gehalten.
Nach einer gemeinsam mit Kalk-
brenner durchzechten Nacht gerät
der Erzähler auf ein Volksfest, das
in einen revolutionären Aufstand

mündet. Als Papierschnitzel reg-
nen »Spitzelakten«, Wertpapiere
und Banknoten auf die begeisterte
Menge herab. Eine Seiltänzerin
zeigt ihre Kunststücke und verschwindet auf einem eingebildeten »Luftseil« am Horizont. Im
Getümmel glaubt der Komponist
die gesuchte Frau zu entdecken,
verwechselt sie aber mit einer früheren Klassenkameradin. Auf einem Spaziergang ins Feld wird er
Zeuge einer eigenartigen Natur-
musik, die der Wind von den von
Ungeziefer ausgehöhlten Ge-
wächsen spielt: »Es ist«, wie es in
einer experimentellen Sprache
heißt, »ein steppenwolfshautra-
chengespalten spiralig beschleu-
nigtes Durchdrehen von lichtwal-
zenautomatenwiederholt spieldo-
senuhrsystematischem wespen-
schwirrflügelschwarmblinken-
den Tonrispenfetzenzittern«, das
der Erzähler »als die Einleitungs-
musik einer fast herbeigewünscht
faszinierenden Vernichtung«
empfindet. Der Schluß des Romans wiederholt eine Szene des
Anfangs. Der Komponist befindet sich wieder zu Hause, und als
habe er seine Erlebnisse nur geträumt, fragt er sich, ob er erwa-
che. – *DER FERNE KLANG* ist
der zweite Band einer Romantrilogie, die im Wechsel der Erzählperspektive vom Ich (in *Schule der
Geläufigkeit,* 1977) über das Du (in
dem vorliegenden Roman) zum
Er (in *Erwachen zum großen Schlaf-
krieg,* 1982) die wachsende Entfremdung eines Menschen von
sich selbst und seiner Umgebung
schildert. Traum und Wirklichkeit, Innenwelt und Außenwelt
werden dabei bis zur Ununter-
scheidbarkeit einander angenä-
hert, die Identität der Personen
und Dinge wird zweifelhaft, die
Situationen verlieren ihre Eindeu-

tigkeit. Der Titel des Romans, der auf die gleichnamige Operndichtung Franz Schrekers anspielt, ist in Versalschrift gesetzt und meint sowohl den »fernen Klang« als auch den »Klang der Ferne«.

Lit.: W. M. Lüdke, G. F. J., in: KLG, München 1982ff. – E. Zimmermann, DER FERNE KLANG – ein Klang der Ferne. Zu G. J.s neueren Texten, in: H. Zeman (Hg.), Studien zur österreichischen Erzählliteratur der Gegenwart, Amsterdam 1982, S. 137–156. P. Langemeyer

JÜNGER, Ernst (geb. 1895)

Auf den Marmorklippen. 30 Kapitel; EA Hamburg 1939.
Der bei seinem Erscheinen vor allem als symbolische Darstellung des nationalsozialistischen Regimes gedeutete Roman läßt einen namenlos bleibenden Ich-Erzähler sich an zurückliegende »Zeiten des Glücks« entsinnen, in denen er und sein Bruder Otho die Rautenklause an der Seenlandschaft Große Marina bewohnten. Nachdem die Gebrüder »am Feldzug, der den freien Völkern von Alta Plana galt«, teilgenommen hatten, zogen sie sich in die Klause an den Rand der Marmorklippen zurück, um ihren wissenschaftlichen Studien nachzugehen. Umgeben von der Köchin und Schlangenexpertin »Altmutter« Lampusa und dem Kind Erio, das der Erzähler mit Lampusas Tochter Silvia zeugte, widmen sie sich ihren botanischen Forschungen, die die Ordnungsprinzipien und die »Sprache« der Pflanzen aufspüren sollen. In ihrer Abgeschiedenheit – einem Modell für die Refugiensehnsucht der Inneren Emigration – »herrschte unberührte Stille wie im Zentrum des Zyklons«, und dank ihrer heiteren, furchtlosen Weltabgewandtheit tun sich den Brüdern ungeahnte, quasi-metaphysische Erkenntnisse auf, die »ein Stückchen vom Irisschleier dieser Welt« freilegen, wiewohl sie nicht in Worte zu fassen sind. Ungeachtet ihrer Zurückgezogenheit bleibt es den Klausnern nicht verborgen, daß der Krieg vor Alta Plana das seit alters gleichgebliebene Leben an der Marina verändert hat und ein »Hauch versteckter Müdigkeit und Anarchie« spürbar wird. Zum Kristallisationspunkt dieser Niedergangserscheinungen wird die machtverliebte, joviale Diktatorenfigur des Oberförsters, dessen Herrschaftsstreben zuerst bei den Hirtenvölkern der »Campagna« fruchtet. Rechtsbruch, Polytheismus und Verlust des »guten Ahnengeistes« signalisieren die allgemeine Auflösung in diesem Landstrich. Was sich dort abspielt, folgt in der Perspektive des Erzählers einer kulturgeschichtlichen Gesetzlichkeit: »Die Menschenordnung gleicht dem Kosmos darin, daß sie von Zeit zu Zeiten, um sich von neuem zu gebären, ins Feuer tauchen muß.« Unterstützt von dem alten Belovar oder dem Pflanzenforscher Pater Lampros, sehen sich die Brüder gezwungen, über verschiedene Formen des Widerstands nachzusinnen. Dem »Ausweg der Gewalt« wird die »reine Geistesmacht« entgegengestellt, die über die »Zauberklinge« verfügt, »vor deren Strahlen die Tyrannenmacht verblaßt«. Das Ausmaß der Bedrohung zeigt sich dem Erzähler, als er bei der Suche nach einer seltenen Pflanze, dem Roten Waldvögelein, auf die Rodung von Köppelsbleek gerät, wo der Oberförster und seine Gefolgschaft eine an die Konzentrationslager gemahnende Folterstätte er-

richtet haben (19. Kap.). Von der »Nähe der Gefahr« nun überzeugt, richten sich die Brüder auf ihre Abreise ein, als sie den überraschenden Besuch zweier Widersacher des Oberförsters erhalten: des Fürsten von Sunmyra und des einen dekadenten, nietzscheanischen Nihilismus vertretenden Braquemart, der wie der Ich-Erzähler und Otho einst im geheimen Orden der Mauretanier erzogen wurde. Braquemarts Absicht, es dem Oberförster »mit gleicher Münze heimzuzahlen«, wird von den Brüdern nicht geteilt, so daß das Gespräch ergebnislos verläuft. Auf Anraten des Paters Lampros verläßt der Ich-Erzähler, notdürftig bewaffnet, schließlich die Klause und zieht mit Belovar und dessen Leuten in den Kampf gegen den Oberförster. Blutige Gefechte, die vor allem von den Hundemeuten beider Seiten ausgetragen werden, führen zum Tod Belovars, und als der Erzähler zufällig in die Nähe von Köppelsbleek gerät, sieht er die Totenschädel Braquemarts und des Fürsten. Ein allgemein desolater Zustand breitet sich vor der Marina aus, die Städte und Lampros' Kloster stehen in Flammen. Als die Hunde des Oberförsters in den Garten der Rautenklause vorstoßen und die Brüder zu zerfleischen drohen, gelingt es den magischen Kräften Erios, die Schlangen gegen die Eindringlinge zu mobilisieren. Dennoch müssen die Brüder ihre Zuflucht verlassen, nicht ohne die zuversichtliche Gewißheit zu verspüren, daß »kein Haus gebaut, kein Plan geschaffen« wird, »in welchem nicht der Untergang als Grundstein steht«. Dank der Hilfe eines Bekannten aus den Mauretanier- und Kriegszeiten entkommen die Brüder dem Chaos und finden in Alta Plana Unterschlupf.

Lit.: H. SCHELLE, E. J.s »Marmor-Klippen«. Eine kritische Interpretation, Leiden 1970.

R. MORITZ

Heliopolis. *Rückblick auf eine Stadt.* 2 Teile; EA Tübingen 1949.

Der gemeinhin den literarischen Utopien zugerechnete Roman, vom Autor in mehreren überarbeiteten, zum Teil stark gekürzten Fassungen vorgelegt, ist »in diesen Zeiten des Interregnums, in denen Auflösung um sich griff«, in der »großen Residenz« Heliopolis angesiedelt. Kommandant Lucius de Geer, die mit deutlich autobiographischen Zügen ausgestattete Zentralfigur, kehrt von den Hesperiden in die von Aufruhr und »Zerfall« gekennzeichnete Stadt zurück, die eben wieder Unruhen im Viertel der Parsen, einer durch Gebräuche und Lebensformen abgesonderten Bevölkerungsgruppe, erlebt. Seitdem der legendäre »Regent« Heliopolis verlassen hat, befindet sich die Residenz in einem prekären Zustand des Gleichgewichts: auf der einen Seite der genußsüchtige, technikgläubige »Landvogt«, der die »Herrschaft einer absoluten Bürokratie« anstrebt; auf der anderen Seite der »Prokonsul« (zu dessen Gefolge auch de Geer zählt), der an die »historische Ordnung« und die »Perfektion des Menschen« glaubt. Bereits durch diese (stark dualistisch ausgerichtete) Konstellation ist der Roman als eine der Jüngerschen Auseinandersetzungen mit dem NS-Regime zu verstehen, eine Thematik, die sich indirekt auch in den zahlreichen Gesprächen (mit dem Philosophen Serner, dem Maler Halder, den Dichter Ortner oder den Pater Foelix) und Reflexionen über metaphysische, ästhetische und ethische Fragen zeigt. Mit diesen sehr unterschiedlichen Formen des Räsonnements oder mit Binnentexten wie *Ortners Erzählung* (von Jünger auch separat publiziert) löst der Roman zusehends herkömmliche Gattungsvorstellungen auf: »Wir sehen daher das Genre des Tagebuchs im gleichen Maße wachsen, in dem sich das der Fabel vermindert.« Die Situation in der Stadt spitzt sich zu, als ein parsischer Student auf Messer Grande, einen der Repräsentanten des Landvogts, ein Attentat verübt. Den sich anschließenden Verhaftungen im Parsenviertel fällt auch die de Geer zugetane Budur Peri zum Opfer. Während es dem Kommandanten gelingt, seine Gefährtin freizubekommen, wird ihr Onkel Antonio in das Toxikologische Institut Castelmarino verschleppt. Als de Geer den Auftrag bekommt, das Institut zu zerstören, nutzt er den Anschlag dazu, Antonio zu befreien. Diese Verquickung von politischem Auftrag und privatem Interesse zwingt de Geer, wiewohl der Prokonsul die zugrundeliegenden humanen Absichten würdigt, von seinem Amt zurückzutreten. Dessenungeachtet wird es ihm ermöglicht, die zerrissene Stadt zu verlassen und sich, begleitet von Budur Peri und dem Zögling Winterfeld, dem »Dienste des Regenten« zu verschreiben.

Lit.: W. KAEMPFER, E. J., Stuttgart 1981, S. 129–146.   R. MORITZ

KÄSTNER, Erich (1899–1974)

Fabian. *Die Geschichte eines Moralisten.* 24 Kapitel; EA Stuttgart 1931.

Der promovierte Literaturwissenschaftler Jakob Fabian, 32 Jahre alt, ledig, herzkrank und anfangs als Werbetexter bei einer Zigarettenfirma tätig, durchstreift die Reichshauptstadt Berlin zur Zeit der Weltwirtschaftskrise. Angesichts fehlender Voraussetzungen für moralisches Handeln denkt der passive Beobachter Fabian mehr, als er redet. Auf den »Sieg der Anständigkeit« wartend, treibt er sich in Cafés, Bordellen, Kabaretts und Redaktionen herum, wo er eine »Trägheit des Herzens« und einen Schlußverkauf epochaler Werte ausmacht. Zusammengehalten durch den Protagonisten, entsteht eine kaleidoskopartige Bestandsaufnahme einer morbiden Gesellschaft. Badewannenproduzenten, Männerbordelle eröffnende Nymphomaninnen, sich gegenseitig bekämpfende Faschisten und Kommunisten sowie Fakten erdichtende Journalisten bevölkern das Panorama: »Soweit diese riesige Stadt aus Stein besteht, ist sie fast noch wie einst. Hinsichtlich der Bewohner gleicht sie längst einem Irrenhaus. Im Osten residiert das Verbrechen, im Norden das Elend, im Westen die Unzucht, und in allen Himmelsrichtungen wohnt der Untergang.« Als Fabian im Atelier einer lesbischen Bildhauerin die Juristin Cornelia Battenberg kennenlernt, scheint ein Glück zu zweit dem ziellosen Leben ein Ende zu machen. Kurz darauf verliert er jedoch seine Anstellung zugunsten entschlossener Duckmäuser, die Freundin an einen fetten Filmproduzenten, den Freund Labude durch Selbstmord. Labude, dessen Geschichte als weitere Variante des bürgerlichen Intellektuellen parallel zu der Fabians erzählt wird, scheitert daran, mithandeln zu wollen, ohne den Glauben an ›das Gute‹ im Menschen aufzugeben. Er erschießt sich, als ein neidischer Assistent ihm fälschlicherweise berichtet, seine Habilitationsschrift über Lessing sei abgelehnt worden. Enttäuscht verläßt Fabian die Großstadt und fährt zu seinen Eltern in die Provinz. Aber selbst dort zeigen sich die Verfallssymptome der Weimarer Republik: »Hier hatte Deutschland kein Fieber, hier hatte es Untertemperatur.« Einen Arbeitsplatz bei einer rechtsgerichteten Zeitung lehnt Fabian ab. Als er sieht, wie ein kleiner Junge in einen Fluß fällt, springt er hinterher, um ihn zu retten und ertrinkt dabei: »Er konnte leider nicht schwimmen.« – »Der Moralist pflegt seiner Epoche keinen Spiegel, sondern einen Zerrspiegel vorzuhalten«, schrieb Kästner im 1950 hinzugefügten Vorwort. Die der Spätphase der Neuen Sachlichkeit zuzuordnende Großstadtsatire mit autobiographischen Zügen, die durch häufige Szenenwechsel, schnelles Tempo und ironisch-schlagfertige Dialoge gekennzeichnet ist, wollte »vor dem Abgrund warnen, dem sich Deutschland und damit Europa näherten«.

Lit.: H. Kiesel, E. K., München 1981, S. 87–109 (AB 26). B. Jürgs

KAFKA, Franz (1883–1924)

Amerika → Der Verschollene

Der Prozeß. 10 Kapitel; entst. 1914–15; EA Berlin 1925.
Als Anlaß für die Schuldthematik und Gerichtsmotivik des Romans gilt Kafkas erste Entlobung von Felice Bauer im Berliner Hotel Askanischer Hof (Kafka: »Gerichtshof«) sowie seine skrupulös verdrängte Nichtteilnahme am Weltkrieg wegen Unabkömmlichkeit in der Versicherungsbehörde, aber auch die Lektüre von Dostojewskis *Schuld und Sühne.* Doch übersteigt das Zugleich von formaler Rationalität und Sinnentzug, das den Roman kennzeichnet, seine biographische Begründung und ist ein Urteil über die Dialektik der Aufklärung überhaupt, als die man die Moderne des 20. Jahrhunderts begreifen kann.
Der Roman beginnt mit dem berühmten Satz: »Jemand mußte Josef K. verleumdet haben, denn ohne daß er etwas Böses getan hätte, wurde er eines Morgens verhaftet.« Ist es ein Spaß seiner Kollegen zu seinem 30. Geburtstag? K. legitimiert sich vor den ›Wächtern‹ und fragt nach dem Verhaftungsbefehl. Er wünscht ihren Vorgesetzten zu sprechen. Er beruft sich auf seine Freundschaft mit dem Staatsanwalt Hasterer. Doch die beiden, Franz und Willem, gehen auf K.s Logik nicht ein: Das Gericht werde, »wie es im Gesetz heißt, von der Schuld angezogen [. . .]. Er kennt das Gesetz nicht und behauptet gleichzeitig, schuldlos zu sein.« Aber: Verhaftung heißt nicht Festnahme. Weiterhin darf K. seinen Verpflichtungen als Bankprokurist nachkommen, darf abends zum Stammtisch gehen, zu den Einladungen des Direktors oder – einmal in der Woche – zu Elsa, die Kellnerin in einer Weinstube ist. Seine Pensionswirtin, Frau Grubach, beruhigt ihn. Die Verhaftung komme ihr »wie etwas Gelehrtes vor, das ich zwar nicht verstehe, das man aber auch nicht verstehen muß«. Und für K.

selbst ist die Entschuldigung bei seiner Nachbarin, Fräulein Bürstner, wegen der Benutzung ihres Zimmers durch die morgendliche »Untersuchungskommission« nur Vorwand für anderes: Er »küßte sie auf den Hals, wo die Gurgel ist.« Doch inzwischen ist sein Prozeß eingeleitet. Ein Telephonanruf befiehlt ihn für den nächsten Sonntag zu einem ersten Verhör vor das Gericht. Stunde und Verhandlungsraum werden nicht genannt. K. setzt sich selbst einen Termin, und weil das Gericht »von der Schuld angezogen« wird, erwartet ihn der Richter zu eben dieser Zeit. Aufs Geratewohl fragt K. nach dem Tischler Lanz, und man weist ihm den Weg: Ort der Verhandlung ist das Hinterzimmer eines schäbigen Vorstadt-Mietshauses. Eine zügellose Zuhörermeute stört K.s Verteidigungsrede, die Gerichtsakten bestehen aus schmierigen Notizblättern, der Untersuchungsrichter vertraut auf die Hilfe bezahlter Claqueure, die Behörde befindet sich auf dem Dachboden und die Beamten arbeiten hinter Verschlägen: K. kann seinen Prozeß nicht ernstnehmen. Eines Abends, es war schon still in der Bank, entdeckt er jedoch in der Rumpelkammer die beiden Wächter Franz und Willem, die dort von einem dritten maßlos verprügelt werden, weil K. sich beim Richter über sie beschwert habe. Dann besucht ihn auch der Onkel vom Lande, alarmiert vom Gerücht über den Prozeß. Er bringt ihn zum Advokaten Huld, der bereits über K.s Prozeß informiert ist. Obgleich krank und bettlägerig, wäre er zögernd bereit, mit K. und dem zufällig anwesenden Kanzleidirektor den Prozeß zu beraten. Doch läßt sich K. von Leni,

Hulds Pflegerin, aus dem Raum locken und im Nebenzimmer verführen: »Jetzt gehörst du mir«, sagt sie, deren Finger wie Krallen aussehen. So hat sich K. durch seine Abwesenheit selbst geschadet. Von Huld erhält er fortan nichtssagende und widersprüchliche Berichte: »Immer gab es Fortschritte, niemals aber konnte die Art dieser Fortschritte mitgeteilt werden.« K. zweifelt an der Fähigkeit des Advokaten, und der Gedanke an das Gericht wird zum Begleiter seines Alltags. Die Richter entziehen sich ihm im Labyrinth der Behörde, eine Anklageschrift, die über seine Schuld Auskunft gäbe, wird nicht zugestellt. Endlich ist auch K. beunruhigt, und obgleich er sich kühl überlegt: »Der Prozeß war nichts anderes als ein großes Geschäft, wie er es schon oft mit Vorteil für die Bank abgeschlossen hatte«, wird er nachlässig im Beruf und im Machtkampf mit seinem Konkurrenten, dem Direktor-Stellvertreter. Da erhält er zufällig die Adresse des Malers Titorelli, der als Porträtist die Richter kennt. Aber Titorellis vertrackte Erläuterungen der Verfahrensmodalitäten nützen ihm nichts – schlimmer noch: K. erkennt, daß das Atelier des Künstlers selbst Teil der Gerichtskanzleien ist: »Es gehört ja alles zum Gericht«, hat ihm Titorelli gleich gesagt. Von der Lebenstotalität des Gerichts erzählt auch der Kaufmann Block, der seine Existenz für den unendlichen Kampf gegen den Prozeß hingegeben hat. – Eines Tages wird K. vom Bankdirektor beauftragt, einem kunstinteressierten Geschäftsfreund den Dom zu zeigen. Dort jedoch trifft er nicht den Gast, sondern einen Priester, den Gefängniskaplan, der K.s Namen ruft und ihm im Dunkel der Kirche die Legende vom Gesetz erzählt. Josef K., so deutet der Geistliche an, gleiche jenem Mann vom Lande, dem der Türhüter verbietet, in das Gesetz einzutreten, bis er ihm am Ende seines Lebens verrät: »Dieser Eingang war nur für dich bestimmt. Ich gehe jetzt und schließe ihn.« »Der Türhüter hat also den Mann getäuscht«, antwortet K. – und verfehlt nach Meinung des Erzählers den Sinn der Geschichte. Noch sucht er die Schuld bei anderen und nicht bei sich. Aber als ein Jahr seit seiner Verhaftung vergangen ist, erwartet er insgeheim sein Urteil. Und sogleich kommen zwei Herren in seine Wohnung und führen ihn aus der Stadt zur Hinrichtung. »Wie ein Hund« wird er dort erstochen, »es war als sollte die Scham ihn überleben«.

Kafka, der beim Vorlesen des Romans nach dem Zeugnis Max Brods lachte, »so sehr, daß er weilchenweise nicht weiterlesen konnte«, empfand K.s rationale, konventionelle und mechanische Reaktionen auf eine Situation, die geradezu das Heraustreten aus der »Totschlägerreihe« logischen Denkens forderte, als komisch. Bezogen auf das Verstehen des *Prozeß* heißt dies, daß es dem Leser nicht um die Erkenntnis einer rationalen Wahrheit jenseits des Textes gehen kann, sondern um die Einsicht in dessen innere Notwendigkeit. Gemeint ist die zugleich sinnprovozierende und sinnzerstörende Konzeption des Romans, die dem erkenntnisgewissen Leser immer nur wieder die Grenzen seiner Kategorien, Begriffe, Urteile und instrumentellen Zielvorstellungen beweist.

Lit.: T. ELM, Der Prozeß, in: H. BINDER (Hg.), K.-Handbuch, II, Stuttgart 1979, S. 420–441. – U. ABRAHAM, Der verhörte Held: Verhöre, Urteile und die Rede von Recht und Schuld im Werk F. K.s, München 1985.
T. ELM

Das Schloß. 20 Kapitel; entst. 1922; EA München 1926.

Spätabends kommt der Landvermesser K. über die Brücke ins Dorf, das tiefverschneit unterhalb des nebelverhüllten Schlosses liegt. Im Wirtshaus eröffnet man ihm, daß er das Schloßdorf wieder verlassen müsse, da man keinen Landvermesser brauche und er daher keine Aufenthaltsgenehmigung vom Grafen Westwest erhalten habe. Erst ein Telephonanruf in der Zentralkartei des Schlosses bestätigt die Bestellung des Landvermessers. Am nächsten Morgen geht K. über die Dorfstraße zum Schloß. Aber: »wenn sie sich auch vom Schloß nicht entfernte, so kam sie ihm doch auch nicht näher«. Im Wirtshaus erwarten ihn bereits seine zwei Gehilfen Artur und Jeremias, beide einander »ähnlich wie Schlangen«. Dazu erscheint der Schloßbote Barnabas mit einem Brief von Klamm, dem Vorstand der X. Kanzlei, der K. die Aufnahme in die Schloßdienste bestätigt und ihn auffordert, sich wegen der anfallenden Vermessungsarbeiten an den Gemeindevorsteher zu wenden. K. jedoch mißtraut der Botschaft des Subalternen und will durch das Schloß insgesamt als Mitglied der Dorfgemeinschaft anerkannt werden. So schließt er sich Barnabas an, weil er über ihn in das Schloß vorzudringen hofft. Doch führt ihn Barnabas nur zu sich nach Hause, zu den kranken Eltern und den beiden Schwestern Olga und Amalia, »großen starken Mägden«. Immerhin bringt ihn Olga zum Herrenhof, dem anderen Dorfwirtshaus, worin nur die Schloßbeamten verkehren dürfen. Durch ein Guckloch beobachtet er Klamm, den Repräsentanten des Schlosses. Erreichen kann er ihn nicht, doch läßt er sich mit Frieda, Klamms Geliebter ein. In orgiastischer Vereinigung wälzen sich beide bis zum frühen Morgen in den Bierpfützen des Ausschankbodens. Frieda zieht nun zu K. in das Brückenwirtshaus und begleitet ihn auch mit den Gehilfen in die neue Bleibe, die Klassenzimmer des Schulgebäudes. Zuvor erfährt K. vom Gemeindevorsteher, daß im Dorf kein Landvermesser nötig und daß seine Bestellung ein Irrtum der Behörde sei. Umständlich erklärt der Gemeindevorsteher die kaum durchschaubaren amtlichen Vorgänge als ein geschlossenes, von außen unangreifbares System aus Folgerichtigkeit und Unberechenbarkeit, aus Präzision und Anarchie. Die Komplexität des Systems erhöht seine Fehlerquote, so daß die Schloßbehörde dem Landvermesser zuletzt als »lächerliches Gewirre« erscheint, worin der Beamte Sordini umgeben von riesigen zusammengestürzten Aktensäulen K. zugleich angefordert und abgewiesen hat. K.s ständiges Verlangen: »ich will mein Recht« prallt fortan an der Hermetik und Kontingenz der Verwaltungssystems ab. Wenigstens bietet ihm der Vorsteher bis zur endgültigen Entscheidung über seine Angelegenheit die Stelle des Schuldieners an. Bei einem erneuten Besuch im Herrenhof glaubt K. im Hof Klamms Schlitten zu erkennen, doch als nach langem Warten ein Fremder herantritt, ist es nicht Klamm, sondern Momus, Klamms Dorf-

sekretär, der ihn ins Haus zieht. Während Momus K.s Aussage für sein Tagesprotokoll fordert, fährt Klamm draußen mit dem Schlitten davon. Verärgert widersetzt sich K. dem Verhör des Sekretärs – »es wird hier viel geschrieben« – und verläßt den Herrenhof. Vor dem Brückenwirtshaus stößt er auf Barnabas, den Schloßboten, der ihm einen Brief von Klamm überreicht, worin K. für seine Vermessungsarbeiten gelobt wird. Ob K.s Antwort, seine Bitte um Klärung der Angelegenheit in Aussprache mit Klamm selbst, diesen erreichen wird, bleibt ungewiß: Nur unregelmäßig versieht Barnabas seinen Dienst, und labyrinthisch ist der Dienstweg der Behörde. Am Abend richtet man sich im Schulzimmer ein so gut es geht. Doch als morgens der Lehrer und die Lehrerin K., Frieda und die Gehilfen noch schlafend antreffen und im aufgebrochenen Schuppen das Feuerholz vermissen, droht K. aus dem Schuldienst entlassen zu werden. Er weigert sich jedoch zu gehen und leitet den Rechtfertigungsdruck auf die Gehilfen ab, die er seinerseits unter dem Vorwand, sie stellten Frieda nach, aus dem Haus wirft. Auch Frieda wird zurechtgewiesen, weil sie ihn verdächtigt, sie, die Klamms Geliebte war, lediglich als Mittel zu gebrauchen, um an Klamm heranzukommen. Nun setzt K. alle Hoffnung auf Barnabas. Doch trifft er in dessen Haus nur seine Schwester Olga an, die ihm die traurige Geschichte ihrer Familie erzählt. Die Binnenerzählung des Romans (15. Kap.) beschreibt gleichnishaft die Psychotechnik totalitärer Herrschaft: Vor Jahren sah auf einem Feuerwehrfest der Schloßbeamte Sortini Amalia,

Olgas Schwester. Am nächsten Tag erhielt sie von ihm einen unzüchtigen Brief mit der Aufforderung, sich im Herrenhof einzufinden. Amalia warf jedoch den Brief zerfetzt dem Boten an den Kopf. Dem Akt der Auflehnung gegen die Willkür der Obrigkeit folgte die Sanktion der von ihr geduckten Gesellschaft – nicht gegen Amalia, sondern gegen die Familie insgesamt. Mit ihrem Ansehen war es vorbei. Zuerst blieben Freunde und Kunden aus, dann wurde der Vater aus dem Feuerwehrverein entlassen, endlich war die einst wohlhabende Familie völlig verarmt und isoliert, wobei sie Isolation und Existenzdruck auch an Amalia weitergab. Dem Akt der Sanktion folgten Anpassungsstrategien der Betroffenen: Zuerst die Bittgänge des Vaters bei der Behörde, deren Beamte jedoch nicht Verzeihung, sondern nur amtliche Vorgänge kennen; später Olgas Versuch, den Boten Sortinis zu versöhnen, da die Schuld nur in seiner Beleidigung zu liegen schien. Doch ließ sich der Bote nicht mehr auffinden, und auch Sortini war im Dickicht der Verwaltung verschwunden. Immerhin konnte Olga ihrem Bruder eine Anstellung beim Schloß verschaffen. Sein offizieller Status als Bote blieb freilich ungewiß und seine Anstellung als Gnadenzeichen zweifelhaft. – Als K. heimkehrt, ist Frieda nicht mehr da. Jeremias, sein früherer Gehilfe, meldet ihm triumphierend, daß sie mit Klamm in den Herrenhof zurückgekehrt sei und von K. nichts mehr wissen wolle, da er ihr ja Olga vorziehe. Das Gespräch wird durch Barnabas' Botschaft an K. unterbrochen, im Herrenhof warte auf ihn Erlanger, Klamms erster Sekretär. Als K.

dort ankommt, verfehlt er die richtige Tür und gerät in das Zimmer des Sekretärs Bürgel, der sich seiner Bitte um Aufnahme in das Dorf anzunehmen verspricht, um so mehr als gerade nachts die Widerstände der ermüdeten Beamten überwindbar seien. In diesem Augenblick wird K. selbst von unbezähmbarer Müdigkeit überfallen und verschläft die Chance. Am nächsten Morgen stört seine Anwesenheit die Aktenverteilung unter den Beamten, und es scheint, als würde gerade deshalb der entscheidende, ihn betreffende Zettel von einem der Diener zerrissen und verschluckt. Kurz danach bricht das Romanfragment ab, doch überliefert Max Brod das von Kafka geplante Ende: Dem an Entkräftung sterbenden K. werde vom Schloß herab verkündet, daß er zwar keinen Rechtsanspruch auf sein Dasein im Dorf habe, daß man ihm aber »mit Rücksicht auf gewisse Nebenumstände gestatte, hier zu leben und zu arbeiten«.
Der Roman wurde vielfältig allegorisch gedeutet – als K.s Ringen um göttliche Gnade, als des Menschen Schicksal in der ›verwalteten Welt‹, als Anti-Märchen ohne Happy-End, als tiefenpsychologische Traumwirklichkeit, als Lage des Judentums, das vergeblich danach strebe, von der nichtjüdischen Welt akzeptiert zu werden, als Vision des Totalitarismus der 30er und 40er Jahre. Alle Lesarten zusammen bestätigen die forcierte Polyvalenz des Textes, dessen perspektivische Einsinnigkeit mehr über den Träger der Erzählperspektive, den Landvermesser, und das Scheitern seines einseitig rationalisierenden Denkens verrät als über dessen sinnverschlossenen Gegenstand, das Schloß.

Lit.: K. KELLER, Gesellschaft in mythischem Bann. Studien zum Roman »Das Schloß« und anderen Werken F. K.s, Wiesbaden 1977. – R. SHEPPARD, Das Schloß, in: H. BINDER (Hg.), K.-Handbuch, II, Stuttgart 1979, S. 441–470.   T. ELM

Der Verschollene *(Amerika).*
8 Kapitel; entst. 1911–1914; EA
München 1927.

Weil ihn ein Dienstmädchen verführt und von ihm ein Kind bekommen hat, wurde der sechzehnjährige Karl Roßmann von
seinen Eltern nach Amerika geschickt. Vorbei an der »Freiheitsgöttin« (»Ihr Arm mit dem
Schwert ragte wie neuerdings em-
por«) erreicht das Schiff den Hafen von New York. Vor dem
Landgang verirrt sich Karl in den
Gängen und Decks und gerät tief
unten an einen riesigen Mann, den
Schiffsheizer. Auch der Heizer beabsichtigt, das Schiff zu verlassen,
weil er sich von seinem Vorgesetzten ungerecht behandelt fühlt.
Darüber will er sich beim Kapitän
beschweren, wobei ihn Roßmann
begleitet und verteidigt. Im Büro
des Kapitäns wird einer der anwesenden Herren auf Roßmann aufmerksam und erkennt in ihm seinen Neffen, dessen Ankunft
schon avisiert wurde. Roßmanns
Onkel ist der angesehene Senator Edward Jakob, ein Selfmade-
man und Besitzer des drittgröß-
ten Kommissionsgeschäftes der
Stadt. Er nimmt Karl in sein viel-
stöckiges »Eisenhaus« auf und
führt ihn durch die mit Telefon-
klingeln, Telegraphengeticker
und einem »beständigen Verkehr
von hin und her gejagten Leuten«
erfüllten Büroräume der Firma.
Eines Tages darf Karl an einem
Essen für zwei Geschäftsfreunde
teilnehmen, Herrn Green und
Herrn Pollunder. Letzterer lädt
ihn zum Unwillen des Onkels in
sein Landhaus bei New York ein.

An demonstrierenden Metallar-
beitern vorbei fährt Karl in Pollunders Automobil zur Villa – in
der bereits ein anderer Gast wartet, der riesenhafte Herr Green.
Nach dem gemeinsamen Essen
führt Klara, Pollunders Tochter,
den jungen Besucher hinauf in ihr
Zimmer. Als Karl vor der Tür
zögert, ringt sie ihn nieder und
wirft ihn auf das Kanapee. Beschämt und mit dem Gedanken an
den Unwillen des Onkels, will er
das Haus verlassen, verirrt sich
jedoch in den dunklen Fluren der
Villa, »die ihm wie eine Festung
erscheint«. Endlich stößt er auf
einen Diener, der ihn in das Spei-
sezimmer zu Green und Pollunder
zurückbringt. Mit der Aussicht
auf eine wichtige Botschaft verzögert Green Karls Abschied bis
Mitternacht. Dann überreicht er
ihm einen Brief, worin er Onkel
Karl des Ungehorsams beschuldigt, weil er sich bis Mitternacht
in Pollunders Haus versäumt
habe; er möge nun zusehen, wie er
allein weiterkomme. – Von Green
aus dem Haus gedrängt, wandert
Karl ziellos die Landstraße entlang, bis er in einem Wirtshaus
Quartier findet. Im Schlafraum
trifft er zwei heruntergekommene
arbeitslose Maschinenschlosser,
den Iren Robinson und den Franzosen Delamarche. Sie befinden
sich auf dem Weg nach Butterford, wo sie eine Anstellung erhoffen. Karl schließt sich ihnen
an, und so marschieren sie am
nächsten Morgen entlang einer
großen Ausfallstraße mit unauf-
hörlichem Auto- und Fuhrwerks-
verkehr und vorbei an großen Fabriken und Mietskasernen Richtung Butterford. Kein Mensch ist
sonst neben dem endlosen Strom
von Wagen auf der Straße zu sehen. Unterwegs essen sie in einer

Imbißstube ein walzenartig ausse-
hendes, maschinell hergestelltes
Brot – die Rechnung muß Karl
bezahlen. Und am Abend strek-
ken sie sich auf einer Wiese aus,
während Karl zum Essenholen in
ein nahegelegenes Hotel geschickt
wird. In der lärm- und menschen-
durchtosten Schankhalle des Hotels Occidental mit rationeller
Selbstbedienung nimmt sich seiner die Oberköchin an. Als er mit
dem Proviantkorb zu den Reise-
gefährten zurückkehrt, ist sein
Koffer aufgebrochen und die Pho-
tographie seiner Eltern verschwunden. Nun trennt sich Karl
von den zwielichtigen Kompa-
gnons und nimmt das Einstel-
lungsangebot der Oberköchin an:
Er wird Liftjunge mit Aufstiegs-
aussichten. Im Schichtdienst vor
den vielen Aufzügen gerät Karl
freilich in ein System aus Leistungsdruck, Tempo und Ar-
beitskontrolle, dem er nur dank
der Bekanntschaft mit Therese,
der Sekretärin der Oberköchin,
gewachsen ist. Mit ihr, die ihm
von ihrer traurigen Emigranten-
kindheit und vom Hungertod der
Mutter in New York erzählt, studiert er ehrgeizig ein Lehrbuch der
Kaufmanns-Korrespondenz und
begleitet sie auf ihren gehetzten
Einkaufstouren in der benachbarten Stadt Ramses. Eines Nachts
erscheint Robinson betrunken vor
Karls Lift. Um ihn loszuwerden,
versteckt ihn Karl rasch in einem
der 40 Betten des riesigen Liftjun-
gen-Schlafsaals, doch wird seine
Abwesenheit bemerkt und Karl
zum Vorgesetzten gerufen, dem
überbeschäftigten Oberkellner.
Der erläßt nach kurzem Verhör
beim Glockenschlag aller Uhren
das Urteil: Weil er den Lift verlassen und obendrein den Oberpor-
tier nicht gegrüßt sowie seine

Freizeit in der Stadt verlottert
habe, sei Karl aus den Diensten
des Hotels entlassen. Auch die
Fürsprache der Oberköchin nützt
ihm nichts, zumal alsbald bekannt
wird, daß sich oben im Schlafsaal
ein Freund Karls namens Robinson mit den Liftjungen herum-
prügelt. So müssen beide das Hotel verlassen und fahren in die
Vorstadt, wo Robinson mit Delamarche und der Sängerin Brunelda in einem Bordell zusammenlebt. Oben in der Wohnung
wird Karl festgehalten, um gemeinsam mit Robinson dem Delamarche und seiner Freundin, einer abgetakelten Opernheroine,
zu Diensten zu sein. Während die
drei auf dem Balkon von einem
Straßenumzug für den Kandidaten des Bezirksrichter-Amtes abgelenkt werden, versucht Karl zu
fliehen, wird jedoch an der Tür
von Delamarche niedergeschlagen. Nachts erwacht er aus seiner
Bewußtlosigkeit und stiehlt sich
aus dem Haus. Auf dem Rennplatz von Clayton wird, so liest er
auf einem Plakat, Personal für das
»Naturtheater von Oklahoma«
gesucht: »Jeder ist willkommen«,
das Theater sei nämlich, so erfährt
er später, »fast grenzenlos« und
wird »immerfort vergrößert«.
Vor dem Eingang zum Rennplatz
sieht Karl Hunderte von Frauen
als Engel verkleidet Trompete
blasen. An der Werbetruppe vorbei stellt er sich beim Personalchef
unter dem Namen »Negro« vor,
wird nach einer bürokratischen
Prozedur als »technischer Arbeiter« eingestellt und auf der Zu-
schauertribüne gemeinsam mit
anderen Neuankömmlingen bewirtet, wobei er frühere Freunde,
Fanny und Giacomo, wiedertrifft.
Anschließend fahren sie alle zusammen mit dem Zug nach Okla-

homa. – Der Roman verknüpft den für Kafka typischen Vater-Mutter-Sohn-Konflikt mit religiösen sowie sozial- und zivilisationskritischen Aspekten. So wie Karls Fehltritt mit dem Dienstmädchen sogleich vom Vater drakonisch mit der Vertreibung bestraft wird, wird er auch vom Onkel (dem neuen Vater) verstoßen, als er dessen Autorität zu verletzen scheint. Der fürsorgende Freund Pollunder, Analogie der Mutter, fällt von Karl ab. Vergleichbares wiederholt sich gegenüber dem Oberkellner und der mütterlichen Oberköchin sowie bei Delamarche und Brunelda – letztere freilich sind Verfallstypen bürgerlicher Familialität. Sie sind eingebunden in Karls Abstieg vom bourgeoisen Dasein des Onkels in das asoziale Landstreicher- und das Bordellmilieu, dem sich Karl mit seinen Selfmademan-Hoffnungen im Hotel vergeblich zu widersetzen versuchte. Darin ist Karls Schicksal beispielhaft für die Sozialkritik am modernen, von rationalen und technischen Zwecken geprägten Way of life, die Kafka von Arthur Holitscher und Frantisek Soukup übernommen hat: Nicht die Fackel, sondern das Schwert trägt Kafkas New Yorker Freiheitsgöttin. Als Gegenentwurf freier und humanisierter Arbeit erscheint das fragmentarische Schlußkapitel über das »Naturtheater von Oklahoma« mit seinen Visionen von Jüngstem Gericht (die trompetenblasenden Engel) und sozialer Erlösung (das gemeinsame Mahl der Aufgenommenen). Doch deutet sich in der übertriebenen Bürokratie des Aufnahmeverfahrens zugleich die Persiflage des missionarisch-utopischen Entwurfs an.

Lit.: W. Jahn, Der Verschollene (Amerika), in: H. Binder (Hg.), K.-Handbuch, II, Stuttgart 1979, S. 407–420. – H. H. Hiebel, Parabelform und Rechtsthematik in F. K.s Romanfragment »Der Verschollene«, in: T. Elm / Ders. (Hgg.), Die Parabel, Frankfurt/M. 1986, S. 219–254.   T. Elm

KANT, Hermann (geb. 1926)

Die Aula. ED »Forum« 1964; EA Berlin 1965.

Robert Iswall soll eine Rede zur feierlichen Schließung seiner ehemaligen Schule halten. Diese Aufgabe löst in ihm jedoch mehr als die erwartete Nostalgie aus, denn die Schule war keine normale Lehranstalt und Iswall sein üblicher Abiturient. Als sogenannte Arbeiter-und-Bauern-Fakultät (ABF) war die Schule 1949 eine Einrichtung der neu gegründeten DDR, die die Klassenprivilegien des traditionellen deutschen Bildungssystems abbauen sollte, indem sie Arbeitern und Bauern die Grundlagen zum Universitätsstudium vermittelte. Ihre Schließung nach dreizehn Jahren, nachdem ihr Zweck erfüllt ist, bietet nicht nur Anlaß zur Feier einer erfolgreichen Institution, sondern auch dazu, die Geschichte der DDR aus der Perspektive der Erzählzeit von 1962 zu reflektieren. Sowohl in dem damaligen Enthusiasmus der jungen, aber kriegsgeschädigten Generation mit ihren dogmatischen Auswüchsen als auch in den Schicksalen der ersten ABF-Studenten spiegelt sich exemplarisch die Zeit der DDR-Gründerjahre. Kant erzählt die Geschichte der DDR anhand der Geschichte dreier Zimmerkameraden Iswalls, die eine Art kollektiven Helden bilden. Erinnerungen, Spekulationen, Forschungen und phantasierte Begegnungen des Erzählers wechseln mit seinen Besuchen bei den ehemaligen Freunden: der eine, getürmt nach dem Westen und jetzt ein heruntergekommener Kneipenwirt in einem Hamburger Vorort, der zweite, verantwortungsbewußter Leiter in einem Ministerium, der dritte, studierter Sinologe, und Iswall selbst, bekannter Journalist. Sehr schnell stellt sich heraus, daß seine Versuche, die Romantik und die Klischees von damals aufzudecken, eine neuartige Darstellung von Geschichte erfordern, die es ermöglicht, das Vergangene als lebendigen Teil der Gegenwart zu begreifen. Insofern steht Kants Roman am Anfang einer Auseinandersetzung der DDR-Literatur mit den formalen Mitteln der epischen Moderne. Ironie, Lakonismen, Persiflage, Anekdoten, assoziatives Erzählen, Perspektivenwechsel: alle Register einer selbstbewußten, subjektiven Erzählweise werden souverän gehandhabt, und das in einem für die sonstige DDR-Literatur ungewöhnlich spielerischen Erzählton. Darüber hinaus bricht der Autor als einer der ersten in der DDR-Literatur mit den bewährten Mustern der konfliktlosen Geschichtsdarstellung. Gemäß dem vorangestellten Heine-Zitat – »Der heutige Tag ist ein Resultat des gestrigen. Was dieser gewollt hat, müssen wir erforschen, wenn wir zu wissen wünschen, was jener will« – scheut sich Kant nicht, mit dem ausdrücklichen Hinweis auf »die unbewältigte Vergangenheit« unbequeme Themen wie Republikflucht, stalinistische Säuberungen, Opportunismus und politisches und moralisches Versagen anzusprechen. Auf diese Weise gelingt es dem Erzähler, dessen Aularede am Ende aus organisatorischen Gründen doch nicht gehalten wird, eine Bilanz zu ziehen, die für ihn selbst wie auch für eine ganze DDR-Generation die Aufgabe nahelegt, gerade das Problematische der Vergangenheit für die Gegenwart aufzuarbeiten.

Lit.: L. KRENZLIN, Begeisterter Leser – vereinfachte Lesart? Über nicht ausgeschöpfte Aussageschichten in H. K.s Roman »Die Aula«, in: J. MÜNZ-KOENEN (Hg.), Werke und Wirkungen. DDR-Literatur in der Diskussion, Leipzig 1987, S. 110–167.

M. SILBERMAN

KASACK, Hermann
(1896–1966)

Die Stadt hinter dem Strom.
20 Kapitel; ED »Der Tagesspiegel« 1946; EA Berlin 1947.
Von einem Schreiben der Stadtverwaltung aufgefordert, verläßt der Spezialist für Keilschriftsprachen Dr. Robert Lindhoff seinen Heimatort, um in der traumhaften Stadt hinter dem Strom das Amt eines Archivars und Chronisten anzutreten. Obwohl er von den Behörden angewiesen wird, »die Gebräuche und Eigentümlichkeiten unseres Stadtreichs aufzuzeichnen«, gelingt es Lindhoff anfänglich nicht, den »Schimmer des Unwirklichen«, der über der Ruinenstadt liegt, zu durchstoßen. Bei seinen Gängen durch die Straßen und Katakomben stößt er zu seiner Überraschung auf den totgeglaubten Vater, seinen Freund Katell und auf seine frühere Geliebte Anna Mertens, der er sich, ungeachtet seiner Chronistenpflicht, wieder nähert. In einem bewußt magischen Erzählrahmen, der die Phänomene sehr detailliert, jedoch ohne erklärenden Zusammenhang wiedergibt, lernt der Archivar die Institutionen und absonderlichen Bräuche der Stadt kennen. Zu einschnei-

denden Erlebnissen für ihn werden der Gang über einen Wochenmarkt (9. Kap.), auf dem sich alle Geschäfte im Ringtausch abwickeln, und der Besuch zweier Fabriken. Während die eine damit beschäftigt ist, die Fertigung von Kunststeinen zu perfektionieren, zerstört die andere diese Produkte, um ihrem Pendant die nötigen Rohstoffe zu liefern. Beide Episoden demonstrieren das in sinnentleerten Zyklen ablaufende Leben der Städter, das die menschliche Existenz, diese »Kette von Wiederholungen«, symbolisiert. Troz der vielfältigen Betrachtungen, die Lindhoff über die Funktion der Stromstadt anstellt, bedarf er der Aufklärung durch Anna, damit er die wahren Hintergründe erkennt (14. Kap.): Anna hat sich einst aus Verzweiflung das Leben genommen, und wie sie gehören alle Stadtbewohner dem Zwischenreich der Gestorbenen an, die nach dem Tod den Strom passieren. Ihr Aufenthalt währt so lange, wie ihrer jenseits des Stroms gedacht wird. Danach haben sie die »Wanderung ins Totenland« anzutreten. Mit dem Wissen »um den Stufenschritt zum Tode« ausgestattet, besucht Lindhoff die Kasernen der Stadt (15. Kap.) und hält den Soldaten, dem »Werkzeug sinnloser Vernichtung«, eine Antikriegsrede. Gegen die unverkennbar von den Eindrücken des Nationalsozialismus und des Zweiten Weltkriegs bestimmte Szenerie versucht die anonyme Archivbehörde, die Präfektur, eine »metaphysische Ordnung« zu setzen. Die Greuel der jüngsten Vergangenheit relativieren sich darin zu einem unvermeidlichen Bestandteil des Weltenplans; der »millionenfache Tod« erscheint als sinn-

voll, weil »für die andrängenden Wiedergeburten Platz geschaffen« werden muß. Das Gefühl, in einen metaphysischen Zusammenhang eingebunden zu sein, verschafft den Menschen »etwas Trostreiches« – eine These, die den großen Erfolg der Erstausgabe des Romans erklärt. Über das Gleichgewicht der Geschichte wachen die von der Präfektur bestellten dreiunddreißig Eingeweihten, eine imaginäre Versammlung geistiger Eliten der Vergangenheit. Einmal in die Geheimnisse der Stadt eingeweiht, hat sich der Archivar auf die Rückkehr vorzubereiten. Ein letzter Gang läßt ihn den Weg der Toten ins »große Nichts« beobachten; an der Quelle des Stroms trifft er auf Anna, die zur »Jüngerin der Ewigkeit« geworden ist. Ohne den gestrengen Glauben an die unanfechtbare Herrschaft des Geistes bereits vertreten zu können, verläßt Lindhoff die Stadt und fährt zu den Lebenden zurück, die sich mittlerweile in den (Nachkriegs-)Wirren von Flüchtlings- und Heimkehrertransporten zurechtfinden müssen. Eingedenk seiner im Zwischenreich gemachten Erfahrungen kehrt Lindhoff nicht zu seiner Familie zurück und steht den Menschen als weiser Ratgeber zur Verfügung, der sie darin einweist, den Sinn des Lebens in den »Verwandlungen« zu sehen und den »faustische[n] Blasphemie[n] des Abendlandes« abzuschwören – eine der asiatischen Philosophie entlehnte Forderung, die in der frühen Nachkriegsliteratur nicht selten ist. Nach seinem plötzlichen Tod reist Lindhoff zuletzt dorthin, wo ihm seine entscheidenden Erkenntnisse zuteil wurden: in die Stadt hinter dem Strom.

Lit.: H. GUTMANN, A Clash of Symbols: Historical and Universal Dimensions in »Die Stadt hinter dem Strom«, in: The Germanic Review 46 (1971), S. 182–197.   R. MORITZ

KELLER, Gottfried (1819–1890)

Der grüne Heinrich. 4 Bände; EA Braunschweig 1854/55 (1. Fassung); EA Stuttgart 1879/80 (2. Fassung).

Gottfried Kellers Berlin-Aufenthalt zwischen 1849 und 1855 war – von äußerer Not gekennzeichnet – der künstlerisch wohl fruchtbarste Abschnitt im Leben des Dichters. In die Zeit fällt neben der Niederschrift oder der Konzeption einer großen Zahl der Novellen auch das langsame und mühevolle Entstehung des *Grünen Heinrich*. Als das Werk endlich abgeschlossen wurde, waren die ersten Bände längst gedruckt und seit einem Jahr auch veröffentlicht. So entstand der Wunsch, das Ganze in Ruhe zu überarbeiten. Dazu kam es aber erst 1878–80, als im Zuge des Erfolgs von Kellers Novellenbänden eine Neuauflage des bisher nur in einem kleinen Kreis geschätzten großen Romans ins Auge gefaßt wurde. Keller begnügte sich nicht mit einigen Retuschen, sondern unterzog den Roman einer tiefgreifenden Umgestaltung, an der sich der Wandel in den Anschauungen des Dichters ablesen läßt. Keller hoffte, mit der neuen Fassung die alte in Vergessenheit bringen zu können. Die Spezialisten interessierten sich aber stets für die Urfassung. Seit einigen Jahren mehren sich die Stimmen, welche der Urfassung den Vorzug geben; diese wurde deshalb mehrfach nachgedruckt, so daß heute unter einem Titel zwei verschiedene Texte nebeneinander existieren.

Der Roman erzählt die in vielen Einzelheiten auf autobiographischem Material fußende Lebensgeschichte von Heinrich Lee, der nach dem frühen Tod seines Vaters in eine enge Schicksalsgemeinschaft mit der Mutter eintritt. Nachdem Heinrich vorzeitig die Schule hat verlassen müssen, beschließt er, Kunstmaler zu werden. Mutter und Sohn wenden alles an die Realisierung dieses Ziels; erst nach einem erfolglosen mehrjährigen Studienaufenthalt in einer »deutschen Kunststadt« – es verbirgt sich dahinter München, wo sich Keller 1840–42 aufhielt – läßt Heinrich davon ab. In die Schweiz zurückgekehrt, wird er mit dem Tod der Mutter konfrontiert, die aus Kummer gestorben ist. – Auf diesen knappen Verlauf reduziert, stimmen die beiden Fassungen des Romans noch überein. Etwas näher betrachtet, fallen aber die unzähligen kleinen und großen Unterschiede sofort ins Gewicht, die eine einheitliche Gesamtinterpretation der beiden Fassungen unmöglich machen. Es sei hier deshalb vorerst nur von der zweiten Fassung des Romans die Rede.

Der grüne Heinrich macht sich auf dem Tiefpunkt seiner Enttäuschung in der deutschen »Kunststadt« daran, sein bisheriges Leben aufzuschreiben, um sich sein »Werden und Wesen einmal recht anschaulich zu machen«. Dieser Lebensbericht bildet die erste Hälfte des Romans (bis Kap. 8 von Bd. 3), die »Jugendgeschichte«, der Heinrich im Alter eine Fortsetzung anfügt. Von dieser Entstehung der Papiere erfährt man aber vorerst nichts. Der Roman beginnt mit der Beschreibung des jahrhundertealten Dorfes in der Schweiz, aus dem Hein-

richs Vorfahren stammen, und erzählt dann (gewissermaßen ein
Bildungsroman im Bildungsroman) das Leben des Vaters. Dieser
hat das Dorf verlassen, um nach
seinen Gesellenjahren in Deutschland in der nahen Stadt ein angese-
hener und erfolgreicher Baumei-
ster zu werden. Neben seiner rastlosen Berufstätigkeit findet der
fortschrittlich denkende Mann
auch noch Zeit, mit Freunden
Schiller zu lesen und aufzuführen.
Nach seinem frühen Tod macht
Frau Lee Zurückgezogenheit und
Sparsamkeit zu den Grundprinzipien der kleinen Haushaltung. Die
»Stille des Witwentums« bildet
den Hintergrund von Heinrichs
frühesten Kindheitserinnerungen.
Die Kapitelreihe, die in einer einzigartigen Mischung aus Einfühlung und lächelnder Distanz die
Welt des Kindes zur Darstellung
bringt – wohl die berühmteste
Partie des Buches - exponiert
auch Grundthemen des Romans:
die Nöte des Außenseiters, die gefährliche Macht der Phantasie und
die Frage nach der Existenz Gottes. Es ist zu lesen von beängsti-
genden Schulerfahrungen, von
der Begegnung mit der geheimnisvollen Trödlerin Frau Margret,
von einer Naturaliensammlung
und dem Einfangen von Tieren,
die in einer plötzlichen Anwand-
lung grausam umgebracht werden, vom Eintauchen in die Welt
der Schauerromane, von den Auseinandersetzungen mit einem »ersten Widersacher«. Heinrich erlebt, wie die Lehrer einer von ihm
erfundenen Geschichte Glauben
schenken und daraufhin einige
unschuldige Mitschüler bestrafen.
Seine Hemmung, laut zu beten,
gibt Anlaß, die in der Sprache eines Geistlichen des 18. Jahrhunderts abgefaßte Lebensgeschichte

von Meretlein einzuflechten, einem kleinen Mädchen, das an den
erzieherischen Angriffen auf seine
angeblich dämonische Lebenslust
zu Grunde geht. Von der Mutter
zu einem zurückgezogenen Leben
angehalten, gewinnt Heinrich Gefallen daran, unter seinen Schulkameraden etwas zu gelten. Er fi-
nanziert die Vergnügungen, an
denen er teilzunehmen lernt, aus
einem kleinen Vorrat alter Mün-
zen. Die Mutter bemerkt den
Diebstahl; Heinrich zieht sich
wieder ganz zurück und entdeckt
zu Hause seine Freude am Malen.
Zufällig nimmt er an einer Schü-
lerdemonstration gegen einen unbeliebten Lehrer teil. Er wird zu
Unrecht beschuldigt, der Anführer zu sein, und muß die Schule
verlassen. Es folgt die »Flucht zur
Mutter Natur«, der Rückzug in
das von farbigem Leben erfüllte
Haus der Familie von Heinrichs
Onkel im Heimatdorf der Eltern
(1. Bd.). – Heinrich fühlt sich
wohl auf dem Land und im Kreis
der großen Familie. Er versucht,
das intensive Naturerlebnis im
Zeichnen aufzufangen, und lernt
weitere Verwandte kennen, insbesondere die junge Witwe Judith
und das Mädchen Anna, das mit
seinem Vater, einem ehemaligen
Schulmeister, an einem einsamen
Waldsee lebt. Die Zuneigungen,
die Heinrich zu beiden faßt, sind
ganz unterschiedlicher Art: während die Liebe zu Anna in erster
Linie ein Produkt von Heinrichs
Idealvorstellungen ist, entspringt
die zu Judith konkreten Begegnungen mit intensiven Gesprächen und ausgelassenen Spielen.
Dieses »neue Leben« wird überschattet von der Frage, wie Heinrichs Entschluß, Kunstmaler zu
werden, zu verwirklichen sei. Die
Mutter bemüht sich in der Stadt

um eine Lehrstelle und stößt schließlich auf den Vedutenhersteller Habersaat, der bereit ist, Heinrich zu unterrichten, seinen Schüler dann aber ganz sich selber überläßt. Statt die Natur zu studieren, läßt Heinrich seine Phantasie immer ungezügelter ins Kraut schießen und bleibt tagelang auf seiner Stube sitzen, wo er liest (namentlich die Werke Jean Pauls) oder schwungvolle Briefe schreibt. Anlaß zu ausgedehnten Spekulationen gibt auch der kirchliche Unterricht, den Heinrich zu besuchen hat. Nach der Konfirmation nimmt er auf dem Dorf an einem großen Fastnachtsspiel, einer Wilhelm-Tell-Aufführung, teil. Er verbringt den ersten Teil des Festes, bei dem Zuschauer und Akteure ständig ihre Rollen tauschen, als Rudenz an der Seite von Anna, welche die Berta von Bruneck spielt, den zweiten an der Seite von Judith (2. Bd.). – Zwei wichtige Begegnungen wecken Heinrichs Selbstkritik gegenüber seinen Willkürphantasien: diejenige mit Goethe, dessen Werk er in einem vierzigtägigen Leserausch verschlingt, und diejenige mit dem geistesgestörten Maler Römer, bei dem Heinrich das erste und einzige Mal einen wirklichen Zeichen- und Malunterricht genießt. Da Anna schwer erkrankt ist, ziehen er und seine Mutter ins Haus des Schulmeisters, um bei der Pflege zu helfen; nachts jedoch schleicht sich Heinrich davon, um im Dorf Judith zu besuchen. Nachdem Anna gestorben ist, glaubt Heinrich es der Toten schuldig zu sein, auch Judith nicht mehr zu sehen. Er kehrt in die Stadt zurück, um den militärischen Unterricht zu absolvieren. Während dieser Zeit wandert Judith nach Amerika aus

(Ende der »Jugendgeschichte«). – Zur Finanzierung eines Studienaufenthalts in Deutschland löst Heinrich einen vom Vater geerbten Schuldbrief ein. Zu seinem Reisegepäck gehört ein Schädel, den er mit der Biographie eines Albertus Zwiehan in Verbindung bringt, die hier eingeblendet wird. In der deutschen »Kunststadt« gelingt es Heinrich nicht, in einer Schule oder einem Künstleratelier unterzukommen; wieder ist er nur auf sich gestellt. Die einzigen Bekannten sind zwei Maler, der sympathische und ehrliche, aber wenig inspirierte Däne Erikson und der genialere, aber menschlich etwas. zweifelhafte Holländer Lys. Mit ihnen nimmt Heinrich an einem Fastnachtsspiel teil, das, wie schon das Tellspiel, die Gegenwart an der Vergangenheit mißt, indem es in einem detailliert geschilderten Festumzug das Nürnberg der Dürer-Zeit und damit die verlorene Einheit von Kunst und öffentlichem Leben heraufbeschwört. Heinrich verfolgt als Zuschauer die »Liebeshändel« seiner beiden Freunde. Nach Eriksons Verlobung, welche die Festivitäten abschließt, gerät Heinrich in Streit mit Lys, dem er die notorische Untreue zu Frauen und den Atheismus vorhält. Lys fordert Heinrich zum Duell, bricht dieses aber sofort nach Beginn ab. Er und Erikson verlassen die Stadt, und Heinrich bleibt ohne Freunde zurück (3. Bd.). – Um aus seiner allegorisierenden Landschaftsmalerei auszubrechen und in seiner Kunst einen engeren Bezug zur Realität zu finden, besucht Heinrich Kurse an der Universität, zuerst in Anatomie, dann in allen möglichen Fächern. Das Geld ist aufgebraucht, Mißgeschick und Pech vereiteln den Versuch, endlich ein Bild zu verkaufen. Heinrich wendet sich wiederholt an seine Mutter, welche Geld auf das Haus aufnimmt, um helfen zu können. Nach und nach verkauft er alle seine Bilder einem Trödler. Dieser verschafft ihm schließlich eine Arbeit als Fahnenstangenmaler, bei der Heinrich sein erstes Geld verdient. Ein Verhältnis zu einer Fahnennäherin ist nicht von Dauer, da Heinrich nach einigen Nächten heftigster Heimwehträume beschließt, nach Hause aufzubrechen. Nach zwei anstrengenden Reisetagen findet der müde und verschmutzte Wanderer durch eine märchenhafte Fügung Unterschlupf in einem Grafenschloß, wo er auf die vollständige Sammlung seiner Bilder trifft, mehrere Monate bleibt und sich ihm wichtige Fragen klären. Es stellt sich heraus, daß der Graf, der bald Heinrichs väterlicher Freund wird, der geheimnisvolle Kunde des Trödlers war. Er zahlt Heinrich nach, was diesem zur angemessenen Bezahlung der Werke noch zusteht, und ermuntert ihn, noch in aller Ruhe zwei Bilder zu malen, um in voller Freiheit von der Kunst, welche er in der Heimat mit einem Beruf im öffentlichen Dienst zu vertauschen gedenkt, Abschied zu nehmen. Auch in seinem religiösen Suchen gelangt Heinrich an ein Ende. Er tritt erneut in Kontakt mit dem Atheismus: die Adoptivtochter des Grafen, Dortchen Schönfund, weiß die Ideen des Philosophen Ludwig Feuerbach (Keller hatte diesen 1848 kennengelernt) in besonders gewinnender Art zu vertreten. Sie setzen sich nun rasch und endgültig in Heinrich fest, obwohl ein katholischer Geistlicher sich für den Glauben stark macht und der Schwärmer Peter Gilgus als abschreckendes Beispiel eines Atheisten auftritt. Heinrich verliebt sich in Dortchen, wagt jedoch nicht, sich zu erklären. Nachdem er vom inzwischen verstorbenen Trödler eine ansehnliche Summe geerbt hat, macht er sich endlich auf die Rückreise zu seiner Mutter. Diese liegt bei seiner Ankunft im Sterben, und es bleibt ungewiß, ob sie ihn vor ihrem Tod noch wiedererkannt hat. Ihre Lebenskraft ist durch das Bangen um den Sohn und die Machenschaften von Spekulanten, die es auf ihr Haus abgesehen hatten, untergraben worden. Heinrich übernimmt eine Beamtenstelle, versinkt aber immer wieder in trostloser Stimmung, bis ihm eines Tages Judith begegnet, welche auf die Nachricht von seinem traurigen Schicksal hin in die Schweiz zurückgekehrt ist. Nur noch ganz knapp wird das Ende erzählt: »Wir sahen uns zuweilen täglich, zuweilen wöchentlich, zuweilen des Jahres nur ein Mal, wie es der Lauf der Welt mit sich brachte; aber jedesmal, wo wir uns sahen, ob täglich oder nur jährlich, war es uns ein Fest.« Nach Judiths Tod schreibt der alte Heinrich Lee den zweiten Teil seiner Lebensgeschichte auf (4. Bd.).

Im Gegensatz zu dieser zweiten Fassung ist in der Urfassung nur die Jugendgeschichte – sie wurde bei der Überarbeitung kaum angetastet – in der Ich-Form erzählt. Mit dem allwissenden Erzähler, der zuerst Heinrichs Abreise schildert, dann die Jugendgeschichte einschiebt und danach von Heinrichs Aufenthalt in Deutschland erzählt, tritt dem Romanhelden eine kritische Instanz entgegen, welche dessen Handeln ausführlich kommentiert. Ausdruck dieser Distanz dem Helden gegenüber, die dem jungen Dichter in Anbetracht der autobiographischen Nähe offenbar ein Bedürfnis war, ist auch, daß Heinrich den Tod der Mutter nicht überleben darf und kurz nach ihr aus Kummer stirbt, ein Ende, von dem der resigniert überlebende Heinrich der zweiten Fassung als einer Erlösung nur noch träumt. Bei der Romanbearbeitung werden viele Erzählerkommentare getilgt, es wird stärker szenisch erzählt, und Gestalten wie Albertus Zwiehan, die Fahnennäherin Hulda oder Peter Gilgus tauchen neu auf. Der milderen Beurteilung des Helden steht eine kritischere Einschätzung der Umgebung gegenüber, etwa der Hausgenossen der Mutter oder der Malerkreise in der »Kunststadt«. Die euphorischen panoramaartigen Schilderungen des politischen Lebens in der Schweiz am Anfang der Urfassung sowie am Schluß (Basler Schützenfest) sind verschwunden. Oft beklagt wird die Streichung der »Badeszene« am Fluß, in welcher Judith nackt Heinrich gegenübertritt, ihn damit aber nur in die Flucht jagt, statt ihn, wie beabsichtigt, zur Sinnlichkeit zu erwecken.

Gottfried Kellers *Grüner Heinrich* ist neben Goethes → *Wilhelm Meister* der bedeutendste Bildungsroman deutscher Sprache. Der Vergleich mit dem klassischen Vorbild Goethes oder etwa mit Stifters → *Nachsommer* läßt das Neue an Kellers Roman, einem der Haupttexte des ›poetischen‹ oder ›bürgerlichen Realismus‹, deutlich hervortreten: Bei aller offenkundigen Bedeutsamkeit für die Bildungsgeschichte sind die erzählten Ereignisse und Vorgänge

meist ganz unspektakuläre, alltägliche Begebenheiten. Sie werden nicht in einer künstlichen Welt inszeniert, sondern finden in einer konkreten Umgebung statt. Die Gesellschaft, die dem Helden entgegentritt, trägt wie er individuelle Züge und wird durch Heinrichs Bedürfnisse ebenso in Frage gestellt wie sie Heinrichs Ansprüche in Frage stellt. In der zweiten Fassung ist nicht mehr zu entscheiden, auf welcher Seite das Versagen größer ist. Ob Heinrich etwas lernt oder nur immer die gleichen Fehler begeht, ob er gewisse Ziele erreicht oder immer nur neu desillusioniert wird, ob er schließlich einigen seiner Anliegen treu bleiben kann oder sich nur anpaßt, sind Fragen, welche die Interpreten unterschiedlich beantworten. Ambivalent ist auch Heinrichs Verhältnis zur Natur, bei der er nach Mißerfolgen oft Zuflucht findet – im grünen Grab der Urfassung sogar endgültig –, welche er aber in seiner Landschaftsmalerei auch immer wieder verfehlt. An der Darstellung der Künstlerproblematik, in welcher der Dichter auch seine eigenen Möglichkeiten überdenkt, zeigt sich, wie schmal der Pfad ist zwischen einem verantwortungslosen Subjektivismus und einem sturen Naturalismus, der seinen Gegenständen ihr Leben raubt. Die visionäre Erfindung einer abstrakten Zeichnung, welche Keller den rastlosen Heinrich anfertigen läßt, illustriert, wie weit das Nachdenken über Darstellung vordringt. Dem Zirkel zwischen Individualität, Gesellschaft und Natur ist derjenige zwischen Sohn, Vater und Mutter bei- und untergeordnet. Der Vater, der die Öffnung zur Gesellschaft hätte gewährleisten sollen, ist tot, der

Sohn ganz auf die Mutter hin
orientiert. Die Psychoanalyse, die
mit dem Roman früh in ein
fruchtbares Gespräch getreten ist,
macht hellhörig für die Konsequenzen dieser ödipalen Verstrik-
kung, die den Sohn daran hindert,
in der Auseinandersetzung mit
dem Vater erwachsen zu werden
und aus dem Bannkreis der Mutter herauszutreten.

Lit.: W. PREISENDANZ, G. K., »Der grüne
Heinrich«, in: B. v. WIESE (Hg.), Der deusche
Roman vom Barock bis zur Gegenwart, II,
Düsseldorf 1965, S. 76–127. – H. LAUFHÜTTE,
Wirklichkeit und Kunst in G. K.s Roman
»Der grüne Heinrich«, Bonn 1969. – G. KAI-
SER, G. K. – Das gedichtete Leben, Frankfurt/
M. 1981.   D. MÜLLER

Martin Salander. 21 Kapitel; ED
»Deutsche Rundschau« 1886; EA
Berlin 1886.
Obwohl der Roman *Martin Salander* Kellers letztes Werk ist, stellt
er noch einen Neuanfang dar, den
der Dichter in Angriff nahm,
nachdem er den Jugendroman *Der
grüne Heinrich* (1879/80) überarbeitet, die seit langem konzipierte
Novellensammlung *Das Sinnge-
dicht* (1881) niedergeschrieben und
den Band der *Gesammelten Gedichte* (1883) bereinigt hatte. Der
Roman erzählt ein typisches
Gründerzeit-Schicksal, die Geschichte eines Kaufmanns und Po-
litikers in einer fiktiven Schweizer Stadt; trotz wirtschaftlicher
Rückschläge bringt er es zu Wohlstand und trotz der überall auftretenden gesellschaftlichen Krisen-
erscheinungen büßt er seinen Op-
timismus nicht ein.
Der Roman beginnt damit, daß
ein Reisender aus dem Bahnhof
tritt und sich nur mit Mühe in der
von früher bekannten, aber durch
Neubauten stark veränderten
Stadt zurechtfindet. Es ist Martin
Salander, der nach einem siebenjährigen Brasilienaufenthalt zu

seiner in Münsterburg zurückgelassenen Familie heimkehren will.
Ohne den eigenen Sohn wiederzuerkennen, schaut er drei Knaben beim Spielen zu. Im Gespräch
mit einer dazutretenden Mutter
wird das für den Roman zentrale
Thema des sozialen Aufstiegs an-
geschnitten. Aus einem weiteren
Gespräch mit einem alten Bekannten, den Salander antrifft, erfahren wir die Vorgeschichte: Salander war, nachdem er seinen ursprünglichen Beruf als Lehrer aufgegeben hatte, Kaufmann geworden und hatte nach den Jahren des
ersten gemächlichen Erfolgs seinem alten Studienkollegen, dem
seltsam gewieften Louis Wohlwend eine Bürgschaft geleistet.
Diese brachte ihn über kurzem
um sein ganzes Vermögen. Um
den Verlust möglichst rasch wett-
zumachen, begab er sich nach
Brasilien. In dem Gespräch zeichnet sich nun aber ab, was gleich
nachher Gewißheit wird: das in
siebenjähriger Arbeit in Brasilien
erworbene Geld muß wieder als
verloren gelten, da die Bank, an
die es übersandt worden ist, eben
Konkurs angemeldet hat. Der Zufall will es, daß ihr Besitzer Louis
Wohlwend ist. Während Salander, statt heimzukehren, dies in
Erfahrung bringt, lernen wir seine
Frau Marie und die drei Kinder
kennen, die seit Wochen sehnlich
die Ankunft des Vaters erwarten.
Die Gartenwirtschaft, die Frau
Salander betreibt, zieht kaum
noch Gäste an, da der Besitzer der
Liegenschaft die Bäume fällen
ließ. Es ist kein Geld mehr da, und
eben sollen die Kinder erstmals
ohne Abendessen ins Bett geschickt werden. Um sie auf andere Gedanken zu bringen, erzählt
ihnen die Mutter die Geschichte
der Bergmännchen und -weib-

chen, welche auswandern, »wenn das große Volk im Lande anfängt auszuarten und dumm und schlecht zu werden und die gescheiten Leutlein unten ein betrübtes Ende voraussehen«. Wenn Salander nun endlich in die dunkle Stube tritt, wagt er es nicht gleich, die Wiedersehensfreude mit dem Eingeständnis zu verderben, daß er mit leeren Händen dasteht. Er tritt bald einen zweiten, allerdings kürzeren Brasilienaufenthalt an. Wie er dort zu Geld kommt, ist auch diesmal nicht zu erfahren. Nach seiner Rückkehr beginnt sich Martin Salander voller Enthusiasmus politisch zu engagieren, obwohl er rasch erkennt, daß die tatsächliche politische Kultur mit den demokratischen Verfassungsreformen – Keller spielt hier auf die Umwälzungen an, welche in den 1860er Jahren in der Schweiz vor sich gingen – nicht Schritt gehalten hat und Sachverstand gegen ideologische Phrasen wenig auszurichten vermag. Salanders politische Ideen verlieren zwar auch gelegentlich etwas den Bezug zur Realität und werden dann von der klarsichtigen und nüchternen Marie belächelt, können aber für sich in Anspruch nehmen, daß sie von keinerlei wirtschaftlichen Eigeninteressen diktiert werden, wie sie sonst in der Politik bestimmend geworden sind. Die Kinder sind inzwischen erwachsen: Arnold geht zu Studienzwecken ins Ausland. Die beiden Töchter, Setti und Netti, welche keinen Beruf erlernen sollen, weil sich das in einer besseren Familie nicht schickt, verlieben sich in die Zwillinge Isidor und Julian Weidelich. Diese beiden – sie sind in der Kinderspielszene des Romananfangs erstmals aufgetreten – haben die ehrgeizigen

Hoffnungen ihrer Mutter erfüllt und Karriere gemacht: sie sind Notare, Landschreiber, Hausbesitzer und werden sogar noch vor Martin Salander ins Parlament gewählt, nachdem sie ihre Parteizugehörigkeit ausgewürfelt haben. Die Salander-Eltern müssen den Widerstand gegen die Doppelheirat aufgeben. Martin Salander inszeniert das Hochzeitsfest als aufsehenerregendes politisches Spektakel. Das Glück der jungen Ehepaare dauert aber nicht lange, da Setti und Netti der seelischen Substanzlosigkeit ihrer Männer, vor der Marie Salander immer gewarnt hatte, inne werden und man die Zwillinge krimineller Machenschaften überführt, wie sie in der Zeit überall im Lande ans Licht treten. Ihre Verurteilung und die Auflösung der Ehen läßt die Mutter Weidelich vor Kummer sterben. Inzwischen ist Wohlwend wieder aufgetaucht mit seiner in Ungarn gegründeten Familie, zu der auch die schöne Myrrha, eine Schwägerin von angeblich griechischer Herkunft gehört. Martin ist von ihrer ›klassischen‹ Schönheit derart bezaubert, daß er von einer engeren Beziehung zu träumen beginnt, die ihm das Alter versüßen könnte. In diesem Moment kehrt Arnold zurück und verscheucht diese verliebten Pläne. Er hat in Brasilien in Erfahrung gebracht, daß Wohlwend einst das von Salander überwiesene Geld hatte beiseite schaffen können, und klärt den Vater außerdem darüber auf, daß die schöne Myrrha geistig beschränkt sei. Arnold tritt in das väterliche Geschäft ein, will aber deswegen seine Privatstudien nicht aufgeben und, zur Enttäuschung des Vaters, auch keine politischen Verpflichtungen übernehmen. Der

Roman klingt aus mit der Schilderung eines munteren Herren-
abends, den der tugendsame Arnold seinen Freunden gibt.
Der Roman wurde von den Zeitgenossen mit kühlem Respekt
aufgenommen, gelangte aber später nie zu der Popularität der anderen Prosawerke Kellers. Man
sah sich in dieser reservierten Haltung durch den Dichter selber bestätigt, der über das Buch geäu-
ßert haben soll: »Es ist nicht
schön! Es ist nicht schön! Es ist zu
wenig Poesie darin!« Diese ließ
sich angesichts der darzustellen-
den unschönen Wirklichkeit nicht
mehr, jedenfalls nicht in gewohn-
ter Weise, verwirklichen. Dem
Roman, dessen Niederschrift die
Auseinandersetzung mit dem
neuen französischen Roman namentlich Zolas vorausging, ist neben dem dokumentarischen Charakter ein bemerkenswert moderner, betont antirealistischer, para-
belhafter Zug eigen. Dieser zeigt
sich etwa im Einsatz von Zufällen
und Verdoppelungen, welche auf
die Entindividualisierungsten-
denzen in der modernen Gesellschaft hinweisen, in der für die
Originale von Seldwyler Zu-
schnitt kein Platz mehr ist. Der
vielbeschworene Humor Kellers,
früher ein Instrument des distan-
ziert-einfühlsamen Verstehens,
bekommt eine bittere, gelegentlich sarkastische Note und wird
eher zum Instrument der Kritik
und der Entlarvung. Ein Ende der
dargestellten gesellschaftlichen
Probleme ist nicht abzusehen. Mit
dem Auftreten des musterhaften
Sohnes soll zwar eine Wendung
zum Guten erzwungen werden,
an die wirklich zu glauben die
farblose Gestalt Arnolds aber keinen Anlaß gibt. Dennoch ist *Martin Salander* nicht einfach ein Werk

der Resignation: Keller hat die
Herausforderung der Zeit angenommen, seine Position als »pa-
triotischer Festdichter« kritisch
überdacht und sich ein Buch abverlangt, welches die Gründer-
jahre und die politisch-gesell-
schaftlichen Verhältnisse der
Schweiz in der zweiten Hälfte des
19. Jahrhunderts in einer Scharf-
sicht porträtiert, die ihresgleichen
sucht.
Lit.: A. Muschg, G. K., München 1977 – R.
v. Passavant, Zeitdarstellung und Zeitkritik
in G. K.s »Martin Salander«, Bern 1978.
                                        D. Müller

KEMPOWSKI, Walter (geb.
1929)

Tadellöser & Wolff. *Ein bürgerlicher Roman.* 37 Kapitel; EA München 1971.
Loeser & Wolff heißt eine Zigar-
renfirma im Rostock der Vorkriegszeit, deren Namen die Familie Kempowski zu ihrem Ausdruck für eine ausgezeichnete, ›ta-
dellose‹ Sache umbildet: Tadellöser & Wolff. Im Jahr 1938 leben
die Kempowskis in gutbürgerlichen Verhältnissen, sind Teilhaber einer prosperierenden Reede-
rei und haben gerade eine schöne
neue Wohnung bezogen, »allerdings: 2. Stock, wie Tante Silbi
von Anfang an bemerkt hatte«.
Das Leben in der Familie bildet
den Mittelpunkt der alltäglichen
Ereignisse, streng wacht der Vater Karl über die häusliche Ordnung, gegen die seine drei Kinder
Ulla, Robert und der Jüngste,
Walter, sanfte Strategien jugendlicher Rebellion entwickeln: ausgedehnte Kino- und Café-Besu-
che, die Vorliebe für »Neger-Mu-
sik«, heimlich gerauchte Zigaretten im Segel-Club. Die kleinen,
regelmäßig am Mittagstisch auf-

lodernden Konflikte zwischen dem Vater und besonders seinem Ältesten werden jedoch von der sentimentalen Mutter immer wieder abgemildert, sie sorgt für den Familienfrieden, harmonisch soll und muß es zugehen im Hause Kempowski. In diesem behäbigen Charme eines bürgerlichen Alltags nistet zugleich die Distanz zu politischen Fragen. Trotz einer durchaus konservativ-deutschnationalen Gesinnung reagiert man auf die neuen Machthaber mit vorsichtiger Ablehnung, wenn auch die aktuellen Erfolge des ›Führers‹ begrüßt werden: »Aber der Anschluß Österreichs. Das mußte man ihm lassen.« Dem Sog der expansiven nationalsozialistischen Politik, der sich durch die spektakulären Siege der deutschen Wehrmacht zu Beginn des Krieges verstärkt, kann auch die Familie Kempowski nicht widerstehen. Als Verdun fällt, das Symbol für das deutsche Trauma des Ersten Weltkriegs, herrscht Euphorie: »›Donnerwetter!‹, rief mein Vater, ›großartig!‹ Eines Tages würde man doch wohl ein Führerbild kaufen. Vielleicht das im Mantel, wo er so von hinten guckt. ›Da sieht er ganz vernünftig aus.‹« Im Hagel der Bomben, der bald auch auf Rostock niedergeht, weicht die Hoffnung auf einen erfolgreichen Ausgang des Krieges bald der Resignation. Die Familie wird auseinandergerissen, Vater Karl und Robert müssen ins Feld, selbst der kleine Walter muß als Pimpf kurz vor Kriegsende noch Kurierdienste leisten. Am Ende steht die Niederlage, marschiert die Rote Armee in Rostock ein.

Tadellöser & Wolff ist das Kernstück einer auf sechs Bände angelegten »Deutschen Chronik«, die das Schicksal der Familie von Walter Kempowski von 1900 bis 1958 verfolgt. Die Romane *Aus großer Zeit* (1978) und *Schöne Aussicht* (1981) rekonstruieren die Familiengeschichte bis zum Jahr 1938, in dem *Tadellöser & Wolff* einsetzt, während die Bücher *Uns geht's ja noch gold* (1972) und *Ein Kapitel für sich* (1975) den Zeitraum von 1945–1956 erfassen. Mit dem Roman *Herzlich willkommen* (1984), der bis ins Jahr 1958 reicht, hat Walter Kempowski die Geschichte seiner Familie abgeschlossen. Entstehungsgeschichtlich der erste, in der Reihe der Chronik der dritte Roman, ist *Tadellöser & Wolff* Kempowskis wichtigstes und zugleich erfolgreichstes Buch, in dem sich eine ganze Generation von Lesern wiedererkannte. Aus Hunderten von Erinnerungs-Partikeln, Notizen, kurzen Szenen und Einzeldaten entsteht über die systematische Rekonstruktion der individuellen Familiengeschichte hinaus das Stimmungsbild einer Epoche, die exemplarische Schilderung des Alltags einer ›normalen‹ deutschen Familie. Erzählt wird aus der Perspektive des heranwachsenden Walter, der neutral, ohne moralische Standpunkte und Wertungen, die Ereignisse seiner Umgebung registriert. In kurzen Erzählblöcken von drei Zeilen bis maximal einer halben Seite reiht er kommentarlos die Aussagen von Eltern, Freunden und Lehrern aneinander: »Meine Mutter nahm die Rußlandkarte mit den roten Wollfäden ab. Bis zum Kaukasus war sie ausgesteckt worden. Das lasse man jetzt wohl besser sein. Der olle Krieg.« Präzise wird durch die knappen Notate das Bewußtsein der kommenden Katastrophe anschaulich gemacht und zugleich das Gefühl objektiver Ausweglosigkeit vermittelt, auf die politischen Ereignisse aktiv zu reagieren. Auch die Kempowskis erfahren von den Verbrechen der Nationalsozialisten, verschließen wie alle aus Angst die Augen davor: »›Konzertlager‹, wurde gesagt, und: ›Das rächt sich.‹ Aber bloß den Mund halten [...] Herr Hitler müsse es ja wissen.« Walters Kinderaugen verraten, mehr als sein Verstand begreifen kann, wo die Ursachen des Terrors liegen, wie bürgerliches Denken die nationalsozialistische Katastrophe vorbereitet und unterstützt.

Unter zunehmender Kritik hat Kempowski auch in den beiden Nachfolge-Romanen sowie im Schlußband *Herzlich Willkommen* auf den knappen Notat-Stil seines Erstlingswerkes zurückgegriffen, um erst in *Aus großer Zeit* und *Schöne Aussicht* auf eine auktoriale Erzählweise umzuschwenken. Weniger als Reaktion auf die vielfach geäußerten Vorwürfe der Monotonie läßt sich dieser Wechsel begründen, sondern vielmehr aus der Logik der zeitlichen Abschnitte: Im ersten Roman ist der Erzähler Walter noch gar nicht geboren, im zweiten ist er noch viel zu klein, um beobachten und erzählen zu können.

Lit.: M. DIERKS, W. K., München 1984 (AB 39).   J. SCHOLL

KESTEN, Hermann
(geb. 1900)

Die Kinder von Gernika. EA Amsterdam 1939 (eigentlich 1938).
Der Roman spielt zur Zeit des Spanischen Bürgerkriegs. Der 15jährige Carlos Espinosa aus Gernika ist seinen Schrecken ent-

kommen und lebt in Paris bei dem Ehepaar François und Suzette Noël. Weil er in einer schwierigen Situation Hilfe benötigt, erzählt er einem Freund seiner Pflegeeltern, einem deutschen Emigranten, seine Erlebnisse. Carlos Geschichte beginnt mit der Rückkehr des Onkels Pablo, eines desillusionierten, leichtlebigen Menschen, der den Genuß über die Moral stellt. Antonio, Carlos' Vater, nimmt seinen Bruder freundlich auf. Vor zwanzig Jahren hatte Pablo unvermittelt Gernika und seine Geliebte Pia, Carlos' spätere Mutter verlassen. Der Junge erzählt weiter, wie in den Wirren des Bürgerkriegs der Fischhändler die Macht in der Stadt an sich reißt, seine Schwester Innozentia schändet und dafür von José, dem Bruder, erstochen wird. Er berichtet von seinem geliebten Vater, einem rechtschaffenen, weltbürgerlich gesonnenen Apotheker, der seine Kinder zur Menschlichkeit zu erziehen versucht, und von dessen Plänen, die Familie in Sicherheit zu bringen. Als der Vater die Apotheke verpachten will, um mit seinen Angehörigen ins Ausland zu fliehen, kommt es zu einer Auseinandersetzung zwischen den ungleichen Brüdern, die die Familie entzweit. Antonios Frau Pia will bei ihrem Schwager in Gernika bleiben, die Kinder schweigen sich aus. In diesem Augenblick melden die Glocken Fliegeralarm. Unter dem Bombenhagel der deutschen Legion Condor – es ist der 26. 4. 1937 – versinkt Gernika, ›die heilige Stadt der Basken‹, in Schutt und Asche. Der Vater, drei Söhne und Innozentia sterben. Carlos wird von seiner Familie getrennt und kann sich nach Paris durchschlagen, wo er seine Mutter wie-

dertrifft, die inzwischen mit Onkel Pablo zusammenlebt und ihren Sohn zu sich nehmen will.
Aber Carlos wehrt sich dagegen.
Er bittet den Deutschen, seine
Mutter umzustimmen. Der Emi-
grant erzählt daraufhin Pia und
Pablo die Geschichte des kinderlosen Ehepaares Noël, zu dem der
durch die Kriegsereignisse ver-
schreckte Junge Zutrauen gefaßt
hat, berichtet von Carlos' Liebe zu
Carmen Elola und dessen
Wunsch, Journalist zu werden,
um die schrecklichen Geschehnisse vor dem Vergessen zu bewahren und über das Unrecht aufzuklären. In der Zwischenzeit hat
Carlos auch seine geretteten Geschwister wiedergefunden. Jetzt
überschlagen sich die Ereignisse.
Wegen Carmen, die sich José zu-
gewendet hat, geraten die Brüder
in Streit. Als Carlos erfährt, daß
José seine Freundin verführt hat,
geht er ins Wasser, wird aber gerettet. Onkel Pablo brennt mit
Suzette Noël durch, ihr Mann
François erschießt sich. In einer
schwer zu entwirrenden Mischung aus Verzweiflung und
Hoffnung fragt sich Carlos am
Schluß: »Was kann aus mir noch
werden?«

Lit.: W. Seifert, Exil als politischer Akt. Der
Romancier H. K., in: M. Duržak (Hg.). Die
deutsche Exilliteratur 1933–1945, Stuttgart
1973, S. 464–472. – G. F. Fritzsche, H. K.,
in: KLG, München 1978ff.   P. Langemeyer

KEUN, Irmgard (1910–1982)

Nach Mitternacht. 7 Kapitel;
EA Amsterdam 1937.
Susanne Moder stammt aus dem
Moselörtchen Lappesheim und ist
die Tochter eines dortigen Gastwirts. Mit 16 Jahren kam sie 1933
nach Köln zu ihrer Tante Adelheid, der sie in ihrem Kolonialwa-

renladen zur Hand ging. Ihren
Sohn Franz verachtete die Tante,
doch Susanne verliebte sich in ihn
und wollte ihn heiraten. Daraufhin denunzierte die Tante Susanne
bei der Gestapo. Susanne rettete
sich, indem sie zu ihrem älteren
Bruder Algin nach Frankfurt zog.
Algin ist Schriftsteller, doch seine
früheren Romane stehen auf der
schwarzen Liste der Nazis. Trotzdem kann er mit seiner Frau Liska
noch ein komfortables Leben in
einer geräumigen Wohnung führen, in der neben seiner Schwester
Susanne noch Betty Raff den
Haushalt führt. Das Romangeschehen erstreckt sich über drei
Tage. Am ersten Tag macht Susanne mit ihrer Freundin Gerti
Einkäufe in der Stadt. Sie hoffen,
in einem Café Gertis halbjüdi-
schen Freund Dieter Aaron treffen
zu können, doch durch Absper-
rungen auf den Straßen werden sie
darauf aufmerksam, daß an diesem Tag Hitler die Stadt Frankfurt besucht. Sie beobachten die
Durchfahrt des Autokonvois und
können es nicht vermeiden, hinterher noch mit zwei ihnen bekannten SA-Leuten Bier zu trinken. In der Gaststätte treffen sie
auch die Familien Breitwehr und
Silias, die in der Nachbarschaft
von Algin wohnen. Die Familie
Silias hat einen besonderen Grund
zum Feiern. Ihre Tochter Bert-
chen war als Reihendurchbreche-
rin ausgesucht worden, die Hitler
Blumen überreichen und ein von
Herrn Silias verfaßtes Gedicht
aufsagen sollte. Doch der Führer
war schlecht gelaunt gewesen und
hatte es nicht dazu kommen lassen. Deshalb soll das etwas kranke
und völlig überdrehte Kind das
Gedicht nun aufsagen. Mitten
während des Jubels über seinen
Vortrag bricht das Mädchen tot

zusammen. Am nächsten Tag widmet sich Susanne den Vorbereitungen für ein Fest, das ihre Schwägerin Liska geben will. Sie gibt es vor allem für den Journalisten Heini, den sie unerwidert liebt. Susanne geht in Heinis Stammlokal, um ihm eine Botschaft von Liska zu bringen. Neben Heini ist dort der jüdische Arzt Breslauer, später kommt auch Algin. Man redet kritisch und pointiert über die aktuelle politische Situation. Am folgenden Tag ist Algin nicht zum Fest seiner Frau erschienen. Susanne findet ihn in einer Weinstube und bringt ihn nach Hause. Im Garten des Hauses hat sich Susannes Freund Franz versteckt und will sie sprechen. Er hat einen Mann umgebracht, der ihn und seinen Freund Paul politisch denunziert hatte, um zu verhindern, daß die beiden einen Tabakladen eröffnen, der ihm Konkurrenz gemacht hätte. Susanne will sich vom Fest entfernen und ihre gemeinsame Flucht vorbereiten, doch auch im Haus überschlagen sich die Ereignisse. Gerti und Dieter Aaron sind in Liskas Bett überrascht worden und Dieter gab auf Wunsch seiner ebenfalls anwesenden Mutter Gerti den Laufpaß. Heini führte seine üblichen brillanten politischen Reden, ehe er plötzlich eine Pistole zog, sich erschoß und in Liskas Armen starb. Betty Raff nimmt sich des betrunkenen Algin an. Es ist klar, daß sie bei ihm bleiben und ihn heiraten wird, während Liska das Haus verläßt. Susanne gelingt es, vor dem Eintreffen der Polizei ihren Koffer zu packen und mit Franz zu fliehen. Ihr Ziel ist Rotterdam. Sie kommen unbehelligt über die Grenze.

Lit.: G. SAUERMEISTER, I. K.s Exilroman

»Nach Mitternacht«, in: C. FRITSCH / L. WINKLER (Hgg.), Faschismuskritik und Deutschlandbild im Exilroman, Berlin 1981, S. 15–35.   D. METZGER

KEYSERLING, Eduard von (1855–1918)

Wellen. 15 Kapitel; EA Berlin 1911.
Wie viele Texte Keyserlings führt der unverkennbar an Fontane anschließende Roman in die sich allmählich auflösende Welt des kurländischen Adels am Vorabend des Ersten Weltkriegs. Um den (Spät-)Sommer gemeinsam mit ihrer Familie am Meer zu verbringen, hat die Generalin von Palikow das Haus Bullenkrug angemietet. Nach und nach finden sich dort ihre Angehörigen ein: die Tochter Bella von Buttlär mit Mann, deren Kinder Lolo, Nini und Wedig sowie Lolos Bräutigam Leutnant Hilmar von dem Hamm. Zum Faszinosum aller wird rasch die in der Nachbarschaft wohnende Gräfin Doralice, die – wie der Rückblick im 2. Kapitel ausführt – ihren Ehemann, den alten Grafen Köhne-Jasky, verlassen hat, um mit dem Kunstmaler Hans Grill zusammenzuleben. Doralice, einer zwischen ›Femme fragile‹ und ›Femme fatale‹ stehenden Schönheit, gelingt es trotz der ihr nun zugewiesenen gesellschaftlichen Randstellung, die Aufmerksamkeit der Familie Palikow-Buttlär gänzlich auf sich zu ziehen. Während die traditionsverankerte Generalin noch von der Unangreifbarkeit ihres Standes überzeugt ist – »wir beide sind zwei Festungen, zu denen Leute, die nicht zu uns gehören, keinen Zutritt haben« –, spürt ihre kränkliche Tochter bereits, auf welch schwachen Füßen ihr

Leben steht. Doralice selbst bleibt auch nach der befreienden Trennung von ihrem Mann in Erinnerungen, Träume und Sehnsüchte eingesponnen, denen Hans Grill nicht entsprechen kann. Dessen versteckter Wunsch nach bürgerlicher Etablierung kontrastiert mit Doralices Unstetigkeit. Während Hans klagt: »eine verteufelte Geschichte mit diesem Meere, es läßt sich nicht fassen«, symbolisiert das im Text vielfach variierte Wellenspiel die ›impressionistische‹ Weltanschauung seiner Geliebten. Deren Auffassung formt den Roman auch in stilistischer und motivlicher Hinsicht: Sich verselbständigende Farbadjektive und bewußt ›unscharfe‹, ständig changierende Naturansichten dominieren, wohingegen das »starke, rücksichtslose Leben« der Fischer den melancholischen Figuren Keyserlings unerreichbar ist. Binnen weniger Wochen überstürzen sich die Ereignisse: Ein Fest, das der als Mittler zwischen den beiden Kreisen fungierende Geheimrat Knospelius ausrichtet, bringt die festgefügten Figurenkonstellationen durcheinander. Leutnant Hilmar beginnt, sich Doralice anzunähern, die Gefühle seiner Verlobten Lolo mißachtend. Als diese von Hilmars Absichten erfährt, versucht sie, sich das Leben zu nehmen – eine Tat, die zum einen dem Sommeraufenthalt ihrer Familie ein jähes Ende setzt und zum anderen das Verhältnis zwischen Hans und Doralice grundlegend stört. Als Hans bei einer seiner nächtlichen Fahrten aufs Meer in ein Unwetter gerät und nicht mehr zurückkehrt, bleibt Doralice im »Oktoberwind« verlassen zurück. Die symbolisch gesetzte Jahreszeit verdeutlicht – implizit auf die gesellschaftlich-politische Situation der Zeit bezogen – eine Halt- und Orientierungslosigkeit, der mit moralischen Kriterien nicht beizukommen ist. Als Doralices Beistand bietet sich zuletzt lediglich der bucklige Geheimrat Knospelius an.

Lit.: R. STEINHILBER, E. v. K. – Sprachskepsis und Zeitkritik in seinem Werk, Darmstadt 1977.   R. MORITZ

KLEIST, Heinrich von (1777–1811)

Michael Kohlhaas. *Aus einer alten Chronik.* Novelle. Entst. 1804; ED »Phöbus« 1808 (Teildruck); EA Berlin 1810 (in: »Erzählungen«, I).

Michael Kohlhaas lebt Mitte des sechzehnten Jahrhunderts in Brandenburg, ist Pferdehändler und gilt allenthalben als Muster eines guten Bürgers und Familienvaters. Dies ändert sich als Folge eines harmlos anmutenden Vorfalls: Bei einer Einreise nach Sachsen, wo er ebenfalls mit Pferden handelt, wird auf der Tronkenburg des Junkers Wenzel von Tronka ein »landesherrlicher Erlaubnisschein« für seine Reise verlangt. Da er diesen nicht hat, muß er zwei seiner mitgeführten Pferde als Pfand zurücklassen. In Dresden erweist sich die Forderung nach dem Paßschein als unberechtigt. Kohlhaas glaubt an einen Scherz und geht in Ruhe seinen Dresdner Geschäften nach. Was man ihm auf dem Rückweg auf der Tronkenburg herausgeben will, sind zur Feldarbeit mißbrauchte und vollkommen heruntergekommene Pferde. Kohlhaas läßt sie zurück und klagt in Dresden auf Herausfütterung der Tiere. Doch aufgrund familiärer

Beziehungen des Junkers von Tronka zum sächsischen Fürstenhof wird Kohlhaas' Klage niedergeschlagen. Aus Verbitterung über diese Ungerechtigkeit unternimmt Kohlhaas Schritte zur Aufgabe seines Geschäfts und zum Verkauf seines Anwesens. Um dies zu verhindern, übergibt seine Frau Lisbeth eine Bittschrift in der betreffenden Angelegenheit an Kohlhaas' eigenen Landesherrn, den Kurfürsten von Brandenburg. Doch bei der Übergabe des Schreibens wird sie durch eine Wache des Kurfürsten so schwer verletzt, daß sie einige Tage später stirbt. Bei ihrer Beerdigung erhält Kohlhaas eine abschlägige Antwort auf die Bittschrift. Nun verkauft er alle seine Besitztümer und übernimmt »das Geschäft der Rache«. Er überfällt und zerstört die Tronkenburg. Da dem Junker Wenzel die Flucht gelingt, fordert Kohlhaas in einem öffentlichen Mandat dessen Auslieferung und droht allen, die ihn schützen, Vernichtung an. In einem zweiten Mandat wirbt Kohlhaas Mitstreiter für seinen »gerechten Krieg« und zieht mit einem kleinen Trupp nach Wittenberg, wo sich Wenzel von Tronka inzwischen versteckt hält. Insgesamt dreimal steckt Kohlhaas die Stadt in Brand. Da Militäraktionen gegen ihn scheitern, setzt der Wittenberger Magistrat das Gerücht in Umlauf, Tronka sei in Leipzig. Kohlhaas steckt nun auch diese Stadt in Brand. In dieser Situation erläßt Martin Luther einen Aufruf an Kohlhaas, in dem er dessen Vorgehen auf das schärfste verurteilt. Kohlhaas sucht Luther, den ihm »teuersten und verehrungswürdigsten« Mann, auf und findet sich ihm gegenüber dazu bereit, seine Truppe aufzulösen, unter

freiem Geleit nach Dresden zu gehen und seine Forderungen dort ein weiteres Mal auf legalem Weg zu verfolgen. Zunächst kommen die Untersuchungen gut voran, und ein Urteil in Kohlhaas' Sinn zeichnet sich ab. Deshalb lassen die Verwandten Tronkas die Pferde suchen und nach Dresden bringen. Die Ankunft der völlig verelendeten Tiere in der Hand eines Abdeckers wird zum öffentlichen Ereignis. Es kommt zu Handgreiflichkeiten, in deren Folge die Stimmung sich gegen den daran völlig unschuldigen Kohlhaas wendet. Man behandelt ihn nun unter Bruch der ursprünglichen Zusage als Gefangenen. Um aus dieser Lage zu entkommen, nimmt Kohlhaas das Befreiungsangebot eines ehemaligen Kampfgenossen aus seiner Truppe an. Kohlhaas' Schreiben wird abgefangen, er selbst umgehend eingekerkert und zum Tode verurteilt. Jedoch haben sich inzwischen Bekannte von Kohlhaas in Brandenburg für ihn verwendet. Als Folge davon erwirkt der Kurfürst von Brandenburg beim sächsischen Kurfürsten Kohlhaas' Auslieferung. Durch eine Reihe von Zufällen treffen kurz darauf der Kurfürst von Sachsen und Kohlhaas persönlich zusammen. Dabei entdeckt der Kurfürst an Kohlhaas' Hals eine Kapsel, die, wie er auf eine zufällige Frage aus Kohlhaas' Antwort entnehmen kann, von unschätzbarer Bedeutung für ihn ist. Sie enthält einen Zettel mit einer ihn und seine Familie betreffenden Weissagung einer Zigeunerin, die diese einige Monate zuvor in einem kleinen Marktflecken dem Kurfürsten verweigert und dem zufällig anwesenden Kohlhaas mit den Worten gegeben hatte: Sie werde ihm einmal das Leben retten. Der Kurfürst fällt in Ohnmacht und ist erst einige Tage später soweit hergestellt, daß er versuchen kann, eine Anklage zurückzuhalten, die er beim Kaiser in Wien gegen Kohlhaas wegen Landfriedensbruchs anstrengen wollte. Die Klage ist jedoch bereits eingereicht und führt zu Kohlhaas' Verurteilung zum Tode. Im Auftrag des Kurfürsten wird nun ein in Berlin beliebig von der Straße aufgelesenes Trödelweib zu Kohlhaas ins Gefängnis geschickt. Sie soll sich als die fragliche Zigeunerin ausgeben und den Zettel zurückfordern. Doch da »die Wahrscheinlichkeit nicht immer auf Seiten der Wahrheit ist«, handelt es sich bei dem Trödelweib, an dem Kohlhaas im übrigen eine große Ähnlichkeit zu seiner Frau Lisbeth feststellt, tatsächlich um die ursprüngliche, auf Kohlhaas' Seite stehende Zigeunerin. Nachdem das Urteil im Rechtsstreit mit dem Junker Wenzel von Tronka ihm in allen Punkten rechtgab, besteigt ein mit der Welt völlig ausgesöhnter Kohlhaas kurz darauf in Berlin das Schafott. Der Kurfürst von Sachsen ist unter den Zuschauern und will nach Kohlhaas' Tod die Kapsel an sich bringen. Doch vor seinen Augen öffnet Kohlhaas die Kapsel, liest den Zettel und verschlingt ihn. Während der Kurfürst in Krämpfen niedersinkt, wird der Mann hingerichtet, dessen »Andenken die Welt würde haben segnen müssen, wenn er in einer Tugend nicht ausgeschweift hätte«.

Lit.: H. GALLAS, Das Textbegehren des Michael Kohlhaas. Die Sprache des Unbewußten und der Sinn der Literatur. Reinbek 1981 (dnb 162).   D. METZGER

Klingemann, Ernst August Friedrich → Bonaventura

KLINGER, Friedrich Maximilian (1752–1831)

Fausts Leben, Thaten und Höllenfahrt in fünf Büchern. Petersburg (eigentlich Leipzig) 1791; erweiterte NA Petersburg 1794 und Leipzig 1799; gekürzte NA Königsberg 1815.
In dieser ersten modernen Gestaltung des Fauststoffs in Romanform ist Faust der Erfinder des Buchdrucks. Schon früh waren ihm die »Grenzen der Menschheit zu enge«; von seiner Erfindung erhofft er sich Wohlstand und Ansehen. Als ihm beides in seiner Heimatstadt Mainz versagt bleibt, zieht er nach Frankfurt, wo er vom Magistrat jedoch ebenfalls abgewiesen wird und sich zum Bündnis mit dem Teufel entschließt. Satan, der gerade mit den Fürsten der Hölle zum Festmahl versammelt ist, beauftragt Leviathan, Faust durch die Welt zu führen. Mit Hilfe Leviathans erhält Faust nun Einblicke in die unterschiedlichen gesellschaftlichen Kreise und in die ›menschliche Natur‹. In einander überbietenden Episoden muß er sich davon überzeugen, daß Niedertracht, Intriganz und Korruption allgemein vorherrschend sind. Auf das Versprechen eines Adelsbriefs hin gewährt ihm der Frankfurter Bürgermeister ein Schäferstündchen mit seiner Frau; im Kloster ist ihm eine Äbtissin dabei behilflich, eine junge Nonne zu verführen und ins Unglück zu stürzen. In Fulda erlebt er, wie eine Bauernfamilie durch die despotische Willkür des Fürstbischofs ruiniert wird. Erschüttert durch solche Erfahrungen gibt sich Faust einerseits seinen eigenen Leidenschaften hin und rächt andererseits durch Leviathans Hand die Opfer. Der

weitere Weg führt sie an die europäischen Fürstenhöfe, und überall sieht Faust nur »Morden, Vergiften und Greuel«, die in aller Drastik geschildert werden. Den Höhepunkt dieser von Leviathan wohlkalkulierten Reise durch die menschlichen Abgründe bildet der Aufenthalt am Hof des Borgia-Papstes Alexander VI. Desillusioniert, innerlich gebrochen und den Tod herbeisehnend, flieht Faust in die Heimat, wo er feststellen muß, daß er durch sein eigenes Verhalten seine Familie zugrunde gerichtet hat. Triumphierend schleudert ihn schließlich Leviathan in den »schrecklichsten Winkel der Hölle«. – Klingers *Faust,* der einen Zyklus von zehn Prosawerken eröffnete, steht als satirisch-philosophischer Reiseroman in der Tradition von Voltaires *Candide* und Wezels → *Belphegor.* Mit äußerster Skepsis wird im *Faust*-Roman die Möglichkeit einer gerechten Gesellschaftsordnung beurteilt, die eine individuelle Verwirklichung zuließe. Klinger verweist dabei höchst ambivalent sowohl auf die Natur des Menschen als auch auf die politischen Herrschaftsverhältnisse. Auch wenn die Romanhandlung im 16. Jahrhundert spielt, steht der Feudalabsolutismus des späten 18. Jahrhunderts im Zentrum der vehementen Kritik. Faust wird als Erfinder des Buchdrucks zum Inbegriff des sich emanzipierenden Bürgertums, dessen Entfaltung an der alten Ordnung scheitert.

Lit.: H. SEGEBERG, F. M. K.s Romandichtung, Heidelberg 1974, S. 57–81.   C. WEISS

KLUGE, Alexander (geb. 1932)

Schlachtbeschreibung. 25 Kapitel; EA Freiburg i. Br. 1964.

Der Untergang der 6. Armee in Stalingrad im Winter 1942/43 beendete den deutschen Angriffskrieg und war der entscheidende Wendepunkt des Zweiten Weltkrieges. Als eine der größten militärischen Katastrophen der Geschichte ist die Schlacht von Stalingrad darüber hinaus zum Sinnbild für die menschenverachtende Maschinerie moderner Kriegsführung geworden, der Hunderttausende von Menschenleben zum Opfer fielen. Daß die Dramatik und Schicksalshaftigkeit des Ereignisses gleichzeitig zu glorifizierenden Darstellungen anregten, belegt eine Vielzahl von literarischen Bearbeitungen, die nach 1945 Stalingrad zum romanhaften ›Mythos einer Schlacht‹ stilisierten; im Heftchen-Roman hat er bis heute überlebt. Den neben Theodor Pliviers Roman → *Stalingrad* (1945) eindrucksvollsten Versuch einer literarischen Annäherung an das historische Phänomen bildet Alexander Kluges Buch *Schlachtbeschreibung,* das mittels der Collage von dokumentarischem Material und fiktiven Passagen eine nüchterne Rekonstruktion der Vorgänge und Hintergründe anstrebt. Aus Interviews, Wehrmachts-Berichten, Auszügen der »Richtlinien für den Winterkrieg«, Pressemeldungen und Armeechroniken re-inszeniert Kluge den, wie es im Untertitel heißt, »Organisatorischen Aufbau eines Unglücks« als unausweichlichen Mechanismus von unterschiedlichsten Faktoren, die zur Katastrophe führten. Durch die im Text verstreuten Eingriffe des Autors – Kluge bezeichnet sich selbst in diesem Zusammenhang als »Erzähler« – wird der dokumentarische Ansatz kritisch gebrochen und zugleich als ästhetischer Prozeß transparent. Im Nachwort begründet Kluge dieses Verfahren mit dem Hinweis auf die mangelnde Objektivität der dokumentierten Fakten: »Wer in Stalingrad etwas sah, Aktenvermerke schrieb, Nachrichten durchgab, Quellen schuf, stützte sich auf das, was zwei Augen sehen können. Ein Unglück, das eine Maschinerie von 300 000 Menschen betrifft, ist so nicht zu erfassen.« Damit umreißt Kluge gleichsam das ästhetische Prinzip seiner *Schlachtbeschreibung,* das ihm nicht nur die durch Fakten gelieferte, emotionslose Übersicht des Kampfes um Stalingrad ermöglicht, sondern auch die Reflexion auf Urheberschaft und Auswahl der Textteile. So entsteht eine fiktionalisierte Dokumentation, die aufgrund ihrer breiten Materialbasis den Anspruch auf Authentizität der Darstellung zwar bekräftigt, in gleichem Maße jedoch die Grenzen einer strikt dokumentarischen Technik sichtbar werden läßt. Wohl auch aus diesem Grund hat Kluge seinen Text mit dem ambivalenten Zusatz »Roman« versehen.

Lit.: H. BETH, A. K., in: KLG, München 1978ff.   J. SCHOLL

KOEPPEN, Wolfgang (geb. 1906)

Tauben im Gras. EA Stuttgart/ Hamburg 1951.
Der Roman schildert einen Tag kurz nach der Währungsreform in einer deutschen Großstadt (München). In einer Montage wechselnder Perspektiven werden – zum Teil in erlebter Rede – die Protagonisten vorgestellt, die sich im Laufe des Tages begegnen:

Alexander, ein müder Held des deutschen Films, und seine lesbische Frau Messalina, die der »Lebensleere« mit Orgien zu entkommen suchen, während ihre Tochter Hillegonda von der Kinderfrau Emmi in eine religiöse Erziehung gezwungen wird; Philipp, der junge deutsche Dichter, der seinen großen Roman nicht zu schreiben vermag, so daß seine Frau Emilia ihr ohnehin fast verlorenes »Kommerzienratserbe« in die Pfandhäuser tragen muß, von denen sie betrunken und unglücklich nach Hause kommt; Frau Behrend, verlassene Gattin eines Militärkapellmeisters und Mutter von Carla, die die Enttäuschung ihrer nationalen Ideen und rassistischen Vorbehalte nicht verwindet; der schwarze Soldat Odysseus Cotton, der mit dem Dienstmann Josef durch verschiedene Kneipen zieht, bevor er ihn bei einer Schlägerei ermordet und sich an die von Alexander enttäuschte Prostituierte Susanne hält, die ihn in liebesdurstiger Umarmung vor seinen Verfolgern rettet; Washington Price, schwarzer Besatzungssoldat, der mit Carla zusammenlebt, die von ihm ein Kind erwartet, das sie erst akzeptiert, nachdem er ihr den Traum eines Restaurants in Paris glaubhaft gemacht hat, »in dem niemand unerwünscht ist«; Christopher Gallagher, verheiratet mit einer jüdischen Emigrantin in Amerika, die Deutschland nicht wiedersehen möchte; ihr Sohn Ezra, der von Carlas Sohn aus der Ehe mit einem gefallenen deutschen Soldaten einen Hund kaufen will; Kay, eine amerikanische Lehrerin, die mit einigen Kolleginnen Deutschland erkundet und sich an Philipp hält, weil sie in ihm die Hoffnung auf die Begegnung mit einem deutschen Dichter erfüllt sieht, der sie in seiner Verzweiflung und Armut aber enttäuscht, und schließlich Edwin, der große, wenn auch müde gewordene amerikanische Dichter, der sich als »Alkibiades in Sokrates' Körper« rüden Burschen hingibt. Am Ende kommen alle Protagonisten an zwei Orten zusammen: einerseits in und vor dem Brauhaus, wo sich die deutschnationale Bierstimmung gegen die schwarzen Besatzungssoldaten entlädt, und andrerseits im Amerikahaus, in dem Edwins schöngeistiger Vortrag vor allem an der Technik der Mikrofone scheitert. Vergeblich wendet sich Edwin gegen »gewisse Zivilisationsgeister«, die die Menschen »wie Tauben im Gras betrachteten« (Gertrude Stein). In der vielperspektivischen und modernen Anlage des Romans, in der Zeitungsschlagzeilen neben mythologische Bilder treten, erweisen sich die Protagonisten als jene Tauben, an denen der »Strom der Geschichte« vorüberrauscht. Die Schilderung der Nachkriegszeit als »Atempause auf einem verdammten Schlachtfeld« provozierte zum Teil heftige Kritik.

Lit.: E. OEHLENSCHLÄGER (Hg.), W. K., Frankfurt/M. 1987.   P. HANENBERG

Der Tod in Rom. 2 Kapitel; EA Stuttgart 1954.
Das erste Werk des jungen Zwölftonmusikers Siegfried Pfaffrath soll in Rom aufgeführt werden. Seiner Familie ist Siegfried vollkommen entfremdet, fühlt er sich doch durch ihre ungeläuterte deutschnationale Haltung abgestoßen. Dem Vater Friedrich Wilhelm ist es gelungen, seine NS-Vergangenheit vergessen und in der BRD wieder politische Karriere zu machen. Auch sein Schwager Gottlieb Judejahn, der als SS-Offizier seiner Herrschsucht und seinem unbedingten Glauben an die deutsche Sendung brutalen Lauf ließ, hat sich nach dem Krieg wieder etabliert, indem er für ein arabisches Land Soldaten drillt und Waffen einkauft. Judejahns Frau Eva, die um den Führer trauert, willigt in den Plan Friedrich Wilhelms, ihrem Mann wieder eine legale Existenz in der BRD zu verschaffen, letztlich nicht ein, da er nur dort leben solle, wo er unbedingt herrschen könnte. Auch Adolf, ihr Sohn, hat sich von seinen Eltern abgewandt und will katholischer Priester werden. Anders als Siegfried leidet er jedoch an dieser Entfremdung und glaubt, eine Versöhnung herbeiführen zu müssen. Als sich am zweiten Abend in Rom zufällig alle Familienmitglieder im Konzert begegnen, treffen sie auch auf den Dirigenten Kürenberg und seine jüdische Frau Ilse, an deren Vertreibung nach 1933 sowohl Friedrich Wilhelm als auch Judejahn beteiligt waren. Während Ilse in der Musik Siegfrieds eine ihr fremde und unheilvolle »mystische Weltempfindung« zu hören meint, lassen sich die anderen zu Applaus hinreißen, der ihren Abscheu vor dem »entarteten Getöse« verbirgt. Siegfried selbst ist voller Skepsis gegenüber seiner Musik, in der ihm das »noch nie gesprochene Sprache« nicht gelungen scheint. Seine existentialistische Haltung hat ihn mit melancholischem Zweifel erfüllt, so daß er auch in der Beziehung zu Frauen nur die Gefahr sieht, sinnloses Leben in die Welt zu setzen. Seinen homoerotischen Neigungen folgend, führt er Adolf in eine Bar,

wo sich der Cousin, durch die Musik in seinem Innersten aufgewühlt, in die Kassiererin verliebt. Laura, mit der Adolf keusch den Abend verbringt, vertröstet den Vater Judejahn, dem sie die Nacht versprochen hatte, auf den nächsten Morgen. Nachdem Siegfried sich entschlossen hat, eine Afrikareise anzutreten, erreicht die Geschichte ihren Höhepunkt. Überall Verrat und Untergang witternd, schläft Gottlieb Judejahn mit Laura, die er als Jüdin beschimpft. Als er an ihr blutige Rache nehmen will, tritt er ans Fenster und erschießt blindlings Ilse Kürenberg im gegenüberliegenden Zimmer. Im Gefühl, einen Führerbefehl erfüllt zu haben, rennt er auf die Straße, wo er tot zusammenbricht. Im Wechsel der Perspektiven, unter denen Siegfrieds (zum Teil in der Ichform) vorherrscht, und mit Anleihen an mythologische, christliche und literarische (Thomas Mann) Bilder reflektiert der letzte Teil der sog. »Nachkriegstrilogie« mehr als die vorangegangenen Romane (→ Tauben im Gras, → Das Treibhaus) die Befürchtung eines Rückfalls in den Nationalsozialismus.

Lit.: B. USKE, Geschichte und ästhetisches Verhalten. Das Werk W. K.s, Frankfurt/M. / Bern 1984. – E. OEHLENSCHLÄGER (Hg.), W. K., Frankfurt/M. 1987.   P. HANENBERG

Das Treibhaus. 5 Kapitel; EA Stuttgart 1953.
Keetenheuve, Abgeordneter der Opposition im 1. Bundestag, reist nach Bonn, um eine Rede gegen die Wiederbewaffnung der Bundesrepublik zu halten. Während der Bahnfahrt erinnert sich der ehemalige Exilant seiner gerade verstorbenen jungen Frau, die, nach dem Selbstmord ihrer nationalsozialistisch gesinnten Eltern 1945 von Keetenheuve aus den Trümmern gerettet, sich unverstanden und vereinsamt dem Alkohol und lesbischen Abenteuern hingab. Der Verlust seiner Frau und der politischen Handlungsperspektiven angesichts sich restaurierender Machtverhältnisse lassen auch Keetenheuve so sehr am Sinn seiner Tätigkeit zweifeln, daß er davon träumt, Wanowski, die brutale Liebhaberin seiner Frau, umgebracht zu haben. In Bonn angekommen, trifft Keetenheuve auf den Abgeordneten der christlichen Regierungspartei Korodin, der vergeblich versucht, ihn zu bekehren. Von seinem ehemaligen Kollegen Mergentheim erfährt er, daß man ihn wegen seines Exils in der NS-Zeit politisch zu diskreditieren versucht. Eine unbeachtete Pressemeldung, aus der ersichtlich wird, daß englische und französische Offiziere in der Remilitarisierung eine Zementierung der deutschen Teilung sehen, soll Keetenheuve in der geplanten Rede als überraschendes Argument gegen die Regierung dienen. Knurrewahn, der Oppositionsführer, willigt in diesen Plan ein, auch wenn ihm, dessen höchstes politisches Ziel die Wiedervereinigung ist, Keetenheuve letztlich fremd bleibt. Selbst in seiner eigenen Partei ist der pazifistische Abgeordnete, der nebenbei Baudelaire und Cummings übersetzt, ein Außenseiter, den nicht nur die Regierung mit dem Angebot eines Gesandtschafterpostens in Guatemala aus der aktiven Politik abzuschieben versucht. Zunehmend sieht Keetenheuve alle innovativen Möglichkeiten des Aufbaus schwinden, so auch in einer Sitzung des Bauausschusses, in der er seine Vorstellungen moderner und humaner Architektur nicht einmal mehr

vorbringen kann. Am Abend irrt
er fremd und ziellos in einer nach
Konsum und bewußtloser Heiterkeit trachtenden Welt umher. Die
Rede am nächsten Morgen wird
um ihren Effekt gebracht, nachdem Mergentheim Keetenheuves
Informationen in einem großen
Zeitungsartikel publik gemacht
hat, so daß der Kanzler bereits
seine Gegendarstellungen vortra-
gen kann. Während die ganze Debatte in der Öffentlichkeit weniger Interesse findet als ein Fuß-
ballspiel, verliert Keetenheuve das
Vermögen, zu unterscheiden zwischen dem, was er wirklich erlebt,
und dem, was er nur denkt. So
stürzt er, von den Verhältnissen
besiegt, in die dunkle und geile
Halbwelt der Rheinuferwiesen,
wo er in einem »Akt vollkommener Beziehungslosigkeit« auch bei
der jungen Lena keine Befriedigung findet. Von den Steinwür-
fen und Bildern einer ihm fremd
und hoffnungslos erscheinenden
Welt verfolgt, erreicht er die
Rheinbrücke, »und ein Sprung
von dieser Brücke«, so endet der
Text mit einem Zitat aus Schillers
Wilhelm Tell, »machte ihn frei«. In
der Assoziationstechnik und mit
Verfremdungen mythischer und
literarischer Bilder sowie des
Werbungs- und Zeitungsgenres
schließt Koeppen an die literarische Moderne der 20er Jahre an.
Wenngleich der Autor ausdrücklich die »eigene poetische Wahrheit« des Romans herausstellte,
hat man zu Recht immer wieder
auch auf seine zeitkritische Bedeutung hingewiesen.

Lit.: B. USKE, Geschichte und ästhetisches
Verhalten. Das Werk W. K.s, Frankfurt/M. /
Bern 1984.   P. HANENBERG

KREUDER, Ernst (1903–1972)

**Die Gesellschaft vom Dachbo-
den.** *Erzählung.* 3 Kapitel; EA
Reinbek 1946.

Bei einem Spaziergang trifft der
Ich-Erzähler, der Dichter Bertold
Brandt, zufällig auf seinen alten
Schulkameraden Wilhelm, der
sich mit Freunden auf dem Dachboden eines Kaufhauses eingerichtet hat. Unter dem Vorsitz
von Waldemar, dem Wortführer
der Dachbodengesellschaft, wird
ein »Bund der Sieben« gegründet,
dessen Existenzprogramm aus
sieben Punkten besteht: »Aufrichtigkeit, Anhänglichkeit, Beharr-
lichkeit, Barmherzigkeit, Überschwenglichkeit, Friedfertigkeit,
Unüberwindlichkeit«. Auf einem
alten Plan entziffern sie, wie sie
das Versteck eines Schatzes finden
können. Vom Erlös des Schatzes
soll ein Flußdampfer gekauft werden. Bertold bekommt den Auftrag, den Schatz zu suchen, was
ihn in einen Reigen skurriler
Abenteuer zieht und ihn mit lie-
benswerten philosophierenden
Sonderlingen zusammenführt,
deren weise Gelassenheit der Geschäftigkeit der Arbeits- und Er-
werbswelt entgegengesetzt wird.
Der Auftritt dieser Figuren wird
stets zum Anlaß für eingeschalte-
tete Miniaturessays über Literatur, über Gott und die Liebe, über
das Unheimliche und Geheimnisvolle der alltäglichen Welt oder
über die identitätssprengende Per-
sönlichkeitsvielfalt eines jeden
Menschen. Die Reden und Gespräche über Literatur bringen
Ernst Kreuders eigene Auffassungen über Schönheit und Aufgaben
der Literatur zum Ausdruck. Das
Visionäre, das Irreale wird der
»Tatsachenliteratur« und dem
»Tiefsinn« (»Sie sind zu gebildet,

um Einfälle zu haben«) entgegengesetzt. Durch Waldemars Mund
bringt Kreuder seine Vorstellungen pointiert zum Ausdruck:
»Von der Kunst zum Beispiel erwarte ich immer wieder, daß sie
die Realität der Abbilder, der Ab-
ziehbilder durchstößt und ins Irreale fortschwebt.« Was die Figuren innerhalb des Romans programmatisch fordern, wird zugleich mit diesem Roman von seinem Autor verwirklicht. Kreuders ›magischer Realismus‹ läßt
Bertold nicht nur für die Dachbodengesellschaft den Schatz, sondern auch für Schulfreund Wilhelm die Jugendliebe finden. Als
Bertold nach erfolgreicher Suche
auf den Dachboden zurückkehren
will, muß er feststellen, daß dort
inzwischen Verkaufsräume eingerichtet wurden und die Freunde
vertrieben sind. Im Keller eines
nicht zu Ende gebauten Hauses
finden die Sieben wieder zusammen. Als Reaktion auf ihre Vertreibung vom Dachboden wird
der Programmpunkt »Unüberwindlichkeit« durch »Wandelbar-
keit« ersetzt. Nach einer ersten
Fahrt mit dem erworbenen alten
Passagierdampfer trennen sich die
Freunde, um bis zum nächsten
Treffen ihren verschiedenen Tä-
tigkeiten nachzugehen. Bertold,
der mit Waldemar auf dem
Dampfer bleibt, läßt sich in die
Kajüte Nummer Sieben einschließen, um zu dichten: »verloren war
ich schon nicht mehr bei mir, eine
Beute von Gesichten und Stimmen, fiel ich in eine andere Welt«.

Lit.: P. Härtling, E. K.s »Gesellschaft vom
Dachboden«, in: Ders., Vergessene Bücher,
München 1986.   B. Preisendörfer

KUBIN, Alfred (1877–1959)

Die andere Seite *Ein phantastischer Roman.* 3 Teile und Epilog;
EA München / Leipzig 1909.
An einem trüben Herbstnachmit-
tag erhält der Ich-Erzähler, ein in
München lebender Zeichner,
durch einen Mittelsmann eine
Einladung von seinem längst ver-
gessenen Schulfreund Patera. Patera, zu großem Reichtum gelangt, schuf in Zentralasien ein
»Traumreich«, in dem feinner-
vige, von ihm selbst ausgewählte
Menschen vom Rest der Zivilisation abgeschirmt ihre Träume leben können. Nach anfänglichem
Mißtrauen nimmt der Erzähler
das Angebot an, zusammen mit
seiner Frau nach Perle, der Hauptstadt des »Traumreiches«, umzu-
siedeln. Pateras Reich wird jedoch
zu einer Enttäuschung. Neben einem ewig trüben Himmel und
dem Fehlen allen technischen
Fortschritts bestimmt eine altmodisch gekleidete, skurrile Bevölkerung das Erscheinungsbild von
Perle. Der scheinbar normale Alltag ist geprägt von einer düsteren
Atmosphäre, die in absurd-maka-
beren Situationen deutlich wird.
Die Ehefrau, weniger träumerisch
veranlagt als ihr Mann, erträgt die
Vermischung von Realem und Ir-
realem im täglichen Leben nicht
und erkrankt. Eine sinnlose, for-
malistische Bürokratie hatte den
Zeichner bis dahin an einem Treffen mit Patera gehindert, doch in
Sorge um seine Frau dringt er un-
angemeldet, dennoch ungehin-
dert, in den Palast Pateras ein.
Dort findet er den Freund in einem tranceähnlichen Zustand und
erkennt, daß dieser nicht nur
der Beherrscher des Reiches, sondern auch der Einwohner ist, die
er durch magisch-hypnotische

Kräfte bannt. Nach dem Tod seiner Frau findet der Erzähler Trost bei den Ureinwohnern des Traumlandes, dem »Stamm der Blauäugigen«, deren kontemplatives Leben ihn das »Pendelgesetz der Natur«, das nahe Beieinander von Leben und Tod, erkennen läßt. Eines Tages kommt der Geschäftsmann Herkules Bell in das »Traumreich«. Er hetzt die Bevölkerung gegen Patera auf, um selbst Herrscher zu werden. Mit dem scheinbaren Machtverlust geht der zunehmende Verfall des »Traumreiches« einher. Der Erzähler sucht Patera erneut auf, um Hilfe für das Traumland zu erbitten. Er wohnt der Verwandlung Pateras in Herkules Bell bei. Einer Apokalypse gleich fällt das Reich unter Massenhysterien und Naturkatastrophen in Trümmer und versinkt im Schlamm. Der Zeichner konnte sich in eine Felsenfestung retten und erlebt dort mystisch-visionär den Tod Pateras. Im Epilog beschließt der Erzähler seine Erinnerungen an das »Traumreich« mit der Erkenntnis, daß die Welt von zwei Grundprinzipien, Leben und Tod, Schöpfung und Zerstörung, beherrscht wird und »sich dies widersprechende Doppelspiel in uns fortsetzt«. Der sachliche und distanzierte Ton des Romans, dem erzählerischen Hauptwerk des Zeichners Kubin, steht im Kontrast zu den alptraumhaften Erlebnisschilderungen, aber auch zu dem dahinterstehenden philosophischen Gedankengut, auf dessen Grundlage der Autor Autobiographisches, Reales und Phantastisches zu einer Einheit verwoben hat.

Lit.: H. LIPPUNER, A. K.s Roman »Die andere Seite«, Bern / München 1977.

E. EMTER

KURZ, Hermann (1813–1873)

Der Sonnenwirt. *Schwäbische Volksgeschichte aus dem vorigen Jahrhundert.* 3 Teile; 39 Kapitel; ED »Morgenblatt für gebildete Stände« 1846 (Teildruck); EA Frankfurt/M. 1855.
Der historische Stoff der Lebensgeschichte des Räubers Friedrich Schwan (1729–1760), bereits von Schiller in seiner Erzählung *Der Verbrecher aus verlorener Ehre* (1786) aufgegriffen, ist Grundlage für Kurz' *Sonnenwirt*. – Frieder Schwan, der Sohn des reichen Sonnenwirts, kehrt mit den besten Vorsätzen für ein besseres Leben nach einer Gefängnisstrafe, die er wegen geringfügiger Vergehen zu verbüßen hatte, zu seiner lieblosen Stiefmutter und seinem Vater zurück. Vorurteile, die egoistischen Interessen seiner Stiefmutter und die Doppelmoral der Gesellschaft verhindern jedoch seine Reintegration. So wird ihm die Liebe zur armen Christine, die er heiraten möchte, als sie ein Kind von ihm erwartet, zum Verhängnis. Der Vater verweigert dem unmündigen Sohn die Heiratserlaubnis und ist nicht bereit, ihm sein mütterliches Erbteil zu überlassen. Der Plan, bei einem Verwandten auswärts unterzukommen, scheitert ebenfalls. Auch nachdem Frieder die Mündigkeitserklärung vom Stuttgarter Hof erwirkt hat, wird die Heirat weiterhin verhindert. Im ausweglosen Konflikt zwischen seiner Absicht, ehrenhaft zu seiner Geliebten zu stehen und sie und ihre hungernde Familie auch finanziell zu unterstützen, seiner eigenen Mittellosigkeit und dem Standesdünkel von Familie und Dorfgesellschaft schwankt Frieder zwischen Versuchen demuts-

voller Anpassung und jähzorni-
gen Ausbrüchen des Aufbegeh-
rens; im Affekt greift er schließlich seinen Vater mit dem Messer
an. Obwohl niemand ernsthaft zu
Schaden kommt, erhält er eineinhalb Jahre Festungshaft. Nach der
Entlassung wird er wieder straf-
fällig. Er entflieht aus dem Kerker
und sucht Christine auf, die nach
der Geburt des zweiten Kindes
wegen Unmoral zu zwei Jahren
Zuchthaus verurteilt worden war.
Sie schließen sich einer Gruppe
Ausgestoßener an, durch deren
Vermittlung sie schließlich einen
Pfarrer finden, der sie traut. Christine scheut jedoch vor einem Leben mit der Bande zurück. Frieder
bleibt nach Christines erneuter
Verhaftung bei der Gruppe und
begeht mit dem Mord an seinem
schlimmsten Feind, dem »Fi-
scherhannes«, sein erstes wirkliches Verbrechen, dem zahlreiche
weitere gemeinsam mit den übrigen Bandenmitgliedern verübte
Straftaten folgen. Sie sind die unaufhaltsame Konsequenz der Er-
folglosigkeit seiner ehrlichen Bemühungen um moralische Integrität. Er endet schließlich am
Galgen. – Kurz demonstriert, wie
durch falsche, lieblose Erziehung
und die Verständnislosigkeit und
Borniertheit der Gesellschaft ein
Mensch in die Isolation gezwungen und von den sich gegenseitig
ausschließenden Normsystemen
zerrieben wird. Im unlösbaren
Konflikt zwischen Anpassung
und moralischer Verantwortung
zerbricht er; der Weg vom Außenseiter zum Feind der Gesellschaft ist unausweichlich.

Lit.: H. EGGERT, H. K. »Der Sonnenwirt«
(1855). Fiktion und Dokument. Formkrise
des historischen Romans im 19. Jh., in:
H. DENKLER (Hg.), Romane und Erzählungen des bürgerlichen Realismus, Stuttgart
1980, S. 124–137.   B. NEUGEBAUER

LANGGÄSSER, Elisabeth
(1899–1950)

Das unauslöschliche Siegel.
3 Bücher; EA Hamburg 1946.
Der Roman gilt als Hauptwerk
von Elisabeth Langgässer. Litera-
turgeschichtlich bedeutsam ist er,
weil die Autorin den Nationalsozialismus und den Zweiten Weltkrieg in einen größeren Zusammenhang einzuordnen versucht.
Doch ist der Deutungsrahmen
nicht politischer, sondern religiöser Natur. Der Roman entstand
seit 1937 trotz eines Schreibver-
bots, das die Nazis gegen Langgässer ein Jahr zuvor wegen ihrer
jüdischen Herkunft verhängt hatten. Die Heirat mit einem konservativen katholischen Philosophen
und Rundfunk-Redakteur im Jahr
1935 boten der Autorin zunächst
einen gewissen Schutz. Abgeschlossen wurde die Arbeit noch
1945, obwohl Langgässer an einer
schweren Krankheit litt und ein
Jahr zuvor zur Zwangsarbeit in
der Rüstungsindustrie verpflichtet worden war. Ob die schweren
persönlichen Lebensbedingungen
oder die einschneidenden politischen Entwicklungen seit Beginn
der 40er Jahre Ursache für die
poetische Heterogenität des Romans sind, läßt sich nicht entscheiden. Die demonstrativen
Abweichungen von der traditionellen Erzählweise sind allerdings
genau kalkuliert und der religiösen Grundidee des Romans verpflichtet. Dazu gehören die mon-
tagehafte Verknüpfung unein-
heitlicher Textelemente, abrupte
Ortswechsel und Zeitsprünge sowie vage epische Angaben, die
insgesamt die Kontinuität der
Handlung auflösen. – Dargestellt
wird die Abkehr eines Mannes
vom christlichen Glauben. Da er

jedoch durch die Taufe mit Gott verbunden ist, findet er zum Christentum zurück. In diesem Sinne wird die Taufe als »unauslöschliches Siegel« bezeichnet. Verstärkt wird die universelle Gültigkeit dieser Auffassung dadurch, daß die Hauptperson des Romans (mit dem Namen Lazarus Belfontaine) ein Jude ist, der sich aus sozialen und familiären Gründen, also ohne innere Anteilnahme, im Erwachsenenalter für die Taufe entschieden hat, um sich dann wieder ganz von der christlichen Lebensweise abzuwenden. Belfontaines Abkehr vom Glauben sowie die erneute Hinwendung zu Gott werden im 1. und 3. Buch dargestellt. Der Mittelteil hängt damit nur indirekt zusammen. Er beschreibt verschiedene Formen sündhaften Lebens, die später mit der Lebensgeschichte der Hauptperson verknüpft werden. Das 1. Buch umfaßt drei Tage, nimmt aber annähernd die Hälfte des Gesamtumfangs ein. Es zeigt Belfontaine im Mai 1914 in seinem Heimatort, einer südwestdeutschen Kleinstadt am Rhein, wo er als wohlhabender Geschäftsmann mit seiner Frau und seiner Tochter lebt. Die Heirat war der Grund für Belfontaines Übertritt zum katholischen Glauben. Seither sind sieben Jahre vergangen. Nun wartet er wie jedes Jahr am Tag seiner Taufe auf einen blinden Bettler, mit dem er Gespräche über den Glauben führte. Der Mann kommt nicht. Wie sich aus nachfolgenden Gesprächen am Stammtisch wohlsituierter Bürger ergibt, zu dem auch Belfontaine gehört, wurde der Bettler tot aufgefunden. Die Stammtisch-Darstellung selbst charakterisiert das gesellschaftliche Milieu der Kleinstadt, das von Wohlstand,

Sorglosigkeit und Überdruß geprägt ist. Der Besuch eines durchreisenden französischen Weinhändlers, der sich Tricheur nennt, wird für die Lebensgeschichte der Hauptperson schließlich folgenschwer. In ihm erkennt Belfontaine einen Lehrer seiner in Frankreich verbrachten Jugendzeit mit dem damaligen Namen Grandpierre. Belfontaine und er verabreden eine gemeinsame Reise nach Frankreich, die sie in die Tat umsetzen. In Frankreich, so ergibt sich aus dem späteren Romanverlauf, wird Belfontaine vom Kriegsausbruch überrascht und als Deutscher in einem Lager interniert. In seinem Heimatort gilt er seither als verschollen. Das spätere Leben Belfontaines in der französischen Stadt Senlis wird am Ende des 1. Buches in einem Gespräch zwischen zwei Geistlichen aus dem Jahr 1926 bereits vorweggenommen. Das 2. Buch schildert das Leben einiger Bürger von Senlis, bevor Belfontaine sich in der Stadt niederläßt. Dem eigentlichen Geschehen geht die sogenannte Turm-Episode voraus, die eine zentrale Rolle für die textinterne Deutung der Ereignisse spielt. In dieser Episode unterhalten sich im Jahr 1914 auf dem Glockenturm der Kathedrale von Senlis ein deutscher Offizier und der französische Küster über das Weltgeschehen, das als Kampf zwischen Gott und dem Teufel aufgefaßt und apokalyptisch gedeutet wird. In das Gespräch sind geschichtsphilosophische Aufzeichnungen eines katholischen Diplomaten aus dem 19. Jahrhundert über den Untergang der europäischen Zivilisation eingebaut, die ein anderer deutscher Offizier auf dem Glockenturm liest. Die Ereignisse in Senlis selbst, die

1917 spielen und den Hauptteil des 2. Buches umfassen, drehen sich um das lesbische Verhältnis zwischen der Tochter des Pfandleihers Bonmarché und einer reiferen Frau, die wiederum unglücklich in einen nach China ausgewanderten Missionar verliebt ist. Um die Beziehung zwischen seiner Tochter und ihrer Freundin zu zerstören, schickt der Pfandleiher der älteren Frau fingierte Briefe ihres angeblich nach Paris zurückgekehrten Geliebten und treibt sie damit in den Selbstmord, als sie den Betrug erkennt. Das 3. Buch spielt im Jahr 1925. Belfontaine hat die Tochter des Pfandleihers geheiratet und dessen Nachfolge angetreten (während seine erste Frau und seine Tochter in der Zwischenzeit gestorben sind). Auch in Senlis führt Belfontaine ein sorgloses Leben, bis seine Frau von einem Matrosen verführt und umgebracht wird. Im Mörder meint Belfontaine den (als Matrosen getarnten) Weinhändler und Lehrer Grandpierre zu erkennen, in seiner Frau selbst die Verkörperung der lasterhaften Verlockung, wodurch er wieder zum Glauben findet. Schließlich geht Belfontaine, wie ein knapper Ausblick berichtet, nach Deutschland, wird von den Nazis in ein polnisches Lager deportiert, von wo aus er jedoch zu russischen Partisanen fliehen kann, bis er als Bettler in das zerstörte Deutschland zurückkehrt. Es folgt ein kurzer dialogischer Schluß mit der Überschrift »Epilog 1943«. Hier werden drei biblische junge Männer während eines Luftangriffs aus dem Feuerofen des Nebukadnezar in ein Pfarrhaus befördert, wodurch der Roman Anschluß an die Gegenwart der letzten Kriegsjahre gewinnt. –

Die einzelnen Ereignisse des Romans haben für sich keine Bedeutung. Sie verweisen auf einen religiös-metaphysischen Zusammenhang, der durch drei eingeflochtene Heiligenlegenden auch innerhalb des Romans vergegenwärtigt wird. Eine ähnliche Bedeutungsverlagerung zum Symbolischen weist auch die Figurengestaltung auf. Die Personen werden nicht individuell oder psychologisch konturiert, sondern repräsentieren bestimmte Daseinsformen. Der Weinhändler, Lehrer und Matrose z. B. ist die Inkarnation des Teuflischen, Belfontaine verkörpert den zunächst sündhaften und schließlich bekehrten Menschen und damit die Idee, daß das göttliche Prinzip über das Böse siegt. Innerhalb dieser heilsgeschichtlichen Ausrichtung des Romans sind die politischen Ereignisse beliebiger Natur und ebenso austauschbar wie die Figuren und ihre Handlungen. Prägend ist die Auffassung vom ewigen Kampf zwischen Gott und dem Teufel, was episch demonstriert wird. Obwohl der Roman als eines der bedeutendsten Werke der modernen christlichen Literatur bezeichnet wird, blieb die Wirkung auf die ersten Jahre nach seinem Erscheinen beschränkt. Die vielfach hervorgehobene sprachliche Kühnheit der Darstellung wirkt inzwischen eher maniriert.

Lit.: D. Schiller, Drama zwischen Gott und Satan – Auseinandersetzung mit dem Faschismus. E. L.: »Das unauslöschliche Siegel«, in: S. Bock / M. Hahn (Hgg.), Erfahrung Nazideutschland. Romane in Deutschland 1933–1945, Berlin / Weimar 1987, S. 412–465. D. Schöttker

LA ROCHE, Sophie von
(1731–1807)

**Geschichte des Fräuleins von
Sternheim.** *Von einer Freundin
derselben aus Original-Papieren und
anderen zuverlässigen Quellen gezogen.* 2 Teile; EA Leipzig 1771.
Der Briefroman in der Tradition
Richardsons ist in Stil und Darstellungsabsicht repräsentativ für
die Epoche der Empfindsamkeit:
er soll der Erziehung und Lebensführung junger Mädchen als Vorbild dienen und die Einsicht fördern, daß allein Tugend und
Wohltätigkeit zu erfülltem Leben
führen. Das von Goethe und Herder geschätzte sowie von Wieland
herausgegebene und mit einem
Vorwort versehene Werk ist der
erste anerkannte deutsche Frauen-
roman. – Der Oberste Sternheim,
wegen seiner Verdienste geadelt,
edelmütig, klug und gütig, und
seine Frau vermitteln ihrer Tochter Sophie eine vorzügliche Gei-
stes- und Herzensbildung. Nach
dem Tod der Eltern nimmt eine
Tante die Waise zu sich an den
Hof, da sie hofft, einen Prozeß
ihres Mannes positiv zu beeinflussen, wenn Sophie die Mätresse des
Fürsten wird. Doch diese findet
keinen Gefallen an den eitlen Vergnügungen des Hoflebens. Ihre
einzige Freude sind ihre gelehrten
Bücher, die jedoch bald vernichtet
werden, und die Briefe an ihre
Freundin Emilia, die den Hauptteil des Romans bilden. In diesen
erweist sie sich ganz als Kind ihrer
Zeit: ihr Wesen ist durchdrungen
von Tugend und Empfindung,
am schönsten ist für sie »die
Freude, die ein edles Herz in der
Zufriedenheit seiner Freunde und
in der Betrachtung der guten Eigenschaften seiner Nebenmen-
schen findet«. Tugend und Reinheit, ländliche Einfalt bei gleich-
zeitiger geistiger Reife verleihen
Sophie in der Hofgesellschaft einen ungewöhnlichen Charme,
der sie bald den Nachstellungen
vieler Männer aussetzt. Nur Lord
Seymour, der Sophie seelenver-
wandt ist, findet ihre Zuneigung.
Als er jedoch von der ihr zuge-
dachten Rolle erfährt, erscheint
sie ihm als Heuchlerin, und er enthüllt ihr auf einem Maskenball
seinen Abscheu. Inzwischen benutzt der intrigante Höfling
Derby die Ränke der Gräfin dazu,
das Ziel seiner Wünsche zu erreichen. Er nutzt jede Gelegenheit,
sich Sophie als Wohltäter der Armen und als verkannter Verehrer
der Tugend darzustellen. Durch
sein Auftreten geblendet, plant
Sophie, nachdem sie von den Absichten der Gräfin erfahren hat,
die gemeinsame Flucht. Derby
leitet eine heimliche Trauung in
die Wege, wobei sein Bursche die
Rolle des Geistlichen übernimmt
(1. Teil). Sophie verläßt den Hof –
doch statt des erhofften Glücks
erwartet sie eine neue Zeit der
Prüfung. Denn als sie sich Derbys
Begierden widersetzt, teilt er ihr
mit, daß die Heirat nur vorge-
täuscht war, und verläßt sie. Enttäuscht, aber in ihrer Gesinnung
unbeirrbar, gründet Sophie in Italien, wohin sie ihre Flucht geführt
hat, eine Gesindeschule für arme
Mädchen und betätigt sich daneben als Ratgeberin. Sophie erweist sich im 2. Teil nicht mehr
nur in der Bewahrung ihrer Reinheit, sondern auch in ihrer tätigen
Hilfsbereitschaft als vorbildlich.
Auf einer Reise lernt sie Lady
Summers kennen, eine Engländerin, die ihren Idealen nahesteht.
Sie folgt ihr nach Summerhall, wo
sie viel Zeit mit Lord Rich verbringt, einem philosophisch in-

teressierten Nachbarn, dessen Zuneigung sie durch ihr Wesen und
ihren Charakter gewinnt. Doch
die Ruhe währt nur kurz, die Vergangenheit holt Sophie ein, als
Lord Derby – unter anderem Namen mit Lady Summers' Nichte
verheiratet – seinen Besuch ankündigt. Sophie beschließt, eine
Krankheit vorzutäuschen. Doch
Derbys Bursche erkennt sie und
berichtet es dem Lord. Um das
Risiko einer Entlarvung auszuschließen, entführt Derby Sophie
in das schottische Bleigebirge.
Auch dort bleibt sie ihrem Wesen
treu; »das reine moralische Gefühl« erhebt sie »über die Düster-
heit ihres Grams«, und dem »Willen, Gutes zu tun« dankt sie die
»erneuerten Kräfte der Tugend«.
So widmet sie sich auch hier ihren
Mitmenschen, besonders einer
unehelichen Tochter Derbys. Als
ihr dieser – seiner Frau überdrüssig – einen Heiratsantrag macht,
sie ihn aber ablehnt, läßt er sie in
einen Kerker werfen. Die Nachricht von ihrem Tod erreicht über
den reuigen Derby auch Lord
Seymour, der Sophie immer noch
liebt und seinen Irrtum erkannt
hat. Von Derby beauftragt, fährt
er mit seinem Bruder Lord Rich
nach Schottland, um die Sternheim beizusetzen. Doch wider Erwarten finden die Brüder Sophie
am Leben und bei einer Gönnerin
aufs beste untergebracht. Zugunsten des Jüngeren tritt Rich zurück
und widmet sich fortan ausschließlich der Philosophie.

Lit.: I. Wiede-Behrendt, Lehrerin des Schönen, Wahren und Guten, Bern 1987.
                                              J. H. Skarke

LAUBE, Heinrich (1806–1884)

Das junge Europa *(Die Poeten;
Die Krieger; Die Bürger).* 3 Teile;
EA Leipzig/Mannheim 1833/
1837.
Die Romantrilogie des vorher nur
durch das historisch-politische
Erstlingswerk *Das neue Jahrhundert* (1832/33) bekannt gewordenen Heinrich Laube beginnt mit
dem Briefroman *Die Poeten.* An
dem Briefwechsel beteiligen sich
die ›poetisch‹ inspirierten Studenten Hippolyt, Valerius, Constantin, Leopold und William. Zu diesem Kreis treten die weiblichen
Figuren Camilla, Alberta, Julia
und ihre Mutter Constantie, die
sich teils ebenfalls in Briefen äußern, teils Episoden- und Hinter-
grundsfiguren bleiben. Die 40
Briefe sind auf die Zeit vom
20. 3. 1830 bis März 1831 datiert;
in polyperspektivischer Brechung
thematisieren sie verschiedene,
die Zeitgenossen im Umkreis der
Julirevolution von 1830 beschäfti-
gende Fragestellungen, wobei Literatur und Liebe im Vordergrund stehen. Die Saint-Simoni-
stisch geprägte, liberal-demokra-
tische Freiheitsvorstellung des
Kreises wird vornehmlich an der
Liebesthematik verdeutlicht. Als
Illustration des Diskussionsthe-
mas dienen Erzählungen von Lie-
besgeschichten der Figuren, in denen die verheiratete Fürstin Constantie mit ihrer sehr freien, von
materialistischer Genußhaltung
bestimmten Liebesauffassung
eine Hauptrolle spielt. Adelskritik
wird im 18. Brief formuliert, in
dem auch die poetisch-roman-
tisch-illusionären Gedanken der
Hauptfiguren ausgesprochen
werden. Der seine politisch-ge-
sellschaftlichen Verpflichtungen
mißachtende Adel »lebt geflügel-
ter, freier, weil er sich hochge-
stellt glaubt, seine Geschäfte sind
ihm Nebensache, der Genuß des
Lebens aber Hauptsache.« – »Alle

Wege müssen offen sein zu allem – nicht unbedingte Gleichheit, aber unbedingt gleiche Befugnis zu allem, das ist die Losung des neuen Jahrhunderts. «

Im 2. Teil, *Die Krieger,* ändert sich die Darstellungsform: An die Stelle der bisherigen Brief- tritt die chronologische Berichtform. Ausschnitte aus dem Freiheitskampf der Polen von 1831 werden geboten, in die die individuellen Geschichten einiger Figuren des 1. Teils eingebettet sind. Die Polen haben den Vormarsch des russischen Generals Diebitsch vor Warschau zum Stehen gebracht. Unter den Opfern auf dem Schlachtfeld sucht ein alter Jude seinen Sohn Joel. Dieser gelangte inzwischen mit dem verwundeten Valerius auf das Schloß eines reichen polnischen Grafen. Hier und anschließend in Warschau lernt Valerius die politischen Ansichten der gehobenen polnischen Gesellschaftskreise kennen und begegnet auf einem Ball in der Hauptstadt Constantie wieder, mit der er Stunden höchsten Liebesglückes erlebt. Die Einblicke in die Ziele des polnischen Adels verunsichern ihn in seinem Engagement für die polnische Sache. In einem Kampf erneut verwundet, wird er von seinem Freund Leopold, der Arzt geworden ist, gepflegt. Wieder in Warschau, ist Valerius bei einem Volksaufstand der Gefahr ausgesetzt, als angeblicher Freund des Adels an der Laterne aufgehängt zu werden. Nach der Niederlage Polens bleibt ihm nur noch die Flucht zusammen mit Joel nach Krakau.

Im 3. Teil, *Die Bürger,* für den Laube wieder die Briefform gewählt hat, vollenden sich die Lebensschicksale der Freunde. Die romantischen Jugendpläne, die

Welt umzugestalten, sind aufgegeben. An die Stelle des Revolutionären tritt gemäßigte Bürgerlichkeit, für die der Bürgerkönig Louis Philipp stellvertretend steht. Auch die extremen Anschauungen über die Liebe werden zugunsten einer Ehemoral teilweise zurückgenommen. Hippolyt berichtet von seinen Erlebnissen während der Julirevolution in Paris und von seinen Liebesaffären dort und in Brüssel. Valerius muß seine Polenbegeisterung mit einer längeren Freiheitsstrafe büßen, und der einst liberale Constantin, jetzt in unglücklicher Ehe mit Julia lebend, hat sich zu einem autoritären Oberrichter gewandelt. Leopold heiratet – nach kurzer Ehe mit einer reichen Brüsseler Handelsfrau – die junge Gräfin Lili. Hippolyt begibt sich über England, dessen Geschäftsgeist ihn abstößt, nach Amerika, verfolgt von einem rachsüchtigen Mädchen, das sich aber schließlich doch noch mit ihm versöhnt. Als er einen Neger vor der Lynchjustiz bewahren will, wird er von einer Kugel tödlich getroffen.

Die Briefform des 1. (und 3.) Teils ist angemessener Ausdruck des breiten Spektrums der den aufkeimenden Liberalismus dieser Jahre kennzeichnenden Meinungsbildung, während die Berichtform des 2. Teils der Wiedergabe ›realen‹ Geschehens entspricht. Wenn man von einer vorgegebenen Gesamtkonzeption dieses »konservative[n] Buch[es]« (Laube) sprechen kann, dann im Sinne einer Begriffskette ›in fallender Linie‹ – Illusion-Wirklichkeit-Resignation –, welche die drei Teile ideell verknüpft. An dieser geschilderten ›Entwicklung‹ haben auch autobiographische Erfahrungen des Verfassers einen beachtlichen Anteil. »Diese Prosa beugt mich zu Boden. Die Poesie des Rittertums haben wir gestürzt, und um die Poesie des Liberalismus sind wir vorläufig gebracht.« Der Wandel von der Poesie hochgespannter liberaler Vorstellungen und Erwartungen zur Prosa bürgerlich nüchterner Alltäglichkeit unter dem Verlust der erstrebten Ideale tritt bereits am Ende des 2. Teiles andeutungsweise zutage und wird im Laufe des 3. Teiles vollends erzählte Wirklichkeit. Die Utopie des freien Landes Amerika wird in ihr Gegenteil verkehrt, indem Hippolyt die negativen Seiten dieser ›Freiheit‹ am eigenen Leibe erfahren muß. Valerius zieht sich in ein stilles, idyllisches Tal zurück, wo er sich an der Seite eines geliebten Mädchens mit einem bürgerlichen Glück und einem unpolitischen Dasein abseits der Gesellschaft begnügt.

Lit.: B. v. WIESE, Zeitkrisis und Biedermeier in L.s »Das junge Europa« und in Immermanns »Epigonen«, in: Dichtung und Volkstum 36 (1935), S. 163–197. – J. L. SAMMONS, H. L.: Die Krieger, in: DERS., Six Essays on the Young German Novel, Chapel Hill 1972, S. 104–123. P. HASUBEK

LE FORT, Gertrud von (1876–1971)

Das Schweißtuch der Veronika. 2 Teile (*Der römische Brunnen*, EA München 1928; *Der Kranz der Engel*, EA München 1946).
Der 1. Teil (*Der römische Brunnen*) beschreibt, wie Veronika in Rom bei ihrer frömmelnden Tante Edelgart und ihrer Großmutter aufwächst. Ihr Vater, der einst mit Edelgart verlobt war, dann aber deren Schwester Gina heiratete, lebt im Ausland. Die Großmutter hat eine angesehene Stellung in der römischen Gesellschaft. Bei einer ihrer Einladungen lernt Veronika Enzio, einen jungen Dichter, kennen. Veronika, zunächst eifersüchtig auf Enzio, weil die Großmutter ihn wie einen Sohn behandelt, verliebt sich. Auf einem ihrer gemeinsamen Streifzüge durch Rom wird der Anblick der nächtlichen Peterskuppel zu einem Schlüsselerlebnis für beide: Veronika, nach dem Willen des Vaters ohne Religion erzogen, findet in einem mystischen Erlebnis zum katholischen Glauben, Enzio wird zu einem Gedichtzyklus über Rom inspiriert. Tante Edelgart, deren verquerer Frömmigkeit wegen der Vater Veronikas das Verlöbnis löste, gerät durch die Gläubigkeit Veronikas in eine tiefe Krise. Sie selbst hatte nie die Kraft zu einer bindenden Entscheidung. Erst auf dem Sterbebett vermag sie Klarheit in ihr Leben zu bringen. Auch Veronikas Vater, von dessen Tod auf einer Missionsstation sie brieflich erfährt, hatte vor seinem Tod seine Haltung zur Religion überdacht. Als auch die Großmutter stirbt, übernimmt ein Freund des Vaters die Vormundschaft.
Der 2. Teil (*Der Kranz der Engel*) setzt nach dem Ersten Weltkrieg ein. Veronika kommt nach Heidelberg, wo ihr Vormund als Philosoph lehrt. Während des Krieges hatte sie in der Schweiz ihre Matura gemacht, und nun will sie studieren. In Heidelberg trifft sie Enzio wieder, der als Soldat eine schwere Verwundung überlebt hat. Politisch reaktionär, glaubt er, daß Deutschland verraten wurde, und agitiert für ein großdeutsches Reich. Die Liebe zwischen Enzio und Veronika entsteht erneut. Beide fühlen sich

füreinander bestimmt, weil sie sich im Moment von Enzios Verwundung über die räumliche Entfernung hinweg innerlich verbunden gefühlt haben. Aber Enzio kämpft gegen Veronikas Glauben. Die Situation spitzt sich zu, als er einer religiösen Erziehung ihrer künftigen Kinder zustimmen soll und erkennt, daß Veronika auch seine politische Haltung ablehnt. In einer tiefgehenden Auseinandersetzung über die Bedeutung des Ehesakramentes erkennt Veronika jedoch, daß eine Liebe nach dem Vorbild Christi von ihr verlangt, sich auf Enzio bedingungslos einzulassen, auch gegen die Konventionen der Kirche. Als Starossow, ein Freund Enzios, Selbstmord begeht, steht Veronika dem Sterbenden bei und bittet Enzio, einen Priester zu rufen. Enzio lehnt ab. Veronika bricht zusammen und kommt erst nach langer Krankheit wieder zu sich. Sie erfährt, daß Enzio ihren Wunsch doch noch erfüllt hat und nun bereit ist, ihren Glauben zu tolerieren.

Lit.: E. BISER, Überredung zur Liebe. Die dichterische Daseinsdeutung G. v. L. F.s, Regensburg 1980.　　　　　M. WÖRTHER

LENZ, Hermann (geb. 1913)

Im inneren Bezirk. 3 Teile; EA Köln / Olten 1970.
Als Kernstück eines 1980 unter dem Titel *Der innere Bezirk* zusammengefaßten ›Romans in drei Büchern‹ knüpft der Text an den bereits 1961 erstmals erschienenen *Nachmittag einer Dame* an. In auffälliger Parallele zu Lenz' autobiographischem Roman → *Neue Zeit* umspannt *Im inneren Bezirk* den Zeitraum von 1938 bis 1947, konzentriert auf die Monate vor und nach Kriegsausbruch. Vielen anderen Lenzschen Protagonisten vergleichbar opponieren die Zentralfiguren – der Mittfünfziger Franz von Sy, ein in Jugoslawien eingesetzter Militärattaché, und seine Tochter Margot – auf verhaltene Weise gegen das unliebsame Regime des Nationalsozialismus. Während es dem Vater zusehends schwerfällt, seine Einstellung zu kaschieren, müht sich Margot, persönliche Enttäuschungen, die in einem Selbstmordversuch gipfelten, zu verarbeiten. Ohne ihre Sehnsüchte und Zwiespälte offen zeigen zu können, flüchten sich beide in Selbstgespräche, denen die Erzählperspektive des Romans alternierend folgt. Nachdem eine Rückkehr in die mit dunklen Erinnerungen besetzte Villa im heimatlichen Stuttgart unmöglich ist, siedeln Vater und Tochter nach München über. Unbelastet von privaten wie persönlichen Zukunftsplänen, läßt sich Margot durch die zunehmend politisierte Stadt treiben; ihr Vater nimmt indessen Kontakt mit einer Widerstandsgruppe um den Geheimrat Bachschmid auf. Der Roman liefert in diesen Passagen eine ›politische‹ Variation der Rappschen Lebensgeschichte aus *Neue Zeit* und erprobt so gleichsam, ob Alternativen zu den (autobiographisch verbürgten) Formen des lautlosen Widerstands denk- und realisierbar gewesen wären. Trotz seiner Ablehnung der Hitler-Diktatur behält Franz von Sy die Überzeugung, daß einer Verschwörung gegen das Regime kein Erfolg beschieden sein kann. »Solch ein Plan mußte schließlich von innen herauf wachsen«, heißt es resignierend, und so spiegelt der Roman in wesentlichen Teilen die Lenzsche Geschichtsauffassung,

der zufolge der einzelne den untergründigen Gesetzmäßigkeiten historischer Abläufe ausgeliefert ist. Während Franz über die Sinnlosigkeit offener Auflehnung reflektiert, gerät Margot unter den Einfluß des NS-Regierungsrats Erich Fiedler, der über die konspirativen Treffen auf dem Bachschmidschen Hof informiert ist. Um ihren Vater zu schützen – ein Verhältnis, das ohnehin von unterschwellig inzestuösen Tönen begleitet wird –, läßt sich Margot mit dem über drei Jahrzehnte älteren Fiedler ein. Je mehr sich die politische und die private Lage zuspitzen, desto unmöglicher wird es Vater und Tochter, eine dauerhafte Zuflucht in ihren angestammten Trostburgen zu finden: »In Wald und Feld kann sich heutzutag niemand mehr verkriechen.« Die Beziehungen zu Fiedler verhindern es letztlich nicht, daß die Sys in Untersuchungshaft genommen werden. Nach ihrer Entlassung wird Franz, im Juni 1940, nach Frankreich beordert, und Margot freundet sich mit dem Sohn Bachschmids an, der anfänglich unbekümmert der NS-Ideologie folgt. Das Zusammensein und schließlich die Heirat mit dem robusten Max Bachschmid geben dem »Zwielichtmädchen« Margot Rückhalt in der Kriegszeit: Briefe und Erzählungen führen sie in Gedanken an die Kriegsorte nach Frankreich und Rußland, wo Max für »Großdeutschland« fällt. Franz von Sy hingegen kommt mit dem Leben davon, und es gelingt ihm, in·einer moralischen Ausnahmesituation französische Geiseln zu retten. Dennoch wird er in Frankreich inhaftiert und erst 1947 freigesprochen und rehabilitiert. Margots Maxime »Daß du niemandem mehr

traust, außer deinem Vater«, reflektiert einen in der Nachkriegszeit in Deutschland weitverbreiteten ›Ideologieverdacht‹, der nach den Erfahrungen im Dritten Reich die Erkenntnis fördert, im Leben allein auf den »inneren Bezirk« setzen zu können. Die Fortführung des Romans – *Constantinsallee* (1980) – illustriert dies an den frühen Stuttgarter Nachkriegsjahren der Sys.

Lit.: R. MORITZ, Schreiben, wie man ist. H. L.: Grundlinien seines Werkes, Tübingen 1989.   R. MORITZ

Neue Zeit. 3 Teile; entst. vor 1969; EA Frankfurt/M. 1975.
Der Roman ist der dritte Teil eines bislang sieben Bände umfassenden autobiographischen Zyklus und schließt unmittelbar an die Romane *Verlassene Zimmer* (1966) und *Andere Tage* (1968) an. Im Mittelpunkt der 1937 einsetzenden *Neuen Zeit* steht wiederum das Alter ego des Autors, der 24jährige Student Eugen Rapp, der nach einem Zwischenspiel in Heidelberg an die Münchener Universität zurückkehrt. Nachdem sein einstiger Doktorvater von den Nationalsozialisten suspendiert worden ist, fühlt Eugen sich gezwungen, in München nach einem neuen Dissertationsthema Ausschau zu halten, obwohl er den Krieg heraufkommen sieht und ihm jede akademische Anstrengung deshalb sinnlos erscheint. Seine Gegnerschaft zum NS-Regime isoliert ihn zusehends von den anderen Kommilitonen, deren euphorische Reden von der vermeintlich ›neuen Zeit‹ er als lächerlich empfindet: »Es gibt doch weder eine neue noch eine alte Zeit.« Eine Verbündete findet Eugen schließlich in der zwei Jahre jüngeren Halbjüdin Hanni

Treutlein, einer Studentin der Kunstgeschichte, die wie er »für Wien und gegen diese Zeit ist«. Je mehr sich die politische Lage zuspitzt – insbesondere nach der Annexion Österreichs im Frühjahr 1938 –, desto stärker ist Eugen auf seine sorgfältig ausstaffierten geistigen Schlupfwinkel angewiesen. Die alte Kaiserstadt Wien, die literarischen Vorbilder eines Thomas Mann, Schnitzler, Mörike oder Stifter und die Idealzeiten Biedermeier und Jahrhundertwende kontrastieren mit dem herrschenden Zeitgeist in Deutschland, beherrschen die Gedanken, Imaginationen und ersten schriftstellerischen Arbeiten Eugen Rapps und lassen die mühsamen Recherchen für seine Promotion über das Ludwigsburger Schloß zurücktreten. Nachdem er bereits 1936 ein Gedichtbändchen publiziert hatte, druckt 1938 eine angesehene Zeitschrift seine erste – im Wien des Fin de siècle spielende – Prosa (1. Teil). Getreu der Rappschen bzw. Lenzschen Auffassung, daß ein Bild der eigenen Person nur aus verschiedenen distanzierten Blickwinkeln zu gewinnen sei, verlagert der 2. Teil des Romans die Erzählperspektive auf Irene Rapp, Eugens Mutter. Mit Skepsis nimmt sie die Einberufungen ihres Mannes Hermann, eines den Nazis nicht feindlich gesinnten Zeichenlehrers, und ihres Sohnes Eugen auf. Dessen pragmatische Schwester Margret heiratet zwischenzeitlich den Bäcker Emil Reiser und arrangiert sich wie ihr Vater mit den politischen Verhältnissen. Eugen, dem jeder militärische Antrieb fehlt, gelingt es indessen nur mühsam, seine Angst vor der kommenden Entwicklung zu verbergen. Seine Situation spitzt sich zu, als er von

Frankreich nach Rußland beordert wird (3. Teil). Die nun wieder aus der Sicht Eugen Rapps wiedergegebenen Ereignisprotokolle enthalten sich konsequent jeder Wertung und Kommentierung, die über den Horizont der Zentralfigur hinausgeht. Deren Beobachtungen, Selbstgespräche, Reflexionen und Unterhaltungen mit oft gänzlich andersdenkenden Soldaten bilden aus vielen Einzelszenen das illusionslose Erleben des Zweiten Weltkriegs ab, ohne damalige Empfindungen nachträglich zurechtzurücken. Um mit dem bedrohlichen wie monotonen Kriegsalltag fertig zu werden, bemüht sich Eugen konstant, sich durch seine Gedanken, Notizen und durch seine intensive Wahrnehmung (»Alles sehen, alles hören, alles spüren, alles riechen, was sich dir hier zeigt«) zu absentieren. Zu seinen leitenden Maximen werden das vom Stoizismus geprägte »Immer so tun, als ob nix wär« und das auf Ludwig Anzengruber zurückgehende »'s kann dir nix g'schehn«. Beide Motti müssen immer verzweifelter zitiert werden, nachdem Eugen miterlebt hat, wie die ihm nahestehenden ›Kameraden‹ (Hochreither, Jussy) durch die eigenen Waffen umkommen oder nach Denunziationen verhaftet werden (Goeser). Ein Genesungsurlaub führt ihn zurück ins Stuttgarter Elternhaus und nach München, wo seine Freundin Hanni ihre Dissertation abschließen und in einer Antiquitätenhandlung unterschlüpfen konnte, wiewohl ihr aufgrund ihrer Abstammung zunehmend Schwierigkeiten erwachsen. Wieder in Rußland, überlebt Eugen verlustreiche Kämpfe und wird – zu seiner Verblüffung – dafür mit dem Eisernen Kreuz II. Klasse ausgezeichnet. Dank ihm wohlgesonnener Vorgesetzter entkommt Eugen den Brennpunkten des Kriegs als Schreiber und als Verwalter einer Frontbücherei, doch die durchsickernden Informationen über die KZ-Greuel verstärken das Gefühl, »schuldig geworden« zu sein, »gleichgültig, ob du in Rußland etwas oder nichts zerstört hast«. Als eine der elementarsten Bedrohungen erweisen sich Mitteilungen, die der Überläufer Roland Schnabel den Russen zukommen läßt. Flugblätter, die über den deutschen Einheiten abgeworfen werden, zitieren Eugens Mutmaßungen über eine Niederlage der Deutschen; dank dem Geschick seiner Vorgesetzten entgeht Eugen einer Anklage wegen dieser Äußerungen. Währenddessen erfährt er von den Bombenangriffen auf Stuttgart und München und von der wachsenden Gefahr, der Hanni Treutlein ausgesetzt ist. Diese muß ihre Stellung verlassen und als Straßenbahnreinigerin arbeiten, ständig fürchtend, in ein Konzentrationslager verschickt zu werden. Im letzten Kriegsjahr kommt Eugen nochmals nach Frankreich, wo er sich in der allgemeinen Auflösung »abzuschlägt und sich zuletzt den Amerikanern ergibt. Froh darüber, in Kriegsgefangenschaft geraten zu sein, gelangt er über Cherbourg nach Montana / USA, wo er zur Feldarbeit eingeteilt wird. Über Kalifornien, San Francisco und New York kehrt Eugen im Jahre 1946 nach Europa zurück. Die symbolisch konnotierte Schlußszene des Romans – die Ankunft in Le Havre – zeigt ihn, wie er von einem Fremden angehalten wird, der Eugens silbernen Ring, ein Geschenk Hanni Treutleins, betrachtet und sich mit der Bemerkung »Broken stone« enttäuscht abwendet.

Lit.: R. Moritz, Schreiben, wie man ist. H. L.: Grundlinien seines Werkes, Tübingen 1989.   R. Moritz

LENZ, Jakob Michael Reinhold (1751–1792)

Der Waldbruder. *Ein Pendant zu Werthers Leiden.* 4 Teile; entst. 1776; ED »Die Horen« 1797; EA Berlin 1882.
Im Mittelpunkt des Romanfragments – der Schlußteil ist nicht überliefert – steht der empfindsame Schwärmer Herz und seine Liebe zu Stella. In 32 Briefen wird das Geschehen aus der Sicht Herzens und sechs weiterer Personen geschildert. Durch eine Intrige der Witwe Hohl, die Herz an sich binden will und ihm, um sich interessant zu machen, Briefe Stellas zeigt, verliebt sich Herz in die junge Adlige. Eingesponnen in seine Liebesphantasien flieht Herz die Gesellschaft der Stadt ** und zieht sich in eine Einsiedelei in den Odenwald zurück. Herz, der Träumer und Phantast, in dem seine Bekannten sogleich »einen neuen Werther« sehen, über den sie spotten, wünscht sich, »abzusterben für die Welt«: »Nur Freyheit will ich haben, zu lieben was ich will und so stark und dauerhaft, als es mir gefällt.« Sein Freund und Gegenpart Rothe, ein weltgewandter Epikureer, der – anders als der »Narr« Herz – die Forderungen der Gesellschaft elegant erfüllt, bittet ihn eindringlich, sein Einsiedlerdasein aufzugeben und das »furchtbare Schlaraffenland verwilderter Ideen« zu verlassen. Im Gegensatz zu Herz, dem alle Intrigen und Hintergründe verborgen bleiben, weiß

Rothe um die Aussichtslosigkeit
der Liebe zu Stella: Nicht nur der
Standesunterschied, sondern auch
Stellas Verlobung mit dem Obri-
sten von Plettenberg stehen Herzens Hoffnungen entgegen. Zur
›Lösung‹ der Situation, die sich
durch ein von Herz bestelltes Porträt der Gräfin noch weiter verwirrt, planen Rothe und Platten-
berg, Herz nach Amerika abzuschieben. Zusammen mit Platten-
berg soll er am dortigen Krieg
teilnehmen, die Distanz soll ihn
von seinem »Wahnsinn« heilen.
Mit den Vorbereitungen zur
Reise, von der sich Herz gesellschaftliche Anerkennung und dadurch die Hand Stellas erhofft,
bricht der Roman ab.
Über den möglichen Schluß des
Romans – etwa Selbstmord wie in
→ *Die Leiden des jungen Werthers*
oder Verzicht Plettenbergs auf
Stella – ist viel spekuliert worden. Ebenso über die zweifellos
vorhandenen autobiographischen
Bezüge im *Waldbruder*. Sowohl
Lenzens Liebe zu Henriette von
Waldner während der Straßbur-
ger Zeit als auch seine Erfahrungen am Weimarer Hof spiegeln
sich in dem häufig als sein gelun-
genstes Prosawerk bezeichneten
Briefroman. Problematisch scheinen jedoch Gleichsetzungen, die
Rothe mit Goethe, Lenz mit Herz
usw. ohne weiteres identifizieren.
Ein solches Verfahren wird schon
durch die multiperspektivische
und dadurch ironisch gebrochene
Darstellungsweise erschwert, die
gleichzeitig den wesentlichen Unterschied zu Goethes *Werther* beschreibt. Gleichwohl behandeln
beide Texte das gleiche Problem,
den unlösbaren Widerspruch zwischen subjektiven Glücksvorstel-
lungen und gesellschaftlicher Realität.

Lit.: H.-G. WINTER, J. M. R. L., Stuttgart
1987 (SM 233), S. 87–95.   C. WEISS

LENZ, Siegfried (geb. 1926)

Deutschstunde. 20 Kapitel; EA
Hamburg 1968.
In einer Hamburger Anstalt für
Schwererziehbare schreibt Siggi
Jepsen an seiner Strafarbeit. Dok-
tor Korbjuhn, der Deutschlehrer,
hat sie ihm aufgegeben, da es
Siggi nicht gelang, das Thema in
einem Schulaufsatz abzuhandeln.
Das Thema heißt: »Die Freuden
der Pflicht« und drängt den
Schreiber zur unmittelbaren Ver-
gegenwärtigung seiner Kindheit
im Dritten Reich – die von den
Freuden der Pflicht zerstört
wurde. So wird die verlängerte
Deutschstunde für den Leser zu
einer Epiphanie des faschistischen
Alltags und zugleich zu einer
pflichtkritischen Lektion über
Zeitgeschichte und National-
geist.
»Im Jahr dreiundvierzig« radelt
Siggis Vater, der Polizist Jens Ole
Jepsen, von seinem Polizeiposten
in Rugbüll über die Husumer
Chaussee und den Deich nach
Bleekenwarf, um dort dem Maler
Max Ludwig Nansen (Emil
Nolde?) ein »in Berlin« beschlos-
senes Malverbot zu übergeben.
Beide, Jepsen und Nansen, ken-
nen sich von Kindheit auf, seit
Max den Kameraden aus dem
Glüseruper Hafenbecken vor dem
Ertrinken gerettet hat. Das hin-
dert den Polizisten nicht, auf der
Einhaltung des Malverbots zu be-
stehen: »Is verfügt worden« – »Ich
tu nur meine Pflicht.« Pflichterfüllung als formale Leistung, die
nicht nach ihrem Sinn fragt, bestimmt fortan die Entfremdung
des Beamten vom Künstler. Auch

Nansens winzige »unsichtbare Bilder« (Noldes ›ungemalte Bilder‹) werden von Jepsen beschlagnahmt, ebenso das Porträt von Siggis Bruder Klaas: »Der Mann im roten Mantel«, das Nansen heimlich nachts malt, darüber die Verdunkelung des Ateliers vergißt und durchs Fenster von Jepsen beobachtet wird. Zwar werden die Bilderschnipsel später von Siggi in Sicherheit gebracht, aber Jepsens Anzeige führt zur Verhaftung des Malers. Als er vom Verhör aus Husum zurückkehrt, scheint er zerbrochen, und zerbrochen ist auch Ditte, seine Frau. Sie ist dem Existenzdruck nicht mehr gewachsen und stirbt nach kurzer rätselhafter Krankheit. Jepsens obrigkeitshörige Pflichtmanie zerstört überdies die Beziehung zu seinem Sohn Klaas, Siggis älterem Bruder. Der hat sich dem Kriegsdienst durch Selbstverstümmelung entzogen, ist eines Tages aus dem Gefängnislazarett entflohen und findet in Nansens Haus Unterschlupf, bis er bei einem Streifzug in den Dünen von den Geschoßgarben eines englischen Kampfflugzeugs getroffen und schwerverwundet von den »Ledermänteln« geschnappt wird. – Jepsens engstirniger Pflichtrigorismus, der keine menschlichen Rücksichten zuläßt, verbindet sich mit stereotypen Vorurteilen – etwa gegen Nansens Kunst (»dem Volkstum entfremdet«) oder gegen Addi Skowronnek, den Verlobten von Siggis Schwester Hilke, einen epileptischen Musiker, der beim Geburtstag von Nansens Freund Teo Busbeck mitten im Akkordeon-Spiel zu Boden fällt. Nährboden für Jepsens Gesinnung ist der provinzielle »Hochmut der Enge«: Da sind die Heimat-

abende, die Großvater Per Arne Scheßel veranstaltet, mit Vorträgen über Wachsen und Werden, insbesondere über das »Wesen« der nordfriesischen Region. Der Stabsgefreite Asmus Asmussen, Autor des Buchs »Meeresleuchten« und Ehrenvorsitzender des Glüserup er Heimatvereins, spricht zum Thema »Meer und Heimat«, wobei Vater Jepsen als ›schichtig Kiekender‹, der den Untergang von Asmussens Vorpostenboot voraussieht, seine irrationale Erdverwurzelung verrät. Die zeigt sich auch in den Eßszenen bei Busbecks Geburtstagsfeier oder im Hause des Polizisten, wo sie »stieräugig, mit langsamen Schluckbewegungen« die Bratheringe verschlingen und zugleich über das Fremde, die Artfremdheit, die »grünen Gesichter, die klaffenden Münder« auf Nansens Bildern räsonieren. »Hochmut der Enge« – das gilt ferner für Tetjus Prugels darwinistischen Lebenskunde-Unterricht. Während die Schüler unter dem Mikroskop »das Wunder im Schellfischei« beobachten, fährt draußen im Schulhof der erste Panzerspähwagen der Engländer vor – der Krieg geht zu Ende. Zuvor aber organisiert Jepsen den Volkssturm. Es treffen sich im Schützengraben bei der Mühle Siggi, sein Vater, Hinnerk Timmsen, der Vogelwart Kohlschmidt und Max Ludwig Nansen, der Maler. Später kommt Hilke mit einem Proviantkorb hinzu. Da der Feind ausbleibt, macht sich Nansen auf den Heimweg, bedroht von Jepsens Pistole. Als sich die anderen dem Maler anschließen, muß Jepsen nachgeben und bleibt wütend mit Siggi zurück: Seine Pflichtmanie wandelt sich in Haß und pathologische Verfol-

gungswut auf den Pflichtveräch-
ter Nansen (»Man muß etwas tun,
das gegen die Pflicht verstößt«).
So hält Jepsen selbst nach dem
Krieg am Malverbot fest. Doch
wird auch Siggis Absicht, Nansens Bilder zu verstecken und zu
retten, zu einem Zwang, zu einem
Stehlzwang, der ihn am Ende in
die Anstalt bringt. – Eingeblendet
in die episodenreiche Vergangen-
heitshandlung ist Siggis Erzählgegenwart: Da sind die Besuche der
Psychologen auf der Gefängnisin-
sel, ihre akademischen Erklärungen für Siggis Erinnerungsdruck
und Auszüge aus Wolfgang Mak-
kenroths Diplomarbeit »Kunst
und Kriminalität – dargestellt am
Fall des Siggi J.«. Skeptisch über
die kausale Systematik, auf die der
Psychologe seine Vergangenheit
reduziert, macht Siggi eigenes
Wissen geltend: über »die Wol-
kenbildung, den Zug der Störche,
die Hochzeiten und Winter« – das
heißt über die Erlebniswirklich-
keit der Vergangenheit, die nicht
im Begriff, sondern nur existentiell, in der Erinnerung, erfahren
und aufgearbeitet werden kann.
Auf diese Weise, durch Existenz-
besinnung, hat sich Siggi selbst
von seiner traumatischen Vergangenheit gelöst und wird aus der
Anstalt entlassen. – Der Roman
macht den kleinbürgerlichen Verfall der bei Luther und Kant begründeten Pflichtautonomie zum
Angelpunkt seiner Zeitkritik und
verwandelt die damals aktuellen
Kleinbürgertheorien der Faschis-
musforschung (H. Arendt, *Eich-
mann in Jerusalem,* dt. 1964) zur
unmittelbaren Présence ›deutsches Wesens. Darin gründet der
internationale Erfolg des Romans.

Lit.: T. Elm, S. L. – Deutschstunde. Engagement und Realismus im Gegenwartsroman,
München 1974.   T. Elm

Heimatmuseum.   15 Kapitel;
EA Hamburg 1978.
Schweren Herzens legt Zygmunt
Rogalla Feuer an sein masurisches
Heimatmuseum. Die Exponate,
die er über den Krieg in die Bundesrepublik gerettet hat, werden
ein Raub der Flammen – der
Stadtbrief von Lucknow, der Sil-
berfund von Drygallen, der masurische Hochzeitsteppich und
auch alle anderen »Zeijen« der
Vergangenheit. Warum hat Rogalla dies getan? Mit Brandwun-
den liegt er im Krankenhaus und
erzählt seinem Besucher Martin
Witt die Vorgeschichte der Tat.
Sie führt ihn zurück in Kindheit
und Jugend, in die alte masurische
Heimat und zugleich zurück in die
deutsche Geschichte des 20. Jahrhunderts. Die Kleinstadt Lucknow zwischen mittelalterlicher
Ordensburg, Borek-Wald und
Lucknow-See füllt sich in Rogal-
las Erinnerung mit ihren Bewohnern und Geschehnissen. »Da
winkt mir schon vom Schloßberg
mein Onkel Adam«, der leidenschaftliche Hobby-Archäologe
und Begründer des Lucknower
Heimatmuseums. In seinen Vitri-
nen liegen nur Repliken, im Keller
überdauern die Originale – so
überstehen sie die Zerstörungslust
eines russischen Offiziers im Ersten Weltkrieg, den Übermut der
Schulklassen und die artgemäße
Reinigung des Museums durch
den Brigadenführer Melzer-Ta-
piau. Da ist auch der Vater Jan
Rogalla, der Wundermittelher-
steller und tüftelnde Alchimist,
dessen Tod in der siebenfarbigen
Wolke seiner mörsergetroffenen
Medizinampullen den Beginn des
Ersten Weltkriegs zum grotesken
Slapstick verwandelt. Da ist nicht
weniger präsent Alfons Rogalla,
der Großvater und Domänen-

pächter – ein unberechenbarer Despot in seinem Reich, bis eines Tages Toni Lettkow auftaucht, der Sohn der fernen Besitzerin. Er vertreibt Alfons Rogalla vom Landgut und ergreift die Macht mit System: Es nahen die »braunen Jahre«. Da ist auch Conny Karrasch, Sohn des Gefängnisdirektors und Zygmunts Blutsfreund, ein Gegner der »völkischen Seifensieder« und Freund der Polen in Klein-Grajewo. Gegen Kriegsende verschwindet er in Sibirien, bis er hart geworden als Vertriebenen-Funktionär in Zygmunts Heimatmuseum wieder auftaucht, um es für die Interessen seiner Politik zu nützen. In der Erinnerung des Erzählers lebt auf der Ofensetzer und angebliche Mörder Eugen Lawrenz – wie er dem Gefängnis zu entfliehen versucht und sich vergebens im Denkmal des Bosniaken-Kommandeurs General von Günther versteckt, wie er im Ersten Weltkrieg von den Russen befreit wird und wie er später irrtümlich als »Volksschädling« angezeigt im KZ endet. Da ist auch Lothar Sentek, ein wirklicher Mörder, freilich auch Ritterkreuzträger, dessen Tat bei Gericht vertuscht wird. Zwischendurch erscheint immer wieder Edith, Zygmunts Frau, und Paulchen, sein Sohn. Mit ihnen flieht er zuletzt in einem Treck über die eisigen Weiten Ostpreußens vor den russischen Truppen und ihren Ferngeschützen, bis sie sich in einem Ostseehafen voller Flüchtlinge, Militär und auslaufenden Schiffen bei einem Fliegerangriff aus den Augen verlieren – für immer. Figuren und Geschichten steigen im Bewußtsein des Erzählers auf, bunt wie die Teppiche seiner Weblehrerin Sonja Turk, dazu Kutschen-

fahrten und Fußreisen über das leuchtende Land und endlich der Kindheitstraum von Haparanda, der Traum von der wunderbaren Ferne – so, nämlich »in der Sprache, im Gefühl, ja selbst im Schweigen« bleibt die Heimat unverlierbar lebendig. Als ideologischer Besitz und materielles Haben jedoch ist sie verloren. Indem Zygmunt das Heimatmuseum verbrennt, bewahrt er die Heimat nur umso nachdrücklicher in seiner Erinnerung.

Lit.: T. ELM, S. L. – Zeitgeschichte als moralisches Lehrstück, in: R. WOLFF (Hg.), S. L. – Werk und Wirkung, Bonn 1985, S. 98–128.

T. ELM

LOHENSTEIN, Daniel Casper von (1635–1683)

Groszmüthiger Feldherr Arminius oder Herrmann. *Als Ein tapfferer Beschirmer der deutschen Freyheit / Nebst seiner Durchlauchtigen Thusznelda In einer sinnreichen Staats- Liebes- und Helden-Geschichte Dem Vaterlande zu Liebe [. . .] vorgestellet.* 2 Teile; je 9 Bücher; EA Leipzig 1689/90.

Das von Lohenstein hinterlassene Romanfragment erschien posthum in einer Bearbeitung von Christian Wagner sowie dem Bruder (Hans Casper) und dem Sohn (Daniel Casper) des Autors, die das letzte Buch und den Anmerkungsteil ergänzten. Als spätbarocker Höhepunkt des höfisch-historischen Romantypus ist der *Arminius* mit seinen umfangreichen gelehrten Gesprächen und zahllosen zeitgeschichtlichen Bezügen polyhistorisch-eklektisch und politisch-moralistisch geprägt. Der Roman propagiert ein einträchtiges Handeln der Reichsstände unter der Führung des Kaisers gegen die expansive Machtpolitik Frankreichs, zugleich weist der Lutheraner Lohenstein den katholisch-absolutistischen Herrschaftsanspruch Kaiser Leopolds I. zugunsten einer moralischen Führung im Zeichen religiöser Toleranz zurück. Als lehrreiches Beispiel dient die Gestalt des germanischen »Befreiers« Arminius, der die Eintracht Deutschlands nicht durch Herrschergewalt, sondern durch sein Vorbild herstellte.

1. Teil: Die »Deutschen« beschließen in einem Fürstenrat den Aufstand gegen die römische Besatzung und wählen Herzog Herrmann zum Feldherrn. In der Varusschlacht im Teutoburger Wald werden die Römer vernichtend geschlagen (1. Buch). An den folgenden Tagen erzählen die deutschen Helden und die gefangenen fremden Fürsten einander ihre Lebensgeschichte und die Geschichte ihrer Völker: Anhand der Ahnengalerie Herrmanns wird mit der verschlüsselten Erzählung der Geschichte des Hauses Habsburg die ›Größe‹ Deutschlands und seiner Herrscher bis zum Vorabend des Dreißigjährigen Krieges beschrieben (2. Buch). – Die Lebensgeschichte der armenischen Königin Erato handelt unter Bezug auf die Abdankung Christines von Schweden von weiblicher Thronfolge, der ›Dauer‹ von Dynastien und dem Ausdauern gegenüber einem widrigen Verhängnis. Nach Vertauschungen ist Erato von ihrem Geliebten, dem pontischen Fürsten Zeno, getrennt worden. Sie sieht ihn erst am cheruskischen Hof wieder (3. Buch). – Die Eroberungszüge des »Helden« Drusus zeigen kriegerische und staatliche ›Gewalt‹ und verweisen auf den französischen Überfall auf die

Niederlande von 1673. Herrmanns Bruder Flavius erzählt von seiner Liebe zur afrikanischen Fürstin Dido, davon, daß sie aufgrund des »abscheulichen Aberglaubens« ihres Volkes von einem Priester vergewaltigt worden ist, sich daraufhin gegen die Eltern- und Priestergewalt gewandt und auf die Ehe mit Flavius verzichtet hat. Beim Abschied hat sie ihn gebeten, »lasse allen Kummer mir zurücke« (4. Buch). – Eratos wiedergefundener Geliebter Zeno berichtet von seiner Irrfahrt durch Asien und vom Besuch der Stätten der ›Weisheit‹ in Indien, Ägypten und Athen (5. Buch). – Eine imaginierte Frühgeschichte der Germanen beschreibt scharfsinnig »der Deutschen Vermengungen« in die antike Historie (6. Buch). – Caesars Kriegszüge in Gallien verschlüsseln die europäischen Religionsauseinandersetzungen bis zum Ende des Dreißigjährigen Krieges. In Ariovist und Marbod werden tugendhafte und tyrannische Streiter des Protestantismus einander übergegestellt (7. Buch). – Die Lebensgeschichte Herrmanns zeigt dessen ›deutsche Treue‹ und seine ›Klugheit‹ und ist auf die Auseinandersetzungen im Vorfeld des Reichskrieges von 1674 bezogen. Seine Braut Thußnelda setzt sich im Liebesgeschehen klug gegen ihre Entführer zur Wehr und wird wunderbar errettet (8. Buch). – Die Hochzeitsfeier zum ›Ruhm‹ von Herrmann und Thußnelda ist an die allegorischen Schaustellungen anläßlich der Hochzeit Kaiser Leopolds im Jahr 1666 angelehnt (9. Buch). – 2. Teil: Im Anschluß an die Hochzeit entsteht im Widerstreit von Liebe, Gegenliebe und geplanten Staatsheiraten Zwietracht. Flavius verliebt sich

in Erato und seine Schwester Ismene in Zeno, doch jene glauben
sich aneinander gebunden. Einen
Friedensschluß nutzen die Römer
zur Festigung ihrer Vormachtstel-
lung; gemeint ist der Reichsfriede
mit Frankreich von 1678. Der cat-
tische Fürst Adgandester läßt Ismene verleumden, die seine Liebe
zurückgewiesen hatte, und bei
dem folgenden Prozeß erweisen
sich einige weitere verliebte Helden als ›falsche Freunde‹. Adgandester wird als Intrigant entlarvt
und von Herrmann verstoßen, da
er keine Reue zeigt (1.–3. Buch). –
Erato wird unter den ›geschwäch-
ten Augen‹ des Flavius entführt,
der sich daraufhin von Adgandester gegen Herrmann aufhetzen
läßt und zu den Römern über-
läuft. Catumer, Sohn des Herzogs
der Catten, setzt dagegen mit
›Augenkraft‹ seine Liebe gegen
die staatsklugen Erwägungen der
Väter durch. Nachdem Augustus
gestorben ist, fallen die Römer
mit Gewalt in Deutschland ein.
Thußnelda wird mit anderen
Frauen entführt und weitere Fürsten fallen ab, so daß mit der
Trennung von Herrmann und
Thußnelda die deutsche Eintracht
zerstört ist (4.–6. Buch). – Flavius
verfällt in »Schwermut«, nachdem seine Mutter ihn als Vater-
landsverräter zu ermorden versucht hat. In Deutschland geht
man in der Not mit betrügerischen Mitteln gegen die Römer
vor und zwingt sie zum Rückzug.
Der mit Marbod befreundete
Quadenkönig Vannius führt diesem in drei Schauspielen den ›Sieg
der Liebe‹ über »Staatsklugheit«,
»Keuschheit« und »Eifersucht«
vor, woraufhin Marbods Tochter
den Geliebten heiraten kann. In
Rom fliehen die gefangenen
Frauen mit Hilfe des reumütigen

Flavius. Sie enthüllen die ge-
schwisterliche Verwandtschaft
zwischen Erato und Zeno, so daß
deren Liebe zu Flavius und Ismene
nichts mehr im Wege steht. Die
Helden kommen nach Deutschland zurück, als Herrmann
scheinbar von Verwandten hingerichtet wurde. Nach seiner Rettung verzichtet er zugunsten von
Flavius auf die cheruskische Herrschaft und besteigt den Thron des
inzwischen vertriebenen Tyrannen Marbod. Nachdem die deutsche »Eintracht« wiederherge-
stellt ist, kommen die unbelehrba-
ren Bösewichter zu Tode, während die reumütigen Helden heiraten können (7.–9. Buch).
Lohensteins Roman wurde bis zur
Schwulstkritik der Aufklärung
überaus hoch geschätzt. Im Aufbau folgt er nicht dem heilsgeschichtlichen Gattungsschema
von Ver- und Entwirrung, sondern den Prinzipien eines univer-
salistischen Wissenschaftsver-
ständnisses. Leitbegriffe wie
›Größe‹, ›Dauer‹ oder ›Gewalt‹
schaffen die übergreifenden Er-
zählzusammenhänge, die eine ar-
tifizielle Kombinatorik aus Überlieferung, aktuellen Bezügen und
signifikanten Liebeshandlungen
bilden. In den Mittelpunkt tritt
ein ethisch normativer Liebesbe-
griff, der in der affektiven Neigung des Titelpaares zum Symbol
der deutschen Eintracht wird:
»Deutschland genaaß nunmehr
sowohl der edlen Siegs-Frucht /
nemlich der Freyheit / als der
grosse Feldherr Herrmann der
süssesten Liebe.« Die Moralisie-
rung der Romanerzählung, die
zunehmend komplexe Figurengestaltung und der Romanbau
weisen über die Tradition des
höfischen Barockromans hinaus.

Lit.: E. M. SZAROTA, L.s Arminius als Zeitroman, Berlin 1970. – T. BORGSTEDT, Reichsidee und Liebesethik. Eine Rekonstruktion des L.schen Arminiusromans, Tübingen 1991.   T. BORGSTEDT

MANN, Heinrich (1871–1950)

Die Göttinnen oder Die drei Romane der Herzogin von Assy. 3 Bände; je 6 Kapitel; EA München 1903 (eigentlich 1902).

Vor dem Hintergrund der exzentrischen und dekadenten Welt der Aristokratie des Fin-de-Siècle erzählt die Romantrilogie die Lebensgeschichte der Herzogin Violante von Assy, die sich im 1. Buch (»Diana«) zunächst aus »Sucht nach Freiheit und Größe« im dalmatinischen Königreich als strenge und keusche Umstürzlerin versucht; im 2. Teil (»Minerva«) schwelgt sie in Venedig im »Fieber der Kunst«, um schließlich im 3. Roman als »Venus« erotischen Ausschweifungen in Süditalien zu erliegen.

Violante wächst als einziges Kind eines »Verschwenders« im einsam gelegenen Meeresschloß Assy auf, wo ein alternder Franzose sie im Geiste Voltaires und der französischen Aufklärung erzieht. Vom Vater zu einer »möglichst hohe[n] Achtung vor der eigenen Person« angehalten, sieht sie ihr Leben als »Kunstwerk«, zu dessen Inszenierung sie ihre Umwelt in Dienst nimmt. Nach dem Tod ihres leichtsinnigen Vaters heiratet das junge Mädchen dessen viel älteren Bruder, der sie in die Gesellschaft des europäischen Hochadels einführt. Als der Herzog plötzlich stirbt, zieht sie sich in ihren Palast nach Zara, der Hauptstadt des dalmatinischen Königreichs, zurück. Von der »Dummheit« der Mitglieder des Königshauses enttäuscht, wendet sich die Herzogin dem Volkstribun Pavic und der Sache des morlakischen Volkes zu, das für seine Unabhängigkeit kämpft. Für Violante ist der Staatsumsturz eher ein Spiel; sie zeigt sich erfüllt von der Idee, »in diesem Lande die Freiheit, Gerechtigkeit, die Aufklärung, den Wohlstand einzuführen«. Doch durch ihr unkonventionelles Verhalten weckt sie die »Entrüstung des moralisch empfindenden Volkes« und kann sich nur mit knapper Not der erbitterten Menge und der Verhaftung durch die Flucht ins Exil nach Rom entziehen (3. Kap.). Hier erkennt Violante enttäuscht, daß der dalmatinische Befreiungskampf nur »ein Traum der Freiheit«, eine aussichtslose Utopie ist. Desillusioniert wendet sie sich der als »rettende, heilkundige Zauberin« (6. Kap.) apostrophierten Kunst zu, um als Mäzenin in Venedig in die Rolle der Minerva zu schlüpfen (2. Buch, 1. Kap.). Ihren venezianischen Märchenpalast schmückt sie mit Renaissancekopien des Malers Jakobus Halm und gigantischen Statuen der Bildhauerin Properzia Ponti. In der Figur des Jakobus Halm kritisiert Mann den Ästhetizismus der zeitgenössischen Auftragskunst, ihre Abhängigkeit von Moden und Trends, die aus Halm einen Maler der »hysterische[n] Renaissance« macht, der »moderne Ärmlichkeiten und Perversitäten« der dekadenten Gesellschaft geschickt verdeckt. Dagegen entstehen die Statuen Properzias aus einer ursprünglichen Leidenschaft; sie zeigen, »was schaffen heißt«. Doch geht die Künstlerin, ähnlich wie Violantes Freundin, die Contessa Blà, letztendlich an dieser Leidenschaftlichkeit, die in Sucht nach der Liebe eines Mannes ausartet, zugrunde. Dagegen treibt die Herzogin ein distanziertes Spiel mit den Leidenschaften, die sie durch ihre Schönheit entfacht. Die als Idol und Mythos Bewunderte beginnt allmählich, sich in Venus zu verwandeln, in deren Gestalt sie Jakobus Halm am Sterbebett des Kunstsammlers Dolan erscheint (4. Kap.). Sie geht eine leidenschaftliche Beziehung mit dem Künstler ein, der vergebens versucht, sie als Venus zu malen. An seinem Unvermögen scheitert ihre Liebe; die fast 40jährige Violante träumt »von irgendeinem üppigen Lande« und macht sich auf in den Süden Italiens, um sich dort als Venus dem erotischen Rausch hinzugeben (3. Roman). In Capua ergeht sich die Herzogin zunächst in Bachanalien auf dem Landgut des Ismael Iben Paschas, ehemals türkischer Gesandter am Hofe Dalmatiens. Als der Winter naht, fährt sie in Begleitung des schönen Don Saverio Cucuru nach Neapel, der sie für seine dunklen Geschäfte mit der Camorra ausnutzen will. Freunde befreien sie in einer aufsehenerregenden Rettungsaktion, und Violante genießt ihre wiedergewonnene Freiheit. Sie stürzt sich rückhaltlos in verschiedene Liebesabenteuer, denn sie »verlangte die Mitwirkung vieler Männer«. Während der Aufführung eines Theaterstückes, das der Dichter Jean Guignol eigens für sie schrieb, trifft sie den jungen Nino Degrandis wieder (3. Kap.), der sie bereits als dreizehnjähriger Knabe in Venedig verehrte. Zum ersten Mal wird Violante nicht als Idol, sondern als Frau geliebt. Der ihr von Nino verliehene Name »Yolla« ist Ausdruck ihrer per-

sönlichen Identität. Das Glück dieser Liebe ist jedoch nur von kurzer Dauer. Von Nino getrennt »dehnte sich [Violante] unter den Umarmungen eines neuen Geliebten: der Menge«. In ihrem neapolitanischen Palast werden wahre Orgien gefeiert, die Herzogin läßt schließlich die ganze Stadt im »Ausbruch ihrer späten Wollust [...] auflodern«. Verfall und Tod begleiten fortan ihren Weg, »es strich ein Wind von Wahnsinn den Golf entlang«. Bereits schwer erkrankt, verfolgt Violante einen ihrer letzten Liebhaber nach Nordeuropa und hat dort ihre erste Todesvision. Sie akzeptiert den Tod nun »als letzte Verwandlung ihres Lebens«. Zurückgekehrt nach Neapel, erkennt sie in Nino, der fast im gleichen Moment in Genua stirbt, ihren Todesgenius, der sie von den drei Phasen ihres Lebens in die vierte – »hinüber in den Schatten« – führt.

In den über hundert Romanfiguren vergegenwärtigt Mann geistige und politische Strömungen der Jahrhundertwende, einer orientierungslosen Dekadenzkultur, deren innere Widersprüchlichkeiten vor allem an den Künstlerfiguren deutlich werden. Ein Gegengewicht bildet allein die sich zum ›Übermenschen‹ stilisierende Violante von Assy.

Lit.: E. EMRICH, Macht und Geist im Werk H. M.s, Berlin / New York 1981.   S. MAIER

Im Schlaraffenland. *Ein Roman unter feinen Leuten.* 16 Kapitel; EA München 1900.
Die Berliner Gesellschaftssatire erzählt in lockeren Episoden über einen Zeitraum von eineinhalb Jahren, beginnend 1893, vom Auf- und Abstieg des Literaten und Hochstaplers Andreas Zum-

see. Dieser avanciert mit Hilfe des allmächtigen Bankiers Türkheimer zunächst zum gefeierten Theaterautor, wird dann aber wegen eines Verstoßes gegen die Spielregeln der gesellschaftlichen Abhängigkeit in die kleinbürgerliche Mittelmäßigkeit zurückgestoßen. – Andreas Zumsee, ein gutaussehender junger Mann mit »mädchenhaft klaren Augen«, verließ die heimatliche rheinische Provinzstadt, um in Berlin zu studieren. Dank seines »Talent[s]« fühlt er sich aber zu Höherem berufen und beschließt, die bürgerliche Laufbahn aufzugeben, um als Literat »ein neues Leben« zu beginnen. Auf Empfehlung des Schriftstellers Friedrich Köpf, der Zumsees literarischen Werdegang als Mentor begleitet, begibt sich der junge Literat zum Chefredakteur des »Nachtkuriers« mit dem sprechenden Namen Bediener, der ihm die ersehnte Eintrittskarte ins »Schlaraffenland« in Form einer Einladung in die Villa des Bankiers und Generalkonsuls James Louis Türkheimer verschafft. Während des Festes lernt Andreas Zumsee die »feinen Leute« kennen: reiche Finanziers, Aristokraten, Politiker und Künstler, an deren Spitze der »Jobber und Volksausbeuter« Türkheimer steht. Durch einen selbstdarstellerischen Trick erregt Zumsee in »jugendlicher Hingebung« die Aufmerksamkeit Adelheids, der Frau des Bankiers, der er sich während der Aufführung des Theaterstücks »Rache« – einer Persiflage auf Gerhart Hauptmanns *Die Weber* – nähern kann und die ihn zum Geliebten erwählt. Nun ist Andreas ein anerkanntes Mitglied der dekadenten und amoralischen Gesellschaft des »Schlaraffenlandes«, in dem »die Goldstücke auf unbe-

greifliche Weise unter den Möbel umherrollten«. Mit Hilfe der Generalkonsulin wird der »hübsche junge Mann« zum gefeierten Dramenautor. Doch auf der Höhe seiner Karriere überschätzt der erfolgreiche Literat seinen Einfluß: Um Türkheimer, »einem der Machthaber des Jahrhunderts«, ein Schnippchen zu schlagen und sich für seine herablassende Geringschätzung zu rächen, verführt er dessen junge Geliebte, »die kleine Matzke«, ein Mädchen aus der »Gosse«. Doch mit dieser Liebschaft ist er zu weit gegangen, denn als Adelheid das Verhältnis entdeckt, wird im »Familienrat« beschlossen, den jungen Schriftsteller des »Schlaraffenlandes« zu verweisen. Die Rache fällt »nobel« aus: Zumsee wird zur Heirat mit dem Mädchen aus der »niederen Klasse« gezwungen und mit einem unbedeutenden Redakteursposten versehen.

Lit.: L. LUNDGREN, Frauengestalten im Frühwerk H. M.s Interpretationen im Werkzusammenhang, Stockholm 1986.   S. MAIER

Die Jugend des Königs Henri Quatre – Die Vollendung des Königs Henri Quatre. 2 Teile; 17 Kapitel; EA Amsterdam 1935/ 1938.

Die vielfach literarisch gestaltete Figur des legendären guten Königs Henri IV. steht im Zentrum der beiden Romanteile, die eine Linie ziehen von der »Jugend« (1553–1589) zur »Vollendung« des Monarchen in seiner 21jährigen Regierungszeit (bis 1610). Henris Leben vor der Kulisse der französischen Spätrenaissance mit ihren religiösen und sozialen Konflikten gilt Heinrich Mann über das Interesse am historischen Stoff hinaus zugleich als »wahres Gleichnis« und gesellschaftskritisches Gegenmodell zum Deutschen Kaiserreich und zum Nationalsozialismus. Der bereits 1925 geplante und später im Exil vollendete Roman konzentriert somit in exemplarischer Weise die politisch-moralischen Ideale Heinrich Manns.

In natur- und volksnaher Lebensweise wächst Henri von Navarra in den Pyrenäen heran. Von Kind auf wird er in die religiösen Gegensätze seines Landes hineingezogen, die schon bald in Bürgerkriegen eskalieren und sich als Riß durch seine eigene Familie fortsetzen: sein im Dienst des französischen Königs stehender Vater Antoine de Bourbon ist katholisch, seine Mutter Jeanne d'Albret gilt als fanatische Hugenottin, die auch Henri und dessen jüngere Schwester Cathérine im reformierten protestantischen Glauben erzieht. Bereits als Siebenjähriger wird er der französischen Königstochter Marguerite von Valois versprochen, deren Mutter, »die dicke schwarze Medici«, skrupellos und machtbesessen durch ihre drei Söhne das Land regiert. Mit dieser Eheverbindung verfolgt sie die Absicht, die Thronansprüche des mächtigen lothringischen Geschlechts der Guise und ihrer katholischen Liga zurückzudrängen und zugleich den Hugenotten ihren zukünftigen Führer zu entfremden – ein innenpolitisches Kräftespiel, das seine Entsprechung auch auf außenpolitischem Terrain findet, wo sich das protestantische England unter Elisabeth I. gegen Rom und das habsburgische Spanien Philipps II. stellt. So lernt Henri früh, Religionsfragen vor allem unter dem Vorzeichen egoistischer Interessen und taktischer Machtpolitik zu sehen. Nach dem Tod des Va-

ters wird der junge Henri Statthalter der Provinz Guyenne und schließt sich den Religionskämpfen der Hugenotten an. Auch als seine geliebte Mutter unerwartet stirbt und allgemein der Mordverdacht auf Katharina von Medici fällt, läßt er sich nicht davon abhalten, nach Paris zur Hochzeit mit der gelehrten und schönen Marguerite zu reisen. Es folgen rauschhaft verliebte Festlichkeiten, die Henri taub machen für alle Warnungen und Vorzeichen des herannahenden Unheils: in der blutigen Bartholomäusnacht (1572) wird ein Großteil der Hugenotten, darunter auch ihr Führer Admiral Coligny, grausam niedergemetzelt. Auf diese Weise brutal konfrontiert mit Heuchelei und Bosheit, lernt Henri nun, sich seinerseits zu verstellen und zu hassen. Er spielt am Hof den heiteren Narren, konvertiert um des Friedens willen sogar zum katholischen Glauben und wandelt sich scheinbar immer mehr zu dem, den die Königinmutter aus ihm zu machen wünscht, zum »Zaunkönig«, der als Gefangener im ›Käfig Louvre‹ unschädlich gemacht werden soll. In Gesprächen mit dem Philosophen Montaigne vor der hugenottischen Festung La Rochelle begegnet Henri bald darauf der für seinen weiteren Lebensweg entscheidenden Morallehre. Das Ciceronische »Nichts ist so volkstümlich wie Gutsein«, die stoischen Ideen des auf Vernunft, Mäßigung und Zweifel gegründeten Lebens begleiten seine Herrschaftsjahre und bilden von nun an das geistige Fundament seines politischen Handelns. Nach dem Tod König Karls IX. kann er der »Schule des Unglücks« am französischen Hof entkommen und nach La Rochelle zu seinen hugenottischen Freunden fliehen. Dort konvertiert er wieder zum protestantischen Glauben. Von seinem Hof in Nérac aus macht er sich nun daran, mit Stärke und Menschlichkeit zugleich seine Besitztümer zurückzuerobern und die Verwaltung seiner Provinz zu ordnen. Marguerite reist ihm nach. Zunehmend erregt sein Lebensstil bei seiner frommen Schwester Cathérine wie auch im Kreis der Hugenotten Unmut. Nicht nur wird ihm seine konfessionelle Unentschiedenheit als religiöse Gleichgültigkeit ausgelegt, auch die erotischen Leidenschaften des »Immerlustig, Immerverliebt«, die von jeher starker Antrieb seines Lebens sind, stoßen auf Unverständnis und Tadel. Als seine Mätresse ein Kind von ihm erwartet, bricht die kinderlose Marguerite in eifersüchtiger Wut mit Henri und wandelt sich mehr und mehr zu seiner Feindin. Auch ihre königlichen Brüder bleiben ohne Nachkommenschaft, und nach den Mordanschlägen auf den letzten männlichen Valois, Henri III., sowie auf den Herzog von Guise ist der aus einer Nebenlinie der Valois stammende Henri als erster Bourbone alleiniger Anwärter auf den Königsthron. Die Kämpfe um die Einigung und Befriedung Frankreichs gehen jedoch weiter und erweisen sich als mühselig und kräftezehrend. Die stets als Widersacher der Vernunft und Humanität auftretenden habsburgischen Mächte stellen sich mit Gewalt und immer neuen Intrigen gegen Henris Machtausdehnung. Um seinen politischen Zielen näherzukommen, entschließt er sich, den »Todessprung« zu wagen und ein weiteres Mal zum katholischen Glauben überzutreten, denn »Paris ist

eine Messe wert«. Die Belagerung der Hauptstadt findet ihre Entsprechung in der »Belagerung« der »reizenden« Gabriele d'Estrée, die anfangs nur widerstrebend und aus machtegoistischen Gründen Henris Werben nachgibt, sich ihm später jedoch in tiefer Liebe verbunden fühlt. Aber auch die endgültige Eroberung von Paris und der Abzug der Spanier bringen nicht den erhofften Frieden. Das Edikt von Nantes führt zwar zur langersehnten Gewissens- und Glaubensfreiheit, doch Henris im Volk zur Schau gestellte Volkstümlichkeit, sein für einen damaligen Herrscher untypischer Gestus der Güte und Menschlichkeit wird nicht allgemein gutgeheißen, sondern ihm vielmehr als Schwäche und Unchristlichkeit ausgelegt. Auch seine vom Papst nicht sanktionierte Verbindung mit Gabriele, der Mutter seiner drei Kinder, die als verschwendungssüchtig und nicht standesgemäß gilt, wird mißbilligt. Besonders in de Rosny, dem späteren Herzog von Sully, Minister der Finanzen und der Artillerie, hat sie einen erbitterten Gegner. Noch bevor die geplante Heirat stattfinden kann, erliegt Gabriele einem Giftanschlag. Durch den Tod seiner Geliebten im Innersten getroffen, reagiert Henri zunächst gleichgültig auf die Verheiratung mit der fremden Marie von Medici, die ihm den offiziellen Erben schenken soll. Auf einem prächtigen Schiff und in Begleitung eines imposanten Gefolges trifft sie in Paris ein und stellt sich von Anfang an unter dem intriganten Einfluß der Jesuiten gegen Henri. Der hingegen »pflegt weiter sein Königreich wie einen Garten«, und immer mächtiger reift in ihm sein

»Großer Plan«, die Idee eines europäischen Völkerbundes, der gegen das Machtstreben der Habsburger auf Dauer den Frieden und die Freiheit unter den Ländern sichern soll. Doch noch immer reißen die Mordversuche, denen er bisher erfolgreich entgangen war, nicht ab. Allen Warnungen und Schutzmaßnahmen zum Trotz gelingen dem gedungenen Mörder Ravaillac während einer Ausfahrt des Königs die tödlichen Dolchstöße. Trauernd zieht das Volk am Sarg Henris vorbei, wie in den Zeiten der Freude und Festlichkeiten auch in diesem Augenblick mit seinem volkstümlichen König verbunden. – Die in französischer Sprache gehaltene Schlußrede Henris »von der Höhe einer Wolke herab« nimmt – ebenso wie die Moralités des 1. Bandes – auf sprachlicher Ebene die von Heinrich Mann auch im Politischen angestrebte europäische Synthese vorweg und stellt damit nochmals die didaktische Tendenz des Romans heraus. Henri, seiner damaligen Zeit weit voraus, appelliert darin an die Heutigen, sein Werk fortzusetzen und sich gegen alle vernunft- und toleranzfeindlichen Kräfte der Humanität und Liebe zu verschreiben.

Lit.: W. Jöckel, H. M.s »Henri Quatre« als Gegenbild zum nationalsozialistischen Deutschland, Frankfurt/M. 1977.

M. Fröschle

Die kleine Stadt. 5 Kapitel; EA Leipzig 1909.

In locker aneinandergereihten Episoden um Kunst, Liebe und Politik, in die rund hundert Personen verstrickt sind, werden in ironischer Pointierung die Entwicklungen in einer italienischen Kleinstadt erzählt, deren Bevölkerung durch die Ankunft einer »Truppe von Komödianten« in Aufruhr gerät. Als eine Art politischer Parabel soll der Roman die demokratische Entwicklung Italiens während des Risorgimento, zusammengedrängt auf die Vorgänge weniger Wochen, darstellen. – Die Anwesenheit der Künstler setzt erotische Phantasien und »Laster« der Bürger frei (1. Kap.); in der Ausnahmesituation der mit Spannung erwarteten Opernaufführung brechen schon lange schwelende Konflikte auf. Das »Volk« spaltet sich, die Progressiven scharen sich um den mit hochtrabenden Phrasen für den »Fortschritt« kämpfenden Advokaten Belotti, die reaktionäre Gruppe bilden vor allem Handwerker, Bauern und Frauen um den fanatisch-asketischen Priester Don Taddeo, der seine »Schäfchen« vor dem »Gesindel« der Opernsänger schützen will. Die Fronten verhärten sich, als Belotti den Künstlern die Sehenswürdigkeiten der Stadt vorführt; die Besichtigung des Prunkstücks – ein löcheriger Eimer, um den einst »ein mächtiger Krieg [...] entbrannt« war – verweigert Don Taddeo aus Trotz (2. Kap.). Der Höhepunkt des Konflikts wird mit der Opernpremiere erreicht: Die eine Hälfte der Stadt begibt sich in das Theater, die Gruppe um den Priester versucht durch permanentes Glockengeläut, sie davon abzuhalten, »dem Teufel eine Messe zu feiern« (3. Kap.). In dieser Situation schürt der machtgierige »Winkeladvokat« Savezzo die Stimmung gegen den Kunstmäzen Belotti und die Sänger, um die Führung in der Stadt zu übernehmen. Während die Anhängerschaft der Konservativen daraufhin beträchtlich wächst (4. Kap.), ist ihr geistiger Führer Don Taddeo selbst »dem Fleisch erlegen«, er fühlt sich leidenschaftlich zu der Sängerin Italia Molesin hingezogen. Um seine eigenen Sünden zu strafen, zündet er das Gasthaus der Komödianten an: »die Stadt muß brennen«. Indessen erklärt die »despotische Laune des Volkes«, aufgehetzt durch die eifersüchtige Frau Camuzzi, den Tenor Nello Gennari, der die Camuzzi wegen seiner Liebe zur schönen Alba sitzen ließ, zum Brandstifter und Belotti zu dessen Helfer, der »auf die Galeeren« soll. Als die Menge zur Selbstjustiz schreiten will, greift Don Taddeo schuldbewußt ein und rettet auch Italia vor dem sicheren Flammentod. In einer Predigt klagt er sich selbst als Verursacher »des Bürgerkriegs« an und »will Buße tun«. Ob Menschlichkeit und Demokratie wirklich siegen, wenn in der Abschiedsepisode das »Volk« die Künstler, Belotti und Don Taddeo gleichermaßen umjubelt, bleibt freilich offen. Währenddessen ersticht die unsterblich verliebte Alba, durch eine Intrige der Frau Camuzzi von Nellos Untreue überzeugt, sich selbst und ihren Liebhaber. – Als »hohe[s] Lied der Demokratie« (Mann über sein Werk) überzeugt der Roman vor allem durch die Ambivalenz des Menschlichen in nahezu sämtlichen Figuren.

Lit.: E. EMRICH, Macht und Geist im Werk H. M.s, Berlin/New York 1981. S. MAIER

Professor Unrat oder Das Ende eines Tyrannen. 17 Kapitel; EA München 1905.
Protagonist des Romans ist der alternde Gymnasialprofessor Raat, der wegen einer späten Leidenschaft zu einer Chanteuse aus einer Hafenkneipe sein Amt und

seine gesellschaftliche Stellung verliert und daraufhin seiner Rachsucht an den gesellschaftlichen Integrierten freien Lauf läßt.
Der abstoßende Lehrer, durch sein Amt immerhin bürgerlich respektiert, wenn auch nicht gesellschaftlich akzeptiert, ist in der norddeutschen Provinzstadt nur unter dem Namen Unrat bekannt. Früher war er »'n ganz adretter Mensch«, doch verwandelt sich Raat im Laufe der Zeit zum exakten Spiegel seines Spitznamens. Sein Studium hat sich der mittellose junge Mann durch eine ältliche Witwe finanzieren lassen, die er »dafür vertragsmäßig, sobald er im Amt war, geheiratet hatte«. Der einzige Sohn dieser Zweckehe entwickelte sich nach dem Tod der Mutter völlig gegensätzlich zu den väterlichen Erwartungen. Zum Misanthropen geworden und sich selber als ein Opfer der Gesellschaft sehend, sagt Unrat dieser den Kampf an. Zunächst agiert er als tyrannischer Lehrer, der in seinen Schülern »Erbfeinde« sieht, die zu »fassen« und zu vernichten sind. Die Schule ist für Unrat »Ernst und Wirklichkeit des Lebens«. Hier ist er der Herrschende und kann seine Macht im ständigen Kampf gegen die verhaßten Schüler ausspielen. Als er im Aufsatzheft des Schülers Lohmann Verse entdeckt, die auf eine »unsittliche Beziehung« zu einer »Künstlerin Fröhlich« hinweisen, macht sich Unrat auf die Suche nach ihr, um den verhaßten Lohmann, der ihn in seinen Herrschaftsansprüchen in Frage stellt, zu »fassen«. Bei Dunkelheit streift Unrat solange durch die Stadt, bis er in der Hafenspelunke »Zum blauen Engel« endlich die gesuchte Sängerin findet. Wie »in

einen Abgrund« stürzt er sich in das Lokal und fordert Rosa Fröhlich auf, »in großen Tagesmärschen« davonzuziehen. Indessen muß er erkennen: »Sie war eine fremde Macht und augenscheinlich fast gleichberechtigt.« Die Sängerin, die ihrem Publikum mit ähnlicher Verachtung entgegentritt, wie sie Unrat für seine Schüler empfindet, wagt es, sich dem gefürchteten Tyrannen zu widersetzen. Chanteuse und Professor ergänzen sich »in ebenbürtiger Volksverachtung«. In diesem Milieu fühlt sich Unrat als Gleicher unter Gleichen akzeptiert, er muß nicht ständig seinen Herrschaftsanspruch verteidigen. Sozusagen »im Inkognito« läßt er sich ohne Widerspruch die »Respektlosigkeit« der Künstler gefallen. Er verbringt von nun an seine Abende in der Garderobe Rosas, die er zunehmend als »seine eigene Angelegenheit« betrachtet und in die er sich verliebt. Doch für die Bürger der Stadt ist diese Liebe nicht gesellschaftsfähig und Unrat gerät ins Gerede der Leute. Zu seinem Kampf gegen die Gesellschaft kommt nun auch noch der um die Liebe der Sängerin, die ihn mit drei seiner verhaßtesten Schüler hintergeht. Trotz eines Verbots von Unrat nimmt sie an einem Picknick teil, während dessen der Schüler von Ertzum ein Hünengrab zerstört. Deshalb als Zeuge vor Gericht geladen, erfährt Unrat von den »Nebendingen« Rosas und bricht, aus Enttäuschung über ihren Verrat, in Haßtiraden gegen die angeklagten Schüler aus. Zugleich sagt er der Führungsschicht der Stadt in der Gestalt Lohmanns den Kampf an, indem er »die Macht seiner Kaste« brechen will. Auf Grund dieses peinlichen Vorfalls muß Unrat

den Schuldienst quittieren. Auch der Schüler Kieselack wird, belastet durch die Aussagen Rosas, relegiert, und Unrat entdeckt ungeahnte Möglichkeiten der Rache. Der Lehrer, ehemals Hüter einer konservativen, bürgerlichen Ordnung, entwickelt sich zum anarchistischen Außenseiter und erbitterten Feind der Gesellschaft. Die Erkenntnis, »daß sein Beispiel anderen gefährlich werden, in der Stadt Verderben aussäen könne«, bewegt ihn zunächst zur Heirat mit der Sängerin, deren Verrat nun »gerechtfertigt« erscheint. Sie entwickelt sich in der Ehe mit dem entlassenen Professor zu einer »Demi-Mondaine hohen Stils«, denkbar geeignet, zu Unrats »Triumph« die »Entsittlichung einer Stadt« herbeizuführen. Mit ihrer Hilfe kann Unrat endlich die verhaßten »Schüler«, zu denen er alle Bürger der Stadt zählt, »fassen« und zwar da, wo es sie am meisten trifft, an ihrer wirtschaftlichen Basis. Sein »Haus Unrat«, eine Villa vor der Stadt, wird nach und nach zur Spielhölle und zum Freudenhaus umfunktioniert, worin der Professor die »vermögenden Pfahlbürger« dem Ruin entgegentreibt. Doch schwächt ihn seine Liebe zu Rosa Fröhlich, die er lieber nur als »Instrument« seiner Rachsucht gesehen hätte. Ihre häufigen Seitensprünge treiben ihn zu quälender Eifersucht und zu immer leidenschaftlicheren Gefühlsausbrüchen, die ihren Gipfel erreichen, als er Rosa mit Lohmann überrascht. Der junge Mann war der einzige, der nach Unrats Gebot für Rosa tabu sein sollte, denn er fürchtet dessen kritischen, selbstbewußten Intellekt, »der auf keine Art zu fassen« ist. Unrats Reaktion ist blinde Gewalt: Er versucht zuerst, seine Frau zu erwürgen und raubt dann Lohmann die Brieftasche. Der junge Intellektuelle, für den Unrat zunächst ein »interessante[r] Anarchist« war, hat dem Verbrechen, »ganz bürgerlich«, nichts anderes entgegenzusetzen als die Polizei. Die Stadt reagiert auf die Verhaftung Unrats so, als sei sie von einem Alptraum befreit. Mit ungeheurem Jubel sieht sie ihre eigenen Laster in der Gestalt Unrats »ins Dunkel« verschwinden.

Lit.: R. WOLFF (Hg.), H. M., Bonn 1984.

S. MAIER

Der Untertan. 6 Kapitel; entst. 1906–1914; EA Leipzig 1918 (1925 Zusammenfassung mit den Romanen *Die Armen* und *Der Kopf* zur Trilogie *Das Kaiserreich*).
Die »Geschichte der öffentlichen Seele unter Wilhelm II.«, wie der vorgesehene Untertitel ursprünglich lauten sollte, stellt die Romanfigur Diederich Heßling als exemplarischen Typus des Untertans in den historischen Rahmen des deutschen Kaiserreichs. Mit den formalen Mitteln des traditionellen Bildungsromans, jedoch pervertiert zur Darstellung eines Mißbildungsprozesses zum angepaßten, autoritätsgläubigen Charakter, werden Ausformung (1. und 2. Kap.) sowie soziale, politische und wirtschaftliche Auswirkung (3.–6. Kap.) der Untertanenmentalität satirisch vorgeführt.
Diederich, »ein weiches Kind, das am liebsten träumte, sich vor allem fürchtete und viel an den Ohren litt«, wird bereits im Elternhaus dem »schrecklichen lieben Gott« und der strafenden Gewalt des Vaters ausgesetzt. Deren Machtfülle zwingt zu demütiger Unterordnung und übt den Auto-

matismus von Schuldgefühlen ein, der nach Lügen und heimlichen Naschfreuden masochistisch nach der Prügelstrafe verlangt. In der Schule, die das autoritäre Erziehungsmuster lediglich variiert, gilt Diederichs Verehrung den strengen Lehrern und findet am Geburtstag des Ordinarius ihren grotesken Höhepunkt in dem bekränzten Rohrstock. Schwächeren gegenüber wird der von »so vielen furchtbaren Gewalten« Unterdrückte hingegen zum »siegestrunkenen Unterdrücker«, der unter dem Beifall seiner Klasse den einzigen jüdischen Mitschüler skrupellos demütigt. Während seines Chemiestudiums in Berlin schließt Heßling sich der Studentenverbindung der Neuteutonen an und findet in dem Juristen Wiebel einen Kommilitonen, dem er eifrig zu dienen und dessen Ansichten und Gesten er zu kopieren bestrebt ist. Der Militärdienst schließlich fordert von ihm ein Höchstmaß an soldatischer Unterwerfung. Seiner »selbstmörderische[n] Begeisterung« setzt nur der harte Drill auf dem Kasernenhof Grenzen, dem er sich freilich bald durch ein vorgetäuschtes Fußleiden und entsprechende Beziehungen zum Oberstabsarzt zu entziehen weiß. In formal konsequent durchgeführter Steigerung läuft der Schlußteil des 1. Kapitels auf den herrschaftlichen Auftritt Wilhelms II. zu. »Steinern und blitzend« triumphiert der Monarch während der Arbeitslosenunruhen in Berlin vor dem sprachlosen Diederich. Heßlings hochgepeitschter Fanatismus angesichts des »herrlichen jungen Kaisers« wird von H. Mann jedoch rasch ins Lächerliche gezogen, indem er den Untertan vor den Augen seines Herrschers rückwärts in einen Tümpel fallen läßt. Zwar kommt es nur noch einmal in Rom zu einer direkten Begegnung zwischen beiden, die ähnlich blamabel für Diederich verläuft (6. Kap.), doch ist der Kaiser durch Heßlings unermüdliche Imitationsbemühungen ständig monströs verzerrt in seinem Untertanen präsent. Während seiner Ausbildungszeit in Berlin verkehrt Diederich auch im gastfreundlichen Hause Herrn Göppels, dessen Tochter Agnes durch ihre hingebungsvolle Liebe die »weiche[n] Stellen« in ihm anrührt und seine heimliche Geliebte wird. In ihrer Gegenwart kommt, zumindest für Augenblicke, der »eigentliche Diederich, der, der er hätte sein sollen«, zum Vorschein. Ein solcher, auf Liebe und Wahrheit gegründeter Lebensentwurf wird von Diederich zwar als wirkliches Glück empfunden, fällt jedoch seinem Besitz- und Machtstreben zum Opfer. Er läßt Agnes fallen und erklärt dem empörten Vater, daß er aus moralischen Gründen keine Heirat mit einem Mädchen eingehen könne, das seine ›Reinheit‹ bereits vor der Ehe verloren habe. Durch einen »gefährlichen Schnurrbart« nun auch im äußeren Erscheinungsbild dem kaiserlichen Idol angeglichen, kehrt er als Doktor Heßling heim in die Provinzstadt Netzig, um die Leitung der väterlichen Papierfabrik zu übernehmen und den »neuen Geist einzuführen«. Seine Mutter und die Schwestern Magda und Emmi haben sich seinem strengen, patriarchalischen Regiment unterzuordnen, in der Firma drängt er den alten, zu bedächtigem Handeln mahnenden Buchhalter Sötbier an die Wand und versucht seine Arbeiter mit haßerfüllten Tiraden

gegen die Sozialdemokratie einzuschüchtern. Mit Unmut muß er feststellen, daß die politische Szenerie Netzigs von den Liberalen beherrscht wird, angeführt vom alten Buck, einem allseits respektierten Achtundvierziger. Als ein junger Arbeiter bald darauf grundlos von einem militärischen Wachposten niedergeschossen wird, formieren sich die politischen Lager, versinnbildlicht in den beiden Stammtischrunden der Honoratioren: der Arzt Heuteufel, der Warenhausbesitzer Cohn und der Fabrikant Lauer auf der liberalen Seite, Pastor Zillich, Staatsanwalt Jadassohn und Major Kunze zusammen mit Diederich auf der kaisertreuen Seite. Fortan ist Heßling jedes Mittel recht, um die feindliche Partei des »Umsturzes« zu »zerschmettern« und seine Machtposition auszubauen. Er diffamiert seinen »Erzfeind« Buck durch ein geschickt verbreitetes Gerücht und provoziert Lauer zu einer Majestätsbeleidigung, die dem arbeiterfreundlichen Fabrikbesitzer sechs Monate Gefängnis einbringt. Er paktiert mit dem Junker von Wulckow und – wenn es seinem Fortkommen dient – auch mit seinen ideologischen Gegnern wie dem Juden Jadassohn und seinem sozialdemokratischen Maschinenmeister Napoleon Fischer. Nur für Momente, in besonders demütigenden Situationen, rühren sich Umsturzgedanken in ihm und stellen das hierarchisch-autoritäre Gesellschaftsgefüge in Frage, so gegenüber dem gleichgültig-herablassenden Herrn von Wulckow und dem standesbewußten Leutnant von Brietzen, der sich weigert, seine Geliebte, Heßlings Schwester Emmi, zu heiraten. Jedes Mal enden solch aufrührerische Gefühle allerdings damit, daß er »das Gebäude der Ordnung« wieder umso fester in sich aufrichtet. Wolfgang Buck, Altersgenosse und profiliertester Gegenspieler Diederichs, durchschaut am klarsten die Untertanenhaltung und den theatralischen Pomp des wilhelminischen Zeitalters, dieses »Wirkenwollen um jeden Preis, wäre er auch von anderen zu bezahlen«, doch vermag er gegen Heßlings Aufstieg kein wirksames Gegengewicht aufzubieten. Opportunistisch immer auf der Seite der Mächtigen, jederzeit bereit, für »Geschäft und Ruhm« seine protzig vorgetragenén Ideale als hohles Geschwätz zu entlarven, kann Diederich seinen Einfluß in Netzig zunehmend ausbauen. Die »Schlammflut der Demokratie« scheint endgültig eingedämmt, sogar die Liberalen schwenken – getragen von einer allgemeinen Begeisterung für die Flottenpolitik – auf die nationale Seite. In seiner Rolle als ordensgeschmückter Stadtverordneter und Mitglied des Kriegervereins, finanziell durch die Heirat mit der reichen Guste Daimchen abgesichert, gelingt es ihm, durch intrigante Machenschaften seine Fabrik mit dem Gausenfelder Konkurrenzwerk zu fusionieren und damit zum einflußreichsten Mann Netzigs aufzusteigen. Krönung seines nationalen Eifers ist die feierliche Einweihung des neuen Kaiser-Wilhelm-Denkmals. Seine Rede vor dem versammelten Festpublikum, die nochmals die ganze wilhelminische Phraseologie aufnimmt, geht in einem mit Gewalt hereinbrechenden Unwetter unter. Doch Diederich, der von jeher in kindlicher Manier Gefahrensituationen mit zugedrückten Augen begegnet, kann sich unbe-

schadet aus dem apokalyptischen »Kehraus« retten. Vor diesem düsteren Hintergrund bildet der Tod des alten Buck im Angesicht des siegesbewußten, teuflisch blitzenden Heßling das visionäre Schlußszenarium des Romans.

Lit.: W. EMMERICH, H. M.: »Der Untertan«, München 1980 (UTB 974). M. FRÖSCHLE

MANN, Klaus (1906–1949)

Mephisto. *Roman einer Karriere.* 10 Kapitel; EA Amsterdam 1936. Der nach *Flucht in den Norden* (1934) und *Symphonie Pathétique* (1935) dritte Exilroman Klaus Manns erzählt den Aufstieg des Schauspielers Hendrik Höfgen vom Mitglied des literarisch ambitionierten Hamburger Künstlertheaters in den zwanziger Jahren zum gefeierten Staatsschauspieler und Intendanten im nationalsozialistischen Berlin. Die Einleitung zeigt Höfgen 1936 als Günstling des preußischen Ministerpräsidenten Göring auf dessen Geburtstagsfeier; danach wird um zehn Jahre zurückgeblendet und die Karriere des Schauspielers nachgezeichnet. In Hamburg fällt Höfgen durch seine hohe künstlerische Begabung auf, die sich jedoch mit krankhaftem Ehrgeiz verbindet. Er begeistert sich angeblich für die Idee eines sog. revolutionären Theaters, zögert dessen Realisierung aber immer weiter hinaus. Die Beziehung zu der Steptänzerin Juliette, die in Auspeitschungen und seelischen Demütigungen besteht, läßt auch ein zweifelhaftes Licht auf sein Privatleben fallen. Eine Wende in Höfgens Leben tritt ein, als der bekannte Dramatiker Theophil Marder seine Komödie »Knorke« in Hamburg aufführen läßt. In seiner Begleitung befinden sich die Schauspielerin Nicoletta von Niebuhr und die aus großbürgerlichem Hause stammende Barbara Bruckner, in die Höfgen sich verliebt. Die beiden heiraten, doch schon nach kurzer Zeit besteht die Ehe nur noch formal, und Hendrik entwickelt immer mehr Verachtung für Barbara, die ihm an moralischer Standhaftigkeit und Bildung überlegen ist. Durch die Protektion seiner berühmten Kollegin Dora Martin bekommt er ein Engagement in Berlin, wo er bald – mit seinem charakteristischen »aasige[n] Lächeln« – in der Rolle von Bösewichtern reüssiert; einen Höhepunkt bildet seine Darstellung des Mephisto in Goethes *Faust*. Nach der Machtergreifung vollzieht er unter dem Schutz der Verlobten Görings, der Schauspielerin Lotte Lindenthal, den »Pakt mit dem Teufel« und wird zum intellektuellen Mitläufer des Regimes. Um alle Zweifel an seinem untadeligen Lebenswandel zu zerstreuen, läßt er Juliette nach Paris ausweisen und heiratet seine frühere Schauspielpartnerin Nicoletta von Niebuhr. Nach der Premiere einer *Hamlet*-Inszenierung taucht wie in einem Alptraum ein kommunistischer Widerstandskämpfer bei Höfgen auf, der ihm seine Verachtung und die Drohung einer baldigen Abrechnung ins Gesicht schreit, worauf Hendrik in Selbstmitleid verfällt: »Was wollen die Menschen von mir? [...] Ich bin doch nur ein ganz gewöhnlicher Schauspieler!«.

Als wichtiges Dokument der Exilliteratur markiert *Mephisto* eine neue Bewußtseinsstufe der Exilanten. Hatte man das Dritte Reich zuerst nur als eine vorübergehende Erscheinung bewertet,

die sich sehr rasch selbst korrumpieren würde, so wurde jetzt deutlich, daß sich das Regime konsolidierte. Die intellektuelle Auseinandersetzung mit den Entstehungsbedingungen des Faschismus setzte ein. Klaus Manns sarkastische Entlarvung des politischen Opportunisten, die in plakativer Zeichnung ein Gesellschaftsbild der Jahre 1926 bis 1936 in Deutschland bietet, ist häufig als bloßer Schlüsselroman verstanden worden, da Hendrik Höfgen in vielem dem bekannten Schauspieler Gustaf Gründgens gleicht und sich auch die meisten anderen Figuren des Romans auf reale, zeitgenössische Personen zurückführen lassen. So erließ 1968 der Bundesgerichtshof ein Verbot der Verbreitung des Romans, da er die Persönlichkeitsrechte des zu dieser Zeit bereits verstorbenen Gründgens verletze. Erst 1980, nachdem Ariane Mnouchkine eine dramatisierte Fassung des Stoffes sehr erfolgreich in Paris inszeniert hatte, konnte *Mephisto* wiederaufgelegt werden.

Lit.: E. Spangenberg, Karriere eines Romans. »Mephisto«, K. M. und Gustav Gründgens. Ein dokumentarischer Bericht aus Deutschland und dem Exil 1925–1981, München 1982.   S. Zeller

MANN, Thomas (1875–1955)

Bekenntnisse des Hochstaplers Felix Krull. *Der Memoiren erster Teil.* 29 Kapitel; EA Frankfurt/M. 1954 (in: »Stockholmer Gesamtausgabe der Werke«).

Noch der 1954 erscheinende Roman ist ein Fragment, dessen Entstehungsgeschichte bis in das Jahr 1910 zurückreicht und dem 1922 und 1937 zwei Teilausgaben vorausgehen.

Felix Krull ist der Sohn eines fallierenden Sektfabrikanten aus dem Rheingau, er zeigt schon in seiner Jugend eine Neigung zu übertriebener Selbstdarstellung und Selbstüberschätzung. Nach dem Selbstmord des Vaters ist er dazu gezwungen, seinen Lebensunterhalt selbst zu erwerben. Seine Fähigkeit zum Spiel und zur Selbstinszenierung bewahrt Felix durch einen vorgetäuschten Epilepsie-Anfall vor dem Wehrdienst; schließlich geht er nach Paris, um dort in einem großen Hotel in unterschiedlichen Positionen zu arbeiten. Eine Wende bringt sein Identitäts-Tausch mit dem Marquis de Venosta. Ausgestattet mit dessen Papieren und Vermögen unternimmt er eine Reise, die eine Weltreise werden sollte und die in mancher Hinsicht zugleich wie eine Bildungsreise erscheint. Auf Reisen macht er die Bekanntschaft des Paläontologen Professor Kuckuck, dessen Familie er in Lissabon kennenlernt. Seine angenommene Identität verschafft ihm Zutritt zur Adelsgesellschaft, sogar eine Audienz beim portugiesischen König. Am Ende des Textes steht er nicht nur in einer Liebesbeziehung zur Tochter des Professors Kuckuck, auch dessen Frau scheint seine Liebe zu erwidern. In Lissabon bricht das Fragment des Romans ab, die Vorstudien lassen erkennen, daß eine Fortsetzung der Reise nach Südamerika geplant war.

Das Hochstapler-Thema spitzt einerseits die werkbeherrschende Frage nach der Rolle der Kunst und nach dem Verhältnis des Künstlers zur Gesellschaft zu: Krull ist nicht nur Hochstapler, sondern auch Künstler, ein Erzeuger täuschender Illusionen. Andererseits wird eine psychologische Linie konturiert; die ursprüngliche Charakteristik des *Krull* als Schelmenroman weicht einer Mythisierung und Psychologisierung zugleich. Zum einen ist Krull eine Hermes-Figur, zum anderen ein Narziß im mythologischen und psychologischen Sinn. Zugleich zeigt sich der Krull-Stoff als humoristische Variante des Faust-Stoffes; als ein »Joseph redivivus« entfaltet er eine parodistische Variation des Josephs-Themas. Die humoristische und parodistische Linie markieren etwa der Tausch-Pakt mit Venosta, die Liebesszene mit Madame Houpflé, einer Verfasserin von Trivialliteratur, Krulls Auftreten vor der Musterungskommission und seine Erlebnisse als Hotelangestellter. Die psychologische Linie seiner narzißtischen Abenteuer betonen dagegen Krulls nur angedeutete Begegnung mit den Meyer-Novaro Zwillingen in Frankfurt, als deren Fortsetzung die Erfüllung einer Doppelliebe zu Mann und Frau zugleich geplant war, ferner die homoerotische Werbung des Lord Kilmarnock, vor allem aber die Doppelliebe zu Tochter und Mutter Kukkuck, zu Zouzou und Senhora Maria Pia, welche die vorangehend phantasierte Doppelliebe zu Zaza, der Geliebten Venostas, und Zouzou, ihrer späteren Doppelgängerin, transformiert.

Der ironisch und spielerisch inszenierte Selbstgenuß der Persönlichkeit geht im *Krull* unverhüllter, als dies bei früheren Texten Manns der Fall ist, aus einer Verschiebung vom Leben aufs Werk hervor. Weil für seinen Autor viele seiner früheren Tagträume wirklich geworden sind, kann das Illusionäre, von dem der Text erzählt, in einer neuen Weise zur lebensbestimmenden Phantasie werden, zu einer produktiven Kraft, welche die Grenze zwischen den Phantasmen und der fiktiven Wirklichkeit aufhebt und die Kraft der Phantasie im wirklichen Leben beglaubigt. Gerade deshalb ist es nicht wahrscheinlich, daß die parodierte »Karriere eines Gottes« zu einer bloßen Anpassung Krulls an die Realitätsanforderungen geführt hätte, wäre seine Geschichte je zu Ende geschrieben worden. Der Hochstapler-Roman ist für seinen Autor vielmehr ein lebensbegleitender Text, ein Entwurf »gar nicht auf ein Je-Damit-Fertigwerden« aus, »ein Gerüst, woran man alles mögliche aufhängen kann, ein epischer Raum zur Unterbringung von allem, was einem einfällt und was das Leben einem zuträgt«. Mit Szenen von Liebe und Doppelliebe wie der ständigen Verschmelzung von Schlaf, Traum, Phantasie und Wirklichkeit erzählt der Autor des *Krull* davon, daß es möglich ist, »das erfinderische Leben, die Träume unserer Kindheit zu verwirklichen«. Offensichtlich auch lösen sich in diesem Text Spannungen, die ihm vorangehen. Krulls Liebe zum männlich-weiblichen Geschwisterpaar tritt an die Stelle eines homoerotischen Affekts, der noch im *Tod in Venedig* (1913) die Kultur von Gustav Aschenbachs Leben zerstört und der zugleich einen authentischen Konflikt seines Autors markiert. Ohnehin entfalten die erotischen Konstellationen des Textes eine Pan-Erotik, weil Krull die Grenze zwischen Mann und Frau, Kind und Erwachsenem immer wieder überspielt. Alle sexuellen Beziehungen erhalten Spielcharakter

und erscheinen austauschbar, selbst homoerotische und heterosexuelle Verführung erscheinen symmetrisch. Während die vermeintliche Dichterin Houpflé in Krull noch den Knaben, dieser in ihr aber die Mutter sieht, liebt er mit Senhora Maria Pia und Zouzou Mutter und Tochter zugleich. Unermüdlich auch variiert der Text das Thema von der Macht der Phantasie über die Realität, die Sprache zeigt sich als Mittel dieser Herrschaft. Reden, Schreiben und Erzählen sind unmittelbar mit der Rollenexistenz Krulls verknüpft und weisen darauf hin, daß die fiktive Autobiographie durchs Erzählen eine Einheit des erzählenden Ich herstellt und imaginiert, die in Wahrheit an keiner Stelle so vorhanden ist: Krulls Sozialisationsspiel ist erotisches Spiel und Erzählspiel zugleich. Auch so weist es über den Text hinaus auf seinen Erzähler und dessen Traum vom Triumph des Schöpferischen über die Realität.

Lit.: H. WYSLING, Narzißmus und illusionäre Existenzform. Zu den Bekenntnissen des Hochstaplers Felix Krull, Bern/München 1982.   R. G. RENNER

Buddenbrooks. *Verfall einer Familie.* 11 Teile; EA Berlin 1901.
Thomas Mann schrieb seinen ersten großen Roman von 1897 bis 1900, also im Alter von zweiundzwanzig bis fünfundzwanzig Jahren. Mit der einbändigen Auflage von 1903 wurde der Roman zu einem Verkaufserfolg. Bis heute wurden von der deutschen Ausgabe über vier Millionen Stück gedruckt.
Der Roman beschreibt den Verfall der Lübecker Kaufmannsfamilie Buddenbrook über vier Generationen von 1835 bis 1877. Die wichtigste Quelle ist die Geschichte der Familie Mann. Die

hundertjährige Geschichte der Firma Buddenbrook entspricht in zahlreichen Einzelheiten der Geschichte der Lübecker Getreidefirma Johann Siegmund Mann. Neu gegenüber den wirklichen Ereignissen ist allerdings die konsequente Anlage als Verfallsgeschichte, die den Roman der im Fin de siècle modischen Dekadenzthematik verpflichtet zeigt. Während die geschilderten Jahre realgeschichtlich von einem wirtschaftlichen Aufstieg ohnegleichen geprägt waren, geht es mit Buddenbrooks bergab. Die Gründe des Verfalls sind denn auch nicht wirtschaftlicher Art. Es handelt sich vielmehr um eine eher biologische Degeneration, die Verfeinerung und Verfall zugleich bedeutet. Vitalität und gesunde Naivität nehmen ab, Sensibilität und Reflexivität nehmen zu. Je mehr die Buddenbrooks über sich selber wissen, desto kränker und lebensuntüchtiger werden sie.

Johann Buddenbrook sen. (1765–1842), mit seiner Frau Antoinette, einer geborenen Duchamps, Repräsentant der ältesten Generation, weiß in diesem Sinne nichts über sich. Er ist heiter, irdisch, praktisch, ein französisch orientierter Aufklärer, der alles Sentimentale und Religiöse verspottet. Aus seiner ersten Ehe, einer Liebesehe, hat er einen nicht sehr tüchtigen Sohn Gotthold, der seinerseits aus Liebe eine Mesalliance eingeht. Gute Geschäfte verlangen die Unterdrückung der Liebe.

Der standesgemäßen Pflichtehe mit Antoinette (»respektvoll und aufmerksam hatten die beiden nebeneinander gelebt«) entstammt der Firmenchef der nächsten Generation, Johann, genannt Jean Buddenbrook jun. Er lebt in der Chronologie des Romans von 1798 bis 1855. Er heiratet die reiche Patriziertochter Elisabeth Kröger (Bethsy, die Konsulin). Die Geschichte ihrer vier Kinder Thomas, Antonie (Tony), Christian und Klara macht den Hauptinhalt des Romans aus. Konsul Jean Buddenbrook ist fromm. Das ist kein Vorzug. Die Frömmigkeit ist vielmehr ein erstes Kennzeichen des Verfalls. Sie ist den vitalen Interessen des Geschäfts feindlich, da sie ja Schätze im Jenseits, nicht im Diesseits anzuhäufen fordert. Als sein Halbbruder Gotthold eine Erhöhung seines Anteils fordert, kommt es zum Konflikt zwischen christlichem Mitleid und Geschäftsinteresse. Eine nüchterne Rechnung gibt schließlich den Ausschlag zugunsten des Geschäfts. Da die Frömmigkeit sich gegen die Interessen nicht durchsetzen kann, wirkt sie süßlich und falsch.

Thomas Buddenbrook (1826–1875), der Protagonist der dritten Generation, ist ein Ästhet, dem das Religiöse peinlich ist. Nur noch als väterliches Zitat steht ihm die religiöse Floskel zur Verfügung: »Wäre Vater am Leben, wäre er hier bei uns zugegen: er würde die Hände falten und uns der Gnade Gottes empfehlen.« Er selbst faltet die Hände nicht mehr. Er hat keine einfache Weltanschauung mehr wie sein Vater die Religion und sein Großvater die Aufklärung. Er ist im Grunde ein Nihilist, der die anderen durchschaut und schließlich anfängt, sich selbst zu durchschauen. Er meditiert über den Erfolg, den er nicht mehr hat, seit er über ihn reflektiert. Seine Aktivität, er weiß es, ist etwas anderes als »die natürliche und durable Arbeitslust seiner Väter: etwas Künstliches nämlich, ein Drang seiner Nerven, ein Betäubungsmittel im Grunde, so gut wie die kleinen, scharfen russischen Zigaretten, die er beständig dazu rauchte«. Eigentlich ist er bereits kein Bürger mehr, sondern nur noch ein Schauspieler, der die Rolle des Bürgers spielt. Alles geschieht bewußt, nichts ist mehr Natur: »Thomas Buddenbrooks Dasein war kein anderes mehr als das eines Schauspielers, eines solchen aber, dessen ganzes Leben bis auf die geringste und alltäglichste Kleinigkeit zu einer einzigen Produktion geworden ist, einer Produktion, die mit Ausnahme einiger weniger und kurzer Stunden des Alleinseins und der Abspannung beständig alle Kräfte in Anspruch nimmt und verzehrt.« Aufgerieben, stirbt Thomas Buddenbrook mit 48 Jahren an einem kranken Zahn. Kurz vorher las er noch in Schopenhauers *Welt als Wille und Vorstellung* das Kapitel »Über den Tod«.

In der vierten Generation ist auch die Möglichkeit, Bürgerlichkeit wenigstens noch zu spielen, verloren gegangen. Thomas Buddenbrook hatte die schwerreiche, aber marmorkalte Gerda Arnoldsen geheiratet, unter Verzicht auf die Liebe zu dem armen Blumenmädchen Anna. Aus dieser Ehe ging der kleine Hanno hervor, kränklich, unpraktisch, ein Träumer, der nicht einmal mehr den Versuch macht, das kaufmännische Rüstzeug zu erwerben. Er verkehrt nicht mit den Gesunden und Gewöhnlichen, sondern mit dem halb asozialen Adelssproß Kai Graf Mölln, der selbst einer verfallenden Familie angehört. Theater, Musik, Krankheit und Tod sind Hannos Welt. Die Musik ist für ihn nicht gesellige Unterhaltung, sondern ein einsamer Rausch, der über den Alltag hinwegtröstet und den Ekel an der Wirklichkeit betäubt. Das wirkliche Leben ist für Hanno vorerst die Schule. Sie ist ihm verhaßt. Die Lehrer sind gewöhnlich und gemein. Hanno durchschaut sie, aber aus seiner Erkenntnis erwächst nicht Widerstand, sondern Ekel.

Die Verfallslinie von Johann über Jean zu Thomas und Hanno Buddenbrook hat Thomas Mann durch eine Kontrastfigur ins Relief getrieben, die Gestalt der Tony Buddenbrook. Sie bleibt immer gleich. Mit ihr beginnt, mit ihr endet der Roman. Sie stirbt nicht, verfällt nicht, wird nicht krank, denn sie versteht nichts. Sie bleibt naiv, gesund, ein Kind. Die Stereotypien, auf die der Erzähler uns ironisch aufmerksam macht, durchschaut sie nicht (»Im übrigen begann Tony um diese Zeit sich sehr oft der Redewendung ›Wie es im Leben so geht . . .‹ zu bedienen, und bei dem Worte ›Leben‹ hatte sie einen hübschen und ernsten Augenaufschlag, welcher zu ahnen gab, welch tiefe Blicke sie in Menschenleben und -schicksal getan«). Tony gehorcht den Zwängen ihres Standes und heiratet den widerlichen Bendix Grünlich, dem es nur um ihre Mitgift zu tun ist. Ihr wahres Leben wäre die Liebe zu dem Studenten Morten Schwarzkopf gewesen, doch sie verzichtet auf ihn wie Thomas auf sein Blumenmädchen. Grünlichs Konkurs führt zur Scheidung. Jahre später heiratet Tony den Münchener Hopfenhändler Alois Permaneder, läßt sich aber auch von ihm wieder scheiden, weil er ihr Standesbewußtsein durch die

Worte »Geh zum Deifi, Sau-lud'r dreckats« unheilbar verletzt hat. Auch die Ehe ihrer Tochter mit dem Versicherungsdirektor Weinschenk geht schief, so daß Tony, die in allem der Familie dienen wollte, dieser immer nur Schaden zufügt.

Eine Kontrastfigur anderer Art ist Christian. Er ist ein Bajazzo, ein Komödiant, ein Hypochonder, ein dekadenter Halbkünstler. Er bringt die Kraft nicht auf, wie sein Bruder Thomas den soliden Kaufmann darzustellen, und scheitert viele Male. Er heiratet Aline Puvogel, eine Dame zweifelhaften Rufes, und trägt finanziell wie gesellschaftlich zum Ruin der Familie bei. Es kommt zu erbitterten Streitgesprächen zwischen ihm und Thomas. »Wie satt ich das alles habe, dies Taktgefühl und Feingefühl und Gleichgewicht, diese Haltung und Würde, wie sterbenssatt!« sagt Christian. Beide sind sich viel näher als es auf den ersten Blick scheint. »Ich bin geworden, wie ich bin«, sagt Thomas, »weil ich nicht werden wollte wie du«. Es handelt sich nicht einfach um den Gegensatz von Künstler (Christian) und Bürger (Thomas), denn Christian ist kein richtiger Künstler, weil es ihm an Disziplin und wirklichem Können fehlt, und Thomas ist kein richtiger Bürger, weil er den Bürger nur noch spielt.

Wie später → *Der Zauberberg* konfrontiert auch der erste Roman Thomas Manns das bürgerliche Leistungsethos mit den Gegenwelten der Krankheit, des Todes, der Liebe, der Musik, des Meeres und der Metaphysik. Krankheit macht frei, weil sie von der Leistung dispensiert; das nützt besonders Christian aus. Der Tod macht alles Erworbene nichtig. In

Buddenbrooks wird viel gestorben. Der Tod verhöhnt die so mühsam dem Leben abgerungene bürgerliche Gesittung. Er ist schmutzig, ekelhaft und formlos. Der im Leben so überaus gepflegte Thomas stirbt im Straßenkot. Auch die Liebe ist antibürgerlich (Gottholds Mesalliance, Thomas' Blumenmädchen, Morten Schwarzkopf). Die Musik, der sich Hanno bis zur Erschöpfung hingibt, zerstört seine Lebenskraft, während die älteren und gesünderen Buddenbrook-Generationen alle unmusikalisch sind. Das Meer ist die Landschaft des Bewußtseinsverlusts, weil es »einen angenehmen Schwindel hervorrief, eine gedämpfte Betäubung, in der das Bewußtsein von Zeit und Raum und allem Begrenzten still selig unterging«. Es ist die eigentlich metaphysische Landschaft, so unbürgerlich wie die philosophische Erkenntnis selbst, denn sie macht zum Leben untauglich, das nach Nietzsche der Illusionen bedarf und die Wahrheit nicht brauchen kann.

Lit.: K. MOULDEN / G. V. WILPERT (Hgg.), Buddenbrooks-Handbuch, Stuttgart 1988.
H. KURZKE

Doktor Faustus. *Das Leben des deutschen Tonsetzers Adrian Leverkühn, erzählt von einem Freunde.* 47 Kapitel; ED »Aufbau« 1944 (Teildruck); EA New York 1947. In *Doktor Faustus,* den Thomas Mann selbst ein »Lebens- und Geheimwerk« nennt, erzählt der fiktive Biograph Dr. phil. Serenus Zeitblom die Geschichte seines ehemaligen Mitschülers, des Komponisten Adrian Leverkühn. Dabei zeigen sich das Leben des Biographen wie des Protagonisten mit historischen Daten, die erzählte mit einer wirklichen Geschichte verbunden, zugleich eröffnet sich ein autobiographisches Bezugsfeld: das erfundene Künstlerleben Adrians hat es auch unmittelbar mit dem Leben seines Erfinders zu tun. Die drei Zeitebenen des Textes belegen dies. Erstens bildet er gesellschaftliche, politische und kulturelle Tendenzen aus der Zeit der Weimarer Republik von 1918 bis 1933 ab. Über diesen Abschnitt berichtet Zeitblom in der Erinnerung an die gemeinsame Schulzeit und an das Studium des Freundes, das zunächst der Theologie gewidmet ist, bevor sich Adrian der Musik zuwendet. Zweitens spiegelt der Text die Situation der Jahre von 1943–1945, es ist die Zeit, in der Zeitblom seinen Bericht schreibt. In diese Darstellung gehen zeitgleiche Erfahrungen Thomas Manns während der Emigration in Kalifornien und seine Reflexionen über das Schicksal des nationalsozialistischen Deutschland ein. Drittens schließlich ist außer diesen beiden Zeitebenen noch eine weitere von Bedeutung. Wesentliche Passagen von Leverkühns Geschichte spiegeln die Situation von 1894–1914, damit die Vorgeschichte des Ersten Weltkriegs. Für die Darstellung dieses Abschnitts hat Thomas Mann auf eigene autobiographische Aufzeichnungen zurückgegriffen, auf seine Tagebücher, vor allem aber auf die früher zu datierenden Notizbücher, hier besonders auf das Notizbuch von 1904/5. Nicht nur das politische und gesellschaftliche Kolorit dieser Zeit, sondern ganze Szenen, insbesondere die Geschichte des mit Leverkühn befreundeten Musikers Schwerdtfeger, sind diesem entnommen. Die unterschiedlichen Zeitebenen erschließen je andere Bezugsfel-

der. Die Darstellungen des Kridwiß-Kreises, der Münchener Gelehrten-Szene und des studentischen Winfried-Bundes schildern geistige Strömungen der Weimarer Republik; sie orientieren sich an authentischen Vorlagen. Die humanistische Haltung Zeitbloms, der diese Situation beschreibt und bewertet, weist auf Thomas Manns eigene politische Entwicklungsgeschichte. Sie läßt eine ambivalente Einstellung zu Deutschland und zur deutschen Kultur erkennen, deren produktive und zerstörerische Potenzen dem Autor unmittelbar verknüpft scheinen. Dieser verdeckten geistigen Autobiographie tritt eine intime an die Seite. Der Musiker Schwerdtfeger, der Vertraute Adrians, wird zum Exponenten einer homoerotischen Versuchung, die den Roman durchzieht. Sie erinnert an die homoerotischen Verführungen, die Thomas Manns Tagebücher und Notizbücher belegen. Historische wie biographische Details des Textes bilden so ein Chiffrensystem, die Grenze zwischen wirklichen und fiktiven Personen verschwindet mitunter. Verweise auf Schönberg und Nietzsche, das Volksbuch von Faust und Goethes *Faust*, aber auch auf andere Texte Thomas Manns verknüpfen sich zu einem dichten Beziehungsnetz. Die Orientierung am Goetheschen *Faust* ist durchaus doppeldeutig. Zweimal erliegt Adrian dem Teufel: zuerst, als er die Prostituierte Hetaera Esmeralda, der er als Student in Leipzig begegnet, noch einmal aufsucht und sich willentlich mit der Syphilis infiziert. Dann durch die Bekräftigung dieser »Verschreibung« bei einer Begegnung mit dem leibhaftigen Teufel vier Jahre später. Dieser verheißt Adrian künstlerische Produktivität und verspricht, daß er die »lähmenden Schwierigkeiten der Zeit durchbrechen« werde. Dieser Teufelspakt verpflichtet Adrian zu einem Leben in Einsamkeit und ohne Liebe, die »Kälte« wird zur Signatur seiner Existenz.

Adrians Kunst, die im Oratorium »Apocalipsis cum figuris« und in der symphonischen Kantate »Doktor Fausti Weheklag« ihren Höhepunkt findet, ist als Ergebnis höchster Produktivität zugleich eine bewußte intellektuelle Rebarbarisierung, ein künstlerischer Weg »um die Kugel«. Gerade so weist sie auf die geistige Vorgeschichte des Faschismus, die auch Adrians Bildungserfahrungen mit seinen theologischen Lehrern und seine politischen Diskussionen mit anderen Studenten kennzeichnet. Die Musik wird zum Paradigma für ein »Auseinanderfallen des spekulativen und des gesellschaftlich-politischen Elements menschlicher Energie«. Sie ist die »Zweideutigkeit [...] als System«, versagt sich inhaltlichen Wertsetzungen, läßt keine Unterscheidung mehr zwischen Barbarei und Kultur zu. Als Diskurs des Unbewußten weist sie auch auf das durch die kulturale Sozialisation Unterdrückte. Damit entfaltet die erzählte Musiktheorie des Romans Überlegungen, die Thomas Mann 1945 in einer Rede über *Deutschland und die Deutschen* entwickelt und zu einem Psychogramm des Deutschen verdichtet. Die Vorträge des Musiklehrers Kretzschmar, denen Adrian und Zeitblom als Jugendliche zuhören, dechiffrieren mit Blick auf Beethoven den Gegensatz der homophonen, akkordischen und der polyphonen, kontrapunktischen

Kompositionsweise; sie weisen damit auch auf das Bauprinzip des Romans. Die horizontale Polyphonie wird schematisch als Prinzip der Sachlichkeit, die vertikale Homophonie als subjektive Darstellungsweise gedeutet. In Beethovens op. 111 kommt die Sonatenform an ihr Ende, weil in ihr der Gegensatz des Polyphonen und Homophonen aufs höchste gesteigert wird. Nach der Musiktheorie des Romans, die sich an Überlegungen Adornos und an Schönbergs Kompositionstechnik orientiert, ist dessen Zwölfton-Musik die letzte mögliche Innovation. Sie zerstört bis dahin gültige Hörkonventionen und verpflichtet die ästhetische Erfahrung auf ein strenges System: allein durch diese Doppelbewegung entsteht ein neues Hören, gibt es wieder Kunst. Indessen erscheint diese Rückbindung im Roman zugleich als Rückgriff auf überwundene Formen der Musik, die nun auf der Höhe der Reflexion rekonstruiert werden: Adrians Kompositionen wiederholen Klangfiguren, die er schon als Kind von der Stallhanne auf dem elterlichen Hof Buchel erlernt, überdies sind sie um die Klang-Chiffre h-e-a-e-es zentriert, die an Hetaera Esmeralda erinnert. Der Bezug seiner Vertonungen auf Texte, die allesamt auf verdrängte Erfahrungen und Sexualität weisen, hat musikalische Entsprechungen. Die Klangvertauschungen zwischen dem Vokal- und dem Instrumentalpart in der »Apocalipsis cum figuris«, die Verrückung der »Grenze zwischen Mensch und Ding«, die Vexation zwischen dem Bewußten und Unbewußten, die »Idee der Transfiguration« erschließen zugleich die intime Signatur eines Romans, dessen Autor unbewußte Wünsche in ästhetische Erfahrungen umsetzen will. Die Idee des Durchbruchs, die Adrians Kompositionen durch die Rekonstruktion ursprünglicher Erfahrungen zu verwirklichen suchen, wird von Thomas Mann deshalb psychologisiert: sie ist Signatur des Unbewußten, Hinweis auf die Gesetze der Psychogenese. Adrians Faust-Kantate, das »gebundenste« seiner Werke, ist nicht nur Ergebnis von »Hirnleistung« und »kombinatorischer Phantasie«, kommt auch anarchisch; die Phantasie des Künstlers Adrian entspringt nicht allein dem Intellekt, sondern der Ursprung der Phantasie im Unbewußten wird erkennbar. Folgerichtig fällt Adrians höchste Produktivität mit dem Einbruch des Wahns zusammen. Sein Klagewerk ist durch Schuldgefühl und einen Beziehungswahn geprägt. In dessen mythomanischen Konstruktionen schreibt er sich alle Schuld für den Tod des Knaben Echo, seines Neffen, zu, der wie er auf dem Hof in Pfeiffering lebt und der ihm im Wahn als Sohn erscheint.

Adrians Freunde und sein Biograph widersetzen sich weitgehend der ästhetischen und psychologischen Radikalität seines Werks. Noch am Ende des Textes deutet Zeitblom das hohe g des Cellos, den letzten Ton der Faust-Kantate, als Hoffnungszeichen. Selbst bei Adrians letztem Auftreten versuchen seine Zuhörer zunächst, seinen Wahnsinn zu ignorieren, bevor sie vor ihm fliehen. Diese Spannung weist auf den Autor Thomas Mann, der die Bedeutung des Unbewußten für die eigene Produktivität zunehmend erkennt und thematisiert, sie aber stets zu rationalisieren versucht.

Adrian läßt er im Wahnsinn und zugleich in der Welt der Mutter enden, die den Kranken zu sich heimholt. Dagegen schafft er mit dem Biographen Zeitblom eine Instanz, die zwar vom Unbewußten und den Gefährdungen des Ich zu berichten vermag, doch im Verfügen über Erzählen und Reden, Phantasie und Bericht die Konturen eines Selbst entwirft, das sich gerade im Erzählen zu behaupten weiß.

Lit.: H. WIEGAND, T. M.s »Doktor Faustus« als zeitgeschichtlicher Roman. Eine Studie über die historischen Dimensionen in T. M.s Spätwerk, Frankfurt/M. 1982. – R. G. RENNER, Lebenswerk. Zum inneren Zusammenhang der Texte T. M.s, München 1985.

R. G. RENNER

Der Erwählte. 31 Kapitel; ED »Neue Rundschau« 1950; EA New York 1951.
Der Stoff des Romans ist bereits im → *Doktor Faustus* parodistisch zitiert. Zu seiner Ausarbeitung greift Thomas Mann auf die Gregorius-Geschichte des Hartmann von Aue zurück. Seine Nachdichtung versteht er nach Abschluß des *Faustus*-Romans als »Satyrspiel nach der Tragödie«, seine Erzählweise als ein »Amplifizieren, Realisieren und Genaumachen des mythisch Entfernten«, das zugleich psychologisiert wird. Thematisch schließt die teils parodistische, teils melancholische Transformation des Gregorius-Stoffes durch ihre Zentrierung um die Idee von »Sünde und Gnade« an die Josephs-Romane wie den *Faustus*-Roman an, formal repräsentiert sie nach Manns eigenen Worten die »Spätkultur, die vor der Barbarei kommt«.
Die Geschichte des Gregorius läßt Thomas Mann den Mönch Clemens erzählen. Gregorius, das blutschänderisch gezeugte Kind

der Zwillingsgeschwister Wiligis und Sibylla wird als Neugeborener auf dem Meer ausgesetzt und der Gnade Gottes überantwortet. Zwei Fischer übergeben das Kind und eine Elfenbeintafel, die seine Herkunft bezeugt, dem Abt eines Klosters, der die Tafel behält, das Kind aber einem Fischer zur Pflege gibt. Als Gregorius den Makel seiner Geburt erfährt, will er seine Eltern suchen und durch eine Ritterfahrt die Sünde büßen. In Brügge erschlägt er einen Gegner im Zweikampf und gewinnt die Königin der bedrohten Stadt zur Frau. Erst kurz vor der Geburt ihrer zweiten Tochter entdecken beide, daß die Königin Sibylla die Mutter des Gregorius ist. Dieser verläßt seine Gattin, läßt sich auf eine abgelegene Insel bringen, wo er ohne Nahrung und Schutz an einen Felsen gekettet siebzehn Jahre verbringt. Zwei Römer, denen er in einer Vision als der zukünftige Papst verkündet wird, finden ihn, danach zieht er nach Rom und wird dort ein »sehr gerechter« Papst. Als alte Frau erscheint schließlich seine Mutter und Gemahlin vor ihm, um zu beichten.

Von Anfang an ist das Thema von Sünde und Gnade hier mit dem Motiv einer Erwählung verbunden, die rational nicht zu erklären ist. Überdies ist das parodistische Erzählspiel »Produkt einer Spätzeit«, weil es einen Mythen-Synkretismus entwirft: Thomas Mann verknüpft die Gregorius-Geschichte sowohl mit mythologischen Themen wie Ödipus, Isis und Osiris, Zeus und Hera, als auch mit biblischen Geschichten wie denen von Adam und Eva oder Jesus und Maria. In einer Variation der Dialektik von Höllen- und Himmelfahrt, Erniedrigung und Erhöhung, Tod und Auferstehung paraphrasiert der *Erwählte* zudem erneut das Thema der Josephs-Tetralogie. Alle mythologischen Beziehungen sind dabei psychologisiert, ohne Frage steht die Inzest-Geschichte unter dem Eindruck von Freuds Abhandlung über *Totem und Tabu*. Dagegen weisen die thematischen Querverbindungen zum *Doktor Faustus* auf den von Goethe in *Dichtung und Wahrheit* erzählten Luzifer-Mythos. – Mythologisierung und Psychologisierung des von Hartmann verarbeiteten Legendenstoffs führen bei Mann zu einer ironischen Relativierung, die der Autor für »eher melancholisch als frivol« ansieht. Sie deutet sich bereits in der Erzählperspektive an, wenn der fiktive Erzähler Clemens immer wieder durch Einfügungen von Erzählerkommentaren parodistisch unterbrochen wird. So wie Thomas Mann verschiedene Mythen miteinander vermischt, läßt er in der Erzählweise von Clemens auch unterschiedliche Sprachen und Stile ineinander übergehen; die »Vielstimmigkeit« der sprachlichen Gestaltung korrespondiert wie in der Josephs-Tetralogie mit den mythologischen Inhalten. Entsprechend folgert Clemens, »daß der Geist der Erzählung ein bis zur Abstraktheit ungebundener Geist ist, dessen Mittel die Sprache an sich und als solche, die Sprache selbst ist, welche sich als absolut setzt und nicht viel nach Idiomen und sprachlichen Landesgöttern fragt«. Indessen führt die ironische und psychologisierende Transformation des Legendenstoffes nicht allein zu einer kritischen Relativierung der auktorialen Erzählform. Die Erwählungsgeschichte des Gregorius ist zu-

gleich gegenläufig zu der Höllenfahrt des faschistischen Deutschland und der Deutschen im *Doktor
Faustus,* sie erneuert paradigma-
tisch das Vertrauen auf die Fähigkeit des Menschen, auch die
Mächte der Tiefe zu humanisie-
ren.

Lit.: R. BAUMGART, Das Ironische und die
Ironie in den Werken T. M.s, Frankfurt/M.
1974.   R. G. RENNER

Joseph und seine Brüder.
4 Teile (*Die Geschichten Jaakobs,*
EA Berlin 1933; *Der junge Joseph,*
EA Berlin 1934; *Joseph in Ägypten,*
EA Wien 1936; *Joseph der Ernährer,*
EA Stockholm 1943).
Die gewaltige Nacherzählung der
biblischen Geschichte von Joseph,
dem Sohn Jaakobs (Israels), der
seine Brüder durch hochfahrende
Träume reizt, von ihnen nach
Ägypten verkauft wird, der Lok-
kung von Potiphars Frau widersteht, ins Gefängnis geworfen
wird, Pharaos Traum von den sieben fetten und den sieben mageren Kühen deutet, erhöht wird
zum Ernährungsminister und am
Ende seine Brüder wieder findet,
ist ein Werk des Widerstandes gegen reaktionäre Auffassungen des
Mythischen in den zwanziger und
dreißiger Jahren. Gegen die irrationalistische Verdunkelung und
gegen den faschistischen Mißbrauch des Mythosbegriffs
schreibt Mann einen Roman, in
dem der Mythos, ironisch verwis-
senschaftlicht und konsequent
psychologisiert, zur Humanisie-
rung des Menschen und des Staates beiträgt. Gegen den Antisemitismus schreibt er seinen Roman als Gründungsgeschichte der
abendländischen Humanität im
Judentum. Gegen die außer Rand
und Band geratene Zeitgeschichte
der Entstehungsjahre (Hauptar-

beitszeit 1926–1942) schreibt er einen Roman voll stiller und gedul-
diger Genauigkeit. Die beinahe
zweitausend Seiten wollen auch
den Leser ruhig werden lassen. Sie
erlauben kein Überfliegen und
Diagonallesen, sondern erschließen ihren Reiz nur, wenn man
sich auf die Einzelheiten einläßt.
Den Verlauf der Handlung setzt
Thomas Mann ohnehin als bekannt voraus. Der beste Einstieg
in den Roman ist deshalb die Lektüre des biblischen Buches *Genesis*
(vor allem Kap. 24–50), das Thomas Mann, fast jede Einzelheit
ausgestaltend, im Geiste des
20. Jahrhunderts   nacherzählt
hat.
Nach einem Vorspiel (»Höllenfahrt«), das die Theorie des mythischen Erzählens im Horizont
einer von Schopenhauer geprägten Weltsicht entwickelt, setzt der
1. Roman ein mit dem jungen Joseph, der schön und halbnackt im
Mondschein am Brunnen sitzt
und von seinem Vater zurechtgewiesen wird seiner Nacktheit wegen. Denn des Vaters Sphäre ist
die Scham. Rückblendend werden am Anfang des 1. und des
2. Buches die Urgeschichten erzählt, wie Abraham Gott ent-
deckte, wie Lots Töchter ihren
Vater betrunken machten, damit
er in ihnen Nachwuchs zeuge, wie
es war mit dem großen Turm und
mit Noahs Arche und der allgemeinen Weltersäufung. Thomas
Mann spitzt die biblischen Geschichten zu im Hinblick auf den
Konflikt zwischen Trieb und
Geist. Noah zum Beispiel, der Erfinder der Weinberge, liegt eines
Tages betrunken im Zelt mit auf-
gedeckter Scham. Sein Sohn
Cham sieht das und erzählt es seinen Brüdern Sem und Japhet.
Diese gehen, um nichts zu sehen,

rückwärts ins Zelt und decken Noahs Blöße. In der Leitmotivwelt des Romans sind künftig die Chamiten, also besonders die Ägypter, schamlos und sinnlich, die Semiten hingegen kennen die Scham und streben zur Vergeistigung. Das »äffische Ägypterland« ist im Blick Israels das Land der sexuellen Promiskuität und der mutterrechtlichen Vielgötterei. – Zu den Kabinettstückchen der *Geschichten Jaakobs* gehört die komödiantisch ausgestaltete Szene, wie Esau von seinem Zwillingsbruder Jaakob um den väterlichen Segen betrogen wird. Der Betrug geschieht mit halbbewußtem Einverständnis Isaaks. Ferner gehört dazu die Schilderung der Jahre, in denen Jaakob um die liebliche Rachel freit und seinerseits betrogen wird, als Laban ihm seine triefäugige Tochter Lea im völligen Dunkel der Hochzeitsnacht unterschiebt. Aber auch dieser Betrug hat seine tiefere Notwendigkeit. Jaakob heiratet zwei Frauen, Rachel und Lea, eine für Geist und Gemüt, eine andere für Sexualität und Nachkommenschaft, ein Gesicht ohne Körper (Rachel) und einen Körper ohne Gesicht (Lea), eine liebliche und eine leibliche. Die Welt ist gespalten in Geist und Trieb. – Die motivliche Antithetik von Israel und Ägypten wiederholt sich noch einmal auf der Ebene der zwölf Brüder. Die schönen, klugen und traumerfahrenen Rachelsöhne Joseph und Benjamin stehen gegen die mehr oder minder triebhaften Söhne Leas und der Nebenfrauen Bilha und Silpa, gegen Ruben, Schimeon, Levi und Juda, Dan und Naphtali, Sebulun und Issakhar, Gad und Ascher. Ihre unzivilisierte Grausamkeit wird deutlich, als sie den jungen Fürstensohn Si-

chem, der sich in ihre Schwester Dina verliebt hatte, mit seinem ganzen Volk gemein und hinterhältig niedermetzeln. Der 2. Roman, *Der junge Joseph,* führt im Abschnitt »Der Adonishain« in die Sagenwelt des alten Orient ein. Thomas Mann relativiert die jüdisch-christliche Welt durch zahlreiche Parallelen aus altbabylonischen, altgriechischen und altägyptischen Quellen. Er macht jede Figur durchsichtig auf zahlreiche Vorläufer und Nachfolger. Joseph zum Beispiel ist zugleich Adonis, Tammuz, Gilgamesch oder Osiris: verfolgt von der großen Muttergottheit, zerrissen und wieder geheilt. In manchen Anspielungen ist Joseph auch Jesus, von der Jungfrau geboren, gekreuzigt und auferstanden. – Das mythische Modell ›Niedergefahren – Auferstanden‹ gliedert das Gesamtgeschehen. »Niedergefahren« ist Joseph das erste Mal, als er, seiner hochmütigen Träume wegen, von seinen Brüdern in den Brunnen geworfen und nach Ägypten verkauft wird. Ägypten und der Brunnen sind Sinnbilder des Todes und der Unterwelt. »Auferstanden« ist Joseph, als ihn Kaufleute aus dem Brunnen befreien und ins Haus des reichen Höflings Potiphar bringen, wo er zum Verwalter des Hauses aufsteigt. Aus der kargen biblischen Mitteilung, daß Mut-em-Enet, Potiphars Frau, »ihre Augen auf Joseph warf«, macht Thomas Mann eine Erzählung von dreihundert Seiten. Er beschreibt, wie Mut in einem zähen Abwehrkampf gegen eine Liebe, die ihre Identität und ihre gesellschaftliche Reputation zerstört, schließlich unterliegt. Er spitzt die sexuelle Konstellation außerordentlich zu. Potiphars Eltern sind die Zwillingsgeschwister Huij und Tuij. Sie haben ihren Sohn im Inzest gezeugt und kastriert. Potiphar ist ein Eunuch, Mut eine Priesterin. Joseph bricht also in eine Ehe zwischen Mönch und Nonne ein. Er bleibt nicht so unangefochten wie in der Bibel, sondern entflieht erst im allerletzten Augenblick, als sein Fleisch bereits aufstand gegen seinen Geist. Der Tragödie der Geistigkeit, die dem Trieb verfällt, ist eine Dienerkomödie zugeordnet. Die Rolle des Triebes stellt Dudu dar, der phallische Zeugezwerg, der Joseph zu Fall zu bringen sucht, die Rolle des Geistes der kinderlose Zwerg Gottlieb, der Joseph warnt und ihm hilft. – Das Geschehen endet mit dem zweiten »Niedergefahren«. Joseph kommt ins Gefängnis für einige Jahre. Dort deutet er die Träume des Mundschenks und des Oberbäckers und wird – »auferstanden« – zu Pharao gerufen, als dieser von den fetten und den mageren Ähren, den fetten und den mageren Kühen geträumt hat und niemand seine Träume deuten kann. Thomas Mann siedelt das Geschehen in der ägyptologisch gut bekannten Zeit des Pharao Echnaton an. Dessen monotheistische Sonnenreligion paßte gut ins Konzept. Der rationalistische Aton-Kult steht gegen den finsteren, mit Faschismusanspielungen versehenen Amunskult. Die Ernährung des Volkes ist eigentlich Amuns Sache, denn die fruchtbar nährende Erde gehört wie der zeugende Nilschlamm zum Reich der Schwärze. Echnaton will sich damit nicht befassen. Er tritt als ein zum Handeln unfähiger, etwas weibischer Intellektueller auf. Joseph, der aus seinen zwei Gruben gelernt hat, wird der ideale Mittler zwischen dem Reich der Schwärze und der Vernunft. Er wird im Roman *Joseph der Ernährer* der gute Herrscher über Ägyptenland, der in den sieben fetten Jahren Vorräte anlegt, um in den sieben mageren Jahren alle versorgen zu können. Er ist der doppelt Gesegnete, »mit Segen von oben herab und von der unteren Tiefe, mit Segen quellend aus Himmelsbrüsten und Erdenschoß«. Er ist der von Hochmut und Narzißmus Geheilte, der vom aristokratischen Individualismus des Künstler-Träumers zur sozialen Verantwortung gefunden hat. – Wer bis zum Schluß durchgehalten hat, wird belohnt mit Versöhnungen über alles Maß. Es kommt die »Zeit der Erlaubnisse«. Der keusche Joseph darf heiraten. Die Begegnung mit der Frau ist keine Katastrophe mehr, aber sie bleibt auch ohne Tiefe. In einer von Pharao angeordneten Staatsheirat wird ihm die stachlige Asnath zugeführt. Josephs Wiedersehen mit den Brüdern hat Thomas Mann zu einer großen Komödie ausgestaltet. Der Roman endet mit Jaakobs Zug nach Ägypten, der großen Segens- und Sterbeversammlung und der gewaltigen Grablegung des inzwischen hundertjährigen Herdenkönigs. – Als eine Art Einlage erzählt Thomas Mann noch die Geschichte des Mädchens Thamar. Joseph ist ja nicht der Erstgeborene, die Heilslinie zu Christus hin läuft nicht über ihn, sondern über Juda. Aus geistlichem Ehrgeiz, um Nachkommenschaft zu empfangen und sich so in die Heilsgeschichte einzuschalten, heiratet Thamar erst Judas ältesten Sohn Er, nach dessen schnellem Tod den zweiten Sohn Onan. Weil dieser, seinem Namen gemäß, ihr seinen Samen nicht spenden wollte, verkleidet sie sich als Hure und verführt ihren Schwiegervater Juda, mit Erfolg, denn sie empfängt von ihm Zwillinge, darunter den Stammvater der Heilslinie, die über König David zu Joseph, dem Zimmermann, und zu Jesus führen wird.

Die Brücke vom Josephroman zum übrigen Werk hat Thomas Mann an einer versteckten Stelle selber gezeigt. Im Kapitel »In Schlangennot« schreibt er, im stillen Hinblick auf Mut-em-Enets Liebe zu Joseph, auf Friedemanns zerstörerische Verliebtheit *(Der kleine Herr Friedemann)*, auf Gustav von Aschenbachs Identitätszerfall im Angesicht des Knaben Tadzio *(Der Tod in Venedig)* und auf Hans Castorps Verfallenheit an Clawdia Chauchat (→ *Der Zauberberg*): »Es ist die Idee der Heimsuchung, des Einbruchs trunken zerstörender und vernichtender Mächte in ein gefaßtes und mit allen seinen Hoffnungen auf Würde und ein bedingtes Glück der Fassung verschworenes Leben. Das Lied vom errungenen, scheinbar gesicherten Frieden und des den treuen Kunstbau lachend hinfegenden Lebens, vom Meisterschaft und Überwältigung, vom Kommen des fremden Gottes war im Anfang, wie es in der Mitte war. Und in einer Lebensspäte, die sich im menschheitlich Frühen sympathisch ergeht, finden wir uns zum Zeichen der Einheit abermals zu jeder alten Teilnahme angehalten.«

Lit.: H. JENDREIEK, T. M., Düsseldorf 1977, S. 335–397.   H. KURZKE

Königliche Hoheit. 10 Kapitel; ED »Neue Rundschau«, 1909; EA Berlin 1909.

Auf den ersten Blick ist der Roman die Erziehungsgeschichte eines Fürsten. Klaus Heinrich wird als Sohn des Großherzogs Johann Albrecht mit einer »Hemmung«, einer Verkümmerung des linken Arms geboren. Seine Erziehung, die ihn auf spätere Repräsentationsaufgaben vorbereiten soll, steht einerseits im Zeichen von Entsagung und Bildung, andererseits kommt Klaus Heinrich durch seinen Erzieher Doktor Raoul Überbein und den Literaten Axel Martini mit den Gedanken Nietzsches und dessen Entwurf des Übermenschen in Berührung. Seine »formale Existenz« und das repräsentative Auftreten, welches das Volk von seinem Herrscher verlangt, empfindet Klaus Heinrich zunehmend als Verpflichtung auf eine scheinhafte Existenz und theatralische Unwirklichkeit. Nicht anders geht es seinem Vater und seinem Bruder Albrecht. Der erste empfindet seinen Tod deshalb als Erlösung, der zweite tritt in kritischer Bewertung des repräsentativen Lebens den Anspruch der Thronfolge ab. Ohne Zweifel spiegeln sich in der Geschichte Klaus Heinrichs zugleich Thomas Manns Überlegungen über die Rolle des Künstlers in der Gesellschaft, denn Künstler und Fürst führen, wie es ein Brief des Autors ausdrückt, gleichermaßen ein »repräsentatives Leben«. Eine Wende bringt Heinrichs gemeinsames Studium mit Imma Spoelmann, der Tochter eines amerikanischen Millionärs, die er später heiratet. Nicht nur fällt dem Fürstentum dadurch, den Weissagungen einer Zigeunerin entsprechend, ein Reichtum zu, der die Krise der Staatsfinanzen zu überwinden vermag; die Begegnung mit der an der öffentlichen Wohlfahrt interessierten Imma, einer

»Prinzessin in des Wortes sonderbarster Bedeutung«, bedeutet für Klaus Heinrich auch die Überwindung seiner Isolation und scheinhaften Existenz.

Insgesamt hat der Text märchenhafte und komödienhafte Züge zugleich: die Weissagung, der Zufall und das Glück der Liebe verwandeln die Geschichte Klaus Heinrichs in ein Traumspiel, das Probleme und Zwänge der Wirklichkeit zu lösen vermag. Ohne Zweifel trägt der Roman auch eine autobiographische Inschrift. Das »Lustspiel in Romanform«, das einerseits Bedingungen der künstlerischen Existenz in der wilhelminischen Zeit allegorisiert, andererseits die Phantasie einer Konfliktlösung anbietet, erscheint als Reflex auf eine Wendung des Künstlers zum Bürgertum, die sich für Thomas Mann lebensgeschichtlich bereits durch seine Heirat mit Katia Pringsheim im Jahr 1905 abzuzeichnen beginnt. 1910 schreibt er mit Blick auf seine Kritiker: »›Königliche Hoheit‹ ist nicht irgendein willkürlich gewählter Stoff, in welchem mein ›Virtuosentum‹ sich verbiß und auf den meine Unkenntnis kein Anrecht hatte. Sondern indem ich, nach meinen Kräften, an dem Streben einiger weniger teilnahm, den deutschen Roman als Kunstform zu adeln und zu erhöhen, erzählte ich, auch diesmal von meinem Leben.«

Lit.: D. LUDEWIG-THAUT, »Königliche Hoheit«. Autobiographische Züge in T. M.s Roman, Bonn 1975.   R. G. RENNER

Lotte in Weimar. 9 Kapitel; EA Stockholm 1939 (in: »Stockholmer Gesamtausgabe der Werke«). Der in Unterbrechung der Arbeiten an → *Joseph und seine Brüder* und als dessen »Gegenstück« entstandene Goethe-Roman ist für den Künstler Thomas Mann auch eine »Spiegelung der eigenen Existenz in Goethe« und zugleich eine Problematisierung dieses Spiegelverhältnisses. Der Text beschreibt, wie Lotte Kestner im Alter von dreiundsechzig Jahren in Weimar absteigt und nach Gesprächen mit Miss Cuzzle, Doktor Riemer, Adele von Schopenhauer und Goethes Sohn August schließlich mit diesem selbst zusammentrifft: sie wird zu einem Essen in gesellschaftlichem Rahmen beim Geheimen Rat Goethe eingeladen. – Alle diese Begnungen sind für Lotte enttäuschend, weil sie sich und ihre Beziehung zu Goethe immer noch unter dem Blickwinkel der → *Leiden des jungen Werthers* wahrnehmen will, während Goethe jene Erfahrungsstufe längst überwunden hat. Indessen kommt es vor Lottes Abreise bei der Heimfahrt von einem Theaterbesuch noch zu einer zweiten Begegnung mit Goethe. In dieser Szene mischen sich Traum und Wirklichkeit, ein »Spiel der Verwandlungen« läßt gegenwärtige und vergangene, authentische und literarische Erfahrung miteinander verschmelzen.

Abgesehen von dieser letzten Begegnung berichtet der Roman vor allem über Verkennungen. Adeles Geschichte etwa zeigt, wie sich Ottilie in ihrem Mann August von Goethe immer nur dessen Vater herbeiphantasiert. Was in Augusts Geschichte als Leiderfahrung erzählt wird, ist in jener von Lotte indessen ironisch dargestellt. Die Phantasien der Frau, sich noch im Alter allein auf die literarische Vorlage des *Werther* gründen, erweisen sich gegenüber der Wirklichkeit als unangemessen. Für August wie für sie gilt: »Der Erinnerung zu leben, ist eine Sache des Alters und des Feierabends nach vollbrachtem Tagewerk. In der Jugend damit zu beginnen, das ist der Tod.« Ambivalent ist auch das Bild Goethes im Text. Jung erscheint der Gealterte, weil er seinen Phantasien nachlebt. Allerdings gründen diese auch in einem »Benutzen des Erlebnisses«: sie verraten eine Kälte gegenüber anderen Menschen, die der große Mann, das »öffentliche Unglück«, als bloßes Material seiner Texte benutzt. Neben dieser moralisierenden Kritik des Künstlers steht seine psychologische Charakteristik. Das zentrale siebente Kapitel, das als innerer Monolog die Entstehung und Wirkung schöpferischer Produktivität umkreist, zeigt das Hervordringen des Unbewußten als eine Voraussetzung von Autorschaft. Dabei stellen die beiden Texte, an welchen Goethe schreibt und über die er erwachend nachdenkt, die *Annalen,* die das Thema des Todes behandeln, und der *Divan,* der eine narzißtische Selbstverklärung zeigt, die beiden Grundmotive des Narziß-Mythos nach. Er zentriert offensichtlich die Privatmythologie des schreibenden Goethe. Unter diesem Blickwinkel entfaltet die letzte Begegnung zwischen Goethe und Lotte einen phantastischen Diskurs im psychologischen Sinn. Sie übernimmt das Grundmotiv der Vertauschung aus der von Goethe nacherzählten Paria-Legende und beschreibt eine beständige Überlagerung wirklicher und phantasierter Beziehungen zwischen Goethe und Lotte. Das ungleiche Rollenspiel dieser Szene weist auf die Eigenart der poetischen Phantasie und kritisiert zugleich die Asozialität des zu unmittelbarem Gefühl unfähigen Künstlers. Dagegen zeigt Lottes vermeintlich bloß naives Verhalten auch ein Moment der Bewußtheit und des Selbstentwurfs, eine Fähigkeit zur phantastischen Überformung des eigenen Lebens. Goethes narzißtische Einstellung erscheint ihr als Verkümmerung, seine Selbstbespiegelung in der Beziehung zu Frauen als Selbstverlust: das ästhetische Axiom der ›Dauer im Wechsel‹ wird so psychologisch konterkariert.

Die Phantasien des Textes, in denen Thomas Mann ein »aufregendes, ja abenteuerliches Element« entdeckt, lassen in Lotte die Mythen der Mutter und der Geliebten zusammenfallen, gerade so werden dem Autor die psychischen Voraussetzungen seines Schreibens bewußt. Was August von Goethe im Gespräch mit Lotte ausführt, gilt auch für ihn: »Die Erinnerung spielt gewiß eine wichtige Rolle im Leben und Werk des Dichters, welche so weitgehend eins sind, daß man, genau genommen, nur eines zu nennen brauchte und von dem Werke als seinem Leben, dem Leben aber als seinem Werk sprechen könnte.«

Lit.: H. Jendreiek, T. M. – Der demokratische Roman, Düsseldorf 1977.   R. G. Renner

Der Zauberberg. 7 Kapitel; EA Berlin 1924.

Der frühe Thomas Mann ist ein Exponent der europäischen Décadence, noch nicht der antifaschistische Humanist der späteren Zeit. Das Frühwerk ist ästhetizistisch und unpolitisch. Sein Hauptthema ist das Verhältnis der Kunst zum Leben. *Der Zauberberg* war zuerst als parodistisches Gegenstück zum *Tod in Venedig* (1912) geplant. War dort ein hochgeachteter Künstler von den Mächten des Eros, der Krankheit und des Todes eingeholt worden, so sollte dasselbe nun einem einfachen Bürgersöhnchen geschehen. Die Entstehungszeit des Romans reicht von 1913 bis 1924. Sie umspannt bedeutende Entwicklungen im Leben Thomas Manns. Der Kriegsausbruch von 1914 sieht den bis dahin politisch Desinteressierten auf der Seite der kriegsbegeisterten deutschen Nationalisten. Erst 1922 wendete er sich der Republik zu. Die Entstehungszeit des *Zauberberg* umfaßt das ganze Entwicklungsspektrum vom Ästhetizismus über die nationalkonservative Parteinahme bis zum Republikanismus. Daraus erklären sich die Widersprüche bzw. die sehr unterschiedlichen Deutungen, die der Roman fand.

Die Handlung ist schnell erzählt. Der Hamburger Patriziersohn Hans Castorp will vor Beginn seiner Ingenieursausbildung noch eine Erholungsreise machen und besucht deshalb seinen lungenkranken Vetter Joachim Ziemssen in einem Sanatorium in Davos. Die Welt des Sanatoriums zieht ihn in ihren Bann. Aus den drei Wochen werden sieben Jahre, und erst der Kriegsausbruch von 1914 versetzt den jungen Mann abrupt wieder ins Flachland. Als Soldat, verloren im Gewimmel der Schlacht, kommt er uns aus den Augen.

In der ersten Hälfte des Romans wogt der Kampf um Bleiben oder Abreisen. Festgehalten wird Castorp durch die Faszination einer Frau, durch die Russin Clawdia Chauchat mit den verführerischen Armen, den Kirgisenaugen und den katzenartigen Bewegungen. Zur Abreise ins Flachland, in die Welt der Pflicht und der zielgerichteten Tätigkeit als Ingenieur, drängt ihn Lodovico Settembrini, Aufklärer, Humanist, Pädagoge und Republikaner. Settembrini unterliegt: Im Abschnitt »Walpurgisnacht« kommt es zur Liebesbegegnung zwischen Hans und Clawdia. Aber am anderen Morgen reist sie ab. Bis hierhin sind sieben Monate verstrichen. Die zweite Hälfte des Romans ist unter dem Gesichtspunkt der Handlung weniger geschlossen. Sie besteht aus einer Reihe von Episoden. Naphta tritt auf, Jesuit und Kommunist, Verteidiger des Terrors und der Inquisition, und führt mit Settembrini überbordende Diskussionen. Castorp bildet im Abschnitt »Schnee« seine höchstpersönliche Synthese aus den antithetischen Debatten der beiden Kampfhähne. Er vergißt jedoch, was er gedacht, und es kommt, begleitet von Frau Chauchat, ein neuer Gast: Mynheer Peeperkorn, ein holländischer Kaffeepflanzer, trinkend, feiernd, vital, ein Dionysos, der das Leben preist und sich selbst den Tod gibt, als er dem Leben nicht mehr gewachsen ist. Die Wiederbegegnung zwischen Hans und Clawdia bleibt formell, sogar das »Du« weicht allmählich wieder der Anrede »Sie«. Erneut reist sie ab, der große Stumpfsinn bricht aus, erträglich gemacht durch »Fülle des Wohllauts«, den Abschnitt, in dem Hans Castorp von seinen Lieblingsplatten erzählt. Der Abschnitt »Fragwürdigstes« berichtet von spiritistischen Sitzungen unter Leitung des obskuren Psychoanalytikers Dr. Krokowski. »Die große Gereiztheit« endet mit einem Pistolenduell zwischen

Naphta und Settembrini, bei dem Naphta von eigener Hand den Tod findet. Der Donnerschlag des Kriegsausbruchs macht schließlich dem Treiben ein Ende.

Aber nicht diese Handlung macht den Sinn des Romans aus. Er erschließt sich nicht von der Oberfläche des Handlungsverlaufs, sondern nur von der Leitmotivstruktur her. So erfahren wir von Hans Castorps Liebesnacht nur durch Clawdias Aufforderung »N'oubliez pas de me rendre mon crayon«. Der Bleistift ist durch Anspielungen und vorher erzählte Geschichten leitmotivisch aufgeladen mit der homoerotischen Knabenliebe zu Pribislaw Hippe, mit dem auf Sexualität, Schlaf und Tod bezogenen Motiv der »horizontalen Lage«, mit »asiatischer« Triebhaftigkeit und der Aufhebung des bürgerlichen Form- und Ordnungsbewußtseins. Dadurch erst wissen wir zu schätzen, daß Castorp »den Bleistift zurückgibt«. Der Bleistift ist ein Phallussymbol, die Rückgabe ein Coitus. Durch das Leitmotivsystem ist das Sanatorium nicht nur ein realistisch geschilderter, sondern auch ein allegorischer Ort. Metaphern, Verweise und Zitate machen es zum verzauberten Berg des Märchens, zum Venusberg und zum Hades. Das allegorisierende Beziehungssystem des Romans konfrontiert die bürgerliche Welt der Arbeit, der Form, der Zeitökonomie, der Vernunft und des Fortschritts mit den unbürgerlichen Mächten der Faulheit, der Formauflösung, des Stillstands, der Sexualität, des Rausches und des Todes. Es konfrontiert, in die Begrifflichkeit Schopenhauers übersetzt, die intellektuelle »Welt als Vorstellung« mit der triebhaften »Welt als Wille«. Diese Antithetik

ist das Ordnungsprinzip der Leitmotivik. Zur antibürgerlichen Triebwelt gehören zum Beispiel die Motive des Asiatisch-Östlichen, des Dämmerlichts, des Lallens, des Zigarrenrauchens, des Duzens, der Musik, der horizontalen Lage und des Bleistifts; zur bürgerlichen Pflichtwelt die Motive des Europäisch-Westlichen, des Weißlichts, der klaren Artikulation, der Nüchternheit, des Siezens, der Politik, der Arbeit und des Studiums im Lehrbuch »Ocean steamships«.

Der ursprüngliche Plan, ein Gegenstück zum *Tod in Venedig* zu schreiben, ist im ausgeführten Roman noch klar erkennbar. In beiden Fällen handelt es sich um Verfallsgeschichten. Dem Sanatorium entspricht Venedig, Clawdia Chauchat entspricht der schöne Knabe Tadzio. Doch der Roman erweiterte seine Dimensionen entscheidend durch den Kriegsausbruch von 1914. »In die Verkommenheit meines ›Zauberberges‹ soll der Krieg von 1914 als Lösung hereinbrechen, das stand fest von dem Augenblick an, wo es los ging«, schreibt der kriegsbegeisterte Thomas Mann im August 1914 an Samuel Fischer. Die Décadence-Thematik der »Sympathie mit dem Tode« wird jetzt aus einem Ästhetenproblem zur Vorgeschichte des Krieges; sie wird deshalb jetzt nicht mehr so sehr als Verfeinerung verstanden, sondern negativ akzentuiert, als »Verkommenheit«. Auch dieser Standpunkt bleibt in der Endfassung erkennbar. Der Krieg ist dort der »Donnerschlag«, der Castorp »entzaubert, erlöst, befreit«. Die Erfahrungen mit dem Menschlichen, die Hans Castorp im Zauberberge machen konnte, befähigen ihn schließlich zur großen Utopie im Abschnitt »Schnee«. Im weißen, wirbelnden Nichts des Schnees, der wie das Branden des Meeres das Bewußtsein von Raum und Zeit aufhebt, träumt Hans Castorp, vom Portwein betäubt, seinen doppelten Traum von den Sonnenleuten und dem gräßlichen Blutmahl, von der verständigen Gemeinschaft, die nur im stillen Hinblick auf das Gräßliche möglich ist. Er schließt träumend-denkend: »In der Mitte ist des Homo Dei Stand – inmitten zwischen Durchgängerei und Vernunft. [...] Ich will dem Tode keine Herrschaft einräumen über meine Gedanken! [...] Vernunft steht albern vor ihm da, denn sie ist nichts als Tugend, er aber Freiheit, Durchgärei, Unform und Lust. [...] Ich will dem Tode Treue halten in meinem Herzen, doch mich hell erinnern, daß Treue zum Tode und Gewesenen nur Bosheit und finstere Wollust und Menschenfeindschaft ist, bestimmt sie unser Denken und Regieren. Der Mensch soll um der Güte und Liebe willen dem Tode keine Herrschaft einräumen über seine Gedanken. Und damit wach' ich auf.« Diese Gedanken, im Frühjahr 1923 niedergeschrieben, sind unverkennbar eine Folge der Hinwendung ihres Autors zur Weimarer Republik. Aus dem Verfalls- und Entbildungsroman sollte der Bildungsroman werden, in dem ein junger Mensch »durch das Erlebnis der Krankheit und des Todes zur Idee des Menschen und des Staates geführt wird« (so an Arthur Schnitzler im September 1922). Der Roman endet aber nicht mit der Schneevision, obgleich viele Kommentare ihn im Sinne eines positiven Bildungsromans deuten. Wie konnte

Thomas Mann vom Schnee-Kapitel zum Krieg als dem längst vorgesehenen Schluß kommen? Er läßt Castorp seinen Gedankentraum noch am selben Abend vergessen und in die zeitlose Agonie des Sanatoriums zurücksinken. Auf »Schnee« folgen der Tod Joachim Ziemssens, die Rückkehr Clawdia Chauchats, Stumpfsinn, Musik, Spiritismus und schließlich der Krieg als Finis operis. Nach »Schnee« treten also die alten, der Bildungsidee feindlichen Strukturen weitgehend wieder in Kraft. Die Bildungsromanidee wird von der älteren, gegenläufigen Basisstruktur des Entbildungsromans außer Kraft gesetzt. Sie bleibt eine periphere, auktorial fettgedruckte Adresse an den Leser. Sie gewinnt nicht Gestalt im Roman, sondern bleibt bloße Meinung, vom Sein des Werks im Ganzen dementiert. Der Versuch, den Roman zum Transportmittel republikanischer Gesinnungen zu machen, hätte die Anlage des Werkes gesprengt, und es zeugt vom künstlerischen Können Thomas Manns, daß er ihn nicht gewaltsam gegen die vorgegebene Struktur durchsetzt.

Lit.: B. Kristiansen: T. M.s Zauberberg und Schopenhauers Metaphysik, Bonn 1986.
H. Kurzke

MEYER, Conrad Ferdinand (1825–1898)

Jürg Jenatsch. *Eine Bündnergeschichte.* 3 Bücher, 29 Kapitel; ED »Die Literatur« 1874; EA Leipzig 1876 (u. d. T. Georg Jenatsch). Der Roman zeichnet die Geschichte eines Mannes nach, der seine persönliche Integrität und religiöse Überzeugung seinen politischen Zielen opfert. Am Beispiel des historischen Schweizer Volkshelden aus der Zeit des Dreißigjährigen Krieges beleuchtet Meyer den »Conflikt von Recht u. Macht, Politik und Sittlichkeit«, Fragen, »die jetzt die Welt bewegen«. Gegenläufig zu der Form des historischen Berichts, der der Chronologie der Ereignisse folgt, zerstückelt Meyer das Geschehen in Episoden und greift Szenen heraus, die das Wesen der Hauptgestalt schlaglichtartig beleuchten, dabei jedoch streng strukturiert sind: Der Roman basiert auf dem Prinzip von Parallelhandlung und Gegensatz, wobei die Hauptpersonen in immer neue Konstellationen zueinander treten. Die Titelgestalt erreicht zwar ihr ehrenwertes politisches Ziel, doch nur zum Preis des zunehmenden Verlustes ihrer Integrität. So wird die Geschichte Jenatschs zur Geschichte des Verfalls eines Charakters. Den Gegenpol zu Jenatsch stellt Herzog Heinrich Rohan dar, dessen politische Ziele gleichermaßen edel sind, der diese aber auf Wegen verfolgt, die seine Gesinnungen nicht verletzen; als Politiker ist er jedoch zum Scheitern verurteilt. Den Konflikt zwischen Sittlichkeit und Politik kann keiner der beiden lösen.

Im 1. Buch, der »Reise des Herrn Waser« wächst der Pfarrerssohn Jürg Jenatsch zum ehrlichen, aber fanatischen Verfechter des Protestantismus und der Freiheit des Bündner Volkes heran. Ihm stehen als Gegner jene gegenüber, die mit den spanischen Katholiken paktieren wollen, allen voran Pompejus Planta, der Vater seiner Jugendfreundin Lucretia. Zunächst setzt sich das Volk unter Jenatschs Führung durch, das Geschlecht der Planta wird geächtet

und von seinem Stammsitz Riedberg vertrieben. Doch Planta will sich nicht geschlagen geben, er plant einen Anschlag auf Jenatsch. Durch Zufall erfährt dieser davon: Jürgs Freund, der Züricher Amtsschreiber Waser, ein pedantischer Philister, der in Jenatsch vor allem den urwüchsigen Kraftmenschen bewundert, wird unbemerkt Zeuge von Plantas Attentatsplan. Doch die Warnung des herbeieilenden Freundes kommt zu spät – Jenatsch kann sich und die Seinen nicht mehr retten, seine Frau Lucia findet bei dem Überfall den Tod. Zwar gelingt es Jenatsch, mit einigen Getreuen zu fliehen, doch der Tod seiner Frau steigert seine Wut und macht ihn zum gnadenlosen Fanatiker. Er überfällt Planta auf seinem Stammsitz, den dieser sich wieder angeeignet hat, und erschlägt den Gegner brutal mit einer Axt, die der Tochter Lucretia zum ewigen Symbol ihrer Rache am Mörder ihres Vaters – dessen Identität ihr jedoch verborgen bleibt – wird. Doch Jürg scheitert – es gelingt ihm nicht, Graubünden zu befreien, er stürzt das Land lediglich in eine langwährende Gewaltherrschaft unter spanisch-österreichischer Besatzung. Die Erkenntnis, daß dies nicht der Weg sein kann, Freiheit für sich und seine Landsleute zu erlangen, führt ihn im 2. Buch mit dem Titel »Lucretia« zu dem französischen Herzog Heinrich Rohan, einem Protestanten, der im Auftrag des katholischen Frankreich den Bündnern zu Hilfe kommen soll. Als Offizier Rohans gibt Jenatsch seine fanatischen Gewalttaten auf – doch nicht den Willen, sein Volk zu befreien. An die Stelle der Gewalt setzt er Diplomatie. Gemeinsam mit Herzog Rohan, als »der gute

Herzog« die Titelgestalt des 3. Buches, der einen gerechten Frieden mit ehrlichen Mitteln anstrebt, versucht er, im Vertrag von Chiavenna die Freiheit Graubündens festzuschreiben. Als die Zusatzklausel, die diese Freiheit sichern soll, von dem französischen Kanzler Richelieu nicht unterschrieben wird, greift Jenatsch zu einem letzten verzweifelten Mittel der Politik – er sendet Lucretia, den einzigen Menschen, dem er »traut wie sich selber«, als Mittlerin nach Mailand, um durch einen Pakt mit Spanien die verbriefte Freiheit Graubündens zu erhalten und die Franzosen aus dem Land zu vertreiben. Lucretia teilt mit Jenatsch, dem ihre unbeirrte Zuneigung gehört, die Liebe zu ihrem Land, ohne sich jedoch zum Fanatismus hinreißen zu lassen. Jenatsch tritt zum Katholizismus über und treibt durch Drohungen den Abschluß des Vertrages voran. Herzog Rohan, dem er lange erfolgreich untergeben war und für den er viele Schlachten gewonnen hat, hintergeht er, weil er erkennt, daß ein Mann mit den Prinzipien eines Herzog Rohan in der Politik scheitern muß. Aber die Vertreibung des Herzogs und der Franzosen aus Graubünden und die Sicherung des Friedens für das Land bringen Jenatsch nicht den ersehnten privaten Frieden. Denn die Spanier sehen in der zunehmenden Macht des Bündners eine Bedrohung für sich und beauftragen Rudolf Planta, einen Vetter Lucretias, Jenatsch auf einem Maskenball zu ermorden. Die Rache bleibt ihm versagt – Lucretias Knecht erschlägt Rudolf Planta in dem Augenblick, als er seine Waffe gegen Jenatsch richtet. Doch Jenatsch sieht sich ausweg-

los von seinen Feinden umzingelt. So erhebt schließlich Lucretia, die gekommen war, um Jenatsch zu warnen, das Beil, mit dem einst ihr Vater von dem jungen Georg Jenatsch erschlagen worden war, und trifft mit ganzer Kraft »das teure Haupt«. Die durchgängige Ambivalenz Lucretias zwischen der Liebe zu Jenatsch und dem Haß auf den Mörder ihres Vaters findet in dieser Schlußszene ihren dramatischen Höhepunkt.

Lit.: V. Herzog, Ironische Erzählformen bei C. F. M. dargestellt am »Jürg Jenatsch«, Bern 1970. J. H. Skarke

MEYRINK, Gustav (1868–1932)

Der Golem. 20 Kapitel; ED »Die weißen Blätter 1913/14; EA München 1915.

»Athanasius Pernath« lautet das Monogramm, das der Erzähler in einem versehentlich mitgenommenen Hut entdeckt. Für die Dauer eines Traumes verwandelt er sich in den Besitzer des Hutes und lebt als Gemmenschneider Pernath im Prager Ghetto. Sein Nachbar ist der habgierige Trödler und Millionär Aaron Wassertrum. Der illegitime Sohn Wassertrums, der arme Medizinstudent Charoussek, verfolgt mit Haß den Plan, die Machenschaften seines betrügerischen Vaters ans Licht zu bringen. Er vertraut Pernath an, daß er sich dabei der Mithilfe Dr. Saviolis bediene, der sich zu diesem Zweck im Ghetto eingemietet habe. Mißtrauisch beobachte Wassertrum diesen Mann und versuche ihn zu erpressen, seit er entdeckt habe, daß Savioli ein Liebesverhältnis zu einer Gräfin unterhalte. Bei einem Treffen mit der Gräfin stellt sich heraus, daß Pernath sie als junges

Mädchen gekannt und bis zum Wahnsinn geliebt hat. Von seinen Freunden erfährt er, daß man seine Erinnerung an diese Zeit durch Hypnose »einmauerte«. Die Geschichte vom Golem, dem sagenhaften, von einem Rabbiner gefertigten künstlichen Menschen, der immer wieder durch sein Erscheinen im Ghetto Entsetzen verbreitete, wird Pernath zum Sinnbild seiner eigenen Lebensgeschichte. Denn der Golem verschwindet nach seinem spukhaften Auftreten stets in dem vergitterten Zimmer eines Hauses, zu dem es keinen Zugang zu geben scheint. Der Versuch eines Mannes, an einem vom Dach herabgelassenen Seil einen Blick in den Raum zu tun, endete tödlich. Pernath erkennt plötzlich einen Zusammenhang zwischen dem sagenhaften Gemach ohne Zugang und seiner Vergangenheit: »Auch in meinem Fall ›würde der Strick reißen‹, wollte ich versuchen, in das vergitterte Fenster meines Innern zu blicken.« Kurz darauf entdeckt Pernath eine Falltür und gelangt auf unterirdischem Weg in das Zimmer. Regungslos in eine Ecke gekauert, muß er mitansehen, wie sich aus einer auf dem Boden liegenden Tarockkarte eine Gestalt bildet, die zu ihm herüberstarrt und niemand anderes ist als er selbst. Erst am Morgen verschwindet sein Spiegelbild wieder in der Spielkarte. Voller Entsetzen verläßt er das Haus und sucht Hilfe bei dem Rabbiner Hillel und dessen Tochter Mirjam. Durch eine Intrige Wassertrums wird Pernath wenig später des Mordes verdächtigt. Erst nach über einem Jahr kann er das Gefängnis verlassen. Als er voller Hoffnung auf ein Wiedersehen mit der geliebten Mirjam in das Judenviertel zurückkehrt, muß er entdecken, daß die Sanierung des Ghettos seine Freunde vertrieben hat. Er mietet sich in einem der noch intakten Häuser der Altstadt ein, das er als das Haus des Golem wiedererkennt. Als am Weihnachtstag ein Brand ausbricht und Pernath sich aus seinem Zimmer abseilt, sieht er durch ein Fenster Mirjam und Hillel. Da reißt der Strick und Pernath stürzt in die Tiefe. Voller Schreck erwacht der Erzähler und macht sich auf die Suche nach dem Besitzer des Hutes. Schließlich findet er auf dem Hradschin Mirjam und Pernath, der ihm wie sein Spiegelbild gleicht.

Lit.: M. QUASIM, G. M. – Eine monographische Untersuchung, Stuttgart 1981.

M. HECKER

MILLER, Johann Martin (1750–1814)

Siegwart. *Eine Klostergeschichte.* 2 Teile; EA Leipzig 1776.
Xaver Siegwart, der Sohn eines Amtmanns, verbringt eine glückliche Jugend in einem schwäbischen Dorf an der Donau und zeigt schon früh eine empfindsame Disposition (Naturliebe, Weinen am Grab der Mutter). Bei einem Besuch des nahen Kapuzinerklosters in Füllendorf ist er vom klösterlichen Leben so beeindruckt, daß er Mönch werden möchte. Auf der Piaristenschule in Günzburg, auf die ihn sein Vater zur Vorbereitung auf die geistliche Laufbahn schickt, befreundet er sich mit den Kameraden Grünbach und Junker Friedrich von Kronhelm. Gemeinsam sind sie von antiken Heldensagen fasziniert, musizieren und lesen voll Begeisterung Klop-

stocks *Messias.* Bei einem Ferienaufenthalt auf dem Schloß der Kronhelms erlebt Siegwart die negativen Seiten der Adelsgesellschaft, bei einem Gegenbesuch im Haus des Amtmanns Siegwart verlieben sich der junge Kronhelm und Xavers Schwester Therese leidenschaftlich ineinander. Der alte Veit Kronhelm, von Thereses Schwägerin informiert, unterbindet jedoch auf brutale Weise jeden Kontakt zwischen den Liebenden. Der junge Kronhelm wird von Xaver getrennt und auf die Universität Ingolstadt geschickt, wo er aus Liebeskummer melancholisch wird. In Günzburg verliebt sich Sophie, die Schwester von Siegwarts zweitem Freund Grünbach, in Xaver, der ihre Liebe jedoch nicht erwidert; sie geht ins Kloster und stirbt wenig später an ihrer unglücklichen Liebe. Siegwart seinerseits, der nun ebenfalls in Ingolstadt sein Studium aufnimmt, verliebt sich hier in Marianne Fischer, die Tochter des reichen, hochmütigen Hofrats Fischer, in dessen Haus er verkehrt und musiziert. Der alte Kronhelm möchte inzwischen seinen Sohn zu einer Ehe mit einer Adligen zwingen. Kronhelm flieht vor dieser Verbindung, bei der Verfolgung seines Sohnes verunglückt der Vater tödlich, so daß Friedrich seine geliebte Therese endlich heiraten kann. Weniger glücklich endet Siegwarts Liebesgeschichte: Sein sterbender Vater stimmt zwar einem juristischen Studium Xavers zu, damit er Marianne heiraten kann, aber der Hofrat Fischer will seine Tochter zu einer Ehe mit dem reichen Hofrat Schrager nötigen. Selbst Mißhandlungen können ihre Liebe zu Siegwart nicht zerstören, so daß sie schließlich heimlich in ein Kloster gesteckt wird. Siegwarts Versuch, sie, als Gärtnerbursche getarnt, zu entführen, wird durch Verrat verhindert; er muß fliehen und glaubt Marianne tot. Verzweifelt leistet er das Ordensgelübde und wird Kapuziner. Als er nach Jahren der Kasteiung und des melancholischen Siechtums in einem nahen Nonnenkloster einer sterbenden Nonne die Beichte abnehmen soll, erkennt er in ihr Marianne und bricht zusammen. Erschöpft kann er sich nachts noch auf den Friedhof schleppen, wo er auf dem Grabhügel seiner Geliebten stirbt: »und der edle Jüngling lag erstarrt und todt im blassen Mondschein auf dem Grabe seines Mädchens, dem er treu geblieben war bis auf den letzten Hauch.« Millers *Siegwart,* der autobiographische Elemente enthält und eine Reihe ähnlicher sentimentaler Romane einleitet, markiert einen Höhepunkt trivialisierter Empfindsamkeit. Der Roman kombiniert in einer rührseligen Gefühlssprache alle Topoi der modischen empfindsamen Tendenz, die in ihren bedeutenden Werken wie Youngs *Night Thoughts* (1742–44) und Goethes → *Die Leiden des jungen Werthers* ihre Ausprägung erfahren haben, auf publikumswirksame Weise. Das oft als Wertheriade (Werther-Nachahmung) bezeichnete Werk war trotz seines »frauenzimmerlichen« Stils (Goethe) und parodistischer Bearbeitungen (z. B. Bernritters *Siegwart, oder Der auf dem Grab seiner Geliebten jämmerlich erfrohrene Kapuciner,* 1777) einer der größten Bucherfolge seiner Zeit.

Lit.: A. FAURE, Nachwort, in: J. M. MILLER, Siegwart. Eine Klostergeschichte. Faksimiledruck nach der Ausgabe von 1776, I–II, Stuttgart 1971, S. 1*–42*. R. MARX

MORGNER, Irmtraud
(1933–1990)

**Leben und Abenteuer der Tro-
badora Beatriz nach Zeugnissen ihrer Spielfrau Laura.** 13
Bücher und 7 »Intermezzos«; EA
Berlin / Weimar 1974.
Beatriz de Dia, eine provenzali-
sche mittelalterliche Minnesänge-
rin aus dem 12. Jahrhundert, läßt
sich, enttäuscht von der vorge-
fundenen Welt der Männer, in einen Dornröschenschlaf versetzen,
aus dem sie 1968 unsanft geweckt
wird, als wegen des Baus einer
Autobahn ihr Schloß gesprengt
werden soll. Auf der Suche nach
emanzipierten Frauen und einer
Stellung als Trobadora gerät sie
mitten in die bewegte Zeit der
französischen Maiunruhen und
Studentenrevolten und lernt nach
zunächst ernüchternden Erlebnissen schließlich Uwe Parnitzke
kennen, in den sie sich verliebt, als
er von seinem sagenhaften Hei-
matland berichtet. Dieses gelobte
Land ist die DDR, wo der Trobadora die völlige Gleichstellung
von Mann und Frau Wirklichkeit
geworden zu sein scheint. Beatriz
wird von einer Märchen- und
Zauberwelt begleitet: von ihrer
Schwägerin, der schönen Melusine, die wie sie für die »dritte
Ordnung« – »weder patriarchalisch noch matriarchalisch,
sondern menschlich« – kämpft,
sowie von Persephone und De-
meter als abgesetzten, rachsüchtigen Göttinnen des Matriarchats.
In der DDR schließt sie Freundschaft mit Laura Salman, Parnit-
kes erster Frau, die wie sie schreibt
und ihre Spielfrau wird. Die beiden Frauen ergänzen sich gegenseitig: Beatriz vermittelt Laura ein
auf Veränderung hin ausgerichte-
tes Geschichtsbewußtsein, wäh-

rend Laura versucht, Beatriz' Fanatismus und Rebellion gegen die
auch in der DDR noch herrschenden patriarchalischen Lebensformen in pragmatische Bahnen zu
lenken: »Wer die Welt verändern
will, muß Geduld haben«. Sie
schickt Beatriz auf »therapeutische Aventüre« ins Ausland, um
das sagenhafte Einhorn zu finden.
Die Trobadora unternimmt weite
Reisen, findet auch schließlich das
Einhorn, doch nun zeigt sich, daß
die Freundinnen sich immer ähnlicher werden; »das entfernt sie«.
Nachdem Beatriz ihr Fernweh ge-
stillt, die Utopie erreicht hat, gibt
sie ihre Rebellion auf, wird selbst
hausfraulich und anpassungsfä-
hig. Kurze Zeit später stürzt sie
beim Fensterputzen und kommt
dabei zu Tode. Laura wird in der
Tafelrunde, die sich für die »dritte
Ordnung« einsetzt, Beatriz'
Nachfolgerin. Mit dem Tod der
Trobadora wird die bloße Utopie
zugunsten eines Mittelwegs zwischen dem Machbaren und den
utopischen Entwürfen abgewiesen. – Irmtraud Morgners phanta-
sievoller weiblicher Schelmenroman wird zwar chronologisch erzählt, jedoch von zahlreichen epi-
sodischen Einschüben unterbrochen. In 7 Intermezzi stellt die
Autorin sich selbst, indem sie
Ausschnitte aus ihrem früheren,
durch die Zensur blockierten Roman »Rumba auf einen Herbst«
integriert, der die Geschichte der
DDR anhand von Biographien
verschiedener Männergestalten
darstellt. Im Buch wiedergegeben
sind außerdem die literarischen
Versuche der weiblichen Hauptfiguren, so auch die der Wissen-
schaftlerin Valeska Kantus, Par-
nitzkes zweiter Frau, deren Ge-
schlechtsumwandlung ein weiteres Symbol bildet für die »dritte

Ordnung« und die Notwendigkeit, traditionelle Rollen von
Mann und Frau neu zu überden-
ken und zu definieren.

Lit.: P. REUFFER, Die unwahrscheinlichen Ge-
wänder der anderen Wahrheit. Zur Wiederentdeckung des Wunderbaren bei G. Grass
und I. M., Essen 1988.   S. ZELLER

MÖRIKE, Eduard (1804–1875)

Maler Nolten. *Novelle in zwei
Teilen.* EA Stuttgart 1832.
Ort der Handlung des 1. Teils ist
eine süddeutsche Residenzstadt,
in der der junge Maler Theobald
Nolten eintrifft, nachdem sich
sein ehemaliger Diener Wispel zunächst für ihn ausgegeben hatte.
Gefördert durch Herzog Adolph,
den Bruder des Königs, erhält
Nolten Zutritt zum Hause des
Grafen Zarlin. Mittelpunkt der
dort regelmäßig versammelten
kunstinteressierten Gesellschaft
ist Constanze von Armond, die
verwitwete Schwester des Grafen, in die sich Nolten leidenschaftlich verliebt. Nicht nur der
Standesunterschied und die Neigung Herzog Adolphs zu Constanze, sondern vor allem Noltens
Verbindung mit Agnes, der im
heimatlichen Neuburg lebenden
Pflegetochter seiner Eltern, stehen einer Erfüllung dieser Liebe
entgegen. In einem Gespräch mit
seinem Freund, dem Schauspieler
Larkens, das sich einem Maskenball am Silvesterabend anschließt,
bekräftigt Nolten seine Absicht,
sich von Agnes zu lösen, da er
seine Braut der Untreue verdächtigt. Während er deshalb den
Kontakt zu ihr seit längerem abgebrochen hatte, hat Larkens,
diese Absicht mißbilligend, die
Korrespondenz in Noltens Namen, aber ohne dessen Wissen,
weitergeführt. Tatsächlich war

die von Nolten zu Unrecht als
Untreue mißdeutete Krise durch
eine Begegnung von Agnes mit
einer Zigeunerin ausgelöst worden, die Agnes das Scheitern der
Verbindung mit Nolten prophezeit und ihr die Trennung angera-
ten hatte. Von einer dadurch aus-
gelösten schweren Krankheit erholt sich Agnes nur langsam.
Während eines winterlichen Aus-
flugs zu einem nahegelegenen
Schloß gesteht Nolten Constanze
seine Liebe. Nach der Aufführung
des von Larkens verfaßten Schat-
tenspiels »König Orplid« im
Hause Zarlins spielt Larkens Constanze die von ihm verfaßten
Briefe an Agnes in die Hände, um
so eine Verbindung mit Nolten zu
verhindern. Die »fatalste Verschränkung der Umstände« wird
durch den Unwillen am Hofe forciert, der Larkens Theaterstück als
Satire auf den toten König deutet. Von Herzog Adolph um ein
Urteil gebeten und zugleich
durch dessen Werbung bedrängt,
spricht die durch Noltens angebli-
ches Doppelspiel zutiefst verletzte
Constanze Larkens und Nolten
schuldig: beide werden verhaftet
und inhaftiert. Nachdem die Zigeunerin (die zuvor schon verkleidet auf dem Maskenball aufgetreten war) auch in der Stadt erscheint, geben zwei Rückblenden
am Ende des 1. Teils Aufklärung
über ihre Verbindung zu Nolten.
Dieser war ihr als Sechzehnjähri-
ger bereits begegnet und hatte sie
dabei durch ihre Ähnlichkeit mit
einem Porträt im elterlichen
Hause als Elisabeth, die Tochter
seines Onkels Friedrich aus einer
Verbindung mit der Zigeunerin
Loskine, wiedererkannt. Nach
der Haftentlassung der beiden
Freunde zu Beginn des 2. Teils
entschließt sich Larkens, die Stadt

zu verlassen. In einem Abschiedsbrief enthüllt er Nolten sein bisheriges Vorgehen und rät ihm, Agnes aufzusuchen. Durch die Vermittlung des Hofrats Jaßfeld kann
Nolten Constanze – ohne sie jedoch wiederzusehen – von seiner
Unschuld überzeugen. In der
ländlichen Idylle Neuburgs mit
Agnes ausgesöhnt, erhält er den
Ruf an ein norddeutsches Fürstenhaus. Die Reise dorthin, zu der er
mit Agnes und seiner Schwester
Nannette aufbricht, wird in einer
ehemaligen Reichsstadt unterbrochen. Von Wispel auf Larkens
Spur gebracht, findet Nolten den
Freund, der nun als Tischler namens Joseph unter Handwerkern
lebt, in einem Gasthof. Das Wiedersehen scheitert jedoch, Larkens flieht und begeht in derselben Nacht Selbstmord. Bei den
Begräbnisvorbereitungen lernt
Nolten den Präsidenten von K★
kennen, der ihn auf sein Landgut
einlädt. Hier findet der Roman
sein tragisches Ende. Von Nolten
über Constanze und Larkens Intrige aufgeklärt, wird die dadurch
schon tief verstörte Agnes nach
einer erneuten Begegnung mit
Elisabeth, die dabei nachdrücklich
ihren ausschließlichen Anspruch
auf Nolten bekräftigt, wahnsinnig und nimmt sich wenig später
das Leben. Der durch diese Kette
von Schicksalsschlägen entkräf-
tete Nolten stürzt sich nach einer
nächtlichen Vision zu Tode.
Nachdem auch Elisabeth tot aufgefunden wird und Constanze die
Ereignisse nur um wenige Monate überlebt, blicken am Ende
des Romans der Präsident und
Hofrat Jaßfeld, bei dem es sich um
Noltens Onkel Friedrich handelt,
»in einen unermeßlichen Abgrund des Schicksals hinab«.
Die von Mörike so bezeichnete

»Novelle« vereinigt, wie schon
zeitgenössische Rezensenten be-
merkten, Elemente des psychologischen wie des Künstler- und
Entwicklungsromans in sich, wobei dessen optimistisches Konzept
unter dem Einfluß romantischer
Strömungen in ein düsteres Gegenbild verkehrt wird. Den Kern
eines fatalistischen Schicksals-
begriffs bildet die Liebe, die –
als »Entwicklung zum Tode«
(Mayer) am sinnfälligsten in der
Figur der unschuldig-naiven, dafür um so verletzlicheren Agnes
sowie im dämonisch-pathologi-
schen Wesen Elisabeths verkörpert – sich in einer unmittelbaren
Nähe zu Krankheit und Wahnsinn
bewegt. Ebenso wichtig wie die
oft komplizierte Handlungsführung ist deshalb die psychologisch
detaillierte Schilderung seelischer
Zustände, die zahlreiche Versein-
lagen (so besonders der »Pere-
grina-Zyklus«) zusätzlich illustrieren und in denen Liebe und
Erotik einen zutiefst ambivalenten Charakter gewinnen. Mörike
hat den *Maler Nolten*, den man als
Dokument der »Zeit des Übergangs« (Storz) zwischen Nach-
klassik, Romantik und Realismus
bezeichnet hat, seit 1853 umzuar-
beiten begonnen, ohne eine (1877
durch Julius Klaiber postum herausgegebene) Neufassung jedoch
zu vollenden.

Lit.: G. STORZ, E. M., Stuttgart 1967.
                                              J. JOHN

MORITZ, Karl Philipp
(1756–1793)

Andreas Hartknopf. *Eine Allegorie.* EA Berlin 1786 (eigentlich
1785) – **Andreas Hartknopfs
Predigerjahre.**   EA   Berlin
1790.

Die anonym erschienenen Texte um den Priester und Grobschmied Andreas Hartknopf entstanden parallel zu Moritz' (weitaus bekannterer) Autobiographie → *Anton Reiser*. Wiewohl sich etliche Elemente der Moritzschen Lebensgeschichte auch in den Hartknopf-Romanen wiederfinden, unterscheidet sich deren ›allegorisierendes‹ Erzählkonzept fundamental vom psychologisch begründeten Ansatz des *Anton Reiser*. Deutlich auf die Romanformen der Frühromantik vorausweisend, ranken sich locker verbundene Erzählungen, Reflexionen, lyrische Einlagen und Dialoge um die Zentralfigur des Schmiedsohns Andreas Hartknopf. Dieser kehrt – zu Anfang der »Allegorie« – auf einer Wanderung »nach Osten« in seine Geburtsstadt Gellenhausen zurück, wo sich seine zufälligen Wegbegleiter, die »Kosmopoliten und Weltreformatoren« Hagebuck und Küster, anschicken, philanthropisches Gedankengut zu verbreiten. Deren Abstraktion vom Individuum setzt Hartknopfs natürliche »Herrschaft über die Gemüter« eine angewandte, auf den einzelnen ausgerichtete Pädagogik entgegen, wie er sie in Gellenhausen bei seinem Vetter Knapp, dem Wirt im Gasthofe zum Paradiese, antrifft. Knapp ist wie Hartknopfs Emeritus Rektor Elias eine der ›Lichtgestalten‹ des Romans, die innerhalb der allegorisierten Figurenkonfiguration dem Vernunft-Despotismus widerstreiten. Das als »Vorbericht« vorangestellte Bibelwort »Der Buchstabe tötet, aber der Geist macht lebendig« (2. Kor. 3,6) spiegelt Hartknopfs Anschauung, der zufolge die Musik letztlich »zur eigentlichen Sprache der Empfindungen« wird. Die bewußt fragmentarisch bleibenden Gellenhäuser Episoden erlauben es kaum, eine kohärente Lehre Hartknopfs herauszukristallisieren. Diese ist aus Versatzstücken des Freimaurer- und Schwärmertums, des Stoizismus und der Bibellektüre zusammengesetzt und zielt darauf ab, gegen die vorherrschenden Mächte eine irdische Verwirklichung der christlichen Botschaft zu ermöglichen, auch dort, wo sie Hartknopf unter dem vermeintlich fatalistischen Begriff der Resignation resümiert. Hartknopfs Biographie selbst ist als Geschichte eines Märtyrers in der Christus-Nachfolge vorgestellt. Der Erzähler, der den Theologiestudenten Hartknopf »im Jahr 177★« in Erfurt kennenlernte, sieht seine Aufgabe darin, eine distanzlose Hagiographie des Leidensweges zu präsentieren. Ehe er dabei in den *Predigerjahren* Hartknopfs Vorgeschichte nachreicht, vermerkt er am Ende der »Allegorie« das Scheitern seines Helden: Fünf Jahre nachdem Knapp und Elias hingerichtet werden, fällt auch Hartknopf den opponierenden Strömungen zum Opfer und stirbt in den achtziger Jahren den Märtyrertod. Die Fortführung, *Andreas Hartknopfs Predigerjahre,* hingegen geht in die Zeit zurück, als Hartknopf Erfurt verlassen hat und an die Pfarrei Ribbeckenau verpflichtet wird. Obwohl er auch hier auf ihm wohlgesonnene Menschen trifft, steht seine Pfarrexistenz von Anfang an unter schlechten Vorzeichen. Einer durch widrige Umstände mißratenen Antrittspredigt folgen Häresie-Vorwürfe, die insbesondere der Küster Ehrenpreiß schürt. Hartknopfs Lehre von der Viereinigkeit (ergänzt durch das den

Geist lebendig machende »Wort«) oder das mit Rettich und Salz vorgenommene Abendmahl erscheinen als »wilde Blasphemie« (Moritz an Goethe), die für die kirchliche Orthodoxie inakzeptabel ist. Ungeachtet dieser Differenzen scheint sich Hartknopfs Leben vorübergehend zu beruhigen, als er sich in Ribbeckenäuchen mit der Pächtertocher Sophie Erdmuth verheiratet und bald darauf Vater eines Sohnes wird. Doch die Enge der Idylle erweist sich für ihn als unerträglich, so daß er – nachdem der »Scheidebrief« ausgestellt ist – schweren Herzens Frau und Kind verläßt und sich auf jene rastlose Wanderung begibt, die ihn nach Gellenhausen führen wird. Wie Hartknopf in den *Predigerjahren* dem orthodox-kirchlichen Rigorismus des Küsters (»den Hartknopf habe ich moralisch tot geschlagen!«) unterliegt, so geht er später – in der »Allegorie« – am aufklärerischen Rigorismus zugrunde.

Lit.: C. KESTENHOLZ, Die Sicht der Dinge. Metaphorische Visualität und Subjektivitätsideal im Werk von K. P. M., München 1987, S. 131–150.   R. MORITZ

Anton Reiser. *Ein psychologischer Roman.* 4 Teile; EA Berlin 1785–1790.
Der als »psychologisch« bezeichnete Roman, der zu Teilen seit 1783 – unter anderem in Moritz' *Magazin zur Erfahrungsseelenkunde* – veröffentlicht wurde, ist strenggenommen dem Genre der Autobiographie zuzurechnen. Bereits der Vorspann des 1. Teils betont, daß das Werk auch als »Biographie« zu bezeichnen sei, »weil die Beobachtungen größtenteils aus dem wirklichen Leben genommen sind«. Wie Nachforschungen ergaben, halten sich die Fakten des Erzählten eng an die ersten beiden Lebensjahrzehnte des Autors, der so versucht, seine »innere Geschichte« abzubilden. Die notwendige Distanz soll dadurch geschaffen werden, daß sich Moritz in eine reflektierende, ›vernünftige‹ Erzählerfigur und in einen unsteten, empfindsamen Protagonisten – Anton Reiser – aufspaltet. Erzählerkommentare verdeutlichen wiederholt, daß erst die heraufbeschworene »Reihe seiner Erinnerungen an das Vergangene« es erlaubt, die wechselvollen Ereignisse und Empfindungen zu ordnen und in einen Zusammenhang zu stellen. Antons Biographie erscheint von Anfang an – und nicht nur in seiner Perspektive – als »Leidensgeschichte« eines kleinbürgerlichen Verhältnissen entstammenden Kindes. Die Nähe des Vaters zu den schwärmerischen Lehren der Quietistin Madame Guyon ruft Konflikte im Elternhaus hervor. In Anton als dem Opfer dieser Auseinandersetzungen erwächst früh das Gefühl, »von der Wiege an unterdrückt« worden zu sein. Gleichzeitig jedoch entdeckt er Möglichkeiten, sich mittels seiner Einbildungskraft über die Misere hinwegzuheben. Dieses Vermögen bleibt in allen Romanteilen die treibende psychische Kraft und befördert Leid und Glück gleichermaßen. Als erster zentraler Antrieb erweist sich dabei die Romanlektüre (beispielsweise der Schnabelschen → *Insel Felsenburg*), die eine »neue Welt« eröffnet. Nach dem kurzen Besuch einer Lateinschule wird Anton gezwungen, bei einem Hutmacher in B[raunschweig] in die Lehre zu gehen. Ungeachtet der (präzise beschriebenen) Monotonie der harten Lehrzeit pflegt er geistige

Interessen und sucht sich darüber mit dem Hutmachermeister auszutauschen. Das vermeintlich freundschaftliche Verhältnis kühlt sich indessen rasch ab; Anton verübt einen Selbstmordversuch und muß, gedemütigt, in seine Heimatstadt H[annover] zurückkehren. Bereits diese Episode macht einen wesentlichen Zug der Reiserschen Lebensgeschichte deutlich: Geplagt von Hypochondrie und Melancholie, sieht sich Anton beständig wechselnden Gefühlsströmen ausgesetzt. Ein selbstverfaßter – leitmotivisch eingerückter – Vierzeiler resümiert diese Erfahrung; »Oft will ich mich erheben / Und sinke schwer zurück / Und fühle dann mit Beben / Mein trauriges Geschick.« Die Begeisterung, die Anton in Braunschweig für einen rhetorisch brillanten Prediger hegte, läßt ihn Vortragsnachschriften anfertigen, die den ersten Versuch darstellen, »seine Gedanken zu ordnen« – eine autobiographische Vorstufe, zu der auch die Tagebuchnotizen des 3. Teils zählen. Nach und nach gelingt es Anton in Hannover, die Aufmerksamkeit auf sich zu ziehen, so daß er – während seine Eltern die Stadt verlassen – in die hohe Schule eintreten darf. Ganz dem typischen Erzählmuster vieler Autobiographien folgend, greift der Text auch scheinbar abseitige Details der Lebensgeschichte auf, da nicht deren erzählerische Funktion, sondern die durchaus ungewisse Bedeutung für die Entwicklung des Protagonisten von Gewicht ist. Diese »kleinscheinenden Umstände sind es eben, die das Leben ausmachen«, und so gibt Moritz ausführlich die Tagesabläufe, die Facetten der Theaterleidenschaft oder die seelischen Nöte seines

Helden wieder, die diesem aus den ihm eingeräumten Freitischen entstehen. Immer wieder stürzt Anton in selbstquälerische Niedergeschlagenheit, die ihn an seiner gesellschaftlichen Stellung (ver)zweifeln lassen. Ein Eklat während eines Empfanges führt schließlich dazu, daß die Logis bei seinem Rektor aufgekündigt wird und er zusehends verwahrlost. Wie die Vorrede des 3. Teils herausstreicht, bemüht sich der Erzähler darum, Antons Schicksalsschläge als pädagogisches Lehrstück auszuweisen. Die Erfahrungen des Helden sollen »nicht ganz unnütze Winke für die Lehrer und Erzieher« geben, »woher sie Veranlassung nehmen könnten, in der Behandlung mancher ihrer Zöglinge behutsamer« zu sein. Der 3. Teil selbst zeigt, wie sich Anton, nun mit größerem Erfolg, über sein Elend hinwegsetzt; er findet zur Lektüre zurück (Shakespeare; Goethes *Werther*) und betreibt philosophische Studien. Vor allem im Austausch mit seinem treuen Freund Philipp Reiser wagt sich Anton an erste lyrische Versuche, deren Hintergrund – wie der Erzähler bloßstellt – nicht selten Eitelkeit und Gefallsucht bilden. Auf breite Anerkennung stößt Antons Festrede, die er auf den Geburtstag der englischen Königin schreiben darf. Dennoch empfindet der nun Neunzehnjährige ein stärker werdendes Unbehagen über die Enge in seiner Heimatstadt: »Alle seine Gedanken fingen allmählich an, ins Weite zu gehen«, und so beschließt er, auf diese Weise »seinen Namen mit der Tat zu führen«. Von einem dieser Ausflüge (nach Bremen) zurückgekehrt, bedarf es wiederum nur einer deprimierenden Erfahrung – man verweigert ihm

eine Rolle bei einer *Clavigo*-Aufführung –, um ihn niederzudrükken und den endgültigen Abschied von Hannover zu provozieren. Seine oft beschwerlichen
Reisen führen ihn nach Hildesheim, Orschla, Erfurt und Gotha,
doch der verzweifelt verfolgte
Wunsch, sich dem Theater zuzuwenden, erfüllt sich nicht. Trotz
freundlicher Aufnahme bei der
Eckhofschen Theatertruppe
kommt Antons Bühnendebüt
nicht zustande. Als er überdies
vergeblich dem Barzantischen
Ensemble nachreist, beschließt er,
nach Erfurt zurückzukehren, und
immatrikuliert sich dank eines
Empfehlungsschreibens an der
dortigen Universität. Was als Stabilisierung seiner Psyche erscheint, ist indessen nicht von
Dauer. »Phantastische Träume«
treiben Anton bald wieder dazu,
seinem »Lebensbedürfnis«, dem
Theater, nachzugehen. Ohne daß
ihn die Ratschläge seines Förderers Doctor Froriep eines Besseren belehren können, nimmt er
eine mißglückte *Werther*-Inszenierung zum Anlaß, um seiner »Leidenschaft« zu frönen und – wie
der Erzähler räsoniert – »aufs neue
über die Vernunft den Sieg zu geben«. Anton macht sich nach
Leipzig auf, wo er sich der
Sp[eich]schen Truppe anschließen
möchte. Dort angekommen, findet er jedoch lediglich die niedergeschlagenen Schauspieler vor,
die ihm mitteilen, daß sich die
Truppe in finanzieller Bedrängnis
aufgelöst habe. »Die Sp...sche
Truppe« – so der Schlußsatz des
Buches – »war also nun eine zerstreute Herde«, und konträr zum
Modell des Entwicklungsromans
bleibt die Frage, welchem Ziel
sich Anton Reisers Lebensweg zuwenden wird, ohne Antwort.

Lit.: L. MÜLLER, Die kranke Seele und das
Licht der Erkenntnis. K. P. M.' »Anton Reiser«, Frankfurt/M. 1987.   R. MORITZ

MUSCHG, Adolf (geb. 1934)

Albissers Grund. EA Frankfurt/
M. 1974.

Im Spätsommer 1973 feuert der
40jährige Zürcher Gymnasiallehrer Dr. Peter Albisser acht
Schüsse auf den etwa zwanzig
Jahre älteren »Flüchtling« Constantin Zerutt ab. Während der
Schütze Auskünfte über seine
Tatmotive verweigert, laboriert
Zerutt an seinen schweren Verletzungen. Wegen der Schweigsamkeit Albissers sind die Ermittlungen der Untersuchungsrichter auf
die Aussagen des Graphologen
und Analytikers Zerutt angewiesen. Dem Schema der klassischen
Kriminalerzählung folgend, versucht der Roman, Albissers
»Grund« und damit das Verhältnis der beiden Männer zueinander
zu enträtseln. Gespräche mit den
Juristen und der Krankenschwester Claudia, die psychologischen
Gutachten von Dr. Wirz, aufgefundene Briefe, Tonbandaufzeichnungen und amtliche Nachforschungen erlauben es nach und
nach, die Biographie des Täters
auch für die Jahre nachzuzeichnen, die hinter seine von 1969 und
1972 währenden Zusammenkünfte mit Zerutt zurückreichen.
Bereits als Kind hatte Albisser die
an ihn herangetragenen Erwartungen der Gesellschaft verinnerlicht und sich an ›Vorbildern‹, an
»starken Männern« orientiert.
Promotion, Offiziersrang und
Heirat werden zu Stationen des
äußerlichen Erfolgs. Aufenthalte
in Japan und den USA lenken seinen Weg in eine andere Richtung:
Seine Frau trennt sich von ihm,

und er selbst läßt sich – so die Lesart des Psychologen Wirz – »in das soziale und politische Engagement« treiben. Albissers Lebenslauf repräsentiert so das für die Zeit um 1970 typische Dilemma des sich etablierenden Linksintellektuellen. Unfähig, auf seinen bürgerlichen Status zu verzichten, sucht er – letztlich vergebens – nach Anerkennung in der politischen Sphäre. Albisser verteidigt (als Offizier!) einen Dienstverweigerer, schließt sich einer revolutionären Lehrlingsgruppe an, wird nach der Verweigerung seiner militärischen Pflichten zu fünf Monaten Gefängnis verurteilt und schickt sich an, mit pädagogischen Experimenten den Schulalltag zu verändern. Nach der Entlassung aus dem Schuldienst beschließt ein Banküberfall gewaltsam Albissers Absicht, sich handelnd über seine psychischen Blockaden hinwegzusetzen. Die Schüsse auf Zerutt resultieren aus einem scheinbar nichtigen Anlaß: Ein Zeitungsfoto zeigt den im feuchten Gras sitzenden Albisser inmitten der Lehrlinge; Zerutts Nachfrage, ob sich Albisser mit einer Unterlage gegen die Nässe geschützt habe, beantwortet dieser mit Schüssen. Hinter der beiläufigen Provokation verbirgt sich Zerutts Weigerung, Albisser für sein politisches Engagement zu belobigen, da er auch als Oppositioneller die Rolle des um Anerkennung buhlenden Musterschülers nicht abgestreift hat. Albisser bleibt gesellschaftlich determiniertes Subjekt – ein Verhalten, das die (Schweizer) Gesellschaft zu belohnen weiß: Satirisch überhöht darf Albisser zuletzt von einem pädagogischen Neuanfang träumen. Im Gegensatz zu dieser märchenhaften Wendung erwächst der von der Ausweisung bedrohte Zerutt zum eigentlichen Fremdkörper. Der Vagant ohne »Geschichte« verfügt, auch was Name und Herkunft betrifft, über keine verläßlichen biographischen Daten. In den utopisch gefärbten Schlußszenen des Romans überlebt Zerutt auf wundersame Weise einen schweren Anfall. Die einem Hustenauswurf zu verdankende Befreiung von Albissers Geschoß verleiht ihm die Zuversicht, »Jahre« vor sich zu haben, »die man nicht mehr zu fürchten und zu erzählen braucht«.

Lit.: J. RICKER-ABDERHALDEN (Hg.), Über A. M., Frankfurt/M. 1979, S. 206–233.

R. MORITZ

Das Licht und der Schlüssel.
Erziehungsroman eines Vampirs. 3 Teile, 1 Anhang. EA Frankfurt/M. 1984.

Seinen Unterschlupf im Keller eines Amsterdamer Hauses verläßt der »Saugtherapeut« Samstag – eine Adaption der Dracula-Gestalt Bram Stokers – des Nachts, um der in der Beletage lebenden Mona beizustehen. Durch eine mysteriöse Krankheit gezwungen, ihren Beruf als Flughosteß aufzugeben, läßt diese sich ihre Einsamkeit dadurch vertreiben, daß ihr der »Untote« Samstag »Geschichten« vorträgt und so gewissermaßen mit den Mitteln der Erzählkunst gegen den nahenden Tod Monas ankämpft. Muschg greift damit eine poetologische Fragestellung auf, die er in seinem an die Frankfurter Poetik-Vorlesungen anknüpfenden Essay *Literatur als Therapie?* (1981) ausgeführt hatte: Sind Geschichten »Ausreden«, ist Literatur ›falsch von Geburt‹, eine trügerische Zuflucht vor den Risiken des ›eigentlichen‹ Lebens? Während Mona den lapidaren Wunsch »Ich möchte leben« hegt, sind Samstags – als Briefe an einen mysteriösen »Mijnheer« fingierte – Erzählungen dem widerstrebende Abwehrversuche. Samstags Briefempfänger ist dabei gleichzeitig sein Auftraggeber: Der Vampir soll Mijnheer Gezaghebber drei ›ideale‹ niederländische Stilleben des 17. Jahrhunderts auswählen. Parallel zu dieser Grundkonstellation nutzt der Text die Annäherungen Samstags an die Arztfrauen Jeannette, Maaike und Myrna, um Elemente des Gesellschaftsromans aufzugreifen: Berichte über Vernissagen, esoterische Therapieabende oder über die Praktiken moderner Medizin entwerfen ein ironisch gezeichnetes Bild der westeuropäischen achtziger Jahre. Als Mona versucht, sich von den ›tödlichen‹ Erzähltherapien zu befreien, erprobt sie – im 2. Teil »Mani« – Imaginationsformen, die jenseits der literarischen Fiktionen liegen. Mona und Samstag erschaffen sich die Kindfigur Mani bzw. Frauke und entledigen sich jeder Realitätsversicherung. Für Mona ist die Figur ihr nie zur Welt gekommenes Kind, wohingegen Samstag in ihr ein junges Mädchen wiedererkennt, das ihn einst schroff abgewiesen hatte. Erst der »Roman« betitelte 3. Teil des Buches scheint die verwischten Konturen wieder schärfer zu zeichnen: Monas Entschluß, ihr Krankenlager zu verlassen, führt sie anläßlich einer Stilleben-Ausstellung mit dem jungen Jan Willem van Helsing (eine Namensentlehnung bei Stoker) zusammen. Der vermeintliche Kunststudent entpuppt sich als Polizist, der Samstag und dessen Auftraggeber enttarnen will. In detektivischer Manier sieht er

eine Identität zwischen Samstag und Muschgs älteren Romanfiguren Bischof (*Im Sommer des Hasen*, 1965) und Zerutt (→ *Albissers Grund*, 1974), zu denen letztlich sogar der Stillebensammler Gezaghebber gehören soll. Gegen diese Eindeutigkeit der Identitätsfestlegung und der Rückkehr in das ›normale Leben‹, die Mona und Jan Willem beabsichtigen, sperren sich Samstag und mit ihm der Roman selbst. Das Schlußbild des 3. Teils gilt folglich der Katze Maudlin, die zum Symbol des Nicht-Fixierbaren wird. Die aufgeworfenen Fragen von Kunst und Leben erhalten so kein klärendes »Licht«, denn: »Wir haben keinen Schlüssel zu liefern.« Am offenen Ausgang dieses (Meta-)Romans ändern die in der »Nachschrift« versammelten (und 1986 separat veröffentlichten) *Dreizehn Briefe Mijnheers* nichts. Dessen viele Erzählfäden aufgreifende Betrachtungen (»Vom Bildersehen und Stilleben«) resümieren am Beispiel Vermeers und der ›nature morte‹ des 17. Jahrhunderts auf theoretischer Ebene, was in den Romanteilen über Kunst und Leben, über Fälschung und Wahrheit gesagt wurde. Das begehrte Stilleben, »in dem der Mensch fehlt, weil er weitergegangen ist«, bleibt indessen utopisches Objekt.

Lit.: M. Dierks (Hg.), A. M., Frankfurt/M. 1989, S. 207–241 (st 2086).   R. Moritz

MUSIL, Robert (1880–1942)

Der Mann ohne Eigenschaften.
Entst. 1925–1942; EA Berlin 1930 (1. Buch; 1. und 2. Teil); EA Berlin 1932 (2. Buch; 3. Teil; 38 Kapitel); EA Lausanne 1943 (2. Buch; 3. Teil; Druckfahnenkapitel und

Entwürfe); NA Hamburg 1952 und 1978 (mit jeweils erweitertem und neu geordnetem Nachlaßteil).

Musils Roman reagiert auf die Unmöglichkeit, noch eine ganzheitliche epische Vorstellung von dem auszubilden, was ›die Gegenwart‹ oder ›die Moderne‹ heißt. Für Musil wird es zur Voraussetzung, daß das Erreichen von epischer Totalität nur mehr zu leisten ist, wenn anstelle umfassender Geschehenszusammenhänge, wie das noch einmal der Gesellschaftsroman des 19. Jahrhunderts versuchte, Bewußtseinszusammenhänge dargestellt werden. Weder ist die Welt als Geschehen mimetisch einzuholen, da das historische Geschehen keine einheitlichen Tendenzen mehr erkennen läßt, noch kann sie mit dem Anspruch konstruiert werden, das Erzählerbewußtsein vermöge hinsichtlich einer fiktiven Welt das, was der ›Zeitgeist‹ hinsichtlich der realen nicht mehr vermag.

Als Ulrich, der Protagonist des Romans, für sich beschließt, »Urlaub von seinem Leben zu nehmen«, hat er bereits verschiedene Bildungsgänge (als Offizier, Ingenieur und Mathematiker) durchlebt und hinter sich gelassen, die auf die traditionelle Struktur des (Entwicklungs-)Romans hinweisen. Mit der Angabe von Zeit (»August [...] 1913« als das Jahr vor dem Ausbruch des ersten Weltkriegs) und Ort des Erzählens (das »Kakanien« der untergehenden k. u. k. Monarchie, in dem es sich »negativ frei« und »ständig im Gefühl der unzureichenden Gründe der eigenen Existenz« leben läßt) ist auf den Verlust von Ordnungen hingewiesen, in denen solche Lebenspläne

noch vollziehbar waren. Dem korrespondiert im Modus der Darstellung der Verlust der »erzählerischen Ordnung«, d. h. eines in seinem Ablauf begründbaren und organisierbaren Erzählgeschehens. Für die Hauptfigur folgt daraus aber, daß die Person (als Träger von Eigenschaften) zur Wirklichkeit (als dem Bereich von deren Anwendung) keinen sinnvollen Bezug mehr herstellen kann. So wird Ulrich ein Mann ohne Eigenschaften, konzentriert auf den »Möglichkeitssinn« des Geschehens und auf einen Essayismus als Lebensform. Beide sind die Reaktion auf »diesen fahrlässigen Bewußtseinszustand der Welt«, in der jede Wertigkeit zur abhängigen Funktion in einem schnell wechselnden Kräfteverhältnis geworden ist.

Ist die Epoche in ihren Erscheinungen nicht mehr darstellbar, so können es doch ihre Bewußtseinszustände sein. Das betrifft insofern konkret die Arbeit des Schriftstellers, als Sprache »konkretes Bewußtsein« (Marx) ist. Musil erkennt ganz offenbar im Laufe der Entstehungsgeschichte des 1. Bandes, daß er sowohl das darstellende Erzählerbewußtsein als auch die dargestellten Figuren in ihrem Umgang mit der Sprache zu zeigen hat, um ein Ganzes zeigen zu können. Dieses Ganze ist von vornherein auf Fragmentarizität angelegt, denn »die Geschichte, die [im Roman] erzählt werden sollte, [wird] nicht erzählt«, kann nicht erzählt werden, weil es keinen ›teleologischen‹ Erzähler mehr geben kann. Es gibt statt dessen einen bewußtseins- oder sprachphänomenologischen Erzähler, der seine Position – erzählerisch, nicht theoretisch – im 1. Kapitel klarmacht, das auch eine Art Gebrauchsanweisung zur Lektüre des Romans gibt. Der übliche Romaneingang wird zersetzt zugunsten einer Reflexion, die das ›Tatsächliche‹, das der Roman im 19. Jahrhundert doch zu vermitteln schien, als einen Zusammenhang von Sätzen und damit als Bewußtseinszusammenhang zeigt.

Die problematische bewußtseinsgeschichtliche Situation, der Ulrich mit der Existenz eines Mannes ohne Eigenschaften zu entsprechen sucht, wird auf einer zweiten Darstellungsebene in actu vorgeführt. Anläßlich des Thronjubiläums des kakanischen Kaisers soll durch eine »Parallelaktion« dem gleichfalls bevorstehenden Jubiläum des deutschen Kaisers ein feierliches Gegengewicht verschafft werden. Zu den führenden Figuren des Unternehmens gehören Graf Leinsdorf, der Ulrich mit einer Funktion innerhalb der Aktion betrauen will, und vor allem Ermelinda Tuzzi, die Frau eines Sektionschefs im Außenministerium. Sie ist eine entfernte Verwandte Ulrichs und wird von ihm, was der Roman dann übernimmt, wegen ihrer »unbeschreibliche[n] geistige[n] Anmut« Diotima genannt. Doch kann auch hier auf das preußische Element nicht verzichtet werden; es erscheint in Gestalt des Großindustriellen Dr. Paul Arnheim, der als Ideenlieferant und als jemand tätig wird, dem gleichzeitig sehr persönliche Interessen (an den galizischen Ölfeldern und an Diotima) nachgesagt werden. – Die Aktion ist in Wahrheit nur ein Festkomitee, das sich als Aktion mißverstehende Komitee realisiert sich in endlosen Sitzungen, in Gesprächen und Reden. Dabei führt die Formulierung von

Leitbegriffen für das übergeordnete Ganze nur zur Zusammenhanglosigkeit von Phrasen (Friedenskaiser, europäischer Markstein, wahres Österreich, Besitz und Bildung) und schließlich zu der entschiedenen Forderung, daß etwas geschehen müsse. Das Falsche des Selbstbewußtseins der Epoche, auf das Ulrich reflektiert, erscheint hier nicht in einer ideologischen Perspektive, sondern im Selbstwiderspruch, der sich aus der Artikulation der Figuren der »Parallelaktion« ergibt. Schon der Name enthält Elemente dieses Selbstwiderspruchs. Es wird gewissermaßen eine Organisation für Handlung geschaffen, aber deren Eigentümlichkeit besteht von vornherein in der Imitation einer anderen. Dabei verstehen die Parallelakteure Geschichte einzig als Handeln und Tun, dem Sprechen als bloßes Reden konfrontiert wird, obwohl die »Parallelaktion« selbst nur aus solchem Reden besteht. Dies bedeutet nicht, daß der Roman die falsche Dichotomie Handeln contra Reden akzeptiert, sondern daß er einmal die Sprachlichkeit allen Handelns zum Bewußtsein bringt und zum anderen die Entleerung allen Sprechens zum bloßen Gerede, zur Phrase dort, wo das Bewußtsein von der Sprachlichkeit allen Handelns fehlt. So zeigt sich in der »Parallelaktion« die satirische Darstellung eines grundsätzlichen Dualismus der Epoche: das Festkomitee, das die »Parallelaktion« in Wahrheit ist, besteht in Gerede, dessen kümmerliche ›Aussage‹ ein historisierender Festzug ist – die Allegorie des falschen historischen Bewußtseins der Zeit, aber dieses Gerede produziert aus dem Ungenügen an sich selbst die ›Tatidee‹, von der die »Parallelaktion« in ihrem zweiten Stadium beherrscht wird. Die erweist sich als Phrase für die sprachlose Tendenz zur Gewalt, die im Ausbruch des Krieges kulminiert. Krieg ist kein bloß historisches Ereignis, etwa allein der Erste Weltkrieg, sondern die Chiffre für die Permanenz der Gewalt in einer Epoche, deren falsches Selbstbewußtsein als falsches Bewußtsein vom Handeln, vom Sprechen und von deren Zusammenhang erscheint. Die Protagonisten der »Parallelaktion« – Graf Leinsdorf, Diotima und Arnheim – sind auch die Protagonisten dieses falschen Bewußtseins. Dessen Genese kann wie bei diesen Figuren ganz verschieden beschaffen sein: der konservative Hochadlige, die emanzipierte Frau, der hochgebildete Großindustrielle – die drei haben dennoch als Parallelakteure, als Phraseure in der gleichen Weise teil an dem Zusammenhang aus Gerede als dem Zusammenhang falschen Bewußtseins.

Dieses falsche Bewußtsein kann aus sich selbst nicht überwunden werden. Es kann aber wohl kontrastiert werden. Eine Kontrastfigur ist der naive General Stumm von Bordwehr, den das Kriegsministerium als Beobachter in die »Parallelaktion« entsendet und der hier für Aufrüstung als völkerversöhnende Maßnahme (»Si vis pacem para bellum!«) plädiert. Er nimmt alles wörtlich und ernst, was aus dem Munde der Akteure kommt. Das führt ihn gerade zur Aufmerksamkeit für die wirkliche Struktur des Geredes. Kontrastfiguren sind auch der Prostituiertenmörder Moosbrugger, dessen an sich abwegiger Fall durch die Berichterstattung der Zeitung zu einem öffentlichen

Ereignis wird, und Ulrichs Freundin Clarisse, die im Sinne Nietzsches das Leben kraft des eigenen Willens zu Außerordentlichem emporzuzwingen sucht. Clarisse will Moosbrugger befreien und »verwandeln«. Doch beide sind oder werden verrückt. Sie kontrastieren der »Parallelaktion«, insofern sie Sprache und Handeln unmittelbar verbinden. Moosbruggers »wildes Denken« erfährt etwas von der Macht der Sprache, die er aber im buchstäblichen Sinne erfassen will. Sobald die Worte »in ihren Nähten nachlassen«, greift er zum Messer. Seine Unmittelbarkeit schlägt in Gewalt um. Clarisses Unmittelbarkeit hingegen ist nichtdurchschaute Vermitteltheit: Sie will Sätze Nietzsches leben und steigert sich immer mehr in den Wahnsinn.

Ulrich ist im 2. Teil der Sekretär der »Parallelaktion«. Er erlebt ihre Konferenzen im privaten Zirkel der Diotima mit, erlebt auch, wie die allgemeine Ratlosigkeit sich als Gerede ›äußert‹. Dieses Gerede findet sich in der Wortgewandtheit des Industriellen Arnheim, unter dessen Einfluß die Gastgeberin und ihr Kreis zunehmend geraten, zu leeren Synthesen (z. B. von Seele und Wirtschaft, Idee und Macht, Geschäft und Dichtung) vollendet. Ulrich gehört also selbst zur »Parallelaktion« und reflektiert sie von innen heraus. Musil hat versucht, in Ulrich das darzustellen, was er »lebende Gedanken« genannt hat. Damit erscheint zum ersten Mal in einem Roman eine Hauptfigur, von der nicht etwa gesagt wird, sie sei ein bedeutender Denker, sondern die als Figur Denken ist. Es ist ein Denken ›in progress‹ mit allen Widersprüchen, Rückzügen und Umwegen. Es ist auch ein Denken aus Situationen heraus, insofern es sich in Dialogen entwickelt und sich mehr oder minder nachdrücklich auf das Sprechen des Gesprächspartners einläßt. Damit werden die Parallelakteure z. B. aus der Monotonie des Geredes jeweils herausgerissen. Das Denken Ulrichs hat also in einem eminenten Maß die Funktion eines Katalysators. Aber er ist auch eine Figur eigenen Rechts, nicht etwa das Sprachrohr des Autors.

In der »Parallelaktion« begegnet Ulrich den Aporien der Sprache als Gerede. Aber er bemerkt, daß das Gerede nicht so sehr das kategorial andere, sondern die schlimme Nuance seines eigenen Sprechens ist. Das gilt auch für das Sprechen Moosbruggers und Clarisses. Ulrich tastet danach herauszufinden, wann und wie Sprechen zu einer »lebenswichtigen Äußerung« wird. Der Gegenentwurf zu jener Veranstaltung des Geredes in der »Parallelaktion« werden die »Heiligen Gespräche« mit seiner Zwillingsschwester Agathe. Dieses Zwiegespräch zeigt sich mit dem 3. Teil des Romans als die andere Seite des Geschehens, und es ist auf den »anderen Zustand« diesem Geschehen gegenüber bezogen. Agathe ist die »traumhafte Wiederholung und Veränderung« Ulrichs, eine andere Möglichkeit seiner selbst. Mit ihr spricht er nicht einfach über das Thema des rechten Lebens, es geht nicht um bloßen Meinungsaustausch, sondern um eine neue Wirklichkeit, die sich im Dialog herstellt. Es ist ein Gespräch z. B. über das Wort »Schicksal«, über die Sätze der Moral, über die Sprechweise der Mystiker und »über die heillo-

se heutige Ausdrucksweise«. Agathe fragt beständig zurück, *wie* Ulrich etwas gesagt habe. Im Bemühen um den wahren Ausdruck liegt die eigentümliche Qualität dieser Gespräche. So wird auf der Seite dieser ›anderen‹ Figurenkonstellation die Reflexivität des Sprechens in dem Maße der Gegenstand der Gespräche selbst, in dem sie aus dem Sprechen der Figuren in der »Parallelaktion«, das deshalb der Satire anheimfällt, verschwindet. Dabei taucht aber das Problem die Sprache selbst auf bzw. das Verhältnis von Sprache und Sprecher. In diesem Problem, das sich in der Relation Wörtlichkeit und Nichtwörtlich-Nehmen als scheinbar widersprüchlichen Notwendigkeiten zeigt (»so will jedes Wort wörtlich genommen werden, sonst verwest es zur Lüge, aber man darf keines wörtlich nehmen, sonst wird die Welt ein Tollhaus«), ist auch das des »anderen Zustands« eingeschlossen, auf den die Geschwister tendieren. Er ist ein intensiveres Dasein im Dasein, wie es als Vorschein in den Erlebnissen der Mystiker begegnet. Aber er ist nicht zu bewahren, denn er vermag nicht die Wirklichkeit, die die der »Parallelaktion« ist, in sich aufzunehmen. So bleibt der »andere Zustand«, wie ihn Ulrich und Agathe denken und fühlen, nur erst die Negation der »Parallelaktion«, die Stillstellung des falschen Lebens. Doch geht es Musil letztlich um dessen Aufhebung. Seine Utopien der »induktiven Gesinnung« und des »motivierten Lebens« zielen darauf. In der letzteren steht das Motiv der »lebenden Gedanken«, das Ulrich ja schon repräsentierte, zentral. Doch ist Ulrich nur eine einzelne Figur, ein einzelnes Bewußtsein,

das die Wirklichkeit der »Parallelaktion« zwar problematisieren,
aber nicht aufheben kann. Und
der »andere Zustand« bleibt auf
doppelte Weise exzeptionell: Er
ist nur für einen Augenblick und
nur für die Zwillingsschwester
wirklich. Der Roman bietet keine
Lösungen. Er stellt vielmehr dar,
wie umgangssprachliche Prosa es
vermag, Bewußtseinszusammenhänge als ein Gleichnis des Ganzen
zu vermitteln. Das Ganze ist uner-
zählbar geworden, muß aber neu
hergestellt werden, wenn nicht
Vorstellungsunfähigkeit und be-
denkenloses Geschehen das Letzte
sein sollen.

Als Vorstufen des Romans lassen
sich schon frühe Texte aus der
Zeit des Beginns von Musils
schriftstellerischer Tätigkeit um
die Jahrhundertwende auffassen.
Erste ausgearbeitete Konzeptio-
nen finden sich seit der Fertigstellung von → *Die Verwirrungen des
Zöglings Törleß* (1906). Mit dem
Ende des Ersten Weltkriegs gibt
Musil die ›lineare‹ Konstruktion
des Textes auf, wie sie etwa für
den autobiographischen Roman
kennzeichnend ist. Die verschiedenen Stufen des Romans in dieser Zeit – »Der Spion«, »Der Er-
löser«, »Die Zwillingsschwester«
– sind Stufen der Überwindung
jener Linearität und damit des traditionellen Erzählens. 1926 liegt
ein druckfertiges Manuskript von
250 bis 300 Seiten vor, dessen Erscheinen unter dem Titel »Die
Zwillingsschwester« schon im
Herbst 1925 angekündigt wird.
Doch erst mit der Erweiterung
des 2. Teils des Romans, der satirischen Darstellung der »Parallelaktion«, seit 1927/28, wird die
Linearität endgültig verlassen.
Spätestens jetzt erhält der Roman
den Titel *Der Mann ohne Eigen-*

schaften. Seit Anfang 1929 schreibt
Musil an der sogenannten Rein-
schrift des 1. Buches, die im August 1930 abgeschlossen ist. Im
Oktober 1930 erscheint es als
1. Band des Romans. Teile des
2. Bandes folgen im Dezember
1932. Danach beginnt die müh-
same Arbeit an den Schlußteilen.
Hier zeigt sich besonders deutlich,
wie bei Musil Schreiben und Um-
schreiben zum Prinzip der Ro-
mangenese werden und wie die
Arbeit am Text immer erst durch
dessen Druck beendet wird. Musil sieht sich vor der unmöglichen
Aufgabe, das Ganze als literarisch
Vollendetes und nicht in seiner
Fragmentarizität zu präsentieren.
Ein weiterer Teilband mit 20 Kapiteln wird für das Frühjahr 1938
angekündigt, aber zur gleichen
Zeit wird der Roman in Deutschland und Österreich verboten.
Mit der Umarbeitung der Druckfahnenkapitel jenes Teilbandes ist
Musil in den Schweizer Exiljahren
(bis 1942) beschäftigt. Noch kurz
vor seinem Tode am 15. April
1942 arbeitet er an dem Kapitel
»Atemzüge eines Sommer-
tags«.

Lit.: H. ARNTZEN, M.-Kommentar zum Roman »Der Mann ohne Eigenschaften«, München 1982.   H. ARNTZEN

Die Verwirrungen des Zög-
lings Törleß. EA Wien 1906.
Nur oberflächlich scheint es sich
beim *Törleß,* dessen biographischer Ausgangspunkt Musils Mi-
litärerziehung im Internat Mäh-
risch-Weißkirchen ist, um einen
Pubertätsroman zu handeln. Die
Geschichte des jungen Internats-
schülers Törleß ist hingegen vor
allem die einer Erfahrung des
Dualismus der Wirklichkeit, und
zwar im Sinne der Erfahrung des
Zusammenhangs mit allen Phä-

nomenen und gleichzeitig ihrer vollkommenen Fremdheit. – In einen Rahmen, der am Anfang stärker akzentuiert ist als am Schluß, sind die Vorgänge um den Diebstahl des Schülers Basini eingespannt, die (von einigen Rückblenden abgesehen) in ihrer zeitlichen Abfolge erzählt werden. Die Zeithinweise ergeben von der Rückkehr der Jungen vom Bahnhof bis zur Abholung Törleß' durch seine Mutter eine Spanne von etwa vier Wochen. Aus der chronologischen Abfolge fallen heraus: ziemlich am Anfang die Erzählung von Törleß' Eintritt in das Konvikt und von seiner Freundschaft mit dem jungen Fürsten H., gegen Ende ein kurzer erzählerischer Exkurs von Törleß als jungem Mann und der Kommentar dieses jungen Mannes zu der Geschichte, die im Roman erzählt wird. Der äußere Hauptvorgang, die Basini-Geschichte, erscheint als Bericht des auktorialen Erzählers und in der direkten Rede der Gespräche der vier Protagonisten (Törleß, Beineberg, Reiting und Basini). Dabei geht der Bericht des äußeren Geschehens häufig in die Darstellung von Reminiszenzen, Gefühlen, Assoziationen, Träumen u. ä. über, die fast immer Törleß zugehören. An einigen Stellen schaltet sich der Erzähler kommentierend ein. Die Rahmenhandlung schafft mit der Vorstellung des Bahnhofs und seiner knappen Charakterisierung eine Ortsbestimmung: es geht um einen Übergangsort, einen Schnittpunkt, von dem aus man einerseits ins Unbekannte, für das der Name »Rußland« steht, andererseits zurück in eine Landschaft kommt, für die der zertretene Boden und die verkümmerten Akazien stehen. Das

Leben an der Station selbst aber, am festen Punkt zwischen zwei Lebenszonen, ist nicht mehr als ein bißchen mechanische und schnell wieder vergehende Bewegung. So grenzt dieser Rahmen die Geschichte zunächst ein: die Rückkehr der Jungen ist die Abkehr vom Draußen, von dem, wohin die Züge fahren. Doch geht es nicht eigentlich um eine Rückkehr ins Konvikt: die Klasse, die Lehrer, der Unterricht, Tages- und Schlafräume gewinnen nur wenig Kontur. Der Rückweg vom Bahnhof in die rot ausgeschlagene Kammer auf dem Dachboden, das heimliche Versteck der Jungen, ist auch die Abkehr vom Stationären, Entwicklungslosen; für Törleß die Abkehr von den Eltern. Dieser Rückweg hat zwei Stationen: das Gespräch mit Beineberg in der Konditorei, wobei dieser von den esoterischen Interessen seines Vaters schwärmt, und der Besuch im alten Badehaus bei der Dorfhure Božena. Beides läßt sich zunächst als Teil eines Pubertätsromans verstehen, als Tendenz zu großsprecherischen Redereien und als erste sexuelle Erfahrung. Aber Musil stellt diesen Kontext nicht her. In seiner Skizze *Über Robert Musil's Bücher* spricht er von einem Zustand »hemmungsschwacher Reagibilität«, der bei jungen Menschen in besonderer Weise vorherrsche. Um eine solche Disposition ist es ihm zu tun und darum, was sich dabei entwickeln und was das wiederum bedeuten könne. Beinebergs Reden und das Gespräch mit ihm, der Besuch bei Božena und die Gespräche dort sind nur der Ausgangspunkt für die reflektierenden wie die sentimentalen Assoziationen von Törleß. Beide Male geht es um eine

Erfahrung der Einsamkeit, die gerade das »Talent des Staunens« in Törleß fördert. Dieses Talent zwinge ihn, »Ereignisse, Menschen, Dinge, ja sich selbst häufig so zu empfinden, daß er dabei das Gefühl sowohl einer unauflöslichen Unverständlichkeit als einer unerklärlichen, nie völlig zu rechtfertigenden Verwandtschaft hatte«. Aber diese Ahnung eines Dualismus ist nur die erste Erscheinungsweise des zentralen Romanthemas. Später entwickelt sich diese Erfahrung durch die Vorgänge um Basini, den Beineberg und Reiting bei einem Diebstahl ertappt haben. Törleß macht zunächst naive Versuche, die Vorgänge in seiner Reflexion zu harmonisieren. Dadurch soll weniger die vergleichsweise geringe Irritation des Diebstahls bewältigt werden, sondern vor allem das gefährlich Unbestimmte gefaßt werden, das sich aus Anlaß dieses Diebstahls in Reitings und Beinebergs Verhalten herausbildet. So schlägt er beiden vor, Basini anzuzeigen, was sie ablehnen. Sie wollen ihn selbst bestrafen, doch diese Bestrafung artet in sadistische Quälereien aus. Nur insofern die Erfahrung vom Einbruch dualistischer Wirklichkeit das zentrale Thema ist, wird verständlich, warum Törleß, nicht aber Basini, Beineberg oder Reiting, die für den Roman wichtigste Figur ist. Ginge es wesentlich um die Pubertät und ihre Schwierigkeiten, so wäre Basini am ehesten die Hauptgestalt. Aber der wird von Anfang an als das Pendant zu seinen Quälern dargestellt, insofern er deren Sadismus mit masochistischen Bedürfnissen entgegenkommt. Wäre der Roman vor allem der der »heutigen Diktatoren in nucleo«, wie Musil selbst Reiting und Beineberg viel später im Tagebuch nennt, so stünden sie im Mittelpunkt der Erzählung. Aber der machiavellistische Machthunger Reitings wie die irrationalistische Spekulation Beinebergs, die beide im Sadismus münden, werden ja nur in Zusammenhang mit Törleß' Geschichte interessant. Dennoch behält Musils Wort von den »heutigen Diktatoren in nucleo« seine Bedeutung. Es zeigt sich nämlich, daß sie im Grunde nicht ›romanfähig‹ sind, da sie keine Geschichte haben und nur ihre Barbareien zu wiederholen vermögen. In ihrer Reflexion kommt jener keinen Augenblick über die krude Intrige, dieser nie über das Geschwätz hinaus. Die instrumentelle und die leere Reflexion aber entlassen aus sich nur nackte Gewalt. Törleß wird andererseits keineswegs als der künftige Mensch, als ein Enkel Zarathustras o. ä. dargestellt. Musil bemüht sich vielmehr, die dualistische Erfahrung eines einzelnen so deutlich wie möglich darzustellen. Beineberg erzählt Törleß z. B. eines Nachts in der Kammer, daß er eine sexuelle Beziehung zwischen Reiting und Basini entdeckt habe. Er hält Törleß einen längeren Vortrag: es geht um eine vage Theorie vom Quälen als einem Bußopfer und als einer Härteübung gegen sich selbst. Törleß ist hier ganz Zuhörer und scheint in den Sog dieser so eklektizistischen wie abstrusen Gedanken gezogen zu werden. An diese Szene schließt eine völlig gegensätzliche an. Um die Mittagszeit geht Törleß allein im Park des Konvikts spazieren. Er denkt an Beineberg, er bemerkt den Kontrast von dessen Worten zum Taghellen, zur Rationalität der Schule, und gleichzeitig lösen diese Worte gerade jetzt in der Mittagshelle eine Wirkung aus: Törleß bemerkt »plötzlich« und wie »zum ersten Male — wie hoch eigentlich der Himmel sei«, und hat in einem die Erfahrung, die Anschauung des mathematischen Begriffs des Unendlichen: »Da, in diesem Himmel, stand es nun lebendig über ihm und drohte und höhnte.« Daß Törleß mit der Verarbeitung seiner Erfahrung allein bleibt, zeigt sich z. B. in der einzigen Szene, in der er sich an einen Lehrer wendet. Der Mathematiklehrer, den Törleß zum Problem der imaginären Zahlen befragt, steht dabei nicht einmal für die schlechthin feindliche Erwachsenenwelt, seine Funktion ist die des Fachmanns, von dem Törleß eine kundige Antwort erwartet. Die durchaus sublime, sozusagen objektive Satire liegt darin, daß nun ausgerechnet der Mathematiklehrer ihm rät, das Unverständliche einfach zu glauben, und vom Gefühl für das Notwendige spricht, das man auch in der Mathematik erst bekomme, wenn man lange genug in ihr »gelebt« habe. Immerhin weist der Professor ihn beiläufig auf Kant hin, an dem sich Törleß nun zu orientieren sucht. Später macht Törleß noch einen, jetzt gewissermaßen magischen Versuch, die beiden gegensätzlichen Bereiche zusammenzuzwingen, indem er sich in der Nähe Basinis mit Kant beschäftigt: »So mußte es gehen; so mußte er Wahrheiten finden, ohne das Leben, das lebendige, komplizierte, fragwürdige Leben, aus den Händen zu verlieren . . . Aber es ging nicht.« Die negative Wirklichkeitserfahrung von Törleß kommt in dem Augenblick auf ihren Höhepunkt, als Basini auf

die ihm von Reiting und Beineberg zugefügten Demütigungen gegenüber Törleß ganz indolent reagiert: »Da war das Geschehene als eine einfache Notwendigkeit . . .«. Danach bleibt die sexuelle Begegnung mit Basini ebenso ohne intensivere Wirkung auf Törleß wie die weiteren Pläne und Taten Reitings und Beinebergs. Törleß ist enttäuscht. Weil etwas für ihn zu Ende ist, nicht eigentlich um Basini zu helfen, steckt er Basini einen rettenden Zettel zu. Darauf flieht er zunächst aus dem Konvikt, wird aber bald zurückgebracht. Bevor ihn seine Mutter auf Anraten des Direktors nach Hause holt, unternimmt er den vergeblichen Versuch, den Lehrern seine Erfahrung mitzuteilen. Törleß wird nicht als ein Scheiternder, auch nicht als Genie der Innerlichkeit dargestellt. Ironisch genug nennt Musil den erwachsenen Törleß in dem Ausblick, der der letzten Phase des Romans vorangestellt ist, »ein[en] junge[n] Mann von sehr feinem und empfindsamem Geiste«.

Lit.: H. BROSTHAUS, Der Entwicklungsroman einer Idee. Untersuchungen zu Gehalt, Struktur und Stil in R. M.s Roman »Die Verwirrungen des Zöglings Törleß«, Diss. Würzburg 1970.   H. ARNTZEN

NABL, Franz (1883–1974)

Ödhof. *Bilder aus den Kreisen der Familie Arlet.* 81 Kapitel; EA Berlin 1911.
Nach dem Tod seiner Frau, mit der ihn nur noch Gewohnheit und Gleichgültigkeit verbanden, löst Johannes Arlet seinen Wiener Haushalt auf und erwirbt ein Gut in der Steiermark. Der jüngste seiner drei Söhne, Heinz, und die neue Haushälterin Elisabeth Fuchstaler begleiten ihn. Johannes

Arlet engagiert den Hauslehrer Dr. Meser, dem es gelingt, zu Heinz ein Vertrauensverhältnis aufzubauen. Elisabeth, von Meser schwärmerisch verehrt, wird von Arlet erfolgreich begehrt. Beide leben als Mann und Frau zusammen, schließen aber keine Ehe, was dazu beiträgt, Arlet im benachbarten Dorf Gramatitz vollends ins Gerede zu bringen, nachdem er ohnehin nie einen Versuch unternommen hat, sich mehr als erforderlich in die dortige Gesellschaft zu integrieren. Da Vater und Sohn aus der Kirche ausgetreten sind, bleibt Heinz eine über die Mittelschule weiterführende Ausbildung versperrt. Arlet legt ihm nahe, die Verwaltung des Gutes mit zu übernehmen, Heinz willigt unüberlegt ein. Der Hauslehrer verläßt den Ödhof; kurz darauf auch Elisabeth, die ein intimes Erlebnis mit Heinz zum Anlaß nimmt, sich von Arlet zu trennen. Das Verhältnis zwischen Vater und Sohn verhärtet sich. Als Heinz sich in ein Mädchen verliebt, das als Sommergast in Gramatitz weilt, eskaliert der Konflikt. Arlet stimmt einer Heirat nur unter der Bedingung zu, daß das Paar auf dem Gut bleibt. Heinz, durch diese Abhängigkeit und die Willkür seines Vaters in die Enge gedrängt, vermag sich nicht durchzusetzen und erschießt sich. Der vereinsamte Arlet wird zum Trinker und stirbt zwei Jahre später an einer Blutvergiftung, weil er sich prahlerisch im Rausch einen Finger abgehackt hatte. Das Buch schließt mit seiner Beerdigung, wie es mit dem Begräbnis seiner Frau, zwölf Jahre zuvor, begonnen hat. Die Haupthandlung wird in epischer Breite entfaltet. Zahlreiche Nebenstränge und Episoden wirken retardierend und kontrastierend zur dramatischen Entwicklung, insbesondere zum Ende hin. Der auktorial erzählte Roman weist ein differenziertes Figurentableau auf. Die ländliche Gesellschaft von Gramatitz und die im Mittelpunkt stehenden Personen der Familie Arlet werden psychologisch einfühlsam gezeichnet. Dies gilt besonders für die Geschwister Johannes Arlets, Heinrich und Therese. Den problematischen Brennpunkt bildet die Figur Arlets: »Wer das nicht hat, dieses Gefühl der Lebensberechtigung vor sich selbst, der muß früher oder später zugrunde gehen. Geistig und körperlich. Da hilft kein Gott. Geben kann man dieses Gefühl natürlich keinem Menschen. Das muß er aus sich selbst heraus haben. Aber dafür kann es ihm auch niemand wegnehmen.« Ideen Darwins und Nietzsches mögen da durchschimmern, doch Nabl dämonisiert Arlet nicht zum ›Übermenschen‹.

Lit.: K. BARTSCH / G. MELZER / J. STRUTZ (Hgg.), Über F. N.-Aufsätze, Essays, Reden, Graz 1980. T. FRAUND

NICOLAI, Friedrich
(1733–1811)

Das Leben und die Meinungen des Herrn Magister Sebaldus Nothanker. 3 Bände; EA Berlin / Stettin 1773–76.

In der Vorrede zu seinem Romanerstling deklariert Nicolai sein satirisches Werk als Fortsetzung der *Wilhelmine oder der vermählte Pedant* (1764) von Moritz August von Thümmel. Der gelehrte protestantische Dorfpfarrer Sebaldus, der aufgeklärten theologischen Ideen nachhängt und der dogmatischen Orthodoxie kritisch gegenübersteht, hat inzwischen die ehemalige fürstliche Kammerjungfer Wilhelmine, um die er in Thümmels »prosaisch-komischem« Heldengedicht geworben hatte, geheiratet. Seine bescheidene, aber zufriedene Existenz wird erst gestört, als er auf Drängen seiner Frau eine Predigt über Thomas Abbts patriotische Schrift *Vom Tode für das Vaterland* (1761) hält. Deshalb wird Sebaldus von seinem Gegner, dem orthodoxen Generalsuperintendenten Stauzius, vor das Konsistorium zitiert, das dem aufgeklärten Geistlichen, der nicht einmal an die Ewigkeit der Höllenstrafen glaubt, Amt und Haus entzieht. In der Folge reißen Unglück und Schicksalsschläge für den Protagonisten nicht mehr ab. Seine Frau und seine jüngere Tochter Charlotte sterben, der reiche Buchhändler Hieronymus bemüht sich um Sebaldus und dessen ältere Tochter Mariane, die er als Hofmeisterin an die neuadlige Frau von Hohenauf vermitteln kann. Seinem Freund Nothanker kann er eine Stelle als Korrektor in Leipzig verschaffen. Von hier an verfolgt der Roman in zwei abwechselnd geführten Handlungssträngen das weitere Schicksal des Sebaldus und seiner Tochter. Weil sich Nothanker in Leipzig großmütig gegenüber dem Sohn von Stauzius erweist, läßt dessen Vater ihn einsperren; auf der Reise nach Berlin wird er von Räubern überfallen; seine Erfahrungen mit einem heuchlerischen orthodoxen Geistlichen wie auch mit einem schurkischen Pietisten sind gleichermaßen negativ, während er bei einem Armenschulmeister und einem abgedankten Major Hilfe findet; eine Stelle als Hofmeister und Filialprediger eines Archidiakons in Holstein verliert

er wiederum durch Intrigen; seine Auswanderungspläne nach Ostindien scheitern, weil das Schiff bereits an der holländischen Küste strandet. Auch hier bringt der etablierte Klerus ihn um eine Hofmeisterstelle bei einem Rotterdamer Kaufmann. Einzig bei den sektiererischen Kollegianten in Amsterdam geht es ihm eine Weile gut, ein sterbendes Mitglied dieser Gesellschaft hinterläßt ihm sogar wertvolle Bücher und Manuskripte. Von einem betrügerischen Buchhändler wird er auch um dieses Erbe gebracht, er wird des Landes verwiesen, erkrankt und muß betteln gehen. Fast noch abenteuerlicher verläuft die Geschichte Marianens, in deren Zentrum ihre Liebe zu dem empfindsamen Dichterling Säugling steht. Da dessen Tante, besagte neuadlige Frau von Hohenauf, diese Verbindung mißbilligt, sieht sich Mariane ständig adliger Arroganz und Demütigungen ausgesetzt. Sie muß Entführung, Zudringlichkeiten eines adligen Obersten und Nachstellungen von Rambold, Säuglings Hofmeister (der später als ihr verschollener Bruder erkannt wird), über sich ergehen lassen, bis sie wieder mit ihrem Vater zusammenkommen kann. Ein Lotteriegewinn des Sebaldus beseitigt die letzten Hindernisse für ein gutes Ende: Das Geld läßt den alten Säugling seine Einwände gegenüber den Heiratswünschen seines Sohnes aufgeben, Mariane und Säugling überwinden ihre empfindsame schwärmerische Disposition und finden Erfüllung in landwirtschaftlicher Betätigung, Sebaldus kann sich ein Gut kaufen, wo er in Ruhe seine gelehrte ›Schrulle‹ treiben kann, die Fertigstellung eines Kommentars zur Apokalypse.

Die Nicolaische Satire wurde vielfach als Schlüsselroman gelesen, wobei man Stauzius mit dem Hamburger Hauptpastor Goeze, Lessings Gegner im Religionsstreit, und den jungen Säugling mit dem empfindsamen Dichter Johann Georg Jacobi identifizierte; auch Herder, Lessing, Riedel und Nicolai selbst sah man in einzelnen Figuren verkörpert. Neben der dem Abenteuerroman verpflichteten ›aufgeregten‹ Handlung (›Leben‹) wird der Roman von ausführlichen Reflexionen (›Meinungen‹) des Protagonisten bestimmt. Mit dem Titel erweist Nicolai seinem Vorbild, Sterne's *The Life and Opinions of Tristram Shandy,* Reverenz, Einflüsse des Tugendromans von Richardson, von Fielding und Goldsmith sind gleichfalls unübersehbar. Das Buch darf als Prototyp der aufgeklärten Romansatire in Deutschland gelten, in ihm werden nicht nur kirchliche Mißstände, sondern auch gesellschaftliche Zustände und kulturelle Strömungen (Empfindsamkeit, Geniekult des Sturm und Drang) kritisiert: Nicolais Plädoyer für Toleranz und Wahrheitsliebe war trotz der Kritik von orthodoxer und pietistischer Seite eines der beliebtesten Bücher in der zweiten Hälfte des 18. Jahrhunderts.

Lit.: H. TIMMERMANN, F. N.s Romandebüt, in: F. N.: Leben und Meinungen des Herrn Magisters Sebaldus Nothanker, Frankfurt/ M. / Berlin 1986, S. 513–535. R. MARX

NIEBELSCHÜTZ, Wolf von (1913–1960)

Der Blaue Kammerherr. *Galanter Roman in vier Bänden.* 86 Kapitel; EA Frankfurt/M. 1949.

Niebelschütz' bekanntestes Werk, 1942–49 nach einer Idee Hofmannsthals entstanden, ist der einzige barocke Roman in der deutschen Literatur nach 1945. Der Untertitel »Galanter Roman« weist auf ein spätbarockes Ambiente hin. Inhalt und Stil entsprechen der literarischen Form. – Die Handlung spielt während einiger Wochen des Jahres 1732 auf der imaginären Insel Myrrha, einem morbiden Königreich in der Ägäis. Hauptperson ist die sechzehnjährige Thronerbin Danae. Sie soll so verheiratet werden, daß das Reich vor dem drohenden finanziellen Ruin gerettet wird. Danaes Gegenspieler ist Zeus, der die kluge und eigenwillige Prinzessin selbst begehrt. Er tritt ihr in verschiedener Weise gegenüber und greift willkürlich in die Geschicke des Inselreichs ein. Im 1. Band verliebt sich Danae in einen Mann, den Zeus für sich als Brautwerber nach Myrrha geschickt hat. Es ist der in himmelblauer Staatsrobe auftretende Kammerherr Don Giovanni de Legua. Auf ihn bezieht sich der Romantitel. Don Giovanni kommt als Botschafter Venedigs, bindet durch Verhandlungsgeschick das Inselreich an die Lagunenstadt und durchkreuzt damit die Heiratspläne anderer Höfe. Da sich Zeus von ihm hintergangen fühlt, versetzt er das Land in Not und Aufruhr. Dabei stirbt der blaue Kammerherr, unterweist die Prinzessin aber zuvor in der Kunst souveräner monarchistischer Staatsführung. Im 2. Band tritt Zeus selbst in Gestalt eines Grafen auf. Er wird Kammerherr Danaes, lenkt den Staat nach Belieben und erobert die Zuneigung der Prinzessin. Der schnelle Erfolg macht den Göttervater allerdings mißmutig, so daß er die Insel in eine außenpolitische Affäre mit einem anderen Königreich verwickelt. Im 3. Band verfallen Regierung und Bevölkerung von Myrrha einem Goldrausch, den Zeus inszeniert hat. Die Ereignisse führen jedoch zur Annäherung zwischen Danae und dem Herrscher des verfeindeten Reiches. Als es Zeus (in der Maske des Grafen und Kammerherrn) nicht gelingt, die Liebe der beiden zu zerstören, stürzt er die Insel erneut ins Unglück. Im 4. Band führen Machtkämpfe unter den Herrschenden zur Revolution auf Myrrha. Vorbereitet durch die politischen Unterweisungen des blauen Kammerherrn hält Danae den wirren Zukunftsvorstellungen der Aufständischen ihre eigenen Staatsideen entgegen, findet damit breite Unterstützung und führt das Inselreich zur prosperierenden Monarchie zurück. Sie gewinnt dadurch den Respekt der Götter, so daß auch Zeus von ihr abläßt. – Nicht nur der Inhalt, sondern auch Komposition und Sprache die *Blauen Kammerherrn* sind der Wirklichkeit entrückt. Der Roman ist wie eine viersätzige Sinfonia concertante aufgebaut. Der Handlungsverlauf wird durch die musikalische Struktur bestimmt (wie auch das Inhaltsverzeichnis zeigt) und mit Elementen der antiken Mythologie verknüpft. Erzählerbericht und Personenrede sind dem Konversationsstil der galanten Dichtung angepaßt, der durch Witz, überhebliche Lässigkeit und einen deutlichen Abstand zur gehobenen Umgangssprache geprägt ist. Form, Sprache und inhaltliche Ausgestaltung der Handlung weisen den Autor zwar als einen exzellenten Kenner der Barockkultur aus, doch dient die Darstellung in erster Linie dem Zweck, die Überlegenheit der dargestellten Welt gegenüber der Gegenwart zu demonstrieren, was durch die Erzählerkommentare und Niebelschütz' essayistisches Werk bestätigt wird. Der fehlende Wirklichkeitsbezug hat die breite Rezeption des Romans zwar behindert, ihm aber einen Außenseiter- und Geheimtip-Status verliehen.

Lit.: J. M. Fischer, Kammerherr im Kahlschlag. Der Autor W. v. N., in: Merkur 39 (1985), S. 152–157.   D. Schöttker

NOSSACK, Hans Erich
(1901–1977)

Spätestens im November.
3 Kapitel; EA Berlin 1955.
Die im Titel ausgedrückte Erwartung, hinter der sich ein Versprechen zwischen zwei Liebenden verbirgt, kontrastiert mit der Endgültigkeit der Erzählperspektive: Erzählerin ist die tödlich verunglückte Marianne. Die Unwiderruflichkeit ihres Todes bringt die prinzipielle Vorläufigkeit eines jeden Versprechens in den Blick. Die unauflösliche Verknüpfung von Erfüllung und Scheitern des Versprechens ist somit das grundlegende Thema dieses existentialistisch geprägten Romans. – Marianne schildert im Rückblick ihre unglückliche Ehe mit dem Industriellen Max Helldegen und eine Liebe zu dem Schriftsteller Berthold Möncken. Dabei steht nicht eine nachträgliche Selbstrechtfertigung im Vordergrund, sondern die objektivierte Darstellung des Geschehenen, die auch andere Personen, besonders den Ehemann und den Schwiegervater, zu Wort kommen läßt. Marianne entflieht ihrer

Ehe und erlebt mit Berthold für eine kurze Zeit »mehr als Glück«. Doch seine schriftstellerische Arbeit treibt beide in die Isolation und entfremdet sie einander. Trotz Bertholds zahlreicher Vertröstungen, »spätestens im November« – nach der Uraufführung seines neuen Stücks – werde alles anders, resigniert Marianne und kehrt zu ihrem Mann zurück. Tatsächlich werden die beiden im November durch die Premiere von Bertholds Theaterstück »Revision verworfen« wieder zusammengeführt; das Bühnengeschehen spielt unübersehbar auf die eigene Situation an. Die Geschichte des Liebespaares Francesca und Paolo in Dantes *Divina Commedia* aufgreifend, rückt Bertholds Stück nicht das berühmte Liebespaar, sondern zwei andere Figuren in den Mittelpunkt: Francescas Ehemann Malatesta und Dante. Malatestas Antrag auf »Revision des Prozesses« wird verworfen angesichts der Unwiderruflichkeit einer gleichzeitig erfüllten und gescheiterten Liebe. In der Figur Dantes reflektiert Berthold seine Position als Schriftsteller. Die niederschmetternde Erkenntnis seines Dante, auf das Ausleben eines eigenen Lebensschicksals zugunsten des bloßen Schreibens darüber verzichtet zu haben, bewegt Berthold dazu, den Schriftstellerberuf aufzugeben. Nicht nur in dieser Hinsicht knüpft das Geschehen des Romans eng an die Handlung des Theaterstücks an. Ungewollt prophezeit Berthold mit seinen Worten über die Verschränkung von Erfüllung und Scheitern der Liebe sein eigenes Ende: er verunglückt tödlich mit Marianne, kurz nachdem sie ihren Ehemann erneut verlassen hat.

Lit.: J. Kraus, H. E. N., München 1981 (AB 27). M.-T. Federhofer

Spirale. *Roman einer schlaflosen Nacht.* 5 Abschnitte (»Spiralen«); EA Frankfurt/M. 1956.
Am 3. 5. 1955 schrieb Nossack dem Verleger Peter Suhrkamp, er wolle einige Erzählungen, die »alle das gleiche Thema behandeln«, als »Roman einer schlaflosen Nacht« veröffentlicht wissen. Die mit Ausnahme von Spirale III aus der Perspektive eines Ich-Erzählers geschriebenen Texte passieren die Lebensstationen eines Mannes, der sich müht, »sein Leben zurück und zuende zu denken«. Gemeinsam ist den Erzählungen das Thema der »Grenzüberschreitung«. – Die beabsichtigte Tabuübertretung eines jungen Mannes steht im Mittelpunkt der »Am Ufer« betitelten Spirale I (ED 1954 u. d. T. *Das Rasthaus*). Weitgehend monologisierend erzählt der 19jährige während einer Nacht der Kellnerin Nelli seinen geheimen Plan: er will in seinem Heimatort zum »verbotenen Ufer« hinüberschwimmen. – Exponiert als Motto, formuliert ein Zitat aus Büchners Erzählung *Lenz* das in »Die Schalttafel« scheiternde Prinzip der Tarnung durch Konformismus: »Er tat alles, wie es die anderen taten.« Ein Student sieht seinen als »Schalttafel« entworfenen Lebensplan durch den unvermuteten Austritt eines Kommilitonen aus einer studentischen Verbindung bedroht; angesichts dieser außergewöhnlichen Handlung versagt die Mimikry-Mechanik seiner »Schalttafel«, die ihm einen größtmöglichen Freiraum sichern sollte. Vergeblich müht er sich um die Integration des »Außerhalb« in sein »System«. – Unter dem Eindruck

von Kafkas Roman *Der Prozeß*
entstand »Unmögliche Beweis-
aufnahme« als Protokoll einer Gerichtsverhandlung. Gezielt nutzt
Nossack dabei die Form der indi-
rekten Rede als Stilmittel, um eine
»unzuverlässige Atmosphäre her-
vorzurufen.« Von Anfang an
durchschaut der angeklagte Versi-
cherungsangestellte, der sich für
das rätselhafte Verschwinden seiner Frau verantworten muß, die
stereotype Rollenverteilung vor
Gericht. Er durchbricht sie:
statt eines Freispruchs erhofft er
einen eindeutigen und erlösenden Schuldspruch. Verständnislos
reagiert das Gericht sowohl auf
die Darstellung seiner zur »Tarnung gegen die Außenwelt« kon-
form geführten Ehe wie auch auf
seine Selbstanklage, er habe sich
beim Verschwinden seiner Frau,
das er in Anspielung auf den Mythos von Orpheus und Eurydike
als »Fortgewehtwerden« ins
»Nicht-Versicherbare« begreift,
»wehrlos« verhalten. Das Versagen juristischer Kategorien
zwingt den Angeklagten dazu, die
Rolle des Richters selbst zu übernehmen. Das Protokoll bricht
»mitten im Satz« ab. – In »Die
Begnadigung« (ED 1955) weigert
sich ein Gefangener aus Angst vor
dem »Außerhalb« zunächst, ein
Gnadengesuch zu stellen. Obwohl die Begnadigung ihm als
raffinierte Strafe, als Kündigung
des einmal gewährten »lebens-
länglichen Aufenthalts« erscheint,
unterschreibt er schließlich doch,
um den jungen, an Gott verzwei-
felnden Gefängnisgeistlichen
nicht zu enttäuschen. In Umkehrung der üblichen Vorzeichen
verspricht er, sich für den Priester
auf die Suche nach Gott zu begeben. – Der Ekel vor der Verlogenheit ihrer betäubenden Alltags-

welt mit ihren »Laichplätzen der
großen Gefühle« hat den Ich-Erzähler und Blaise in »Das Mal«
(ED 1951) zur Expedition in eine
Schneewüste herausgefordert.
Dort treffen sie auf das »Mal«,
einen erfrorenen Teilnehmer einer
früheren Expedition, dessen Lächeln sie zu dem Eingeständnis
zwingt, ihr Unternehmen sei angesichts der »Widerstandslosig-
keit dieser Welt« vergeblich. Entschlossen, ihr Scheitern zu besiegeln, kehren sie um.

Lit.: J. KRAUS, H. E. N., München 1981
(AB 27).   M.-T. FEDERHOFER

NOVALIS (eigentlich Friedrich
von Hardenberg, 1772–1801)

Heinrich von Ofterdingen.
2 Teile (unvollendet); EA Berlin
1802.
Von dem Roman liegt nur der
erste, »Die Erwartung« bezeichnete Teil vor, an den sich vage
Entwürfe für den zweiten (»Die
Erfüllung«) anschließen. Der in
sich abgerundete 1. Teil schildert
den Reifungsprozeß Heinrichs
von Ofterdingen als Dichter. Mit
der Gestalt des sagenhaften Min-
nesängers, der als Gegner Wolf-
rams von Eschenbach und Walters von der Vogelweide an dem
aus einem Gedicht bekannten
Sängerwettstreit auf der Wart-
burg teilgenommen haben soll,
verlegt Novalis die Handlung in
die Zeit um 1200. Zu Beginn des
Romans ist der knapp zwanzig-
jährige Heinrich mit dem berühmten Traum von der blauen
Blume beschäftigt, von der ihm
ein unbekannt bleibender Fremder erzählt hat; im Kelch der
blauen Blume erblickt er im
Traum ein Mädchenantlitz, mit
dem seine Begegnung mit der Ge-

liebten Mathilde antizipiert wird. Die Eltern haben für den introvertierten Sohn eine Reise aus dem trüben Norden in das gesellige und lebenslustige Treiben der Stadt Augsburg vorgesehen. Die Reise beginnt in Begleitung einer Gruppe von befreundeten Kaufleuten, die in Heinrich eine »Anlage zum Dichter« erkennen. Sie erzählen ihm die Atlantisgeschichte – eine analogische Vorwegnahme seines Schicksals mit Mathilde. Durch die Begegnung mit Kreuzrittern und ihrer »schönen Gefangenen« gewinnt Heinrich weitere Anregungen für sein Bild von der »goldenen Ferne«, der er sich zuzuneigen beginnt. Im 5. Kapitel vollzieht sich ein großer Schritt in der Entwicklung des Dichters, als er mit einem aus Böhmen stammenden Bergmann bekannt wird, der ihn in das Innere der Erde und »der Vorwelt heilge Lüfte« einweiht. Natur und Geschichte treten so in Beziehung zueinander. Im Innern der Welt empfindet Heinrich eine »wundersame Freude an Dingen, die ein näheres Verhältnis zu unserem geheimen Dasein haben«. Nun »übersah er auf einmal alle seine Verhältnisse mit der weiten Welt um ihn her«, ja »tausend andere Erinnerungen« seines Lebens knüpften sich von selbst an einen zauberischen Faden«. Mit all dem verbindet sich eine Erziehung zur Sinnlichkeit, zu den Freuden der Liebe, des Weins und Gesangs, eine Abkehr von der Einfachheit des Nordens und eine Zuwendung zum Lebensgenuß des Südens. Dieser Einfluß kommt von Seiten der Mutter, ihrem »prächtigen« Elternhaus in Augsburg und von dem Großvater Schwaning, der ebenfalls empfindet, daß Heinrich »zum Dichter geboren«

ist, und dessen norddeutsche Verschlossenheit »auftauen« will. Die höchste Stufe in Heinrichs Bildung wird durch den Dichter Klingsohr vermittelt, der nach Goethe modelliert zu sein scheint. Klingsohr erschließt ihm den Blick für die Bedeutung des Verstandes, des Technischen und Handwerksmäßigen in der Dichtung. Er vermittelt Heinrich auch eine tiefere Einsicht in die Geschichte. Heinrich lernt von ihm, daß sich der »gewaltige Kampf« in der Geschichte nicht einer »allmählichen Beruhigung« annähert, sondern ständig fortgeht und daß Kämpfe die »Geburtszeiten der Dichter« sind. Damit ist Heinrich für die Initiation zum Dichterberuf reif, die von Mathilde, Klingsohrs Tochter, vollzogen wird. Das entscheidende Ereignis dafür ist aber nicht ihre sinnliche Vereinigung, sondern der unerwartete Tod Mathildens, mit dem für Heinrich die Schranke zwischen Diesseits und Jenseits fällt und er in zwei Welten heimisch wird, der äußeren des täglichen, aktiven Lebens und der inneren, nächtigen, jenseitigen der Spekulation und der Meditation. Das 9. Kapitel des 1. Teils schließt mit einem von Klingsohr erzählten Märchen, das den Übergang von der einen Welt in die andere schildert und gleichzeitig den Übergang zum 2. Teil herstellt, in dem die Handlung zunehmend ins Wunderbare transformiert werden sollte.

Die Sprache des Romans ist kunstlos, schlicht, naiv und bewirkt gerade dadurch die Transparenz aller Vorgänge. Lieder und lyrische Einlagen bilden Schwerpunkte im Roman und akzentuieren einzelne Kapitel. Die im Roman gestalteten Gespräche thematisieren in kondensierter Form die Philosophie des Novalis. Auch die Technik der Spiegelung verdient hervorgehoben zu werden, die sich zum Beispiel zeigt, wenn Heinrich in der Handschrift des Grafen von Hohenzollern sein eigenes Leben abgebildet sieht und der Graf zudem über diese Handschrift sagt: »Soviel ich weiß, ist es ein Roman von den wunderbaren Schicksalen eines Dichters, worin die Dichtkunst in ihren mannigfachen Verhältnissen dargestellt und gepriesen wird.« Eine weitere Besonderheit dieses Romans ist die Bedeutung der Träume. Der Roman beginnt mit einem Traum, und zu Beginn des 2. Teils spricht die Astralis benannte Stimme die rätselhaften Worte aus: »Die Welt wird Traum, der Traum wird Welt.« In seiner bläulichen Färbung bestimmt der erste Traum die transparente Atmosphäre des Romans und bezeichnet die unmittelbare Beziehung zum Transzendenten. Die blaue Blume bildet darin ein markantes Symbol, das den Roman auch in seinen weiteren Partien bestimmt. Heinrich fühlt sehr deutlich, daß dieser erste Traum kein Zufall in seinem Leben war, sondern in seine Seele »wie ein weites Rad hineingreift, und sie in mächtigem Schwunge forttreibt«. Neben diesen von Träumen, blauen Farben und transparenten Übergängen geprägten Partien des Romans stehen plötzlich Szenen von schärfster realistischer Darstellung und ausgeprägtem historischen Wirklichkeitssinn. Wir befinden uns in der Zeit der Kreuzzüge, die Novalis durch Schillers historische Vorlesungen an der Universität Jena bekannt war. Die Gestalt des Bergmanns repräsentiert scharfsinnigen Be-

obachtungsgeist. Die Beschreibung des Bergbaus, der Halden, der Steiger mit ihrem ›Glück auf‹-Gruß, des Hineingelangens in die Erde und der diesen Abstieg begleitenden Schutzgebete ist ein aufschlußreiches kulturhistorisches Zeitgemälde. Doch schlägt an diesem Punkt die dichterische Darstellung wieder ins Geheimnisvolle um, indem wir nun in die »verborgenen Schatzkammern der Natur« vordringen und im Innern der Erde dem »König der Metalle«, dem Gold, gegenüberstehen, das zugleich als Grundlage des Geldes die merkantilischen Geschicke der äußeren Welt bestimmt. Dies Alternieren zwischen den Welten des Wunderbaren und Alltäglichen, den Bereichen des Innen und Außen und den Techniken des »Romantisierens« und »Logarithmisierens« kennzeichnet für Novalis den Zusammenhang der beiden Sphären.

Im 2. Teil sollte der Roman »allmählich in Märchen übergehn«, aus der wirklichen Welt sollte es in die »geheime« gehen. Jedoch zeigen sich die Fortsetzungspläne in solch gewaltigen Dimensionen, daß bald Zweifel entstehen, ob sie sich in eine poetische Form bringen lassen würden. Nach einem dieser Pläne sollte Heinrich durch die verschiedenen Reiche der Natur hindurchgehen und Stein, Pflanze und Tier werden, dann die blaue Blume pflücken, d. h. durch seinen Tod mit Mathilde vereint werden und damit stellvertretend das goldene Zeitalter herbeiführen, in dem sich Zeit und Ewigkeit, Geist und Natur vereinen. Wichtige Hinweise auf die geplante Fortsetzung lassen sich aus den Andeutungen im 1. Teil des Romans erschließen. Bei der Spiegelung des Romans im Roman, d. h. bei der Betrachtung des Buches in provenzalischer Sprache, das der Graf von Hohenzollern aus Jerusalem mitgebracht hatte, kamen Heinrich die letzten Bilder »dunkel und unverständlich« vor, und »der Schluß des Buches schien zu fehlen«. Der Graf bestätigte diesen Eindruck, indem er kurz und bündig feststellt: »Der Schluß fehlt an dieser Handschrift.« Dies scheint den unvollendeten Charakter des Romans bereits anzudeuten. In dem Traum über den Tod Mathildens gegen Ende des 1. Teils sind die wichtigsten Begebenheiten des 2. Teils in wenigen Strichen angedeutet. Heinrich wandert durch ein fremdes, fernes Land, hört Gesang und findet Mathilde wieder. Diese Wiedervereinigung findet in einer eigentümlich surrealistischen Atmosphäre unter einem Strom statt, dessen blaue Wellen über den beiden dahinfließen. Der abschließende Dialog zeigt an, wo der wahre Ort ihrer Wiederbegegnung liegt: »Wo sind wir, liebe Mathilde? – Bei unseren Eltern. – Bleiben wir zusammen? – Ewig, versetzte sie, indem sie ihre Lippen an die seinigen drückte, und ihn so umschloß, daß sie nicht wieder zu ihm konnte.« Durch die Synthese von Mythologie, Natur und Geschichte, von Symbol und Märchen kann *Heinrich von Ofterdingen* wohl als der anspruchsvollste Roman der deutschen Frühromantik angesehen werden. Friedrich Schlegel unterschied in diesem Zusammenhang zwischen der exoterischen und esoterischen Poesie. Während die exoterische Poesie »das Ideal des Schönen in dem Verhältnisse des menschlichen Lebens darstellt«, geht die esoteri-

sche darüber hinaus und sucht »zugleich die Welt und die Natur zu umfassen«, womit sich ein Übergang vom Roman zur Mythologie vollzieht. Für die programmatische Vereinigung von Philosophie und Poesie in der deutschen Frühromantik ist es von Interesse, daß Novalis parallel zu den Arbeiten am *Heinrich von Ofterdingen* seinen »magischen Idealismus«, also seine eigentümliche Ausgestaltung der idealistischen Philosophie im Sinne eines »Idealrealismus«, einer Philosophie der vollendeten Einheit von Subjekt und Objekt, von Mensch und Welt zu konzipieren begann. Er wollte die Welt als einen »Universaltropus«, als ein »symbolisches Bild« des menschlichen Geistes deuten, wobei die diesseitige Welt und die jenseitige, Innen und Außen, Mensch und Natur in eins verschmolzen.

Lit.: U. RITZINHOFF (Hg.), N., Heinrich von Ofterdingen, Erläuterungen und Dokumente, Stuttgart 1988 (RUB 8181).   E. BEHLER

PERUTZ, Leo (1882–1957)

Der Meister des jüngsten Tages. 22 Kapitel und »Schlußbemerkungen des Herausgebers«; EA München 1923.
Gottfried Adalbert Freiherr von Yosch und Klettenfeld, der Erzähler dieser fiktiven Autobiographie, schildert die Ereignisse, die ihn im Jahre 1909 an den Rand des Selbstmordes führten. – Der bekannte, am Ende seiner Karriere stehende Schauspieler Eugen Bischoff bringt sich während eines Abendessens in Gesellschaft um. Anwesend sind außer Yosch der baltische Ingenieur Waldemar Solgrub, der am Russisch-Japanischen Krieg von 1905 teilgenom-

men hat, und der Mediziner Dr. Eduard Ritter von Gorski. Yosch, der mit Bischoffs Frau Dina vor ihrer Ehe ein Verhältnis hatte, wird von Dinas Bruder Felix beschuldigt, aus Eifersucht den Selbstmord absichtlich herbeigeführt zu haben. Yosch hatte während des Treffens mehrfach das Gespräch auf den Zusammenbruch des Bankhauses gelenkt, dem Bischoff seine Ersparnisse anvertraut hatte, und ihm nahegelegt, die für den K. u. K.-Rittmeister standesüblichen Konsequenzen zu ziehen. Doch Solgrub bestreitet die gegen Yosch erhobene Beschuldigung: der zu Tode erschrockene Gesichtsausdruck Bischoffs könne nicht durch die Nachrichten über das Bankhaus ausgelöst worden sein. Bischoff selbst hatte während des Beisammenseins von einem rätselhaften Doppelselbstmord erzählt: Ein ihm bekannter Marineoffizier sei nach dem scheinbar grundlosen Freitod seines Bruders, eines Schülers der Kunstakademie, für einige Monate in dessen Rolle geschlüpft, um so den Ursachen des Selbstmords auf die Spur zu kommen; dabei sei der Marineoffizier jedoch auf die gleiche Art und ebenfalls ohne jedes erkennbare Motiv zu Tode gekommen. Solgrub vermutet hinter der Kette von Todesfällen eine raffinierte Mordserie und bittet Felix und Yosch, ihre Auseinandersetzung bis zur Klärung des Falles zu verschieben. Der Anruf einer Frau, mit der Bischoff sich verabredet hatte, bringt sie auf eine Spur, die zunächst zu dem Antiquitätenhändler und Wucherer Gabriel Albachary führt, den Bischoff offenbar kurz vor seinem Tod aufgesucht hatte. Im Wettstreit miteinander kommen die sich gegenseitig verachtenden Yosch und Solgrub schließlich auf ein Fräulein Leopoldine Teichmann, eine gescheiterte Malerin, die jetzt ihren Lebensunterhalt als Apothekerin verdient. Mit ihr hatte Yosch an dem Abend, als Bischoff starb, telephoniert und dabei von ihr eben die Worte gehört, die auch die letzten Worte Bischoffs waren: »das Jüngste Gericht«. Als Yosch und Solgrub nahezu gleichzeitig die Wohnung von Fräulein Teichmann aufsuchen, müssen sie erfahren, daß diese soeben mit wenig Aussicht auf Rettung nach einem Selbstmordversuch in ein Krankenhaus eingeliefert worden sei. Der findige Solgrub kann schließlich das Rätsel lösen: Alle sind Opfer eines alten Manuskripts geworden, das sich im Besitz des ahnungslosen Albachary befindet. Darin wird das Schicksal eines italienischen Malers beschrieben, der geistig umnachtet in einem Kloster gestorben sei und vor seinem Ende nur noch und immer wieder das Jüngste Gericht gemalt habe, das er in einer durch eine Droge herbeigeführten Vision erblickt hatte. Das Manuskript enthält auch die Rezeptur der Droge. Solgrub unternimmt – in völliger Überschätzung seiner psychischen Kräfte – einen Selbstversuch und kommt dabei um. Yosch tut ein Gleiches, wird aber von Gorski in letzter Minute gerettet. – Der anonyme Herausgeber erklärt die Geschichte in seinem Nachwort für fiktiv: Yosch sei im Weltkrieg als Freiwilliger und gemeiner Soldat gefallen. Er habe Bischoff in den Tod getrieben und sich dem Selbstmord, den die Standesehre forderte, entzogen. – Perutz zieht in diesem Werk sich vielfältig brechender

Realität und atmosphärisch dichter Milieuschilderung alle Register des Kriminalromans, das Thema der halluzinogenen Drogen griff er später wieder auf (u. a. in *Sankt Petri Schnee*).

Lit.: D. NEUHAUS, Erinnerung und Schrecken. Die Einheit von Geschichte, Phantastik und Mathematik im Werk L. P.', Frankfurt/M. u. a. 1984.   A. HAASE

Nachts unter der steinernen Brücke. 14 Kapitel und ein Epilog; EA Frankfurt/M. 1953.
Ein Nachfahre des Mordechai Meisl, der Medizinstudent Jakob Meisl, erzählt zu Beginn des 20. Jahrhunderts einem Nachhilfeschüler Geschichten aus dem Prag der Zeit Kaiser Rudolfs II. (1552–1612), die in wechselnder Folge am Hof des Kaisers auf dem Hradschin, in der Stadt und im jüdischen Ghetto spielen. In den lose miteinander verbundenen Milieuschilderungen und Erzählungen jüdischer Legenden treten u. a. Alchimisten, jüdische Bettler, kaiserliche Bedienstete, Johannes Kepler, der in eine Liebesgeschichte verwickelte Wallenstein mit seiner Astrologiegläubigkeit und als eine der Hauptgestalten der legendäre Rabbi Loew auf. Neben diesem farbigen, bis in die Zeit nach dem Tod des Kaisers und in die ersten Jahre des Dreißigjährigen Krieges hineinreichenden Bilderbogen über das Leben der einfachen und höheren Volksschichten in Prag sowie über jüdische Religiosität und Theologie bildet die Geschichte um Esther, die schönste Frau des Ghettos, ihren Mann Mordechai Meisl, den reichsten Juden der Stadt – »ihm lief das Gold nach« –, und den Kaiser einen durchgehenden inhaltlichen Strang. Rudolf, der seine berühmte Kunstsammlung trotz ständigen Geldmangels

vergrößert und über der Sorge um den ihm von seinem Bruder Matthias streitig gemachten Thron zum schwer aufzuheiternden Melancholiker geworden ist, erblickt Esther bei einem Ritt durch die Judenstadt und ist fortan von dem Wunsch nach ihr besessen. Als alle Versuche, sie wiederzusehen, scheitern, läßt er den Rabbi kommen und erzwingt unter Androhung der Vertreibung der Juden aus seinem Reich dessen Hilfe. Um keinem direkten Ehebruch Vorschub zu leisten, pflanzt Rabbi Loew am Ufer der Moldau einen Rosenstrauch als Symbol für den Kaiser und einen Rosmarin für Esther. Immer wenn sich »nachts unter der steinernen Brücke« eine Rose und eine Blüte des Rosmarins aneinanderschmiegen, träumen die beiden voneinander. Auf dem Sterbebett ruft Esther Rudolf um Hilfe an. Meisls jahrelanges Rätseln, um wen es sich bei diesem Rudolf gehandelt haben mag, löst sich durch einen Zufall, als es ihm vermittels einer List gelingt, gegen den Widerstand bestimmter Hofkreise den von ihm schon längere Zeit finanziell unterstützten Kaiser persönlich zu sehen. Daraufhin beschließt er, all sein Geld dem Ghetto zugute kommen zu lassen, damit nicht, wie schon vertraglich vereinbart, bei seinem Tod die Hälfte davon an Rudolf fällt. Diese Hinterlassenschaft in Form von sozialen Zwecken dienenden Einrichtungen, »Meisls Gut«, sowie große Teile des alten Ghettos, wie sie im Roman überaus lebendig vor Augen geführt sind, werden am Tag des letzten Besuchs des Schülers bei Meisls Nachfahren zerstört, einige Jahrzehnte bevor auch seine Bewohner verschwanden.

Lit.: H.-H. MÜLLER, Nachwort, in: L. P., Nachts unter der steinernen Brücke, Wien/ Darmstadt 1988, S. 269–294.   A. HAASE

PLENZDORF, Ulrich (geb. 1934)

Die neuen Leiden des jungen W. EA Rostock und Frankfurt/ M. 1973.

Aus seiner Perspektive »jenseits des Jordan« erzählt Edgar Wibeau in einer von Amerikanismen durchsetzten Mischung aus Berliner Dialekt und DDR-Jugendjargon von den Ereignissen, die zu seinem Tod führten. – Anfänglich ein Musterlehrling, der in den sechziger Jahren in der Provinzstadt Mittenberg in der DDR lebt, hatte Wibeau »nichts gegen den Kommunismus«, war »[a]ber gegen alles andere«. Er beendet seine Lehre mit einem Eklat, indem er seinem Meister absichtlich eine Eisenplatte auf den Fuß fallen läßt. Wibeau flieht nach Ost-Berlin, wo er Unterschlupf findet in einer baufälligen Sommerlaube, die der Familie seines Freundes Wilhelm gehört. Er verbringt seine Zeit mit Gammeln, Tanzen, Musikhören, Nachdenken über seine beiden Lieblingsbücher – Defoes *Robinson Crusoe* und Salingers *Der Fänger im Roggen* –, und er liest Goethes → *Die Leiden des jungen Werthers.* Allerdings kennt er weder den Namen des Autors noch den Titel, da er den Buchumschlag, die ersten Seiten und das Nachwort als Toilettenpapier benutzt hat. Nach anfänglichen Schwierigkeiten Wibeaus mit der Gefühlssprache des *Werther* fasziniert ihn der Text immer stärker, er lernt ganze Passagen auswendig und macht Werthers Geschichte gewissermaßen zu seiner eigenen. So korrespondiert er, wie Werther, mit seinem Freund Wilhelm, nennt ihn allerdings Willy und schickt ihm besprochene Kassetten. Wie Werther malt Wibeau und verliebt sich in Charlotte, in diesem Fall eine Kindergärtnerin, die er Charlie nennt. Charlie ist verlobt mit dem recht prosaischen Dieter, den sie schließlich auch heiratet. Edgar und Charlie schlafen tatsächlich einmal miteinander, aber danach ist ihre Freundschaft zu Ende. Wie Werther versucht Wibeau eine Zeitlang, sich »nützlich« zu machen; er arbeitet in einer Anstreicherkolonne, in der er Zaremba kennen- und bewundern lernt, einen altverdienten Kommunisten, der, wie Edgar meint, gut in Jeans aussehen würde. Aber Edgar irritiert andere Mitglieder der Kolonne durch seine unangepaßte Art und wird schließlich entlassen. Während dieser Zeit in der Brigade erfährt Wibeau, daß seine Kollegen erfolglos versucht haben, ein nebelloses Farbspritzgerät zu entwickeln. Daraufhin will er im Sommerhäuschen auf eigene Faust einen solchen Apparat bauen, aber er steht unter Zeitdruck, denn die Laube soll bald abgerissen werden, um Platz für ein Wohnungsbauprojekt zu schaffen. In seiner Eile versetzt sich einen tödlichen Stromschlag. Hier scheint der Text von seinem Vorbild abzuweichen, denn Wibeau versichert, er »hätte nie im Leben freiwillig den Löffel abgeben«. Aber er bemerkt auch, daß er »doch nie *wirklich* nach Mittenberg zurückgegangen« wäre. – Plenzdorf schrieb *Die neuen Leiden des jungen W.* »bewußt auf Auslegbarkeit« hin. Sowohl über die Gründe für Wibeaus Tod als auch über dessen Notwendigkeit entstand in der

DDR eine heftige Diskussion. Auch Wibeaus Sprache, seine gegenkulturellen Symbole wie Jeans, lange Haare, Rockmusik und die fragwürdige Arbeitsmoral führten zu Kontroversen unter DDR-Kritikern. Das DDR-Publikum nahm die Geschichte mit großem Enthusiasmus auf, besonders in ihrer Version als Theaterstück, und in vielerlei Hinsicht ist sie zum Symbol des kulturellen Tauwetters in der DDR während der frühen siebziger Jahre geworden.

Lit.: S. Mews, U. P., München 1984 (AB 41).
T. C. Fox

PLIEVIER, Theodor
(1892–1955)

Stalingrad. EA Berlin/Weimar 1945.
In sechsundzwanzig Sprachen übersetzt, ist der Roman *Stalingrad* einer der erfolgreichsten deutschsprachigen Nachkriegswerke. Wie auch die beiden anderen Teile der großangelegten Trilogie über den Krieg im Osten, *Moskau* (1952) und *Berlin* (1954), ist *Stalingrad* ein direktes Resultat von Plieviers unfreiwilligem Exil in der Sowjetunion. Als verbotener Autor konnte Plievier 1933 vom internationalen Schriftstellerkongreß in Moskau nicht nach Deutschland zurückkehren; außerdem war sein Paß abgelaufen. Stalins große Säuberungsaktionen und die ersten Kriegsjahre überlebte Plievier im Gebiet der Wolgadeutschen und später im fernen Taschkent. Nachdem General Paulus Anfang 1943 in Stalingrad kapituliert hatte, wurde Plievier von den Führern der zukünftigen Regierung der sowjetischen Zone – besonders von dem Schriftstel-

ler Johannes R. Becher – gebeten, einen Roman über die Stalingradschlacht, die Wende des Krieges, zu schreiben. Da man sich wohl auch auf russischer Seite von diesem Werk einen gewissen Propagandawert versprach, wurde ihm der Zugang zu den deutschen Gefangenenlagern der Neunten Armee sowie zu dem umfangreichen Briefmaterial deutscher Soldaten ermöglicht. Die Nähe und Wucht des Geschehens und besonders die Gespräche mit den kriegsgefangenen Teilnehmern der Kesselschlacht scheinen Plieviers kreative Kräfte neu mobilisiert zu haben, so daß er das Werk innerhalb eines Jahres in einem Zug niederschrieb. Die Struktur des Werkes spiegelt das gänzliche Erfaßtsein des Autors vom Stoff wider, eine Ergriffenheit, der sich auch der Leser kaum zu entziehen vermag. Das Geschehen wird durch keinerlei Kapitel unterteilt. Die Ereignisse drängen vorwärts, scheinen sich zu überschlagen und tragen das Werk in steigendem Tempo auf einem grauenvollen Weg menschlichen Leidens seinem Ende entgegen. Die Rote Armee tritt kaum in Erscheinung; ihr kommt in dem schicksalhaften Geschehen vielmehr die Rolle der Nemesis zu. Die Unaufhaltsamkeit des Untergangs einer ganzen Armee wird unterstrichen, indem Parallelhandlungen vermieden werden. Gleichzeitig erreicht Plievier dadurch eine Konzentrierung auf die entscheidenden Stationen der Kesselschlacht. Mittels einer Vielfalt von einzelnen Episoden und Charakteren, die in den verschiedensten Positionen und Umständen auftauchen, um bald wieder in der Masse des anfangs dreihunderttausend Mann starken Heeres zu verschwinden, läßt

Plievier eine Art dokumentarisches Panorama vor den Augen des Lesers abrollen. Als verbindendes Element fungieren dabei die Hauptfiguren, besonders Unteroffizier Gnotke und Oberst Vilshofen, deren Geschichte sich nicht nur durch den Roman *Stalingrad,* sondern durch die ganze Trilogie hindurch verfolgen läßt. Mit diesen Einzelschicksalen zeichnet Plievier vom Strudel erfaßte Menschen, denen er große Sympathie entgegenbringt. Sie spiegeln seinen unzerstörbaren, idealistischen Glauben an den Menschen wider und heben sich von dem dokumentarischen Charakter des Werkes ab. *Stalingrad* hat zu mehreren Nachfolgewerken angeregt, darunter zu Alexander Kluges → *Schlachtbeschreibung.*

Lit.: D. SEVIN, Individuum und Staat. Das Bild des Soldaten in der Romantrilogie T. P.s, Bonn 1972.   D. SEVIN

RAABE, Wilhelm (1831–1910)

Abu Telfan oder die Heimkehr vom Mondgebirge. 3 Teile; 36 Kapitel; ED »Über Land und Meer« 1867; EA Stuttgart 1868.
In der Tradition zivilisationskritischer Literatur, die europäische Zustände aus der vorgeblichen Perspektive nicht-europäischer ›Wilder‹ zu entlarven sucht, schildert der Zeitroman die Heimkehr des »Afrikaners« Leonhard Hagebucher aus einem abenteuerlichen Leben in die Enge eines mitteldeutschen Fürstentums. Der aus kleinbürgerlichen Verhältnissen stammende Hagebucher war, wie in Rückblenden erzählt wird, nach seiner Relegation als Theologiestudent 1845 über Italien nach Ägypten gekommen, wo er sich der »Nivellementsexpedition« zur »Durchstechung der Landenge von Suez« anschloß. Als Begleiter eines Elfenbeinhändlers geriet er im »Mondgebirge« am oberen Nil in Gefangenschaft der Barra-Afrikaner, bis ihn nach zehn Jahren als weißer Sklave farbiger Herren in Abu Telfan im Tumurkieland der Tierhändler Kornelius van der Mook freikaufte und ihm die Rückreise ermöglichte. Nach Jahren des Leidens unter roher Gewalt »und Heimweh« verspürt er »nun Angst vor den Dingen«; seine Verwandtschaft im heimatlichen Bumsdorf, die ihn umgehend in einem bürgerlichen Amt unterbringen möchte, läßt ihn rasch spüren, daß sie ihn für eine gescheiterte Existenz hält. Auch die spießbürgerliche Gesellschaft in Nippenburg und der Residenzstadt – »Hannover, Braunschweig, Kassel, Darmstadt, Stuttgart« vergleichbar – wendet sich nach anfänglicher Faszination für den Exoten von ihm ab. Als Hagebucher die Verhältnisse in der »süßen Heimat« in einem öffentlichen Vortrag verspottet, indem er sie nach dem Motto »Was ist des Negers Vaterland?« mit den Zuständen in Tumurkieland vergleicht, werden weitere Vorlesungen polizeilich verboten. Der eigene Vater, ein um seine Reputation, aber auch den Hohn seines Honoratiorenklubs fürchtender pensionierter Steuerinspektor, weist ihn schließlich aus dem Elternhaus. Beim Vetter Wassertreter, einem dem Trunk ergebenen Verwandten, der als Burschenschaftler nach den Karlsbader Beschlüssen 1819 zu Festungshaft verurteilt und nach der Entlassung ebenfalls von der Verwandtschaft geschnitten worden ist, fin-

det er ein Unterkommen. Auch andere Sonderlingsgestalten wie der wunderlich gewordene, auf seiner Gesellenwanderung bis in den Orient gekommene Schneider Täubrich Pascha und der von seiner energischen, aber sentimentalen Tochter Serena behütete weltfremde Sprachwissenschaftler Professor Reihenschlager bleiben Freunde Hagebuchers. Eine Freundin seiner Schwester, die mit ihrer Stellung als Ehrenfräulein bei Hofe unzufriedene, durch eine unglückliche Liebe und eine ungewollte Konventionsehe mit Baron von Glimmern enttäuschte und gedemütigte Nikola von Einstein, bewundert Hagebuchers »magische Ausnahmestellung«; ihre Verbindung zur einsamen Frau Klaudine in der idyllischen Katzenmühle bei Fliegenhausen steht im Mittelpunkt der etwas kolportagehaft geratenen, der Aufklärung einer Intrige gewidmeten Schlußhandlung des Romans. Der Held dieser spannenden Geschichte ist der geheimnisvolle Leutnant Kind, der die Redlichkeit der einfachen Leute verkörpert, ihr Schurke der als Exponent einer korrupten höfischen Gesellschaft gezeichnete Baron von Glimmern. Der adlige Offizier hatte Kind, um dessen Tochter zu verführen, zu einer Strafkompanie abkommandieren lassen, in der auch der Bräutigam des Mädchens wegen angeblicher Insubordination Dienst tat. Als der eifersüchtige junge Mann erfolglos einen Mordanschlag auf Glimmern verübte, ließ der ahnungslose Kind den Meuterer umgehend erschießen. Das anschließende Kriegsgerichtsverfahren wurde von Klaudines Gatten, dem Gerichtsrat Fehleysen geleitet. Aufgrund von Intrigen

und durch die starke Stellung Glimmerns bei Hofe verlor der Richter sein Amt und wurde in den Tod getrieben, sein Sohn Viktor floh, die Mutter und seine Geliebte Nikola zurücklassend. Glimmern stieg im Laufe der Zeit zum Hofintendanten auf, er unterschlägt Gelder der Prinzessin, deren Ehrendame Nikola ist. Nach zehnjährigem Warten auf Viktor heiratet sie den skrupellosen Intendanten, der sich von dieser Verbindung allein eine weitere Unanfechtbarkeit seiner Position in der höfischen Figuration erhofft. Doch inzwischen hat Kind als Rächer Beweise für die Verbrechen des Barons gesammelt, den er öffentlich entlarvt und auf der Flucht nach London verfolgt, wo die beiden Feinde sich gegenseitig im Duell töten. – Davon erfährt Hagebucher durch einen Brief seines Retters van der Mook, der plötzlich in Nippenburg aufgetaucht und durch Kind als der verschollene Viktor Fehleysen identifiziert worden war. Nach einem Besuch von der Mutter ging er, um der emotional ausgebrannten Nikola eine Zuflucht in der Katzenmühle zu ermöglichen, wieder in die Ferne, wo er in der Schlacht von Richmond im amerikanischen Bürgerkrieg umkommt. ›Inter mortuos liber‹ leben die beiden Frauen fortan in der abgeschiedenen Katzenmühle. Hagebucher dagegen kehrt »zu den Lebenden« zurück.
Die Schwarz-Weiß-Malerei in der Konfrontation von Adel und Bürgertum macht die ideologische Verknüpfung von politischem Liberalismus und poetischem Realismus im Roman evident. Dieser Schwäche geschuldet ist sicher auch der positive Schluß des Ro-

mans aus der mittleren Schaffens-
phase (der ›Stuttgarter Zeit‹) Raabes, der fortan zunehmend pessi-
mistischer schrieb. Im Ansatz der
auf eine ›Dritte Welt‹ der Literatur
zielenden, sich realistischen
Schreibweisen verweigernden
›ethnologischen‹ Perspektive des
Abu Telfan tritt dieser kulturkriti-
sche Pessimismus indes bereits
zutage.

Lit.: D. BACHMANN, Die »dritte Welt« der
Literatur, in: Jahrbuch der Raabe-Gesellschaft
(1979), S. 27–71.   M. SCHMIDT

Die Akten des Vogelsangs.
Eine Erzählung. ED Deutsche Roman-Zeitung 1896; EA Berlin
1896.
Ich-Erzähler dieser »nach den Akten, aber nicht aktenmäßig« erzählten Aufzeichnungen ist der
ein wenig spießige, inzwischen
wohletablierte Oberregierungsrat
Karl Krumhardt; der Vogelsang,
ein ehedem idyllisches Kleine-
Leute-Quartier in einer norddeutschen Residenzstadt, das inzwischen zur häßlichen Fabrikvorstadt
wurde, ist sein Kindheitsort, wo
seine Vorfahren seit Generationen
ansässig waren. In der Nachbarschaft, die seinerzeit noch einen
Solidarverband darstellte, wuchs
der eigensinnige und phantasiebe-
gabte Velten (Valentin) Andres als
Sohn eines frühverstorbenen Ar-
menarztes auf; die Freundschaft
der beiden Jungen wird durch die
Vormundschaft von Karls Vater,
eines biederen Obergerichtssekre-
tärs, über Velten nicht beeinträch-
tigt. Veltens Mutter begegnet den
unkonventionellen Verhaltensweisen und Eigenwilligkeiten ihres Sohnes, selbst seinen das
Drama eines begabten Kindes
spiegelnden schulischen Schwierigkeiten, warmherzig und ver-
ständnisvoll. Die Beziehung der

Knaben wird irritiert und erweitert, als einige Jahre später die zunächst in New York aufgewachsene Helene Trotzendorff mit ihrer Mutter in den Vogelsang
zieht. Da die Mutter weitgehend
auf das verlorene amerikanische
Glück und die Hoffnung fixiert
ist, daß ihr in den USA verbliebe-
ner Mann, der dort ziemlich undurchsichtigen Spekulationen
nachgeht, wieder zu Geld
kommt, kann die Velten Andres
an Eigensinn nichts nachgebende
Helene an den Spielen der Jungen
weit unbeaufsichtigter teilnehmen, als die Geschlechterrollen-
konvention dies des Mädchen seinerzeit gestattete. Eine schwierige
Liebesgeschichte zwischen wider-
ständlichen Königskindern bahnt
sich an.
Während der im bürgerlichen
Sinne ehrgeizige Karl Krumhardt
nach dem Jurastudium in den Ju-
stizdienst seines Vaterlandes eintritt, Karriere macht, heiratet und
in einem der besseren Viertel seiner Heimatstadt wohnt, geht Velten einen unkonventionelleren
Weg. Er studiert Philosophie in
Berlin, wo er bei der sonderlichen
Fechtmeisterin Feucht wohnt und
Zugang zur traditionsbewußt lebenden hugenottischen Familie
des Beaux findet, die ein Schnei-
deratelier für die gute Gesellschaft
betreibt. Leonie des Beaux verliebt sich in Velten, der dies nicht
einmal bemerkt, entsagend geht
sie als Diakonissin in ein Stift.
Velten bricht sein Studium ab und
läßt sich im Hause des Beaux zum
Kaufmann ausbilden, um so gerüstet Helene folgen zu können, die
nach dem neuerlichen geschäftlichen Erfolg ihres Vaters nach
Amerika gegangen ist. Als aben-
teuernder self-made-man, u. a. als
Soldat und Seemann, Ballonfah-

rer, Übersetzer und Journalist, schlägt er sich dort keineswegs erfolglos durchs Leben. Doch als Helene den sehr reichen Mr. Mungo heiratet, kehrt er in den Vogelsang und zu seiner Mutter zurück. Als die in der »Illusion« stirbt, »daß ihr Söhnchen die Welt durch seine Tatkraft überwunden habe und weiter überwinden werde«, verbrennt und verschleudert Velten nach und nach den gesamten ererbten Hausrat. Die absurde Situation wird noch gesteigert durch das Auftauchen eines Künstlers, der als Affenmensch German Fell und missing link der Darwinschen Theorie in einem Variété auftritt. – Krumhardt, der »Protokollist«, hört erst Jahre später wieder von seinem Jugendfreund, als Helene Mungo ihn an dessen Totenbett ruft. Velten war nach allerhand Beutelungen in der Welt erschöpft und resigniert in seine alte Studentenbude in der Berliner Dorotheenstraße zurückgekehrt: »Dieser wilde Mensch konnte nicht mehr wollen«. Weder seine Zimmerwirtin, die neunzigjährige Fechtmeisterin Feucht, noch Leonie des Beaux, die gleich ihm allem Besitz und ihrer Liebe entsagt hatte, noch Helene, die inzwischen verwitwet und eine der reichsten Frauen Amerikas ist, können ihn vom Sterben abhalten.

Nur sehr sparsam reflektiert der glücklich verheiratete Justizbeamte und Familienvater Krumhardt, was ihn nach Veltens Tod zur Niederschrift dieser »Akten« veranlaßt. Ein Lessingzitat macht deutlich, daß er durchaus unter dem Bann der Persönlichkeit Veltens stand, daß er sich von diesem Einfluß freischreiben und zugleich seine provozierende Be-

ziehung zu diesem Außenseiter gegenüber seiner philiströsen Umwelt legitimieren will. Zahlreiche Zitate und Anspielungen, die teilweise, wie etwa Goethes frühe »Ode an Behrisch«, leitmotivisch wiederholt werden, zeigen, daß das Faszinierende an Velten wohl das Scheitern literarisch verbürgter bürgerlicher Lebensentwürfe in der bürgerlichen Gesellschaft ist. Insofern ist die narrativ vielfach gebrochene Erzählung um das unbehauste Genie Velten Andres durchaus als eine Kritik an der faustischen Ideologie im kaiserlichen Deutschland zu lesen. – Daß es zwischen Besitzlosigkeit und Besitzindividualismus kein richtiges Leben im falschen gibt, formuliert nicht der phantastische Velten, sondern der vergleichsweise blasse und phantasielose Bürokrat Krumhardt: »Ja, er hatte mich auch jetzt wieder unter sich, es war von meiner Besitzfreudigkeit aus keine Abwehr gegen seine Eigentumsmüdigkeit: ich habe ihm geholfen, sein Haus zu leeren und sich frei zu machen von seinem Besitz auf Erden! –«. Dieses von Adorno als unlösbares auf den Punkt gebrachte Problem reflektiert der Text – gerade auch in seiner frühlingshaft-hoffnungsvollen Schlußsequenz – überraschend scharfsichtig und facettenreich.

Lit.: I. ROEBLING, W. R.s doppelte Buchführung. Paradigma einer Spaltung, Tübingen 1988. M. SCHMIDT

Die Chronik der Sperlingsgasse. *Herausgegeben von Jakob Corvinus.* 21 Teile; EA Berlin 1857.

Der Erstlingsroman Raabes besteht aus tagebuchartigen Aufzeichnungen aus der Zeit vom 15. November (1854) bis zum

1. Mai des folgenden Jahres, zu deren Niederschrift der greise Privatgelehrte Johannes Wacholder die Arbeit an seinem großen Werk über die menschliche Eitelkeit unterbricht. Der Roman bündelt und spiegelt deutsche Geschichte von den Koalitionskriegen gegen Frankreich (1792) bis in die nachmärzliche Gegenwart zur Zeit der Krimkriege in den Kleine-Leute-Schicksalen der Bewohner einer altstädtischen Gasse in der prosperierenden »großen Stadt« Berlin. Wacholder betrachtet das Leben seiner Umgebung aus einem Fenster vor seinem Schreibtisch; die Vermischung seiner Beobachtungen mit Erinnerungen aus seinem langen Leben erzeugt einen Spannungsbogen zwischen verschiedenen Zeitstufen. Im Zentrum der erzählten Handlung steht freilich eine dem sentimentalen Publikumsgeschmack der Zeit angepaßte rührselige Liebesgeschichte, die sich von den schlimmen Anfängen einer Verführung bis zum guten Ende einer glücklichen Ehe über drei Generationen erstreckt: als junger Student in der Sperlingsgasse hatte Wacholder sich in die Putzmacherin Marie Volkmann verliebt, eine früh verwaiste Rektorstochter aus dem heimatlichen Ulfelden. Doch Marie heiratet einen gemeinsamen Jugendfreund, den Maler Franz Ralff, dessen Mutter nach ihrer Verführung durch den finsteren Grafen Seeburg im Wahnsinn Selbstmord begangen hatte. Der rasch alternde Junggeselle Wacholder erzieht nach dem frühen Tod des Ralffs deren kleine Tochter Elise, die später als junge Frau ihren Spielkameraden Gustav Berg heiratet. Der ist ebenfalls Maler und, wie sich zufällig herausstellt, ebenfalls ein Enkel des Grafen Seeburg. Nach der Verführung hatte der eine arme Italienerin geheiratet, deren Tochter Helene Berg es 1842 ausgerechnet in die Sperlingsgasse verschlug.

Als aus der subjektiven Perspektive des Ich-Erzählers Wacholder – dem seine Gedanken zuweilen selbst »kindisch, albern, trivial erscheinen« – nach dem Vorbild eines »Kinderbaukastens« gestaltetes »Bilderbuch« ohne »schriftstellerischen Kontrapunkt« schildert diese Chronik auf den engen Raum der Gasse konzentrierte Genrebilder sehr verschiedener Art. Dem Vorbild der frührealistischen Dorfgeschichte – besonders in den Forsthausepisoden – verpflichtet sind Schilderungen der unterm Strich doch glücklichen Zeiten in der »Kindheitsstadt« Ulfelden. Im krassen Gegensatz dazu stehen an Dickens und dem französischen Feuilleton- und Mysterienroman (Sue) angelehnte Bilder großstädtischen Elends im Zeitalter des Pauperismus, die freilich ebenfalls nicht selten sentimental geraten: So muß die Tänzerin Rosalie im Ballett auftreten, während ihr Kind in der Sperlingsgasse stirbt, oder ein Proletarier muß in den letzten Stunden seiner Frau noch arbeiten, damit sie wenigstens nicht hungrig aus dem Leben scheidet. Kritik an der sozialen und politischen Misere im seinerzeitigen Deutschland übt die »Passionsgeschichte« der ihrem Berliner Kellerloch nach Amerika entfliehenden Schuhmacherfamilie Burger und mit der Figur des begabten, aber armen Schulmeisters Roder, der nach der Revolution von 1848 emigriert. Sein »Spaß mit einer hohen Behörde« trägt auch Wacholders Freund, dem stets von einem Pu-

del namens »Rezensent« begleite-
ten humoristischen Journalisten
Dr. Wimmer, die Ausweisung
durch die politische Polizei ein; er
kann sich wenigstens in eine gute
Partie und in die liberalere Atmosphäre Münchens retten. Der Ka-
rikaturenzeichner Strobel äußert
sich ebenfalls gesellschaftskri-
tisch; als figürlicher Sonderfall des
impliziten Lesers formuliert er in
dem Roman selbst zugleich eine
erste Kritik an dieser Chronik. –
Die älteste Bewohnerin der Sperlingsgasse, Großmutter Karsten,
ist gleichsam eine lebende Chronik in der Chronik Wacholders.
Als junge Frau hatte sie einst beim
Bau des Vaterhauses einen Liebes-
brief im Hausknopf unter der
Wetterfahne versteckt. Ihr Mann,
der nachdenkliche Tischlermei-
ster Karsten, spiegelt innerhalb
der Binnenerzählung der Witwe
das Schicksal Deutschlands als
verspäteter Nation in einer für
Raabe bezeichnenden Weise. Dieser »Gottfried mit dem eisernen
Herzen« hatte sich zwar gewei-
gert, zusammen mit anderen
Handwerkern in einer »Depentat-
schon« den 1806 in Berlin einmar-
schierenden Franzosen zu huldigen; die durch die Besetzung
Preußens bewirkten sozialpoliti-
schen Veränderungen hat er
gleichwohl begrüßt. Doch unter
dem Eindruck der fortdauernden
Besatzung erzieht er seine Söhne
zu Patrioten; sie fallen als Freiwil-
lige in den Befreiungskriegen,
während er selbst einen versprengten Franzosen pflegt. Als
die Restauration die erhoffte Einheit Deutschlands hintertreibt,
wird ihm die auch die Namen seiner Söhne verzeichnende Gedenk-
tafel in der Kirche zum Ärgernis,
er kann »sie nicht mehr mit ansehen« und reagiert erleichtert, als

ein Kirchenbrand die Erinnerung
an das vergebliche Opfer seiner
Söhne zerstört.
Wenngleich die zeitgenössische
Kritik dem Roman eine Anerkennung nicht verweigerte und die
neuere Forschung vor allem hinsichtlich der Raum-Zeit-Gestal-
tung und der Anspielungstechnik
darin mancherlei antizipiert sah,
was für das Erzählen des späten
Raabe typisch erscheint, so war
der Autor selbst keineswegs blind
für die Schwächen seines nach
1876 zunehmend erfolgreich verkauften Buches: enttäuscht durch
die weitgehend ignorante Reaktion des Lesepublikums auf sein
anspruchsvolles Spätwerk, bezeichnete er die *Chronik* 1902 als
»mir abgestandenen Jugend-
quark«.

Lit.: U. Koller, Nachwort, in: W. R., Die
Chronik der Sperlingsgasse, Stuttgart 1981.
M. Schmidt

Der Hungerpastor. *Ein Roman
in drei Theilen.* 36 Kapitel; ED
»Deutsche Roman-Zeitung«
1863/64; EA Berlin 1864.
Die Tradition des Bildungsromans trivialisierend, schildert der
Roman in durchaus denunziatori-
scher, über eine verquaste Hun-
germetaphorik verbundene Gegenüberstellung den Aufstieg seiner beiden Protagonisten aus kleinen Verhältnissen in die bürgerliche Gesellschaft. Als Söhne ält-
licher Väter werden Johannes Unwirrsch und Moses Freudenstein
bald nach den Befreiungskriegen
in einer ärmlichen Vorstadt geboren. Vater Unwirrsch, ein biede-
rer Schuhmacher, arm zwar, aber
in seinem spintisierenden Bil-
dungshunger ein Nachfahre des
mystischen Görlitzer Handwer-
kerphilosophen Jakob Böhme,
stirbt bald. Seine Witwe, die sich

als Waschfrau placken muß, erzieht Hans fortan mit Hilfe zweier sonderlicher Verwandter, der spökenkiekerischen Base Schlotterbeck und des trinkfreudighandwerkstolzen Onkels Grünebaum, in »einfachster Ärmlichkeit«. Die eindrucksvoll geschilderten Episoden aus dem Leben der kleinen Leute im Biedermeier erscheinen indes arg vom magischen Licht der leitmotivisch immer wieder auftauchenden Schusterkugel verklärt. Die altdeutschen Tugenden seiner Sozialisation ermöglichen Hans in Verbindung mit den kleinbürgerlichen Solidarstrukturen eines zumindest im Roman noch funktionierenden Verwandt- und Nachbarschaftssystems später den Besuch des Gymnasiums und ein Theologiestudium. – Unwirrschs Freund Moses Freudenstein, der seine Mutter bei der Geburt verlor, ist der Sohn eines jüdischen Trödlers, der einst von Galizien aus als Hausierer durch halb Europa zog. Dem Stereotyp vom Schacher- und Wucher-Juden in der deutschen Literatur entsprechend, bringt er das (im Text nicht weiter erläuterte) Kunststück fertig, im Arme-Leute-Quartier reich zu werden. Wissend, daß Besitz und Bildung die Hauptpfeiler bürgerlichen Selbstbewußtseins sind, häuft er Besitz an, um Moses »als Waffen gegen die Welt«, die Juden eine wirkliche Emanzipation bislang nachhaltig verweigerte, eine bürgerliche Bildung zu ermöglichen. Auf dem Sterbebett hinterläßt er dem Sohn zur Reifeprüfung ein erhebliches Vermögen. Der gegen eine motivisch freilich kaum überzeugende Melancholie des Stigmatisierten kämpfende Moses kompensiert seinen randständischen Sozialstatus und die

antijüdische Aggressivität seiner christlichen Umwelt, die seine Kindheit und Jugend verdüsterten, durch Leistung. Zunächst Klassenprimus, schließt er sein Philosophiestudium mit einer modisch glänzenden Promotion ab und geht dann als Literat nach Paris, wo er, ganz in der obsoleten Tradition des schurkischen Verführers im sentimentalen Roman, eine Modistin verführt und sitzenläßt. Nach seiner Konversion zum Katholizismus und einer mit der Taufe verbundenen Namensänderung spielt er als Dr. Theophil Stein auf den ästhetischen Tees der feinen Berliner Gesellschaft des Vormärz den byronisierenden Salonlöwen. – Unwirrsch muß sich, nach dem Tode seiner Mutter und nach Abschluß seines Studiums als Kandidat auf eine Pfarrvakanz wartend, als Hauslehrer zunächst auf einem adligen Gut und dann bei einem bourgeoisen Fabrikanten durchschlagen, wo er sich während einer Hungerrevolte verbal mit den Arbeitern solidarisiert. Eine Zufallsbekanntschaft, der geheimnisumwitterte Leutnant a. D. Götz, vermittelt dem Kandidaten eine Privaterzieherstelle im vornehmen Berliner Haus seines Bruders, des Geheimen Rates Götz. Da die muckerische Geheimrätin einen Salon unterhält, begegnet Unwirrsch bald dem Dr. Stein. Der nutzt eine schwere Erkrankung seines redlich-naiven, inzwischen aber auch die Boshaftigkeit des Konvertiten durchschauenden Jugendfreundes aus, um gegen Hans zu intrigieren, verführt Kleophea Götz, die kapriziöse Tochter des Hauses, und brennt mit ihr nach Paris durch, wo er als geheimer Agent der preußischen Polizei deutsche Emigranten bespitzelt. Franziska, die als Waise des dritten Bruders Götz ein Aschenputteldasein im Hause des Geheimrates fristet, pflegt Unwirrsch gesund. Als die beiden heiraten, ermöglicht Leutnant Götz' Freund Oberst von Bullau, ostdeutscher Gutsbesitzer und Vorsteher der »Neuntöter«, einer einflußreichen Geheimgesellschaft von deutschen Veteranen der Napoleonischen Kriege, dem Paar ein Unterkommen im Fischerdorf Grunzenow an der Ostsee. Bei einer Schiffskatastrophe verschlägt es dorthin die von ihrem Verführer verlassene Kleophea; sie stirbt. Von Stein teilt der Roman nur mehr mit, daß er 1852 »verachtet von denen, welche ihn gebrauchten, verachtet von denen, gegen die er gebraucht wurde, den Titel Geheimer Hofrat erhalten hatte, bürgerlich tot im furchtbarsten Sinne des Wortes.« Hans Unwirrsch lebt nach dem Tode des alten Pfarrherrn mit seiner Familie bescheiden, aber glücklich als »Hungerpastor«.

Vielleicht ist die starke antijüdische Tendenz eher dem Antisemitismus im Sinne eines traditionellen kulturellen Codes geschuldet als der Autorintention, die jedenfalls die ungeschickt-skrupellose Kombination literarischer und gesellschaftlicher Stereotypen zur Gestalt des bösen Juden zu verantworten hat. Aufgrund seiner entschiedenen Schwarz-Weiß-Malerei bei der Verteilung von Gut und Böse auf die beiden Hauptfiguren war dieser Roman im ausgehenden 19. und in der ersten Hälfte des 20. Jahrhunderts eines der meistgelesenen Bücher Raabes, der dieses deutsche ›Volksbuch‹ im Alter als eines seiner »Kinderbücher« abtat.

Lit.: H. DENKLER, Neues über W. R., Tübingen 1988, S. 66 ff.   M. SCHMIDT

Der Schüdderump. 3 Teile; 36 Kapitel; ED »Westermanns Illustrierte Deutsche Monatshefte« 1869/70; EA Braunschweig 1870.

Als düsteres Dingsymbol überschattet der Schüdderump, ein Karren, mit dem in Pestzeiten Leichen in ein Massengrab gebracht wurden, der aber nunmehr längst in einer norddeutschen Landstadt den Reisenden als Kuriosität vorgeführt wird, den Beginn des Romans. Der erzählt die Bildungsgeschichten eines Mädchens und eines Jungen, die in den Jahrzehnten um die Jahrhundertmitte in dem kleinen braunschweigischen Ort Krodebeck aufwachsen. Auf dem die Dorfgemeinschaft patriarchalisch beherrschenden Gutshof wächst Henning von Lauen zum biederen Landjunker heran: »Kein Licht, aber ein braver Kerl.« Da seine verwitwete Mutter sehr durch die Verwaltung der Gutswirtschaft beansprucht ist, nehmen sich zwei ältliche Sonderlinge, die seit langem als arme Verwandte auf dem Lauenhof leben, seiner Erziehung an: Als romantischer Don Quichote kann der Ritter von Glaubigern, der einst in den Befreiungskriegen focht, mit seinen obsoleten Erziehungsidealen die hartköpfige Unverbildbarkeit Hennigs ebensowenig tangieren wie das ahnenstolz die Formen des Ancien régime bewahrende Fräulein von Saint-Trouin. Da führt das Schicksal auf einem von Gendarmen geleiteten Karren ihnen einen anderen Schützling zu: Antonie Häußler. Ihr Großvater Dietrich Häußler, der Dorfbarbier von Krodebeck, hatte den Ort Ende der dreißiger Jahre mit seiner halbwüchsigen Tochter Marie verlassen, um sein Glück außerhalb der dörflichen Enge zu suchen. Vom Vater und anderen Männern ausgenutzt, wird Marie 1850 nach einer Zeit im Zuchthaus mit ihrer kleinen Tochter in die unterhaltsverpflichtete Heimatgemeinde abgeschoben, wo sie bald darauf im als Armenasyl fungierenden Siechenhaus stirbt. Die Landarme Hanne Allmann und das Hökerweib Jane Warwolf nehmen sich der Waise an, das Fräulein von Saint-Trouin beschließt, sie zur »Chambrière«, zur »Kammerfrau der guten alten Zeit« zu erziehen. Während Hennig das Gymnasium besucht und später Landwirtschaft studiert, wächst die schöne Antonie zur selbstbewußten »großen Dame« heran. Das Idyll endet abrupt, als Antonies inzwischen reich gewordener und zum Edlen von Haußenbleib nobilitierter Großvater in Krodebeck eintrifft und das junge Mädchen zu sich nach Wien mitnimmt. Die beiden Alten sind hilflos-untröstlich, der enttäuschte Hennig tritt in ein Kürassierregiment ein. Als Hennig die Jugendfreundin nach dem Tode seiner Mutter besucht, findet er Antonie, die den Ritter Glaubigern mit einer stets heiteren Korrespondenz getröstet hatte, krank und verzweifelt vor. Der frühere Barbier Häußler, der als österreichischer Heereslieferant gerade große Geschäfte macht, will die Enkelin aus Prestigegründen in die ungewollte Ehe mit einem Grafen Conexionsky treiben. Als der ebenso redliche wie oberflächliche Hennig von der umstrittenen Rolle Antonies in der Wiener Gesellschaft hört, verletzt er sie aus »Mitleid« durch einen ungeschickten Heiratsantrag. Seine Motive und ihre eigene auswegslose Situation durchschauend, weist Antonie Hennig ab und willigt in die Konventionsehe mit Conexionsky ein. Von Hennig informiert, verläßt der alte Ritter Glaubigern sein längst »abgeschlossenes Dasein«, um seinen Anspruch auf Antonie in Wien geltend zu machen. Zwar kann er sich gegenüber Häußler und dem Grafen durchsetzen, doch Antonie stirbt und Glaubigern verfällt darüber einem melancholischen »Wahnsinn«, »blöde und meinungslos« kehrt er auf den Lauenhof zurück.

Im letzten Satz des *Schüdderump* stellt Raabe diesen Roman in einen Zusammenhang mit den vorausgegangenen Romanen → *Der Hungerpastor* und → *Abu Telfan,* die zuweilen als »Stuttgarter Trilogie« ediert wurden. Der Abschluß der »Trilogie« markiert den Beginn der Emanzipation Raabes von der Schwarz-Weiß-Malerei eines am literarischen Markt orientierten poetischen Realismus.

Lit.: E. Rockenbach Trafton, Resignation in W. R.s Stuttgarter Trilogie, Diss. Los Angeles 1978. M. Schmidt

Stopfkuchen. *Eine See- und Mordgeschichte.* ED »Deutsche Romanzeitung« 1890; EA Berlin 1891 (eigentlich 1890).

Hinter den irreführenden Gattungsbezeichnungen im Untertitel verbirgt sich Raabes gelungenste Alter-Ego-Erzählung, angedeutet durch den versteckten Verweis auf die Personalpronomen der ersten und der zweiten Person Singular in den Vornamen der beiden Protagonisten, Hein*rich* und Edu*ard*. Um eine »Seegeschichte« handelt es sich nur, insofern Eduard, ein früherer Schiffsarzt, der als Farmer in Südafrika zu Wohlstand gelangt ist, auf seiner vollständig ereignislos verlaufenden Schiffsreise zurück nach Kapstadt die Geschichte eines lange zurückliegenden Mordes und dessen Aufklärung in einem »Schiffstagebuch« niederschreibt. Die »Seegeschichte« fungiert also als Erzählrahmen für eine Mordgeschichte, die auch keine ist.

Erst am letzten Tage seiner Deutschlandreise hatte Eduard seine norddeutsche Kindheitsstadt besucht. Dort war soeben das »Jungensideal« seiner Kinderzeit, der Landpostbote Störzer, gestorben. Wie nun »postamtlich nachgerechnet« wird, hat er auf seinen Dienstgängen in einunddreißig Jahren eine Strecke vom fünffachen Erdumfang zurückgelegt, ohne je seinen Zustellbezirk zu verlassen. Als Sohn des Postrats hatte Eduard ihn oft begleitet; auf diesen Wegen mit dem naiven, aber begeisterten Geographen Störzer, dessen Lieblingsbuch die *Reisen in das Innere Afrikas* des französischen Entdeckers Le Vaillant waren, ist auch sein späteres Fernweh entstanden. – Im Zentrum des Erzählraumes liegt die Rote Schanze, eine während des Siebenjährigen Krieges vor der Stadt aufgeworfene Feldbefestigung, auf der ein Bauernhof angesiedelt wurde. In Eduards Kindheit war dies ein verrufener und gemiedener Ort, da der dort mit seiner verwilderten Tochter Tine als Witwer lebende Bauer Quakatz im Verdacht stand, im Jähzorn einen Viehhändler erschlagen zu haben. Zwar wurde Quakatz in drei Prozessen mangels Beweisen freigesprochen, doch der Verdacht blieb und setzte ihn und vor allem seine Tochter dem grausamen Spott der Jugend aus.

Der durch dichte Hecken und scharfe Hunde bewehrte Außenseiterort faszinierte von klein auf Eduards Klassenkameraden Heinrich Schaumann, »einen armen, maulfaulen, feisten, schwitzenden Tropf«, der seine Frustrationen als dickes Kind kleiner Leute und gehänselter schlechter Schüler durch Verfressenheit kompensierte und deshalb von den Mitschülern Stopfkuchen genannt wurde: »friß es aus und friß dich durch« war seine Maxime. Tatsächlich gelang es dem phlegmatischen Außenseiter Stopfkuchen, das menschenscheue Mißtrauen des verfehmten Außenseiters Quakatz schließlich zu überwinden. Als gescheiterter Student vom eigenen Vater aus dem Haus geworfen, geht er als Knecht auf den Hof, diszipliniert das aufsässige Gesinde des alten Bauern und heiratet schließlich dessen Tochter Tine. Eduard trifft den Jugendfreund als wirtschaftlich gutsituierten, überheblich-selbstbewußt auf das philiströse Treiben der Bürger seiner Vaterstadt herabblickenden Herrn der Roten Schanze an. In langen, zumeist ironisch-sarkastischen Monologen erhebt Stopfkuchen sich während dieses einen Nachmittag und einen Abend dauernden Besuchs auch zum Herrn der Rede, der Eduard in eine untergeordnete Zuhörer- und letztendlich Berichterstatterrolle zwingt. Genüßlich hält er dem früheren Musterschüler stellvertretend für die Gehässigkeiten der Mitschüler die »Siegestänze eurer Überlegenheit« vor, macht den afrikanischen Farmer zum Zeugen seiner unkonventionellen intimen Konfession und seines trotz aller Widernisse durchaus zielgerichteten Lebensromans. Von seiner verständnislosen Umwelt unbemerkt, hatte auch Schaumann einen Kindheitsmentor. Der wunderlich-humorvolle Registrator Schwartner hat ihm früh über die Lokalgeschichte und besonders die Geschichte der Roten Schanze »historischen Sinn« vermittelt. Als Sinnbild seines Geschichtsverständnisses, das er ironisch bis zurück zur Arche Noah und durch das Sammeln von »Koprolithen« und anderen Urweltzeugnissen sogar über die Menschheitsgeschichte hinaus verlängert, erscheint Schaumann eine in der Wand seines Vaterhauses steckengebliebene Kanonenkugel, die während des Siebenjährigen Krieges von der Roten Schanze aus auf die belagerte Stadt gefeuert worden war. Als Nachfahren des »Frankfurter Buddha« Schopenhauer interessiert ihn in seiner »behaglichen Weltverachtung« Geschichte indes tatsächlich wenig; wichtig erscheint ihm allein, wortgewaltig zu zeigen, daß er das »Nächstliegende« mit seinem Willen beherrscht. Als Höhepunkt seines Herrschaftswillens den städtischen Philistern und Eduard gegenüber entlarvt er schließlich im Wirtshaus Störzer als Mörder des Viehhändlers Kienbaum. Von Kindheit an hätte der reiche Viehhändler den armen Briefträger verhöhnt und gequält, bis der eines Tages im Zorn mit einem ungewollt tödlichen Steinwurf auf eine Mißhandlung auf der Landstraße reagiert habe, soll Störzer Stopfkuchen gestanden haben.

Aufgrund einer dichten metaphorischen Verklammerung, einer engen Verschränkung von narrativen und diskursiven Elementen, einem tendenziell absurden Spiel mit weltanschaulichen Postula-ten, einer Technik der Leserverwirrung durch offene Parallelenbildungen gilt der Roman um den Anti- und Maulhelden Stopfkuchen seit seiner Entdeckung für die moderne Literatur durch Romano Guardini (1932) als Raabes bestes Werk.

Lit.: U. EISELE, Der Dichter und sein Detektiv. R.s »Stopfkuchen« und die Frage des Realismus, Tübingen 1979.   M. SCHMIDT

Wunnigel. ED »Westermanns Illustrierte Deutsche Monatshefte« 1878/79; EA Braunschweig 1879.

Seines Amtes überdrüssig, hat sich der verwitwete Königsberger Regierungsrat Wunnigel vorzeitig pensionieren lassen, um fortan seinen »Liebhabereien« frönend mit seiner Tochter Anselma durch Deutschland zu ziehen. Der liebevoll als »altes Kind« geschilderte widerborstige Sonderling ist ein leidenschaftlicher Antiquitätensammler, er attestiert sich selbst eine »lebhafte Phantasie«. Sein egoistisches Auftreten den als »Kanaille« und »Philisterbestie« verachteten Mitmenschen gegenüber erscheint ambivalent, nämlich auch als »großartige Brutalität« eines verhinderten Idealisten. Als Anselma, eine eher farblose junge Frau des bei Raabe leider nicht ganz seltenen Typs der rätsellosen Sphinx, in einem Landgasthaus heftig erkrankt, veranlaßt ihn nicht väterliche Fürsorge, sondern erst die »steigende Unruhe«, einen Arzt herbeizuziehen. Dr. Heinrich Weyland, ein von zwei Faktoten, der Jungfer Männe und dem Kutscher Kalmüse, bevormundeter Junggeselle, bewohnt ein mit ererbtem Urväter-Hausrat vollgestopftes altes landstädtisches Patrizierhaus. Während Wunnigel dort und im Hause eines anderen Sonderlings, des Rottmeisters und Uhrmachers Brüggemann, der als mechanischer »Tausendkünstler« unter anderem an einem »Wunderwagen« bastelt, in seinem Element schwelgt, verlieben sich die beiden jungen Leute. Nach der Hochzeit treibt es den skurrilen Phantasten nach Italien, von wo bald zunehmend klägliche Briefe eine Katastrophe ankündigen; krank und depressiv aus Rom zurückgekehrt, zieht Wunnigel sich in die verzweifelte Selbstisolation bei Brüggemann zurück. Er hat, wie sich schließlich herausstellt, die kosmopolitische Deutsch-Russin Oktavia von Schlimmbesser geheiratet, die ihn seinen manischen Egoismus entgelten ließ, als sich herausstellte, daß seine angeblichen Vermögensverhältnisse auf hochstaplerischen Aufschneidereien und betrügerischen Lügen beruhen. Er hatte nämlich dem reisenden russischen Staatsrat Sesanoff die Kunstschätze des Schwiegersohnes zum Kauf angeboten, bevor er die Gattin, einen Selbstmord vortäuschend, verließ. Als Sesanoff und bald auch die wütende Schlimmbesser im »Haus am Schloßberge« (wie der ursprüngliche Romantitel lautete) ihre Ansprüche einlösen wollen, flüchtet Wunnigel in die Regression: in sein Bett verkrochen, verweigert er sich stumm jeder Ansprache. Zwar nimmt Sesanoff Wunnigels Verhalten philosophisch als Schelmenstreich auf und begleitet Oktavia nach Petersburg zurück. Doch der selbst zur »Kuriosität« gewordene Sammler, der einst ab ein Buch über Konkurse geschrieben hatte, überlebt seinen menschlichen Bankrott nicht lange.

Lit.: G. FOLKERS, Besitz und Sicherheit. Über Entstehung und Zerfall einer bürgerlichen Illusion am Beispiel Goethes und R.s, Kronberg/Ts. 1976, S. 63–93. M. SCHMIDT

REMARQUE, Erich Maria (1898–1970)

Im Westen nichts Neues.
12 Kapitel; ED »Vossische Zeitung« 1928; EA Berlin 1929.
Der 19jährige Gymnasiast Paul Bäumer, Ich-Erzähler des Romans, rückt mit mehreren Schulkameraden an die Westfront des Ersten Weltkriegs vor. Ohne – so Remarque im Vorspann – »Anklage« oder »Bekenntnis« sein zu wollen, reihen sich tagebuchähnliche Episoden aus dem Soldatenalltag (1915–1918) aneinander, dessen ernüchternde Grausamkeit die anfängliche Kriegseuphorie längst ausgelöscht hat. Bäumer und seine Klassenkameraden lernen, das hohle Pathos ihrer Erzieher und Lehrer zu durchschauen. Deren Reden von der »eisernen Jugend« halten die Jugendlichen ihre knappe, schonungslose »Latrinenparole« entgegen, die sich nahezu ausschließlich auf die menschlichen Grundbedürfnisse bezieht. Der Roman selbst bleibt, von gelegentlichen metaphorischen Überhöhungen abgesehen, dieser spröden Sprache der ›Neuen Sachlichkeit‹ verhaftet, die in ihrem Detailrealismus bewußt mit den Phrasen der kriegsbegeisterten Vorkriegszeit kontrastiert. Nachdem einer der Soldaten – Kemmerich – früh auf grausame Weise umgekommen ist (2. Kap.), verstärkt sich das allgemeine Bewußtsein, einer verlorenen Generation anzugehören. Ohne über die Ursachen und Hintergründe des Kriegs reflektieren zu können, bringen die Jugendlichen ihre Abwehr durch individu-

elle Racheaktionen gegen verhaßte Vorgesetzte zum Ausdruck. Der Unteroffizier Himmelstoß, der »schärfste Schinder des Kasernenhofes«, wird nachts überfallen und verprügelt – einerseits Bestrafung für seinen militärischen Übereifer und hilflose Reaktion andererseits auf den als sinnlos empfundenen Krieg. Im Wechsel zwischen untätigem Warten und verlustreichen Gefechten, die durch den Einsatz von Gasgranaten eine ungeahnte Dimension annehmen, suchen die Soldaten nach kurzfristigen Ablenkungen. Angeführt von dem geschickten Stanislaus Katczinsky gelingt es ihnen, zwischen den Einsätzen zu beseligenden Glückserlebnissen zu kommen. Ein nächtlicher Gänsediebstahl beschert Katczinsky und Bäumer einen unerwarteten Festschmaus, und nach dem Rückzug ins Feldrekrutendepot trifft man sich heimlich mit französischen Mädchen, deren Liebe die flüchtige Illusion vermittelt, »jung und glücklich zu erwachen«. Ungeachtet dieser Erfahrungen spüren die Jugendlichen, daß ihnen außer ihrer Kameradschaft nichts Verläßliches bleibt. Ein Heimaturlaub zeigt Paul Bäumer, wie weit die Entfremdung zu den Zivilisten – auch zur eigenen Familie – vorangeschritten ist. Die leichtfertigen Stammtischreden sind mit seinen Kriegserfahrungen nicht in Einklang zu bringen, und so erwächst die Gewißheit, jede Bindung zur »Landschaft der Jugend« verloren zu haben, zumal Bäumers Mutter an Krebs erkrankt und in ein Krankenhaus eingeliefert werden muß. Wie Bäumer keinen Kontakt zu den Menschen der Heimat herstellen kann, so bleiben auch seine Bücher »stumm« – die bildungs-

bürgerlich ausgerichtete Erziehung aus der Zeit vor 1914 vermag dieser Generation nichts mehr zu vermitteln. Zurückgekehrt an die Front, hat Bäumer während eines Angriffs ein erschütterndes Erlebnis: Ein verletzter Franzose, der Schriftsetzer Gérard Duval, stürzt zu ihm in den Schützengraben; um sich zu retten, ersticht Bäumer den »Feind«. Als er dessen Taschen durchsucht, findet er Familienfotos, die ihm schwere Gewissensqualen bereiten, weil sie dem Getöteten die Anonymität des Kriegs nehmen. Trotz dieser moralischen Last kann sich Bäumer dem unaufhaltsamen Kriegsgeschehen nicht entziehen. Während einer Dorfbewachung genießen er und seine Kameraden vierzehn Tage lang den Zutritt zu den verlassenen Vorratskammern. Bei neuerlichen Kämpfen wird Bäumer jedoch verletzt und in ein Hospital gebracht, wo sich »zeigt, was Krieg ist«. Er wird Zeuge von Todeskämpfen, Selbstmordversuchen und psychotischen Anfällen, in denen sich das während der Kriegsjahre Angestaute entlädt. Nach seiner Genesung kehrt Bäumer ins Feld zurück, wo er miterleben muß, wie seine Kameraden nacheinander fallen, zuletzt auch Freund Katczinsky. Im Sommer 1918 ist Bäumer als letzter seiner Klasse übriggeblieben; das Kriegsende hat den Gedanken an einen Neubeginn zerstört, so daß Bäumer der kommenden Zeit »ohne Hoffnung« und »ohne Erwartung« entgegensieht. Kurz darauf, im Oktober 1918, fällt er, wie ein erzählerischer Epilog ausführt, »an einem Tage, der so ruhig und still war an der ganzen Front, daß der Heeresbericht sich nur auf den Satz beschränkte, im

Westen sei nichts Neues zu melden.«

Lit.: H. Rüter, E. M. R.: Im Westen nichts Neues, Paderborn u. a. 1980.   R. Moritz

RENN, Ludwig (eigentlich Arnold Friedrich Vieth von Golßenau, 1889–1979)

Krieg. EA Frankfurt/M. 1928. In diesem stark autobiographisch gefärbten Roman werden die Fronterlebnisse eines einfachen und unpolitischen Soldaten während des Ersten Weltkrieges geschildert. – Renn, der Ich-Erzähler, wird am Tage der Mobilmachung Gefreiter und gerät an der belgischen Grenze an der Maas sogleich in erbitterte Kämpfe mit Freiwilligenverbänden, die aus dem Hinterhalt die Kompanie aufreiben. Niedergebrannte Dörfer, eine völlig verstörte Zivilbevölkerung, unentwegtes Schrapnell- und Granatfeuer desillusionieren Renn rasch. Er zweifelt an seinen Fähigkeiten zum Helden, die Verluste sind enorm, und er fühlt sich mitverantwortlich. Mit lakonisch-nüchterner Sprache und in äußerst knappen Dialogen schildert Renn die Gefechte in sommerlich heißer Landschaft, die mechanische Präzision von Terrainerfassung, Patrouillengang, Postenstehen, Befehl und Gehorsam: Das Sterben fügt sich fast nebensächlich in diese Gleichförmigkeiten ein; Kameradschaften dauern nur von Angriff zu Angriff, aber gerade deren menschliche Zuverlässigkeit in extremen Situationen wird in zahlreichen Episoden hervorgehoben. Geschildert werden chaotische Attacken, die mangelnde Führung und Verständigung innerhalb der Truppenteile auf Ko-

sten der Soldaten offenbaren. In der Marneschlacht werden Renn und seine Truppe als letzte Reserve eingesetzt. Das ständige Hin und Her zwischen Vormarsch und Rückzug, die Ungewißheit über Einsatzort und Lage enden schließlich in einem festgefahrenen Stellungskrieg an einem Bahndamm. Das entwürdigende Leben im feuchten Unterstand, die Lethargie kampfloser Phasen gehören jetzt zum Alltag. Renn erhält das EK II, ist zwar stolz, aber die Angst, »innerlich zu sterben«, vermischt sich anläßlich eines Aufenthalts in der Etappe mit dem Verlust jeglichen Glaubens. Nach einem Heimaturlaub, bei dem ihn die Bewunderung seitens seiner Familie befremdet, kommt er in die Hölle der Sommeschlacht: Dauerfeuer, Schlammwüsten und das Leben in Tunnelsystemen. Zur Rückeroberung eines kleinen Wäldchens wird eine ganze Kompanie geopfert; der Versuch scheitert, Renn wird verwundet und muß fiebrig den Weg zu Fuß durchs Granatfeuer ins Lazarett antreten. Er wird Unteroffizier. Kaum geheilt, kommt er in die Aisne-Champagne-Schlacht von 1917. Der Kampf um den »Weißen Berg« und die Einrichtung von MG-Stellungen unter Dauerbeschuß der Franzosen wird zum reinen Durchhaltemanöver. Die Krise zeigt sich auch in der zunehmenden Feindschaft zwischen höheren Stäben und den Truppen, dem Haß auf die Etappe. Renn, nunmehr Vizefeldwebel und fast schon im Ruf der Unverwundbarkeit stehend, erleidet angesichts der mörderischaussichtslosen Lage einen Nervenschock, seine besten Kameraden sind gefallen, darunter sein Freund Israel. Angesichts des massenhaften Sterbens ergreift ihn erstmalig tiefe Trauer. Renn kommt zur Erholung in ein Waldlager. Wieder in der alten Stellung, gibt es Schwierigkeiten mit neuen Vorgesetzten, deren Ehrgeiz, Unerfahrenheit und sture Ordnungsprinzipien eine Entfremdung von der Truppe und Disziplinverluste bewirken. Nach erneuter Verwundung erhält Renn das EK I. Sinnloses Exerzieren, »saudumme Befehle«, das Ausbleiben der Löhnung und Plünderungen der Verpflegungszüge markieren dann die Endphase des Krieges bis zur Verkündigung des Waffenstillstands. Renn tritt den Rückmarsch durch Flandern an.

Lit.: E. MERTENS, L. R.: literatursoziologische und persönlichkeitstheoretische Aspekte der biographischen Entwicklung des Offiziers Arnold Friedrich Vieth von Golssenau zum Schriftsteller L. R., Diss. Münster 1981.

O. RIEDEL

REUTER, Christian
(1656–1712)

Schelmuffskys Curiose und Sehr gefährliche Reiße-Beschreibung zu Wasser und Land. 7 Kapitel; EA St. Malo 1696 [eigentlich o. O.] (1. Fassung). (2. Fassung u. d. T. *Schelmuffskys Warhafftige Curiöse und sehr gefährliche Reisebeschreibung Zu Wasser und Lande.* 2 Teile; 13 Kapitel; EA Schelmenrode / Padua 1696/97 [eigentlich o. O.]).

Nachdem der Ich-Erzähler in einer Widmung an den »Großen Mogol« sich für genossene Gastfreundschaft bedankt hat, wendet er sich an den »kuriösen Leser« und versichert diesem, daß in seinen Aufzeichnungen, die er erst nach reiflichen Überlegungen, ih-

ren Wert betreffend, veröffentlicht habe, weder Aufschneiderei noch Lügen im Spiel seien. Dieser »allezeit reisefertigste Schelmuffsky« kommt verfrüht und von seiner Mutter unbemerkt in Schelmenrode zur Welt, als eine Ratte »unversehens in ein Loch kömmt«. Kaum auf der Welt, spricht er seine Mutter an, teilt ihr mit, daß er ihr Sohn sei, und verwickelt sich gleich in Disputationen mit einem herbeigerufenen Exorzisten: spätestens hier weiß der Leser, daß die im Vorwort versicherte Wahrhaftigkeit unter dem Blickwinkel der Satire betrachtet werden muß. Schelmuffsky läuft bereits am zehnten Tag umher, trinkt Unmengen von Ziegenmolke, da er die Muttermilch nicht verträgt, ja hat sogar eine Ziege als Amme. Seiner bürgerlichen Herkunft entsprechend, möchte ihn seine Mutter eine Kaufmannslehre absolvieren lassen, er verbummelt jedoch die Lehrzeit und schießt lieber mit seinem Blasrohr auf Spatzen. Mit 24 Jahren faßt er den Entschluß, Ansehen und Ruhm durch das Bereisen ferner Länder und Städte zu erlangen. Kaum vor der Stadt, begegnet er einem sommers wie winters stets mit einem Schellenschlitten reisenden Grafen. Nachdem Schelmuffsky den Grafen durch das Trinken gewaltiger Mengen Branntweins davon überzeugt hat, daß »was Rechts aus ihm werden wird« (auch dies die verkehrte Welt), nimmt dieser ihn mit nach Hamburg. Der soziale Aufstieg kann nicht rascher erfolgen: In der Herberge werden beide als Personen von Stande behandelt. Schelmuffsky gibt die Geschichte seiner Geburt zum besten, die sich bei einer vornehmen Tischgesellschaft erstmalig als

Passepartout erweist: Er findet damit insbesondere bei Damen so viel Anerkennung, daß man eine verborgene hohe Abstammung vermutet – dies ganz im Gegensatz zur derb-rustikalen und wiederholungsreichen Ausdrucksweise des Erzählers (»der Tebel hol mer«, »o Sapperment!«) und seiner Vorliebe für den »Leipziger Gassenhauer« als Tanzmusik. Schelmuffsky führt das Leben eines erfolgreichen Parvenüs, besucht die Oper und die Spielhäuser und ist daran gewöhnt, stets im Mittelpunkt des Interesses zu stehen. Eine erste Liebesaffäre mit Charmante bringt ihm gleich ein Duell ein. Sein bravouröser Sieg macht ihn noch eitler und selbstsicherer. Er mischt sich in die Händel einer Rotte von »Nachtwetzern« ein und tötet fünfzehn von ihnen, so daß er gezwungen ist, Hamburg zu verlassen. Per Schiff reist er nach Stockholm und residiert auch hier als Person von Stande, als reicher Junker, der bei den Damen reüssiert, eine stirbt gar aus Liebesgram, da er sie abwies, eine andere verwickelt ihn beinahe wieder in ein Duell. Seine Charmante und der »Bruder Graf« kommen nach Stockholm, in dem, so versichert Schelmuffsky, der Weinbau floriere. Alle drei treten eine Schiffsreise nach Holland an, die – schlechtes Omen: der Kapitän hat den Kompaß vergessen – in einem Unwetter mit dem Untergang des Schiffes endet, wobei auch Charmante umkommt. Der Graf und Schelmuffsky retten sich als einzige auf einem Brett und landen in Amsterdam, wo sie vom Bürgermeister vortrefflich bewirtet werden. Schelmuffsky beeindruckt erneut durch seine Geburtsanekdote; nach der Abfassung eines bewun-

derten Hochzeit-Carmens anläßlich einer vornehmen Eheschließung kann es sein Ansehen auch nicht mehr schmälern, daß er nach imponierendem Weingenuß der »Braut den Busen ganz voll speit«. Mit frischen Wechseln des Grafen wird die Seereise nach Indien zum Großen Mogol angetreten. Der Graf stirbt unterwegs an der Hitze, Schelmuffsky findet den Weg zur Residenz in Agra und wird als Staatsgast mit höfischem Pomp empfangen. Ein Heer von Dienern umsorgt ihn. Besondere Verdienste erlangt er durch die Prüfung der Mogulschen Rechnungsbücher, gewaltige Überschüsse kommen da ans Tageslicht, und aus Dankbarkeit bietet ihm der Mogol den Posten des Geheimen Reichskanzlers an, den er jedoch ablehnt. Reich beschenkt nimmt Schelmuffsky Abschied und begibt sich nach Engelland. In London trifft er auf das Amsterdamer Hochzeitspaar, und der Bräutigam, ein Lord, führt ihn in die Gesellschaft ein. Auf dem Höhepunkt seiner Renommisterei, wobei er ein goldenes Mogolportrait wie ein Aushängeschild vorweist, veranstaltet man ihm zu Ehren eine riesige Karossenausfahrt, eine »Tour à la mode«. Danach dreht sich das Rad der Fortuna schwungvoll: Auf der Reise nach Spanien wird er von dem Seeräuber Hans Barth nach heldenmütigem Kampf gegen hundert Mann völlig ausgeplündert, gefangengenommen und in Sankt Malo ins Gefängnis geworfen. Gegen eine Auslösesumme von hundert Talern, die ihm seine Mutter auf briefliche Anforderung hin übersendet, wird er freigelassen. Bettelarm und in lumpigem Aufzug schlägt er sich über London, wo er unerkannt bleibt, bis nach Schelmenrode durch (1. Teil). – Der 2. Teil beginnt mit der mühevollen Suche nach dem Hause seiner Mutter, denn der Weitgereiste hat nicht nur seine deutsche Sprache vergessen. Endlich als Sohn wiedererkannt, – seine Mutter hatte freilich eine Person von Stande erwartet – wird Schelmuffsky durch seinen Vetter mit einer ganz anderen ›Wahrheit‹ konfrontiert: Er sei nur vierzehn Tage weg gewesen und habe »alles miteinander in liederlicher Compagnie im Tobak und Branntewein versoffen«. Mit seinem kleinen Erbteil ausgestattet, verläßt Schelmuffsky in Streit und Zank das Haus und reist mit der Kutsche nach Italien. In Venedig, auf einem »großen, hohen Steinfelsen gelegen« und mit marmornen Hochhäusern bebaut, ist gerade Jahrmarkt. Bei einer Glücksbude kauft er sich Lose, gewinnt tausend Dukaten nebst einem Pferde und wird in einem Triumphzug durch die Stadt geleitet. Der Rat der Stadt lädt ihn zum Gastmahl und bietet ihm, von der Geschichte seiner Geburt und dem Mogolabenteuer verblüfft, sogleich eine Stelle als Ratsinspektor an. Er lehnt ab. Die Verfolgung seines durchgegangenen Pferdes führt ihn schließlich nach Padua. Der von erlogenen großartigen Reisen zurückgekehrte Sohn seiner Wirtin erweist sich in seinen Geschichten und Eigenarten als Alter ego Schelmuffskys. Dessen Zorn macht sich in einem Duell auf einer Bergspitze Luft, wobei er dem Gegner beide Ohren absäbelt. Zuletzt reist Schelmuffsky in das von Wasserstraßen durchzogene Rom, besucht den Papst und nimmt Teil am Fang der Riesenheringe. Er erfährt, daß der Seeräuber Barth die Fischer bestohlen hat. In einer furiosen Kampagne besiegt er den Piraten, händigt die Heringe den Fischern aus und schickt die Belohnung seiner Mutter. Er erfährt von ihrer Krankheit, macht sich auf die Heimreise und taucht, da er im Schwarzwald von Räubern bis aufs Hemd ausgezogen worden ist, wieder als Bettler in »Schelmenrode« auf. – Reuters Werk ist weniger ein Schelmenroman, als vielmehr eine Persiflage auf die wuchernde Vielfalt der Reisebeschreibungen sowie auf die ständisch-höfischen Allüren – Primat des Scheins und barockes Alamode-Gebaren – des Bürgertums seiner Zeit.

Lit.: H. König, C. R.s »Schelmuffsky« als Typ der barocken Bramarbas-Dichtung, Diss. Hamburg 1945. – W. Hecht, C. R., Stuttgart 1966 (SM 46).   O. Riedel

REUTER, Fritz (1810–1874)

Ut mine Stromtid. 3 Teile; 47 Kapitel; EA Wismar 1862–1864 (in: Sämtliche Werke, VIII–X).

Das in plattdeutscher Sprache abgefaßte Hauptwerk Fritz Reuters, eine Sonderform des realistischen Zeit- und Gesellschaftsromans, schildert das Leben auf den Gütern und in den Kleinstädten Mecklenburgs und formuliert Reuters eigene Erfahrungen aus dem Vormärz und der Revolution von 1848 sowie aus seiner Tätigkeit als Landwirtschaftseleve (Strom). – Das Geschehen setzt 1829 ein, nachdem Karl Hawermann durch die Habgier des Gutsbesitzers Pomuchelskopp seine Pacht verloren hat und wenig später seine Frau gestorben ist. Zusammen mit der kleinen Tochter

Lowise kann er bei seinem Schwager Jochen Nüßler unterkommen, und bald darauf verschafft ihm sein alter Freund Bräsig eine neue Anstellung als Verwalter auf dem Rittergut des Kammerrats von Rambow. Diesem anständigen, patriarchalisch-leutseligen Adligen steht als Gegentypus sein Nachbar Pomuchelskopp gegenüber, ein bürgerlicher Neureicher, der nach dem Adelstitel strebt und allgemein als ein geiziger »Menschenschinder« und Demokratenhasser gilt. Pomuchelskopp beschließt nach dem Tode des alten Kammerrats, den Leichtsinn und die Experimentierlust des jungen Erben Axel von Rambow auszunutzen, indem er ihn zunächst mit Hypotheken, Wechseln und Provisionen »füttert«, um ihn anschließend mitleidslos durch den Aufkauf seines Besitzes zu »schlachten«. Axels zunehmende Abhängigkeit von Pomuchelskopp und sein Mißtrauen bringen ihn schließlich dazu, seinen Inspektor Hawermann, der, wie sich später herausstellt, zu Unrecht des Betrugs verdächtigt wird, zu entlassen. Aber als die Verschuldung des jungen Gutsherrn weiter zunimmt, schließt Hawermann sich einem Konsortium an, dessen Ziel es ist, durch eine bravouröse finanzielle Rettungsaktion dem fast Ruinierten beizuspringen und ihm somit die Erhaltung des ererbten Familienbesitzes zu ermöglichen. Im Kreis der Retter bewährt sich als geistiger Lenker die Zentralfigur des Romans und Reuters populärste Gestalt, der »Entspekter« Zacharias Bräsig, ein gutmütig-verschrobener, in der Not sehr energisch auftretender ›guter Engel‹, der vom Autor – zugleich Warnung, Bräsig lediglich von seiner

harmlosen Seite her zu begreifen – auch als »de olle Unchrist« bezeichnet wird, weil er gegen das christliche Liebesgebot auftritt: »Sie werden mich wohl den Haß ausreden wollen, aber ein *Haß muß* sin; wo kein Haß is, is auch keine Liebe, und die Geschichte von den Maulschellen is for mich ein purer Schwindel.« Als Helfer in der Not betätigt sich an der Seite Bräsigs auch der Jude Moses (ebenfalls eine der besten Schöpfungen Reuters), dem später Hawermann den Nachruf spricht: »ein Jude dem Glauben, und ein Christ den Taten nach«. Ein nahezu unüberschaubares Ensemble weiterer Figuren ist in die Haupt- und mehrere Nebenhandlungen verflochten, darunter die Pastorenfamilie Behrens, die Tagelöhner mit ihren Frauen und Kindern, der in Liebessachen verwickelte Landwirtschaftseleve Fritz Triddelfitz sowie der Notarius Slusuhr (Schlitzohr).

Lit.: K. Batt, F. R. – Leben und Werk, Rostock 1974. W. Beutin

RILKE, Rainer Maria (1875–1926)

Die Aufzeichnungen des Malte Laurids Brigge. EA Leipzig 1910.
Rilke begann am 8. 2. 1904 in Rom mit der Komposition der *Aufzeichnungen* und beendete sie 1910 in Leipzig. Den Hintergrund des Tagebuchromans bilden die Eindrücke seines ersten Pariser Aufenthaltes von 1902/03. Daneben arbeitete Rilke Erfahrungen von Reisen nach Rußland, Italien, Skandinavien und Südfrankreich ein, Kindheitserinnerungen der Prager Zeit, historische Episoden und seine literarische und philoso-

phische Lektüre (Tolstoj, Jacobsen, Kierkegaard, Obstfelder). Vor allem jedoch prägten die bildenden Künste mit den Landschaften der Worpsweder Maler, den Skulpturen Auguste Rodins und den Stilleben Cézannes Rilkes ästhetische Gestaltungsprinzipien. Der Roman wendet sich entschieden von den realistischen Erzählformen des 19. Jahrhunderts ab. Anstelle einer fortlaufenden und einheitlichen Handlung stehen einzelne, teils betrachtende, teils reflektierende Tagebucheintragungen eines fiktiven Ich-Erzählers. Sie durchzieht kein zeitlich kausaler Zusammenhang, vielmehr gruppieren sie sich um Leitthemen wie Wahrnehmung, Erinnerung, Liebe und Tod.

Malte Laurids Brigge stammt aus einem alten dänischen Adelsgeschlecht; nach dem Tod der Eltern lebt der 28jährige als letzter Nachkomme seines Geschlechts, von seiner Vergangenheit losgerissen, in Paris und lernt in der »immensen Wirklichkeit« dieser Stadt Sehen und Schreiben. Die ersten Eintragungen schildern, wie der äußerst eindrucksempfindliche Ausländer von seinen Wahrnehmungen in der häßlichen und abstoßenden Wirklichkeit der Großstadt überwältigt wird. Angesichts der Fremdheit dieser sinnleeren Topographie, die Blinde und Bettler, Krüppel und Huren bevölkern – »Abfälle, Schalen von Menschen, die das Schicksal ausgespien hat« –, steigert sich der ungesicherte Zustand Maltes zu einer Daseinsangst, in der ihm die vertrauten Bezugspunkte seiner sinnlichen Orientierung entgleiten. Im Zustand drohender Selbstauflösung flieht er vor dem Anblick der entstellten Leidenden aus dem Nervenkrankenhaus Salpetrière: »Jetzt wuchs es aus mir heraus wie ein Geschwulst, wie ein zweiter Kopf.« Die eindringliche Konfrontation Maltes mit der Pariser Wirklichkeit geht über den äußeren oder stimmungshaft impressionistischen Eindruck weit hinaus: »Ich lerne sehen [...] es geht alles tiefer in mich ein.« Sich mit den Elendsfiguren identifizierend und die Dinge aus Resten von Lebensspuren rekonstruierend wie ein Haus aus einer erhaltenen Mauer, erschließt Malte das von einer subjektbezogenen Wahrnehmung Verdeckte, die Gegenstände selbst und ihre »Innenseite«. Analog dazu stößt er in das Verborgene seiner Erinnerung vor und erlebt »Verlorenes«, das »wie vergraben schien«, ohne daß ihn dies von der Last seiner Existenz befreien würde. Denn Furcht und Orientierungsverlust des Unbehausten entsprechen den Erfahrungen der Kindheit: wie jene Maskerade mit alten Kostümen vor dem Spiegel, die ihn gänzlich verstörte, da er hinter den Masken sein eigenes Wesen nicht mehr wiedererkennen konnte, wie das amorphe »Große« wütender Fieberphantasien und die Ängste vor dem geheimnisvollen Leben mit wiederkehrenden Toten auf Urnekloster, dem Familienschloß der Mutter. Mit diesem Ort verbindet Malte auch die Erinnerung an den Großvater, den Grafen Brahe, der das Erzählen »noch gekonnt haben« soll. Sein Erzählen, das den Hörern das Vergangene »sichtbar« machte und dabei die drei Zeitebenen der gewohnten Zeitauffassung zu einer umfassenden Gegenwart zusammenzuziehen schien, eröffnet Möglichkeiten, die Erfahrungen der Gegenwart schreibend zu bewältigen. Dane-

ben gewinnt Malte aus den Erinnerungen an das individuelle Leben und den »eigenen« Tod des
Kammerherrn Brigge, seines
Großvaters väterlicherseits, einen
Gegenpol zur Anonymität und
zum geschichtslosen Tod in Paris.
Die in der unvertrauten Großstadt
erlebte Fremdheit wird in den
Aufzeichnungen als historisches
Phänomen der Moderne wie als
Bedingung menschlicher Existenz überhaupt thematisiert. Sie
gewinnt im Aufbrechen von Maltes Weltbezug Gestalt als
schmerzhafte Verschiebung seines Ichs, die jedoch die Voraussetzung für ein verändertes Sehen
bildet. Erlebnis und ästhetische
Funktion dieses Ichverlustes werden in Zuständen erfahren, die
dem vor Eintreten des Todes äh-
neln. So kann Malte den Sterbenden, dem er in der Crémerie begegnet, begreifen, »da auch ihn
etwas von allem entfernt und ab-
trennt«, da die Gegenstände für
ihn als Heimatlosen Sinn und Bedeutung verloren haben. Dieser
Notwendigkeit, »alles anders zu
sehen, und doch zu leben«, folgt
im Bruch mit dem poetischen
Realismus und der Sprachauffassung des 19. Jahrhunderts eine
Neubestimmung des wahrneh-
menden Subjekts als eines
»Nichts«, das zu denken beginnt,
und des Schreibprozesses selbst:
»Meine Hand wird [...] Worte
schreiben, die ich nicht meine.«
Dieses Verfahren, von Rilke als
»sachliches Sagen« bezeichnet,
wurde durch den Einfluß der Malerei Cézannes geprägt, die »Sei-
endes auf seinen Farbinhalt zusammenzog« (Brief vom 18. 10.
1907 an Clara Rilke). Im wörtli-
chen Sinn ist es in den *Aufzeichnungen* bei der Episode des blinden
Zeitungsverkäufers angewandt;

mit der Konzentration auf die Farben seines Anzugs gelingt Malte
eine Darstellungsweise, die eine
ästhetische Bewältigung der Pariser Erlebnisse andeutet. In den
folgenden Abschnitten werden
Großstadterfahrung und Erinnerung um subjektiv gedeutete
»Evokationen« aus der europäischen Geschichte ergänzt. Die
Episoden von Grischa Ostrep-
jow, dem falschen Zaren, von
Karl dem Kühnen, dem Burgun-
derherzog, die Malte im »grünen
Buch« sammelte, schließen an die
Themen der maskenhaften Identität und des Todes an; Reflexionen
über Karl den VI. (den Wahnsinnigen) von Frankreich und den
Avignon-Papst Johannes XXII.
zeigen die Welt voll von Elend
und Grauen. Kontrapunktisch zu
diesen dunklen Visionen stehen
die Gestalten der liebenden Frauen
wie Sappho, Gaspara Stampa,
Louise Labé und Bettine. Die Betrachtungen über die Liebe leitet
Malte mit der Erinnerung an seine
Zuneigung zu seiner Tante Abe-
lone ein, die nach dem frühen Tod
der Mutter in das Elternhaus kam.
Sie steigern sich zu der Vorstellung von einem reinen, »großartigen Gefühl«, einer bloßen »Richtung der Liebe«, die allen konkreten Gegenstandsbezug verliert,
der den Liebenden begrenzen
könnte. So erfüllt sich die Gottes-
liebe großer Mystikerinnen, so
das »unendliche Besitzenwollen«,
das den Geliebten nicht festlegt,
sondern in der Transparenz seiner
Gestalt seine »Weiten« auftut. Die
Aufzeichnungen schließen mit der
Auslegung der biblischen Legende vom verlorenen Sohn, derzufolge dieser zunächst der besitz-
ergreifenden Liebe seiner Familie,
die ihn zu einem »ungefähren Leben« gezwungen hätte, entkom-

men mußte, um dann zum »Nachholen« seiner Kindheit zurückzukehren.

Der Tagebuchroman wurde lange an der Dichtung Rilkes gemessen und als Werk einer Krise mit krankhaft dekadenten Zügen verworfen. Doch in seiner Konfrontation mit krisenhaften Erfahrungen der Jahrhundertwende stellt sich der Autor der Großstadtproblematik und experimentiert mit Lösungsversuchen, hinter deren Modernität das lyrische Werk zurückfällt.

Lit.: W. Seifert, *Das epische Werk R. M. R.s,* Bonn 1969. – A. Stahl, *R.-Kommentar,* München 1979.   C. Strieder

RINSER, Luise (geb. 1911)

Mitte des Lebens. EA Frankfurt/ M. 1950.

Nach vielen Jahren der Trennung besucht die Ich-Erzählerin Margret ihre 12 Jahre jüngere Schwester, die Schriftstellerin Nina Buschmann, anläßlich deren 38. Geburtstags in München. Mit den beiden Frauen treffen zwei völlig unterschiedliche Lebensentwürfe aufeinander: während die verheiratete Margret ein ruhiges, »vernünftiges Leben« führt, zeichnet sich die »gewagte Existenz« Ninas durch zügellosen Freiheitsdrang und eine bis »zum Äußersten« reichende Kompromißlosigkeit aus. Als nun eine leidenschaftliche Liebe zu einem verheirateten Mann ihre neu gewonnene innere Freiheit bedroht, beschließt Nina, nach England abzureisen. In den letzten Stunden vor ihrem Aufbruch rekonstruiert der Roman aus dem als Rahmen fungierenden Gespräch der Schwestern sowie aus Margrets Lektüre der Tagebuchaufzeich-

nungen und Briefe eines Dr. Stein die »wechselvolle« Lebensgeschichte der unkonventionellen Nina, welche deutlich autobiographische Züge aufweist. Dem um 20 Jahre älteren Stein begegnet die hochintelligente Psychologiestudentin erstmals 1929 als Patientin. Für den sensiblen Mediziner, der die junge Frau von einer lebensgefährlichen Blutvergiftung heilt, verkörpert die provozierende Nina eine neue »Hoffnung auf Leben«. Obwohl Steins Liebe aufgrund seiner Zurückhaltung keine Erfüllung findet, bleibt der Arzt bis zu seinem Freitod im Jahr 1947 ein wichtiger Vertrauter Ninas in persönlichen und zeitgeschichtlichen Extremsituationen. Zunächst hilft er Nina 1933 noch dabei, politisch Verfolgte über die Grenze zu bringen; doch schon bald kommt es zwischen der mutigen Antifaschistin und dem die innere Emigration vorziehenden Stein zu Dissonanzen. Gleichermaßen distanziert gegenüber Steins zögernder Haltung, wie angezogen von der »stürmischen Art« des jungen Architekten Percy Hall, willigt Nina in eine Heirat mit letzterem ein, obwohl sie ein Kind von einem Freund Steins erwartet. Als sie – gegen ihren Willen – ein zweites Kind von Hall empfängt, unternimmt sie einen Selbstmordversuch. Stein rettet ihr erneut das Leben und hofft nach ihrer Scheidung auf eine weitere Annäherung, die ihm Nina jedoch nicht gewährt. Das »Wagnis« in der Liebe wie im politischen Alltag suchend, wird die Nonkonformistin Nina schließlich wegen »Beihilfe zum Hochverrat« zu 15 Jahren Zuchthaus verurteilt, aus dem sie bei Kriegsende befreit wird. Beim Lesen des Tagebuchs »verstrickt«

sich Margret zusehends in das »vollgelebte Leben« ihrer Schwester. Deren intensive und leidenschaftliche Glückssuche mit allen Höhen und Tiefen kommt einer Absage an bürgerliche Moralvorstellungen und an das traditionelle Rollenverständnis von Mann und Frau gleich. Zwar werden in den die Notizen erläuternden Gesprächen der ungleichen Schwestern auch künstlerische Probleme erörtert, doch steht in ihrem Mittelpunkt die Frage nach dem Sinn des Daseins, in das jeder Mensch wie in ein »nasses, graues, dichtes Netz« unlösbar verwickelt ist. Auf den großen Erfolg, den die Autorin mit der ebenso komplexen wie faszinierenden Frauenfigur erzielte, folgte 1957 der Briefroman *Abenteuer der Tugend,* der die emanzipatorischen Tendenzen zugunsten einer religiösen Läuterung Ninas zurücknahm.

Lit.: G. Schlocker, Erneuerung der deutschen Erzählung, in: Die Weltwoche, 6. 4. 1951. – H. R. Schwab, L. R. Materialien zu Leben und Werk, Frankfurt/M. 1986.

P. Schmauk

ROSEGGER, Peter (1843–1918)

Die Schriften des Waldschulmeisters. EA Preßburg 1875.
Der stark autobiographisch gefärbte Roman ist als Rahmenerzählung mit Herausgeberfiktion angelegt. Der Erzähler findet im Gebirgsdorf Winkelsteg die »Schriften des Waldschulmeisters« Andreas Erdmann vor, der bei den Dorfbewohnern in umstrittener und halb mythischer Erinnerung fortlebt. Der Text ist als eine unzusammenhängende Sammlung von tagebuchähnlichen Aufzeichnungen angelegt, in denen Erdmann sich selbst Rechenschaft über seinen Werde-

gang von 1797 bis 1864 ablegt und zugleich das Leben der Dörfler in der Steiermark schildert. Die Jugendjahre sind geprägt von Armut und Bildungsbestreben; die Napoleonischen Kriege, an denen Erdmann auf wechselnden Seiten teilnimmt, bewirken eine Wende in seinem Leben. Er widmet sich pädagogischer Tätigkeit, zunächst als Erzieher im Hause des Freiherrn von Schrankenheim, der ihn dann als Schulmeister in das weltabgelegene Dorf Winkelsteg schickt. Im Laufe der Jahrzehnte wandelt sich unter dem Einfluß Erdmanns das halbverwilderte Dorf zu einem sittlich gefestigten Gemeinwesen. In episodischer Darstellung, deren Chronologie wesentlich durch die Festtage des Kirchenjahres und kirchliche Ereignisse wie Taufen, Begräbnisse oder Hochzeiten gegliedert wird, schildert der zum »Waldschulmeister« gewordene Erdmann den von bitterer Armut gezeichneten Alltag des Dorfes. Dabei treten einige Personen in den Vordergrund; kuriose und tragische Charaktere werden in wechselnder Beleuchtung hervorgehoben. Eine Hauptrolle spielt der Außenseiter »Einspanig« Bruder Paulus, ein ehemaliger welterfahrener Jesuit, der in der Einsamkeit des Waldes Buße sucht und schließlich als Pfarrer des Dorfes und Weggefährte Erdmanns wohltuende Wirkungen ausübt. Rosegger baut in dem Roman scharfe Kontraste auf. Die Abgeschiedenheit des Dorfes wird nicht in idyllisierender Verklärung geschildert; das Elend der Dorfbewohner bringt auch soziale und moralische Defekte hervor, unter denen Rosegger besonders den mangelnden Patriotismus hervorhebt. Dennoch setzt sich die Dorfgemeinschaft positiv von der zivilisierten Außenwelt ab. Der Roman wird zur freilich nicht sehr scharf formulierten Kritik am Adel, an der Geistlichkeit und am Stadtleben. – Die *Schriften des Waldschulmeisters* lassen sich als ein doppelter Bildungsroman lesen. Dem Reifeprozeß Erdmanns steht das Dorf als eine ›pädagogische Provinz‹ gegenüber, die unter dem Einfluß Erdmanns und des Bruders Paulus eine gewisse sittliche Höhe erreicht, aber nach dem Tod des Bruders wieder vom Verfall bedroht ist. Positiv hervorgehoben werden die »Waldlilie«, als Repräsentantin einer unverdorbenen heranwachsenden Dorfgeneration, und der Sohn des Freiherrn Schrankenheim, Hermann, der in der Einsamkeit des Dorfes und in der Heirat mit der »Waldlilie« seinem ausschweifenden Jugendleben eine Absage erteilt. Der »Waldschulmeister« Erdmann selbst stirbt einen verklärten Tod am Weihnachtsfest; er galt bei den Dorfbewohnern als verschollen, bis sein erfrorener Leichnam vom fingierten Erzähler im Gebirge gefunden wird. Der Roman ist von einem resignativen Grundton getragen, der nur gelegentlich durch sentimentale Naturschilderungen mühsam aufgelockert wird. Die Schlußworte halten ganz im Sinne von Roseggers Vorbild Stifter resümierend das Ergebnis des doppelten Bildungsprozesses fest: »Entsagung und Ergebung«.

Lit.: R. LATZKE, P. R. – Sein Leben und seine Schriften, I–II, Weimar 1943, Graz/Köln 1953.   P. J. BRENNER

ROTH, Gerhard (geb. 1942)

Landläufiger Tod. 7 Bücher; EA Frankfurt/M. 1984.
Der Roman ist das bislang umfangreichste Prosawerk Roths. Zusammengehalten wird die relativ lockere Struktur des Werkes nicht durch eine kontinuierlich entwickelte Handlung, sondern durch das Erzählmedium, die Hauptfigur Franz Lindner. Der seit einem Unfall stumme Sohn eines Imkers ist wegen schizophrener Schübe in einer Heilanstalt interniert. Seine Aufzeichnungen beleuchten zunächst in realistischer Weise die Vorgeschichte seiner Krankheit (1. Buch), wobei die Erinnerungen teilweise Handlungslinien aus Roths Roman *Der Stille Ozean* (1980) fortführen. Das Kapitel »Circus Saluti« ist die überarbeitete Fassung einer vorher separat publizierten Erzählung des Autors und bildet hier die Exposition des Romanthemas durch die metaphorische Gestaltung des Theaters (Wanderzirkus) als Abbild ländlicher Welt. Das mit dem Titel »Berichte aus dem Labyrinth« überschriebene 2. Buch enthält neben nicht abgeschickten Briefen aus der Klinik Versuche, »die Bibel neu zu verfassen«. Es handelt sich hierbei um Sequenzen, die surreal-apokalyptisch und sprunghaft-impressionistisch Bilder kombinieren, deren suggestiv-plastische Struktur realistischer Logik gezielt widerspricht. Das 3. und 4. Buch (»Mikrokosmos«, »Aufbruch ins Unbekannte«) bilden nicht nur vom quantitativen Umfang her das Zentrum des Romans. Kurze Geschichten, Berichte, Reflexionen, Aphorismen und Visionen werden unter Verwendung der Tech-

niken aus den ersten beiden Büchern zu einer qualitativen Synthese komponiert, die multiperspektivisch und vieldimensional die südweststeirische Landschaft, ihre Bewohner und Geschichte umgreift. Der Kontrast historisch konkreter Erinnerungen aus der Zeit des »Dritten Reichs« und unmittelbar darauf folgender raum- und zeitsprengender Imaginationen richtet sich gegen traditionelle Lesegewohnheiten und -erwartungen, insofern dörfliches Leben, jeglicher Idylle entkleidet, zum Kosmos von Entfremdung, Gewalt und Tod wird. In der Perspektive Franz Lindners öffnet sich die Begrenzung des erfahrenen Lebenshorizontes ins Allgemeine, Endzeitliche. Die »landläufigen«, d. h. gewöhnlichen, Verhältnisse werden zum Paradigma und zur Parabel. Diese Tendenz wird im 5. Buch (»Märchen. Aufgezeichnet von den Gebrüdern Franz und Franz Lindner«) intensiviert. Die Form des Märchens erlaubt eine konventionalisierte und geläufige Verschmelzung realer mit irrealen Elementen; gleichzeitig aber, indem diese Texte als Produkte von Anstaltsinsassen gekennzeichnet werden, intensivieren sie die Irritationen ihrer Verfasser in oft symbolträchtiger Art. Ein kurzes »Tagebuch« (6. Buch) enthält Ereignisse nach Lindners Flucht aus der Klinik. Er taucht als »Bienenmensch« beim Zirkus unter und akzeptiert damit ein bereits in »Circus Saluti« (1. Buch) gemachtes Angebot des Direktors. Inhaltliche Pointe ist am Schluß die wiedergefundene Sprache: »Draußen stand ein Gendarm mit einer Fotografie und fragte den Zirkusdirektor, auf das Bild zeigend, ob er diesen Mann, einen Stummen, der aus der Anstalt entflohen sei, kenne. Noch bevor der Zirkusdirektor Gelegenheit hatte zu widersprechen, beugte ich mich über das Bild und sagte: ›Nein!‹«. Das schließlich als Dokumentenanhang charakterisierte 7. Buch gibt Zeichnungen Lindners wieder, die, wie die übrigen Illustrationen des Romans, von Günter Brus stammen.

Roth erprobt in seinem Roman nicht nur verschiedene Erzählstrategien, sondern arrangiert die Texte in der Breite der dargestellten Welt und Weltentwürfe als Montage von Realität und Phantasie, die in der Wahrnehmung des ›kranken‹ Franz Lindner Ursprung und Brennpunkt hat. Sein Grad von Verstörung und Irritation wird zur Bedingung einer Möglichkeit, die dem ›normalen‹ Blick versagt ist. Das Figureninventar ist entsprechend vielfältig angelegt und bildet neben der erzählperspektivischen Verklammerung ein zentrales strukturbildendes Moment. Die Originalität einzelner Charaktere (z. B. der General, der »automatische« Mensch) trägt Züge des Skurrilen und Grotesken. Hingegen überwiegen die einfachen Existenzen, deren Alltag aber häufig in Grenzsituationen in Frage gestellt bzw. zerstört wird (z. B. der Amokläufer Lüscher). Indem Roth seinen Roman inhaltlich wie formal als komplexes, heterogenes Modell einer Totalität organisiert, das er in der Erzählfigur Franz Lindner kontrolliert durchspielt, zeigt er sich modernen poetischen Gestaltungsmethoden verpflichtet.

Lit.: F. Vorr, G. R., in: KLG, München 1978 ff. T. Fraund

Winterreise. 65 Kapitel; EA Frankfurt/M. 1978.

Aus einem plötzlichen Entschluß heraus bricht der Lehrer Nagl, von seiner ehemaligen Freundin Anna begleitet, ins winterliche Italien auf. Der damit vollzogene Ausstieg aus einem Alltag, der beruflich wie privat keinen Sinnzusammenhang darstellt, ist die Konsequenz langen Zögerns, das in sein Gegenteil umschlägt. »Es hatte ihm nichts geschehen können, aber dafür war ihm nur der tägliche Gang in die Schule geblieben, der Lehrstoff, mit dem er zu Rande kommen und den er den Kindern hatte beibringen müssen. Daneben hatte er ein Leben voll Heimlichkeiten geführt, die Frau eines anderen Mannes geliebt, getrunken, bis er bewußtlos in das Bett gefallen war, um am nächsten Tag pünktlich aufzustehen und der Arbeit nachzugehen. Er hatte sich nichts anmerken lassen dürfen.« Die Reise ist für Nagl der letzte Versuch, dem Sog, sich aufzugeben, zu entgehen. Daß er aber spontan Anna dazu überredet, mit ihm zu fahren, begründet eine Konstellation, die auf Scheitern angelegt ist. Denn mit einer selbstquälerischen, in Erinnerungen befangenen Eifersucht, von der er sich während der ganzen Fahrt nicht lösen kann, hängt Nagl an Anna. Sie hingegen fühlt sich durch seine Distanziertheit zunehmend verletzt. Nagls maßloser Alkoholkonsum läßt ihn sich und seine Umgebung in einem ständig herbeigeführten Rauschzustand erleben und gleichzeitig verlorengehen. Eine exzessiv und nahezu permanent praktizierte, aufs Technische reduzierte Sexualität bildet die einzige Kommunikationsmöglichkeit zwischen Nagl und Anna. Die Stationen der Reise – Neapel, der Vesuv, Pompeji, Rom und Venedig – liefern Nagl das Material für eine minutiöse Registrierung aller Geschehnisse wie auch der eigenen Person, die ebenso kühl und weitgehend unbeteiligt wahrgenommen wird wie die Außenwelt. Als Anna schließlich allein die Rückfahrt antritt und Nagl in Venedig zurückläßt, wird die bereits vorher sich verstärkende Ziellosigkeit unerträglich. Nach einem kurzen Abenteuer mit einer anderen Frau verläßt Nagl Venedig. Er, dessen Gedanken stets um Leben, Tod und Universum kreisen, der sich die Einsamkeit und Großartigkeit von Vulkanen und Gletschern plastisch vorzustellen imstande ist, löst ein Ticket nach Fairbanks, Alaska. Das Buch endet an dieser Stelle; es bleibt offen, ob Nagl im ewigen Eis zum Verschollenen wird, »aus der Erde gefallen«, ausgelöscht. Die aus der Sicht des Protagonisten erzählte Handlung wirkt durch die Präzision der Darstellung oft filmischen Einblendungen verwandt. Das Auseinandertreten von äußerer Fülle bzw. Lebendigkeit und innerer Öde wird dadurch überscharf belichtet. Ein weiterer Kontrast liegt in der wiederholten Erinnerung an den Großvater Nagls, der sich zwar seinen Traum, ein »neues Leben« in Amerika, nicht erfüllen konnte, seine Existenz aber im Gegensatz zu Nagl akzeptierte. Beschwörung ersetzt die Gegenwart.

Lit.: F. Voit, G. R., in: KLG, München 1978ff.   T. Fraund

ROTH, Joseph (1894–1939)

Hiob. *Roman eines einfachen Mannes.* 16 Kapitel; EA Berlin 1930. Der Roman beginnt im Milieu des ostjüdischen Schtetl und erzählt die Geschichte des armen Lehrers Mendel Singer. Weltabgewandt und im Irdischen heimatlos, unterwirft Mendel seinen Tagesablauf ganz den orthodoxen Geboten. »Sein Gewissen war rein. Seine Seele war keusch. Er brauchte nichts zu bereuen, und nichts gab es, was er begehrt hätte.« Mendels Frau, Deborah, mag sich nicht in die fromme Bescheidenheit ihres Mannes fügen: »Sie war ein Weib, manchmal ritt sie der Teufel.« Selbst die stille Sabbatfeier, die »den grauen Zug der Wochentage« beendet, ist getränkt von ihren Seufzern. Das Gleichmaß dieses kargen Lebens wird jäh erschüttert, als sich der jüngste Sohn, Menuchim, als Epileptiker erweist. In ihrer Verzweiflung sucht Deborah Beistand bei den Gräbern der Ahnen und trägt das Kind zu einem Wunderrabbi. Dessen Prophezeiung, Menuchim werde – nach langen Jahren – gesund werden, schenkt Mendel keinen Glauben. Er schließt sich mit dem stumpfen Kind ein und sucht es durch die heiligen Worte der Bibel zu erwecken. Doch das Kind bleibt reglos. Die älteren Söhne, Jonas und Schemarjah, verlassen die Familie. Jonas wird Soldat, Schemarjah desertiert und flieht nach Amerika. Eines Nachts, auf dem Heimweg, überrascht Mendel die leichtsinnige Tochter Mirjam mit einem Kosaken im Kornfeld. Um Mirjam vor den Nachstellungen der jungen Männer zu bewahren, wandert die Familie aus ihrer russischen Heimat nach Amerika aus. Der kranke Menuchim wird bei Nachbarn untergebracht und zurückgelassen. Das Leben in der Großstadt New York erscheint Mendel wie »der feurige Atem der

Hölle«. Doch alle Hoffnung auf Rückkehr wird durch den Ausbruch des Ersten Weltkrieges zunichte. Jonas und Menuchim scheinen endgültig verloren. Als man die Uhr des gefallenen Schemarjah vor Deborah auf den Küchentisch niederlegt, bricht sie tot zusammen. Wenig später erreicht Mendel die Nachricht, daß Mirjam dem Wahnsinn verfallen ist. Nun endlich empört sich Mendel Singer gegen jenen grausamen Gott. Er bricht die göttlichen Gebote, und nur die Gewohnheit so vieler gehorsamer Jahre hält ihn davon ab, sein Gebetbuch zu verbrennen. Sogar Schweinefleisch ißt er, um »Gott zu ärgern«. Durch Almosen und kleine Dienste fristet er ein kümmerliches Dasein. Alt und gebeugt, erscheint er den jüdischen Nachbarn als »erbarmungswürdiger Zeuge für die grausame Gewalt Jehovas«. Da endlich erfüllt sich die Prophezeiung. Menuchim, auf wunderbare Weise gesundet und zum begnadeten Musiker verwandelt, findet den alten Vater, nimmt ihn zu sich und versöhnt so Mendel mit seinem Schicksal und mit Gott. – Anders als in der alttestamentarischen Legende, in der Hiob am Ende die göttliche Gnade inmitten der zeitlos vertrauten Welt der Erzväter erfährt, repräsentiert Roths Hiobsfigur die untergehende Welt der Väter. Nicht nur Mendels Kinder verlassen diese Sphäre, auch er selbst betritt die moderne, säkularisierte Welt des 20. Jahrhunderts, die Roth unter der Chiffre ›Amerika‹ gestaltet. Heimweh überfällt Mendel, doch eine Rückkehr ist unmöglich. Erst der Sohn Menuchim, in dessen Künstlertum die gegensätzlichen Sphären synkretistisch verschmelzen, vermag es,

dem Vater durch seine gütige Fürsorge eine neue, Zeit und Raum
überwindende Heimat in der
Liebe zu geben.

Lit.: C. MAGRIS, Weit von wo. Verlorene
Welt des Ostjudentums, Wien 1982.
S. WENDT

Die Kapuzinergruft. 34 Abschnitte; EA Bilthoven 1938.
Mit dem Enkel der Trottas, deren
Familienschicksal im → *Radetzkymarsch* über drei Generationen
hinweg verfolgt wurde, nimmt
die *Kapuzinergruft* das Motiv des
Niedergangs der Habsburger-
monarchie wieder auf. Die Handlung setzt im Frühjahr 1913 ein,
als der Vater des Ich-Erzählers
Franz Ferdinand Trotta stirbt. Er
hinterläßt seinem Sohn ein im
amerikanischen Exil erworbenes
Vermögen, das Wiener Vaterhaus
und die in ihrer beider Vornamen
Franz Ferdinand festgeschriebene
idelle Bindung an das habsburgische Kaisertum. Dem passiv-ge-
langweilten 22-Jährigen verklären
sich später im Rückblick zwei
Vorkriegserlebnisse zu letzten
Verkörperungen dieser österreichischen Heimat: die Begegnung mit seinem slowenischen
Vetter Joseph Branco und eine
Reise in das galizische Zlotograd,
wo er den jüdischen Fiaker Manes
Reisiger kennenlernt. Bei Kriegsausbruch legalisiert Franz Ferdinand, in Anpassung an das Verhalten seines Freundeskreises, die
Beziehung zu seiner Freundin
Elisabeth Kovacz. Einberufen läßt
er sich jedoch, anders als seine
Gefährten in der Residenzstadt, zu
Branco und Reisiger nach Galizien. Der Krieg endet für Franz
Ferdinand mit seiner Gefangennahme durch die russische Armee. Mit seinen beiden Freunden
kann er jedoch aus dem Lager ent-

kommen und über Sibirien in die
heimischen Wiener Kaffeehäuser
flüchten. Parallel zur Erkenntnis
vom unwiederbringlichen Ende
des Habsburgischen Reiches erlebt der Rückkehrer den sukzessiven Verlust seiner Mutter und seiner Frau. Elisabeth ist der lesbischen Kunstgewerblerin Jolanth
Szatmary verfallen, deren modi-
sche Geschäftigkeit zum dämoni-
sierten Inbild der ästhetischen und
sozialen Verunsicherung im
Nachkriegsösterreich wird. Franz
Ferdinands ganz in vergangenen
Zeiten lebende Mutter findet sich
in der neuen Gesellschaft nicht zu-
recht, in der sie ökonomisch nur
überleben kann, indem sie Hypotheken auf ihr Haus aufnimmt
und es in eine Pension umwan-
delt. Nach ihrem Tod verliert
Franz Ferdinand das in die »Jolan-
Werkstätten« seines Schwieger-
vaters eingebrachte Geld. Elisabeth und den gemeinsamen Sohn
schickt er nach Paris, während er
mit seinen vereinsamten, müßiggängerischen Leidensgefährten
der gescheiterten Idee des Habs-
burgerreichs nachtrauert. Der
Auftritt eines Nazis, der den Kaf-
feehausgästen den Anschluß der
Alpenrepublik an das Dritte Reich
verkündet, setzt den Schluß- und
Fluchtpunkt der fiktiven Autobiographie Trottas. Planlos, aber
aus einer inneren Notwendigkeit
heraus läuft er in dieser Nacht auf
die Kapuzinergruft, die Grablege
der habsburgischen Kaiser, zu.
Als er sie verschlossen findet,
stellt er sich die schwermütige
Frage: »Wohin soll ich jetzt, ein
Trotta?«
Roths letzten Roman als Epilog
zum *Radetzkymarsch* zu interpre-
tieren, verschleiert die erheblichen Unterschiede zwischen den
beiden Texten. Während in dem

früheren Roman Fatalität und Fremdheit des historischen Verlaufs in einem langsamen Erkenntnisprozeß über Generationen hinweg dargelegt wurde, wird er hier schon vorausgesetzt. Die Handlung verläuft vom Ende einer Endzeit (1913) bis zur Zerstörung ihrer Bewußtseinsreste (1938). Indem Roth die fiktive Erzählgegenwart Franz Ferdinands hinter das ›Anschluß‹-Datum setzt, erscheint der Rückblick auf die Geschichte des Erzählers ge-, fast zerbrochen. Die formale Hauptschwierigkeit des Romans besteht daher in einem Mangel an Folgerichtigkeit in Franz Ferdinands Lebensgeschichte. Dieser fragmentarische Verlauf kann aber als angemessen gelten, sobald der Roman als Rollenprosa und kritisches Porträt einer geschichtlich überholten Schicht gelesen wird. Hiergegen spricht freilich, daß Trotta und seine Gefährten letztlich die Überzeugungen des exilierten Publizisten Roth formulieren: der regionalistisch-tolerante, übernationale Geist der vergangenen habsburgischen Heimat, die zu erschreibende Rekonstruktion der zerstörten ostjüdischen Welt, die Hoffnung auf Habsburgertum und Katholizismus als letzte und geeignetste Widerstandsmächte gegen das preußische Nazideutschland. Melancholische und regressive Todesnähe fällt hier zusammen mit einer habsburgisch-ostjüdischen Utopie.

Lit.: K. PAULI, Die »Kapuzinergruft« und »Der stumme Prophet«. Untersuchungen zu zwei zeitgeschichtlichen Portraitromanen, Frankfurt/M. u. a. 1985.   J. FETSCHER

Radetzkymarsch.   21 Kapitel und Epilog; EA Berlin 1932.
Der neben → *Hiob* berühmteste Roman des österreichisch-jüdischen Autors schildert anhand der über mehrere Generationen verfolgten Geschichte der Familie Trotta den Untergang der österreichisch-ungarischen Monarchie. – Joseph Trotta rettet in der (historischen) Schlacht von Solferino (1859), in der Österreicher und Ungarn gegen Franzosen und Sarden kämpfen, Kaiser Franz Joseph das Leben. Er erhält dafür den Maria-Theresia-Orden, wird befördert und in den Adelsstand erhoben. Der gesellschaftliche Aufstieg, der auf diesen plötzlichen Eintritt in die europäische Geschichte folgt, entfremdet Joseph Freiherr von Trotta und Sipolje jedoch seinem in der Tradition bäuerlicher slowenischer Vorfahren lebenden Vater. »Es ist tatsächlich aus! dachte der Hauptmann Trotta. Getrennt von ihm war der Vater durch einen schweren Berg militärischer Grade.« Als er nach Jahren im Lesebuch seines Sohnes Franz die spontane Rettung des Kaisers zu einer patriotischen Heldentat stilisiert findet und vergeblich um eine wahrheitsgerechte Darstellung bittet, verläßt er die Armee, um wie schon sein Vater das Leben eines Bauern zu führen. Nachdem er zunächst verfügt hat, daß sein Sohn niemals aktiver Soldat werden dürfe, weist er auch dessen Bitte zurück, das väterliche Gut übernehmen zu dürfen. Wie vom Vater vorgeschrieben, wird Franz von Trotta Jurist und schlägt die Beamtenlaufbahn ein. Als pflichtbewußter, pedantischer Beamter versieht er seinen Dienst als Bezirkshauptmann, in seinem Denken und Handeln ganz in der Monarchie verwurzelt. Das distanzierte Verhältnis zu seinem Sohn – in dem nahezu völligen

Fehlen von Dialogen zum Ausdruck gebracht – läßt freilich bereits ahnen, daß diese hierarchisch-patriarchalische Ordnung zerfallen wird. Der im Mittelpunkt des Romangeschehens stehende Carl Joseph fühlt sich in der Gegenwart fremd. Geborgenheit erlebt der mutterlos aufgewachsene Kadettenschüler erstmals in den Armen der Wachtmeistersfrau Katharina Slama, seiner ersten Liebe. Die Zuneigung zu dieser mütterlichen Geliebten – wie später zu Frau von Taußig – veranschaulicht seine regressive Sehnsucht nach Vergangenheit. Daß er keinen Weg in die Zukunft finden wird, nimmt der Tod von Frau Slama bei der Geburt des gemeinsamen Kindes bereits symbolisch vorweg. Mehr als zum Vater fühlt sich Carl Joseph zu seinem Großvater hingezogen. Immer wieder erinnert er sich an ein Ölbild des »Helden von Solferino«. Sobald er es von nahem betrachtet, zerfällt es jedoch in viele kleine, bunte Flecken – ein Vorgang, der darauf hindeutet, daß der Vielvölkerstaat auseinanderbrechen wird. Als Leutnant bei den Ulanen in Mähren stationiert, ›rettet‹ er das Bild des Kaisers aus einem Bordell. Der lächerlich wirkende Versuch, den Großvater nachzuahmen, offenbart, wie unzeitgemäß seine Orientierung an seinem Vorfahren ist. Die konstante Fixierung auf den Helden von Solferino ist Ursache und Ausdruck von Carl Josephs Unvermögen, selbständig zu werden und eine eigene Identität zu finden. Trottas Todesahnungen, die erstmals beim Tod von Frau Slama in ihm aufgestiegen waren, verstärken sich, als sein einziger Freund, der jüdische Regimentsarzt Dr. Demant, bei einem Duell ums Leben kommt. Von dem betrunkenen Regimentskamerad Tattenbach angepöbelt, weil Trotta die Frau des Regimentsarztes nach Hause begleitet hat, war der Arzt durch den von allen als sinnlos empfundenen Ehrenkodex gezwungen, Genugtuung zu verlangen. Trotta, der sich daraufhin zu einem Jägerregiment an der Grenze zu Rußland versetzen läßt, flüchtet in den Alkohol und das Glücksspiel. Graf Chojnicki, von Trottas Kameraden als »Witzbold« angesehen, ist der einzige, der vor den politischen Entwicklungen nicht die Augen verschließt. Er prophezeit, was Trotta nur vage empfindet: »Dieses Reich wird untergehn. Sobald unser Kaiser die Augen schließt, zerfallen wir in hundert Stücke.« Eine Demonstration von Bürstenarbeitern, bei der Trotta – wie einst sein Großvater – am Schlüsselbein verletzt wird, vermittelt einen Eindruck von den sozialen Spannungen in der scheinbar stabilen Monarchie. Wie sehr Sein und Schein in ihr auseinanderklaffen, wird deutlich durch den Kontrast zwischen den fröhlichen Klängen des immer wieder angestimmten Radetzkymarsches und den Todesahnungen Trottas sowie dem elegischen Erzählton. Nachdem während eines pompösen Sommerfestes auf dem Schloß des Grafen die Nachricht von der Ermordung des Thronfolgers eingetroffen ist, verläßt Carl Joseph die Armee. Chojnicki stellt ihm ein kleines Haus am Waldrand zur Verfügung, wo er sich seinen schon früh gehegten Wunsch erfüllt, wie der »Held von Solferino« zur archaischen Lebensweise seiner Vorfahren zurückzukehren. Die endgültige Rückkehr zur Natur wird durch einen erneuten Einbruch der Geschichte verhindert: den Ersten Weltkrieg. Trotta kehrt wie selbstverständlich zur Armee zurück und fällt, als er für seinen Zug Wasser holen will. Die Verwobenheit der von Trotta mit dem Habsburgerreich bestätigt dann ein letztes Mal der Epilog: Der äußerlich dem Kaiser immer ähnlicher gewordene Bezirkshauptmann stirbt, als das Staatsoberhaupt beigesetzt wird. – *Radetzkymarsch* nimmt nur wenig von den politisch-sozialen Gründen für den Zusammenbruch des Habsburgerreiches auf, der als unaufhaltsam dargestellt wird. Um so eindrucksvoller gelingt es Roth hier, durch den oft fast unmerklichen Wechsel zwischen distanziert-auktorialer und sympathetisch-personaler Erzählhaltung ein Bild von der Atmosphäre jener Zeit zu vermitteln. Im Zeitalter eines ausgeprägten Nationalismus geschrieben, richtet der Roman mit seiner nostalgisch-ironischen Beschreibung der habsburgischen Vielvölkermonarchie eine rückwärts gewandte Utopie auf.

Lit.: H. SCHEIBLE, J. R. – Mit einem Essay über Gustave Flaubert, Stuttgart u. a. 1971.

                                        K. OCHSE

Das Spinnennetz. 30 Kapitel; ED Wiener »Arbeiterzeitung« 1923; EA Köln / Berlin 1967.
Im Mittelpunkt dieses Zeitromans, mit dem der Journalist Roth als Romanautor debütierte, steht der reaktionäre Kleinbürger Theodor Lohse, der aus dem Ersten Weltkrieg nach Berlin zurückkehrt. Durch die Vermittlung von Dr. Trebitsch, einem antisemitischen Juden, wird der ehemalige Leutnant Mitglied einer geheimen rechtsradikalen Organisation mit Hauptsitz in München und Kontakten zu Hitler und Ludendorff. Getrieben vom Haß auf die neue Republik und die Juden sucht der Protagonist, den Mangel an familiärer und gesellschaftlicher Anerkennung zu kompensieren und sein national wie sozial gekränktes Geltungsbedürfnis zu befriedigen. Er arbeitet als Spitzel, verübt einen Fememord an einem ehemaligen Kriegskameraden und beteiligt sich an der brutalen Niederschlagung eines Landarbeiteraufstandes in Pommern. Nach seinem Eintritt in die Reichswehr zerschlägt er schließlich mit seiner Truppe eine Arbeiterdemonstration. Im Verlauf der Vorbereitungen zu dieser Aktion wird als Pendant zu Lohse Benjamin Lenz eingeführt: Der Ostjude ist ein Nihilist und Anarchist, der sowohl für die Rechte und die Linke als auch für die Polizei als Spitzel arbeitet, ohne dabei irgendein politisches Ziel vor Augen zu haben. Nur seine Familie, der er regelmäßig Geld schickt, bedeutet ihm etwas. Nachdem Lohse Lenz zunächst wegen seines Doppelspiels entlassen hatte, wählt er ihn sich als »Bundesgenossen«, der ihm Kontakte zur Linken verschafft. Zwar warnt Lenz Trebitsch daraufhin vor einem drohenden Verrat, doch gleichzeitig unterstützt er Lohses Aufstieg. Er sorgt dafür, daß der jüdische Journalist Pisk Lohses Aktivitäten in der Presse rühmt, und drängt ihn zu einer Heirat mit einer Adeligen. Als Lohse Lenz dann beim Fotografieren von Akten der Organisation überrascht, droht der Ertappte, ihn wegen der Ermordung eines früheren Widersachers in der Organisation und wegen seiner Kontakte zur Linken zu verraten. – Der Roman, dessen Handlung

mit Lohses Eintritt ins Staatsse-
kretariat für öffentliche Sicherheit
und der Abfahrt von Lenz' Bruder
nach Paris abbricht, schildert die
frühe Geschichte der Weimarer
Demokratie. In der Beschreibung
des unaufhaltsamen Aufstiegs von
Theodor Lohse artikuliert sich die
Kritik an den antidemokratischen
und antisemitischen Kräften der
Weimarer Republik, deren Zusammenbruch das Buch bereits
ahnen läßt. Die finanzielle Unterstützung, die der Juwelier Effrussi
rechtsnationalen Kreisen zukommen läßt, sowie die Aktivitäten
von Lenz, Trebitsch und dem
Journalisten Pisk, leisten dem
Zerstörungsprozeß   Vorschub.
Darin artikuliert sich Roths Kritik
an der politischen Haltung rechts-
nationaler Juden, wobei insbesondere die Darstellung von Benjamin Lenz als Doppelagent Gefahr
läuft, das antisemitische Zerrbild
vom ›politisch unzuverlässigen‹
Juden zu bestätigen. – Der stilistisch vom Expressionismus geprägte, skizzenhafte, konzeptio-
nell wie sprachlich mit wechselnder Intensität gestaltete Zeitroman zählt zu den wenigen Büchern, die bereits zu Beginn der
zwanziger Jahre den Zusammenhang zwischen autoritärem Charakter und Faschismus darstellten
und das Kleinbürgertum als Träger des antisemitischen völkischen Militarismus ausmachten.
Am 8. und 9. November 1923,
zwei Tage nach dem Abdruck der
letzten Folge des Romans in der
Wiener *Arbeiterzeitung,* putschten
Hitler und Ludendorff in München.

Lit.: I. SÜLTEMEYER, Das Frühwerk J. R.s
1915–1926, Wien/Freiburg i. Br./Basel 1976.
K. OCHSE

SCHEFFEL, Josef Viktor von
(1826–1886)

Ekkehard. *Eine Geschichte aus
dem 10. Jahrhundert.* 24 Teile; EA
Frankfurt/M. 1855.
In diesem klassisch gewordenen
historischen Roman wirken dichterische Phantasie und intensive
Geschichtsforschung zusammen.
Scheffel vertiefte sich u. a. anhand
der lateinischen St. Gallener Klo-
sterbücher aus dem 10. Jahrhundert in den Geist des mittelalterlichen Kloster- und Burglebens,
das der Roman in poetischer Verklärung in ein Zeit-, Sitten- und
Landschaftsbild des Alemanni-
schen einbindet. – Hadwig,
Witwe und Herzogin von Schwa-
ben, lebt auf dem Hohentwiel im
Hegau. Als Reichsverweserin un-
terstehen ihr auch alle Klöster
rund um den Bodensee. Mit einer
Gefolgschaft fährt sie über den See
zum Kloster St. Gallus, um den
Orden   kennenzulernen.   Da
Frauen das Überschreiten der
Klosterschwelle versagt ist, bleiben ihr die Pforten zunächst verschlossen. Daraufhin schlägt Bruder Ekkehard dem Rat der Mönche vor, die Herzogin über die
Schwelle zu tragen; im übrigen
solle sie als Schirmvogt wie ein
Mann behandelt werden. Im Kloster nimmt sie an einer Andacht
teil, besichtigt den Kirchenschatz
und den Klostergarten, besucht
die Schule, die Bibliothek, den
Kreuzgang, die Prunkgemächer
und nimmt zu einem üppigen
Abendmahl   im   Refektorium
Platz, wo ihr zu Ehren nicht der
übliche   Hirsebrei,   sondern
Hirsch- und Fasanenbraten ser-
viert werden. Bei einer Unterhaltung über klassische Literatur begeistert sie sich für die lateinische
Sprache und wünscht von Abt

Gralo statt des vorgesehenen Abschiedsgeschenks ein Buch und einen Lateinlehrer. Der Abt weist darauf hin, daß ein Kloster keine Mönche als Geschenk vergebe, doch sie erinnert ihn an Güter im Rheintal, so daß Gralo einwilligt und ihr Ekkehard für den »Frauen- und Hofdienst« übergibt. Ekkehard macht sich nun über die Insel Reichenau auf den Weg zum Hohentwiel, wo er herzliche Aufnahme findet und in einem von Säulen unterteilten Saal mit Rundbogenfenstern Hadwig lateinische Grammatik lehrt und mit ihr Texte von Vergil liest. Durch das tägliche Beisammensein sieht Hadwig in ihm bald mehr als ihren Lehrer und auch der an sein Gelübde gebundene Mönch büßt durch die Zuneigung und Liebe zu ihr seine Seelenruhe ein. Die Herzogin glaubt sich verschmäht, Ekkehard verliert jedoch seine Standhaftigkeit, reißt sie an sich und wird dabei ertappt und eingekerkert. Schließlich gelingt es ihm, ins Säntisgebirge zu fliehen, wo er das *Waltharius-Lied* dichtet, dessen Übersetzung Scheffel am Ende in den Roman einfügt. Aber nicht nur Hadwig und Ekkehard faszinieren den Leser, sondern auch Nebengestalten wie die schöne Kammerdienerin Praxedis, die von ihrer griechischen Heimat berichtet, der Kämmerer Spazzo, die Hirtenkinder Hademuth und Andifax und die geheimnisvolle Waldfrau.

Lit.: G. Mahal, J. V. v. S. – Versuch einer Revision, Karlsruhe 1986.   G. Riedel

SCHICKELE, René
(1883–1940)

Das Erbe am Rhein. 3 Bände (Bd. 1: *Maria Capponi.* 3 Teile; 21 Kapitel; EA München 1925 u. d. T. *Ein Erbe am Rhein;* NA München 1926. Bd. 2: *Blick auf die Vogesen.* 4 Teile; 39 Kapitel; EA München 1927. Bd. 3: *Der Wolf in der Hürde.* 4 Teile; 22 Kapitel; EA Berlin 1931).

Im 1. Roman *(Maria Capponi)* hat sich der Ich-Erzähler, der verwitwete elsässische Baron Claus Breuschheim, mit seinem Sohn Jacquot, der sich noch immer nicht mit dem Tod der Mutter abfinden kann, in den badischen Schwarzwald zurückgezogen und versucht, sich aus den Trümmern seiner Vergangenheit (Krieg, Emigrantendasein, Flucht aus dem französischen Nachkriegselsaß mit seinem übersteigerten Patriotismus) herauszuarbeiten. Sein Leben scheint ihm ausweglos nach dem Tod seiner Frau Doris in einer Gletscherspalte, in die sie beide bei einem Skiausflug in die Schweiz gestürzt waren und aus der nur er lebend gerettet wurde, belastet mit der Erinnerung an ihre Todessehnsucht als Folge ihrer ausschließlichen Liebe zu ihm. Er versenkt sich in die Erinnerung an seine Liebe zu einer italienischen Marchesa. Die kindliche Maria Capponi hatte seine Liebesfähigkeit zum erstenmal geweckt (1. Teil). – Wiederbegegnungen in Venedig, im Elsaß und an der Côte d'Azur hatten die Leidenschaft der jungen Liebenden füreinander so weit gesteigert, daß sie die Zukunftspläne der beiden traditionsreichen Familien bedrohte. Endgültig trennte sie der Erste Weltkrieg. Beide heirateten, beide verloren ihre Ehepartner durch den Tod (2. Teil). – Während die erzählte Zeit etwa ein halbes Menschenleben (und drei Vorvätergenerationen) umfaßt, dessen Zeitebenen schrittweise nachgeholt werden, besteht die Erzählzeit des Gegenwartsrahmens, die für den Prozeß der rückerinnernden Selbstfindung benötigt wird, gerade in etwas mehr als 15 Tagen im Vorfrühling. Der Roman beginnt im Schwarzwaldhaus mit Claus Breuschheims Niederschrift seines brieflichen Hilferufs an Maria Capponi (in Rom) und endet nach dessen skrupulös verzögerter Absendung mit dem überstürzten Entschluß, ein Telegramm hinterherzuschicken. Mit dem über Nacht zurückgekehrten Winter trifft auch die Absage ein, die mit der inzwischen gewachsenen schmerzlichen Einsicht des Ich-Erzählers in seine allzu ichsüchtige Glückserwartung korrespondiert (3. Teil).

Der 2. Roman *(Blick auf die Vogesen)* beginnt im »bitteren Jahr 1922«, als Claus Breuschheim – von seinen Eltern gerufen – ins Elsaß zurückkehrt. Die Breuschheims, eine traditionsreiche, alteingesessene Familie elsässischer »Bauernbarone«, seit Generationen französische Patrioten, hatten es bisher verstanden, die patriarchisch-feudale Fürsorge für ihre Mitarbeiter mit demokratischer Gesinnung zu verbinden, die auch die vorurteilsfreie Zusammenarbeit mit einem Agrarkommunisten aus Südfrankreich erlaubte. 1922 befindet sich das Gut und die Autofabrik Breuschheim in der Krise, da Claus' älterer Adoptivbruder Ernst, ein ehemaliger deutscher Offizier und nunmehr hochdekorierter französischer Chauvinist, eine friedliche Zusammenarbeit von Elsässern und Franzosen unmöglich macht (1. Teil). – In Paris feilscht die französische Regierung um deutsches Geld, erst nach der Ruhrbesetzung wendet sich die Stimmung; deutsche und französische Großindustrielle investieren, einer, der Schwiegervater Ernst Breuschheims, auch in die gescheiterte Fabrik (2. Teil) – allerdings erst, nachdem sein Schwiegersohn nach Paris versetzt worden ist. Mutter Breuschheims Familiendiplomatie ermöglicht das. Claus Breuschheim kann mit Aufbau und Konsolidierung der Utopie beginnen. Er heiratet die Jugendfreundin Viviane von Bock, wie er aus altem elsässischem Adel (3. Teil). – Mutter Breuschheim, die das neue menschliche Miteinander bewirkt hat, stirbt. Ernst, von seiner Scheintätigkeit in Paris zurückgekehrt, bricht an ihrer Bahre zusammen. Im Verfolgungswahn vor vermeintlichen Gesinnungsschnüfflern begeht er Selbstmord – ein letztes Opfer des deutsch-französischen Bruderkrieges. Als Claus Breuschheim, aus dessen Personalperspektive die eindringlichsten Szenen geschildert sind, während insgesamt die auktoriale Erzählperspektive vorherrscht, von seinem toten Bruder, der seinem letzten Willen gemäß nach Deutschland überführt wird, auf der Rheinbrücke Abschied nimmt, sind es gerade zwei Jahre, seit er sie, aus dem Schwarzwald kommend, überschritten hat (4. Teil).

Der 3. Roman *(Der Wolf in der Hürde)* – durch die »Vorbemerkung« erst im Nachhinein zur »Chronik« des Ich-Erzählers erklärt – changiert durchgehend zwischen der personalperspektivischen Erzählweise aus der Sicht der Hauptpersonen, allen voran von Aggie Ruf, und der sich einmischenden Ich-Perspektive Claus von Breuschheims, der jedoch mehr zum ohnmächtigen Betrachter der seiner Kontrolle entgleitenden privaten und wirtschaftlich-politischen Konflikte wird; es geht abwärts mit Autofabrik und Landgut Breuschheim (1. Teil), seine Frau Viviane stirbt nach der Geburt der kleinen Annette, sein Sohn Jacquot, hoffnungsvolles Mitglied einer geheimen pazifistischen Jugendvereinigung, wird entdeckt und muß in ein englisches Internat ausweichen, die umworbene Freundin Aggie entfremdet sich ihm und verfällt seinem undurchsichtigen Schulfreund zweifelhafter Herkunft, Silvio Wolf, obwohl dieser die geschiedene Frau des Grafen Breisach, Aggies Freundin, aus Karriererücksichten heiratet (2. Teil). – Auch Claus' Hoffnung auf die friedliche Zukunft eines künftigen einigen Europas, die durch den Ferienaufenthalt mit den Kindern in Genf und den Besuch der Völkerbundssitzungen wächst (3. Teil), tröstet ihn nicht über die Zerstörungen hinweg, die die gewissenlose politische Abenteurer Wolf anrichtet. Aggies mysteriöser Tod auf einer Schiffsreise mit Wolf wird diesem von Aggies Jugendfreund Bieterle zur Last gelegt, Wolf jedoch von – der Korruption nicht ganz zu Unrecht – dächtigen – französischen Politikern gedeckt (4. Teil).

Der gemeinsame Rahmen der so heterogenen Romane besteht in der mehr oder weniger starken Rückbeziehung auf elsässische Zustände der Zwischenkriegszeit, die im 2. Roman am stärksten verschlüsselt sind. Erklärtes Ziel Schickeles, das er im 1. und 3. Roman weitgehend aus den Augen verlor, war es, einen nicht-chauvinistischen Gegenentwurf zu den irredentistischen Romanen eines

Maurice Barrès zu schreiben, für den das Elsaß und Lothringen unerlöste französische Provinzen waren. Dabei wird vom Autor – z. T. durch allwissendes Hineinkommentieren – vieles (häufig im nachhinein) konstatiert, was auf der Ebene der Figuren unscharf bleibt.

Lit.: J. J. SCHUMACHER, »Französisch nach der heiteren Durchsichtigkeit seiner Form« (Th. Mann). Zu R. S.s Romanwerk in den 20er Jahren, in: A. FINCK / H. RITTER / M. STAIBER (Hgg.), R. S. in neuer Sicht, Hildesheim 1991.   J. MEYER-BOGHARDT

Die Witwe Bosca. 16 Kapitel; EA Berlin 1933.

Die atmosphärische Geschlossenheit des auktorial erzählten Romans stellt sich als Erlebnis des mit allen Sinnen den Naturerscheinungen der Provence – Mistral, Waldbrand, Regen, Sonne und den wechselnden Jahreszeiten – geöffneten Erzählers her, der sich lobpreisend an ein imaginäres Du wendet. Als Teil der Natur erscheinen auch die Menschen, und mit analoger Selbstverständlichkeit folgen sie ihrem heiteren Lebensgesetz oder erfüllen als getrieben Handelnde mit einer absichtsvoll an die antike Tragödie erinnernden Zwangsläufigkeit ihr unverständliches Schicksal. Das naturmagische Gesetz über aller Schuld und Unschuld der verstrickten Personen manifestiert sich in dem Leitmotiv, das den Roman vom Beginn bis zum Ende begleitet: »Die Jahreszeiten der Provence wechseln leise in der Nacht. Du siehst, du hörst sie nicht kommen. Eines Morgens wachst du auf und hast einen neuen Schatz.« Aus dem allumfassenden Lyrismus der Naturbegegnung lösen sich allmählich die Konturen der Figuren heraus. Paul Tavin und seine jugendliche

Mutter Pauline, ehemalige Krankenschwester aus der Normandie,
hat es in den Süden, der Heimat
von Paulines verstorbenem
Freund Bosca gezogen. Ihre Verbindung zu Emigrantenkreisen
wird später angedeutet. Mit dem
schwärmerischen Paar kontrastiert Juliette Bosca, die üppige
Kleinbürgerin aus der Provence:
nüchtern, geldgierig, einem ata-
vistischen Totenkult frönend und
bigott um den untadeligen Lebenswandel bemüht, der einer
Kriegerwitwe ziemt. Ihr Zynismus gegen alles Männliche und
die zum Schreckbild verbogene
Erinnerung an den Vater lasten
auf ihrer Tochter Sibylle, einem
ätherischen Geschöpf, als lebens-
feindlicher Bann, der das Gebrechen nährt. Sie hustet Blut. Uner-
füllbar scheint ihre Sehnsucht, die
sich auf den jungen Nachbarn
richtet. Erst durch einen Unfall
gewinnt sie die Aufmerksamkeit
Paul Tavins. Aus seiner Fürsorge
entsteht Liebe. Die Heilung des
verletzten Knies jedoch wird
durch die Mutter hintertrieben.
Marius Burguburu, Bonhomme
und Notar aus uraltem provenza-
lischen Geschlecht, der von der
Autobusgesellschaft die Entschä-
digung erstreitet, verfällt dem un-
tergründig fleischlichen Charme
des »vergnügten Grabengels«.
Für die Witwe bewahrt er die
Geldsumme, statt sie für die Heilung der Tochter anzuwenden.
Die Heirat der beiden steigert für
Sibylle »die Hölle«. Hinzu
kommt Pauls Beziehung zu der
Künstlerin Marianne. Sibylle gibt
sich Paul im »verwunschenen
Wald« hin, dessen gnadenloses
Gesetz sie die Vertreibung aus
dem erträumten Paradies erleben
läßt. Ihr Verlangen nach dem Lie-
bestod provoziert einen Autoun-

fall, den nur Paul überlebt. Zwischen den Eheleuten Burguburu
entwickelt sich Feindschaft. Marius tötet Juliette im Affekt. Trotz
seiner Selbstbezichtigungen wird
er vom Geschworenengericht,
das den Willen des »Volks von
Ranas« ausdrückt, freigesprochen. Aber auch die letzte der makabren tragikomischen Konstellationen dieses am besten durch-
komponierten Romans von
Schickele löst sich auf im Leitmotiv, das nun Burguburu und Pauline Tavin gilt: »Eines Morgens
wachst du auf und hast einen
neuen Schatz.«

Lit.: G. TEMPÉ, Die handschriftlichen Quel-
len zu R. S.s Roman »Die Witwe Bosca«, in:
Revue d'Allemagne 18 (1986), S. 278–322. –
J. MEYER-BOGHARDT, R. S.s Anti-Muse, in:
Recherches Germaniques 18 (1988),
S. 103–120.   J. MEYER-BOGHARDT

SCHILLER, Friedrich von
(1759–1805)

Der Geisterseher. *Eine Geschichte aus den Memoiren des Grafen
von O**✶✶. 2 Bücher; ED »Thalia«
1787–89; EA Leipzig 1789.
Das Romanfragment erschien zuerst zwischen 1787 und 1789 als
Fortsetzungsroman in Schillers
Zeitschrift *Thalia*. Für Schiller
war es ein Formexperiment mit
einer Gattung, die er nicht sonder-
lich schätzte, denn für ihn war der
Roman nur ein »Halbbruder
der Poesie«. Außerdem waren
Schiller »Kaufmannsrücksichten«
nicht fremd, wollte er doch durch
einen spannenden Unterhaltungsroman Leser für seine Zeitschrift
gewinnen und auch noch »so viel
Geld davon ziehen, als nur möglich ist«. Mit seinem Sujet traf
Schiller einen Nerv der Zeit; sogar
in der aufklärerischen *Berlinischen
Monatsschrift* von 1786 erschienen

Aufsätze über den Betrüger Cagliostro, geheime Gesellschaften und den Einfluß der Jesuiten. Da Schiller dem Geschmack des Publikums am Sensationellen und Okkulten noch durch die Würze politischer Intrigen entgegenkam und zudem in langen philosophischen Gesprächen alle Betrügereien und Täuschungen aufklärte, wurde dieser Roman – zu seiner eigenen Überraschung – ein großer Erfolg.

»Ich erzähle eine Begebenheit, die vielen unglaublich sein wird«, so beginnt der Erzähler, ein Graf von O★★, seine Erinnerungen, die als »ein Beitrag zur Geschichte des Betrugs und der Verirrung des menschlichen Geistes« zu lesen seien. In Venedig zur Karnevalszeit, das von jeher als ein literarischer Ort der Dekadenz, des Okkulten und des Verbrechens galt, trifft er den Prinzen von ★★, der dort auf einen Wechsel wartet, um weiterreisen zu können. Der Prinz stammt aus einem protestantischen deutschen Fürstenhause, auf dessen Thron er sich jedoch kaum Hoffnungen machen kann. Inkognito genießt er weltabgewandt »die ruhige Freiheit des Privatlebens«. Aus dieser beschaulichen Existenz wird er eines Abends gerissen, als ein Unbekannter in der Maske eines Armeniers ihm eröffnet: »Wünschen Sie sich Glück, Prinz, um neun Uhr ist er gestorben.« Sechs Tage später erhält er die Nachricht, daß am nämlichen Abend sein Cousin gestorben ist, was ihm begründete Hoffnungen auf eine Thronfolge eröffnet. Die Nachricht macht ihn zur stadtbekannten Persönlichkeit, der sich die Türen der venezianischen Gesellschaft öffnen; er wird in das ebenso bunte wie üppige Gesellschaftsle-

ben der Stadt hineingezogen und verschiebt seine Abreise. Nun häufen sich seltsame Zufälle und unerhörte Begebenheiten, bei denen der Armenier, ein Beamter der Staatsinquisition, die Hand im Spiele zu haben scheint. Höhepunkt dieser Ereigniskette ist eine Geisterbeschwörung durch einen sizilianischen Magier, der den verstorbenen Freund des Prinzen erscheinen läßt. Die Séance wird jedoch durch den Auftritt des Armeniers unterbrochen, der den bestürzten Magier als Taschenspieler entlarvt und verhaften läßt. Als der Prinz den Betrüger im Gefängnis besucht, wird das ganze Gaukelspiel der Geisterbeschwörung rational erklärt, mehr noch: Der Sizilianer erzählt die schauerliche Novelle eines Brudermordes, bei dessen Aufklärung wiederum der Armenier auftaucht. Am Ende des 1. Buches hat der Prinz alle Zufälle und Täuschungen der letzten Tage erklärt und durchschaut, wodurch er selbst aufgeklärter und selbstsicherer geworden ist. Doch gerade in diesem Augenblick »verteidigter Vernunft« vollzieht sich »im Gemüt des Prinzen eine wichtige Veränderung«, die ihn blind macht gegenüber der »unerhörten Teufelei« einer jesuitischen Intrige. »Ein entlarvter Betrug machte ihm die Wahrheit verdächtig. [...] Von diesem Zeitpunkt an regte sich eine Zweifelssucht in ihm, die auch das Ehrwürdigste nicht verschonte.« Als Skeptiker schließt er sich nun einer geheimen Gesellschaft, Bucentauro, an, wo unter dem Schein vernünftiger Geistesfreiheit die Libertinage herrscht. Der ehemals ernste und zurückhaltende Prinz wird zum geselligen, ganz der Gegenwart lebenden

Hofmann, der sich in den Trubel wilder Feste stürzt, spielt und leichtfertig Schulden macht. – Hier verläßt ihn sein Begleiter Graf von ✶✶, und der Leser erfährt das weitere Schicksal des Prinzen aus den Briefen des Baron von F✶✶, der längst nicht die Überlegenheit und Bildung des Erzählers besitzt und nur als naiver Chronist fungiert. Durch seine Spielschulden gerät der Prinz in die Abhängigkeit des Marchese Civitella, eines Neffen des reichen Kardinals A...i. Die zufällige Begegnung mit einer unbekannten »schönen Griechin« in einer Kirche hält den schon abfahrbereiten Prinzen zurück. Leidenschaftlich sucht und findet er sie. Hier wird die Korrespondenz durch Unterschlagung der Briefe unterbrochen, bis der Graf einen alarmierenden Brief des Barons erhält: Der Prinz soll Civitella im Duell getötet haben, er verberge sich vor den Häschern des Kardinals in einem Kloster, die Geliebte sei vergiftet worden und das Fürstenhaus habe sich von ihm losgesagt. Als der Graf drei Wochen später in Venedig eintrifft, bedarf der Prinz seiner nicht mehr: Der Marchese ist genesen, der Kardinal versöhnt, und alle Schulden sind bezahlt. »Erinnern Sie sich des Armeniers«, schreibt der Baron in einem Billet, »der uns voriges Jahr so zu verwirren wußte? In seinen Armen finden Sie den Prinzen, der seit fünf Tagen – die erste Messe hörte.« Mit diesem »Ende des ersten Teils« bricht der Roman ab. Aus Vorausdeutungen innerhalb der Erzählung kann man schließen, daß die politische Intrige mit dem Übertritt des Prinzen zur katholischen Kirche nicht endet. Durch ein Verbrechen sollte er auf den Thron des protestantischen Für-

stenhauses gelangen, was mißlingt und ihn sein Leben kostet.

Lit.: B. v. WIESE, F. S., Stuttgart 1959. – M. GREINER, Die Entstehung der modernen Unterhaltungsliteratur, Hamburg 1964.
                                          K. L. BERGHAHN

SCHLEGEL, Dorothea → Veit, Dorothea

SCHLEGEL, Friedrich (1772–1829)

Lucinde. *Ein Roman.* Prolog und 13 Teile; EA Berlin 1799.

Abgesehen von Prolog und Titel besteht der Roman aus 13 Teilen, die formal und inhaltlich symmetrisch gegliedert sind. Das Mittelstück, die »Lehrjahre der Männlichkeit«, ist von je 6 Abschnitten eingerahmt, die sich in Länge und formaler Anlage im Gleichgewicht halten und auch im Inhalt wichtige Entsprechungen zeigen. Während die 6 Sektionen zu Anfang und zu Ende reflexiver Natur sind, bildet den erzählerischen Mittelteil eine fortschreitende Geschichte, nämlich die Entwicklung des Helden (Julius) aus ungewisser, sehnender Jugend bis zur menschlichen Reife und künstlerischen Sicherheit. Die Rahmenteile bestehen aus formal unterschiedlich akzentuierten (»Dithyrambische Phantasie«, »Allegorie«, »Idylle«, »Briefe«) monologischen Partien des Julius sowie aus um das zentrale Thema der Liebe kreisenden Gesprächen mit der Geliebten Lucinde. Die »Lehrjahre der Männlichkeit« werden dagegen von einem anonym bleibenden Erzähler berichtet. Dieser erzählerische Mittelteil zeigt die Stufen einer männlichen Entwicklungsgeschichte bis hin zu dem in seiner Kontrapunktik als harmonisch empfundenen Liebesverhältnis mit Lucinde. Die ersten sechs Rahmenteile beschäftigen sich mit dem seelischen Zustand, den Julius durch die Vereinigung mit Lucinde erreicht, d. h. mit der seligen Gegenwart, zu deren Glück gelegentliche Rückblenden in die Vergangenheit kontrastieren. Die abschließenden 6 Rahmenteile sind auf die Zukunft bezogen und behandeln den Eintritt in die Welt. Die ersten 6 Rahmenteile entsprechen dem Zustand des Helden beim Abschluß der »Lehrjahre der Männlichkeit«; sie sind dem Glück der Liebe gewidmet, das in vielen Variationen und in Verbindung mit zahlreichen Themen wie Natürlichkeit, Muße, rechter Lebensführung oder Treue behandelt wird. Die abschließenden Rahmenteile wenden sich neuen Metamorphosen des liebenden Gemüts zu, unter anderem dem Zustand der Liebe in der Familie und in der Welt, und erstrecken sich schließlich auf Themen wie Besitz, Standeseinteilung, Krankheit, Dekadenz und Tod. – Anders als die Begriffe Rahmen- und Mittelteil nahelegen, sah Schlegel in autobiographischen Bekenntnissen wie den »Lehrjahren der Männlichkeit« eine niedrigere poetische Stufe als in den reflexiven Partien. Generell werden in *Lucinde* dem Verstand, der Reflexion, der Theorie eine größere Rolle als in anderen romantischen Romanen zugesprochen. Dies zeigt sich auch darin, daß der Übergang von Handlung in Lied, Gesang und Gedicht fehlt und Reflexionen, Phantasien und Allegorien an die Stelle der lyrischen Digressionen getreten sind. – Die Thematik des Romans stellt sich auf verschiedenen Ebenen dar. Die erste ist die der Liebe,

wobei der jubelnde Ausruf des Helden in den Mittelpunkt rückt, der mit den Worten beginnt: »Ja! Ich würde es für ein Märchen gehalten haben, daß es solche Freude gebe und solche Liebe, wie ich nun fühle, und eine solche Frau, die mir zugleich die zärtlichste Geliebte und beste Gesellschaft wäre und auch eine vollkommene Freundin.« Was Julius an Lucinde überrascht, ist ihre Fähigkeit zur Totalität der Liebe, die sich in scharfem Kontrast zum Dualismus der platonisch-christlichen und bürgerlichen Denkweise darin äußert, daß sie alle Bereiche der Persönlichkeit durchdringt und »von der ausgelassensten Sinnlichkeit bis zur geistigen Geistigkeit« reicht. Was sich von dieser totalen Liebe aus herstellt, ist Ehe, Ehe im Naturstand ohne zivilrechtliche oder kirchliche Sanktionierung, aber eben deswegen eine desto innigere Verbindung der beiden Personen. Die Auffassung der Liebe als Totalbeziehung beruht auf der absoluten Ebenbürtigkeit der beiden Partner. Diese weit über die Zeit hinausreichende emanzipatorische Tendenz des Romans liegt unter einer blumigen romantischen Sprache verborgen und bedarf besonderer Akzentuierung. Die Ebenbürtigkeit ist nicht so zu verstehen, als wären Mann und Frau völlig gleich. Ihre Beziehung ist eine komplementäre, wie die eines Ich und Du, wobei es nicht die Bestimmung des Mannes und der Frau ist, immer diesen oder jenen Brennpunkt der Ellipse zu besetzen. Die Emanzipation soll sich vielmehr wechselseitig vollziehen und bis zum Vertauschen der Rollen gehen. »Wenn man sich so liebt wie wir, kehrt auch die Natur im Menschen wieder zu ihrer ursprünglichen Göttlichkeit zurück«, versichert Julius seiner Lucinde, womit der vielleicht wichtigste Aspekt des Romans berührt ist: die wohltätigen Folgeerscheinungen, die aus der Revolutionierung der Liebe, der Stellung der Frau und der Beziehung der Geschlechter wie von selbst hervorgehen. Dieser neue Zustand bekundet sich in einer wiedergewonnenen Unschuld, in einer Freiheit von Vorurteilen und falscher Scham, in einem Leben aus gutem Gewissen, in dem sich die Natürlichkeit mit einer hochreflektierten Geistigkeit verbindet. Der Roman bringt diese Veränderung auf sehr realistische Weise zum Ausdruck: Lucinde ist zum Schluß schwanger, und Julius zeigt sich als besorgter Ehemann mit Elternschaft und Würde der Häuslichkeit beschäftigt. Ehe verweist hier auch auf Gemeinschaft der Stände und Klassen sowie auf »allgemeine Brüderlichkeit«. Die Häuslichkeit erscheint zugleich als Zustand der Erde, in dem anstelle der Verderbtheit in den Städten »schöne Wohnungen und liebliche Hütten« die Welt schmücken. In dem hymnischen Liebesdialog »Sehnsucht und Ruhe« kurz vor Ende des Romans gewinnt diese Lebensvorstellung in der Verknüpfung der Themen Liebe, Nacht und Tod eine Dimension, die weit über das Gesellschaftliche hinausgeht und auf die *Hymnen an die Nacht* des Novalis verweist. Das Problem, diesen Roman, der ja kaum Handlung hat, zu beenden, hat Schlegel mit den »Tändeleien der Phantasie« gelöst, in denen sich das Werk ins Nichts verflüchtigt. Schlegel hat verzweifelte Anstrengungen unternommen, dem »Ersten Teil« Fortsetzungen folgen zu lassen.

Ein denkbarer zweiter Teil der *Lucinde* könnte darin bestehen, das hier Geschilderte in komplementärer Entsprechung mit weiblicher Stimme auszudrücken. Tatsächlich hat Schlegel diese Möglichkeit in Erwägung gezogen, aber nicht ausgeführt. Der Roman wurde zur Zeit der Romantik als ein Skandalon, als Darstellung »nackter Sinnlichkeit« und als ein Stück aus der Gattung des Obszönen angesehen. Heute gilt er weithin als Ausdruck des reflexiven, »allegorischen« Romans der Frühromantik und als Standardwerk der emanzipatorischen Literatur der deutschen Romantik.

Lit.: F. S., Lucinde. Ein Roman, hg. VON K. K. POLHEIM, Stuttgart 1963 (RUB 320). – E. BEHLER, F. S.: Lucinde (1799), in: P. M. LÜTZELER (Hg.), Romane und Erzählungen der deutschen Romantik, Stuttgart 1981, S. 98–124.   E. BEHLER

SCHMIDT, Arno (1914–1979)

Abend mit Goldrand. *Eine Märchenposse. 55 Bilder aus der Lä/ Endlichkeit für Gönner der Verschreibkunst.* EA Frankfurt/M. 1975.
Schmidts letztes vollendetes Werk, zwischen 1972 und 1975 konzipiert und von Juli 1974 bis Februar 1975 im gleichen DIN A3-Format wie → *Zettels Traum* abgefaßt, ist sein inhaltlich wie formal eigenwilligstes und experimentierfreudigstes; es besteht aus 20 Aufzügen in 55 Einzelbildern, jedes aus einer Mischung von Regieanweisungen und Dialogen komponiert, teils mehrspaltig zu einer multiplen Handlungsführung ausgeweitet, teils mit Einblendungen von Zitaten und Bildmontagen versetzt. Die Grundhaltung umfaßt die drei Nachsommertage vom Nachmittag des 1. bis zum frühen Morgen

des 4. Oktober 1974. In dem fiktiven Ort Klappendorf, hinter dem
unschwer Bargfeld zu entdecken
ist, leben in häuslicher Gemeinschaft Eugen und Grete Fohrbach
mit ihrer 15jährigen Stieftochter
Martina, Gretes 70jähriger Bruder Egon Olmers, ein pensionierter Bibliotheksrat, der 60jährige
herzkranke Schriftsteller Alexander Ottokar Gläser (genannt
A&O) sowie Asta Reichelt, die
Haushälterin. In die nur scheinbar
idyllische Ruhe dieser ländlichen
Wohngemeinschaft bricht bald
nach der Ankunft ihrer Kundschafter und Anführer, der feen-
haften, herzkranken 20jährigen
Ann'Ev' Bussiliat, einer Diogena
im Fasse, die ebenso in der Welt
Klappendorfs wie in Hieronymus
Boschs »Garten der Lüste« zu
Hause ist, des intellektuellen Egg
und des Bastards Marwenne, eines Muskel- und Sexprotzes, eine
unbändig anarchische Horde von
Hippies und Gammlern ein, deren
ausschweifend zügelloses Gebaren bei einigen der älteren Haus-
bewohner mehr als nur verdrängte sexuelle Sehnsüchte zutage fördert. Die letzten Tage der
alten Ordnung gehen zunächst
mit Spaziergängen, häuslichen
Verrichtungen, Baden im Dorfteich und ähnlich Alltäglichem
dahin, doch kommt es bald
nach dem Einzug der Horde zu
rituellen Prozessionen und sexuellen Ausschweifungen. Natürlich
werden nebenher die bei Schmidt
obligaten Gespräche geführt, die
stets auch die Leitthemen des jeweiligen Werks widerspiegeln, so
hier Bücher, Malerei, Religion,
historisches Sektenwesen und
Okkultismus, Jugendreminiszen-
sen der alten Herren, Liebe, Sexualität usw. Am Ende gipfeln die
phantasmagorischen Ereignisse

erst in einer Wolkenfahrt
Ann'Ev's und A&Os, dann im
Aufbruch der chiliastischen Rotte
nach Tasmanien, der auch das
Ende der Klappendorfer Hausge-
meinschaft besiegelt: die beiden
liebestollen Frauen Asta und
Grete sowie Olmers schließen
sich der abziehenden Truppe in
der Hoffnung an, neue Potenz in
ihr unausgelebtes Leben zu bringen. Diesem äußeren Pandämonium entspricht ein inneres My-
sterienspiel um die Persönlichkeit
Arno Schmidts: Fast alle männlichen Figuren haben Züge mit dem
Autor gemein. Von der Trinität
der alten Männer trägt der alters-
weise Kulturmelancholiker A&O
am deutlichsten autobiographische Züge; doch auch die Jungen
sind Inkarnationen des Bargfelder
Solipsisten, Egg zum Beispiel,
Poet und Historiker der Rotte,
sammelt Etyms und arbeitet –
28 Jahre jung – bereits an seiner
Impotenzklage, derweil Poeten-
aspirant Martin A&O ein Manuskript vorlegt mit dem Titel eines
von Schmidts eigenen Jugend-
werken – »Pharos, oder von der
Macht der Dichter«. *Abend mit
Goldrand* ist auf vielfältige Weise
ein Werk der Grenzüberschreitung und der Selbstsezierung, es
ist Zerrbild der 70er Jahre und
manieristische Sexualposse zugleich, die sowohl im Erzählten
als auch im Erzählvorgang selbst
»Anzeichen einer Desintegration
[...] an den Rändern – vielleicht
sogar ›von den Rändern her‹« zur
Schau stellt. In dieser heillosen
Welt der Pop- und Randkulturen,
angefüllt mit Hippies, Kommu-
narden, Terroristen und Sekten,
so heißt es im Werk selbst, »kann
man nicht mit bloßem Realismus
[›überlebm‹]; sondern nur mit
›phantastischem Realismus‹.«

Lit.: K. JAUSLIN, »Die Welt im Kopf des Einen«, in: Bargfelder Bote 41/42 (1980).
                                    R. WENINGER

Die Gelehrtenrepublik. *Kurzroman aus den Roßbreiten.* EA
Karlsruhe 1957.
Wie zuvor in der Erzählung
Schwarze Spiegel und später in den
Romanen → *KAFF auch Mare Crisium* und *Die Schule der Atheisten*
(1972) entwirft Schmidt in diesem
Kurzroman eine negative Utopie,
ein Bild der Welt nach einem
Atomkrieg. Hauptakteur ist der
deutschstämmige Amerikaner
Charles Henry Winer, ein fiktiver
Urgroßneffe Arno Schmidts, der
im Jahre 2008 in seiner Eigen-
schaft als Journalist von den ver-
bleibenden Großmächten die Ge-
nehmigung erhält, sowohl den
sogenannten amerikanischen
Korridor (ein achtzehn Jahre zuvor zerstrahltes Gebiet im amerikanischen Westen) zu besichtigen,
als auch die IRAS, die International Republic for Artists and Scien-
tists, eine künstliche Gelehrtenrepublik auf hoher See. Im 1. Teil
wird Winer im lebensgefährlichen
und durch zwei 4000 Meilen lange
Betonmauern von der restlichen
Welt abgeschirmten »Homini-
denstreifen« abgesetzt, wo inzwischen verschiedene Formen von
»Hexapodien« einheimisch geworden sind, durch den radioak-
tiven Ausfall erzeugte Mischwesen
aus Mensch und Huftier einerseits
(die sympathischen Zenties), aus
Mensch und Spinne andererseits
(die hochgiftigen aggressiven Ne-
ver-Nevers). Von den »Rangers«,
den Grenzwächtern, gänzlich un-
vorhergesehen, überlebt Winer
nicht nur seinen mehrtägigen
abenteuerlichen Aufenthalt im
wüstenartigen Hominidengebiet,
sondern erlebt gar mit der reizvol-
len Jungzentaurin Thalja ein wil-

des erotisches Intermezzo. Die
zweite Hälfte des Romans beschreibt den fünfzigstündigen
Aufenthalt Winers auf dem
schwimmenden Intellektuellenre-
servat, das architektonisch wie
ideologisch in zwei Hälften zerfällt, die »Freie Welt« steuer-
bords, die »Ostblockstaaten«
backbords, dazwischen der »Neutrale Streifen« mit Museen, Bi-
bliotheken und Verwaltungsge-
bäuden. Ursprünglich als ein allen
politischen Zwängen entrücktes
Kunst- und Wissenschaftsrefu-
gium konzipiert, entpuppt sich
die IRAS bald als ein – freilich
satirisch überzeichneter – spiegel-
bildlicher Abdruck der vom Kalten Krieg geprägten 50er Jahre.
Wie so viele andere Besucher vor
ihm, verläßt auch Winer desillusioniert die zum Spielball der
Ideologien degradierte Inselrepu-
blik; zuvor allerdings muß er sich
gemäß »Interworld-Gesetz ›Über
bedenkliche Schriften‹« verpflich-
ten, seine Reportage nur »in einer
toten Sprache«, nämlich dem
Deutschen, zu veröffentlichen.
Von daher rühren sowohl die dem
Roman vorangestellte fiktive edi-
torische Notiz als auch das Vorwort des Übersetzers, die, einschließlich dessen Fußnoten zum
Text, einen beziehungsreichen
Erzählrahmen abgeben. Die ironisch aufeinander bezogenen
Stränge der doppelten Binnen-
handlung, hie Kontinental-USA
mit Mutantenexperimentierfeld,
dort das atlantische Intellektuel-
lengehege in den Roßbreiten, hie
Kampf der Zenties gegen Never-
Never-Riesenspinnen als Persiflage auf Karl Mays Llano-Esta-
cado, dort Kampf der west-östli-
chen Geheimdienste mit Gehirn-
verpflanzung und »Hibernation«
auf einer Jules Vernes Propellerin-

38

sel nachempfundenen Insel, ist ein Musterbeispiel für Schmidts facettenreiches Jonglieren mit literarischen Vorlagen, für seinen vielgesichtigen Humor, für seinen weltanschaulichen Skeptizismus und nicht zuletzt für seinen erzählerischen Einfallsreichtum.

Lit.: B. HINRICHS, Utopische Prosa als Längeres Gedankenspiel, Tübingen 1986.

R. WENINGER

KAFF auch Mare Crisium. EA Karlsruhe 1960.

Im Herbst des Jahres 1959 verbringen der 46jährige Lagerbuchhalter Karl Richter und seine 30jährige Gefährtin, die als Stoffmusterzeichnerin tätige Hertha Theunert, zwei Urlaubstage bei Karls Tante Hertha, einer in Wort und Tat ländlich-kräftigen Witwe. Im bewußtseinsstromähnlichen Gedankenprotokoll des Ich-Erzählers Karl Richter werden die Vorkommnisse dieses Kurzaufenthalts im dörflichen Giffendorf in der südlichen Heidelandschaft nahe Celle aufgezeichnet; mit äußerster Detailtreue werden nicht nur die Spaziergänge in der Umgebung, die abendliche Iffland-Aufführung einer Schülerlaienspielgruppe, eine gemeinsame Fahrt der beiden Ausflügler nach Hankensbüttel sowie alltägliche Verrichtungen im und ums Haus wiedergegeben, sondern auch die ausgiebigen Gespräche im zum Teil mit feinem Humor, zum Teil mit herzhafter Zeitkritik an der Adenauer-Republik angereicherten (und in phonetischer ›dudenfreier‹ Schreibart aufgezeichneten) Umgangston der drei Protagonisten. Einen wesentlichen Anteil am Gesprächsstoff nehmen – wie immer bei Schmidts in vielen Zügen autobiographischen Erzählfiguren –

die Literatur und »die altn Motiewe« ein vom *Nibelungenlied* über *El Cid* und Johann Silberschlag bis Karl May und James Joyce. Vor ihrer Abfahrt fragt Tante Hertha noch an, ob die beiden, Heirat und Kinderlosigkeit vorausgesetzt, nicht zu ihr aufs Land ziehen möchten, so daß sich Karl seinen intellektuellen Interessen verstärkt widmen kann. Der Roman schließt mit Karls und Herthas Rückfahrt nach Nordhorn; ihre Entscheidung die Zukunft betreffend bleibt ungewiß. Wie ein Faden in diese ungefähr zwei Drittel des Romans umfassende Grundhandlung hineingeflochten ist ein »Längeres Gedankenspiel«, das Karl der jüngeren Hertha bei jeder passenden Gelegenheit vorerzählt. Antimilitarist und Aufrüstungsgegner, Gegenwartspessimist und Adenauerkritiker, der er ist, entwirft Karl in seinem 1980 spielenden »LG« ein düsteres Gemälde der Überreste der menschlichen Zivilisation auf dem Mond nach dem dritten Weltkrieg der 60er Jahre. Die »Glasstown«-Welt des lunaren Ich-Erzählers Charles Hampden, einer von knapp 1000 überlebenden Amerikanern und »Schieferhauer«, Bibliothekar und Kongreßmitglied (und nicht zuletzt Spiegelbild des anderen Karl) in einer Person, bietet satirisch zugespitzt ein parabelhaftes Bild der politisch-militärischen Gegenwart des Ost-West-Konflikts. Indem Schmidt in seiner erzählten (seinerzeit futuristischen) Mondphantasie mit sarkastisch-kritischem Blick Stärken und Schwächen der gegensätzlichen Systeme von Kapitalismus und Staatsmonopolismus bloßlegt, steckt er den Rahmen ab für seine eigene Gegenwartskritik, die auch in der verspielt-ironischen Präambel zum Buch zum Ausdruck kommt, in der ein Beamter des »Individuumsschutzamtes«, ein gewisser D. Martin Ochs (ein Anagramm für Arno Schmidt) verfügt, in diesem Werk nur keinem tieferen Sinn nachzuspüren und auf gar keinen Fall darin ein Kunstwerk zu erblicken.

Lit.: B. HINRICHS, Utopische Prosa als Längeres Gedankenspiel, Tübingen 1986.
                                              R. WENINGER

Das Steinerne Herz. *Historischer Roman aus dem Jahre 1954.* 3 Teile; EA Karlsruhe 1956.

Auf der Suche nach seltenen Büchern und Archivalien des 1861 verstorbenen hannoverschen Landesstatistikers Jansen mietet sich der 45jährige Ich-Erzähler und Schriftsteller Walter Eggers bei dem Ehepaar Karl und Frieda Thumann im niedersächsischen Ahlden ein. Die längeren Abwesenheiten des auf der Transit-Strecke tätigen LKW-Chauffeurs Karl Thumann ausnutzend, macht sich Walter Eggers umgehend an Frieda, die Enkelin des Landesstatistikers, heran, die sich tatsächlich im Besitz zweier von ihrem Großvater hinterlassener Bücherkisten befindet. Sobald Frieda die Macht der Bücher über Walter erkannt hat, setzt sie, deren Mann in Ost-Berlin bereits eine Geliebte hat, ihren Nachlaß strategisch geschickt zur Erfüllung auch ihrer Bedürfnisse ein. Im 2. Teil begleitet Eggers Friedas Ehemann auf einer seiner regelmäßigen Fahrten nach Berlin, um in der Staatsbibliothek im Ostteil der Stadt einen für seine Forschungen dringend benötigten Jahrgang des Ringklibschen Staatshandbuches gegen eine Dublette einer früheren Auflage aus-

zutauschen. Grenzübergänge, Fahrt durch die DDR und Aufenthalt bei Karls Geliebter in einer Wohnlaube in Ost-Berlin erlauben ausgiebige Kommentare zur skeptisch beurteilten politischen Lage im geteilten Deutschland. Nach etwas über vier Monaten Aufenthalt im Hause der Thumanns (3. Teil) plant Eggers seinen heimlichen Abschied. Zur gleichen Zeit soll wegen des andauernden strengen Winters Karls Geliebte Line Hübner mit Einwilligung Friedas aus Ost-Berlin in den Westen gebracht werden. Während Umräumarbeiten in Lines zukünftigem Zimmer entdecken Walter Eggers und die Thumanns in einem in die Decke eingezogenen doppelten Boden einen verborgenen Schatz aus dem geheimen Nachlaß der Prinzessin Sophie Dorothea von Ahlden. Ein Teil dieses Fundes wird alsbald verkauft, um die gemeinsame Zukunft zu sichern; doch will Line in den Osten zurück in der Hoffnung auf eine Rückkehr in ihre schlesische Heimat. Diese Ereignisse lassen in Walter Eggers den Entschluß reifen, sich bei Frieda Thumann in Ahlden niederzulassen, wo er von finanziellen (und sexuellen) Sorgen unbeschwert seinen historisch-literarischen Projekten frönen kann. In Sprachgebung, Dialogführung und inhaltlicher Füllung verblüffte und schockierte Schmidt seinerzeit die Mehrzahl seiner Leser, obwohl der Roman auf Verlegerwunsch – nachdem Schmidt ein Jahr zuvor wegen Gotteslästerung und Pornographie gerichtlich belangt worden war – nur in einer gereinigten Fassung erschien. Auch täuschen die Abenteueratmosphäre des Büchertausches, Schatzfundthematik und Happy-

End leicht über die strukturelle und historische Komplexität des Romans hinweg, der in der Personenkonstellation nicht nur das deutsche Nachkriegsschicksal exemplifiziert, sondern auch anspielungsreich auf die historische Einwohnerschaft Ahldens und auf Goethes → *Wahlverwandtschaften* zurückverweist.

Lit.: J. HUERKAMP, Materialien und Kommentar zu A. S.s »Das Steinerne Herz«, München 1979.   R. WENINGER

Zettels Traum. 8 Bücher; EA Stuttgart 1970.

Mit der Materialsammlung – die nebst umfangreichen literarischen und essayistischen Vorstudien seine Übersetzerarbeiten für die deutsche E.-A.-Poe-Werkausgabe einschloß – begann der Autor 1963, die Niederschrift erfolgte von 1965 bis 1968. Schmidt begriff seinen monumentalen, 1330 Seiten im DIN-A3-Format umfassenden Dialogroman als das deutsche Gegenstück zu James Joyces *Ulysses*. Jede Seite besteht aus einer je nach Gewicht des erzählerischen Inhalts nach rechts (kürzere oder längere Gedankenspiele und Verwandlungsszenen) oder nach links (Poe-Exkurse) mäandernden handlungstragenden Mittelkolumne, die in den beiden äußeren Spalten begleitet wird von Glossen, Bemerkungen, Zitaten oder Verweisen. Hauptakteure dieses längsten Tages der deutschen Literatur sind der einsam in der Lüneburger Heide lebende, alternde Schriftsteller, Poe-Experte und Ich-Erzähler Daniel (Dän) Pagenstecher und seine Gäste, das in finanzielle Nöte geratene Übersetzerehepaar Paul und Wilma Jacobi und deren 16jährige Tochter Franziska. Die Tagesverrichtungen sowie Beob-

achtungen und Vorfälle während verschiedener im Tagesverlauf unternommener Spaziergänge in der Umgebung Ödingens gestatten es dem psychoanalytisch geschulten Dän nicht nur, eigenes Erleben, gemeinsames Gespräch und psychosexuelle Werkanalyse der Schriften Edgar Allan Poes wiederholt zur Deckung zu bringen, sondern auch parallel zum ausgedehnten Psychogramm des amerikanischen Dichters einen »Ausflug ins Innere der eigenen Persönlichkeit« zu entwerfen.

An einem Julitag des Jahres 1968 kurz vor Sonnenaufgang überqueren Daniel Pagenstecher und Wilma, Paul und Franziska Jacobi auf ihrer Morgenwanderung das langgestreckte Schauerfeld. An diesem letzten Aufenthaltstag der Jacobis kreisen ihre Gespräche um die Person und das Werk Edgar Allan Poes, dessen Schriften gerade von Paul übersetzt werden. Dän, unter anderem ein literarisch und kulturhistorisch außergewöhnlich belesener Poe-Kenner, entwickelt vor seinen Besuchern anhand der Biographie und einer intensiven Werkanalyse der Schriften des amerikanischen Autors seine von der Psychoanalyse abgeleitete Etymtheorie, die in erster Linie dazu dient, den im Sprachmaterial vor allem literarischer Werke verborgenen sexuellen Anspielungsreichtum nachzuweisen. Im Mittelpunkt der Gespräche des 1. Buches steht das 1837 erschienene Romanfragment *The Narrative of Arthur Gordon Pym,* dessen Motive, Landschaftsbeschreibungen, Geographie und besonders dessen mehrschichtige Sprache ausführlich diskutiert werden. Dän und die Jacobis setzen ihren Spaziergang im an das Dorf Ödingen heranreichenden Waldgebiet fort (2. Buch). Die Bäume geben als Thema Poes angebliche Neigung zum Voyeurismus vor, während die auf den Waldwegen verstreut zu findenden Mondsteine zum Gespräch über Meteoritentheorien und Mondsteine in der Literatur anregen. Von einem Hochsitz aus wendet sich die Unterhaltung dem Panorama der Landschaft zu, was sogleich Anlaß bietet zur Erörterung von künstlichen Panoramen und Dioramen und deren Niederschlag in der Literatur des 19. Jahrhunderts. Während einer ausgedehnten Pilzsuche wird neben anderem die symbolische Bedeutung von Flora und Fauna in der Literatur erörtert. Zwei der vielfältigen Verwandlungsszenen von *Zettels Traum* schließen sich an: Für kurze Zeit erscheinen Franziska und Wilma in Bäume verwandelt, später erscheinen Dän und Paul als Pilze. Gesprächsthemen beim Frühstück auf der Veranda und später im Garten (3. Buch) sind unter anderem Paris, Katzen, Namen, Früchte und Blumen. Während sich Paul und seine Tochter Erfrischungen besorgen, unterhalten sich Dän und Wilma, deren Verhältnis zur Tochter gegenwärtig sehr gespannt ist; später wird ihm auch Franziska diesbezüglich ihr Leid klagen. Nach Ankunft der Post werden einige Antiquariatskataloge durchgesehen und Buchtitel ›etymlich‹ kommentiert. Zwischenzeitlich hat man das Essen zubereitet und speist, man räumt das Geschirr ab, nimmt als Nachtisch Pudding zu sich und hört dann gemeinsam die Radionachrichten. Im anschließenden Gespräch berichten Paul und Wilma von ihrem gegenwärtigen finanziellen Engpaß, und daß sie

daran denken, ihre Tochter in Kürze zur Lehre in ein Schuhfachgeschäft zu geben. Das Erscheinen eines Reklamezeppelins am Himmel über Ödingen (4. Buch) erlaubt Dän, sich über Ballonfahrten und Luftschiffe insbesondere als bevorzugtes Hilfsmittel des Voyeurs auszulassen. Überhaupt ist der Voyeurismus in der Literatur Hauptgesprächsstoff dieses 4. Buches. Während sich Wilma und Franziska später im Garten sonnen, drehen Paul und Dän am Dorfteich ihre Runden. In dieses nachmittägliche Geschehen eingebettet sind nicht nur Gespräche über die sexuelle Ausdeutbarkeit der Schiffahrt oder von Muscheln, sondern auch mehrere Verwandlungsszenen. Wegen eines drohenden Gewitters begeben sich Paul und Dän nach Hause. Während des Gewitters (5. Buch) unterhalten sich Dän, Paul und Franziska in Däns »Bücherstube« über zentrale Etymmotive im Werk E. A. Poes, über die drei Hauptzüge seiner Persönlichkeit – seinen Voyeurismus, seine Impotenzklage und seine Geschlechtskrankheit – sowie über seine Plagiate schreibender Zeitgenossen. Anschließend fahren Wilma und Paul nach Eschede; Dän und Franziska ergehen sich derweil in Gesprächen, längeren Gedankenspielen, gegenseitigen Beobachtungen und Erinnerungen an den ersten Besuch der achtjährigen Franziska bei Dän, die kurz vor der Rückkehr von Wilma und Paul einen Ohnmachtsanfall hat. Während draußen die Sickergrube vom Bauern Stephan geleert wird (6. Buch) und Soldaten sich unweit vom Haus von ihrem Manöver ausruhen, drehen sich die Gespräche drinnen um Voyeurismus, Exhibitionismus, Penis-

und Onaniesymbolik; Dän erläutert dabei seine das Freudsche
Drei-Instanzen-Modell erwei-
ternde Theorie der vierten Instanz. Zwischenzeitlich wird Wä-
sche gewaschen, man liest aus Büchern vor, Franziska wird von ihrer Mutter zum Packen ins Haus
geschickt. Gegen acht Uhr brechen Dän und Paul zu einem
Abendspaziergang nach Scortleben auf. Ihr Spaziergang in der
Dämmerung nach Scortleben
(7. Buch), wo gerade Jahrmarkt
abgehalten wird, weitet sich zu
einem Pandämonium der Lust
aus. Um einige Besorgungen zu
erledigen, passieren die beiden
Männer verschiedene Örtlichkei-
ten im Dorf, darunter Post, Kirche, Sportplatz, Friedhof und
Kneipe, anschließend gelangen sie
zum Jahrmarkt, wo sie allerlei
Kuriositäten erleben. Dän erklärt
sich Paul gegenüber bereit, die
Ausbildung Franziskas zu finanzieren, und trifft hierfür die entsprechende notarielle Verfügung.
Für seine Erziehungsbeihilfe bedingt er sich allerdings aus, nach
diesem Tag seine Kindsbraut
Franziska nicht mehr wiederzusehen. Im letzten Buch, vom späten
Abend bis zur Morgendämme-
rung reichend, kreisen die Gespräche als Anlaß ihrer gemeinsamen nächtlichen Himmelsobser-
vationen unter anderem um
Mond-, Planeten-, Kometen- und
Sternensymbolik, aber auch um
Kindsbräute in der Literatur und
besonders bei Poe. Dän und Franziska beobachten später Paul und
Wilma beim Liebesspiel zunächst
im Bett, dann auch im Bad. Dän
nutzt den Ausbruch eines Feuers
im Ort als Vorwand, sich von den
Jacobis zu verabschieden; die Familie reist, von Dän heimlich beobachtet, frühmorgens nach Lü-

nen ab. Diese Grundhandlung bildet freilich nur das Skelett des
(nicht mehr gesetzten, sondern
nur noch fotomechanisch zu re-
produzierenden) Typoskriptro-
mans, der bei seinem Erscheinen
nicht nur wegen seines bemer-
kenswerten Umfangs Kontroversen auslöste. Aufsehenerregend
waren auch die neuartige, eine aktive Lesetechnik verlangende Anordnung in Spalten und nicht zuletzt die – zu dieser Zeit schon
legendäre – Schreibweise des sogenannten Bargfelder Solipsisten.

Lit.: D. STÜNDEL, A. S., »Zettels Traum«,
Frankfurt/M. 1982.   R. WENINGER

SCHNABEL, Johann Gottfried
(1692–1752)

Die Insel Felsenburg. 4 Bände;
EA Nordhausen 1731–1743
(u. d. T. *Wunderliche Fata einiger
See-Fahrer, absonderlich Alberti Julii
. . . von Gisandern*); NA seit dem
19. Jh. u. d. T. *(Die) Insel Felsenburg.*
Albertus Julius, der als »Altvater«
die in Europa unbekannte Insel
Felsenburg regiert, möchte vor
seinem Tod einen Blutsverwand-
ten aus der alten Heimat sehen.
Sein Emissär stöbert Eberhard Julius, Alberts Urgroßneffen, den
Ich-Erzähler der Hauptfabel auf.
Den Halbwaisen, dessen Vater
soeben Bankrott gemacht hat,
hält nichts in Europa, er reist nach
Felsenburg und läßt sich vom
»Altvater« dessen Lebenslauf, damit zugleich die Frühgeschichte
der Felsenburger Zivilisation erzählen. Albert hatte einst dem
holländischen Adeligen van Leu-
ven bei der Entführung seiner Geliebten Concordia geholfen. Auf
der Flucht nach Ostindien erlitten
sie Schiffbruch, zusammen mit

Kapitän Lemelie retteten sie sich auf die noch unbesiedelte Insel Felsenburg. Der »gottlose Schand-Bube« Lemelie bringt Verderben über das gestrandete Quartett, stürzt schließlich, von »geiler Brunst« gepackt, den Geliebten Concordias von einer Klippe, um die einzige Frau auf der Insel in seine Hand zu bekommen. Von Albert zur Rede gestellt, läuft er in dessen Stilett und stirbt »als ein Vieh«. Die beiden Überlebenden heiraten, ihre Kinderschar bevölkert die Insel, weitere Schiffbrüchige stellen sich rechtzeitig als Ehepartner ein, später holt man solche auch von Sankt Helena und aus Europa, bis alle »wohl begattet« sind; bürgerlicher Fleiß und fromme Tugendhaftigkeit machen Felsenburg zum »gelobten Land«, zum »irdischen Himmelreich« ohne Zank, Intrige, Krieg und Verfolgung: aus dem Exil der Gestrandeten wird ein »Asyl der Redlichen«, aus der Robinsonade eine Staatsutopie. In die Hauptfabel eingestreut sind zahlreiche Lebensbilder europamüder Neuankömmlinge, die von Haß, Gewalttätigkeit und eklatanter sozialer Ungerechtigkeit in der feudalen Gesellschaft des 18. Jahrhunderts künden, im Verlauf des Romans freilich immer »wunderlicher« werden, bis Schnabel schließlich im 4. Band nur noch Kurioses und Posierliches, Zauber- und Gespenstergeschichten auftischt, von der »Persisch-Candaharischen Prinzessin Mirzamanda« fabuliert und das Felsenburger »Frauenzimmer-Granadier-Regiment« aufmarschieren läßt. Die *Insel Felsenburg* steht zwischen den Epochen. Auf den ›galanten Roman‹ des Barock verweisen die zunehmend krassen Effekte der »Aventüren« der Neuankömmlinge und der gespreizte, schwerfällige Stil, der der Kanzleisprache des 17. Jahrhunderts nähersteht als der klaren Diktion Gellerts oder Gottscheds. Andererseits tritt an die Stelle der barocken Antithese zwischen Diesseits und Jenseits eine innerweltliche, zwischen der verrotteten Feudalgesellschaft Europas und dem fromm-quietistischen Inselparadies. Auf Felsenburg sehen sich die Hoffnungen und Träume des frühen (Klein-)Bürgertums realisiert, eines Bürgertums, das noch nicht auf Institutionen (Schnabels irdisches Paradies ist patriarchalisch organisiert), sondern auf individuelle Moral und Frömmigkeit baut und das an eine Verwirklichung seiner Tugendideale im absolutistischen System noch so wenig glauben mag, daß es diese Ideale auf einer fernen Insel Gestalt werden läßt. Mit dem großen Verkaufserfolg der *Insel Felsenburg* setzt die Geschichte des bürgerlichen Romans der deutschen Aufklärung ein.

Lit.: R. ALLERDISSEN. Die Reise als Flucht, Bern/Frankfurt/M. 1975.   A. GOTTHARD

SCHNITZLER, Arthur
(1862–1932)

Der Weg ins Freie. 9 Kapitel; EA Berlin 1908.

Der Roman, der einen Skandal auslöste, weil sich mehrere Zeitgenossen Schnitzlers in ihm wiedererkannten, spielt im Wien des Fin de Siècle. Geschildert wird ein Jahr aus dem Leben des jungen Komponisten Georg von Wergenthin, dessen Vater soeben einem plötzlichen Tod erlegen ist, nachdem zehn Jahre zuvor schon die Mutter verstorben war. Im

Gegensatz zu seinem Bruder, der zielbewußt eine standesgemäße diplomatische Karriere anstrebt, will Georg seine Lebenssituation möglichst offen halten. Er sieht einen Vorteil darin, »zu keinem menschlichen Wesen in engerer Beziehung« zu stehen und doch einen »Kreis« von Menschen zu kennen, zu dem er jederzeit Zutritt hat. Zu diesem überwiegend aus Juden bestehenden »Kreis« gehören die Schriftsteller Heinrich Berman und Edmund Nürnberger, die großbürgerliche Familie Ehrenberg, Vater und Sohn Stauder, beide Ärzte, sowie die Geschwister Leo und Therese Golowski, von denen sich besonders Therese für sozialdemokratische Ziele engagiert. Die Reaktionen auf einen verstärkt auftretenden Antisemitismus überlagern den Generationenkonflikt in den verschiedenen Familien. So unternimmt Oskar Ehrenberg, der sein Judentum am liebsten vergessen machen möchte, nach einer heftigen Auseinandersetzung mit seinem für den Zionismus eintretenden Vater einen Selbstmordversuch. Georgs Kontakte zum »Kreis« sind sporadisch. Einerseits fühlt er sich etwa Leo Golowski und Heinrich Berman »verwandter als vielen Menschen, die mit ihm vom gleichen Stamme waren«, andererseits verstärken sie in ihm das Gefühl der »Fremdheit«. Diese Ambivalenz wie auch die Wechselhaftigkeit seiner Stimmungen und Gefühle, sein Schwanken zwischen der Hingabe an einzelne Augenblicke und der Enttäuschung über ihre mangelnde Dauer kennzeichnen ihn als »impressionistischen Typus«, dessen labile Disposition besonders in Passagen des inneren Monologs zum Ausdruck

kommt. Seine Unentschiedenheit, sein Drang, sich alle Möglichkeiten offen zu halten, prägt auch seine Liebesbeziehung zu Anna Rosner, einer aus kleinbürgerlichen Verhältnissen stammenden Musiklehrerin, die ihre Zukunft als Sängerin wegen einer Stimmschwäche aufgeben mußte. Nachdem Anna von Georg schwanger ist, beginnt ihre Beziehung den Charakter des Vorläufigen zu verlieren. Intensive Kunsterlebnisse während einer gemeinsamen Reise nach Deutschland und Italien lassen Georg in Anna »die Gefährtin heranreifen [sehen], die er von Beginn an in ihr zu finden gehofft hatte«. Gleichwohl wird ihm immer klarer, daß er sich nicht durch eine Heirat an sie binden will. Die Totgeburt des Kindes verstärkt die Entfremdung zwischen Georg und Anna. Bereits am darauffolgenden Tag nimmt Georg eine Stelle als Kapellmeister in Detmold an, kurze Zeit später verläßt er Wien. Als er für einen Urlaub zurückkehrt, weicht der einer Klärung seiner Beziehung zu Anna erneut aus. Am Schluß des Romans wirft er Heinrich Berman gegenüber die Frage auf, ob seine uneindeutige Haltung den Tod des Kindes nicht mitverursacht haben könnte. Im Unterschied zu Berman, den der Selbstmord seiner Geliebten in existentielle Verzweiflung gestürzt hat, scheint Georg von den Erlebnissen mit Anna innerlich unberührt. So hält ihm Berman auch vor, seine Betroffenheit bestehe einzig darin, sich zu Schuldgefühlen »verpflichtet« zu glauben. – Die eindrückliche Darstellung krisenhafter Identität, die sich in einer Zeit der zunehmenden Sklerotisierung der gesellschaftlichen Ordnung und des

wachsenden Antisemitismus
künstlerisch und auch politisch zu
artikulieren sucht, begründet die
anhaltende Bedeutung von
Schnitzlers Roman.

Lit.: D. ARENS, Untersuchungen zu A. S.s
Roman »Der Weg ins Freie«, Frankfurt/M./
Bern 1981.　　　　　　　　　　　G. BESTE

SEALSFIELD, Charles (eigentlich Carl Magnus Postl,
1793–1864)

**Das Cajütenbuch oder natio-
nale Charakteristiken.** 2 Teile;
EA Zürich 1841.
Titelgebender Schauplatz des Romans ist die »Kajüte«, das Haus
des ehemaligen Kapitäns Murky,
eines wohlhabenden Pflanzers in
Natchez am Mississippi. Dort ist
eine repräsentative Herrenrunde
versammelt, deren Unterhaltungen die Rahmenhandlung bilden,
in die fünf Erzählungen von unterschiedlicher Länge eingelassen
sind. Als das Gespräch auf einen
Beitritt von Texas zu den Vereinigten Staaten kommt, fallen abschätzige Äußerungen über das in
der jungen Republik ansässige
»Gesindel«. Dies veranlaßt den
Obersten Morse zu einem Erleb-
nisbericht über Voraussetzungen
und Verlauf des Unabhängig-
keitskriegs der amerikanischen
Texaner gegen die katholische
Präsidialdiktatur Mexikos.
In seiner ersten Erzählung, »Die
Prärie am Jacinto«, schildert
Morse, wie er, verirrt in der »unermeßlichen« texanischen Landschaft, durch den Raubmörder
Bob gerettet wurde. Diesen treibt
es immer wieder zurück zu dem
»Patriarchen«, einem riesigen
»Lebenseichenbaum«, unter dem
er sein letztes Opfer verscharrt
hat. In seiner Gewissensnot begibt

sich Bob mit Morse zum nächsten
Ortsrichter, um ein Geständnis
abzulegen. Seinem Wunsch gemäß verurteilt die einberufene
Jury den Täter zum Tode. Der
Richter, als »demokratischer Aristokrat« Verfechter einer Staats-
form, »in der jeder, auch der
Ärmste, seine Chance findet«,
bringt Morse in einer langen Unterredung die politisch-weltan-
schaulichen Prinzipien der Sied-
lergemeinschaft nahe. Da er Bobs
Kampfkraft im Hinblick auf die
bevorstehenden kriegerischen
Auseinandersetzungen für nützlich erachtet, durchschneidet er
bei der Exekution den Strang. Die
nachfolgende Erzählung »Der
Krieg« berichtet, wie sich Bob
während des texanischen Auf-
stands von 1836 bewährt und im
Einsatz für die Freiheit schließlich
den Sühnetod findet. In die kontrastierenden, von Willkür geprägten Verhältnisse der sog. Alten Welt führt »Der Fluch Kisho-
gues oder der verschmähte Johan-
nistrunk«, eine burleske Geschichte des irischen Bediensteten
Phelim aus seiner Heimat. Eines
versehentlichen Pferdediebstahls
wegen wird ein harmloser Bursche zum Tode verurteilt. Da er
auf dem Wege zum Galgen einen
Humpen Punsch zurückweist,
trifft die Nachricht von seiner Begnadigung einige Minuten zu spät
an der Richtstätte ein. – Nach einer Diskussion der Gäste über die
Rolle des Geldes im öffentlichen
Leben der USA, die den 2. Teil
des Romans einleitet, vergegenwärtigen zwei Erzählungen des
Bankpräsidenten Duncan spiegelbildlich zum erfolgreichen texanischen Freiheitskampf der
Südamerikaner. Im Mittelpunkt
steht beide Male der abwesende
Gastgeber Murky als Repräsen-

tant idealtypischer Eigenschaften eines freien Bürgers. In »Callao 1825« wird er, nach der Aufbringung seines Handelsschiffs durch die Aufständischen, auf Veranlassung des Generals Hualero an den Kriegsschauplatz vor der belagerten peruanischen Hafenstadt, der letzten spanischen Bastion in Südamerika, gebracht, an deren Bombardement er sich kurzzeitig beteiligt. Die Freundschaft Hualeros mit Kapitän Murky verweist auf »Havanna 1816«, so der Titel der letzten Binnenerzählung: Damals hatte der junge Offizier vor den spanischen Behörden Zuflucht auf dem Schiff Murkys gefunden, der wegen dieser »kompromittierenden« Rettung eines Revolutionärs von seiner Handelsgesellschaft entlassen worden war. – Im Schlußteil des Romans läuft die Rahmenhandlung in einer Reihe trivialer Genreszenen um die Liebe zwischen Morse und Alexandrine, der gerade aus Paris zurückgekehrten Tochter des Kapitäns, aus. Ihre Verbindung symbolisiert zugleich die erwünschte Einheit zwischen den Vereinigten Staaten und Texas wie die zwischen europäischer Kultur und amerikanischer Gesellschaftsordnung. Mit seinem atmosphärisch dichten Panorama der Lebensweise und des Charakters eines Volkes vor dem Hintergrund eines »bedeutsamen geschichtlichen Moments« wurde *Das Cajütenbuch* zumal von der jungdeutschen Kritik begrüßt, die darin politisch wie erzähltechnisch den eigenen verwandte Bestrebungen wahrnahm.

Lit.: G. G. Sehm, C. S.'s »Kajütenbuch« im Kontext der literarischen Tradition und der revolutionär-restaurativen Epoche des 19. Jahrhunderts, Stuttgart 1981.

H.-R. Schwab

SEGHERS, Anna (1900–1983)

Das siebte Kreuz. *Roman aus Hitlerdeutschland.* 7 Kapitel; ED »Internationale Literatur« 1939 (Teildruck); EA Mexiko 1942 (spanisch); Amsterdam und Berlin 1946 (deutsch).

Im Oktober 1937 gelingt sieben Gefangenen des Konzentrationslagers Westhofen die Flucht. Sofort setzt der faschistische Polizeistaat eine Großfahndung in Gang; in der Gewißheit, daß die Entflohenen binnen einer Woche wieder gefaßt sein werden, läßt der Lagerkommandant sieben Kreuze auf dem »Tanzplatz« des Lagers errichten. Nacheinander werden vier der Geflüchteten gefaßt und als warnende Beispiele an die Kreuze gebunden. Zwei weitere sterben, bevor sie ins Lager zurückgebracht werden können; ihre Kreuze werden zu Grabmälern. Das letzte Kreuz jedoch bleibt leer. – Der Roman beschreibt die erfolgreiche Flucht des jungen kommunistischen Mechanikers Georg Heisler, der sich zu Beginn, geschützt durch dichten Nebel, in einem an das Lager angrenzenden Moor verbergen kann. Bekleidet mit einer Manchesterjacke, die er in einer Landwirtschaftsschule findet, und mit einem Maschinenteil auf der Schulter, gelingt es ihm, sich in das Dorf Buchenau durchzuschlagen und von dort aus in einem Brauereiwagen weiter nach Mainz zu fliehen. Dort verbringt er die Nacht im Dom. Am nächsten Tag verbindet der jüdische Arzt Löwenstein Georgs Hand, die dieser sich während der Flucht schwer verletzt hatte. Der Arzt erkennt, wer Georg ist, aber er behält sein Wissen für sich, ebenso wie der Dompfarrer Seitz, der Georgs Sträflingskittel, den der Küster im Dom findet, stillschweigend beseitigt. Am Rhein angekommen, tauscht Georg die Manchesterjacke gegen einen Schifferpullover aus und sucht nach einer Gelegenheit, den Fluß zu überqueren. Er setzt mit einer Gruppe von Schuljungen über, dann nimmt ihn ein Ausländer im Wagen bis nach Hoechst, einem Vorort von Frankfurt, mit. Dort sucht Georg seine frühere Freundin Leni auf, die jedoch inzwischen mit einem SS-Mann verheiratet ist und nichts mehr mit ihm zu tun haben will. Unterstützung findet er schließlich bei der Kostümschneiderin Marelli, deren Namen ihm von Belloni, einem seiner Fluchtgefährten, genannt worden war. Georg forscht in seiner Erinnerung nach weiteren Bekannten, die er um Hilfe bitten könnte, und stöbert schließlich einen Schulfreund, den politisch naiven Paul Röder, in seinem proletarischen Familienidyll auf. Der hilfsbereite Röder wendet sich an seinen Arbeitskollegen Fiedler, der ihm den Kontakt zu einer kommunistischen Untergrundorganisation vermittelt. Während Georg sich in der Villa von Dr. Kress versteckt hält, einem früheren Lehrer an einer Arbeiterabendschule, besorgt der Parteifunktionär Hermann Paß und Geld für ihn. Auf einem holländischen Schlepper, Symbol internationaler Solidarität, kann Georg schließlich aus Deutschland fliehen. Er ist der einzige der sieben Flüchtlinge, der lebend entkommt. Albert Beutler wird nur wenige Minuten nach seiner Flucht aus Westhofen wieder gefangengenommen. Eugen Pelzer wird in Buchenau gefaßt. Belloni, ein früherer Akrobat, stürzt töd-

lich, als er über die Dächer von Frankfurt zu entkommen versucht. Ernst Wallau, Georgs älterer Freund und Genosse, wird verraten, gefangengenommen und in Westhofen zu Tode gefoltert. Er weigert sich bis zuletzt, Informationen über die anderen Flüchtlinge preiszugeben. Dessen ungeachtet stellt sich einer der Geflohenen, der Ladenbesitzer Füllgrabe, freiwillig, nachdem er in Frankfurt vergeblich versucht hat, auch Heisler zu diesem Schritt zu überreden. Aldinger, einem alten Bauern, gelingt es, sein Heimatdorf Buchenbach zu erreichen, er erliegt dort aber den zahlreichen Verletzungen, die er sich im Lager zugezogen hatte. Besonders Ernst Wallaus Gefangennahme wirkt entmutigend auf die übrigen Insassen von Westhofen. Aber seine Standhaftigkeit unter der Folter und die Tatsache, daß die Faschisten trotz ihres Machtapparats Georg Heisler noch immer nicht zu fassen vermochten, stärkt letztlich dennoch ihren Durchhaltewillen. Der Lagerkommandant verliert seinen Posten und sein Nachfolger läßt die Kreuze, einschließlich des leeren siebten, entfernen. Anna Seghers hat dieses Kreuz zu einem Symbol des Widerstands ›säkularisiert‹; es gibt den Gefangenen das Vertrauen auf eine allen Ungerechtigkeiten und Peinigungen widerstehende Kraft im Menschen zurück, mit dem der Roman ausklingt: »Wir fühlten alle, wie tief und furchtbar die äußeren Mächte in den Menschen hineingreifen können, bis in sein Innerstes, aber wir fühlten auch, daß es im Innersten etwas gab, was unangreifbar war und unverletzbar.« Ein Bewußtwerden und Wiederbeleben der eigenen Kräfte

gegen die Gewaltherrschaft bewirkt Heislers Flucht auch bei den
zahlreichen Menschen ganz unterschiedlicher Schichten und Mi-
lieus, die ihm unter größten eigenen Risiken weiterhelfen. Einige
von ihnen sind Kommunisten,
andere handeln gefühlsmäßig, aus
einem Sinn für Anstand heraus,
und schaffen damit eine spontane
»Volksfront« gegen eine scheinbar allmächtige und nahtlos inein-
andergefügte faschistische Diktatur: »Ein entkommener Flüchtling, das ist immer etwas, das
wühlt immer auf. Das ist immer
ein Zweifel an ihrer Allmacht.
Eine Bresche.« Sogar auf die Faschisten macht Georgs Flucht
Eindruck. Nicht nur das Anschauungen des Hitlerjungen Fritz
Hellwig, dessen Manchesterjacke
Georg anfangs trug, wandeln
sich, sondern auch der Lagerkommandant Fahrenberg begreift
kurz vor dem Ende seiner erfolglosen Jagd auf Heisler, daß er es
nicht mit einem verängstigten
und erschöpften Mann zu tun
hat, sondern vielmehr mit »einer
gesichtslosen, unabschätzbaren
Macht«. – Für den Roman, der
1944 unter amerikanischer Regie
(Fred Zinnemann) auch sehr erfolgreich verfilmt wurde, erhielt
Anna Seghers 1947 den Büchner-
Preis.

Lit.: P. Roos/F. J. Hassauer-Roos (Hgg.),
A. S. Materialienbuch, Darmstadt 1977.
T. C. Fox

Transit. 10 Kapitel; EA Mexiko
1944 (spanisch), Konstanz 1948
(deutsch).
In einer Bar in Marseille erzählt im
Herbst 1940 ein junger deutscher
Monteur einem unbekannt bleibenden Gesprächspartner seine
Geschichte, deren Sinn und Bedeutung – Ausdruck für Anna

Seghers Glauben an die verän-
dernde Kraft des Narrativen – ihm
erst allmählich während des Sprechens bewußt wird. – Der Erzähler hat, obwohl nicht aktiv am
antifaschistischen Widerstand beteiligt, einen SA-Mann ins Gesicht geschlagen und wird daraufhin in einem Konzentrationslager
inhaftiert, aus dem er 1937 nach
Frankreich entkommen kann.
Nach Ausbruch des Krieges wird
er in der Nähe von Rouen interniert; zusammen mit einigen anderen Gefangenen gelingt ihm jedoch die Flucht und er versucht,
in den südlichen, unbesetzten Teil
Frankreichs zu gelangen. Als ihm
von der deutschen Armee der
Fluchtweg versperrt wird, fährt er
nach Paris, wo er Paul Strobel,
einem ehemaligen Mitgefange-
nen, begegnet. Strobel bittet ihn,
dem Schriftsteller Franz Weidel
einen Brief von dessen Frau zu
überbringen, die ihn in Marseille
mit Ausreisepapieren erwartet.
Der Erzähler findet heraus, daß
Franz Weidel Selbstmord begangen hat; er nimmt dessen wenige
Habseligkeiten an sich, darunter
das Manuskript eines unvollendeten antifaschistischen Romans, an
dem Weidel bis zu seinem Tode
schrieb. Mit falschen Papieren,
die auf einen Elsässer namens
Seidler ausgestellt sind, bricht er
nach Marseille auf. In der südfran-
zösischen Stadt wird er mit der
kafkaesken Welt einer gesichtslosen Bürokratie konfrontiert, in
der verzweifelte Menschen auf der
Flucht vor den Nationalsozialisten darum kämpfen, Aufent-
haltsgenehmigungen, Bürgschaf-
ten, Pässe, Transit-Visa und Rei-
segeld zu erhalten. Inmitten dieses
chaotischen Treibens gelingt es
dem Erzähler, den Behörden
glaubhaft zu machen, daß es sich

bei Seidler und Weidel um ein und dieselbe Person handelt. Obwohl er anfangs versucht, sich von der hektisch-ängstlichen Stimmung der Flüchtlinge fernzuhalten, verliebt er sich in Franz Weidels Frau Marie, die verzweifelt nach ihrem Ehemann forscht. Als sie nach einer langen und erfolglosen Suche schließlich davon überzeugt ist, daß Weidel bereits nach Mexiko abgereist ist, entscheidet sie sich, ihm nachzufahren. Seidler, fest entschlossen, sie zu begleiten, überwindet zahlreiche bürokratische Hindernisse, um Visa und Schiffspassagen für beide zu beschaffen. In einem Versuch, Marie über ihre falschen Hoffnungen aufzuklären, erzählt er ihr die Wahrheit vom Tod ihres Mannes. Aber sie weigert sich, ihm zu glauben und macht geltend, daß Weidel (Seidler) sich ein Visum vom mexikanischen Konsul besorgt hat. Seidler erkennt, daß seine Liebe zu Marie unerwidert bleiben wird; gleichzeitig wird ihm bewußt, daß die Erfahrungen in Marseille ihn verändert haben. Er gibt sein Schiffsticket zurück, schickt Weidels Manuskript zu dessen Freunden nach Mexiko und nimmt eine Arbeit auf einer Pfirsichfarm nahe Marseille an. Dort erlebt er, inzwischen politisch sensibilisiert und aktiviert, ein Gefühl internationaler Solidarität mit den französischen Bauern und schließt sich der Résistance an. Wohl als Symbol für die Vergeblichkeit des Fliehens, geht das Schiff Maries zwischen Dakar und Martinique unter.

Lit.: P. Roos / F. J. Hassauer-Roos (Hgg.), A. S. Materialienbuch, Darmstadt 1977.

T. C. Fox

SEIDEL, Heinrich (1842–1906)

Leberecht Hühnchen. 8 »Prosaidyllen«. Entst. 1880–1893; EA Stuttgart 1899 (erste Gesamtausgabe).

»Leberecht Hühnchen gehörte zu den Bevorzugten, denen eine gütige Fee das beste Geschenk, die Kunst glücklich zu sein, auf die Wiege legte; er besaß die Gabe, aus allen Blumen, selbst aus den giftigen, Honig zu saugen [...] und er wußte auch die schlimmste Sache so zu drehen und zu wenden, daß ein Rosenschimmer von ihr ausgieng.« So charakterisiert Heinrich Seidel den Titelhelden der 8 Prosaidyllen (»Leberecht Hühnchen«, »Die silberne Verlobung«, »Die Weinlese«, »Das Weihnachtsfest«, »Die Landpartie«, »Das Hochzeitsfest«, »Die Hochzeitsreise«, »Leberecht Hühnchen als Großvater«). – Leberecht Hühnchen, den der Erzähler seit den gemeinsamen Studientagen in Hannover kennt, aus den Augen verloren hat und nun in Berlin wiedertrifft, ist ein Ingenieur, der mit seiner »nicht ganz geraden« Frau Lore und den beiden Kindern in sehr bescheidenen Verhältnissen lebt. Die Außenwelt – die Berufstätigkeit wie auch der großstädtische Lebensraum – treten kaum in Erscheinung. Im Mittelpunkt aller Idyllen steht das beschauliche Familienleben am Feierabend, an den Wochenenden und an Festtagen, das Hühnchen mit seiner spontanen Phantasie, seinem Sinn für spielerisch-theatralische Gestaltung in jedem Moment zum Besonderen zu stilisieren vermag. Auch als Mietskasernen um das kleine Haus mit Garten in Steglitz – Herberge einer Vielzahl von Tieren und Pflanzen, nicht zu ver-

gessen der Untermieter – entstehen, die Stadt die Idylle zu bedrohen scheint, wendet sich dies zum
Besten. Stellt man zunächst freudig fest, daß die reflektierenden
Fensterscheiben der neuen Häu-
serfront unerwarteterweise auch
von Norden Licht in das kleine
Haus werfen, so wird später aus
dem Verkauf des zum Abriß bestimmten Gebäudes so viel Gewinn erzielt, daß ein weit größeres Haus erstanden werden kann.
Eng verflochten mit der Haupthandlung finden sich in den einzelnen Idyllen Schilderungen
höchst eigentümlicher Einzel-
schicksale: ein seit 25 Jahren ver-
lobtes Paar kann durch Fürsprache Hühnchens beim Vater der
Braut glücklich heiraten; eine
Dame – erste Untermieterin in
Hühnchens Haus –, die »bessere
Zeiten gesehen hat«, nun aber
dem Alkohol zuspricht, wird an
den zweiten Untermieter Hühnchens, den Major, verheiratet, der
immer Geschichten ohne Pointen
erzählt, die er mit einem nach-
drücklichen »Ja!« zu beenden
pflegt. Diese und viele weitere,
meist ebenso schrullige Individuen, begleiten die Hauptfiguren
durch viele Jahre des gemeinsamen Lebens. Der Erzähler ist Teil
dieser Idylle, er bezieht nach der
Hochzeit des Majors dessen Zimmer bei Hühnchen und verliebt
sich in Hühnchens Tochter
Frieda, die er später heiratet. Mit
den gemeinsamen Kindern, von
denen zuvor eines, Helenchen,
nach schwerer Krankheit gestorben ist, übersiedelt die Familie mit
in das neue größere Haus Hühnchens. Mehrere Generationen leben in Harmonie mit sich und der
sie umgebenden Natur ihr be-
scheidenes Glück. – Die Grenzen
dieser – geglückten – Idylle erwei-

sen sich in zweierlei Hinsicht: Einerseits verdankt sie ihre Existenz
dem Ausklammern und positiven
Umdeuten der gegen sie vordrin-
genden Lebenswirklichkeit. Andererseits bedarf sie, um nicht in
Monotonie zu erstarren, der außergewöhnlichen Originalität
und Phantasie der Hauptfigur und
vor allem der Anreicherung des
Personals durch zahlreiche Nebenfiguren.

Lit.: H. W. SEIDEL, Wie »Leberecht Hühnchen« entstand, in: Die Bergstadt 9 (1922),
S. 193–205.   B. NEUGEBAUER

SEIDEL, Ina (1885–1974)

Das Wunschkind. 2 Teile; 4 Bücher und ein Vorspiel; EA Stuttgart 1930.
Seit 1914 hatte Ina Seidel diesen
Roman geplant, der in die Zeit der
Freiheitskriege zurückführt und
damit ein beliebtes Sujet deutscher Literatur des späten 19. Jahrhunderts aufgreift. Aus der Sicht
der preußischen Protestantin Cornelie Echter von Mespelbrunn
und ihres Sohnes Christoph eröffnet Seidel ein Panorama der
Kriegsjahre zwischen 1793 und
1813, das von einer Reihe von Po-
laritäten durchzogen ist: Deutschland und Frankreich, Katholizismus und Protestantismus, Feuda-
lismus und Bürgertum, Süd und
Nord, die Aufgaben des Mannes
und die der Frau (Seidel parallelisiert diese mit »Geist« und »Natur«), die Welt der Kinder und die
der Erwachsenen.
1793 »zieht sich« Cornelie in der
Todesnacht ihres ersten Kindes
ein zweites Kind »vom Himmel«,
denn sie ahnt den Tod ihres Mannes voraus, der kurz darauf im
Krieg fällt. Sie bleibt mit dem
Kind bei ihrer Schwiegermut-

ter im katholischen Mainz. »Einen rheinischen Vater hat er und eine kurmärkische Mutter. Im Schnittpunkt einer heiligen Diagonale ist er entstanden, gleich weit entfernt von der weichen Lässigkeit von Südwest, gleich weit vom kantigen Spartanertum von Norden.« Daß ihre junge Stiefschwester Charlotte, die ihr der Vater in Obhut gegeben hat, während der französischen Belagerung der Stadt Mainz den Offizier Gaston Loriot heiratet, kann sie nicht verhindern. Bei der Geburt ihres Kindes stirbt Charlotte, Loriot übergibt die kleine Delphine an Cornelie und verschwindet. Cornelies Wunschkind Christoph und das elternlose Kind Delphine wachsen gemeinsam in Mainz auf, nachdem der preußische Generalleutnant Dubslaw von Tracht seiner Tochter Cornelie die Schuld an Charlottes Schicksal gegeben und ihr die Heimkehr auf das märkische Gut Hölkewiese untersagt hat. Nach dieser Exposition entfaltet Seidel ein detailliertes Bild des Lebens in der belagerten Stadt Mainz: Die junge Witwe Cornelie findet ihre Aufgabe in einer selbstlosen Hinwendung zu beiden Kindern und zu ihrer kranken Schwiegermutter. Der traditionsbewußten Familie ihres Mannes zuliebe tritt sie zum katholischen Glauben über. Die beiden Kinder erfahren vom Hauspersonal etwas über Delphines französischen Vater, den sie zum Märchenprinzen stilisieren, der eines Tages Delphine zu sich holen wird. Christoph lebt in Bewunderung und Angst vor diesem Mann, den er in seiner Phantasie mit Napoleon Bonaparte gleichsetzt. Als Kriegsgegner seines gefallenen Vaters und als Vater seiner »Milchschwester« Del-

phine gerät Leutnant Loriot so zu einer geheimnisvollen Erscheinung ihrer gemeinsamen Kindheit. Zum Vormund ihrer Kinder wählt Cornelie den Arzt Buzzini, dessen ungewöhnliche, dem Mesmerismus verpflichtete Heilmethoden das Mißtrauen seiner Umgebung provozieren. 1803 gelingt es Dubslaw von Tracht, seine Enkelin Delphine aus Mainz entführen und in seine Obhut bringen zu lassen. Damit weist er seine Tochter Cornelie erneut auf ihr »Versagen« hin, trifft vor allem aber Christoph, der die Trennung von Delphine nur mit Buzzinis Hilfe überlebt. – Der 2. Teil des Romans spielt auf dem kurmärkischen Gut Hölkewiese und in Berlin, wo sich der Widerstand gegen Napoleon zu regen beginnt. Cornelie entschließt sich trotz des väterlichen Verbots zur Rückkehr in ihre »wahre Heimat«, nachdem sie keine Pflichten mehr in Mainz hat. Christoph erhält eine militärische Ausbildung, wird 1806, dreizehnjährig, gegen die Franzosen ins Feld geschickt und in der Schlacht bei Jena verwundet. Der alte von Tracht stirbt, als ihm das Liebste genommen wird: Französische Truppen besetzen das Gut unter der Führung Gaston Loriots, in dem Delphine ihren Vater wiedererkennt. Christoph beginnt trotz der wachsenden Kriegsgefahr in Berlin zu studieren. Cornelie entdeckt, daß Delphine auf Anordnungen ihres Vaters brieflich Informationen über die preußischen Pläne gegen das französische Heer weitergibt. Delphine flüchtet nach Berlin, wo Christoph sie wiederfindet und sie ihre Liebe nochmals besiegeln. Trotz ihrer Koketterien hält Christoph an seiner Liebe zu ihr fest; sie verloben sich, obwohl er ahnt, daß sie ihn braucht, aber nicht fähig ist, ihn wirklich zu lieben. 1813 wird er wieder eingezogen. Da er seiner Mutter versichert: »Wer so lebt wie ich, der kann nicht sterben«, läßt sie ihn ohne Tränen ziehen, doch sie weiß, daß sie auch ihn opfern muß. Delphine vermutet, daß ihr Vater bei Napoleons Rußlandfeldzug ums Leben gekommen ist, und bricht nach Hamburg auf, wo sie heiratet und sich einer Schauspieltruppe anschließt. Christoph erfährt dies nicht mehr; er fällt 1813 bei der Schlacht von Lützow. Cornelie bleibt allein zurück und tröstet sich mit der Einsicht: »Gott zog ihn wieder zu sich, ehe die Qual der Welt ihm etwas anhaben konnte«.

Seidel beweist in ihrem Hauptwerk neben einer präzisen Kenntnis der historischen Situation um 1800 auch ihr Vermögen, das Lebensgefühl jener Zeit zwischen Restauration und Innovation episch zu gestalten. Ihr Roman einer Mutter-Sohn-Beziehung verteilt die Rollen eindeutig: Die Frau akzeptiert ihre Aufgabe als die das Leben Spendende und zugleich Opfernde, der Mann schützt als Soldat den Handlungsraum der Frau, der ihm wiederum Leben ermöglicht. Die Konsequenz, den Krieg als das natürliche Handwerk des Mannes zu billigen, kann hier leicht gezogen werden. Das Werk erlebte in den dreißiger Jahren mehrere Auflagen.

Lit.: K. Harpprecht, Auf chronische Weise deutsch. Über I. S.s Roman »Das Wunschkind«, in: FAZ, 14. 11. 1980.

B. Baumann-Eisenack

SPÄTH, Gerold (geb. 1939)

Commedia. 2 Teile; EA Frankfurt/M. 1980
Entgegen der irreführenden Gattungsbezeichnung des Titels handelt es sich bei *Commedia* weder um ein Gedicht (so die ursprüngliche italienische Bedeutung) noch um ein komisches Bühnenstück, sondern um eine Vielzahl von Miniaturromanen, die zusammen ein großangelegtes Zeitpanorama vor dem Hintergrund der barocken Metapher des theatrum mundi ergeben. Die Welt als Bühne, die Menschen als Darsteller: diese Sicht auf das moderne Leben präsentiert sich in zwei inhaltlich wie formal weitgehend unabhängigen Teilen. In »Die Menschen« (1. Teil) treten 203 namentlich aufgeführte Personen eines modellhaften geographischen Raumes, dem »Zehntausendnasennest«, nacheinander auf, um einem zu keiner Zeit intervenierenden Fragesteller Auskunft über ihr Leben zu geben. Das Prinzip der Aneinanderreihung solcher fiktiver Selbstportraits, deren Umfang zwischen wenigen Zeilen und höchstens zwei Druckseiten schwankt, schafft ein Maximum an Welthaltigkeit. Sprecher aller Gesellschaftsschichten, psychischer und physischer Befindlichkeiten – selbst Tote und Ungeborene melden sich zu Wort – umkreisen die Frage nach dem Sinn des Daseins, wobei die Abwesenheit eines sinnstiftenden Erzählers den Leser die Antwort darauf im Schnittpunkt der divergierenden Lebensläufe suchen läßt. Ein Einzelschicksal allein vermag das Rätsel des Lebens nicht zu lösen, denn es ist ein »flinkes Wiesel und man erwischt es nicht«. Erst unter der kunstvoll variierten Oberflä-

che der voneinander isolierten Selbstaussagen, die sprachlich dem jeweiligen Bildungsstand der Figuren entsprechen und formal alle Nuancen von der freien Rede über den amtlichen Lebenslauf, Brief, inneren Monolog bis hin zur Strophenform umfassen, geben sich wiederkehrende Motive zu erkennen. So herrscht, unabhängig von Alter, Geschlecht und ideologischem Standpunkt der Sprecher, eine pessimistische Grundstimmung vor. In barocker Manier wird die Welt als »Jammertal« portraitiert, Liebe als Illusion, Ausbruchsversuche in exotische Gegenwelten als Anti-Utopien entlarvt und der Mensch als hemmungsloser Egoist – »und wäre er's nicht, wäre er nicht« – charakterisiert. Weder Lebensläufe »wie aus dem Bilderbuch« noch Durchhalteparolen oder schulmeisterliche »Spiel- und Verspielregeln« pragmatischer Zeitgenossen können das allgemeine Fluchen und Lamentieren über die Vergänglichkeit und Zufälligkeit des Daseins übertönen, das häufig auf punktuelle Glücksmomente reduziert erscheint oder gar »ungelebt geblieben« ist. Nur wenigen Figuren wie den Fischern Beck und Hiestad ist aufgrund ihrer Naturverbundenheit und zyklischen Weltsicht Einblick in die »Tiefe« des Lebens gegeben, die der Erzähler mit seiner Rollenprosa auf »tausend mickrigen Papierblättchen« festzuhalten versucht. Im 2. Teil (»Das Museum«) führt ein ebenso eloquenter wie halbtauber »Kurator« eine internationale Touristengruppe durch »seltsame Sammlungen seltsam seltsamer Dinge«. Zwölf durch ihre Farbigkeit voneinander unterschiedene Abteilungen enthalten sowohl banale Alltagsgegen-

stände als auch Skurilitäten wie eine »Gelächterorgel« oder einen »Schädelcomputer«. Da die toten Dinge erst durch die weitschweifigen Ausführungen des Kurators zu den Obsessionen ihrer Besitzer oder Erfinder Bedeutung erlangen, erfährt die menschliche Komödie des 1. Teils im grotesken Museumsbesuch eine Erweiterung um ihre historische Dimension. Neben dem nicht enden wollenden Redeschwall des »spiritus rector« registriert eine zweite, kursiv gesetzte Textebene die Reaktionen der stark typisierten, »aus Versehen ins falsche Museum« geratenen Reisegruppe. Zuerst nur gelangweilt, dann zusehends aggressiver und ordinärer, folgt die 31-köpfige Schar dem dämonischen Führer ins Verderben; denn der Endpunkt der makabren Bildungsreise, welche in der »Spätfrühlingssonne« ihren Anfang nimmt, um im Winter ihren Abschluß zu finden, entpuppt sich als fensterloser »Höllenbunker«. Ein abrupter Wechsel der Erzählperspektive zum kollektiven »wir« läßt den Leser am »Kitzel plötzlichen Abgeschlossen- und Eingesperrtseins« teilhaben, als der Kurator den Riegel vorschiebt. Für die Gefangenen nehmen die einführend geäußerten Worte – »Hoch die Visiere! Hervor mit den Gesichtern! Hier wird alles beleuchtet, nichts verschattet!« – in Erwartung des Todes überraschend einen symbolischen Sinn an. Allein eine mythische Gegenfigur, die schöne Griechin Helena Kallibuki, vernimmt die »Wisperstimme« der Poesie und findet aus dem Labyrinth des absurden Lebens hinaus in die »menschenleere« Nacht.

Lit.: W. Hildesheimer, Pandämonisches Welttheater«, in: Der Spiegel, 24. 3. 1980.

P. Schmauk

SPIELHAGEN, Friedrich
(1829–1911)

**Problematische Naturen –
Durch Nacht zum Licht.** 2 Abteilungen; je 4 Bände; EA Berlin 1861/1862.

In seinem ersten Roman *Problematische Naturen* entwirft Spielhagen ein vielhundertseitiges Gesellschafts- und Sittengemälde aus dem Deutschland unmittelbar vor der Revolution von 1848. Im Zentrum steht über weite Passagen Oswald Stein, der mit einem leitmotivisch verwendeten Goethe-Wort als »problematische Natur« charakterisiert wird. Im Juni 1847 tritt er auf Empfehlung seines Berliner Professors Berger in den Dienst des Barons von Grenwitz als Erzieher von dessen Sohn Malte und dem Pflegesohn Bruno. Mit seiner antiaristokratischen Gesinnung wird der »Freiheitsschwärmer« Stein bald zum Außenseiter. Ein großer Teil der Romanhandlung ist der verrotteten Adelsgesellschaft gewidmet mit ihrem Dünkel, ihren Intrigen und illegitimen Verhältnissen, die weit in die Vergangenheit zurückreichen und komplizierte Verwandtschafts- und Erbschaftsverhältnisse zur Folge haben. Besonders repräsentativ ist die intrigante und dünkelhafte Baronin Anna-Maria von Grenwitz, die ihre Tochter Helene aus finanziellen Gründen an deren Vetter Felix von Grenwitz verheiraten will, während Helene zusehends stärkere Zuneigung zum Hauslehrer Stein faßt. Als heimlicher Held des Romans entpuppt sich bald der zunächst undurchsichtige Baron Adalbert von Oldenburg, der als Freund, dann aber auch als Nebenbuhler Steins in seiner Liebe zu Melitta von Berkow auftritt. Der Pastor Jäger und seine Frau Primula werden zum Gegenstand einer Satire auf das Bildungsbürgertum, während der biedere Arzt Franz Braun, ein Freund Steins, das fortschrittliche Bürgertum repräsentiert. Der Wandertruppendirektor Kaspar Schmenckel schließlich übernimmt den Part des derben, aber am Ende redlichen »Proletariers«. Ein trivial-exotisches Moment kommt in den Roman durch die Zigeunerin Xenobi und ihre Tochter Czika, ein illegitimes Kind des Barons von Oldenburg. Die Vielfalt dieser Handlungsstränge ist eine Konsequenz der von Gutzkow übernommenen Technik des »Romans des Nebeneinander«, die eine lose Aneinanderreihung von oft nur durch gewaltsame Zufälle verbundenen Einzelhandlungen und -motiven zur Folge hat. – Die erste Abteilung endet mit dem Tod Brunos und einem Duell Steins mit Felix; die zweite, sie trägt den programmatischen Titel *Durch Nacht zum Licht,* setzt ein mit dem Besuch Steins bei Professor Berger, der sich in nihilistischer Weltverachtung in eine Nervenheilanstalt zurückgezogen hat. Stein, der inzwischen den Brotberuf eines Gymnasiallehrers übernommen hat, tritt im Verlauf der Handlung immer weiter an den Rand. Die zweite Abteilung schildert die zunehmende Entfremdung von seinen früheren Freunden und seine wirren Liebesverhältnisse, deren Höhepunkt die Flucht mit seiner vormaligen Anbeterin Emilie von Cloten ist. Auf die Entdeckung, daß er der illegitime Sohn des Barons Harald von Grenwitz und damit der legitime Erbe eines Vermögens ist, reagiert er mit dem Verzicht auf seine Rechte und bereitet damit den Versuchen des Geometers Albert Timm ein Ende, die Familie von Grenwitz zu erpressen. Der enge Zeitraum von knapp einem Jahr, in dem sich die Handlung vollzieht, wird durch lange Rückblenden ausgeweitet: Stein, Berger, Schmenckel und andere Figuren erzählen ausführlich Ereignisse ihres Lebens, die alle durch Zufall mit den gegenwärtigen Begebenheiten und Romanfiguren verknüpft sind. Gegen Ende nimmt der Roman mit der Schilderung der Revolution von 1848 die zeitgeschichtlichen Ereignisse stärker auf. Bei den Kämpfen im März treffen sich Oldenburg, Berger, Schmenckel und Stein als Freiheitskämpfer auf den Barrikaden. Berger und Stein finden ebenso den Tod wie der verräterische Timm auf der anderen Seite. Der Roman schließt mit einer Eloge auf eine Zukunft ohne Tyrannei und mit dem Abgesang auf eine Zeit, »die so arm war an gesunden Menschen um so reich an problematischen Naturen«.

Spielhagen schildert in wenig präziser Handlungsführung den verworrenen Bildungsgang eines bürgerlichen Intellektuellen in den politischen, sozialen und geistigen Unruhen des Vormärz. Mit seinem Romanerstling schließt er deutlich an die biedermeierliche Tradition der Gattung an, wie sie durch Immermanns → *Epigonen* repräsentiert wurde. Vom Roman des deutschen Realismus, zu dessen Theorie Spielhagen viel später mit seiner Objektivitätsforderung einen gewichtigen Beitrag liefern sollte, zeigt er sich thematisch wie

stilistisch hingegen noch weit entfernt.

Lit.: L. LÖWENTHAL, Erzählkunst und Gesellschaft. Die Gesellschaftsproblematik in der deutschen Literatur des 19. Jahrhunderts, Neuwied / Berlin 1971.   P. J. BRENNER

SPITTELER, Carl (1845–1924)

Imago.   9 Kapitel; EA Jena 1906.

Der sich zum Dichter berufen fühlende Lebenskünstler Viktor reist in seine alte Heimatstadt, um seine dort mit einem Direktor Wyß verheiratete Jugendliebe Theuda wiederzusehen. Nachdem er Theuda zunächst nicht antrifft, sucht er seine Jugendfreundin Frau Steinbach auf, die ihm von einem Besuch bei der Frau Direktor abrät: »Die schöne Theuda ist jetzt ein abgeschnitten Stück Brot; zufrieden in glücklicher Ehe.« In einem Brief an Frau Steinbach erklärt Viktor, warum er auf eine Wiederbegegnung mit Theuda nicht verzichten kann. Er erzählt die Geschichte seiner Entsagung im Dienste der Poesie, der »Strengen Frau«, deren Regiment er sein Leben unterstellt hat und die ihn dafür mit Größe und Ruhm belohnen wird. Nachdem Viktor auf das normale Glück mit einer leibhaftigen Theuda verzichtet hatte, nahm in seiner Phantasie die »Strenge Frau« Theuda als Tochter an, taufte sie auf den Namen Imago und stiftete zwischen ihr und Viktor ein Verlöbnis im Idealen, das erst gestört wird, als Viktor von Theudas realer Ehe erfährt. Er hofft diese Störung zu überwinden, indem er die Ehefrau und Mutter Theuda Wyß, die er abfällig Pseuda nennt, aufsucht und sie mit der Theuda seiner Erinnerung, aus der Imago wurde, vergleicht. Bei einer Regierungsrätin, die gerade den bildungsbeflissenen Honoratioren-Club »Idealia«, dessen Vorsitzende Theuda ist, zu Gast hat, trifft Viktor endlich auf seine Jugendliebe. Die Begegnung verläuft kühl, und Viktor hat keine Gelegenheit, Theuda spüren zu lassen, wie sehr sie in seinen Augen herabgesunken ist. In den folgenden Wochen entfaltet sich »in der Hölle der Gemütlichkeit« des Clubs »Idealia« zwischen Theuda und Viktor eine Feindschaft, in der Viktor trotz all seiner eingebildeten geistigen Souveränität nur selten der Überlegene ist. Auf der Bühne seiner Seele treten der Verstand, die Phantasie und das Herz neben allerlei Wunschgetier als eigenständige Gestalten auf und ringen darum, wer Viktors Verhalten zu Theuda bestimmen darf. Obwohl er seinem Herzen, dem »Kaninchen«, die »fünf Paragraphen der Narrenliebe« erklärt, muß Viktor sich bald geschlagen geben und sich seine neue Liebe zu Theuda eingestehen. Es gelingt ihm, Theudas Wohlwollen zu erringen, und schließlich bekennt er ihr seine Liebe. Beschämt, sich wie ein »Romanwicht« aufgeführt zu haben, genießt er dennoch sein »Herzeleid«. Mit seiner reinen Verehrung avanciert er zum Hausfreund. Erst als er von Frau Steinbach erfährt, daß sie von Theuda regelmäßig über die Stadien seiner Liebe unterrichtet wurde und daß auch sein »Statthalter«, wie er Theudas Mann nennt, von allem weiß, kommt Viktor wieder zu sich und reist ab. Während der Bahnfahrt findet Viktor zu Imago und zur Berufung der »Strengen Frau« zurück. – Carl Spitteler hat in diesem stark autobiographisch gefärbten »Meisterwerk des psychologischen Romans« (der Psychoanalytiker Hanns Sachs), nach dem Sigmund Freud seine Zeitschrift *Imago* benannt hat, mit ironischen Mitteln geschildert, wie sich in einer künstlerischen Existenz Phantasie und Wirklichkeit unentwegt gegenseitig behindern und parodieren, aber auch ergänzen und erhöhen.

Lit.: W. STAUFFACHER, C. S., Zürich / München 1973.   B. PREISENDÖRFER

STIFTER, Adalbert (1805–1868)

Der Nachsommer. *Eine Erzählung.* 3 Bände; EA Pest 1857.
Enttäuscht und abgestoßen von der politischen und sozialen Radikalisierung der 48er Revolution, erweiterte Stifter nach deren blutiger Niederwerfung die um 1847 begonnene Erzählung »Der alte Hofmeister« zu einem Werk, das der Gesellschaft seiner Zeit ein an den Werten der josephinischen Aufklärung orientiertes Ideal entgegenhalten sollte. In streng chronologischer Abfolge wird darin der Bildungsgang des jungen Heinrich Drendorf nachvollzogen, der durch die Begegnung mit dem seinen Lebensabend in harmonischer Vollendung gestaltenden Freiherrn von Risach und seinem Kreis zu geistig-seelischer Entfaltung und Liebesglück gelangt. Das in der Ich-Form geschriebene Werk stellt durch den bewußten Verzicht auf alle romanüblichen Unterhaltungselemente hohe Anforderungen an den Leser. In seiner Sprachform wie im Inhaltlichen von ›Maß und Ordnung‹ bestimmt, führt dieser einzigartige Versuch, mit den Mitteln realistischer Beschreibung eine ästhetisch durchformte

Gegenwelt zur Alltagswirklichkeit herzustellen, bis heute zu einer Polarisierung der Urteile über den *Nachsommer*: Oft als verstaubte Idylle oder reaktionäre Utopie geschmäht, wurde er dagegen von Nietzsche zu den wenigen Beispielen deutscher Prosaliteratur gezählt, die ein mehrmaliges Lesen verdienten.

Heinrich Drendorf, Sohn eines wohlhabenden und kunstliebenden Wiener Kaufmanns, berichtet auf den ersten Seiten von seiner sorgfältigen Erziehung im Schoße der Familie. Da er keine besonderen Vorlieben oder Talente für einen »ausschließlichen Beruf« zeigt, soll er mit Zustimmung des Vaters ein »Wissenschaftler im allgemeinen« werden. Sein systematisch betriebenes Selbststudium führt ihn schließlich zu Fragen nach der Entstehung und Veränderung der Erdoberfläche, denen er von nun an jeden Sommer auf immer weiter von zu Hause wegführenden Erkundungsgängen im Gebirge nachgeht. Auf einer dieser Wanderungen sucht er wegen eines vermeintlich bald ausbrechenden Gewitters Schutz in einem schön gelegenen Landhaus, dessen Fassade vollständig mit Rosen bewachsen ist. Vom Hausherrn, einem einfach gekleideten, weißhaarigen Mann – es ist der Freiherr von Risach, wie Heinrich später erfährt – zum Bleiben eingeladen, lernt er bald das ganze Anwesen des Asperhofes kennen und bemerkt dabei überall die Sorgfalt, mit der hier die Werke der Natur und der Kultur gleichermaßen gepflegt werden. Die von planvoller Ordnung zeugenden Einrichtungen des Asperhofes erinnern ihn an seinen Vater, dem er nach der Rückkehr in die Stadt das bei Risach Gese-

hene zu beschreiben versucht. – Zurückhaltend und schüchtern im Umgang mit dem anderen Geschlecht, bemerkt Heinrich bei einem winterlichen Besuch im Theater ein unbekanntes Mädchen, das seine Erschütterung über die tragischen Folgen des Autoritätsverlusts im *König Lear* zu teilen scheint; unter dem Eindruck dieser kurzen Begegnung beginnt er sich im Zeichnen menschlicher Gesichter zu üben. Weitere Besuche auf dem Asperhof fördern durch eigene Anschauung und Gespräche mit Risach Heinrichs Wissen über landwirtschaftliche und naturkundliche Gegenstände. Dabei lernt er auch Mathilde und ihre schöne Tochter Natalie kennen, die jedes Jahr zur Rosenblüte den Asperhof besuchen, wo Natalies Bruder Gustav als Pflegesohn Risachs lebt. Die beiden alten Menschen scheint ein herzliches, langjährige Vertrautheit andeutendes Verhältnis zu verbinden. Beim Gegenbesuch auf Mathildes Besitz, dem Sternenhof, läßt der sonst ganz auf die Beschreibung des Sichtbaren beschränkte Bericht Heinrichs erstmals eine tiefere Empfindung für Natalie erkennen (1. Bd.). – Durch Risachs Vorbild und behutsamen Einfluß allmählich aus der Einseitigkeit seiner naturwissenschaftlichen Studien herausgeführt, erlangt Heinrich mehr Gewandtheit im Umgang mit Menschen und findet über die Beschäftigung mit Literatur und Malerei Zugang zur ästhetischen Erfahrung: Er erkennt spontan die Schönheit einer antiken Mädchenstatue, die er bisher nur wegen der Qualität ihres Marmors beachtet hatte. Dem schließen sich Gespräche mit Risach über das Wesen und die Pflege der

Kunst an; obwohl sich Heinrich dadurch »um vieles weiter gerückt« fühlt, fragt er sich schließlich doch, ob es denn über das bisher Erreichte hinaus nicht noch etwas im Leben gebe, was es »mit weit größerem Glück erfülle«. – Mittlerweile ist Heinrich auch seinem Vater ein vollwertiger Gesprächspartner geworden und vermag dessen Kunstsammlungen nun erst richtig zu würdigen. Doch eine innere Unruhe, die er auf die Vernachlässigung seiner wissenschaftlichen Arbeiten zurückführt, läßt sich trotz vermehrter Anstrengungen nicht vertreiben und scheint auch die bisher stets als Bild edler Vollkommenheit beschriebene Natalie ergriffen zu haben, als Heinrich sie im nächsten Sommer wieder sieht. Erst ein Jahr später, als sich ihr inneres Wesen geläutert hat, gelangen die beiden in einem Gespräch, das von der Reinheit und Schönheit der Edelsteine und des Wassers ausgeht, zum gegenseitigen Geständnis ihrer Liebe, die Heinrich bisher »sogar gegen [s]ich« verschwiegen hatte. Nun aber ist es »gekommen, wie es kommen mußte«. Auch die Identität jenes Mädchens, das Heinrich im Theater so tief beeindruckt hatte, klärt sich jetzt: es war Natalie. Mit dem Schwur ewiger Treue besiegelt das Paar seinen Bund, der aber nur mit ausdrücklicher Zustimmung der Eltern und Risachs auch im Leben verwirklicht werden soll (2. Bd.). – Nachdem das Einverständnis aller eingeholt ist, reist Heinrich wiederum zu Risach, wo nunmehr auch die Liebe zu Menschen und Dingen Gesprächsgegenstand wird. Risach verspricht, Heinrich Aufschluß zu geben über seine Beziehung zu den Bewohnern des

Sternenhofes, wonach dieser nie gefragt hatte. Die Einlösung des Versprechens wird aber noch durch verschiedene Reisen Heinrichs hinausgezögert, auf denen er zuerst mit seinem Vater dessen Geburtsgegend kennenlernt und danach seiner Schwester als kundiger Führer durchs Gebirge dient; den abschließenden Höhepunkt bildet die schon länger geplante und von den Einheimischen für undurchführbar gehaltene Winterbesteigung des Echerngletschers. Nach der »Weihe dieser Unternehmung« fühlt Heinrich sich bereit, Risachs Mitteilung entgegenzunehmen: Es ist der erschütternde Lebensbericht eines Menschen, der seine persönliche und berufliche Bestimmung verfehlt hat, weil ihn keine familiäre Ordnung stützte. Risach, aus einer durch den frühen Tod des Vaters verarmten Bauernfamilie stammend und eigentlich zu künstlerischer Tätigkeit berufen, hatte nach dem Tod aller seiner Angehörigen eine Stelle als Hauslehrer bei einer begüterten Familie angenommen und sich dort in die Schwester seines Schülers, die junge Mathilde, verliebt, die seine Gefühle auch erwiderte. Er zeigte sich jedoch bereit, den Einwänden ihrer Eltern nachzukommen, denen eine Verbindung verfrüht erschien, was für Mathilde den Verrat an ihrer Liebe bedeutete. Beim rosenbewachsenen Gartenhaus, ihrem heimlichen Treffpunkt, sagte sich Mathilde von Risach los, der danach eine Laufbahn als Staatsbeamter einschlug und schließlich eine Ehe »ohne Liebe und Neigung« einging. Nach dem frühen Tod seiner Frau zog sich der kinderlos gebliebene Risach aus dem Amt zurück und ließ sich im Asperhof nieder, wo ihn nach vielen Jahren die nun ebenfalls verwitwete Mathilde wieder aufsuchte und um Mithilfe bei der Erziehung ihres Sohns Gustav bat. Als Frucht dieser späten Versöhnung genießen sie nun im Alter »gleichsam einen Nachsommer ohne vorhergegangenen Sommer«. – Die von Risach und Mathilde stetig überwachte und damit vor Übereilung bewahrte Liebe zwischen Heinrich und Natalie findet dagegen die angestrebte Erfüllung: Nach der Verlobung und einer kurz rekapitulierten zweijährigen Bildungsreise Heinrichs führt die Hochzeitsfeier alle Hauptpersonen des Romans im Asperhof zu einer großen Familie zusammen, und auf der Grundlage finanzieller und emotionaler Sicherheit eröffnet sich dem jungen Paar »das reine Familienleben«, wie es dem Ideal der elterlichen Vorbilder entspricht.

Im Gegensatz zu andern Bildungsromanen ist der Ich-Erzähler im *Nachsommer* nicht zugleich ›Held‹ der Geschichte; die Figur Heinrich Drendorfs trägt wenig individuelle Züge, seine Funktion besteht vor allem in der kritiklosen Vermittlung und exemplarischen Aneignung der ästhetischen und sittlichen Werte, die Risach und in geringerem Maß auch der Vater verkörpern. In der naturwissenschaftlich-objektiven Erzählperspektive, die auf Selbstreflexion weitgehend verzichtet, wird die stufenweise Erweiterung von Heinrichs Wahrnehmung und Bewußtsein direkt nachvollziehbar. Die verschwiegene Innerlichkeit der Personen äußert sich kompensatorisch in einem symbolischen Bezugssystem, das den ganzen Roman durchzieht: Landschaftsformen, Größe und Anordnung von Häusern und Innenräumen, die Kleidung der Personen etc. sind ebenso Teil davon wie die Motivketten der Rosen (für das Paar Risach-Mathilde) und der Steine (für das Paar Heinrich-Natalie). Die zeremonielle Form, in der alltägliche Gänge, Handlungen und Reden vorgeführt werden, bewirkt, daß alles im Roman Geschehende über die Ebene des Historisch- oder Persönlich-Zufälligen hinausgehoben wird; sie läßt aber zugleich die Willensanstrengung erahnen, mit der die Ruhe des *Nachsommer*-Lebens gegen äußere und innere Bedrohungen – wie sie nur einmal, in Risachs Erzählung seiner vergangenen Liebe, an die Oberfläche treten – immer wieder verteidigt werden muß.

Lit.: K. AMANN, A. S.s »Nachsommer«, Wien 1977.   M. WYDER

Witiko.   3 Bände;   EA   Pest 1865–67.
Als erster Teil einer geplanten Trilogie über das böhmische Adelsgeschlecht der Rosenberger, die aber durch den Tod des Autors nicht mehr zustande kam, erzählt der Roman im ›naiven‹ und objektiven Stil eines Epos, wie Witiko, der historisch verbürgte Ahnherr des Geschlechts, dank Besonnenheit, Ehrlichkeit, Mut und Treue zum Feudalherrn aufsteigt und die Burg Wittinghausen gründet. Sein persönliches Geschick ist eingebettet in die bewegte Geschichte Böhmens um die Mitte des 12. Jahrhunderts, in deren Ablauf Stifter das Walten eines vergeltenden und belohnenden ›Sittengesetzes‹ sichtbar machen wollte.
Im Jahre 1138 reitet der junge Witiko auf der Suche »nach einem großen Schicksale, das dem rech-

ten Manne ziemt«, von Passau nach Südböhmen, wo seine Vorfahren gelebt haben. Die zufällige Begegnung mit dem Mädchen Bertha, das sich mit Rosen bekränzt hat, deutet er als gutes Zeichen für sein Vorhaben, denn die Waldrosen sind das Sinnbild seiner Familie. Auf dem Weiterweg trifft der von Kopf bis Fuß in unscheinbares Leder gehüllte Witiko auf eine Schar gutgekleideter, fröhlicher Reiter, deren Anführer sich als Wladislaw, Sohn des früheren Herzogs von Böhmen und Neffe des jetzigen Herzogs Soběslav, zu erkennen gibt. – Zwei Jahre später wird Wladislaw von der Versammlung der Fürsten in Prag zum Nachfolger des todkranken Soběslav gewählt, obwohl diese die Erbfolge des ältesten Sohnes von Soběslav bereits eidlich bestätigt hatten; dieser Verstoß gegen die »Heiligkeit der Ordnung« zieht alles Unheil nach sich, das in den nächsten Jahren Böhmen erschüttern wird. Witiko, von der Ratsversammlung als Berichterstatter für den kranken Herzog zugelassen, wird Zeuge, wie der sterbende Soběslav seinen Sohn bittet, sich dem gewählten Wladislaw zu unterwerfen, um Blutvergießen zu vermeiden. Da Witiko nicht zu entscheiden vermag, auf welcher Seite das Recht ist, zieht er sich auf sein Familiengut bei den »Waldleuten« an der oberen Moldau zurück. Doch als die machthungrigen Fürsten ihre Wahl umstoßen und statt des gerecht regierenden Wladislaw einen der ihren zum Herzog von Böhmen machen wollen, stellt er sich auf der Seite Wladislaws zum Kampf. Die Schlacht bringt aber keine Entscheidung, so daß sich das herzogliche Heer nach Prag zurückzieht,

um Verstärkung zu suchen (1. Bd.). – Während Witiko im Gefolge Wladislaws nach Nürnberg unterwegs ist, um vom deutschen Kaiser Hilfe zu erbitten, wird die Stadt Prag von den Verschwörern belagert. Bei der Rückkehr an der Spitze des Heerhaufens verletzt Witiko in eigenmächtiger Entscheidung das Kriegsgesetz: Er läßt einige zufällig gestellte gegnerische Anführer entkommen, in der Hoffnung, daß sie die Nachricht von der anrückenden Übermacht nach Prag bringen und die Belagerung abbrechen werden. Tatsächlich ziehen sich die Verschwörer sogleich nach Mähren zurück, und Witiko empfängt beim kampflosen Wiedereinzug in die Stadt vom Herzog eine milde Strafe für sein nutzbringendes Vergehen. – Die Frage nach dem richtigen Handeln stellt sich Witiko erneut, als die abtrünnigen Fürsten in Mähren ihren eigenen Bischof bedrohen, und wiederum folgt er ohne Zögern seinem Gewissen, indem er den früheren Gegner bei sich aufnimmt und sicher nach Passau geleitet. Auf dieser Reise erlangt er auch die Einwilligung Berthas und ihrer Eltern, daß er als Freier des Mädchens wiederkommen darf, wenn er es zu Gut und Ansehen gebracht hat. Seine Mutter, die er am Wiener Hof aufsucht, billigt die Wahl. Als der entscheidende Kriegszug gegen Mähren bevorsteht, für den Witiko die Waldleute gerüstet hat, wird er zu ihrem Anführer gewählt und erringt einen ersten Sieg für den Herzog (2. Bd.). – Nach der vollständigen Eroberung Mährens wird Witiko von Wladislaw als Dank für seine Dienste zum Herrn über das Waldland eingesetzt. Die Waldleute, nunmehr seine Untertanen, empfangen ihn mit Jubel und bauen ihm eine Burg, das »Witikohaus«. Damit sind die Bedingungen für eine erfolgreiche Brautwerbung erfüllt. Auch das Schicksal des Landes scheint sich endlich zum Guten zu wenden: Die besiegten Fürsten leisten öffentlich Buße und werden dafür vom großmütigen Wladislaw wieder in ihre Ämter eingesetzt. Witiko, der immer bestrebt war »zu tun, wie es die Dinge fordern«, kann schließlich als Wohltäter seiner Untertanen den Einzug in die Burg und die Hochzeit mit Bertha feiern. Aber noch einmal fällt Mähren ab und muß besiegt werden, bis endgültig Frieden und Versöhnung herrschen. – Witiko sorgt weiter für die Kultivierung des Waldlandes und zieht im Jahre 1158 noch einmal mit seinen Leuten aus, um sich unter Wladislaw, nunmehr König von Böhmen, in zwei Feldzügen des Kaisers Barbarossa gegen die rebellischen Mailänder Ruhm zu erwerben. Mit dieser Ausweitung des Schauplatzes verbindet sich die Vorstellung von einem »Bund der Guten«, der die Völker zu allseitigem Nutzen unter monarchischer Leitung zusammenschließt – ein deutlicher Kommentar Stifters zu den nationalstaatlichen Bewegungen seiner Zeit, die das Habsburgerreich zu zerreißen drohten. Der Roman schließt mit der Teilnahme des nunmehr in hohen Ämtern und Würden stehenden Witiko und seiner Familie am Reichstag von 1184 in Mainz, wo der allgemeine Friedensschluß im deutschen Reich gefeiert wird.

Lit.: U. Naumann, A. S., Stuttgart 1979 (SM 186).   M. Wyder

STORM, Theodor (1817–1888)

Aquis submersus. Novelle. ED »Deutsche Rundschau« 1876; EA Berlin 1877.
Mit den Buchstaben C. P. A. S. ist das Bildnis eines toten Knaben mit einer weißen Wasserlilie in der Hand signiert, das der Rahmenerzähler in einer Kirche betrachtet. Er entschlüsselt »culpa patris aquis submersus«: durch die Schuld des Vaters ertrunken. Der Vater, das scheint ein »finsterer, schwarzbärtiger« Priester gewesen zu sein, dessen Porträt neben dem des Kindes hängt. Jahre später stößt der Erzähler auf ein zweites Bildnis des toten Knaben mit der Wasserlilie, nun auf den Armen eines »ernst und milde« blickenden Mannes gemalt, dessen Geschichte die Binnenerzählung, ein Bündel vergilbter Papiere aus dem 17. Jahrhundert, enthüllt. Johannes, ein junger Maler, kommt nach Jahren der Ausbildung fern der Heimat nach Holstein zurück auf das Schloß seines menschenfreundlichen Gönners, des Herrn Gerhardus, der schon den latinisierte Name als gebildeten Humanisten ausweist. Gerhardus aber ist inzwischen gestorben, das Feld gehört einer neuen, vom Krieg verrohten Generation; der Erbe, Junker Wulf, Wolf unter Wölfen und wohl auch ein Zerrbild der Storm verhaßten preußischen Herren in Holstein im Zeitalter Bismarcks, führt »ein ander Regiment« ein. Aus finanziellen Gründen drängt er seine Schwester Katharina zur Heirat mit einem seiner Saufkumpane. Katharina aber liebt Johannes und dieser sie, noch am Sarg des Gerhardus war ihnen dies bewußt geworden, womit ihre Liebe unter dem Vorzeichen wahrer Menschlichkeit wie des

Utopisch-Unzeitgemäßen steht. Die Mitte der Novelle nimmt eine selige Liebesnacht ein, sie erweist sich zugleich als Höhepunkt, von dem aus alles der Katastrophe entgegenstürzt. Johannes wird von Wulf niedergeschossen und verjagt, nach seiner Genesung kann er die Geliebte nicht mehr finden. Jahre später porträtiert er einen finsteren Dorfpastor, der wie ein »Kriegsmann« aussieht und einst als Feldkaplan voller engstirnigem Glaubensfanatismus mit den Brandenburgern ins Land gekommen war, »als welcher er's fast wilder denn die Offiziers getrieben haben solle«. Als des Pastors Ehefrau aber trifft Johannes seine Katharina wieder, die dem in der Liebesnacht gezeugten Kind einen »ehrlichen Namen« hatte geben wollen. Die Welt ist in Antithesen zerfallen, und so fallen auch Ehe und Liebe, hohe Pflicht und Sinnesrausch auseinander, Johannes preßt Katharina »wie mit Eisenklammern« an sich, zwingt sie so zum Ehebruch; das Kind, währenddessen unbeaufsichtigt, ertrinkt in einem Weiher. Johannes, der den Namen des Täufers trägt und jenes Evangelisten, dessen Passionsgeschichte ganz um die Kraft der Liebe kreist, ist mit seiner eigenen Liebe gescheitert. In seinen Aufzeichnungen flüchtet er ins memento mori des Barock. In Storms düsterer Novelle kennt Geschichte keinen linearen Fortschritt, auf Gerhardus folgt Wulf, individuelle Anstrengung kann den Gezeitenwechsel nicht aufhalten. Was bleibt, ist die gestaltende Kraft der Kunst, der Malerei, die aus der Hand des toten Knaben eine Lilie blühen läßt, und des Wortes, das von Liebe erzählt und von den besseren Möglichkeiten des Menschen. Über die Zeiten hinweg finden sie ihren Adressaten, wie die Rahmenerzählung, somit mehr als eine atmosphärisch motivierte Arabeske, bezeugt.

Lit.: W. Freund, T. S., Stuttgart u. a. 1987.
A. Gotthard

Der Schimmelreiter. Novelle. 23 Kapitel; ED »Deutsche Rundschau« 1888; EA Berlin 1888.
Hauke Haien, aus kleinen Verhältnissen stammend, aber ehrgeizig und selbstbewußt, verdingt sich als Knecht beim alten Deichgrafen, den er durch seine Aufgeschlossenheit und seine Kenntnisse der Deichbaukunst zu beeindrucken vermag. Ihm fällt nach dem Tod des Alten und der Heirat mit dessen einziger Tochter Elke Amt und Besitz zu. Als neuer Deichgraf muß er sich mit persönlichen Neidern, insbesondere dem ehemaligen Großknecht Ole Peters, auseinandersetzen und stößt gegen eine Mauer von Trägheit, Aberglauben und Fatalismus der Dorfbewohner. Sein Projekt eines neuen Deiches verwirklicht er konsequent, ja verbissen, ohne sich durch die teilweise erheblichen Widerstände und Anfeindungen aufhalten zu lassen. Privat jedoch sieht sich Hauke Umständen gegenüber, die er nicht beeinflussen kann: die Ehe bleibt lange Jahre kinderlos, als endlich eine Tochter geboren wird, erliegt Elke nahezu einem Kindbettfieber, und die Tochter, so stellt sich allmählich heraus, bleibt in ihrer Entwicklung zurück. Auf dem Hof des Deichgrafen etabliert sich eine seltsame Idylle: Trin Jans, die alte Dienstmagd von Elkes Großvater, ein Hund, eine Möwe, das Kind und die Eltern. »Fortan lebte er [Hauke] einsam seinen Pflichten als Hofwirt wie

als Deichgraf und denen, die ihm am nächsten angehörten; die alten Freunde waren nicht mehr in der Zeitlichkeit, neue zu erwerben, war er nicht geeignet. Aber unter seinem Dach war Frieden.« Kommendes Unheil kündigt sich an, als Hauke, der stets bis zur Erschöpfung seiner physischen Kräfte um alles sich gekümmert hat und schließlich von einer fiebrigen, schweren Krankheit befallen wird, nach seiner Genesung Schäden am Deich entdeckt, sich aber von Ole und einigen anderen überzeugen läßt, daß diese nur geringfügig seien. Eine gewaltige Sturmflut bricht den Deich auf, Elke und das Kind werden mitsamt einer Kutsche auf der Suche nach dem Vater ins Meer gespült, und der dies fassungs- und hilflos mitanschauende Hauke stürzt sich selbst auf seinem Schimmel ins Wasser. Als geisterhafte Erscheinung wird er künftig immer sichtbar, wenn eine Gefahr für die Küste droht. Schon zu Lebzeiten Hauke Haiens ist ihm die Aura des Unheimlichen angedichtet worden, nicht zuletzt in Verbindung mit einem Schimmelspuk, bei dem ein Gerippe im Mondschein auf einer Hallig verschwindet und nach dem Tod des Deichgrafen wieder auftaucht. Dieser Mythos dient jedoch eher dazu, die von der Durchschnittlichkeit sich abhebende Individualität des Protagonisten zu betonen. Das von Hauke kultivierte Image eines stolzen Einzelgängers gipfelt in der Selbstüberschätzung, der Hybris der Naturbeherrschung. Versöhnlich stimmt dabei, daß trotzdem das Werk, der Deich, seinen Schöpfer überdauert. – Storm hat den Text als dreifache Rahmenhandlung konstruiert; die Bezeichnung als Novelle wird

insbesondere der dramatischen Zuspitzung des Geschehens gerecht, wogegen die Schilderung des Aufstiegs von Hauke Haien Züge eines Entwicklungsromans trägt. In der plastischen Beschreibung der Landschaft dominieren die düsteren und dämonischen Seiten. Prägung und Abhängigkeit der Menschen von der Natur überdauern jedes herausragende Schicksal.

Lit.: H. WAGENER (Hg.), Erläuterungen und Dokumente zu T. S. »Der Schimmelreiter«, Stuttgart 1976 (RUB 8133).   T. FRAUND

STRAUSS, Botho (geb. 1944)

Der junge Mann. 5 Kapitel; EA München / Wien 1984.
»Allegorien. Initiationsgeschichten. RomantischerReflexions-Roman« – diese Begriffe aus der Einleitung des Romans zeigen an, was in diesem Text auf dem Prüfstand steht: Der von Goethes → *Wilhelm Meister* in seine verbindliche Form gebrachte deutsche Bildungsroman und die Lesart, nach der ihn romantische Dichter und Theoretiker weiterentwickelten. Die lineare Erzählabfolge wird immer wieder unterbrochen durch eingeschobene Erzähleinheiten, über denen der Roman die anfänglich eingeführte Hauptfigur zeitweise ganz aus den Augen verliert, um sich in den Schlußkapiteln erneut auf sie zu konzentrieren. – Der junge Mann heißt Leon Pracht und folgt zwanzigjährig der Einladung, am Kölner Theater Jean Genets *Zofen* zu inszenieren. Die beiden berühmten, aufeinander eingespielten Darstellerinnen der Hauptrollen fordern ihn unterschwellig zu einem Kampf um die Macht über das Bühnengeschehen heraus. Fixiert

auf den bekannten Regisseur Alfred Weigert, spielen sie ihre ganze Routine gegen den Anfänger aus. Es kommt zum offenen Konflikt, in dem Leon eine eigene Position findet und von den Schauspielerinnen anerkannt wird, selbst aber beschließt, die Theaterarbeit wieder aufzugeben. – Das folgende Kapitel schildert das Abenteuer einer Anlageberaterin, die sich plötzlich nicht mehr an das Ziel einer Dienstfahrt erinnern kann und von seltsamen Zeichen geführt in einen Wald gelangt. Nach einer langen Reihe skurriler und zum Teil alptraumartiger Erlebnisse dringt plötzlich das Wort »Gründe« in ihr Bewußtsein. Dies ist der Name des Kunden, zu dem sie auf dem Weg war. Gründe plant, in einem ihm gehörenden Wald eine Waldsiedlung für »Menschen guten Willens« zu bauen. Die Anlageberaterin regelt die Finanzierung dafür. – Am Rande eines nördlich von Köln gelegenen Reservats beobachtet ein Anthropologe das darin lebende Volk der Synkreas (Syks), das sich aus »Gesellschaftslosen« verschiedener europäischer Nationalitäten zusammensetzt. Die Syks verwenden bekannte Sprachen und Dinge, aber nach unbekannten Regeln. Die Aufgabe des Forschers ist, diese Regeln zu erkennen. Was ihm von seiner Dienststelle strengstens verwehrt ist, versucht er schließlich doch: In die Gruppe der Syks einzudringen, sich ihren Lebensformen anzuschließen. Doch die Syks führen ihn in ein außerhalb der Siedlung gelegenes Chalet, wo er einige Zeit mit der von den Syks ihm als solche vorgestellten Frau seines Bruders zusammenlebt. Nach dem qualvollen Ende dieses Zusammenlebens muß er sich auf seiner Dienststelle für sein Verhalten verantworten. – Nach dem Tod des mächtigen Königs, von dem nach seinem Tod alle erkennen, daß er ein verbrecherischer Tyrann war, treffen sich sieben Personen auf der Terrasse hinter dem Schloß und erzählen sich Geschichten, in denen sich in allegorischer und direkter Weise die Geschichte der Bundesrepublik und aktuelle politische Debatten spiegeln. Auch Leon Pracht, der junge Mann, ist unter den sieben, ebenso ein Mädchen namens Yossica, das Liedermacherin werden möchte. Die einsetzenden Begräbnisfeierlichkeiten für den Tyrannen treiben die Gruppe auseinander. Leon gerät in einsame Gegenden und findet dort plötzlich die nur noch als sprechendes Gesicht existierende Yossica wieder. Wenn Leon ihr Gesicht wie eine Knolle in ein Stück Erde einpflanze, sagt Yossica, dann wachse sie daraus in voller Gestalt wieder hervor. – Yossica liest in der Zeitung, daß Ossia, der berühmte Filmkomiker, in der Stadt ist. Sie möchte, daß Leon ihr Ossia vorstellt. Leon kennt Ossia aus seiner Jugend, denn Ossia ist niemand anders als der ehemalige Theaterregisseur Alfred Weigert. Sie finden einen verfetteten alten Mann vor, dessen Kreativität erschöpft ist. Er bietet Leon an, einen neuen Film mit ihm zu machen und übergibt ihm sein Skizzenbuch. Nach dessen Lektüre lehnt Leon ab. Sein Rat an Ossia: »Laß endlich den Episodenkram! Du mußt wieder zu einer großen, bündigen Geschichte finden.«

Lit.: H. M. MÜLLER, Transformationen romantischer Inspirationsquellen im Jungen Mann von B. S., in: G. LABROISSE (Hg.), Literarische Tradition heute, Amsterdam 1988, S. 181–199.   D. METZGER

STRITTMATTER, Erwin
(geb. 1912)

Ole Bienkopp. 2 Teile; ED »Die
Wochenpost« 1963; EA Berlin
1963.
Der Roman wird klammerartig
von einem Aphorismus zusammengehalten, dessen erster Teil
mehrmals im Text leitmotivisch
wiederkehrt: »Die Erde reist
durch den Weltenraum [. . .] Was
ist ein Dorf auf dieser Erde? Es
kann eine Spore auf der Schale
einer faulenden Kartoffel oder ein
Pünktchen Rot an der besonnten
Seite eines reifenden Apfels sein.«
Der 1. Teil spielt in der unmittelbaren Nachkriegszeit, der 2. Teil
reicht bis in die späten fünfziger
Jahre und zeigt das Dorf Blume-
nau in der DDR. Alle Figuren
kommen aus bäuerlich-dörflichen
Verhältnissen. Dem paßt sich die
Sprache an, die knapp, betont einfach, mitunter vereinfachend ist,
was sich auch als subtile Ironie
verstehen läßt. Das Erzählgerüst
liefert der Bericht über die
Schwierigkeiten beim Aufbau einer kolchoseartigen ›Neuen Bau-
erngemeinschaft‹, einer Vorläufe-
rin der späteren LPGs. Initiator
und Wortführer ist der Kreistags-
abgeordnete Ole Bienkopp, ein
»Träumer« und »Sonderling«. Er
überwindet nach und nach die anfänglichen Hindernisse, ob es sich
um die Beschaffung von Humus,
Dünger oder Saatkartoffeln, um
den Ankauf von Flugenten oder
Vieh handelt. Die Parteiparole,
die zur Eigeninitiative auffordert,
nimmt Bienkopp wörtlich.
Durch Intrige und Denunziation
versucht die Parteisekretärin
Frieda Simson jedoch, die neue,
nicht parteikonforme Entwicklung zu stoppen. Auch Diszipli-
nierung und parteiliche Maßrege-

lungen (zwischenzeitlich gibt
Bienkopp sogar sein Parteibuch
zurück) können ihn nicht von der
konsequenten Realisierung seines
Projekts abhalten (»ist die Partei
ein selbstgefälliger Gott? Auch ich
bin die Partei!«). Im 2. Teil des
Romans ist die ›Neue Bauernge-
meinschaft‹ umbenannt in Genos-
senschaft ›Blühendes Feld‹. Gegen
den Widerstand des örtlichen
Kreissekretärs Wunschgetreu, des
Bürokraten Kraushaar und der
zur Bürgermeisterin avancierten
Frieda Simson plant Bienkopp
jetzt den Abbau von Kalkmergel,
der unter den genossenschaftli-
chen Seewiesen lagert, um ihn als
Dünger für die Viehweiden und
damit zur Futtermaximierung
und Rinderzucht nutzen zu können. Als die Behinderung von
Bienkopps Plänen unüberwind-
bar scheint, beginnt er buchstäblich eigenhändig mit dem Abbau.
Die (ideologische) Einsicht
Wunschgetreus kommt zu spät,
Bienkopp stirbt an Erschöpfung.
Der inzwischen für den Abbau ge-
nehmigte und herbeigeschaffte
Bagger versinnbildlicht nur noch
die Unverzichtbarkeit von
menschlicher Intelligenz und Ini-
tiativkraft. – Eine Handlung im
herkömmlichen Sinne fehlt, der
Roman ist eine lockere Folge von
Erzählungen, die sich um die
deutliche Erzählabsicht des Autors gruppieren: Die Schilderung
dörflicher Lebensumstände in der
Aufbauphase einer sozialistischen
Gesellschaftsordnung.
Lit.: E. S., Analysen, Erörterungen, Gespräche, Berlin 1980, S. 70–104.   M. LUSERKE

THELEN, Albert Vigoleis
(1903–1989)

Die Insel des zweiten Gesichts.
Aus den angewandten Erinnerungen

des Vigoleis. 4 Bücher samt »Weisung an den Leser«, Prolog, Epilog und »Kolophon«; EA Amsterdam und Düsseldorf 1953.

Fünf Jahre, von 1931 bis 1936, verbringen der Erzähler Vigoleis und seine Frau Beatrice auf Mallorca; dorthin werden sie durch ein Telegramm gerufen, das den nahen Tod von Beatrices Bruder Zwingli meldet. Der Ausbruch des spanischen Bürgerkriegs und nationalsozialistische Repressionen gegen Auslandsdeutsche beenden ihren Aufenthalt. Diese konzise zeitliche und geographische Eingrenzung bildet den Rahmen und ein – nur oberflächliches – Orientierungsnetz für ein fast unüberschaubares Ensemble von Figuren, Ereignissen und Reflexionen. Die Fülle von Rück- und Vorverweisen, vor allem jedoch von Assoziationen, die sich aus einem schier unerschöpflichen Wortschatz speisen, widerstreiten der Erzählstrategie des auktorialen Erzählers, der sein scheinbares Versagen wiederholt thematisiert und als »Kaktusstil« bezeichnet.

Der vorgeblich sterbende Zwingli befindet sich lediglich in einer Auseinandersetzung mit seiner Freundin, der Hure Pilar. Die Lösung seiner finanziellen Probleme gelingt dem anreisenden Paar nur unter Verlust aller Geldmittel; damit verlieren die beiden den gesicherten Status der Reisenden, richten sich auf einen längeren Aufenthalt ein, verarmen zunehmend und geraten in äußerste Bedrängnis. Den Tiefpunkt ihrer Existenz auf Mallorca erleben sie, als sie aus Geldmangel gezwungen sind, in den »Turm der Uhr« zu ziehen, ein Stundenhotel, das nur zur Zeit der Stierkämpfe ausgebucht ist und dessen Abgeschie-

denheit ansonsten genutzt wird, um einen florierenden Schmuggel zu betreiben. Obwohl Beatrice und Vigoleis schließlich die relative Sicherheit einer fast bürgerlichen Existenz durch ihre Tätigkeit als Sprachlehrer, Reiseführer und Sekretär erreichen, bleiben sie Außenseiter in dieser Gesellschaft, in der »jeder [...] sein eigenes zweites Gesicht hatte«. – Das im Roman dargestellte Mallorca der frühen dreißiger Jahre ist bereits voller touristischer Aktivitäten und zeigt die frühe Phase des (Massen-)Tourismus in einer Zeit politischer Umwälzungen und Katastrophen. Die sich auf den Bürgerkrieg zu bewegende Gesellschaft Mallorcas ist von Pensionären, Rentiers, Anarchisten, Schmugglern, reisenden Literaten und Philosophen wie Keyserling, Keßler und Ranke-Graves und schließlich Pauschalreisenden überformt, die organisierte Gruppenreisen mit Cook's, Kuoni oder den ›Kraft durch Freude‹-Schiffen NS-Deutschlands unternehmen.

Das Organisationsprinzip, das dieses stoffliche Chaos zu einer erzählerischen Einheit arrangiert, ist die Großmetapher von der »Insel des zweiten Gesichts«, die keineswegs nur uneigentliche Bezeichnung für Mallorca ist, sondern eine Fülle von Konnotationen zusammenfaßt, die in der »Weisung an den Leser« in bezug auf die Figuren so expliziert werden: »Doppelbewußtsein ihrer Persönlichkeit« und »Spaltung der ichverlorenen Gestalten«. Im Verlauf des Romans werden zahlreiche Nebenbedeutungen und Anwendungsfälle der Wendung »zweites Gesicht« ausgebreitet; dazu gehört auch der Name des Erzählers, der zugleich der des

Autors ist. Mit Vigoleis (Wiga-
lois) wird ein literaturgeschichtlicher Bezug zu dem mittelhoch-
deutschen Epos des Wirnt von
Grafenberg hergestellt, in dem
u. a. das Insel-Motiv präfiguriert
ist. Im Verlauf des Romans erweist sich der Erzähler weniger als
handlungs- denn als wortmächtig
in dem Sinne, daß sich sein Sprechen im »Kaktusstil« als Handeln
von einem bloßen, reflexionslo-
sen Tun distanziert. Denn indem
er das rechte Wort findet, bringt
er in dem Roman das »zweite Gesicht« aller Dinge und Figuren zur
Sprache. Das Vergnügen an dem
Ernst dieser Prosa liegt im rechten
Wort.

Lit.: J. Pütz (Hg.), In Zweifelsfällen entscheidet die Wahrheit. Beiträge zu A. V. T.,
Viersen 1988.   E. Czucka

THOMA, Ludwig (1867–1921)

Andreas Vöst. *Bauernroman.* 20
Kapitel; ED »Münchner Neueste
Nachrichten« 1905; EA München
1906.
Der Geschichte des Schullerbau-
ern Andreas Vöst aus Erlbach im
Dachauer Hinterland, der sich gegen einen ehrverletzenden Eintrag
im Kirchenbuch seiner Pfarrei zur
Wehr setzt, liegt ein Fall aus Thomas Anwaltspraxis zugrunde. –
Zwischen dem Dorfpfarrer Baustätter und Vöst besteht eine alte
Feindschaft, weil Vöst gegen den
Bau eines neuen Kirchturms ge-
stimmt hat. Wohl aus diesem
Grund interpretiert es der Pfarrer
als Auflehnung gegen die heiligen
Vorschriften der Religion, daß
der Schullerbauer viel Geld zahlen
will, damit sein kurz nach der Geburt verstorbenes Kind, das nicht
notgetauft worden ist, ein richtiges Grab bekommt und nicht au-

ßerhalb der Friedhofsmauern auf
ungeweihter Erde eingegraben
wird »wie ein Hund« und jeder
Selbstmörder. Da Vöst der Wortführer gegen den neuen Kirchturm ist, lebt er auch in jahrelan-
ger Feindschaft mit dem Vertrauten des Pfarrers, dem Hierangl-
bauern, dessen Sohn seine Tochter Ursula geschwängert hat, sich
jedoch weigert, sie zu heiraten.
Nachdem Vöst mit 53 gegen 44
Stimmen zum Bürgermeister gewählt worden ist, behauptet Pfarrer Baustätter, sein verstorbener
Amtsvorgänger Held habe ihm
einen Zettel überlassen, auf dem
geschrieben sei, Vöst mißhandle
seinen alten Vater. Daraufhin erkennt der Bezirksamtmann die
Wahl nicht an, da Ruhe und Ordnung in der Gemeinde gestört
seien, und Vöst konsultiert nun
einen Advokaten, damit das geheimnisvolle Schreiben ans Licht
komme. Auch bittet er den Dom-
kapitular, zu bewirken, daß der
Zettel ausgeliefert werde, woraufhin er jedoch nur eine beglau-
bigte Abschrift erhält. Vöst ist
verzweifelt darüber, daß er nicht
sein Recht bekommt, hat er doch
zeitlebens seinen Vater gut behandelt. Er besucht nicht mehr die
heilige Messe und will auch das
uneheliche Kind seiner Tochter
nicht taufen lassen, weil der Pfarrer ihm nur den Spottnamen Sim-
plizius geben will. Der Theologiestudent Sylvester Mang, der
wegen eines Mädchens in München beschließt, sein Studium
nicht fortzusetzen und auf ein
Priesteramt zu verzichten, wird
eben aus diesem Grund zu Pfarrer
Baustätter zitiert. Im Pfarrhaus
entdeckt Mang den berüchtigten
Zettel und erkennt, daß es sich um
eine Fälschung der Handschrift
des seligen Pfarrers Held handelt.

Sofort berichtet er Vöst von dieser Entdeckung und rät ihm, vor Gericht und beim Bezirksamt der Verleumdung entgegenzutreten und sein Recht zu suchen. Der Schullerbauer lehnt dies jedoch resigniert ab und betrinkt sich im Wirtshaus. Sein mittlerweile zum Bürgermeister ernannter Gegner Hierangl provoziert ihn; es kommt zu einem heftigen Wortgefecht, bis Vöst die Beherrschung verliert und ihm einen Krug auf den Kopf schlägt, worauf dieser bewußtlos niedersinkt und stirbt. Vöst wird zur Gefängnisstrafe verurteilt, in Erlbach baut der Pfarrer einen neuen Kirchturm. – Man hat die verzweifelte Rechtssuche des Andreas Vöst immer wieder als bayerisches Michael-Kohlhaas-Schicksal interpretiert. Die Dialoge in bayerischer Mundart schaffen naturalistische Unmittelbarkeit.

Lit.: B. GAJEK, Andreas Vöst. Bauernroman. Textrevision und Nachwort, in: L. T., Andreas Vöst, München 1988, S. 272–344.

G. RIEDEL

THÜMMEL, Moritz August von (1738–1817)

Reise in die mittäglichen Provinzen von Frankreich im Jahr 1785 bis 1786. 10 Bände; EA Leipzig 1791–1805.

Wilhelm, ein 38jähriger Kammerherr aus Berlin, ist in Preußen begütert und hat in Leyden Jura studiert und den Magistertitel erworben. Durch ein ungesundes Gelehrtenleben hat er sich die Modekrankheit des 18. Jahrhunderts, die Hypochondrie, zugezogen. Sein Freund Eduard empfiehlt ihm zur Wiederherstellung seiner Gesundheit eine Reise nach Frankreich. Für ihn führt er ein Tagebuch. Am 1. November 1785 bricht er in Berlin auf. Seine ersten Reiseetappen sind Leipzig, Frankfurt am Main, Heidelberg, Bruchsal, Karlsruhe und Kehl. In Straßburg, wo er sich vom Mesmerismus Heilung erwartet, wird er von seinem Jugendfreund Jerom, einem Arzt aus Leyden, auf dem Münsterturm vor einer mesmeristischen Behandlung bewahrt. Er rät ihm, den »Scherz und das Lachen« zu suchen, wo immer er sie antreffe. Das Kernstück von Jeroms »epikurischen Verordnungen« lautet: »Der herrliche Wein, der jenes Land bekränzt, sey deine Arznei, das flammende Gesicht des braunen Mädchens dein Arzt, und das Spielwerk der Liebe deine Philosophie!« Auf der Fahrt nach Paris, St. Denis, Palu und Nîmes erweisen sich diese Ratschläge zunächst als wenig wirksam. Krankheit zwingt den Reisenden, Nîmes zu verlassen. In dem Dorf Caverac erfährt er eine rousseauistische Natur. Er verliebt sich in die junge Margot, die sich aber für seinen Diener Johann entscheidet, der nach der bald stattfindenden Hochzeit in Caverac bleibt. Margots Bruder Bastian begleitet nun als Diener den Reisenden. Sein mürrischer Mops hat die ländliche Idylle nicht ertragen und ist gestorben – er verkörperte die Hypochondrie, von der Wilhelm genesen zu sein glaubt. Die ersten Tage des neuen Jahres 1786 verbringt er in Avignon. Er verliebt sich in Klärchen, die mit ihm unter einem Dache wohnt. Er verehrt ihre unschuldige Schönheit und versucht das fromme Mädchen für sich zu gewinnen, indem er ihr anbietet, ein angeblich von der Jungfrau Maria stammendes

Strumpfband gegen das ihre auszutauschen. Es fehlt nicht an weiteren anzüglichen Scherzen mit Reliquien. Klärchens Frömmigkeit ist geheuchelt – sie führt mit hohen Klerikern ein lockeres Leben. Durch das Verbrennen von Büchern jesuitischer Kasuistik zieht sich der Reisende eine Anklage wegen Kirchenraubs zu. Er verbringt den 7. und 8. Januar im Gefängnis, hält vor Gericht aber eine so eindrucksvolle Verteidigungsrede, daß er auf freien Fuß gesetzt wird. In Lambesk denkt er über die Wirkungen von »Priesterstolz und Aberglaube« im päpstlichen Avignon nach, nennt die Herrschenden »Räuber dieses Landes« und prophezeit, daß unter den Bürgern bald des »Aufruhrs schwarze Fahne« wehen und die »Schafe« zu den »Würgern« übergehen würden. In Marseille, wo er seit dem 9. Januar lebt, zieht sich der Reisende ein »hitziges Fieber« zu, das ihn vier Wochen ans Bett fesselt. Noch einmal wird er von einem erfahrenen Arzt namens Sabathier gerettet; am 17. Februar fühlt sich Wilhelm gesund. Seine Wiederherstellung fördert ein Freund, den Wilhelm einst in Berlin kennengelernt hat: der Marquis de Saint-Sauveur. Er lebt als Offizier in Marseille und lädt den Reisenden auf seinen Besitz Sonnenthal ein. Der nach längerer Fahrt unerwartete, plötzliche Blick auf das herrliche Tal in der Provence gehört zu Saint-Sauveurs ausgeklügeltem Überraschungsprogramm. Bei seinem Freund lernt Wilhelm eine liebenswürdige junge Frau, Agathe, kennen. Er hofft auf eine Verbindung mit ihr. Nach dem »Elysium« des Sonnenthals besichtigt der Reisende in Marseille ein Irrenhaus. In Montpellier interessieren ihn medizinische Kuriositäten. Die weiteren Reisestationen (Agde, Beziers, Somailles) sind schnell durchlaufen. Im Kloster Cotignac entdeckt er Akten über das rätselhafte Schicksal eines angeblichen älteren Bruders von Ludwig XIV. und dessen illegitime Geburt. Damit glaubt Wilhelm, das Rätsel der »masque de fer« gelöst zu haben. Die Capitouls, königliche Polizisten, verfolgen und verhören ihn. Wegen »staatsgefährdender Aktenfunde« wird er des Landes verwiesen. Ein russisches Schiff bringt ihn nach Leyden, wo er am 25. März eintrifft und Jerom wiedersieht. Die letzten Seiten seines Tagebuches schreibt er im April 1786 in Leyden: Wilhelm sieht sich schon nach Berlin zurückgekehrt, vom Freund Eduard herzlich begrüßt.

Thümmel wollte keinen Roman nach dem oft nachgeahmten Muster von Sternes *Sentimental Journey* oder von Chapelle-Bachaumonts *Voyage* schreiben. Die Fiktion des Tagebuchs eines Hypochonders ermöglicht Mitteilung und ironische Selbstanalyse. Ironie korrigiert auch die ständigen Irrwege des Reisenden. Das ›Scherz‹-Prinzip des Rokoko und eine nach 1800 intensiver werdende Empfindsamkeit bestimmen die von den Zeitgenossen vielgelobte Prosa. Sie enthält eine Fülle von Anspielungen, Zitaten und Noten, eine meist humoristische Metaphorik, Pantomimik und Allegorien. So wird der Epilog von einer »ländlichen Muse«, einer holländischen Blumenhändlerin und Improvisatorin namens Emilie (!) gesprochen: Allegorie einer natürlichen Dichtkunst. Die Verspartien, die in den Teilen, in welchen der typische ›Reisestil‹

herrscht, häufiger vorkommen als in den szenisch erzählten Partien (Avignon, Sonnenthal), sind dem europäischen Rokoko verpflichtet. Der Reisende, der vor Rückfällen in die Hypochondrie nicht gefeit ist, bekennt sich zum Epikureismus und zum lukrezischen Naturgesetz des Zufalls, der auch den Romanverlauf lenkt. Für Jean Paul, die Brüder Schlegel, Tieck und Eichendorff war die *Reise* – auch dank ihrer Vers-Prosa-Mischung – ein »classisches Buch«.

Lit.: P. MICHELSEN, Laurence Sterne und der deutsche Roman des 18. Jahrhunderts, Göttingen 1962. – G. SAUDER, Der reisende Epikureer. Studien zu M. A. v. T.s Roman »Reise in die mittäglichen Provinzen von Frankreich«, Heidelberg 1968.   G. SAUDER

TIECK, Ludwig (1773–1853)

Franz Sternbalds Wanderungen. *Eine altdeutsche Geschichte.* 2 Teile (unvollendet); EA Berlin 1798.

Das Werk stellt den programmatischen Versuch dar, den widersprüchlichen Reichtum des Lebens im Medium der Phantasie zu poetisieren. Dies zeigt sich bereits im Thema der *Wanderungen* und in zahlreichen Liedern und Gedichten, die den Übergang von der Prosa in Poesie akzentuieren. Der im Roman geschilderte Prozeß vollzieht sich in einem scheinbar ziellosen Schweifen des Helden durch Städte und Landschaften Süddeutschlands (Nürnberg) und Italiens; er erstreckt sich über einen Zeitraum von etwa anderthalb Jahren, der durch zahlreiche Daten aus der europäischen Kunstgeschichte (z. B. den Tod Raffaels am 6. April 1520) historisch verankert ist. Seine Wanderungen unternimmt der Held auf der Suche nach Eltern und Geschwistern, nach der Geliebten und nach dem eigenen Ich, nach Selbstverwirklichung. Dem Welt- und Menschenbild der deutschen Frühromantik entsprechend spielt sich dieses Suchen, Entwickeln und Finden in einem werdenden Künstler ab: Franz Sternbald ist ein Lehrling der Malkunst, der nach künstlerischer Reife strebt. Mit der malerischen Entwicklung geht die der Lebenskunst einher, von Persönlichkeit, Gesundheit, Lebenskraft und Weltkenntnis, die schließlich im Finden des geliebten Wesens kulminiert. Beide Aspekte, das Reifen des Künstlers und des Menschen sind untrennbar miteinander verflochten.

Zu Anfang des Romans ist Franz Sternbald ein junger Mann voller Unruhe und Besorgnis über seine künstlerische Anlage und Bestimmung. Doch Dürer, sein Lehrer, weiß einzuschätzen, daß Franz zu jenen »Kunstgeistern« gehört, die nicht in der Abgeschlossenheit gedeihen, sondern »denen der Anblick des Mannigfaltigen ungemein zustatten kömmt« und »in denen immer neue Bildungen entstehn, wenn sie das Neue sehn«. Der »Anblick des Mannigfaltigen« bestimmt Sternbalds weitere Entwicklung auf seinem Weg über flämische und niederländische Malerschulen bis nach Italien. Freilich birgt das Heraustreten aus sich selbst in der Erfahrung der Welt auch die Gefahr des Abgleitens vom Weg bis hin zur völligen Selbstpreisgabe, die Tieck mehrfach schildert. Der entscheidende Moment des Sich-Wiederfindens im Künstlerischen und im Persönlichen ereignet sich in Rom durch die Betrachtung von Michelangelos »Jüngstem

Gericht« in der Sixtinischen Kapelle. Tiecks Roman ist jedoch nicht nur Künstlerroman, insofern er die Entwicklung und Reifung eines jungen Künstlers darstellt, sondern er erhebt auch die Kunst als solche zum Thema und entwickelt einen bestimmten Begriff von Kunst. Diese Kunsttheorie ist dadurch mit der Romanhandlung verbunden, daß sie von Franz allmählich gewonnen und in Gesprächen mit zahlreichen Partnern entwickelt wird. Die sog. »Kunstgespräche« bilden einen beträchtlichen Teil des Romans und gipfeln in der Herausarbeitung einer Idee der ›allegorischen‹ (symbolischen) Kunst. Zugleich sucht der Roman, die Funktion der Kunst im Zusammenhang des Lebens zu bestimmen und sie mit diesem zu verbinden. Die geläufige romantische Vorstellung eines Antagonismus von Kunst und Leben, die etwa in Wackenroders *Herzensergießungen eines kunstliebenden Klosterbruders* Gestalt gewonnen hat, wird in Tiecks Roman vielfältig variiert. Bereits vor den Toren Nürnbergs tritt für Franz die Lust des freien Reisens in der Natur mit dem Glück stiller Häuslichkeit in Konflikt. Wiederholt wird von seinen Gesprächspartnern die Diskrepanz zwischen künstlerischer Bestimmung und persönlichem Lebensglück betont. Franz gelangt jedoch im Verlauf seiner Wanderungen auf einen Standpunkt, von dem aus er in ruhiger Gelassenheit darauf verweisen kann, daß seine Anschauungen »von dergleichen Torheiten frei geblieben sind«. In dem verzweifelten Eremiten in den Bergen war Franz einem Künstler begegnet, an dessen Beispiel ihm deutlich wurde, wohin die Trennung von Kunst und Le-

ben führt. Als ihm sein Freund Sebastian gegen Ende in einem Brief die trübsinnige Frage stellt: »Wozu soll es?«, und es diesem töricht erscheint, an seinen künstlerischen Versuchen weiterzuarbeiten, antwortet Franz: »Die Welt und die Kunst ist viel reicher, als ich vorher glaubte.« Parallel zu dieser Erarbeitung einer gereiften Kunstanschauung, die ihm seinen geistigen Rang verleiht, erlebt Franz die Begegnung mit der geliebten Marie, die wie ein Wunder erscheint.

Wie der nicht ausgeführte 3. Teil ausgefallen wäre, ist oft erörtert und von Tieck auch selbst in dem »Brief eines jungen deutschen Malers in Rom an seinen Freund in Nürnberg«, einem Fragment zur Fortsetzung des *Sternbald,* sowie in dem Nachwort zur Ausgabe von 1843 angedeutet worden. Danach läßt sich die Annahme vertreten, daß der Roman auf eine harmonische Vereinigung aller seiner Bestandteile angelegt ist, die weit über die künstlerische Vollendung und persönliche Reife Franz Sternbalds hinausgreift und Mensch und Welt, Kunst und Leben, Norden und Süden, Katholizismus und Protestantismus, Vergangenheit und Zukunft, Ideal und Wirklichkeit umfaßt. Diese Zielrichtung zeigt sich deutlich im Aufbau des Romans. Die beiden vorliegenden Teile sind im Stil, Inhalt und in der ganzen Atmosphäre so tiefgreifend verschieden, daß man häufig den Zusammenhang zwischen ihnen nicht mehr zu sehen vermag. Der Übergang von der einen Welt (Nürnberg) in die andere (Norditalien) wirkt fast wie ein Sprung in das Gegenteil, scheint aber das höhere Sich-Wiederfinden im Sinne einer Identität

von Ich und Welt anzudeuten.
Dies mag zugleich darauf hindeu-
ten, daß der Roman *Franz Sternbalds Wanderungen* am Ende des
2. Teils seinen natürlichen Abschluß gefunden hat und daß das
Ausbleiben der geplanten Fortsetzung in der Struktur des Werkes
selbst seine Ursache hatte.

Lit.: L. T., Franz Sternbalds Wanderungen,
hg. von A. ANGER, Stuttgart 1988 (RUB
8715). E. BEHLER

**Geschichte des Herrn William
Lovell.** 3 Bände; EA Berlin
1795–96 (anonym erschienen).
Der Briefroman folgt dem Vorbild *Le paysan perverti* (1776) von
Restif de la Bretonne und zeichnet
sich durch die differenzierte psychologische Schilderung der Charaktere, besonders der Hauptfigur
mit ihrer hochgesteigerten Sensibilität und ihrem ausgeprägten
Phantasieleben aus. Die Handlung ist oft verwirrend und
sprunghaft. – William Lovell, der
seine Mutter bereits früh verloren
hat, entstammt einer wohlhabenden englischen Familie und wird
in seinem Leben von einem geheimen Intrigenspiel bestimmt.
Seine schwärmerische Jugendliebe zu Amalie, der Schwester
seines Freundes Karl Wilmont,
und seine freundschaftliche Neigung zu Eduard Burton versucht
sein Vater Walther zunichte zu
machen, indem er ihn mit dem
wenig älteren Mortimer auf eine
Bildungsreise nach Frankreich
und Italien schickt. In Paris gewinnt Mortimer als neuen Reise-
begleiter den Italiener Rosa, der
William in die Freuden der Liebe
einführt und ihn eine egoistische
Philosophie des Lebensgenusses
lehrt. Durch Rosa gelangt William nach Rom, wo er sich von
einem Liebesabenteuer ins andere

stürzt und dabei den Tod des
schlichten Mädchens Rosaline
verursacht. Rosa vermittelt ihm
auch die Bekanntschaft mit Andrea Cosimo, der William auf unheimliche Weise an ein Familien-
bild in seinem Elternhaus erinnert. William ergibt sich immer
mehr dem Sinnengenuß, bis er aus
Heimweh nach England zurückkehrt und sich Emilie, der Schwester seines Freundes Eduard Burton, nähert. Emilie, glücklich mit
Karl Wilmont verheiratet, wird
von einer leidenschaftlichen Liebe
zu Lovell ergriffen und stirbt, als
dieser sie schnöde verläßt. Karl
Wilmont schwört Rache für den
Tod seiner Frau. Nachdem Lovell
nach Rom zurückgekehrt ist,
straft ihn der sterbende Andrea
Cosimo mit zynischem Gelächter. Lovell erfährt, daß es sich bei
Andrea um den ungetreuen Wa-
terloo handelte, den Feind seines
Vaters, der seinen Haß durch die
Zerstörung Lovells zu befriedigen
suchte. Nachdem sich Lovell auf
das Landgut Rosas zurückgezogen hat, wird er dort von Karl
Wilmont gestellt und im Duell getötet. – Mit William Lovell porträtiert Tieck einen haltlosen, ich-
bezogenen jungen Schwärmer,
dessen Labilität den Erfolg der
zerstörerischen Intrige erleichtert.
Häufig als ungeschicktes Jugend-
werk eingestuft, wurde der Roman auch als frühes Porträt nihilistischer Lebenserfahrung gewürdigt oder auf den sich in den Figuren Lovell und Mortimer perso-
nalisierenden Gegensatz von gescheiterter und stabiler – in häusliche Seßhaftigkeit mündender –
Lebensführung hin interpretiert.
Eine weitere Deutung des Romans ergibt sich im Blick auf die
23 Stimmen, die sich in den verschiedenen Briefen äußern: sie be-

leuchten das Geschehen aus unterschiedlichen, einander relativierenden Perspektiven und repräsentieren in der Vielfalt der dabei zutage tretenden Aspekte die Vieldeutigkeit des Lebens.

Lit.: L. T., William Lovell, hg. von W. Münz, Stuttgart 1986 (RUB 8328).

E. Behler

Vittoria Accorombona. 5 Bücher; EA Breslau 1840.
Tiecks vorwiegend auf John Websters Tragödie *The White Devil* (abgedruckt im 6. Band von Robert Dodsleys *A Select Collection of Old Plays,* 1744) fußender Roman umfaßt die Spanne von den Mädchenjahren der Titelheldin bis zu ihrem frühen gewaltsamen Tod, das Dezennium zwischen 1575 und 1585, das die Verfallsepoche der italienischen Spätrenaissance markiert. Die schöne, stolze und dichterisch begabte römische Patriziertochter ist den Fliehkräften der eigenen, allmählich der Zerrüttung anheimfallenden Familie ebenso preisgegeben wie den Wirren der Zeit, die von Sittenverderbnis der Kirche, Nepotenwesen und Bandenterror der großen Adelsgeschlechter bestimmt ist. Die Handlung mit Hunderten von – meist historisch beglaubigten – Personen und einer Vielzahl von Episoden kontrapunktiert den klaren und selbstbewußten Daseinsentwurf Vittorias, die ihre Fraulichkeit jenseits einengender Konventionen, aber auch unbefleckt von der dekadenten Libertinage ihrer Epoche verwirklichen will. Die damit verbundene Künstlerproblematik ist bewußt als Parallelschicksal zur Lebenskrise Torquato Tassos angelegt, der zu den peripheren Gestalten der Handlung zählt, aber namentlich durch die Einbindung in Literaturgespräche eine parameterartige Funktion erfüllt. Kuß und Umarmung zwischen ihm und der Heldin inmitten eines häuslich-poetischen Zirkels bedeuten für Vittoria schon gegen Ende des 1. Buches das Erlebnis geistigsinnlicher Erfüllung, die in Lebensüberdruß umschlägt. Von frühen düsteren Ahnungen eingeleitet, spitzt sich das Widerspiel zwischen der angestrebten Lenkbarkeit von Geschicken und Gefühlen und den »Gespenster[n], tief im Hintergrund unserer Seele«, mehr und mehr zu. In den zahlreich durchgespielten Begegnungen mit dem männlichen Prinzip ist das weibliche Scheitern vorgegeben. Vittorias Brüder, der Muttersohn Flaminio, der Bandit Marcello und der kaltsinnige Kirchenfürst Ottavio, vermögen die Familie nicht unversehrt durch die Zeitläufe zu steuern und gehen jeder für sich zugrunde; schon zuvor verfällt die Mutter aus Gram über den unausweichlichen Niedergang dem Wahnsinn. Vittorias erster unschuldiger Verehrer, Camillo, der sie aus einem reißenden Fluß rettete, erleidet eine Galeerenstrafe und wird später, halb unwillentlich, mitschuldig an ihrem Tode. Der ihr aus Familienraison angetraute, schwache und nichtswürdige Peretti willigt in den Plan ihrer gewaltsamen Entführung durch den macht- und triebbesessenen Kardinal Farnese ein, der sie sich schon vorher hatte gefügig machen wollen, indem er ihr seinen Schutz für die Familie angeboten hatte. Vittorias Geliebter, der Herzog Bracciano, wird mit ihr im Verborgenen Zeuge des abgesprochenen Komplotts, läßt Peretti durch einen Fememord beseitigen und schüchtert die Ge-

genpartei vor dem geistlichen Gericht so ein, daß Vittoria aus dem
Prozeß frei hervorgeht und nur
eine Schutzhaft auf der Engels-
burg antreten muß, während
Rom vom Bandenterror heimgesucht wird. Die Heirat der Liebenden wird durch die Papstkrö-
nung des Kardinals Montalto, Pe-
rettis Oheim, überschattet, der als
Sixtus V. einen gnadenlosen Ver-
nichtungsfeldzug gegen alle Ge-
setzesbrecher eröffnet. Das Paar
flieht, wird aber nach wenigen
glücklichen Tagen von zunehmend sich verdüsternden Ahnungen verfolgt. Schlimmer als der
weitreichende Arm der päpstlichen Macht wirken anonyme
Kräfte, die Bracciano in einer sini-
stren halluzinatorischen Szene
vergiften und sein rasches Ende
herbeiführen. Die Witwe rettet
sich nach Padua, wo sie in quälende Rechtsstreitigkeiten um ihr
Erbe verwickelt wird. Schließlich
verfällt sie der blutigen Rache des
brutalen Bandenführers Luigi Or-
sini, der sie, gleichsam als Anti-
pode der fragilen Lichtgestalt Tassos, lange Jahre mit seinen drei-
sten Werbungen verstört hatte. –
Die Handlung des Romans in ihrer kaum nachzuzeichnenden,
höchst subtilen Verknüpfung
zwischen seelischen Bewegungen
und kausalen Handlungsabläufen
steht zwischen Heinses → *Ardinghello und die glückseeligen Inseln*
und der Renaissancethematik des
19. Jahrhunderts. Der Roman
wurde als Beitrag zu der von den
Jungdeutschen propagierten
Emanzipationsthematik mißverstanden, behandelt aber tatsächlich das epochenübergreifende
Scheitern einer ästhetischen Existenz in ruchloser Zeit.

Lit.: C. E. KECK, Renaissance and Romanti-
cism: T.'s Conception of Cultural Decline as
Portrayed in his »Vittoria Accorombona«,
Bern / Frankfurt/M. 1967.   W. MÜNZ

TRAVEN, B. (1882 oder
1890–1969)

Das Totenschiff. *Die Geschichte
eines amerikanischen Seemanns.*
3 Bücher; 48 Kapitel; EA Berlin
1926.
Die Geschichte spielt kurz nach
dem Ersten Weltkrieg. Als der
Ich-Erzähler, der Deckarbeiter
Gales, vom Landgang in den Hafen von Antwerpen zurückkehrt,
muß er feststellen, daß sein Schiff
bereits ausgelaufen ist. Ohne Geld
und ohne Papiere und damit ohne
einen Nachweis seiner Nationali-
tät, wird er von den Behörden
von Grenze zu Grenze geschoben.
Kein Konsul fühlt sich für ihn zu-
ständig, kein Schiff heuert ihn an.
Zunächst versucht er, sich auf
dem Land durchzuschlagen. In
Frankreich wird er wegen
Schwarzfahrens für einige Zeit ins
Gefängnis gesteckt. Nach seiner
Entlassung findet er Arbeit und
Unterkunft bei einem freundlichen Bauern, dem er sich als
Deutscher vorstellt. Bei der ille-
galen Überquerung der spanischen Grenze gerät er versehentlich auf militärisches Sperrgebiet
und wird zum Tode verurteilt,
später aber freigelassen. Als Ausweg erscheint Gales schließlich
nur noch die Anmusterung auf
einem sogenannten Totenschiff,
dessen Mannschaft aus unglücklichen und gescheiterten Existenzen besteht, die ihr Lebensrecht in
der bürgerlichen Gesellschaft ver-
wirkt haben. Sein Eigentümer hat
den Untergang des Fahrzeugs geplant, um die Versicherungsprä-
mie zu kassieren. In Barcelona
nimmt ihn die »Yorikke« an

Bord, ein heruntergewirtschafteter alter Kahn, der Waffen schmuggelt und auf dem Seemannskarte und Paß keine Rolle spielen. Unter unwürdigen Lebensverhältnissen verrichtet Gales hier die schwere und schlecht bezahlte Arbeit eines Kohlenziehers. Die Kollegen sind gewissenloses Gesindel, vor dem er seine Habseligkeiten schützen muß, das Quartier ist ein düsteres, dreckiges Loch, die Verpflegung ein ungenießbarer Fraß. Der Dienst erweist sich als Knochenarbeit, die Gales bis an die physische Grenze des Lebens führt. Aber die Erfahrung des Leidens zerbricht ihn nicht. Sie macht ihm vielmehr seine unumschränkte Freiheit bewußt und nimmt ihm die Todesfurcht: »Ich bin frei, darf unbekümmert tun und lassen, was ich will. [...] Kein menschliches Gesetz, kein göttliches Gebot mehr kann meine Handlungen beeinflussen, denn ich kann nicht mehr verdammt werden. Die Hölle ist ein Paradies. Keine menschliche Bestie kann Höllenqualen ausdenken, die mich erschrecken könnten. Wie immer auch die Hölle beschaffen sein mag, sie ist Erlösung.« Als er sich gerade an die Arbeitsbedingungen gewöhnt hat und das Schiff sogar zu »lieben« beginnt, wird er bei einem Landgang in Dakar zusammen mit seinem Kameraden, dem staatenlosen Stanislaw Koslowski, überfallen und auf die »Empress of Madagascar« verschleppt. Bei einer betrügerischen Havarie verliert die Besatzung ihr Leben, mit Ausnahme von Gales und Stanislaw, die sich auf das Wrack retten können. Der Schluß des Romans bleibt offen. Er zeigt den auf einer Holzplanke im Meer treibenden Gales, der mit ansehen muß, wie

Stanislaw, von den Strapazen wahnsinnig geworden, ins Wasser springt und ertrinkt. – Die Handlung wird immer wieder unterbrochen durch Reflexionen und Gespräche, in denen das Profitstreben des Kapitalismus und die Willkürgewalt des Staates und seiner Organe verurteilt werden. Hoffnung findet der Erzähler für sich und das unterdrückte Volk nur in der Revolution, die eine freie und gerechte soziale Ordnung schafft.

Lit.: J. BECK / K. BERGMANN / H. BOEHNCKE (Hgg.), Das B. T.-Buch, Reinbek 1976, S. 146–173 (rororo 6986). – H. L. ARNOLD (Hg.), B. T., München 1989 (Text + Kritik 102). P. LANGEMEYER

TUCHOLSKY, Kurt
(1890–1935)

Schloß Gripsholm. *Eine Sommergeschichte.* 5 Kapitel; EA Berlin 1931.
Tucholskys erfolgreichster Roman handelt von der Möglichkeit individueller Glückserfahrung, von besitzloser Liebe und besitzergreifender Macht. Die Lust, ein Synonym für Glück, rangiert vor Liebe und Macht: sie umfaßt als ambivalenter Begriff sowohl die erotische Lust als auch die Macht- und Mordlust. Sie bestimmt auch als Fabulierlust die Sprache des Romans, seinen humoristischen Stil. – Der Erzähler Tucholsky muß Berlin verlassen und in die Fremde, nach Schweden, reisen, um das Glück zu erfahren. Es erfüllt sich nur in der gesellschaftsfernen Idylle, in Schloß Gripsholm. Die besitzlose Liebe zwischen dem Erzähler und Lydia, seiner »Prinzessin«, im Alltag Sekretärin eines Seifenfabrikanten, ist ein schwereloses Glücksgefühl ohne moralische

Bedenken: »Wir lagen auf der Wiese und baumelten mit der Seele«. Als zu den Verliebten Karlchen, der Freund des Erzählers, stößt, stört nicht etwa Rivalität die Gemeinsamkeit, sondern das Vertrauen der Männer und die harmonische Gesprächsgemeinschaft der drei Partner ersetzen die sexuelle Beziehung. Nach Karlchens Abreise kommt Lydias Freundin Billie an. Aus der intimen Zweisamkeit wird problemlos eine Dreisamkeit. Die zwei Freundinnen teilen sich die Liebe des Mannes und erleben dadurch die sexuelle Lust noch intensiver. Der Verstoß gegen die gesellschaftlichen Normen ist für die Partner irrelevant. Sie beweisen ein intaktes Moralempfinden, indem sie ganz selbstverständlich ein fremdes Kind aus existentieller Not retten und als seine Eltern auftreten, ohne seine Eltern zu sein – eine Form der besitzlosen Liebe. Das Kind Ada Collin ist der Machtgier der Frau Adriani, der Leiterin des Kinderheims, hilflos ausgeliefert. An ihrem Schreckensregiment erkennt der Erzähler das Wesen der Macht als Macht- und Mordlust. Die Liebenden werden zur richterlichen Instanz. In einem Akt der Menschlichkeit befreien sie das Kind aus dem Heim. Der Erzähler wird zum satirischen Kommentator: er verurteilt die Machtgier der Adriani als Folge sexueller Unerfülltheit. Diese Psychologisierung verbindet die sonst nur lose verknüpfte Liebes- und Leidenshandlung miteinander. Macht- und Mordlust seien, so resümiert der Erzähler, die psychische Konsequenz unbefriedigter Sexualität. Unmoralisch handle somit nicht der, der seine Sexualität auslebt (die Lieben-

den), sondern der, der sie unterdrückt (die Adriani). Literarisch überzeugend ist der Roman durch Wortspiele und Wortwitz, besonders im plattdeutschen Dialekt. In der witzigen Pointe vermittelt der humoristische Erzähler dem Leser die schwerelose Heiterkeit »kurze[n] Glück[s]«.

Lit.: I. ACKERMANN, K. T., München 1981.

U. ELM

TUMLER, Franz (geb. 1912)

Aufschreibung aus Trient. 19 Kapitel; EA Frankfurt/M. 1965.

Der durch einen Autounfall erzwungene Aufenthalt eines Paares in Trient gerät für den Mann und Ich-Erzähler zur Auseinandersetzung mit seiner Herkunft, der er gerade jetzt bei dieser Fahrt in den Süden hatte ausweichen wollen, indem er in dem Dorf seiner Verwandten von väterlicher Seite ohne Halt weitergefahren war. Seine Lebensgeschichte ist in dem stark autobiographisch gefärbten Roman aufs engste mit der konfliktträchtigen historischen Entwicklung Südtirols verbunden, die während der Entstehungszeit des Romans durch antiitalienische Terrorakte wieder verstärkt ins öffentliche Bewußtsein gerückt war. Vom Hotelzimmer des Paares aus ist der Hof eines gegenüberliegenden Kastells zu sehen; in diesem von den beiden täglich aufgesuchten Hof wurde 1916 Cesare Battisti, der mit dem Vater des Erzählers befreundet war, von den Österreichern als Landesverräter aufgehängt, weil er sich für den Anschluß Südtirols an Italien eingesetzt hatte. Von diesem Symbolkraft gewinnenden Hof aus, inzwischen mit einer Erinnerungstafel und einem zu erwerbenden Photo Battistis eine nationale Gedenkstätte, wird Battisti zum zweiten Ich-Erzähler, zum für das Paar unsichtbaren Zeugen und Kommentator ihres eigenen Lebens und zum Berichterstatter über die Familiengeschichte des Mannes. Ist diese für die Vergangenheit durch den Vater des Mannes mit der politischen Geschichte Südtirols verbunden, so in der Gegenwart durch seine beiden Vettern, von denen der eine wegen der Beteiligung an terroristischen Anschlägen gegen die italienische Staatszugehörigkeit angeklagt ist und der andere als Bürgermeister seines Heimatdorfes diese Aktionen verurteilt. Die durch den Erzählerwechsel ermöglichte gleichrangige Darstellung aus verschiedenen Positionen und Zeitstufen begegnet als Erzählverfahren den sprachskeptischen Zweifeln des Mannes an der Entsprechung von Sprache und Sache: »Ich erzählte ihm von diesen Versionen – aber wie mich aller Wortgebrauch unzufrieden mache wegen dieser nur scheinbaren Deckung einer Sache durch Sprache – auch wenn die Wörter zutreffen. Und erzählte ihm von der Frau und ihrem genauen Dabeisein, wie sie sagte: so, und so; und wie die Sache davon eine andere Dimension bekam«. Die tiefe Sprachskepsis des Mannes prägt auch das Verhältnis zwischen ihm und seiner Begleiterin, dem neben dem historisch-politischen Geschehen zweiten Handlungsstrang des Romans. Erst durch die Ausnahmesituation nach dem Unfall führt das Reden zwischen ihnen zu wirklichem Verstehen. Doch auch dieses Verstehen wird sprach-skeptisch relativiert – indem die nur leicht verletzte Frau

in ihrer einzigen Passage in direkter Rede in der Mitte des Romans neben dem Erzählen über Vergangenes gegenwärtiges Leben einfordert.

Lit.: H. D. ZIMMERMANN (Hg.), Welche Sprache ich lernte – Texte von und über F. T., München / Zürich 1986. A. HAASE

VEIT, Dorothea (1763–1839)

Florentin. 18 Kapitel; EA Lübeck / Leipzig 1801 (hg. von Friedrich Schlegel).
Sich selbst problematisch und von der Sehnsucht nach Liebe und dem Drang, der eigenen, mit seinem Lebensrätsel verbundenen »Bestimmung« auf die Spur zu kommen, unstet umhergetrieben, ist Florentin, der Held des Romans, ein gesellschaftlicher Außenseiter. Auf dem Weg nach Amerika, wo er für die Freiheit der englischen Kolonien kämpfen will, rettet er zufällig dem auf der Jagd verunglückten Grafen Schwarzenberg das Leben. In der zwanglos-kultivierten Familienatmosphäre des Schlosses und der patriarchalischen Weisheit den Bauern gegenüber leuchtet ihm ein Abglanz der für ewig verloren geglaubten »goldenen Zeit« auf. Durch sein faszinierendes Wesen allmählich zur »Seele der Gesellschaft« geworden, freundet er sich geschwisterlich mit Juliane, der Tochter des Grafen, und ihrem Bräutigam Eduard an. Als Juliane die beiden auf ihren abenteuerlichen Streifzügen durch die Umgebung begleiten darf, läßt sich Florentin zur Erzählung seines Lebens bewegen: In Italien aufgewachsen und schon von Kind an zum Geistlichen bestimmt, kam er aus dem trostlosen Drill des Noviziats durch den

Vater seines Freundes Manfredi, einen einflußreichen Marchese, frei. Bei dem gescheiterten Versuch, seine vermeintliche Schwester aus dem Kloster zu entführen, erfuhr er von der vornehmen Dame, die er bisher für seine Mutter gehalten hatte, daß seine Eltern nicht mehr am Leben seien. Sein turbulentes Leben führte ihn nun, in Venedig und dann in Rom, wo er sich zum Maler ausbildete und seine unüberlegte Ehe zerbrach, »von einem Schaden zum andern«. Skeptisch geworden, gelangte er über Frankreich, England und die Schweiz schließlich nach Deutschland. Julianes nächtliche Erzählung von der merkwürdigen Schwangerschaft einer Jugendfreundin ihrer Tante erscheint Florentin »mit Grauen« bekannt. Irritiert über die von ihm unfreiwillig mitverursachten Spannungen zwischen dem Paar und die unnatürlichen Konventionen der feinen Welt, verläßt er während der Hochzeit das Schloß und begibt sich in die Stadt, wo Clementina, jene Tante und Erzieherin Julianes, zurückgezogen als fromme Wohltäterin der Armen und Kranken lebt. Dort trifft er Betty, eine junge Verwandte der gräflichen Familie, wieder, die mit dem rohen Rittmeister Walter unglücklich verlobt ist. Clementina fällt beim Anblick Florentins in Ohnmacht. Das Fragment bricht ab, als Florentin, nachdem er Walter im Duell entwaffnet hat, spurlos verschwunden ist. Soweit aus den Entwürfen zur Fortsetzung rekonstruierbar, hätte der zweite Band neben der Darstellung von Florentins Amerikaaufenthalt die Auflösung der geheimnisvollen verwandtschaftlichen Beziehungen bringen sollen, ohne freilich die ›Ahndung‹ des Lesers zu beschneiden. Neben Einflüssen von Goethes → *Wilhelm Meisters Lehrjahre,* Tiecks → *Franz Sternbalds Wanderungen* und populären Trivialromanen der Zeit spiegelt der Text vielfach Gedanken von Dorotheas späterem Mann Friedrich Schlegel, der das Manuskript korrigierte, den anonym erschienenen Band herausgab und zwei einleitende Sonette beisteuerte.

Lit.: D. S., Florentin. Roman, Fragmente, Varianten, hg. von L. WEISSBERG, Frankfurt/ M. / Berlin 1987 (Ullstein-TB 37053).

H.-R. SCHWAB

VESPER, Bernward
(1938–1971)

Die Reise. *Romanessay.* Jossa 1977.
Im Mittelpunkt des autobiographischen Romanessays von Bernward Vesper, dem Sohn des bekannten NS-Schriftstellers Will Vesper, stehen »Aufzeichnungen eines 24stündigen LSD-Trips«. Vesper beschreibt die Erlebnisse, die er unter Wirkung dieser Droge in München hatte. »Man sollte meinen, die Berichte des LSD-Schluckers seien ungenau und phantastisch ... Im Gegenteil.« Gemeinsam mit Burton, einem amerikanischen Juden, durchwandert er die nächtliche Stadt. Er fühlt sich Burton gegenüber verantwortlich für den herrschenden »subtilen Faschismus«. Deutschland ist für ihn ein »Vulkan«, »auf dessen Hängen man z. Zt. ein paar Lupinen gepflanzt hat«. Eine glaubhafte Bewältigung der Vergangenheit ist weder den Bundesbürgern, für die selbst »ein Weltuntergang keine Erfahrung gewesen« wäre, noch ihm selbst gelungen: »Ja, ich wußte, daß ich Hitler war, [...]

daß ich da nicht herauskommen würde, daß es ein Kampf auf Leben und Tod ist.« Aber unter den durch die Droge gesteigerten optischen Eindrücken von Licht und Sonne wird er »ganz Auge«. »Die Droge reißt den Schleier von der Wirklichkeit.« Darin liegt ihre Brauchbarkeit für den Autor, der sein Schreiben »Harakiri« nennt: »Ich ziehe meine Gedärme heraus.« Die Schilderung der Drogen-Erlebnisse wird immer wieder unterbrochen durch politische Reflexionen, tagebuchartige Schilderungen seines Lebens zur Zeit der Abfassung des Romans und Erinnerungen an Begegnungen in Intellektuellenkreisen und an Erlebnisse in der Subkultur der späten sechziger Jahre. Die »Einfacher Bericht« überschriebenen Abschnitte enthalten dagegen eine weitgehend chronologische Darstellung der Kindheits- und Jugendjahre, die Vesper auf dem elterlichen Gut Triangel in der Lüneburger Heide verbrachte. Schlachtfeste, Kinovorführungen im Nachbardorf, erste Liebe und drakonische Erziehungsmaßnahmen des Vaters unterbrechen in der Erinnerung das »rhythmenlose Abfließen der Tagesläufe« eines idyllisch scheinenden Landlebens der Nachkriegszeit. Ganz an der politischen Einstellung seines Vaters orientiert, engagiert Vesper sich als Jugendlicher zunächst für die Deutsche Reichspartei. Ein älterer Freund äußert eines Tages sein Unverständnis darüber, daß Vesper diese »harte deutschnationale Welle« reite: »Aus Dir spricht doch nur dein Vater.« Vesper empfindet dieses Urteil als beängstigend und befreiend. Etwas in ihm löst sich und von dieser »Sekunde des Erkennens« an scheint eine Distanzierung von seinem Elternhaus möglich. Nach dem Abitur beginnt er eine Buchhändlerlehre. Nach zwei Jahren verläßt er die Firma, um in Tübingen zu studieren. Aufzeichnungen und Briefe im Anhang dokumentieren das letzte Lebensjahr des Verfassers, das er in einer Hamburger Nervenklinik verbrachte, nachdem er in einem Wahnzustand die Wohnung seiner Bekannten demoliert und sich selbst als »Jesus und Sohn Gottes« bezeichnet hatte. »Dieser Mann drehte nicht durch, weil er Drogen nicht vertrug, sondern weil für ihn das Leben unerträglich war«, heißt es an einer Stelle des Romans. Am 15. Mai 1971 machte Vesper seinem Leben, diesem »langen Marsch durch die Illusionen«, selbst ein Ende.

Lit.: A. Bhatti, Wozu schreiben? Bemerkungen anläßlich der Lektüre von B. V.s »Die Reise«, in: R. Kloepfer/G. Janetzke-Dillner (Hgg.), Erzählung und Erzählforschung im 20. Jahrhundert, Stuttgart u. a. 1981, S. 309–317.   M. Hecker

VISCHER, Friedrich Theodor (1807–1887)

Auch Einer. *Eine Reisebekanntschaft.* EA Stuttgart 1879.
Auf einer Reise durch die Schweiz macht der Ich-Erzähler die Bekanntschaft eines skurrilen Mitreisenden, den er in Unkenntnis seines Namens A. E. (auch einer) nennt. A. E. gerät durch Ungeschicklichkeit und aufbrausendes Temperament gleich beim ersten Zusammentreffen in mißliche Situationen. Bei weiteren zufälligen Begegnungen im Verlauf der Reise bekommt der Erzähler einen ersten Einblick in A. E.s Theorie von der »Tücke des Objekts«: A. E. sieht sowohl sein persönliches Geschick als auch die Weltgeschichte insgesamt unter

dem beherrschenden Einfluß innerer und äußerer Teufel. Im wesentlichen handelt es sich dabei um die Faktoren und Organe, die bei einem Katarrh im Spiel sind. A. E. erklärt alle großen Ereignisse der Geschichte oder auch den Verlauf von Dramen und Romanen mit dem Erkältungsgrad der handelnden Personen. Diese Überzeugung liegt auch A. E.s Erzählung »Der Besuch. Eine Pfahldorfgeschichte« zugrunde, die der Erzähler einige Wochen nach ihrer Begegnung aus Italien, wohin A. E. weiterreiste, zugeschickt bekommt. Gegenstand sind die Glaubenskämpfe einer über See und Sumpf hausenden und deshalb besonders erkältungsanfälligen steinzeitlichen Pfahldorfgemeinde. Kurz nach Erhalt dieses Manuskripts beobachtet der Erzähler, wie A. E. beim Einsteigen in einen Zug seine Brieftasche verliert. Er nimmt die Papiere an sich und erfährt dadurch den wirklichen Namen A. E.s und seinen Wohnort. Er heißt Albert Einhart, kann also weiterhin mit den Initialen A. E. bezeichnet werden. Als der Erzähler A. E. kurze Zeit nach diesem Vorfall aufsuchen will, erfährt er von dessen Tod durch den Messerstich eines Fuhrmanns, den er am Schlagen seines Pferdes hindern wollte. Einhart, ein pensionierter Vogt (Polizeidirektor), hat den Erzähler zum Verwalter seines schriftlichen Nachlasses eingesetzt, der neben der Pfahldorfgeschichte vor allem ein Tagebuch umfaßt. Neben allerlei Erörterungen ästhetischer, philosophischer und politischer Fragestellungen der Zeit zwischen 1845 und 1875 sind dort die Stationen seines persönlichen Lebens verzeichnet. Breiten Raum nimmt

die Beschreibung einer Reise nach Norwegen ein, auf der er den Platonexegeten Dyring und in seiner Begleitung das Mädchen Goldrun trifft, in das er sich verliebt. Nach dem plötzlichen Tod Dyrings gesteht Goldrun, daß sie mit Dyring ein Verhältnis hatte. Außer Sinnen öffnet A. E. das Grab Dyrings und stößt ihm einen Dolch durch das Herz. Danach erkrankt er an Nervenfieber. Der Arzt Erik und seine Frau Cordelia pflegen ihn gesund. Nach seiner Genesung eilt er, dem Rat Cordelias folgend, auf die Schlachtfelder des Schleswig-Holsteinischen Krieges. Nach einer Verwundung kehrt er auf seinen Beamtenposten zurück. Eine Beförderung in eine größere Stadt sowie eine ausgiebige Kunst- und Kulturreise nach Italien prägen die folgenden Jahre. Eine kurze Karriere als Abgeordneter muß er aufgeben, weil er fordert, daß für Tierquäler die Prügelstrafe nicht abgeschafft werden soll. Er zieht sich auch aus seinem Amt zurück und unternimmt zwei weitere Italienreisen. Von der letzten wird er durch die Nachricht abberufen, daß Cordelia, seine ehemalige Pflegerin, die er insgeheim liebt, todkrank ist. Er eilt an ihr Sterbebett und erhält von ihr erneut einen soldatischen Auftrag. Er soll am Feldzug Preußens gegen Frankreich (1870) teilnehmen. Doch eine Verletzung bei den Vorbereitungen dafür hält ihn zu Hause. Während Preußen dem Sieg entgegeneilt, brechen A. E.s Tagebuchaufzeichnungen ab. Er hat seinen letzten Privatkrieg gegen einen Tierquäler verloren und dabei sein Leben gelassen.

Lit.: U. MONTIGEL, Der Körper im humoristischen Roman. Zur Verlustgeschichte des Sinnlichen, Frankfurt/M. 1987.   D. METZGER

WALSER, Martin (geb. 1927)

Die Brandung. 15 Kapitel; EA
Frankfurt/M. 1985.
Dieser hauptsächlich in Amerika
spielende Roman Walsers greift
das aus der Erzählung *Ein fliehen-
des Pferd* (1978) bekannte Ehepaar
Helmut und Sabine Halm aus
Stuttgart wieder auf. In der ge-
drückten Stimmung von Helmuts
Lehreralltag – verstärkt durch die
Krebserkrankung von Sabines
Mutter – erreicht die Halms ein
Anruf aus Amerika, mit dem Helmut angeboten wird, ein Seme-
ster lang an einer kalifornischen
Universität (Berkeley) zu unterrichten. Nach dem Tod der
Schwiegermutter und der Ankunft der Tochter Lena, die von
ihrem Ehemann körperlich und
seelisch lädiert zu den Eltern zurückkehrt, brechen die Halms zu
dritt nach San Francisco auf. Mit
dem Gefühl »wir sind entronnen«
und »Mag-kommen-was-wolle«
nähert sich Helmut, aus dessen
Perspektive alles gesehen und beschrieben wird, erwartungsvoll
dem neuen Paradies, dem »Land
der Sonne«. Wie im Rausch erlebt
er die folgenden Tage, die der Besichtigung von Haus, Universität, Stadt und Umgebung gewidmet sind. Alles – Stadt, Landschaft, Vegetation, Essen, Menschen und Lebensart – erregt seine
Bewunderung: »Halm konnte
sich nicht erinnern, daß ihm eine
Gesellschaft gut gekleideter Menschen je so gefallen hatte. Diese
Lebhaftigkeit! Diese Leichtigkeit!
Diese Leidlosigkeit!« Sein begeisterter Bericht wird jedoch immer
wieder von Erinnerungen an den
Tod durchbrochen. Die wieder-
holte Erwähnung einer Tarantel,
von Totenköpfen und Toten-
kopfgesichtern wie auch das als

Leitmotiv dienende Schubertlied
»Der Tod und das Mädchen« ge-
mahnen den Leser – wenn nicht
Halm selbst – an die Allgegenwart
des Todes auch mitten im blühen-
den Leben. Gleich am ersten Tag
stößt Halm auf dem Universitäts-
gelände auf eine unerwartete
Szene: »Plötzlich sah er Grab-
steine. Auf bloßem Rasen. Einzelne Studenten und Studentinnen
lagen zwischen den Gräbern und
auf ihnen.« Unter den an den
Grabsteinen lehnenden und lesenden Studenten sieht er am nächsten Tag eine Studentin aus seiner
Konversationsstunde, in die er
sich – inzwischen 55 – verliebt.
Fran Webb, von der die Instituts-
sekretärin abschätzig als einer
»typischen kalifornischen College
Girl, blond, Porsche, Papapraxis
in Pacific Heights« redet, erscheint Halm als »die Verallge-
meinerung alles auf dem Campus
vorkommenden Weiblichen«; sie
verkörpert für ihn alles, was er an
Kalifornien schätzt und beneidet:
Jugend,   Frische,   Gesundheit,
Sonne, Helligkeit. Als sie ihn um
Hilfe bei ihren Aufsätzen bittet,
wird ihm jegliches Zitat zum ver-
schleierten Liebesgeständnis. Die
Sprechstunden Halms werden so
zum Höhepunkt der virtuosen
Verwendung von literarischen
Anspielungen und Zitaten, die
den ganzen Roman durchziehen.
Helmut stürzt sich ins Leben, »in
die hügelauf-, hügelabwogende
Jugendflut« auf dem Campus und
bei einem Ausflug auch in die heftige Brandung des Pazifiks. Er
weiß: »Jenseits der Brandung
konnte man schwimmen. Aber
wie durch die anstürmende Glaswand hindurchkommen?« Es gelingt ihm nicht. Er wird von der
Brandung umgeworfen, »unter
Wasser gewirbelt, gedreht, ge-

worfen«. Verletzt, aber lebendig
kommt er wieder am Strand zu
liegen. Wie auf ihn selbst gemünzt
scheint das Thema seines Heine-
Vortrags »Vom Stamme Asra Einer«: ein Asra ist in Halms Auslegung jemand, der »das Wort ergreift, also nicht stirbt«. So muß
sein Freund und Kollege Mersjo-
hann sich aus Scham über einen
nicht zustande gebrachten Vortrag das Leben nehmen, während
Halm fast unversehrt nach
Deutschland zurückkehrt. Von
der Episode mit Fran trägt er nur
ein geschwollenes Auge davon,
das er sich durch einen Sturz beim
Tanzen mit ihr zugezogen hat.
Wieder zu Hause im Familienkreis
mit Sabine, die wegen ihres sterbenden Vaters früher zurückge-
flogen war, und ihrer dem Anschein nach geheilten Tochter –
»Kalifornien habe Lena gutge-
tan«, bestätigt Sabine –, kommt
ihm alles trüb und düster vor.
Nachträglich erfährt er von Frans
Tod in der Brandung – ihr Gips-
bein, Folge des Sturzes beim Tanz
mit Halm, hielt sie in einem verunglückten und ins Meer geratenen Auto gefangen. Mit der Einsicht: »mir bleibt nichts anderes
übrig, als mich auf die Schule zu
freuen«, nimmt Halm die Fäden
seines Alltagslebens wieder auf,
will sich aber erst von seinen Kali-
fornienerlebnissen befreien, indem er Sabine alles erzählt.

Lit.: H. Dörfler, Moderne Romane im Unterricht, Frankfurt/M. 1988, S. 155–198.

                                 G. B. Pickar

Ehen in Philippsburg. 4 Teile; EA Frankfurt/M. 1957.

Walsers 1957 mit dem Hermann-
Hesse-Preis ausgezeichneter Erstlingsroman schildert den raschen
Aufstieg des unerfahrenen und
unauffälligen Hans Beumann. In
vier novellenhaften Episoden, die
die Stufen von Beumanns gesellschaftlicher und beruflicher Karriere in einer großen süddeutschen
Provinzstadt (Stuttgart) markieren, beleuchtet Walser kritisch-
ironisch die bundesdeutsche Gesellschaft der Nachkriegsjahre
und stellt die Rücksichtslosigkeit
und die Heuchelei, die innere Brüchigkeit der Wirtschaftswunder-
Gesellschaft bloß. – Der 1. Teil,
»Bekanntschaften«, wird aus
Beumanns Perspektive erzählt,
die seine naive Passivität unterstreicht. Nach abgeschlossenem
Studium findet der junge Zei-
tungswissenschaftler eine Bleibe
als Untermieter in einem Arbeiterviertel. Genaue Milieuschilderungen verdeutlichen den Kontrast zu dem Lebensstil im Villen-
viertel, den Beumann dank seiner
früheren Studienkollegin Anne
Volkmann, Tochter eines reichen
Radiofabrikanten, kurz darauf
kennenlernt. Bei einer Garten-
party in der Volkmannschen Villa
wird er in die besten Kreise der
Stadt eingeführt und kann kaum
glauben, wie schnell er, uneheliches Kind einer Kellnerin, Aufnahme in diese Gesellschaft findet. Obwohl er anfangs Bedenken
hegt, »der Sprung von Küm-
mertshausen nach Philippsburg«
sei »zu groß [...], um innerhalb
einer Generation bewältigt zu
werden«, erkennt er rasch ange-
nehme Seiten des neuen Umgangs: »Diese Menschen schwitz-
ten weniger, deshalb war es leich-
ter, ihnen die Hände zu reichen.«
Mit Erstaunen bemerkt er die
enge Verflechtung von Kultur,
Politik, Wirtschaft und Massen-
medien und akzeptiert ohne Bedenken die eben erkannten Spielregeln. Als er als Redakteur im
Volkmannschen Pressedienst für

den Industrieverband eine Stelle bekommt – mit Anne als Assistentin – ist er bereits auf dem Weg zum Erfolg. Der Abschnitt schließt mit Annes Ängsten und Schmerzen nach einer Abtreibung, die Beumann zu der Einsicht bringen, er müsse sie jetzt wohl auch heiraten. – Der 2. Teil, »Ein Tod muß Folgen haben«, schildert einen kurzen Ausschnitt aus dem Leben des wortgewandten Gynäkologen Dr. Benrath, der ein Doppelleben führt zwischen seiner Ehe mit der scheuen Birga und einer Liebschaft mit der vielumworbenen Cécile. Als gekonnter Selbstdarsteller und »Ein-Mann-Theater« rührt ihn seine »edle Haltung« nahezu zu Tränen, als er Cécile erklärt, Birga sei es doch wert, »daß er sein Leben mit ihr verbringe«. Zu Hause findet er Birga jedoch von eigener Hand vergiftet vor. Am nächsten Tag verläßt er Cécile und die Stadt: »Sein Theater spielte. Er agierte in allen Rollen. Er pfiff sich aus. Klatschte Beifall, – glaubte sich kein Wort.« – Aus der Perspektive des eitlen Karrieristen und Rechtsanwalts Dr. Alwin erzählt der 3. Teil, »Verlobung im Regen«, vom Verlobungsabend im Hause Volkmann. Berauscht von der Nähe Céciles und von dem Abend, bei dem er sich mehr und mehr in den Mittelpunkt geschoben hat, glaubt der Rechtsanwalt die Fäden seines Lebens genauso spielerisch sicher in der Hand zu halten wie die Gewinne des Roulettspiels, die er beliebig manipuliert. Seine Hoffnungen auf eine politische Karriere werden auf einen Schlag zunichte, als er auf dem Heimweg einen Motorradfahrer überfährt. – Der 4. Teil, »Eine Spielzeit auf Probe«, trägt den Titel einer in

den Text aufgenommenen autobiographischen Schrift von Beumanns Hausgenossen, dem Schriftsteller Klaff, einem »Sonderling«, der an seiner Unfähigkeit sich anzupassen zugrunde geht und so zur Gegenfigur Beumanns wird. Beumann hingegen wird in das exklusive, »Leute[n] von Niveau« vorbehaltene Nachtlokal Sebastian eingeführt. Als er den Klub von einem unerwünschten Besucher befreit hat – womit er Überwindung und Verleugnung seiner eigenen Herkunft besiegelt – weiß er, daß er »so etwas wie eine Probe bestanden« hat. Am Schluß, als eine Bardame zu seiner Geliebten geworden ist und er sich kurz darauf zu Anne auf den Weg macht, ist sein weiteres Leben vorgezeichnet: er wird Anne heiraten und diskret betrügen und dabei die Rolle eines Erfolgreichen spielend meistern.

Lit.: T. Beckermann, Über M. W., Frankfurt/M. 1970 (es 407), S. 16–32, 175–208.
                                              G. B. Pickar

Das Einhorn. 6 Kapitel; EA Frankfurt/M. 1966.

Anselm Kristlein, der Vertreter und Werbefachmann aus → *Halbzeit,* inzwischen Anfang 40, hat seinen Erstlingsroman verfaßt, ist nach dessen Erscheinen einige Wochen als »Vortragsreisender« und »Meinungsvertreter« unterwegs gewesen und versucht, sich als freier Schriftsteller durchzuschlagen. Hauptthema des Romans ist der mit einer regelmäßigen monatlichen Zahlung verbundene Auftrag der Schweizer Verlegerin Melanie Sugg, den Kristlein aus Geldmangel annimmt: Er soll einen »Sachroman« über Liebe schreiben, nichts Erdachtes, sondern »öppis sehr Gnaus«, das den Lesern aus sexuellen Verklemmungen heraushelfen und ein finanzieller Erfolg werden soll. Kristlein versucht, der gestellten Aufgabe zwischen Roman und authentischen intimen Details gerecht zu werden, indem er sich selbst mit den eigenen Erinnerungen und Erfahrungen zum Helden des Buches macht. Das Einhorn, für ihn ein Symbol der »Erwartung«, des Dranges nach schriftstellerischem und erotischem Erfolg, erklärt er dabei zu seinem »Wappen«. – Am Anfang (»Lage I«) und am Ende (»Lage II«) des Romans liegt Kristlein im Bett – eine für die Protagonisten Walserscher Romane charakteristische Situation, die im *Einhorn* nicht nur den Rahmen bildet, sondern auch Kristleins ungelöste persönliche Lage bezeichnet, zieht er sich doch mit einer simulierten Krankheit ins Bett zurück, um dem Alltag zu entfliehen und seinen Gedanken ungestört nachgehen zu können. Das Wort des Augustinus »Ich bin mein Erinnern« steht als Motto über der ausgedehnten Anfangsszene, in der Anselm in Selbstreflexionen, Phantasien und oft verspielten literarischen Experimenten versucht, sich über sich selbst und die Ereignisse der letzten Monate klar zu werden. Vorausgegangen ist der Umzug nach München, ein Fest bei Beumanns und schließlich »der Auftrag«. Für dessen Erfüllung bringt Anselm die Erinnerung an seine frühere, flüchtige Begegnung mit der in eine andere Affäre verstrickten Düsseldorferin Barbara wenig. Auch die kompliziertere, länger anhaltende und aus beiderseitigen Nöten entstandene Liebesbeziehung mit Melanie, seiner Auftraggeberin, erweist sich als unergiebig. In der Villa des Industriellen Blomich am Bodensee, in der

Kristlein untergebracht wird, um sich von Frau und Kindern ungestört seiner Arbeit widmen zu können, lernt er Rosa kennen, die Freundin des um viele Jahre älteren Gastgebers. Rosa möchte auch in Anselms Buch vorkommen; Sexualität ist ihr Einsatz in einem von Besitzgier und Geltungsdrang motivierten Tauschgeschäft. – Anselm scheitert an seiner Aufgabe: Nicht nur liegt ›Liebe‹, also das gestellte Thema, den üblichen sexuellen Beziehungen fern (so stellt seine Frau Birga schon bald fest, daß »mit Liebe sein Geschreibe nichts zu tun habe«). Er findet auch keine »zugelassene oder auch nur anwendbare Sprache«, und Text als abgehorchte, unbearbeitete Wirklichkeits-Transkription ist ihm zuwider. Wie die Wirklichkeit die Erwartungen der Sehnsucht nicht erfüllt, so wird das Geschriebene dem Erlebten nie gerecht – »statt etwas bleiben Wörter«; die Vergangenheit ist durch Schreiben nicht zu vergegenwärtigen, und sogar die Darstellung der Erinnerung bleibt eine blasse und unbefriedigende Nachahmung. Auch die eigene Identität erweist sich als brüchig. Anselm fühlt sich in mehrere Personen aufgespalten; »lauschend im eigenen April«, stellt er fest, der Mensch sei eigentlich eine »pluralistische Gesellschaft m.b.H.«, sein Name ein »Parlamentsgebäude«, in dem verschiedene Anselme »tagen«. So erscheinen auch in seinen Gedanken und Phantasien wie im Text mehrere verschiedene Anselme, und die Erzählform wechselt ständig zwischen der 1. und 3. Person. – Schließlich kommt doch noch ein letzter Schreibversuch über das Thema Liebe zustande, der Anselms erste Ängste

– »ein Buch über Liebe, dafür fehlen mir die Wörter« – zu widerlegen scheint. Als Nachruf auf den Sommer und seine unvermittelt abgebrochene Liebesbegegnung mit der Holländerin Orli Laks erfindet Anselm verschiedene Versionen dieser Begegnung. Dabei erlebt er die Ekstase und die Schmerzen eines Verliebtseins, das sich bis zur körperlichen und seelischen Besessenheit steigert und sich im spielerischen Durchlaufen einer ganzen Skala verschiedener sprachlicher und literarischer Formen Ausdruck verschafft. Der Roman *Das Einhorn* wird damit weniger zum Beweis für das Ungenügen der Sprache der erlebten Wirklichkeit gegenüber als vielmehr dafür, daß Sprache als Vehikel der literarischen Ekstase, der freien Erfindung und der Phantasie das Ungenügen des wirklich Erlebten hinter sich lassen kann.

Lit.: K. Siblewski (Hg.), M. W., Frankfurt/M. 1981 (st 2003).   G. B. Pickar

Halbzeit. 3 Teile; 7 Kapitel; EA Frankfurt/M. 1960.
Mit dem Handelsvertreter und Werbefachmann Anselm Kristlein, Hauptfigur der Romantrilogie aus *Halbzeit*, → *Das Einhorn* (1966) und *Der Sturz* (1973), hat Walser einen »Jedermann« der bundesdeutschen Wohlstands- und Konsumgesellschaft um die Jahrhundertmitte geschaffen. An dem inneren und äußeren Leben des beredten Ich-Erzählers Kristlein, das sich dem Leser in Monologen, Gesprächen, Rückblenden, Erinnerungen, Beschreibungen und Kommentaren darbietet, werden die Wirkungen einer auf marktwirtschaftliche Werte gegründeten Gesellschaft auf den einzelnen veranschaulicht. – Der 1. Teil, der fast die Hälfte des umfangreichen Romans umfaßt, schildert einen Tag im Leben des 35jährigen Anselm, den 18. Juni 1957. Der Tagesablauf besteht aus den Mahlzeiten mit der Ehefrau Alissa und den drei Kindern, aus Geschäftsverhandlungen, Besuchen bei den drei Geliebten Gaby, Melitta und Anna, aus einem Treffen mit Freund Edmund (der Anselm eine Stelle als Werbefachmann bei einem großen Lebensmittelkonzern zu vermitteln verspricht) und einer Abendgesellschaft unter Freunden zur Feier der 11. Verlobung Josef-Heinrichs, eines mit Anselm befreundeten Margarinefabrikanten. – Die zwei weiteren Teile, die etwa ein Jahr umfassen, begleiten Anselm bei seiner Karriere als Werbefachmann für Frantzkes Konservenkonzern. Dank seiner Menschenkenntnis, seiner Berufserfahrung als Vertreter und seiner Anpassungsbereitschaft gelingt ihm ein fast müheloser Aufstieg, der mit einem größeren Wagen, einem Chefsessel im Büro und dem Zugang zur gehobenen Partygesellschaft belohnt wird. Am Ende des Romans kehrt Anselm, inzwischen Werbepsychologe, nach Absolvierung seines »ersten Kursus für künstliche Produktalterung« in den USA und nach seinem zweiten Krankenhausaufenthalt in die Familie zurück. – Das Thema des Romans wird bereits in der »Mimikry« überschriebenen Eröffnungsszene deutlich, in der Anselm widerwillig erwacht, eine »Schlafzwiebel überirdischen Ausmaßes Schale um Schale« zerteilt und wahrnimmt, daß »Gesicht und Ohr sich schon wieder zu fataler Paßbildähnlichkeit deformierten«. Mit zunehmender

Klarheit des Bewußtseins wächst sein Unbehagen an sich selbst und seinen Lebensumständen; vor dem Spiegel muß er sich eingestehen: »das bist du. Übriggeblieben von gestern und vorgestern.« Chamäleonhaft immer in die gerade erwartete oder erwünschte Rolle schlüpfend, den bestehenden gesellschaftlichen Normen und Verhältnissen widerstandslos und vollkommen angepaßt, ist von der Identität Kristleins nur ein diffuses Unbehagen übriggeblieben. Anselm wird sein Selbstverlust bewußt, als er gewahr wird, daß selbst seine intimsten Regungen von den Gesetzen des Marktes, von den verinnerlichten Strategien des erfolgreichen Produktverkäufers bestimmt sind. Gegenbild zu Anselm ist seine an den herkömmlichen Werten von Ehe und Familie, Liebe und Treue orientierte Frau, die an diesen Werten festhält, obwohl sie von Anselm des »Nestegoismus« bezichtigt wird. Die in den Text eingebauten Tagebuchauszüge Alissas sind Korrektur und Ergänzung der vorherrschenden Erzählperspektive Anselms. Alissa zeigt sich verwundert darüber, daß es Anselm nicht geniert, daß sie Zeugin seiner vielen verschiedenen Rollen wird, und sie staunt über die Vielfalt der ihm zu Gebote stehenden Sprechweisen. Diese Sprachvirtuosität des Ich-Erzählers, der nicht nur über das Talent der perfekten sprachlichen Anpassung an jede Gesprächssituation, sondern auch über eine bildhafte, stets ausdrucks- und nuancenreich beschreibende Sprache verfügt, bestimmt zugleich die sprachliche Gestalt des Walserschen Romans.

Lit.: K. Siblewski (Hg.), M. W., Frankfurt/M. 1981 (st 2003).   G. B. Pickar

Seelenarbeit. 3 Teile; EA Frankfurt/M. 1979.
Franz Xaver Zürn, Chauffeur des Firmendirektors Dr. Gleitze, mit dem ihn ein modernes Herr-Knecht-Verhältnis verbindet, schildert drei Monate aus seinem Leben. Zürn, zunächst der Prototyp eines abhängigen, durch Verdrängung und Anpassung innerlich verkrüppelten Individuums, erreicht während dieser Zeit durch grüblerische Seelenarbeit mehr Klarheit über sich selbst und seine Situation und einen bescheidenen Grad an Selbstachtung. Mit dem Gewinn innerer Freiheit geht der Verlust seiner Stelle einher: statt der Direktorenkarosse muß er am Schluß des Romans einen Gabelstapler im Firmenlager fahren. – Der 1. Teil des Romans, »Mai«, beginnt damit, daß Xaver beim Ausschalten des Weckers feststellt, daß er wieder einmal Bauchschmerzen und damit verbundene Verdauungsprobleme hat. Während der folgenden wochenlangen Geschäftsreise nimmt Xaver wohl in Gedanken an den Gesprächen teil, die Dr. Gleitze mit anderen führt, doch er wagt es nie, sie auszusprechen. Im übrigen zieht sich Gleitze, der allenfalls noch ein persönliches Interesse an seiner verlorenen Geburtsstadt Königsberg bekundet, unter seinen Kopfhörer zurück, um Mozartschen Opernklängen zu lauschen. Seine Notdurft hält Xaver auch bei stundenlanger Autofahrt solange zurück, bis Gleitze ohnehin anhalten läßt. Dreizehn Jahre dient Xaver jetzt seinem Chef treu und pflichtbewußt und immer darauf bedacht, sich der Herrschaft gegenüber freundlich und willig zu zeigen. Xaver verbietet sich jeden negativen Gedanken über seinen Chef und bestärkt

sich darin mit der Erinnerung an die wenigen Momente, in denen dieser ihn menschlich behandelt hat. Wenn Ungerechtigkeiten andere treffen, wird es »in seinem Bauch hart«; wenn der Chef unverantwortlich und unmenschlich handelt, richtet sich Xavers »Wut, die ihn jedesmal würgte, [...] nicht gegen den Chef, sondern gegen sich selbst«. Unverständlich bleibt ihm sein Hang, »Dolche, Stilette, Klappmesser« anzuschaffen und im Handschuhfach mitzuführen, sowie die Alpträume, Zwangsbilder und Selbstzerstörungsphantasien, die irrationalen Haß- und Wutanfälle bei den geringsten Anlässen, die ihn häufig überkommen. – Der 2. Teil, »Juni«, beschreibt die wochenlange Untersuchung in einer Tübinger Klinik, die Gleitze seinem Chauffeur anempfohlen hat. Während des Klinikaufenthalts, der keinerlei physischen Befund ergibt, wird sich Zürn der Ursache seiner Leiden bewußt. Das Tagebuch mit den »Erlebnisse[n] und Enthüllungen« eines John Frey, »Privat-Chauffeur im Dienste eines nationalsozialistischen, deutschen Fabrikanten«, der seinen Chef zu durchschauen und zu verachten lernt, und Xavers Lieblingslektüren über den unglücklichen Verlauf der Bauernkriege in seiner Heimat am Bodensee befördern seine Einsicht in seine entwürdigenden Alltagsverhältnisse. Während er bei seiner Einlieferung dankbar an Gleitzes Menschlichkeit denkt, begreift er bei seiner Entlassung, daß Gleitze sich nur seiner Zuverlässigkeit hatte versichern wollen: »Der Chef hatte das Recht, über jeden Quadratzentimeter seiner Innereien Bescheid zu wissen.« So beschämend die Untersuchungen zu-

nächst für den Patienten sind, vermitteln sie Xaver doch ein Gefühl bewundernden Staunens und innerer Übereinstimmung mit dem eigenen Körper: »Herrlich rosarot und glänzend erscheint vor seinen Augen das Gewölbe des Magens.« Auf der Heimfahrt faßt er den Vorsatz: »So schwach es war, nichts würde er zäher verteidigen, als dieses schwache, kaum mehr wahrnehmbare Selbstgefühl.« – Im »Juli« (3. Teil) gewinnen die erst im Ansatz vorhandenen neuen Einsichten rasch Kontur. Xaver beginnt, seine eigenen Wünsche und Gedanken zuzulassen, er genießt seine Mordphantasien gegen Gleitze, beschließt, sie zu verwirklichen, und läßt davon erst an der Schwelle zur Tat ab. Die Kündigung ohne Anlaß vermag er seiner Frau Agnes zunächst nicht einzugestehen. Wie auch schon in den früheren Teilen spielen sich Szenen mit seiner Frau und den beiden Töchtern im Alter von 16 und 18 Jahren ab, die die psychischen Auswirkungen seiner Arbeitsbedingungen auf den Privatbereich der Familie sichtbar machen. Doch die familiären Krisen verlieren an Schärfe; Agnes begrüßt Xavers von ihm als Abstieg empfundenen Stellenwechsel, den er als seine freie Entscheidung ausgibt. Als Xaver und Agnes am Ende des Romans »wie zwei Felder in der Sonne« liegen, empfindet er eine neugefundene Ruhe und Zufriedenheit.

Lit.: J. E. Schlunk / A. E. Singer (Hgg.), M. W. – International Perspectives, New York u. a. 1987, S. 59–70.   G. B. Pickar

WALSER, Robert (1878–1956)

Der Gehülfe. EA Berlin 1908.
Der Stoff des Romans, von dem Walser schrieb, er sei »eigentlich

kein Roman, sondern nur ein Auszug aus dem schweizerischen täglichen Leben«, ist autobiographisch: Vom Sommer 1903 bis Januar 1904 war Walser Angestellter des Erfinders Dubler in der Zürichsee-Ortschaft Wädenswil und erlebte als Mitbewohner der Villa seines Herrn dessen geschäftlichen Niedergang. – Im Roman tritt Joseph Marti, ein junger Kommis, eine neue Stelle an beim Erfinder Tobler. Dieser wohnt mit seiner Frau, zwei Töchtern, zwei Knaben und einer Magd in einer komfortablen Villa über dem See, die im Untergeschoß auch die Büroräume enthält. Es lebt sich gut in der Villa »Zum Abendstern«, die Mahlzeiten sind üppig, und auch die Arbeit hält sich in Grenzen. Der Gehülfe muß Briefe schreiben, welche die Erfindungen Toblers, hauptsächlich eine Reklame-Uhr, propagieren sollen. In einer kurzen Rückblende wird von einer früheren Anstellung in einer Elastikfabrik vom Militärdienst berichtet; dem folgte eine längere Periode der Arbeitslosigkeit, was Josephs Gefühl der Unsicherheit verstärkte:»Ja, seine Existenz war nur ein provisorischer Rock, ein nicht recht passender Anzug.« In seiner neuen Stellung muß er freilich bald erkennen, daß es mit dem Geschäft nicht zum besten steht: Wechsel müssen prolongiert, Gläubiger vertröstet werden. Die Toblerschen Erfindungen – u. a. ein Schützenautomat und ein patentierter Krankenstuhl – erweisen sich als unverkäufliche Fehlkonstruktionen. Tobler, der nach einer reichen Erbschaft seinen Ingenieursberuf aufgegeben hat, um sich den Traum des freien Unternehmers und Erfinders zu erfüllen, läßt sich vom schlechten

Gang der Geschäfte nicht daran hindern, aufwendige Einladungen zu geben und Festlichkeiten – etwa zur Feier einer neuerrichteten künstlichen Grotte im Garten – abzuhalten. Der Gehülfe wird stets großzügig aufgefordert, teilzunehmen und sich zu bedienen; er schenkt Wein aus und spielt Karten mit der Dame des Hauses, für die er eine verehrungsvolle, scheue Neigung empfindet. Er ist ein Hausgenosse, bleibt aber doch ein Angestellter, und zwar einer, der keinen regelmäßigen Lohn erhält, wenn ihm auch Tobler hin und wieder an einem Sonntag einen Fünfliber zusteckt. In einem Anfall von Empörung lehnt sich der im übrigen seinem Herrn ganz ergebene Joseph schon einmal auf gegen die unregelmäßige Bezahlung wie auch gegen andere Mißstände im Hause Tobler; er läßt sich jedoch darin und auch in seinen gelegentlichen Anfällen von Pflichteifer und skrupulöser Gewissensprüfung bald wieder beschwichtigen durch die Annehmlichkeiten seiner Lebensumstände. Die Beziehung zu einer Freundin, die er einmal in der Stadt besucht, bleibt unverbindlich. Aufgehoben fühlt er sich dagegen bei seinen ausgedehnten Spaziergängen – wie auch seine große Nähe zur Natur in den vielgerühmten, detaillierten Naturschilderungen des Romans ihren Niederschlag gefunden hat. Die Auflösung des scheinbar so wohlgefügten Hauses »Zum Abendstern« vollzieht sich parallel zur jahreszeitlichen Entwicklung: lag der Beginn im strahlenden Frühling, so verstärken sich die Anzeichen des Niedergangs mit dem nahenden Winter. Am Silvesterabend schließlich trifft Joseph seinen Vorgänger Wirsich zufällig im Dorf, die beiden verbummeln zusammen die Nacht, so daß Joseph am nächsten Morgen verschläft, was Tobler als willkommenen Kündigungsgrund benutzt. So nehmen wir vom Helden Abschied, wo wir ihm eingangs begegnet sind: am Tor der Villa Tobler. Im Gedenken an seinen Herrn zündet sich Joseph einen Toblerschen Stumpen an und geht davon.

Lit.: L. Rüsch, Ironie und Herrschaft, Hanstein 1983.   C. Siegrist

Jakob von Gunten. *Ein Tagebuch.* EA Berlin 1909.
Der Roman knüpft an Walsers Erlebnisse während eines Dienerkurses an, den er 1905 in Berlin absolvierte. Der Titelheld, Jakob von Gunten, berichtet in Tagebuchform von seinem Aufenthalt auf der heruntergekommenen Dienerschule Benjamenta. Die Aufzeichnungen der kleinen Begebenheiten des Schulalltags sind durchsetzt von Erinnerungen, Träumen und Reflexionen; der Schreiber entzieht dem Gesagten immer wieder seine Gültigkeit, sucht sich ständig in seiner Geschwätzigkeit zurückzunehmen, so daß seine Identität ebenso wie das Geschehen vieldeutig und rätselhaft bleiben. – Gleich eingangs stellt Jakob als neuer Schüler der Lehranstalt fest: »Man lernt hier sehr wenig, es fehlt an Lehrkräften, und wir Knaben vom Institut Benjamenta werden es zu nichts bringen, das heißt, wir werden alle etwas sehr Kleines und Untergeordnetes im späteren Leben sein.« Geduld und Gehorsam sind die Haupttugenden, die sich die Zöglinge in Benjamenta aneignen sollen; es ist ihnen »streng untersagt, Lebenshoffnungen in der Brust zu hegen«.

Unter dem Motto »wenig aber gründlich« sind die Vorschriften des Hauses, die die Schüler auswendig zu lernen haben, und die Schrift »Was bezweckt Benjamenta's Knabenschule« der einzige Unterrichtsstoff. Den praktischen Teil des Ausbildungsprogramms bilden eine Turn- und Tanzstunde sowie gelegentliche Theateraufführungen, in denen die Zöglinge Szenen aus ihrem künftigen Berufsleben spielen. Einzige Lehrpersonen sind der Vorsteher Benjamenta und seine Schwester Lisa, die sich meist in den »inneren Gemächern« aufhält, zu denen die Schüler keinen Zutritt haben. In Jakobs Schilderungen seiner Kameraden spielt der Musterschüler Kraus eine besondere Rolle, der das Erziehungsprogramm bereits zu Anfang vollkommen verkörpert. Obwohl auch Jakob sich schon frühzeitig zu dem Selbstverleugnungsziel der Erziehung bekennt (»ich werde eine reizende kugelrunde Null im späteren Leben sein«), beschwert er sich doch bei Herrn Benjamenta über den Schulbetrieb, nennt den Unterricht einen »Ort der Finsternis und der Umnebelung«; sein »Versuch, Revolution zu machen«, scheitert aber bereits, als Benjamenta abwinkt und ihm bedeutet, hübsch ruhig zu sein. Jakob schreibt endlich den immer wieder aufgeschobenen Lebenslauf, den er dem Vorsteher vorzulegen hat; darin ist freilich kaum von ihm selbst, sondern fast ausschließlich von seiner alten, angesehenen Familie die Rede. Bei einem seiner Ausflüge in die Großstadt trifft er zufällig seinen Bruder, einen berühmten und wohlhabenden Mann, der ihm vom Unglück der Erfolgreichen erzählt und ihm rät, zu bleiben, wer er ist, und »tief von unten« anzufangen. Von Zeit zu Zeit taucht das von allen Knaben verehrte Fräulein auf, das von einer Aura des Geheimnisses umgeben ist. Eines Tages führt sie Jakob in einen tiefen Keller hinunter. Diese Szene beschreibt eine geheimnisvolle Initiation: Er hat die Erde zu küssen als Zeichen völliger Unterwerfung, liebkost die »Sorgenwand«, und plötzlich verwandelt sich der finstere Raum in eine funkelnde Eisbahn: das sei die Freiheit, erläutert seine Führerin. Schließlich erholen sich die beiden in einem Ruhezimmer, aber auch das bedeutet noch nicht das Ende, vielmehr wird Jakob in den Strom des Zweifels gezogen. Diese Szene bleibt in einem Zwischenbereich von Traum, Vision und Wirklichkeit in der Schwebe gehalten, der für den ganzen Roman charakteristisch ist. Fräulein Benjamenta spricht nun häufig mit Jakob, der ihr in schwärmerischer Verehrung anhängt. Die Signale des unaufhaltsamen Niedergangs der Schule sind jedoch unübersehbar: neue Schüler treten nicht ein, hingegen verlassen einzelne bereits das Institut; Kraus, neben Jakob der letzte, geht schließlich auch noch. Eines Tages findet man das Fräulein tot in seinem Zimmer. Während Herr Benjamenta und Jakob die Totenwache halten, erzählt jener aus seinem Leben, wie er einmal »zukunftsstolz« gewesen, aber seit vielen Jahren nur noch »entmutigt und entwürdigt« sei. Er schlägt Jakob vor, ihn in ein neues Leben zu begleiten. Dieser hat einen schönen und rätselhaften Traum, in welchem er mit dem Vorsteher zu einem kühnen Leben in die Wüste aufbricht, ja von einer Revolution

in Indien ist die Rede. Im letzten Absatz packt Jakob seine Habseligkeiten und bricht auf – ob mit Herrn Benjamenta in die Wüste oder allein, bleibt offen.

Lit.: D. Grenz, Die Romane R. W.s, München 1974.   C. Siegrist

WALTER, Otto F. (geb. 1928)

Der Stumme. 23 Kapitel; EA München 1959.

Der Roman erzählt die Geschichte einer scheiternden Vater-Sohn-Beziehung, eingebettet in die Vorgänge beim Bau einer Paßstraße im Schweizerischen Jura. In zahlreichen Rückblenden entsteht das Bild einer Familientragödie: der alte Ferro, als Vertreter von Haus zu Haus unterwegs auf einer alten NSU, die im gesamten Roman Symbolfunktion besitzt, wird auf seinen Touren oft von Loth, dem Sohn, begleitet. Der Vater unterhält eine Beziehung zu Martha, die in einem Gasthaus arbeitet. Dies bleibt dem Jungen nicht verborgen. Eines Abends stößt Ferro im betrunkenen Zustand im Verlauf einer Auseinandersetzung seine Frau die Treppe hinunter. Loth verliert aufgrund dieses Ereignisses die Sprache. Der Vater kommt ins Gefängnis, die Mutter stirbt bald darauf, und Loth und seine Schwester werden bei Verwandten untergebracht. Nach verbüßter Strafe arbeitet Ferro als Sprengtruppführer auf einer Baustelle. Der Sohn, die Spuren seines Vaters verfolgend und stets den Kontakt zu Martha suchend, verdingt sich als Hilfsarbeiter bei diesem Bautrupp. Er sucht die Nähe zu seinem Vater, der ihn zunächst nicht erkennt. Auch als Loth ihm einen Zündschlüssel für das Motorrad gibt, das der Alte immer noch mit sich führt, reagiert Ferro nicht überrascht. Die Lage spitzt sich zu, als der Stumme den Diebstahl eines Benzinkanisters, den Ferro beiseite geschafft hat, auf sich nimmt und von dem selbsternannten Tribunal des Bautrupps, das am letzten Abend vor Abbruch der Arbeiten in stark alkoholisiertem Zustand »verhandelt«, dazu »verurteilt« wird, eine besonders gefährliche, letzte Sprengung vorzubereiten, in deren Detonation der Vater zielstrebig hineinläuft. Die Explosion, die Ferro tötet, gibt Loth die Sprache zurück: »Der ferne Donner der niedergehenden Brocken, Nebel, darin weit unten das Gesicht. Er spürte nichts, er hörte nichts, spürte nicht einmal den Schrei aus seiner Kehle, hörte ihn nicht, wie er aus seinem weit geöffneten Mund hinausging in diesen leeren Himmel.« Die Leiche wird geborgen, Loth ist verschwunden, taucht Monate später bei der Polizei auf und bezichtigt sich, seinen Vater getötet zu haben. Dem abrupten Ende des Romans entspricht der rasche Abzug der Baustelle; der offene Ausgang bildet den Kontrast zur geschlossenen Darstellung der Landschaft und des Bautrupps. Der Autor erzielt atmosphärische Dichte durch die Verschachtelung der Erzählperspektiven: im Wechsel werden die Arbeiter (ihre Tätigkeit, die Kommunikation in der Gruppe) und der Stumme beleuchtet, wobei Loth direkt gezeichnet ist (innerer Monolog, ›stream of consciousness‹). Vorbilder dieser Erzählweise sind Faulkner und der Nouveau Roman. Das Milieu, innerhalb dessen die zwischenmenschliche Tragik sich abspielt, wird somit plastisch und für den Leser eindringlich nachvollziehbar.

Lit.: E. PULVER, O. F. W., in: KLG, München 1978ff.   T. FRAUND

WASSERMANN, Jakob
(1873–1934)

Christian Wahnschaffe. 2 Bücher; 11 Kapitel; EA Berlin 1919; NA Berlin 1932.
Christian Wahnschaffe, schöner und gewinnender Sohn »einer dieser reich-gewordenen Bürgerfamilien, die den alten Aristokratie den Rang abliefen«, verbringt sein Leben auf den herrschaftlichen Besitzungen der Wahnschaffes oder bei exklusiven Lustbarkeiten im Kreis seiner verwöhnten Freunde. In Paris vermittelt ihm der müßiggängerische Aristokrat Bernard Crammon von Weißenfels die Bekanntschaft mit der gefeierten Tänzerin Eva Sorel, die innerhalb kurzer Zeit von obskuren Vorstadtbühnen in den Mittelpunkt des internationalen Kunstinteresses getreten ist. Durch Iwan Becker, einen ihrer Bewunderer, kommt der Industriellensohn mit russischen Emigrantenkreisen in Berührung. Becker, der sich als geheimer Inspirator sozialrevolutionärer Erhebungen erweist, öffnet ihm die Augen für das Elend der Unterschichten, so daß Wahnschaffe von nun an nur noch innerlich distanziert an den pompösen Gesellschafts- und Familienfesten teilnehmen kann. Sein Bewußtsein für die sozialen Gegensätze und Ungerechtigkeiten verschärft sich weiter, als er einem Jugendgefährten, dem Försterssohn Amadeus Voß, wiederbegegnet. Voß, verbittert über die degradierende Behandlung als armer Pri-

vatlehrer, bekennt sich zu einem satanisch-apokalyptischen Christentum. Christian nimmt ihn mit zu seiner zweiten, nun erfolgreichen Werbung um Eva Sorel. Als Christian sie später an den despotischen russischen Großfürsten Kyrill Alexandrowitsch verliert, arrangiert Crammon ein Zusammentreffen mit der reichen und unglücklichen Johanna Schöntag. Doch während sich Christian ihr nähert und wieder entzieht, gibt sie der Werbung des geheimnten Voß nach, die in einer Mesalliance der von Selbsthaß gequälten Jüdin mit dem sturen Antisemiten endet. Christian trifft in einem heruntergekommenen Hamburger Hafenviertel die Prostituierte Karen Engelschall. Er verkauft seine zahlreichen Besitztümer und zieht mit ihr in ein Arbeiterviertel Berlins, wo er zusammen mit dem von ihm finanziell unterstützten Voß das Medizinstudium aufnimmt. Die Versuche der Familie Wahnschaffe, den Sohn in eine ansehnliche mondäne Existenz zurückzuholen, scheitern. Mit einer ihm von seiner Mutter Richberta überlassenen kostbaren Perlenkette beschenkt er die syphilitisch todkranke Karen und überzeugt sie damit von der Aufrichtigkeit seiner Hilfe. Eine gegenseitige Liebe verbindet ihn jedoch nicht mit Karen, sondern bleibt – nur in Andeutungen verwirklicht – der 15jährigen Nachbarstochter Ruth Hoffmann vorbehalten, die für ihn ein Ideal von Hilfsbereitschaft, Verantwortungsbewußtsein und Opfermut verkörpert. Die Unberührbarkeit der jungen Jüdin reizt indessen Karens besitzgierigen Bruder Niels Heinrich. Er lockt sie in einen Hinterhalt, vergewaltigt und ermordet sie. Auf der verzweifelten Suche nach dem Mörder gibt Christian nicht auf, bevor er den instinktiv ihm ausweichenden Niels Heinrich zum Geständnis gebracht und die ganze Geschichte, ihre Motive und grausamen Details, aus ihm herausgepreßt hat. Der Trauernde überwindet sich schließlich, dem Mörder die Hand zu reichen. Nach einer letzten Aussprache mit dem Vater verliert sich Christians Spur im allgegenwärtigen sozialen Elend der Stadt, in das er sich mit dem Vorsatz hineinbegibt, aus den Menschen »das Leiden herauszunehmen wie das Eingeweide aus einem Huhn«.

Wassermann hat an dem Roman, der in den Jahren um und nach der Jahrhundertwende spielt, etwa von Ende 1915 bis Mai 1918 gearbeitet. Dabei fallen die Ereignisse der Entstehungszeit – Weltkrieg und Revolution – als dunkler Schatten in die erzählte Welt, finden jedoch durch den symbolisch-religiös überhöhten Realismus Wassermanns keine überzeugende literarische Umsetzung. Hauptschwäche des von Lion Feuchtwanger geschätzten und viel verkauften Romans ist seine in einer Vielzahl von Figuren, Schauplätzen und Nebenhandlungen ausufernde Anlage. Wassermann hat bei einer Neubearbeitung 1932 einige Episoden gestrichen oder gekürzt und aktuelle Bezüge verallgemeinert: »im Grunde war ja hier ein Zeitroman [...] zu einem historischen Roman geworden« (Wassermann). So wird Christians Weg zu einem modernen Franz von Assisi weniger kolportagehaft illustriert und noch stärker nach innen verlegt. Die ins Religiöse gewendete Lösung der sozialen Frage, die einer Aussage des Autors zufolge auf dem Weg einer »mystisch-buddhistische[n] Entäußerung« erfolgen sollte, bleibt vage. Der Roman überzeugt eher durch die suggestive Beschreibung der Außenviertel Berlins um 1905, die Verbrechensgeschichte und Christians Selbsterniedrigung gegenüber dem Mörder Niels Heinrich, dem er auf der lange gesuchten untersten »Tiefe« sozialen Elends und krimineller Schuld von gleich zu gleich begegnet. Wassermann nähert sich hier seinem Vorbild Dostojevskij.

Lit.: M. HEIMANN, Das jüngste Gericht im Roman, in: Die neue Rundschau 30 (1919), S. 367–373.   J. FETSCHER

Der Fall Maurizius. 3 Teile; 16 Kapitel; EA Berlin 1928.
Auf Drängen des alten Peter Paul Maurizius beginnt der Gymnasiast Etzel Andergast mit seinen Nachforschungen zu dem Mordfall, der über 18 Jahren Maurizius' Sohn Leonhart ins Zuchthaus gebracht hatte. Damals war Leonhart Maurizius beschuldigt worden, wegen einer Liebesbeziehung zu seiner Schwägerin Anna Jahn seine Frau Elli erschossen zu haben. Etzels Vater, Freiherr Wolf von Andergast, hatte mit dem seinerzeit geführten Indizienprozeß seine Karriere als Staatsanwalt begründet. Der 16jährige Etzel verläßt das Frankfurter Vaterhaus, um in Berlin den damaligen Kronzeugen Gregor Waremme ausfindig zu machen und ihn des Meineids zu überführen. Etzels Verschwinden bringt die festgefügte berufliche und familiäre Ordnung des Vaters ins Wanken. Nachdem der Staatsanwalt vor neun Jahren seine Frau aus dem Haus gewiesen und ihren Liebhaber in den Suizid getrieben hatte, muß er nun bei der erneuten Durchsicht der Maurizius-Akten

vor seinem Sohn Etzel wie auch vor der Öffentlichkeit das Recht seiner eigenen Entscheidungen und Handlungen unter Beweis stellen. Während er zu immer intensiveren Gesprächen in der Zelle des verurteilten Maurizius erscheint, drängt und schmeichelt sich Etzel in das Vertrauen Waremmes ein, der verarmt und verwahrlost in Berlin-Wedding lebt. Gleichzeitig und unabhängig voneinander erfahren nun Vater und Sohn durch Leonhart Maurizius und Waremme den wahren Hergang von Elli Jahns Ermordung: der Verurteilte und der Hauptzeuge deckten damals beide die eigentliche Täterin, Ellis Schwester Anna. Die Konstellation zwischen diesen vier Figuren bildet das Spannungsfeld, innerhalb dessen sich die Mordgeschichte abspielt: der behütet aufgewachsene Leonhart Maurizius, der als junger Privatdozent für Kunstgeschichte aus materiellen Gründen die 15 Jahre ältere Elli Jahn heiratete; Elli, die ohnmächtige Ehefrau, die ihren Mann an Waremmes Einfluß und Annas Anziehungskraft verloren gehen sieht; Anna Jahn, die spröde Femme fatale, die hörig zwischen Waremme und Maurizius schwankt; schließlich Waremme, der aus dem Nirgendwo aufgetauchte und in der kleinen Universitätsstadt schnell zu Einfluß gekommene Universalgelehrte. Inzwischen hat Waremme nach einer Amerika-Reise seinen Geburtsnamen Georg Warschauer wieder angenommen und sich damit bewußt in die Tradition seiner ostjüdischen Heimat gestellt. Zur selben Zeit weiß Wolf von Andergast sein Ansehen und das der deutschen Justiz nur noch durch einen Gnadenerlaß zu retten, dessen Beantragung dem Justizopfer Maurizius nahegelegt wird. Doch dem Freigelassenen gelingt es nicht, an sein zu lange unterbrochenes Leben außerhalb des Gefängnisses wieder anzuknüpfen. Sein Vater stirbt bei seiner Rückkehr, und die Wiederbegegnung mit Anna Jahn erweist sich als ernüchternd und banal. Seelisch am Ende springt Leonhart von einer Eisenbahnbrücke in den Tod. Zuvor hatte Etzel mit fanatischem Gerechtigkeitssinn von seinem Vater die Wiederaufnahme des Prozesses und die vollständige Rehabilitierung des Verurteilten gefordert und in aufgebrachter Wut von ihm erfahren, daß sich dieser Schritt durch die Entlassung erübrigt habe. Durch Etzels Unnachgiebigkeit verliert Wolf von Andergast seine unerbittlich zur Schau getragene Beherrschung und Disziplin. Wütend um sich schlagend, wird er in eine psychiatrische Klinik eingeliefert. Etzel verlangt nun auch, seine Mutter wiederzusehen, die seit jenem drakonisch geahndeten Ehebruch aus seinem Leben verbannt war.

Wassermanns Zeitgenossen erinnerte die Maurizius-Handlung an den Fall des Rechtsanwalts Karl Hau, der 1906 in einem Indizienprozeß wegen Mordes verurteilt worden war. Nach einer Erklärung des Autors ist es »die Idee der Gerechtigkeit, die den Herzpunkt« des Buches bildet. Mehr als die Härte der deutschen Rechtsprechung und des knechtenden Strafvollzugs sollte das Recht, andere zu verurteilen, prinzipiell in Frage gestellt werden. Entgegen dieser schriftstellerischen Absicht geriet die Rekonstruktion der Mordgeschichte vor allem zur Darstellung eines Geflechtes inne-

rer Biographien, die sich an Stereotypen bürgerlicher Eheromane anlehnen. Die realistisch-konventionelle Erzählweise hoffte Wassermann durch die Mythisierung seiner Protagonisten zu durchbrechen. So figuriert Wolf von Andergast als herrischer Hermes Trismegistos, Etzel als wahrheitsbesessenes göttliches Kind, Warschauer als der zum »bodenlosen Dasein« verdammte, ruhelos umherziehende Ahasver. Für Wassermann spaltete sich offensichtlich die historische Figur Hau, an dessen Unschuld er nicht glaubte, in den zu Unrecht verurteilten Maurizius und den auch vor Meineid nicht zurückschreckenden Blender Warschauer, der »immer ein Spieler geblieben« ist. Etzel wiederum ist durch die Christustypologie überzeichnet und überfordert. Der Roman, zusammen mit *Etzel Andergast* (1930) und *Joseph Kerkhovens dritte Existenz* (1934) als Trilogie angelegt, gilt als der bis heute meistgeschätzte Wassermann-Roman.

Lit.: F. MARTINI, Nachwort, in: J. W., Der Fall Maurizius, Gütersloh 1960, S. 541–573.

J. FETSCHER

WEERTH, Georg (1822–1856)

Leben und Taten des berühmten Ritters Schnapphahnski. 22 Kapitel; ED »Neue Rheinische Zeitung« 1848 (Teildruck); EA Hamburg 1849.

Der Verfasser beruft sich in einem »Vorspiel« auf seine literarischen Ahnen Cervantes und Louvet, da er einerseits im Stile travestierender Ritterromane, andererseits im Sinne einer Chronique scandaleuse die Abenteuer des schlesischen Ritters und schafzüchtenden, hochverschuldeten Krautjunkers Schnapphahnski in entlarvender, satirisch-larmoyanter, stark an Heine (der Name des Helden stammt aus dessen *Atta Troll*) geschulter, ja diesen zu übertreffen suchender Weise schildert. Die Erzählweise in Arabesken bedingt eine lockere, oft abschweifende Handlungsführung. Schnapphahnskis Ähnlichkeiten mit einer im Roman nicht aufgedeckten Persönlichkeit (Fürst Felix Lichnowsky) brachten dem Autor eine Verleumdungsklage ein, die er im »Vorspiel« in der Art des Rabelaisschen Pantagruel karikiert.

Schnapphahnski, ein »Mann wie gedrechselt, mit funkelnden Augen, höhnischen Lippen und aristokratisch weißen Händen«, tritt gleich zu Beginn in seiner Lieblingsrolle als ein sich seiner Wirkung auf Frauen gewisser Galan auf. Er verliebt sich in die Gräfin S., doch die gemeinsame Flucht scheitert durch das Erscheinen des Grafen. Die Schmach, daraufhin von den Lakaien des Grafen verprügelt zu werden, prägt sich Schnapphahnski unauslöschlich ein. Mit zahlreichen Lügen, mit denen er sich zum unbezwingbaren Duellanten hochstilisiert, kompensiert er seine Erniedrigung. Er stachelt damit jedoch den Ehrgeiz eines Grafen G. an, der ihn zum Duell fordert. Seiner Feigheit gehorchend, staffiert sich Schnapphahnski so gründlich mit Tüchern aus, daß er unverletzt lediglich in Ohnmacht fällt. Er reist nach Berlin und täuscht dort trickreich aller Welt ein Verhältnis zur Schauspielerin Carlotta vor, die ihn abgewiesen hat. Auch diese Amoureske endet kläglich: Schnapphahnski muß sich in einer Ehrenerklärung selbst der Lüge bezichtigen, gibt jedoch nicht auf und versucht unter Benutzung des Namens einer kreditwürdigen Persönlichkeit, die Liebe Carlottas durch ein Diamantencollier zu erkaufen. Der Schwindel fliegt auf und er muß Berlin verlassen. In Spanien wird er Söldner in Don Carlos' Armee und beginnt, nach dessen Niederlage mittellos geworden, in Brüssel seine Memoiren niederzuschreiben, bringt sich aber auch hier in Verruf durch maßlose aristokratische Arroganz bürgerlichen Ehefrauen gegenüber. Ferner provoziert er den Herzog C. anläßlich seines Klavierspiels derart, daß ihn dieser ohrfeigt und aus dem Gesandtschaftshotel hinauswirft. Nur die Etikette erzwingt eine förmliche Aussöhnung. Seine Ankunft in München bereitet er durch die von verarmten und bezahlten Kriegskumpanen ausgestreute Fama wunderlicher Heldentaten vor. Ein Herzog, der diese anzweifelt, wird, nachdem er ein Duell mit Berufung auf seine Verantwortung und Souveränität ausschlägt, von Schnapphahnski mit kompromittierenden Äußerungen überschüttet. Dieser wird des Landes verwiesen. In Wien bleiben die Salons für ihn verschlossen, aber wieder prahlt er mit erlogenen Affären, diesmal ist eine Fürstin von europäischem Rang im Spiele, die die Sache freilich richtigstellt: Schnapphahnski ist am Tiefpunkt seines gesellschaftlichen Ansehens angelangt, er »macht vollständig Fiasko«, und wieder in Berlin, wird er zum Diner der schlesischen Ritterschaft nicht mehr zugelassen, erscheint aber dennoch. Schließlich flüchtet er unter falschem Namen auf eine Nordseeinsel. Hier ist sein Ruf zwar unbeschädigt, aber er empfindet die Langeweile des

aristokratischen Décadent: nicht
zuletzt durch diese Noblesse gewinnt er die Liebe einer jungen
Einheimischen. In Hamburg wird
geheiratet, er verläßt seine
schwangere Frau jedoch auf Nim-
merwiedersehen. Seinen letzten
großen Coup visiert Schnapphahnski in der Liaison mit einer
alten, voller Prothesen stecken-
den, aber unermeßlich reichen
Herzogin an, der er in sorgfältig
einstudierter Rolle als glühender
Verehrer ihre amourenreiche Jugendzeit wieder in Erinnerung
ruft: Schnapphahnski erhält von
der Herzogin aus tiefer Dankbarkeit nach und nach große Sum-
men, wird damit schuldenfrei,
nachdem er bislang seine bürgerlichen Gläubiger juristisch über-
vorteilte, und sein Renommée
verbessert sich soweit, daß er beschließt, in Berlin eine politische
Laufbahn zu beginnen, nicht ohne
vorher noch als guter Katholik
sein Sündenkonto durch eine Pil-
gerfahrt nach Rom auszugleichen.
In den beiden letzten Kapiteln des
Romans schildert der Autor in
stark reportagehafter Art »Dom-
farce« und Festmahl anläßlich der
Sechshundertjahrfeier des Kölner
Doms (August 1848), das »Fest
des widerlichsten Kokettierens
mit dem dummen deutschen souveränen Michel«. Jenseits der
Schnapphahnski-Handlung wird
dabei durch die Kritik an der
selbstherrlichen Monarchie und
an dem Verrat republikanischer
Ideen die politische Dimension
des Romans unterstrichen.

Lit.: B. Füllner (Hg.), G. W., Neue Studien,
Bielefeld 1988.   O. Riedel

WEISE, Christian (1642–1708)

**Die drey ärgsten Ertz-Narren
in der gantzen Welt, auß vielen**
närrischen Begebenheiten her-
vorgesucht, und allen Interes-
senten zu besserem Nachsin-
nen übergeben, durch Catha-
rinum Civilem. 50 Kapitel; EA
o. O. 1672; NA Leipzig 1673.
Die Handlung von Weises be-
rühmtestem Roman ist den Gat-
tungsgesetzen der Satire bzw. des
satirischen Romans in der Nachfolge der frühneuzeitlichen Nar-
renrevue (vgl. S. Brant) verpflichtet, in der eine bunte Folge verschiedener Narrentypen vorgeführt und kritisiert wird. Die am
Beginn formulierte Aufgabe des
Romans ist es, durch die dargestellte Weltbetrachtung »desto
verständiger« zu werden. Der
Rahmen wird ganz kurz angegeben: Der junge Florindo darf sein
Erbe erst dann antreten, wenn es
ihm gelingt, die drei größten Narren ausfindig zu machen und sie
porträtieren zu lassen. Deshalb
muß er sich mit seinem Hofmeister Gelanor und einigen Bediensteten auf die Reise machen
und seine Liebste für einige Zeit
allein lassen. Die Dimension der
Reise spielt so gut wie keine Rolle,
denn die narrensuchende Gesellschaft trifft bald auf exemplarische Narrentypen. Deren Beschreibung, ihre Handlungen und
Motive, bilden die Grundlage für
die Auseinandersetzung zwischen
Florindo und Gelanor über das offenbare gesellschaftliche Fehlverhalten. Die vorgestellten Narrentypen entsprechen dem zeitgenössischen Kanon der Narren-
revue: Ehe-Narren, Weiber-Nar-
ren, Duell-Narren, Bücher-Nar-
ren, Mode-Narren, Spiel-Nar-
ren, Kriegsnarren, Religionsnar-
ren, Reise-Narren, Luxus-Nar-
ren, Liebesnarren, Prozeß-Nar-
ren u. v. a. Die Urteile der Reisenden über die Narren sind ausdiffe-

renziert, wobei Florindo naiv–un–
erfahren auftritt und durch den
Realisten und Zyniker Eurylas
konterkariert wird. Der Hofmei–
ster Gelanor, der als ein vernünfti–
ger Christ das letzte Wort hat, ist
offensichtlich als Vorbild ge–
dacht. Der Roman ist wesentlich
von Grimmelshausens → *Aben-
theurlichem Simplicissimus Teutsch*
beeinflußt, den er als zu morali–
stisch-didaktisch kritisiert, ob–
gleich er selbst belehrenden Cha–
rakter hat. Durch Allegorisierung
und anschließende Explizierung
der Lehre will Weise Maßstäbe
zur Beurteilung von Handlungs–
weisen in der Welt vermitteln,
wobei ihm nicht nur die Narren
als Anschauungsmaterial dienen.
Die Reisegesellschaft selbst wird
zum Objekt der Narrensatire,
denn die Grundlage der Erkennt–
nis anderer Narren ist die Selbst–
erkenntnis: Nosce te ipsum. Flo–
rindo muß zunächst seine eigene
Narrheit erkennen, um andere be–
urteilen zu können und zu dürfen.
So setzt ein Prozeß der Erfah–
rungsgewinnung ein, in dessen
Verlauf die Reisegesellschaft zwar
eine große Anzahl von Narren er–
lebt, aber keinen als »Erz-Narren«
definieren kann. Nach langen
Fahrten entschließen sich die Rei–
senden, die Frage, wer der größte
Narr sei, einem Collegium pru–
dentium vorzulegen, dessen Ant–
wort die gültige Aussage des Ro–
mans ergibt: derjenige ist dem–
nach der größte Narr, »der umb
zeitliches Kothes willen den Him–
mel verscherzt«, sowie derjenige,
der durch sein »lüderliches« Ver–
halten Gesundheit, Leben und
Ehre gefährdet. Als Resultat wer–
den drei allegorische Figuren als
Erznarren bestimmt.

Lit.: G. FRÜHSORGE, Der politische Körper.
Zum Begriff des Politischen im 17. Jahrhun–
dert und in den Romanen C. W.s, Stuttgart
1974.   A. SOLBACH

**Der Politische Näscher, Auß
Unterschiedenen Gedancken
hervor gesucht und Allen
Liebhabern zur Lust, allen In-
teressenten zu Nutz, nun-
mehro in Druck befördert von
R. I. O.** 37 Kapitel; EA Leipzig
1678.

Weises Roman will lehren, wie
man »sein Privat-Glücke erhalten,
und alle besorgliche Unfälle klüg–
lich vermeiden köndte«, und ge–
hört so zu der Gattung des politi–
schen Romans, der sich die Ver–
mittlung von Lebensklugheit zum
Ziel setzt. Anders als in sei–
nen *Erz-Narren* zielt er hier nicht
auf allgemeines gesellschaftliches
Fehlverhalten, sondern auf einen
bestimmten Typus: »Ein Politi–
scher Näscher ist, der sich umb
einen Vortheil bekümmert, der
ihm nicht zukömmt, und darüber
er sich offt in seiner Hoffnung
betrogen findet.« Diese Defin–
ition von Philander, dem Mentor
des Helden Crescentio, muß die–
ser durch vielfältige Erfahrung
verinnerlichen. Weise wählt einen
pikarischen Rahmen für Crescen–
tios Reise zur Einsicht in das, was
jedem zukommt: der Held muß
als Waise in die Welt aufbrechen
und seinen Unterhalt suchen. Wie
ein traditioneller pikarischer Held
schlägt sich Crescentio in vielerlei
Dienstverhältnissen durchs Leben
und kann – in Erweiterung des
Themas – allerlei verschiedene
Näscher beobachten. Der Roman
wird dabei in seinem Verlauf nur
noch durch das allegorische
Thema zusammengehalten und
präsentiert sich oft genug als reine
Erzähl- und Exempelsammlung,
die die Geschichte des Helden
überwuchert. Weise modifiziert

darin seine Grundthematik von den Leidenschaften der Menschen, die auf etwas zielen, das ihnen nicht zukommt, sei es eine reiche oder adelige Heirat, die Ehefrau des Nachbarn, Ehren und Reichtum oder ein unziemliches Ansehen. Die Essenz aller Überlegungen ist die Lehre von der Bescheidung und der Demut gegen Gott und die Warnung vor der Verletzung der Ständeschranken. Wer über seinen Stand hinauswill, muß zur Täuschung greifen und gleichzeitig Opfer seines eigenen Betrugs werden. Weise bedient sich dabei der Darstellung exemplarischer Lebensläufe, die das enttäuschte Verlangen nach Glücksgütern thematisieren und den Helden belehren. Es gehört zweifellos zu den schwächsten Momenten des Romans, daß die Lehre, die vorgetragen wird, dem Helden kaum vermittelt wird; Crescentio ist und bleibt Beobachter bis zum letzten Kapitel, das mit seinem Aufenthalt am Hofe gleichsam summarisch die politischen Näscher präsentiert, aber nicht mehr agieren läßt. Der Roman verliert sich vor allem gegen Ende in theoretischen und abstrakten Überlegungen zur Romanpoetik, Theologie und Ethik, um schließlich in ein Traktat über den »Weg zu der wahren Glückseligkeit« zu münden, dessen Erläuterungen unvermittelt scheinen: »Er ist aber glückselig, wenn er Gott dienet.« Die Wendung ins Religiöse ist bei Weise stets mitgedacht, wird aber am Ende des Romans so profiliert, daß sie aufgesetzt wirkt.

Lit.: G. FRÜHSORGE, Der politische Körper. Zum Begriff des Politischen im 17. Jahrhundert und in den Romanen C. W.s, Stuttgart 1974.   A. SOLBACH

WEISS, Ernst (1882–1940)

Der Augenzeuge. 4 Teile; entstanden 1938/39; EA München 1963.

Der Augenzeuge in Ernst Weiß' letztem Roman ist, wie viele andere Romanfiguren dieses Autors auch, ein Arzt, der in der Ich-Form sein Leben erzählt. Aus gutbürgerlichen Verhältnissen stammend, kann er nach dem wirtschaftlichen Ruin des Vaters durch die Förderung eines reichen Gönners, des »Narrenkaisers« – dem Gegenbild zum armen »Judenkaiser«, einem Arzt, dessen Tochter der Erzähler später heiraten wird – Medizin studieren. Schon in seiner Jugend wie vor allem im Ersten Weltkrieg mit der Entfesselung von Gewalt und Macht konfrontiert, wofür im Text wiederholt die Chiffre vom »Zermalmenden« steht, arbeitet er nach Kriegsende im Lazarett von Pasewalk, wo sich unter seinen Patienten auch der erblindete Gefreite A. H. – Adolf Hitler – befindet. Nachdem er dessen Blindheit als hysterisch diagnostiziert hat, gelingt es ihm, Hitler davon zu heilen, womit er zugleich aber auch »die spätere politische Dynamik des Diktators« (Dieter Lattmann) freisetzt. Auch sein weiterer Lebensweg bleibt mit der Person Hitlers eng verbunden: Da er über seine Therapie Aufzeichnungen angefertigt hatte, wird der Erzähler nach der nationalsozialistischen Machtergreifung in einem Konzentrationslager gefoltert. Zwar gelingt ihm die Flucht – aber nur, weil seine Frau die Dokumente den Machthabern inzwischen ausgehändigt hatte. Im Pariser Exil unter ähnlich ärmlichen Verhältnissen wie zu seiner Studienzeit lebend, wird die Entfremdung zu seiner Frau und den beiden Kindern immer größer und führt schließlich zur Trennung. Am Ende steht der Entschluß, an der Seite der republikanischen Truppen am Spanischen Bürgerkrieg teilzunehmen. – *Der Augenzeuge* ist weit mehr als eine Charakterstudie Hitlers oder eine Phänomenologie der faschistischen Bewegung: Er ist ebenso das Psychogramm eines bürgerlichen Intellektuellen in seinem Schwanken zwischen der Distanz des »objektiven Beobachters« und aktivem Widerstand, wobei in diese Analyse auch das Elternhaus – die Skrupellosigkeit des Vaters, der Antisemitismus der Mutter – miteinbezogen wird. Auch die »Gottähnlichkeit« des Arztes, die Faszination seiner Macht über den Patienten A. H., die durchaus Analogien zur Verführungskunst Hitlers aufweist, wird kritisch durchleuchtet: Denn der Wunsch des Erzählers, »eingreifen, handeln, herrschen« zu wollen, schlägt in sein Gegenteil um und macht ihn zum Opfer. – Ernst Weiß verfaßte den Roman in den Jahren 1938/39 für den literarischen Wettbewerb des »American Guild for German Cultural Freedom«. Nachdem das Manuskript nach Weiß' Tod lange Zeit als verschollen galt, wurde der Roman 1963 erstmals veröffentlicht. Dabei wurde der Titel aus wettbewerbsrechtlichen Gründen – 1959 war ein gleichnamiger Roman von Alain Robbe-Grillet erschienen – in *Ich – Der Augenzeuge* geändert, was erst bei den folgenden Auflagen wieder revidiert wurde.

Lit.: D. LATTMANN, Posthume Wiederkehr – E. W., Arzt und Schriftsteller, in: DERS., Zwischenrufe und andere Texte, München 1967. – F. TRAPP, Der Augenzeuge – ein Psychogramm der deutschen Intellektuellen zwi-

schen 1914 und 1936, Frankfurt/M. 1986.
J. JOHN

Georg Letham. *Arzt und Mörder.*
7 Kapitel; EA Berlin 1931.
Schon der Untertitel des Romans umreißt das Spannungsfeld, in dem sich der Protagonist als »Wissenschaftler und Rechtsbrecher« bewegt. In der auch für andere Romane von Ernst Weiß typischen Ich-Form berichtet Georg Letham – dessen Name unschwer als Anagramm von Hamlet zu erkennen ist – im kühl-distanzierten Ton eines Diagnostikers sowohl vom Giftmord an seiner älteren, ungeliebten Gattin als auch von den traumatischen Erlebnissen seiner Kindheit (»Ich muß ein schönes Kind gewesen sein. Ein glückliches nicht.«). In der Schilderung der grausamen Erziehungsexperimente des Vaters, die den Sohn abhärten sollten, werden die Wurzeln von Lethams (Gefühls)kälte, Mitleidslosigkeit und Ichbezogenheit freigelegt. – Vom Gericht zu lebenslanger Haft verurteilt, wird Letham auf die vom Gelbfieber verseuchte tropische Insel C. deportiert. Der Fiebertod eines von ihm geliebten portugiesischen Mädchens, den er machtlos mitansehen muß, lassen Letham den »absoluten Wert« jedes menschlichen Lebens erkennen. Von der Gefängnisleitung mit der Erlaubnis zu medizinischer Forschung ausgestattet, gelingt es Letham nach mühevollen Anstrengungen, den Erreger des Gelbfiebers zu isolieren. Ein Selbstversuch, der ihn beinahe das Leben kostet, beweist die Richtigkeit seiner wissenschaftlichen Hypothese. Nach seiner Begnadigung schließt der Roman mit Lethams freiwilligem Weg in die Anonymität: »Ich verschwand in

der Menge, und das ist gut so.« – Der Roman vereinigt in eindrucksvoller Weise zahlreiche Motive, die das gesamte Werk von Ernst Weiß bestimmen: der prägende Einfluß von Elternhaus und Kindheit, die aus einer Mischung von Attraktion und Widerwillen bestehende Partnerbindung (sowohl an seine Frau wie an den Mithäftling March), der ebenso sachliche wie radikale Blick, der den Roman selbst zu einem analytischen Selbstversuch »an lebenden Seelen« werden läßt, sowie nicht zuletzt die Verbindung von Wissenschaft und Moral, die hier mit dem Komplex von Schuld und Sühne verknüpft wird. Von beklemmender Weitsicht ist dabei die Thematisierung der Verfügungsgewalt des Mediziners über Leben und Tod: wenn Georg Letham über den Wert des Lebens entscheidet und Menschen wiederholt zu bloßem »Menschenmaterial« degradiert, so weist der Roman – gerade auch in den Experimenten an den Häftlingen der Strafkolonie – angesichts der Menschenversuche in nationalsozialistischen Konzentrationslagern divinatorische Züge auf. *Georg Letham* war nicht nur der größte Bucherfolg von Ernst Weiß, sondern zugleich auch sein letztes in Deutschland veröffentlichtes Buch: 1934 nach Paris emigriert, nahm sich Weiß dort nach dem Einmarsch der deutschen Truppen im Juni 1940 das Leben.

Lit.: H. L. Arnold (Hg.), E. W., München 1982 (Text+Kritik 76). – P. Engel (Hg.), E. W., Frankfurt/M. 1982 (st 2020). J. John

WEISS, Peter (1916–1982)

Abschied von den Eltern. *Erzählung*. EA Frankfurt/M. 1961.

Nachdem Peter Weiss mit *Der Schatten des Körpers des Kutschers* (1960) die langersehnte künstlerische Anerkennung in Deutschland gefunden hatte, überraschte sein zweites Buch aufs neue die literarische Öffentlichkeit. Die kühle und präzise Beobachterhaltung, die dem *Schatten* soviel Bewunderung eingebracht hatte, ist in der folgenden Erzählung zurückgenommen. Die Anonymität, aus der Weiss herausgetreten war, überwindet der lebenslange Exilant nun auch literarisch in der Form einer autobiographischen Erzählung: »Wie aus einem anderen Leben blicke ich in diese Zeit hinein, fremd vor dem Ich, aus dem ich hervorgegangen bin.« Ausgangspunkt dieses frühen Rückblicks ist der fast gleichzeitige Tod der Eltern 1958/1959. Diese »beiden Portalfiguren meines Lebens« kennenzulernen und damit die Bedingungen und Prägungen der eigenen Biographie in allen Wirrungen und Ansprüchen auszuloten, ist der therapeutische Effekt, aus dem Weiss zugleich sein künstlerisches Programm zu entwickeln vermag. Surrealistische Bilder, dunkle und urweltliche Wahrnehmungen, politische Bedrohungen und künstlerische Hoffnungen prägen den atemlosen Erinnerungsstrom, der sich ohne Absatz und Einschnitt durch das ganze Buch zieht. Die Fremdheit, die für alle Erfahrungen der gemeinsame Nenner zu sein scheint, ist zugleich der Garant dafür, ein eigenes Leben und dessen authentischen Ausdruck zu finden.

Dies gilt schon für die früheste Jugend, von der nur Ahnungen »wie ein dumpf schmerzendes Geschwür« die konkrete Erinnerung ersetzen: Vor allem die Mut-

ter, einst eine bekannte Schauspielerin, wirkt in ihrer beschützen-
den und bedrohenden Rolle auf
die Fantasien und Ängste des Sohnes ein. Der Vater hingegen bleibt
ungreifbar und ängstlich im Hintergrund. Eine liebevolle Zusam-
mengehörigkeit entwickelt sich
nicht. Vielmehr sucht schon das
Kind im Spiel sein »selbstgewähl-
tes Exil«, frei von den Nachstellungen und Anforderungen der
Mitmenschen. Einzig zu seiner
Schwester Margit fühlt es sich
hingezogen. Als sie 1934 bei einem Autounfall ums Leben
kommt, ist dies der entscheidende
Einschnitt, mit dem die »Versuche, mich aus meiner Vergangenheit zu befreien«, beginnen. Im
gleichen Jahr muß die Familie –
der Vater ist jüdischer Herkunft –
nach England auswandern. Während die Stiefbrüder aus der ersten
Ehe der Mutter in Deutschland
bleiben und »dabei sein« dürfen,
erlebt der Erzähler die rassisch-
politische Verfolgung als Bestätigung dafür, daß er immer schon
und ganz »auf der Seite der Unterlegenen und Ausgestoßenen« gestanden habe. Der Tod der geliebten Schwester ist mehr noch als
die Verfolgung durch die Nazis
unmittelbarer Anlaß für die ersten
großen künstlerischen Versuche,
zunächst vor allem als Maler.
Während der Vater alles unternimmt, um den Sohn an die Reali-
täten des (Arbeits-)Lebens zu gewöhnen, versucht Weiss, sich mit
der Kunst »ins Vergessen hin-
überzuarbeiten«. Eine erste Aus-
stellung (1936) in einer Londoner
Garage bringt zwar keinen publi-
kumswirksamen Erfolg. Aber in
dem Inspirator und Freund Jacques (Ayschmann) findet Weiss
doch eine Bestätigung und die
Ahnung eines ganz anderen Le-

bens, nicht zuletzt auch mit politischem Engagement, wie es Jacques im Spanienkampf zu beweisen sucht. Weiss hingegen muß
erneut seinen Eltern folgen. Im
böhmischen Warnsdorf, wo der
Vater wiederum eine Textilfirma
leitet, ist ihm das Leben »ein
dumpfes Warten auf die Kata-
strofe«. Von hier aus schreibt
Weiss dem berühmten Dichter
Haller (= H. Hesse), dessen Antworten auf die ersten Manuskripte ihn in seinen künstlerischen Projekten bestätigen. Als er
1937 von seinen Eltern nach Prag
geschickt wird, um in einer Fabrik
zu arbeiten, gelingt es ihm, sich
mit Hilfe des Exilanten Max B (=
Barth) an der Akademie der Künste einzuschreiben und ein Jahr
nur seinen künstlerischen Versuchen zu widmen. Bevor er 1939
seinen Eltern erneut auf der Flucht
vor den Nazis in die nächste Station des Exils nach Schweden folgen muß, verbringt er ein Jahr in
den Bergen (d. h. bei Hermann
Hesse). Hier entkommt er nicht
nur der rassischen Verfolgung
und der familiären Enge, sondern
überwindet auch zum ersten Mal
das sexuelle Trauma, das seine
Mutterbindung und die inzestuösen Erfahrungen mit seiner
Schwester hinterlassen haben.
Nach zwei weiteren Jahren dump-
fer und unbewußter Arbeit in der
schwedischen Fabrik seines Vaters nimmt Weiss endgültig Abschied, um nach eigenen Wegen
zu suchen. Dieser Suche, nunmehr von den Zwängen des Elternhauses befreit, widmet sich
der zweite Teil der Autobiographie, der unter dem Titel →
Fluchtpunkt 1962 erschien.

Lit.: J. Vogt, P. W. – Mit Selbstzeugnissen
und Bilddokumenten, Reinbek 1987.

                                    P. Hanenberg

Die Ästhetik des Widerstands.
3 Bände; je 2 Teile; EA Frankfurt/M. 1975/1978/1981.

Mit seinem letzten und umfangreichsten Prosatext strebt Weiss eine Verbindung und Klärung jener Bereiche an, von denen auch seine übrigen Werke großenteils bestimmt sind. Dabei handelt es sich einerseits um die historische Aufarbeitung der NS-Zeit unter der Perspektive des proletarischen bzw. kommunistischen Widerstands gegen den Faschismus (in Berlin, im spanischen Bürgerkrieg und im neutralen Schweden), wobei Weiss sich um eine Darstellungsweise bemüht, die historischer Aufklärung und unmittelbarer Anschauung gleichermaßen gerecht wird. Andererseits läßt Weiss seine Protagonisten, v. a. den Ich-Erzähler seiner »Wunschautobiographie«, in den diskursiven Passagen des Romans ausführlich die Bedingungen und Möglichkeiten widerständige Kunst reflektieren und referieren. Wie der Titel des Romans schon andeutet, interessiert dabei nicht nur die Frage, wie der Widerstand gegen mörderische Unterdrückung und Ausbeutung in Kunstwerken seinen Ausdruck finden kann, sondern auch die, ob Widerstand der Ästhetik nicht überhaupt eingeschrieben ist.

Im September 1937 besucht der 20jährige namenlose Ich-Erzähler mit seinen Freunden Heilmann und Coppi das Pergamon-Museum in Berlin. Vor dem gigantischen Fries des antiken Altars diskutieren sie über das Verhältnis von Herrschaft und Kunst, deren Aneignung ihnen für den proletarischen Kampf gegen den Faschismus als notwendige Voraussetzung erscheint. In der ärmlichen Wohnung der Eltern Coppis kommt das Gespräch auf das gegenwärtige Verhältnis von Kunst und Politik, wobei angesichts der Prozesse gegen die avantgardistischen Künstler im stalinistischen Rußland für die Einbeziehung auch der modernen expressionistischen Kunst in den revolutionären Kampf plädiert wird. Während die Freunde in Berlin bleiben, folgt der Erzähler seinen Eltern in ihr tschechoslowakisches Exil. Gegenüber dem Vater, der 1918/19 am Bremer Arbeiteraufstand beteiligt war, versucht er seine Position im Streit zwischen Sozialdemokraten und Kommunisten um die Möglichkeiten einer Einheitsfront gegen den Faschismus zu klären, wobei er anders als sein Vater den Bemühungen um eine einheitliche kommunistische Parteilinie Verständnis entgegenbringt und sich entscheidet, als Freiwilliger der Internationalen Brigaden im spanischen Bürgerkrieg zu kämpfen. Noch einmal sucht er nach einer Vergewisserung durch die Kunst, indem er sich sowohl Kafka als auch der engagierten Arbeiterliteratur (Neukrantz) zuwendet. Der 2. Teil des 1. Bandes zeigt den Erzähler in Spanien, wo er zunächst über die Architektur Gaudis und dann – als Sanitäter mit dem aus Berlin stammenden Sozialmediziner Hodann, der der spanischen Republik als Militärarzt dient – über die Kämpfe zwischen den Kommunisten und den Anarchisten diskutiert. Die Gespräche mit seinen Kampfgefährten über die Geschichte der spanischen Arbeiterbewegung kreisen um die Frage, inwieweit der Gehorsam gegenüber der kommunistischen Partei Voraussetzung für das Gelingen des republikanischen Widerstands ist. Die gegenseitigen Schuldzuweisungen spitzen sich zu, als es um die Analyse des Scheiterns der spanischen Republik geht, das einerseits den kapitalistischen Westmächten, andererseits aber auch dem Verhalten Rußlands angelastet wird. Vor seiner Abreise reflektiert der Erzähler anhand von Picassos »Guernica«, Géricaults »Floß der Medusa« und Koehlers »Der Streik« noch einmal über die Möglichkeiten der Darstellung des Kampfes der Unterdrückten gegen die Unterdrücker. Im 2. Band setzt er diese Studien z. T. vor den Originalen in Paris fort, wobei die künstlerischen Visionen der Vergangenheit den Ereignissen der Gegenwart einen Erklärungshintergrund geben. Während die Westmächte durch das Münchner Abkommen dem Faschismus Vorschub leisten, erfährt der Erzähler, u. a. in Gesprächen mit Münzenberg, dem ehemaligen Gefährten Lenins, von den Kämpfen innerhalb der Komintern. Indem sich der Erzähler auf den Weg nach Schweden macht, wechselt die Perspektive auf die deutsche Kommunistin Bischoff, die vor der drohenden Abschiebung nach Deutschland Stockholm besichtigt. Deutlich wird die Tendenz der schwedischen Behörden, jeden Konflikt mit Deutschland zu vermeiden, selbst auf die Gefahr hin, politisch Verfolgte ihrem sicheren Tod auszuliefern. Die unerwartete Freilassung Bischoffs fällt in die Zeit des deutschen Angriffs auf die Tschechoslowakei, der noch einmal die Zurückhaltung der Westmächte gegenüber dem Faschismus vor Augen führt. Vom Maler Tombrock eingeladen, kommt der Erzähler in das Haus des nach Schweden exilierten Brecht, der

sich über die Spanienkämpfe informieren läßt. Zu Beginn des 2. Teils wird u. a. im Kreis um Brecht die neue Situation, die der Nichtangriffspakt zwischen Deutschland und der Sowjetunion geschaffen hat, diskutiert. Der Erzähler, nun aktiv in der Untergrundarbeit, wird durch den Kontakt mit Brecht dazu geführt, sich selbst als Schriftsteller zu versuchen, indem er die Geschichte des schwedischen Bauernaufstandes im 15. Jahrhundert unter Engelbrekt als Parallelfall des Zweiten Weltkrieges recherchiert. So wie Adel und Großbürgertum schließlich den Aufstand Engelbrekts niederschlagen, so schaltet auch die antibolschewistische Allianz des Militärs und des Kapitals die kommunistische Partei in Schweden aus, deren Geschichte im Wechsel sozialdemokratischer und kommunistischer Perspektiven erzählt wird. Zu Beginn des 3. Bandes trifft der Erzähler wieder mit seinen Eltern zusammen, die nach grausamen Fluchterfahrungen, die die Mutter um den Verstand gebracht haben, ihr Exil in Schweden finden. Obwohl sich der Terror auch von stalinistischer Seite verstärkt, wird die Untergrundarbeit der Kommunisten nach der Ankunft des Abgesandten der Komintern, Wehner, fortgesetzt. In einem komplizierten Netz von Tarnnamen findet der inzwischen von seiner Hilfsarbeitertätigkeit entlassene und der Partei beigetretene Erzähler seinen Platz als illegaler Bote. Als er jedoch von der Judenvernichtung in Deutschland berichten will, von der er u. a. durch seine Mutter erfahren hat, schenkt man ihm keinen Glauben. Er selbst findet im Gespräch mit Hodann kaum Worte der Beschreibung. Hodann, der sich im schwedischen Exil von der Partei abwendet, antwortet auf diese Zweifel mit einer Interpretation der »Melancholia« von Dürer als Beweis, daß die Melancholie zu den Bedingungen der Kunst gehöre. Durch diese Ereignisse beeinflußt, distanziert sich auch der Erzähler von der Diktatur der Partei. Gleichzeitig wird Wehner, dessen Bemühungen um eine Einheitsfront zunehmend der KP-Doktrin widersprechen, von den schwedischen Behörden verhaftet. Der 2. Teil des 3. Bandes beginnt mit der Perspektive Bischoffs, die inzwischen als Kontaktperson der kommunistischen Zellen wieder nach Deutschland eingeschleust worden ist. In Berlin trifft sie auf Coppi und Heilmann, die Freunde des Erzählers, die in der Roten Kapelle gegen den Faschismus kämpfen. Kurz darauf erfährt Heilmann, der als Dechiffrierer im Dienst der Nazis unmittelbaren Zugang zu allen Informationen hat, daß man der Gruppe um Schulze-Boysen auf der Spur ist. In den Gesprächen vor ihrer Verhaftung geht es noch einmal um die Möglichkeiten der Einheitsfront gegen den Faschismus, wurde doch der Widerstand der Roten Kapelle in der Hauptsache nicht von Proletariern, sondern von bürgerlichen Intellektuellen getragen. Vor seiner (detailliert und mit besonderer Intensität geschilderten) Hinrichtung Ende 1942 schreibt Heilmann einen Brief an den Erzähler, der an die gemeinsamen Diskussionen ebenso anknüpft wie an die Bedingungen, unter denen der Widerstand gescheitert ist. Bischoff, die einzige Überlebende der Freunde, erinnert sich im September 1944 noch einmal all der Hin-

richtungen und Morde, bevor sich die Perspektive wieder nach Schweden verlagert. Dort treten sich nach der Auflösung der Komintern die Interessen des von Hodann gegründeten Kulturbundes und des zunehmend von Kommunisten bestimmten Nationalkomitees Freies Deutschland gegenüber. Angesichts der Kämpfe um die Zukunft Deutschlands zwischen der den Westmächten vertrauenden Sozialdemokratie und den Moskau treuen Kommunisten blickt der Erzähler im letzten Abschnitt in konjunktivischer Sprechweise auf die zerbrochenen Chancen des selbstbestimmten Volkes. Weiss hat in den Roman eine überwältigende Menge an kunsttheoretischen und historischen Studien eingebracht. Mit der Figur des Erzählers ist eine Instanz geschaffen, die »als ein Chronist, der gemeinsames Denken wiedergab«, die Antagonismen der künstlerischen und politischen Avantgarde dieses Jahrhunderts ästhetisch zu vermitteln versteht.

Lit.: A. STEPHAN (Hg.) Die Ästhetik des Widerstands. Frankfurt/M. 1983 (st 2032).

P. HANENBERG

Fluchtpunkt. EA Frankfurt/M. 1962.
Der Roman schließt chronologisch an die autobiographische Erzählung → *Abschied von den Eltern* an. Dennoch unterscheiden sich Stil und Struktur dieser Reflexionen auf die Jahre 1940−47 deutlich von denen der Jugenderinnerung. Der Entwicklung zu einer autonomen Künstlerpersönlichkeit entsprechend, ist der Roman in Abschnitte gegliedert, die künstlerische und politische Stationen der Biographie analytisch

und bildreich zugleich behandeln.

Max Bernsdorf (= Barth) ist wie Weiss von Prag nach Stockholm ins Exil gegangen. Die Gespräche mit ihm gelten den Bedrohungen und Herausforderungen, die der Krieg über Europa bringt. Während Weiss sich durchaus vorstellen kann, selbst das Zeug zum Täter in sich zu haben, wehrt sich Bernsdorf gegen diese psychologischen Ahnungen, die mit der politischen die moralische Integrität in Frage stellen. Die Bereitschaft, seine eigene Verführbarkeit radikal anzuerkennen, ist Ausdruck einer wachsamen Selbstkritik und zugleich der Isolation von allen Identifikationsformen im Exil. Auch dem Maler Anatol (= Endre Nemes), der mit seinen Bildern »mitten im Zusammenbruch der Welt« steht, hält Weiss seine Bindungslosigkeit als künstlerische und persönliche Notwendigkeit entgegen: »Nur für meine Flucht, meine Feigheit, wollte ich eintreten, keinem Volk, keinem Ideal, keiner Stadt, keiner Sprache angehören, und nur in meiner Losgelöstheit eine Stärke sehen.« Vor allem aber gegenüber dem exilierten Sozialmediziner Hoderer (= Max Hodann) muß Weiss seine entschieden unpolitische und unsolidarische Haltung verteidigen. Sein Tod im Frühjahr 1943 (tatsächlich starb Max Hodann erst 1946; ein deutlicher Hinweis auf die Stilisierung und Funktionalisierung der historischen Figuren) scheint den Glauben an die Vergeblichkeit des Engagements noch zu bestätigen. Selbst die Bemühungen, die in Theresienstadt inhaftierte Lucie Weisberger zu heiraten, um ihr Leben zu retten, gibt Weiss auf, noch ehe seine »Befreiungsversu-

che gescheitert waren«. Auch seine Ehe mit Edna (= Helga Henschen) wird kurz nach der Geburt einer Tochter 1944 geschieden, ohne daß er die Chance nutzen kann, sich mit ihr in der schwedischen Gesellschaft zu integrieren. Weder in der Fabrik seines Vaters oder als Waldarbeiter noch als Künstler findet er eine objektiv bindende Zugehörigkeit: »Meine Ansätze gerieten immer wieder ins Stocken und scheiterten an Zweifeln. Was ich erreichte, erschien mir jedesmal wie eine Fälschung.« Das Ende des Krieges vermag daran nichts zu ändern. Im Gegenteil: Das Bewußtsein, der Vernichtung und der Katastrophe entgangen zu sein, löst noch die Identität mit den Opfern in schamvolle Schuld auf. »Wenn ich zurückdachte an meinen Entwicklungsgang, so sah ich nur diesen Schutthaufen von unnützem, lebensfeindlichem Ballast, den ich mir hatte aufladen lassen, und nur ein winziger Funke glomm irgendwo, und dieser Funke, war ich selbst.« Allein die Konzentration auf die subjektiven Beschädigungen, Verluste und Herausforderungen verspricht jene Authentizität, die in der politischen Realität ebenso wie in der Erziehung zerrieben zu werden droht. Der autobiographische Roman ist selbst ein Manifest, das in der Ausrichtung auf das Subjekt und auf die betroffene Zeugenschaft den objektiven Zwängen Herr zu werden versucht. So endet der Roman – allen Irrungen und Bedrohungen zum Trotz – mit der Vision eines grenzenlosen Projekts der Verständigung, dem das gesamte Werk des Malers, Filmemachers und Schriftstellers Weiss in seinem lebenslangen Exil verpflichtet blieb.

Lit.: J. Vogt, P. W. – Mit Selbstzeugnissen und Bilddokumenten, Reinbek 1987.

P. Hanenberg

WELLERSHOFF, Dieter (geb. 1925)

Die Schattengrenze. 5 Kapitel; EA Köln / Berlin 1969.

Wellershoffs Roman ist im Sinne des Nouveau Roman ein Anti-Roman mit diskontinuierlicher Erzählweise. Seine Fabel zerfällt in Reflexionen und umfaßt – soweit sie rekonstruierbar ist – eine Kriminalhandlung. Verübt werden die typischen Wirtschaftsvergehen einer Wohlstandsgesellschaft. Für die am Karrieredenken orientierten Wirtschaftsbosse Keßler und Olshausen ist der Erzähler ein Versager. Die Schuld an seinem Mißerfolg gibt dieser einer feindlichen Umwelt, von der er sich verfolgt und an seinem Aufstieg gehindert glaubt. Um sich dafür zu rächen, betrügt er, fälscht Konten und betreibt einen Handel mit gestohlenen Autos. Als der Schwindel auffliegt, versucht er, über die Grenze zu fliehen, verharrt jedoch entschlußlos in seinem Hotel vor der Grenze, weil er seinen Plan für von den Feinden durchschaut hält. Mit dieser Kriminalgeschichte nur lose verbunden ist eine Liebesgeschichte. Der Erzähler ist Hilde, einer abgetakelten Rundfunksprecherin, hörig. Bis in seine Gedankenwelt hinein fühlt er sich von ihr beherrscht. Vor diesem Über-Ich flüchtet er in den Alkohol oder in sexuelle Ablenkungen. Bei einem Empfang für Keßler kommt es zum Bruch zwischen ihm und Hilde. Sie verläßt ihn wegen Keßler. Doch noch auf der Flucht ist der Erzähler von dem Wahn besessen, von ihr eingeholt zu werden. – Nicht die äußere Handlung, sondern die Empfindungen des Erzählers sind der eigentliche Gegenstand des Romans. Seine Ichverstrickung, die er nur in Momenten erfüllter Sexualität, im Gefühl der Einheit der Körper, überwindet, isoliert ihn von seiner Umwelt, die für ihn bedrohliche Züge annimmt. Der Erzähler kämpft dagegen in einem verzweifelten Versuch der Selbst- und Wirklichkeitserkenntnis an. Zwanghaft sucht er bis zur Erschöpfung nach einem Sinn hinter seinen Aktionen. Krankheitssymptome wie Lähmung, Verwirrung, pathologische Angst sind Ausdruck seines Leidens an der Wirklichkeit. Die Existenz der Gegenstände verdrängt die Existenz der Personen. Sie werden ver-rückt und depersonalisiert. Als aus der Wahrnehmung des Erzählers verschwindende Schemen stoßen die Personen an ihre »Schattengrenze«. Ich- und Sinnverlust sind für den Erzähler irreversibel. Illusion und Lüge bestimmen sein Weiterleben. Für ihn gibt es folglich keine allgemeine Wahrheit mehr, sondern nur noch die bloße Existenz. – Dieser Wahrheitsverlust spiegelt sich im Sprachstil als Formverlust. Die Gedanken des Erzählers werden achronologisch, simultan gesetzt, ohne Berücksichtigung eines Raum- und Zeitkontinuums. Doch formlos ist der Roman deshalb nicht zu nennen, denn die geistige Orientierungslosigkeit des Erzählers hat in dieser Dekomposition ihren adäquaten Ausdruck gefunden.

Lit.: E. H. Vollmuth, D. W. – Romanproduktion und anthropologische Literaturtheorie. Zu den Romanen »Ein schöner Tag« und »Die Schattengrenze«, München 1979.

U. Elm

WERFEL, Franz (1890–1945)

Der Abituriententag. *Die Geschichte einer Jugendschuld.* 7 Kapitel; EA Berlin/Wien/Leipzig 1928.
Dem Untersuchungsrichter einer österreichischen Provinzstadt, Dr. Ernst Sebastian, wird ein des Mordes an einer Prostituierten Verdächtiger vorgeführt: Franz Josef Adler. Im Laufe der Vernehmung gelangt der Richter zu der Vermutung, es handle sich bei dem Verdächtigen um seinen ehemaligen Schulkameraden Franz Adler. Diese Vermutung steigert sich zur Gewißheit, als bei einem am Abend desselben Tages stattfindenden Klassentreffen zur 25-Jahr-Feier des Abituriententags eine Parodie auf Adler vorgeführt wird. Von der Feier zurückgekehrt, schreibt Sebastian wie unter einem Zwang seine Lebensbeichte, die Geschichte seiner Jugendschuld gegenüber Franz Adler. Diese rücksichtslose Abrechnung mit sich selbst bildet das Zentrum des Romans. – Mit 16 Jahren wird Sebastian wegen seines Versagens in der Schule vom Vater aus Wien in die Provinzstadt verbannt. Auch im dortigen Gymnasium kann er seine Wissenslücken nicht verbergen. Um so mehr mißgönnt er Franz Adler, dem die Mitschüler als einem »hochbegabten Dichter und Denker« geradezu huldigen, dessen unangefochtene Respektierung. Sebastian steigert sein geringes Ansehen unter den Schülern, indem er Gedichte eines unbekannten Autors als die seinen vorträgt. Einzig Adler begegnet diesen Plagiaten mit Skepsis. Während Sebastian langsam an Einfluß auf die anderen Schulkameraden gewinnt, verhält sich

Adler ihm gegenüber weiterhin reserviert. Da allein die Existenz Adlers Sebastian schon seine Minderwertigkeit fühlen läßt, da ihm, dem Lügner und Hochstapler, mit Adler außerdem ein Mensch mit »unbeirrbare[r] Wahrhaftigkeit, die an keinen Erfolg dachte, sondern nur an Wert«, gegenübersteht, wird in ihm der Drang, Adler zu demütigen und zu beugen, immer stärker. In einer Turnstunde gibt er den unsportlichen Adler der Lächerlichkeit preis und besiegt ihn kurz darauf in einem Ringkampf, bei dem von beiden »ums Leben gerungen« wird. Von Stund an ist Adler wie verwandelt. Seine schulischen Leistungen lassen nach, und er verliert seine Position in der Klassengemeinschaft. Völlig unfähig, diesen Niedergang aufzuhalten, wird er zum Gespött Sebastians und der anderen. In diese Zeit fällt der zunehmende Freiheitsdrang der Jugendlichen, ihre ersten Liebesschwärmereien, Schulschwänzereien und Bordellbesuche. Als dieser Lebenswandel am Ende des Schuljahres negative Folgen zeitigt, soll Franz Adler, dessen Leistungen immer schlechter geworden sind, als warnendes Beispiel von der Schule verwiesen, »geopfert«, werden. Der Versuch Sebastians, Adlers schlechte Noten im Klassenkatalog zu korrigieren, wird vom Klassenlehrer entdeckt. Um sich aus der Verantwortung zu stehlen, schiebt Sebastian die Schuld auf Adler und nötigt ihn, die Stadt zu verlassen.
Als dem Richter der Verdächtige erneut vorgeführt wird, bittet er ihn »um das, was es nicht gibt«, um Verzeihung – um dann festzustellen, daß der verhaftete Franz Adler nicht mit seinem Schulkameraden identisch ist.

Lit.: F. BRUNNER, F. W. als Erzähler, Diss.
Zürich 1955.   K. ZIPSE

Das Lied von Bernadette. 5
»Reihen«; je 10 Kapitel; EA
Stockholm 1941.

In fünfzig Kapiteln, entsprechend
den fünfzig Aves eines Rosen-
kranzgebets, erzählt Werfel in seinem dokumentarischen Roman
»die wundersame Geschichte des
Mädchens Bernadette Soubirous
und die wundersamen Tatsachen
der Heilungen von Lourdes«. Er
erfüllt damit sein Gelübde, das
Thema im Falle seiner geglückten
Flucht vor den Nazis literarisch
zu bearbeiten. In Übereinstimmung mit seiner grundlegenden
schriftstellerischen Intention,
»immer und überall durch meine
Schriften zu verherrlichen, das
göttliche Geheimnis und die
menschliche Heiligkeit«, legt er
den dramaturgischen Schwerpunkt auf die unbegreifliche Dimension des Wunders. Ansonsten
beschränkt sich die dichterische
Freiheit in der Darbietung des
Stoffs auf »gewisse chronologische Zusammendrängungen«.

In der 1. Reihe des *Lieds* erscheint
der vierzehnjährigen Bernadette,
Tochter eines verarmten Müllers,
eine »Dame« von überwältigender Schönheit in der Grotte Mas-
sabielle bei Lourdes. Bernadette
gerät durch diesen Anblick in völlige Verzückung: ihr Kinderge-
sicht, »unwissend, ein wenig
stumpf und mit apathischen Augen«, wandelt sich in »das erha-
bene Frauenantlitz, das alle Leiden
der Welt einschließt«. Während
sich das Gerücht von ihrer Erscheinung in ganz Frankreich verbreitet und die Geister scheidet,
geht Bernadette, unbeeindruckt
von der Aufregung, die sie verursacht, auf Wunsch der »Dame«
weitere achtzehn Male zur Grotte,

von immer mehr Gläubigen,
Neugierigen und Zweiflern begleitet (2. und 3. Reihe). Die nur
für sie sichtbare »Dame« fordert
eine Kapelle und Prozessionen.
Auf ihr Geheiß gräbt Bernadette
in einem Winkel der Grotte eine
Quelle aus, die medizinisch nicht
erklärbare Heilungen bewirkt.
Nach fünf Monaten erscheint die
geliebte »Dame« zum letzten Mal.
Die Erscheinungen der Bernadette weiten sich zu einer Staatsaf-
färe aus. Die Regierung vermutet
dahinter einen politischen Akt
»gegen den Kaiser in Person«.
Durch Drohungen, Lockungen
und Schikanen versuchen Gen-
darmerie und Staatsanwalt, Bernadette zum Widerruf ihrer Erscheinungen zu bewegen. Auch
die Kirche, die sich von den Vorgängen distanziert hat, muß sich
mit der »Dame« befassen, da diese
auf Bernadettes Frage nach ihrem
Namen »Ich bin die Unbefleckte
Empfängnis« geantwortet hat. Sie
versucht nun ebenfalls, das Mädchen einer Lüge zu überführen.
Bernadette bleibt jedoch unbeirrt
bei ihren Erscheinungen und verstört ihre Gesprächspartner durch
ihre einfachen, unwiderlegbar logischen Antworten. Nach vier-
jähriger Untersuchung erkennt
die bischöfliche Kommission das
übernatürliche Wesen der Erscheinungen und Heilungen endlich an (4. Reihe). Für Bernadette
wird die Gnade, die ihr durch die
»Dame« zuteil geworden ist, zur
Verpflichtung: auf Drängen des
Pfarrers von Lourdes nimmt sie
den Schleier. Im Orden der
Schwestern von Nevers entdeckt
sie nach inner zum Teil demütigenden Novizinnenzeit zwar ihre
musischen und karitativen Fähigkeiten (5. Reihe), leidet jedoch an
heftigen Asthmaanfällen und ei-

ner schmerzhaften Knochentuberkulose, die zum Tod führt. Als Bernadette am 16. April 1879 mit demselben Ausdruck der Verzükkung stirbt, den ihr Gesicht bei den Erscheinungen der »Dame« angenommen hat, sind ihre letzten Worte »j'aime . . . ich liebe«. – Am 8. Dezember 1933 wird Bernadette in Rom heiliggesprochen.

Lit.: A. SCHMIDT-WEYLAND, *Das religiöse Anliegen im Romanwerk F. W.s,* Diss. München 1957.   K. ZIPSE

Stern der Ungeborenen. *Ein Reiseroman.* 3 Teile; 26 Kapitel; EA Stockholm 1946.

Franz Werfels utopischer Roman ist »eine Art von Reisebericht« über seine »Forscherfahrt« zwischen »noch immer« und »schon wieder«. Von einer »astromentalen« Hochzeitsgesellschaft »aus dem Alphabet gestochen«, findet sich der Autor, im folgenden F. W. genannt, im Kalifornien des Jahres 101 943 wieder, wo ihn sein wiedergeborener Jugendfreund B. H. (Willy Haas) erwartet. Die drei Tage seines Aufenthalts im »Elften Weltengroßjahr der Jungfrau« bilden die drei Teile des Romans, die zwischen Frühjahr 1943 und Herbst 1944 entstanden sind. – Am ersten Tag seiner Reise lernt F. W. durch seinen Aufenthalt in den Familien des Hochzeitspaares und durch Erklärungen B. H.s die hochverfeinerte, ›mentale‹ Menschheit der Zukunft kennen, die »ästhetisch schöner« und »erkennender« ist als die Menschheit seines Zeitalters, jedoch »moralisch auch nicht besser« und emotional »matter und kälter«. Die Menschen altern ohne Spuren, bis sie »den letzten Weg freiwillig und zu Fuß« zurücklegen, sie können sich ohne Sprache mittels ihrer »hochentwickelten Geistes-

und Seelenkräfte« verständigen und Wege mental mit Hilfe des »Reisegeduldspiels« bewältigen. Am zweiten Tag seines Aufenthalts besucht F. W. den »Arbeiter des Zeitalters«, der den Bestand dieser »Welt ohne Ökonomie« garantiert, indem er alle materiellen Güter aus Strahlungsenergie fertigt. Zudem wird F. W. in die Geisteswelt der Zukunft eingeführt: Er begegnet dem »Großbischof« der katholischen Kirche und dem »Juden des Zeitalters«, den Vertretern der beiden einzigen noch existierenden Religionen, deren Anhänger, nach Werfels Überzeugung, eine unaufhebbare Gemeinschaft bilden. Anläßlich eines Besuchs des »Djebel«, einer Weltraumerforschungsakademie ungeheuren Ausmaßes, nimmt F. W. an einem Flug in den interplanetaren und interatomaren Raum teil. Während eines am Abend stattfindenden »festlichen Sympaions« ereignet sich jenes Unglück, »das in seinen Folgen zum Wendepunkt der astromentalen Geschichte« wird: Astromentale Verschwörer beginnen einen Krieg – dem Zeitalter bisher nur als historischer Greuel bekannt – gegen die Bewohner des »Dschungels«, deren natürliche Lebensweise sie als »säuisches Getümmel« verachten und fürchten. F. W.s Gastgeber entschließen sich daraufhin – am dritten Tag seines Aufenthalts – zum gemeinsamen Selbstmord und begeben sich dazu in Begleitung von F. W. und B. H. in den »Wintergarten«. In dieser unterirdischen Einrichtung werden die Menschen nach ihrer Rückentwicklung in einen embryonalen Zustand zu einer »Form des Nichtseins« zurückgeführt. B. H. und F. W., die den »guten, alten, normalen Tod« bevorzugen, entfliehen aus dieser Institution zurück auf die Erdoberfläche, die nun von den Dschungelbewohnern beherrscht wird. Durch die Hilfe des »Großbischofs« wird F. W. wieder ins 20. Jahrhundert zurückversetzt. – Dieser letzte Roman Werfels, der mit autobiographischen Elementen durchsetzt ist, ist eine Absage an den Nihilismus seiner Zeit und eine Warnung vor der Inhumanität einer übertechnisierten Welt.

Lit.: D. KUHLENKAMP, W.s späte Romane. Seine Kritik an der Rationalität, Diss. Frankfurt/M. 1971.   K. ZIPSE

Die vierzig Tage des Musa Dagh. 3 Bücher; 18 Kapitel; EA Wien / Berlin / Leipzig 1933. Historischer Hintergrund des Romans ist der Entschluß der jungtürkischen Regierung aus dem Jahre 1915, die christliche armenische Minderheit in die arabische Wüste zu deportieren. Eine armenische Dörfergemeinde an der syrischen Küste um den Hauptort Yoghonoluk beschließt, sich nicht kampflos der Vertreibung zu beugen, und verschanzt sich auf dem nahegelegenen Musa Dagh (Berg Mosis), der durch seine Klippen und Schluchten eine ideale Verteidigungsanlage darstellt. Dort wehren die Armenier drei türkische Angriffe erfolgreich ab und halten der Belagerung mehrere Wochen stand. Nahezu am Ende mit Munition und Nahrungsmitteln, werden sie endlich von alliierten Schiffen entdeckt und gerettet. Werfel, den noch 1929 bei einem Aufenthalt in Damaskus das »Jammerbild verstümmelter und verhungerter Flüchtlingskinder« bewegte, beschloß, diese historische Episode literarisch zu bearbeiten, um »das unfaßbare Schicksal des armeni-

schen Volkes dem Totenreich alles Geschehenen zu entreißen«. Das Schicksal der Masse spiegelt er dabei im Schicksal einiger Einzelpersonen, die er eingehender profiliert. Er erfindet die Hauptfigur des Gabriel Bagradian, eines in Paris aufgewachsenen Armeniers, den Zufall oder Vorsehung mit seiner französischen Frau Juliette und seinem Sohn zu eben dem Zeitpunkt in sein Heimatdorf Yoghonoluk zurückführen, als die Deportation der Armenier eingeleitet wird. Zusammen mit dem – ebenfalls fiktiven – gregorianischen Priester Ter Haigasun wird er zum Hauptorganisator des Widerstandes gegen die Türken. Auch die dörflichen Honoratioren, aber auch einzelne Frauen, Handwerker und Jugendliche werden von Werfel individuell geformt und aus der anonymen Masse herausgehoben. – Im 1. Buch, »Das Nahende« überschrieben, bricht das erste im Zusammenhang mit dem Deportationsbefehl stehende Ereignis in die dörfliche Idylle herein: ein aus dem Zeituner Deportationszug entflohener Pastor berichtet von den Greueltaten der Türken. Die Mehrheit der Dorfbewohner stimmt daraufhin, als der Verschickungsbefehl auch sie erreicht, dem Vorschlag Bagradians zu, sich auf dem Musa Dagh zu verschanzen. Heimlich schaffen sie Nahrungsmittel, Waffen, Hausrat und ihre Familien auf den Berg. Im 2. Buch, »Die Kämpfe der Schwachen«, wird ein strikt organisierter Miniaturstaat mit Ter Haigasun als Oberhaupt und Bagradian als militärischem Führer auf dem Musa Dagh etabliert. Befestigungen werden errichtet, Laubhüttenstädte erbaut und die Bevölkerung in Gruppen für ver-

schiedene Aufgaben aufgeteilt. Dank der strengen Disziplin gelingt es den Armeniern, drei Angriffe der Türken ohne allzugroße eigene Verluste zurückzuschlagen. Vor diesem Hintergrund ereignet sich die private Tragödie der Bagradians, ihre zunehmende Entfremdung voneinander, je mehr Bagradian zu seinen armenischen Ursprüngen zurückfindet. Juliette, unüberwindlich fremd und isoliert in der armenischen Schicksalsgemeinschaft, begeht Ehebruch. Parallel dazu entwickelt sich ein platonisches Liebesverhältnis zwischen Bagradian und einer jungen Armenierin. Im 3. Buch, »Untergang Rettung Untergang«, wird die Entfremdung der Eheleute durch den Tod ihres Sohnes, der den Türken in die Hände fällt, besiegelt. Als die Nahrungsmittel ausgehen und die mit den Armeniern verbündeten Deserteure revoltieren, kommt es zum Zusammenbruch der dörflichen Ordnung. Zwar wird die Revolte niedergeschlagen, das Ende der halbverhungerten Dorfbewohner scheint jedoch wegen ihrer Entkräftung und der Aufrüstung der türkischen Belagerer unvermeidlich. Die Rettung kommt unverhofft, als ein französischer Kreuzer die Bedrängten entdeckt und die Belagerer bombardiert. Das nachfolgende Geschwader birgt die Umzingelten und bringt sie in Sicherheit. Zurück bleibt einzig Bagradian, für den es keine Rückkehr in sein früheres Leben mehr geben kann. Mit seinem Tod – er wird über dem Grab seines Sohnes von einem Türken erschossen – endet der Roman.
Werfel hat in das 1. und 3. Buch »Zwischenspiele« eingefügt, die zu den Ereignissen am Musa

Dagh nur entfernt in Beziehung stehen und historische Persönlichkeiten als Protagonisten haben. Den einzelnen Büchern sind Zitate aus der Offenbarung Johannis vorangestellt, die, ebenso wie die unhistorischen »vierzig Tage« auf dem Musa Dagh, auf biblische Analogien verweisen. Kurz nach seinem Erscheinen erlangte Werfels Roman durch die Verwandtschaft zwischen armenischem und jüdischem Schicksal furchtbare Aktualität. Noch heute wird er sowohl von Armeniern als auch von Juden als Gleichnis der Leiden ihres Volkes verstanden.

Lit.: D. KUHLENKAMP, W.s späte Romane. Seine Kritik an der Rationalität, Diss. Frankfurt/M. 1971.   K. ZIPSE

WEZEL, Johann Carl (1747–1819)

Belphegor, *oder die wahrscheinlichste Geschichte unter der Sonne.* 2 Teile; 10 Bücher; EA Leipzig 1776.
Der zum deutschen *Candide* erklärte Roman negiert konsequent den Vernunftanspruch seiner Entstehungszeit, der Aufklärung. Wohin die Protagonisten Belphegor, Medardus, Fromal und Akante auch kommen, die Erfahrung, die sie überall und immer machen müssen, ist die von »Neid und Vorzugssucht« unter den Menschen. Die Totalität der Perspektive, die Darstellung des mundus perversus, kommt zustande durch den Anschluß an *den* Romantypus der Zeit, den Reiseroman. Ein Unterschied zwischen den Weltgegenden, die die Figuren über Kontinente hinweg bereisen, zeigt sich lediglich darin, daß die entwickelteren Zivilisationen »tausend betriegerische

Larven« über ihr wahres Gesicht der Unterdrückung gezogen haben. Belphegors Weg durch diese Welt ist nicht nur der Weg der Zerstörung seiner Illusionen, sondern auch buchstäblich der seiner selbst. Akante stößt ihn mit einem Fußtritt, wodurch sie ihn als Liebhaber grob verabschiedet, förmlich in das Romangeschehen hinein. Davon behält er eine gelähmte Hüfte zurück. Bald danach werden ihm Hand und Bein verstümmelt, Schädel und Schulter zerschlagen. Vollständig, bis zum Totschlag, wird die Destruktion zwar nur an Akante vorgeführt, von der sie andererseits ja ausgeht. Doch zeigt dies noch deutlicher, was aus einem wird in der Welt. Denn Akante ist der satirische Topos dafür, eine Reminiszenz an die Frau Welt.

Gibt es unter den Menschen nur im kleinsten die Möglichkeit der Rivalität, setzt sofort ihr Krieg gegeneinander ein, und dieser Krieg führt dann in einem absurden Kreislauf wieder zu dem Anfang der Gleichheit in Not und Entbehrung zurück, indem er alle und alles zunichte macht. Eben das bedingt die jedem Prinzip der Romanentwicklung widersprechende – schon auf den Entwicklungsgedanken satirisch reagierende – ständige Gegenwärtigkeit des Grauens.

Medardus vertraut ungebrochen naiv auf die Vorsehung. Immer, noch im Augenblick des Todes, stellt sich für ihn die Frage: »Wer weiß, wozu mirs gut ist?« Fromal glaubt ähnlich und doch ganz anders, nämlich als Fatalist, an das Schicksal. Er hat sich längst mit dem Zustand der Welt abgefunden und setzt nun skrupellos seine Interessen in ihr durch. So erscheint er als eine besonders problematische Figur. Aber in den Gesprächen, die er mit Belphegor und Medardus führt, ist er durch sein konsequenteres Argumentieren lange Zeit der einzige, der die schlimme Wahrheit aussprechen kann, gerade insofern seine eigene Problematik der der Welt korrespondiert. Dagegen »deklamirt« Belphegor fortwährend über Recht, Freiheit und Vernunft. Aber das Reden bleibt wirkungslos, da es eben bloß auf Wirkung, nicht auf Besinnung zielt. In Belphegors rhetorischem Verhältnis zur Sprache erscheint die Willkür des Sprachgebrauchs, von dem das Geschehen bestimmt bleibt. Sie läßt nie danach fragen, mit welchem Recht Gewalt ausgeübt wird, da Recht ist, was man dafür erklärt. Und was die »Freyheit!« angeht, so werden mit dem Ruf nach ihr Massen aufgewiegelt, anderen Massen die Bäuche aufzuschneiden und die Köpfe abzuschlagen. – Von ferne deutet sich noch ein guter Schluß an. Medardus, Fromal und Belphegor wollen auf dem Land in Eintracht leben. Der Schluß des Schlusses führt aber wieder in den Roman und dessen Problematik zurück. Fromal gelingt es nicht, sich in »die glückliche Illusion« zu versetzen. Medardus muß sterben. Belphegor kann sich nicht in die Rolle des Candide von Voltaire hineinleben und nur noch den eigenen Garten bestellen. Er folgt wieder dem leeren Ruf nach »Freyheit« und zieht in den Amerikanischen Bürgerkrieg.

Lit.: R. SEIBERT, Satirische Empirie, Würzburg 1981, S. 66–74.   T. ALTHAUS

Herrmann und Ulrike. *Ein komischer Roman.* 4 Bände; EA Leipzig 1780.

Herrmann und Ulrike, der Sohn

eines Einnehmers und die Tochter aus verarmtem adligem Hause, werden auf dem Schloß des Grafen von Ohlau erzogen. Ihrer kindlichen Zuneigung, Ausdruck ihrer Wesensgleichheit, arbeitet der Hof entgegen. Herrmann muß schließlich das Schloß verlassen, bald danach auch Ulrike. Ob als Schreiber in Dresden oder als Kaufmannsgehilfe in Berlin, immer bleibt Herrmann der unruhige »Zuck am Herze«. Unerfüllte Liebe und unerfüllter Ehrgeiz bestimmen ihn. Die Empfindungsfähigkeit, die seine Stärke ist, zeigt sich hier zugleich als Schwäche. Wie er jedes Eindrucks fähig ist, so läßt er sich auch von jedem Eindruck bestimmen. Mit der Bekehrungssucht eines Savonarola geht er nach Berlin, und danach läßt er sich in Leipzig auf das verwahrloste Leben der Spieler ein. Die aufklärungstypische Lösung einer Kontrolle des eigenen Lebens durch die Vernunft wird nur angedeutet, nicht mehr wirklich vollzogen. Als Ulrike nach Berlin zu bereitwilligen Freundinnen flüchtet – es ist aber eigentlich ein Kreis von Mätressen unter der Führung der intriganten Madame Vignali –, zeigt sich die problematische Seite der Empfindungsfähigkeit auch bei ihr. Ein Hang zu »Geßners Schriften« läßt sie ständig die Wirklichkeit als idyllische Situation verkennen. So bleibt sie ungeschützt jeder Intrige ausgesetzt, mit der man Herrmann von ihr zu entfernen sucht. Beide fliehen vor den äußeren Widerständen und der inneren Verwirrung gleichermaßen in die letzte Empfindung des bloß noch Sexuellen und verlieren sich hier völlig: sie verlieren die Selbstachtung voreinander. Als sie später versuchen, die Beziehung nach

Ulrikes Vorstellungen in ländlicher Idylle wiederherzustellen, scheitern sie erneut, diesmal an der harten Realität des Geldes. – Trotzdem setzt der Roman die Bereiche der Außenwelt fortwährend einer Situationskomik aus, die ihn zum »komischen Roman« werden läßt und die implizit der Hinweis darauf ist, daß das Geschehen beherrscht werden kann. Das eigentliche Problem liegt im Innern der Figuren; es sind die Empfindungen selbst, durch die »die Seele nie lange zu einem festen Stand gelangt«. Der strukturelle Ausdruck dafür ist die Unruhe des dramatischen Dialogs, dem die Erzählprosa ständig zustrebt. Ruhe, für die Figuren als Gefühlssicherheit, stellt sich nur in den Briefen her, die sie sich schreiben. Die Briefe sind nach dem Ideal Gellerts ihr eigenster Ausdruck, durch den sie einander und sich selbst erst verständlich werden können. Die Briefe bleiben aber Texte im Text, der auch durch sein glückliches Ende nicht leisten kann, was in ihnen von jener Sicherheit des Gefühls ausgedrückt ist. Wenn schließlich doch geheiratet wird, wenn Herrmann am Hof reüssiert und Ulrike ihren Hang zur Idylle nur noch im Spiel mit den Kindern auslebt, dann sind das Sicherungen, die den ›festen Stand‹ nur insofern gewähren, als der Roman hier endet. Es wird nicht mehr weitererzählt, die Figuren werden zum Schlußtableau gruppiert und können so »unverändert« bleiben.

Lit.: J. Jacobs, Prosa der Aufklärung, München 1976, S. 211–219.   T. Althaus

WICKRAM, Jörg (um 1505–vor 1562)

Der Goldfaden. *Eine schöne lieb-liche und kurtzweilige Histori von eines armen hirten son / Lewfrid ge-nant / welcher auß seinem fleißigen studieren / underdienstbarkeyt / und Ritterlichen thaten eines Graven Tochter uberkam [. . .].* 68 Kapitel; EA Straßburg 1557.

Jörg Wickrams dritte Histori läßt das neue Selbstbewußtsein des Bürgertums spürbar werden. Der *Goldfaden* gehört zu den ersten deutschen Prosaromanen, die ohne Vorlage entstanden sind. Er läßt sich zeitlich einordnen zwischen Wickrams »Ritterroma-nen« *Galmy* und *Gabriotto und Reinhart* und seinen nunmehr stark von bürgerlichem Bewußt-sein bestimmten Werken *Der Jun-gen Knaben Spiegel* und *Von guten und bösen Nachbarn.* Der *Goldfaden* steht somit an der Schwelle zwi-schen höfisch geprägtem und bür-gerlichem Prosaroman.

Erzählt wird die Geschichte des Hirtenjungen Lewfrid, dem es ge-lingt, die alten Standesgrenzen zu überwinden und schließlich bis zum Grafen aufzusteigen. Wick-rams didaktische Intention geht dahin, exemplarisch zu zeigen, daß fleißiges Lernen und Arbeiten einen Aufstieg trotz niederer Ab-kunft möglich machen. – Lewfrid verdankt seinen Namen einem friedlichen Löwen, der schon vor der Geburt des Knaben täglich dessen Eltern auf der Weide auf-suchte und ihnen half, das Vieh zu hüten. Zudem findet sich ein Muttermal in Form einer Löwen-tatze bei dem Jungen. Die sonder-baren Umstände seiner Geburt weisen bereits auf die höhere Be-stimmung des Kindes hin. Lew-frid wird von einem Kaufmann namens Herman adoptiert, der ihn und seine Eltern nach Sala-manca mitnimmt. Der Junge wächst in der Stadt auf, flieht aber nach einiger Zeit, um einer für ihn beschämenden Strafe durch sei-nen Schulmeister zu entgehen. Er kommt an den Hof des Grafen von Merida, wo er zunächst als Küchenjunge arbeitet, später aber zum Kammerdiener der Grafen-tochter Angliana, die er schon lange heimlich verehrt, aufsteigt. Angliana ahnt etwas von seiner Liebe zu ihr und will ihn zwingen, sich ihr zu offenbaren. Mit spötti-schen Worten überreicht sie ihm ein wertloses Goldfädchen und bittet ihn, es nach einem Jahr in tadellosem Zustand zurückzuge-ben. Lewfrid, überglücklich über die Gabe, schneidet sich in die Brust und läßt den Faden in die Wunde einwachsen. Als Angliana schließlich nach dem Fädchen ver-langt, öffnet Lewfrid vor ihren Augen die vernarbte Wunde und gibt es ihr völlig unbeschadet zu-rück. Nach diesem großen Lie-besbeweis läßt Angliana den in-zwischen schon gereiften jungen Mann ebenfalls ihre Zuneigung spüren. Die beiden leben zunächst glücklich in heimlicher Liebe. Der Graf beauftragt Lewfrid häufig mit wichtigen Botenritten, auf denen er verschiedene Abenteuer bestehen muß, unter anderem be-freit er seinen Adoptivbruder Walter aus einer gefahrvollen Lage und nimmt ihn mit aufs Schloß. Walter und Lewfrid sind von nun an in inniger Freund-schaft miteinander verbunden. Die Liebe zwischen Lewfrid und Angliana kommt schließlich doch zutage und der Graf, außerstande seine Standesvorstellungen zu überwinden, beschließt, Lewfrid töten zu lassen. Lewfrid kann dem

Anschlag entkommen und flieht mit Walter in seine Heimat Salamanca. Der Graf bereut jedoch seine Tat, und es gelingt ihm schließlich, Lewfrid zurückzuholen und ihn zur Teilnahme an einem Feldzug des portugiesischen Königs gegen den kastilischen zu bewegen. Lewfrid zeichnet sich in diesem Krieg durch heldenhafte Taten aus und wird vom König geadelt und in den Ritterstand erhoben. Nun muß nur noch ein eifersüchtiger Nebenbuhler gemaßregelt werden, und einer Heirat mit Angliana steht nichts mehr im Wege. Nach dem Tod des Grafen kann Lewfrid das Erbe antreten und seine Eltern und Adoptiveltern an den Hof holen, wo sie glücklich und zufrieden zusammenleben. – Wickram verwertet in diesem Roman zahlreiche Motive aus verschiedenen Volksbüchern und dem *Decamerone* und läßt Liedeinlagen im Stil des Meistersangs einfließen. Die Bibel ist ebenfalls eine wichtige Quelle. Das Interesse des Autors lag nicht in einer spannenden Handlung – die vorwegnehmenden Bemerkungen an den Kapitelanfängen und zahlreiche Wiederholungen schließen dies aus –, sondern offensichtlich in der didaktischen Botschaft: »allen Jungen knaben sich der tugendt zu befleissen«.

Lit.: X. v. ERTZDORFF, Romane und Novellen des 15. und 16. Jahrhunderts in Deutschland, Darmstadt 1989, S. 117–124.   E. HAUCK

WIECHERT, Ernst (1887–1950)

Das einfache Leben. 15 Kapitel; EA München 1939.
Das Erlebnis des Ersten Weltkriegs und seiner Auswirkungen hat den ehemaligen Korvettenkapitän Thomas von Orla in eine tiefe Existenzkrise gestürzt. Auf der Suche nach einem »neuen Anfang« streift er im Inflationsjahr 1923 ziellos durch die von hektischer Betriebsamkeit und Elend gezeichnete deutsche Hauptstadt. Die innere Unruhe über den Psalmvers »Wir bringen unsere Jahre zu wie ein Geschwätz« treibt ihn zu einem Pfarrer, der ihn auf den sinnstiftenden Wert des »Arbeitens« verweist. Thomas zieht daraus die Konsequenzen: Er trennt sich von seiner Familie und begibt sich nach Osten, »zur verstümmelten Grenze des Reiches«, wo er sich als Fischer auf dem Gut eines ehemaligen Generals verdingt. In dieser kargen Lebensform erzieht er sich, gemäß dem Motto des Romans aus den *Reden und Gleichnissen des Tschuang-Tse,* zum »gehorsamen« Abstreifen aller äußeren Bedürfnisse, um »eins mit dem Alldurchdringenden zu werden«. Zur Seite steht ihm dabei sein ehemaliger Obermatrose Bildermann, der ihm freiwillig in die Einsamkeit der mit einer großen Bibliothek ausgestatteten Inselhütte folgt. Thomas pflegt wortkarge Freundschaften mit seinem altpreußisch-patriarchalischen Grundherrn und dem musischen Grafen Pernein, mit dem er die Skepsis gegenüber der unerbittlichen Weltordnung teilt, vor der jede religiöse Tröstung versagt. Auch die asketische Idylle des gleichförmigen Lebens im Kreislauf der Natur bleibt von den zeitgenössischen Schrecken nicht unberührt. Durch ihre angstvolle Lebensgier zerstört, kommt Thomas' Frau Gloria zu ihrem Mann auf die Insel und stirbt dort nach wenigen Tagen. Die Frau des Försters, deren einziger Sohn in der Seeschlacht am Skagerrak im Geschützturm bei lebendigem Leibe

verbrannte, sucht, seither verwirrt, in einer brennenden Scheune den Tod. Pernein wird bei einer plötzlichen Meuterei seines Gesindes erschlagen. Während der langen Wintermonate schreibt Thomas zwei vielbeachtete Bücher, in denen er seine ethischen und weltanschaulichen Einsichten darlegt. Zu Wehrübungen des »Stahlhelms« in seiner Nähe hält er Distanz, da er es ablehnt, »nichts als die alten Begriffe von neuem in junge Köpfe zu hämmern«. Die zarte Liebe zwischen ihm und Marianne, der zur Frau herangewachsenen Enkelin des Gutsherren, mit der er jahrelang vertrauten Umgang hatte, reift beiderseits zur entsagenden Geschwisterlichkeit. Sein Sohn Joachim, der in den Sommerferien oft auf der Insel zu Gast war, besucht ihn zuletzt, gegen Ende der Weimarer Republik, als forscher Marineleutnant: wie seine Kameraden willens, endlich »mit den Leuten etwas aufzuräumen, die das deutsche Volk regierten.« – Der unmittelbar nach Wiecherts Entlassung aus dem Konzentrationslager Buchenwald entstandene Roman, eines der meistgelesenen Werke der ›Inneren Emigration‹, schließt mit einem nochmaligen Bekenntnis Thomas' zur unwandelbaren Schöpfungsordnung, in der, jenseits von gut und böse, »alles richtig« sei, »wie es war und werden würde«.

Lit.: J. Hattwig, Das Dritte Reich im Werk E. W.s – Geschichtsdenken, Selbstverständnis und literarische Praxis, Frankfurt/M./ Bern/New York 1984, S. 137–164.

H.-R. Schwab

WIELAND, Christoph Martin (1733–1813)

Aristipp und einige seiner Zeitgenossen. 4 Bücher; 144 Kapitel (= Briefe); EA Leipzig 1800–1801.

Der Briefroman wurde in den Jahren 1798–1801 niedergeschrieben und erschien als 33.–36. Band der *Sämmtlichen Werke.* Er spielt im Zeitraum kurz vor Sokrates' Tod (399 v. Chr.) bis zur Herausbildung der von ihm ausgehenden philosophischen Schulen, der platonischen, kynischen und der hedonistischen des Aristipp. Der historische Aristipp lebte von etwa 435 bis nach 366 v. Chr.; historisch sind sowohl mehrere der Briefschreiber – unter ihnen Lais, die weibliche Hauptgestalt, Antisthenes, Kleombrotus, Hippias und Diogenes – als auch mehrere der Persönlichkeiten, von denen in den Briefen die Rede ist, wie Sokrates, Plato und Xenophon. Die 144 Briefe, die Aristipp, seine Freunde und Verwandten miteinander wechseln, fügen sich zu einem Briefroman, für den Aristipps Leben den Rahmen bildet: Der Sohn einer angesehenen, begüterten Familie im nordafrikanischen Kyrene tritt in seinem 20. Jahr eine mehrjährige Bildungsreise durch Großgriechenland an mit ausgedehnten Aufenthalten in verschiedenen Städten, besonders in Athen, wo er Umgang mit Sokrates und seinen Freunden pflegt. Aristipp begegnet der Hetäre Lais, die mit ihm ewige Freundschaft schließt (1. Buch, 15. Kap.). Nach seiner Rückkehr in die Heimat gründet Aristipp mit der Schwester seines Jugendfreundes eine Familie. Die politische Konstellation in Kyrene läßt dem Weltbürger Aristipp die Freiheit, als ein unabhängiger Privatmann seinen Grundsätzen gemäß zu leben und seine Philosophie durch seine Lebensführung darzustellen. Am Ende des Romans steht er in den Fünfzigern. Vermittelt wird ein Zeitbild der griechischen Welt um die Wende des 5. zum 4. Jahrhundert, das der historischen Wirklichkeit so nahe wie möglich kommen soll. Wieland hat sich mit der gesamten Überlieferung von den zeitgenössischen Quellen und späteren antiken Zeugnissen bis zu ihren Auslegungen in der Neuzeit kritisch auseinandergesetzt; wo es galt, Unstimmigkeiten zu klären und Lücken auszufüllen oder fiktive Gestalten in die Romanhandlung einzufügen, war seine Richtschnur das psychologisch Wahrscheinliche und historisch Mögliche. Die Fiktion wird als Wahrheit ausgegeben, indem der Autor nur der Herausgeber der Briefe zu sein vorgibt. Wesentlich für den *Aristipp* ist das Briefgespräch: die Briefform erlaubt es Wieland, eine Vielfalt von Fragen aus allen Lebensbereichen zur Sprache zu bringen; im Briefwechsel kann er ein und denselben Gegenstand, so etwa Persönlichkeit, Wirken und Tod des Sokrates – ein Hauptthema des 1. und 2. Buchs – aus der Sicht verschieden gearteter und gesinnter Briefpartner beleuchten lassen; im Briefgespräch entfalten sich die Wesensart und das wechselseitige Verhältnis der Wielandschen Gestalten.

Mit den beiden Mottos seines Romans teilt Wieland die Bewunderung des Horaz für Aristipp, der in allen Lebenslagen sich selbst gleich bleibt und sich nicht von den Dingen unterjochen läßt, sondern sich die Dinge unterwirft. Trotz seiner Verehrung für Sokrates bewahrt Aristipp seine Unabhängigkeit gegenüber dem Kreis der Sokratiker und verkehrt auch mit Aristophanes und Hippias. Er sieht in Sokrates den athe-

nischen Bürger, der gesetzestreu sich sogar dem ungerechten Todesurteil fügt, während Aristipp zuerst Mensch und dann erst Bürger sein will, d. h. ein Weltbürger, der überall zurechtzukommen weiß. Gegenüber dem Kyniker Antisthenes, der ihm seine im Vergleich mit anderen Sokratikern üppige Lebensweise vorwirft, betont Aristipp, er sehe im Verzicht auf seine ihm durch Herkunft und Umstände zugefallenen Mittel zu einem bequemen Leben kein Verdienst. Er wehrt sich gegen die Behauptung, daß er die Wollust als das höchste Gut des Menschen betrachte, und rechtfertigt seine Kunst zu leben gegenüber den weltfremden metaphysischen Spekulationen des asketischen Schwärmers Plato. Wie der Held des Romans bewahrt sich die ihm wesensgleiche weibliche Hauptgestalt ihre individuelle Persönlichkeit. Lais bezaubert durch ihre außergewöhnliche Schönheit und Grazie; sie besticht durch ihren Geist, umgibt sich mit der erlesensten Männergesellschaft und pflegt einen kultivierten, verschwenderischen Lebensstil. Die schöne Lais zieht die Männer in ihren Bann, bleibt selbst aber ungerührt. Sie will ihre Unabhängigkeit durch die Bindung an einen einzelnen nicht preisgeben und mit dem Los der griechischen Ehefrau vertauschen. Sie nimmt es auf sich, mit dem Makel einer Hetäre behaftet zu sein. Selbst dem ihr ebenbürtigen Aristipp versagt sie die Ehe; er ist der verständnisvolle Freund, der ihre individuelle Freiheit nicht zu beschneiden trachtet und dem sie sich vertrauensvoll öffnet. Doch niemand kann die schöne Lais daran hindern, daß sie in ihren Vierzigern einem skrupello-

sen jungen Abenteurer verfällt
und daran zugrunde geht, während Aristipp als das Haupt einer
glücklichen Familie seine sokratische Lebensphilosophie durch ein
Bekenntnis zur goldenen Mitte
verwirklicht. Der Roman endet,
als dieses Lebensglück durch die
tödliche Krankheit der Gattin bedroht ist. Eine von Wieland erwogene Fortsetzung mit der späteren
Syrakuser Episode des historischen Aristipp ist unterblieben.
Aristipp verkörpert Wielands Lebensideal; die in den Briefen erörterten Fragen zu Politik und Gesellschaft, Philosophie und Religion, Dichtung und bildender
Kunst haben den Autor seit seinen
Bildungsjahren beschäftigt. Genannt seien die den ganzen Briefwechsel durchziehende Diskussion über Regierungsform, Verfassung und politische Entwicklung der griechischen Stadtstaaten
(Athen, Kyrene, Korinth, Syrakus), die kritische Auseinandersetzung mit der platonischen Philosophie (u. a. in 5 Briefen über
den *Staat,* 4. Buch, 4.–8. Kap.),
die Gespräche der Lais mit Sokrates über Schönheit und Liebe
(1. Buch, 23. und 25. Kap.). Aristipps Zeitalter erweist sich als im
Nebeneinander von verfeinerter
Zivilisation, hoher Geisteskultur
und einer unbeständigen und unberechenbaren politischen Wirklichkeit, die, wie der Justizmord
an Sokrates zeigt, eine Bedrohung
für den einzelnen werden kann;
doch steht dem unabhängigen
einzelnen der Weg zu einem Leben jenseits des Zugriffs der politischen Mächte offen, sofern er
sich wie Aristipp mit der Rolle
eines distanzierten Zuschauers bescheidet und in seinem privaten
Kreis Erfüllung sucht. Arno
Schmidt schrieb: »Der ›Aristipp‹

ist, wie der einzige ›historische‹,
so auch der einzige ›Briefroman‹,
den wir Deutschen besitzen und
mit Ehren vorzeigen können«
(Wieland oder die Prosaformen).

Lit.: C. M. W., Aristipp und einige seiner
Zeitgenossen, hg. von K. MANGER, Frankfurt/M. 1988.   H. SCHELLE

Geschichte der Abderiten.
2 Teile; 5 Bücher; EA Leipzig
1781.
Der Roman entstand mit Unterbrechungen zwischen 1773 und
1781, erschien im *Teutschen Merkur* von 1774 und 1779/80 im Vorabdruck, wurde für die Buchausgabe von 1781 umgearbeitet,
in fünf Büchern mit neuer Kapiteleinteilung gegliedert und um
einen »Schlüssel zur Abderitengeschichte« vermehrt. Dargestellt
werden die Einwohner der kleinen griechischen Stadtrepublik
Abdera in Thrazien, die Schildbürger der Antike. Statt einer
durchgehenden Handlung hat der
Roman ein von Anfang bis Ende
durchgeführtes Thema, das Narrentum der Abderiten, das sich in
ihrer Haltung gegenüber den verschiedensten Lebensfragen in einer Reihe mehr oder weniger
selbständiger Szenen zeigt, die im
4. und 5. Buch zu jeweils in sich
geschlossenen Komödienhandlungen erweitert sind. Der Erzähler gibt sich als ein neutraler Chronist, der die ›Geschichte‹ mit Genauigkeit für das Detail aus den
Quellen für das historische oder
legendäre Abdera erarbeitet hat;
schon die Reaktion auf die ersten
Merkur-Beiträge zeigte jedoch,
daß hinter der antiken Fassade sich
offenbar Verhältnisse der deutschen Gegenwart verbergen: dem
Autor unbekannte entrüstete Leser aus dem gesamten deutschen
Sprachgebiet glaubten sich kari-

kiert. Wieland erwiderte, daß es immer und überall Abderiten gegeben habe und gebe; er verstand seinen Roman als »eine idealisierte Komposition der Albernheiten und Narrheiten des ganzen Menschengeschlechts, besonders unsrer Nation und Zeit« (4. 9. 1778). Abderas Bürgerschaft tritt als Gruppe in Erscheinung, zumal im Gespräch mit ihren Antipoden, den kosmopolitischen Weisen, die mit dem Erzähler die Ideale des aufgeklärten Bildungsbürgertums verkörpern. Dennoch wird unter den Abderiten differenziert, so etwa durch soziale Abstufungen – vom patrizischen Besitzbürger bis zum kleinbürgerlichen Handwerker und zur mittellosen Unterschicht. Gemeinsam ist den Abderiten u. a., daß sie ihre Möglichkeiten im Wetteifer mit der großen Welt maßlos überschätzen und kein Genüge an der goldenen Mitte finden; sie scheitern schließlich, weil sich in ihrem Gemeinwesen die Vernunft nicht durchzusetzen vermag. Die Wesensart der Abderiten zeigt der Autor zunächst an ihrer Begegnung mit drei historischen Gestalten der griechischen Antike.
1. Buch (»Demokrit unter den Abderiten«): Der weitgereiste Naturforscher ist nach zwanzig Jahren in seine Heimatstadt Abdera zurückgekehrt, wird mit Fragen bestürmt und verärgert seine Mitbürger durch seine unangenehme Aufrichtigkeit; er zerstört ihre absurden Vorstellungen von fremden Ländern und Sitten, widerspricht ihren ästhetischen Auffassungen (Schönheitsideal, Bauten und Schauspiele), verdirbt es mit ihren Philosophen usw. Demokrit rettet sich vor den neugierigen Abderiten auf sein Landgut. – 2. Buch (»Hippokrates in Ab-

dera«): Ein erbschleicherischer Verwandter versucht durch seinen Sykophanten, den unbequemen Sonderling Demokrit für geistesgestört und gemeingefährlich erklären zu lassen, doch erkennt der als Gutachter bemühte Hippokrates in Demokrit sogleich einen Geistesverwandten, ein Mitglied ihres unsichtbaren Kosmopolitenordens; den Abderiten hingegen wird gegen ihre Torheit Niesewurz verordnet. – 3. Buch (»Euripides unter den Abderiten«): Die Mitglieder aller Gesellschaftsschichten Abderas sind leidenschaftliche Theaterbesucher und stolz auf ihr dem athenischen nacheiferndes Nationaltheater; ein Qualitätsgefühl für die Stücke und deren Darbietung haben sie nicht entwickelt. Statt das Machwerk eines ihrer eigenen Dramatiker aufzuführen, vergreifen sie sich an der *Andromeda* des Euripides, gerade als der Dichter selbst inkognito im Parterre sitzt. Euripides – auch er ein Kosmopolit und Bekannter Demokrits – wird von den Abderiten um sein Urteil gebeten und gibt ihrem Eigendünkel einen Stoß, führt aber nach langem Drängen das Stück mit seiner eigenen Truppe auf: ganz Abdera, von der Wirkung wahrer Kunst überwältigt, kennt in seiner Begeisterung keine Grenzen (Schluß des 1. Teils). – 4. Buch (»Der Prozeß um des Esels Schatten«): Der Zahnarzt Struthion hat sich in der Mittagshitze in den Schatten eines gemieteten Esels gesetzt, die vom Eseltreiber geforderte zusätzliche Bezahlung für den Schatten jedoch verweigert. Des geringen Streitwertes ungeachtet nehmen sich zwei Sykophanten der Streitenden an. Der Rechtshandel wird unversehens zum Politikum: Der

Zunftmeister Pfrieme und mit ihm der Oberpriester Strobylus stellen sich hinter den Zahnarzt, der Erzpriester Agathyrsus hinter den Eseltreiber; mit ihnen spaltet sich die gesamte Bürgerschaft in zwei Parteien, die Schatten und die Esel, denen auf der einen Seite die Anhänger der Demokratie, auf der andern die der Aristokratie entsprechen. Beide, der patrizische Erzpriester des Jasontempels und der plebejische Oberpriester des Latonentempels, umwerben in dieser persönlichen Machtprobe mit wechselndem Glück das Volk. Es gelingt den Winkelzügen der Schatten, die Entscheidung vor den Rat der Vierhundert zu bringen. Der Pöbel rettet die Richter aus ihrer Verlegenheit, indem er den auf den Schauplatz gebrachten Esel in Stücke reißt. Nach dieser Komödie verläßt Demokrit die Stadtrepublik Abdera. – 5. Buch (»Die Frösche der Latona«): Um sich die Gunst des abergläubischen Volkes zu sichern, hatte Agathyrsus für die heiligen Frösche von Abderas Schutzgöttin einen Froschgraben angelegt; die anderen Abderiten waren ihm darin aus Berechnung oder religiöser Überzeugung gefolgt. Nun müssen sie entweder gegen die überhandnehmenden Frösche einschreiten oder ihnen, wie Demokrit vorausgesagt hat, ihre Stadt räumen. Der vernünftige Vorschlag des Philosophen Korax von der abderitischen Akademie, die Frösche zu essen, wird von Stilbon, dem weltfremden und borniierten Oberpriester der Latona, in einem Gegengutachten als Frevel widerlegt. Abdera spaltet sich in die Batrachosebisten und Batrachophagen; gegen die Froschplage wird nichts unternommen. Als eine Invasion von

Mäusen und Ratten das Land heimsucht, wird dies als eine Strafe für die Gottlosigkeit der Batrachophagen gedeutet. Mit dem Auszug der ganzen Bevölkerung ist das Schicksal der Republik Abdera besiegelt.

Lit.: F. MARTINI, W.: *Geschichte der Abderiten,* in: H. SCHELLE (Hg.), C. M. W., Darmstadt 1981, S. 152–188 (WdF 421).

H. SCHELLE

Geschichte des Agathon.
2 Teile; 11 Bücher; EA Zürich 1766/67 (1. Fassung): 4 Teile; 12 Bücher; Leipzig 1773 (2. Fassung); 3 Teile; 16 Bücher; Leipzig 1794 (3. Fassung).
Die 1. Fassung entstand nach einer schon früher gefaßten Idee in den Jahren 1761 bis 1767, doch blieb der Roman auch mit der erweiterten 2. Fassung weitere 20 Jahre unvollendet. Erst mit der letzten Überarbeitung konnte das Werk dem ursprünglichen Plan gemäß abgeschlossen werden. Der Roman spielt in der griechischen Welt des 4. Jahrhunderts v. Chr. Dargestellt wird der innere Werdegang Agathons. Dem horazischen Motto entsprechend soll uns der Held durch sein Exempel beweisen, was Tugend und Weisheit vermögen. Agathon ist jedoch kein Modell eines vollkommen tugendhaften Menschen; er versagt in verschiedenen Proben, auf welche sein Charakter gestellt wird, doch werden seine Denkungsart und Tugend durch diese Prüfungen geläutert, so daß er am Ende ebenso weise wie tugendhaft sein wird. Die Charaktere des Romans sollen psychologisch glaubwürdig, d. h. nicht nach der Phantasie oder den Absichten des Verfassers gezeichnet, sondern aus dem Leben genommene wirkliche Menschen sein. In der Enste-

hungszeit des Romans schrieb Wieland: »Ich schildre darin mich selbst, wie ich in den Umständen Agathons gewesen zu sein mir einbilde, und mache ihn am Ende so glücklich als ich zu sein wünschte« (5. 1. 1762). Agathon ist als ein individueller Charakter gestaltet; er wird dadurch zum Vorbild, daß er allen Enttäuschungen und Verfehlungen zum Trotz nach Vollkommenheit strebt. Alles wird so erzählt, wie es unter entsprechenden Umständen hätte geschehen können. Durch die Fiktion, der Erzähler sei Herausgeber eines griechischen Manuskripts, sowie durch die eingewobenen historischen Elemente wird der Wirklichkeitsgehalt der Dichtung erhöht. Ort und Zeit der Begebenheiten und die in sie verflochtenen Personen haben einen geschichtlichen Kern. Welche Freiheiten er sich mit der antiken Überlieferung genommen hat, legt der gelehrte Dichter den Lesern offen dar (*Über das Historische im Agathon,* 1773). Der Gefahr, daß Theoretisches und Abstraktes die Erzählung überwuchern, wirkt Wielands virtuose Formkunst entgegen. Für Lessing war der *Agathon* der erste und einzige Roman für den denkenden Kopf von klassischem Geschmack *(Hamburgische Dramaturgie).* Blanckenburg erkannte das grundlegend Neue von Wielands Gestaltung, die Darstellung einer inneren Geschichte, der Formung und Ausbildung eines Charakters, und erhob den *Agathon* zu einem Muster für die neue Prosagattung Roman schlechthin *(Versuch über den Roman,* 1774). Die *Geschichte des Agathon* wurde bahnbrechend für den eigentümlich deutschen Typus des Bildungsromans. Die verschiedenen Stätten der griechischen Welt, die Agathon betritt – Delphi, Korinth und Athen, Smyrna, Syrakus und Tarent – sind die Schauplätze jeweils neuer Erfahrungen, Stationen der Prüfung, der Selbsttäuschung und Ernüchterung. Die Romankomposition verhüllt diesen Stufenweg, indem die Episoden nicht der Chronologie von Agathons Leben folgen. Die Erzählung setzt auf halbem Wege, an einem Tiefpunkt von Agathons äußeren Glücksumständen, ein. Der Verbannte hat sich auf der Flucht verirrt, wird von Seeräubern gefangen und in Smyrna als Sklave an den Sophisten Hippias verkauft (1. Buch), der seine durch Redekünste erworbenen Reichtümer in geschmackvollem Luxus genießt. Hippias möchte den Jüngling, den er seiner Schönheit wegen Kallias nennt, zu seinem Nachfolger heranziehen und sucht ihn zu seiner amoralischen Lebensphilosophie zu bekehren. Ihre Grundsätze, die auf einen die Sinnlichkeit befriedigenden egoistischen Lebensgenuß abzielen, empören den Tugendschwärmer Agathon, der sich in seinem idealistischen Glauben an die seelisch-geistige Natur des Menschen über die animalische erhaben dünkt (2. Buch). Hippias gibt nicht auf und entwickelt sein antiplatonisches System, dessen Erfolg in der wirklichen Welt ihm recht zu geben scheint (3. Buch). Er muß jedoch einsehen, daß er Agathon durch seine Argumente nicht überzeugt, der seinen Platonismus als ein rednerisch geschulter, dem Hippias ebenbürtiger Gesprächspartner verteidigt. Auch den vom Sophisten gelenkten Verführungsabsichten der schönen Cyane waren von Agathon durchschaut und dadurch vereitelt worden. Nun soll die

Hetäre Danae versuchen, den unverbesserlichen Tugendhelden zu Fall zu bringen. Durch eine seelenvolle pantomimische Darstellung, in der sie Agathons Idee einer mythologischen Szene auslegt, vermag die schöne Danae seine Sinne, seinen Geist und sein Herz zugleich zu bezaubern; die Leidenschaft, die sie in ihm weckt, verdrängt die in Delphi gefaßte tugendhafte erste Neigung zu Psyche (4. Buch). Danae macht ihn zum Aufseher über ihre Gärten und Landgüter und schenkt dem Sklaven Kallias die Freiheit. Agathon, dem Danaes wahrer Stand verborgen bleibt, wirbt um ihre Liebe, und sie, die nur verführen wollte, fühlt zum erstenmal, daß sie um ihrer selbst willen geliebt wird und selbst wahre Liebe empfindet (5. Buch). Über seiner leidenschaftlichen Liebe zum Müßiggänger geworden, überkommen Agathon am Ende wieder lange betäubte moralische Bedenken, und er glaubt es seiner Liebe schuldig zu sein, sich der Geliebten zu offenbaren (6. Buch). Seine Erinnerung beginnt im Delphi seiner frühen Jugend, wo sich unter dem Eindruck idealisierender Bildwerke und der Orphischen Philosophie sein übersteigerter Glaube an moralische Vollkommenheit geformt hatte. Agathon entlarvte den homoerotischen Priester Theogiton; seine schwärmerische Neigung zu einer Jungfrau den der Oberpriesterin wurde von der gefühlvollen Psyche erwidert, und sie empfanden ihre Liebe als eine Verschwisterung ihrer Seelen. Ihre gegenseitige Zuneigung wurde von der eifersüchtigen Oberpriesterin Pythia, die dem schönen Jüngling nachstellte, entdeckt, worauf Agathon aus Del-

phi floh. Achtzehnjährig lernte Agathon in Korinth in dem vornehmen Athener Stratonikus seinen Vater kennen (7. Buch). In Athen wurde er von Plato rhetorisch geschult und versuchte seine moralischen Grundsätze zum Wohl der Republik anzuwenden, wurde vom Volk als Wohltäter vergöttert und dann verdammt, als seine Neider seinen Sturz und seine Verurteilung und Verbannung erreichten (8. Buch). Hippias verrät Danaes Stand. Verletzte Eigenliebe, die Enttäuschung, seine Tugend einer Hetäre aufgeopfert zu haben, und rasende Eifersucht lassen Agathon verkennen, daß Danae ihn wirklich liebt und daß er beider Glück zerstört, als er ohne Abschied aus Smyrna entweicht (9. Buch). Vor Agathons Eintreffen in Syrakus waren die Bemühungen Platos gescheitert, den zügellosen Tyrannen Dionysius zu einem tugendhaften Herrscher umzubilden (10. Buch). Dennoch will es Agathon, die Übertreibungen Platos vermeidend, mit Dionysius versuchen; er setzt sich durch seine Talente in die Gunst des Königs (11. Buch), die ihm sein selbstloses Wirken für das Staatswohl ermöglicht; Agathon verscherzt sie, als er sich der Leidenschaft des Tyrannen für die gefährliche Kleonissa widersetzt. Im Staatsinteresse wirkt er an der Rückberufung des verbannten Dion mit und gibt den Günstlingen des Dionysius die erhoffte Gelegenheit, ihn kaltzustellen. Auf Betreiben seiner Tarentiner Freunde wird Agathon freigelassen. Während der unverdienten Haft erkennt der Held ernüchtert, wie sein idealistisches Tugendstreben mit der Lebenswirklichkeit immer wieder in Konflikt geraten und zu schmerzlichen, doch letztlich heilsamen Erfahrungen führen mußte; von der Menschheit enttäuscht, ist Agathon geneigt, die abschätzige Meinung des Hippias zu teilen, doch statt zum Menschenfeind zu werden, verzichtet er auf weitere Verwicklungen mit der großen Welt (12. Buch). Um seinen Helden glücklich zu machen, wählt der Erzähler, eigenem Geständnis nach, den Ausweg in die Utopie. Agathon wird in Tarent in eine Gemeinschaft schöner Seelen, die Familie des weisen Archytas, aufgenommen, wo ihm Psyche als seine Schwester und die Frau seines Freundes entgegentritt; ebenso unverhofft findet er Danae als Chariklea wieder (13. Buch; Schluß der 1. Fassung), die dem Helden ihre Vorgeschichte und die Wandlung offenbart, die sie durch ihre Liebe zu ihm erfahren hat; der Geliebte ist für Chariklea zum Seelenfreund geworden (14.–15. Buch; Zusatz der 2. Fassung). Die fragmentarische, aber lebensechtere 1. Fassung des *Agathon* wird heute vorgezogen; nach Wielands Plan bedurfte das Werk jedoch als ein philosophischer Roman der Krönung durch die Lebensphilosophie des Archytas, die das Gegengewicht zur falschen Weisheit des Hippias bildet. Statt von einem Extrem ins andere zu fallen, wird Agathon den Grundsätzen des Pythagoreers Archytas gemäß in der Harmonie zwischen seiner geistig-seelischen und seiner animalischen Natur Glückseligkeit finden und von Weisheit und Tugend geleitet auf dem Wege zu moralischer Vollkommenheit fortschreiten, indem er die Sinnlichkeit seinen höheren Kräften unterordnet (16. Buch; Zusatz der 3. Fassung).

Lit.: K. Wölfel, Daphnes Verwandlungen. Zu einem Kapitel in W.s »Agathon«, in: H. Schelle (Hg.), C. M. W., Darmstadt 1981, S. 232–250 (WdF 421). – C. M. W., Geschichte des Agathon, hg. von K. Manger, Frankfurt/M. 1986.   H. Schelle

Der goldne Spiegel oder die Könige von Scheschian. *Eine wahre Geschichte aus dem Scheschianischen übersetzt.* 4 Teile; 26 Kapitel; EA Leipzig 1772 (2. Fassung: 2 Teile; 27 Kapitel; Leipzig 1794).

Bei der Überarbeitung der 1771/72 entstandenen 1. Fassung im Jahre 1794 fügte der von der seitherigen politischen Entwicklung enttäuschte Autor ein pessimistisches Schlußkapitel hinzu. Erzählt wird die Geschichte der scheschianischen Könige, in welche die Fürsten wie in einen Spiegel blikken sollen, um aus ihr für die Verbesserung ihres eigenen Staatswesens zu lernen. Die Geschichte von Scheschian, eines vor langen Zeiten untergegangenen Reiches, war für den indostanischen Sultan Schach-Gebal verfaßt worden, der vor dem Einschlafen mit wahren Begebenheiten statt mit Märchen unterhalten sein wollte. Bei den Abendunterhaltungen in des Sultans Schlafzimmer, denen die einzelnen Romankapitel entsprechen, teilen sich die Sultanin Nurmahal und der Philosoph Danischmend das Erzählen, das der Sultan unterbricht und dadurch Diskussionen über das Erzählte auslöst. Schach-Gebals Reich ist im argen; er ist ein von seiner Favoritin und ihrem geistlichen Ratgeber beherrschter schwacher Fürst, der in den Aufwallungen seiner Laune totgeborene Entschlüsse faßt und dazu überredet wird, die Offenheit des Philosophen am Ende mit Gefängnis zu belohnen. Gebal steht in der Erbfolge ähnlich fragwürdiger Herrscher; sein Urgroßvater war Schach-Riar, dem Scheherezade Märchen erzählte. Die scheschianische Geschichte, die dem Sultan auf gute Art unangenehme Wahrheiten sagen sollte, wurde ins Chinesische, aus diesem ins Lateinische und vom Herausgeber ins Deutsche übersetzt; die chinesische Übersetzung war dem Kaiser Tai-Tsu als die beste Schule der Sittenlehre und Staatsklugheit gewidmet. Die witzigen Einkleidungen sollen die Leser geneigter machen, Wielands ernstgemeinte staatspolitische Empfehlungen entgegenzunehmen. Der Autor, der sich im Danischmend der Rahmengeschichte ein Alter ego geschaffen hat, hoffte auf die weisen und guten Regenten seines Zeitalters; er dachte an die Prinzenerzieher und rechnete mit einer um ihr Vaterland besorgten allgemeinen Leserschaft.

Der Ausbeutung durch untereinander zerstrittene Kleinfürsten entgehen die Scheschianer, als der Tatar Ogul-Kan das Reich erobert und als unumschränkter Monarch regiert. Die schöne Lili, die Favoritin des letzten der auf Ogul folgenden namenlosen, aber nicht unbeliebten Könige bringt als Gönnerin der Künste die Wirtschaft zum Blühen, ohne durch eine dieser Entwicklung angepaßte Gesetzgebung den Schäden des Luxus vorzubeugen (1.–2. Kap.). Danischmend zeigt mit seiner Parabel von den in einem weltabgeschiedenen fruchtbaren Gebirgstal lebenden Kindern der Natur, wie in einem auf die Bedürfnisse der Natur eingeschränkten, zufriedenen und glücklichen kleinen Volk vollkommene Gleichheit, ewiger Friede und Freiheit möglich sind

(3.–5. Kap.). Eine große Nation, wo Freiheit und allgemeine Sicherheit, Gleichheit und Privatinteresse unvereinbar sind, bedarf hingegen eines selbstgenügsamen, gesunden Bauernstandes als eines Gegengewichts zur verfeinerten Kultur (6. Kap.). Unter Lilis Sohn Azor, der seiner mangelhaften Erziehung wegen mit den Pflichten eines Königs nicht bekannt und unfähig ist, die Herrschaft selbst auszuüben oder für die Staatsämter geeignete Personen auszusuchen, wird der Günstlingswirtschaft Tür und Tor geöffnet, zumal als die Favoritin Alabanda die Zügel an sich reißt (7.–8. Kap.). Der Aufwand des Hofes, die Unersättlichkeit der Beamten und Günstlinge stürzen Scheschian in Schulden; die produktiven unteren Volksschichten drückt man mit jährlich neuen Auflagen, dem König selbst wird der Ruin seines Reiches verheimlicht. Ogul-Kan, der nie dem abgöttisch verehrten großen Affen der Scheschianer opferte, hatte die Zwistigkeiten der Bonzen durch drakonische Maßnahmen im Keim erstickt; unter Azor bekämpft sich die unversehens in die Anhänger des blauen und des feuerfarbenen Affen gespaltene Priesterschaft mit unversöhnlichem Haß, reißt Hof und Volk in ihre Machtkämpfe hinein und treibt die Nation an den Rand des Bürgerkriegs (9.–10. Kap.). Azor, der gute Mensch und schwache Fürst, der über das in seinem Namen begangene Unrecht ahnungslos ist, wird von seinen Völkern gehaßt (11. Kap.). Isfandiar, Azors und Alabandas Sohn, enttäuscht die in ihn gesetzten Hoffnungen der Scheschianer. Von roher Natur und in dem Wahn erzogen, der Fürst habe Rechte aber keine

Pflichten, regiert er ohne moralische Grundsätze als ein Gewaltherrscher, der in der Beraubung und Versklavung von Adel und Volk zuletzt vor keinem Verbrechen zurückscheut. Gegen die vom Hof ausgehende Verachtung der Religion empört sich das gläubige Volk mit wildem, von den Priestern geschürtem Fanatismus; der Aufruhr, von Isfandiars ruchlosem Berater Eblis unterschätzt, greift auf alle Provinzen und die Hauptstadt über und stürzt das Reich mit der Ermordung des Königs in die Anarchie (2. Teil, 1.–4. Kap.). Als einziger scheschianischer Prinz war Tifan vor der Beseitigung durch Isfandiar von dem Visir Dschengis gerettet worden und wächst als dessen Sohn in einem unzugänglichen Gebirgstal als ein Bauer heran. Stufenweise macht ihn Dschengis mit den Kenntnissen eines künftigen Herrschers, den Rechten und Pflichten des Menschen und auf einer Reise durch die Welt mit den Schattenseiten der einzelnen Länder vertraut. Der Prinz will für das Wohl Scheschians wirken, erfährt von Dschengis seine Herkunft, gelangt als der Tüchtigste an die Spitze des Reiches und wird als rechtmäßiger Thronfolger erkannt (5.–9. Kap.). Scheschian erlebt unter Tifans weiser Regierung seine Blüte. Um das Heil des Reiches für alle Zeiten sicherzustellen, erhält es eine die wechselseitigen Rechte und Pflichten von König, Adel, Priesterschaft und Volk festlegende Verfassung (Schluß der 1. Fassung, 10.–15. Kap.). Tifans Gesetze verlangen moralische Verantwortung und werden unter den Nachfolgern umgangen, bis das Reich langsam verfällt und nach einer blutigen Revolution den Nachbar-reichen einverleibt wird (16. Kap.).

Lit.: C. M. W., Der goldne Spiegel u. a. politische Dichtungen, hg. von H. JAUMANN, München 1979. H. SCHELLE

Der Sieg der Natur über die Schwärmerei oder Die Abenteuer des Don Sylvio von Rosalva. *Eine Geschichte worin alles Wunderbare natürlich zugeht.* 2 Teile; 7 Bücher; EA Ulm 1764.

Don Sylvio ist in der Obhut seiner Tante Donna Mencia in der ländlichen Abgeschiedenheit von Schloß Rosalva aufgewachsen und hat sich aus der Lektüre von Feenmärchen eine mit der Lebenswirklichkeit in Widerspruch stehende Scheinwelt aufgebaut. Eines Tages findet er im Wald ein Medaillon und deutet eine darauf dargestellte junge Schöne als die ihm bestimmte, aber von einer grausamen Fee in einen blauen Schmetterling verzauberte Prinzessin (1. Buch). Mit seinem Diener Pedrillo macht sich der junge Ritter auf, die Geliebte zu suchen und zu entzaubern (3. Buch). Als er zu einem vermeintlichen Zauberschloß gelangt und ihm dort eine Fee erscheint, erkennt er in ihr das Ebenbild seiner Geliebten (5. Buch). In Wahrheit befindet er sich im benachbarten Lirias und der achtzehnjährigen Witwe Donna Felicia gegenüber, welcher Don Sylvio kein Unbekannter ist: Auf einem Spazierritt mit ihrer Zofe Laura hatte sie den auf seiner Irrfahrt Eingeschlafenen erblickt, durch Pedrillo von seinem Feenglauben gehört und für den schönen Schläfer eine Neigung gefaßt (3. Buch). Die reizende Gegenwart Donna Felicias löscht in Don Sylvio alle früheren Empfindungen aus, aber noch ist er davon zu überzeugen, daß bei alledem kein Feenwesen im Spiel ist (5. Buch). Don Gabriel, ein Freund von Donna Felicias Bruder Don Eugenio, erzählt ihm die »Geschichte von dem Prinzen Biribinker«, ein Feenmärchen, mit welchem durch Übertreibung des Widersinnigen in Don Sylvio die Einsicht in seine Narrheit bewirkt werden soll. Nach Don Gabriels Geständnis, daß das Erzählte keineswegs verbürgte Wirklichkeit, sondern seine eigene Erfindung sei, beginnt Don Sylvio zwar an seinem Feenwahn zu zweifeln (6. Buch), doch erst die Liebe macht den »Sieg der Natur über die Schwärmerei« vollkommen. Alles Wunderbare erklärt sich nun auf natürliche Weise – so das Medaillon, das Donna Felicia verloren ging, aber ihre Großmutter darstellt, der sie ähnlich sieht. Eine zweijährige Bildungsreise Don Sylvios wandelt den närrischen Sonderling vollends zum Weltmann und bereitet ihn auf die Ehe mit Donna Felicia vor (7. Buch).

Auf der Suche nach dem blauen Schmetterling rettete Don Sylvio einem jungen Ritter das Leben, als dieser mit seiner Begleitung auf dem Weg nach Lirias von einem Nebenbuhler überfallen wurde, der ihm die schöne Hyacinthe zu rauben versuchte (4. Buch). Der Gerettete stellt sich später als Don Eugenio heraus, der Hyacinthe der Schwester als seine Braut vorstellen will. Hyacinthe war als Kind von einer Zigeunerin gestohlen worden, wurde von ihr als Straßensängerin und -tänzerin ausgebildet und schließlich zur Prostitution zu verleiten versucht, vermochte sich aber in eine Schauspieltruppe zu retten und fand in Don Eugenio einen Be-

schützer, der sich entschloß, die in allen Wechselfällen tugendhaft gebliebene Schöne trotz ihrer unbekannten Herkunft heimzuführen. Die empfindsame moralische Erzählung »Geschichte der Hyacinthe« wird von ihr selbst und Don Eugenio erzählt und bildet das Gegenstück zum tolldreisten erotischen Märchen »Geschichte des Prinzen Biribinker« (5. Buch). Don Sylvios Aufbruch von Rosalva war zugleich eine Flucht vor dem eigennützigen Plan seiner Tante gewesen, ihn mit der reichen, aber mißgestalteten Donna Mergelina zu verheiraten (2. Buch). Donna Mencia hat von Don Sylvios Aufenthalt in Lirias erfahren und kommt ihn zu holen, gibt dann aber zu der Verbindung ihres Neffen mit Donna Felicia großmütig ihre Einwilligung. Die ihrer Schandtaten wegen flüchtige Zigeunerin tritt auf; unerkannt war sie Don Eugenio nachgereist, um sich ihm in der Hoffnung auf seinen Schutz ergeben zu zeigen. Sie gesteht, die dreijährige Schwester Don Sylvios entführt und als Hyacinthe aufgezogen zu haben. Als sie ein dem Kind entwendetes Schmuckstück vorweisen kann, wird Hyacinthe von Donna Mencia als ihre Nichte Donna Seraphina anerkannt. Don Eugenio und Don Gabriel begleiten Don Sylvio auf seiner Reise; die beiden Schwägerinnen verbringen die Wartezeit in einem Kloster. Der Roman endet mit der Rückkehr der Reisenden und Pendrillos Glück an der Seite seiner geliebten Laura (7. Buch).

Lit.: H. Meyer, C. M. W., »Don Sylvio«, in: Ders., Der Sonderling in der deutschen Dichtung, München 1963, S. 36–39. – W. Jahn, Zu W.s »Don Sylvio«, in: H. Schelle (Hg.), C. M. W., Darmstadt 1981, S. 307–321 (WdF 421). – L. E. Kurth, C. M. W., »Der Sieg der Natur über die Schwärmerei oder die

Abenteuer des Don Sylvio von Rosalva«, in: Ebenda, S. 328–343.　H. SCHELLE

WIENER, Oswald (geb. 1935)

die verbesserung von mittel-europa. *roman.* EA Reinbek 1969.

Schon mit der äußeren Gestalt von Originalausgabe und Text wird signalisiert, daß Wieners Roman, der die Gattungsbezeichnung im Titel trägt, nicht den herkömmlichen Erwartungen entspricht: billiges, holzhaltiges Papier, eng bedruckte Seiten, konsequent durchgehaltene Kleinschreibung, eigenwillige Interpunktion und Wortstellung, römische Paginierung auch unbedruckter Seiten. Der bewußt angestrebte Habitus einer wissenschaftlichen Arbeit wird zusätzlich verstärkt durch ein vorangestelltes »personen- und sachregister«, den Text ergänzende Anmerkungen oder Fußnoten und abschließende »literaturhinweise« mit knapp 1250 bibliographischen Angaben. Das Buch beginnt mit einem »vorwort«, welches bereits seinen überwiegenden Teil ausmacht; hierauf folgt mit »PURIM. ein fest« eine Heimito von Doderer gewidmete Theatervorlage; drei Appendices schließen das Werk ab. Diese Hauptteile, deren Überschriften durch Fettdruck hervorgehoben sind und weitere Dedikationen – z. B. an Gerhard Rühm, wie Wiener Mitglied der Wiener Gruppe, – aufweisen, durchziehen kleinere Unterabteilungen, die unterschiedliche Textsorten ausbilden: fragmentarische Aufzeichnungen, philosophische Reflexionen und dichterische Skizzen, die an visuelle Poesie erinnern. An die Stelle des Erzählens tritt in Wieners Roman das Reflektieren, welches allumfassende Zuständigkeit beansprucht, um den Fallstricken der Trias von Staat, Wirklichkeit und Sprache zu entgehen. Zielpunkt der Bemühungen – ausgehend von einem skeptischen Impuls: »siehe – auch ich bin schöpferisch: ich schöpfe verdacht« – ist eine Anomie, die jenseits jeder festumrissenen Identität liegt. Da die Sprache den »stil der wirklichkeit« bestimmt, jeder Stil aber als »nicht kompetent« und »strafe« empfunden wird, weil er letztlich eine »entfaltung des selbst« verhindert, nimmt das meditierende Ich zeitweilig eine romanimmanente Aphasie in Kauf, die sich dem Leser szenisch wie eine Suche nach dem Ausweg darbietet. In den »notizen zum konzept des bio-adapters« und dem sich anschließenden »appendix A« stellt Wiener, indem er Überlegungen der behavioristischen Linguistik und Psychologie weiterdenkt, die Alternative eines »glücks-anzuges« vor, der als »einheit mensch-adapter« durch schrittweise »trockenlegung des kosmos« und parallel erfolgender »liquidation des homo sapiens« zu einem kybernetischen Idealzustand führt, dem die beschriebenen Aporien nur noch fremd anmuten können. Mit einer derart ausgeführten negativen Utopie, die das traditionelle Bild des Menschen verabschiedet, findet ein Roman seinen würdigen Höhepunkt, in dem sämtliche Voraussetzungen von Prosa durch Reflexion zerstört werden, so daß man in ihm einen sich selbst dekonstruierenden Entwicklungsroman sehen kann.

Lit.: W. IHRIG, Literarische Avantgarde und Dandysmus. Eine Studie zur Prosa von Carl Einstein bis O. W., Frankfurt/M. 1988.　G. SCHÄFER

WOHMANN, Gabriele (geb. 1932)

Frühherbst in Badenweiler.
EA Darmstadt / Neuwied 1978.
Hubert Frey, ein Komponist moderner Musik in den Mittvierzigern, durchlebt in diesem für die Wohmann typischen handlungsarmen Roman, der ganz aus der reflektierenden Perspektive Huberts erzählt wird, eine Midlife Crisis. Frey ist nach Badenweiler gekommen, um hier auf seinen »Zusammenbruch zu warten«. Ein äußerer Vorwand für seinen Kuraufenthalt unbestimmter Länge im Badenweiler Parkhotel, in dem 1904 Tschechow gestorben ist, sind vage Herzprobleme. In Wirklichkeit will er sich über sich selbst, über seine Ehe und seine Schaffenskrise als Komponist Klarheit verschaffen. Hubert ist ein »Daseinshypochonder«, der seinen Körper auf alle möglichen Symptome einer Herzkrankheit hin abhorcht und doch von der resoluten Kurärztin Dr. Schliemann bescheinigt bekommt, daß ihm physisch nichts fehlt. Vielmehr leidet er, wie so viele Wohmannsche Figuren, an allen möglichen Ängsten, an der Angst vor dem Älterwerden, vor dem Tod und dem Erlahmen seiner musikalischen Schaffenskraft. Am unmittelbarsten trifft ihn seine künstlerische Schaffenskrise, der Glaube, am Ende seiner beruflichen Laufbahn und seiner Kunst angekommen zu sein. Von dieser Krise – aufgewertet zur allgemeinen Krise der modernen Kunst – erhofft sich Hubert zugleich eine kathartische Wirkung nach dem erwarteten Zusammenbruch, die freilich ausbleibt. Die noch abwegigere Parallelisierung seiner Situation mit der des

gleichzeitig, d. h. im September 1977, von der Rote-Armee-Fraktion gefangengehaltenen und später ermordeten Arbeitgeberpräsidenten Schleyer, zu der sich Hubert durch die Fernsehberichterstattung verleiten läßt, ist, wie auch ihm selbst bewußt wird, der deutlichste Ausdruck seiner inneren Krise. Mit der Außenwelt hält er nur minimalen telefonischen Kontakt, zu Besuch kommt lediglich seine Frau Selma, eine 42jährige freie Mitarbeiterin beim Fernsehen. Mit ihren hektischen, falschverstandenen Emanzipationsbemühungen verkörpert sie einen Typus, den Gabriele Wohmann auch in späteren Büchern des öfteren zum Gegenstand ihres Spottes macht. Eine sexuelle Beziehung gibt es in dieser Ehe nicht mehr, in der man zwar eine Scheidung diskutiert, zu der es aber mangels Entschlußkraft Huberts wohl nicht kommen wird. Am Schluß hat sich Hubert lediglich zur Verlängerung seines Kuraufenthaltes durchringen können. Der Roman endet in der ironisierenden Gegenüberstellung Freys mit einer in sein Hotelzimmer eingedrungenen Maus. In dem verängstigten Tier, das sich nicht aus dem Zimmer traut, obwohl die Tür offen steht, erkennt Frey seine eigene Situation. Mit einem Appell der Autorin zu tätiger Lebensbewältigung und zur Aufgabe selbstquälerischer Reflexionen werden der Weltschmerz Huberts ironisch aufgehoben und seine vorgeblichen psychischen und physischen Probleme desavouiert.

Lit.: H. WAGENER, G. W., Berlin 1986.
H. WAGENER

WOLF, Christa (geb. 1929)

Der geteilte Himmel. 30 Kapitel; ED »Forum« 1962; EA Halle 1963.

Christa Wolfs zweites größeres Prosawerk brachte ihr den Ruf einer bedeutenden deutschsprachigen Schriftstellerin und führte zu vielfältigen kritischen Reaktionen in Ost und West. Der Erzählprozeß setzt ein, nachdem die eigentliche Handlung zeitlich bereits abgelaufen ist. Die Protagonistin Rita erwacht in den letzten Augusttagen des Jahres 1961 aus einer Ohnmacht, die das Resultat eines »Unfalls« ist, der eigentlich einen Selbstmordversuch darstellt und kurz nach der Entscheidung, ihrem Verlobten Manfred nicht nach West-Berlin zu folgen, passiert ist. Der Bau der Mauer nach Ritas Besuch in Berlin verdeutlicht, wie sehr das Leben der beiden Liebenden durch die gesellschaftliche und politische Situation der Zeit bestimmt wird. Rita steht es plötzlich nicht mehr frei, ihrem Geliebten in den Westen zu folgen. Anhand einer analytischen Erzählweise und ständiger Rückblenden bekommt der Leser einen Einblick in die Vergangenheit und frühe Kindheit der beiden Hauptcharaktere. Trotz moderner Strukturanlage ist die Erzählfolge mehr oder weniger chronologisch, d. h. Rita durchlebt während ihres Sanatoriumsaufenthaltes in Gedanken noch einmal die wichtigsten Stationen ihres Werdegangs: ihre Jugend in einem kleinen Dorf bis zur Begegnung mit Manfred, Stadtleben im Hause der Eltern des Verlobten, Lehrerstudium, Praktikum in einer Hallenser Waggonfabrik, Kommunikationsprobleme mit dem Geliebten, dessen »Republikflucht« und ihr Kurzbesuch in West-Berlin und schließlich der Sanatoriumsaufenthalt, mit dem der Rückblick an die Gegenwart anschließt. Primär aus Ritas Perspektive geschrieben, handelt es sich um eine Art chronologische Selbstanalyse, die zugleich einen unvollkommenen Genesungsprozeß der Protagonistin darstellt. Der innere Monolog spielt eine geringere Rolle, als man von der Strukturanlage des Werkes erwarten dürfte. Die allwissende, weibliche Erzählerfigur gewinnt durch ihre Kommentare im Laufe des Werkes an Bedeutung, besonders in Hinblick auf Ritas Entwicklung vom naiv-fröhlichen, relativ unpolitischen Dorfmädchen zur geistig und gesellschaftlich gereiften und emanzipierten Frau, die eine echte Bindung an ihren Staat empfindet. Daraus ergibt sich auch das allmähliche Kommunikationsproblem mit dem zehn Jahre älteren Verlobten, der zu Pessimismus und Sarkasmus neigt und Ritas Entwicklung nicht recht wahrhaben möchte. Eigentlich hat er nie daran gezweifelt, daß Rita ihm in den Westen folgen würde. Sein Verlassen der DDR ist nicht nur die Konsequenz von beruflicher Enttäuschung und dem Wissen um bessere Möglichkeiten im reichen Westen, sondern auch eine Flucht aus der Kälte und verkrampften Situation seines Elternhauses, zu dem die herrschende Wohnungsnot kaum eine Alternative erlaubt. Rita wird durch den Bau der Mauer die Wahl genommen, ihrem Geliebten zu folgen. Obwohl sie schließlich ihre Situation akzeptiert, bleibt ihr eine Wunde fürs Leben. Bedauern, Trauer und auch Bitterkeit der Autorin über das Schicksal der Liebenden – ja,

über das Schicksal Deutschlands –
ist unverkennbar, wobei die Intention des Werkes nicht so sehr
der politischen Konstellation gilt,
sondern den Auswirkungen im
persönlich-menschlichen   Bereich.

Lit.: A. STEPHAN, C. W., München 1986. –
D. SEVIN, Der geteilte Himmel. Nachdenken
über Christa T., München 1988.   D. SEVIN

Kindheitsmuster. 18 Kapitel;
EA Berlin / Weimar 1976.
In ihrem bisher umfangreichsten
Werk sucht Christa Wolf anhand
einer weitgehend autobiographischen Kindheitsgeschichte von
Anfang der dreißiger Jahre bis
1947 die während dieser Zeit an-
geeigneten Denk- und Verhaltensmuster zu ergründen. Die erzählerische Analyse faschistischer
›Kindheitsmuster‹ und die Frage
nach deren Fortbestehen ist die
Konsequenz aus der zu Beginn des
Romans mitgeteilten Einsicht:
»Das Vergangene ist nicht tot; es
ist nicht einmal vergangen. Wir
trennen es von uns ab und stellen
uns fremd.« In Reflexion, Bericht
und Erinnerung verschränken
sich drei zeitliche Ebenen: ein heißer, staubiger Julitag 1971 – an
dem die fiktive Erzählerin mit
Mann, Bruder und knapp 15jähri-
ger Tochter einen zweitägigen
Ausflug in ihren nunmehr polnischen Geburtsort L. (Landsberg
an der Warthe) unternimmt –, die
anläßlich dieses Besuches erinnerte Zeit der Kindheit und Jugend und die Jahre 1972 bis 1975,
in denen das Werk unter ständigen
Reflexionen auf den Schreibpro-
zeß und auf die ihn begleitenden
politischen Ereignisse verfaßt
wird. Die fiktive Erzählerin
nimmt gegenüber ihrem Kind-
heits- und Jugend-Ich die distanzierende Perspektive der 3. Person

ein. Nelly Jordan wächst in der
Kleinstadt L. als Kind eines Kaufmanns auf. In die kleinbürgerliche
Häuslichkeit der Jordans dringt
das Schicksal der Juden nur am
Rande ein: die Praxis eines jüdischen Arztes wird boykottiert, er
kann jedoch rechtzeitig emigrie-
ren wie auch ein Bonbonfabri-
kant, dessen Firma ein Onkel Nellys zu einem günstigen Preis erwerben kann. Nachrichten über
nationalsozialistische Massenver-
sammlungen, die Reichskristallnacht, den Einmarsch in Polen,
die Einrichtung eines KZs in
Dachau werden ebenso zugunsten
einer ritualisierten Alltäglichkeit
ignoriert oder verharmlost wie
Vater Jordans schnell beigelegter
Konflikt mit der SA. Zu Nellys
bewundertem Vorbild wird die
strenge Deutschlehrerin und Leiterin in der NS-Frauenschaft Ju-
liana Strauch; als Zwölfjährige ist
Nelly eine eifrige Anwärterin auf
ihre Rolle als BDM-Führerin.
Durch gefügige Anpassung an die
vorgegebenen Maßstäbe und Anforderungen sucht sie sich Respekt und ein relativ sorgloses Leben zu sichern. Auf der kopflosen
Flucht der Familie vor den heran-
rückenden russischen Truppen
bleibt Nelly der Ausspruch eines
ehemaligen KZ-Häftlings in Erinnerung: »Wo habt ihr alle bloß
gelebt?«, »aber erst später – Jahre
später – wurde er ihr zu einer Art
von Motto«. Die Kindheitsgeschichte endet mit einer überstan-
denen Tuberkulose Nellys und ihren Versuchen, am Aufbau des
zerstörten Landes mitzuwirken. –
Die Frage nach dem Weiterleben
faschistischer Denk- und Verhaltensmuster wird durch die heran-
gezogenen politischen Ereignisse
aus der Erzählgegenwart der siebziger Jahre bestätigt: so wird z. B.

der Aufstand der Juden im Warschauer Ghetto mit den amerikanischen Ghettos der Schwarzen in
Beziehung gesetzt sowie der
Zweite Weltkrieg mit dem Vietnamkrieg.

Lit.: S. Hilzinger, Kassandra: Über C. W.,
Frankfurt/M. 1982.   D. Sevin

Nachdenken über Christa T.
20 Kapitel; EA Halle 1968.
Schon der Titel des Werkes deutet
auf die autobiographische Dimension und rückblickend-reflektie-
rende Struktur von Christa Wolfs
künstlerisch vielleicht gelungen-
stem Prosawerk. Die nur bedingt
informierte, unsichere, stets fra-
gend-selbstkritische Ich-Erzählerin ist auf der Suche nach dem
Geheimnis ihrer kürzlich verstorbenen Freundin Christa T., die
noch immer eine merkwürdige
Faszination auf sie ausübt. Von
der ersten Begegnung an hat die
Erzählerin bei ihr etwas Besonderes, eine Art Geheimnis gewittert,
das sie jetzt zu erkunden sucht.
Von Anfang an wird der Leser
miteinbezogen in den Versuch der
Erzählerin, möglichst viel über
die Freundin und die verschiedenen Phasen ihres Lebens herauszufinden: eine recht normale
Kindheit im nationalsozialistischen Deutschland, Begegnung
der beiden Freundinnen als Schul-
kinder, Flucht als Siebzehnjäh-
rige, Neuanfang in der damaligen
sowjetischen Besatzungszone,
Germanistikstudium zusammen
mit der Ich-Erzählerin, eine kurze
Zeit als Dorfschullehrerin, weiteres Studium in Leipzig mit Ex-
amensarbeit über Theodor
Storm, Heirat mit einem Land-
tierarzt, drei Kinder und der Bau
eines Hauses unter den schwierigen Bedingungen der fünfziger
Jahre, schließlich der frühe Tod.

Trotz dieses keinesfalls spektakulären Lebenslaufes und weitreichender Zweifel ist die Erzählerin
überzeugt: Christa T. hatte eine
Vision von sich selbst, den tiefen
Wunsch, Schriftstellerin zu sein.
Dieser Wunsch blieb wegen der
Zeit- und Lebensumstände unver-
wirklicht. Christa Wolfs Darstellung der Schwierigkeiten der
Selbstfindung, des Zu-sich-
selbst-Kommens einer DDR-
Schriftstellerin der fünfziger und
sechziger Jahre stellt eine wichtige
autobiographische, aber auch darüber hinaus bedeutsame Komponente des Werkes dar. Bei der
Analyse des zeitgeschichtlichen
Hintergrundes spielt das Erlebnis
der Kriegs- und Nachkriegsjahre
eine besondere Rolle. Mit der
Flucht aus ihrem Heimatstädt-
chen und dem Ende des Naziregi-
mes bricht für Christa T. eine
Welt zusammen, die Mißtrauen,
Skepsis und Zweifel hinterläßt –
nicht nur gegenüber der neuen
Gesellschaftsordnung, sondern
auch gegenüber sich selbst. Insgeheim weiß sie, daß auch sie beinahe »dem Anderen«, dem Bösen, der dunklen Welt der Nazi-
jahre verfallen wäre. Bezeichnend
ist, daß bei dem Versuch der ver-
späteten Vergangenheitsbewältigung Ich-Erzählerin, Hauptfigur
und Autorin ineinanderfließen,
was die Bedeutung der ausgeblie-
benen, aber notwendigen Auseinandersetzung mit dem Dritten
Reich unterstreicht. Christa T.s
Selbstskepsis und Vorbehalt gegenüber dem Glaubenseifer und
der anmaßenden Behauptung von
Vertretern der neuen Ordnung,
sie seien im Besitz der einzig richtigen Wahrheit, beruht vor allem
auf ihren Jugenderfahrungen
während der Nazizeit. Vergeblich
versucht sie, ganz teilzuhaben an

der neuen Welt, an die sie glaubt. Doch die fünfziger Jahre in der DDR sind bestimmt durch Tatsachenmenschen – »Hopp-Hopp-Menschen«, wie sie sie nennt –, die sie tief verunsichern, vor denen ihr graut und denen sie sich unterlegen fühlt. Christa T. befürwortet die neue Gesellschaftsordnung, aber der zunehmende Druck zur Konformität verhindert ihre Entfaltung und zerstört ihr Selbstvertrauen als Schriftstellerin. In jener Zeit der Bevormundung von Autoren und Literaturtheoretikern ist ihre romantisch-subjektive, auf Verinnerlichung, Empfindsamkeit und Wahrhaftigkeit zielende Schreibweise nicht gefragt. Sie weiß um ihre Berufung, aber außer einigen Titeln, Notizen, Fragmenten und einer Kurzgeschichte vermag sie nichts in die Tat umzusetzen. Der innere Konflikt zwischen Tun-Wollen und Nicht-tun-Können wird ihr zur Existenzkrise. Ihre vergeblichen Versuche einer Anpassung oder positiven Daseinsgestaltung, wie z. B. ihre Heirat, ihre Kinder oder ihr Hausbau, erweisen sich als untauglicher Ersatz für ihre Vision, ja führen zu tiefer Müdigkeit und schließlich zum Todeswunsch. Im Alter von fünfunddreißig Jahren stirbt sie an Leukämie, einer Krankheit, deren tiefere Ursache in seelischer Zerrissenheit zu suchen ist.

Lit.: C. Thomassen, Der lange Weg zu uns selbst. C. W.s Roman »Nachdenken über Christa T.« als Erfahrungs- und Handlungsmuster, Kronberg 1977. – D. Sevin, Der geteilte Himmel. Nachdenken über Christa T., München 1988. D. Sevin

ZESEN, Philipp von (1619–1689)

Ritterholds von Blauen Adriatische Rosemund. *Last hägt*

Lust. 6 Bücher; EA Amsterdam 1645.

Der Roman erzählt die Geschichte der unglücklichen Liebe zwischen dem schlesischen Adligen Markhold und der Venezianerin Rosemund, die mit ihrem Vater Sünnebald, der in Geschäften in Straßburg weilt, wegen der Kriegsereignisse nach Amsterdam ausgewichen ist. Rosemund wird die Freundin Adelmunds, der Braut von Markholds schlesischem Freund in Amsterdam. In ihrem Haus treffen die beiden Haupthelden aufeinander und verlieben sich. Markhold muß sich schließlich auf eine lange Reise nach Paris begeben, währenddessen Rosemund sich in die Einsamkeit des Schäferinnendaseins zurückzieht. Die Liebenden überbrücken die Trennung mit Briefen und Gedichten, bis Markhold aus Paris wiederkehrt, nur um zu erfahren, daß Rosemunds Vater Sünnebald ihrer Heirat nur unter der Bedingung zustimmt, daß der Protestant Markhold einwilligt, Rosemund im katholischen Glauben zu belassen und die gemeinsamen Kinder katholisch erziehen zu lassen. Da er sich dazu nicht bereit findet und auch wieder abreisen muß, bleibt es trotz unaufgelöster Hoffnungsschimmer unwahrscheinlich, daß Rosemund aus ihrem Zustand der Betrübnis zur Erfüllung kommen wird. – Der Roman weist wenig Handlung auf, legt dagegen größeres Gewicht auf an französische Vorbilder angelehnte Psychologisierung, die den stark autobiographischen Hintergrund illustrieren. Der pseudonyme Verfasser Ritterhold von Blauen (lat. caesius = blaugrau) ist Zesen, der sich auch mit dem Helden verbinden läßt. Dieser Hintergrund unterscheidet diesen ersten deutschen Originalroman, der ohne Nachfolger blieb, von den anderen Beispielen der Gattung, verweist aber auch auf die Tradition des Schäferromans. Die *Rosemund* bietet neben anderen eingelegten Erzählelementen eine bedeutende Schäferszene, die allerdings noch mit der Romanhandlung verbunden ist. Die restlichen Erzählpartikel stehen oft in keinem oder nur einem sehr oberflächlichen Zusammenhang mit dem Roman und werden als Beispiele didaktischen und unterhaltsamen Bemühens gewertet: eine Beschreibung Venedigs oder eine Abhandlung über die Deutschen. Markholds Rückkehr aus Paris wird gewaltsam aufgehalten, um Gelegenheit zu eingeschobenen Erzählungen zu schaffen, die zumeist keine offenbare Beziehung zur Romanhandlung haben. Es fällt schwer, die verschiedenen Erzählelemente unter ein durchgehendes Kompositionsschema zu bringen, und der Vorwurf der Formlosigkeit läßt sich kaum vermeiden, auch wenn vieles zur Anreicherung der zentralen Begriffe von Treue und Empfindsamkeit dienen kann. Es bleibt weiterhin auch fraglich, ob die Wendung zur Innerlichkeit und zur privaten Sphäre als Selbstentfaltung und Stilisierung bürgerlichen Selbstbewußtseins verstanden werden kann. Zesens Roman ist wohl eher der frühe, noch tastend-unsichere, eigenständige Versuch in einer neuen Gattung.

Lit.: F. v. INGEN (Hg.), P. v. Z. 1619–1969, Beiträge zu seinem Leben und Werk, Wiesbaden 1972.   A. SOLBACH

ZIGLER UND KLIPHAUSEN, Heinrich Anselm von (1663–1697)

Die Asiatische Banise Oder Das blutig – doch muthige Pegu [. . .]. 3 Bücher; EA Leipzig 1689.

In diesem typischen Beispiel des höfisch-historischen Barockromans ist eine fiktive Liebeshandlung nach dem traditionellen Heliodorschen Schema von Vereinigung, Trennung und Wiederfinden des liebenden Paares mit einer politischen Handlung, die auf detailliertem Studium historischer Quellen beruht, und zahlreichen ethnographischen Details aus dem Hinterindien des 16. Jahrhunderts verbunden. Gattungstypisch sind ferner das erzählerische Hineinspringen in die Handlung (In-medias-res-Technik), das Nachholen von Vorgeschichten durch eingelegte Erzählungen, der unhistorische Sieg des Guten am Schluß mit der Hochzeit einer Reihe von Paaren, wodurch die Vorsehung (Providentia) die Beständigkeit (Constantia) der Liebenden in einer Welt des Glückswandels (der launischen Fortuna) sowie ihre Tapferkeit (Fortitudo) und Großmut (Magnanimitas), also die Idealtugenden des Barockzeitalters, belohnt.

Prinz Balacin von Ava – auf der Suche nach seiner Verlobten, der übermenschlich schönen Banise, der Prinzessin von Pegu – wird überfallen und verwundet von Gefolgsleuten des bösen, mißgestalteten Tyrannen Chaumigrem, der als »züchtigende Rute der erzürnten Götter«, als »Krokodil der Liebe«, als »Mißgeburt der Affektion« tituliert wird und allein der Ratio Status, der Staatsraison, folgt und dabei »weder göttliches noch weltliches Gesetze verschonet«. Im Schloß Talemons, eines treuen Anhängers Xemindos, des früheren Kaisers von Pegu und Vaters der Banise, erholt er sich. Scandor, Balacins pikarischer Diener und Freund, bringt die Nachricht, daß Balacin von seinem verstorbenen Vater zwei Reiche ererbt habe. Scandor erzählt nun die »Lebensgeschichte Prinz Balacins und der Prinzessin Higvanama«: Balacins Vater hatte sich mit dem intriganten General Chaumigrem eingelassen, der seiner Tochter Higvanama nachstellt. Als Balacin seine Schwester vor dem unverschämten Chaumigrem schützt, wird er von seinem Vater verbannt. Anschließend erzählt Scandor die »Lieb- und Lebensgeschichte Prinz Balacins und der Prinzessin Banisen«: Ein geheimnisvolles Tempelorakel hat dem Prinzen verheißen, daß er sein Glück in Pegu finden werde. Auf dem Wege dorthin rettet er dem Kaiser von Pegu das Leben, als dieser von einer von Chaumigrem gedungenen Räuberbande angegriffen wird. Am Hofe verlobt er sich mit der Prinzessin Banise, die er vor einem ausgebrochenen Panther gerettet hat. Zurück in Ava, wird er von seinem Vater gefangengesetzt. Chaumigrem erobert indessen Pegu. Eine weitere Geschichte, »Tod und Untergang des unglückseligen Kaisers Xemindo samt dessen Prinzen und ganzem Reich«, wird von Talemon erzählt: Bei der Eroberung Pegus werden zahlreiche Untertanen sowie der Kaiser ermordet, öffentlich hingerichtet. Der Oberhauptmann Abaxar, der den Auftrag hat, Banise zu töten, tut dies angeblich im Hofe seines Hauses, tötet jedoch an ihrer Stelle eine

Sklavin und bringt den Leichnam ohne Kopf auf den Markt. Während der Erzählung Talemons wird Abaxar von eindringenden Truppen Chaumigrems verhaftet. Er bekennt, die Prinzessin gerettet zu haben. Banise wird aus Abaxars Haus geholt und vor Chaumigrem geführt. Dieser will sie heiraten und läßt ihr sechs Tage Bedenkzeit. Der genesene Balacin verkleidet sich als portugiesischer Händler und dringt mit Scandor zu Banise vor. Ein Entführungsversuch mißlingt; Balacin entkommt, aber Banise und Scandor werden wieder gefangengenommen. Während Balacin in seiner Heimat gegen Chaumigrem rüstet, erobert dieser mit unerhörter Grausamkeit Siam. Prinz Nherandi und seine Schwester werden gefangengenommen. Währenddessen bleibt Banise in der Obhut des alten Rolim, des Oberpriesters, der sie selbst liebt und bei einem Notzüchtigungsversuch von ihr erstochen wird. Im Krieg Balacins gegen Chaumigrem gewinnt Balacin die entscheidende Schlacht und belagert die Stadt Pegu, wo Banise auf dem Altar des Kriegsgottes geopfert werden soll. Balacin kommt mit Abaxars Hilfe verkleidet in die Stadt, wird Priester, und als Banise geopfert werden soll, erdolcht er Chaumigrem am Altar. Nach der Eroberung der Stadt wird Balacin zum Kaiser von Pegu gekrönt und darf, ganz im Stile des absolutistischen europäischen 17. Jahrhunderts, als »Reichs-Sonne«, glänzen. Während er und Banise heiraten, verbindet sich König Nherandi von Siam mit Balacins Schwester Higvanama, und Abaxar, der sich als der vor Chaumigrem geflohene Prinz Palkim von Prom erweist, heiratet Nherandis Schwester. Bei den Feierlichkeiten am Ende des Romans führen Portugiesen das Schauspiel »Die Handlung der listigen Rache oder der tapfere Heraclius« auf (ein Plagiat der Übersetzung eines italienischen Opernlibrettos von Nicolo Beregan durch den schlesischen Dramatiker Johann Christian Hallmann), wodurch der Romanstoff ins Historisch-Mythologische transponiert wird.

Lit.: W. PFEIFFER-BELLI, Die asiatische Banise. Berlin 1940 (Reprint 1969). H. WAGENER

ZSCHOKKE, Johann Heinrich Daniel (1771–1848)

Abällino, der große Bandit. 3 Bücher; Frankfurt/O. / Leipzig 1794.

Durch eine Intrige um Vermögen und eine glänzende Laufbahn gebracht, flüchtet der neapolitanische Graf Obizzo nach Venedig, wo er sich nun zu einem Bettlerdasein verurteilt sieht. In monologischen Beschwörungen seines Schicksals spricht er sich von künftiger moralischer Verantwortung frei, will gleichwohl dem »eigenen Gesetz gehorchen« und »allenthalben groß sein«. Ein Zufall verschafft ihm Aufnahme in eine Räuberbande, die er sogleich mit Proben seiner Riesenkraft und einem zur Fratze veränderten Aussehen für sich einnimmt. In ausführlichen Dialogen über »Banditenmoral« und »Selbstliebe als Triebrad« menschlicher Handlungen, über die Relativität sittlicher Normen, über Schicksalsbestimmtheit und Willensfreiheit, in denen der spätaufklärerische Skeptizismus zum Ausdruck kommt, rechtfertigen sie ihr Metier. Seinem Anspruch

getreu, als »Bandit groß zu werden«, beschließt Abällino, wie sich der Protagonist fortan nennt, sich seiner Spießgesellen zu entledigen, um künftig »allein die Republik zittern zu machen.« Als Bewährungsprobe soll er den bestellten Mord an der Nichte des Dogen, Rosamunde von Korfu, im Beisein des Bandenchefs Matteo ausführen. Sie lauern ihr auf, und gemäß seinem Plan erdolcht Abällino seinen Kumpan vor den Augen der erstarrten Rosamunde. Beeindruckt von ihrer Schönheit verschwindet er, nicht ohne ihr einen Kuß abzuringen. Der Mordauftrag steht im Zusammenhang mit einer Verschwörung junger Adeliger, die den Sturz des allerseits geachteten Dogen Andreas Gritti zum Ziel hat. Vorgeschobener Zweck des Umsturzes ist die Wiederherstellung der römischen Rechtsoberhoheit über die Republik Venedig, so daß die Verschwörer, mit päpstlichen Schutzbriefen ausgestattet, eine – nach eigenem Eingeständnis – »privilegierte Schurkerei« betreiben können. Alle Beteiligten, auch der mitverschworene Kardinal Grimaldi, handeln »angetrieben von ihrem Privatinteresse«. Zur gleichen Zeit kommt der florentinische Edelmann Flodoard nach Venedig, der mit seinem ritterlichen Charme die adeligen Kreise, namentlich deren weiblichen Teil für sich gewinnt. So bleibt auch seine Neigung zu Rosamunde keineswegs einseitig, wenngleich sie seinen Avancen aus familiären Rücksichten zunächst noch widersteht. Unterdessen fordert der kraftgenialisch stilisierte Abällino mit spektakulären Aktionen Behörden und Obrigkeit heraus, weiß sich aber stets dem Zugriff der Häscher zu

entziehen. Er erdreistet sich sogar, dem Dogen unter die Augen
zu treten, die Hand seiner Nichte
zu fordern und im Bewußtsein der
eigenen Größe sich mit ihm zu
vergleichen. Die Verschwörer beauftragen Abällino, die Räte Sylvio, Dandoli und Canari, zugleich
die engsten Vertrauten des Dogen, aus dem Weg zu räumen.
Auch Flodoard, dessen detektivi-
sche Aktivitäten die Pläne der
Verschwörer zu durchkreuzen
drohen, soll beseitigt werden. Als
Rosamunde nach einer Phase be-
sorgniserregender Schwermut
dem weiterhin behutsam werben-
den Flodoard nachgibt, werden
sie vom Dogen überrascht. Flodoard verpflichtet sich, ihm gegen
die Hand seiner Nichte Abällino,
der es immer ärger treibt, binnen
Tagefrist herbeizuschaffen. Nach
geschickt balancierter Spannung,
ob er sein »fürchterliches Versprechen« einlösen kann, enthüllt sich
seine zweifache Identität als Flodoard und – Abällino. Sein Doppelspiel erklärt er – ganz im Widerspruch zur fatalistischen Motivik des Romans – als Kunstgriff,
die Bösewichte umso sicherer
dingfest zu machen. Zum guten
Ende dieses ersten, im frühen
16. Jahrhundert spielenden ›Räu-
berromans‹ überführt Flodoard
die Verschwörer und entdeckt
seine wahre Herkunft; die totgeglaubten Räte erscheinen und Rosamunde sinkt ihrem »zärtlichen
Banditen« in die Arme.

Lit.: C. GÜNTHER, H. Z.s Jugend- und Bil-
dungsjahre (bis 1798). Ein Beitrag zu seiner
Lebensgeschichte, Aarau 1918.   J. MORLO

ZWEIG, Arnold (1887–1968)

Das Beil von Wandsbek.
2 Teile; 7 Bücher; EA Haifa 1943

(hebräisch), Stockholm 1947
(deutsch).
Im Sommer 1937 geht der an den
Rand des geschäftlichen Ruins geratene Wandsbeker Metzger Albert Teetjen auf den Vorschlag
seines früheren Kriegskameraden
Footh ein, für 2000 Mark vier
zum Tode verurteilte kommunistische Gefangene zu köpfen. Ihre
Hinrichtung hat sich durch die Erkrankung des Henkers verzögert.
Der aufstrebende Reeder Footh
glaubt, mit der Vermittlung des
Metzgers als Ersatzhenker seinem, künftigen Schwiegervater,
dem Zuchthausdirektor Heinrich
Koldewey, einen Gefallen zu tun.
Koldewey, ein kultivierter, konservativer Hamburger, zweifelt
jedoch an der Schuld der Verurteilten; trotzdem läßt er die Hinrichtung geschehen. Auch seine
Vertraute Käte Neumeier, eine
von der SPD zur NSDAP überge-
tretene Ärztin, reagiert betroffen,
greift aber nicht ein, als der
Hauptangeklagte, ihr Jugendfreund Timme, sie bittet, ihm bei
der Flucht zu helfen. Als Käte
Neumeier im Metzger Teetjen
den von ihr heimlich bei den Hin-
richtungen beobachteten Henker
später wiedererkennt, läßt sie mit
Hilfe des verkrüppelten Tom Bar-
fey das Gerücht verbreiten, es be-
stünden wegen der Verwendung
von Teetjens Beil bei der Urteils-
vollstreckung hygienische Bedenken gegen die Metzgerei. Die
Hausfrauen meiden nun das Geschäft, und Teetjens Einnahmen
gehen erheblich zurück. Der ver-
unsicherte Kleinbürger Teetjen
glaubt zunächst, vom Beil ausgehende ›Strahlen‹ seien an dem
Boykott schuld. Nach einem vergeblichen Versuch, das Tatwerk-
zeug beiseite zu schaffen, läßt sich
Teetjen von den Töchtern des

Zuchthausdirektors dazu überreden, das Beil ihrem Vater zum Geschenk zu machen. Auch für Koldewey und Käte Neumeier, die durch die Lektüre Freuds zu der Einsicht gekommen sind, daß Hitler ein Wahnsinniger ist, der getötet werden muß, gewinnt das Beil eine besondere Bedeutung: Das Geschenk des Metzgers erscheint ihnen als Bestätigung ihres Plans. Ihre Idee, den Führer durch das Beil umzubringen, mit dem die Gefangenen getötet wurden, erinnert an die antike Vorstellung der Nemesis wie auch an den christlichen Gedanken, daß, wer zum Schwert greift, durch das Schwert umkommen wird. Das Dilettantische des Plans und seine baldige Aufgabe aus Angst vor Verrat signalisieren die illusorische Hoffnung auf einen wirksamen Widerstand des Bürgertums gegen die Diktatur. Der unaufhaltsame Abstieg des auf den Nationalsozialismus vertrauenden Metzgerehepaars entlarvt die politischen Erfolge der Diktatur als Schein. Von gänzlich unerwarteter Seite wird dem vom Erfüllungsgehilfen zum Opfer der Diktatur gewordenen Teetjen doch noch einmal geholfen. Wilhelm Kley, Reederssohn und früherer Kriegskamerad Alberts, gibt ihm noch eine größere Summe Geld. Doch als Teetjen mit dem Geld nach Hause kommt, hat sich seine Frau erhängt. Im Unterschied zu dem sich keiner Schuld bewußten Albert hatte die streng religiös erzogene Christine von Anfang an eine göttliche Strafe für die Henkersarbeit befürchtet. Nun beschließt auch Albert, sich das Leben zu nehmen. – In dem 1947 erschienenen, in Palästina spielenden Epilog »Auferstehung« erzählt der jüdische Feldprediger Plaut dem emigrierten Kley, daß im Frühling 1939 vier russische Schiffe mit den Namen der ermordeten Kommunisten im Hamburger Hafen eingetroffen seien. Diese Episode hat man als eine Sympathiebekundung Zweigs gegenüber der Sowjetunion und als ein Bekenntnis zum Zionismus gelesen. Da die Begleitumstände von Christine Tetjeens Tod in Analogie zur Passion Christi gestaltet sind, dürfte sich der Titel des Epilogs auch auf diese Figur beziehen. Damit eröffnet der Roman jenen eine Zukunftsperspektive, die wie Christine schuldig geworden sind und ihre Schuld bekennen und büßen (H.-A. Walter). Der Roman, dessen Kern ein authentischer Vorfall aus dem Jahr 1937 bildet, gilt als ein bemerkenswerter Versuch, die unterschiedlichen Verhaltensweisen im nationalsozialistischen Deutschland und die Verstrickungen zwischen Tätern und Opfern psychologisch plausibel darzustellen.

Lit.: H.-A. WALTER, »Im Anfang war die Tat«. A.Z.s »Beil von Wandsbek«, Roman einer Welt – Welt eines Romans, Frankfurt/M. 1985. K. OCHSE

Der Streit um den Sergeanten Grischa. 7 Bücher; EA Potsdam 1927.
Zweig hatte diesen 1917 entworfenen und 1921 zunächst als Drama (Uraufführung 1930 im Theater am Nollendorfplatz, Regie: Alexis Granowsky, Bühnenbild: George Grosz und Traugott Müller) gestalteten Roman als Mittelstück einer »Trilogie des Übergangs« geplant. Er wurde dann aber – neben *Junge Frau von 1914* (1931), *Erziehung vor Verdun* (1935), *Einsetzung eines Königs* (1937), *Die Feuerpause* (1954) und

Die Zeit ist reif (1958) – Teil des unvollendet gebliebenen Romanzyklus *Der große Krieg der weißen Männer*.

Der während des Ersten Weltkriegs in Rußland spielende Roman erzählt die Geschichte der Verurteilung des russischen Sergeanten Grigorij Iljitsch Paprotkin, Grischa genannt, durch die Deutschen. Zum Verhängnis wird dem aus einem deutschen Gefangenenlager geflohenen Grischa die Idee seiner Geliebten, der Partisanenführerin Babka, er solle sich als der Deserteur Bjuschew ausgeben. Denn nach seiner erneuten Festnahme beschuldigen ihn die Deutschen der Spionage und verurteilen ihn zum Tode. Nachdem es ihm gelungen ist, seine wahre Identität zu beweisen, bemühen sich neben dem Divisionskommandanten von Lychow, dessen Adjutant, der Oberleutnant Paul Winfried, der jüdische Kriegsgerichtsrat Posnanski und der jüdische Schriftsteller Bertin um die Aufhebung des Urteils. Dennoch verurteilt ihn der Generalquartiermeister Schieffenzahn unter Mißachtung der rechtlichen Zuständigkeit des Divisionskommandanten zum Tode. Die daraufhin von Winfried geplante Entführung Grischas scheitert an der verzweifelten Standhaftigkeit des Bewachers Hermann Sacht. Was zunächst wie ein Justizmord aussieht, enthüllt sich später als unglücklicher Zufall: Schieffenzahn ordnet in letzter Minute doch noch an, das Urteil nicht zu vollstrecken, aber ein Schneesturm verhindert die Übermittlung dieses Befehls. – Hinter dem Konflikt zwischen Schieffenzahn und dem christlichen Idealen verpflichteten von Lychow um die juristische Zu-

ständigkeit für Grischa steht eine Auseinandersetzung um das Verhältnis von Politik und Moral. Durch den von Schieffenzahn, in dem zeitgenössische Leser Erich Ludendorff erkennen konnten, aus militärpolitischen Gründen geforderte Vollstreckung des Urteils sieht von Lychow die Legitimität und moralische Integrität des Staates bedroht: »Recht tun erhält die Staaten, Herr. [...] Wo der Staat anfängt, unrecht zu tun, ist er selber verworfen und niedergelegt.« Schieffenzahn hingegen steht auf dem Standpunkt: »Der Staat schafft das Recht, der einzelne ist eine Laus.« Der Repräsentant des – historisch konservativ eingestellten – preußischen Adels tritt demnach hier als vorbildlicher Humanist auf, wohingegen der – einer historisch fortschrittlicheren Schicht angehörende – bürgerliche Parvenu als Vertreter einer unmenschlichen Staatsraison erscheint. Auch wenn Schieffenzahn das Todesurteil zum Schluß aufhebt, wird sein pragmatischer Rigorismus dadurch nicht relativiert, trifft der Generalquartiermeister diese Entscheidung doch vor allem, um seine »Ruhe« zu »haben«. Der Roman betont deutlich, daß sich Juden und Christen gleichermaßen um Grischas Begnadigung und die Bewahrung moralischer Werte bemühen. Er versucht damit, dem zum Ende des Ersten Weltkriegs wiedererstarkten Antisemitismus entgegenzuwirken, der sich besonders gegen die nach Deutschland einwandernden Ostjuden richtete. Vor diesem Hintergrund steht auch die erfolgreichen Anstrengungen des frommen Ostjuden Täwje Frum zu sehen, Grischa vom Sinn seines Schicksals zu überzeugen. In der

Gewißheit, Babka werde ein Kind von ihm gebären, vermag Grischa schließlich seinen Tod zu akzeptieren. Obwohl die Bemühungen von Lychows und seiner Mitstreiter letztlich erfolglos bleiben, deutet die Schlußszene eine Hoffnung auf die Kraft der Menschlichkeit und der Solidarität der Machtlosen an. Wider die Vorschriften verlangsamen ein Heizer und ein Lokomotivführer die Fahrt ihres Zuges. So kann der Gefreite Sacht, der die Entführung Grischas verhindert hat, aufspringen und seine Heimreise antreten. – Die Beschreibung der Sinnlosigkeit des Krieges bildet nur den Hintergrund für den zentralen politisch-moralischen Konflikt, dennoch wirkte der Roman als Wegbereiter einer kritischen literarischen Auseinandersetzung mit dem Ersten Weltkrieg: »Durch das Loch, welches mein *Sergeant Grischa* ins allgemeine Schweigen gerissen hat, strömen jetzt die Kriegsromane« (Arnold Zweig, 1928). Aufgrund dieser literaturgeschichtlichen Bedeutung ist das vor allem in seinen Naturbeschreibungen und in der Gestaltung der Frauenfiguren klischeehafte Buch auch heute noch lesenswert.

Lit.: G. Wenzel (Hg.), A. Z. 1887–1968. Werk und Leben in Dokumenten und Bildern. Mit unveröffentlichten Manuskripten und Briefen aus dem Nachlaß, Berlin/Weimar 1978. – R. Wolff (Hg.), A. Z. »Der Streit um den Sergeanten Grischa«, Bonn 1986.   K. Ochse

ZWEIG, Stefan (1881–1942)

Ungeduld des Herzens. EA Stockholm 1938.
Kurz vor Ausbruch des Ersten Weltkrieges wird Anton Hofmiller, 25jähriger Leutnant der österreichischen Armee, in eine kleine Garnisonsstadt in Ungarn versetzt. Eine Einladung zum Abendessen in das führende Haus am Ort, das Schloß Kekesfalva, bringt eine Wende in sein zuvor eintöniges Leben. Hofmiller fordert Edith, die junge Tochter des Hauses, zum Tanz auf, die daraufhin in verzweifeltes Weinen ausbricht. Was Hofmiller nicht wußte: Edith von Kekesfalva ist seit mehreren Jahren querschnittsgelähmt, seine Aufforderung muß ihr wie Hohn erschienen sein. Doch seine Entschuldigung am nächsten Tag wird angenommen, und einer Einladung zum Tee kommt Hofmiller umgehend nach. Zur großen Freude auch Herrn von Kekesfalvas erscheint er nun täglich auf dem Schloß und unterhält die kranke Edith. Anläßlich eines Routinebesuchs von Ediths Arzt wird Hofmiller Einbeziehung in die Angelegenheiten der Familie auf eine neue Stufe gehoben. Auf Bitten des Vaters soll er Doktor Condor nach den wirklichen Aussichten für Ediths vollständige Genesung fragen. Ehe er Condor diese Frage stellen kann, erfährt er zunächst von ihm die Geschichte der Kekesfalvas. Herr von Kekesfalva ist eigentlich der jüdische Kaufmann Leopold Kanitz, der aus kleinsten Verhältnissen durch zähe Arbeit zu etwas Vermögen kam und durch Zufall in den Besitz des Gutes und des Namens Kekesfalva. Beinahe vergißt Hofmiller über diesen Neuigkeiten die ihm aufgetragene Frage. Condors Antwort bleibt allgemein: Im Prinzip könne jede Krankheit durch neue Entdeckungen heilbar werden. Im Moment ziehe er Erkundigungen über eine Heilmethode ein, mit der er Edith entscheidend zu helfen hoffe. Ke-

kesfalva verlangt so verzweifelt nach einer positiven Antwort, daß Hofmiller Condors vage Hoffnung als Gewißheit wiedergibt: Eine neue Behandlungsmethode werde Edith binnen kurzem vollständig heilen. Diese Aussicht führt bei Kekesfalva und Edith zu einer euphorischen Stimmung. Condor sieht auf Hofmillers Bitten nur deshalb von einer sofortigen Richtigstellung ab, weil dieser bereit scheint, Verantwortung für das weitere Ergehen Ediths zu übernehmen. Condor unterscheidet in diesem Zusammenhang zwei Formen von Mitleid und spricht damit die zentrale Idee des Romans, die sich auch im Titel spiegelt, aus: Es gibt das »schwachmütige und sentimentale [Mitleid], das eigentlich nur Ungeduld des Herzens ist, sich möglichst schnell freizumachen von der peinlichen Ergriffenheit vor einem fremden Unglück [...]. Und das [...] unsentimentale, aber schöpferische Mitleid, das weiß, was es will, und entschlossen ist, geduldig und mitduldend durchzustehen bis zum letzten seiner Kraft.« Schon bald wird klar, daß Hofmiller zu der zweiten Form des Mitleids nicht fähig ist. Denn im Vorgriff auf ihre vermeintlich baldige Gesundung offenbart Edith Hofmiller ihre Liebe zu ihm, auf deren Erwiderung sie als Krüppel nicht zu hoffen wagte. Hofmiller reagiert panisch, leitet seinen sofortigen Abschied aus der Armee und eine Übersiedlung nach Holland ein, wird aber durch Condors Bestehen auf die übernommene Verantwortung zum Bleiben bewogen. Bei seinem nächsten Besuch auf dem Schloß kommt es in allgemein heiterer Laune zur Verlobung zwischen ihm und Edith. Im Wirtshaus der Stadt trifft er anschließend Kameraden, die von seiner, wie sie sagen, Verlobung mit einem Krüppel bereits Nachricht haben und ihn damit aufziehen. Hofmiller leugnet ab, erkennt aber, daß er zwangsläufig als Lügner entlarvt werden wird und bereitet einen Selbstmord vor. Doch sein General durchschaut die Situation und rettet Hofmiller, indem er ihn umgehend zu einer anderen Einheit versetzt. Auf dem Weg dorthin wird sich Hofmiller seiner Verantwortung für Edith wieder bewußt, und er versucht, sie durch ein Telegramm zu benachrichtigen. Doch da an diesem Tag der zum Ersten Weltkrieg führende Mord von Sarajewo stattfindet, kommt das Telegramm zu spät. Edith hat sich vom Turm des Schlosses gestürzt. Hofmiller sucht seinen Tod im Krieg, doch er überlebt. Der Roman ist in Ich-Form als eine Lebensbeichte angelegt, die Geschichte eines Mannes, der sein Versagen und seine Schuld kennt, aber weiß, daß er zu schwach war, um anders zu handeln.

Lit.: A. Del Caro, S. Z.s »Ungeduld des Herzens«. A Nietzschean Interpretation, in: Modern Austrian Literature 14 (1981), S. 195–204.   D. Metzger

REGISTER